KB072869

죠션크리스도인회보

1897. 2. 2.
1898. 12. 28.

1

한국학자료원

해 제

서양을 가져온 죠션크리스도인회보

《죠션크리스도인회보》는 1897년 2월 2일자로 창간된 우리나라 최초의 주간 기독교잡지로서, 그해 12월 8일 제44호를 발행한 후 《대한크리스도인회보》로 개제 속간했다. 발행인 아펜셀라(H.G. Appenzeller)는 당시 감리교 목사이며 배재(培材)학당 설립자로서 학당장이었다. 발행소는 감리교 선교부이다.

창간호는 '제1권 제1호'로 표시했다. B5판(4·6배판) 4면, 전면 4호활자로 2단 세로짜기했으며, 1면에는 시사성이 있는 총설(사설), 2면과 3면은 《성경》 주석과 교리 문답, 4면에는 교회소식 및 잡보(雜報) 등이 실렸다. 문장은 전문 한글로 썼다.

최준(崔埈) 저 《한국신문사(韓國新聞史)》(일조각, 1960)와 이해창(李海暢) 저 《한국신문사연구(韓國新聞史研究)》(성문각, 1971)에는 한가지로 '주간신문' 항에서 설명하고 있으나, 그 저서를 집필할 당시의 시각은 어땠는지는 몰라도 오늘의 감각에 맡기면 내용·체재 어느 것이나 잡지로 보는 것이 옳겠다. 또 '제1권 제1호'는 신문의 '호수 매김'이 아니고 잡지의 호수 매김이다.

창간호에는 목차를 적거나 간기(刊記)를 밝히지는 않았지만, 끝머리에 있는 〈고imagefont〉에 보면 "······ 죠션 교우나 셔국 교imagefont나 만일 보고져 imagefont거든 졍동 아편셜라 교imagefont 집에 긔별imagefont여 갓다 보시오 우리가 이 회보imagefont imagefontimagefont 동안은 갑슬 밧지 안코 줄 터이오 imagefontimagefont 후에imagefont 갑슬 밧으되 imagefont쟝에imagefont 엽젼 너푼이오 imagefontimagefont 갑슬 미리 내면 엽젼 imagefont돈 오푼식이오 imagefont 싀골사imagefont의게 우체로 보내imagefont 갑슨 imagefont루 잇소"라고 했다. 그러니 '아펜셀라 교사집'이 판매소이며, 아펜셀라가 발행인임을 짐작하게 한다. 이때의 아펜셀라는 '아편셜라(阿片雪羅)'라 썼고 후에는 '아편셜라(亞扁薛羅)'로 썼다.

서양을 가져온 죠션크리스도인회보 - (한국잡지백년1, 2004. 5. 15., 최덕교)

뎨일권

죠션크리스도인회보

뎨일호

이월이일

죠션 회보라 ᄒᆞᆫ 뜻슬 발명ᄒᆞᆷ이라

[illegible]께셔 텬디 만물을 챵조ᄒᆞ[illegible]태여 공활ᄒᆞᆫ즁에 디구가 밤[illegible]올 돌아가고 디구즁에 만물[illegible]시며 만물즁에 사ᄅᆞᆷ이 뎨[illegible] 그귀ᄒᆞᆫ것슨 허령ᄒᆞᆫ지각[illegible]에 공부가 잇슴이라 그러[illegible]ᄅᆞᆯ 골지아니ᄒᆞ면 빗치업[illegible]ᄅᆞᆯ 닥지아니ᄒᆞ면 ᄇᆞᆰ지못[illegible] 사ᄅᆞᆷ을 교육ᄒᆞ지안코 문[illegible]루ᄒᆞᆷ을 칙망ᄒᆞ면 이거슨 비컨ᄃᆡ 골지아니ᄒᆞᆫ 옥셕을 ᄯᅥᄒᆞ야 빗치업슴을 칙망ᄒᆞ고 닥지아니ᄒᆞᆫ 거울을 ᄯᅥᄒᆞ여 ᄇᆞᆰ지못ᄒᆞᆷ을 칙망ᄒᆞᆷ과 무어시 다르리오 이럼으로 셔국교ᄉᆞ들과 죠션교우들이 륙쥬세계를 동포로 보고 젼국인민을 일실노 너여 진리대도의 근원과 당셔소문의 긔이ᄒᆞᆫ것슬 긔록ᄒᆞ여 일홈을 죠션 크리스도인회보라 ᄒᆞ노니 이ᄯᅳᆺ슨 죠션에잇ᄂᆞᆫ교회에셔 긴요ᄒᆞᆫᄉᆞ젹과 늑이ᄒᆞᆫ소문을 각인의게 젼ᄒᆞᆫ다ᄂᆞᆫ 말이라 이회보를 칠일동안에 ᄒᆞᆫ번식츌판ᄒᆞ여 보ᄂᆞᆫ쟈로 ᄒᆞ여곰 지식과 학문을 너르게 ᄒᆞ노니 슬프다 우리동포 형뎨들아 동양ᄉᆞ젹만 됴타ᄒᆞ지말고 션ᄃᆡ의 ᄒᆞ시던일만 올타ᄒᆞ지마오 동양ᄉᆞ긔를 볼지라도 하나라ᄂᆞᆫ 츙셩을 슝샹ᄒᆞ고 은나라ᄂᆞᆫ 공경을 슝샹ᄒᆞ고 쥬나라ᄂᆞᆫ 문ᄎᆡ를 슝샹ᄒᆞ엿ᄉᆞ니 ᄎᆞᄎᆞ 변ᄒᆞᄂᆞᆫ것슨 하ᄂᆞ님ᄭᅴ셔 ᄒᆞ시ᄂᆞᆫ 일이오 사ᄅᆞᆷ의 힘으로ᄂᆞᆫ 능히 못ᄒᆞᆯ배라 지금 만국이 교제ᄒᆞᄂᆞᆫᄯᅢ를 당ᄒᆞ여 동양사ᄅᆞᆷ은 동양글만닑려고 동양도만 존슝ᄒᆞ고 동양소문만 듯고져 ᄒᆞ지말고 우리회보를 보시면 셰계샹에 유익ᄒᆞᆫ 소문과 각국에 ᄌᆞ미잇ᄂᆞᆫ ᄉᆞ젹을 ᄌᆞ연이 통달ᄒᆞᆯ거시니 우리가 이회보를 펴ᄂᆞᆫ것시 지리를 취ᄒᆞᆷ이 아니오 사ᄅᆞᆷ의 혼암ᄒᆞᆫ ᄆᆞ음을 광명케 ᄒᆞᆷ이니 누구던지 ᄀᆡ명에 진보코ᄌᆞᄒᆞ거든 이회보를 ᄎᆞ뎨로 사셔보시기를 ᄇᆞ라오

셔국부인이 셰샹을리별ᄒᆞᆫ일이라

셔울 졔즁원에셔 병인 치료식히던 ᄶᅢ겹손부인은 근본 나위국사ᄅᆞᆷ으로 미국 병원에 드러가 병치료ᄒᆞᄂᆞᆫ법을 비화 가지고 거즌 두히젼에 죠션에 나와 병인을 간겸ᄒᆞ다가 우연이 늬죵으로 신고ᄒᆞ여 셔양 학문잇ᄂᆞᆫ 의원들이 도더히 치료ᄒᆞ여 몃날동안을 쾌히차도가 잇셧더니 불힝이 건양이년 일월 이십일에 셰샹을 ᄯᅥ나미 초종범절은 교즁례로 원두우목ᄉᆞ 집에셔 지낼시 그ᄯᅢ에 아편셜라교ᄉᆞᄂᆞᆫ 외국말노 외국인민의게 연셜ᄒᆞ고 원두우목ᄉᆞᄂᆞᆫ 죠션말노 죠션인민의게 연셜ᄒᆞᆫ후 하ᄂᆞ님께 찬미ᄒᆞ고 발인ᄒᆞᆯ제 죠션교우들이 다토아 상여군되신 메고나가 양화진 외국민장디에 장ᄉᆞᄒᆞ고 도라올ᄉᆡ 잔다리에사ᄂᆞᆫ 교우들이 음식을차려 ᄒᆞᆫ[illegible]을 ᄃᆡ졉ᄒᆞ엿ᄉᆞ니 이런부인은 살아서도 셰샹[illegible]업을ᄒᆞ고 죽어서도 영광닐너라

사울노 이스라엘 첫지님군

사무엘긔 샹권 십쟝 십칠졀브터 이십칠졀ᄭᆞ지라
十七 사무엘이 미샤파에서 야화화압헤 ᄇᆡᆨ셩을 모
ᄒᆞ고 十八 무리의게 닐너ᄀᆞᆯᄋᆞᄃᆡ 이스라엘 족쇽
하ᄂᆞ님 야화화ᄭᅴ셔 ᄀᆞᆯᄋᆞ샤ᄃᆡ 녜젼에 내가 너희를
인도ᄒᆞ야 애굽에 나오게ᄒᆞ고 애굽사ᄅᆞᆷ과 밋 여러
나라이 학ᄃᆡᄒᆞᄂᆞᆫ이의 손에 너희를 버셔나게 ᄒᆞ얏
더니 十九 환난과 고초에 구원ᄒᆞᆫ 너희 하ᄂᆞ님을 너
희가 ᄇᆡ쳑ᄒᆞ고 인군 셰우기를 구ᄒᆞ니 이제 너희
가 맛당이 이곳에 니르러 너의지파를 각각ᄯᅡ라
야화화 압헤 셔라ᄒᆞ고 二十 사무엘이 이스라엘지
파로 ᄒᆞ여곰 졔비를ᄲᅢᆸ아 변야민 족쇽을얻고 二一
변야민지파로 ᄒᆞ여곰 졔비를ᄲᅢᆸ아 마특리족쇽 긔ᄉᆞ
의아ᄃᆞᆯ 사울노를 얻엇더니 차질수가 업ᄂᆞᆫ지라 二二
야화화ᄭᅴ 엿ᄌᆞ와 ᄀᆞᆯᄋᆞᄃᆡ 그사ᄅᆞᆷ이 이곳에 니르오
리잇가 ᄃᆡ답ᄒᆞ야 ᄀᆞᆯᄋᆞ샤ᄃᆡ 그사ᄅᆞᆷ이 집안 셰간속
에 숨엇ᄂᆞ니라 二三 사ᄅᆞᆷ들이 ᄯᅩ차 붓드러 ᄇᆡᆨ셩즁
에 셰우니 그신톄가 고대ᄒᆞ야 사ᄅᆞᆷ들이 겨우 그
억ᄀᆡ에 닷ᄂᆞᆫ지라 二四 사무엘이 ᄇᆡᆨ셩의게 닐너ᄀᆞᆯ
ᄋᆞᄃᆡ 너희ᄂᆞᆫ 야화화ᄭᅴ셔 ᄐᆡᆨᄒᆞᆫ 사ᄅᆞᆷ을 보아라 억
죠인민즁에 비ᄒᆞᆯ쟈ㅣ 업ᄂᆞ니라 ᄇᆡᆨ셩들이 환락ᄒᆞ
야 부르지저 ᄀᆞᆯᄋᆞᄃᆡ 우리왕은 쳔셰나 향슈ᄒᆞ쇼셔
二五 사무엘이 나라 법뎐으로 ᄇᆡᆨ셩을 뵈이고 칙
에써서 야화화 압헤두고 ᄇᆡᆨ셩을보내여 각각 집에
도라가게ᄒᆞ고 二六 사울노ᄂᆞᆫ 기비아로 도라갈ᄉᆡ
하ᄂᆞ님ᄭᅴ 감화 밧은이ᄂᆞᆫ 만히 ᄯᆞ라가고 二七 모든
비류들은 ᄀᆞᆯᄋᆞᄃᆡ 이사ᄅᆞᆷ이 엇지 우리를 구원ᄒᆞ
리요ᄒᆞ야 업슈이너이고 례물을 드리지 아니ᄒᆞ되
사울노가 믁연이 잇더라

주석

이스라엘의 첫지님군

요수아ㅣ 죽은후 ᄉᆞᄇᆡᆨ오십년 동안에 여러ᄉᆞᄉᆞ가
잇서 ᄇᆡᆨ셩을 다ᄉᆞ리매 사무엘이 오직 나죵ᄉᆞᄉᆞ로
잇서 나라를 잘 다ᄉᆞ리며 ᄆᆞᄋᆞᆷ이 착ᄒᆞ여 ᄇᆡᆨ셩을
잘ᄀᆞᄅᆞ치더니 나히늙으매 그아ᄃᆞᆯ 둘이잇서 아비
를ᄃᆡ신ᄒᆞ여 다ᄉᆞ리나 그법을 밧지아니ᄒᆞ고 심히
악ᄒᆞᆫ지라 ᄇᆡᆨ셩들이 사무엘의게 고ᄒᆞ야ᄀᆞᆯᄋᆞᄃᆡ 우
리 이제로브터 다른나라와 ᄀᆞᆺ치ᄒᆞ여 왕을세우고 ᄉᆞ
ᄉᆞᄂᆞᆫ아니 셤기고져 ᄒᆞᄂᆞᆫ이다 사무엘이 다만 이ᄯᅳᆺ
ᄉᆞ로 하ᄂᆞ님ᄭᅴ 고ᄒᆞᆫᄃᆡ 하ᄂᆞ님ᄭᅴ셔 ᄀᆞᆯᄋᆞ샤ᄃᆡ 너ᄂᆞᆫ
가히 ᄇᆡᆨ셩의말을 ᄌᆞᆺ출지라 저희가 너를 ᄇᆞ리지아
니ᄒᆞᆷ이요 오직 나를ᄇᆞ리고 나의다ᄉᆞ림을 슬혀ᄒᆞᆷ
이라 이스라엘ᄇᆡᆨ셩이 그젼에 하ᄂᆞ님ᄭᅴ셔 도으ᄉᆞ
애굽에 나오게ᄒᆞ시고 ᄯᅩᄒᆞᆫ 들에 지나게ᄒᆞ시고

가나안ᄇᆡᆨ셩을 ᄶᅩᆺ차내고 가나안됴흔ᄯᅡ헤 인도ᄒᆞ샤 도아주심을 니져ᄇᆞ리고 이셰샹영광만 ᄉᆡᆼ각ᄒᆞ고 촘 유익ᄒᆞᆷ을 ᄉᆡᆼ각도 아니ᄒᆞ고 다만 다른나라 ᄀᆞᆺ지아 니ᄒᆞᆷ을 붓그러워ᄒᆞ여 왕을 원ᄒᆞᄂᆞᆫ지라 사무엘이 ᄇᆡᆨ셩을 불너모히매 ᄇᆡᆨ셩이 변야민지파 즁에셔 ᄒᆞᆫ 소년을 ᄐᆡᆨᄒᆞ엿스니 일홈은 사울노라 이사ᄅᆞᆷ은 관 인도아니요 션ᄇᆡ도아니요 일홈난사ᄅᆞᆷ도 아니로되 이스라엘 ᄇᆡᆨ셩의왕을 삼으니라 사울노ᄂᆞᆫ 킈가크 고 모양잘난 사ᄅᆞᆷ이니 ᄇᆡᆨ셩이보고 흠션ᄒᆞ야 존ᄃᆡ ᄒᆞ나 범인인즉 ᄇᆡᆨ셩에 멧사ᄅᆞᆷ이 깃버아니ᄒᆞ야 예물 도 드리지 아니ᄒᆞ고 젹게보ᄂᆞᆫ지라 사울노ᄂᆞᆫ 교만 ᄎᆞ도 아니ᄒᆞ고 겸손ᄒᆞ여 지혜도업셔 다ᄉᆞ리지 못 ᄒᆞᆯ줄알고 다만 집에도라가 하ᄂᆞ님 ᄀᆞᄅᆞ치심만 기 다리더라

뭇ᄂᆞᆫ말

一 사무엘은 뉘시뇨

二 사무엘이가 ᄋᆞᄒᆡᄯᅢ에 셩뎐에셔 지낸일을 말 ᄉᆞᆷᄒᆞ시오

三 그ᄇᆡᆨ셩들이 무엇ᄒᆞ기ᄅᆞᆯ 원ᄒᆞ엿ᄂᆞ뇨

四 ᄇᆡᆨ셩들이 왜 모혓ᄂᆞ뇨

五 뉘가 님군으로 ᄲᅩᆸ혓ᄂᆞ뇨

六 이님군이 엇던지파에 쇽ᄒᆞ엿ᄂᆞ뇨

七 사울노가 님군으로 ᄲᅩᆸ혓실ᄯᅢ에 왜 숨엇ᄂᆞ뇨

八 ᄇᆡᆨ셩들이 사울노ᄅᆞᆯ 차진후에 무엇시라 말ᄒᆞ 엿ᄂᆞ뇨

九 사울노가 ᄇᆡᆨ셩들을 보ᄂᆡ기젼에 무엇시라 말 ᄒᆞ엿ᄂᆞ뇨

十 모든ᄇᆡᆨ셩들이 사울노ᄅᆞᆯ 님군으로 ᄲᅩᆸ은후에 대단히 깃버ᄒᆞ엿ᄂᆞ뇨

이공부에 ᄀᆞᄅᆞ친것슨 一 하ᄂᆞ님ᄭᅴ셔 사울노ᄅᆞᆯ 님군으로 ᄐᆡᆨᄒᆞ신것시요 二 사울노ᄂᆞᆫ 겸손ᄒᆞ고 공순ᄒᆞᆫ 사ᄅᆞᆷ이요 三 사울노ᄂᆞᆫ ᄌᆞ긔직분에 넘 지안ᄂᆞᆫ 사ᄅᆞᆷ이요 四 사울노ᄂᆞᆫ 츙셩스러온 ᄇᆡᆨ 셩들이 둘너싼 사ᄅᆞᆷ이니라.

英人之所作

一 아극릐틱이 一千七百六十九年 창조 방ᄎᆞ긔

二 졍탄이 一千七百七十五年 창조 방셜쥬긔

三 희랄이 一千七百八十七年 창조 직조긔

四 혜힐닙이 一千七百九十三年 창조 알화긔

主降生後千七百七十五年

회즁신문

건양일년 십이월 이십오일은 구셰쥬 예수씨의 탄일이라 이ᄂᆞᆯ은 예수밋ᄂᆞᆫ 나라에셔ᄂᆞᆫ 하ᄂᆞ님의 은혜ᄅᆞᆯ 더욱 감샤히녁여좃일 긔도ᄒᆞ고 찬양ᄒᆞᄂᆞᆫᄃᆡ 우리 죠션도 하ᄂᆞ님의 은춍을 닙어 십여년젼 브터 진광이 빗최여 이도가 ᄎᆞᄎᆞ흥왕ᄒᆞ여 경향간각쳐 교회에셔도 그ᄂᆞᆯ을 큰명일노삼아 깃분ᄆᆞᄋᆞᆷ으로 영화ᄅᆞᆯ 하ᄂᆞ님ᄭᅴ 돌녀보내고 찬미소ᄅᆡ가 긋치지 안ᄂᆞᆫᄃᆡ 더욱 고마온일은 졍동 리화학당에셔 공부ᄒᆞᄂᆞᆫ 녀ᄋᆞ들이 찬미가ᄅᆞᆯ 새로이 지여셔 불으ᄂᆞᆫᄃᆡ 그ᄯᅳᆺ션즉 하ᄂᆞ님이 셰상을 ᄉᆞ랑ᄒᆞ샤 ᄌᆞ긔독싱ᄌᆞᄅᆞᆯ 보내셔셔 우리로 ᄒᆞ여곰 침륜을 면ᄒᆞ고 영복을 밧게ᄒᆞ셧스니 아즉 밋지아니ᄒᆞᆫ ᄌᆞ미형뎨들도 밧비 우리교회에 들어와셔 우리와ᄀᆞᆺ치 일후 영셩을 예비ᄒᆞᆷ을 ᄇᆞ란다ᄒᆞ여 그말이 온유ᄒᆞ고 그ᄯᅳᆺ시 화평ᄒᆞ야 가히 사ᄅᆞᆷ의 ᄆᆞᄋᆞᆷ을 감화ᄒᆞᆯ듯ᄒᆞ니 우리 죠션에 녀학교가 업ᄂᆞᆫᄃᆡ 이녀ᄋᆞ들은 이학교에셔 교육을 잘밧어 이런일을 능히ᄒᆞ니 일노보면 죠션녀ᄋᆞ도 잘ᄀᆞᄅᆞ치면 사나희와 못ᄒᆞ지 아니ᄒᆞᆯ너라 ○일월십일 례ᄇᆡ에 우리교회에셔 아편셜라목ᄉᆞ가 학습인 칠명을 셰례ᄅᆞᆯ주고 그젼에 셰례밧은 사ᄅᆞᆷ들과 그ᄂᆞᆯ에 셰례밧은즁 다ᄉᆞᆺ사ᄅᆞᆷ 합닐곱사ᄅᆞᆷ을 ᄯᅩ입교 식히고 그후에 여러교우가 셩만찬을 먹엇다더라 ○평양 교회에셔 지난 예수탄일에 셩경을 가지고 옥에 들어가셔 갓친죄인의게 회ᄀᆡᄒᆞᄂᆞᆫ도ᄅᆞᆯ 젼ᄒᆞ고 교칙ᄒᆞᆫ권시 주엇ᄂᆞᆫᄃᆡ 평양 관찰ᄉᆞ가 젼도ᄒᆞ기ᄅᆞᆯ허락ᄒᆞ야 옥문을 여러주엇다더라 달셩회당에셔 작년 년화회 브터 지금ᄭᆞ지 셰례밧은 교우가 남녀병ᄒᆞ여 이십팔명이요 ᄋᆞ희가 칠명인ᄃᆡ 합ᄒᆞ여 삼십오명일너라 지금은 양력이나 음력이나 다새희가 되엿슨즉 사ᄅᆞᆷ마다 불가불 구습의 됴치아니ᄒᆞᆫ거슨 일졀바리고 새ᄆᆞᄋᆞᆷ으로 새학문을닥가 새로난사ᄅᆞᆷ이 만이 잇슬ᄯᅳᆺ ᄒᆞ더라

고ᄇᆡᆨ

본회에셔 이회보ᄅᆞᆯ 일쥬일에 ᄒᆞᆫ번식 발간ᄒᆞᄂᆞᆫ거슨다만 미이미 교회만 위ᄒᆞᆷ이 아니오 다른교회나 교외 사ᄅᆞᆷ들을 다위ᄒᆞᆫ 일이니 죠션교우나 셔국교ᄉᆞ나 만일 보고져ᄒᆞ거든 졍동 아편셜라 교ᄉᆞ집에 긔별ᄒᆞ여 갓다보시오 우리가 이회보ᄅᆞᆯ ᄒᆞᆫᄃᆞᆯ동안은 갑슬 밧지안코 줄터이오 ᄒᆞᆫᄃᆞᆯ후에ᄂᆞᆫ 갑슬 밧으되 ᄒᆞᆫ쟝에ᄂᆞᆫ 엽젼너픈이오 ᄒᆞᆫᄃᆞᆯ갑슬 미리내면 엽젼ᄒᆞᆫ돈 오픈식이오 ᄯᅩ 싀골사ᄅᆞᆷ의게 우체로 보내ᄂᆞᆫ 갑슨 ᄯᅡ루잇소

○죠션교우나 셔국교ᄉᆞ나 교즁소문에 드를만ᄒᆞᆫ 것잇거든 국문으로 젹어셔 졍동 아편셜라 교ᄉᆞ집으로 보내여 주시면 우리가 회보에 긔록ᄒᆞ여 회보 보ᄂᆞᆫ이로 ᄒᆞ여곰 이목을 새롭게 ᄒᆞ겟소

뎨일권

죠션 크리스도인 회보

뎨이호

건양이년 이월십일

론셜 텬제론

지금은 음력으로 녯히롤보내고 시히롤당ᄒᆞ믹 죠션사ᄅᆞᆷ들이 무론샹하ᄒᆞ고 ᄉᆡᆼ각ᄒᆞ기롤 셰죠차례롤 쟝셩으로지내며 궤연에 죠샹식을 효셩으로밧들어 조샹을 셤긴다ᄒᆞ나 근본을 셤길줄 모로니 극히한심ᄒᆞ도다 크리스도인들의 ᄉᆡᆼ각은 그와ᄀᆞᆺ지아니ᄒᆞ니 일년동안에 하ᄂᆞ님의 권고ᄒᆞ심으로 무ᄉᆞ히지낸거시 감샤ᄒᆞ며 ᄌᆞ긔의 ᄒᆡᆼᄒᆞᆫ바롤 ᄌᆞ셰히 ᄉᆡᆼ각ᄒᆞ여 무ᄉᆞᆷ그른 일을ᄒᆞ엿던지 뉘웃쳐 곳치기롤 심밍ᄒᆞ며 구습의그른거ᄉᆞᆫ 아조ᄇᆞ리고 새히는 새ᄆᆞ옴을먹어 착ᄒᆞᆫ일을 엇더케 ᄒᆡᆼᄒᆞ쟈 작뎡ᄒᆞ며 미ᄉᆞ롤 크리스도의게 의뢰ᄒᆞ며 도아주심을 ᄇᆞ랄지니라

하ᄂᆞ님ᄭᅴ 제ᄉᆞᄒᆞᆷ은 텬하각국이 ᄀᆞᆺᄒᆞᆫ고로 동양으로 론컨ᄃᆡ 신농시가 비로소 사제롤창셜ᄒᆞ여 년종에 제ᄉᆞᄒᆞ고 고양시가 남졍즁이라ᄒᆞᄂᆞᆫ 신하롤 명ᄒᆞ여 텬신의게 제ᄉᆞᄒᆞ고 하나라의 쳥ᄉᆞ제와 샹나라의 가평제와 쥬나라의 대사제와 교ᄉᆞ의제례ᄂᆞᆫ 다 하ᄂᆞ님ᄭᅴ 제ᄉᆞᄒᆞ고 슌님군은 샹뎨ᄭᅴ 류제롤 지닛다ᄒᆞ고 탕님군은 황황ᄒᆞᆫ신샹뎨ᄭᅴ ᄇᆞᆰ히고ᄒᆞ다ᄒᆞ엿시니 ᄌᆞ고로 셩왕이 하ᄂᆞ님ᄭᅴ 공경치 아니ᄒᆞᆫ이업ᄉᆞ며 셔양으로 론컨ᄃᆡ 샹고ᄯᅢ에 히은과 아빅파 아부라함이 다 하ᄂᆞ님ᄭᅴ 제ᄉᆞᄒᆞ엿고 모셰의 률법에 말ᄉᆞᆷᄒᆞ기롤 번육ᄒᆞᄂᆞᆫ제ᄉᆞ와 보과ᄒᆞᄂᆞᆫ제ᄉᆞ와 은혜롤갑ᄂᆞᆫ제ᄉᆞ와 죄과롤속ᄒᆞᄂᆞᆫ제ᄉᆞ가 다 하ᄂᆞ님ᄭᅴ 드리ᄂᆞᆫ 법이라ᄒᆞ엿더니 구셰쥬 강ᄉᆡᆼᄒᆞ신후에 만국만민의 죄과롤ᄃᆡ신ᄒᆞ샤 귀ᄒᆞ신몸으로 하ᄂᆞ님ᄭᅴ 제ᄉᆞᄒᆞᄂᆞᆫ 고양이되샤 십ᄌᆞ가에 도라가 속죄ᄒᆞᄂᆞᆫ 제ᄉᆞ롤 드리셧시니 구셰쥬롤 존슝ᄒᆞᄂᆞᆫ 나라에셔ᄂᆞᆫ 다시 희ᄉᆡᆼ으로 제ᄉᆞᄒᆞᆯ거시 업ᄂᆞᆫ지라 제ᄉᆞ의 근본ᄯᅳᆺ시 신령을존경ᄒᆞ며 죄과롤 속ᄒᆞ려ᄒᆞ며 ᄌᆡ앙을 면코져ᄒᆞ며 복을 구ᄒᆞᄂᆞᆫ거시로ᄃᆡ 셰경에 말ᄉᆞᆷᄒᆞ기롤 하ᄂᆞ님명을 좃ᄂᆞᆫ거시 양의기름으로 제ᄉᆞ드리ᄂᆞᆫ것보담 낫다ᄒᆞ고 예수씨의 일홈으로 긔도ᄒᆞ면 일위지 못ᄒᆞᆯ일이 업다ᄒᆞ셧시니 그런고로 셔양제국에셔 구셰쥬 강ᄉᆡᆼᄒᆞ신후로 녜젹 제ᄉᆞ법을ᄇᆞ리고 새로약됴ᄒᆞ신 복음을 준ᄒᆡᆼᄒᆞᄂᆞᆫ고로 나라히 문명진보ᄒᆞᆷ을 엇엇시니 동양제국에셔도 구례롤 곳치고 법을 ᄒᆡᆼᄒᆞᆫ후에 가히 하ᄂᆞ님의 도으심을 닙을듯ᄒᆞ더라

례ᄇᆡ일공과 뎨이 이월십ᄉᆞ일

사울노 왕바린일

ᄯᆡ가 쥬 강ᄉᆡᆼ 젼 일쳔 칠십구년
쳐가 셸갈 요단 고을이라

사무엘긔 상권 십오장 십졀노 이십삼졀ᄭᆞ지라
十 야화화ᄭᅴ셔 사무엘ᄃᆞ려 닐너글ᄋᆞ샤ᄃᆡ 十一 사울노
가 내명령을 거역ᄒᆞ니 왕을삼은거시 지금 후회되
노라ᄒᆞ신ᄃᆡ 사무엘이가 심히 근심ᄒᆞ야 밤이못도
록 야화화ᄭᅴ 긔도ᄒᆞ고 十二 아ᄎᆞᆷ에 일ᄶᅵᆨ이 사울노
ᄅᆞᆯ 보랴ᄒᆞ니 사ᄅᆞᆷ이 말ᄒᆞ되 사울노가 가멜에 쳐
소ᄅᆞᆯ 비셜ᄒᆞ고 셸갈노 갓다ᄒᆞ거ᄂᆞᆯ 十三 사무엘이가
사울노의게 나아간ᄃᆡ 사울노ㅣ 글ᄋᆞᄃᆡ 네가 야화
화ᄭᅴ 복을 밧을지어다 내가 임의고 명령을 좃차
힝ᄒᆞ엿노라 十四 사무엘이 글ᄋᆞᄃᆡ 양의소리와 소울
음이 내귀에 들님은 엇지홈이뇨 十五 사울노ㅣ 글
ᄋᆞᄃᆡ 암아레기 ᄯᅡ에셔 가져올시 ᄇᆡᆨ셩들이
하ᄂᆞ님ᄭᅴ 제ᄉᆞᄒᆞ랴고 우양의 됴흔거ᄉᆞᆫ 살니고 놈
져지ᄂᆞᆫ다 멸ᄒᆞ엿노라 十六 사무엘이 사울노ᄃᆞ려 글
ᄋᆞᄃᆡ 말ᄒᆞ지말나 야화화ᄭᅴ셔 젼밤에 내게닐ᄋᆞ신
말ᄉᆞᆷ을 네게닐ᄋᆞ리라 사울노ㅣ 글ᄋᆞᄃᆡ 말ᄉᆞᆷᄒᆞ시
오 十七 사무엘이 글ᄋᆞᄃᆡ 네가 이왕에 겸손ᄒᆞ기로
야화화ᄭᅴ셔 너ᄅᆞᆯ틱ᄒᆞ샤 지파의 쟝을삼고 너ᄅᆞᆯ 기
ᄅᆞᆷ발며 이스라엘족속의 왕을삼으시고 十八 ᄯᅩ너ᄅᆞᆯ
보내실ᄯᅢ에 말ᄉᆞᆷᄒᆞ시기ᄅᆞᆯ 암아렉이 다 죄에 간범
ᄒᆞ엿ᄉᆞ니 네가가셔 쳐멸ᄒᆞ라 ᄒᆞ셧거ᄂᆞᆯ 十九 그명령
을 좃지 아니ᄒᆞ고 그 압회셔 악ᄒᆞᆫ일을 힝ᄒᆞ야 젹
국의 물건을 취홈은 엇지홈이뇨 二十 사울노 글ᄋᆞᄃᆡ
야화화ᄭᅴ셔 나ᄅᆞᆯ 보내시매 내가 그 명령을 좃차
암아렉에 가셔 그님군 아ᄀᆡᆨ을 사로잡고 그무리ᄅᆞᆯ
다 멸ᄒᆞ고 二一 맛당히 멸ᄒᆞᆯ우양은 ᄇᆡᆨ셩들이 됴흔
거ᄉᆞᆯ 틱ᄒᆞ야 셸갈에계신 너의
하ᄂᆞ님 야화화ᄭᅴ 제ᄉᆞᄒᆞ랴 ᄒᆞ엿다ᄒᆞ니 二二 사무엘
이가 글ᄋᆞᄃᆡ 야화화ᄭᅴ셔 엇지 번졔ᄒᆞᆫ 례믈을 깃
버ᄒᆞ시고 그명령 좃ᄂᆞᆫ거ᄉᆞᆯ 깃버ᄒᆞ시지 아니ᄒᆞ시
리오 대개 명령을 좃ᄂᆞᆫ거시 졔ᄉᆞ드리ᄂᆞᆫ 것보담
나흐며 二三 모역홈이 졈치ᄂᆞᆫ죄와 다름이업고 항거
홈이 우샹 셤기ᄂᆞᆫ죄와 ᄀᆞᆺᄒᆞᆫ지라 네가
하ᄂᆞ님의 명령을 거역ᄒᆞᄂᆞᆫ고로
하ᄂᆞ님ᄭᅴ셔 네 나라 복죠ᄅᆞᆯ 쟝구치 못ᄒᆞ게 ᄒᆞ시
리라

주셕

사울노는
하ᄂᆞ님ᄭᅴ셔 틱ᄒᆞ신바 엿 마ᄂᆞᆫ ᄇᆡᆨ셩의 원ᄒᆞᄂᆞᆫᄃᆡ
로 틱ᄒᆞ셧ᄂᆞᆫ지라 님군 된지 십년 동안에 십이지
파 합ᄒᆞ여 큰 나라ᄅᆞᆯ 믄ᄃᆞ러 신하도 두고 군ᄉᆞ도
만히니르켜 이스라엘의 원슈ᄅᆞᆯ 내여쫏ᄂᆞᆫ지라 외
방나라ᄅᆞᆯ 쳐셔 멸홈은 싸호랴홈이 아니라 그나라
들이 패악홈을
하ᄂᆞ님ᄭᅴ셔 뮈워녀이샤 사울노로 인ᄒᆞ야 쳐셔 징
계ᄒᆞ심이니 사울노는
하ᄂᆞ님명을 좃차 (십오장 일졀브터 구졀ᄭᆞ지라)

암아렉이란 나라를 멸ᄒᆞ엿ᄉᆞ되 하ᄂᆞ님의 명ᄒᆞ신ᄃᆡ로 온젼히 좃지아니ᄒᆞ여 그왕도살니고 우양의 됴흔거ᄉᆞᆯ 앗겨두고 멸치아니ᄒᆞ엿ᄂᆞᆫ지라

사울노ᄂᆞᆫ 근본겸손ᄒᆞ고 졍직ᄒᆞ더니 후에 교만ᄒᆞᆫ ᄆᆞᄋᆞᆷ이 나서 사무엘의 ᄀᆞᄅᆞ침을 듯지아니ᄒᆞ고 하ᄂᆞ님의 분부를 거ᄉᆞ리ᄂᆞᆫ지라 사울노ᄂᆞᆫ 여러가지잘못ᄒᆞᄂᆞᆫ 즁 특별ᄒᆞᆫ죄가 세가지 잇ᄉᆞ니 첫재ᄂᆞᆫ 졔ᄉᆞ장을 기ᄃᆞ리지 안코 하ᄂᆞ님ᄭᅴ 졔ᄉᆞ 드림이오(십삼장 팔졀브터 십ᄉᆞ졀ᄭᆞ지 보라) 둘재ᄂᆞᆫ 헛된밍셰를 ᄒᆞ고 ᄇᆡᆨ셩을 괴롭게 ᄒᆞ며 뎌의 ᄌᆞ손이 거의 죽을디경이 됨이오 (십ᄉᆞ장 십ᄉᆞ졀브터 삼십일졀ᄭᆞ지 보라) 셋재ᄂᆞᆫ 암아렉을 치러갈ᄯᅢ 하ᄂᆞ님명을 역ᄒᆞ여 그왕을 살녀두고 금슈의 됴ᄒᆞᆫ거ᄉᆞᆯ 감초어 졔ᄉᆞ 드리고져ᄒᆞᄂᆞᆫ지라 이 세가지 죄와 또 여러가지 죄로 인ᄒᆞ야 하ᄂᆞ님ᄭᅴ셔 그왕업을 ᄲᅢᆺ스샤 ᄌᆞ손의게 주지 아니시며 사무엘이 하ᄂᆞ님의 노ᄒᆞ심과 ᄭᅮ지ᄌᆞ심으로 ᄀᆞᄅᆞ침이 츰어렵고 ᄆᆞᄋᆞᆷ이샹ᄒᆞ매 밤시도록 하ᄂᆞ님ᄭᅴ 긔도ᄒᆞ더라 어려울ᄯᅢ에 하ᄂᆞ님ᄭᅴ 긔도ᄒᆞᆷ은 도아주실 힘을 엇음이요 사무엘이 잇흔날 나러나 사울노를 맛나고쟈ᄒᆞ여 나아가매 사울노ㅣ 반가온 인ᄉᆞ를 ᄒᆞ며 ᄀᆞᆯᄋᆞᄃᆡ 내ㅣ 하ᄂᆞ님의 명을 슌죵ᄒᆞ엿다 ᄒᆞᆷ은 이거시다 ᄌᆞ긔죄를 감초고져 ᄒᆞᄂᆞᆫ ᄯᅳᆺ시라 오직 하ᄂᆞ님 압헤ᄂᆞᆫ 죄를 감출수업ᄉᆞ며 당쟝에 우양의 소ᄅᆡ 나ᄂᆞᆫ걸노 간ᄌᆞᆼ이되엿ᄉᆞ니 사울노ㅣ 죄를ᄇᆡᆨ셩의게 밀고 졔ᄉᆞ 드림으로써 갑고져ᄒᆞ여 오직졔물 드림으로 죄를 쇽ᄒᆞᆯ수업고 다만 하ᄂᆞ님ᄭᅴ 슌죵ᄒᆞᆫ ᄆᆞᄋᆞᆷ을 드리면 이ᄂᆞᆫ 하ᄂᆞ님의 츰깃버ᄒᆞ심이라 혹 사ᄅᆞᆷ이 말ᄒᆞ기를 슌죵치 아니ᄒᆞᆷ은 큰죄 아니라 ᄒᆞ되 하ᄂᆞ님ᄭᅴ셔ᄂᆞᆫ 슌죵치 아니ᄒᆞ며 졈치고 뭇ᄭᅮ리ᄒᆞᄂᆞᆫ것과 우샹의 졀ᄒᆞᄂᆞᆫ죄가 모다일반이라 ᄒᆞ시니라

뭇ᄂᆞᆫ말

一 사울노가 위에잇슨지가 몃ᄒᆡ나 되엿ᄂᆞ뇨

二 하ᄂᆞ님ᄭᅴ셔 사울노의게 암아렉ᄇᆡᆨ셩을 엇더케 ᄒᆞ라고 명ᄒᆞ셧ᄂᆞ뇨

三 사울노가 몃사ᄅᆞᆷ이나 거ᄂᆞ렷ᄂᆞ뇨 ᄉᆞ졀에보라

四 암아렉 임군의 일홈이 무엇시뇨

五 사울노가 이님군을 엇더케 ᄒᆞ엿ᄂᆞ뇨

六 이거시 하ᄂᆞ님을 깃부게 ᄒᆞ시ᄂᆞᆫ일이뇨

七 하ᄂᆞ님이 사무엘의게 무ᄉᆞᆷ 말ᄉᆞᆷᄒᆞ셧ᄂᆞ뇨

八 사무엘이가 사울노를 맛낫슬ᄯᅢ에 사울노가 무엇시라 말ᄒᆞ엿ᄂᆞ뇨 십삼졀에보라

九 사무엘이가 무엇시라 ᄃᆡ답ᄒᆞ엿ᄂᆞ뇨

十 ᄇᆡᆨ셩들이 ᄲᅢ야슨 양과 소를 무엇ᄒᆞ고져 ᄒᆞ엿다고 사울노 말ᄒᆞ엿ᄂᆞ뇨

十一 이것시 하ᄂᆞ님ᄭᅴ셔 그러캐ᄒᆞ라고 명ᄒᆞ셧ᄂᆞ뇨

十二 하ᄂᆞ님ᄭᅴ셔ᄂᆞᆫ 무ᄉᆞᆷ 졔ᄉᆞ 드리ᄂᆞᆫ것슬 더 낫게 녁이시ᄂᆞ뇨

十三 사울노가 하ᄂᆞ님의 명령을 슌죵치 아닌ᄯᅢ문에 무ᄉᆞᆷ형벌을 밧엇ᄂᆞ뇨

이공부에 ᄀᆞᄅᆞ친것슨 ᄇᆡᆨ셩과 님군이 반ᄃᆞ시 하ᄂᆞ님의 명령을 슌죵ᄒᆞ고 님군이라도 슌죵치아니면 하ᄂᆞ님이 벌을 ᄂᆞ리시ᄂᆞ니라

회즁신문

거월에 크리스도인 오십명이 평양감영 교당에 모혀셔 셔국목ᄉᆞ의게 한 이십일동안 셩경을 공부ᄒᆞ엿는ᄃᆡ 그교우들은 ᄒᆞᆫ 고을에셔만 온거시 아니라 그즁에 평양사ᄅᆞᆷ도 잇고 다른ᄃᆡ셔 온이도 잇고 의쥬사ᄅᆞᆷ도 몃분이 잇다더라○이왕에 우리교회에셔 찬미가칙을 만히 팔앗더니 그ᄉᆞ이 칙이업서셔 교우들이 사셔보지 못ᄒᆞ엿스나 지금은 다시 교졍ᄒᆞ여 ᄒᆞᆫᄃᆞᆯ후에는 발간ᄒᆞ겟소

셔울 새문안 회당에 ᄃᆞᆫ니는 교우가 일ᄇᆡᆨᄉᆞ오십명이요 요젼브터 셰례밧기를 원ᄒᆞ는 사ᄅᆞᆷ이 근ᄇᆡᆨ명인ᄃᆡ 지난쥬일에 원두우 목ᄉᆞ가 남녀병ᄒᆞ여 ᄉᆞ십이명과 ᄋᆞ희팔명 합오십명을 셰례를주고 그후에 여러 교우들이 다 깃분 ᄆᆞ음으로 셩만찬을 먹엇다더라

강화 셔ᄉᆞ면 교항동에 ᄉᆞ년젼브터 셔국목ᄉᆞ 쪼ᄉᆞ씨와 죠션교우 리명슉씨가 비로소 하ᄂᆞ님도를 힘써 젼파ᄒᆞ야 작년에는 회당을 셜립ᄒᆞ고 쥬일마다 례ᄇᆡᄒᆞ는 교우가 ᄇᆡᆨ여명인ᄃᆡ 그즁에 셰례밧은 사ᄅᆞᆷ이 남녀로쇼 병ᄒᆞ여 삼십륙명이요 학습인이 ᄋᆞ희ᄭᆞ지 합팔십여명이라 쪼ᄉᆞ목ᄉᆞ는 지작년에 고국에 도라가셔 아쥭 나오지 아니ᄒᆞ엿는ᄃᆡ 강화 교우들이 그목ᄉᆞ 나오시기ᄅᆞᆯ 형뎨ᄀᆞᆺ치 기ᄃᆞ린다더라

새문안 례ᄇᆡ당에셔 이월칠일 쥬일에 교회에 우리 쥬 예수ᄭᅴ셔 셜립ᄒᆞ신 두가지 거륵ᄒᆞᆫ례를 힝ᄒᆞ엿는ᄃᆡ 입교ᄒᆞ기를 원ᄒᆞ는 사ᄅᆞᆷ이 만흔ᄃᆡ 셰례밧은 사ᄅᆞᆷ 수효는 녀인이 이십일인이요 남인이 이십인이요 원입교인으로 세운사ᄅᆞᆷ이 삼십이인이라더라

고ᄇᆡ

본회에셔 이회보ᄅᆞᆯ 일쥬일에 ᄒᆞᆫ번식 발간ᄒᆞ는거ᄉᆞ 다만 미이미 교회만 위ᄒᆞᆷ이 아니오 다른교회나 교외사ᄅᆞᆷ들을 다 위ᄒᆞ는 일이니 죠션 교우나 셔국교ᄉᆞ나 만일 보고져ᄒᆞ거든 졍동 아펜셜라 교ᄉᆞ집에 긔별ᄒᆞ여 갓다보시오 우리가 이회보ᄅᆞᆯ ᄒᆞᆫᄃᆞᆯ동안은 갑슬 밧지안코 줄터이오 ᄒᆞᆫᄃᆞᆯ후에는 갑슬 밧으되 ᄒᆞᆫ쟝에는 엽젼너푼이오 ᄒᆞᆫᄃᆞᆯ갑슬 미리 내면 엽젼 ᄒᆞᆫ돈오푼식이오 ᄯᅩ 싀골사ᄅᆞᆷ의게 우톄로 보내는 갑슨 ᄯᅡ루잇소

죠션교우나 셔국교ᄉᆞ나 교즁소문에 드를만 ᄒᆞᆫ것 잇거든 국문으로 젹어셔 졍동 아펜셜라 교ᄉᆞ집으로 보내여 주시면 우리가 회보에 긔록ᄒᆞ여 회보 보는이로 ᄒᆞ여곰 이목을 새롭게 ᄒᆞ겟소

뎨일권 뎨삼호

죠션 크리스도인 회보

건양이년 이월십칠일

론셜 권즁진보

대개 이셰샹에 여러가지 긔이ᄒᆞᆫ 긔계가 만ᄒᆞ나 우리눈으로 지금 보ᄂᆞᆫ것 몃가지만 말ᄒᆞ노니 ᄌᆞ명죵이라 화륜션이라 화륜거라 비거라 뎐긔션이라 뎐긔등이라 ᄒᆞᄂᆞᆫ것시 잇ᄉᆞ니 이여ᄉᆞᆺ가지 긔계를 보거드면 ᄎᆞᆷ 긔긔 묘묘ᄒᆞ여 입으로 다말ᄒᆞᆯ슈 업스나 불과 사ᄅᆞᆷ의 지혜와 ᄌᆡ죠로 ᄆᆞᆫᄃᆞᆫ것시라 그러나 녯젹의ᄂᆞᆫ 이러ᄒᆞᆫ 됴ᄒᆞᆫ긔계를 ᄆᆞᆫᄃᆞᆫ사ᄅᆞᆷ이 업고 빅여년젼에 이긔계들이 비로소 낫스니 녯젹사ᄅᆞᆷ은 지혜와 ᄌᆡ죠가 지금사ᄅᆞᆷ만 못ᄒᆞ여 이것슬 ᄆᆞᆫᄃᆞᆯ지 못ᄒᆞ엿ᄂᆞᆫ지 지혜와 ᄌᆡ죠ᄂᆞᆫ 넉넉ᄒᆞ여도 ᄆᆞᄋᆞᆷ이 업서셔 ᄆᆞᆫᄃᆞᆯ지 아니ᄒᆞ엿ᄂᆞᆫ지 우리ᄂᆞᆫ 말ᄒᆞ지 안커니와 동양 사ᄅᆞᆷ들이 말ᄉᆞᆷᄒᆞ기를 녯젹에ᄂᆞᆫ 놉흔ᄌᆡ죠 잇ᄂᆞᆫ사ᄅᆞᆷ이 만ᄒᆞ나 후셰에ᄂᆞᆫ ᄎᆞᄎᆞ인긔가 쇠ᄒᆞ여 ᄌᆡ죠와 지혜가 녯사ᄅᆞᆷ을 ᄯᆞ를슈가 업ᄉᆞ니 녯사ᄅᆞᆷ의 ᄒᆞ지못ᄒᆞᆫ일을 우리가 엇지 능히 ᄒᆞ겟ᄂᆞ뇨ᄒᆞ니 녯젹사ᄅᆞᆷ의 ᄒᆞᆫ일과 지금사ᄅᆞᆷ의 ᄒᆞᆫ일을 비교ᄒᆞ여 보면 어ᄂᆞ때 사ᄅᆞᆷ이 ᄌᆡ죠가 더잇ᄂᆞᆫ지 가히 알거시오 셔양사ᄅᆞᆷ은 이러ᄒᆞᆫ 여러가지 됴ᄒᆞᆫ 긔계들을 ᄆᆞᆫ드럿시되 동양사ᄅᆞᆷ은 능히 새ᄯᅳᆺ스로 새긔계를 ᄆᆞᆫᄃᆞᆫ이가 업ᄉᆞ니 셔양 사ᄅᆞᆷ은 다ᄌᆡ죠가잇고 동양 사ᄅᆞᆷ은 다ᄌᆡ죠가 업서셔 그러ᄒᆞ뇨 황연히 ᄭᆡ닷기 쉬흐니 셔양사ᄅᆞᆷ은 여러가지 학문을 졸업ᄒᆞ여 박물가에셔 ᄒᆡ마다 새긔계 졔조ᄒᆞ기를 힘쓰고 됴ᄒᆞᆫ긔계를 ᄆᆞᆫᄃᆞᆫ사ᄅᆞᆷ은 국즁에셔 놉히 ᄃᆡ졉ᄒᆞᄂᆞᆫ ᄭᆞᄃᆞᆰ으로 ᄌᆡ죠잇ᄂᆞᆫ 사ᄅᆞᆷ들이 리치를 궁구ᄒᆞ고 지혜를 다ᄒᆞ여 ᄌᆡ죠를 뵈힘이오 동양사ᄅᆞᆷ은 그럿치 못ᄒᆞ여 ᄌᆞ포ᄌᆞ기 ᄒᆞᆯ ᄆᆞᄋᆞᆷ만잇셔 그젼에 보지못 ᄒᆞ던것과 듯지못 ᄒᆞ던것슬 보던지 듯던지ᄒᆞ면 이단이라 말ᄒᆞ고 당초에 궁구ᄒᆞᆯ ᄉᆡᆼ각이 업슴이라 엇지 이ᄃᆞᆲ지 아니ᄒᆞ리오 우리가 이러케 말ᄒᆞᄂᆞᆫ것시 셔양사ᄅᆞᆷ만 칭찬ᄒᆞ고 동양사ᄅᆞᆷ은 타박ᄒᆞᄂᆞᆫ것시 아니라 특별이 동양사ᄅᆞᆷ을 위ᄒᆞ여 무ᄉᆞᆷ ᄌᆡ죠던지 무ᄉᆞᆷ 학문이던지 아모ᄶᅩ록 궁구ᄒᆞ고 ᄉᆡᆼ각ᄒᆞ여 젼에 보지 못ᄒᆞ던것시라도 힘써보고 젼에 듯지 못ᄒᆞ던것시라도 힘써듯기를 권면ᄒᆞ오

레비일공과 뎨삼 이월이십일일

기름바른왕ᄡᅡ빗의일 사무엘 샹권

십륙쟝 일졀노 십삼ᄭᆞ지라

쥬 강ᄉᆡᆼ젼 일쳔 륙십오년

변조

디명 벳레헴

一 야화화ᄭᅴ셔 사무엘ᄃᆞ려 닐너 ᄀᆞᆯᄋᆞ샤ᄃᆡ 사울노가 이스라엘 왕이되매 내가 그의복을 길지안케ᄒᆞ니 엇지네가 근심ᄒᆞᄂᆞ뇨 기름을 ᄲᅳᆯ에담고 내가 너를보내여 벳레헴 사람 리새의게 니ᄅᆞ러 그 아ᄃᆞᆯ즁에 내가 ᄒᆞ나흘 간틱ᄒᆞ야 왕을 삼으리라ᄒᆞ신ᄃᆡ 二 사무엘이가 ᄀᆞᆯᄋᆞᄃᆡ 사울노가 드ᄅᆞ면 반ᄃᆞ시 나를 죽일거시니 엇더케 가오릿가ᄒᆞ니 야화화ㅣ ᄀᆞᆯᄋᆞ샤ᄃᆡ 네가 송아지를 가지고 말ᄒᆞ되 내가 야화화의게 제ᄉᆞ를 드리랴고 왓노라ᄒᆞ고 三 리새를 불너 제물을 먹으라 내가 네게 무어ᄉᆞᆯ ᄒᆞ라고 보이리니 내가 명ᄒᆞᆫ쟈의게 기름으로 바르라 四 사무엘이가 야화화의 명령을 좃차 벳레헴에 니ᄅᆞ니 읍에 쟝로가 그옴을 보고 두려워ᄒᆞ야 무러ᄀᆞᆯᄋᆞᄃᆡ 그ᄃᆡ가 평안ᄒᆞᆷ으로 오시니잇가 ᄒᆞ거ᄂᆞᆯ 五 ᄃᆡ답ᄒᆞ샤ᄃᆡ 내가 여긔온거ᄉᆞᆫ 오직 평안ᄒᆞ야 야화화ᄭᅴ 제ᄉᆞ를 드리고져 왓노라 ᄒᆞᄂᆞ니 너희가 몸을 ᄭᆡᆺ긋시ᄒᆞ고 나와ᄒᆞᆷᄭᅴ 제물을 먹자ᄒᆞ며 사무엘이가 리새와 그의아ᄃᆞᆯ노 ᄒᆞ여곰 ᄭᆡᆺ긋케ᄒᆞ고 제물을 먹으라 부르더라 六 더희가 임의오매 사무엘이가 엘리압을 보고 ᄉᆡᆼ각ᄒᆞᄃᆡ 야화화ᄭᅴ셔 기름을 바르라는이는 과연 이사ᄅᆞᆷ인가ᄒᆞ니 七 야화화ᄭᅴ셔 사무엘이ᄃᆞ려 닐ᄋᆞ샤ᄃᆡ 그얼골이 아ᄅᆞᆷ다온것과 몸이 놉흔것ᄉᆞᆯ 보지말나 이사ᄅᆞᆷ을 내가 간틱ᄒᆞᆫ것시 아니니 내가 보는것손 사ᄅᆞᆷ보다 다ᄅᆞ니 사ᄅᆞᆷ은 외모를 보거니와 나는 속ᄆᆞ옴을 보ᄂᆞ니라 八 리새가 아비나답을 불너 사무엘 압흐로 지나가게ᄒᆞ니 사무엘이 ᄀᆞᆯᄋᆞᄃᆡ 야화화ᄭᅴ셔 이사ᄅᆞᆷ을 간틱ᄒᆞ지 아니ᄒᆞ셧ᄂᆞ니라 九 리새가 ᄯᅩ 사마로 지나가게ᄒᆞ니 사무엘이 ᄀᆞᆯᄋᆞᄃᆡ 야화화ᄭᅴ셔 ᄯᅩᄒᆞᆫ 이사ᄅᆞᆷ을 간틱ᄒᆞ시지 아니ᄒᆞ셧ᄂᆞ니라 十 리새가 닐곱아ᄃᆞᆯ노 다 지나가게ᄒᆞ되 사무엘이 리새ᄃᆞ려 ᄀᆞᆯᄋᆞᄃᆡ 이는 다 야화화ᄭᅴ셔 간틱ᄒᆞ신이가 아니니라 十一 사무엘이 ᄯᅩ ᄀᆞᆯᄋᆞᄃᆡ 네아ᄃᆞᆯ이 다 이곳에 잇ᄂᆞ냐 ᄀᆞᆯᄋᆞᄃᆡ ᄯᅩ ᄭᅳᆺ아ᄃᆞᆯ이 잇스니 양을 먹이노라ᄒᆞ거ᄂᆞᆯ 사무엘이 ᄀᆞᆯᄋᆞᄃᆡ 속히 부르라 사무엘이 리새ᄃᆞ려 ᄀᆞᆯᄋᆞᄃᆡ 내가 잠간도 안져 먹지아니ᄒᆞ고 ᄭᅳᆺ헷쟈 니ᄅᆞ기를 기ᄃᆞ리노라 十二 드ᄃᆡ여 불너오니 그얼골 빗치 불ᄭᅴ 쌍눈이 ᄇᆞᆰ고 봉치가 심히 아ᄅᆞᆷ다온지라 야화화ㅣ ᄀᆞᆯᄋᆞ샤ᄃᆡ 이게 그사ᄅᆞᆷ이니 속히 기름으로 목욕ᄒᆞ여라ᄒᆞ신ᄃᆡ 十三 사무엘이 ᄲᅮᆯ속기름을 취ᄒᆞ여 목욕시기니 형뎨들이 감동ᄒᆞ야 보며 이후로 야화화의 셩신이 ᄡᅡ빗을 감동ᄒᆞ니 사무엘이 인도ᄒᆞ여 힝ᄒᆞ고 랍마로 가더라

주석

사울노는 회ᄀᆡᄒᆞᆫ쳬ᄒᆞ되 진실이 회ᄀᆡ치 아님을 보고 사무엘이 대단이 ᄉᆞᆨ짓고 ᄯᅥ나 다시 사울노를 보지아니 ᄒᆞ는지라(사무엘긔상권십오쟝이십ᄉᆞ졀브터 삼십오졀ᄭᆞ지보라) 사무엘이 더를 위ᄒᆞ야 ᄆᆞ옴이 슯허ᄒᆞ매 하ᄂᆞ님ᄭᅴ셔 ᄉᆞᆨ지져 ᄀᆞᆯᄋᆞ샤ᄃᆡ 나ㅣ 뎌를 ᄇᆞ리고 다

론 님군을 ᄐᆡᆨᄒᆞ리라 ᄒᆞ시더라 셰샹 님군이 다
하ᄂᆞ님의 부린바ㅣ라 모든 사ᄅᆞᆷ들은
하ᄂᆞ님의 연장 쓰ᄂᆞᆫ것 ᄀᆞᆺᄒᆞ여 장인은 연장이 못
쓰게되면 다른 연장을 가지고 쓰ᄂᆞ니
하ᄂᆞ님ᄭᅴ셔ᄂᆞᆫ 노ᄒᆞ심을 급히 아니ᄒᆞ샤 사울노ㅣ
오래도록 회ᄀᆡ키ᄅᆞᆯ 기ᄃᆞ리시되 ᄎᆞᆷ 회ᄀᆡ치 아니ᄒᆞ
매 다른 님군을 ᄐᆡᆨᄒᆞ셧ᄂᆞᆫ지라 사무엘ᄃᆞ려 닐너ᄀᆞᆯ
ᄋᆞ샤ᄃᆡ 네 벳레헴에 가서 리ᄉᆡ의 아ᄃᆞᆯ즁에 내의
ᄐᆡᆨᄒᆞᆫ쟈ᄅᆞᆯ 기름을 발나라ᄒᆞ시니 사무엘이 이말ᄉᆞᆷ
을 듯고 무셔워ᄒᆞᆷ은 사울노ㅣ 악ᄒᆞᆷ으로 죽일ᄭᆞ
두려ᄒᆞᄂᆞᆫ지라
하ᄂᆞ님ᄭᅴ셔 사무엘ᄃᆞ려 송아지ᄅᆞᆯ 가지고 가셔 졔
ᄉᆞ 지내라ᄒᆞ시매 사무엘이 이젼 ᄉᆞᄉᆞ로 엇슬ᄯᅢ며
그후에도 여러군ᄃᆡ에 단을싸코 졔ᄉᆞ 드릴졔 놈이
모로게ᄒᆞ라 ᄒᆞ심은 놈을 속임이 아니라 번거히
안케ᄒᆞ심이라 사ᄅᆞᆷ 죠심ᄒᆞ고 번거히 아니ᄒᆞᆷ은 죄
아니로되 ᄆᆞᄋᆞᆷ을 속여 거즛말ᄒᆞᆷ은 그죄 큰지라
하ᄂᆞ님ᄭᅴ셔 사ᄅᆞᆷ의게 무ᄉᆞᆷ 일이던지 분부ᄒᆞ시면
엇지ᄒᆞᆯ바ᄅᆞᆯ 아니 ᄀᆞᄅᆞ치심이 업ᄂᆞᆫ지라 사무엘이
졔ᄉᆞ 드린후 리ᄉᆡ의 집에 나아가 그 맛아ᄃᆞᆯ을 보
고 ᄐᆡᆨᄒᆞ랴ᄒᆞ매
하ᄂᆞ님ᄭᅴ셔 아니라ᄒᆞ시며 ᄯᅩ 둘지아ᄃᆞᆯ노 닐곱지
아ᄃᆞᆯᄭᆞ지 니ᄅᆞ되 아닌지라
하ᄂᆞ님ᄭᅴ셔 그적은 아ᄃᆞᆯ은 아비가 양치ᄂᆞᆫᄃᆡ 두고
찻지도 아니ᄒᆞ고 놈이 업수히 넉이ᄂᆞᆫ ᄯᅡ빗을
ᄒᆞ시매 사무엘이 뎌ᄅᆞᆯ 기름발음은 쟝ᄎᆞᆺ 님군됨을
표님이라 일노브터
하ᄂᆞ님의 셩신이 ᄯᅡ빗을 감동ᄒᆞ심은
하ᄂᆞ님ᄭᅴ셔 ᄯᅡ빗의 쟝ᄎᆞᆺ 왕업의 일을 ᄀᆞᄅᆞ쳐 예
비ᄒᆞ심이니 사ᄅᆞᆷ이
하ᄂᆞ님의 ᄀᆞᄅᆞ치심을 밧아 일마다 아니됨이 업ᄉᆞ
며 만일 그 ᄀᆞᄅᆞ치심과 인도ᄒᆞ심을 슌죵치 아니
ᄒᆞ여 사울노와 ᄀᆞᆺ치ᄒᆞ면 일마다 아니되고 죄가
크리로다

믓ᄂᆞᆫ말

一 사무엘이 뉘웃쳐ᄒᆞ매 사울노의게 무ᄉᆞᆷ 일이 잇
셧ᄂᆞ뇨 二 사무엘이 하ᄂᆞ님ᄭᅴ 무ᄉᆞᆷ 명령을 밧앗
ᄂᆞ뇨 三 뉘가 벳레헴에 살앗ᄂᆞ뇨 四 사무엘이가
하ᄂᆞ님의 말ᄉᆞᆷᄃᆡ로 벳레헴에 가기ᄅᆞᆯ 무셔워 ᄒᆞ엿
ᄂᆞ뇨 五 하ᄂᆞ님ᄭᅴ셔 무엇ᄉᆞᆯ 가져가라고 닐으셧ᄂᆞ
뇨 六 사무엘이가 벳레헴에서 무엇 ᄒᆞ엿ᄂᆞ뇨 七
사무엘이 온것ᄉᆞᆯ 보고 벳레헴 ᄇᆡᆨ셩들이 엇더케
ᄒᆞ엿ᄂᆞ뇨 八 그들이 사무엘의게 무엇ᄉᆞᆯ 무럿ᄂᆞ뇨
九 사무엘이가 엇더케 ᄃᆡ답ᄒᆞ엿ᄂᆞ뇨 十 리ᄉᆡ의
아ᄃᆞᆯ이 몃치뇨 十一 모든사ᄅᆞᆷ이 졔ᄉᆞ 드리ᄂᆞᆫᄃᆡ 왓
ᄂᆞ뇨 十二 이공부에 잇ᄂᆞᆫ 리ᄉᆡ의 아ᄃᆞᆯ에 일홈들을
말ᄉᆞᆷᄒᆞ시요 十三 사무엘이가 그 맛아ᄃᆞᆯ을 보고 무
엇시라 말ᄒᆞ엿ᄂᆞ뇨 十四 하ᄂᆞ님ᄭᅴ셔 무엇시라 말
ᄉᆞᆷ ᄒᆞ셧ᄂᆞ뇨 十五 십칠쟝 십삼졀에 이리압과 려ᄃᆡ
지략 샹권 이십칠쟝 십팔졀에 이리호라 부른것ᄉᆞᆯ
공부ᄒᆞ시요 十六 리ᄉᆡ의 말재아ᄃᆞᆯ에 일홈이 무엇
시뇨 十七 그사ᄅᆞᆷ이 무엇 ᄒᆞ엿ᄂᆞ뇨 十八 그사ᄅᆞᆷ의
형상을 말ᄉᆞᆷᄒᆞ시요 十九 ᄯᅡ빗이 사무엘이 압회 왓
슬ᄯᅢ에 하ᄂᆞ님이 무엇시라 말ᄉᆞᆷ ᄒᆞ셧ᄂᆞ뇨 二十 사
무엘이가 무엇 ᄒᆞ엿ᄂᆞ뇨 二十一 사무엘이가 어ᄃᆡ
갓ᄂᆞ뇨

회즁신문

이월 구일에 발간ᄒᆞᆫ 독립신문 영어론셜에 말ᄒᆞ기를 죠션에 예수교ᄒᆞ는 사ᄅᆞᆷ들이 나라안에 뎨일 활발ᄒᆞᆫ 사ᄅᆞᆷ들이라 ᄒᆞᆫ번 교를 밋은후로 브터는 ᄌᆞ긔의 ᄆᆞᄋᆞᆷ들만 닥가 진익ᄒᆞᆯᄲᅮᆫ 아니라 대셔사ᄅᆞᆷ의 ᄉᆡᆼ업ᄒᆞ는 법을 ᄇᆡ호기를 시작ᄒᆞ고 잘 인츌ᄒᆞ는 신문지들을 귀ᄒᆞᆫ줄 알고 널을줄을 알아 새 의ᄉᆞ들을 넓히니 만일 이사ᄅᆞᆷ들을 올케 인도ᄒᆞ고 잘 교육만ᄒᆞ면 ᄉᆡᆼ각ᄒᆞ는 새모양과 ᄉᆡᆼ애ᄒᆞ는 새법을 잘본바다 ᄇᆡ호고 ᄯᅩ 나라에 법률 직희는 ᄇᆡᆨ셩되기를 힘쓰며 서로 심력을 합ᄒᆞ야 교회를 밧들고 국가를 츙셩으로 보호ᄒᆞ기를 시험ᄒᆞ며 ᄯᅩ 우리가 흔이드르니 경향간에 잇는 교도들이 무슨 긔회가 잇시면
대군쥬를 위ᄒᆞ야 츙셩들을 뵈이며 미이미교회에 속ᄒᆞᆫ 본토신도가 만흔모양인ᄃᆡ 근일에 나라안에 잇는 교도들이 서로 교통ᄒᆞ기를 위ᄒᆞ야 ᄒᆞᆫ 회보를 ᄆᆞᆫ드러 ᄒᆞᆫ 례ᄇᆡ동안에 ᄒᆞᆫ번식 인츌ᄒᆞ는ᄃᆡ 그 속에 유리ᄒᆞᆫ 론셜과 례ᄇᆡ학당 공과와 교즁신문을 긔록ᄒᆞ여 일홈을 죠션 크리스도인 회보라ᄒᆞ고 외국교ᄉᆞ에는 아펀셜라씨가 쥬쟝ᄒᆞ고 죠션 국문으로 인츌ᄒᆞ니 우리는 이회보가 잘되여셔 보는사ᄅᆞᆷ도 만코 죠션 국문으로 인츌ᄒᆞ는 신문지들이 만히 ᄉᆡᆼ기기를 바란다고 ᄒᆞ엿더라○쳥국 남안현 산두셩은 본ᄅᆡ 샤신을 숭ᄉᆞᄒᆞ는 쳐소라 근일에 ᄒᆞᆫ 사ᄅᆞᆷ이잇서 근본 풍슈지술노 ᄌᆞᄉᆡᆼᄒᆞ더니 예수교를 밋은후로는 ᄌᆞ긔의 위업ᄒᆞ는거시 올치아니ᄒᆞᆫ줄을 알고 비록 집이 가난ᄒᆞ야 ᄌᆞᄉᆡᆼᄒᆞᆯ 도리가 업ᄉᆞ나 신심이 돈독ᄒᆞᆫ고로 ᄌᆞ긔의 쓰든 지남텰과 술서를 다 그전 션ᄉᆡᆼ의게 보내여 다시는 허탄ᄒᆞᆫ 술업에 미혹ᄒᆞ지 안는뜻을 보엿다더라

고ᄇᆡᆨ

본회에서 이회보를 일쥬일에 ᄒᆞᆫ번식 발간ᄒᆞ는거손 다만 미이미 교회만 위홈이 아니오 다른교회나 교외사ᄅᆞᆷ들을 다 위ᄒᆞ는 일이니 죠션 교우나 셔국교ᄉᆞ나 만일 보고져ᄒᆞ거든 졍동 아펀셜라 교ᄉᆞ집에 긔별ᄒᆞ여 갓다보시오 우리가 이회보를 ᄒᆞᆫᄃᆞᆯ동안은 갑슬 밧지안코 줄터이오 ᄒᆞᆫᄃᆞᆯ후에는 갑슬 밧으되 ᄒᆞᆫ장에는 엽젼너픈이오 ᄒᆞᆫᄃᆞᆯ갑슬 미리내면 엽젼 ᄒᆞᆫ돈오픈식이오 ᄯᅩ 싀골사ᄅᆞᆷ의게 우톄로 보내는 갑슨 ᄯᅩ루잇소

죠션교우나 셔국교ᄉᆞ나 교즁소문에 드를만 ᄒᆞᆫ것 잇거든 국문으로 젹어셔 졍동 아펀셜라 교ᄉᆞ집으로 보내여 주시면 우리가 회보에 긔록ᄒᆞ여 회보보는이로 ᄒᆞ여곰 이목을 새롭게 ᄒᆞ겟소

뎨일권 죠션회보 대ᄉ호
건양이년 이월이십ᄉ일

론셜 교ᄌ론

대개 사ᄅᆞᆷ의 집이 흥망과 셩쇠가 젼혀 ᄌᆞ손을 교육ᄒᆞᄂᆞᆫ듸 잇ᄉᆞ니 엇지 관계됨이 크지 아니ᄒᆞ리요 사ᄅᆞᆷ의 부모된이가 맛당이 ᄉᆡᆼ각ᄒᆞ기를 ᄌᆞ손이 ᄌᆞ긔의게만 쇽ᄒᆞᆫ 거시 아니라 쳣재는 하ᄂᆞ님ᄭᅴ 쇽ᄒᆞ엿ᄂᆞᆫ듸 하ᄂᆞ님ᄭᅴ셔 부모 된이로 ᄒᆞ여곰 각기 ᄌᆞ식을 잘 양육ᄒᆞ고 잘 교훈ᄒᆞ고 잘 인도케 ᄒᆞ시ᄂᆞᆫ줄을 알어셔 ᄌᆞ식을 기ᄅᆞ기만 힘쓸ᄲᅮᆫ 아니라 여러가지 학문을 도뎌히 ᄀᆞᄅᆞ쳐 지덕이 겸비ᄒᆞᆫ 사ᄅᆞᆷ이 되여야 일후에 능히 부모를 현달케 ᄒᆞ고 문호를 챵셩케 ᄒᆞᆯ거시요 만약 그럿치 못ᄒᆞ면 불쵸ᄒᆞᆫ ᄌᆞ식이 되야 가산을 탕패ᄒᆞ거나 부모와 션죠의게ᄭᆞ지 욕이 밋치ᄂᆞ니 그 칙망이 뉘게 잇ᄉᆞ리요 비컨ᄃᆡ 동산쥬인이 화초밧슬 ᄒᆞᆫ 농부의게 맛겻ᄂᆞᆫ듸 그 농부가 각ᄉᆡᆨ 화초를 모죵ᄒᆞᆫ 후에 ᄌᆞ조 물을주고 ᄌᆞ조 ᄲᅧᆯ회를 붓도다 그 화초가 병이업시 잘 ᄌᆞ라고 샹ᄒᆞᆫ가지가 업시 ᄭᅩᆺ도 잘 픠고 입도 무셩ᄒᆞ야 참 볼만ᄒᆞ여야 그 쥬인의게 칭찬도 듯고 상급도 엇을거시어ᄂᆞᆯ 그 농부가 게을니 ᄒᆞ다가 화초가 마르거나 ᄭᅩᆺ시 잘픠지 안커나ᄒᆞ면 그 쥬인이 농부를 듸ᄒᆞ여 무ᄉᆞᆷ말을 ᄒᆞ겟ᄂᆞ뇨 녜사ᄅᆞᆷ이 ᄀᆞᆯᄋᆞᄃᆡ ᄌᆞ식의게 황금 ᄒᆞᆫ광쥬리를 주ᄂᆞᆫ거시 경셔ᄒᆞᆫ권 ᄀᆞᄅᆞ치ᄂᆞᆫ것만 ᄀᆞᆺ지못ᄒᆞ다ᄒᆞ고 ᄯᅩ ᄀᆞᆯᄋᆞᄃᆡ ᄌᆞ식을 어려슬ᄯᅢ에 ᄀᆞᄅᆞ치라 ᄒᆞ엿ᄉᆞ니 이 두말ᄉᆞᆷ이 참 유리ᄒᆞ도다 ᄌᆞ식을 기를ᄯᅢ에 됴흔 음식과 샤치ᄒᆞᆫ 의복으로 편안케만 ᄒᆞ여주고 만물이 엇지ᄒᆞ야 ᄉᆡᆼ겻시며 사ᄅᆞᆷ이 엇지ᄒᆞ야 귀ᄒᆞ며 사ᄅᆞᆷ의 당연히 ᄒᆞᆯ직칙이 무어신지 ᄀᆞᄅᆞ치지 아니ᄒᆞ면 그 ᄌᆞ식이 쟝셩ᄒᆞ여도 다만 ᄌᆞ긔의 유여ᄒᆞᆫ것만 혜아리고 셰샹물졍이 엇더ᄒᆞᆫ것슬 도모지 모로ᄂᆞ니 이러ᄒᆞᆫ 사ᄅᆞᆷ의 소견은 닐은바 우물에 안ᄌᆞ셔 하ᄂᆞᆯ을 봄과 ᄀᆞᆺᄒᆞᆫ지라 ᄆᆞᄋᆞᆷ이 교만ᄒᆞ고 ᄒᆡᆼ실이 비루ᄒᆞ여 셰계샹에 무용지인이 될거시니 엇지 익셕지 아니리요 사ᄅᆞᆷ들이 흔이 말ᄒᆞ기를 어린ᄋᆞᄒᆡ가 ᄒᆡᆼ위가 경솔ᄒᆞ고 언어가 불공ᄒᆞᆯ지라도 지각이 ᄎᆞᄎᆞ나면 그버릇슬 곳칠다ᄒᆞ되 만약 어려슬ᄯᅢ에 ᄀᆞᄅᆞ치지 못ᄒᆞ면 골격이 쟝대ᄒᆞ고 심지가 완악ᄒᆞᆫ 후에ᄂᆞᆫ 아모리 독실히 교훈ᄒᆞ고 엄히 경계ᄒᆞ여도 됴흔 말ᄉᆞᆷ이 귀에 들어오지안코 착ᄒᆞᆫ ᄒᆡᆼ실을 몸에 본밧기가 어려워 부모의 명령을 슌죵치 아니ᄒᆞ야 부ᄌᆞ ᄌᆞ효ᄒᆞᄂᆞᆫ 졍리가 일노조차 ᄭᅳ어지ᄂᆞ니 문호의 셩쇠가 엇지 교육ᄒᆞᄂᆞᆫ듸 잇지 아니타 ᄒᆞ리요 동포 형뎨들은 삼갈지어다

ᄯᅡ빗과 골니아

외싸홈ᄒᆞᆫ일 사무엘긔 상권 십칠쟝 삼십팔절노 오십일

년조 주강싱젼 일쳔 륙십삼년

디명 일나산골쟉

三八 사울노가 갑쥬를 ᄯᅡ빗의게 주여 구리투구를 씨우고 갑옷슬 닙피고 三九 칼을치워 힝케ᄒᆞ니 오직 갑쥬를 달련치 못ᄒᆞ엿는지라 사울노ᄃᆞ려 닐ᄋᆞᄃᆡ 내가 이거슨 달련못ᄒᆞ야 ᄲᆞᆯ니힝치 못ᄒᆞ겟다ᄒᆞ고 드ᄃᆡ여 물니치고 四十 지팡이를집고 ᄀᆡ쳔에 빗치졍결ᄒᆞᆫ 돌 다섯슬 쥬먼이에 너흐니 곳 목동의 흥샹 가지고 ᄃᆞ니는거시라 돌 발ᄒᆞ는 로ᄭᅳᆫ을 가지고가셔 비리ᄉᆞ인을 마질ᄉᆡ 四一 비리ᄉᆞ인이 압흐로 나아와 ᄯᅡ빗을 마지매 방픽 가진쟈이 몬져 인도ᄒᆞ더라 四二 비리ᄉᆞ인이 돌나보다가 ᄯᅡ빗이 나히 심히 졈고 그얼골이 불그며 봉치 아름다온거슬 업수히넉이고 四三 ᄯᅡ빗ᄃᆞ려 닐ᄋᆞᄃᆡ 네가 지팡이를 가지고 왓스니 나를 ᄀᆡ라ᄒᆞ느냐 ᄒᆞ고 그의 하ᄂᆞ님을 가ᄅᆞ쳐 ᄯᅡ빗을 져쥬ᄒᆞ고 四四 ᄯᅩ닐ᄋᆞᄃᆡ 네가왓스니 내가 네고기를 취ᄒᆞ야 나는ᄉᆡ와 닷는즘싱을 주리라ᄒᆞ거ᄂᆞᆯ 四五 ᄯᅡ빗이 ᄀᆞᆯᄋᆞᄃᆡ 너희가 이스라엘 하ᄂᆞ님의 군ᄉᆞ를 업수히넉이고 네가와셔 나를 마지되 리ᄒᆞᆫ칼을 가지고 방픽를쓰니 내가와셔 너를 맛기는 만유의 하ᄂᆞ님 야화화를 밋ᄂᆞ니 四六 오ᄂᆞᆯ 야화화 ᄭᅴ셔 너를 내손에붓치ᄉᆡ 내쟝ᄎᆞᆺ 너를쳐 네머리를 버혀 너희들의 시톄와 ᄡᅧ를 나는ᄉᆡ와 닷는즘싱을 주어 텬하억죠로 이스라엘족 하ᄂᆞ님 계신줄을 다알게ᄒᆞ고 四七 ᄯᅩᄒᆞᆫ 이모든 모힌이들노 야화화ᄭᅴ셔 사ᄅᆞᆷ을 구원ᄒᆞ시매 칼과 챵을 빙쟈ᄒᆞ지안코 의이게ᄒᆞ여 임의로 힝ᄒᆞ고 너희를 우리손에 붓치심을 알게 ᄒᆞ리라ᄒᆞ니 四八 비리ᄉᆞ인이 나아가 ᄯᅡ빗을 맛고져ᄒᆞᆯᄉᆡ ᄯᅡ빗이 ᄲᆞᆯ니 나아가 비리ᄉᆞ인을 마지랴 다가 四九 쥬머니에 돌을 취ᄒᆞ야 로ᄭᅳᆫ으로 발ᄒᆞ야 비리ᄉᆞ인을 쳐셔 깁히 니마에 드러가 ᄯᅡ에 업드러지니 五十 이러ᄒᆞ매 ᄯᅡ빗이 로ᄭᅳᆫ으로 돌을 발ᄒᆞ야 비리ᄉᆞ인을 쳐죽이고 손에 칼을 가지지 아니ᄒᆞ고 五一 압흐로 나아가 비리ᄉᆞ인의 몸을ᄇᆞᆲ고 칼을ᄲᅢ혀 그머리를 버히니 비리ᄉᆞ인들이 그용밍잇는쟈가 임의 죽음을 보고 문허져 다러나더라

주석

사무엘이 사울노를 ᄯᅥ나 아조보지 아니ᄒᆞ매 후에 사울노ㅣ 졈졈 악심이 더ᄒᆞᆷ은 하ᄂᆞ님의 셩신이 ᄯᅥ나고 악신이 유혹게ᄒᆞ여 밋친 사ᄅᆞᆷ과 ᄀᆞᆺ치 되는지라 악신이 사울노의게 림ᄒᆞᆯᄯᅢ에 ᄯᅡ빗이 거문고를 타매 사울노ㅣ ᄆᆞᄋᆞᆷ이 샹쾌ᄒᆞ여 병이 나흔모양되고 악신이 ᄯᅥ나가니 ᄯᅡ빗을 ᄉᆞ랑ᄒᆞ되 하ᄂᆞ님ᄭᅴ셔 ᄯᅡ빗을 ᄐᆡᆨᄒᆞ샤 일후 왕될줄은 모로더라 그ᄯᅢ 비리ᄉᆞ사ᄅᆞᆷ이 이스라엘을 치러올졔 다리고 온 쟝슈 잇ᄉᆞ니 일홈은 골니아라 신쟝이 목척에 신척이 더되고 머리에 구리쇠 투구를 쓰고 몸에

구리갑옷슬 닙엇ᄉᆞ니 그갑옷 무게가 일빅이십여근 즁이라 ᄉᆞ십일동안에 이스라엘 빅셩을 죠롱ᄒᆞ며 누가 감히 날노 더브러 싸홀고ᄒᆞ니 사울노도 힘 만코 군ᄉᆞ 만ᄒᆞ되 오직 다무서워 ᄒᆞ는지라(사무엘긔 샹권 십칠쟝 일졀노 이십칠 ᄭᅡ지)이때 ᄯᅡ빗의 삼형뎨가 사울노를 좃차 싸홈 ᄒᆞ는고로 부친이 ᄯᅡ빗으로ᄒᆞ여곰음식을 가지고 진즁에 가서 형님ᄭᅴ 문안ᄒᆞ라 ᄒᆞ엿더니 ᄯᅡ빗이 진즁에 갈제 골니아의 죠롱ᄒᆞ는 말과 이스아엘이 무서워 홈을 듯고 글으ᄃᆡ 내가 골니아를 죽이리라 ᄒᆞ니 사울노 듯고 ᄯᅡ빗을 불너글으ᄃᆡ 너는 나히 어리고 싸홈 ᄒᆞ는 법도 모로거ᄂᆞᆯ 엇지 골니아를 ᄃᆡ뎍ᄒᆞ리오 ᄒᆞᆫᄃᆡ ᄯᅡ빗이 말ᄒᆞ되

하ᄂᆞ님ᄭᅴ서 녜젹에 나를 ᄉᆞᄌᆞ와 곰의 입에셔 구원ᄒᆞ셧ᄉᆞ니(사무엘긔 젼서 십칠쟝 삼십삼이졀노 삼십칠, ᄭᅡ지) 지금도 이배리ᄉᆞ인 손에셔 구원ᄒᆞ시리라 사울노—. ᄌᆞ긔갑옷슬 주어 닙으라 ᄒᆞ되 ᄯᅡ빗이 그젼에 닙어보지 아니홈으로 닙지안코 막ᄃᆡᄒᆞ나와 젹은돌 다ᄉᆞᆺ과 팔미치는 ᄭᅳᆫ을 가지고 하ᄂᆞ님이 도와 주시거를 밋고 가셔 골니아를 돌노쳐 죽이고 뎌의 칼노 뎌의목을 버혀 온지라 ᄯᅡ빗은 어린 쇼년이오 싸홈ᄒᆞ는 법도 모로고 칼과 투구도업고 오직 춤

하ᄂᆞ님을 밋는고로 도와주심을 엇어 힘만코 투구도잇고 칼도잇고 싸홈더 잘ᄒᆞ는 골니아를 죽엿ᄉᆞ니 일노 보건ᄃᆡ 악을 힝ᄒᆞ는쟈는 비록 력ᄉᆞ라도 힘이업고

하ᄂᆞ님을 밋는쟈는 연약히도

하ᄂᆞ님의 힘을 엇으면 못홀일이 업ᄂᆞ니라 우리다ᄃᆡ뎍홀것 잇ᄉᆞ니 이는 교만홈과 분노홈과 게으름과 탐욕홈과 쥬식잡기의 일이니 그여러가지 즁에 ᄒᆞᆫ가지라도 우리 힘으로 이길수 업고 오직

하ᄂᆞ님의 도으심을 엇으면 이긔지 못홀바 업ᄉᆞ리라

뭇는말

一 ᄯᅡ빗을 벳레헴에서 기름 바른후에 ᄯᅡ빗이 곳등극ᄒᆞ엿ᄂᆞ뇨 二 ᄯᅡ빗이 목동으로 잇슬때에 빅셩즁에 무슴명예가 잇셧ᄂᆞ뇨 십륙장 십팔절에 보라 三 ᄯᅡ빗이 웨 사울노의게로 불녀갓ᄂᆞ뇨 십륙장 십륙졀노 이십삼졀 ᄭᅡ지보라 四 ᄯᅡ빗이 사울노의게 홍샹 잇셧ᄂᆞ뇨 십칠쟝 십오졀에 보라 五 이스라엘 빅셩들이 누구를 쳣ᄂᆞ뇨 六 젹병즁으로 나와서 말ᄒᆞ기를 뉘가 나를 ᄃᆡ뎍홀이 잇ᄂᆞ냐ᄒᆞ고 웨친이가 누구뇨 七 그사름의 톄지와 형용을 말솜ᄒᆞ시요 八 사울노왕이 ᄯᅡ빗의게 무슴군긔를 주엇ᄂᆞ뇨 九 ᄯᅡ빗이 무슴군복을 입고 나아가 골니아를 마잣ᄂᆞ뇨 十 비리ᄉᆞ사름이 ᄯᅡ빗을 보고 무엇시라 말ᄒᆞ엿ᄂᆞ뇨 十一 ᄯᅡ빗이 뉘일홈으로 왓다 말ᄒᆞ엿ᄂᆞ뇨 十二 ᄯᅡ빗이 하ᄂᆞ님ᄭᅴ 밋음잇는거슬 엇더케 뵈엿ᄂᆞ뇨 ᄉᆞ십륙졀노 ᄉᆞ십칠졀 ᄭᅡ지보라 十三 골니아가 ᄯᅡ빗의게로 나아갈때에 ᄯᅡ빗이 무엇슬 예비ᄒᆞ엿ᄂᆞ뇨 十四 ᄯᅡ빗이 골니아를 어ᄃᆡ를 맛쳣ᄂᆞ뇨 十五 ᄯᅡ빗이 돌을 몃치나 던젓ᄂᆞ뇨 사사긔 이십쟝 십륙졀에 보라 十六 ᄯᅡ빗이 무엇스로 골니아를 죽엿ᄂᆞ뇨 十七 골니아의 머리와 군긔가 엇더케 되엿ᄂᆞ뇨 오십ᄉᆞ졀에 보라 十八 우리가 무슴요긴ᄒᆞᆫ 일을 이싸홈즁에셔 비호겟ᄂᆞ뇨

대군쥬 환어라

우리 대죠션국
대군쥬 폐하 ᄭᅴ셔와
왕태ᄌᆞ 뎐하 ᄭᅴ셔 작년 이월 십일일에 아
라ᄉᆞ、공관에
파쳔 ᄒᆞ심은 ᄉᆞ셰 부득이 ᄒᆞ여 ᄒᆞ신 일이
라 쥬년 동안을 외관에 계시 다가 이ᄃᆞᆯ 이
십일에 경운궁으로
환어 ᄒᆞ옵시니 죵금 이후로는 경향간 인심
이 안돈이 될ᄲᅮᆫ 아니라 졍치가 날노 문명
에 진보가 되야 태극긔를 셰계샹에 놉히
달고 태셔 뎨왕국과 동등이 되야 동양에 유
명ᄒᆞᆫ 나라이 될거시니 신민간에 누가 감샤
ᄒᆞ고 경츅ᄒᆞᆯ ᄆᆞᄋᆞᆷ이 업ᄉᆞ리요 ᄇᆡ지학당 학
원들이
환어 ᄒᆞ옵실 ᄯᅢ에 국긔를 길가에 샹하로
셰우고 ᄭᅩᆺ가지를 길에 펴고 일ᄇᆡᆨ 오십명 학
도가 졔졔히 라립ᄒᆞ여 만만셰를 불으고 본
학당에 도라와셔 일졔히 ᄋᆡ
국가를 불넛ᄉᆞ니 이런일을 보면 긔명에 긔
ᄌᆞᆫ ᄎᆞᆷ 학교에 잇더라

회즁신문

평양에 잇는 우리 교우들이 우리 회보를 보고 ᄆᆡ
우 깃버ᄒᆞ여 우리의게 긔별ᄒᆞ여 이회보 나는ᄃᆡ로
ᄇᆡᆨ장식 보내여 달나ᄒᆞ니 우리가 ᄆᆡ우 감샤히
녁이노라 ○지금은 치운일긔가 다거진 지나가고
근일에 회당에 ᄎᆞᆷ예ᄒᆞ는 교우가 뎜뎜늘어가니 우
리가 ᄆᆡ우 깃버ᄒᆞ며 ᄯᅩ이모양으로 예수교회가 늘
흥왕ᄒᆞ여 가기를 ᄇᆞ라노라

고ᄇᆡᆨ

본회에셔 이회보를 일쥬일에 ᄒᆞᆫ번식 발간ᄒᆞ는거
ᄉᆞ 다만 미이미 교회만 위홈이 아니오 다른교회
나 교외사ᄅᆞᆷ들을 다 위ᄒᆞ는 일이니 죠션 교우나
셔국교ᄉᆞ나 만일 보고져ᄒᆞ거든 졍동 아편셜라 교
ᄉᆞ집에 긔별ᄒᆞ여 갓다보시오 우리가 이회보를 ᄒᆞᆫ
ᄃᆞᆯ동안은 갑슬 밧지안코 줄터이오 ᄒᆞᆫᄃᆞᆯ후에는 갑
슬 밧으되 ᄒᆞᆫ쟝에는 엽젼너픈이오 ᄒᆞᆫᄃᆞᆯ갑슬 미리
내면 엽젼 ᄒᆞᆫ돈오픈식이오 ᄯᅩ 싀골사ᄅᆞᆷ의게 우톄
로 보내는 갑슨 ᄯᅡ루잇소
죠션교우나 셔국교ᄉᆞ나 교즁소문에 드를만 ᄒᆞᆫ것
잇거든 국문으로 적어셔 졍동 아편셜라 교ᄉᆞ집으
로 보내여 주시면 우리가 회보에 긔록ᄒᆞ여 회보
보는이로 ᄒᆞ여곰 이목을 새롭게 ᄒᆞ겟소

뎨일권

죠션회보

뎨오호

건양이년 인 삼월삼일

론셜 만물의 근본

로ᄌᆞ 덕경에 ᄀᆞᆯᄋᆞᄃᆡ 도가 ᄒᆞ나를 ᄉᆡᆼᄒᆞ고 ᄒᆞ나이 둘을 ᄉᆡᆼᄒᆞ고 둘이 셋슬 ᄉᆡᆼᄒᆞ고 셋시 만물을 ᄉᆡᆼᄒᆞ다 ᄒᆞ엿시되 당초에 도가 무엇시며 무ᄉᆞᆷ 권능으로 ᄒᆞ나를 ᄉᆡᆼᄒᆞᆫ다 분명히 ᄒᆡ셕ᄒᆞᆫᄃᆡ 업고 다만 원진ᄌᆞ쥬에 ᄀᆞᆯᄋᆞᄃᆡ 도는 태극의 ᄌᆞ연ᄒᆞᆫ 리치니 태극은 몬져하ᄂᆞᆯ의 ᄒᆞᆫ긔운이요 음과 양은 ᄒᆞᆺ하ᄂᆞᆯ의 두긔운이요 음양긔운이 합ᄒᆞ미 사ᄅᆞᆷ이 그가온ᄃᆡ셔 ᄉᆡᆼᄒᆞᄂᆞᆫ고로 쥬역에 니ᄅᆞᆫ바 하ᄂᆞᆯ의도는 사나회ᄅᆞᆯ 일위고 ᄯᅡ의도는 계집을 일위다 ᄒᆞᆫ 말ᄉᆞᆷ이 올타ᄒᆞ고 하ᄂᆞᆯ이 ᄌᆞ시에 열니며 ᄯᅡ히 츅시에 열니며 사ᄅᆞᆷ이 인시에 ᄉᆡᆼᄒᆞ여 삼ᄌᆡ와 오ᄒᆡᆼ의 긔운으로 만물이 ᄉᆡᆼ기다 ᄒᆞ엿시니 태극의 리치는 뉘가 내엿시며 음양의 긔운은 어ᄃᆡ로 왓는지 알수업ᄉᆞ며 유가셔에 ᄀᆞᆯᄋᆞᄃᆡ 무극이 태극이 되고 태극이 량의ᄅᆞᆯ ᄉᆡᆼᄒᆞ고 량의가 ᄉᆞ샹을 ᄉᆡᆼᄒᆞ다 ᄒᆞ엿시며 태극이 비로소 판단ᄒᆞᆯ ᄯᅢ에 ᄆᆞᆰ고 가뷔여온 긔운은 하ᄂᆞᆯ이되고 무겁고 탁ᄒᆞᆫ 긔운은 ᄯᅡ히 되엿시며 음양의 리치긔운으로 만물이 ᄉᆡᆼᄉᆡᆼ ᄒᆞᆫ다 ᄒᆞ고 쥬회암 격치셔에 ᄀᆞᆯᄋᆞᄃᆡ 태극의 리치가 조화의 지도리가 되여 ᄂᆞᆷ녀와 만물을 ᄉᆡᆼᄒᆞᄂᆞᆫ 근본이 되ᄂᆞ니 나의 몸은 곳 텬디의 긔운이요 나의 셩픔은 곳 텬디의 리치라 ᄒᆞ며 리치는 곳 하ᄂᆞᆯ이라 ᄒᆞ고 ᄯᅩ말ᄉᆞᆷ ᄒᆞ기ᄅᆞᆯ 태극은 만물을 ᄉᆡᆼᄒᆞᄂᆞᆫ 근본이로ᄃᆡ 형샹도 업고 지각도 업고 졍의도 업고 계교ᄒᆞ여 헤아림도 업다 ᄒᆞ엿시니 령동활발 ᄒᆞᄂᆞᆫ 권능이 업ᄉᆞᆯ진ᄃᆡ 태극은 곳 가련ᄒᆞᆫ 물건이라 엇지 능히 하ᄂᆞᆯ과 ᄯᅡ와 일월과 사ᄅᆞᆷ과 초목 금슈ᄅᆞᆯ 내엿시리오 이거ᄉᆞᆫ 만물의 근본을 크게 닐허 바림이라 슬푸다 동양 셩인의 요슌 공명 ᄀᆞᆺᄒᆞᆫ이는 당초에

하ᄂᆞ님의 도와 만물의 근본을 말ᄉᆞᆷᄒᆞᆫᄃᆡ 업고 송나라 유현들의 리치ᄅᆞᆯ 말ᄉᆞᆷᄒᆞᆫ거시 이ᄀᆞᆺ치 몽농ᄒᆞ여 후ᄉᆡᆼ의 이목을 어둡게 ᄒᆞᆫ고로 유셔만 강구ᄒᆞᄂᆞᆫ 션비들은 지금ᄭᆞ지라도 만물의 근본을 황연히 ᄭᆡ닷지 못ᄒᆞᄂᆞᆫ지라 엇지 인지ᄅᆞᆯ 교휵ᄒᆞᄂᆞᆫ 방침에 험뎐이 아니리오 닐ᄋᆞᆫ바 목화ᄅᆞᆯ 격ᄒᆞ여 ᄀᆞ려온ᄃᆡᄅᆞᆯ 글금ᄀᆞᆺ고 호리의 어긔여진거시 쳔리의 그릇됨이라 반다시 젼지젼능 ᄒᆞ시고 무시무종 ᄒᆞ시며 대쥬ᄌᆡ 되시ᄂᆞᆫ

하ᄂᆞ님ᄭᅴ셔 텬디 만물을 창조 ᄒᆞ셧ᄂᆞ니 챵챵ᄒᆞᆫ 하ᄂᆞᆯ과 막막ᄒᆞᆫᄯᅡ히 ᄯᅩᄒᆞᆫ 창조ᄒᆞ심을 밧은 물건이라 엇지 만물을 내엿시리오 여호와

하ᄂᆞ님ᄭᅴ셔 셰샹을 창조ᄒᆞ신 근본을 이다음 회보에 대강 셜명ᄒᆞ여 긔록ᄒᆞᆯ터이오니 근본 리력을 알고져 ᄒᆞᄂᆞᆫ이는 사셔 보시오 미완

례ᄇᆡ일공과 뎨오 삼월 칠일

ᄯᅡ빗과 요나단 일이라 사무엘긔

샹권 이십쟝 삼십이졀노 ᄉᆞ십이

년조 주강싱젼 일쳔 륙십이년

디명 쎕야갓가니라

三二 요나단이 ᄀᆞᆯᄋᆞᄃᆡ 무슴 연고로 죽이랴고 ᄒᆞᄂᆞ
닛가 더ㅣ가 엇던 일을 ᄒᆞ엿ᄂᆞ닛가 ᄒᆞᆫᄃᆡ 三三 사울
노가 창을 더지고 그 아ᄃᆞᆯ을 치랴고 ᄒᆞ매 요나단
이가 그 아비 ᄯᅳ시 결단코 ᄯᅡ빗을 죽일줄을 알고
三四 곳 근심ᄒᆞ고 ᄯᅩ ᄌᆞ긔가 아비의게 욕을 밧음으
로 노ᄒᆞ야 그곳을 ᄯᅥ나셔 그ᄃᆞᆯ 잇흘을 마시지도
안코 먹지도 아니ᄒᆞ더라 ○ 三五 아참에 ᄯᅡ빗의 언
약ᄒᆞᆫ ᄯᅢ에 니르러 요나단이가 밧헤 가셔 ᄒᆞᆫ 동ᄌᆞ
를 다리고 三六 닐ᄋᆞᄃᆡ 네가 가셔 내가 쏘ᄂᆞᆫ 활살
을 집으라 ᄒᆞᆫᄃᆡ 그 동ᄌᆞ가 가매 요나단이가 쏘ᄂᆞᆫ
활살이 지나 가거ᄂᆞᆯ 三七 동ᄌᆞ가 활살 쏘ᄂᆞᆫ곳에 니
ᄅᆞ니 요나단이가 불너 ᄀᆞᆯᄋᆞᄃᆡ 활살이 네게셔
지내 가지 안ᄂᆞ냐 ᄒᆞ고 三八 ᄯᅩ 동ᄌᆞ 뒤에셔 불너
ᄀᆞᆯᄋᆞᄃᆡ 샐니 가셔 더듸게 말나 동ᄌᆞ가 활살을 집
어 가지고 쥬인 잇ᄂᆞᆫ 곳으로 도라와셔 三九 동ᄌᆞ가
그 연고를 아지못ᄒᆞ되 오직 요나단과 ᄯᅡ빗은 알
더라 四十 요나단이가 활살을 동ᄌᆞ의게 주며 ᄀᆞᆯᄋᆞ
ᄃᆡ 가지고 읍으로 ᄃᆞ려 가거라 四一 동ᄌᆞ가 가매
ᄯᅡ빗이 남편으로 나와 ᄯᅡ에 업드려 세번 절ᄒᆞ고
피ᄎᆞ 입을 맛추고 슬피 울매 ᄯᅡ빗이 더욱 심히
ᄒᆞ더라 四二 요나단이 ᄀᆞᆯᄋᆞᄃᆡ 네가 평안히 다른ᄃᆡ
로 가라 우리가 야화화를 가ᄅᆞ쳐 밍셔ᄒᆞ야 나와
너와 두 ᄉᆞ이에 증거를 삼어 ᄌᆞ손의게 서지 니ᄅᆞ
러 ᄃᆡᄃᆡ로 그치지 아니 ᄒᆞ리라 ᄒᆞ니 ᄯᅡ빗이 이에
니러 가매 요나단은 읍에 드러 가더라

주셕

ᄯᅡ빗이 골니아를 쳐 죽이니 사울노ㅣ 깃버ᄒᆞ여 샹을 주고 사위를 삼은후 싸홈ᄒᆞ러 갈ᄯᅢ에 군ᄉᆞ를 맛겨 거ᄂᆞ리게 ᄒᆞᄂᆞᆫ지라 ᄯᅡ빗은 지혜 만코 아모 곳시던지 가ᄂᆞᆫᄃᆡ로 잘 되지 아님이 업고 원슈를 이긔니 ᄇᆡᆨ셩들이 모ᄃᆞ 칭찬ᄒᆞ매 사울노ㅣ 이 말을 듯고 ᄯᅡ빗을 싀긔ᄒᆞᆷ이 잇슴은 왕이 될가ᄒᆞ여 죽일 ᄆᆞᄋᆞᆷ을 두니 ᄯᅡ빗을 란리에 나가게 ᄒᆞ여 위티ᄒᆞᆫ ᄃᆡ로 보냄은 놈의 손을 비러 죽이려 ᄒᆞᆷ이라 사울노ㅣ 처음은 ᄯᅡ빗을 비밀히 죽이라 ᄒᆞ다가 점점 담대ᄒᆞᆫ ᄆᆞᄋᆞᆷ이 나서 그 아ᄃᆞᆯ과 신하ᄃᆞ려 죽이라 ᄒᆞ되 처음브터 그 아ᄃᆞᆯ 요나단이 ᄯᅡ빗으로 더브러 ᄆᆞᄋᆞᆷ이 서로 연ᄒᆞ야 친밀ᄒᆞ니 ᄯᅡ빗을 위ᄒᆞ야 ᄌᆞ긔 목숨을 앗기지안코 몸 피ᄒᆞᆯ 일

을 닐너주며 또 사울노의게 힘써 고ᄒᆞ야 골ᄋᆞᄃᆡ 짜빗은 허다ᄒᆞᆫ 사ᄅᆞᆷ이 다 착ᄒᆞ다 칭찬ᄒᆞ거ᄂᆞᆯ 아모 죄업시 왕이 죽이려 ᄒᆞ심이 올치안타 ᄒᆞᆫᄃᆡ 사울노ㅣ 아ᄃᆞᆯ의 말을 올히 녁여 여호와를 ᄀᆞᄅᆞ쳐 ᄆᆡᆼ세ᄒᆞ며 다시 죽이지 안는다 ᄒᆞ니 요나단이 짜빗을 불너 왕의 압헤 다시 잇게 ᄒᆞ더니 그 후에 사울노ㅣ 또 ᄆᆞᄋᆞᆷ이 변ᄒᆞ야 사ᄅᆞᆷ을 보내여 짜빗을 죽이라 ᄒᆞ되 아니 되며 두번 보내여도 또ᄒᆞᆫ 그러ᄒᆞ매 사울노ㅣ 친히 가셔 죽이려 ᄒᆞ나 짜빗은 하ᄂᆞ님의 ᄐᆡᆨᄒᆞᆫ바 되여 도아 주심을 엇으매 사울노ㅣ 더를 죽이지 못ᄒᆞ엿ᄂᆞᆫ지라 요나단 ᄀᆞᆺᄒᆞᆫ 사ᄅᆞᆷ은 셰상에 드물어 가히 그 아바지의게 효도와 친고의게 밋븜을 본밧을거시오 ᄌᆞ긔 몸을 도라 보지 아니ᄒᆞ고 친고의게 올코 유익ᄒᆞᆷ만 ᄒᆞ고 친고를 위ᄒᆞ여 위ᄐᆡᆨᄒᆞᆫ 일도ᄒᆞ고 그 친고로 더브러 일심으로

하ᄂᆞ님을 셤기ᄂᆞᆫ지라 요나단보다 몃비 더ᄒᆞ신 친고 계시오니 이ᄂᆞᆫ 예수씨니라 예수ᄭᅴ셔 세상 사ᄅᆞᆷ을 ᄉᆞ랑ᄒᆞ샤 ᄌᆞ긔 목숨을 앗기지 아니ᄒᆞ시니 이에셔 더 큰 ᄉᆞ랑 업고 죽도록 우리를 져울 ᄀᆞᆺ치 평균히 ᄉᆞ랑ᄒᆞ시고

하ᄂᆞ님 영화로온 위를 써나샤 ᄌᆞ긔 몸이 쳔ᄒᆞ심을 도라보지 아니ᄒᆞ시고 놉고 나진 쟈를 고로게 구원ᄒᆞ려 와 계시니 우리ᄂᆞᆫ 예수씨를 친ᄒᆞ랴 ᄒᆞᆷ은 맛당 ᄒᆞᆯ거시오

뭇ᄂᆞᆫ말

一 골니아 죽은 후에 사울노 왕이 짜빗을 엇더케 녁엿ᄂᆞ뇨 십칠쟝 오십오절과 오십팔절과 십팔쟝 십이절에 보라 二 요나단은 누구뇨 三 요나단이 짜빗을 엇더케 녁엿ᄂᆞ뇨 십팔쟝 일절에 보라 四 짜빗이 뉘게 쟝가 드럿ᄂᆞ뇨 五 사울노가 여러번 짜빗 죽이기를 ᄭᅬᄒᆞᆫ것슬 말슴ᄒᆞ시오 六 짜빗이 어ᄂᆞ때에 사울노의게셔 도망ᄒᆞ엿시며 어ᄃᆡ로 갓ᄂᆞ뇨 십구쟝 십팔절에 보라 七 사울노ㅣ 요나단의게 짜빗을 엇더케 ᄒᆞ라 명ᄒᆞ엿ᄂᆞ뇨 八 사울노가 짜빗을 죽이랴ᄒᆞᆫ ᄯᅳᆺ슬 엇더케 뵈엿ᄂᆞ뇨 九 요나단이 그다음날 아참에 어ᄃᆡ 갓ᄂᆞ뇨 十 활쏘ᄂᆞᆫ 것ᄉᆞ 무슴 ᄯᅳᆺ시뇨 十一 요나단이 웨 ᄋᆞ희를 셩으로 보ᄂᆡ엿ᄂᆞ뇨 十二 짜빗과 요나단이 맛ᄂᆞᆫ것슬 말슴 ᄒᆞ시요 十三 그 두사ᄅᆞᆷ이 무슴 ᄆᆡᆼ셰를 ᄆᆡ쟛ᄂᆞ뇨

짜빗과 요나단이 서로 친밀ᄒᆞᆫ것슬 ᄌᆞ셰히 알아 ᄆᆡ우 쥬의ᄒᆞ여 공부ᄒᆞ시오 一 사무엘긔 상권 십팔쟝 일절노 ᄉᆞ절ᄭᆞ지 깁히 ᄉᆞ귀ᄂᆞᆫ ᄆᆞᄋᆞᆷ을 뵈임이요 二 십구쟝 일절노 칠절ᄭᆞ지 친구를 위ᄒᆞ여 론변ᄒᆞᆷ이요 三 이십쟝에 세기지 일이 잇ᄉᆞ니 첫재ᄂᆞᆫ ᄆᆡᆼ세 ᄒᆞᆫ것시니 일절노 이십이절ᄭᆞ지요 돌재ᄂᆞᆫ 고ᄒᆞᆫ 일이니 이십ᄉᆞ절노 삼십ᄉᆞ절ᄭᆞ지요 셋재ᄂᆞᆫ 리별ᄒᆞᆫ것시니 삼십오절노 ᄉᆞ십이절ᄭᆞ지라 이십삼쟝 십륙절노 십팔절ᄭᆞ지요 四 죽기를 무릅써 짜빗을 보고 권ᄒᆞᆫ것시요 五 짜빗이 요나단을 위ᄒᆞ여 슬퍼 ᄒᆞᆷ이니라 사무엘긔 하권 일쟝·십칠절노 이십칠절ᄭᆞ지라

겁업고 ᄆᆞ음 바를지어다

소각난 사ᄅᆞᆷ 산ᄯᅴ 나히 열넷셰 과부된 모친을 효도로 셤기되 간난이 지극ᄒᆞ야 그모친이 힘을 다ᄒᆞ야 산ᄯᅴ와 그어린 동싱의 의식을 벌더니 병이 들어 다만 셰 식구의 호구지칙도 업ᄂᆞᆫ지라 ᄒᆞᆯ길 업셔 산ᄯᅴ가 미국에 가셔 싱이를 구ᄒᆞ랴ᄒᆞ니 그 모친이 간신히 로비를 엇어 주며 작별ᄒᆞ야 ᄀᆞᆯᄋᆞᄃᆡ 잘가셔 너의 싱업을 구ᄒᆞ되 겁업고 ᄆᆞ옴을 바르게ᄒᆞ고 힘이업셔 일못ᄒᆞ는 나를 잇지마라 산ᄯᅴ 그훈계를 명심ᄒᆞ고 대셔양을 근너 미국 유약포구에 이르니 허다ᄒᆞᆫ 션ᄀᆡᆨ에 산ᄯᅴ가 그즁 총명ᄒᆞ나 그즁 고젹ᄒᆞ야 광대ᄒᆞᆫ 미국에 친구ᄒᆞ나 업고 로비가 다ᄒᆞ야 주머니에 겨우 이십오젼 ᄲᅮᆫ이라 ᄒᆞᆫ ᄀᆡᆨ이 무러 ᄀᆞᆯᄋᆞᄃᆡ 산ᄯᅴ야 고향에 가셔 너의 어마니 뫼시고 잇고십지 안ᄂᆞ냐ᄒᆞᆫᄃᆡ 산ᄯᅴ ᄃᆡ답ᄒᆞ되 나 ᄯᅥ날제 어마니ᄭᅴ 겁업고 ᄆᆞ옴 바르게 가지마 언약ᄒᆞ고 ᄯᅩ 모친을 봉양ᄒᆞᆯ 싱이를 경영ᄒᆞᆫ즉 담대ᄒᆞᆯ수 밧게 업ᄂᆞ이다 ᄒᆞ거ᄂᆞᆯ 그ᄯᅢ 맛참 ᄒᆞᆫ 유명ᄒᆞᆫ 법률ᄉᆞ가 그말을 듯고 귀특히 넉이여 무러 ᄀᆞᆯᄋᆞᄃᆡ 너 무엇슬 ᄒᆞᆯ줄 아ᄂᆞ뇨 산ᄯᅴ ᄃᆡ답ᄒᆞ되 누구든지 무ᄉᆞᆷ일 맛기ᄂᆞᆫ 사ᄅᆞᆷ은 졍셩과 바른 ᄆᆞ옴으로 셤기리다ᄒᆞ니 법률ᄉᆞ가 곳 ᄋᆞ희를 방심브름군으로 두며 말ᄒᆞ되 너의 모친ᄭᅴ 편지ᄒᆞ야 어느ᄯᅢ셔지든지 네가 겁업고 ᄆᆞ옴 바를 동안은 내가 보아줄 말을ᄒᆞ라 ᄒᆞ더라

산ᄯᅴ의 현품이 영리ᄒᆞ고 부지런ᄒᆞ야 낫에는 그쥬인의 일 보고 밤이면 야학교에가 공부ᄒᆞ야 미국에 신임ᄒᆞ는 셔긔가 되야 처음에 월봉을 난호와 그 모친을 봉양ᄒᆞ다가 형세가 조곰 넉넉ᄒᆞ매 본국에 가셔 그 모친ᄭᅴ 말ᄒᆞ야 ᄀᆞᆯᄋᆞᄃᆡ 내가 잘되기는 어마님 교훈ᄒᆞ신 덕턱이오니 엇지 솔하를ᄯᅥ나 혼ᄌᆞ 지내오릿가ᄒᆞ고 그 모친과 동싱을 솔가ᄒᆞ야 미국으로 가셔 법률을 졸업ᄒᆞᆫ후 그 담대홈과 ᄆᆞ옴 바른일노 셰샹사ᄅᆞᆷ의 공경과· 밋음을 바다 ᄉᆞ업이 흥왕홈은 그 모친의 덕일너라

회즁신문

미국 사ᄅᆞᆷ 히리씨 부인과 죠션 리씨 부인과 교우 됴명운이가 죠션 부인을 위ᄒᆞ여 슈원과 룡인 회당에 갓더니 교우 엄셕현의 모친이 셩심으로 하ᄂᆞ님을 셤기고 예수를 밋어 그근처 교우가 만히 경신을 ᄡᅥ고 집안의 목쥬와 토쥬와 숨신 향아리를 다 불살으고 ᄯᅩ 리웃집의 위ᄒᆞ는 샤신 등ᄉᆞ도 보면

하ᄂᆞ님의 계명을 말ᄒᆞ여 만히 회ᄀᆡ가 되엿더니 금월 초싱에 우연이 득병ᄒᆞ여 위셕ᄒᆞ매 긔도로 그 아ᄃᆞᆯ 셕현으로 ᄃᆡ신ᄒᆞ여 병이 나흐매 수일 긔동ᄒᆞ다가 다시 위셕ᄒᆞ여 셰례 못밧은 것슬 미우 원통히 말ᄒᆞ며 그아ᄃᆞᆯ을 불너 내가 죽은후에 내의 셰례를 네가 밧고 예수를 단단히 밋으라 유언ᄒᆞ고 셰샹을 바리니 보고 듯는 사ᄅᆞᆷ들이 누가 슬허 아니ᄒᆞ리오 여러 교우가 와셔 장ᄉᆞᄒᆞ고 교즁의셔 돈 빅량을 슈렴ᄒᆞ여 주엇다더라 이 회보를 보는 교우는 공부ᄒᆞ여 셰례 밧기를 ᄇᆞ라ᄂᆞ이다

뎨일권

죠션 … 인 회보

뎨륙호

건양이년 삼월십일일

만물의 근본

속젼호

대범 텬하의 만물이 문다지 안코 잇ᄂᆞᆫ 물건은 업ᄂᆞ니 이제 ᄉᆞ긔와 셔칙을 보면 문쟝과 지ᄉᆞ의 져슐ᄒᆞᆫ거신줄 알고 시종과 륜션을 보면 쟝식과 격물ᄉᆞ의 발명ᄒᆞᆷ을 밋을지라 텬디의 광대ᄒᆞᆷ과 일월의 명랑ᄒᆞᆷ과 산천의 빗치ᄒᆞᆷ과 셩신의 라렬ᄒᆞᆷ과 초목 금슈의 번셩ᄒᆞᆷ을 볼진ᄃᆡ 처음에 창조 ᄒᆞ신이가 업ᄉᆞ면 엇지 ᄌᆞ연이 되엿시리오 쥬역에 ᄀᆞᆯᄋᆞᄃᆡ 크다 건원이여 만물을 비롯ᄒᆞ며 지극ᄒᆞ다 곤원이여 만물을 ᄌᆞ싱ᄒᆞᆫ다 ᄒᆞ고 쟝ᄌᆞ 셔명에 ᄀᆞᆯᄋᆞᄃᆡ 건은 아바지라 칭ᄒᆞ고 곤은 어마니라 칭ᄒᆞᆫ다 ᄒᆞ엿시니 이거슨 건곤으로 만물의 부모를 삼ᄂᆞᆫ ᄯᅳᆺ시라 당초에 건곤은 뉘가 내엿시며 건곤이 엇지 만물의 부모가 되리오 반다시 젼능ᄒᆞᄋᆞᆸ신 조화의 쥬지ᄭᅴ셔 텬디와 만물을 내셧ᄂᆞ니 가히 아바지라 칭ᄒᆞᆯ지라 셩경에 ᄀᆞᆯᄋᆞ샤ᄃᆡ 하ᄂᆞᆯ은 이에 하ᄂᆞ님의 좌ᄎᆞ라 ᄒᆞ고 ᄯᅡ은. 하ᄂᆞ님의 발판이라 ᄒᆞ셧시니 텬디도 ᄯᅩᄒᆞᆫ 하ᄂᆞ님의 내신바ㅣ라 무슴 권능이 잇ᄉᆞ리오 비유컨ᄃᆡ 님군이 궁궐에 계심 ᄀᆞᆺᄒᆞ니 만민을 ᄃᆞᄉᆞ리며 졍령을 쥬쟝ᄒᆞ시ᄂᆞᆫ이가 님군이지 궁궐은 아니오 부모가 집안에 일을 쥬쟝ᄒᆞ시매 ᄃᆞᄉᆞ리시ᄂᆞᆫ 이가 부모요 가텩은 아니라 이제 건곤을 ᄀᆞᄅᆞ쳐 부모라 칭ᄒᆞ고 만물을 싱ᄒᆞᆫ다 ᄒᆞᆷ이 엇지 궁궐을 ᄀᆞᄅᆞ쳐 님군이라 ᄒᆞᆷ과 가텩을 ᄀᆞᄅᆞ쳐 부모라 ᄒᆞᄂᆞᆫ것과 무엇시 다라리오 오호ㅣ라 셰상 사ᄅᆞᆷ의 근본을 모ᄅᆞᆷ이여 사ᄅᆞᆷ이 셰상에 날ᄯᅢ에 아바지의 졍긔와 어마니의 피로 싱겻시되 령혼을 주샤 사ᄅᆞᆷ이 되게 ᄒᆞ시ᄂᆞᆫ 이ᄂᆞᆫ 사ᄅᆞᆷ이 아니라 반다시

하ᄂᆞ님이시니 사ᄅᆞᆷ이 능히 사ᄅᆞᆷ을 ᄆᆞᆫᄃᆞᆯ진ᄃᆡ 세상에 엇지 ᄌᆞ식이 업ᄂᆞᆫ이가 잇ᄉᆞ며 사ᄅᆞᆷ의 임의ᄃᆡ로 됴흔 아ᄃᆞᆯ을 다 낫치 못ᄒᆞ여 병신 ᄌᆞ식을 낫키도 ᄒᆞᄂᆞ뇨 아모쟝식 이든지 물건을 ᄆᆞᆫᄃᆞᆯᄯᅢ에 몬져 ᄆᆞ음속에 비포와 경영이 잇신후에 그 물건을 ᄆᆞ음에 경영 ᄒᆞᆫᄃᆡ로 ᄆᆞᆫᄃᆞᄂᆞᆫ거슨 ᄯᅥᆺᄯᅥᆺᄒᆞᆫ 리치라 사ᄅᆞᆷ이 처음으로 잉ᄐᆡ ᄒᆞᆯᄯᅢ에 만약 졔힘으로 ᄆᆞᆫᄃᆞ랏시면 웨 복즁에 잇ᄂᆞᆫ 남녀를 분별치 못ᄒᆞ며 ᄋᆞᄒᆡ 모양이 엇더케 싱겻ᄂᆞᆫ지 모로ᄂᆞ뇨 그런즉 우리를 사ᄅᆞᆷ이 되게 ᄒᆞ신이가 텬디의 쥬지신줄을 가히 알지라 육신은 령혼의 집이오 복리ᄂᆞᆫ 하인과 ᄀᆞᆺᄒᆞ니 령혼이 육신보다 빅비나 더 귀ᄒᆞ거ᄂᆞᆯ 육신을 나으신 부모ᄂᆞᆫ 공경ᄒᆞ되 령혼을 주신 하ᄂᆞ님은 셤길줄 모로니 엇지 불효가 아니리오 싱각ᄒᆞ여 볼지어다

미완

레비일공과 뎨륙 삼월 십ᄉᆞ일

싸빗의 도피훈일 사무엘긔 샹권 이
십삼쟝 십삼졀노 이십륙졀 ᄭᆞ지

변조 주강싱젼 일쳔 륙십일년

디명 유대국 남편산

十三 싸빗이 드듸여 륙빅명 가량되는 죵인으로 더브
러 지랍을 떠나 가는ᄃᆡ로 가니 사울노가 싸빗이
지랍을 떠남을 듯고 가기를 굿치니라 十四 싸빗이
들에 쳐 ᄒᆞ엿다가 셔불산에 올나 흠듸를 웅거ᄒᆞ
니 사울노가 날마다 차지되
하ᄂᆞ님ᄭᅴ셔 그 손에 넛치 아니 ᄒᆞ시더라 十五 싸빗
이 사울노가 ᄌᆞ긔 목숨을 해코져 흠을 보고 셔불
들 슈풀 속에 잇더니 ○ 十六 사울노의 아들 요나단
이 슈풀에 드러가 싸빗을 보고
하ᄂᆞ님ᄭᅴ 의탁ᄒᆞ게 ᄒᆞ고 十七 닐너굴ᄋᆞ되 두려워
ᄒᆞ지마라 우리 아바지가 너를 찻지 못ᄒᆞ시리라
네가 장ᄎᆞᆺ 이스라엘 님군이 되고 내가 ᄯᅩᄒᆞᆫ 그
버금이 될터이니 이는 우리 아바지도 아시ᄂᆞ니라
ᄒᆞ고 十八 두 사ᄅᆞᆷ이 야화화 압헤셔 언약ᄒᆞ고 싸빗
은 슈풀에 거ᄒᆞ고 요나단은 집으로 도라 가니라
十九 셔불 사ᄅᆞᆷ들이 기비아에 가셔 사울노를 보고
굴ᄋᆞ되 싸빗이 야시문 남편 합긔랍 산에 우리로
더브러 슈풀 속에 숨엇ᄉᆞ니 찻지 아니 ᄒᆞᄂᆞ냐 二十
청컨ᄃᆡ 왕은 ᄆᆞᄋᆞᆷᄃᆡ로 오소셔 우리가 왕의 손에
잡히게 ᄒᆞ리이다 二一 사울노ㅣ 굴ᄋᆞ되 너희가 나
를 도아주니 원컨ᄃᆡ 야화화ᄭᅴ 복을 밧을지어다
二二 내가 드ᄅᆞ매 싸빗이 미우 공교ᄒᆞ다 ᄒᆞ니 너희
가 가히 예비ᄒᆞ야 어ᄃᆡ 숨엇시며 누가 본거슬 알
어셔 二三 뎡녕ᄒᆞᆫ 후에 내게 고ᄒᆞ면 내가 너희와
ᄒᆞᆷᄭᅴ 갈거시오 만일 제가 유대 고을에 잇ᄉᆞ면 내
가 두루 차지리라 ᄒᆞᆫᄃᆡ 二四 셔불 사ᄅᆞᆷ들이 떠나
사울노 보담 몬져 셔불노 가니 싸빗과 ᄒᆞᆷᄭᅴ 잇는
이는 야시문 남편 평원 마운들에 잇거놀 二五 사울
노가 ᄯᅩᄒᆞᆫ 무리를 다리고 가셔 차질ᄉᆡ 엇던이는
싸빗의게 고ᄒᆞ고 그럽으로 싸빗이 마운들 바회
굴에 숨엇다ᄒᆞ니 사울노ㅣ 듯고 싸빗을 쫏차 二六
사울노는 산 왼편으로 가고 싸빗은 죵인으로 더
브러 산 올흔편으로 가니 대개 싸빗은 공겁ᄒᆞ야
급히 다라나고 사울노는 무리를 다리고 싸빗을
에워 잡으랴 ᄒᆞ더라

주석

요나단이 그 부친의 노흠을 싸빗의게 닐너주고
피신ᄒᆞ라ᄒᆞ니 싸빗이 도망ᄒᆞ여 원슈 나라로 향
ᄒᆞ고 갈때 지나가는 길에 셩면에 드러가 제ᄉᆞ쟝
의게 거즛말을 ᄒᆞ여 썩과 골니아의 칼을 엇엇는

지라 (사무엘긔 젼셔 이십 일쟝과 마가복음 이쟝 이십 오륙절을 보라) 사울노의 죵 ᄒᆞ나히 맛춤 셩뎐에 잇다가 이일을 보고 사울노의게 고ᄒᆞᆫᄃᆡ 사울노ᅵ 듯고 졔ᄉᆞ쟝 아회멜늑과 다른 졔ᄉᆞ쟝을 불너 죽이니 아회멜늑의 아ᄃᆞᆯ 아비아디 ᄒᆞ나만 도망ᄒᆞ여 ᄯᅡ빗의게 니르매 ᄯᅡ빗의게 좃차온 사ᄅᆞᆷ이 졈졈 만하 곤궁ᄒᆞᆫ 쟈와 군축 밧은자ᅵ 모다 왓ᄉᆞ니 합ᄒᆞ여 륙ᄇᆡᆨ인이 되엿ᄂᆞᆫ지라 그ᄯᅢ 비리ᄉᆞ 사ᄅᆞᆷ이 지랍을 치러올제 곡식을 노략ᄒᆞᆫ다 ᄒᆞᆷ을 듯고 ᄯᅡ빗이

하ᄂᆞ님ᄭᅴ 무러 ᄀᆞᆯᄋᆞᄃᆡ 비리ᄉᆞᄅᆞᆯ 치오릿가 ᄒᆞᆫᄃᆡ 하ᄂᆞ님ᄭᅴ셔 ᄀᆞᆯᄋᆞ샤ᄃᆡ 네 나아가 치고 지랍을 구원ᄒᆞ라ᄒᆞ시니 ᄯᅡ빗이 륙ᄇᆡᆨ명을 거ᄂᆞ리고 가셔 비리ᄉᆞ 사ᄅᆞᆷ을 쳐셔 뭇지르고 륙축과 물건을 만히 엇고 지랍을 구원 ᄒᆞ엿ᄂᆞᆫ지라 사울노ᅵ 이 말을 듯고 군ᄉᆞᄅᆞᆯ 거ᄂᆞ리고 ᄯᅡ빗을 치러오매 ᄯᅡ빗이ᄯᅩ 피란ᄒᆞ여 셔불산 들에 숨어 잇더니 그ᄯᅢ 요나단이 ᄯᅡ빗과 츰 졍의가 깁흔 친고되매 ᄯᅡ빗을 가만히 가셔 보고 위로ᄒᆞ여 ᄀᆞᆯᄋᆞᄃᆡ 겁내지 말나 ᄒᆞ고 둘이 다시

하ᄂᆞ님 압헤 언약을 새로 지엇ᄂᆞᆫ지라 ᄯᅡ빗은 지랍을 구원ᄒᆞ여 주엇시되 그 일을 감샤ᄒᆞᄂᆞᆫ ᄆᆞᄋᆞᆷ도 업고 도로혀 사울노의게 ᄯᅡ빗의 숨은 곳슬 닐너 주고 ᄯᅡ빗을 잡으리라 ᄒᆞ며 사울노ᄅᆞᆯ 도아 주엇시되 ᄯᅡ빗을

하ᄂᆞ님ᄭᅴ셔 도아 주셧ᄉᆞ매 사ᄅᆞᆷ이 아모리 도아 준다ᄒᆞ여도

하ᄂᆞ님ᄭᅴ셔 도아 주심이 여러 사ᄅᆞᆷ의 힘보다 더 크신지라 사울노ᅵ ᄯᅡ빗을 거의 잡을번ᄒᆞᆯᄯᅢ 사ᄅᆞᆷ이 사울노의게 고ᄒᆞ되 비리ᄉᆞ 인이 뎌희 나라ᄅᆞᆯ 친다ᄒᆞ매 ᄯᅡ빗을 잡지못ᄒᆞ고 비리ᄉᆞᄅᆞᆯ 치려 도라 가ᄂᆞᆫ지라

뭇ᄂᆞᆫ말

一 ᄯᅡ빗이 요나단을 ᄯᅥ나셔 어ᄃᆡ로 갓ᄂᆞ뇨 二 가륵님군 압회셔 웨 밋친사ᄅᆞᆷ 노ᄅᆞᆺ슬 ᄒᆞ엿ᄂᆞ뇨 三 ᄯᅡ빗이 아도란 디굴에 잇슬ᄯᅢ에 뉘가 투종ᄒᆞ엿ᄂᆞ뇨 이십이장 이절노 삼절ᄭᆞ지 보라 四 ᄯᅡ빗이 지랍으로 엇더케 왓ᄂᆞ뇨 일절노 오절ᄭᆞ지 보라 五 사울노가 지랍으로 ᄯᅡ빗을 잡으려 왓슬ᄯᅢ에 ᄯᅡ빗이 하ᄂᆞ님ᄭᅴ 엇더케 바랏ᄂᆞ뇨 십일절노 십이절ᄭᆞ지 보라 六 ᄯᅡ빗의게 몃사ᄅᆞᆷ이나 잇섯ᄂᆞ뇨 七 그들이 어ᄃᆡ로 갓ᄂᆞ뇨 八 요나단이 ᄯᅡ빗을 웨가 보앗ᄂᆞ뇨 九 ᄯᅡ빗이 요나단을 다시 보앗ᄂᆞ뇨 十 ᄯᅡ빗이 숨은 곳을 뉘가 사울노의게 닐넛ᄂᆞ뇨 十一 사울노가 ᄃᆡ답을 엇더케 ᄒᆞ엿ᄂᆞ뇨 十二 이러케 ᄃᆡ답 ᄒᆞᆫ것시 사울노가 됴흔 사ᄅᆞᆷ으로 뵈이ᄂᆞ뇨 十三 사울노가 셔불에 왓슬ᄯᅢ에 ᄯᅡ빗이 어ᄃᆡ로 갓ᄂᆞ뇨 十四 ᄯᅡ빗이 위ᄐᆡᄒᆞᆫ 즁에 드럿ᄂᆞ뇨 웨 그러 ᄒᆞ엿ᄂᆞ뇨 十五 엇더케 버서 낫ᄂᆞ뇨

회즁신문

평양 교우 한셕진의 글을 밧어 보니 평양 대동문안 장로회 회당에셔 쥬일이면 교우가 오륙ᄇᆡᆨ명식 모히ᄂᆞᆫᄃᆡ 남녀 로쇼간 규모도 잇고 엄졍ᄒᆞ매 처음으로 오ᄂᆞᆫ 사ᄅᆞᆷ도 묵연이 연셜 ᄒᆞᄂᆞᆫ 도리를 듯고 감복ᄒᆞᄂᆞᆫ 사ᄅᆞᆷ이 만흐며 ᄯᅩᄒᆞᆫ 쥬 예수씨의 공로가 널니 증거 되ᄂᆞᆫ거시 셩즁에 신씨라 ᄒᆞᄂᆞᆫ 무당이 잇ᄉᆞ니 별호ᄂᆞᆫ 부뎐이라 ᄒᆞᄂᆞᆫᄃᆡ 풍치도 얌젼ᄒᆞ며 언담도 됴흐매 무당 즁 뎨일노 ᄲᅡᆸ히며 화복도 잘 안다고 ᄒᆞ기를 우금 삼십여 년이라 ᄒᆞᆫ번 예수교 말ᄉᆞᆷ을 듯고 죄를 ᄭᅢ닷고 원통ᄒᆞᆫ ᄆᆞᄋᆞᆷ이 나셔 쥬를 밋ᄂᆞᆫᄃᆡ 이젼ᄒᆞ던 일을 ᄉᆡᆼ각ᄒᆞ고 날과 ᄯᅢ로 통곡ᄒᆞ며 ᄀᆞᆺ치 무당질 ᄒᆞ던 션ᄉᆡᆼ과 뎨ᄌᆞ들의게와 지금도 아지 못ᄒᆞᄂᆞᆫ 무식ᄒᆞᆫ 녀편네가 문복도 ᄒᆞ나가며 예수씨를 밋ᄂᆞᆫ다니며 구경도 가며 혹 지각잇ᄂᆞᆫ 부인들이 젼도ᄒᆞᄂᆞᆫ 말도 드르러 가니 날마다 만이 오ᄂᆞᆫ 사ᄅᆞᆷ들을 졉ᄃᆡᄒᆞ여 안치고 이젼 죄 짓던 말과 예수씨를 밋은 후로 ᄆᆞᄋᆞᆷ이 평안ᄒᆞ여 복 밧ᄂᆞᆫ 말노 간졀이 예수씨 깃기를 권ᄒᆞ며 울며 젼도ᄒᆞ니 참으로 감화ᄒᆞᄂᆞᆫ 사ᄅᆞᆷ 만터라

○또 안종찬이라 ᄒᆞᄂᆞᆫ 판슈가 잇ᄂᆞᆫᄃᆡ 문슈도 잘ᄒᆞ고 설경도 유명ᄒᆞ여 돈도 잘 버더니 예수씨의 말ᄉᆞᆷ을 듯고 헛된 일노 무수ᄒᆞᆫ 사ᄅᆞᆷ을 유혹케 ᄒᆞᆫ 죄를 ᄭᅢ닷고 예수씨를 밋어 지금은 새 사ᄅᆞᆷ이 되여 ᄒᆞᄂᆞᆫ 말이 눈은 판슈나 ᄆᆞᄋᆞᆷ은 ᄇᆞᆰ다 ᄒᆞ며 일홈을 곳쳐 빗헤 거 ᄒᆞ엿다고 ᄒᆞ며 거광이라 ᄒᆞ고 날마다 젼도 ᄒᆞ며 ᄯᅩ 풍슈디관이 경향간 유명ᄒᆞ니 셩명은 챠시현이라 디리로 사ᄅᆞᆷ의 화복을 능히 판단 ᄒᆞᆫ다 ᄒᆞ며 지각이 잇ᄂᆞᆫ듯 ᄒᆞ여 죠션에 환란이 면켓다고 ᄒᆞ며 로약의 식구를 다리고 심산 궁곡으로 ᄎᆞᄌᆞ 단니며 감쟈 농ᄉᆞ나 ᄒᆞ여 ᄉᆡᆼ도ᄒᆞ며 로약을 고ᄉᆡᆼ 시기더니 지금은 예수씨를 밋고 이젼 내가 나의게 속아 죄 지은거술 원통ᄒᆞ여ᄒᆞ며 ᄒᆞᆫ번 앙뎐 대소 ᄒᆞ고 ᄒᆞᄂᆞᆫ말이 불가불 번화ᄒᆞᆫ 디방으로 와셔 ᄌᆞ질을 교육 히야 쓰겟다 ᄒᆞ고 평양으로 솔권ᄒᆞ여 왓다 ᄒᆞ더라

고빅

본회에셔 이회보를 일쥬일에 ᄒᆞᆫ번식 발간ᄒᆞᄂᆞᆫ거ᄉᆞᆫ 다만 미이미 교회ᄲᅮᆫ 위ᄒᆞᆷ이 아니오 다른교회나 교외사ᄅᆞᆷ들을 다 위ᄒᆞᄂᆞᆫ 일이니 죠션 교우나 셔국교ᄉᆞ나 교외친고나 만일 사셔 보고져 ᄒᆞ거든 졍동 아편셜라 교ᄉᆞ집이나 죵로 대동셔시에 긔별ᄒᆞ여 갓다 보시오 우리가 이회보를 뎨 오호브터ᄂᆞᆫ 갑슬 밧으되 ᄒᆞᆫ장에ᄂᆞᆫ 엽젼 너픈이오 ᄒᆞᆫᄃᆞᆯ갑슬 미리 내면 엽젼 ᄒᆞᆫ돈오픈식이오 ᄯᅩ 싀골사ᄅᆞᆷ의게 우톄로 보내ᄂᆞᆫ 갑슨 ᄯᅡ루잇소

죠션교우나 셔국교ᄉᆞ나 교즁소문에 드ᄅᆞᆯ만 ᄒᆞᆫ것잇거든 국문으로 젹어셔 졍동 아편셜라 교ᄉᆞ집으로 보내여 주시면 우리가 회보에 긔록ᄒᆞ여 회보 보ᄂᆞᆫ이로 ᄒᆞ여곰 이목을 새롭게 ᄒᆞ겟소

뎨일권 죠션 회보 뎨칠호

건양이년 삼월십칠일

만물의 근본

속젼호

만물의 근본을 이왕 젼호에도 말ᄉᆞᆷ ᄒᆞ엿거니와 오ᄂᆞᆯ은 하ᄂᆞ님ᄭᅴ셔 만물을 엇더케 창조ᄒᆞ심을 대강 셜명ᄒᆞ여 보시ᄂᆞᆫ이로 ᄒᆞ여곰 알게ᄒᆞ노라 근본이라 ᄒᆞᄂᆞᆫ거시 나무의 ᄲᅮ리와 물의 근원과 ᄀᆞᆺ하 ᄲᅮ리가 단단ᄒᆞᆫ후에 가지가 무셩ᄒᆞ고 근원이 흔흔ᄒᆞᆫ후에 흐름이 왕셩ᄒᆞᄂᆞ니 이제 만물의 번셩홈을 볼진ᄃᆡ 엇지 근본이 업시 그러ᄒᆞ리오 셩경에 ᄀᆞᆯᄋᆞ샤ᄃᆡ 태초ᄯᆡ에 하ᄂᆞ님ᄭᅴ셔 하ᄂᆞᆯ과 ᄯᅡ을 처음으로 창조ᄒᆞ시매 ᄯᅡ와 물지.음이 비고 어두온지라 하ᄂᆞ님ᄭᅴ셔 ᄀᆞᆯᄋᆞ샤ᄃᆡ 빗치 잇ᄂᆞᆫ거시 맛당ᄒᆞ도다 빗치 곳 잇거ᄂᆞᆯ 하ᄂᆞ님ᄭᅴ셔 빗출 보시고 됴타ᄒᆞ샤 빗슨 낫지되고 어두옴은 밤이 되게ᄒᆞ시고 ᄯᅩᄒᆞᆫ 샹하의 물노 가온치 ᄂᆞᆫ허지게ᄒᆞ샤 하ᄂᆞᆯ이 되게ᄒᆞ시며 텬하의 물이 ᄒᆞᆫ곳에 모혀 바다이 되게ᄒᆞ시고 ᄯᅡ에 풀과 나물과 나무와 실과가 나게ᄒᆞ시되 각각 류를 좃게ᄒᆞ시고 ᄯᅩᄒᆞᆫ 붉은 빗 돌을 문드샤 큰거ᄉᆞᆫ 낫출 다ᄉᆞ리고 젹은거ᄉᆞᆫ 밤을 다ᄉᆞ리게ᄒᆞ샤 년월일시와 츈하츄동을 긔록ᄒᆞ게 ᄒᆞ시고 여러 별을 문드샤 하ᄂᆞᆯ에 두시며 ᄯᅩᄒᆞᆫ 고기ᄂᆞᆫ 각각 류를 좃차 물에 가득ᄒᆞ게 ᄒᆞ시고 나ᄂᆞᆫ새와 긔ᄂᆞᆫ즘승은 각각 류를 좃차 ᄯᅡ에 번셩ᄒᆞ게 ᄒᆞ신후에 하ᄂᆞ님ᄭᅴ셔 보시고 됴타ᄒᆞ시니 이거시 닷새동안에 문드신거시라 엿새되ᄂᆞᆫ 날에 사ᄅᆞᆷ을 문드샤 금슈와 곤츙을 다ᄉᆞ리게 ᄒᆞ실ᄉᆡ ᄌᆞ긔의 형샹과 ᄀᆞᆺ게ᄒᆞ시며 흙으로 사ᄅᆞᆷ을 문드신 후에 긔운을 부러 코으로 드려보내샤 혈긔잇ᄂᆞᆫ 사ᄅᆞᆷ이 되게ᄒᆞ시고 일홈을 아담이라 ᄒᆞ시며 그후에 ᄯᅩ 아담의 ᄲᅧ를 취ᄒᆞ샤 녀인을 문드러 부부가 되게ᄒᆞ시고 일홈을 이와라ᄒᆞ시니 이사ᄅᆞᆷ이 만국 만민의 원조가 된지라 동양 사ᄅᆞᆷ들이 말ᄒᆞ기를 셔국교를 ᄒᆞᄂᆞᆫ 놈은 조샹의 졔ᄉᆞ도 지내지안코 근본을 비반ᄒᆞᆫ다 ᄒᆞ되 우리ᄉᆡᆼ각에ᄂᆞᆫ 그러치 아니ᄒᆞᆫ거시 졔ᄉᆞ를 지내되 ᄉᆞᄃᆡ에 더ᄒᆞ지 못ᄒᆞ고 시조의 졔ᄉᆞᄭᆞ지 합ᄒᆞ여도 ᄉᆞ오십ᄃᆡ에 더ᄒᆞ지 못ᄒᆞᄂᆞᆫ지라 시조의 아바지ᄂᆞᆫ 누군지 아지 못ᄒᆞ며 셤길줄도 모로니 이거ᄉᆞᆫ 나무의 ᄲᅮ리ᄂᆞᆫ 비양ᄒᆞᆯ줄 모로고 다만 그 ᄭᅩᆺ만 ᄉᆞ랑ᄒᆞᄂᆞᆫ것과 ᄀᆞᆺᄒᆞ니 엇지 큰 험졀이 아니리오 아바지로 브터 ᄎᆞᄎᆞ 올나가면 필경은 원조 아담이오 아담의 근본은 하ᄂᆞ님이시라 우리ᄂᆞᆫ 몬져 하ᄂᆞ님브터 셤기ᄂᆞ니 근본과 조샹을 참 셤긴다 ᄒᆞᆯ만ᄒᆞᆫ지라 근본을 알고져 ᄒᆞ거든 우리 셩경을 공부ᄒᆞ시오

례비일공과 뎨칠 삼월 이십일일

싸빗이 사울노의목숨을살닌일

사무엘긔 샹권 이십 ᄉᆞ쟝 일졀노 십팔졀 ᄭᆞ지라

년조 쥬강싱젼 일쳔 륙십일년

디명 엔기띠 굴

一 사울노가 비리ᄉᆞ 사ᄅᆞᆷ을 쫏다가 도라오매 혹이 골ᄋᆞᄃᆡ 싸빗이 엔기띠 들에 잇다 ᄒᆞ니 二 사울노가 이스라엘 군ᄉᆞ 삼쳔을 다리고 산양 잇ᄂᆞᆫ 바회에 가셔 싸빗과 밋 그 죵인을 찻다가 三 양의 우리 잇ᄂᆞᆫ 곳에 니르니 그 겻헤 굴이 잇ᄂᆞᆫ지라 드러가 잘ᄉᆡ 싸빗과 밋 그 죵인이 굴속에 잇다가 四 죵인이 골ᄋᆞᄃᆡ 젼에 야화화ᄭᅴ셔 골ᄋᆞ샤ᄃᆡ 젹국으로ᄡᅥ 너의 손에 맛겨 임의로 힝ᄒᆞ게 ᄒᆞ리라 ᄒᆞ시더니 그 날이 니르럿도다 ᄒᆞᆫᄃᆡ 싸빗이 니러나 가만이 사울노의 옷 깃슬 ᄭᅳᆫ코 五 나죵에 ᄆᆞᄋᆞᆷ이 썰녀 六 그 죵인ᄃᆞ려 골ᄋᆞᄃᆡ 야화화ᄭᅴ셔 기름으로 나의 왕을 발넛거ᄂᆞᆯ 내가 손을 드러 치ᄂᆞᆫ거시 올치 안토다 ᄒᆞ고 七 싸빗이 그 하인을 만류ᄒᆞ야 사울노를 치지 못ᄒᆞ게 ᄒᆞ니 사울노가 니러나 굴 속에셔 나아 가거ᄂᆞᆯ 八 싸빗이 ᄯᅩᄒᆞᆫ 굴에셔 나아가 사울노 뒤에셔 불너 골ᄋᆞᄃᆡ 내 쥬여 내 왕이여 ᄒᆞᆫᄃᆡ 사울노ㅣ 도라 보니 싸빗이 ᄯᅡ에 업ᄃᆡ여 졀ᄒᆞ고 九 골ᄋᆞᄃᆡ 사ᄅᆞᆷ이 말ᄒᆞ되 내가 왕을 해코져 ᄒᆞᆫ다 ᄒᆞᆷ을 엇지 밋ᄂᆞᆫ잇가 十 오ᄂᆞᆯ 일을 왕이 보앗시니 굴속에셔 야화화ᄭᅴ셔 왕을 내 손에 맛기셧고 혹이 날ᄃᆞ려 죽이라 권ᄒᆞ되 오직 내가 젼에 야화화ᄭᅴ셔 왕을 기름 바르심을 싱각 ᄒᆞ고 앗겨셔 감히 손을 드러 치지 못 ᄒᆞ엿노라 十一 내 군부여 내가 왕의 옷 깃슬 ᄭᅳᆫ엇더니 이제 손에 드러 즁거를 ᄒᆞ고 내가 왕을 더 해롭게 아니 ᄒᆞ야 왕으로 ᄒᆞ여곰 내가 범샹을 아니 ᄒᆞ고 악념이 업ᄉᆞᆷ을 알게 ᄒᆞ노라 그러나 왕은 나를 차져 죽이고져 ᄒᆞᄂᆞᆫ잇가 十二 원컨ᄃᆡ 야화화ᄭᅴ셔 우리 둘의 시비를 뎡ᄒᆞ시고 ᄯᅩᄒᆞᆫ 분을 풀게 ᄒᆞ소셔 내가 왕을 해롭게 ᄒᆞ지 안켓노라 十三 녯 쇽담에 골ᄋᆞᄃᆡ 악ᄒᆞᆫ 거ᄉᆞᆫ 악ᄒᆞᆫᄃᆡ셔 난다 ᄒᆞ나 나ᄂᆞᆫ 왕을 해롭게 ᄒᆞ지 안켓노라 十四 이스라엘 왕이 나아와 치ᄂᆞᆫ쟈ㅣ 뉘며 쫏차 음습ᄒᆞᄂᆞᆫ쟈ㅣ 뉘뇨 임의 죽은 개와 ᄯᅱᄂᆞᆫ 벼록이니라 十五 그럼으로 사ᄅᆞᆷ의 시비를 뎡ᄒᆞ시기ᄂᆞᆫ 야화화ㅣ 시니 우리 즁에 시비를 갈희샤 날노 셜원ᄒᆞ게 ᄒᆞ시고 날노 왕의게 구원ᄒᆞᆷ을 엇게 ᄒᆞ소셔 十六 싸빗이 말을 맛초매 사울노ㅣ 골ᄋᆞᄃᆡ 이거시 나의 아ᄃᆞᆯ 싸빗네 소ᄅᆡ가 아니냐 ᄒᆞ고 사울노ㅣ ᄯᅩᄒᆞᆫ 소ᄅᆡ 질너 울고 十七 싸빗ᄃᆞ려 닐너 골ᄋᆞᄃᆡ 네가 나 보다 올흔 사ᄅᆞᆷ이니 나ᄂᆞᆫ 너를 악ᄒᆞᆫ거ᄉᆞ로 ᄃᆡ졉ᄒᆞ거ᄂᆞᆯ 너ᄂᆞᆫ 덕으로 갑ᄂᆞᆫ도다 十八 오ᄂᆞᆯ날 네가 나를 잘 ᄃᆡ졉ᄒᆞᆫ거시 즁거가 잇ᄉᆞ니 야화화ᄭᅴ셔 나를 네 손에 맛기셧거ᄂᆞᆯ 네가 나를 죽이지 아니 ᄒᆞ엿도다

주셕

사울노ㅣ 비리ᄉᆞ 인을 치러 갓다가 ᄯᅩ 싸빗을 잡으러 올ᄉᆡ 싸빗은 셩이나 골에 피ᄒᆞ여 잇지 아니ᄒᆞᆷ은 혹 사ᄅᆞᆷ이 알고 사울노의게 고ᄒᆞᆯ가 ᄒᆞ여 산 즁에 숨어 잇ᄉᆞ니 이 산에 싸빗의 본 고을 벳네헴과 샹거가 십리 되ᄂᆞᆫ 큰 굴이 잇셔 그 굴이

처음 드러 가는ᄃᆡ는 심히 좁아 삼십쳑즘 드러간 후 널너 큰 굴 되여 기리가 일ᄇᆡᆨ이십쳑이 되고 광이 오십쳑이 되며 극히 놉흐며 이 굴 안에 여러 군ᄃᆡ로 가는 굴이 ᄯᅩ 잇는지라 그 속에는 일월을 보지 못ᄒᆞ매 아조 캄캄ᄒᆞ니 이 굴은 허다ᄒᆞᆫ 사ᄅᆞᆷ이 다 아지 못ᄒᆞ되 ᄶᅡ빗은 이전 양 칠ᄯᅢ에 여러 번 왕ᄅᆡᄒᆞ여 본듯ᄒᆞ매 이제도 그 좃차온 사ᄅᆞᆷ들파 이 굴노 드러 왓는지라 사울노ㅣ ᄯᅩ ᄶᅡ빗을 잡으려ᄒᆞ여 두로 찻다가 이 굴노 드러와 ᄶᅡ빗 잇숨을 아지 못ᄒᆞ고 보지 못ᄒᆞ되 그 속에 잇는 ᄶᅡ빗파 좃들은 사울노를 다 보앗는지라 그 좃이 ᄶᅡ빗의게 권ᄒᆞ야 ᄀᆞᆯᄋᆞᄃᆡ 하ᄂᆞ님ᄭᅴ셔 그ᄃᆡ의 손에 붓쳐 주신 대젹이 여긔 잇ᄉᆞ니 급히 죽이소셔 ᄒᆞ되 ᄶᅡ빗이 ᄎᆞᆷ아 해치 못ᄒᆞ며 그 좃ᄃᆞ려도 죽이지 말나 닐넛ᄉᆞ니 ᄶᅡ빗은 사울노를 죽임이 어렵지 아니ᄒᆞ되 ᄎᆞᆷ아 해치 못ᄒᆞ여 그 옷깃슬 ᄉᆞᆫ허 가져숨은 후에 이 일을 증거홈이오 ᄶᅡ빗은 하ᄂᆞ님ᄭᅴ셔 ᄌᆞ긔를 퇴ᄒᆞ사 일후 왕 될줄도 알며 사울노를 하ᄂᆞ님ᄭᅴ셔 ᄇᆞ리신 줄도 알며 사울노ㅣ ᄌᆞ긔를 뮈워ᄒᆞ고 죽이려 홈도 알되 그러나 ᄶᅡ빗이 사울노를 ᄒᆞᆼ상 해ᄒᆞᆯ ᄆᆞᄋᆞᆷ을 두지 아니ᄒᆞ고 하ᄂᆞ님을 밋어 긔약 당ᄒᆞ신 ᄯᅢ를 기ᄃᆞ리는지라 사ᄅᆞᆷ이 무숨 일이던지 기ᄃᆞ리는 거시 어려온 일 잠간 지냄 보다 더 어려오ᄃᆡ ᄶᅡ빗은 하ᄂᆞ님의 분부를 슌죵ᄒᆞ여 오래 ᄎᆞᆷ고 기ᄃᆞ렷ᄉᆞ니 무론 누구던지 하ᄂᆞ님을 밋고 기ᄃᆞ리면 아니 되는 일이 업고 하ᄂᆞ님ᄭᅴ셔 진실이 밋고 기ᄃᆞ리는 자를 도라 보시지 아님이 업ᄉᆞ리라 사울노ㅣ ᄯᅥ나 갈 ᄯᅢ에 ᄶᅡ빗이 그 뒤에셔 ᄇᆞ르니 님군과 장인과 ᄀᆞᆺ치 놉혀 ᄇᆞ르며 ᄃᆡ졉ᄒᆞ거놀 사울노ㅣ 이 일을 보고 일변 놀나며 붓그러워 뉘웃쳐ᄒᆞ고 곳 집으로 도라 가되 죵시 악심의 죵이 되여 그 후에 ᄯᅩ 악심이 나매 ᄶᅡ빗을 죽이려 ᄒᆞ더라

뭇는말

一 사울노가 비리ᄉᆞ 사ᄅᆞᆷ을 칠ᄯᅢ에 ᄶᅡ빗이 어ᄃᆡ 갓ᄂᆞ뇨 二 엔기ᄯᅴ론 들이 어ᄃᆡ 잇ᄂᆞ뇨 답 사히 셔편에 잇는 ᄯᅡ이니라 三 사울노가 몃사ᄅᆞᆷ이나 거ᄂᆞ리고 ᄶᅡ빗을 ᄯᅡ라 갓ᄂᆞ뇨 四 ᄶᅡ빗파 사울노가 엇더케 맛ᄂᆞ뇨 五 ᄶᅡ빗의 죵인이 사울노를 볼ᄯᅢ에 엇더케 말ᄒᆞ엿ᄂᆞ뇨 六 ᄶᅡ빗이 사울노를 잡앗ᄂᆞ뇨 七 ᄶᅡ빗이 무엇ᄒᆞ엿ᄂᆞ뇨 八 이러케 ᄒᆡᆼᄒᆞᆫ일이 ᄶᅡ빗으게 무숨 관계기 잇ᄂᆞ뇨 九 ᄶᅡ빗이 사울노 해ᄒᆞ기를 웨 무서워 ᄒᆞ엿ᄂᆞ뇨 十 사울노가 ᄶᅡ빗과 그 ᄯᆞ리 ᄃᆞᆫ이는 사ᄅᆞᆷ들이 그 굴에 잇는줄을 알앗ᄂᆞ뇨 十一 사울노가 ᄌᆞ긔의게 무숨 일이 잇슨줄을 엇더케 알앗ᄂᆞ뇨 十二 사울노가 도라 볼ᄯᅢ에 ᄶᅡ빗이 엇더케 ᄒᆞ엿ᄂᆞ뇨 十三 사울노의게 무숨 말을 무럿ᄂᆞ뇨 十四 ᄶᅡ빗이 사울노를 해코져 아닌 증거가 무엇시뇨 十五 ᄶᅡ빗이 무엇슬 임ᄒᆞ게 말ᄒᆞ엿ᄂᆞ뇨 십이졀과 십ᄉᆞ졀ᄭᆞ지 보라 十六 ᄶᅡ빗이 웨 죽은 개와 ᄯᅱ는 벼록이라 말ᄒᆞ엿ᄂᆞ뇨 十七 이말이 사울노의게 무숨 관계가 잇ᄂᆞ뇨 十八 사울노가 무엇시라 ᄃᆡ답ᄒᆞ엿ᄂᆞ뇨 十九 ᄶᅡ빗파 사울노가 무숨 밍세를 ᄒᆞ엿ᄂᆞ뇨 二十 이십 일졀에 보라 二十一 이 두 사ᄅᆞᆷ이 이거슬 ᄒᆞᆫ 후에 무엇 ᄒᆞ엿ᄂᆞ뇨 二十二 이 공부에셔 우리가 비홀거시 무엇시뇨

하ᄂᆞ님이 ᄒᆞᆫ목ᄉᆞ를되ᄒᆞᆫ거시라

우리 교회가 이ᄀᆞᆺ치 흥왕 ᄒᆞ여스니 누가 능히 예
수의 복음을 잘 젼ᄒᆞᆯᄂᆞᆫ지 하ᄂᆞ님의 ᄇᆞᄅᆞ심을
기다릴터이오 하ᄂᆞ님이 누구던지 젼도ᄒᆞᄂᆞᆫ 사
ᄅᆞᆷ을 삼으랴면 그사ᄅᆞᆷ을 불으겟소 하ᄂᆞ님이 젼
도ᄒᆞᄂᆞᆫ 사ᄅᆞᆷ을 불으지 아니면 다ᄅᆞᆫ일 잘ᄒᆞᄂᆞᆫ거시
젼도 ᄒᆞᄂᆞᆫ것 보담 더 됴흔거시라 우리가 셩경을
공부ᄒᆞ면 하ᄂᆞ님이 젼도ᄒᆞᄂᆞᆫ 사ᄅᆞᆷ을 엇더케 불
으셧ᄂᆞᆫ지 알수 잇ᄂᆞ니라 하ᄂᆞ님이 모셰를 불
으시매 모셰가 슌죵 ᄒᆞ엿고 ᄯᅩ 하ᄂᆞ님이 요나
를 불으시매 요나가 슌죵치 아니ᄒᆞ다가 형벌을
밧앗ᄂᆞ니라 ○근일에 미국에 ᄒᆞᆫ목ᄉᆞ가 젼도 ᄒᆞᆯᄯᅢ
에 ᄒᆞ신 말ᄉᆞᆷ을 말 ᄒᆞ노라 그 목ᄉᆞ ᄀᆞᆯᄋᆞᄃᆡ 내가
오ᄂᆞᆯ ᄉᆡ벽에 하ᄂᆞ님이 나를 삼십륙년 젼에 불
은거ᄉᆞᆯ ᄉᆡᆼ각 ᄒᆞ니ᄭᆡ 눈물 흘닛소 그ᄯᅢ에 내가 ᄉᆡᆼ
ᄋᆡ를 버리기 어렵고 내 어머니 과부로 잇스매 내
친구들이 말 ᄒᆞ기를 네 ᄉᆡᆼᄋᆡ를 버리면 밋친 사ᄅᆞᆷ
되겟다 ᄒᆞ되 하ᄂᆞ님이 나를 더크게 불넛소 그
런고로 내 ᄉᆡᆼᄋᆡ를 버리매 그 친구들이 나를 밋친
사ᄅᆞᆷ이라 ᄒᆞ여도 내가 하ᄂᆞ님의게 감샤ᄒᆞᄂᆞᆫ ᄆᆞ
ᄋᆞᆷ 잇ᄉᆞᆷᄂᆡ다 ᄯᅩ 내가 이 젼도ᄒᆞᄂᆞᆫ 직분으로 써 이
셰샹 나라 룡샹에 안지라 ᄒᆞᆷ과 밧구지 안켓소 내
가 젼도 ᄒᆞ기를 엇더케 결단 ᄒᆞ엿ᄂᆞᆫ고 ᄒᆞ니 내가
젼도 ᄒᆞ기젼에 례ᄇᆡ일 공부 ᄒᆞᄂᆞᆫ 사ᄅᆞᆷ들이 거의
일쳔오ᄇᆡᆨ 이나 잇스니 그슈가 만히 되ᄂᆞᆫ 고로 ᄌᆞ
미 만히 잇스나 회ᄀᆡᄒᆞᆫ 사ᄅᆞᆷ은 ᄒᆞ나도 보지 못ᄒᆞ

엿노라 그즁에 ᄒᆞᆫ반ᄂᆡ 잇스니 모도 허ᄅᆞᆫ 사ᄅᆞᆷ이
라 ᄒᆞᆫ반수ᄂᆞᆫ 능히 살피ᄂᆞᆫ 사ᄅᆞᆷ이라 ᄒᆞᆫ 례ᄇᆡ일은
그반수가 어ᄃᆡ 츌타ᄒᆞ여 오지 못ᄒᆞᆫ고로 내가 그
반ᄂᆡ 사ᄅᆞᆷ들을 ᄀᆞᄅᆞ칠ᄯᅢ에 ᄆᆡ우 답답 ᄒᆞ더라 그
잇튼날 그반수가 우리 가가에 들어 왓스매 내가
그 사ᄅᆞᆷ의 얼골 빗치 흰거ᄉᆞᆯ 보고 무러 ᄀᆞᆯᄋᆞᄃᆡ
무ᄉᆞᆷ 고ᄉᆡᆼ 잇ᄂᆞ뇨 ᄒᆞ니 그반수가 ᄃᆡ답 ᄒᆞ기를 내
가삼에 병이 잇셔 토혈 ᄒᆞ개 의원 ᄂᆞᆯ숨이 오리
살지 못ᄒᆞ리라 ᄒᆞ니 내가 반ᄂᆡ를 바리고 본집에
도라 가겟노라 말ᄒᆞᆯᄯᅢ 력이 ᄯᅥᆯ이고 눈물 흘니거
ᄂᆞᆯ 내가 뭇기를 네 죽기를 무셔워 ᄒᆞᄂᆞ뇨 ᄒᆞ니
그사ᄅᆞᆷ이 ᄃᆡ답 ᄒᆞ되 죽ᄂᆞᆫ거ᄉᆞᆯ 무셔워 ᄒᆞᄂᆞᆫ거시
아니라 몃날 후에 예수 압희 갈터이니 내반ᄂᆡ 사
ᄅᆞᆷ을 ᄒᆞ나도 구원치 못ᄒᆞ엿스니 무ᄉᆞᆷ 말을 ᄒᆞ리
오 ᄒᆞ더라 내 이런 말을 처음 들엇노라 내가 ᄯᅩ
그반수 의게 말ᄒᆞ기를 네 집에 도라 가기젼에 각
사ᄅᆞᆷ의 집가셔 예수의게 령혼 드리기를 권ᄒᆞ면
됴켓다 ᄒᆞ니 그반수 ᄃᆡ답ᄒᆞ되 몸이 약ᄒᆞ여 힝보
못ᄒᆞ겟노라 ᄒᆞ거ᄂᆞᆯ 그러면 내 수레를 타고 단니
라 ᄒᆞ니 그 사ᄅᆞᆷ이 허락 ᄒᆞ거ᄂᆞᆯ 우리 둘이 그 수레
타고 반ᄂᆡ 사ᄅᆞᆷ의 집에 각각 가셔 그집안 사ᄅᆞᆷ의
게 예수의 복음을 ᄀᆞᄅᆞ칠ᄉᆡ 그얼골에 피곤도 업
고 비쳑비쳑 ᄒᆞ며 단니며 반ᄂᆡ 사ᄅᆞᆷ을 ᄀᆞᄅᆞ셔 다
예수를 밋게 ᄒᆞ엿ᄂᆞ니라 ᄯᅩ 몃날 후에 그반수가
내 가가에 와셔 얼골에 화긔ᄯᅴ고 말ᄒᆞ기를 내가
ᄒᆞᆯ일을 능히 다ᄒᆞ고 내 본집에 도라 가노라 ᄒᆞ거
ᄂᆞᆯ 내가 ᄯᅩ 말ᄒᆞ기를 그러면 ᄯᅩᄒᆞᆫ 반ᄂᆡ를 맛기기를

원ᄒᆞᄂᆞ뇨 ᄃᆡ답ᄒᆞ되 그러ᄒᆞᆸᄂᆞ니다 ᄒᆞᄂᆞᆫ지라 그밤에 우리 반ᄂᆡ ᄒᆞᆫ곳에 모히고 그반수가 긔도ᄒᆞ고 나도 긔도ᄒᆞᆫ후에 반ᄂᆡ 사ᄅᆞᆷ이 다 각각 긔도ᄒᆞ고 반수들 위ᄒᆞ여 긔도ᄒᆞ고 나를 위ᄒᆞ여 긔도ᄒᆞ고 ᄂᆡ려날ᄯᅢ에 너무깃버 말ᄒᆞᆯ수 업더라 그후에 반수가 본집에 도라 갈ᄯᅢ에 우리 반ᄂᆡ 사ᄅᆞᆷ이 다 화륜거 집에 모히고 그반수 셔셔 하ᄂᆞ님ᄭᅴ 찬미ᄒᆞ고 반수가 화륜거로 들어가 셔셔 손으로 하ᄂᆞᆯ을 가ᄅᆞ쳐 ᄀᆞᆯᄋᆞᄃᆡ 후에 져긔셔 맛나쟈 ᄒᆞ더라 그다음 날 내가 가가에 들어가셔 싱익ᄒᆞᆯ ᄌᆞ미가 업셔시니 하ᄂᆞ님이 나를 쟝ᄉᆞ ᄒᆞᄂᆞᆫᄃᆡ셔 ᄲᅡᆯ어 ᄂᆡ여 젼도ᄒᆞ게 ᄒᆞ매 그ᄯᅢ 브터 지금 ᄭᆞ지 젼도ᄒᆞ노라 ᄒᆞ엿더라

아라ᄉᆞ에 열남ᄒᆞᆫ일

작년 오월 아라ᄉᆞ국 황뎨폐하의 ᄃᆡ관식에 죠션 대ᄉᆞ의 슈원으로 아라ᄉᆞ 갓던 윤치호씨가 이달 초구일 아ᄎᆞᆷ에 빅지학당에셔 학원들의게 아라ᄉᆞ국 갓슬 ᄯᅢ에 열남ᄒᆞᆫ 일을 ᄒᆞᆫ시반 동안 대강 연셜ᄒᆞ기를 처음에 아라ᄉᆞ 디경에 ᄂᆞ리매 아라ᄉᆞ 졍부에셔 특별이 화륜거를 보내엿ᄂᆞᆫᄃᆡ 대ᄉᆞ의 일힝이 다 오른 후에 좌우를 ᄉᆞᆲ혀 본즉 문방제구와 비포ᄒᆞᆫ거시 츌불만 ᄒᆞᆯᄲᅮᆫ 더러 음식으로도 슈륙진미가 업ᄂᆞᆫ거시 업고 가기도 엇지 ᄲᆞ른지 귀에셔 바람이 나ᄂᆞᆫ듯 피득셩에 득달ᄒᆞᆫ즉 아라ᄉᆞ 궁ᄂᆡ부에셔 됴흔 ᄉᆞ쳐를 졍ᄒᆞ여 주어 편이 류ᄒᆞ고 황뎨폐하ᄭᅴ 폐현ᄒᆞᆯ ᄯᅢ에ᄂᆞᆫ 궁ᄂᆡ부에셔 특별이 도금ᄒᆞᆫ 마챠를 보내여 타고 궐문 밧ᄭᅴ ᄭᆞ지 들어 가ᄂᆞᆫᄃᆡ 궐문에 파슈 보ᄂᆞᆫ 병뎡을 본즉 셧던곳을 일각도 ᄯᅥ나지 아니ᄒᆞ여 비컨ᄃᆡ 나무와 돌을 세운것 ᄀᆞᆺ치 죠곰도 히ᄐᆡᄒᆞ고 요동ᄒᆞᄂᆞᆫ 모양이 업ᄂᆞᆫ지라 밋 폐현ᄒᆞᆯ적에 다만 황뎨폐하와 황후폐하 두분만 계시고 다른 사ᄅᆞᆷ은 ᄒᆞ나도 업고 궐ᄂᆡ가 고요ᄒᆞ여 헌화ᄒᆞᄂᆞᆫ 소ᄅᆡ가 귀에 들니지 아니ᄒᆞ니 ᄎᆞᆷ 엄슉ᄒᆞᆫ거슬 가히 알거시오 마시쿨셩에셔 ᄃᆡ관식을 힝ᄒᆞ시ᄂᆞᆫᄃᆡ 항뎨폐하와 황후폐하ᄭᅴ셔 교당에 가사매 교쥬가 구세쥬의 화샹을 뫼시고 나온즉 량위 폐하ᄭᅴ셔 압회 나아가옵셔 경례ᄒᆞ옵시ᄂᆞᆫ 의용이 ᄎᆞᆷ 엄슉ᄒᆞ고 쟝ᄒᆞᆫ거슬 측량치 못ᄒᆞᆯ너라 궐ᄂᆡ의 웅쟝 화려ᄒᆞ미 금강셕으로 기동을 ᄒᆞ고 호박으로 마루와 벽과 반ᄌᆞ를 ᄭᅡ민 방이 잇ᄉᆞ나 이거슨 다 귀ᄒᆞᆯ거시 업고 몃날을 ᄃᆞ니며 구경ᄒᆞᆫ즉 그즁에 뎨일 귀ᄒᆞ고 부러운 일이 네가지가 잇ᄉᆞ니 첫재ᄂᆞᆫ 국즁에 학교를 만이 셜립ᄒᆞ여 인민을 교육ᄒᆞᄂᆞᆫ 거시요 둘재ᄂᆞᆫ 감옥소 안이 ᄆᆡ우 졍결ᄒᆞ여 죄인이 다른 병날 렴녀가 업ᄂᆞᆫ 거시요 셋재ᄂᆞᆫ 군ᄉᆞ들이 ᄆᆡ우 엄슉ᄒᆞ여 병뎡들

이 츄호도 방심치 못 ᄒᆞᄂᆞᆫ거시요 넷재ᄂᆞᆫ 국즁에 공한ᄒᆞᆫ ᄯᅡ이 업고 ᄒᆡ마다 식목ᄒᆞ여 도쳐에 슈림이 울밀ᄒᆞᆫ거시라 어ᄂᆞ 나라이던지 이 네가지 일을 힘쓰면 엇지 부강치 아니리요 여러 학원들은 공부ᄅᆞᆯ 도뎌히 ᄒᆞᆫ후에 나가셔 나라 일을 진츙 갈력ᄒᆞ여 아모ᄶᅩ록 이 네가지 일을 독실이 힝ᄒᆞ면 우리 나라이 참 ᄌᆞ쥬독립 ᄒᆞᆯ 긔쵸ᄅᆞᆯ 굿게 셰우겟다고 ᄒᆞ더라

경츅 대군쥬 폐하 환어라

평양 서문안 아영동 미이미교회 학원들이 대군쥬 폐하 씌셔와 왕태ᄌᆞ 뎐하씌셔 이월 이십일에 경운궁 으로 환어 ᄒᆞ옵신 회보를 보고 삼월 일일에 남학원 들과 녀학인 들이 학당에 모혀 국긔를 세우고 오식등불을 달고 만만셰ᄅᆞᆯ 불으며 ᄋᆡ국가ᄅᆞᆯ 불으고 일졔히 업ᄃᆡ여 하ᄂᆞ님ᄭᅴ 긔도ᄒᆞ여 우리 대죠션국이 동양에 유명ᄒᆞᆫ 나라히 되고 셩수무강 ᄒᆞ기ᄅᆞᆯ 경츅 ᄒᆞ면서 죵야ᄅᆞᆯ 흔변ᄒᆞ야 모ᄅᆞᄂᆞᆫ ᄇᆡᆨ셩을 다 알게 ᄒᆞ여 감샤ᄒᆞᄂᆞᆫ ᄯᅳᆺ이 만ᄒᆞ니 엇지 깃부지 안ᄒᆞ리오

회즁신문

평양 교우 리영언의 편지ᄅᆞᆯ 우리가 보니 평양 새창골에 회당을 ᄒᆞ랴고 삼십이간 집을 ᄉᆞᆺᄂᆞᆫᄃᆡ 남녀 교우가 깃분 ᄆᆞᄋᆞᆷ으로 연보 젼을 보낸거시 은젼이 륙십여원이오 엽젼이 이ᄇᆡᆨ여량이라 ᄒᆞ더라

미국 리부인과 우월부인이 힘써 평양에 녀학당을 창설ᄒᆞ고 녀ᄋᆞ들을 ᄀᆞᄅᆞ치ᄂᆞᆫᄃᆡ ᄯᅩ 죠션 리부인과 우부인이 그곳 학원의게 복음을 강론 ᄒᆞᆫ다더라

고ᄇᆡᆨ

본회에서 이회보ᄅᆞᆯ 일쥬일에 ᄒᆞᆫ번식 발간ᄒᆞᄂᆞᆫ거ᄉᆞᆫ 다만 미이미 교회만 위홈이 아니오 다른교회나 교외사ᄅᆞᆷ들을 다 위ᄒᆞᄂᆞᆫ 일이니 죠션 교우나 셔국교ᄉᆞ나 교외친고나 만일 사셔 보고져 ᄒᆞ거든 졍동 아편셜라 교ᄉᆞ집이나 죵로 대동서시에 긔별ᄒᆞ여 갓다보시오 우리가 이회보ᄅᆞᆯ 뎨 오호브터ᄂᆞᆫ 갑슬 밧으되 ᄒᆞᆫ장에ᄂᆞᆫ 엽젼 너픈이오 ᄒᆞᆫ돌갑슬 미리 내면 엽젼 ᄒᆞᆫ돈오픈식이오 ᄯᅩ 싀골사ᄅᆞᆷ의게 우체로 보내ᄂᆞᆫ 갑슨 ᄯᆞ루잇소

죠션교우나 셔국교ᄉᆞ나 교즁소문에 드를만 ᄒᆞᆫ것 잇거든 국문으로 젹어서 졍동 아편셜라 교ᄉᆞ집으로 보내여 주시면 우리가 회보에 긔록ᄒᆞ여 회보 보ᄂᆞᆫ이로 ᄒᆞ여곰 이목을 새롭게 ᄒᆞ겟소

데일권

죠션회보

데팔호

건양이년 삼월이십ᄉᆞ일

협셩회론

우리가 일젼에 협셩회에셔 보낸 회즁 규칙칙 ᄒᆞᆫ권을 밧엇는ᄃᆡ 그 칙을 국한문 셕거 ᄆᆡ우 졍ᄒᆞ게 인츌 ᄒᆞ얏고 장수는 모도 스믈 다ᄉᆞᆺ장 인ᄃᆡ 회즁 류지 금으로 발간 ᄒᆞ엿더라 대개 이 협셩회는 작년 십일월 이십 칠일(건양 원년)에 ᄇᆡᄌᆡ학당 션비들이 처음 셜립ᄒᆞᆫ 회인ᄃᆡ 아마 죠션안에 처음으로 챵립ᄒᆞᆫ 졍론회 즁에 ᄒᆞ나히라 우리가 이 학도들이 이런 유익ᄒᆞᆫ 회를 모화 ᄌᆞ긔의 지식들을 넓히고 의회원 규칙들을 공부ᄒᆞ니 듯기에 ᄆᆡ우 고맙고 깃부더라 ○처음 넉쟝은 냥교관 홍목씨가 지은 셔문인ᄃᆡ 이회 챵립ᄒᆞᆫ 대지를 긔술ᄒᆞ야 회원들을 권면ᄒᆞ야 이 회를 영구히 보젼 ᄒᆞ자는 요지요 그다음 열넉장은 회즁 규칙인ᄃᆡ 모도 열다ᄉᆞᆺ 됴목에 논화 말ᄒᆞ엿는ᄃᆡ 우리가 이 ᄶᆞ른 됴희 우에 셰셰히 다 긔록ᄒᆞᆯ수 업셔 다만 뎨십ᄉᆞ됴에 긔지ᄒᆞᆫ ᄀᆡ회 례식을 대강 말ᄒᆞ노라 회장이 ᄀᆡ회ᄒᆞᆫ 후에 셔긔가 회원을 호명ᄒᆞ고 젼회 일긔를 닑은 후에 회장이 회즁에 무러 일긔즁에 혹 오셔와 누필이 잇시면 의론ᄒᆞ여 ᄀᆡ졍ᄒᆞ고 그 후에는 젼회에 미결ᄒᆞᆫ ᄉᆞ건을 다시 의론ᄒᆞ고 그 후에 회쟝이 연의(연셜ᄒᆞ는 임원이니 가변 졍연의 부변 졍연의 ᄌᆞ변 좌연의 부변 좌연의가 잇더라)의 연셜ᄒᆞᆯ 문뎨를 회즁에 포시ᄒᆞ고 졍연의와 좌연의가 그 문뎨를 가지고 량변에셔 서로 반ᄃᆡᄒᆞ야 변론ᄒᆞᆫ 후에 다른 회원이라도 연셜ᄒᆞᆯ이 잇ᄉᆞ면 회장의 허가를 엇어 연셜ᄒᆞ고 그 연셜을 다 맛친 후에 회장이 회즁에 무러 량변 론난ᄒᆞᆫ ᄉᆞ건의 가부를 회원의 가부 다소를 계ᄒᆞ야 결뎡ᄒᆞ고 그 ᄉᆞ건을 결뎡ᄒᆞᆫ 후에 량변 연셜의 션불션을 회장이 ᄯᅩ 회즁에 무러 회원의 가부 다소로 결뎡ᄒᆞ고 회원이 만일 새 ᄉᆞ건을 뎨츌ᄒᆞ야 의론코자 ᄒᆞ면 반ᄃᆞ시 니러셔셔 회장의 허가를 엇어 그 ᄉᆞ건으로 대강 회즁에 발론ᄒᆞᆫ 후에 회원즁에 만일 그 ᄉᆞ건을 올니 너이는이 잇ᄉᆞ면 그 ᄉᆞ건으로 회장의게 지쳥ᄒᆞ고 ᄯᅩ 만일 그 ᄉᆞ건을 좀 곳쳐 의론코자 ᄒᆞ는 회원이 잇ᄉᆞ면 그 ᄉᆞ건을 변동ᄒᆞ야 ᄀᆡ쳥ᄒᆞ면 회장이 회즁에 무러 회원의 가부 다소로 그 ᄉᆞ건을 위부간 작뎡ᄒᆞ고 언제던지 회원이 발언코자 ᄒᆞ는 시에는 회장의 허가를 쳥ᄒᆞ고 허가 업시는 발언ᄒᆞᆷ을 허치 아니ᄒᆞ고 ᄒᆞᆫ때에 두셰사ᄅᆞᆷ이 의론을 병발치 못ᄒᆞ더라 ○ᄭᅳᆺ히 닐곱쟝에는 임원의 셩명들과 회원의 셩명들을 렬록ᄒᆞ엿는ᄃᆡ 회원이 모도 구십 일명이더라 우리는 이 회가 ᄆᆡ우 잘 되여 이 학도들의게만 유익ᄒᆞᆯ뿐 아니라 죠션 젼국 인민들의게 더욱 유익ᄒᆞᆷ이 잇기를 ᄀᆞᆫ절히 ᄇᆞ라노라

레비일공과 뎨팔 삼월 이십팔일

ᄯᅡ빗이 사울노의목숨을살닌일

사무엘긔 샹권 이십 륙쟝 오졀노 십팔졀 ᄭᆞ지와 이십일졀노 이십이졀 ᄭᆞ지라

년조 쥬강싱젼 일쳔 륙십년

디명 셔불 산

五 ᄯᅡ빗이 니러나 사울노의 영문에 가서 사울노와 밋 그쟝슈 녀이의 아들 압너이의 머므른 곳을 보니 사울노가 수레롤 버려 놋코 자매 죵인들이 좌우에 잇는지라 六 ᄯᅡ빗이 혁ᄯᅡ 사름 아힘엘넥과 셔로아위아 아돌 요압의 동싱 아비샤 ᄃᆞ려 닐너 ᄀᆞᆯᄋᆞᄃᆡ 누가 날노 더브러 사울노의 진에 갈쇼 아비샤ㅣ ᄀᆞᆯᄋᆞᄃᆡ 내가 홈ᄭᅴ 가겟노라 七 ᄯᅡ빗이 아비샤로 더브러 밤에 진즁에 니르러 보매 사울노가 수레에서 잘ᄉᆡ 벼개 엽헤 챵을 ᄭᅩᆺ고 압너이와 밋 죵인들이 ᄉᆞ면에 둘녀 잇는지라 八 아비샤가 ᄯᅡ빗ᄃᆞ려 ᄀᆞᆯᄋᆞᄃᆡ 하ᄂᆞ님ᄭᅴ서 젹국으로 써 너의 손에 맛겨ᄉᆞ니 날노 ᄒᆞ여곰 치게 ᄒᆞ면 ᄒᆞᆫ번에 ᄶᅵᆼ에 업더지게 ᄒᆞᆯ거시오 두번도 아니 치겟노라 九 ᄯᅡ빗이 ᄀᆞᆯᄋᆞᄃᆡ 사울노를 해치 말나 야화화ᄭᅴ서 기롬으로 바르셧ᄉᆞ니 죽이는 이는 무죄ᄒᆞ지 못ᄒᆞ리라 十 ᄯᅩ ᄀᆞᆯᄋᆞᄃᆡ 내가 야화화를 ᄀᆞᄅᆞ쳐 밍셰ᄒᆞ노니 사울노ㅣ 야화화ᄭᅴ 마진 바가 되던지 죽을 날이 니르면지 젼쟝에서 죽던지 ᄒᆞ리라 十一 야화화ᄭᅴ서 기롬 바르신 이롤 결단코 손을 드러치지 못ᄒᆞᆯ거시니 다만 벼개 엽헤 챵과 물병을 가져 가라 十二 야화화ᄭᅴ서 여러 사름들노 ᄒᆞ여곰 잠들게 ᄒᆞᆫ 후에 ᄯᅡ빗이 벼개 엽헤 챵과 물병을 가져 가되 ᄒᆞᆫ 사름도 ᄭᆡ여 본이가 업더라 十三 ᄯᅡ빗이 건너 편으로 가셔 샹거가 초간 ᄒᆞᆫ 산 우헤 셔셔 十四 ᄯᅡ빗이 사울노의 군ᄉᆞ와 밋 녀이의 아돌 압너이롤 불너 ᄀᆞᆯᄋᆞᄃᆡ 엇지ᄒᆞ여 ᄃᆡ답지 아니 ᄒᆞᄂᆞ냐 압너이 ᄀᆞᆯᄋᆞᄃᆡ 왕의게 소리 질는 이가 누구냐 十五 ᄯᅡ빗이 ᄀᆞᆯᄋᆞᄃᆡ 네가 이스라엘 족쇽 즁에 ᄶᅡᆨ이 업는 호걸 이어놀 사롬이 진에 드러가셔 너의 왕을 죽이고져 ᄒᆞ되 엇지 보호ᄒᆞ지 아니 ᄒᆞᄂᆞ냐 十六 너의 ᄒᆞᆫ거시 올치 못ᄒᆞ니 내가 야화화를 ᄀᆞᄅᆞ쳐 밍셰ᄒᆞ노니 야화화ᄭᅴ서 기롬 바르신 왕을 너희가 보호치 아니ᄒᆞ니 죄가 죽어 맛당ᄒᆞ도다 왕의 챵과 물병이 벼개 엽헤 잇더니 이제 어ᄃᆡ로 갓나 보아라 十七 사울노가 ᄯᅡ빗의 소린줄 알고 ᄀᆞᆯᄋᆞᄃᆡ 내 아돌 ᄯᅡ빗아 이거시 너의 소리가 아니냐 ᄯᅡ빗이 ᄀᆞᆯᄋᆞᄃᆡ 내 쥬여 내 왕이여 그러ᄒᆞ오이다 十八 ᄯᅩ ᄀᆞᆯᄋᆞᄃᆡ 내가 무엇술 힝ᄒᆞ엿ᄉᆞ며 무슴 죄가 잇건ᄃᆡ 우리 쥬가 죵을 ᄶᅩᆺᄂᆞ니 잇가 ○ 二一 사울노 ᄀᆞᆯᄋᆞᄃᆡ 내가 죄가 잇고 그릇 힝ᄒᆞ엿ᄉᆞ니 지혜롭지 못ᄒᆞ도다 내 아돌 ᄯᅡ빗은 ᄲᆞᆯ니 도라가라 내 목숨을 귀즁이 알지어다 나도 ᄯᅩ ᄒᆞᆫ 너를 해치 아니 ᄒᆞ리라 二二 ᄯᅡ빗이 ᄀᆞᆯᄋᆞᄃᆡ 왕의 챵이 여긔 잇ᄉᆞ니 ᄒᆞᆫ 소년을 보내여 가져 가소셔

주셕

사울노ㅣ ᄯᅡ빗의게 화목ᄒᆞᆫ 밍셰를 ᄒᆞ엿ᄉᆞ나 ᄯᅡ빗이 곳 셩과 고을노 드러 가지 아니 홈은 사울노를 죵시 밋지 아니 홈이요 ᄯᅡ빗이 그 죵인을

드리고 유대 남편 들에 가셔 그 곳 산즁 굴에 숨어 잇더니 셔불 사ᄅᆞᆷ이 ᄯᅡ빗이 거긔 잇슴을 사울노의게 또 고ᄒᆞ니 사울노ㅣ 듯고 즉시 군ᄉᆞ 삼쳔명을 퇴ᄒᆞ야 거ᄂᆞ리고 셔불산 들노 와셔 차지매 ᄯᅡ빗은 굴에셔 나오지 안코 사ᄅᆞᆷ을 보내여 사울노의 옴을 렴탐ᄒᆞ라 ᄒᆞᆫ후 그 쪽하 아비ᄉᆞ롤 드리고 밤에 친히 사울노의 진에 나아가 그 자는ᄃᆡᄭᅡ지 드러 가셔 아비샤ㅣ 사울노롤 죽이려 ᄒᆞ니 ᄯᅡ빗이 말녀 ᄀᆞᆯᄋᆞᄃᆡ 죽이지 말나 이는 쥬ᄭᅴ셔 반ᄃᆞ시 뎌롤 죽게 ᄒᆞ시며 혹 뎌의 날에 긔약ᄒᆞ여 죽으며 혹 란리에 나아가 망케 될지라 나ㅣ 쥬롤 공경ᄒᆞ노니 감히 쥬의 ᄐᆡᆨᄒᆞ신 왕을 해치 못ᄒᆞᆯ지라 오직 뎌의 벼ᄀᆡ 가에 잇는 챵과 물병을 가지고 가자 ᄒᆞ니라 ᄯᅡ빗은 사울노롤 죽이지 아니ᄒᆞ고 챵과 물병을 가지고 가셔 이걸노 증거롤 삼고 뎨 곳으로 도라 가ᄂᆞᆫ지라 ᄯᅡ빗이 그 잇흔날 아참에 건너편 놉흔 곳에 잇ᄉᆞ니 사울노의 쟝슈 압너이롤 불너 ᄭᅮ지져 ᄀᆞᆯᄋᆞᄃᆡ 네가 쟝슈되여 무엇ᄒᆞ노라고 도적이 진즁에 ᄭᅡ지 드러와셔 챵과 물병을 가져 가도록 모로고 잇ᄂᆞ냐 ᄒᆞ더라 ᄯᅡ빗이 이ᄯᅢ 나아와 물병과 챵을 놉히 들어 뵈임은 뎌롤 죽이고져 ᄒᆞᆫ ᄯᅳᆺ이 업슴을 표ᄒᆞ여 이걸노 ᄡᅥ ᄌᆞ긔 착ᄒᆞᆷ을 뵈고 증거롤 삼은지라 사울노는 멀니셔 ᄯᅡ빗의 목소ᄅᆡ롤 듯고 더옥 붓그러워 ᄒᆞ여 뎨 죄와 어리셕음을 ᄌᆞ복 ᄒᆞ는지라 ᄯᅡ빗은 잘못 ᄒᆞᆷ과 어리셕은 일이 만히 잇서스되 사울노의게는 오래 도록 올케 ᄃᆡ졉ᄒᆞᆷ은 바울노 로마셔 십이쟝 십구졀 브터 이십이졀 ᄭᅡ지에 긔록 ᄒᆞᆫ 말을 그ᄃᆡ로 힝 ᄒᆞᆷ이오 ᄯᅡ빗과 사울노ㅣ 이 ᄯᅢ에 마지막 서로 보매 화목ᄒᆞ는 말도 ᄒᆞ고 이젼 일을 뉘웃쳐 ᄒᆞ며 됴흔 말노 ᄒᆞ니 사울노ㅣ 이젼에도 이럿듯 화목 ᄒᆞᆫ다 ᄒᆞ며 뉘웃쳐 ᄒᆞ엿스되 그 후에 다시 악심을 힝ᄒᆞ는거ᄉᆞᆫ 악ᄒᆞᆫ 사ᄅᆞᆷ의 말을 좃는 거시라 누구던지 악ᄒᆞᆫ 자의 말을 듯고 그ᄃᆡ로 힝ᄒᆞ여 죄에 범ᄒᆞ면 사울노와 ᄀᆞᆺ치 죄롤 면치 못ᄒᆞ리라

묻는말

一 사울노가 몃 사ᄅᆞᆷ이나 ᄃᆞ리고 ᄯᅡ빗을 ᄯᅡ라 갓ᄂᆞᆫ뇨 二 ᄯᅡ빗이 어ᄃᆡ 숨어셧ᄂᆞᆫ뇨 三 ᄯᅡ빗이 사울노 잇는 곳을 엇더케 바로 차잣ᄂᆞᆫ뇨 四 ᄯᅡ빗이 사울노 보덤 더 놉흔 산에 올너 갓ᄂᆞᆫ뇨 五 압너이는 누구뇨 십ᄉᆞ쟝 오십졀에 보라 六 누가 ᄯᅡ빗과 ᄒᆞᆷᄭᅴ 가 사울노와 그의 사ᄅᆞᆷ들 잇는 것슬 보앗ᄂᆞᆫ뇨 七 어ᄂᆞᄯᅢ에 그들이 갓ᄂᆞᆫ뇨 八 그들이 왕의 영문에셔 무엇슬 차짓ᄂᆞᆫ뇨 九 아비샤가 ᄯᅡ빗의게 엇더케 ᄒᆞ엿ᄂᆞᆫ뇨 十 ᄯᅡ빗이 웨 사울노 죽이라는 것슬 금ᄒᆞ엿ᄂᆞᆫ뇨 十一 ᄯᅡ빗이 젼에도 이와 ᄀᆞᆺ치 ᄒᆞᆫ일이 잇셧ᄂᆞᆫ뇨 十二 그들이 무엇슬 가져 갓ᄂᆞᆫ뇨 十三 웨 사울노의 사ᄅᆞᆷ들은 ᄭᅵᆫ이가 업셧ᄂᆞᆫ뇨 十四 영문에셔 ᄯᅥ나 그들이 어ᄃᆡ로 갓ᄂᆞᆫ뇨 十五 ᄯᅡ빗이 누구롤 불너 엇더케 말 ᄒᆞ엿ᄂᆞᆫ뇨 十六 사울노가 ᄯᅡ빗의 음셩을 듯고 엇더케 말 ᄒᆞ엿ᄂᆞᆫ뇨 十七 두번재 그의 싱명을 잇겨준 공효가 사울노의게 무엇시뇨 十八 사울노가 련ᄒᆞ여 ᄯᅡ빗을 차자 죽이려 ᄒᆞ엿ᄂᆞᆫ뇨 이십오졀과 이십칠쟝 ᄉᆞ졀에 보라

손순옥별세ᄒᆞᆫ일

달셩회당 교우 손순옥은 봉교 ᄒᆞᆫ지 ᄉᆞ년이오 나ᄒᆞᆫ 륙십이셰라 ᄆᆡ구즉 구쥬의 십ᄌᆞ가ᄅᆞᆯ 말ᄒᆞ고 안진즉 손에 셩경을 놋치 안코 교우로 더브러 말ᄒᆞ면 진실ᄒᆞᆫ ᄆᆞ음으로 긔도ᄒᆞ면 다 엇음이 분명ᄒᆞ다 ᄒᆞ니 이ᄂᆞᆫ 젼년에 세동싱을 일코 이어 두ᄌᆞ뎨ᄅᆞᆯ 일코 ᄉᆞ오권속을 ᄒᆞᆫᄌᆞ 주쟝 ᄒᆞ매 슈쉭이 만안ᄒᆞ고 ᄉᆞ려가 ᄆᆞ옴을 주쟝ᄒᆞ야 졍신이 심히 업기로 긔도 군졀 ᄒᆞ더니 셩신의 은총이 가득ᄒᆞ샤 졍신이 젼보다 ᄇᆡ비나 더ᄒᆞ야 신약문답을 몰송ᄒᆞ며 회쉭이 만안ᄒᆞ여 젼일과 현슈ᄒᆞ고 ᄋᆡ친 ᄋᆡ국 ᄋᆡ인이 군졀ᄒᆞ며 졔빈을 심되로 극진히 ᄒᆞ며 쟝ᄉᆞ에 에누리가 업고 거릐에 이론을 안키로 쥬의 영광을 빗내더니○양력 이월 이십팔일 쥬일에 양텬ᄀᆡ연모루에 가셔 례ᄇᆡᄅᆞᆯ 지낼ᄉᆡ 그날은 곳 진갑날이라 로득과 ᄀᆞᆺ치 병이 발ᄒᆞ매 익일에 환가ᄒᆞ여 졈졈 병셰가 즁ᄒᆞ니 친쳑이 약으로 치료코져 ᄒᆞᆫ대 죵시 듯지 안코 왈 졍ᄒᆞᆫ속에 더러온 약으로 쥬ᄒᆞ게 ᄒᆞᆷ이 맛당치 못ᄒᆞ니 목ᄉᆞ 회환ᄒᆞᄂᆞᆫ 서로 셩찬이나 즉시 밧게 ᄒᆞ여달나 지삼 부탁ᄒᆞ고 찬미와 긔도로 날과 밤을 지내니 목ᄉᆞᄂᆞᆫ 슈원 룡인동디에 젼도 간연고라 삼월 십이일에 셰상을 ᄯᅥ나되 질거온 ᄆᆞ음 ᄲᅮᆫ이요 그밤에 교우의 몽즁에 쥬의 은혜ᄅᆞᆯ 잇지말나고 ᄒᆞ며 후일에 만나기ᄅᆞᆯ 부탁 ᄒᆞ엿시니 우리 보기에 텬당가ᄂᆞᆫ 증거가 분명 ᄒᆞᆫ지라 교우가 다가셔 찬미와 긔도ᄒᆞ고 샹예와 관곽은 교즁으로 당ᄒᆞ고 십륙일에 례ᄇᆡ당에 ᄃᆞᆯ어와 례ᄅᆞᆯ 벼풀고 룡산ᄯᅡ에 안장ᄒᆞᆯᄯᅢ에 미국감라교회 니목ᄉᆞ가 나아가셔 례ᄅᆞᆯ 벼풀고 교우 륙십여원이 슈샹ᄒᆞ여 거리거리 찬미ᄒᆞ여 텬당가ᄂᆞᆫ 령혼을 위로ᄒᆞ더라

회즁신문

음력 졍월 이십구일 브터 이월 십오일 ᄭᆞ지 샹동달셩 회당 시목ᄉᆞ가 그 대부인을 뫼시고 남방으로 향ᄒᆞ야 시흥 범고ᄀᆡ 가셔 여ᄃᆞᆲ 사ᄅᆞᆷ을 셰례주고 슈원 쟝지ᄂᆡ 가셔 남녀 합 여ᄃᆞᆲ 사ᄅᆞᆷ을 셰례 주고 룡인 젼궁동 가셔 남녀 합 십구인을 셰례 주엇시니 이셰곳손 년젼에 시목ᄉᆞ가 가셔 쥬의 도으심으로 교회ᄅᆞᆯ 셜립ᄒᆞ고 기간 빅동현 리은승을 번걸너 보내여 남ᄌᆞ들을 교훈ᄒᆞ고 미국부인 히리씨와 죠션 리부인도 보내여 녀인들을 교훈ᄒᆞ던 곳인ᄃᆡ 셰례밧은 사ᄅᆞᆷ은 남녀 합 삼십오인이오 이왕 셰례밧고 진실이 밋ᄂᆞᆫ 사ᄅᆞᆷ도 삼십여인이 잇ᄉᆞ며 ᄯᅩ 감샤ᄒᆞᆯ 일은 이번에 과쳔덕고ᄀᆡ와 슈원 쵸평과 삽다리와 룡인 곳은골이 네곳에 새로 교회 셜립이 되엿ᄉᆞᄂᆞ 이거손 평일에 원ᄒᆞ던 바ᄅᆞᆯ 일움이라 엇지 쥬의 허락ᄒᆞ신바 구ᄒᆞ면 주심이 아니리오 ᄯᅩ 이 여러곳에 일홈붓치고 공부ᄒᆞᄂᆞᆫ 사ᄅᆞᆷ이 남ᄌᆞ가 근 이ᄇᆡᆨ명 되고 녀인이 오십칠명 이오니 이ᄂᆞᆫ 참 쥬의 널으신바 츄슈ᄒᆞᆯ쟈ᄂᆞᆫ 만ᄒᆞ되 거둘쟈ᄂᆞᆫ 젹다ᄒᆞ심이 여긔 당ᄒᆞᆷ이로다 그러나 ᄯᅩ 구ᄒᆞ기ᄂᆞᆫ 어서 거둘쟈들이 만이 니러 나기ᄅᆞᆯ 원ᄒᆞ노라 ᄒᆞ엿더라

뎨일권 죠션 크리스도인 회보 뎨구호
건양이년 삼월삼십일일

연설

예수 이 셰샹에 날 때에 하ᄂᆞ님이 텬ᄉᆞ로 ᄒᆞ여곰 말 ᄒᆞ기를 이 셰샹이 다 평안 ᄒᆞ리라 ᄒᆞ시고 예수ᄭᅴ셔 하ᄂᆞᆯ에 올나 가실 때에 평안 ᄒᆞᆷ을 언약 ᄒᆞᆫ거시 응험 ᄒᆞ엿ᄂᆞ니라 그 때에 예수ᄭᅴ셔 뎨ᄌᆞ들의게 말ᄉᆞᆷ ᄒᆞ시기를 오래지 아니 ᄒᆞ야 셩신의 셰례를 밧으리라 ᄒᆞ셧ᄂᆞ니라 그 명 ᄒᆞᆫ듸로 뎨ᄌᆞ들이 야로살렘에 올나 가셔 ᄒᆞᆫ 곳에 모히고 셩신 밧기를 기ᄃᆞ려시니 밋음으로 기ᄃᆞ리고 여러 날 기ᄃᆞ렷셔도 더옥 견강 ᄒᆞ니라 몃날 긔도 ᄒᆞ다가 홀연이 하ᄂᆞᆯ노셔 소리 잇셔 급ᄒᆞᆫ 바람 ᄀᆞᆺ치 온 집에 ᄀᆞ득 ᄒᆞ엿스니 그거시 바람이 아니라 소리가 바람 ᄀᆞᆺ타니라 그 집에 문이 열녓다 닷쳣다 ᄒᆞᆷ이 업고 그 밧긔 나무닙히 흔들지 안코 길에 모리를 날니지 아니 ᄒᆞ여도 큰 바람 소리 잇셧ᄂᆞ니라 그 밧긔 ᄃᆞᆫ니ᄂᆞᆫ 사ᄅᆞᆷ들이 그 소리를 듯고 머뭇거려 서로 듸ᄒᆞ야 놀내엿ᄂᆞ니라 그 소릐와 ᄀᆞᆺ치 혀 ᄀᆞᆺᄒᆞᆫ 불길이 갈나져 여러 사ᄅᆞᆷ 우희 각각 ᄂᆞ리우ᄂᆞᆫ 거시 잇고 뎨ᄌᆞ들이 다 셩신의 각득 ᄒᆞᆷ을 엇엇ᄂᆞ니라 셩신이 불과 ᄀᆞᆺ치 ᄆᆞᄋᆞᆷ 안희 잇ᄂᆞᆫ고로 불션을 다 살우고 즐거옴이 만흐니라 다른 나라 방언을 ᄒᆞ엿고 뎨ᄌᆞ들이 ᄒᆞᆫ날 ᄉᆞ이에 젼도 ᄒᆞᆫ듸 삼쳔 사ᄅᆞᆷ이 다 예수를 밋ᄂᆞᆫ 사ᄅᆞᆷ 되엿ᄂᆞ니라 그 셩신의 각득 ᄒᆞᆷ을 언약 ᄒᆞᄂᆞᆫ거ᄉᆞᆫ 유태 사ᄅᆞᆷ만 위ᄒᆞᆯ뿐 아니라 죠션 사ᄅᆞᆷ도 예수를 밋으면 엇을수 잇ᄂᆞ니라 엇지ᄒᆞ야 엇ᄂᆞᆫ교 ᄒᆞ니 누구던지 착실ᄒᆞᆫ ᄆᆞᄋᆞᆷ으로 그 뎨ᄌᆞ들과 ᄀᆞᆺ치 예수 압희 기ᄃᆞ리면 셩신의 각득 ᄒᆞᆷ을 엇겟ᄂᆞ니라

찬미가

이 두번재 인츌 ᄒᆞᄂᆞᆫ 찬미가를 이 레빅 동안에 발간 ᄒᆞᆯ터이오 우리 교우들이 새칙 발간 ᄒᆞ기를 위ᄒᆞ야 수삭 기ᄃᆞ렷시니 다시 ᄒᆞᆫ권식 사 보기를 즐거 ᄒᆞ겟소 이화학당 학도들과 비지학당 학도중에셔 이러ᄒᆞᆫ 찬미가를 지어 문셰가 넉넉 ᄒᆞ고 도리가 분명 ᄒᆞ야 가히 이 찬미가 속에 박혀 널만 ᄒᆞ게 되니 우리가 ᄆᆡ우 깃부고 고맙게 ᄉᆡᆼ각 ᄒᆞ노라 뎨 팔십 칠쟝은 비지학당에 잇ᄂᆞᆫ ᄒᆞᆫ 학도가 지은 거시오 뎨 팔십 구쟝은 이화학당 녀학도 수인이 지은 거시라 이젼에 간츌 ᄒᆞᆫ 찬미가 ᄒᆞᆫ권식 가진 교우들은 목ᄉᆞ의게 말 ᄒᆞ면 새로 지은 찬미가를 갑업시 줄터이오 이 칙 갑슨 ᄆᆡ권 셕냥 닷돈식이니 다 즉시 ᄒᆞᆫ권식 사셔 보시기를 ᄇᆞ라오

레위일공과 대구 ᄉᆞ월 초ᄉᆞ일

사울노죽은일

사무엘긔 상권 삼십 일장 일졀노 십삼졀 ᄭᆞ지라

변조 쥬강싱젼 일쳔 오십 륙년

디명 셀보아 산

一 비리사 사ᄅᆞᆷ이 이스라엘 족쇽을 ᄯᅩ치니 이스라엘 족쇽이 셀보아 산으로 도망ᄒᆞ야 죽은 사ᄅᆞᆷ이 만흔지라 二 비리사 사ᄅᆞᆷ이 사울노와 제 아ᄃᆞᆯ을 ᄯᅩ차음습ᄒᆞ야 그 세 아ᄃᆞᆯ 요나단과 아비나달과 막긔셔아를 죽이고 三 사울노가 싸호다 픽ᄒᆞ매 활 쏘는 사ᄅᆞᆷ이 쏘아 즁히 샹ᄒᆞᆫ지라 四 사울노가 ᄌᆞ긔 병긔 가진 군ᄉᆞ ᄃᆞ려 글ᄋᆞᄃᆡ 네가 칼을 쎄여 나를 찌르라 할례 밧지 아닌 사ᄅᆞᆷ이 나를 찔너 욕 보일ᄭᆡ 두려워ᄒᆞ노라 병긔 가진 군ᄉᆞㅣ 심히 두려워ᄒᆞ야 감히 힝치 못ᄒᆞ는지라 사울노가 드ᄃᆡ여 칼을 가지고 업드러 지는지라 五 병긔 가진 군ᄉᆞㅣ 사울노가 죽음을 보고 ᄯᅩᄒᆞᆫ 칼에 업드러져 죽어서 六 당일에 사울노와 그 세 아ᄃᆞᆯ과 밋 병긔 가진 군ᄉᆞ와 죵인들이 다 죽으니라 七 산골 건너 편에 잇는 이스라엘 족쇽과 요단 강 건너 편에 잇는 ᄇᆡᆨ셩들이 이스라엘 사ᄅᆞᆷ의 도망ᄒᆞᆷ과 사울노와 그 아ᄃᆞᆯ의 죽음을 보고 셩을 ᄇᆞ리고 다 ᄃᆞ라나니 비리사 사ᄅᆞᆷ이 와셔 머므더니 八 그 잇흔날 비리사 사ᄅᆞᆷ이 죽엄을 벗기다가 사울노와 그 세 아ᄃᆞᆯ이 셀보아 산에서 죽음을 보고 九 그 머리를 베히고 갑쥬를 벗겨서 비리사 ᄉᆞ방 ᄇᆡᆨ셩과 밋 그 우상 잇는 집에 돌니고 十 그 갑옷슨 아대록 집에 두고 그 시톄는 ᄇᆡᆨ산 셩에 달엇더니 十一 긔렬 아필 사ᄅᆞᆷ들이 비리사 사ᄅᆞᆷ의 힝ᄒᆞᆫ 일을 듯고 十二 용ᄆᆡᆼᄒᆞᆫ 사ᄅᆞᆷ들이 니러나셔 밤에 가셔 ᄇᆡᆨ산 셩에 잇는 사울노와 밋 그 아ᄃᆞᆯ의 시톄들을 취ᄒᆞ여 아필에 니르러 ᄐᆡ우고 十三 그 ᄲᅧ를 취ᄒᆞ여 아필 ᄯᅡ 나무 아래 쟝ᄉᆞ 지ᄂᆡ고 닐헤를 금식ᄒᆞ니라

주셕

사울노ㅣ ᄯᅡ빗의게 아조 화목ᄒᆞᆫ 밍셰를 ᄒᆞ나 ᄯᅡ빗은 죵리 밋지 아니ᄒᆞ여 ᄒᆞ나님ᄭᅴ셔 이젼 브터 이제 ᄭᆞ지 허락ᄒᆞ심을 알아스되 사울노ㅣ 해ᄒᆞᆯ가 념려ᄒᆞ고 락심ᄒᆞ여 즉시 륙ᄇᆡᆨ 명 죵인과 그의 모든 가쇽 들을 ᄃᆞ리고 비리사 나라로 갓ᄉᆞ니 이 일은 ᄒᆞ나님ᄭᅴ 무러 보지 아니ᄒᆞ고 ᄌᆞ긔 ᄆᆞᄋᆞᆷᄃᆡ로 쥬쟝ᄒᆞ엿ᄉᆞ매 이러ᄒᆞᆷ으로 ᄌᆡ앙도 맛나고 죄에도 범ᄒᆞ엿ᄂᆞᆫ지라 ᄯᅡ빗이 비리사인의 님군 아길의게 됴케 뵈이고져ᄒᆞ여 거즛 말노 이스라엘 여러 디경을 쳐서 노략ᄒᆞ엿다ᄒᆞ며 ᄯᅩ 거쳐ᄒᆞᆯ 셩을 달나ᄒᆞ여 싀랍 ᄯᅡ을 엇엇ᄂᆞᆫ지라 이ᄯᅢ 비리사 인이 모든 군ᄉᆞ를 모화 이스라엘을 치러 갈제 비리사 왕은 ᄯᅡ빗이 란리에 가셔 도아 줌을 됴케 넉이나 여러 쟝슈들은 ᄯᅡ빗을 싀긔ᄒᆞ고 뮈워ᄒᆞ여 가지 못ᄒᆞ게ᄒᆞ고 도라 보내매 ᄯᅡ빗은 도라 올ᄯᅢ에 아마력 사ᄅᆞᆷ이 싀랍에 와셔 모든

지물과 육츅을 노략 ᄒᆞ고 남녀 로쇼를 다 잇ᄉᆞ갓는지라 ᄯᅡ빗과 여러 죵인이 이 일을 보고 슯허통곡 ᄒᆞ기를 말지 아니 ᄒᆞ다가 ᄯᅡ빗이 이제야하ᄂᆞ님ᄭᅴ 득죄 ᄒᆞᆫ줄 ᄭᅢᄃᆞ라 하ᄂᆞ님ᄭᅴ 비러 구ᄒᆞ고 그 뒤흐로 륙ᄇᆡᆨ명 죵인을 ᄃᆞ리고 아마력에가셔 쳐 이긔고 그 모든 남녀 로쇼와 허다ᄒᆞᆫ 물건이며 육츅 ᄭᅡ지 다 찻저 왓는지라 비리사 인이사울노를 치러 올ᄉᆡ 사울노ㅣ 모든 군ᄉᆞ를 니르켜 치러 나아가되 그 악심이 더옥 심ᄒᆞᆫ고로 하ᄂᆞ님을 공경치 안코 빌지도 아니 ᄒᆞ매 하ᄂᆞ님ᄭᅴ셔 구원치 안 ᄒᆞ샤 지앙을 ᄂᆞ리시니 사울노의 아ᄃᆞᆯ 셋이 ᄒᆞᆫ날이 란리에 다 죽엇고 사울노는 몸이 몹시 상 ᄒᆞ엿ᄉᆞ매 ᄉᆞᄉᆞ로 ᄉᆡᆼ각 ᄒᆞ되 나ㅣ 죽자 아니 ᄒᆞᆷ으로 뎌 원슈 들이 나ᄅᆞᆯ 죽이지도 안코 괴롭게만 ᄒᆞᆯ 터이라 ᄒᆞᆯ 즈음에 ᄯᅩ 연장을 가진 자ᄅᆞᆯ 보고 죽여 달나 ᄒᆞ되 연장 기진 자ㅣ 슬혀 ᄒᆞ매 사울노ㅣ 즈긔 칼노 곳 질너 죽으니 연장 기진자ㅣ 이 일을 보고 뎌도 ᄯᅩᄒᆞᆫ 뎨 칼노 질너 죽는지라 슯흐다 사울노는 처음에는 하ᄂᆞ님의 도아 주심을 닙고 여러 사ᄅᆞᆷ의 칭찬 ᄒᆞᆷ을 엇은자ㅣ 이러케 죄의 얽힌 죵이 되여 나죵에 아조 픽망 ᄒᆞᆫ자ㅣ 됨은 엇진 일이뇨 다름 아니라 교만 ᄒᆞ고 올흔톄 ᄒᆞ고 하ᄂᆞ님의 말ᄉᆞᆷ을 슌죵치 아니 ᄒᆞᆫ 고로 이러틋 ᄇᆞ린 자ㅣ 되엿도다

뭇는말

一 ᄯᅡ빗이 사울노의 셩명을 두번재 앗겨 준 후에 ᄯᅡ빗이 어ᄃᆡ로 갓ᄂᆞ뇨 二 누가 란리를 니르켜 사울노를 쳣ᄂᆞ뇨 三 나죵에 어ᄃᆡ셔 ᄊᆞ홧ᄂᆞ뇨 四 그 란리가 엇더케 되엿ᄂᆞ뇨 五 사울노가 비리사 사ᄅᆞᆷ의게 죽엇ᄂᆞ뇨 六 사울노가 병긔 가진 군ᄉᆞ의게 무엇시라 ᄒᆞ엿ᄂᆞ뇨 七 웨 병긔 가진 군ᄉᆞ가 님군의 명령을 슌죵치 아니 ᄒᆞ엿ᄂᆞ뇨 八 병긔 가진 군ᄉᆞ가 명령을 슌죵치 아니매 사울노가 엇더케 ᄒᆞ엿ᄂᆞ뇨 九 병긔 가진 군ᄉᆞ가 엇더케 되엿ᄂᆞ뇨 十 사울노 외에 이 전장에서 ᄯᅩ 누가 죽엇ᄂᆞ뇨 十一 사울노 죽은 거시 이 나라 ᄇᆡᆨ셩의게는 무슴 관계가 잇ᄂᆞ뇨 十二 비리사 사ᄅᆞᆷ들이 사울노의 시신과 그 아ᄃᆞᆯ을 엇더케 ᄒᆞ엿ᄂᆞ뇨 十三 누가 그 시신들을 차자다가 엇더케 ᄒᆞ엿ᄂᆞ뇨 十四 사울노가 죽엇다는 소문을 ᄯᅡ빗의게 누가 젼 ᄒᆞ엿ᄂᆞ뇨 十五 그 사ᄅᆞᆷ의 ᄒᆞᆫ 니야기가 진실ᄒᆞᆫ 증거가 무엇시뇨 살모이하권 일쟝 십졀에 보라 十六 ᄯᅡ빗이 사울노 죽엇단 소문을 엇더케 드럿ᄂᆞ뇨 十七 사울노의 셩명과 죽은 일에셔 우리가 무슴 공부를 ᄇᆡ호겟ᄂᆞ뇨 ᄃᆡ답은 ᄯᅡ빗이 그 아ᄃᆞᆯ 소라문의게 ᄒᆞᆫ 말을 차자 보라 력ᄃᆡ지략 샹권 이십 팔쟝 구졀에 나의 아ᄃᆞᆯ 소라문이여 너는 하ᄂᆞ님을 알아 온젼ᄒᆞᆫ ᄆᆞ옴과 깃분 ᄯᅳᆺᄉᆞ로 셤기라 하ᄂᆞ님은 모든 인심을 살피시며 사ᄅᆞᆷ의 ᄉᆡᆼ각ᄒᆞ는것슬 다 알으샤 네가 구ᄒᆞ면 뎌가 너를 차즈시며 네가 뎌를 ᄇᆡ반ᄒᆞ면 뎌가 너를 영원이 바리시리라 二 사울노는 하ᄂᆞ님을 슌죵치 안코 즈긔 ᄆᆞ옴ᄃᆡ로 ᄒᆞ엿스며 하ᄂᆞ님 압회셔 올흔 일 ᄒᆞ기 보다 ᄇᆡᆨ셩의게 ᄃᆡ졉 밧기를 더 ᄉᆡᆼ각 ᄒᆞ더라 三 다시 사울노의 평ᄉᆡᆼ ᄒᆞᆫ 일을 보건대 텬셩이 변ᄒᆞ여 시작은 잘 ᄒᆞ엿스나 점점 ᄯᅥ러져 평ᄉᆡᆼ을 그릇드럿고 야곱을 볼진대 시작은 잘 못ᄒᆞ엿스나 ᄆᆞᆺᄎᆞᆷ 잘 마초앗ᄂᆞ니라

콘으라드가환가ᄒᆞᆫ일

지금 노웨라 ᄒᆞᄂᆞᆫ 나라에 ᄒᆞᆫ 적은 동리 잇ᄂᆞᆫᄃᆡ 그 동리 ᄒᆞᆫ ᄇᆡᆨ셩의 집 문지방 우에 나무로 ᄒᆞᆫ 학을 삭여 붓쳣ᄂᆞᆫ지라 지금 유젼ᄒᆞᆫ 니아기에 그 집에셔 녜젼에 ᄒᆞᆫ ᄋᆞ희가 사랏ᄂᆞᆫᄃᆡ 일홈은 콘으라드라 ᄒᆞᄂᆞᆫ ᄋᆞ희라 그 집 근쳐에 ᄒᆞᆫ 학이 ᄆᆡ년 여름이면 와셔 집을 짓고 사ᄂᆞᆫ지라 콘으라드가 그 학을 ᄆᆡ우 ᄉᆞ랑ᄒᆞ야 오면 음식을 먹여 기르더니 그 후에 그 ᄋᆞ희가 ᄌᆞ라 소년이 되엿ᄂᆞᆫ지라 우연이 제 모친을 ᄇᆡ반ᄒᆞ고 집을ᄯᅥ나 ᄒᆡ샹으로 ᄯᅥ 도라 ᄃᆞᆫ니ᄂᆞᆫ지라 콘으라드 나간 후에도 그 학은 여젼히 여ᄅᆞᆷ이 되니 제 집을 차져 오ᄂᆞᆫ지라 콘으라드의 어머니가 나간 ᄌᆞ식을 ᄉᆡᆼ각ᄒᆞ여 그 학을 보고 ᄉᆞ랑ᄒᆞ여 먹이더니 콘으라드ᄂᆞᆫ ᄒᆡ샹으로 ᄯᅥ ᄃᆞᆫ닐ᄯᅢ 무수ᄒᆞᆫ 고초를 젹고 ᄒᆞ로ᄂᆞᆫ ᄇᆡ를 ᄐᆞ고 ᄃᆡ죵히로 지내가다가 ᄒᆡ적을 맛나 온 일힝즁이 다 붓들녓ᄂᆞᆫ지라 콘으라드 ᄃᆞ려 말ᄒᆞ기를 네 어ᄂᆞ 부자친구 잇셔 후ᄒᆞᆫ 갑스로 쇽량ᄒᆞ여 가기젼에ᄂᆞᆫ 붓드러 노복을 삼으리라 ᄒᆞ니 이러ᄒᆞᆯ 지음에 어ᄂᆞ 친구 잇셔 능히 쇽량ᄒᆞ여 주리오 ᄒᆞᆯ수업셔 붓들녀 종노릇을 ᄒᆞ더니 ᄒᆞ로ᄂᆞᆫ 일을 ᄒᆞ다가 공즁을 쳐다보니 ᄒᆞᆫ 학이 머리 우흐로 날너 가거ᄂᆞᆯ 이젼에 고국에 잇슬 ᄯᅢ에 ᄀᆞᆺ치 놀던 학을 문득 ᄉᆡᆼ각ᄒᆞ고 그 학을 소ᄅᆡ쳐 부르니 학이 그 소ᄅᆡ를 듯고 날내 나려 오거ᄂᆞᆯ ᄌᆞ셰히 ᄉᆞᆯ펴보니 이젼 고국에 잇슬ᄯᅢ에 제 집에셔 먹여 기드리던 학이라 깃븜을 이기지 못ᄒᆞ더니 그 학이 그 잇흔날 ᄯᅩ 오거ᄂᆞᆯ 그러케 여러날을 지내매 ᄯᅩᄒᆞᆫ 사괴여 콘으라드와 ᄀᆞᆺ치 음식을 먹더니 그 후에 여름이 갓가워 오니 그 학이 제 여름 집으로 갈 ᄯᅢ가 되엿ᄂᆞᆫ지라 콘으라드가 제 모친의게 소식을 젼코져ᄒᆞ여 편지를 써셔 그 학의 다리에 ᄆᆡ여 보내엿더니 그 학이 수일만에 노웨국 여름집에 니르니 콘으라드의 어머니가 그 학의 다리에 무슴 죠희 달닌거슬 보고 ᄭᅳᆯ너보니 곳 나간 ᄌᆞ식의 슈젹이라 제 아ᄃᆞᆯ이 지금ᄭᆞ지 사라 잇슴을 듯고 깃분 ᄆᆞᄋᆞᆷ을 측량치 못ᄒᆞ여 곳 그 돈을 여수히 보내여 ᄌᆞ식을 쇽신ᄒᆞ여 다려오니 콘으라드가 집에 도라와셔 그 학의 공노를 닛지못ᄒᆞ여 삭여셔 집문 우에 붓쳣다더라

고ᄇᆡᆨ

본회에셔 이 회보를 일쥬일에 ᄒᆞᆫ번식 발간ᄒᆞᄂᆞᆫ거ᄉᆞᆫ 다만 미이미 교회만 위ᄒᆞᆷ이 아니오 다른교회나 교외사ᄅᆞᆷ들을 다 위ᄒᆞᄂᆞᆫ 일이니 죠션 교우나 셔국교ᄉᆞ나 교외친고나 만일 사셔 보고져 ᄒᆞ거든 졍동 아편셜라 교ᄉᆞ집이나 죵로 대동셔시에 긔별ᄒᆞ여 갓다 보시오 우리가 이 회보를 ᄒᆞᆫ쟝에ᄂᆞᆫ 엽젼 너푼이오 ᄒᆞᆫ돌 갑슬 미리 내면 엽젼 ᄒᆞᆫ돈 오푼식이오 ᄯᅩ 식골 사ᄅᆞᆷ의게 우톄로 보내ᄂᆞᆫ 갑슨 ᄯᅮ루 잇소

죠션교우나 셔국교ᄉᆞ나 교즁소문에 드를만 ᄒᆞᆫ것 잇거든 국문으로 젹어셔 졍동 아편셜라 교ᄉᆞ집으로 보내여 주시면 우리가 회보에 긔록ᄒᆞ여 회보 보ᄂᆞᆫ이로 ᄒᆞ여곰 이목을 새롭게 ᄒᆞ겟소

죠션 회보

뎨일권

뎨십호

건양 이년 ᄉ월 초칠일 인

회보ᄉ쟝의 예수부싱 인ᄉ

죠션 크리스도인회보가 처음으로 남녀 로소 간에 이회보 보시는 이의게 예수부싱 ᄒ신 인ᄉ를 드리오 이회보가 예수 탄일경츅ᄒ후로 비로소 여러분의게 나타나 보혓소 ○ 이젼에 뎨국에 ᄆᆡ우 묘ᄒ 풍속이 잇ᄂᆞᆫᄃ 예수 부싱일 아ᄎᆞᆷ에 두 친구가 서로 맛나 인ᄉ ᄒ되 ᄒ 사ᄅᆞᆷ이 말ᄒ기를 쥬ᄭᅴ셔 과연 다시 사라 나샤 시몬의게 현셩 ᄒ셧다 ᄒ매 ᄒ 사ᄅᆞᆷ이 ᄃ답 ᄒ기를 우리가 이 일을 싱각 ᄒ면 ᄆᆞ음이 ᄆᆡ우 깃부다 ᄒ엿시니 우리들도 예수ᄭᅴ셔 부싱 ᄒ신 니야기를 싱각 ᄒᆯ ᄯᅢ에 우리 ᄆᆞ음도 다 깃부게 되기를 ᄇᆞ라노라 ○ 예수ᄭᅴ셔 이세샹을 ᄯᅥ나신 거시 ᄆᆡ우 놀나온 일이라 예수ᄭᅴ셔 도라 가신 거시 ᄎᆞᆷ 오묘 ᄒ시도다 셜ᄉ 예수ᄭᅴ셔 도모지 부싱치 아니 ᄒ셧시면 우리가 그의 니야기를 능히 드러 보앗스리오 내 싱각에는 드러 보지못 ᄒ엿슬 ᄯᅳᆺ ᄒ고 우리가 죽은후에 능히 다시 사라나 영원히 복을 밧을 희망이 업슬지라 예수ᄭᅴ셔 다시 사신 ᄯᅢ문에 그가 ᄎᆞᆷ 하ᄂᆞ님의 아ᄃᆞᆯ이신 줄을 우리가 아ᄂᆞᆫ 거시오 우리가 ᄎᆞᆷ 밋ᄂᆞᆫ 사ᄅᆞᆷ일진ᄃ 예수ᄭᅴ셔 도라 가신거슬 우리들이 스스로 간증이 될터히라 쥬ᄭᅴ셔 다시 사신연고로 우리도 다시 살거시오 그런즉 예수ᄭᅴ셔 부싱 ᄒ신 날이 교우들의게 ᄒ 깃분 명졀이 된거시니 ○ 우리교우들은 가히 다 말ᄒ되 쥬ᄭᅴ셔 과연 부싱 ᄒ셔셔 내게 현셩 ᄒ셧다 ᄒᆷ이 가ᄒ도다

예수 실샹 니러
무덤 권셰 ᄭᅢ셔
속죄ᄒ쟈 쥬로ᄒᆷ ᄯᅢ
기리 왕업 ᄒ네

례비일공과 뎨십ᄉᆞ월 십팔일

예수부ᄉᆡᆼᄒᆞ신일

누가복음 이십 ᄉᆞ쟝 일졀노 십이졀 ᄭᆞ지라

변조 레비일ᄉᆞ월초구일쥬강ᄉᆡᆼ삼십삼년

디명 예루살렘 셩 밧긔

一 칠일 첫날 새벽에 이 부녀들이 무덤에 니르러
예비ᄒᆞᆫ 향을 가지고 二 돌이 발셔 무덤에셔 굴녀
옴겨 노흔거슬 본지라 三 드러 가니 예수의 시톄
를 보지 못ᄒᆞ야 四 뭇춤 쥬저ᄒᆞᆯ ᄯᅢ에 두 사ᄅᆞᆷ이
잇셔 겻헤 섯시매 옷시 회려ᄒᆞᆫ지라 五 녀인이 놀
나 ᄯᅡ헤 업ᄃᆡ니 두 사ᄅᆞᆷ이 닐너 ᄀᆞᆯᄋᆞᄃᆡ 엇지 산
쟈ᄅᆞᆯ 죽은쟈 가온ᄃᆡ 찻ᄂᆞ냐 六 더ㅣ 임의 다시 살
아 여긔 잇지 아니ᄒᆞ니 더ㅣ 갈닐니아에 잇슬
ᄯᅢ에 일즉이 닐ᄋᆞ신 말ᄉᆞᆷ을 ᄉᆡᆼ각ᄒᆞ라 七 닐ᄋᆞ시
ᄃᆡ 인쟈ᄅᆞᆯ 반ᄃᆞ시 죄인의 손에 내여 주어 십ᄌᆞ가
에 못 박혀 죽엿다가 뎨 삼일만에 다시 살니라
ᄒᆞ셧다 ᄒᆞ니 八 녀인들이 그 말ᄉᆞᆷ을 ᄉᆡᆼ각ᄒᆞ고 九
무덤에셔 도라가 열ᄒᆞᆫ ᄉᆞ도와 모든 다른 이의게
닐ᄋᆞ니 十 이에 막달네나 마리아와 요한나와 야곱
의 모친 마리아와 밋 다른 ᄒᆞᆫ가지로 간 녀인들이
ᄉᆞ도의게 이러ᄒᆞᆷ을 고ᄒᆞ엿더니 十一 ᄉᆞ도ㅣ 그
말을 허탄ᄒᆞ다 ᄒᆞ야 밋지 아니ᄒᆞ나 十二 베드로
ㅣ 니러나 ᄃᆞ러가 무덤에 니르러 굽흐려 드려다
보니 뵈 옷슬 ᄒᆞᆫ가지로 둔거슬 보고 이에 도라가
본 일을 긔이히 넉이더라

주셕

예수ㅣ 도라 가신 후 아리마대 고을 요셉이란 사
ᄅᆞᆷ이 빌나도의게 예수 시톄ᄅᆞᆯ 모셔 가고져 쳥ᄒᆞ
여 니고듸모와 다른 밋ᄂᆞᆫ 사ᄅᆞᆷ과 예수 시톄ᄅᆞᆯ ᄂᆞ
려 쟝ᄉᆞ 지낸지라 이 무덤은 ᄯᅡ흘 파고 지내ᄂᆞᆫ
분묘 아니라 그 나라 풍쇽ᄃᆡ로 반셕을 크게 파고
여러 시톄 넛ᄂᆞᆫ 무덤이오 문은 둥글고 큰 돌노
굴녀 막으매 이 무덤 안에 단른 시톄가 업슴은
요셉이 이왕에 ᄌᆞ긔 집을 위ᄒᆞ여 뎡ᄒᆞ여 두엇다가
이제 예수 시톄ᄅᆞᆯ 급히 쟝ᄉᆞ 지낸지라 예수의 원슈
가 그 분묘돌문을 봉ᄒᆞ고 군ᄉᆞ 열 여ᄉᆞᆺ명을 보
내여 단단히 직희게 ᄒᆞᆷ은 혹 예수의 뎨ᄌᆞ가 와셔 그
시톄ᄅᆞᆯ 도적ᄒᆞ여 가고 무덤에셔 다시 살아 낫다
ᄒᆞᆯ새 려념ᄒᆞ엿ᄉᆞ되 예수ㅣ 이젼에 ᄀᆞᆯᄋᆞ샤ᄃᆡ 다시
살니ᄂᆞᆫ 이도 나ㅣ요 ᄉᆡᆼ명도 나ㅣ니 나ᄅᆞᆯ 밋ᄂᆞᆫ 사
ᄅᆞᆷ은 죽어도 살니라 (요한 복음 이장 이십 오졀
을 보라) ᄒᆞ시던 이ᄅᆞᆯ 막지 못ᄒᆞ엿ᄂᆞᆫ지라 뎨
삼일 되ᄂᆞᆫ 날 ᄇᆞᆰ기 젼에 텬ᄉᆞ가 ᄂᆞ려와 그 무덤
에 봉ᄒᆞᆫ 돌을 굴녀 노흐며 예수ᄭᅴ셔 죽음의 권세

를 이긔샤 곳 무덤에셔 나려 나셧ᄉᆞ니 이는 예수 젼에 글으샤ᄃᆡ 너희가 이 뎐각을 헐지라도 나ㅣ 사흘만에 곳치겟다 ᄒᆞ신 말ᄉᆞᆷ을 응 ᄒᆞ신지라 (요한 복음 이장 십구절을 보라) 이욱 ᄒᆞᆫ후 예수를 밋는 여러 녀인이 됴흔 품 향을 가지고 무덤에 와셔 돌문이 열니고 무덤이 뷔고 예수 시톄도 업슴을 보매 일변 놀나며 근심 ᄒᆞ여 누가 시톄를 도젹 ᄒᆞ여 간줄 알더라 예수ㅣ 처음 부싱 ᄒᆞ시던 날은 그 ᄯᆡ에 뎨ᄌᆞ와 모든 밋는 사ᄅᆞᆷ이 다 근심 ᄒᆞ엿ᄉᆞ되 지금은 우리가 이 날을 깃버 ᄒᆞᆷ은 예수ㅣ 죽음에 권세를 이긔샤 다시 살아 나신즉 우리도 영싱을 엇을 쥴 아는지라 이는 영혼만 살ᄲᅮᆫ 아니라 마자막 날을 당 ᄒᆞ여셔는 죽엇던 몸이 니러 변화 ᄒᆞ여 영혼과 합 ᄒᆞ고 기리 살지니라 (욥긔 십구쟝 이십오륙칠졀과 요한 복음 오쟝 이십팔구졀과 가림다 후셔 ᄉᆞ쟝 십ᄉᆞ졀과 삐립비 삼쟝 이십 일졀을 보라) 그 녀인이 와셔 무덤이 뷔며 텬ᄉᆞ의 말을 듯고 급히 도라 와 여러 뎨ᄌᆞ의게 이 일을 ᄌᆞ세히 고 ᄒᆞ니 그들이 듯고 다 허탄이 넉이며 밋지 아니 ᄒᆞ되 베드로와 요한이 친히 보러 가셔 무덤이 뷘을 보고 이상히 넉이며 도라 올ᄯᆡ에 예수를 맛나 뵈왓는지라 예수ㅣ 이러케 부싱 ᄒᆞ신 후 이 두 사ᄅᆞᆷ만 한번 뵈인거시 아니라 여러 군ᄃᆡ셔 합ᄒᆞ여 열번을 뵈이셧더라

뭇는말

一 부싱 ᄒᆞ신 말ᄉᆞᆷ을 다른 복음에셔도 차ᄌᆞ시오 二 녀인이 몃분이나 동힝 ᄒᆞ엿스며 그들에 일홈이 무엇시뇨 三 그들이 분묘에 가는 길에셔 무엇슬 괘려 ᄒᆞ엿ᄂᆞ뇨 四 그들이 무엇슬 웨 가져 왓ᄂᆞ뇨 五 그 분묘를 말ᄉᆞᆷ ᄒᆞ시오 六 예수씨를 장례 ᄒᆞᆫ 후 그 분묘를 근양 두엇ᄂᆞ뇨 七 그 녀인들이 분묘를 볼 ᄯᆡ에 형세가 엇더 ᄒᆞ엿ᄂᆞ뇨 八 그들이 이런 형세를 보고 깃버 ᄒᆞ엿ᄂᆞ뇨 혹 슬허 ᄒᆞ엿ᄂᆞ뇨 九 누가 그 녀인들의게 말 ᄒᆞ엿스며 무엇시라 ᄒᆞ엿ᄂᆞ뇨 十 그 녀인들이 젼에 예수씨가 사라 나신단 말ᄉᆞᆷ을 드럿ᄂᆞ뇨 十一 그 녀인들이 텬ᄉᆞ의 말ᄉᆞᆷ을 드른 후에 엇더케 ᄒᆞ엿ᄂᆞ뇨 十二 그들의 말ᄉᆞᆷ을 문도ᄃᆞ 엇더케 녀엿ᄂᆞ뇨 十三 피드로와 ᄒᆞᆷᄭᅴ 그 분묘에 동힝 ᄒᆞᆫ이가 잇ᄂᆞ뇨 十四 피드로가 그 분묘에 가셔 무엇 ᄒᆞ엿ᄂᆞ뇨 十五 이 공부로 말미암아 네가지 형상이 잇ᄉᆞ니 一 분묘니 묘문을 삼일 젼에 함봉 ᄒᆞ엿더니 시톄는 업고 텬ᄉᆞ만 안 밧으로 잇ᄉᆞ며 二 녀인들의 본거시니 슯허 ᄒᆞ기를 고심으로 ᄒᆞ엿스며 三 묘문이니 열녀 돌이 구을녀 ᄯᅥ러 졋스며 四 텬ᄉᆞ의 말ᄉᆞᆷ이니 구세쥬ᄭᅴ셔 허락 ᄒᆞ셧스며 졔ᄉᆞ 드리셧시며 장ᄉᆞ ᄒᆞ셧스나 지금도 살으시고 영원이 살으시는 이시니라 ᄒᆞ엿ᄂᆞ니라

예수 부싱ᄒᆞ심은 우리 부싱ᄒᆞᆯ 일을 표ᄒᆞ심이라

대개 셰샹 사ᄅᆞᆷ들이 날마다 ᄆᆞᄋᆞᆷ에 곳치기ᄅᆞᆯ 원ᄒᆞᄂᆞᆫ 일이 여러가지 즁에 그즁 뎨일 원ᄒᆞᄂᆞᆫ거ᄉᆞᆫ 죽음을 업게 ᄒᆞᄂᆞᆫ 거시언마ᄂᆞᆫ 그러나 여러 사ᄅᆞᆷ의 집의 의통 ᄒᆞᄂᆞᆫ 소ᄅᆡ 잇ᄂᆞᆫ거ᄉᆞᆫ 다름 아니라 죽음을 면치 못 ᄒᆞᄂᆞᆫ 셔ᄃᆞᆰ에 사ᄅᆞᆷ마다 죽ᄂᆞᆫ 연고라 오직 예수 크리스도ᄅᆞᆯ 밋ᄂᆞᆫ 사ᄅᆞᆷ은 ᄀᆡ와 ᄀᆞᆺ지 아니ᄒᆞ니 우리ᄂᆞᆫ 사ᄅᆞᆷ이 셰샹을 ᄯᅥ나ᄀᆡ 얼마동안 보지 못 ᄒᆞᄂᆞᆫ ᄉᆞ졍을 긴ᄒᆞ여 슯흐지 아니ᄒᆞᆫ거ᄉᆞᆫ 아니로되 슯흔 ᄆᆞᄋᆞᆷ 즁에 큰 ᄇᆞ람이 잇ᄂᆞ니 우리 밋ᄂᆞᆫ 사ᄅᆞᆷ은 부싱 ᄒᆞ야 다시 맛나ᄂᆞᆫ 큰 ᄇᆞ람이라 이ᄅᆞᆯ 인ᄒᆞ여 이 부싱일을 다른날 보다 더욱 깃부게 지냄은 사ᄅᆞᆷ마다 이 셰샹에 나지 아니ᄒᆞ고 ᄐᆡ즁에 잇ᄉᆞᆯ ᄯᅢᄂᆞᆫ 이 셰샹을 알지 못ᄒᆞ엿ᄂᆞ니 이와 ᄀᆞᆺ치 이 셰샹을 ᄐᆡ즁 ᄀᆞᆺ차 잇신 후에 ᄒᆞᆺ 셰샹도 ᄯᅩᄒᆞᆫ 잇심이라 여러 사ᄅᆞᆷ이 무ᄅᆞᄃᆡ 누가 이 일을 알며 누가 보앗ᄂᆞ뇨 ᄒᆞ나 ᄃᆡ답 ᄒᆞ기 반가온 거시 예수ᄅᆞᆯ 아ᄂᆞᆫ 사ᄅᆞᆷ은 이 일을 분명이 알수도 잇고 예수ᄅᆞᆯ 밋ᄂᆞᆫ 사ᄅᆞᆷ은 예수로 분명이 보ᄂᆞᆫ 일도 잇ᄂᆞ니라 사ᄅᆞᆷ마다 다시 살기ᄅᆞᆯ ᄇᆞ라것마ᄂᆞᆫ 오직 예수ᄅᆞᆯ 밋ᄂᆞᆫ 쟈 외에ᄂᆞᆫ 분명이 알이 업ᄂᆞ니라 이날 우리 지내ᄂᆞᆫ 거시 혹 셩인이나 혹 셩인의 말ᄉᆞᆷ을 위ᄒᆞ여 지내ᄂᆞᆫ 거시 아니라 오직 예수로 말미암아 부싱 ᄒᆞᄂᆞᆫ 일이 잇ᄉᆞᆷ을 보고 반가이 지냄이니 셰샹 모든 반갑고 이샹ᄒᆞᆫ 일 즁에 예수 죽음에셔 다시 살어 나신 일에 지날거시 업

심은 모든 셰샹 사ᄅᆞᆷ의 쟝ᄎᆞᆺ 부싱ᄒᆞᆯ 일을 몬져 본ᄂᆞ니라 일노 말미암아 예수 죽음에셔 다시살어 나으로 뵈이심이니 셩경 말ᄉᆞᆷ에 모든 곡식 즁에 첫지 맷친 열ᄆᆡ가 되셧다 ᄒᆞᆷ ᄀᆞᆺ도다 만일 ᄒᆞᆫ 사ᄅᆞᆷ이 죽엇다가 다시 살어 낫시면 엇지 다른 사ᄅᆞᆷ은 다시 살지 못 ᄒᆞ리오 예수ㅣ 셰샹에 오셔셔 우리와 ᄀᆞᆺ치 육톄로 나흐시고 사ᄅᆞᆷ들의 ᄒᆞᄂᆞᆫ 일을 모도 당ᄒᆞ셧시며 압흐기도 ᄒᆞ셧고 죽기 ᄭᆞ지 ᄒᆞ셧시니 이거ᄉᆞᆫ 육톄의 ᄒᆞᄂᆞᆫ 일인 고로 우리도 다 아ᄂᆞᆫ 바ㅣ며 우리도 능히 예수의 권능으로 예수와 ᄀᆞᆺᄒᆞᆫ 영광을 밧을 거시며 그 후에ᄂᆞᆫ 죽음에셔 니러 나셧시니 이거ᄉᆞᆫ 우리 아ᄂᆞᆫ 외에 우리의게 분명ᄒᆞᆫ 표ᄅᆞᆯ 뵈이심이라 예수 니러 나신 후에 예수ᄅᆞᆯ 본 이도 잇고 만져 본 이도 잇시며 ᄯᅩ 예수ㅣ 뎨ᄌᆞ로 더브러 음식도 잡ᄉᆞ시고 여러가지 긴ᄒᆞᆫ 말ᄉᆞᆷ으로 ᄀᆞᄅᆞ치셧시며 예수ㅣ 우리ᄅᆞᆯ 위ᄒᆞ여 본을 뵈이신것 ᄲᅮᆫ 아니라 ᄯᅩᄒᆞᆫ ᄌᆞ긔의 능ᄒᆞ심으로 ᄌᆞ긔 뎨ᄌᆞ들의게 능히 영광ᄭᆞ지 닙히심을 ᄀᆞᄅᆞ치셧ᄂᆞ니라 셰샹에 사ᄅᆞᆷ들이 뎨 지혜ᄃᆡ로 빅셩들을 ᄀᆞᄅᆞ쳣시되 오직 예수 ᄒᆞᆫ분 외에ᄂᆞᆫ 만민들을 ᄀᆞᄅᆞ치신 후에 죽엇다가 육톄ᄭᆞ지 다시 살어 나신이ᄂᆞᆫ 도모지 업ᄂᆞ니라 ᄯᅩ 육톄로 계실 ᄯᅢ에 육톄에 잇ᄂᆞᆫ 사ᄅᆞᆷ들을 ᄀᆞᄅᆞ쳐 엇더케 능히 ᄒᆞᆯ것과 반다시 ᄒᆞᆯ ᄒᆡᆼ실을 뵈이셧시며 예수 ᄯᅩ 죽으심과 부싱 ᄒᆞ심으로 모든 인류들의게 ᄃᆡ회 지혜로 알지 못ᄒᆞᆯ 부싱을 명ᄇᆡᆨ히 뵈이게 ᄒᆞ셧시나 그러나 일변 반갑고 일변 무서온 일이 잇ᄉᆞ니 ᄀᆞ

ᄅᆞ치신 말솜 즁에 일변은 영복을 엇는 거시오 일변은 영원이 붓그러온 고샹을 밧는다 ᄒᆞ신 말솜이라 그러 ᄒᆞ것마는 오직 예수의 말솜을 ᄆᆞ옴에 삭이여 힝 ᄒᆞᄂᆞᆫ 쟈ㅣ라야 영복을 밧ᄂᆞ니라

시크란돈 목ᄉᆞ

다시 사ᄂᆞᆫ 리치

대뎌 사ᄅᆞᆷ이 귀ᄒᆞᆫ 것슨 륙신과 령혼이 잇서 칠팔십 년을 살다가 륙신은 죽으나 령혼은 셰샹 ᄆᆞᆺ날ᄭᆞ지 잇다가 륙신과 령혼이 다시 합ᄒᆞ여 예수의 소릐를 듯고 억죠 창싱이 일시에 니러나 텬부의 공변된 심판을 밧ᄂᆞᆫ 연고ㅣ라 셰샹 사ᄅᆞᆷ들의 혼이 ᄒᆞᄂᆞᆫ 말이 사ᄅᆞᆷ 일이야 뉘가 알ᄭᅡ ᄒᆞᆫ번 죽으면 그만이라 ᄒᆞ고 이러케 어려운 셰샹을 홈부로 그럭 저럭 지ᄂᆡ기에 내가 다시 나ᄂᆞᆫ 리치가 분명 잇ᄂᆞᆫ것슬 발명 ᄒᆞ노라 사ᄅᆞᆷ이 만일 다시 나ᄂᆞᆫ 리치가 업스면 현인과 군ᄌᆞ가 엇지ᄒᆞ여 고란을 무릅쓰고 심신을 괴로이 ᄒᆞ여 션도를 힘 쓰고 악습을 미워ᄒᆞ여 빈한이 당도 ᄒᆞ더리도 본지를 변치 아니 ᄒᆞ고 죽도록 셰샹에 창싱 건지기를 힘쓰니 이것슨 후싱을 싱각 ᄒᆞᆷ이오 초목과 곤츙을 보더리도 겨울을 당 ᄒᆞ면 각식 풀과 나무가 죽은듯 ᄒᆞ나 화챵ᄒᆞᆫ 봄 날을 당 ᄒᆞ면 젼과 굿치 만발ᄒᆞ며 곤츙은 흙의 뭇쳐 흙과 굿다가 화ᄒᆞ여 나뷔도 되고 버러지도 되며 곡식 씨ᄂᆞᆫ 말나셔 단단ᄒᆞ기 돌파 굿다가 심으면 나셔 몃ᄇᆡ나 번셩ᄒᆞ며 누에ᄂᆞᆫ 고치로 잇슬 ᄯᅢ에 소음 뭉치 굿다가 별안간 화ᄒᆞ여 나뷔 되여 ᄲᅩᆼ 닙시 먹던 형샹은 어ᄃᆡ 가고 공즁에 나라 ᄆᆞᆰ은 긔운을 마시니 이러ᄒᆞᆫ 미물도 다시 사ᄂᆞᆫ 리치가 잇거든 하믈며 이 만물 즁에 귀 ᄒᆞ다ᄂᆞᆫ 사ᄅᆞᆷ이 다시 사ᄂᆞᆫ 리치가 업스면 무엇시 귀ᄒᆞ다 ᄒᆞ리요 셩경 말솜에 ᄯᅢ가 니ᄅᆞ면 무덤에 잇던쟈가 내 소릐를 듯고 나와 션ᄒᆞᆫ 쟈ᄂᆞᆫ 다시 살아 싱명을 얻고 악ᄒᆞᆫ 쟈ᄂᆞᆫ 다시 살아 죄를 밧ᄂᆞᆫ다 ᄒᆞ엿고 보라 말솜이 말셰에ᄂᆞᆫ 죽은 쟈ㅣ 다시 살며 죽지 아닌 쟈ᄂᆞᆫ 다 변화ᄒᆞ며 그 ᄯᅢ에 썩ᄂᆞᆫ 쟈ᄂᆞᆫ 썩지 아니케 ᄒᆞ며 죽ᄂᆞᆫ 쟈ᄂᆞᆫ 죽지 아니케 ᄒᆞᆫ다 ᄒᆞ엿ᄉᆞ니 이런 말솜 보더리도 셩인이 엇지 우리를 속엿ᄉᆞ며 예수ᄭᅴ셔 우리를 위ᄒᆞ여 고초를 밧으시다가 일쳔 팔ᄇᆡᆨ 구십 칠년 젼에 십ᄌᆞ가에 도라 가셔셔 삼일만에 다시 살으셧ᄉᆞ니 이것슨 셰계 각국 아동 조졸이 다 아ᄂᆞᆫ배나 우리 죠션 사ᄅᆞᆷ이 이러ᄒᆞᆫ 밧귀지 못ᄒᆞᆯ 공도를 모로ᄂᆞᆫ이가 만하 다시 살아 나ᄂᆞᆫ 리치가 업다 ᄒᆞ고 금ᄉᆡᆨ 굿ᄒᆞᆫ 셰월을 허랑 방당이 지ᄂᆡ다가 심판 ᄒᆞᄂᆞᆫ 날을 당 ᄒᆞ여 다시 살아 텬당에 영원ᄒᆞᆫ 복을 누리지 못 ᄒᆞ고 디옥에 무궁ᄒᆞᆫ 고초를 밧을가 두려워 ᄒᆞ여 우리가 대강 말 ᄒᆞ노니 강호에 모든 군ᄌᆞᄂᆞᆫ 깁히 싱각 ᄒᆞ여 우리의 ᄇᆞ라ᄂᆞᆫ 바를 져ᄇᆞ리지 말기를 ᄇᆞ라노라

노병션

예수ᄭᅴ셔 잡혀 ᄃᆞᆫ이신 일과 도라가신 일이라

우리가 구세쥬의 부ᄉᆡᆼᄒᆞ신 일을 감샤ᄒᆞᆫ ᄆᆞ음으로 공부ᄒᆞᆯ터인ᄃᆡ 우리 쥬ᄭᅴ셔 만국 만민의 죄를 ᄃᆡ속ᄒᆞ샤 이 세샹을 리별ᄒᆞ실 ᄯᅢ에 뉘게로 잡혀 가신것과 엇더케 뎡죄 ᄒᆞᆷ을 보신것과 무슴 형벌을 밧으신 것과 무슴 말슴을 ᄒᆞ신것과 장ᄉᆞ지낸 일ᄭᆞ지 다 ᄎᆞ셔로 공부ᄒᆞᆫ 후에야 우리 쥬ᄭᅴ셔 우리를 위ᄒᆞ샤 ᄃᆡ신 고난을 밧으신 공로를 우리가 능히 ᄌᆞ세이 ᄭᆡ닷고 독실히 밋어 ᄆᆞ음 속에 구쥬의 은혜를 잠시라도 잇지 안코 교훈ᄒᆞ신바를 조곰도 어김이 업서셔 우리도 우리 쥬와 ᄀᆞᆺ치 부ᄉᆡᆼᄒᆞᆯ 희망이 잇ᄉᆞᆯ지라 그런고로 셩경에 말슴ᄒᆞ신 여러장 여러 귀절을 다 긔록ᄒᆞ되 오ᄂᆞᆯ 회보ᄂᆞᆫ 더 ᄌᆞ샹ᄒᆞ게 ᄒᆞ너라고 여ᄃᆞᆲ폭에 간츌ᄒᆞ노니 교우나 교외인이나 ᄇᆞᆨᄃᆡ ᄌᆞ세히 공부ᄒᆞ시기를 ᄇᆞ라오

一 예수ᄭᅴ셔 아나와 기아바의 압헤 잡혀 가신 일
요한 십팔장 십삼절 ᄉᆞ절과 이십 ᄉᆞ절과 마태 이십 륙장 오십 칠절노 륙십 팔절 ᄭᆞ지와 마가 십ᄉᆞ장 오십 삼절노 칠십 이절 ᄭᆞ지와 누가 이십 이장 오십 ᄉᆞ절노 칠십 일절 ᄭᆞ지 보라

二 예수ᄭᅴ셔 공회에 잡혀 가신 일
마태 이십 칠장 일절과 마가 십오장 일절과 누가 이십 이장 륙십 륙절노 칠십 이절 ᄭᆞ지와 요한 십팔장 이십 팔절에 보라

三 예수ᄭᅴ셔 피라도의 압헤 잡혀 가신 일
마태 이십 칠장 십일절노 십팔절 ᄭᆞ지와 마가 십오장 일절과 누가 이십 삼장 일절노 오절 ᄭᆞ지 보라

四 피라도가 예수를 헤롯 왕의게 보낸 일
누가 이십 삼장 륙절노 십일절 ᄭᆞ지 보라

五. 피라도의게 예수를 뎡죄ᄒᆞᆫ 일
누가 이십 삼장 십삼절노 이십 륙절 ᄭᆞ지와 마태 이십 칠장 이십 ᄉᆞ절노 이십 팔절 ᄭᆞ지와 요한 십구장 십삼절노 십륙절 ᄭᆞ지 보라

六 예수ᄭᅴ셔 십ᄌᆞ틀에 못 박히신 일
마태 이십 칠장 이십 구절노 삼십 팔절 ᄭᆞ지와 요한 십구장 십륙절노 이십 이절 ᄭᆞ지와 마가 십오장 십오절노 삼십 이절 ᄭᆞ지와 누가 십삼장 삼십 이절 삼절에 보라

七 예수ᄭᅴ셔 십ᄌᆞ를 우헤셔 말슴ᄒᆞ신 일
마태 이십 칠장 ᄉᆞ십 오절 륙절과 누가 이십 삼장 삼십 ᄉᆞ절과 ᄉᆞ십 삼절노 ᄉᆞ십 륙절 ᄭᆞ지와 요한 십구장 이십 륙절노 삼십절 ᄭᆞ지와 마가 십오장 삼십 ᄉᆞ절에 보라

八 예수 장ᄉᆞ 지대신 일
마태 이십 칠장 오십 칠절노 륙십 일절 ᄭᆞ지와 마가 십오장 ᄉᆞ십 이절노 ᄉᆞ십 칠절 ᄭᆞ지와 요한 십구장 삼십 팔절노 ᄉᆞ십 이절 ᄭᆞ지와 누가 이십 삼장 오십절노 오십 륙절 ᄭᆞ지 보라

크리스도신문

이 신문 뎨 일호를 ᄉ월 일일에 비로소 발간 ᄒ엿는듸 쥬장 ᄒ는이는 원두우 목ᄉ요 인쇄 ᄒ는 일을 보ᄉᆞᆲ히는 이는 벤톤 의원이라 우리가 그 신문을 보니 ᄒᆫ장에 여ᄃᆞᆲ폭 인듸 크기는 독립 신문보다 갑절이나 되고 그 속에 여러가지 됴흔 말ᄉᆞᆷ이 잇ᄉ니 참 볼만 ᄒ야 누구던지 이 신문을 잘 보거드면 흉즁에 모식 ᄒᆫ거ᄉᆞᆯ 열ᄲᅮᆫ 아니라 리익 ᄒᆫ 일이 ᄆᆡ우 만켓도다 뎨 일폭에는 죠션 사ᄅᆞᆷ들이 맛당이 지식을 넓니여 텬디 만물의 리치와 각국 졍치와 풍속을 알으야 죠션도 ᄎᆞᄎᆞ ᄀᆡ명이 될 거ᄉᆞᆯ 론셜 ᄒ엿고 뎨 이폭 삼폭에는 농ᄉ와 공장외 편리 ᄒᆫ거ᄉᆞᆯ 발명 ᄒ여 사ᄅᆞᆷ들노 ᄒ여곰 ᄭᆡ닷기 쉽게 ᄒ엿고 뎨 ᄉ폭 오폭에는 대군쥬 폐하ᄅᆞᆯ 극진이 츙셩으로 셤기고 ᄇᆡᆨ셩을 ᄉ랑 ᄒ는 참 리치ᄅᆞᆯ 론셜 ᄒ며 관보와 각부 통신을 긔지 ᄒ엿고 뎨 륙폭 칠폭에는 셩경 강론회의 오묘ᄒᆫ 진리와 긔도회의 회긔 ᄌ복 ᄒ는 도리ᄅᆞᆯ ᄇᆞᆰ히 말ᄉᆞᆷᄒ며 교회즁 각쳐 소문을 ᄌ셰히 긔지 ᄒ엿고 뎨 팔폭에는 각국 젼보와 본국 잡보ᄅᆞᆯ 력력히 긔지 ᄒ엿ᄉ니 사ᄅᆞᆷ마다 만약 문명 긔회에 진보코져 ᄒ면 이러ᄒᆫ 됴흔 학문이 어듸 잇ᄉ리오 이 신문은 죠션 회보보다 두돌 후에 낫스나 군졀히 ᄇᆞ라노니 쳠군ᄌ는 ᄎᆞᄎᆞ 나는듸로 사셔 도더히들 보시오

친목회

열젼에 친목회에셔 우리 ᄇᆡᄌᆡ학당으로 본회 회보 뎨 삼호 뎨 ᄉ호와 회즁 규칙 칙 각 두벌식 보내엿는듸 대개 이 회는 일본에 류학ᄒ는 죠션 션비들이 대죠션 개국 오ᄇᆡᆨ ᄉ년 을미 ᄉ월 십팔일에 (일쳔 팔ᄇᆡᆨ 구십 오년) 챵립 ᄒᆫᄇᆡ라 이 션비들이 발분 립지 ᄒ야 외국에 류학 ᄒᆷ은 대개 문견을 넓히고 지식을 닷가 국가의 동량을 ᄉᄉ로 긔약ᄒ고 문명의 긔초ᄅᆞᆯ ᄉᄉ로 담당 ᄒᆷ이니 그 원의가 심원 ᄒ고 담부가 즁대 ᄒᆫ지라 이 회ᄅᆞᆯ 셜립ᄒ야 써 붕우 간에 보인 ᄒ는 도와 친션 ᄒ는 의ᄅᆞᆯ ᄇᆞᆰ혀 서로 친목 ᄒ고 서로 권면 ᄒ야 국가의 교육 ᄒ는 도ᄅᆞᆯ 밧들고 인민의 희망을 일위여 공고 ᄒᆫ 터ᄅᆞᆯ 세우고 광대ᄒᆫ 업을 일위여 당당 ᄒᆫ 대죠션 인민의 본령을 ᄇᆡ달 ᄒ고 문명의 실효ᄅᆞᆯ 양셩 ᄒᆞ자 ᄒᆷ이니 우리가 듯고 보는바에 ᄆᆡ우 흠모 ᄒ노라 임원의 뎡원은 회쟝 일원 부회쟝 일원 평의원 륙원 간ᄉ ᄉ원 회계 삼원 간참 ᄉ원 간독 ᄉ원 편찬 ᄉ원 발ᄒᆡᆼ 일원 ᄉ무 이원이요 통샹회원이 팔십 팔명이오 특별 회원이 륙명이오 통샹 찬셩원이 륙십 일명이오 특별 찬셩원이 일ᄇᆡᆨ 삼십 이명 이더라 회보의 목ᄎ는 요지와 ᄉ셜과 논셜과 문원과 ᄂᆡ보와 외보와 만국 ᄉ보와 잡보와 회즁 긔ᄉ인듸 그즁에 각항 학문 샹에 유익ᄒᆫ 연셜들이 만코 대뎌 의론ᄒᆫ 말들이 다 간졀ᄒ고 츙분 ᄒ여 누구던지 보면 경셩 ᄒ고 감발치 아니 ᄒᆯ이 업슬너라 우리는 이 회가 영원이 흥왕ᄒ기ᄅᆞᆯ 군졀히 ᄇᆞ라노라

부싱일 희마다 다른것

혹이 무러 ᄀᆞᆯ으ᄃᆡ 예수 부싱일이 히마다 ᄒᆞᆫ 모양 되지 안코 들니여 뎡ᄒᆞᆫ 날ᄌᆞ로 알수 업ᄉᆞ오니 엇지ᄒᆞᆷ이뇨 ᄒᆞ거ᄂᆞᆯ ᄃᆡ답ᄒᆞ여 ᄀᆞᆯ으ᄃᆡ 이ᄂᆞᆫ 다름 아니라 그리스도 교회 처음 셜립ᄒᆞᆯ때 브터 그젼 넘ᄂᆞᆫ 절긔 직희든 법을 ᄃᆡ신ᄒᆞ여 예수 부싱ᄒᆞ신 날을 직희여 오ᄂᆞ니 이날은 ᄆᆡ년 츈분 지내며 첫 보롬 후 곳 첫 쥬일 되ᄂᆞ니 혹 보롬 날이 쥬일 되드리도 그 다음 쥬일이니라

사ᄅᆞᆷ이 나를 힝ᄒᆞᄂᆞᆫ 일노 세일거시오 세월노 세지의 말지니 사후에 박명을 젼ᄒᆞ면 삼십에 죽어도 장수ᄒᆞᆷ이오 잘ᄒᆞᆫ일 업시면 팔십ᄭᆞ지 살어도 단명이니라

하ᄂᆞ님의 셩신 이라야 사ᄅᆞᆷ의 죄악을 알게 ᄒᆞ시고 문쟝과 의론과 구변과 인력으로ᄂᆞᆫ 못ᄒᆞᄂᆞ니 셩신의 젼능으로 사ᄅᆞᆷ이 젼ᄒᆞᄂᆞᆫ 진리로 써 셩신이 인심을 감동ᄒᆞ시ᄂᆞ니라

회즁신문

○우리가 평양 교우의 편지를 보니 엇더ᄒᆞᆫ 신랑이 잇ᄂᆞᆫᄃᆡ 예수를 진실히 밋으매 그의 부친이 ᄀᆞᆯ으ᄃᆡ 아ᄃᆞᆯ ᄒᆞ나ᄒᆞᆯ 두엇더니 예수교를 ᄒᆞ여 쟝ᄎᆞᆺ 후환이 잇겟다 ᄒᆞ고 ᄒᆞᆼ샹 염려ᄒᆞ여 금치 못ᄒᆞ매 죽이려 ᄒᆞ고 혹 음식의 약을 너키ᄭᆞ지 ᄒᆞ여도 일심으로 더욱 예수를 밋ᄂᆞᆫ다 ᄒᆞ더라

○이 아래 말은 그리스도 신문에서 보니

○슈원 구술리에셔 밋ᄂᆞᆫ 사ᄅᆞᆷ들이 연보ᄒᆞ여 삼쳔냥을 합ᄒᆞ야 집 ᄒᆞ나ᄒᆞᆯ 사셔 례ᄇᆡ당으로 뎡ᄒᆞ엿ᄂᆞᆫᄃᆡ 그 곳 사ᄅᆞᆷ들이 아직은 문답도 아니 ᄒᆞ엿시나 밋ᄂᆞᆫ 이ᄂᆞᆫ ᄉᆞ십 명 이나 된다더라

○또 구슬이에셔 멀지 아니ᄒᆞᆫ 다리개리에셔도 연보ᄒᆞ야 쳔냥을 합ᄒᆞ야 집 ᄒᆞ나ᄒᆞᆯ 사셔 례ᄇᆡ당으로 뎡ᄒᆞ엿ᄂᆞᆫᄃᆡ 밋ᄂᆞᆫ 이들은 십오 명 즈음 된다더라

○지내간 이십일일 쥬일에 안산 읍니에셔 리목ᄉᆞ가 셰례를 주ᄂᆞᆫᄃᆡ 사나희 닐곱과 녀인 둘과 어린ᄋᆞ히 셋시 셰례를 밧고 다ᄉᆞᆺ 사ᄅᆞᆷ은 원입 교인이 되엿다더라

○잔다리 교우들이 힘을 써 례ᄇᆡ당을 지으려 ᄒᆞᄂᆞᆫᄃᆡ 아래 잔다리셔 터를 잡아 여ᄉᆞᆺ간 집을 발셔 셰워 니ᄭᆞ지 다 ᄒᆞ엿ᄂᆞᆫᄃᆡ 일은 봄에 토역 못치고 례ᄇᆡ ᄒᆞ기를 시작 ᄒᆞ겟더라

이화학당 녀교우 즁에 ᄒᆞᆫ 부인이 잇ᄂᆞᆫᄃᆡ 봉교ᄒᆞᆫ지 오년이오 나흔 이십 오셰라 ᄀᆡ구즉 하ᄂᆞ님을 찬송ᄒᆞ고 안진즉 구쥬의 십ᄌᆞ가를 말ᄒᆞ고 교우로 더브러 진실ᄒᆞᆫ ᄆᆞ옴으로 하ᄂᆞ님ᄭᅴ 긔도ᄒᆞ더니 이월 이십 알일에 우연 득병ᄒᆞ야 죵시 낫지 아니ᄒᆞ매 병원으로 가셔 치료ᄒᆞ되 병셰 점점 위즁ᄒᆞ여 회싱키 어려울듯ᄒᆞ더니 구세쥬의 은혜와 하ᄂᆞ님의 ᄉᆞ랑ᄒᆞ심으로 병이 쾌ᄎᆞᄒᆞ야 지금은 완인이 되엿ᄉᆞ니 춤 고맙고 감샤ᄒᆞᆫ 일 일너라

○졔물포 교회에 작년 연화회 이후로 ᄃᆞᆫ이ᄂᆞᆫ 학습인이 삼십 오인 인ᄃᆡ 그 즁에 셰례 밧기 원ᄒᆞᄂᆞᆫ 사ᄅᆞᆷ도 만히 잇고 셰례 밧을만치 힝ᄒᆞᄂᆞᆫ 사ᄅᆞᆷ도 만히 잇ᄂᆞᆫ 즁에 ᄒᆞᆫ 교우가 작년 셧ᄃᆞᆯ에 교회에 드러 왓ᄂᆞᆫᄃᆡ 근본은 술이 취ᄒᆞ면 주셩을 부리든 사ᄅᆞᆷ이 술을 일졀 아니 먹으니 족쇽 즁에셔 ᄒᆞᄂᆞᆫ 말이 예수교ᄂᆞᆫ 춤 사ᄅᆞᆷ 곳치ᄂᆞᆫ 교라 ᄒᆞ면셔도 아못ᄶᅩ록 예수교를 못ᄒᆞ게 비방ᄒᆞ되 이 사ᄅᆞᆷ이 하ᄂᆞ님 도를 독실이 밋고 신쥬를 내다가 불을 노흐려ᄒᆞ매 족쇽들이 ᄲᅢ셔 갓다니 이런 사ᄅᆞᆷ은 춤 새로 난 사ᄅᆞᆷ 일너라

뎨일권

죠션회보

대 ᄉᆞ십 호

건양이년 인 ᄉᆞ월십ᄉᆞ일

우샹론

대범 사ᄅᆞᆷ의 ᄆᆞᄋᆞᆷ이 눈으로 보는 거슨 밋기가 쉽고 보이지 안는거슨 밋기가 어려온 고로 무식ᄒᆞᆫ 부녀들과 어리셕은 ᄇᆡᆨ셩의 ᄆᆞᄋᆞᆷ을 유인ᄒᆞ여 착심코져 ᄒᆞ는쟈 우샹을 ᄆᆞᆫᄃᆞ러 보기에 엄위ᄒᆞ고 뎡특ᄒᆞ게 ᄒᆞ야 무ᄉᆞᆷ 령험이 잇ᄉᆞᆯ듯ᄒᆞ게 ᄒᆞᆫ고로 명달치못ᄒᆞᆫ쟈늘은 우샹의게 졀도ᄒᆞ며 복을 구ᄒᆞ기도 ᄒᆞ나 실샹은 사ᄅᆞᆷ을 속이는 고로 공ᄌᆞㅣ ᄀᆞᆯᄋᆞᄃᆡ 처음으로 허수압이ᄅᆞᆯ ᄆᆞᆫᄃᆞᆫ쟈 그후ᄌᆞ손이 업ᄉᆞᆯ진뎌 ᄒᆞ시고 젹인걸은 오조에 음악ᄒᆞᆫ ᄉᆞ당집 슈쳔곳술 불ᄉᆞ로매 후셰에 유명ᄒᆞᆫ 사ᄅᆞᆷ이라 ᄒᆞ엿시니 이런 ᄉᆞ긔ᄅᆞᆯ 보는쟈ㅣ 엇지 우샹을 존숭ᄒᆞ리오 녜젼브터 우샹을 존숭ᄒᆞ는 나라는 하ᄂᆞ님ᄭᅴ셔 뮈워ᄒᆞ시는 고로 량나라 무뎨는 불샹을 뎨일 존숭ᄒᆞ다가 ᄃᆡ셩에셔 주려죽게 ᄒᆞ시고 미면나라와 츄라 시돈은 파력이란 우샹을 숭ᄇᆡᄒᆞ고 비리ᄉᆞ나라는 대공이란 우샹과 아대록이라 ᄒᆞ는 우샹을 존숭ᄒᆞ는고로 하ᄂᆞ님ᄭᅴ셔 그 나라들을 멸망케 ᄒᆞ셧시니 이거슨 다 ᄉᆞ긔에 ᄎᆞ지ᄒᆞᆫ 말ᄉᆞᆷ인즉 징거가 분명ᄒᆞ고 하ᄂᆞ님을 존숭ᄒᆞ는 나라들은 나라마다 부강ᄒᆞ며 문명 진보가 되ᄂᆞ니 지금 유로바 나라들과 북 아미리가 졔국이라 텬하에 대셰ᄅᆞᆯ 보는쟈 엇지 파혹ᄒᆞᆯ 열이 아니리오 우샹이라 ᄒᆞ는거시 당초에 나무와 흙에나 돌노 ᄆᆞᆫᄃᆞᆯ고 혹 단쳥도 ᄒᆞ며 혹 도금을 ᄒᆞ여 사ᄅᆞᆷ의 이목을 현란케 ᄒᆞᆫ거시나 보고 듯고 말ᄒᆞ고 운동ᄒᆞᆷ이 업시 묵묵ᄒᆞᆫ 죽은 물건이라 무ᄉᆞᆷ 령험이 잇ᄉᆞ리오 우샹의게 졀을 ᄒᆞᆯ진ᄃᆡ ᄎᆞ라리 그 우샹을 ᄆᆞᆫᄃᆞᆫ 쟝식의게 졀ᄒᆞ는거시 올ᄒᆞ니 그 쟝식은 허령 지각이 잇는 사ᄅᆞᆷ 일ᄲᅮᆫ 더러 ᄂᆞᆼ히 그 우샹을 ᄆᆞᆫᄃᆞ랏ᄉᆞ니 우샹의게 비교ᄒᆞᆯ건ᄃᆡ ᄇᆡᆨ비나 더 신령ᄒᆞᆫ지라 실프다 셰샹 사ᄅᆞᆷ의 우샹을 숭ᄇᆡᄒᆞᆷ이여 당쟝에 사라 잇는 ᄇᆞ모의 ᄠᅳᆺ슬 슌죵치 아니ᄒᆞ고 근심을 씻치다가 부모가 죽은 후에 그 신쥬의게 졔ᄉᆞᄅᆞᆯ 지내며 효도ᄅᆞᆯ 다ᄒᆞᆫ다 ᄒᆞ는 사ᄅᆞᆷ은 지죠 잇는 쟝식의게는 졀ᄒᆞ지 안코 그가 ᄆᆞᆫᄃᆞᆫ 우샹의게 졀ᄒᆞ는것과 무엇시 다ᄅᆞ리오 ᄉᆡᆼ각ᄒᆞ여 보기ᄅᆞᆯ ᄇᆞ라노라

례ᄇᆡ일공과 뎨십일 ᄉᆞ월 이십오일

ᄯᅡ빗이 유대왕된일

사무엘긔 후셔 이장 일졀노 십일졀 ᄭᆞ지라

년조 쥬 강ᄉᆡᆼ 젼 일쳔 오십 오년

디명 헤브론

一 이 후에 ᄯᅡ빗이 야화화ᄭᅴ 뭇ᄌᆞ와 ᄀᆞᆯᄋᆞᄃᆡ 유대
고을 즁에 어ᄃᆡ던지 들어 가오릿가 야화화ㅣ ᄀᆞᆯ
ᄋᆞ샤ᄃᆡ 갈지어다 ᄯᅡ빗이 ᄀᆞᆯᄋᆞᄃᆡ 어ᄃᆡ로 가오릿가
ᄀᆞᆯᄋᆞ샤ᄃᆡ 헤브론 으로 가라 ᄒᆞ신ᄃᆡ 二 ᄯᅡ빗이 드
ᄃᆡ여 그 두 안히 야샤셜 녀인 아히노암과 나팔의게
시집 갓던 가밀 녀인 아비히ᄅᆞᆯ 다리고 三 또ᄒᆞᆫ 그
좃친들과 여러 권속으로 더브러 ᄒᆞᆷᄭᅴ 헤브론에
나ᄅᆞ러 거ᄒᆞ더니 四 유대 사ᄅᆞᆷ들이 나ᄅᆞ러 ᄯᅡ빗
을 기ᄅᆞᆷ 발너 유대 족쇽의 왕을 삼고 ᄒᆞᆨ이 ᄯᅡ빗
의게 닐너 ᄀᆞᆯᄋᆞᄃᆡ 사울노ᄅᆞᆯ 장ᄉᆞ ᄒᆞᆫ 쟈들은 긔렬
아필 사ᄅᆞᆷ들 이니다 五 ᄯᅡ빗이 샤쟈ᄅᆞᆯ 보내여 긔
렬아필 사ᄅᆞᆷ들의게 닐너 ᄀᆞᆯᄋᆞᄃᆡ 너희가 너희 왕
사울노ᄅᆞᆯ 후ᄃᆡ ᄒᆞ야 장ᄉᆞ ᄒᆞ얏ᄉᆞ니 너희가 야화
화ᄭᅴ 복을 밧을지라 六 야화화ᄭᅴ셔 너희게 은춍과
진실ᄒᆞᆷ을 뵈이셧고 나도 너희게 은혜ᄅᆞᆯ 덕으로
갑흐리라 七 너희 왕 사울노가 죽고 유대 족쇽이
나ᄅᆞᆯ 기ᄅᆞᆷ 발너 왕을 삼엇ᄉᆞ니 너희가 맛당이 ᄯᅳᆺ
슬 견강ᄒᆞ게 ᄒᆞ고 용밍 ᄒᆞᆯ지어다◯ 八 사울노의 장
슈 너이의 아ᄃᆞᆯ 압너이가 사울노의 아ᄃᆞᆯ 익파셜
을 다리고 마하내임에 니ᄅᆞ러 九 왕을 삼아 긔렬과
아셔리와 야샤렐과 이법년과 변자민과 밋 이스라
엘 족쇽을 다ᄉᆞ리게 ᄒᆞ니 十 익파셜이 나히 ᄉᆞ십
에 왕이 되야 지위 ᄒᆞᆫ지가 두ᄒᆡ가 되얏시되 유대
족쇽은 ᄯᅡ빗을 복죵 ᄒᆞ니 十一 ᄯᅡ빗이 헤브론에서
유대 족쇽을 다ᄉᆞ린지가 칠년 반 일너라

주셕

ᄯᅡ빗이 아마력 사ᄅᆞᆷ을 치고 도라와 식납에 잇슨
지 삼일 되매 ᄒᆞᆫ 사ᄅᆞᆷ이 사울노의 진에셔 와의
복을 ᄶᅵᆺ고 머리에 틔ᄭᅳᆯ을 무릅쓰고 ᄯᅡ빗의 압헤
니ᄅᆞ니 ᄯᅡ빗이 ᄀᆞᆯᄋᆞᄃᆡ 너는 어ᄃᆡ로 왓ᄂᆞ냐 그 사
ᄅᆞᆷ이 ᄀᆞᆯᄋᆞᄃᆡ 이스라엘 진이 픠 ᄒᆞᆷ으로 허다ᄒᆞᆫ ᄇᆡᆨ
셩이 죽고 망 ᄒᆞ며 사울노와 그 아ᄃᆞᆯ 요나단이
다 죽엇ᄂᆞ니다 ᄯᅡ빗이 ᄀᆞᆯᄋᆞᄃᆡ 너는 엇지 ᄒᆞ여 이
일을 아ᄂᆞᆫ다 그 쇼년이 ᄃᆡ답 ᄒᆞ되 나ㅣ 우연이
길보아 산에 니ᄅᆞ러 보니 사울노ㅣ ᄌᆞ긔 창 우헤
업ᄃᆡ여ᄉᆞ며 거마와 병긔 잇ᄂᆞᆫ지라 사울노ㅣ 나ᄅᆞᆯ
불너 아마력 사ᄅᆞᆷ 인줄 안 연후에 죽여 달나 ᄒᆞᆷ
은 ᄌᆞ긔 ᄉᆡᆼ명이 겨오 붓쳐 잇ᄉᆞ나 필경 살지도
못 ᄒᆞ고 괴롭게만 ᄒᆞ겟다 ᄒᆞ니 나ㅣ 즉시 뎌의
압헤 나아가 죽이고 그 머리 우헤 면류관과 팔에
셰힌 고리ᄅᆞᆯ 거두어 가지고 우리 쥬ᄭᅴ 드리려 왓
ᄂᆞ이다 ᄯᅡ빗과 그 죵들이 드ᄃᆡ여 ᄌᆞ긔 옷슬 ᄶᅵᆺ고
슯히 울며 늣도록 금식 ᄒᆞᆷ은 사울노와 요나단과
쥬의 ᄇᆡᆨ셩 이스라엘 사ᄅᆞᆷ이 연장에 죽음을 위 ᄒᆞᆷ

이라 ᄯᅡ빗이 그 사ᄅᆞᆷ을 보니 쥬의 기름 발나신 왕을 죽엿다 ᄒᆞ며 죠곰도 두려워 ᄒᆞᆷ이 업시 뎨 입으로 증거 ᄒᆞ거ᄂᆞᆯ ᄒᆞᆫ 사ᄅᆞᆷ을 불너 분부 ᄒᆞ되 뎌 쇼년을 죽이라 ᄒᆞ니 즉시 죽엿ᄂᆞᆫ지라 ᄯᅡ빗이 골ᄋᆞᄃᆡ 이ᄂᆞᆫ 뎨 입으로 증거 ᄒᆞᆷ으로 죽엿ᄂᆞ니라 ᄒᆞ며 ᄯᅡ빗의 졍의 친밀ᄒᆞᆫ 친교 요나단을 위ᄒᆞ야 일노 써 슯흔 노ᄅᆡᄅᆞᆯ 지엿ᄉᆞ니 ○ ᄯᅡ빗과 그 좃인 들이 여러 날 슯히 그 노ᄅᆡᄅᆞᆯ 부른 후 ᄯᅡ빗이 하ᄂᆞ님ᄭᅴ 고ᄒᆞ되 유대로 나아 감이 맛당ᄒᆞ온지 올치 아니ᄒᆞ오리잇가 ᄒᆞᆷ은 ᄌᆞ긔가 쟝ᄎᆞᆺ 왕업을 누릴 줄은 알되 엇지 ᄒᆞᆯ줄 몰나 하ᄂᆞ님ᄭᅴ ᄀᆞᄅᆞ치심을 무러 봄이라 하ᄂᆞ님ᄭᅴ셔 유대 고을 헤브론으로 가라 ᄒᆞ시니 그리로 가매 유대 지파가 ᄯᅡ빗을 즉시 왕을 삼으되 사울노의 군쟝 압너이 ᄂᆞᆫ 사울노의 아ᄃᆞᆯ 익파셜노 왕을 삼아 이스라엘 십일 지파ᄅᆞᆯ 다ᄉᆞ리게 ᄒᆞᆷ은 압너이가 억지로 뎨 힘을 써셔 분란케 ᄒᆞᆷ이라 ᄯᅡ빗은 왕 되기 젼과 후에 하ᄂᆞ님ᄭᅴ 어리셕고 잘못ᄒᆞᆫ 일이 잇드리 도 그 죄ᄅᆞᆯ ᄌᆞ복 ᄒᆞ고 ᄒᆞᆼ샹 겸손ᄒᆞ여 하ᄂᆞ님의 ᄯᅳᆺᄃᆡ로 슌죵ᄒᆞ며 기ᄃᆞ릴 ᄆᆞ옴이 잇ᄂᆞᆫ지라 ᄯᅡ빗은 게으른 ᄆᆞ음 업고 셩실ᄒᆞᆫ과 인애 ᄒᆞᆷ으로 ᄇᆡᆨ셩을 ᄉᆞ랑 ᄒᆞ니 그 ᄇᆡᆨ셩들이 ᄯᅩᄒᆞᆫ ᄯᅡ빗을 극히 ᄉᆞ랑 ᄒᆞ더라

묻는말

一 사울노와 그 아ᄃᆞᆯ 둘이 죽을 ᄯᅢ에 ᄯᅡ빗은 어ᄃᆡ
잇섯ᄂᆞ뇨 二 ᄯᅡ빗이 무엇 ᄒᆞ엿ᄂᆞ뇨 三 ᄯᅡ빗이 웨
유대 셩에 드러 가기ᄅᆞᆯ 원 ᄒᆞ엿ᄂᆞ뇨 四 ᄯᅡ빗이 긔
도ᄒᆞ여 무슴 ᄃᆡ답을 밧앗ᄂᆞ뇨 五 하ᄂᆞ님ᄭᅴ셔 어
ᄃᆡ로 가라 가ᄅᆞ치셧ᄂᆞ뇨 六 헤브론에셔 된 일을
말ᄉᆞᆷᄒᆞ시오 창셰긔 이십삼쟝 십구졀과 삼십오
쟝 이십 칠졀과 요셔아긔 십ᄉᆞ쟝 십삼졀과 이십
쟝 칠졀에 보라 七 이ᄯᅢ에 ᄯᅡ빗의 나이 몃치뇨 답
거의 삼십 셰니라 八 이 공부에 말ᄒᆞᆫ것 외에 ᄯᅡ
빗이 다른 안희가 잇ᄂᆞ뇨 사무엘긔 샹권 이십오
쟝 ᄉᆞ십 삼졀에 보라 九 헤브론에셔 ᄯᅡ빗이 무슴
일이 잇섯ᄂᆞ뇨 十 ᄯᅡ빗이 뉘게 샤자ᄅᆞᆯ 보내엿ᄂᆞ뇨
十一 이ᄯᅢ에 이스라엘의게 다른 님군이 잇섯ᄂᆞ뇨
十二 그의 일홈이 무엇시며 누구뇨 十三 어ᄃᆡ셔 님군
이 되엿ᄂᆞ뇨 十四 마하내임이 엇지 ᄒᆞ여 유명 ᄒᆞ뇨
十五 익파셜이 모든 이스라엘 족을 얼마나 오리 다
ᄉᆞ렷ᄂᆞ뇨 十六 ᄯᅡ빗이 헤브론에셔 유대 족을 얼마
나 오리 다ᄉᆞ렷ᄂᆞ뇨 十七 이 공부에셔 우리가 비홀
것슨 一 ᄯᅡ빗이 하ᄂᆞ님의 ᄯᅳᆺ대로 ᄒᆞᆼ기ᄅᆞᆯ 구ᄒᆞᆫ
것시오 二 ᄯᅡ빗이 하ᄂᆞ님의 ᄯᅳᆺᄃᆡ로 즉시 ᄒᆞᆫ것
시니라

회즁신문

근일에 드르니 엇던 학도가 밧긔 나가셔 말ᄒᆞ기ᄅᆞᆯ 나ᄂᆞᆫ 아모학교에 ᄃᆞᆫ니며 놉흔 학문을 공부ᄒᆞᄂᆞᆫ 학원 이로라 ᄒᆞ면셔 다ᄅᆞᆫ 사ᄅᆞᆷ보다 지식이 고명ᄒᆞᆫ체도 ᄒᆞ고 지위도 놉흔체 ᄒᆞ고 무ᄉᆞᆷ 권세가 잇ᄂᆞᆫ체도 ᄒᆞ야 외인을 멸시도 ᄒᆞ며 간혹 협잡 ᄒᆞᄂᆞᆫ일도 잇셔 텽문을 괴이케 ᄒᆞᆫ다 ᄒᆞ니 우리 ᄉᆡᆼ각에ᄂᆞᆫ 학도라 ᄒᆞᄂᆞᆫ 이ᄂᆞᆫ 무론 어ᄂᆞ 학교에셔 무ᄉᆞᆷ 공부ᄅᆞᆯ ᄒᆞ던지 특별이 농민이나 샹민보다 다ᄅᆞ니 힝셰도 얌젼케 ᄒᆞ고 언어도 온공케 ᄒᆞ며 힝실이 공평ᄒᆞ고 졍직ᄒᆞ야 츄호라도 남을 속이지 말고 ᄌᆞ긔가 여간 지식이 잇더라도 무식ᄒᆞᆫ 사ᄅᆞᆷ을 하듸치 말며 ᄌᆞ긔의 언동과 힝위ᄅᆞᆯ 남이 칭찬ᄒᆞ고 본밧게 ᄒᆞ여야 가위 학도라 지금은 더구나 우리 나라이 구습을 바리고 ᄎᆞᄎᆞ 문명에 진보코져 ᄒᆞᄂᆞᆫ ᄣᅢᄅᆞᆯ 당ᄒᆞ야 이러ᄒᆞᆫ 용우ᄒᆞ고 비루ᄒᆞᆫ 힝실을 ᄒᆞᄂᆞᆫ 사ᄅᆞᆷ이야 셜혹 무ᄉᆞᆷ ᄌᆡ조가 잇신들 엇지 일후에 국가의 슈용이 되리오 ○ ᄯᅩ 드ᄅᆞᆫ즉 싀골 사ᄂᆞᆫ 엇던 사ᄅᆞᆷ이 ᄌᆞ칭 교인이라 ᄒᆞ고 혹 관쟝의 불션ᄒᆞᆫ 졍치ᄅᆞᆯ 의론ᄒᆞ야 졍부에 호원도 ᄒᆞ며 ○ ᄯᅩ 누구ᄂᆞᆫ 셩교에 의셰ᄒᆞ고 몃ᄒᆡ 젼에 남의게 돈을 엇어 썻다가 갑흔 거슬 지금 와셔 도로 달나고 시비가 다단ᄒᆞ야 향곡 간 인심을 소요케 ᄒᆞᆫ다 ᄒᆞ니 이런 소문이 참 적실ᄒᆞᆫ지 풍셜 인지 알수도 업고 이런 일의 시비와 곡직을 아죠 분명이 변ᄇᆡᆨ ᄒᆞᆯ수도 업스나 우리ᄂᆞᆫ 대톄로만 말ᄒᆞ노니 참 구셰 쥬ᄅᆞᆯ 밋고 하ᄂᆞ님을 공경ᄒᆞ며 사ᄅᆞᆷ ᄉᆞ랑ᄒᆞ기ᄅᆞᆯ ᄌᆞ긔 몸과 ᄀᆞᆺ치 신실ᄒᆞᆫ 교우야 엇지 사ᄅᆞᆷ으로 더브러 ᄃᆡ뎍ᄒᆞ며 사ᄅᆞᆷ으로 더브러 교계ᄒᆞ리오 사ᄅᆞᆷ의 혹 외양으로ᄂᆞᆫ 쥬ᄅᆞᆯ 밋ᄂᆞᆫ다고 말ᄒᆞ되 실샹은 우리 교회의 광명ᄒᆞᆫ 도리와 오묘ᄒᆞᆫ 의ᄉᆞᄅᆞᆯ ᄭᆡ닷지 못ᄒᆞ고 다만 셔국 목ᄉᆞ의 무ᄉᆞᆷ 큰 권세가 잇ᄂᆞᆫ줄노만 알고 빙자ᄒᆞ야 우리 교회ᄅᆞᆯ 도리여 셜독ᄒᆞ니 ᄆᆡ우 익ᄃᆞᆲ고 심히 불안ᄒᆞᆫ 일일너라

고ᄇᆡᆨ

본회에셔 이회보ᄅᆞᆯ 일쥬일에 ᄒᆞᆫ번식 발간ᄒᆞᄂᆞᆫ거ᄉᆞᆫ 다만 미이미 교회만 위ᄒᆞᆷ이 아니오 다ᄅᆞᆫ교회나 교외사ᄅᆞᆷ들을 다 위ᄒᆞᄂᆞᆫ 일이니 죠션 교우나 셔국교ᄉᆞ나 교외친고나 만일 사셔 보고져ᄒᆞ거든 졍동 아편셜라 교ᄉᆞ집이나 죵로 대동셔시에 긔별ᄒᆞ여 갓다 보시오 우리가 이 회보ᄅᆞᆯ ᄒᆞᆫ쟝에ᄂᆞᆫ 엽젼 너픈이오 ᄒᆞᆫ돌 갑슬 미리 내면 엽젼 ᄒᆞᆫ돈 오픈식이오 ᄯᅩ 싀골 사ᄅᆞᆷ의게 우체로 보내ᄂᆞᆫ 갑슨 ᄯᆞ로 잇소

죠션교우나 셔국교ᄉᆞ나 교즁소문에 드ᄅᆞᆯ만ᄒᆞᆫ 것 잇거든 국문으로 젹어셔 졍동 아편셜라 교ᄉᆞ집으로 보내여 주시면 우리가 회보에 긔록ᄒᆞ여 회보 보ᄂᆞᆫ 이로 ᄒᆞ여곰 이목을 새롭게 ᄒᆞ겟소

뎨일권

죠션회보

뎨십이호

건양이년 인 ᄉᆞ월이십일일

령혼론

만물 가온ᄃᆡ에 사ᄅᆞᆷ이 뎨일 귀ᄒᆞᆷ은 령혼이 잇서 능히 시비와 션악을 분변 ᄒᆞ고 지난 일을 ᄉᆡᆼ각ᄒᆞ며 쟝ᄅᆡ 일을 예비 ᄒᆞ고 집에 드러 가면 부모의게 효도 ᄒᆞ며 죠졍에 나아 가면 님군의게 츙셩ᄒᆞᆷ이니 이 령혼은 사ᄅᆞᆷ의 ᄌᆡ조로는 능히 ᄉᆞᄉᆞ로 잇게 ᄒᆞ지 못 ᄒᆞ고 오직 젼능 ᄒᆞ옵신 하ᄂᆞ님ᄭᅴ셔 품부 ᄒᆞ여 주신바ㅣ라 사ᄅᆞᆷ이 눈으로 보고 귀로 듯고 입으로 말 ᄒᆞ고 발노 ᄒᆡᆼ ᄒᆞᄂᆞᆫ거시 다 령혼의 ᄒᆞᄂᆞᆫ 일이니 령혼이 육신을 ᄯᅥ나면 눈이 잇서도 능히 보지 못 ᄒᆞ고 귀가 잇서도 능히 듯지 못 ᄒᆞ고 입이 잇서도 능히 말ᄒᆞ지 못 ᄒᆞ고 발이 잇서도 능히 ᄒᆡᆼ ᄒᆞ지 못 ᄒᆞᆯ지라 령혼은 육신의 쥬인이니 비컨ᄃᆡ 집에 잇는 쥬인과 ᄀᆞᆺᄒᆞ니 방과 ᄯᅳᆯ을 졍히 쓸고 유리 창을 졍히 닥고 궤와 ᄎᆡᆨ상을 졍졔히 노흔 연후에 그 집이 졍결 ᄒᆞ야 악ᄒᆞᆫ 내음ᄉᆡ와 더러온 몬지가 업ᄂᆞ니 이거손 다 집 쥬인의 분별 ᄒᆞ야 ᄒᆞᄂᆞᆫ거시라 집에 쥬인이 업ᄉᆞ면 뷘집이 엇지 능히 졍결 ᄒᆞ리오 사ᄅᆞᆷ이 말 ᄒᆞ기를 육신이 죽으면 령혼도 ᄯᅡ라 쇼멸 ᄒᆞᆫ다 ᄒᆞ되 어리셕다 이 말ᄉᆞᆷ이여 집이 문허지면 집 쥬인은 맛당이 그 집을 ᄯᅥ나 다른 곳으로 갈지라 엇지 ᄒᆞᆫ가지 죽어 업서지리오 사ᄅᆞᆷ의 손에 ᄆᆞᆫ지이고 눈에 뵈이는 형용 잇는 물건은 ᄡᅧ기도 ᄒᆞ고 ᄉᆞ라지기도 ᄒᆞ고 업서지기도 ᄒᆞ려니와 손에 ᄆᆞᆫ지이도 안코 눈에 뵈이지도 안는 허령 불ᄆᆡ ᄒᆞᆫ 사ᄅᆞᆷ의 혼이야 쳔만년 인들 엇지 업서지리오 슯흐다 육신이 이 셰샹에 몃ᄒᆡ나 잇ᄂᆞ뇨 인간 칠십이 고ᄅᆡ 희라 셜혹 칠십 년을 살ᄯᅵ라도 비유ᄒᆞ면 풀 씃히 이슬과 ᄀᆞᆺᄒᆞ여 얼마 동안이 되지 안커든 ᄒᆞ믈며 사ᄅᆞᆷ의 슈요를 알수가 업ᄉᆞᆫ즉 오ᄂᆞᆯ은 살앗거니와 ᄅᆡ일 일을 엇지 알니오 사ᄅᆞᆷ이 ᄆᆡ양 이 셰샹에 잠시 잇는 육신의 고락만 ᄉᆡᆼ각ᄒᆞ고 ᄉᆞ후에 무궁ᄒᆞᆫ 령혼이 엇지 ᄒᆞ면 고쵸를 밧고 엇지 ᄒᆞ면 쾌락을 누리는 거슨 도모지 심샹이 아ᄂᆞ니 쇽담의 닐온바 ᄒᆞᆫ번 ᄇᆡ 부른것만 즐겨ᄒᆞ고 열흘 치운거슨 념려치 안는다 ᄒᆞᆷ과 ᄀᆞᆺ도다 동포 형뎨들아 봄에 농ᄉᆞ를 부즈런이 ᄒᆞᄂᆞᆫ거슨 일년 량식을 예비 ᄒᆞᆷ이요 육신이 셰샹 졍욕을 ᄉᆡᆼ각지 안코 아모ᄶᅩ록 션놀 ᄒᆡᆼ ᄒᆞᄂᆞᆫ거슨 일후 령혼의 길을 예비 ᄒᆞᆷ이라 령혼의 가는 길이 둘이 잇ᄉᆞ되 ᄒᆞᆫ폭에 다 긔독 ᄒᆞᆯ수가 업ᄉᆞ니 가는 길 두곳은 요다음 회보에 셜명 ᄒᆞ려니와 지금은 다만 육신은 죽어도 령혼은 영영 업서지지 안는거슬 말ᄒᆞ노니 여러 군ᄌᆞ는 ᄌᆞ세히 보시기를 ᄇᆞ라오

레비일공과 뎨십이 오월 초이일

ᄯᅡ빗이 이스라엘 왕된일

사뮤엘긔 하권 오장 일졀노 십이졀 ᄭᆞ지라

년조 쥬 강ᄉᆡᆼ 젼 일쳔 ᄉᆞ십 팔년

디명 헤브론 과 예루살렘

一 이스라엘 족쇽이 다 헤브론에 니르러 ᄯᅡ빗을 보고 ᄀᆞᆯᄋᆞᄃᆡ 우리가 ᄒᆞᆷᄭᅴ 다 동족이라 二 젼에 사울노가 왕이 되여서 우리를 다ᄉᆞ리고 네가 이스라엘 족쇽을 인도ᄒᆞ야 츌립ᄒᆞᆯ ᄯᅢ에 야화화ᄭᅴ서 ᄀᆞᆯᄋᆞ샤ᄃᆡ 네가 반ᄃᆞ시 이스라엘 족쇽을 길너 ᄇᆡᆨ셩의 어룬이 되리라 ᄒᆞ셧ᄂᆞᆫ지라 三 이스라엘 족쇽의 쟝로들이 다 헤브론에 니르러 왕ᄭᅴ 뵈이노라 ᄯᅡ빗이 드ᄃᆡ여 야화화 압헤서 ᄇᆡᆨ셩으로 더브러 언약ᄒᆞ니 쟝로들이 ᄯᅡ빗을 기름 발너 왕을 삼으니라 四 ᄯᅡ빗이 나히 삼십에 즉위ᄒᆞ야 ᄉᆞ십년을 지위ᄒᆞ니 五 헤브론에서 유대 족쇽을 거ᄂᆞ린제가 닐곱ᄒᆡ 반이오 예루살렘에서 이스라엘 족쇽과 유대 족쇽을 겸ᄒᆞ야 거ᄂᆞ린제가 삼십 삼년일너라 六 왕이 무리를 거ᄂᆞ리고 예루살렘에 니르러 그ᄯᅡ에 사ᄂᆞᆫ 야포사 사ᄅᆞᆷ을 쳘식 야포사 사ᄅᆞᆷ이 ᄯᅡ빗이 능히 그 고을에 드러 오지 못ᄒᆞᆯ줄을 ᄉᆡᆼ각ᄒᆞ고 ᄯᅡ빗의게 고ᄒᆞ야 ᄀᆞᆯᄋᆞᄃᆡ 져ᄂᆞᆫ쟈와 눈 먼쟈도 네가 이긔지 못ᄒᆞᆯ터이니 여긔 드러오지 못ᄒᆞ리라 ᄒᆞ나 七 ᄯᅡ빗이 슌 ᄯᅡ 험익ᄒᆞᆫ 곳을 취ᄒᆞ야 그 고을 일홈을 곳치고 ᄌᆞ긔 일홈으로 닐ᄏᆞ니라 八 ᄯᅡ빗이 ᄯᅩᄒᆞᆫ ᄀᆞᆯᄋᆞᄃᆡ 누구던지 ᄀᆞ만이 드러 가셔 야포사 사ᄅᆞᆷ과 밋 나의 뮈워ᄒᆞᄂᆞᆫ 져ᄂᆞᆫ쟈와 눈 먼쟈를 치면 쟝슈를 삼으리라 ᄒᆞ니 대개 뎍국이 ᄀᆞᆯᄋᆞᄃᆡ 져ᄂᆞᆫ쟈와 눈 먼쟈라도 잇ᄉᆞ면 집에 능히 드러 오지 못ᄒᆞᆫ다 ᄒᆞᆷ일너라 九 ᄯᅡ빗이 험디를 웅거ᄒᆞ야 ᄯᅡ빗 셩이라 닐ᄏᆞᆺ고 밀노 ᄯᅡ안에서 브터 ᄉᆞ면 셩을 싸니 十 이후로 브터 ᄯᅡ빗이 흥왕ᄒᆞ고 만유쥬 ᄒᆞᄂᆞ님ᄭᅴ셔 도으시더라 十一 츄라 왕 히람이 ᄉᆞ쟈를 보내여 ᄇᆡᆨ향목과 목슈와 셕슈를 다리고 가셔 ᄯᅡ빗을 위ᄒᆞ야 궁을 지으니 十二 ᄯᅡ빗이 야화화ᄭᅴ셔 ᄌᆞ긔를 셰워 이스라엘 왕을 삼으신줄을 알고 이스라엘 족쇽을 위ᄒᆞ야 나라를 흥왕케 ᄒᆞ더라

주셕

압너이가 사울노의 아ᄃᆞᆯ 익파셜을 처음 브터 힘써 도아 이스라엘 지파 님군을 삼고 ᄯᅡ빗으로 더브러 란리를 니르켜 ᄊᆞ홈ᄒᆞ엿ᄉᆞ나 ᄯᅡ빗의 집은 점점 강셩ᄒᆞ고 사울노의 집은 심히 약ᄒᆞ게 되엿ᄂᆞᆫ지라 이후 압너이가 그 님군 익파셜과 서로 화합지 못ᄒᆞ여 닷투고 즉시 ᄯᅡ빗의게 나아가 ᄀᆞᆯᄋᆞᄃᆡ 그ᄃᆡ를 유대와 이스라엘 온 지파를 모다 맛하 다ᄉᆞ리게 ᄒᆞ리라 언약ᄒᆞ거ᄂᆞᆯ ᄯᅡ빗의 신하 요압이 이일을 보고 싀긔ᄒᆞ여 곳 압너이를 ᄯᅡ라가 죽임은

셰가지 일이니 쳣지는 더를 밋지 아니 홈이요 둘
지는 압네이가 이러케 공을 엇은 후 놉히 될가
싀긔 홈이요 셋지는 더의 동싱 아살훅을 죽인 연
고ㅣ라(사무엘긔 하권 삼장을 보라) 압네이 죽
은 후에 익파셜의 신하 두 사룸이 가만히 더회
님군 잇는 방에 드러가 익파셜을 죽이고 즉시 싸
빗의게 도라와 이 일을 말훅며 크게 공뇌를 ㅂ
랏더니 이 두 사룸도 이젼에 사울노를 죽엿다 훅
든 아마렉 사룸과 굿치 죽엇는지라(사무엘긔 하
권 ᄉ장을 보라) 그 후에 이스라엘 쟝로들이 싸
빗의게 나아와 일가 된줄도 알고 님군 노릇훌 지
혹인줄도 알며 하느님의 퇴 훅신쟈 됨을 안다
훅야 언약을 셰우고 기롬을 발나며 님군을 삼앗
시니 이는 싸빗이 셰번지 기롬을 발나는지라 나라
히 이때 셔지 뎡 훅여 잇는 셔울이 업ᄉ니 싸빗
이 헤브론에 잇고져 훅나 다른 지파가 싀긔 훌새
훅고 또 다른 셩을로 가면 유대 지파가 싀긔 훅
매 예루살렘은 이젼브터 이긔지 못 훅엿ᄉ니 이
곳으로 나아가 싸호고져 훅매 그 빅셩들이 옷고
회롱 훅여 굳으티 이 셩에 잇는 안존방이와 소경
들이라도 너를 감히 드러 오지 못 훅게 훅리라
싸빗은 하느님때셔 도아 주심으로 이 셩을 싸
화 이긔고 셔울을 뎡 훅엿는지라 싸빗의 나라히
점점 챵셩 홈은 다름 아니요 一 싸빗은 하느님
의 퇴 훅신님군이요 二 빅셩을 다ᄉ리는 지능이
잇슴이요 三 무슴 일이던지 경영 훅는 바를 다 일
위개 홈이요 四 하느님을 춤으로 공경 훅고 진
실히 셤기는 님군이요 五 빅셩 ᄉ랑 훅기를 ᄌ긔
동싱과 굿치 녁이고 무슴 일이던지 편리 훅고 공
평 훅다 훅면 그디로 좇차 언약을 셰워 직희는지
라 ○ 어진 님군은 빅셩의게 됴훈 일만 본보기로
ᄀ르치고 힘 훅매 절노 착훈 님군이 되느니라

뭇는 말

一 이스라엘의 지파가 헤브론에 싸빗의게 웨 왓느
뇨 二 무슴 션지의 말을 더들이 아노라 말 훅엿느
뇨 三 싸빗과 이스라엘 지파기 무슴 약됴를 훅엿
느뇨 四 싸빗을 세번지 님군으로 기름 발나스니
기름 바른 일을 각기 말슴 훅시오 五 싸빗이 헤브
론에서 몃히나 위에 잇셧느뇨 六 모든 이스라엘의
게는 몃히나 님군 노릇 훅엿느뇨 七 위에 잇슨지
가 모도 몃히뇨 八 싸빗이 엇던 셩으로 ᄌ긔 도셩
을 문들나 작뎡 훅엿느뇨 九 이곳 빅셩들이 싸빗을
무셔워 훅엿느뇨 十 그들이 말훅기를 뉘가 능히 막
는다 훅엿느뇨 十一 셩의 놉고 견고 훈 곳이 무엇시
엣느뇨 十二 싸빗이 그의 사룸들의게 엇더게 그 셩
을 쎼앗스라 권 훅엿느뇨 렬왕긔 샹권 십일쟝 륙
절에 보라 十三 싸빗이 그 싸을 취훈 후에 무엇 훅
엿느뇨 十四 싸빗의 권세가 셩 훅엿느뇨 혹 쇠 훅
엿느뇨 十五 츄라 왕이 싸빗의게 무엇슬 보내엿느
뇨 十六 누구를 위 훅여 하느님이 싸빗으로 이스
라엘 왕을 솜으셧느뇨 십이절기 보라

본회 교우가 ᄒᆞᆫ편지

본회 교우 김연근씨가 교즁 형뎨의게 편지를 ᄒᆞ
엿스되 우리 도는 하ᄂᆞ님 도라 도는 곳 ᄎᆞᆷ 리
치오 리치는 곳 ᄉᆡᆼ명이라 도가 아니면 힝ᄒᆞᆯ수 업
고 밋음이 아니면 셔지 못 ᄒᆞᄂᆞ니 우리가 엇더케
ᄒᆞ여야 영ᄉᆡᆼ을 엇으리오 밋음이 아니면 그리스도
의베 나아 가지 못ᄒᆞ고 그리스도가 아니면
하ᄂᆞ님의 나라에 드러 가지 못 ᄒᆞᄂᆞ니라 비컨ᄃᆡ
ᄉᆞ지와 ᄀᆞᆺᄒᆞ야 ᄉᆞ지 즁에 ᄒᆞ나라도 편치 못 ᄒᆞ면
온몸을 다 쓰지 못 ᄒᆞᄂᆞ니 온 몸이 다 밋어야 령
혼을 구 ᄒᆞ리라 령혼은 기리 멸ᄒᆞ지 안ᄂᆞ니 사ᄅᆞᆷ
이셰샹에 날식 하ᄂᆞ님이 령혼과 몸을 주시
고 사ᄅᆞᆷ이 셰샹에 거 ᄒᆞ매 하ᄂᆞ님이 보호
ᄒᆞ시고 사ᄅᆞᆷ이 셰샹을 ᄇᆞ리매 하ᄂᆞ님이 쥬져
ᄒᆞ시니 우리 도는 시죵을 하ᄂᆞ님ᄭᅴ셔 도라
보시ᄂᆞ니라 셩경에 닐ᄋᆞᄃᆡ 사ᄅᆞᆷ이 텬하 리를 엇
고도 ᄌᆞ긔 령혼을 일ᄒᆞ면 무ᄉᆞᆷ 유익이 잇ᄉᆞ리오
ᄒᆞ엿ᄉᆞ니 금셰샹 사ᄅᆞᆷ은 다만 인간 일만 잘 ᄒᆞ
고 ᄌᆞ긔 령혼을 일허 ᄇᆞ리는 이가 왕왕이 잇ᄉᆞ니
가히 조심치 아니 ᄒᆞ리오 내가 식골 가는 길에
민간에 풍쇽을 보니 우리 나라 ᄀᆡ화의 근본이 만
일 우리 하ᄂᆞ님 도가 아니면 능히 못 ᄒᆞᆯ거
술 확실히 밋을지라 우리 나라에 유도가 잇스
나 이 도는 귀쳔을 분별 ᄒᆞ고 명분을 명 ᄒᆞ여
평등치 아니 ᄒᆞᆫ지라 귀ᄒᆞᆫ쟈는 유식 ᄒᆞ매 더 교만
ᄒᆞ고 쳔ᄒᆞᆫ쟈는 무식 ᄒᆞ매 더 업수히 넉이니 이는
귀ᄒᆞᆫ 사ᄅᆞᆷ은 더 귀ᄒᆞ고 쳔ᄒᆞᆫ 사ᄅᆞᆷ은 더 쳔ᄒᆞᆯ 쟝
본이라 이 쳔ᄒᆞ고 무식ᄒᆞᆫ 사ᄅᆞᆷ은 누가 잇셔 광명
ᄒᆞᆫ 도로 인도 ᄒᆞ여 그 령혼을 구원케 ᄒᆞ리오 쳥
컨ᄃᆡ 형뎨들은 셩신 감화 ᄒᆞᆷ을 엇어 어두온ᄃᆡ 잇
는 ᄇᆡᆨ셩으로 ᄒᆞ여곰 하ᄂᆞ님의 ᄇᆞᆰ은 빗출 보게
ᄒᆞ옵쇼셔 이러ᄒᆞ면 이젼 귀쳔과 명분이 차등이
업셔 ᄋᆞ리 나라가 쟝ᄎᆞᆺ 텬샹 셰계가 되리니 이러
ᄒᆞ면 우리 교회만 다ᄒᆡᆼ ᄒᆞᆯ뿐 아니라 일국이 다ᄒᆡᆼ
ᄒᆞᆷ이니 엇지 아름답지 아니 ᄒᆞ리오 ᄒᆞ엿더라

회즁신문

라마교즁

우리가 근일에 빈돈 의원의 긔록 ᄒᆞᆫ거술 보니 라
마 교가 쥬 강ᄉᆡᆼ 일쳔 칠ᄇᆡᆨ 팔십 ᄉᆞ년에 죠션에
와셔 셜립 ᄒᆞ엿는ᄃᆡ 지금 교우가 이만 팔쳔 팔ᄇᆡᆨ
이명이오 젼년에 입교ᄒᆞᆫ 사ᄅᆞᆷ이 일쳔 이ᄇᆡᆨ 오십
명이오 각쳐에 셰운 교당이 열 여ᄃᆞᆲ이오 지금 잇
는 신부가 이십 륙명이오 슈녀가 여ᄃᆞᆲ이오 신부
가 잇셔 젼도 ᄒᆞ는 곳지 열 아홉이오 신부가 잇
지 아니ᄒᆞ고 젼도 ᄒᆞ는 곳지 ᄉᆞᄇᆡᆨ 륙십 륙이오
젼년에 죽은 교우가 오ᄇᆡᆨ 열 다ᄉᆞᆺ시오 젼일히 도
만 ᄆᆞᄅᆞ치는 교당이 ᄒᆞ나히오 그 교당 학원은 이
십 ᄉᆞ명이오 본국 사ᄅᆞᆷ이 신부 된이가 셔히라 이
샹 각쳐에 교당 수와 인명 수를 분명히 긔록 ᄒᆞ
여 들이지 아니 ᄒᆞ나 대개 법국 신부의게 곳 듯
고 긔록 ᄒᆞᆷ이라

뎨일권

죠션 크리스도인 회보

건양이년 ᄉᆞ월이십팔일

뎨십삼호

텬당디옥론

우리가 요젼 회보에 육신은 죽어도 령혼은 영영 업서지지 안ᄂᆞᆫ거슬 대강 론셜 ᄒᆞ엿거니와 사ᄅᆞᆷ이 셰샹에 잇슬 때에 힝ᄒᆞᄂᆞᆫ 길이 둘이 잇ᄉᆞ니 ᄒᆞ나ᄂᆞᆫ 션을 힝ᄒᆞᄂᆞᆫ 길이오 ᄒᆞ나ᄂᆞᆫ 악을 힝ᄒᆞᄂᆞᆫ 길이라 션을 힝ᄒᆞ면 복을 밧고 악을 힝ᄒᆞ면 앙화를 밧ᄂᆞᆫ거슨 사ᄅᆞᆷ마다 입으로ᄂᆞᆫ 말 ᄒᆞ되 ᄆᆞ음에ᄂᆞᆫ 션을 힝 ᄒᆞ기ᄂᆞᆫ 슬혀 ᄒᆞ고 악을 힝 ᄒᆞ기ᄂᆞᆫ 됴아 ᄒᆞᄂᆞ니 이거슨 엇잔 ᄭᆞᄃᆞᆰ이뇨 사ᄅᆞᆷ의 ᄆᆞᄋᆞᆷ이 완악 ᄒᆞ야 션을 힝 ᄒᆞ기ᄂᆞᆫ 어렵기가 놉흔 산을 오르ᄂᆞᆫ것 ᄀᆞᆺ고 악을 힝 ᄒᆞ기ᄂᆞᆫ 쉽기가 평흔 언덕을 나려 가ᄂᆞᆫ것 ᄀᆞᆺ흠이라 유셔에 골ᄋᆞ되 션을 싸흔 집에ᄂᆞᆫ 반ᄃᆞ시 남은 경ᄉᆞ가 잇고 악을 싸흔 집에ᄂᆞᆫ 반ᄃᆞ시 남은 앙화가 잇다 ᄒᆞ니 남은 경ᄉᆞ가 뎡녕이 어ᄂᆞ때에 잇ᄉᆞ며 남은 앙화가 뎡녕이 어ᄂᆞ때에 잇ᄂᆞ뇨 나라에 법률을 베플 때에 국즁에 령ᄒᆞ야 골ᄋᆞ되 신민 즁에 만약 범 ᄒᆞᄂᆞᆫ쟈ㅣ 잇ᄉᆞ면 극형을 쓰리라 ᄒᆞ되 필경에 범법 ᄒᆞᄂᆞᆫ쟈ㅣ 잇서 형벌을 당 ᄒᆞ고 그 형벌 당ᄒᆞᄂᆞᆫ거슬 귀로 듯기도 ᄒᆞ고 눈으로 보기도 ᄒᆞ여도 ᄯᅩ 범법 ᄒᆞᄂᆞᆫ쟈ㅣ 잇거든 ᄒᆞ믈며 뎡녕이 어ᄂᆞ때에 잇슬지 모로ᄂᆞᆫ 앙화를 두려워셔 삼가고 조심 ᄒᆞ야 악을 힝치 안ᄂᆞᆫ 사ᄅᆞᆷ이 셰샹에 몃치나 되리오 안연은 공부ᄌᆞ의 슈 뎨ᄌᆞ로 아셩이라 칭ᄒᆞ되 가난 ᄒᆞ고 요ᄉᆞ ᄒᆞ엿ᄉᆞ니 션ᄒᆞᆫ 사ᄅᆞᆷ은 이 셰샹에셔 경ᄉᆞ를 밧ᄂᆞᆫ 증거가 어ᄃᆡ 잇ᄉᆞ며 도쳑은 리욕을 만히 도모 ᄒᆞ여 사ᄅᆞᆷ마다 원망 ᄒᆞ되 부쟈 되고 쟝슈 ᄒᆞ엿ᄉᆞ니 악ᄒᆞᆫ 사ᄅᆞᆷ은 이 셰샹에서 앙화를 밧ᄂᆞᆫ 증거가 어ᄃᆡ 잇ᄂᆞ뇨 우리가 유도를 비쳑 ᄒᆞᄂᆞᆫ거시 아니언즉 유셔에 션악 간 샹벌이 분명ᄒᆞᆫ 확증이 업ᄂᆞᆫ거슬 아쥭 론난치 안커니와 우리 교에ᄂᆞᆫ 분명ᄒᆞᆫ 증거가 잇ᄉᆞ니 션ᄒᆞᆫ 사ᄅᆞᆷ은 이 셰샹에셔 셜혹 환난을 자조 맛나고 빈한이 도골 ᄒᆞᆯ지라도 ᄉᆞ후에 령혼은 텬당 복디에 가셔 무궁ᄒᆞᆫ 쾌락을 누릴 터인즉 션을 힝 ᄒᆞ면 그 경ᄉᆞ가 곳 ᄌᆞ긔 령혼의게 잇ᄂᆞᆫ거시오 악ᄒᆞᆫ 사ᄅᆞᆷ은 이 셰샹에셔 셜혹 ᄌᆞ손이 만당 ᄒᆞ고 부귀가 겸젼 ᄒᆞᆯ지라도 ᄉᆞ후 령혼은 디옥 화렴 즁에 가셔 무궁ᄒᆞᆫ 고쵸를 밧을 터인즉 악을 힝 ᄒᆞ면 그 앙화가 곳 ᄌᆞ긔 령혼의게 잇ᄂᆞᆫ거시라 엇지 모호 ᄒᆞ고 희미ᄒᆞ여 션악 간 샹벌이 뎡녕이 어ᄂᆞ때에 잇ᄂᆞᆫ거슬 알지 못 ᄒᆞ리오 그런즉 ᄉᆞ후에 무궁ᄒᆞᆫ 령혼의 가ᄂᆞᆫ 길 두 곳은 텬당과 디옥이라 동포 형뎨들은 경셩 ᄒᆞᆯ지어다

레비일공과 데십삼 오월 초구일

법궤를 예루살렘으로 가져간 일

사무엘 하권 륙쟝 일졀노 십이졀ᄭᆞ지라

년조 쥬 강싱 젼 일쳔 ᄉᆞ십 칠년

디명 헤브론 과 예루살렘

一 다빗이 이스라엘 족쇽 즁에셔 ᄐᆡᆨᄒᆞᆫ 군ᄉᆞ 삼만
을 모화 二 거ᄂᆞ리고 유대 ᄲᅡ알네에 가셔 긔로빔
ᄉᆞ이에 거ᄒᆞ신 만유쥬 야화화 일홈으로 ᄇᆞ르ᄂᆞᆫ
하ᄂᆞ님 법궤를 가져 울식 三 하ᄂᆞ님의 법궤를
취ᄒᆞ야 새 슈레에 싯고 슈레 어거ᄒᆞᆫ 쟈ᄂᆞᆫ 아비나
답에 두 아ᄃᆞᆯ ᄒᆞ나흔 오살이오 ᄒᆞ나흔 아희아니
아비나답에 집에셔 나아와셔 산으로 ᄂᆞ려 울식 四
아희아ᄂᆞᆫ 궤 압희셔 힝ᄒᆞ고 五 다빗과 밋 이스라
엘 족쇽들은 야화화 압헤셔 용략ᄒᆞ야 졔금과 쇼
고와 경쇠를 치고 거문고와 비파를 타니 그 즁에
소나무로 문든 악긔도 잇더라 六 나간 곡식 마당
에 니르러 궤를 멘 소가 요동ᄒᆞ거ᄂᆞᆯ 오살이 손
으로 궤를 붓드럿더니 七 야화화ᄭᅴ셔 노여ᄒᆞ샤
궤 압헤셔 즉시 죽게 ᄒᆞ시니라 八 다빗이 하ᄂᆞ
님ᄭᅴ셔 오살이 죽이심을 깃거 아니ᄒᆞ야 그 ᄯᅡ흘
일홈ᄒᆞ되 비렬오살이라 ᄒᆞ니 그 일홈이 지금ᄭᆞ
지 젼ᄒᆞ더라 비렬은 번역ᄒᆞ면 치단 말이라 九 그
ᄯᅢ에 다빗이 야화화를 두려워ᄒᆞ야 ᄀᆞᆯᄋᆞᄃᆡ 야화
화의 궤를 져의 고을노 가져감이 엇더ᄒᆞ오닛가
十 다빗이 궤를 즈긔 셩으로 가져가지 아니ᄒᆞ고
가득 사ᄅᆞᆷ 아별이돔의 집으로 가져가니 十一 야화
화의 궤가 거긔 잇슨 제 셕 ᄃᆞᆯ에 야화화ᄭᅴ셔 아별
이돔의 왼 집 안을 복을 주시더라 十二 혹이 다빗
ᄃᆞ려 닐너 ᄀᆞᆯᄋᆞᄃᆡ 하ᄂᆞ님의 법궤를 인연ᄒᆞ야
야화화ᄭᅴ셔 아별이돔의 집안과 밋 그 잇ᄂᆞᆫ바의게
복을 만이 주신다 ᄒᆞ니 이에 다빗이 가셔 아별이
돔의 집에셔 하ᄂᆞ님의 법궤를 뫼셔 흔연이 다
빗 고을노 오니라

주셕

다빗이 예루살렘 셩을 이긔고 대궐을 지을식 셩
곽을 견고케 ᄒᆞ여 원슈들이 감히 침범치 못ᄒᆞ게
ᄒᆞ며 ᄇᆡᆨ셩은 편안ᄒᆞ여 여러 ᄒᆡ 란리 업ᄉᆞ니 다
빗이 예루살렘에 하ᄂᆞ님의 셩뎐을 셰우고져 ᄒᆞ
ᄂᆞᆫ지라 이스라엘 ᄇᆡᆨ셩이 들에 잇슬 ᄯᅢ에 하ᄂᆞ
님ᄭᅴ셔 모셰로 ᄒᆞ여곰 셩뎐 쟝막 짓ᄂᆞᆫ 법과 그
안헤셔 하ᄂᆞ님 긔명 쓰ᄂᆞᆫ 법과 례졀을 다 ᄀᆞᄅᆞ
치셧ᄉᆞ며 (츌애굽 이십 오륙 칠쟝을 보라) 그 쟝
막 안헤 거륵ᄒᆞᆫ 궤 ᄒᆞ나 잇ᄉᆞ니 이ᄂᆞᆫ 하ᄂᆞ님의
궤라도 ᄒᆞ며 언약ᄒᆞᆫ 궤라도 ᄒᆞ매 이 궤ᄂᆞᆫ 안 밧
과 ᄉᆞ면이 금으로 발나고 ᄭᅮ미엿ᄉᆞ니 그 안헤
하ᄂᆞ님이 친히 써셔 주신 십계 명 돌 비와 다른
물건도 잇ᄉᆞ며 궤 ᄯᅮ게 우헤ᄂᆞᆫ 은혜 베프ᄂᆞᆫ 곳이
라 ᄒᆞ며 가나안 ᄯᅡ헤 드러 올 ᄯᅢ에 쟝막을 실노
에 셰우고 거긔셔 하ᄂᆞ님의 주신 례ᄃᆡ로 졔ᄉᆞ
드리고 하ᄂᆞ님을 셤기ᄂᆞᆫ지라 비리사 사ᄅᆞᆷ으로
ᄊᆞ홀 ᄯᅢ에 하ᄂᆞ님의 궤를 일헛다가 그 후 다시

엇엇ᄉᆞ되 셩면 쟝막에 두지 안코 다른 곳 긔렬야
림 아비나답의 집에 두어셔(사무엘긔 젼셔 ᄉᆞ오
륙 칠쟝을 보라) ᄶᅡ빗이 이제 가져 올ᄯᅢ 거의 일
ᄇᆡᆨ년 되엿는지라 ᄶᅡ빗이 이ᄯᅢ 셩면 쟝막을 새로
셰움은(력ᄃᆡ지략 샹권 십오쟝 일졀을 보라) 그젼
쟝막이 아죠 오래 되여 못ᄡᅳᆯ가 념려 홈이라
하ᄂᆞ님의 궤를 가져다가 두고 이 후로 브터 예루
살렘에 하ᄂᆞ님 셤기는 쳐소를 셰우고져 ᄒᆞ는지
라 ᄶᅡ빗이 이러ᄐᆞᆺ 홈은 ᄌᆞ긔 ᄉᆞᄉᆞ로 ᄒᆞ는거시 아
니라 온 ᄇᆡᆨ셩으로 더브러 깃분 ᄆᆞ옴이 나셔 다
ᄀᆞᆺ치 셤기게 홈이나 이 궤는 아모 사ᄅᆞᆷ이나 감히
만지지 못ᄒᆞ고 오직 졔ᄉᆞ쟝 만 만지는 거슬 니
져ᄇᆞ리고 그 궤를 만지다가 ᄒᆞᆫ 사ᄅᆞᆷ이 죽음을
당ᄒᆞ매 ᄶᅡ빗이 이를 보고 심히 두려워 ᄒᆞ여 그
궤를 집으로 가져 오지 아니ᄒᆞ고 로즁에 ᄒᆞᆫ 집
에 둔지 셕ᄃᆞᆯ 되매 이미 사ᄅᆞᆷ과 홈ᄭᅴ 가셔
하ᄂᆞ님 례법 ᄃᆡ로 가져왓는지라(력ᄃᆡ지략 샹권
십오쟝 이십 오졀을 보라) ᄶᅡ빗과 이스라엘 무리
가 하ᄂᆞ님 압헤셔 ᄯᅱ고 츔츄며 여러가지 풍류
소ᄅᆡ 홈은 모다 즐겁고 반가옴을 나타 냄이라
사울노는 하ᄂᆞ님을 셤기는 례를 일흘 ᄲᅮᆫ더러 여
러 졔ᄉᆞ쟝을 죽인거시 이는 사울노의 큰 죄요 ᄶᅡ
빗은 하ᄂᆞ님의 례법을 ᄇᆡᆨ셩의게 새로 셰워 모다
일테로 셤기게 홈이 올흔 일이라 무론 어ᄂᆡ 나라
던지 그 ᄇᆡᆨ셩으로 더브러 일테로 하ᄂᆞ님을 셤
기는 거시 쳣지 올흔 일이니라

뭇는말

一 ᄶᅡ빗이 예루살렘을 익인 후에 비리사 사ᄅᆞᆷ과
몃번이나 싸홧ᄂᆞ뇨 二 하ᄂᆞ님의 법궤가 엇더ᄒᆞ뇨
三 츌애굽긔 이십 오쟝 십졀노 이십 이졀 ᄭᅡ지 보라
이스라엘 ᄇᆡᆨ셩의게 법궤 ᄯᅳᆺ시 무엇시뇨 四 그들
이 가나안에 드러간 후에 법궤를 ᄒᆞᆼ샹 직히엿ᄂᆞ
뇨 五 누가 이거슬 ᄲᅢ셔 갓ᄂᆞ뇨 사무엘긔 샹권 ᄉᆞ
쟝. 십졀노 십일졀 ᄭᅡ지 보라 六 그ᄯᅢ에 놉흔 졔
ᄉᆞ쟝이 누구뇨 七 법궤가 비리사 사ᄅᆞᆷ의게 얼마니
오ᄅᆡ 잇섯ᄂᆞ뇨 사무엘긔 샹권 륙쟝. 일졀에 보라
八 그들이 법궤를 엇더케 ᄒᆞ엿ᄂᆞ뇨 九 다빗이 이스
라엘 님군 된 후에 법궤가 어ᄃᆡ 잇섯ᄂᆞ뇨 예루
살렘 셔편 이십 오리 밧ᄭᅴ 져근 동ᄂᆡ에 잇섯ᄂᆞ니
라 十 ᄶᅡ빗이 ᄇᆡᆨ셩을 얼마나 다리고 가셔 법궤를
ᄎᆞᆺ으러 왓ᄂᆞ뇨 十一 그들이 깃분 ᄆᆞ옴으로 그 법궤
를 가져 왓ᄂᆞ뇨 十二 법궤를 무엇세 담아 왓ᄂᆞ뇨
十三 하ᄂᆞ님ᄭᅴ셔 법궤를 이러케 이리 져리 ᄉᆞᆺ을고
단니라 ᄒᆞ셧ᄂᆞ뇨 아니라 졔ᄉᆞ쟝의 어ᄭᅢ에 메엿ᄂᆞ
니라 十四 오살이가 엇지 ᄒᆞ여 죽엇ᄂᆞ뇨 민수긔 략
ᄉᆞ쟝 십오졀에 보라 十五 이 형벌이 ᄆᆡ우 엄ᄒᆞᆫ거
시 아니뇨 十六 하ᄂᆞ님ᄭᅴ셔 이거스로 ᄒᆞ여 무엇슬
ᄀᆞᄅᆞ친 것시뇨 법궤와 ᄌᆞ긔를 공경케 홈이라 十七
이 법궤를 예루살렘으로 가져 갓ᄂᆞ뇨 十八 이것슬
어ᄃᆡ로 가져 갓ᄂᆞ뇨 웨 그러 ᄒᆞ엿ᄂᆞ뇨 十九 법궤를
거긔 얼마나 두엇ᄂᆞ뇨 二十 법궤는 그곳시 엇더케
되엿ᄂᆞ뇨 二一 이 공부에 ᄀᆞᄅᆞ친 것슨 一 하ᄂᆞ님ᄭᅴ
셔 도라 보시지 안는 곳슨 안보치 못ᄒᆞ고 二 ᄉᆞᆼ
봉ᄒᆞ기를 초솔이 ᄒᆞ는이는 잔학 ᄒᆞᆫ 좌요 三
하ᄂᆞ님 계신 곳슨 흥왕 ᄒᆞᄂᆞ니라

회즁신문

강화 교우 리명식씨가 작년은 교항동에 회당을 세우고 금년은 흥의에 회당을 셜립 ᄒᆞ야 아죽 맛치지 못 ᄒᆞ엿시나 리씨 형뎨 ᄀᆞᆺ흔 교우ᄂᆞᆫ 가위 그리스도 쓰의 신도라 ᄒᆞᆯ너라

○우리가 찬미가 칙을 새로 간츌 ᄒᆞ엿ᄂᆞᆫᄃᆡ 칙 속에 글ᄶᆞᄂᆞᆫ 다 ᄀᆞᆺᄒᆞ나 품슈가 잇ᄉᆞ니 샹층은 ᄒᆞᆫ권 갑시 셕량 두돈 오푼이오 하층은 ᄒᆞᆫ권 갑시 두량 닐곱돈 오푼이라 그ᄉᆞ이 각쳐 교즁에셔 만히들 사셔 보니 미우 고맙소 누구던지 사셔 보고져 ᄒᆞ거던 아모 목ᄉᆞ의게나 긔별 ᄒᆞ여 가져 가시오

○작년에 나왓던 교즁 감독 됴이씨가 오월 오일에 다시 오셔셔 일년 연화회를 ᄒᆞᆫ다더라

○빅쳔 지쳑면 식장거리 거ᄒᆞᄂᆞᆫ 김만보의 쳐 이십세 된 녀인이 금년 삼월분에 무당이 나린즉 만보가 원통이 녁여 ᄆᆡ일 ᄒᆞᆫ탄 ᄒᆞ더니 본읍 구름다리 회당에 와셔 말ᄒᆞ기를 셩교ᄂᆞᆫ 능히 마귀를 쏫ᄂᆞᆫ다 ᄒᆞ니 무당 마귀를 ᄣᅦ여 달나 ᄒᆞ기로 교즁에셔 무당을 다려 오라 ᄒᆞᆫ즉 만보가 제 쳐를 회당으로 다려 오거ᄂᆞᆯ ᄒᆞᆫ 쥬일을 회당에 두고 젼도 ᄒᆞ엿더니 그 녀인이 졈졈 마귀지 셜을 아니 ᄒᆞ고 제 집의 가셔 위ᄒᆞᄂᆞᆫ 무당 마귀를 다 쇼화 ᄒᆞ겟다 ᄒᆞ나 그 말이 미신 ᄒᆞᆫ고로 교즁에셔 형뎨 ᄉᆞ인을 ᄯᅡ라 보내엿더니 그 녀인이 제 집에 가셔 과연 마귀를 다 제 손으로 불 놋코 그 후에 뎜심을 지어 ᄯᅡ라간 교우 ᄉᆞ인을 ᄃᆡ졉 ᄒᆞ여 보내고 지금은 아조 완인이 되얏다더라

○빅지학당 학원들이 ᄉᆞ월 이십이일에 동쇼문 밧 신흥ᄉᆞ로 노리를 가ᄂᆞᆫᄃᆡ 길에 갈 ᄯᅢ에 물식을 구경 ᄒᆞᆫ즉 언덕 버들과 동산 쏫치 서로 봄 빗출 도고 ᄉᆡ 소리와 사ᄅᆞᆷ의 노리가 츈흥을 도도ᄂᆞᆫ지라 관동 이빅 여명이 힝지가 단아 ᄒᆞ고 거동이 옹용 ᄒᆞ야 졍졔히 ᄉᆞ문에 당도 ᄒᆞ매 수십명 화샹이 ᄒᆞᆫ연이 영졉 ᄒᆞ니 학원들이 국긔를 놉히 ᄯᅩᆺ고 일졔히 라립 ᄒᆞ야 국가와 진보가를 [illegible]리 ᄒᆞ고 대군쥬 폐하를 위 ᄒᆞ야 만셰를 부르ᄂᆞᆫ 소리 산곡이 진동 ᄒᆞᄂᆞᆫ지라 일졔히 샹당 ᄒᆞ야 좌뎡ᄒᆞᆫ 후에 음식도 풍비 ᄒᆞ고 졉ᄃᆡ도 공근 ᄒᆞ야 죵일도록 즐겁게 노다가 도라 왓더라

고빅

본회에셔 이회보를 일쥬일에 ᄒᆞᆫ번식 발간ᄒᆞᄂᆞᆫ거손 다만 미이미 교회만 위ᄒᆞᆷ이 아니오 다른교회나 교외사ᄅᆞᆷ들을 다 위ᄒᆞᄂᆞᆫ 일이니 죠션 교우나 셔국교ᄉᆞ나 교외친고나 만일 사셔 보고져 ᄒᆞ거든 졍동 아편셜라 교ᄉᆞ집이나 죵로 대동셔시에 긔별ᄒᆞ여 갓다 보시오 우리가 이 회보를 ᄒᆞᆫ장에ᄂᆞᆫ 엽젼 너푼이오 ᄒᆞᆫ돌 갑슬 미리 내면 엽젼 ᄒᆞᆫ돈 오푼식이오 ᄯᅩ 싀골 사ᄅᆞᆷ의게 우톄로 보내ᄂᆞᆫ 갑슨 ᄯᅳ루 잇소

죠션교우나 셔국교ᄉᆞ나 교즁소문에 드를만 ᄒᆞᆫ것 잇거든 국문으로 젹어셔 졍동 아편셜라 교ᄉᆞ집으로 보내여 주시면 우리가 회보에 긔록ᄒᆞ여 회보 보ᄂᆞᆫ이로 ᄒᆞ여곰 이목을 새롭게 ᄒᆞ겟소

뎨일권

죠션 크리스도인 회보

건양 [illegible] 오월 초오일

뎨십ᄉᆞ호

학문론

대뎌 션ᄇᆡ라 ᄒᆞᄂᆞᆫ거ᄉᆞᆫ 고금을 박통ᄒᆞ고 ᄉᆞ리를 련달ᄒᆞ여 쟝ᄎᆞᆺ 조화의 긔츄를 연구ᄒᆞ고 만류의 리긔를 완식ᄒᆞ라 ᄒᆞᆯ식 만일 학문을 ᄌᆞ뢰ᄒᆞ여 구치 아니ᄒᆞ면 불가ᄒᆞ니 대범 학문이라 ᄒᆞᄂᆞᆫ거ᄉᆞᆫ 범홀이 셥렵만 ᄒᆞᆯ거시 아니라 반ᄃᆞ시 톄용이 겸젼ᄒᆞ고 본말이 필비ᄒᆞ여야 ᄒᆞᆯ지라 텬하 인민의 지우 현불쵸를 의론치 말고 ᄒᆞᆫ 사ᄅᆞᆷ도 가히 비호지 아니 ᄒᆞᆯ이 업고 ᄒᆞᆫ 사ᄅᆞᆷ도 맛당히 비호지 아니 ᄒᆞᆯ이 업ᄉᆞ니 그러 ᄒᆞᆫ즉 사ᄅᆞᆷ이 능히 비호지 못ᄒᆞᄂᆞᆫ거ᄉᆞᆯ 격졍 ᄒᆞᆯ거시 아니라 널니 비호지 못ᄒᆞᄂᆞᆫ거ᄉᆞᆯ 걱졍 ᄒᆞᆯ거시오 ᄯᅩᄒᆞᆫ 널니 비호지 못ᄒᆞᄂᆞᆫ거ᄉᆞᆯ 격졍 ᄒᆞᆯ거시 아니라 졍밀히 비호지 못ᄒᆞᄂᆞᆫ거ᄉᆞᆯ 격졍 ᄒᆞᆯ거시니라 속담에 말ᄒᆞ기를 여러 가지 ᄌᆡ조가 ᄒᆞᆫ ᄌᆡ조 졍밀ᄒᆞᆫ것만 ᄀᆞᆺ지 못ᄒᆞ다 ᄒᆞ고 가산이란 사ᄅᆞᆷ이 말ᄒᆞ기를 셥렵이 부졍ᄒᆞ면 춤 션ᄇᆡ가 되지 못ᄒᆞᆫ다 ᄒᆞ엿ᄂᆞᆫ지라 그려ᄒᆞᆫ즉 여러 가지를 널니 비호ᄃᆞ리도 불가불 그 실샹을 힘써야 ᄒᆞᆯ지라 졔ᄉᆞ나라 린ᄉᆞ란 사ᄅᆞᆷ과 ᄀᆞᆺ치 셔칙을 수십 샹ᄌᆞ를 쵸츌ᄒᆞ여야 비로소 근학ᄒᆞᆫ다 ᄒᆞᆯ거시 아니오 진나라 쟝화란 사ᄅᆞᆷ과 ᄀᆞᆺ치 셔칙을 삼십 슈레를 시러야 비로소 호학ᄒᆞᆫ다 칭ᄒᆞᆯ거시 아니라 다만 무ᄉᆞᆫ 학문이던지 졍밀ᄒᆞ게 졸업을 ᄒᆞ여야 ᄒᆞᆯ ᄯᆞ름이라 ᄯᅩᄒᆞᆫ 어려온 ᄯᅢ를 구원코져 ᄒᆞ되 시무를 통쳐 못ᄒᆞᄂᆞᆫ거ᄉᆞᆫ 용류의 관견이오 문명ᄒᆞᆫ 졍치를 보셩코져 ᄒᆞ되 다만 문쟝만 밋ᄂᆞᆫ거ᄉᆞᆫ 부유의 억론이라 근릭 소위 션ᄇᆡ라 ᄒᆞᄂᆞᆫ 사ᄅᆞᆷ들이 ᄒᆞᆫ갓 구송ᄉᆞ쟝지학에 심력을 ᄡᅥ 조곰 소득이 잇스면 곳 쳡쳡ᄌᆞ죡ᄒᆞ야 셰샹에 ᄌᆞ긔의 학문 외에ᄂᆞᆫ 더 업ᄂᆞᆫ줄노 ᄉᆡᆼ각ᄒᆞ고 지어 ᄒᆞᆯ만ᄒᆞᆫ 일에 당ᄒᆞ면 망연히 분별치 못ᄒᆞ고 ᄒᆞᆫ 구시지 칙을 내지 못ᄒᆞ며 ᄒᆞᆫ 광졔지 도를 셰우지 못ᄒᆞ여 그 문견과 식량이 불학무식ᄒᆞᆫ 사ᄅᆞᆷ 보담 나흘거시 업시니 이러ᄒᆞᆫ 학문은 그 학문이 무엇세 귀ᄒᆞ리오 ᄯᅩ 사ᄅᆞᆷ이 이 셰샹에 나셔 이 셰샹 일을 모도도외치지ᄒᆞ고 다만 삼쳔년 젼 [illegible]룰이라 ᄒᆞ면 됴하ᄒᆞ고 오ᄇᆡᆨ년 젼 풍속이라 ᄒᆞ면 힝코쟈 ᄒᆞᄂᆞᆫ 거ᄉᆞᆫ 다 부유의 소견이라 고어에 말ᄒᆞ기를 셩인은 물에 응톄ᄒᆞ지 아니ᄒᆞ야 능히 여셰츄이 ᄒᆞᆫ다ᄒᆞ엿ᄂᆞᆫ지라 만일 녯 법만 좃차 힝ᄒᆞᆯ 디경이면 삼ᄃᆡ의 례악과 문물이 서로 밧고지 아니ᄒᆞ엿슬터히오 공ᄌᆞ의 존쥬지의를 밍ᄌᆞ가 감히 변치 못ᄒᆞ여졔 션량혜지군을 감히 왕텬하의 도로 달내지 못ᄒᆞ엿슬지라 그러ᄒᆞ되 후셰에셔 삼ᄃᆡ의 변졔ᄒᆞᆫ 거ᄉᆞᆯ 시비ᄒᆞᆯ이 업고 공ᄆᆡᆼ의 도가 서로 ᄀᆞᆺ지안타ᄒᆞᄂᆞᆫ이 업ᄂᆞᆫ 것슨 엇지뇨 고셕 셩현들은 능히 텬시와 인ᄉᆞ를 ᄯᆞ라 덕업을 일외며 교화를 힘ᄒᆞ야 ᄡᅥ 나라들 리케ᄒᆞ며 ᄇᆡᆨ셩을 편케 ᄒᆞᆯ ᄯᆞᄅᆞᆷ이라 미완

레비일공과, 뎨십ᄉᆞ 오월 십륙일

하ᄂᆞ님ᄭᅴ셔 ᄯᅡ빗의게 허락ᄒᆞ신 일

사무엘긔 하권 칠쟝 ᄉᆞ졀노 십륙졀ᄭᆞ지라

년조 쥬 강ᄉᆡᆼ 젼 일쳔 ᄉᆞ십 이년

디명 예루살렘 대궐이라

四 이 젼역에 야화화 ᄭᅴ셔 나단이 ᄃᆞ려 닐너 골ᄋᆞ샤ᄃᆡ 五 가셔 우리 죵 ᄯᅡ빗ᄃᆞ려 닐ᄋᆞ되 야화화ᄭᅴ셔 골ᄋᆞ샤ᄃᆡ 네가 나의 거ᄒᆞᆯ 뎐각을 짓ᄂᆞ냐 六 내가 이스라엘 족쇽을 인도ᄒᆞ야 애굽에셔 나아온 후로 오ᄂᆞᆯᄭᆞ지 ᄒᆞᆼ샹 쟝막에 거ᄒᆞ고 뎐각에 거치 아니ᄒᆞ엿노라 七 내가 이스라엘 족쇽으로 ᄒᆞᆷᄭᅴ 지파 가온ᄃᆡ셔 두어 사ᄅᆞᆷ을 갈희여 우리 ᄇᆡᆨ셩을 기르게 ᄒᆞ엿스되 ᄇᆡᆨ향목 뎐각을 지어 나의 쳐소를 만ᄃᆞᆯ나고 닐너더냐 八 이제 맛당히 나의 죵 ᄯᅡ빗ᄃᆞ려 고ᄒᆞ되 만유쥬 야화화ᄭᅴ셔 닐ᄋᆞ샤ᄃᆡ 젼에 네가 양의 우리에셔 양을 칠 ᄯᅢ에 내가 특별이 너를 갈희여셔 우리 ᄇᆡᆨ셩 이스라엘 족쇽에 어룬을 삼고 九 어ᄃᆡ를 가던지 내가 너를 도아 모든 뎍국을 ᄭᅳᆫ코 너를 큰 일홈을 주어셔 이 셰샹에 호걸과 ᄀᆞᆺ치 ᄒᆞ고 十 내가 우리 ᄇᆡᆨ셩 이스라엘 족쇽의게 ᄯᅡᆼ을 주어 그 곳에 편안이 거ᄒᆞᆫ게 ᄒᆞ고 ᄒᆞᆼ업이 잇셔 쳔동치 안코 악ᄒᆞᆫ 사ᄅᆞᆷ의 해를 만나지 안케 ᄒᆞ며 十一 녯적에 내가 ᄉᆞ사를 명ᄒᆞ야 이스라엘 족쇽 다ᄉᆞ리는 것과 ᄀᆞᆺ치 이제 내가 네게 편안ᄒᆞᆷ을 주어 뎍국의게 해ᄒᆞᆫ바ㅣ 되지 아니ᄒᆞ고 이후로는 반ᄃᆞ시 너의 나라 복죠를 길게 ᄒᆞᆯ터이오 十二 너의 셰샹 ᄯᅥ날 긔약이 니르매 너의 죠부와 무덤을 ᄀᆞᆺ치 ᄒᆞᆯ거시오 나는 쟝ᄎᆞᆺ 너의 ᄌᆞ손으로 ᄒᆞ여곰 위를 이어 그 나라를 굿게 ᄒᆞ리니 十三 뎌가 쟝ᄎᆞᆺ 나를 위ᄒᆞ야 뎐각을 짓고 나는 반ᄃᆞ시 나라 복죠를 길게 ᄒᆞ야 十四 나는 반ᄃᆞ시 그 아비가 되고 뎌는 반ᄃᆞ시 내 아ᄃᆞᆯ이 될거시니 만일 악ᄒᆞᆷ을 힝ᄒᆞ면 내가 쟝ᄎᆞᆺ ᄭᅮ짓기를 사ᄅᆞᆷ이 그 아ᄃᆞᆯ 독칙ᄒᆞᆷ과 ᄀᆞᆺ치 ᄒᆞᆯ거시오 十五 내 반ᄃᆞ시 은혜로ᄡᅥ ᄃᆡ졉ᄒᆞ야 사울노를 폐ᄒᆞᆷ과 ᄀᆞᆺ치 아니ᄒᆞ고 十六 너의 ᄌᆞ손을 번셩케 ᄒᆞ고 너의 복죠를 길게 ᄒᆞ야 궁진ᄒᆞᆷ이 업게 ᄒᆞ리라고 닐ᄋᆞ라

주셕

ᄯᅡ빗이 쟝막을 짓고 법궤를 가져다 두고 례법을 다 셰워 그ᄃᆡ로 좃차 셤기게 ᄒᆞ나 ᄯᅡ빗이 가만히 ᄉᆡᆼ각ᄒᆞ여 골ᄋᆞᄃᆡ 나는 이런 됴흔 대궐에 거쳐ᄒᆞ고 하ᄂᆞ님은 엇지 이 쟝막에 계시게 ᄒᆞᆷ이 올치 안타 ᄒᆞ여 예루살렘에 셩뎐을 지으려 ᄒᆞᆯ시 ᄯᅡ빗이 이러케 ᄒᆞᆷ은 하ᄂᆞ님의 명령ᄃᆡ로 ᄒᆞᆷ이 아니요 ᄌᆞ긔 ᄆᆞᄋᆞᆷ이 군졀ᄒᆞᆷ이러니 이날 밤에 하ᄂᆞ님ᄭᅴ셔 션지 나단의게 믁시ᄒᆞ샤 ᄯᅡ빗의 ᄒᆞᆯ 직분과 솔노문의 직분을 ᄀᆞᄅᆞ차시고 ᄯᅡ빗의게 ᄯᅩ 허락ᄒᆞ심을 ᄀᆞᄅᆞ쳐 주셧ᄉᆞ니 하ᄂᆞ님이 이젼에 ᄯᅡ빗을 쳔ᄒᆞᆫ 디위에셔 ᄐᆡᆨᄒᆞ샤 왕업을 주어 직업

욀 맛게 ᄒᆞ심이니 원슈 나라를 이긔게 ᄒᆞ시고 허다ᄒᆞᆫ 빅셩이 류리ᄒᆞᆷ을 모화 안졉게 ᄒᆞ시며 하ᄂᆞ님ᄭᅴ셔 이젼에 허락ᄒᆞ신 ᄯᅡ흘 이ᄯᅢᄭᆞ지 엇지 못ᄒᆞ엿다가 필경 그 ᄯᅡ흘 ᄊᆞ화 이긔고 엇어셔 나라히 강셩ᄒᆞ고 빅셩이 츙족ᄒᆞ게 ᄒᆞ심이 이거시 다 ᄯᅡ빗의 직분이요 이 셰면은 ᄯᅡ빗이 짓지 못ᄒᆞ고 그 아ᄃᆞᆯ 솔노문의게 맛흔 직분이 되엿ᄂᆞᆫ지라 하ᄂᆞ님의 허락ᄒᆞ심은 그 ᄌᆞ손의 업을 기리 누리게 ᄒᆞ심이 뎨일 귀ᄒᆞ니 ᄯᅡ빗이 긔이하 넉여 시편에도 여러번 말ᄒᆞ엿ᄉᆞ며 솔노문은 렬왕긔 팔쟝 십오졀 브터 이십졀에 말도 깁히 싱각ᄒᆞᆷ이라 셰샹에 아모 집이던지 기리 살수 업ᄂᆞᆫ지라 그러ᄒᆞᆫ즉 이 말ᄉᆞᆷ을 응ᄒᆞ시랴고 기리 사시ᄂᆞᆫ 이가 오시리니 이ᄂᆞᆫ 예수쓰라 영싱ᄒᆞ실ᄲᅮᆫ아니라 나라도 길게 잇게 ᄒᆞ시리라 하ᄂᆞ님을 진실이 셤기ᄂᆞᆫ 쟈ᄂᆞᆫ ᄯᅡ빗과 ᄀᆞᆺ치 빗을 거시 여러가지 잇ᄉᆞ니 쳣지ᄂᆞᆫ 셩경에 ᄀᆞᄅᆞ치신 것도 알며 ᄌᆞ긔 ᄆᆞᄋᆞᆷ 속에도 하ᄂᆞ님이 ᄀᆞᄅᆞ치심을 빗음이요 둘재ᄂᆞᆫ 하ᄂᆞ님이 인도ᄒᆞ시고 보호ᄒᆞ심을 빗음이요 셋재ᄂᆞᆫ 하ᄂᆞ님 압헤 뎨 몸이 ᄂᆞᆺ게 ᄒᆞ여 주심을 빗음이요 넷재ᄂᆞᆫ 걱졍과 근심이 잇ᄃᆞ리도 하ᄂᆞ님을 밋은즉 비록 허다ᄒᆞᆫ 수란 즁이나 ᄆᆞᄋᆞᆷ 속이 안위ᄒᆞᆷ을 빗을거시요 다ᄉᆞᆺ재ᄂᆞᆫ ᄉᆞ탕ᄒᆞᄂᆞᆫ ᄌᆞ식과 ᄀᆞᆺ치 경계ᄒᆞ심이 이ᄂᆞᆫ 형벌도 아니요 아모ᄶᅩ록 잘되도록 인도ᄒᆞ여 ᄀᆞᄅᆞ치심이요 여섯재ᄂᆞᆫ 하ᄂᆞ님의 언약과 허락ᄒᆞ심을 빗교 누림이 이ᄯᅢᄲᅮᆫ 아니라 쳔만셰 ᄭᆞ지라도 이러ᄒᆞ리라

뭇ᄂᆞᆫ말

一 난리를 맛친 후에 ᄯᅡ빗이 뉘게로 도라 가기를 싱각ᄒᆞ엿ᄂᆞ뇨 二 나단은 누구뇨 三 그 님군이 나단의게 무ᄉᆞᆷ 말을 ᄒᆞ엿ᄂᆞ뇨 四 나단이 이 말을 칭찬ᄒᆞ엿ᄂᆞ뇨 五 하ᄂᆞ님은 이것슬 엇더케 넉이셧ᄂᆞ뇨 六 하ᄂᆞ님ᄭᅴ셔 어ᄂᆞᄯᅢ 누구로 뉘게 집 지을 것슬 알게 ᄒᆞ셧ᄂᆞ뇨 七 하ᄂᆞ님ᄭᅴ셔 무엇슬 무르셧ᄂᆞ뇨 력ᄃᆡ지략 샹권 십칠쟝 ᄉᆞ졀에 보라 八 웨 하ᄂᆞ님ᄭᅴ셔 이스라엘 ᄌᆞ손이 애굽에셔 나온 후로 아모 집에나 거ᄒᆞ시지 아니셧ᄂᆞ뇨 九 어ᄃᆡ 거ᄒᆞ셧ᄂᆞ뇨 十 하ᄂᆞ님ᄭᅴ셔 ᄌᆞ긔 빅셩과 ᄒᆞᆷᄭᅴ 왕래ᄒᆞ셧ᄂᆞ뇨 혹 ᄒᆞᆫ곳에 머므셧ᄂᆞ뇨 十一 하ᄂᆞ님ᄭᅴ셔 나단을 부리샤 ᄯᅡ빗의게 무엇시라 닐ᄋᆞ셧ᄂᆞ뇨 十二 ᄯᅡ빗의 싱명을 그림으로 잠간 말ᄉᆞᆷᄒᆞ시뇨 十三 십졀에 무ᄉᆞᆷ 허락ᄒᆞᆫ 말ᄉᆞᆷ이뇨 十四 하ᄂᆞ님ᄭᅴ셔 ᄯᅡ빗으로 ᄒᆞᆫ 집을 셰우라 ᄒᆞᆫ ᄯᅳᆺ시 무엇시뇨 十五 하ᄂᆞ님ᄭᅴ셔 ᄯᅡ빗이 죽은 후에 무엇ᄒᆞ신다 말ᄉᆞᆷᄒᆞ셧ᄂᆞ뇨 十六 하ᄂᆞ님 셩뎐을 지은 님군이 누구뇨 十七 십ᄉᆞ졀에 무ᄉᆞᆷ 허락ᄒᆞ신 것과 경계가 잇ᄂᆞ뇨 十八 십오졀에 하ᄂᆞ님의 은혜가 사울노의게와 ᄀᆞᆺ지 아니리라 ᄒᆞ신 허락이 진실ᄒᆞ시뇨 그러ᄒᆞ니라 ᄯᅡ빗의 국죠가 긔독 나실ᄯᅢ ᄭᆞ지 밋첫ᄉᆞ니 요슬과 마리아도 그 후예니라 十九 십륙졀에 허락ᄒᆞ신 것은 뉘게 일우엿ᄂᆞ뇨 긔독의게 일웟ᄂᆞ니라 二十 엇더케 일우엿ᄂᆞ뇨 ᄯᅡ빗의 후예가 기리 예수ᄯᅢ ᄭᆞ지 ᄭᅳᆫ허지지 아니ᄒᆞ엿ᄉᆞ니 예수도 ᄯᅡ빗의 ᄌᆞ손이시니라

회즁신문

감독됴이씨가두번지오신일

감독 됴이씨가 작년 팔월에 죠션에 나와셔 일년 연환회를 맛치시고 청국으로 드러 가셔 북경셔 젼도 ᄒᆞ시고 남경으로 가셔 복쥬로 향ᄒᆞ야 셔쵹 ᄭᆞ지 귀경 ᄒᆞ고 ᄉᆞ월 회일에 죠션 경셩에 다시 나오셧는ᄃᆡ 청국에셔 이러케 멀니 ᄃᆞᆫ니기는 이 감독ᄭᅴ셔 처음 이라더라

○달셩회당에셔 오월 이일 례ᄇᆡ에 감독이 젼도 ᄒᆞ시고 목ᄉᆞ 시크란돈씨가 죠션 말노 번역 ᄒᆞ야 들니는ᄃᆡ 모힌 교우가 여러 ᄇᆡᆨ명이라 그 강론ᄒᆞ시는 말ᄉᆞᆷ을 다 반갑게 잘 듯고 감독이 우리 죠션에 ᄒᆞᆼ샹 계시기를 교우들이 일졔히 원ᄒᆞ며 ᄯᅩ 셰례 밧는이가 남녀 로유 합ᄒᆞ야 삼십명이오 교회에 일홈 붓치는 이가 칠팔명 일너라

○이ᄯᅢ에 각쳐에 잇는 교우가 감독이 나오신단 소문을 듯고 다들 모히는ᄃᆡ ᄆᆡᆨ길 의원은 원산셔 륙로로 올나 오고 로불 목ᄉᆞ와 팔엘 의원과 교우 김챵식은 평양셔 슈로로 올나 왓다더라○죠원시 목ᄉᆞ가 열 여ᄉᆞᆺ달 젼에 본국에 도라 가셔 죡쇽과 붕우를 반갑게 맛나 보고 ᄒᆞᄂᆞ님의 보호 ᄒᆞ옵신 은덕으로 평안이 잇다가 일젼에 다시 나왓다더라

○금년 연화회는 오월 오일 브터 시쟉 ᄒᆞᆫ다더라

무어시던지 유심히 ᄉᆞᆲ혀 보는 일

무어시 던지 잘 ᄉᆞᆲ혀 보는 ᄋᆞ희가 쟝ᄅᆡ에 잘 ᄉᆞᆲ혀 보는 사ᄅᆞᆷ이 되ᄂᆞ니 ᄋᆞ희나 어런이나 무숨 일을 범연히 보지 아니 ᄒᆞ는이는 ᄒᆞᆼ샹 범연히 보는이보다 지나 가ᄂᆞ니라○어린 ᄋᆞ희라도 박물 ᄒᆞ는 션ᄇᆡ 보다 더 만히 아는 일이 잇ᄂᆞ니 박물 학ᄉᆞ라도 잘 ᄉᆞᆲ히지 아니 ᄒᆞ면 모로는 거시 잇ᄂᆞ니라 ᄒᆞᆫ 어린 계집 ᄋᆞ희가 유명ᄒᆞᆫ 션ᄇᆡ의 공부 방에 드러 가셔 그 사ᄅᆞᆷ더러 불 붓흔 셕란 ᄒᆞᆫ 덩어리를 달나 ᄒᆞ니 그 사ᄅᆞᆷ이 말 ᄒᆞ기를 네가 부삽을 가져 오지 아니 ᄒᆞ엿다 ᄒᆞ니 계집 ᄋᆞ희가 ᄃᆡ답ᄒᆞ기를 부삽을 쓸거시 업다 ᄒᆞ고 졔 손바닥에 지를 놋코 불 덩어리를 그 지 우에 노하 가지고 가니 그 사ᄅᆞᆷ이 대단히 긔이히 녁엿ᄂᆞ니라 이 박학ᄒᆞᆫ 사ᄅᆞᆷ이 지가 더운거슬 졔어ᄒᆞ는줄을 모를거시 아니로ᄃᆡ 이러케 실효로 되는 거슨 젼에 보지 못ᄒᆞᆷ이라○ᄯᅩ 두 ᄋᆞ희가 ᄒᆞᆫ로 아츰에 ᄒᆞᆫ 물리학 션ᄉᆡᆼ과 ᄒᆞᆷᄭᅴ 구경을 가는ᄃᆡ 그 사ᄅᆞᆷ들이 길 가온ᄃᆡ 진ᄒᆞᆰ 물 모힌ᄃᆡ를 ᄆᆞᄅᆞ치며 말 ᄒᆞ기를 더 나는 왕동이 벌들이 무숨 이샹 ᄒᆞᆫ거시 잇ᄂᆞ냐 무르니 ᄒᆞᆫ ᄋᆞ희가 ᄃᆡ답 ᄒᆞ기를 날나 오고 날나 가는것 외에는 다른거슬 보지 못 ᄒᆞᆫ다 ᄒᆞ고 ᄒᆞᆫ ᄋᆞ희는 ᄒᆞᆫ참 보고 말 ᄒᆞ기를 그 왕동이 들이 쌍쌍히 나는ᄃᆡ ᄒᆞ나흔 진ᄒᆞᆰ을 뭉쳐 물고 ᄒᆞ나흔 아모것도 가지고 가는거시 업시니 왕동이들 즁에도 샬벌과 ᄀᆞᆺ치 일 ᄒᆞ지 아니 ᄒᆞ는 수벌이 잇는가 ᄒᆞ니 그 사ᄅᆞᆷ이 ᄃᆡ답ᄒᆞ기를 둘이 다 ᄀᆞᆺ치 일을 ᄒᆞ고 각기 다 졔집을 가지고 가는지라 네 싱각에 아모 일도 아니 ᄒᆞ는 벌들은 다 물을 먹음어 가지고 가는지라 다 ᄒᆞᆷᄭᅴ ᄌᆡ 집에 니ᄅᆞ러 ᄒᆞ나흔 진ᄒᆞᆰ을 내여 놋코 ᄒᆞ나흔 그 진ᄒᆞᆰ 우에 물을 토ᄒᆞ여 맛게 반죽 ᄒᆞ여 졔집 짓는ᄃᆡ ᄒᆞᆫ케를 쌋코 ᄯᅩ 다른 거슬 더 가져 오량으로 날나 간다 ᄒᆞ엿ᄂᆞ니라○일노 보건ᄃᆡ ᄒᆞᆫ ᄋᆞ희는 조곰만 ᄉᆞᆲ혀 보고 ᄒᆞᆫ ᄋᆞ희는 ᄆᆡ우 잘 쥬의 ᄒᆞ여 보고 그 학ᄉᆞ는 그 ᄋᆞ희들의게 무슨 니야기를 널너 주니 그 ᄋᆞ희들이 듯고 ᄆᆡ우 놀내엿는지라○ᄋᆞ희들은 령리 ᄒᆞ게 듯고 유심 ᄒᆞ바ᄅᆞᆯ 지어다

뎨일권

죠션 크리스도인 회보

뎨십오호

건양이년 오월 십이일

우리교회론

열두ᄒᆡ 젼에 우리 교회 젼도 교ᄉᆞ들이 처음으로 죠션에 나왓ᄂᆞᆫᄃᆡ 이 젼도 교ᄉᆞ들이 당초에 이 나라히 엇더 ᄒᆞᆫ지 이 나라 방어가 엇더 ᄒᆞᆫ지 풍쇽이 엇더 ᄒᆞᆫ지 다 아지 못 ᄒᆞ던 ᄇᆡ러라 우리 교회의 뎨 열 세번재 ᄒᆞᄂᆞᆫ 년환회ᄂᆞᆫ 금월 초오일 브터 초십일 ᄭᆞ지 날마다 모혓ᄂᆞᆫᄃᆡ 조이스씨 감독이 회셕을 쥬관 ᄒᆞ엿ᄂᆞᆫ지라 외국 젼도 목ᄉᆞ들과 본토 교우들의 보단이 ᄆᆡ우 다 드를만 ᄒᆞ더라 평양과 ᄯᅩ 그 근방과 원산과 더. 북으로 함흥 ᄭᆞ지와 졔물포와 강화와 셔울과 ᄯᅩ 그 린근읍 들에셔 보단이 다 왓더라 우리 교회에 복음 젼 ᄒᆞᄂᆞᆫ 쳐쇼들이 잇시며 소년들과 사나 ᄋᆞᄒᆡ들과 계집 ᄋᆞᄒᆡ들을 교육 ᄒᆞᄂᆞᆫ 학교들이 잇시며 병인들을 치료 ᄒᆞᄂᆞᆫ 약방들이 잇시며 셔칙을 인츌 ᄒᆞᄂᆞᆫ 활판소가 잇시며 셔칙을 발매 ᄒᆞᄂᆞᆫ 칙ᄉᆞ들이 잇ᄂᆞᆫ지라 학습인이 구ᄇᆡᆨ ᄉᆞ인이 잇고 입교 ᄒᆞᆫ 교우가 삼ᄇᆡᆨ 오인이 잇고 지난 여ᄃᆞᆲ달 동안에 사나 ᄋᆞᄒᆡ 계집 ᄋᆞᄒᆡ 병ᄒᆞ야 륙십 이명과 어룬 일ᄇᆡᆨ 팔십 명이 셰례를 밧앗고 례ᄇᆡ 학당에 입참 ᄒᆞᆫ이가 팔ᄇᆡᆨ ᄉᆞ십 이인이 잇ᄂᆞᆫ지라 본토 젼도인이 여ᄃᆞᆲ이오 권ᄉᆞ가 너히며 지난 여ᄃᆞᆲ달 동안에 우리 교우들이 교회를 위ᄒᆞ여 연죠 ᄒᆞᆫ 돈이 륙ᄇᆡᆨ 칠십 오원 이십 이젼이며 평양에 잇ᄂᆞᆫ 형뎨들이 례ᄇᆡ당 ᄒᆞ나흘 지엿고 셔울 졍동에 아람다온 벽돌 회당 ᄒᆞ나흘 짓ᄂᆞᆫᄃᆡ 아직 다 맛치지 못ᄒᆞ엿스나 오월 구일 례ᄇᆡㅅ날에 처음으로 이 회당에 모혀 례ᄇᆡ ᄒᆞ엿ᄂᆞᆫ지라 이 교당에 ᄒᆞᆫ 쳔명은 념려 업시 편히 안져 례ᄇᆡ ᄒᆞᆯ만 ᄒᆞ더라 강화에 짓ᄂᆞᆫ 례ᄇᆡ당 둘이 지금은 거진 다 맛치게 되엿고 셔울 달셩 교우와 학습인 들이 ᄆᆡ우 느러 가더라 이러 ᄒᆞ시 크고 만ᄒᆞᆫ 복을 주시니 우리가 하ᄂᆞ님ᄭᅴ 감샤 ᄒᆞᆯ거시라 하ᄂᆞ님ᄭᅴ셔 이 나라에셔 우리들게 ᄆᆡ우 인의 ᄒᆞ심을 베프셧ᄂᆞᆫ지라 조이스씨 감독ᄭᅴ셔 이 모든 일 된거슬 보시고 ᄆᆡ우 깃버 ᄒᆞ시더라 그러 ᄒᆞ되 복을 만히 밧으면 그 ᄃᆡ신 회샤 ᄒᆞᄂᆞᆫ 칙임이 ᄯᅩᄒᆞᆫ 큰 법이라 하ᄂᆞ님ᄭᅴ 밧은 거시 만ᄒᆞᆫ 사ᄅᆞᆷ은 그 사ᄅᆞᆷ의게 구 ᄒᆞᄂᆞᆫ 것도 ᄯᅩᄒᆞᆫ 만ᄒᆞ니라

례비일공과 뎨십오 오월 이십삼일

싸빗의 인ᄌᆞ훈일

사무엘긔 하권 구쟝 일졀노 십삼졀 ᄭᆞ지라

년조 쥬 강싱 젼 일쳔 ᄉᆞ십 년

디명 예루살렘과 로ᄯᅴ바라

一 싸빗이 골ᄋᆞᄃᆡ 사울노의 ᄌᆞ손이 잇ᄂᆞ냐 요나단의 연고를 인ᄒᆞ야 내가 은혜를 갑고져 ᄒᆞ노라 二 사울노의 하인 시파를 싸빗왕이 불너 골ᄋᆞᄃᆡ 네가 시파나 ᄃᆡ답ᄒᆞ야 골ᄋᆞᄃᆡ 그러ᄒᆞ오이다 三 왕이 골ᄋᆞᄃᆡ 사울노의 집에 누가 잇ᄂᆞ냐 내가 하ᄂᆞ님의 ᄯᅳᆺ을 밧드러 은혜를 베플고져 ᄒᆞ노라 시파ㅣ 골ᄋᆞᄃᆡ 요나단의 아ᄃᆞᆯ ᄒᆞ나히 잇ᄉᆞ니 발을 뗘[illegible]다 四 왕이 골ᄋᆞᄃᆡ 어ᄃᆡ 잇ᄂᆞ뇨 시파ㅣ 골ᄋᆞᄃᆡ 로ᄯᅴ바 고을 아미리의 아ᄃᆞᆯ 마길의 집에 잇ᄂᆞ이다 五 왕이 ᄉᆞ쟈를 보내여 부르거ᄂᆞᆯ 六 사울노의 손ᄌᆞ 요나단의 아ᄃᆞᆯ 미비파셜이 싸빗의게 니르러 업ᄃᆡ여 졀ᄒᆞ나 싸빗이 그 일홈을 부른ᄃᆡ ᄃᆡ답ᄒᆞ야 골ᄋᆞᄃᆡ 죵이 여긔 잇ᄂᆞ이다 七 싸빗이 골ᄋᆞᄃᆡ 두려워 ᄒᆞ지 마라 내가 너의 아비 요나단의 연고를 인ᄒᆞ야 네게 은혜를 베프러 너의 죠부 사울노의 산업으로 다시 너를 주어 홍샹 나와 ᄒᆞᆷᄭᅴ 먹게 ᄒᆞ리라 八 미비파셜이 머리를 죠하 골ᄋᆞᄃᆡ 왕의 죵이 죽은 개와 ᄀᆞᆺ거ᄂᆞᆯ 이ᄀᆞᆺ치 권고ᄒᆞ시ᄂᆞᆫ잇가 九 싸빗이 사울노의 죵 시파를 불너 닐너 골ᄋᆞᄃᆡ 사울노의게 쇽ᄒᆞᆫ 모든거ᄉᆞᆯ 네 쥬인 손ᄌᆞ의게 다 주엇ᄉᆞ니 十 너의 아ᄃᆞᆯ들과 죵들노 더브러 그 밧출 갈어 쇼츌을 거두어셔 너의 쥬인 손ᄌᆞ가 먹을 량식이 잇게 ᄒᆞ되 네 쥬인의 손ᄌᆞ 미비파셜은 반ᄃᆞ시 나와 ᄒᆞᆷᄭᅴ 홍샹 음식을 ᄀᆞᆺ치 먹으리라 그 ᄯᅢ에 시파의 아ᄃᆞᆯ이 열 다ᄉᆞᆺ시오 죵이 이십명 닐너라 十一 시파가 왕ᄭᅴ 고ᄒᆞ야 골ᄋᆞᄃᆡ 우리 쥬 우리 왕의 명을 좃차 그와 ᄀᆞᆺ치 힝ᄒᆞ오리이다 왕이 ᄯᅩ 골ᄋᆞᄃᆡ 미비파셜은 나와 ᄒᆞᆷᄭᅴ 음식을 먹어 ᄒᆞᆫ 왕ᄌᆞ와 ᄀᆞᆺ치 ᄃᆡ졉ᄒᆞ리라 十二 미비파셜이 ᄒᆞᆫ 어린 아ᄃᆞᆯ이 잇ᄉᆞ매 일홈은 미가라 시파의 왼 집안이 미비파셜의 죵이 되엿더라 十三 미비파셜이 두 발을 다 졀매 예루살렘의 거ᄒᆞ야 왕으로 더브러 홍샹 음식을 ᄀᆞᆺ치 먹더라

주셕

싸빗이 이스라엘 온 싸 왕 된지 닐곱 히에 나라히 편안ᄒᆞ매 ᄌᆞ긔의 졍의 친밀ᄒᆞ던 친고 요나단과 언약ᄒᆞᆫ 일을 싱각ᄒᆞ매 (사무엘긔 젼셔 이십장 십ᄉᆞ졀 브터 십칠졀 ᄭᆞ지 보라) ᄒᆞᆫ 신하를 불너 무러 골ᄋᆞᄃᆡ 사울노의 집에 그 ᄌᆞ손이 잇ᄂᆞᆫ다 나ㅣ 요나단과 언약ᄒᆞᆫ 연고로 써 그 집에 은혜를 뵈이려 ᄒᆞ노라 사울노의 집에 그젼 잇던 죵ᄒᆞᆫ 사ᄅᆞᆷ이 잇셔 즉시 불너 무ᄅᆞ니 그 죵이 ᄃᆡ답ᄒᆞ여 골ᄋᆞᄃᆡ 이제 요나단의 아ᄃᆞᆯ ᄒᆞ나 잇ᄉᆞ나 두다리가 병신이라 ᄒᆞ거ᄂᆞᆯ 싸빗이 요나단의 아ᄃᆞᆯ도 잇ᄂᆞᆫ줄 모로ᄂᆞᆫ 거ᄉᆞᆫ 이젼에 사울노를 피ᄒᆞ여

망홀제 그 때 나흔 ᄋᆞ히요 사울노와 요나단 죽을 때에 그 ᄋᆞ히 다ᄉᆞᆺ 살이라 유모가 ᄋᆞ히를 업고 피난 ᄒᆞ여 단이다가 험ᄒᆞᆫ듸 ᄯᅥ러져 두 다리가 병신 되엿ᄉᆞ니 이러ᄒᆞᆷ으로 ᄯᅡ빗이 요나단의 아ᄃᆞᆯ 잇ᄉᆞᆷ을 알지 못 ᄒᆞ엿ᄂᆞᆫ지라 (사무엘긔 후셔 ᄉᆞ쟝 ᄉᆞ졀을 보라) ᄯᅡ빗이 요나단의 아ᄃᆞᆯ 미비파셜을 불너 니ᄅᆞ매 미비파셜이 심히 무서워 ᄒᆞ고 여러 히 몸을 피 ᄒᆞᆫ 거ᄉᆞᆫ 그 때 풍쇽으로 뎌를 죽일가 념려 ᄒᆞᆷ이라 ᄯᅡ빗은 오직 이러ᄒᆞᆫ ᄆᆞᄋᆞᆷ이 조곰도 업고 뎌의게 은혜를 베플려 ᄒᆞ매 뎌ᄃᆞ려 닐너 골ᄋᆞᄃᆡ 너ᄂᆞᆫ 나를 두려워 ᄒᆞ지 마라 ᄯᅡ빗이 나라 왕업을 이왕에 하ᄂᆞ님ᄭᅴ서 주신줄 아ᄂᆞᆫ고로 사울노의 집을 두려워 ᄒᆞᆯ길도 업고 그 ᄌᆞ손을 해ᄒᆞᆯ ᄆᆞᄋᆞᆷ 업ᄂᆞᆫ지라 미비파셜이 ᄯᅡ빗의 압헤셔 미오 겸손 ᄒᆞ매 ᄯᅡ빗이 뎌를 ᄉᆞ랑 ᄒᆞ고 가긍히 녁여 이젼에 사울노의 가졋든 집과 젼답이며 지물을 모도 내여 주며 그 종 시파를 불너 닐ᄋᆞᄃᆡ 너ᄂᆞᆫ 이거ᄉᆞᆯ 맛하 가지고 너의 쥬인 집이며 너의 식구가 다 잘 간슈 ᄒᆞ여 지내게 ᄒᆞ라 ᄒᆞ고 미비파셜은 궁궐 안헤 잇게 ᄒᆞ여 홍샹 음식과 연락 ᄒᆞᆷ을 ᄯᅡ빗과 ᄒᆞᆫ가지로 ᄒᆞᄂᆞᆫ지라 ᄯᅡ빗은 몸이 놉고 귀히 되엿ᄉᆞ되 쳔 ᄒᆞ고 어려온 사ᄅᆞᆷ을 불샹히 녁여 그 사ᄅᆞᆷ이 구제 ᄒᆞ여 달나기 젼에 몬져 은혜를 뵈여 주며 그젼 원슈와 혐의도 아조 풀고 지물과 집을 주어 살게 ᄒᆞᆷ은 예수ᄭᅴ셔 하ᄂᆞᆯ에셔 ᄂᆞ려 오샤 빈곤ᄒᆞᆫ 사ᄅᆞᆷ을 불샹히 녁여 구원 ᄒᆞ여 주시며 쳔ᄒᆞᆫ 쟈의게도 친고 되시며 하ᄂᆞᆯ 은혜를 베프시며 원슈를 풀어 주샤 더 갓가히 ᄒᆞ시며 집 업고 의지 ᄒᆞᆯ수 업ᄂᆞᆫ 쟈로 ᄒᆞ여곰 텬당 집을 잇게 ᄒᆞ심 ᄀᆞᆺᄒᆞᆷ이니라

묻ᄂᆞᆫ 말

一 ᄯᅡ빗이 누구를 무럿ᄂᆞ뇨 二 누구를 위 ᄒᆞ여 사울노의 ᄌᆞ손을 차잣ᄂᆞ뇨 三 ᄯᅡ빗과 요나단이 이왕 샹죵 되ᄂᆞᆫ것ᄉᆞᆯ 말ᄉᆞᆷ ᄒᆞ시요 四 ᄯᅡ빗이 요나단으로 무ᄉᆞᆷ 밍셰를 ᄒᆞ엿ᄂᆞ뇨 사무엘긔 샹권 이십쟝 ᄉᆞ십 이졀에 보라 五 ᄯᅡ빗이 누구를 불넛ᄂᆞ뇨 六 그 사ᄅᆞᆷ이 엇더케 되답 ᄒᆞ엿ᄂᆞ뇨 七 요나단의 아ᄃᆞᆯ이 어ᄃᆡ셔 살앗ᄂᆞ뇨 八 그 사ᄅᆞᆷ이 몃살 이나 되엿ᄂᆞ뇨 거의 이십셰 엿ᄂᆞ니라 사무엘긔 하권 ᄉᆞ쟝 ᄉᆞ졀에 보라 요나단의 아ᄃᆞᆯ이 예루살렘에셔 깃분 ᄆᆞᄋᆞᆷ으로 왓ᄂᆞ뇨 혹 무셔온 ᄆᆞᄋᆞᆷ으로 왓ᄂᆞ뇨 十 ᄯᅡ빗왕이 그 사ᄅᆞᆷ의게 엇더케 말 ᄒᆞ엿ᄂᆞ뇨 十一 그의게 무엇ᄉᆞᆯ 주엇ᄂᆞ뇨 十二 이것시 미비파셜의게 공경 ᄒᆞᆷ을 뵈이ᄂᆞᆫ 것시뇨 十三 이 공부에셔 우리가 무엇ᄉᆞᆯ 비호겟ᄂᆞ뇨 ᄯᅡ빗왕과 구세쥬 예수를 보면 一 ᄯᅡ빗은 낫고 외로온 이를 ᄉᆡᆼ각 ᄒᆞ엿고 예수ᄂᆞᆫ 빈궁 ᄒᆞ고 도아줌이 업ᄂᆞᆫ 세샹을 ᄉᆡᆼ각 ᄒᆞ엿스며 二 ᄯᅡ빗은 원수를 차자 졍답게 ᄃᆡ졉 ᄒᆞ엿고 예수ᄂᆞᆫ 죄인을 차자 죄를 용서 ᄒᆞ여 주셧스며 三 ᄯᅡ빗은 례물을 반사 ᄒᆞ엿시매 예수ᄂᆞᆫ ᄌᆞ긔게 집 업시 오ᄂᆞᆫ 이ᄂᆞᆫ 대궐을 주시고 놉흔체 ᄒᆞᄂᆞᆫ 이ᄂᆞᆫ 낫게 ᄒᆞ시며 셰샹 복귀를 누리ᄂᆞᆫ 이ᄂᆞᆫ 걸인이 되게 ᄒᆞ시ᄂᆞ니라

회즁신문

이번의 감독 나오신 후 오월 구일 례빅를 처음 지닉엿인딕 빅직학당은 좁아서 능히 여러분 고우가 용슙 훌수 업눈지라 졍동 새 회당이 아즉 필역은 되지 못 ᄒᆞ엿스나 대강 슈리는 ᄒᆞᆫ고로 거긔셔 쥬일 례빅를 드릴식 경향 간 각쳐 교즁 형뎨 ᄌᆞ믹들이 다 모히엿는딕 남녀 로유가 합 ᄒᆞ여 쳔셔명 이라 셔편문 우에 대죠션 국긔와 대미국 국긔를 보기 됴케 놉히 달고 젼도소 압희는 각식 화쵸로 아름답게 단쟝 ᄒᆞ고 마루 ᄒᆞᆫ 가온딕는 빅포쟝을 길게 치고 남녀 교우가 좌우로 쳐소를 분별 잇게 좌뎡 ᄒᆞᆫ 후에 감독ᄭᅴ셔 젼도 ᄒᆞ시고 시크란돈 목ᄉᆞ가 죠션 말노 번역 ᄒᆞ여 들니는딕 누가 복음 오쟝 일졀노 ᄉᆞ졀 ᄭᅡ지 보신 후에 깁흔 뜻과 참 리치를 졀졀이 ᄒᆡ셕 ᄒᆞ며 ᄌᆞᄌᆞ이 형용 ᄒᆞ여 ᄒᆞᆫ시 동안을 강론 ᄒᆞ시니 듯는샤ㅣ 뉘 아니 감복 ᄒᆞ리오 후에 됴원시 목ᄉᆞ가 ᄯᅩ 연쇽 ᄒᆞ여 론셜 ᄒᆞ매 그 너른 집 안에 빈틈 업시 간진 사ᄅᆞᆷ들이 무론 관동 ᄒᆞ고 조곰도 써들지 안코 다 ᄌᆞ미 잇게 드르며 깃분 ᄆᆞᄋᆞᆷ으로 일졔히 찬미 ᄒᆞᄂᆞᆫ 소릭 북악이 진동 ᄒᆞ더라 거즌 열 두시나 되야셔 파 ᄒᆞ매 남녀 교우가 즐거온 ᄆᆞᄋᆞᆷ을 이긔지 못 ᄒᆞ여 집에 도라 가지 안코 인 ᄒᆞ여 오후 두시를 기다리는 사ᄅᆞᆷ이 만흔지라 죠션 교우 ᄒᆞᆫ분이 다시 열심으로 하오 두시 ᄭᅡ지 연셜 ᄒᆞ고 시가당 ᄒᆞ매 셔국 여러 목ᄉᆞ와 죠션 여러 교우가 졔졔히 교히는딕 사ᄅᆞᆷ 수효가 아참 마는 못 ᄒᆞ되 거의 쳔명이나 되는지라 의찬을 베프러 우리 교우들이 서로 동포 형뎨로 ᄉᆞ랑 ᄒᆞ는 뜻을 표 ᄒᆞ고 남녀 교우가 각기 엇지ᄒᆞ야 깃브고 엇지ᄒᆞ야 감샤 ᄒᆞᆫ거슬 간증 ᄒᆞ여 말솜 ᄒᆞ고 독립 신문 샤쟝 셔지필씨가 연셜 ᄒᆞ기를 잠시 잇는 육신을 도와 주는 부모 형뎨도 고맙다 ᄒᆞ거든 무궁ᄒᆞᆫ 령혼을 영싱 ᄒᆞ는 길노 인도 ᄒᆞ시는 우리 구셰쥬 은혜을 감샤 훌줄 알지 못 ᄒᆞ는 사ᄅᆞᆷ이야 엇지 불샹치 아니랴고 도뎌히 말솜 ᄒᆞ더라 감독ᄭᅴ셔 교우 열 사ᄅᆞᆷ을 틱 ᄒᆞ야 젼도인 륙명과 권ᄉᆞ ᄉᆞ명을 압헤 셰우고 각기 직칙 표지를 주ㅣ며 젼도 ᄒᆞ는 규식과 회즁 ᄉᆞ톄를 군졀히 ᄀᆞᄅᆞ치시고 됴흔 말솜을 만히 ᄒᆞ셧스니 우리 나라에 회당을 이러케 크게 설립 ᄒᆞ기도 처음 일이오 이번 례빅에 이러케 교우가 만히 모히기도 역시 처음 일 널너라

고빅

본회에셔 이회보를 일쥬일에 ᄒᆞᆫ번식 발간ᄒᆞ는거손 다만 미이미 교회만 위홈이 아니오 다른교회나 교외사ᄅᆞᆷ들을 다 위ᄒᆞ는 일이니 죠션 교우나 셔국교ᄉᆞ나 교외친고나 만일 사셔 보교져 ᄒᆞ거든 졍동 아편셜라 교ᄉᆞ집이나 죵로 대동서시에 긔별ᄒᆞ여 갓다 보시오 우리가 이 회보를 ᄒᆞᆫ장에는 엽젼 너푼이오 ᄒᆞᆫ돌 갑슬 미리 내면 엽젼 ᄒᆞᆫ돈 오푼식이오 ᄯᅩ 싀골 사ᄅᆞᆷ의게 우쳬로 보내는 갑슨 ᄯᅳ루 잇소

죠션교우나 셔국교ᄉᆞ나 교즁소문에 드를만 ᄒᆞᆫ것 잇거든 국문으로 젹어셔 졍동 아편셜라 교ᄉᆞ집으로 보내여 주시면 우리가 회보에 긔록ᄒᆞ여 회보 보는이로 ᄒᆞ여곰 이목을 새롭게 ᄒᆞ겟소

데일권 죠션크리스도인회보 데십륙호
건양 … 오월십구일

허실론

일에도 허실이 잇ᄉᆞ며 글에도 허실이 잇ᄂᆞ니 허ᄒᆞᆫ 일과 허ᄒᆞᆫ 글은 사ᄅᆞᆷ의게 해가 될지언뎡 리ᄒᆞᆯ거ᄉᆞᆫ 업ᄂᆞᆫ지라 엇지 그러ᄒᆞ뇨 셰ᄇᆡ가 되야 공부ᄅᆞᆯ ᄒᆞ되 실디ᄅᆞᆯ ᄒᆞᆼ샹 ᄒᆞ며 실샹으로 나라와 ᄇᆡᆨ셩의게 유익ᄒᆞᆫ 학문을 공부ᄒᆞ여 후ᄉᆡᆼ을 ᄀᆞᄅᆞ치ᄂᆞᆫ거시 실노 군ᄌᆞ에 일이어ᄂᆞᆯ 실디 공부ᄂᆞᆫ ᄒᆞ지 안코 헛된 영화만 ᄉᆡᆼ각ᄒᆞ여 ᄌᆡ샹집에 날마다 두류ᄒᆞ다가 셰월이 무졍ᄒᆞ여 ᄇᆡᆨ발이 셩셩ᄒᆞ며 츌립ᄒᆞᄂᆞᆫ 의관과 놀고 먹ᄂᆞᆫ ᄭᆞᄃᆞᆰ으로 가산 핍ᄒᆞᆫ 쟈도 잇고 실샹 일은 아니ᄒᆞ며 ᄯᅳᆫ ᄌᆡ물을 욕심ᄒᆞ여 쳥쵹질을 일 삼으며 술 친구ᄅᆞᆯ 츄축ᄒᆞ고 바독으로 힝셰ᄒᆞ며 골ᄑᆡᄒᆞ기 리가나셔 경무텽에 가ᄂᆞᆫ 쟈도 잇고 점잔ᄒᆞᆫ 관원들과 유식ᄒᆞᆫ 션비라도 유죠ᄒᆞᆫ 실샹글은 보기ᄅᆞᆯ 실려ᄒᆞ며 헛된 글을 됴와ᄒᆞ여 한가ᄒᆞᆫ ᄯᅢ든지 심심ᄒᆞᆫ ᄯᅢ에 ᄎᆡᆨ을 볼지라도 셩경현뎐 보담 소셜 ᄎᆡᆨ을 ᄉᆞ랑ᄒᆞ여 론어 ᄆᆡᆼᄌᆞ나 즁용 대학을 궁구ᄒᆞ랴 ᄒᆞ면 게으름과 조름이 몬져 오고 셔샹긔나 슈호지나 홍루몽을 닐게되면 ᄌᆡ미가 극진ᄒᆞ고 우숨이 가가ᄒᆞ여 셰월이 가ᄂᆞᆫ줄을 ᄭᆡ닷지 못ᄒᆞᄂᆞᆫ쟈ㅣ 만ᄒᆞᆫ지라 엇지 탄식ᄒᆞᆯ 곳지 아니리오 소셜이라 ᄒᆞᄂᆞᆫ 글이 ᄇᆡᆨ셩을 ᄀᆞᄅᆞ치ᄂᆞᆫᄃᆡ도 유죠ᄒᆞᆯ거시 업고 나라ᄅᆞᆯ 다ᄉᆞ리ᄂᆞᆫᄃᆡ도 기명ᄒᆞᆯ거시 업고 ᄒᆞᆫᄯᅢ 소일ᄒᆞᆯ 글도 되지 못ᄒᆞᄂᆞᆫ거시 그 ᄎᆡᆨ은 당초에 문쟝들이 허무ᄒᆞᆫ 일을 ᄉᆞ긔 ᄀᆞᆺ치 문ᄃᆞ라 지료ᄅᆞᆯ ᄌᆞ랑ᄒᆞᆫ 글이라 그 말ᄉᆞᆷ은 가인과 ᄌᆡᄌᆞ들이 서로 맛나며 리별ᄒᆞ며 서로 힝락ᄒᆞᄂᆞᆫ 음셜이오 영웅과 쟝ᄉᆞ들이 놈을 속여 계교ᄅᆞᆯ 쓰며 싸홈ᄒᆞ든 일인즉 ᄆᆞᄋᆞᆷ을 다ᄉᆞ리ᄂᆞᆫ 공부상에 크게 해로온지라 무ᄉᆞᆷ 유죠ᄒᆞᆷ이 잇ᄉᆞ리오 즁국에 네젼 브터 허문을 됴와ᄒᆞ고 헛된 영화ᄅᆞᆯ ᄉᆞ모ᄒᆞ여 실디 공부ᄅᆞᆯ 힘 쓰지 안ᄂᆞᆫ고로 오ᄂᆞᆯ날 ᄭᆞ지 나라이 점점 쇠약ᄒᆞ엿ᄂᆞ니 우리ᄂᆞᆫ ᄇᆞ라건ᄃᆡ 죠션에 션비들은 헛된 글을 불질너 보지도 말고 ᄌᆞ손의게 젼ᄒᆞ지도 말며 오직 실샹을 공부ᄒᆞ되 셩경을 강구ᄒᆞ여 군ᄌᆞ 되기ᄅᆞᆯ 긔약ᄒᆞ며 격물학 긔계학 리학 화학 ᄀᆞᆺᄒᆞᆫ ᄎᆡᆨ을 공부ᄒᆞ여 ᄇᆡᆨ셩을 ᄀᆞᄅᆞ치면 나라에 지덕이 겸젼ᄒᆞᆫ 사ᄅᆞᆷ이 만히 ᄉᆡᆼ길거시오 ᄌᆞ연히 문명ᄒᆞ며 부강ᄒᆞᆫ 나라이 될터이오 헛된 우샹의게 절ᄒᆞ지 말고 실샹으로 계신 하ᄂᆞ님ᄭᅴ 례ᄇᆡᄒᆞ여 금ᄉᆡᆼ 리ᄉᆡᆼ에 복 밧기ᄅᆞᆯ ᄇᆞ라노라

례비일공과 뎨십륙 오월 십삼일

짜빗왕의 즈복홈과 죄를샤홈이라

시편 삼십 이쟝 일졀노 십일졀 ᄭᆞ지라

년조

디명

一 사름이 즈긔의 죄과를 샤ᄒᆞ고 덥ᄂᆞᆫ자ㅣ 복이며 二 사름이 야화화씌 득죄치 아니ᄒᆞ야 ᄆᆞᄋᆞᆷ의 거즛거시 업ᄂᆞᆫ쟈ㅣ 복이로다 三 내가 믁믁ᄒᆞ고 종일도록 탄식ᄒᆞ기에 근골이 쇠ᄒᆞ엿도다 四 야화화씌셔 죠셕으로 나를 칙망ᄒᆞ매 나의 졍긔 ᄆᆞᄋᆞᆷ이 여름날 ᄯᅩ임 ᄀᆞᆺ도다 五 내가 나ㅣ 죄를 알어 숨기지 아니ᄒᆞ고 야화화씌 빌어 ᄀᆞᆯᄋᆞᄃᆡ 내가 나ㅣ 죄를 즈복ᄒᆞ노니 용셔ᄒᆞ쇼셔 ᄒᆞ노라 六 이를 인ᄒᆞ야 경근ᄒᆞᆫ이가 밧음을 볼 ᄯᅢ에 야화화씌 빌어 홍슈가 범람ᄒᆞ여도 지앙이 몸에 밋치지 안케 ᄒᆞ도다 七 내가 환난을 맛나거든 네가 나를 보호ᄒᆞ야 구원ᄒᆞᄂᆞᆫ 고로 내가 찬송ᄒᆞᆷ을 긋치지 안노라 八 내가 너의를 교훈ᄒᆞ야 맛당히 갈길노 인도홀터이니 九 노식와 ᄆᆞᆯ이 지각이 업서셔 사름의게 굴네 씨이고 지갈 먹임을 밧고 그러치 아니면 슌죵치 안ᄂᆞᆫ거슬 본 밧지 말지어다 十 악ᄒᆞᆫ 사름은 근심이 만코 야화화를 밋ᄂᆞᆫ 사름은 은혜를 두루 님ᄂᆞᆫ도다 十一 착ᄒᆞᆫ 사름은 야화화의 은혜를 싱각ᄒᆞ야 환락ᄒᆞ고 올흔 사름은 깃버 찬송ᄒᆞ도다

사무엘긔 하권 십이쟝 일졀노 이십 삼졀과 시편 오십 일쟝을 닑으라

주석

시편은 ᄒᆞᆫ 사름과 ᄒᆞᆫ ᄯᅢ에 지은것 아니오 여러 사름이 지엿ᄉᆞ니 오ᄂᆞᆯ 공부도 짜빗의 지은 바ㅣ라 짜빗은 잘못ᄒᆞᄂᆞᆫ 일이 만히 잇셧ᄉᆞ되 오직 그 험을을 곳 즈복ᄒᆞ며 회ᄀᆡᄒᆞ엿ᄉᆞ며 이번은 큰 죄 잇ᄉᆞ니 (사무엘긔 후셔 십일쟝을 보라) 션지 나단의게 크게 칙망을 들엇ᄉᆞ되 짜빗이 오직 겸손ᄒᆞ고 붓그러ᄒᆞ며 하ᄂᆞ님ᄭᅴ셔 샤ᄒᆞ여 주심을 구ᄒᆞ엿ᄂᆞᆫ지라 (사무엘긔 후셔 십이쟝과 시편 오십 일편을 보라) 우리 이번 공부에도 짜빗이 즈긔 죄를 즈복ᄒᆞ며 하ᄂᆞ님이 뎌를 큰 은혜로 써 주신다 ᄒᆞ엿ᄉᆞ니 누구던지 뎌희 지은 죄를 즈복ᄒᆞ기 젼에는 ᄆᆞᄋᆞᆷ이 답답도 ᄒᆞ고 심히 무거온 짐 진것 ᄀᆞᆺᄒᆞ다가 죄를 즈복ᄒᆞᆷ으로 인ᄒᆞ야 ᄆᆞᄋᆞᆷ이 샹쾌ᄒᆞ고 안위ᄒᆞᆷ을 밧을지라 짜빗이 죄를 지을 ᄯᅢ에 즈긔 험을을 덥허 숨기고 말

을 아니ᄒᆞ매 ᄆᆞᄋᆞᆷ이 편치 못ᄒᆞ고 몸이 괴롭고 압픈것 ᄀᆞᆺᄒᆞ여 입으로는 말을 못ᄒᆞ나 그 ᄆᆞᄋᆞᆷ 속에는 극히 탄식ᄒᆞ더니 하ᄂᆞ님ᄭᅴ셔 그 손으로써 ᄯᅡ빗의게 무겁게 ᄒᆞ샤 ᄶᅡ짓ᄌᆞ심은 더룰 노ᄒᆞ심도 아니요 형벌도 아니요 더룰 ᄉᆞ랑ᄒᆞ심으로 죄 지음을 ᄌᆞ복게 ᄒᆞ심이니 ᄯᅡ빗은 하ᄂᆞ님의 ᄶᅡ짓ᄌᆞ심과 무겁게 ᄒᆞ심을 모로면 그 후에 ᄉᆞ랑ᄒᆞ심과 복 주실것도, ᄯᅩᄒᆞᆫ 모롤지라 무론 누구던지 죄롤 ᄌᆞ복ᄒᆞ고 ᄯᅡ빗과 ᄀᆞᆺ치 ᄒᆞ여 하ᄂᆞ님의 경계ᄒᆞ심을 알면 하ᄂᆞ님ᄭᅴ셔 더롤 수심 중에셔 건져 주샤 깃분 노리로 에우게 ᄒᆞ시리라 사ᄅᆞᆷ이 라귀나 몰과 ᄀᆞᆺ치 미련ᄒᆞ고 고집ᄒᆞ여 하ᄂᆞ님의 경계ᄒᆞ심을 밧지 아니ᄒᆞᄂᆞᆫ쟈ᄂᆞᆫ 필경 죄에 얽미여 망ᄒᆞ리라 ᄯᅡ빗은 죄롤 지여 악ᄒᆞᆫ디 ᄲᅡ지고 지앙을 맛낫ᄉᆞ나 그 죄롤 ᄌᆞ복ᄒᆞ고 회개ᄒᆞ여 하ᄂᆞ님의 경계ᄒᆞ심과 복 주심을 알앗ᄂᆞ니 무론 아모던지 제 죄롤 ᄌᆞ복ᄒᆞ고 ᄯᅡ빗과 ᄀᆞᆺ치ᄒᆞ면 하ᄂᆞ님ᄭᅴ셔 은혜와 복을 주시리라

뭇는말

一 이 시편을 뉘가 져술ᄒᆞ엿ᄂᆞ뇨 二 어ᄂᆞ ᄯᅢ에 지엇ᄂᆞ뇨 三 ᄯᅡ빗왕이 무ᄉᆞᆷ 큰 죄를 범ᄒᆞ엿ᄂᆞ뇨 四 누가 그의 죄롤 널넛ᄂᆞ뇨 五 그 션지가 무ᄉᆞᆷ 비ᄉᆞ로 그 죄를 알게 ᄒᆞ엿ᄂᆞ뇨 六 ᄯᅡ빗왕이 회개ᄒᆞᆫ것슬 엇더케 뵈엿ᄂᆞ뇨 七 하ᄂᆞ님의게 용셔 홈을 밧앗ᄂᆞ뇨 八 엇던 다른 시편에 ᄯᅡ빗의 죄 ᄀᆞᆺᄒᆞᆫ 것슬 말ᄒᆞ엿ᄂᆞ뇨 九 일졀 이졀에 엇던 사ᄅᆞᆷ이 복 밧으리라 말ᄒᆞ엿ᄂᆞ뇨 十 오졀에 그 님군이 ᄌᆞ긔 죄를 뉘게 알게 ᄒᆞᆫ다 ᄒᆞ엿ᄂᆞ뇨 十一 이것시 을흐뇨 十二 하ᄂᆞ님ᄭᅴ셔 그의 긔도를 드로셧ᄂᆞ뇨 十三 칠졀에 무엇슬 의심 업시 말ᄒᆞ엿ᄂᆞ뇨 十四 악ᄒᆞᆫ 사ᄅᆞᆷ의게 무ᄉᆞᆷ 일이 잇겟ᄂᆞ뇨 十五 쥬를 온젼이 밋는 사ᄅᆞᆷ의게 무ᄉᆞᆷ 복이 잇겟ᄂᆞ뇨 十六 말졀에 무ᄉᆞᆷ 권ᄒᆞᄂᆞᆫ 말이 잇ᄂᆞ뇨 (이 공부에 다ᄉᆞᆺ 가지 비홀것슨 잇ᄉᆞ오니 一 죄오 二 교훈ᄒᆞᆫ것시뇨 (삼졀과 ᄉᆞ졀과 구졀에 보리) 三 ᄌᆞ복ᄒᆞᆫ것시오 (오졀에 보라) 四 용셔ᄒᆞᆫ것시니 ᄯᅡ빗이 ᄌᆞ긔 죄롤 ᄌᆞ복ᄒᆞᆫ 후에 용셔ᄒᆞ심을 밧앗고 (일졀과 이졀과 오졀에 보라) 五 복 주신 것시니라

회즁신문

감독의식골단여오신일

량력 오월 십일일에 감독ᄭᅴ셔 시쟝로ᄉᆞ와 홈ᄭᅴ 과쳔덕고ᄀᆡ 가셔셔 남녀 로유 합 삼십 삼인을 셰례주셧ᄂᆞᆫᄃᆡ 그곳 교우들에 모양과 힝실을 본즉 ᄆᆡ오 진실ᄒᆞ고 일심도 되엿스며 셰례 밧ᄂᆞᆫ ᄯᅢ에 엄슉ᄒᆞ고 또 즐거온 ᄆᆞᄋᆞᆷ들이 ᄀᆞ득ᄒᆞ여 형용에 나타내엿시니 이 사ᄅᆞᆷ들은 물노만 셰례를 밧은거시 아니라 츔 셩신 셰례 밧은줄을 분명이 알거시며 또 그곳 남녀 로유들이 엇더케 반갑고 즐거워ᄒᆞᄂᆞᆫ지 이거ᄉᆞᆯ 보니 사ᄅᆞᆷ의 ᄆᆞᄋᆞᆷ으로 능히 못ᄒᆞᆯ거시오 츔 셩신으로 서로 교통되ᄂᆞᆫ 일인줄을 ᄭᆡ닷겟시며 또ᄒᆞᆫ ᄆᆞᄋᆞᆷ에 하ᄂᆞ님도 깃버ᄒᆞ시ᄂᆞᆫ 간증이 잇ᄂᆞᆫ듯ᄒᆞ고 감독의 누만리 나오신 셩력의 깃붐도 쾌히 도을 일일너라 그잇ᄒᆞᆫ날 슈원 셩ᄂᆡ로 갓ᄂᆞᆫᄃᆡ 본도 관찰ᄉᆞ가 샤관을 뎡ᄒᆞ여 주ᄂᆞᆫ지라 그 샤관에셔 점심을 지낸후에 남문누각에 올나가 셩ᄂᆡ의 긔디와 경치를 구경ᄒᆞ니 호구와 인민은 심히 만ᄒᆞ나 아즉은 예수를 밋ᄂᆞᆫ쟈가 업ᄂᆞᆫ지라 ᄆᆞᄋᆞᆷ에 섭섭ᄒᆞ여 그곳셔 류슉ᄒᆞᆯ ᄌᆞ미가 업ᄂᆞᆫ지라 오후에 구경을 맛치고 곳 회환ᄒᆞ여 과쳔덕고ᄀᆡ 와셔 밤을 쉬ᄂᆞᆫᄃᆡ 그날 저녁에 남녀로유 교우들과 동리 구경ᄒᆞ랴온 사ᄅᆞᆷ들이 만흔지라 감독ᄭᅴ셔 셩경으로 권면ᄒᆞ시되 시쟝로ᄉᆞ로 말ᄉᆞᆷ을 통ᄒᆞ야 여러 사ᄅᆞᆷ을 듯게ᄒᆞ시고 또ᄒᆞᆫ 미국에 도라 가시면 이 셰샹에ᄂᆞᆫ 다시 못보겟다 ᄒᆞ시니 사ᄅᆞᆷ들이 락루ᄒᆞ고 슬허도ᄒᆞ나 텬당가셔 다시 맛날 ᄇᆞ람으로 ᄆᆞᄋᆞᆷ을 위로ᄒᆞᄂᆞᆫ 모양이오 그 잇흔날 셔울노 오시ᄂᆞᆫᄃᆡ 남녀로유 근 ᄇᆡᆨ여명이 나와 쟉별ᄒᆞ니 섭섭ᄒᆞᆫ즁 깃붐을 이길수 업더라

ᄆᆞᄋᆞᆷ우회ᄭᆡᆺ뀌ᄂᆞᆫ거시라

이ᄯᅢ를 당ᄒᆞ야 각식 ᄭᆡᆺ시 만흔ᄃᆡ 뎨일 됴흔 ᄭᆡᆺ술 보고져ᄒᆞ거던 사ᄅᆞᆷ ᄆᆞᄋᆞᆷ 우회 ᄭᆡᆺ술 보시오 혹 엇던 사ᄅᆞᆷ이 무ᄅᆞᄃᆡ 지대 지공ᄒᆞ신 하ᄂᆞ님이 엇지 사ᄅᆞᆷ의게 감샤ᄒᆞᆷ을 밧고져 ᄒᆞᄂᆞ뇨 ᄒᆞ니 사ᄅᆞᆷ을 위ᄒᆞ여 알게 ᄒᆞ노라. 하ᄂᆞ님이 사ᄅᆞᆷ더러 감샤ᄒᆞ라 ᄒᆞ심은 하ᄂᆞ님이 감샤ᄒᆞᆷ을 밧고져 ᄒᆞ심이 아니오 사ᄅᆞᆷ의게 유익ᄒᆞᆷ이 잇게코져ᄒᆞ심이라 이거ᄉᆞᆯ 알고져 ᄒᆞ면 조화의 쥬가 만물을 싱셩ᄒᆞ신거ᄉᆞᆯ 시험ᄒᆞ여 보라 뎌 실과 나무가 잇스니 처음에 ᄒᆞᆫ 줄기 움ᄲᅮᆫ으로 닙히 나고 가지도 무셩ᄒᆞᆫ 후에 불가불 ᄭᆡᆺ시 픠고 ᄭᆡᆺ 퓐후에 열ᄆᆡ 밋치ᄂᆞ니 사ᄅᆞᆷ도 이와ᄀᆞᆺ치 히졔로 잇ᄉᆞᆯᄯᅢ 하ᄂᆞ님ᄭᅴ 감샤ᄒᆞᆯ줄 모로다가 셩인된 후에 감샤ᄒᆞᆯ ᄆᆞᄋᆞᆷ이 나셔 셩심으로 감샤ᄒᆞ니 이것시 츔 ᄆᆞᄋᆞᆷ 우회 ᄭᆡᆺ시라 하ᄂᆞ님ᄭᅴ셔 싱셩케 ᄒᆞ시ᄂᆞᆫ 리치ᄂᆞᆫ 쵸목에 진진지셩은 곳쟉쟉지됴니 다시 날빗ᄎᆞ로 빗쵸여 각식 실과를 열니게 ᄒᆞ나 이 실과ᄂᆞᆫ 쥬역에 닐온바 셕과 불식이라 ᄒᆞ니 박패와 복패가 슌환ᄒᆞᄂᆞᆫ 리치라 이 리치ᄂᆞᆫ ᄯᅡ흐로 좃차 나셔 열ᄆᆡ 밋친 후에 ᄯᅡ에 ᄯᅥ러져 움이 다시 나셔 싱싱ᄒᆞ기를 마자 아니ᄒᆞᄂᆞᆫ거시 고금에 일반이라 그런고로 사ᄅᆞᆷ도 ᄯᅩᄒᆞᆫ 이 리치를 ᄇᆡ화 은혜를 엇으면 은혜를 감샤코져 ᄒᆞᆯ거시오 은혜로 감샤ᄒᆞᄂᆞᆫ거ᄉᆞᆫ 은혜를 힝코져 ᄒᆞᆷ이니 이로 말ᄆᆡ암아 은혜로써 은혜를 감샤ᄒᆞ고 다시 은혜로써 은혜를 ᄇᆞ르ᄂᆞᆫ 것시니 이거ᄉᆞᆫ 곳 하ᄂᆞ님ᄭᅴ셔 우리 쥬 예수 그리스도를 주어 만민의 죄를 ᄃᆡ속ᄒᆞ셧스니 그 공로를 알아 감샤ᄒᆞᄂᆞᆫ 사ᄅᆞᆷ은 곳 ᄆᆞᄋᆞᆷ 우회 ᄭᆡᆺ 퓐것시라 김챵식

뎨일권 **죠션 크리스도인 회보** 뎨십칠호

건양 이[illegible] 오월 이십륙일

됴와문답

사ᄅᆞᆷ의 문견이 고루 ᄒᆞ고 스ᄉᆞ로 존대 ᄒᆞᄂᆞᆫ이ᄂᆞᆫ ᄉᆞ긔에 니ᄅᆞ기를 우물 밋헤 개고리라 ᄒᆞ고 사ᄅᆞᆷ이 굿칠ᄃᆡ 굿칠줄 아지 못 ᄒᆞᄂᆞᆫ쟈ᄂᆞᆫ 공ᄌᆞ ᄀᆞᆯᄋᆞ되 언덕에 긋치ᄂᆞᆫ 새만 갓지 못 ᄒᆞ다 ᄒᆞ엿시니 사ᄅᆞᆷ이 학문을 널니 공부ᄒᆞᆫ 후에야 개고리의 탄식을 면 ᄒᆞᆯ거시오 착ᄒᆞᆫ 곳에 굿칠줄을 안 후에야 새보담 나을지라 녜젹 속담에 ᄀᆞᆯᄋᆞ되 물새 ᄒᆞ나이 겨산 대쳔에 두루 다니다가 두레 심에 드러가 개고리ᄅᆞᆯ 보고 ᄒᆞᄂᆞᆫ 말이 그ᄃᆡ가 젹막ᄒᆞᆫ 우물 밋헤 잇서 세샹이 엇더ᄒᆞᆷ을 아지 못 ᄒᆞ니 실노 ᄒᆞᆫ심 ᄒᆞ고 민망 ᄒᆞ도다 나를 좃차 우물 밧게 나아가면 텬디의 광활 ᄒᆞᆷ과 일월의 명랑 ᄒᆞᆷ과 산쳔의 슈려ᄒᆞᆷ과 화초의 번셩 ᄒᆞᆷ을 뎍력히 구경 ᄒᆞᆯ거시오 문견의 고루 ᄒᆞᆷ을 면 ᄒᆞ리니 그ᄃᆡ의 ᄉᆡᆼ각이 엇더 ᄒᆞ뇨 개고리 ᄃᆡ답 ᄒᆞᄃᆡ ᄀᆡᆨ의 말ᄉᆞᆷ이 허황 ᄒᆞ고 오활 ᄒᆞ도다 우리 조샹으로 브터 여러 세ᄃᆡ를 이곳에 사라 렬력도 만히 ᄒᆞ고 풍샹도 격거시되 일직이 텬디가 광활 ᄒᆞᆷ을 듯지 못 ᄒᆞ엿시며 당쟝에도 보거니와 하ᄂᆞᆯ이 더럿타시 젹거ᄂᆞᆯ ᄀᆡᆨ은 엇지ᄒᆞ여 허탄ᄒᆞᆫ 말ᄉᆞᆷ으로 인심을 요동케 ᄒᆞᄂᆞ뇨 나ᄂᆞᆫ ᄌᆞᄌᆞ 손손이 이곳에 ᄉᆡᆼ쟝 ᄒᆞ여 션조의 긔업과 명현의 률법을 직히여 문견도 넉넉 ᄒᆞ고 힝락이 ᄌᆞ족 ᄒᆞ니 ᄀᆡᆨ의 말을 드를리도 업고 밋을것도 업노라 물새가 개고리의 고집 ᄒᆞᆷ을 불샹히 녀겨 굿치 구경 가기를 두세번 간청ᄒᆞᆫᄃᆡ 개고리 대로 ᄒᆞ여 물새를 군츅 ᄒᆞ며 ᄭᅮ지져 ᄒᆞᄂᆞᆫ 말이 너ᄂᆞᆫ 이방에 무지ᄒᆞᆫ 오랑캐로 남의 디방에 공연히 드러와 허탄ᄒᆞᆫ 말과 괴이ᄒᆞᆫ 술법으로 사ᄅᆞᆷ을 유인 ᄒᆞ여 조샹의 셰젼ᄒᆞ든 례법을 곳치게 ᄒᆞ고 ᄇᆡᆨ셩의 "어리셕은 ᄆᆞᄋᆞᆷ을 고혹게 ᄒᆞ니 진실노 내 집의 원슈요 ᄉᆞ문의 죄인이라 두 눈을 부릅ᄯᅳ고 이리ᄯᅱ며 져리ᄯᅱ며 어서 밧비 가라 ᄒᆞ니 물새가 ᄒᆞᆯ수 업서 다른 물노 나라 가고 개고리ᄂᆞᆫ 여젼히 고루 ᄒᆞ다 ᄒᆞ엿시니) 니ᄅᆞᆫ바 지극히 어리셕은거ᄉᆞᆫ 옴길수가 업고 미련ᄒᆞᆫ 고집은 통ᄒᆞᆯ수 업ᄂᆞᆫ지라 이러ᄒᆞᆫ 이야기가 비록 텬루ᄒᆞᆫ것 ᄀᆞᆺᄒᆞ나 무식ᄒᆞᆫ 부녀들과 어리셕은 ᄋᆞᄒᆡ들은 알아 보기 쉬운고로 우리ᄂᆞᆫ 긔록 ᄒᆞ노니 아모 사ᄅᆞᆷ이던지 ᄌᆞ긔 조샹의 보지 안턴 글이라고 훼방 ᄒᆞ지 말고 겸손ᄒᆞᆫ ᄆᆞᄋᆞᆷ으로 학문을 널니 ᄇᆡ와 어두온ᄃᆡ를 ᄇᆞ리고 ᄇᆞᆰ은 빗헤 나아와 착ᄒᆞᆫ 곳에 굿치면 문견에 고루ᄒᆞᆷ을 면 ᄒᆞ고 ᄀᆡ명ᄒᆞᆫ 나라에 진보가 될ᄯᅳᆺ ᄒᆞ더라

례비일공과 뎨십칠 오월 이십일

압샤룡의 모역ᄒᆞᆫ일

사무엘긔 하권 십오쟝 일졀노 십이졀 ᄭᆞ지라

년조 일쳔 이십 삼년 ᄉᆞ년

디명 예루살렘과 히ᄇᆡ론

一 이후에 압샤룡이 수레와 물을 쥰비ᄒᆞ고 하인 오십명을 두어 압회셔 샤환ᄒᆞ게 ᄒᆞ고 二 일죽이 니러나 셩문 곗헤셔셔 송ᄉᆞᄒᆞᆯ 빅셩이 왕ᄭᅴ 지판을 쳥ᄒᆞ는쟈ㅣ 잇ᄉᆞ면 압샤룡이 불너 ᄀᆞᆯᄋᆞ되 어ᄂᆞ 고을 사ᄅᆞᆷ이나 ᄀᆞᆯᄋᆞ되 이스리엘 족쇽 지파로소이다 三 압샤룡이 ᄀᆞᆯᄋᆞ되 너의 일이 올코 곳거ᄂᆞᆯ 다만 왕이 사ᄅᆞᆷ을 파송ᄒᆞ야 쳥송치 아니ᄒᆞ는도다 四 또 ᄀᆞᆯᄋᆞ되 내가 이ᄯᅡ에 ᄉᆞ사가 되여 빅셩이 내게 송ᄉᆞᄅᆞᆯ ᄒᆞ더면 내가 바르게 지판ᄒᆞ여 주리라 ᄒᆞ고 五 압샤룡의게 나아와 절ᄒᆞ고져 ᄒᆞ는쟈ㅣ 잇ᄉᆞ면 압샤룡이 손을 드러 붓들고 입 맛초어 六 이 이스라엘 족쇽이 왕ᄭᅴ 송ᄉᆞᄒᆞ러 오는쟈ᄅᆞᆯ 다 이 모양으로 디졉ᄒᆞ니 이럼으로 압샤룡이 ᄀᆞ만이 인심을 엇더라 七 그 후 ᄉᆞ년에 압샤룡이 왕ᄭᅴ 쳥ᄒᆞ야 ᄀᆞᆯᄋᆞ되 젼에 내가 야화화 압회셔 밍셰ᄅᆞᆯ 발ᄒᆞ엿더니 이제 히ᄇᆡ론에 가셔 그 밍셰ᄅᆞᆯ 시힝코져 ᄒᆞ노니 왕ᄭᅴ셔 허락ᄒᆞ쇼셔 八 왕의 죵이 아난ᄯᅡ 기슐에셔 이왕 밍셰ᄒᆞ여 ᄀᆞᆯᄋᆞ되 만일 야화화ᄭᅴ셔 나ᄅᆞᆯ 예루살렘으로 다려 가시면 내가 야화화ᄅᆞᆯ 셤기겟다 ᄒᆞ엿ᄂᆞ이다 九 왕이 ᄀᆞᆯᄋᆞ되 평안이 가라 ᄒᆞ니 이에 히ᄇᆡ론으로 갈ᄉᆡ 十 압샤룡이 모든 이스라엘 족쇽의게 렴탐군을 보내여 널너 ᄀᆞᆯᄋᆞ되 너희가 나팔 소리ᄅᆞᆯ 듯거든 곳 너의가 불너 ᄀᆞᆯᄋᆞ되 압샤룡이 히ᄇᆡ론에셔 왕이 되엿다 ᄒᆞ라 十一 압샤룡이 예루살렘에셔 사ᄅᆞᆷ 이빅명을 불너 ᄒᆞᆷᄭᅴ 힝ᄒᆞᆯᄉᆡ 그 사ᄅᆞᆷ들이 승품이 질박ᄒᆞ야 그 불측ᄒᆞᆫ ᄭᅬᄅᆞᆯ 모로더라 十二 아희다불은 기록ᄯᅡ 사ᄅᆞᆷ이니 이왕 ᄯᅡ빗의 회의ᄒᆞ는 관원이 되엿더니 이제 기록ᄯᅡ에셔 졔ᄉᆞᄅᆞᆯ 드리거ᄂᆞᆯ 압샤룡이 불너 의론ᄒᆞ니 이에 반당이 날노 강셩ᄒᆞ고 죵ᄌᆞ가 더욱 만터라、

주셕

지나간 공부에 여러번 ᄯᅡ빗은 죄ᄅᆞᆯ 지엿ᄉᆞ되 곳 회기ᄒᆞᆷ으로 써 하ᄂᆞ님ᄭᅴ셔 샤유ᄒᆞ심을 엇엇다 ᄒᆞᆷ이 ᄎᆞᆷ 그러ᄒᆞ나 필경 그 ᄌᆞ작ᄒᆞᆫ 죄얼은 면치 못ᄒᆞ엿ᄉᆞ니 하ᄂᆞ님ᄭᅴ셔 션지 나단으로 ᄒᆞ여곰 이러케 말ᄉᆞᆷᄒᆞ셧는지라(사무엘긔 후셔 십 이쟝 일졀노 십 이졀 ᄭᆞ지 보라) 첫ᄌᆡ는 아희ᄅᆞᆯ 병들어 죽게 ᄒᆞ고 그 후에는 압눈이 더의 누의의게 간음ᄒᆞᆷ으로 압샤룡이 이걸노 인ᄒᆞ야 압눈을 죽여 그 죄ᄅᆞᆯ 갑고 더의 부친을 무서워 도망ᄒᆞ엿다가(사무엘긔 후셔 십이쟝 십오졀 브터 ᄯᅩ 십삼쟝을 보라) 이 후로는 압샤룡이 회기ᄒᆞ는체 ᄒᆞ고 아바지의게 도라와셔 ᄒᆞᆼ샹 역적ᄒᆞᆯ ᄆᆞᄋᆞᆷ을 두엇는지라 이 모든 일노써 ᄯᅡ빗을 하ᄂᆞ님ᄭᅴ셔 더의 죄ᄅᆞᆯ 싱각게 ᄒᆞ심이라 압샤룡은 봉치가 아름답고 머리 털이 심히 만코 무거오며 (사무엘긔 후서 십ᄉᆞ쟝 이십 오륙절을 보라) 말ᄒᆞᄂᆞᆫ 모양도 슌량ᄒᆞ여 ᄂᆞᆷ이 듯기에 됴케 ᄒᆞ니 다만 이 멧가지가 외모에만 이러ᄒᆞ되 그 ᄆᆞᄋᆞᆷ은 교만ᄒᆞᆷ과 간샤ᄒᆞ며 ᄂᆞᆷ을 고마온 ᄆᆞᄋᆞᆷ도 업고 다만 뎨 몸만 유익ᄒᆞᆷ을 취ᄒᆞᄂᆞᆫ지라 교만ᄒᆞᆫ ᄆᆞᄋᆞᆷ이 더옥 크매 온갓 범절과 위의ᄅᆞᆯ 왕과 ᄀᆞᆺ치 범람케 ᄒᆞ며 ᄌᆞ긔 몸을 놉히고져 ᄒᆞ여 ᄇᆡᆨ셩들의 걱정됨과 어려워ᄒᆞᆷ을 보면 심히 잇겨 힘쓰ᄂᆞᆫ 모양을 뵈이며 사ᄅᆞᆷ마다 되ᄒᆞ여 말ᄒᆞ기ᄅᆞᆯ 나ᄂᆞᆫ 놉흔 권세만 잇ᄉᆞ면 너희ᄅᆞᆯ 다 ᄆᆞᄋᆞᆷ되로 편케 ᄒᆞ리라 ᄒᆞᆷ은 디롬 아니라 그 ᄇᆡᆨ셩을 속이고 여러 인심을 엇어 ᄌᆞ긔ᄅᆞᆯ 놉히고져 ᄒᆞᆷ이라 이럿듯 여러번 ᄒᆞ다가 그 후에 뎌의 부친을 속이고 어ᄃᆡ로 졔ᄉᆞ 드리러 간다 ᄒᆞ고 나아가셔 온ᄯᅡ 사ᄅᆞᆷ을 모아 왕업을 ᄂᆞ히 도모ᄒᆞᆷ이니 압사룡은 하ᄂᆞ님ᄭᅦ셔 셰ᄒᆞ신 님군을 공경치 아니ᄒᆞ며 ᄉᆞ랑ᄒᆞᄂᆞᆫ 아바지ᄅᆞᆯ 비반ᄒᆞ매 하ᄂᆞ님ᄭᅴ 죄ᄅᆞᆯ 크게 지은지라 압사룡의 일을 보고 공부ᄒᆞᆯ거ᄉᆞᆫ 쳣재ᄂᆞᆫ ᄌᆞ긔 몸을 놉히지 말며 교만ᄒᆞᆫ톄 ᄒᆞ지 말며 부모ᄅᆞᆯ 비반ᄒᆞ지 말며 ᄌᆞ긔 샤샤 일을 나라 일보다 즁히 녁이지 말지니 이럿듯 악을 힝ᄒᆞᄂᆞᆫ 사ᄅᆞᆷ들은 맛ᄎᆞᆷ내 죽고 망ᄒᆞᆷ을 면치 못ᄒᆞ리로다,

뭇ᄂᆞᆫ 말

一 압샤룡이 뉘 아ᄃᆞᆯ이뇨 二 그이가 부모ᄅᆞᆯ 슌죵ᄒᆞᄂᆞᆫ 사ᄅᆞᆷ이뇨 三 압샤룡이 무엇ᄒᆞ기ᄅᆞᆯ 갈둥ᄒᆞ엿ᄂᆞ뇨 四 님군 되기 원ᄒᆞᄂᆞᆫ ᄯᅳᆺ슬 엇더케 뵈엿ᄂᆞ뇨 五 웨 일즉 니러나 문에 안져셧ᄂᆞ뇨 六 압샤룡이 그 문으로 송ᄉᆞᄒᆞ려 드러오ᄂᆞᆫ 사ᄅᆞᆷ드려 무엇시라 말ᄒᆞ엿ᄂᆞ뇨 七 웨 압샤룡이 ᄉᆞᄉᆞ 되기ᄅᆞᆯ 원ᄒᆞ엿ᄂᆞ뇨 八 이거시 ᄇᆡᆨ셩을 위ᄒᆞᆷ이뇨 ᄌᆞ긔 욕심을 위ᄒᆞᆷ이뇨 九 압샤룡의 힝실로 ᄒᆞ여 ᄇᆡᆨ셩의게 무ᄉᆞᆷ 관계가 되엿ᄂᆞ뇨 十 압샤룡이 그 님군의게 무엇ᄉᆞᆯ 청ᄒᆞ엿ᄂᆞ뇨 十一 ᄯᅡ빗왕이 엇더케 ᄃᆡ답ᄒᆞ엿ᄂᆞ뇨 十二 압샤룡이 이스라엘 지파의게 웨 념탐군을 보내엿ᄂᆞ뇨 十三 예루살렘에셔 압샤룡이 몃 사ᄅᆞᆷ을 ᄃᆞ리고 갓ᄂᆞ뇨 十四 뉘게 압샤룡을 보내엿ᄂᆞ뇨 十五 그의 당이 엇더ᄒᆞ엿ᄂᆞ뇨 (역적은 ᄯᅳᆺ못니 악ᄒᆞ니) 하ᄂᆞ님을 거ᄉᆞ리고 쥬의 기롬 바르신 이를 거ᄉᆞ렷ᄉᆞ며 부모ᄅᆞᆯ 거ᄉᆞ려 괴탄이 업시 못ᄒᆞᆯ 일이 업ᄉᆞᆺᄂᆞ니라 이거시 모도 춤 죄니 압샤룡의 힝위ᄅᆞᆯ 보면 아조 죄로 판 박은 사ᄅᆞᆷ이니라 사무엘긔 샹권 십오쟝 이십 삼절과 마랍긔 일쟝 륙절과 잠언 팔쟝 삼십 륙절과 누가 륙쟝 ᄉᆞ십 륙절에 보라 (부모의게 공경ᄒᆞᄂᆞᆫ거시 맛당ᄒᆞᆫ 직분이니) 뎌의 경계ᄒᆞᄂᆞᆫ 말을 조심ᄒᆞ며 명령을 슌죵ᄒᆞ며 어려실제 뎌의 인도ᄒᆞ심을 심복ᄒᆞ며 쟝셩ᄒᆞ매 부모의게 공경ᄒᆞ고 효도ᄒᆞ여 압샤룡과 ᄀᆞᆺ치 말고 예수와 ᄀᆞᆺ치 ᄒᆞ라 출애굽 이십쟝 십이졀과 이십 일쟝 십칠졀과 이불소 륙쟝 일졀노 삼졀ᄭᆞ지와 챵셰긔 ᄉᆞ십 오쟝 십일졀과 신명긔 이십 일쟝 십팔졀노 이십 일졀과 잠언 십삼쟝 일졀과 십오쟝 오졀과 누가 이쟝 오십 일졀에 보라

회중신문

다른집

엇던 미국 부인이 ᄌᆞ긔의 친구의게 편지 ᄒᆞ여 ᄒᆞᆫ· 젼심으로 예수교 밋는 이의 일을 니야기 ᄒᆞ엿더라 그 부인이 ᄒᆞ로는 그 근쳐 ᄒᆞᆫ 늙은 부인을 차져 보러 갓는ᄃᆡ 그 늙은 부인은 불과 일년지닉에 상비 ᄒᆞ고 ᄯᆞᆯ과 오라비를 닐코 다른 싱존ᄒᆞᆫ 지친이 업는 부인이라 그러나 그 부인의 의복과 모양에 거샹ᄒᆞ는 표가 업고 얼골과 언어의 안위홈과 ᄌᆞ긔 몸을 닛는 싱각과 ᄯᅳᆺ과 ᄆᆞᄋᆞᆷ의 화평홈을 보고 대단히 기이히 녁엿는지라 ᄯᅩᄒᆞᆫ 도셜로 토론을 ᄒᆞ는ᄃᆡ 하ᄂᆞ님의 ᄉᆞ랑ᄒᆞ시는 실리와 밋음의 평안홈과 죽지 아니ᄒᆞ는 희망이 착ᄒᆞᆫ 부인의게는 다 쉬온 일이오 ᄯᅩᄒᆞᆫ 이 모든거ᄉᆞᆯ 어린ᄋᆞ희 모양ᄀᆞᆺ치 밧기를 구ᄒᆞ더라 심방ᄒᆞ러온 부인이 말ᄒᆞ기를 반시동안에 수작ᄒᆞᆫ 말솜이 내가 이젼에 다른 교우의게 드른 말보다 희망ᄒᆞ는것과 안위ᄒᆞ는 ᄆᆞᄋᆞᆷ을 더 만히 보히되 부인이 지금 당ᄒᆞᆫ 신일은 하ᄂᆞ님의 ᄌᆞ식 된쟈ㅣ 흔히 당치 아니ᄒᆞ는 고난이로다 ᄒᆞ니 그 부인이 ᄃᆡ답ᄒᆞ기를 지금 가군과 동긔와 ᄌᆞ식이 비록 내게셔 ᄯᅥ나 갓스나 아조 멀니 간거시 아니라 내가 어렷슬 때에 내가 미우 ᄉᆞ랑ᄒᆞ는 누의 ᄒᆞᆫ분이 츌가ᄒᆞ야 갓는ᄃᆡ 그 식가이 우리 집에셔 삼리 쯔음 되는지라 처음에는 내가 눈이 붓ᄂᆞ록 우더니 ᄒᆞ로는 내 모친이 말솜ᄒᆞ기를 네 웨 이러케 근심ᄒᆞᄂᆞ냐 네 누의가 우리를 ᄯᅥ나 간거ᄉᆞ 아니오 다만 더 길아리로 다른 집 ᄒᆞ나흘 더 작만ᄒᆞ러 갓스니 그 집은 우리가 가랴ᄒᆞ면 지금이라도 곳 갈수 잇고 ᄯᅩᄒᆞᆫ 이 우리 집과ᄀᆞᆺ치 ᄉᆞ랑이 츙만ᄒᆞ고 쾌락ᄒᆞᆫ 집이라 지금은 네가 젼보다 집 ᄒᆞ나히 더 싱겻다 네 갓을 쓰고 오너라 나와 홈씌 그 집에 가 보자 ᄒᆞ녓스니 내가 그 말솜을 드른 후는 다시 눈물을 흘니며 울지 아니ᄒᆞ엿슴줄을 불션가샹ᄒᆞ리로다 이 고샹과 ᄀᆞᆺᄃᆡ 지금 우리 친속들이 이 세샹 집을 ᄯᅥ낫스나 그들이 걸니 간거시 아니오 다만 다른 집으로 건너 간거시라 나도 오리지 아니ᄒᆞ여 거긧슬대 ᄒᆞᆫ 모양으로 내 갓을 차자 쓰고 그들을 차자 보러 가겟다 ᄒᆞ더라 하ᄂᆞᆯ 우헤 거ᄒᆞᆫ 여러 녀소가 잇는줄을 밋고 ᄒᆞᆼ샹 그곳을 쳐다 보는고로 ᄒᆞᆫ량업는 깃분 우숨으로 얼골에 주름 잡힌거ᄉᆞ 졀노 펴히고 쾌락ᄒᆞᆫ ᄆᆞᄋᆞᆷ으로 론ᄒᆞᆫ 눈이 광쳐가 나더라 우리가 ᄀᆡ 부인과 ᄀᆞᆺ치 우리의 싱명이 무덤 삿베 깃는줄을 알면 죽는것도 무셔울거ᄉᆞ 업고 샹고 당ᄒᆞ는것도 고통홀것 업고 거샹홀대게 눈물 흘닐것도 겁슬지라 그 부인의 밋음이 큰 션싱이 말솜ᄒᆞ시기를 죽는거ᄉᆞᆫ 잠명과 ᄉᆞ랑ᄒᆞ는 벗슬 좁베 홈이 아니라 오히려 넓베 홈이라 ᄒᆞ신 말솜을 본밧아 홈이라 내여 죽엄은 우리가 하ᄂᆞ님의 큰 살님에 더 련속ᄒᆞ는거시니라

죠선국문

윤치호

우리 나라 국문은 지극히 편리하고 지극히 용이하나 아(ㅏ ㆍ) 음가 둘인고로 가령 네 사람이 사람인 자를 쓰면 혹은(사람) 혹은(사람) 혹은(ᄉᆞ람) 혹은(ᄉᆞ름) 이리 쓰나 숙시숙비를 알니오 글자 쓰는 법이 모호하면 서칙을 만들기가 동몽을 가르치기에 심히 착난하니 자금으로는 아리아(ㆍ)자는 다만 뒤밧치는 자(기 닉 티)와 토굿(ᄀᆞ ᄂᆞᆫ ᄅᆞᆫ) 맛추는 되만 쓰고 다른 되는 모도 큰아(ㅏ)자를 통용하면 되단히 편리할뿐 아니라 말을 올세 아시는 쎄군은 이되로 시힝하시고 합의 안는 세군은 무삼 다른 방편을 말하야 종속히 일정ᄒᆞᆫ 규모를 광용하면 진실노 우리나라 교육에 크게 유익 할듯

뎨일권

죠션 크리스도인 회보

건양이년 륙월초이일

뎨십팔호

졔물포교회론

오월 이십 이일에 감독께셔 경셩을 떠나실시 죠션 교우와 셔국 목ᄉᆞ로 더브러 쟉별 ᄒᆞᆯ때에 그 련련ᄒᆞᆫ 졍의와 무궁ᄒᆞᆫ 회포는 가히 측량 ᄒᆞᆯ수가 업더라 우리는 처ᄌᆞ를 거ᄂᆞ리고 졔물포 ᄭᆞ지 젼송 ᄒᆞ고 됴원시 목ᄉᆞ는 그 동안 셔울셔 잇다가 그때야 인쳔으로 ᄒᆞᆫ가지 향 ᄒᆞ니라 이십 삼일 례비에 감독과 여러 목ᄉᆞ와 부인과 죠션 여러 교우가 다 룡동 회당에셔 쥬일을 지닐시 아참 열시에 우리가 됴원시 목ᄉᆞ의 지휘를 좃차 ᄒᆞᆫ 십분 동안을 젼도 ᄒᆞ는ᄃᆡ 마태 복음 칠쟝 일졀노 이십 일졀 ᄭᆞ지 본 후에 뎐당 좁은 문으로 나아가는 리치를 아는ᄃᆡ로 잠간 론셜 ᄒᆞ고 그 후에 감독께셔 젼도 ᄒᆞ시고 됴원시 목ᄉᆞ가 죠션 말노 번역ᄒᆞ야 들니는ᄃᆡ 그 대강령 ᄯᅳᆺ신즉 사ᄅᆞᆷ의 부모 된이는 ᄌᆞ식을 ᄉᆞ랑 ᄒᆞ고 ᄌᆞ식 된이는 부모의게 효도 ᄒᆞ는거시 이 셰샹에셔 복 이나 그러나 이보다 더 큰 복이 잇ᄉᆞ니 하ᄂᆞ님께셔 이 셰샹 만민을 ᄌᆞ녀 ᄀᆞᆺ치 지극히 ᄉᆞ랑 ᄒᆞ시고 만민들이 하ᄂᆞ님을 육신 양육 ᄒᆞ는 부모 보다 더 공경 ᄒᆞ는거시라 ᄒᆞ시고 ᄯᅩ 말ᄉᆞᆷ ᄒᆞ시기를 우리 도는 힘써 외인의게 젼파 ᄒᆞ야 ᄒᆞᆫ 사ᄅᆞᆷ도 알지 못 ᄒᆞ는이가 업게 ᄒᆞ는거시 뎨일 ᄇᆞ라는 바ㅣ라 원컨ᄃᆡ 죠션 인민들은 셩경을 잘 공부 ᄒᆞ시오 만약 구셰쥬의 교훈 ᄒᆞ신ᄃᆡ로 봉ᄒᆡᆼ ᄒᆞ면 민간에셔로 송ᄉᆞ ᄒᆞ는 폐가 업슬터인즉 죠션 나라이 ᄎᆞᆷ 문명지치를 닐외리라고 됴흔 말ᄉᆞᆷ을 만히 강론 ᄒᆞ시니 듯는쟈ㅣ 뉘 아니 감복 ᄒᆞ리오 그 다음에 됴원시 목ᄉᆞ가 ᄯᅩ 유리ᄒᆞᆫ 말ᄉᆞᆷ으로 여러 사ᄅᆞᆷ의 흉즁에 모식 ᄒᆞᆫ거ᄉᆞᆯ 열어 주는지라 그 때에 인쳔 감리ᄉᆞ 리지졍씨가 회당에 와셔 감독의 젼도 ᄒᆞ는 말ᄉᆞᆷ을 미우 ᄌᆞ미 잇게 듯더니 뭇 사ᄅᆞᆷ의게 연셜 ᄒᆞ기를 이런 셩교를 겨 ᄒᆞ로만 듯지 말고 ᄎᆞᆷ ᄆᆞᄋᆞᆷ으로 쥰ᄒᆡᆼ ᄒᆞ여 나라에 유익ᄒᆞᆫ ᄇᆡᆨ셩들이 되라고 간졀이 권면 ᄒᆞ더라 말ᄉᆞᆷ을 맛치매 일졔히 하ᄂᆞ님께 찬미 ᄒᆞ고 파 ᄒᆞ니라○오후에 다시 모혀셔 의찬을 베프러 우리 교우가 서로 동포 형뎨 ᄀᆞᆺ치 ᄉᆞ랑 ᄒᆞ는 ᄯᅳᆺ슬 표 ᄒᆞ며 각기 깃부고 감샤ᄒᆞᆫ거ᄉᆞᆯ 간증 ᄒᆞ고 져녁에 ᄯᅩ 례비 ᄒᆞ는ᄃᆡ 민목ᄉᆞ가 됴흔 말ᄉᆞᆷ으로 만히 젼도 ᄒᆞ니라○그 잇흔날 감독께셔 감리부에 회샤 ᄎᆞ로 가시는ᄃᆡ 됴원시씨도 ᄯᆞ라 간지라 감리ᄉᆞ가 졉ᄃᆡ도 미우 관곡히 ᄒᆞ엿ᄂᆞᆫᄃᆡ 더러 말ᄉᆞᆷ ᄒᆞ기를 나는 근일에 **죠션 크리스** 인회보를 미우 ᄌᆞ미 잇게 보노라고 ᄒᆞ더라

례비일공파 뎨십팔 륙월 륙일

압샤롱의 죽은일

사무엘긔 하권 십팔쟝 이십 ᄉᆞ졀노 삼십 삼졀

년조 일쳔 이십 삼년 ᄉᆞ년

디명 예루살렘과 히ᄡᅳ론

二四 ᄯᅡ빗이 셩문 ᄉᆞ아에 안졋더니 슈직군이 문루에 올나셔 눈을 드러 보매 ᄒᆞᆫ 사ᄅᆞᆷ이 홀노 다ᄅᆞ오거ᄂᆞᆯ 二五 슈직군이 소리 질너 왕ᄭᅴ 고ᄒᆞ니 왕이 골ᄋᆞᄃᆡ 만일 ᄒᆞᆫ 사ᄅᆞᆷ이면 소식 젼ᄒᆞ려 오ᄂᆞᆫ 쟈로다 그 사ᄅᆞᆷ이 졈졈 갓가히 오더니 二六 슈직군이 보매 ᄯᅩ ᄒᆞᆫ 사ᄅᆞᆷ이 다ᄅᆞ 오거ᄂᆞᆯ 문졸ᄃᆞ려 닐너 골ᄋᆞᄃᆡ ᄒᆞᆫ 사ᄅᆞᆷ이 ᄯᅩ 다ᄅᆞ 온다ᄒᆞ니 왕이 골ᄋᆞᄃᆡ 그 사ᄅᆞᆷ도 쇼문 젼ᄒᆞ려 오ᄂᆞᆫ 쟈로다 二七 슈직군이 골ᄋᆞᄃᆡ 처음에 다ᄅᆞ 오던 사ᄅᆞᆷ의 거ᄅᆞᆷ은 사독의 아ᄃᆞᆯ 아회마샤와 ᄀᆞᆺᄒᆞ니이다 왕이 골ᄋᆞᄃᆡ 그ᄂᆞᆫ 됴흔 사ᄅᆞᆷ이라 반ᄃᆞ시 됴흔 쇼문을 젼ᄒᆞ리라 ᄒᆞ더니 二八 아회마샤가 왕ᄭᅴ 고ᄒᆞ야 골ᄋᆞᄃᆡ 다 잘 되엿ᄂᆞ이다 ᄒᆞ고 왕의 압헤 업ᄃᆡ여 골ᄋᆞᄃᆡ 찬숑ᄒᆞ노니 하ᄂᆞ님 야화화ᄭᅴ셔 우리쥬 우리왕ᄭᅴ 범샹ᄒᆞ던 쟈ᄅᆞᆯ 잡아 왕의 손에 너헛ᄂᆞ이다 二九 왕이 골ᄋᆞᄃᆡ 쇼ᄌᆞ 압샤롱이 평안ᄒᆞ냐 아회마샤ㅣ 골ᄋᆞᄃᆡ 요압이 왕의 죵과 밋 나ᄅᆞᆯ 보낼 ᄯᅢ에 내가 보매 여러 사ᄅᆞᆷ이 헌화ᄒᆞ더니 무ᄉᆞᆷ 연고인지 아지 못ᄒᆞ겟ᄂᆞ이다 三十 왕이 골ᄋᆞᄃᆡ 네 잠간 물너가 엽헤 잇스라 ᄒᆞᆫᄃᆡ 드ᄃᆡ여 물너가 엽헤 셧더니 三一 고시가 니ᄅᆞ러 골ᄋᆞᄃᆡ 우리쥬 우리 왕이여 소식을 젼ᄒᆞᄂᆞ이다 오ᄂᆞᆯ날 야화화ᄭᅴ셔 왕을 거역ᄒᆞ던 쟈ᄅᆞᆯ 보슈ᄒᆞ엿ᄂᆞ이다 三二 왕이 골ᄋᆞᄃᆡ 쇼ᄌᆞ 압샤롱이 평안ᄒᆞ냐 고시 골ᄋᆞᄃᆡ 우리쥬 우리 왕의 원슈와 모든 범샹ᄒᆞ야 왕ᄭᅴ 해ᄒᆞ고져 ᄒᆞᄂᆞᆫ 이ᄂᆞᆫ 다 저 쇼ᄌᆞ와 ᄀᆞᆺ홀지니이다 三三 왕이 너무 셜허ᄒᆞ야 문루에 올너 울며 힝ᄒᆞ여 골ᄋᆞᄃᆡ 우리 아ᄃᆞᆯ 압샤롱아 나ㅣ 아ᄃᆞᆯ 나ㅣ 아ᄃᆞᆯ 압샤롱아 하ᄂᆞ님 야화화ᄭᅴ셔 날노 너ᄅᆞᆯ ᄃᆡ신ᄒᆞ야 죽게 ᄒᆞ엿더면 됴핫겟도다 나ㅣ 아ᄃᆞᆯ 나ㅣ 아ᄃᆞᆯ 압샤롱아

주석

이 공부에 말을 ᄌᆞ세히 알나 ᄒᆞ면 사무엘긔 후셔 십오쟝과 십륙 십칠 십팔쟝을 다 보라 압샤롱이 모역ᄒᆞᄂᆞᆫ 일이 졈졈 큰지라 ᄯᅡ빗이 이 말을 듯고 락담ᄒᆞ여 곳 츙근ᄒᆞᆫ 사ᄅᆞᆷ으로 더브러 피난ᄒᆞ려 ᄒᆞᆯ시 대궐 안에ᄂᆞᆫ 궁녀 십명만 두어 직히게 ᄒᆞ며 그젹에 사울노ᄅᆞᆯ 피ᄒᆞ여 ᄃᆞᆫ일 ᄯᅢ에 ᄯᅡ르던 죵인 륙ᄇᆡᆨ명이 지금 ᄯᅩ ᄒᆞᆫ ᄀᆞᆺ치 가ᄂᆞᆫ지라 그 즁에 이태라 ᄒᆞᄂᆞᆫ 사ᄅᆞᆷ은 그젼 브터 ᄯᅡ빗을 심히 ᄉᆞ랑ᄒᆞ여 좃차며 이제도 ᄯᅡ빗과 ᄒᆞᆷᄭᅴ 가려 ᄒᆞ거ᄂᆞᆯ ᄯᅡ빗은 이태ᄃᆞ려 셩에 도라가 편히 잇스라 ᄒᆞ되 이태ᄂᆞᆫ ᄯᅡ빗을 굿이 ᄯᆞ라 죽도록 셤기려 ᄒᆞ거ᄂᆞᆯ 그후에 이태가 요압과 아비새와 ᄒᆞᆫ가지로 군ᄉᆞ 얼마식을 거ᄂᆞ려 다ᄉᆞ리게 ᄒᆞᄂᆞᆫ지라 、하ᄂᆞ님의 법궤ᄅᆞᆯ 졔ᄉᆞ쟝이 가지고 ᄯᅡ빗을 ᄯᆞ르랴 ᄒᆞᆯ제 ᄯᅡ빗

이 만류 ᄒᆞ여 예루살렘에 잇스라 ᄒᆞ고 ᄯᅩ 호ᄉᆞ를 예루살렘에 드려 보냄은 그 곳에서 압샤룡의 일 ᄒᆞᄂᆞᆫ 쇼문을 들어 짜빗의게 통긔 ᄒᆞ여 탐지코져 ᄒᆞᆷ이라 짜빗과 ᄇᆡᆨ셩들이 피난 ᄒᆞ여 갈제 ᄆᆞᄋᆞᆷ이 심히 슯허 ᄒᆞ고 답답 ᄒᆞᆯ즈음에 셔파ㅣ 나아와 짜빗왕의게 음식을 드리며 말 ᄒᆞ되 메비파셜이 반심을 두어 왕업을 ᄇᆞ라매 왕과 원슈 되엿다 ᄒᆞ거늘 짜빗이 이 속이ᄂᆞᆫ 말을 올케 듯고 마비파셜의게 잇ᄂᆞᆫ 산업을 다 셔파의게 주마고 허락 ᄒᆞ엿더니 그 후에 거즛말 ᄒᆞᆫ줄 알엇ᄂᆞᆫ지라 (사무엘긔 하셔 십구쟝 이십 ᄉᆞ졀 브터 삼십졀 ᄭᆞ지 보라) 호ᄉᆞ가 예루살렘에 드러가 압샤룡의게 거즛 진실 ᄒᆞᆫ 모양을 뵈고 도여ᄒᆞᆯ 계교를 여ᄎᆞ 여ᄎᆞ ᄒᆞ라 ᄒᆞ니 첫ᄉᆞ매 압샤룡이 밋고 그ᄃᆡ로 좃ᄂᆞᆫ지라 호ᄉᆞᄂᆞᆫ 압샤룡의 ᄒᆞᄂᆞᆫ 일을 졔ᄉᆞ장의게 일일히 말 ᄒᆞ여 이ᄃᆡ로 짜빗의게 통긔 ᄒᆞ게 ᄒᆞ니 압샤룡은 군ᄉᆞ도 만코 쟝슈 잇ᄉᆞ되 패 ᄒᆞ엿ᄉᆞ매 압샤룡의 머리털이 나모에 얽혀 몸을 ᄲᆡ치지 못 ᄒᆞᆯ제 요압이 즉시 드러가 짜빗이 죽이지 말나 ᄒᆞᆫ 압샤룡을 창으로 질너 죽이고 ᄇᆡᆨ셩으로 ᄒᆞ여곰 ᄶᅡ해 뭇고 그 우헤 돌을 만히 ᄊᆞ 두엇더라 ᄇᆡᆨ셩들이 짜빗을 ᄉᆞ랑 ᄒᆞ여 젼쟝에 나아가지 못ᄒᆞ게 ᄒᆞ매 셩문에 올나 다만 무ᄉᆞᆷ 소식만 기ᄃᆞ리더니 ᄒᆞᆫ 도라오ᄂᆞᆫ 쟈를 보고 왕업을 일코 아니 일흠은 뭇지 아니 ᄒᆞ고 다만 압샤룡이 잘 잇ᄂᆞ냐 ᄒᆞᆷ은 부모들이 ᄌᆞ식을 ᄉᆞ랑 ᄒᆞ매 ᄌᆞ식으로 인 ᄒᆞ야 목숨도 앗기지 아니 ᄒᆞᆷ이로다

뭇는말

一 압샤룡이 웨 뎌의 아바니 그 님군의 권세를 역탈 ᄒᆞ려 ᄒᆞ엿ᄂᆞ뇨 二 이ᄯᅢ에 그 님군이 예루살렘에 잇셧ᄂᆞ뇨 三 그가 어ᄃᆡ로 갓ᄂᆞ뇨 四 압샤룡이 예루살렘에 드러가서 ᄌᆞ긔 군ᄉᆞ와 무엇 ᄒᆞ기를 예비 ᄒᆞ엿ᄂᆞ뇨 五 짜빗의 군ᄉᆞ와 압샤룡의 군ᄉᆞ가 엇더케 싸왓ᄂᆞ뇨 六 짜빗의 군ᄉᆞ가 젼쟝에 나갈 ᄯᅢ에 압샤룡을 엇더케 ᄒᆞ라 명 ᄒᆞ엿ᄂᆞ뇨 七 이 글장 오결에 보라 八 압샤룡이 샹수리 나무 밋흐로 고 가다가 무ᄉᆞᆷ 일을 당 ᄒᆞ엿ᄂᆞ뇨 九 압샤룡이 엇더케 되엿ᄂᆞ뇨 十 짜빗이 젼쟝 소문을 어ᄃᆡ셔 기ᄃᆞ렷ᄂᆞ뇨 마하님 두문 ᄉᆞ이에셔 기ᄃᆞ렷ᄂᆞ니라 十一 뉘가 젼쟝 소식을 보 ᄒᆞ엿ᄂᆞ뇨 十二 웨 그러케 샹심 ᄒᆞ엿ᄂᆞ뇨 十三 압샤룡의 죽은거시 우리의게 무ᄉᆞᆷ 경계가 되ᄂᆞ뇨 一 범죄 ᄒᆞ면 필경에 멸망 ᄒᆞᆷ을 모폐치 못 ᄒᆞᄂᆞ니 죄의 갑슨 죽ᄂᆞᆫ거시오 (라마 륙쟝 이십 삼졀) 二 짜빗이 ᄌᆞ긔 아ᄃᆞᆯ 압샤룡을 위ᄒᆞ야 샹심 ᄒᆞᆫ것 보덤 예수ᄭᅴᄂᆞᆫ 모든 회과치 안ᄂᆞᆫ 사ᄅᆞᆷ을 위 ᄒᆞ여 더 샹심 ᄒᆞ셧고 三 압샤룡이 역적질 ᄒᆞᆯ ᄆᆞᄋᆞᆷ이 잇셧시니 새 ᄆᆞᄋᆞᆷ을 두어야 ᄒᆞᆯ거시오 그ᄂᆞᆫ 태ᄌᆞ오 외양 ᄯᅩᆨᄯᅩᆨᄒᆞᆫ 사ᄅᆞᆷ이나 악ᄒᆞᆫ ᄆᆞᄋᆞᆷ이 잇셧스니 우리ᄂᆞᆫ 예수와 ᄀᆞᆺ차 ᄆᆞᄋᆞᆷ을 시롭게 먹어야 ᄒᆞᆯ거시니라

첫폭연속

우리는 졔물포 교회를위 ᄒᆞ야 하ᄂᆞ님ᄭᅴ 감샤ᄒᆞᆯ노니 오년 젼에 회당을 셜시 ᄒᆞᄂᆞᆫᄃᆡ 쟝이 삼간이요 광이 이간이라 작고ᄒᆞᆫ 노병일씨가 그 ᄯᅢ에 거긔셔 범ᄉᆞ를 보ᄉᆞᆲ히ᄂᆞᆫᄃᆡ 학습인은 다만 김긔범씨 ᄒᆞᆫ분 ᄲᅮᆫ이요 리명숙씨도 잇스나 쥬일 이면 례비 참예 ᄒᆞᄂᆞᆫ 사ᄅᆞᆷ이 몃명이 되지 아니 ᄒᆞ여 회당에 삼분지 일을 겨우 ᄎᆞ지 ᄒᆞ더니 이번 쥬일에 본즉 모힌 교우가 근 이ᄇᆡᆨ 명이라 방안이 좁아 ᄂᆞᆼ히 용슬 ᄒᆞᆯ수가 업셔 문 밧긔 ᄭᅡ지 둘너 서셔 젼도 ᄒᆞᄂᆞᆫ 말ᄉᆞᆷ을 듯더라 ○열 여ᄉᆞᆺ달 젼에 거긔 잇던 목ᄉᆞ가 미국에 도라 갓다가 이번에 나와셔 본즉 기간에 교우가 얼마가 더 느럿시니 우리는 ᄉᆡᆼ각 ᄒᆞ기를 지금은 죠션 형뎨 즁에셔도 독실히 젼도 ᄒᆞᄂᆞᆫ이가 죵죵 잇ᄉᆞᆫ즉 교회의 흥왕 ᄒᆞ고 안키를 젼혀 셔국 사ᄅᆞᆷ만 밋을거시 아닐듯 ᄒᆞ더라 ○대개 우리교회ᄂᆞᆫ 나라를 위 ᄒᆞ고 ᄇᆡᆨ셩을 위 ᄒᆞᄂᆞᆫ 도라 죠션 인민이 만약 진심으로 우리 도를 봉ᄒᆡᆼ ᄒᆞ면 우ᄒᆞ로ᄂᆞᆫ 대군쥬 폐하의 명령을 승슌 ᄒᆞᆯ거시요 아래로ᄂᆞᆫ 서로 ᄉᆞ랑 ᄒᆞ기를 간격이 업시 ᄒᆞᆯ터인즉 나라 안에 무ᄉᆞᆷ 걱정과 무ᄉᆞᆷ 렴녀가 잇스리오 그런즉 교회를 위 ᄒᆞ야 인민의게 젼도 ᄒᆞᄂᆞᆫ거시 아니요 인민을 위 ᄒᆞ야 교회를 각쳐에 셜립 ᄒᆞᄂᆞᆫ거시니 졔물포 교회와 ᄀᆞᆺ치 다른 곳에도 ᄎᆞᄎᆞ 우리 교회가 흥왕 ᄒᆞ여셔 죠션이 속히 긔화에 진보가 되기를 군졀히 ᄇᆞ라노라

담비의해로옴이라

누구던지 담비를 도모지 먹지 아니 ᄒᆞᄂᆞᆫ 거시 유익 ᄒᆞ니 흔이 담비를 먹ᄂᆞᆫ 사ᄅᆞᆷ은 그 닙 맛시 담비를 먹지 아니 ᄒᆞᄂᆞᆫ 사ᄅᆞᆷ 보다 됴치 아니 ᄒᆞ고 죽을ᄯᅢ ᄭᅡ지 불평 ᄒᆞᆫ거시 만ᄒᆞ니라 이런 담비를 과히 먹ᄂᆞᆫ 사ᄅᆞᆷ은 여러가지 병이 잇ᄂᆞ니 힘 줄이 약 ᄒᆞ고 가ᄉᆞᆷ이 답답 ᄒᆞ고 념통이 더 벌덕 벌덕 ᄒᆞ고 슈젼증이 나고 안력에 대단히 해롭고 여러가지 병이 만ᄒᆞ니라 담비 즁에 외국 지권연초ᄂᆞᆫ 해로옴이 더옥 만ᄒᆞ니 그 담비 마ᄂᆞᆫ 됴히를 ᄯᅳᆯ ᄯᅢ에 비샹과 독ᄒᆞᆫ거ᄉᆞᆯ 너코 ᄒᆞᄂᆞᆫ 연고ㅣ니라 아모던지 담비를 만히 먹어 이런 독ᄒᆞᆷ이 잇ᄂᆞᆫ 이어던 이거ᄉᆞᆯ ᄒᆡ독 ᄒᆞ려 ᄒᆞ면 ᄆᆡ우 힘잇고 검은 가피차를 먹으면 됴ᄒᆞ니라 도모지 셰계 샹에 누구던지 다 담비를 ᄭᅳᆫᄒᆞ면 유익 ᄒᆞᆫ거시 ᄆᆡ우 만ᄒᆞᆯ줄을 아노라 (그리스도신문)

대일권

죠션 크리스도인 회보

건양 … 륙월 초구일

대십구호

인도국흉년론

인도 국은 아셰아 남편 데일 큰 영국 쇽방이라 인구가 삼억 만명 인ᄃᆡ 이 나라 ᄯᅡᆼ 삼분지 일에 흉악ᄒᆞᆫ 흉년이 드러 거의 삼쳔 만명 인구가 먹을거시 업서 긔갈이 으ᄎᆡ 경상이 참혹 ᄒᆞ다더라 일이십 칠년 젼에도 흉년이 드러 일쳔 만명이 주려 죽고 이십년 젼에 ᄯᅩ 흉년이 드러 거진 륙ᄇᆡᆨ 만명이 죽엇시니 죠션 십삼도 인구보덤 반이나 되、 일음으로 말 ᄒᆞ면 십이년 동안에 흉년이 ᄒᆞᆫ번식 들고 일도 ᄂᆡ로 말 ᄒᆞ면 이십 년에 열차요 젼국으로 말 ᄒᆞ면 ᄇᆡᆨ년에 일이차 ᄉᆡ온 ᄇᆡᆨ번이 흉년이 드니 신분 넘는 이들이! 인도 국이 엇지 ᄒᆞ야 이ᄀᆞᆺ치 자조, 흉년 드는거슬 무러 볼너라 이 나라 인민이 다ᄉᆞᆺ 즁에 네ᄉᆞᆫ 농ᄉᆞ로 ᄉᆡᆼ업 ᄒᆞ고 그 외에는 흙질삼 ᄒᆞ기와 ᄉᆞ긔 믄돌기와 각ᄉᆡᆨ 공장노롯 ᄒᆞ여 그 믄드는 물건을 농부의게 팔아 피차에 의지 ᄒᆞ고 사나 만일 농부가 농ᄉᆞ를 잘 ᄒᆞ면 공장의 믄드는 물건을 사쳐 못 ᄒᆞ고 공장은 도 물건 팔지 못ᄒᆞ야 서로 ᄉᆞ경에 니르고 ᄯᅩ ᄇᆡᆨ셩이 빈한 ᄒᆞ여 주려 죽을 밧게 업는 연고는 인민의 ᄉᆞ업 ᄒᆞ는거시 젹고 압뒤 집에서도 서로 ᄃᆡ왕치 못 ᄒᆞ는 모양이며 십년 동안에 인구가 ᄇᆡᆨ에 열 사ᄅᆞᆷ이 더 느러 ᄯᅢᄯᅢ로 모여 일식지 계를 간신이 ᄒᆞ고 먹을것시 귀ᄒᆞᆯ ᄯᅢ에는 미명에 미일 료식 ᄒᆞᆫ줌 밧게 지ᄂᆡ지 못 ᄒᆞ고 흉년이면 그도 업ᄉᆞ니 이 디방이 근본 졔도 근쳐라 긔후가 너무 더워 ᄇᆡᆨ셩이 게으르고 소산이 젹어 그러 ᄒᆞ나 대개 사ᄅᆞᆷ의 ᄉᆡᆼ명을 보젼 ᄒᆞᆯ것슨 잇서야 ᄒᆞᆯ너라 ○인도 국에 두ᄯᅢ 장마가 잇서 농ᄉᆞ를 잘 ᄒᆞ고 잘못 ᄒᆞ기는 비 오는ᄃᆡ 달녓는ᄃᆡ 륙월 칠월 팔월에 비가 잘 오면 농부가 셔쇽을 파죵 ᄒᆞ여 가을에 츄슈가 잘 되고 십월 십일월에 비가 잘 오면 농부가 모믹을 파죵 ᄒᆞ여 봄 츄슈가 잘 되되 만일 비가 아니 오면 륙디가 사장이 될ᄲᅮᆫ더러 농사를 밋고 사던 삼억 만명이 죽을 지경에 니르니 엇지 아니 불샹 ᄒᆞ리오 (미완)

레비일공과 뎨십구 륙월 십삼일

소로문의 왕된일

렬왕긔 샹권 일쟝 십 팔절노 삼십 구절

변조 쥬 강싱 젼 일쳔 십 오년

디명 예루살렘

二八 짜빗왕이 ᄀᆞᆯᄋᆞᄃᆡ 발시파를 브르라 발시파ㅣ
드ᄃᆡ여 왕의 압헤 뫼셔 시거놀 二九 三十 왕이 밍셰
ᄒᆞ여 ᄀᆞᆯᄋᆞᄃᆡ 녜젹에 내가 이스라엘 족쇽의
하ᄂᆞ님 야화화를 ᄀᆞᄅᆞ쳐 너의게 밍셰 ᄒᆞ여 ᄀᆞᆯᄋᆞ
ᄃᆡ 네 아ᄃᆞᆯ 소로문이가 반ᄃᆞ시 나를 이어 왕이
되리라 ᄒᆞ엿더니 이제 내가 ᄯᅩᄒᆞᆫ 나를 환난 즁에
구원 ᄒᆞ신 야화화를 ᄀᆞᄅᆞ쳐 밍셰 ᄒᆞ노니 반ᄃᆞ시
이와 ᄀᆞᆺ치 힝 ᄒᆞ리라 三一 발시파가 ᄯᅡ에 업ᄃᆡ여
절 ᄒᆞ여 ᄀᆞᆯᄋᆞᄃᆡ 우리쥬 짜빗왕은 쳔셰나 살으쇼셔
三二 짜빗왕이 ᄀᆞᆯᄋᆞᄃᆡ 졔ᄉᆞ 살독과 션지 나단과 야
하야와 아ᄃᆞᆯ 비나야를 불너 오라 왕의 압헤 다
너ᄅᆞ거놀 三三 왕이 닐너 ᄀᆞᆯᄋᆞᄃᆡ 너의가 왕의 하인
을 다리고 내 아ᄃᆞᆯ 소로문으로 ᄒᆞ여곰 내 라귀를
ᄐᆞ고 기훈으로 가게 ᄒᆞ여 三四 졔ᄉᆞ 살독과 션지
나단으로 ᄒᆞ여곰 기름으로 써 바르고 이스라엘
왕을 삼고 라팔을 브러 원컨ᄃᆡ 하ᄂᆞ님ᄭᅴ셔 소로
문왕을 도아 주쇼셔 ᄒᆞ고 三五 너의가 반ᄃᆞ시 좃차
가 나를 ᄃᆡ신 ᄒᆞ야 왕노릇 ᄒᆞ게 ᄒᆞ라 대개 내가
명 ᄒᆞ야 이스라엘과 유대 족쇽의 왕을 삼엇노라
三六 야하야의 아ᄃᆞᆯ 비나야가 ᄃᆡ답ᄒᆞ여 ᄀᆞᆯᄋᆞᄃᆡ 쇼
원이로쇼이다 원컨ᄃᆡ 우리쥬 우리왕의 하ᄂᆞ님
야화화도 이와 ᄀᆞᆺ치 명 ᄒᆞ쇼셔 三七 젼에 야화화ᄭᅴ
셔 우리쥬 우리왕을 도아 주시더니 이제 ᄯᅩᄒᆞᆫ 소
로문을 도으샤 그 나라로 ᄒᆞ여곰 짜빗왕 ᄯᅢ보담
더 크게 ᄒᆞ여 주쇼셔 三八 이제 졔ᄉᆞ 살독과 션지
나단과 야하야의 아ᄃᆞᆯ 비나야와 여브와 하인이
ᄒᆞᆷᄭᅴ 나아가 소로문으로 ᄒᆞ여곰 짜빗왕의 라귀를
ᄐᆞ고 기훈에 니ᄅᆞ러 三九 회막 안에 ᄲᅮᆯ에 기름을
너허 두엇거놀 졔ᄉᆞ 살독이 취 ᄒᆞ야 소로문을 기
름 바르고 그후에 라팔을 불며 여러 무리가 소리
ᄒᆞ여 ᄀᆞᆯᄋᆞᄃᆡ 원컨ᄃᆡ 하ᄂᆞ님ᄭᅴ셔 소로문왕을 도
아 주쇼셔 ᄒᆞ더라

주석

압샤룡이 죽은지 팔년이 되매 짜빗은 나히 늙고
몸이 쇠약 ᄒᆞ여 ᄇᆡᆨ셩의게 나아가 ᄃᆞᆫ이지 못 ᄒᆞ엿
ᄉᆞ되 그러ᄒᆞ나 ᄇᆡᆨ셩은 더옥 ᄉᆞ랑 ᄒᆞ며 셤기더라
요압이 스ᄉᆞ로 혜아리되 짜빗왕이 그 젼에는 나
를 밋브게 알되 압샤룡 죽은 후로는 나를 의심ᄒᆞᆯ
이 만ᄒᆞᆯ지라 짜빗이 여러 아ᄃᆞᆯ 즁에 그 우ᄒᆞ로
삼형뎨 다 죽엇ᄉᆞ니 쟝ᄌᆞ 압눈은 압샤룡의게 죽
고 돌ㅅ지 아ᄃᆞᆯ은 ᄋᆞ히로 잇슬ᄯᅢ 죽고 셋ㅅ지 압샤룡
은 란리에 나아 갓다가 요압의게 죽엇는지라 그
다음 아ᄃᆞᆯ 아다니아는 압샤룡과 ᄀᆞᆺ치 ᄆᆞᄋᆞᆷ이 교
만 ᄒᆞ고 스ᄉᆞ로 놉흔톄 ᄒᆞ며 그 부친 왕업을 ᄯᅩ
도ᄒᆞ려 ᄒᆞ매 일후에 짜빗이 죽은후 왕업을 뎨가
엇지 못 ᄒᆞᆯ가 ᄒᆞᆷ은 이젼에 하ᄂᆞ님ᄭᅴ셔 소로문

의게 나라를 허락 ᄒᆞ신줄을 알매 (력ᄃᆡ지략 젼셔 이십,이장 팔구십졀을 보라) 이제 미리 여적 ᄒᆞᆯ ᄆᆞᄋᆞᆷ을 두고 요압과 졔ᄉᆞ쟝 아비아달과 다른 사ᄅᆞᆷ을 다 사괴여 ᄌᆞ긔를 도아 준다 ᄒᆞ되 션지 나단과 졔ᄉᆞ쟝 살독이며 다른 밋ᄂᆞᆫ 사ᄅᆞᆷ 몃치 응락지 아니 ᄒᆞᄂᆞᆫ지라 아다니아ㅣ 뎌의 부친이 나히 늙고 몸이 연약 ᄒᆞ니 란리를 니ᄅᆞ키지 아니 ᄒᆞ여도 왕업을 엇으리라 ᄒᆞ고 슈레와 츄죵을 압샤룡쳐럼 셩ᄒᆞ게 ᄒᆞ고 잔치 ᄒᆞ여 여러 사ᄅᆞᆷ들이 쳔셰를 부ᄅᆞ게 ᄒᆞ며 ᄌᆞ칭 ᄒᆞ여 왕이 되엿다 ᄒᆞ니 놀션지 나단이 이 일을 알고 ᄯᅡ빗의게 고 ᄒᆞ니 (렬왕긔 젼셔 일쟝 오졀 브터 이십 칠졀 ᄭᆞ지 보라) ᄯᅡ빗이 이 말을 드ᄅᆞ매 나히 늙고 힘이 쇠약 ᄒᆞ엿ᄉᆞ되 그 ᄆᆞᄋᆞᆷ은 조곰도 놀남이 업서 션지 나단과 졔ᄉᆞ쟝 살독으로 ᄒᆞ여곰 소로문을 불너 기름을 발나고 왕의 라귀를 ᄐᆡ우고 ᄇᆡᆨ셩으로 더브러 온 셩으로 도라 쳔셰를 부ᄅᆞ게 ᄒᆞ니 아다니아와 여러 사ᄅᆞᆷ들이 이ᄯᅢ에 잔치를 ᄒᆞ다가 이 소ᄅᆡ를 듯고 이거시 엇지 된 일인줄 몰나 ᄒᆞᆯ ᄌᆞ음에 사ᄅᆞᆷ이 와서 젼ᄒᆞᄂᆞᆫ 말을 ᄌᆞ세히 알고 도아 준다 ᄒᆞ든 사ᄅᆞᆷ이 즉시 ᄒᆞ터 도망 ᄒᆞ며 아다니아ᄂᆞᆫ 소로문이 뎌를 죽일ᄭᆞ 두려워 ᄒᆞ야 하ᄂᆞ님의 거륵ᄒᆞᆫ 단 압헤 나아가 의지 ᄒᆞ엿ᄂᆞᆫ지라 악을 힝ᄒᆞᄂᆞᆫ쟈ㅣ ᄒᆞᆼ샹 놀나기 쉬온지라 소로문은 하ᄂᆞ님ᄭᅴ셔 ᄐᆡᆨ ᄒᆞ시며 ᄯᅡ빗도 그ᄃᆡ로 ᄐᆡᆨ ᄒᆞ여 그 ᄇᆡᆨ셩들이 ᄃᆡ옥 소로문을 반가온 ᄆᆞᄋᆞᆷ으로 공경 ᄒᆞ고 요란 ᄒᆞᆷ이 업시 이젼 ᄯᅡ빗왕 ᄯᅢ와 ᄒᆞᆫ 모양이라 구약 ᄉᆞ긔 여러 님군 즁에 특별 ᄒᆞᆫ이ᄂᆞᆫ 소로문이니 이ᄂᆞᆫ 하ᄂᆞ님의 ᄐᆡᆨ ᄒᆞ심과 아바지의게 허락 ᄒᆞ심으로 그 왕업을 니어 아바지가 ᄊᆞ화 이긔고 셰운바 셩과 ᄊᆞ히며 지물을 다 가지며 ᄯᅩ 하ᄂᆞ님의 허락 ᄒᆞ신 셩뎐을 창건 ᄒᆞ엿ᄉᆞ니 하ᄂᆞ님ᄭᅴ 은혜도 만히 밧고 사ᄅᆞᆷ의게 ᄯᅩᄒᆞᆫ 놉힘을 밧앗ᄉᆞ며 뎌의 형 압샤룡과 아다니아ᄂᆞᆫ 교만ᄒᆞ고 ᄌᆞ긔 몸만 유익 ᄒᆞᆷ을 ᄉᆡᆼ각 ᄒᆞ여 ᄌᆞ긔를 놉히기를 됴화 ᄒᆞ매 일노ᄡᅥ 망 ᄒᆞᆫ쟈ㅣ 되엿ᄉᆞ며 소로문은 지혜롭게 ᄆᆞᄋᆞᆷ이 인후 ᄒᆞ며 하ᄂᆞ님의 ᄐᆡᆨ ᄒᆞ신바 인즉 하ᄂᆞ님의 은혜와 놉힘을 밧앗ᄂᆞ니라

뭇ᄂᆞᆫ말

一 누가 이스라엘 처음 님군이뇨 二 둘재 님군의 일홈이 무엇시뇨 三 ᄯᅡ빗이 죽은 후에 ᄯᅡ빗의 엇던 아ᄃᆞᆯ이 님군이 되기를 원 ᄒᆞ엿ᄂᆞ뇨 四 누가 아다니아의 역모 ᄒᆞᆯ거슬 님군의게 고 ᄒᆞ엿ᄂᆞ뇨 五 님군 ᄯᅡ빗이 소로문 모친의게 무ᄉᆞᆷ 허락을 ᄒᆞ엿ᄂᆞ뇨 六 그가 허락 ᄒᆞᆫ바를 직히고져 ᄒᆞ엿ᄂᆞ뇨 七 그가 엇던 세 사ᄅᆞᆷ을 불넛ᄂᆞ뇨 八 무ᄉᆞᆷ 교훈을 그들의게 ᄒᆞ엿ᄂᆞ뇨 九 그 님군의 라귀를 소로문 ᄃᆞ려 ᄐᆞ고 ᄒᆞᆫ 뜻이 무엇시뇨 ᄃᆡ답 님군만 라귀를 ᄐᆞ고 ᄯᅩᄒᆞᆫ ᄌᆞ긔가 허락 ᄒᆞᆫ거시니라 十 소로문왕을 누가 기름 발낫ᄂᆞ뇨 十一 이거시 ᄯᅡ빗왕의 ᄆᆞᄋᆞᆷᄃᆡ로 ᄒᆞᆫ거시뇨 十二 이거시 그 ᄇᆡᆨ셩의게 무ᄉᆞᆷ 관계가 되엿ᄂᆞ뇨

인도국흉년론

첫쟝속연

우리가 지금 인도 국에 흉년 든것슬 드러 알거니와 작년 가을 비는 인도 즁앙에만 오지 안코 여름 비도 역시 만이 오지 아니 ᄒᆞ여 ᄒᆞᆫ 디방에 사는 빅셩들 슈효가 죠션 젼국 인구보덤 ᄉᆞ비가 더 되는 팔쳔 만명이 다 흉년을 당 ᄒᆞ여 다 죽을 지경에 니른지라○ᄒᆞᆫ 교회 신문에 ᄒᆞ엿ᄉᆞ되 쳔여 동리에 버러 먹든 사ᄅᆞᆷ들이 혹 제의 집에셔도 아ᄉᆞᄒᆞ고 로변에 와 슈풀 속에셔도 죽엇ᄉᆞ니 슈풀에셔 죽은것슨 나무 ᄲᅮ리와 입시와 나무 줄기를 ᄯᅳ더 먹고 싱명을 보젼 ᄒᆞ려 ᄒᆞ다가 도로여 병을 엇어 죽엇다 ᄒᆞ엿ᄉᆞ며 그 죽은것과 죽어 가는 형샹을 샤진으로 모본 ᄒᆞ엿는ᄃᆡ 녀인들은 어린 ᄋᆞ히들 안ᄭᅩ 정신 업시 안졋ᄉᆞ며 ᄋᆞ히들은 품 안에셔 무슴 먹을 슬 달나는 모양인지 가긍 ᄒᆞ고 참혹 ᄒᆞ여 파리ᄒᆞᆫ 형용을 참아 볼수 업고 엇던 사ᄅᆞᆷ은 다 히여진 옷스로 압흘 반만 가리오고 나무 밋헤 누엇는ᄃᆡ 무지ᄒᆞᆫ 오쟉들과 탐심 만흔 여호들은 지 먹기만 싱각 ᄒᆞ고 나무 ᄭᅳᆺ과 언덕 우희 여긔 져긔 안져셔 사ᄅᆞᆷ 죽기만 기다리니 누구라사 구졔 ᄒᆞ며 어느 ᄌᆞ손이 엄토 ᄒᆞᆯ가 삼ᄉᆞ월 긴긴 히에 호르는이 눈물이오○수쳔호 곳곳마다 들니는이 곡셩일듯 이 그림을 보는 이는 이 졍경을 쳥각 ᄒᆞ면 누가 아니 감동 ᄒᆞ며 누가 아니 탄식 ᄒᆞ랴 혹 말 ᄒᆞᄃᆡ 인도 국에 흉년은 죠션에 샹관이 업다 ᄒᆞ나 ᄉᆞ히 안은 다 형뎨요 사ᄅᆞᆷ ᄉᆞ랑 ᄒᆞ기를 ᄌᆞ긔 몸과 ᄀᆞᆺ치 ᄒᆞ는것시 우리 교회에 힘ᄒᆞ는 바ㅣ라 셰 에 지명ᄒᆞᆫ 나라들은 원근과 쳔소를 불계 ᄒᆞ고 각기 연금 ᄒᆞ여 이 빅셩을 구졔 ᄒᆞ며 죠션 잇는 외국 인과 그리스도 신문샤에셔 각기 슈젼 ᄒᆞ여 보조 ᄒᆞ엿ᄉᆞ니 우리 **회보**를 보는이도 돈을 닉여 구졔 ᄒᆞ되 ᄒᆞᆫ량 이면 ᄒᆞᆫ 시ᄅᆞᆷ이 ᄒᆞ로를 죽지 안닐것시오 삼십 량이면 ᄒᆞᆫ달은 죽지 아닐터이라 셩경에 ᄀᆞᆯᄋᆞ샤ᄃᆡ 음수 먹을 때에 붕우나 친쳑이나 부쟈 니웃슬 쳥 ᄒᆞ지 마라 그 사ᄅᆞᆷ들이 네게 갑흘가 두려오니 오지 가난ᄒᆞᆫ 쟈와 병든 쟈를 쳥 ᄒᆞ여야 네가 복이 잇슬것슨 뎌희들이 능히 갑지 못 ᄒᆞᆷ이라 ᄒᆞ고 ᄯᅩ ᄀᆞᆯᄋᆞ샤ᄃᆡ 형뎨와 ᄌᆞ민들의 의식이 업는것슬 보고 말 ᄒᆞ되 가셔 잘 닙고 잘 먹으라 ᄒᆞ며 돈 ᄒᆞᆫ푼도 주지 아니면 무슴 ᄉᆞ랑 ᄒᆞᆷ이 잇ᄉᆞ리오 ᄒᆞ엿ᄉᆞ니 슬푸다 우리 동포 형뎨들아 셰샹에 음덕을 ᄊᆞᆺ는것슨 죽는 사ᄅᆞᆷ을 구 ᄒᆞᆷ이 뎨일이오 쟝ᄅᆡ에 복 밧기는 지물을 하ᄂᆞᆯ에 ᄡᅡ는것시 엇듬이니 ᄇᆞ라건ᄃᆡ 여러 형뎨들은 다파를 혐의치 말고 형셰ᄃᆡ로 연금 ᄒᆞ여 졍동 아편셜라 목ᄉᆞ 집으로 가져 오면 우리가 깃부게 슈합 ᄒᆞ여 죵속히 인도 국으로 보내겟고 이 다음 **회보**에 보조금을 거두는ᄃᆡ로 어ᄃᆡ셔 얼마 내고 어ᄃᆡ셔 얼마 되다고 ᄇᆞᆰ히 고 ᄒᆞ겟ᄂᆞ이다

뎨일권

죠션크리스도인회보

뎨이십호

건양이년 륙월십륙일

악ᄒᆞᆫ나무에됴ᄒᆞᆫ가지를졉붓치는비유라

ᄒᆞᆫ 사ᄅᆞᆷ이 널은 봄에 어린 아ᄃᆞᆯ을 다리고 산언덕에 가셔 심샹ᄒᆞᆫ 나무 ᄒᆞᆫ나틀 킈다가 과목동산 가온ᄃᆡ 심으니 그 ᄋᆞ히 우스며 말ᄒᆞ기를 아바ᄌᆞ여 헛되이 슈고롭게 마옵쇼셔 이 ᄀᆞᆺᄒᆞᆫ 나무ᄂᆞᆫ 아모리 옴겨 북도들지라도 못ᄎᆞᆷᄂᆡ 됴ᄒᆞᆫ 실과를 밋지 못ᄒᆞᆯ리이다 그 아밤이 ᄀᆞᆯᄋᆞᄃᆡ 여러말 마라 이 나무를 네가 엇지 알니오 ᄋᆞ희의 말이 이런 나무가 어ᄃᆡ 업ᄉᆞ오며 누가 일지 못ᄒᆞᆯ리잇가 ᄒᆞᆫ거ᄂᆞᆯ 아밤이 ᄀᆞᆯᄋᆞᄃᆡ 네가 그것만 알고 그 속은 알지 못ᄒᆞᄂᆞᆫ도다 이 나무가 지금은 됴치 못ᄒᆞ나 일후에 능히 됴ᄒᆞᆫ 실과가 가지마다 ᄀᆞ득 ᄒᆞᆯ거시니 그 ᄯᅢ야 네가 보면 ᄌᆞ연이 ᄭᆡ닷ᄂᆞᆫ 도리가 잇스리라 ᄒᆞ더니 몃ᄂᆞᆯ 후에 그 ᄋᆞ히가 다시 동산에 놀너 가셔 본즉 그 아밤이 독긔를 가지고 그 나무의 곁가지를 다 베히고 고든 막ᄃᆡ를 나무 곁히 심어 원줄기를 ᄒᆞᆫ데 ᄃᆡ고 노ᄭᆞᆫ으로 단단이 묵거 료동치 안케 ᄒᆞᆫᄃᆡ 그 ᄋᆞ히 엿ᄌᆞ오되 뎨승미ᄃᆡ로 ᄌᆞ라게 두ᄂᆞᆫ거시 엇더ᄒᆞ오니잇가 아밤이 ᄀᆞᆯᄋᆞᄃᆡ 이러케 ᄒᆞ여야 풍우에 료동치도 안코 우마가 능히 회샹치도 못ᄒᆞ야 목리가 곳기도 ᄒᆞ고 잘 ᄌᆞ라기도 ᄒᆞᄂᆞᆫ 법이니라 ᄒᆞ고 ᄋᆞ히의 손을 잇글고 집으로 도라 가니라 그 이듬히 봄에 ᄋᆞ희를 더블고 동산에 가니 그 나무가 ᄌᆞ라기ᄂᆞᆫ ᄒᆞᆫ 길이나 되고 몸 부폐ᄂᆞᆫ ᄒᆞᆫ 줌이 놈ᄂᆞᆫ지라 아밤이 ᄒᆞᆯ연이 찻던 쟝도를 ᄲᅢ야 들고 그 나무 우ᄒᆞ로 반을 ᄶᅥᆨ어 바리니 그 ᄋᆞ히 놀ᄂᆡ여 ᄯᅡ에 업ᄃᆡ여 뭇ᄌᆞ오ᄃᆡ 일년이나 ᄌᆞ란거ᄉᆞᆯ 엇지 일조에 이ᄃᆡ지 박ᄃᆡᄒᆞ시ᄂᆞ잇가 그 아밤이 ᄀᆞᆯᄋᆞᄃᆡ 다시 보아라 ᄒᆞ고 드ᄃᆡ여 동산 속에 뎨일 됴흔 실과나무 ᄒᆞᆫ 가지를 베혀다가 그우헤 졉붓쳐 묵근 후에 흙으로 단단이 ᄊᆞ고 우스며 ᄀᆞᆯᄋᆞᄃᆡ 이 나무가 만일 산야에 잇셧더면 목동의 낫아래 물건이 되야 뉘집 부억의 화목이 되얏슬넌지 모를것슬 지금은 이러ᄒᆞᆫ 됴흔 가지로 졉을 붓쳣스니 일후에 됴흔 실과를 가히 엇겟도다 수년 후에 다시 셔와 본즉 가지 가지 무수ᄒᆞᆫ 실과가 능히 사ᄅᆞᆷ으로 ᄒᆞ여곰 입에 춤이 흐르게 ᄒᆞᄂᆞᆫ지라 아밤이 아ᄃᆞᆯ을 도라보고 ᄀᆞᆯᄋᆞᄃᆡ 지금은 네가 이 나무를 엇더케 보ᄂᆞ냐 ᄋᆞ히 ᄃᆡ답ᄒᆞ되 긔이ᄒᆞ고 아름답소이다 아밤이 ᄀᆞᆯᄋᆞᄃᆡ 부ᄃᆡ 조심ᄒᆞ여라 악ᄒᆞᆫ 사ᄅᆞᆷ이라도 만약 허물을 곳치면 가히 착ᄒᆞᆫ 군ᄌᆞ가 될거시니 엇지 이 나무와 ᄀᆞᆺ지 아니ᄒᆞ냐 이 나무가 근본은 됴치 아닌거ᄉᆞᆯ 네가 보지 아니ᄒᆞ엿ᄂᆞ냐 사ᄅᆞᆷ의 변ᄒᆞᄂᆞᆫ거시 ᄯᅩᄒᆞᆫ 이와 ᄀᆞᆺᄒᆞ니 삼가 회ᄀᆡᄒᆞ야 부모와 션싱의 교훈을 어긔지 말고 일후에 됴흔 실과 밋기를 군결히 ᄇᆞ라노라 ᄒᆞ엿다더라

례비일공과 데이십 륙월 이십일일

소로몬이지혜를구ᄒᆞᆫ일

렬왕긔 상권 삼쟝 오졀노 십 오졀

변조 쥬 강ᄉᆡᆼ 젼 일쳔 십 ᄉᆞ년

디명 긔변

五 긔변 ᄯᅡ에셔 밤에 야화화ᄭᅴ셔 소로몬의게 현몽 ᄒᆞ야 ᄀᆞᆯᄋᆞ샤ᄃᆡ 네가 무어ᄉᆞᆯ 원 ᄒᆞ던지 말 ᄒᆞ라 六 소로몬이 ᄀᆞᆯᄋᆞᄃᆡ 네젼에 우리 아바지 ᄯᅡ빗이 진실무망 ᄒᆞ야 착ᄒᆞᆷ을 ᄒᆡᆼ ᄒᆞ고 하ᄂᆞ님 압헤 올흔 일을 ᄒᆡᆼ ᄒᆞᆫ지라 하ᄂᆞ님ᄭᅴ셔 후은을 베프샤 아ᄃᆞᆯ노 그 위를 잇게 ᄒᆞ시니 곳 이졔 보ᄂᆞᆫ 바이ᄋᆞᆸ고 七 나의 쥬 야화화ᄭᅴ셔 ᄌᆞᆼ으로 ᄒᆞ야곰 왕을 삼으샤 아바지 ᄯᅡ빗을 ᄃᆡ신 ᄒᆞ게 ᄒᆞ시거ᄂᆞᆯ 나ᄂᆞᆫ 오히려 어려셔 츌립 ᄒᆞᆯ줄 모로나이다 八 하ᄂᆞ님ᄭᅴ셔 ᄐᆡᆨ ᄒᆞ신 ᄇᆡᆨ셩이 심히 만허 불가 승슈여ᄂᆞᆯ 죵이 그 가온ᄃᆡ 잇ᄉᆞ오니 九 누가 능히 이 만흔 ᄇᆡᆨ셩의 송ᄉᆞ를 드르오릿가 원컨ᄃᆡ ᄌᆞᆼ으로 ᄒᆞ야곰 지혜를 주샤 시비를 갈희게 ᄒᆞ여 주쇼셔 十 야화화ᄭᅴ셔 소로몬의 긔도를 드르시고 심히 깃버 ᄒᆞ샤 十一 ᄀᆞᆯᄋᆞ샤ᄃᆡ 네가 슈와 부와 젹국 이긔기를 구ᄒᆞ지 아니 ᄒᆞ고 오직 총혜 ᄒᆞᆷ을 구 ᄒᆞ야 시비를 갈희고져 ᄒᆞ니 十二 내가 곳 너의 구ᄒᆞᆷ을 허락ᄒᆞ야 지혜와 총명을 주어 젼무 후무케 ᄒᆞᆯ터이오 十三 ᄯᅩᄒᆞᆫ 너의 구ᄒᆞ지 아니 ᄒᆞᆫ바 ᄌᆡ물과 영화를 주어 셩젼에 비ᄒᆞᆯ 님군이 업게 ᄒᆞ리라 十四 만일 네가 너의 아비 ᄯᅡ빗의 ᄒᆡᆼ ᄒᆞᆫ바와 ᄀᆞᆺ치 나의 도를 ᄒᆡᆼ ᄒᆞ고 나의 률법과 명령을 진희면 내 ᄯᅩᄒᆞᆫ 너로 향슈케 ᄒᆞ리라 十五 소로몬이 ᄌᆞᆷ을 ᄭᆡ매 ᄒᆞᆫ ᄭᅮᆷ이라 드ᄃᆡ여 예루살렘에 니르러 야화화 법궤 압헤셔셔 번졔와 슈은졔를 드리고 신하로 더브러 잔치 ᄒᆞ니라

주석

ᄯᅡ빗이 왕업을 젼위 ᄒᆞᆫ후 소로몬의게 여러 가지 일을 ᄀᆞᄅᆞ쳐 주니 소로몬은 처음에ᄂᆞᆫ 하ᄂᆞ님을 ᄉᆞ랑 ᄒᆞ며 그 부친의 ᄀᆞᄅᆞ침을 슌죵 ᄒᆞ며 셩뎐 짓기를 힘 ᄡᅳᄂᆞᆫ지라 소로몬이 그 젼에 하ᄂᆞ님의 쟝막과 단 잇ᄂᆞᆫ 긔변으로 나아가 하ᄂᆞ님ᄭᅴ 졔ᄉᆞ 드릴졔 (렬왕긔 젼셔 삼쟝 일졀 브터 ᄉᆞ졀ᄭᆞ지 보라) 죵일토록 일심으로 드리고 밤이 되매 ᄯᅩᄒᆞᆫ ᄆᆞᄋᆞᆷ이 ᄒᆞᆫᄀᆞᆯ ᄀᆞᆺ치 ᄒᆞ니 하ᄂᆞ님ᄭᅴ셔 현몽ᄒᆞ샤ᄃᆡ 네가 구ᄒᆞᆯ바ㅣ 무엇ᄉᆞᆯ 말 ᄒᆞ라 ᄒᆞ심은 인ᄌᆞ ᄒᆞ시고 ᄉᆞ랑 ᄒᆞ심을 나타 내심이요 하ᄂᆞ님ᄭᅴ셔 소로몬의 요긴 ᄒᆞᆫ바를 모로심이 아니로ᄃᆡ 그러나 소로문이 구 ᄒᆞ기를 원 ᄒᆞ시고 이걸노 ᄡᅥ 우리의게 본을 뵈이샤ᄂᆞᆫ지라 소로몬은 하ᄂᆞ님ᄭᅴ셔 뎌의 부친의게 허락 ᄒᆞ신 은혜로 ᄡᅥ ᄌᆞ긔의게 뵈이신줄 알며 그 ᄌᆞ식 ᄭᆞ지 은혜를 베프실줄을 알지니 대개 ᄯᅡ빗은 여러번 잘 못ᄒᆞᆫ 일이 만

헛ᄉᆞ되 오직 회ᄀᆡ ᄒᆞ고 일심으로 하ᄂᆞ님을 셤기고져 ᄒᆞᆫ지라 소로문이 왕업을 그 부친의게도 밧지 아니 ᄒᆞ고 다른 사ᄅᆞᆷ의게도 엇지 아니 ᄒᆞ고 오직 하ᄂᆞ님ᄭᅴ 밧은줄을 아노라 ᄒᆞ며 하ᄂᆞ님 압헤 겸손ᄒᆞᆫ ᄆᆞᄋᆞᆷ으로 아조 어리셕다 ᄒᆞ며 하ᄂᆞ님ᄭᅴ 지혜 주시기를 구 ᄒᆞ니 이러케 어리셕다 ᄒᆞ고 지혜를 구 ᄒᆞ나 이거ᄉᆞᆫ 참 지혜 잇솜이라 소로문이 이 ᄯᅢ에 나라 다ᄉᆞ리는 직분을 어려워 ᄒᆞᆷ은 뎌의 형이 왕업을 앗슬 념려도 잇고 이젼에 부친의게 츙근 ᄒᆞ든 몃 사ᄅᆞᆷ도 이제는 반심을 두며 ᄯᅩ 뎌의 부친이 ᄡᅡ화 엇은 나라들도 혹 ᄯᅡ흘을 침노 ᄒᆞᆯ가 ᄒᆞ며 유대와 이스라엘 두 나라히 서로 각립 ᄒᆞ여 원슈 되기도 쉬온지라 이런 일을 다 소로문이 혜아리매 지믈도 구 ᄒᆞ지 아니 ᄒᆞ며 원슈를 이긔랴도 아니 ᄒᆞ며 오직 나라 잘 다ᄉᆞ릴 지혜를 、 하ᄂᆞ님ᄭᅴ 구 ᄒᆞ니 하ᄂᆞ님ᄭᅴ셔 깃벅 개 드ᄅᆞ시고 뎌의 구 ᄒᆞᄂᆞᆫ것만 주실ᄲᅮᆫ 아니라 ᄇᆞ라지 안는 지물과 영화도 만히 주시고 ᄯᅩ 슌죵 ᄒᆞ면 쟝슈 ᄒᆞᆷ을 허락 ᄒᆞ리라 ᄒᆞ신지라 소로문은 지물과 세샹 영화를 즁히 녀이지 아니 ᄒᆞ고 하ᄂᆞ님ᄭᅴ 다만 지혜만 주시기를 원 ᄒᆞ엿ᄂᆞ니 무론 누구 던지 소로문과 ᄀᆞᆺ치 ᄒᆞ랴면 하ᄂᆞ님을 위 ᄒᆞ여 이 세샹 졍욕과 헛된거ᄉᆞᆯ 다 ᄇᆞ리면 하ᄂᆞ님ᄭᅴ셔 ᄯᅥ회들 령혼만 구원 ᄒᆞ여 주실ᄲᅮᆫ 아니오 이 세샹에셔도 복 주심이 만흘지라 우리는 나라를 다ᄉᆞ리는 직칙이 업ᄉᆞ나 사ᄅᆞᆷ마다 ᄌᆞ긔를 다ᄉᆞ릴 직분이 잇셔 이 직분을 잘 ᄒᆞ고져 ᄒᆞ면 맛당히 소로문과 ᄀᆞᆺ치 하ᄂᆞ님을 놉혀 셤기며 하ᄂᆞ님으로 더브러 친밀 ᄒᆞ여 겸손 ᄒᆞ며 연약 ᄒᆞᆷ을 알고 지혜와 모든 요긴 ᄒᆞᆫ거ᄉᆞᆯ 하ᄂᆞ님ᄭᅴ 구 ᄒᆞ여 그 계명을 직혀 슌죵 ᄒᆞ며 ᄌᆞ긔 목숨을 하ᄂᆞ님ᄭᅴ 드릴지어다

믓는말

一 소로문이 웨 긔변에 갓ᄂᆞ뇨 二 예루살렘에셔 긔변이 몃 리나 되ᄂᆞ뇨 답 셔북으로 십 오리쯤 되ᄂᆞ니라 三 하ᄂᆞ님ᄭᅴ셔 소로문의게 언제 나타나셧ᄂᆞ뇨 四 하ᄂᆞ님ᄭᅴ셔 소로문왕의게 무엇시라 ᄒᆞ셧ᄂᆞ뇨 五 그 님군이 무엇시라 ᄃᆡ답 ᄒᆞ엿ᄂᆞ뇨 六 소로문의 ᄃᆡ답 ᄒᆞᄂᆞᆫ거시 무ᄉᆞᆷ ᄆᆞᄋᆞᆷ이 잇ᄂᆞᆫ거슬 뵈엿ᄂᆞ뇨 七 이 ᄯᅢ에 이 나라 인구가 얼마나 되ᄂᆞ뇨 답 거의 칠ᄇᆡᆨ 만명이나 되엿ᄂᆞ니라 八 야화화ᄭᅴ셔 이러케 ᄃᆡ답 ᄒᆞᄂᆞᆫ것슬 깃버 ᄒᆞ셧ᄂᆞ뇨 九 소로문이 세가지를 맛당이 긔구 ᄒᆞᆯ터인ᄃᆡ 아니 ᄒᆞᆫ것시 무엇시뇨 十 야화화ᄭᅴ셔 소로문의 원 ᄒᆞᄂᆞᆫ것슬 주셧ᄂᆞ뇨 十一 이 원 ᄒᆞᄂᆞᆫ것 외에 무엇슬 더 주셧ᄂᆞ뇨 十二 하ᄂᆞ님ᄭᅴ셔 소로문의게 평싱토록 무숨 쳐디로 지ᄂᆡ리라 허락 ᄒᆞ셧ᄂᆞ뇨 十三 마태 륙쟝 삼십 삼졀에 예수씨의 명령 ᄒᆞ신것과 여긔 소로문의 원 ᄒᆞᆫ것시 엇더케 ᄀᆞᆺᄒᆞ뇨

영국녀왕의환갑

본월 이십일에 영국 녀왕 등극 ᄒᆞ신지 륙십 년 경츅회를 거힝 ᄒᆞᆫ다더라○녀왕으로 이 ᄀᆞᆺ치 향슈ᄒᆞ고 륙십 년을 등극 ᄒᆞᆫ 님군은 영국 ᄉᆞ긔에 처음 긔록 ᄒᆞᆯ 바쟈ㅣ오 륙십 년 전 십팔 셰 녀ᄋᆞ로 영국을 다ᄉᆞ리신다 ᄒᆞ더니 오날ᄂᆞᆯ 세계 각방에 영국 사ᄅᆞᆷ 잇ᄂᆞᆫ 곳 마다 이 녀왕의 환갑을 경츅ᄒᆞ니 ᄎᆞᆷ 놀나온 일 일너라○오십 칠년 전 이월 이십 칠일에 덕국 황족 알뻿씨와 혼인 ᄒᆞ여 구남미를 ᄉᆡᆼ ᄒᆞ시고 알뻿씨가 삼십 륙년 전에 쟈고ᄒᆞ여 이 녀왕ᄭᅴ셔 슈년을 혼자 거상 ᄒᆞ시다가 국졍을 살피셧시며 ᄯᅩᄒᆞᆫ 예수 교를 밋ᄂᆞᆫ 부인이라 그 신하와 온 세샹 사ᄅᆞᆷ이 다 ᄉᆞ랑 ᄒᆞ매 우리 죠션 대군쥬 ᄭᅨ옵셔도 대ᄉᆞ 민영환씨를 보내샤 그 경츅 회에 참예케 ᄒᆞ셧다더라

인도긔민의게연보ᄒᆞᄂᆞᆫ것

전호에 우리가 인도 국 흉년든 경샹을 대강 긔지ᄒᆞ야 그 아ᄉᆞ ᄒᆞᄂᆞᆫ ᄇᆡᆨ셩을 구제 ᄒᆞ여 줄 ᄯᅳᆺ으로 우리 **회보** 보시ᄂᆞᆫ 쳠군ᄌᆞ와 쳠부인ᄭᅴ 대강 셜명 ᄒᆞ엿더니 여러분 들이 우리 **회보**를 잘 보시고 ᄌᆞ비 ᄒᆞ신 ᄆᆞᄋᆞᆷ으로 이 불샹 ᄒᆞᆫ 사ᄅᆞᆷ들을 구제 ᄒᆞ시니 감샤 무디 ᄒᆞ옵ᄂᆡ다○연보금 슈입○ᄇᆡ지학당 학원들이 아직 슈렴을 다 ᄒᆞ지 못 ᄒᆞ엿ᄉᆞ되 현금 거둔 돈이 십 구원 십 일젼 이오 ᄇᆡ지학당 ᄎᆡᆨ판에셔 슈렴 ᄒᆞᆫ 돈이 십 이원 륙십 오젼이오 외국 부인 ᄒᆞᆫ분이 보낸 돈이 십 오원이오 죠션 친구들이 졍동 회당으로 붓쳐 보낸 돈이 오원 ᄉᆞ십 일젼 이더라○연보 금을 슈렴 ᄒᆞᄂᆞᆫ듸로 련쇽 ᄒᆞ여 인도 국으로 보낼터히니 누구 던지 연보 ᄒᆞ시랴거든 졍동 아편셜라씨 집으로 보내시오

○일 젼에 우리가 ᄇᆡ지 학도 뎜고 방에셔 학도의 수효를 혜여 보니 그 ᄯᅢ에 호명에 참예 ᄒᆞᆫ 학도가 모도 일ᄇᆡᆨ 팔십 오명인듸 십셰 이하가 팔명이오 십 일셰 이상 십 오셰 ᄭᆞ지가 오십 ᄉᆞ명이오 십 륙셰 이샹 이십 셰 ᄭᆞ지가 륙십 칠명이오 이십 일셰 이샹 이십 오셰 ᄭᆞ지가 삼십 ᄉᆞ명이오 이십 오셰 이샹이 이십 이명 이러라

고ᄇᆡᆨ

본회에셔 이 회보를 일쥬일에 ᄒᆞᆫ번식 발간ᄒᆞᄂᆞᆫ거손 다만 미이미 교회만 위ᄒᆞᆷ이 아니오 다른교회나 교외사ᄅᆞᆷ들을 다 위ᄒᆞᄂᆞᆫ 일이니 죠션 교우나 셔국교ᄉᆞ나 교외친고나 만일사셔 보고져 ᄒᆞ거든 졍동 아편셜라 교ᄉᆞ집이나 죵로 대동셔시에 긔별ᄒᆞ여 갓다 보시오 우리가 이 회보를 ᄒᆞᆫ장에ᄂᆞᆫ 엽젼 너푼이오 ᄒᆞᆫ돌 갑슬 미리 내면 엽젼 ᄒᆞᆫ돈 오푼식이오 ᄯᅩ 싀골 사ᄅᆞᆷ의게 우체로 보내ᄂᆞᆫ 갑슨 ᄯᅮ루 잇소

죠션교우나 셔국교ᄉᆞ나 교즁소문에 드를만 ᄒᆞᆫ것 잇거든 국문으로 젹어셔 졍동 아편셜라 교ᄉᆞ집으로 보내여 주시면 우리가 회보에 긔록ᄒᆞ여 회보 보ᄂᆞᆫ이로 ᄒᆞ여곰 이목을 새롭게 ᄒᆞ겟소

뎨일권

죠션 크리스도인 회보

건양 이년 륙월 이십삼일

이십일호

계쥬론

대개 술 이란거슨 동양 이나 셔양 이나 기화 ᄒᆞᆫ 나라 이나 기화 못ᄒᆞᆫ 나라 이나 녜젼브터 지금ᄭᆞ지 잇는 음식인ᄃᆡ 그 죵류가 여러 가지요 그 일홈이 여러 가지요 그 맛과 빗도 ᄯᅩᄒᆞᆫ 여러 가지라 동셔 양을 물론 ᄒᆞ고 다른 음식은 사ᄅᆞᆷ의 챵ᄌᆞ를 윤턱케도 ᄒᆞ고 구미를 깃브게도 ᄒᆞ고 긔력을 강건케도 ᄒᆞ되 오직 술은 다만 사ᄅᆞᆷ의 혈긔만 도아 조곰 취 ᄒᆞ면 호협 ᄒᆞᆫ 긔운이 나셔 겸손 ᄒᆞᆫ ᄯᅳ시 업고 크게 취 ᄒᆞ면 심신이 혼몽 ᄒᆞ여 무례 ᄒᆞᆫ 일도 ᄒᆞ며 일의 시비와 말의 곡직을 능히 분변치 못 ᄒᆞ는지라 그런고로 녜젹 사ᄅᆞᆷ이 쥬덕송이라 ᄒᆞ는 글을 지엿ᄂᆞᆫᄃᆡ 그 글에 ᄒᆞ엿시되 닉이 보아도 태산의 형샹을 보지 못 ᄒᆞ며 고요이 들어도 뢰뎡의 소ᄅᆡ를 듯지 못 ᄒᆞᆫ다 ᄒᆞ엿ᄉᆞ니 이 말은 유령이란 사ᄅᆞᆷ을 두고 ᄒᆞᆫ 말이나 술이 취 ᄒᆞ면 셰샹에 유령과 ᄀᆞᆺ지 아닌쟈ㅣ 몃치나 잇ᄉᆞ리오 공부ᄌᆞ ᄭᅦ셔는 술 잡슈ᄉᆞ기를 ᄒᆞᆫ뎡이 업시 ᄒᆞ시되 란ᄒᆞᆫ데 밋치지 안터시다 ᄒᆞ엿ᄉᆞ나 그는 동양에 큰 셩인이라 그러 ᄒᆞ시거니와 후셰 사ᄅᆞᆷ이 공ᄌᆞ의 덕힝은 본 밧지 안코 다만 그 술 먹는거슬 빙ᄌᆞ ᄒᆞ여 연향 ᄒᆞ는 ᄯᅢ와 슈작 ᄒᆞ는 ᄌᆞ리에 의례이 마시며 무란이 취 ᄒᆞ여 조곰도 조심 ᄒᆞ며 경계 ᄒᆞ는 ᄯᅳ시 업고 혹은 말 ᄒᆞ되 술을 만이 먹으면 낭픽가 잇시나 ᄒᆞᆫ 두 잔만 마시면 몸에 유조도 ᄒᆞ고 일에 ᄒᆡ도 업고 긔운을 돕는다 ᄒᆞ나 술 질기는 사ᄅᆞᆷ들이 ᄒᆞᆫ잔을 마시면 두잔 마실 ᄆᆞᄋᆞᆷ이 잇고 두잔을 마시면 석잔을 ᄉᆡᆼ각 ᄒᆞ야 ᄌᆞ연이 대취 ᄒᆞᆷ을 ᄭᆡ닷지 못ᄒᆞᆫ다 ᄒᆞ며 ᄯᅩ 말 ᄒᆞ되 아조 ᄭᅳᆫ키는 오히려 쉬워도 존졀이 마시기는 ᄎᆞᆷ 어렵다 ᄒᆞ니 이는 쥬도의 격언이라 술노 ᄒᆞ여 픽가 ᄒᆞ고 망신 ᄒᆞ는 쟈를 우리가 죵죵 듯노니 엇지 익셕지 아니리오 우리 교회에는 술을 만이 먹는것만 금 ᄒᆞ는 거시 아니라 ᄒᆞᆫ 두잔 이라도 금 ᄒᆞ고 ᄯᅩ 그ᄲᅮᆫ 아니라 술 쟝ᄉᆞ ᄒᆞ는 사ᄅᆞᆷ과도 샹관이 업는지라 강례에도 술을 금 ᄒᆞ라는 말ᄉᆞᆷ이 잇시니 우리 형뎨들은 조심 ᄒᆞ야 술 ᄭᅳᆫ키를 ᄇᆞ라노라

례ᄇᆡ일공과 뎨이십일 칠월 초ᄉᆞ일

술취ᄒᆞᆫ는거시 큰해라

잠언 이십삼장 십구절노 삼십오절

년조 쥬 강ᄉᆡᆼ 젼 일천 십 ᄉᆞ년

디명 그레벤

十九 너희 적은 아ᄃᆞᆯ들은 내 말을 듯고 지혜를 엇으며 본 ᄆᆞᄋᆞᆷ을 직혀 도를 좃치며 二十 방탕ᄒᆞᆫ 쟈를 ᄉᆞ귀지 말며 침면ᄒᆞᆫ 쟈를 벗 삼지 말지니라 二一 술 먹기를 탐ᄒᆞᄂᆞᆫ 쟈ᄂᆞᆫ 가난ᄒᆞ고 자기를 됴화ᄒᆞᄂᆞᆫ 쟈ᄂᆞᆫ ᄯᅥ러진 오ᄉᆞᆯ 닙ᄂᆞ니라 二二 부모가 너를 나핫ᄉᆞ니 비록 늙어도 슌죵ᄒᆞ고 ᄇᆞ리지 마라 二三 맛당히 지혜를 직희고 일치 말거시니 二四 二五 ᄌᆞ식을 나허 착ᄒᆞ고 또 지혜가 잇스면 아비가 깃버ᄒᆞ고 어미가 또ᄒᆞᆫ 즐거ᄒᆞᄂᆞ니라 二六 너희 적은 아ᄃᆞᆯ은 ᄆᆞᄋᆞᆷ을 내게로 돌녀 보내고 눈을 도에다 두어라 二七 기ᄉᆡᆼ은 깁ᄒᆞᆫ 구렁 ᄀᆞᆺ고 음란ᄒᆞᆫ 부녀ᄂᆞᆫ 함졍 ᄀᆞᆺᄒᆞ니 二八 쳐쳐에 ᄌᆞᆷ젹을 숨기고 사ᄅᆞᆷ을 유혹ᄒᆞ여 죄에 ᄲᅡ지게 ᄒᆞᄂᆞ니라 二九 누가 환난을 맛나며 누가 숑ᄉᆞ를 ᄒᆞ며 누가 원망을 ᄆᆡ지며 누가 무고이 몸을 샹ᄒᆞ며 누가 눈을 븕게 ᄒᆞᄂᆞ뇨 三十 오직 밤을 런ᄒᆞ야 술을 마시며 농ᄒᆞᆫ 술을 죠합ᄒᆞ야 三一 술이 븕은 빗치 발ᄒᆞ며 잔 속에 빗치 아롬다오며 법ᄃᆡ로 흘너인 후에 ᄂᆞ려가면 화창ᄒᆞᆫ 거ᄉᆞᆯ 보시 마라 三二 나죵에 너를 해ᄒᆞ기ᄂᆞᆫ ᄇᆡ암이 무ᄂᆞᆫ것 ᄀᆞᆺ고 그 독이 독ᄉᆞ ᄀᆞᆺᄒᆞᆷ이라 三三 임의 술에 침면ᄒᆞ면 음란ᄒᆞᆫ 녀인의게 눈을 두고 ᄆᆞᄋᆞᆷ에 샤특ᄒᆞᆷ을 ᄉᆡᆼ각ᄒᆞᄂᆞ니 三四 그 위티ᄒᆞᆷ은 바다 속에 자ᄂᆞᆫ것 ᄀᆞᆺ고 돗ᄃᆡ 우헤셔 누은것 ᄀᆞᆺᄒᆞ니 三五 나를 ᄯᅡ려도 압흐지 안코 내가 마져 샹ᄒᆞ여도 ᄉᆡᆼ각ᄒᆞ지 안코 어ᄂᆞ ᄯᅢ ᄭᆡ겟ᄂᆞ뇨 ᄒᆞ며 내가 또 다시 술을 ᄎᆞᆺᄂᆞ니라

주석

잠언에 됴흔 ᄯᅳᆺ ᄀᆞ르침과 지혜로옴이 만컷마ᄂᆞᆫ 그즁 뎨일 요긴ᄒᆞᆫ것슨 오ᄂᆞᆯ 공부가 ᄆᆡ오 본밧을 일이니 이 말은 모든 사ᄅᆞᆷ의게 드롤만ᄒᆞᆫ것시로되 오직 졂은 사ᄅᆞᆷ더러 ᄯᅳᆨ별히 ᄒᆞᄂᆞᆫ 말이라 사ᄅᆞᆷ의 본 ᄆᆞᄋᆞᆷ은 졀노 올흔 길노 나아가지 아니ᄒᆞ고 그른ᄃᆡ로 드러 가기 쉬오니 불가불 사ᄅᆞᆷ들이 하ᄂᆞ님의 도아 주심을 닙어 ᄌᆞ긔 ᄆᆞᄋᆞᆷ을 이긔고 착ᄒᆞᆫ 길노 인도ᄒᆞᆯ지니 대져 흉악ᄒᆞᆫᄃᆡ 나갈 길이 만ᄒᆞ되 뎨일 피ᄒᆞᆯ거슨 술 먹ᄂᆞᆫ거시라 술 먹ᄂᆞᆫ거시 엇지ᄒᆞ여 위티ᄒᆞ뇨 ᄒᆞ면 ᄃᆡ답ᄒᆞ되 술이란거슨 첫ᄌᆡ 사ᄅᆞᆷ을 혼미히 취ᄒᆞ게 ᄒᆞ며 몸이 위티ᄒᆞ게 ᄒᆞ며 가난ᄒᆞ게 ᄒᆞ며 방탕ᄒᆞᆫ 욕심이 나게 ᄒᆞ며 령혼도 ᄇᆞ릴거시오 몸도 망ᄒᆞ여 사ᄅᆞᆷ들이 기리 픽망ᄒᆞᆯ쟈ㅣ 될지라 술 먹ᄂᆞᆫ 사ᄅᆞᆷ더러 무ᄉᆞᆷ 일노 엇지ᄒᆞ야 먹ᄂᆞ냐 ᄒᆞ니 ᄃᆡ답ᄒᆞ기를 허다ᄒᆞᆫ 마시ᄂᆞᆫ것 즁에 이만치 됴흔것시 업ᄉᆞ며 뎨일 졔ᄉᆞ와 잔치에 술 아니면 례가 못되며 사ᄅᆞᆷ의 몸으로 말ᄒᆞ여도 술이 혈ᄆᆡᆨ을 통ᄒᆞ

는거시며 희노와 ᄋᆡ락에도 술 먹고 잠간 닛는거시 ᄆᆡ오 긴ᄒᆞᆫ거시오 긔운이 불평ᄒᆞᆯ ᄯᅢ에도 이만치 요긴ᄒᆞᆫ거시 업ᄉᆞ며 놈과 시비 ᄒᆞᆯ제도 화ᄒᆞ기가 술만 ᄒᆞᆫ게 업ᄉᆞ며 졍다온 친고와 ᄆᆞᄋᆞᆷ이 교통ᄒᆞᆷ도 이것 밧긔 업ᄉᆞ며 일긔가 치운 ᄯᅢ와 더운 ᄯᅢ와 그늘 진 ᄯᅢ에 술 먹는거시 긴ᄒᆞ며 술이 이 여러 가지에 다 업지 못ᄒᆞᆯ 음식이라 ᄒᆞ나 그러ᄒᆞ나 이즁에 거즛 말이 만ᄒᆞ니 여러 가지로 마시는 즁에 하ᄂᆞ님ᄭᅴ셔 주시는 청졍ᄒᆞᆫ 물이 뎨일 됴코 다른 나라 사ᄅᆞᆷ의 허다ᄒᆞᆫ 차 먹는 법이 잇ᄉᆞ니 이런것슬 보면 엇지 친고 디졉 ᄒᆞᄂᆞᆫ디와 잔치에 ᄡᅳ면 례가 아니리오 술은 화목ᄒᆞᆫ다 말ᄒᆞ되 이거시 도로혀 ᄡᅡ홈을 조취 ᄒᆞᄂᆞᆫ거시라 여러 지식 잇고 리치 아는 사ᄅᆞᆷ들이 술 먹는디 ᄯᅳᆺ일을 ᄌᆞ셰히 공부 ᄒᆞ여 보니 술 먹는 사ᄅᆞᆷ과 아니 먹는 사ᄅᆞᆷ ᄒᆞ고 비교ᄒᆞ여 보니 술 먹는 사ᄅᆞᆷ은 몸도 술 아니 먹는쟈 보다 연약 ᄒᆞ고 병도 만ᄒᆞ며 일ᄶᅵᆨ 죽으며 더운것과 치운것도 잘 견ᄃᆡ지 못ᄒᆞ며 쟝슈도 못ᄒᆞ고 몸이 망 ᄒᆞᄂᆞᆫ지라 북빙히로 여러가지 일 탐지 ᄒᆞ러 갓던 사ᄅᆞᆷ 즁에도 그 즁에 한고들 견ᄃᆡ지 못 ᄒᆞ고 먼저 죽은 사ᄅᆞᆷ은 술 먹든쟈ㅣ라 이 공부에 글을 보고 누구 던지 참 리치와 지혜와 ᄀᆞᄅᆞ침을 엇어셔 술 먹는것슬 아조 ᄭᅳ러ᄇᆞ리고 하ᄂᆞ님ᄭᅴ 잉셰 드리기를 ᄇᆞ라노라 셩셔에 ᄀᆞᄅᆞ치심을 여러 가지 또 잇ᄉᆞ니 이사야 오쟝 십 일졀과 이십 이졀 ᄒᆞ고 이십 팔쟝 칠졀 ᄒᆞ고 잠언 이 십쟝 일졀 ᄒᆞ고 이비소 오쟝 십 구졀브터 이십 일졀 ᄭᆞ지 ᄒᆞ고 코린도 젼셔 륙쟝 십졀 보시기를 쳥 ᄒᆞ노라

뭇는말

一 잠언을 누가 지엇ᄂᆞ뇨 二 효ᄌᆞ가 첫지 삼갈거시 무엇시뇨 三 엇지 ᄒᆞ여 대단이 술 먹는 사ᄅᆞᆷ은 면ᄒᆞ여야 ᄒᆞ겟ᄂᆞ뇨 四 대단이 술 먹는 사ᄅᆞᆷ이 엇더케 되겟ᄂᆞ뇨 五 우리 평ᄉᆡᆼ에와 우리 나라이 참 그러뇨 六 웨 그러ᄒᆞᆫ 연고를 말 ᄒᆞ시오 七 이십 구졀에 뉘가 여ᄉᆞᆺ 가지 해로온 일이 잇겟다고 말ᄒᆞ엿ᄂᆞ뇨 八 그것들을 말 ᄒᆞ시오 九 이 술 먹는 사ᄅᆞᆷ의게 해로온 일이 여ᄉᆞᆺ 가지 ᄲᅮᆫ 이뇨 十 삼십 일졀 무슴 권 ᄒᆞᄂᆞᆫ 말을 ᄒᆞ엿ᄂᆞ뇨 十一 술 마시는 것시 처음에 즐거우뇨 혹 즐겁지 아니 ᄒᆞ뇨 十二 시작 ᄒᆞᆯ ᄯᅢ나 혹 나죵에나 어ᄂᆞ ᄯᅢ에 위ᄐᆡ ᄒᆞ뇨 十三 나죵에 무슴 비암과 ᄀᆞᆺᄒᆞ뇨 十四 술 먹는이에 ᄉᆡᆼ각들이 무엇시뇨 十五 술잔을 찻는다 ᄒᆞᄂᆞᆫ ᄯᅳᆺ시 무엇시뇨 답 술 먹는디 죵이 되는 ᄯᅳᆺ시니라

거믜니야기라

ᄒᆞᆫ ᄋᆞ희가 그 아밤을 ᄯᆞ라 화원에 가셔 놀더니 맛참 본쥭 포도 울타리에 큰 거믜 줄이 잇ᄂᆞᆫᄃᆡ ᄒᆞᆫ 벌이 걸이니 거믜가 잡어 먹고져 ᄒᆞ거ᄂᆞᆯ 그 ᄋᆞ희가 급히 거믜 줄을 겆어 헷치니 벌이 ᄂᆞᆯ아 가ᄂᆞᆫ지라 그 아밤이 ᄀᆞᆯᄋᆞᄃᆡ 네가 이 죽게 된 벌을 살녀 보내니 ᄆᆞᄋᆞᆷ은 착 ᄒᆞ되 이 거믜가 줄을 ᄂᆞᆯ의여 그물 ᄆᆡᆺ기를 신고도 ᄒᆞ고 졍교케 ᄒᆞ엿거ᄂᆞᆯ 네가 잠시 간에 헐어 ᄇᆞ리니 엇지 벌은 후ᄃᆡ ᄒᆞ고 거믜는 박ᄃᆡ ᄒᆞᄂᆞ뇨 ᄋᆞ희 ᄃᆡ답 ᄒᆞᄃᆡ 거믜가 비록 공교 ᄒᆞ나 젼혀 ᄂᆞᆷ을 해롭게 ᄒᆞ고 벌은 ᄭᅮᆯ을 쳐셔 사ᄅᆞᆷ을 공양 ᄒᆞ니 손익이 ᄀᆞᆺ지 아니 ᄒᆞᆫ 고로 거믜를 해롭게 ᄒᆞ고 벌은 구원 ᄒᆞ엿ᄂᆞ이다 아밤이 깃버 ᄒᆞ여 ᄀᆞᆯᄋᆞᄃᆡ 너의 말이 과연 올토다 사ᄅᆞᆷ이 지됴만 잇고 덕ᄒᆡᆼ이 업셔셔 ᄌᆞ기만 위 ᄒᆞ고 ᄂᆞᆷ을 위 ᄒᆞᆯ줄 모르ᄂᆞᆫ자ㅣ 대개 이와 ᄀᆞᆺᄒᆞ니 실노 우리가 ᄇᆡ홀바ㅣ 아니라 너ᄂᆞᆫ 이 일을 증계 ᄒᆞ여 다른 사ᄅᆞᆷ을 해롭게 ᄒᆞ여 몸만 유익ᄒᆞᆯ ᄉᆡᆼ가을 두지 말나고 ᄒᆞ엿다더라

인도국인민의게 연보ᄒᆞᆫ일

우리가 우리 회보에 인도국 흉년든 경샹을 대강 긔지 ᄒᆞ엿더니 쳠군ᄌᆞ와 쳠부인들이 ᄌᆞ션 ᄒᆞ신 ᄆᆞᄋᆞᆷ으로 연보금을 련쇽 슈렴 ᄒᆞ야 보내시니 진실노 치샤 ᄒᆞᆯ만 ᄒᆞᆫ 일일너라 (연보금슈입)

리화학당 녀교우들이 칠원 ᄉᆞ십 삼젼이오
죵로 대동셔시에셔 칠십 일젼이오
외국 부인이 이십 오원이오
외국 부인이 오원이오
외국 부인이 오원이오
ᄇᆡ지 학도들이 련쇽 ᄒᆞ야 수입 ᄒᆞᆫ거시 이원 오십 삼젼이오 ○요젼에 슈입 ᄒᆞᆫ거슨 일젼에 인도국 은력 디방에 잇ᄂᆞᆫ 미이미 교우 즁 ᄒᆞᆫ분의게 보내엿시니 이 돈도 ᄯᅩᄒᆞᆫ 그 분의게로 즉시 보낼터이오 이 회보 보시고 ᄯᅩᄒᆞᆫ 연보 ᄒᆞ실이 잇거든 졍동 아편셜라씨 목ᄉᆞ 집으로 슈입 ᄒᆞ여 보내시기 ᄇᆞ라오

고ᄇᆡᆨ

본회에셔 이회보를 일쥬일에 ᄒᆞᆫ번식 발간ᄒᆞᄂᆞᆫ거슨 다만 미이미 교회만 위ᄒᆞᆷ이 아니오 다른교회나 교외사ᄅᆞᆷ들을 다 위ᄒᆞᄂᆞᆫ 일이니 죠션 교우나 셔국교ᄉᆞ나 교외친고나 만일 사셔 보고져 ᄒᆞ거든 졍동 아편셜라 교ᄉᆞ집이나 죵로 대동셔시에 긔별ᄒᆞ여 갓다 보시오 우리가 이 회보를 ᄒᆞᆫ장에ᄂᆞᆫ 엽젼 너푼이오 ᄒᆞᆫᄃᆞᆯ 갑슬 미리 내면 엽젼 ᄒᆞᆫ돈 오푼식이오 ᄯᅩ 싀골 사ᄅᆞᆷ의게 우톄로 보내ᄂᆞᆫ 갑슨 ᄯᅡ루 잇소

죠션교우나 셔국교ᄉᆞ나 교즁소문에 드를만 ᄒᆞᆫ것 잇거든 국문으로 젹어셔 졍동 아편셜라 교ᄉᆞ집으로 보내여 주시면 우리가 회보에 긔록ᄒᆞ여 회보 보ᄂᆞᆫ이로 ᄒᆞ여곰 이목을 새롭게 ᄒᆞ겟소

뎨일권

죠션 크리스도인 회보

이십이호

건양 륙월 이십삼일

와언론

와언이라 ᄒᆞᄂᆞᆫ거ᄉᆞᆫ ᄲᅮ리도 업고 씃도 업ᄂᆞᆫ 그ᄌᆞᆺ말이니 셰샹 사ᄅᆞᆷ을 속여 인심을 요동ᄒᆞ며 물셩을 의혹ᄒᆞ게 ᄒᆞᄂᆞᆫ거시라 녜적에 그ᄌᆞᆺ말을 지어 셰샹을 시험코져 ᄒᆞᄂᆞᆫ쟈ㅣ 말ᄒᆞ되 내가 츙쳥도 은진에 가셔 큰 미력을 귀경ᄒᆞ더니 그 미력이 나ᄅᆞᆯ 보고 깃버ᄒᆞ며 요동ᄒᆞ여 이샹ᄒᆞᆫ 모양이 잇더라 ᄒᆞ고 그날밤에 쥬막에셔 ᄌᆞ고셔울노 올나올ᄉᆡ 길가에셔 소문을 드르니 은진 미력이 셔울 량반을 보고 깃버ᄒᆞ여 능히 세거름을 거러 나와 녜젼 잇던곳 슐 ᄯᅥ낫다 ᄒᆞ더니 잇흔날 소문을 ᄯᅩ 드ᄅᆞ니 미력이 능히 오리밧게 왓다 ᄒᆞ고 ᄎᆞᄎᆞ 셔울와셔 소문을 드ᄅᆞ매 미력이 강을 건너 셔울길노 향ᄒᆞᆫ다 ᄒᆞ며 인심이 요동ᄒᆞ여 귀경을 가자 ᄒᆞᄂᆞᆫ 사ᄅᆞᆷ도 잇거ᄂᆞᆯ 그 사ᄅᆞᆷ이 ᄌᆞ긔가 그ᄌᆞᆺ말 ᄒᆞᆷ을 일일히 셜명ᄒᆞ되 도로혀 그 사ᄅᆞᆷ을 밋지 인터라 ᄒᆞ엿ᄉᆞ니 이거ᄉᆞᆫ 실노 어두운 셰샹에 우ᄆᆡᄒᆞᆫ ᄇᆡᆨ셩을 ᄀᆞᄅᆞ쳐 말ᄉᆞᆷᄒᆞᆫ거시라 문명ᄒᆞᆫ 나라에야 엇지 이러ᄒᆞᆫ 일이 잇ᄉᆞ리오 남녀 업시 학교에 공부ᄅᆞᆯᄒᆞ여 학문이 넉넉ᄒᆞ고 리치ᄅᆞᆯ ᄇᆞᆰ히 아ᄂᆞᆫ즁에 신문국이 각쳐에 만히 잇셔 소문과 ᄉᆞ리ᄅᆞᆯ 바르게 ᄒᆞᄂᆞᆫ고로 ᄇᆡᆨ셩들이 집집마다 신문지ᄅᆞᆯ 보고 ᄌᆞ긔 나라의 졍치와 외국의 소문ᄭᅡ지 다 아ᄂᆞ니 엇지 리치밧게 그ᄌᆞᆺ말을 밋으리오 우리가 보건ᄃᆡ 죠션국은 아직도 교휵이 흥왕치 못ᄒᆞ고 신문국이 업ᄂᆞᆫ 모양이며 신문지가 잇더ᄅᆡ도 돈을 잇겨 보ᄂᆞᆫ쟈ㅣ 만치 안코 말ᄒᆞ되 죠션일노 모로거든 외국일을 알어 무엇ᄒᆞ며 ᄇᆡᆨ셩이 되여 졍부일을 알면 무ᄉᆞᆷ ᄉᆞ업을 ᄒᆞ리오 협잡이라도 ᄒᆞ여 옷잘닙고 돈잘ᄡᅳᄂᆞᆫ 놈이 졔갈량이라 ᄒᆞᄂᆞ니 이러ᄒᆞᆫ 사ᄅᆞᆷ들이 엇지 그ᄌᆞᆺ말에 속지 아니며 ᄆᆞᄋᆞᆷ이 어둡지 아니리오 혹이 말ᄒᆞ되 셔양국 사ᄅᆞᆷ들이 죠션 ᄋᆞ희들을 유인ᄒᆞ여 잡아 먹ᄂᆞᆫ다 ᄒᆞ엿시며 련쥬학 ᄒᆞᄂᆞᆫ 놈은 놈녀가 혼잡ᄒᆞ여 녀석을 통ᄒᆞᆫ다 ᄒᆞ며 사ᄅᆞᆷ이 죽은 후에 신톄의 눈을 ᄲᅢ여 이샹ᄒᆞᆫ 약을 문ᄃᆞ라 죠션 사ᄅᆞᆷ들을 먹여 심장을 밧고아 셔국교ᄅᆞᆯ 고혹ᄒᆞ게 ᄒᆞᆫ디 ᄒᆞ며 그 교ᄅᆞᆯ ᄒᆞᄂᆞᆫ자ᄂᆞᆫ 졔부모도 비반ᄒᆞ고 님군ᄭᅴ도 불츙ᄒᆞ고 단지 하ᄂᆞ님만 밋ᄂᆞᆫ고로 오륜과 삼강이 아조 업다 ᄒᆞᄂᆞ니 진실노 우ᄉᆞᆸ고 미련ᄒᆞ도다 하ᄂᆞ님을 존경ᄒᆞ고 구셰쥬ᄅᆞᆯ 밋ᄂᆞᆫ쟈ㅣ 엇지 사ᄅᆞᆷ을 죽이며 간음을 힝ᄒᆞ리오 츙하ᄂᆞ님의 도ᄅᆞᆯ 힝ᄒᆞᄂᆞᆫ 자래야 님군의게도 츙셩ᄒᆞ고 부모의게도 효도ᄒᆞᄂᆞ니 그런고로 셔국에 ᄀᆡ화ᄒᆞᆫ ᄇᆡᆨ셩들은 졔 몸이 죽을지언뎡 님군과 나라ᄅᆞᆯ 위ᄒᆞ여 ᄡᅡ홈ᄒᆞ고 젼국 인민이 홍샹 일심이 되거니와 하ᄂᆞ님을 셤길줄 모로ᄂᆞᆫ ᄇᆡᆨ셩들은 입으ᄂᆞᆫ 오륜과 삼강을 말ᄒᆞ되 ᄆᆞᄋᆞᆷ에ᄂᆞᆫ ᄌᆞ긔몸만 ᄉᆡᆼ각ᄒᆞᄂᆞᆫ고로 사ᄅᆞᆷ마다 각심이오 사ᄅᆞᆷ마다 셔로속여 신의가 업ᄂᆞᆫ지라 우리 셩경에 잇ᄂᆞᆫ ᄎᆞᆷ리치ᄂᆞᆫ 드러도 밋지안코 ᄲᅮ리 업ᄂᆞᆫ 그ᄌᆞᆺ말은 밋기가 쉽도다 속담에 니ᄅᆞᆫ말이 물은 건너 보아야 심천을 알거시오 음식은 먹어 보아야 감고ᄅᆞᆯ 안다 ᄒᆞ엿시니 실푸다 형뎨들아 그ᄌᆞᆺ말을 밋지말고 ᄎᆞᆷ리치ᄅᆞᆯ 궁구ᄒᆞ여 복 밧기ᄅᆞᆯ ᄇᆞ라노라

례ᄇᆡ일공과 뎨이십이 칠월 십일일

소로문의부쟈와지혜로온일

렬왕긔 샹권 ᄉᆞ쟝 이십 오졀노 삼십 ᄉᆞ졀

년조 쥬 강ᄉᆡᆼ 젼 일쳔 십 ᄉᆞ년

디명 온 유대 특별이 예루살렘

二五 소로문이 직위ᄒᆞᆫ 때에 단ᄯᅡ로 브터 별시파ᄭᆞ지 잇ᄂᆞᆫ 유대와 이스라엘 두 족쇽들이 각안 기업ᄒᆞ야 포도 나무와 무화과 나무 밋헤셔 살더라 二六 소로문 마구에 수레 메ᄂᆞᆫ 몰 ᄉᆞ만이 잇고 마군 일만 이쳔이 잇ᄉᆞ며 二七 관원들이 각기 ᄃᆞᆯ마다 소로문왕과 밋 그 식ᄀᆡᆨ을 위ᄒᆞ야 식물ᄂᆞᆯ 예비ᄒᆞ매 업ᄂᆞᆫ바ㅣ 업고 二八 ᄯᅩ 모ᄆᆡᆨ과 ᄶᅵᆸ을 취ᄒᆞ야 몰과 밋 다른 즘ᄉᆡᆼ들을 길너 각기 그 직업ᄂᆞᆯ 다ᄒᆞ더라 二九 ᄯᅩᄒᆞᆫ 하ᄂᆞ님ᄭᅴ셔 소로문의게 지혜를 주샤 식견이 넓음이 바다 가에 모래 ᄀᆞᆺ치 측량ᄒᆞᆯ수 업고 三十 소로문의 지혜가 동방 사ᄅᆞᆷ과 애급에 지혜 잇ᄂᆞᆫ 쟈 보다 ᄆᆡ우 나흐며 三一 ᄯᅩᄒᆞᆫ 이사랍 사ᄅᆞᆷ 이단과 헤만과 갑각과 달대와 마갈의 여러 아ᄃᆞᆯ과 밋 세샹에 모든 사ᄅᆞᆷ보다 ᄆᆡ우 나허셔 ᄉᆞ방에 일홈이 낭자ᄒᆞ고 三二 소로문이 속담 삼쳔말과 시 일쳔 오편을 짓고 三三 ᄯᅩ 초목을 의론ᄒᆞ매 이파론 ᄯᅡ에 잇ᄂᆞᆫ ᄇᆡᆨ향목으로 브터 담우해 나ᄂᆞᆫ 우슬초 ᄭᆞ지 의론ᄒᆞ고 ᄯᅩ 금슈와 각ᄉᆡᆨ 버러와 물 고기를 말ᄒᆞ니 三四 텬하에 모ᄂᆞᆫ 님군들이 소로문의 지혜를 듯고 ᄇᆡᆨ셩들을 보내여 듯더라

주석

소로문은 하ᄂᆞ님ᄭᅴ ᄌᆡ물도 구치 아니ᄒᆞ며 영화도 구치 아니ᄒᆞ며 쟝슈홈도 구치 아니ᄒᆞ고 오직 나라 다ᄉᆞ릴 지혜만 구ᄒᆞ매 하ᄂᆞ님ᄭᅴ셔 뎌의게 다ᄉᆞ릴 지혜를 만히 주샤 소로문이 모든 송리 판결ᄒᆞᄂᆞᆫ 일을 평균히ᄒᆞ여 조곰도 기울이 업게ᄒᆞ시며 (렬왕긔 젼셔 삼쟝 십륙졀 브터 이십팔졀ᄭᆞ지 보라) 나라히 평안ᄒᆞ여 ᄇᆡᆨ셩들이 다 각각 안업ᄒᆞ며 제 집이 무탈히 누리며 ᄇᆡᆨ셩들이 새 법령을 좃차 잘 되게ᄒᆞ매 나라에 부셰ᄂᆞᆫ ᄃᆞᆯ마다 잘 거두워 나라히 더욱 부강케 된자라 그 님군의 사ᄂᆞᆫ 모양이 극히 영화로오며 궁궐 안에 잇ᄂᆞᆫ 사ᄅᆞᆷ이 거의 일만 오쳔 인이 되매 이 모ᄂᆞᆫ 거시 쟝려ᄒᆞᆷ으로 써 여러 나라 즁에 뎨일 유명ᄒᆞᆫ 나라가 됨을 밧앗ᄂᆞᆫ지라 하ᄂᆞ님ᄭᅴ셔 소로문의게 나라 다ᄉᆞ릴 지혜와 ᄌᆡ물과 영화를 주실ᄲᅮᆫ 아니라 다른 유명ᄒᆞᆫ 여러 사ᄅᆞᆷ보다 ᄲᅥ여난 지혜를 주시매 소로문이 잠언도 짓고 다른 글노 지엿ᄉᆞ며 온갓 초목과 곤충과 금슈의 리치를 다 말ᄒᆞ엿ᄉᆞ며 소로문이 이러ᄐᆞᆺ 자혜가 놉하 명망이 ᄉᆞ방에 젼파ᄒᆞ니 허다ᄒᆞᆫ 나라들이 신하를 보내여 그 말을 듯기를 원ᄒᆞ며 ᄯᅩᄒᆞᆫ 나라 녀왕이 삼쳔 여리 되ᄂᆞᆫ 먼 길에 와서 보고 (렬왕긔 젼셔 십쟝 일졀 브터 십 삼졀ᄭᆞ지 보라) 소로문

의게 여러 가지 리치도 뭇고 셩뎐 지은거시며 모든 범졀을 보매 처음 들니든 말보다 졀반이 못된다 ᄒᆞ더라 시파 녀왕이 소로문의 신하와 죵이 다 더러ᄒᆞᆫ 님군을 만낫ᄉᆞ니 복이 잇슬지라 ᄒᆞ고 곳 하ᄂᆞ님ᄭᅴ 영화를 돌니며 그 님군의게 갑 만코 귀즁ᄒᆞᆫ 보비를 주엇ᄂᆞᆫ지라 소로문은 춤 은혜 밧은 님군이며 나라 다ᄉᆞ릴 때에 하ᄂᆞ님ᄭᅴ셔 ᄉᆞᄇᆡᆨ년 젼에 요셔아의게 허락 ᄒᆞ신ᄃᆡ로 이스라엘 온 디방을 이제야 엇어 널게 되게 나라치 부요 ᄒᆞ고 샹셩 ᄒᆞ여 관리ᄂᆞᆫ 업고 유명케 되엿ᄉᆞ니 이스라엘 ᄇᆡᆨ셩이 이때 브터 지금 ᄭᆞ지 하ᄂᆞ님의 법ᄃᆡ로 ᄒᆞ여 그른 길노 나아가지 아니ᄒᆞ고 일심으로 셤겻ᄉᆞ면 하ᄂᆞ님ᄭᅴ셔 복 주심이 한량 업슬거시오 우리ᄂᆞᆫ 맛당히 이 일을 보아 하ᄂᆞ님의 은혜 주신거슬 ᄆᆞᄋᆞᆷ에 깁히 삭여 일심으로 셤기면 하ᄂᆞ님ᄭᅴ셔 복 주심이 만ᄒᆞ실지라

뭇ᄂᆞᆫ 말

一 이 공부에 세가지 말 ᄒᆞᆫ거시 무엇시뇨 답 평안ᄒᆞᆷ과 부ᄒᆞᆷ과 지혜니라 二 유대라 ᄒᆞᆫ 뜻시 무엇시뇨 三 이스라엘이라 ᄒᆞᆫ 뜻시 무엇시뇨 四 단이 어ᄃᆡ 잇셧ᄂᆞ뇨 五 별시파가 어ᄃᆡ 잇셧ᄂᆞ뇨 六 사ᄅᆞᆷ마다 그이의 포도와 무화과 나무 밋헤 잇다 ᄒᆞᄂᆞᆫ 뜻시 무엇시뇨 七 소로문의 부 ᄒᆞᆫ거시 무엇시뇨 八 소로문의게 두목 관원 몃치 잇셔 그 대궐을 수호ᄒᆞ엿ᄂᆞ뇨 이 글장 칠졀에 보라 九 란셰가 아닌ᄃᆡ 소로문왕이 웨 몰과 수레를 그러케 만이 두엇ᄂᆞ뇨 답 거동 ᄒᆞᄂᆞᆫᄃᆡ 쓰ᄂᆞᆫ거시오 란방 님군의게 위엄 보이랴 ᄒᆞᆫ거시 아니라 十 이거시 소로문 왕의 ᄃᆡ일 잘 쓰ᄂᆞᆫ것시뇨 十一 웨 부ᄎᆞ가 뎐국에 드러가ㅣ가 어려우뇨 十二 하ᄂᆞ님이 소로문 왕의게 무엇 세가지를 주셧ᄂᆞ뇨 이십 구졀에 보라 十三 엇던 네 사ᄅᆞᆷ의게 비교 ᄒᆞ엿ᄂᆞ뇨 十四 우리가 지금은 알션ᄂᆞ뇨 十五 소로문 왕이 쟘언을 몃치나 썻ᄂᆞ뇨 十六 그 쟘언들 즁에 약간을 어ᄃᆡ셔 찻겟ᄂᆞ뇨 十七 시가를 몃치ᄂᆞ 썻ᄂᆞ뇨 十八 당신은 부쟈가 되면 무엇 ᄒᆞ겟ᄂᆞ뇨 十九 지혜가 잇ᄉᆞ면 무엇 ᄒᆞ겟ᄂᆞ뇨

영국녀왕의 죠셔

영국 녀왕의 륙십년 경츅회를 요젼 이십호 회보에도 말ᄉᆞᆷ ᄒᆞ엿거니와 지금 론돈셔 온 젼보를 보니 ᄒᆞ엿시되 녀왕의 경츅회를 당ᄒᆞ여 여러 쳔만 빅셩들이 일심으로 모혀 녀왕을 옹위ᄒᆞ여 뫼시고 쎄인ᄲᅳᆯ노라 ᄒᆞᄂᆞᆫ 큰 회당에 가셔 하ᄂᆞ님ᄭᅴ 례비 ᄒᆞᆯᄉᆡ 의막과 거마ᄂᆞᆫ 좌우에 버려 잇고 등촉은 휘황ᄒᆞ고 사ᄅᆞᆷ은 바다 갓더라 륙월 이십일에 사ᄅᆞᆷ이 만ᄒᆞᆫ고로 회당에 드러 가지 못ᄒᆞ고 회당 밧게셔 녀왕은 놉흔 수레 우희 계시고 여러 교ᄉᆞ들과 관원들과 빅셩들이 ᄒᆞᆷᄭᅴ ᄒᆞ여 하ᄂᆞ님ᄭᅴ 찬미 ᄒᆞ되 찬미ᄒᆞᄂᆞᆫ 님복근원 이란 뎨 일쟝도 노래 ᄒᆞ고 ᄯᅩᄒᆞᆫ 익국가를 일시에 브ᄅᆞ매 굉쟝ᄒᆞᆫ 소래 운소에 들니더라 지금 영국 인민의 수효ᄂᆞᆫ ᄉᆞ쳔 미명 가량이오 카나다와 오인도와 각쳐 속디의 인민을 합ᄒᆞ면 ᄉᆞ억 이빅 민명이나 되거놀 각쳐 빅셩이 ᄯᅩᄒᆞᆫ 일심으로 경츅ᄒᆞ엿시니 엇지 쟝ᄒᆞ지 아니리오 녀왕ᄭᅴ셔 무수ᄒᆞᆫ 빅셩의게 ᄯᅩᄒᆞᆫ 죠셔를 나리샤 반포ᄒᆞ시니 죠셔에 ᄀᆞᆯᄋᆞᄃᆡ 내가 ᄉᆞ랑ᄒᆞᄂᆞᆫ 빅셩의게 춤 ᄆᆞᄋᆞᆷ으로 감샤ᄒᆞ노라 ᄒᆞ시고 ᄯᅩ 말ᄉᆞᆷᄒᆞ기를 하ᄂᆞ님ᄭᅴ셔 이 모든 빅셩의게 복을 나려 주시기를 ᄇᆞ라노라 ᄒᆞ엿더라

계쥬론

술을 죠션 안에셔 먹ᄂᆞᆫ ᄭᆞᄃᆞᆰ에 그 빅셩이 가산을 ᄑᆡᄒᆞ며 졈졈 곤궁도 ᄒᆞ며 고질을 ᄒᆞ야 쟝부의 긔운이 아모리 ᄒᆞ여도 회복ᄒᆞ지 못ᄒᆞ며 ᄯᅩ 술 먹ᄂᆞᆫ거시 크리스도 교의 큰 원슈도 되려니와 교즁 일에 방해가 되니 우리 교에 유젼ᄒᆞᄂᆞᆫ 말ᄃᆡ로 무론 무ᄉᆞᆷ 술이ᄃᆞᆫ지 도모지 일졀 금단ᄒᆞ며 우리가 우리 고향 교우의게 간절히 ᄇᆞ라노니 은갓 맛당ᄒᆞᆫ 계칙을 써셔 죠션 교우가 술을 일졀히 먹지 안케 ᄒᆞ고 몸들이 모도 졍결ᄒᆞ게 ᄒᆞ기와 ᄯᅩ 죠션 교우들의게 지금브터 술 금ᄒᆞᄂᆞᆫ 글을 지어 동토 사ᄅᆞᆷ 가온ᄃᆡ 힘써셔 젼파ᄒᆞ자고 미이미 교회 열 둘지 년환회에 결뎡을 ᄒᆞ엿ᄉᆞ오니 교우들은 이 작뎡ᄒᆞᆫ 조건을 ᄌᆞ세히 닑어 보시고 힘ᄡᅥ 이것 힝ᄒᆞ시기들을 ᄇᆞ라옵

비ᄅᆞᆯ기다림이라

나라의 근본은 빅셩이오 빅셩의 근본은 농ᄉᆞ오 농ᄉᆞ의 풍흉은 비와 이실이 젹즁ᄒᆞᆫᄃᆡ 잇고 우로의 은ᄐᆡᆨ을 주샤 만민으로 ᄒᆞ여곰 살게 ᄒᆞ시ᄂᆞᆫ 이ᄂᆞᆫ 하ᄂᆞ님이시라 사ᄅᆞᆷ들이 그 은혜를 감샤ᄒᆞᆫ줄 아지 못ᄒᆞ고 ᄒᆞᆼ샹 죄를 짓ᄂᆞᆫ 고로 하ᄂᆞ님의 노여ᄒᆞ심이 그 우희 계신지라 인도국은 무ᄉᆞᆷ 죄로 ᄒᆞ여 흉년이 지고 지앙을 밧엇ᄂᆞᆫ지 우리ᄂᆞᆫ 알수 업거니와 작년에 비가 오지 아니ᄒᆞᆷ으로 그러케 된지라 근일에 소문을 드ᄅᆞ매 우리 죠션도 한지가 잇셔 곡식과 ᄎᆡ마들이 다 타매 빅셩의 근심이 분운ᄒᆞ고 비 오기를 날노 ᄇᆞ란다 ᄒᆞ니 우리ᄂᆞᆫ 듯기에 실노 민망ᄒᆞᆫ지라 일젼에 녀교우ᄒᆞ나이 죵로 회당에 와 말ᄒᆞ되 지금 한지가 대심ᄒᆞ고 하지가 발셔 지나매 농ᄉᆞᄒᆞᄂᆞᆫ 빅셩의 ᄉᆞ졍이 가련ᄒᆞᆫ지라 우리 교즁 형뎨들은 날마다 빅셩을 위ᄒᆞ여 하ᄂᆞ님ᄭᅴ 긔도ᄒᆞ쟈 ᄒᆞ고 인ᄒᆞ여 우라와 ᄒᆞᆷᄭᅴ 긔도 ᄒᆞ엿시니 이러ᄒᆞᆫ 교우ᄂᆞᆫ 춤 사ᄅᆞᆷ ᄉᆞ랑ᄒᆞ기를 ᄌᆞ긔 몸 ᄀᆞᆺ치 ᄒᆞᄂᆞᆫ ᄆᆞᄋᆞᆷ이 잇ᄂᆞᆫ지라 우리들도 이 빅셩을 위ᄒᆞ여 춤 하ᄂᆞ님을 밋ᄂᆞᆫ ᄆᆞᄋᆞᆷ으로 긔도ᄒᆞ고 ᄯᅩᄒᆞᆫ 하ᄂᆞ님의 ᄯᅳᆺᄃᆡ로 ᄒᆞ시기를 ᄇᆞ랄지니라

뎨일권 건양 칠월 칠일 뎨이십삼호

죠션 크리스도인 회보

학도를 권ᄒᆞᄂᆞᆫ 말

학문이라 ᄒᆞᄂᆞᆫ거슨 고금의 ᄉᆞ젹을 만히 알며 물건의 리치를 ᄌᆞ셰히 궁구ᄒᆞ며 셰계의 운수를 ᄇᆞᆰ게 보며 물졍의 변혁 ᄒᆞᆷ을 ᄯᅢ로 살피여 어리셕은 쟈를 지혜 잇게ᄒᆞ고 어두온 나라를 문명ᄒᆞ게 ᄒᆞᄂᆞᆫ거시오 ᄯᅩᄒᆞᆫ 인ᄉᆡᆼ이 날노 쓰ᄂᆞᆫ바 일을 유익ᄒᆞ게 ᄒᆞᆯ지라 그런고로 녯적 글만 닑어 ᄉᆞᄉᆞ로 교만ᄒᆞᆫ 사ᄅᆞᆷ은 ᄯᅢ에 급무를 아지 못ᄒᆞ고 시무를 안다 ᄒᆞ여도 학문이 업ᄉᆞ면 무ᄉᆞᆷ 일을 셩취ᄒᆞᆯ수 업고 학식은 잇드리도 덕힝이 업ᄉᆞ면 ᄒᆞᄂᆞᆫ바 일이 ᄯᅩᄒᆞᆫ 착ᄒᆞᆯ수가 업ᄂᆞᆫ지라 그런즉 시셰를 좃차 착ᄒᆞᆫ ᄉᆞ업을 힝ᄒᆞᄂᆞᆫ 쟈리야 널은바 명인 달ᄉᆞ요 지덕 군ᄌᆞ지라 우리가 죠션국에 나아 온지 십 여년에 학당을 셜립ᄒᆞ고 학도를 모집ᄒᆞ여 셩교도 젼파ᄒᆞ고 인지를 비양ᄒᆞ니 교회로 말ᄉᆞᆷᄒᆞ면 동포의 형뎨 들이오 졍의로 말ᄉᆞᆷ ᄒᆞ면 션ᄉᆡᆼ과 뎨ᄌᆞ간이라 엇지 서로 ᄉᆞ랑ᄒᆞ지 아니며 도아 주지 아니리오 사ᄅᆞᆷ의 심지가 ᄒᆞᆫ번 서로 합ᄒᆞ면 그 리홈이 능히 쇠를 ᄭᅳᆫ코 죽을 디경에 당ᄒᆞ여도 서로 져ᄇᆞ림이 업ᄂᆞᆫ거시라 하ᄂᆞ님의 능력으로 사ᄅᆞᆷ의 령혼을 주신고로 풍속과 의복은 비록 동셔양이 다르나 사ᄅᆞᆷ의 간담과 회 노 ᄋᆡ 락의 발ᄒᆞᆷ은 텬하 사ᄅᆞᆷ이 조곰도 다름이 업ᄂᆞ니 엇지 인졍이 업다 ᄒᆞ리오 엇더ᄒᆞᆫ 사ᄅᆞᆷ이 우리 학당에셔 공부ᄒᆞᆫ 후에 여간 학문이 잇ᄂᆞᆫ고로 벼ᄉᆞᆯ을 ᄒᆞ엿시나 감샤ᄒᆞᆫ ᄆᆞᄋᆞᆷ은 일호도 업고 도로혀 우리를 훼방ᄒᆞ며 말ᄒᆞ되 나ᄂᆞᆫ 비저 학당에셔 영어 공부를 여러ᄒᆡ ᄒᆞ엿시되 예수교에ᄂᆞᆫ 투입홈이 업고 지됴만 비왓ᄉᆞ니 우리ᄀᆞᆺ치 ᄆᆞᄋᆞᆷ이 단단ᄒᆞ고 공부ᄌᆞ의 도를 존슝ᄒᆞᄂᆞᆫ쟈ㅣ 드믈니라 ᄒᆞ며 ᄌᆞ긔ᄂᆞᆫ 능ᄉᆞ로 알되 이러ᄒᆞᆫ 사ᄅᆞᆷ은 가위 비은 망덕ᄒᆞᄂᆞᆫ쟈ㅣ라 녯 말에 닐ᄋᆞ기를 일ᄌᆞ 쳔금이라 ᄒᆞ엿거ᄂᆞᆯ 우리의게 슈학ᄒᆞᆫ 사ᄅᆞᆷ이 엇지 우리 도를 비방ᄒᆞᄂᆞ뇨 당초에 예수교회의 광대 인ᄋᆡᄒᆞ신 ᄆᆞᄋᆞᆷ이 아니더면 대양 즁에 잇ᄂᆞᆫ 야만들을 무ᄉᆞᆷ 지됴로 ᄀᆡ명을 식혓시며 죠션 사ᄅᆞᆷ들의 무식홈이 우리의게 무ᄉᆞᆷ 샹관이 잇건ᄃᆡ 누만리 창회 밧게 부모와 친쳑을 리별ᄒᆞ고 십 여년 풍상에 고쵸를 불계ᄒᆞ고 우리를 욕ᄒᆞᄂᆞᆫ 사ᄅᆞᆷ의 ᄌᆞ뎨를 ᄀᆞᄅᆞ치리오 만일 예수 셩교가 아니더면 훼방ᄒᆞ든 그 사ᄅᆞᆷ도 역시 영국 글을 모를지라 우리ᄂᆞᆫ 그 사ᄅᆞᆷ을 위ᄒᆞ여 긔도ᄒᆞ고 됴케 보건이와 유가 셔에도 말ᄉᆞᆷᄒᆞ기를 사ᄅᆞᆷ이 세가지 이질수 업ᄂᆞᆫ 은혜가 잇ᄉᆞ니 부모가 나를 나흐시고 션ᄉᆡᆼ이 나를 ᄀᆞᄅᆞ치시고. (미완)

례ᄇᆡ일공과 데이십삼 칠월 팔일

소로문의부쟈와지혜로온일

렬왕긔 상권 오쟝 일졀노 십 이졀

년조 쥬 강ᄉᆡᆼ 젼 일쳔 십 ᄉᆞ년

디명 예루살렘과 츄라와 리파눈

一 츄라왕 희란이 ᄯᅡ빗으로 더브러 친ᄒᆞ더니 ᄇᆡᆨ셩들이 소로문을 기름 발나 그 부친을 이어 왕이 됨을 듯고 사ᄅᆞᆷ을 보내엿거ᄂᆞᆯ 二 소로문이 ᄯᅩᄒᆞᆫ 희란의게 사ᄅᆞᆷ을 보내여 ᄀᆞᆯᄋᆞᄃᆡ 三 그ᄃᆡ도 알거니와 녯적에 하ᄂᆞ님ᄭᅴ서 모든 적국으로 ᄒᆞ여곰 우리 아바지 ᄯᅡ빗의게 항복ᄒᆞ기ᄭᆞ지 ᄉᆞ방에 ᄡᅡ홈ᄒᆞ기로 셩뎐을 지어 하ᄂᆞ님의 일홈을 고ᄒᆞ지 못ᄒᆞᆫ지라 四 이제 우리 하ᄂᆞ님ᄭᅴ서 내게 복을 주샤 ᄉᆞ방에 적국도 업고 직앙도 업ᄉᆞ니 五 내가 셩뎐을 지어 우리 하ᄂᆞ님의 일홈을 고ᄒᆞ야 젼에 하ᄂᆞ님ᄭᅴ셔 우리 아바지 ᄯᅡ빗의게 닐ᄋᆞ샤ᄃᆡ 내가 네 아ᄃᆞᆯ노 위를 니을거시요 뎌ㅣ가 셩뎐을 지어 내 일홈을 고ᄒᆞ리라 ᄒᆞ심을 응험케 ᄒᆞ리라 六 그ᄃᆡ도 알거니와 셰돈 사ᄅᆞᆷ이 나무를 ᄆᆡ우 잘 베ᄂᆞ니 쳥컨ᄃᆡ 그ᄃᆡ가 뭇 사ᄅᆞᆷ의게 닐너 리파눈에 ᄇᆡᆨ향목을 베히되 내의 죵과 그ᄃᆡ의 죵이 홈ᄭᅴᄒᆞ야 그ᄃᆡ가 갑슬 달나 ᄒᆞᄂᆞᆫᄃᆡ로 주리라 七 희란이 말ᄉᆞᆷ을 듯고 깃거ᄒᆞ야 ᄀᆞᆯᄋᆞᄃᆡ 맛당히 하ᄂᆞ님ᄭᅴ 찬송ᄒᆞ리로다 ᄯᅡ빗의 아ᄃᆞᆯ을 지혜를 주샤 큰 나라를 다ᄉᆞ리게 ᄒᆞ셧다 ᄒᆞ고 八 소로문의게 사ᄅᆞᆷ을 보내여 ᄀᆞᆯᄋᆞᄃᆡ 왕이 쳥ᄒᆞᄂᆞᆫᄃᆡ로 내가 시힝ᄒᆞ야 ᄇᆡᆨ향목과 숑목을 내가 왕ᄭᅴ 드리리라 九 내의 죵이 리파눈으로브터 메고 바다가에 니ᄅᆞ러 뼤롤라고 바다에 ᄯᅥ셔 왕의 지시ᄒᆞᆫ ᄯᅡ에 니ᄅᆞ러 왕ᄭᅴ 드리거든 왕은 식믈을 우리 역군의게 주쇼셔 十 희란이 ᄇᆡᆨ향목과 숑목을 소로문의게 원ᄒᆞᄂᆞᆫᄃᆡ로 드리니 十一 소로문이 ᄒᆡ마다 밀 일ᄇᆡᆨ이십만 말과 기름 일만 이쳔 근으로 희란의 죵을 주니 十二 희란이 소로문으로 더브러 약죠를 세워 화친ᄒᆞ고 하ᄂᆞ님ᄭᅴ셔 허락ᄒᆞ신ᄃᆡ로 소로문의게 지혜를 주시더라

주셕

ᄯᅡ빗은 이젼에 셩뎐을 셰우고져 ᄒᆞ되 하ᄂᆞ님ᄭᅴ셔 금지ᄒᆞ여 ᄀᆞᆯᄋᆞ샤ᄃᆡ 너ᄂᆞᆫ 이 일을 ᄒᆞ지 못ᄒᆞᆯ거시요 너희 아ᄃᆞᆯ 소로문의 손으로 창건케 ᄒᆞ리라 ᄒᆞ시니 ᄯᅡ빗이 금은과 동텰이며 보셕과 여러가지 물건을 예비ᄒᆞ여 두고(력대지략 젼셔 이십쟝 일졀브터 구졀ᄭᆞ지 보라) 그 아ᄃᆞᆯ 소로문의게 ᄌᆞ긔를 ᄃᆡ신ᄒᆞ여 셩뎐을 지으라 ᄒᆞ엿ᄂᆞᆫ지라(력대지략 젼셔 이십팔쟝을 보라) ᄯᅡ빗이 도라간 후에 츄라왕 희란이 신하를 보내여 셰교를 ᄭᅳᆫ치 아니코져 ᄒᆞ여 친밀이 ᄒᆞ니 소로문이 ᄯᅩᄒᆞᆫ 희란의게 사ᄅᆞᆷ을 보내여 사괸 후 ᄇᆡᆨ향목과 그 외 다ᄅᆞᆫ 나무며 지조 만흔 사ᄅᆞᆷ을 구ᄒᆞ엿ᄂᆞᆫ지라 이스라엘 나라ᄂᆞᆫ 근본 토박ᄒᆞ여 곡식과 실과며 다ᄅᆞᆫ 물건은 다 잘되되 셩뎐ᄀᆞᆺ흔 집 짓ᄂᆞᆫ 저목ᄒᆞᆯ 됴흔 나무들은 업ᄉᆞ며 나라 안에 나무를 ᄉᆡᆨ가 ᄆᆞᆫ돌며 돌도

ᄯᅡ려 삭이ᄂᆞᆫ 사ᄅᆞᆷ이 업ᄉᆞ니 이러홈으로 희란의게 여러 가지ᄅᆞᆯ 구 ᄒᆞ매 희란이 즉시 허락 ᄒᆞ고 청ᄒᆞᆫ바 물건을 슈운 ᄒᆞ여 오거ᄂᆞᆯ 소로문이 보리와 밀과 기름으로 후히 갑홈은 츄라 나라에ᄂᆞᆫ 본ᄅᆡ 이런 곡식이 극귀 홈으로 이거ᄉᆞᆯ 요긴히 쓰게 홈이라 셩뎐에 쓰ᄂᆞᆫ 돌은 예루살렘 갓가온 토광속에 잇ᄂᆞᆫ 돌을 치셔 ᄉᆞ지 ᄒᆞ여 셩뎐 창건 ᄒᆞᆯ제 아모 소ᄅᆡ 업시 ᄒᆞ엿ᄂᆞᆫ지라 (렬왕긔 젼셔 륙장 칠절을 보라) 이 셩뎐은 ᄉᆞᄇᆡᆨ 팔십년 젼에 모세로 ᄒᆞ여곰 들에셔 치든 쟝막을 ᄃᆡ신 홈이니 그 쟝막을 지을 ᄯᅢ며 이번 셩뎐 창건 ᄒᆞᆯ ᄯᅢ에 여러 ᄇᆡᆨ셩들이 질거온 ᄆᆞᄋᆞᆷ으로 ᄌᆞ원 ᄒᆞ여 돈과 물건을 드려 조셩 ᄒᆞ엿ᄂᆞᆫ지라 (츌애급 삼십 오쟝 이십졀브터 이십 구졀 ᄭᆞ지와 력ᄃᆡ지략 젼셔 이십 구쟝 륙졀 브터 구졀 ᄭᆞ지 보라) ᄯᅡ빗과 소로문과 여러 ᄇᆡᆨ셩들이 셩뎐을 지으량으로 진심 ᄒᆞ여 질거온 ᄆᆞᄋᆞᆷ으로 ᄒᆞ매 이ᄂᆞᆫ 사ᄅᆞᆷ마다 맛당히 ᄒᆞᆯ 일이니 무론 무ᄉᆞᆷ 일이던지 하ᄂᆞ님ᄭᅴ 드리ᄂᆞᆫ 거ᄉᆞᆫ 질거온 ᄆᆞᄋᆞᆷ으로 ᄒᆞᆯ거시요 셩뎐 짓ᄂᆞᆫ 일이며 젼도 ᄒᆞᄂᆞᆫ거시며 ᄂᆞᆷ을 구졔 ᄒᆞᄂᆞᆫ일에 깃분 ᄆᆞᄋᆞᆷ은 업고 억지로 ᄒᆞ면 이런거ᄉᆞᆫ 다 하ᄂᆞ님ᄭᅴ셔 도모지 밧지 아니 ᄒᆞ시ᄂᆞ니라 (가림다 후셔 구쟝 칠졀을 보라) 하ᄂᆞ님ᄭᅴ셔ᄂᆞᆫ 아니 계신 곳이 업ᄉᆞ시며 사ᄅᆞᆷ들이 례ᄇᆡᄒᆞᆯ 터히 아모리 만타 ᄒᆞ드ᄅᆡ도 그러ᄒᆞ나 하ᄂᆞ님을 위 ᄒᆞ여 셩뎐을 조셩ᄒᆞᄂᆞᆫ거ᄉᆞᆫ 법리에 맛당 ᄒᆞᆫ 일이니 하ᄂᆞ님ᄭᅴ 무엇시던지 드리려 ᄒᆞ면 ᄌᆞ긔 힘ᄃᆡ로 ᄒᆞᆯ지라도 극히 됴흔거ᄉᆞ로 드릴 거시니라

뭇ᄂᆞᆫ 말

一 소로문왕이 즉위ᄒᆞᆫ 후에 뉘게셔 사ᄅᆞᆷ이 왓ᄂᆞ뇨 二 츄라왕과 소로문왕의 아바지와 엇더케 일가가 되ᄂᆞ뇨 三 소로문왕이 엇더케 ᄃᆡ답 ᄒᆞ엿ᄂᆞ뇨 四 소로문왕이 무ᄉᆞᆷ 큰 일을 ᄒᆞ고져 ᄒᆞ엿ᄂᆞ뇨 五 뉘게 명령을 밧앗ᄂᆞ뇨 六 엇던 셩에 이 뎐을 세우고져 ᄒᆞ엿ᄂᆞ뇨 七 그셩 어ᄂᆞ 곳에 이 뎐을 세우고져 ᄒᆞ엿ᄂᆞ뇨 답 모리아 산이니라 八 이산에셔 무ᄉᆞᆷ 특별ᄒᆞᆫ 일어 잇셧ᄂᆞ뇨 답 창셰긔 이십 이쟝 이졀에 보라 九 소로문왕이 츄라 왕의게 무엇 ᄒᆞ라 청 ᄒᆞ엿ᄂᆞ뇨 十 이러케 청 ᄒᆞᆫ거ᄉᆞᆯ 츄라 왕이 엇더케 깃버 ᄒᆞ엿ᄂᆞ뇨 十一 소로문왕의게 엇더케 ᄃᆡ답 ᄒᆞ엿ᄂᆞ뇨 十二 리파눈 산에셔 나무ᄅᆞᆯ 베여 나려 오ᄂᆞᆫ거시 쉬운 일이뇨 혹 어려우뇨 답 나무 토막을 험ᄒᆞᆫ 길에 ᄭᅳᆯ어 오ᄂᆞᆫ고로 ᄆᆡ우 어려우니라 十三 여ᄃᆡ로 츄라왕이 그 지목을 보내엿ᄂᆞ뇨 十四 요파에셔 예루살렘이 얼마나 머뇨 답 일ᄇᆡᆨ 이십 리니라 十五 소로문왕이 엇더케 이 물건 갑슬 갑홋ᄂᆞ뇨 十六 소로문왕이 지은 셩뎐이 얼마나 크뇨 답 쟝이 구십 자이오 광이 삼십 자이니라 十七 얼마나 오ᄅᆡ 지엇ᄂᆞ뇨 답 칠년 반에 지엇ᄂᆞ니라 十八 소로문왕과 희란왕이 이 역ᄉᆞ ᄒᆞ기에 몃사ᄅᆞᆷ이나 고용 ᄒᆞ엿ᄂᆞ뇨 답 여러 쳔명이 되엿ᄂᆞ니라

첫쟝련쇽

님군이 나를 먹이신다 ᄒᆞ엿시며 스승을 위ᄒᆞ여 죽은후에 삼년을 복도 닙고 시묘ᄒᆞ니도 잇다 ᄒᆞ나 ᄉᆞ뎨간에 졍의ᄂᆞᆫ 실노 즁대ᄒᆞᆫ거시라 공부에도 허실이 잇고 착ᄒᆞᆫᄃᆡ도 진위가 잇ᄂᆞ니 실심으로 힝ᄒᆞ고 힝치 아니ᄒᆞᄂᆞᆫᄃᆡ 잇ᄂᆞᆫ지라 음식이 사ᄅᆞᆷ의게 요긴ᄒᆞ여 먹고 사ᄂᆞᆫ거시로ᄃᆡ ᄆᆞ옴이 업시 먹은즉 그 음식의 맛ᄉᆞᆯ 알지 못ᄒᆞᄂᆞᆫ거시오 공부가 사ᄅᆞᆷ을 유식ᄒᆞ게 ᄒᆞᄂᆞᆫ 거시로ᄃᆡ ᄆᆞ옴이 업시 ᄒᆞ면 ᄯᅩᄒᆞᆫ 허ᄉᆞ가 되리니 우리 학원들은 실심으로 공부ᄒᆞ고 하ᄂᆞ님을 존경ᄒᆞ면 진실노 현인이 될지라 도학으로 말ᄉᆞᆷᄒᆞᆯ진ᄃᆡ 죠션 사ᄅᆞᆷ들이 ᄒᆞᆼ샹 말ᄒᆞ기를 유도가 뎨일 됴타 ᄒᆞ니 우리도 공밍의 말ᄉᆞᆷ을 그르다 ᄒᆞᄂᆞᆫ거시 아니로ᄃᆡ 청국과 죠션은 그 도를 인연ᄒᆞ여 나라를 다ᄉᆞ리되 점점 미약ᄒᆞ고 영국ᄀᆞᆺᄒᆞᆫ 나라들은 공밍ᄌᆞ를 모로것마ᄂᆞᆫ 텬하에 뎨일 부강ᄒᆞ고 문명ᄒᆞᆷ은 하ᄂᆞ님을 셤김이라 아모 사ᄅᆞᆷ이나 국가이나 하ᄂᆞ님의 ᄯᅳᆺᄉᆞᆯ 좃ᄂᆞᆫ 쟈ᄂᆞᆫ 흥왕ᄒᆞ고 거ᄉᆞ리ᄂᆞᆫ 쟈ᄂᆞᆫ 반ᄃᆞ시 죄에 ᄲᅡ질거시오 ᄯᅩᄒᆞᆫ 여긔 와셔 영어만 공부ᄒᆞᆯ지라도 밧게 사ᄅᆞᆷ의게 셩교ᄒᆞᄂᆞᆫ 사ᄅᆞᆷ이란 지목은 면치 못ᄒᆞᆯ거시오 속담에 닐너시되 절에 가면 즁 노릇ᄒᆞᆫ다 ᄒᆞ엿거ᄂᆞᆯ 우리 학당에 와셔 공부ᄒᆞᄂᆞᆫ 쟈ㅣ 엇지 셩교를 아니ᄒᆞ며 교ᄉᆞ들을 본밧지 아니ᄒᆞ리오 ᄇᆞ라건ᄃᆡ 학문만 공부ᄒᆞᆯ거시 아니라 하ᄂᆞ님의 도를 힝ᄒᆞ여 참 긔화ᄒᆞᆫ 사ᄅᆞᆷ이 되기를 ᄇᆞ라노라

비지학당의방학

칠월 팔일은 비지학당 학원들이 방학ᄒᆞᄂᆞᆫ 날이라 이날 하오 삼뎜 즁에 졍동 새로 지은 회당에 모히여 례식을 힝ᄒᆞᆯ터인ᄃᆡ 나라를 위ᄒᆞ야 익국가를 부르며 영어 학원들은 영국 말노 연셜도 ᄒᆞ고 영문을 시험ᄒᆞ여 강론ᄒᆞ며 한문 학도들은 한문을 비강ᄒᆞ여 시험ᄒᆞᆯ터이오 ᄯᅩᄒᆞᆫ 협셩회 회원들이 동양국과 셔양국의 긔화 법이 엇더ᄒᆞᆫ거스로 문뎨를 삼고 좌우편에 가부를 분ᄒᆞ여 각각 ᄌᆞ긔 ᄯᅳᆺᄃᆡ로 연셜ᄒᆞ며 그 후에 본학당 안으로 와셔 톄조 시험을 힝ᄒᆞᆯ터이오니 학도들을 위ᄒᆞ여 학업을 권ᄒᆞ고져 ᄒᆞ시ᄂᆞᆫ 이ᄂᆞᆫ 그날 하오에 오시기를 ᄇᆞ라노라

인도국긔민의게보조금

젼호에도 긔록ᄒᆞ엿거니와 십구호와 이십호에 밧은거시 합이 구십 칠원 팔십 ᄉᆞ젼이오 ᄯᅩ 그후에 밧은거ᄉᆞᆯ 긔록ᄒᆞ니 달셩교회에서 십 이원 륙십젼을 내고 협셩회에셔 팔원 오십 오젼을 내고 동대문안 교회에셔 일원 팔십 ᄉᆞ젼을 내고 리화학당에셔 일원 팔십 이젼을 내고 비지학당 교회에셔 이원 십이젼을 내니 합이 이십 륙원 구십삼젼이오 셔국 교우와 죠션 교우가 연보ᄒᆞᆫ거시 도합이 일ᄇᆡᆨ 이십 ᄉᆞ원 칠십 칠젼 이더라

뎨일권

죠션크리스도인회보

건양이년 칠월십ᄉᆞ일

이십ᄉᆞ호

비지학당방학

본학당 학도들이 일년 동안에 공부를 맛쳣ᄂᆞᆫᄃᆡ 작년 가을 ᄀᆡ학ᄒᆞᆯ때에 영어 학원 수효가 일ᄇᆡᆨ십오인이오 긔간에 퇴학 ᄒᆞᆫ 학도가 더러 잇ᄉᆞ되 방학 ᄒᆞᆯ때에 영어 학도만 일ᄇᆡᆨ 칠십 구인이오 한문 학도가 오십 여명이 되엿ᄂᆞᆫᄃᆡ 방학 ᄒᆞᆯ때에 여러 학도들이 또ᄒᆞᆫ 범졀은 잘 쥬션 ᄒᆞ여 군ᄉᆡᆨᄒᆞᆫ 폐가 업더라 본월 팔일 하오 삼뎜 죵에 졍동 새로 지은 회당에셔 모혀 방학ᄒᆞᄂᆞᆫ 례식을 ᄒᆡᆼᄒᆞᆯ식 죠션 국긔와 미국 긔호를 벽샹에 놉히 달고 청숑 가지로 문우회 홍예를 트럿사며 샹좌에 별랍을 비셜 ᄒᆞ고 압회ᄂᆞᆫ 각ᄉᆡᆨ 화쵸로 단쟝 ᄒᆞ며 아래ᄂᆞᆫ 융젼을 일ᄌᆞ로 셔라노코 교위와 화문 방셕 일ᄇᆡᆨ개를 ᄇᆡ치 ᄒᆞᆫ후 셔국 부인과 교ᄉᆞ들은 좌편에 렬좌 ᄒᆞ고 본국 손님들은 우편에 ᄎᆞ례로 좌뎡 ᄒᆞ고 본학당 학원 수ᄇᆡᆨ명과 영어학교 학원 ᄇᆡᆨ여인은 좌우를 논호와 빈쥬례로 안졋ᄂᆞᆫᄃᆡ 총리교ᄉᆞ 아편셜라씨가 ᄀᆡ회ᄒᆞᆫ 후에 찬미가 뎨 오십 ᄉᆞ쟝을 노ᄅᆡ ᄒᆞ고 영국교ᄉᆞ 경유현씨가 영어로 긔도 ᄒᆞ고 그 다음에 한문 학도를 시험 ᄒᆞᆯ식 김근용은 죠션 력대ᄉᆞ략을 강ᄒᆞ고 한치동은 통감을 강ᄒᆞ며 량경복은 죠션 략ᄉᆞ를 외오ᄂᆞᆫᄃᆡ 단정ᄒᆞᆫ 모양과 청아ᄒᆞᆫ 글소ᄅᆡ 운쇼에 사못칠듯 일좌 회원들이 닷토와 손ᄲᅧᆨ을 치ᄂᆞᆫ지라 그 다음에 영문을 시험 ᄒᆞᆯ식 신흥우와 송언용은 영어로 시험 ᄒᆞ고 그 다음에 학원 수십명이 일졔히 공과를 련습 ᄒᆞ고 그 후에 니승만씨ᄂᆞᆫ 죠션국 독립ᄒᆞᆫ 일을 영어로 연셜ᄒᆞᆫ 후에 독립가를 노ᄅᆡ ᄒᆞ니 또ᄒᆞᆫ 일좌 회원들이 칭찬ᄒᆞ며 손ᄲᅧᆨ을 치ᄂᆞᆫ 소ᄅᆡ 회당이 진동ᄒᆞ며 크게 깃거ᄒᆞ고 그 다음에 미국공ᄉᆞ 시일씨가 학도를 위ᄒᆞ여 리치학에 말ᄉᆞᆷ으로 권셜 ᄒᆞ매 미국교ᄉᆞ 됴원시씨가 죠션말노 번역ᄒᆞ여 들닌 후에 협셩회를 ᄀᆡ회 ᄒᆞᆯ식 회쟝 량홍묵씨가 협셩회의 대지를 연셜ᄒᆞ니 언ᄉᆞ가 졀당ᄒᆞ고 의리가 쇼명ᄒᆞ여 능히 나타ᄒᆞᆫ 쟈를 니르키고 우미ᄒᆞᆫ 쟈를 ᄭᆡ닷게 ᄒᆞᄂᆞᆫ지라 그 후에 회원들이 동양 졔국이 ᄇᆞᆨ득불 대셔 ᄀᆡ화를 ᄎᆡ용ᄒᆞᆯ 뜻스로 문졔를 내고 가부편을 논호와 연셜 ᄒᆞᆯ식 가변 졍연의에 김홍경씨와 좌연의에 문경호씨ᄂᆞᆫ 셔양법을 ᄎᆡ용ᄒᆞᆷ이 가ᄒᆞ다 ᄒᆞ고 부변 졍연의에 노병션씨와 좌연의에 한의동씨ᄂᆞᆫ 동양 법만 ᄇᆞᆰ혀도 문명에 진보가 족ᄒᆞ다 ᄒᆞ야 호샹 징론ᄒᆞ니 소질 쟝의의 현하구변은 륙국 졔후를 달내ᄂᆞᆫ듯 졔갈양의 셜젼 군웅은 삼국 형졔를 론난 ᄒᆞᆷ과 ᄀᆞᆺᄒᆞᆫ지라 (미완)

례ᄇᆡ일공과 뎨이십ᄉᆞ 칠월 이십오일

셩뎐일윔을고ᄒᆞᆫ일

렬왕긔 샹권 팔쟝 오십ᄉᆞ졀노 륙십 삼졀

년조 쥬 강ᄉᆡᆼ 젼 일쳔 ᄉᆞ년

디명 예루살렘과 모리산

五四 소로문이 야화화 단압헤 ᄭᅮ러 업듸여 하ᄂᆞᆯ을 향
ᄒᆞ야 손을 펴고 이긔도를 다 ᄆᆞᆺ친 후에 니러나셔
五五 드듸여 압헤 서셔 이스라엘 모든 무리를 위
ᄒᆞ야 큰 소리로 복을 빌어 ᄀᆞᆯᄋᆞᄃᆡ 五六 야화화ᄭᅴ셔
젼 말ᄉᆞᆷ을 의지 ᄒᆞ야 이스라엘 족속의게 편안ᄒᆞᆷ
을 주시니 맛당히 찬송 ᄒᆞᆯ지어다 녯적에 그 종 모
셰의게 ᄇᆡᆨ락 ᄒᆞ샤 ᄇᆡᆨ셩의게 복을 주시마 ᄒᆞ시더
니 그 말ᄉᆞᆷ을 ᄒᆞᆫ마듸도 폐치 아니 ᄒᆞ엿ᄂᆞᆫ이다 五七
원컨ᄃᆡ 우리 하ᄂᆞ님 야화화ᄭᅴ셔 우리를 도으샤
우리 죠샹을 도으심과 ᄀᆞᆺ치 우리를 ᄇᆞ리지 마시고
五八 우리로 ᄒᆞ여곰 ᄆᆞᄋᆞᆷ이 하ᄂᆞ님ᄭᅴ 도라 가셔 그
도를 ᄒᆡᆼᄒᆞ며 우리 죠샹의게 명ᄒᆞ신바 명령과
례의와 법도를 직희게 ᄒᆞ시고 五九 원컨ᄃᆡ 우리
하ᄂᆞ님 야화화ᄭᅴ셔 주야를 무론 ᄒᆞ고 나의 긔도
ᄒᆞᄂᆞᆫ 말ᄉᆞᆷ을 드르샤 ᄒᆞ여곰 ᄒᆞᆼ샹 그 죵과 이스라
엘 족속을 구원 ᄒᆞ샤 무ᄉᆞᆷ 일이던지 복을 밧게
ᄒᆞ서셔 六十 텬하에 모든 ᄇᆡᆨ셩으로 ᄒᆞ여곰 야화화
ᄭᅴ셔 이ᄒᆞᆫ 하ᄂᆞ님이시오 그 외에 다시 업ᄂᆞᆫ줄노
알게 ᄒᆞ여 주소셔 六一 이제 너의 무리들은 맛당히
졍셩으로 우리 하ᄂᆞ님 야화화를 좃차 그 례의
와 명령을 직희기를 오ᄂᆞᆯ 날과 다름이 업시 ᄒᆞᆯ지
어다 六二 왕이 이스라엘 족속으로 더브러 야화화
압헤 졔ᄉᆞ를 드리고 六三 ᄯᅩᄒᆞᆫ 소로문이 소 이만
이쳔 필과 양 십 이만 마리로 ᄡᅥ 야화화ᄭᅴ 슈은
졔를 드리여 이ᄀᆞᆺ치 왕과 이스라엘 ᄇᆡᆨ셩들이 셩
뎐 일윔을 고 ᄒᆞ더라

주셕

소로문이 셩뎐을 시역 ᄒᆞᆫ지 칠년 반이 되매 그 집이 커셔 이ᄀᆞᆺ치 오램이 아니요 오직 아름답게 여러 가지로 ᄭᅮ미매 이러 ᄒᆞᆫ지라 셩뎐 모양을 보랴 ᄒᆞ면 (렬왕긔 젼셔 륙쟝과 칠쟝 십 삼졀 브터 오십 일졀 ᄭᆞ지 보라) 모든 일을 다 ᄆᆞᆺ치고 ᄯᅡ빗이 예비ᄒᆞᆫ 긔물과 소로문이 ᄆᆞᆫ든 긔명을 ᄒᆞᆷᄭᅴ 셩뎐에 두고 ᄇᆡᆨ셩의 쟝로들을 모히라 ᄒᆞ며 졔ᄉᆞ쟝으로 ᄒᆞ여곰 하ᄂᆞ님의 법궤 ᄒᆞ고 쟝막에 잇ᄂᆞᆫ 그릇슬 가져 오게 ᄒᆞᄂᆞᆫ지라 ᄇᆡᆨ셩을 모히라 ᄒᆞ고 법궤와 긔명을 그 안에 잘 봉안 ᄒᆞᆫ후 우양을 무수히 잡아 하ᄂᆞ님ᄭᅴ 졔ᄉᆞ 드리매 하ᄂᆞ님의 영광이 셩뎐에 가득 ᄒᆞ엿ᄉᆞ매 (렬왕긔 젼셔 팔쟝 일졀노 십삼졀 ᄭᆞ지 보라) 소로문이 ᄇᆡᆨ셩들 모혓실 ᄯᅢ에 말 ᄒᆞ기를 하ᄂᆞ님ᄭᅴ셔 녯적에 더회게 ᄒᆞ시든 일이며 허락 ᄒᆞ신 말을 ᄉᆡᆼ각케 ᄒᆞ엿ᄂᆞᆫ지라 (렬왕긔 젼셔 팔쟝 십 ᄉᆞ졀 브터 이십 일졀 ᄭᆞ지 보라) 소로문이 하ᄂᆞ님ᄭᅴ 긔도 ᄒᆞᆯ시 (팔쟝 이십 삼졀 브터 삼십졀 ᄭᆞ지 보라) 이 긔도

홈은 ᄌᆞ긔 ᄉᆞᄉᆞ로 홈이 아니라 온 ᄇᆡᆨ셩을 ᄃᆡ신 ᄒᆞ여 긔도 홈이니 하ᄂᆞ님의 은혜도 감샤 ᄒᆞ며 셩뎐을 이러케 창건 ᄒᆞ여 밧들게 ᄒᆞ심도 감샤 ᄒᆞ며 ᄯᅩ 일후에 은혜 뵈여 주시기ᄅᆞᆯ ᄇᆞ람이라 소로문이 긔도 ᄒᆞ기ᄅᆞᆯ 맛치고 ᄇᆡᆨ셩의게 다시 말 ᄒᆞ되 하ᄂᆞ님의 ᄌᆞ비 ᄒᆞ시고 인익 ᄒᆞ심을 감샤 ᄒᆞ며 그 례법과 명령을 직희게 ᄒᆞ며 다른 나라 압헤도 ᄎᆞᆷ신 하ᄂᆞ님 ᄒᆞᆫ분만 계신줄을 알게 ᄒᆞᆯ지라 소로문과 ᄇᆡᆨ셩들이 나죵 ᄭᆞ지 진실ᄒᆞᆫ ᄆᆞ옴이 잇게 되면 하ᄂᆞ님ᄭᅴ ᄎᆞᆷ 긴 복을 엇을거시오 아모 님군이던지 ᄇᆡᆨ셩을 다ᄉᆞ리고 ᄀᆞᄅᆞ치ᄂᆞᆫᄃᆡ 뎨일 요긴ᄒᆞᆫ거ᄉᆞᆫ ᄌᆞ긔 힝실과 지혜ᄅᆞᆯ 본보기 ᄒᆞ여 ᄇᆡᆨ셩들노 ᄒᆞ여곰 하ᄂᆞ님을 위 ᄒᆞ고 셤기게 ᄒᆞᆯ지니라 이 셩뎐은 하ᄂᆞ님을 위 ᄒᆞᆯᄲᅮᆫ 아니라 하ᄂᆞ님ᄭᅴ셔 사ᄅᆞᆷ과 ᄒᆞᆷᄭᅴ 계시며 사ᄅᆞᆷ이 하ᄂᆞ님 압헤 갓가히 ᄒᆞᆯ 법을 ᄀᆞᄅᆞ치심이라 소로문이 지은 셩뎐은 거룩ᄒᆞᆫ 뎐각이며 긔도 ᄒᆞᄂᆞᆫ 쳐소며 하ᄂᆞ님ᄭᅴ 밧친 집이며 하ᄂᆞ님의 영광이 ᄒᆞᆼ샹 계시게 ᄒᆞᆷ이라 가림다 젼셔 삼쟝 십 륙졀에 ᄒᆞ시ᄂᆞᆫ 말ᄉᆞᆷ은 사ᄅᆞᆷ의 몸은 하ᄂᆞ님의 뎐각이요 셩신이 계신 쳐소라 ᄒᆞ니 우리ᄂᆞᆫ 맛당히 몸으로 엇지 ᄒᆞ리요

뭇ᄂᆞᆫ말

一 누가 이 셩뎐을 지엇ᄂᆞ뇨 二 그가 이거ᄉᆞᆯ ᄒᆞᆫᄌᆞ 지엇ᄂᆞ뇨 혹 누가 ᄯᅩ아 주엇ᄂᆞ뇨 三 무ᄉᆞᆷ 지목을 쎳시며 그 지목이 어ᄃᆡ셔 왓ᄂᆞ뇨 四 소로문 왕이 긔도 ᄒᆞ기 젼에 졔ᄉᆞ쟝이 셩뎐에 무어ᄉᆞᆯ 가져 왓ᄂᆞ뇨 답 이글쟝 일졀과 ᄉᆞ졀에 보라 五 셩뎐에 무어시 ᄭᆞ득 찻ᄂᆞ뇨 답 구름이 찻시니 이거시 쥬의 영광이라 너무 찬란 ᄒᆞ야 졔ᄉᆞ쟝이 셩뎐에서 물너 가니라 력대 지략 하권 오쟝 십 삼졀과 십 ᄉᆞ졀에 보라 六 소로문 왕이 양과 소로 졔ᄉᆞ 드린 후에 무엇 ᄒᆞ엿ᄂᆞ뇨 七 그가 무ᄉᆞᆷ 긔도ᄅᆞᆯ ᄒᆞ엿ᄂᆞ뇨 八 하ᄂᆞ님ᄭᅴ셔 모셰의게로 모든 ᄇᆡᆨ셩의게 허락 ᄒᆞ신 거시 진실 되엿ᄂᆞ뇨 九 오십 칠졀에 ᄒᆞᆫ 긔도가 무어시ᄂᆞ뇨 十 하ᄂᆞ님ᄭᅴ셔 ᄒᆞᆷᄭᅴ 아니 ᄒᆞ시면 사ᄅᆞᆷ이나 혹 나라이나 안연 ᄒᆞ겟ᄂᆞ뇨 十一 우리 ᄆᆞ옴이 하ᄂᆞ님ᄭᅴ 향 ᄒᆞ지 아니 ᄒᆞ면 하ᄂᆞ님의 계명을 직힐수 잇시며 하ᄂᆞ님의 길노 ᄃᆞᆫ닐수 잇ᄂᆞ뇨 十二 소로문 왕이 이스라엘 ᄇᆡᆨ셩만 위ᄒᆞ여 긔도 ᄒᆞ엿ᄂᆞ뇨 답 륙십졀에 보라 十三 륙십 일졀에 소로문 왕이 ᄇᆡᆨ셩의게 무엇 세가지ᄅᆞᆯ ᄒᆞ라 명 ᄒᆞ엿ᄂᆞ뇨 十四 이 명령을 우리가 잘 긔렴 ᄒᆞ여 쥰힝 ᄒᆞ여야 ᄒᆞ겟ᄂᆞ뇨 十五 그 명령ᄒᆞᆫ 후에 그 님군과 ᄇᆡᆨ셩이 무엇 ᄒᆞ엿ᄂᆞ뇨 十六 그들이 무ᄉᆞᆷ 졔ᄉᆞᄅᆞᆯ 드렷ᄂᆞ뇨

소로문 왕이 등극ᄒᆞᆫ 뎨 십이년에 님군과 졔ᄉᆞ쟝과 ᄇᆡᆨ셩들이 여러날 졔ᄉᆞ와 졔물과 긔도와 찬미와 잔치 ᄒᆞᆫ걸노 셩뎐에 고 ᄒᆞ엿ᄂᆞ니라.

첫장련쇽

이ᄯᅢ에 모히신 손님들은 궁ᄂᆡ부 대신 리지슌씨와 협판 윤졍구씨와 춤서관 리학균씨와 물픔ᄉᆞ쟝 리무영씨와 젼 ᄂᆡ부 대신 박졍양씨와 춤서관 신태유씨와 탁지부 대신 심상훈씨와 춤서관 김규희씨와 법부 대신 한규셜씨와 협판 리인우씨와 학부 대신 민죵믁씨와 젼 협판 윤치호씨와 학무 국쟝 한창슈씨와 편집 국쟝 리경직씨와 회계 과쟝 리희덕씨와 농샹공부 대신 리윤용씨와 협판 권지형씨와 춤서관 됴병건씨와 변죵헌씨와 젼 군부 대신 안경슈씨와 젼 일본 공ᄉᆞ 리하영씨와 젼 참판 셩기운씨와 한셩부 판윤 리채연씨와 쇼윤 리계필씨와 젼 승지 박셰환씨와 리인영씨와 경무ᄉᆞ 민영긔씨와 고등 지판소 형ᄉᆞ 국쟝 리츙구씨와 군부 춤령 박긔영씨요 기외에 각부 쥬ᄉᆞ 수십 여인과 학교 교원들이 오셧고 외국 손님에는 미국 공ᄉᆞ 시일씨와 령ᄉᆞ 안련씨와 영어학교 교ᄉᆞ 할치션씨와 허리빅씨와 ᄉᆞ범학교 교ᄉᆞ 헐법씨와 미국 교ᄉᆞ 됴원시씨와 영국 교ᄉᆞ 경유헌씨와 리덕씨와 기외 여러 교ᄉᆞ들과 여러 부인들이오 ᄯᅩ 죠션 교우와 다른 손님과 구경 ᄒᆞᄂᆞᆫ쟈 ᄯᅩᄒᆞᆫ 쳔여 명이라 학부 대신 민죵믁씨가 학도를 위ᄒᆞ여 권학 ᄒᆞᄂᆞᆫ 말ᄉᆞᆷ으로 권셜 ᄒᆞ시고 독립 신문샤쟝 제손씨가 ᄯᅢ에 요긴ᄒᆞᆫ 일노 학도를 위ᄒᆞ여 ᄯᅩᄒᆞᆫ 권셜 ᄒᆞᆫ지라 대셔 각국에 졍치와 인구와 군졍과 지졍과 디리학을 제손씨가 일년 동안을 ᄀᆞᄅᆞ쳣고로 공부를 시험 ᄒᆞ여 우등으로 쟝원ᄒᆞᆫ 윤명션씨는 은화 오원을 샹급 ᄒᆞ고 그 ᄎᆞ에 홍우셕은 삼원이오 그 ᄎᆞ에 노병션씨와 신흥우는 이원식 샹급 ᄒᆞ고 총리교ᄉᆞ 아편셜라씨가 제손씨의게 영어 ᄌᆞ뎐 두권을 드리니 이거슨 본학당 학도를 ᄀᆞᄅᆞ치기에 ᄆᆡ우 슈고 ᄒᆞ심을 표 ᄒᆞᆷ이러라 일제히 ᄋᆡ국가를 노리ᄒᆞᆫ 후에 폐회 ᄒᆞ고 본학당 동산 우회 좌ᄎᆞ를 다시 빈셜 ᄒᆞ고 각부 대신과 손님들을 청ᄒᆞ여 약간 다과를 디졉 ᄒᆞ며 본학당 학원들은 톄조를 시험ᄒᆞᆯ시 젼 참위 셩창긔씨는 어룬 학도를 지휘 ᄒᆞ고 김긔원씨는 ᄋᆞ회 학도를 지휘 ᄒᆞ여 일쟝을 련습ᄒᆞ니 ᄯᅩᄒᆞᆫ 톄조 공부도 잘들 ᄒᆞᄂᆞᆫ고로 ᄆᆡ우 볼만ᄒᆞ더라 잇ᄯᅢ에 본학당 문 압회 거마ᄂᆞᆫ 구름 ᄀᆞᆺ치 모하고 사ᄅᆞᆷ은 쟝막 ᄀᆞᆺ치 둘넛ᄂᆞᆫᄃᆡ 학도들이 닷토아 운동 긔계에 올나가 각식 지됴를 시험 ᄒᆞ니 보ᄂᆞᆫ 쟈ㅣ 뉘 아니 칭찬 ᄒᆞ리오 우리ᄂᆞᆫ 뎨일 깃분 ᄆᆞᄋᆞᆷ으로 죠션을 위ᄒᆞ여 치하 ᄒᆞ노니 학도들이 열심으로 진보 ᄒᆞ기를 힘 쓰고 각부 대신들이 이ᄀᆞᆺ치 광림 ᄒᆞ여 학도를 권면 ᄒᆞ니 이거슨 죠션국에 문명 진보가 될 쟝본 이라 우리가 하ᄂᆞ님 은혜를 춤 감샤 ᄒᆞ노라

뎨일권

죠션 크리스도인 회보

건양이년 칠월이십일일

이십오호

공부를 신약에셔 시쟉홈이라

우리가 레비날 공부를 여ᄉᆞᆺ달 동안에 구약에셔 ᄒᆞ엿ᄂᆞᆫᄃᆡ 유태국 님군 사울노와 따빗과 소로문의 ᄉᆞ젹을 공부 ᄒᆞ엿시니 공부를 다 ᄒᆞ엿다 홈이 아니로ᄃᆡ 구약만 오ᄅᆡ 보면 신약에 말ᄉᆞᆷ을 혹 잇끼가 쉽고 ᄯᅩᄒᆞᆫ 신구약을 합 ᄒᆞ여 번ᄎᆞ례로 공부 ᄒᆞᄂᆞᆫ거시 됴흔고로 우리가 지금은 다시 신약 공부를 시쟉 ᄒᆞ여 보시ᄂᆞᆫ 형뎨들노 셩경 리치를 알게 홈이라 ○ 신약 즁에 마태복음으로 브터 시쟉 ᄒᆞᄂᆞᆫ고로 종지를 대강 말 ᄒᆞ노니 마태ᄂᆞᆫ 예수의 몸뎨ᄌᆞ 되기젼에 세젼을 밧아 로마국에 드리ᄂᆞᆫ고로 유태국 사ᄅᆞᆷ들이 뮈워 ᄒᆞ엿고 그때 일홈은 리비러니 그후에 쟈쳐 마태라 ᄒᆞᆫ지라 예수 승텬ᄒᆞ신 후에 마태가 온 유태 빅셩의계 젼도 ᄒᆞᄂᆞᆫ고로 유태 사ᄅᆞᆷ을 위ᄒᆞ여 이 복음을 지엿ᄉᆞ니 희리니 글노 지은듯 ᄒᆞ오 마태가 웨 이 복음을 지은고 ᄒᆞ니 구약에 예언 ᄒᆞᆫ바 메시아로 뵈이신거시오 여러 복음 즁에 쳣재 쓴거시라 쥬 강싱 후 예루살렘 멸망 ᄒᆞ기젼에 지엇ᄂᆞ니 예루살렘은 강싱 후 칠십 년에 망 ᄒᆞ엿ᄂᆞ니라

미력의비홈이라

우리ᄂᆞᆫ 드른 소문이 잇기로 대강 긔록 ᄒᆞ노라 륙월 삼십 일은 쟝로교회 즁에 ᄉᆞ랑ᄒᆞᄂᆞᆫ 교우 오경션 씨의 대부인 쟝ᄉᆞᄒᆞ든 날이라 이 날에 교즁 여러 형뎨들이 함ᄭᅴ 모혀 양쥬 연셔라 ᄒᆞᄂᆞᆫ ᄯᅡ에 가셔 회장ᄒᆞ고 도라오ᄂᆞᆫ 길에 홍제원을 지나 무학현을 향ᄒᆞ고 오더니 ᄒᆞᆫ 미력집이 잇고 쟝님 수안이 그 안에셔 경문을 닑거ᄂᆞᆯ 교우들이 그거슬 보고 ᄌᆞ비ᄒᆞᆫ ᄆᆞ음으로 불샹히 녁여 미력집에 드러가 그 쟝님을 보고 구셰쥬의 도를 젼파 ᄒᆞ며 하ᄂᆞ님을 숭비 ᄒᆞ고 마귀의 졸로룻슬 말나 ᄒᆞ니 그 쟝님이 크게 두려워 ᄒᆞ며 말ᄒᆞ되 내가 여러ᄒᆡ 미력을 셤긴고로 벌역이 잇실가 ᄒᆞ여 비반ᄒᆞ지 못 ᄒᆞ엿노라 ᄒᆞ거ᄂᆞᆯ 이때에 교우들이 크게 셩신이 감동 ᄒᆞ여 그 쟝님을 위ᄒᆞ여 그 미력을 ᄒᆞᆫ번 치매 곳 ᄯᅡ에 업더져 벅셔지거ᄂᆞᆯ 그 벽 우희 붓쳔 그림과 부작을 ᄯᅦ여 불지르고 숑경ᄒᆞ든 북을 ᄯᅢ

여, 장님을 주니 보ᄂᆞᆫ자ㅣ 다 이상히 녁이더라 또 셩신의 인도ᄒᆞᆷ을 닙어 ᄒᆞᆫ곳에 니르니 큰 당집 ᄒᆞ나히 잇ᄂᆞᆫᄃᆡ 그림 들보와 븕은 란간을 ᄒᆞ엿시며 셕가졔조과 귀뉴라찰의 화샹을 벽 우희 가득히 붓치고, 삼쇠 실과와 일상 황촉을 그 압희 버려노코 허다ᄒᆞᆫ 부녀들이 화려ᄒᆞᆫ 의복으로 취ᄃᆡ를 수[illegible]라며 옥슈를 합장ᄒᆞ여, 화샹 압희 졀을 ᄒᆞ고 무녀들은 장구를 치며 화관을 쓰고 활옷슬 닙고 방울을 흔들며 이상ᄒᆞᆫ 모양으로 츔 츄고 낭낭ᄒᆞᆫ 쇼릐로 마귀를 불너 사ᄅᆞᆷ의 이목을 현황케 ᄒᆞᄂᆞᆫ지라 교우가 드러 가며 젼도 ᄒᆞ여 ᄀᆞᆯᄋᆞᄃᆡ 하ᄂᆞ님의 나라이 갓가오니 그ᄃᆡ들은 회ᄀᆡ ᄒᆞ라 우리 나라 졍부에셔도 무당의 굿 ᄒᆞ기를 금단 ᄒᆞ거니와 우리ᄂᆞᆫ 경무령에셔 오ᄂᆞᆫ 슌검도 아니오 왕명을 밧든 사ᄅᆞᆷ도 아니로ᄃᆡ 오직 하ᄂᆞ님의 능력으로 만ᄇᆡᆨ셩을 구원 ᄒᆞ신 예수씨의 도를 밋어 ᄉᆞ랑 ᄒᆞᄂᆞᆫ ᄆᆞᄋᆞᆷ으로 디옥 불에 ᄲᅡ질 쟈를 텬국으로 인도 ᄒᆞ고 어둔 곳에 사ᄂᆞᆫ 쟈를 ᄇᆞᆰ은ᄃᆡ로 오게 ᄒᆞ노니 그ᄃᆡ들도 쓸ᄃᆡ 업ᄂᆞᆫ 화샹의게 졀을 말고 하ᄂᆞ님을 존경ᄒᆞ여 금싱에 복을 밧고 ᄅᆡ싱에 령혼을 구원케 ᄒᆞ라 무녀들이 락심 ᄒᆞ고 괴셕 ᄒᆞ여 마구 말은 간ᄃᆡ 업고 [illegible]달나 청 ᄒᆞ거ᄂᆞᆯ 교우들이 일시에 여러가지 화샹들을 일일히 ᄯᅦ여 불ᄉᆞ르고 어리셕은 부녀들노 공연ᄒᆞᆫ 지물을 헛되이 ᄡᅳ지 말게 ᄒᆞ엿시니 지각 잇ᄂᆞᆫ 사ᄅᆞᆷ들은 샹쾌 ᄒᆞ게 ᄉᆡᆼ각 ᄒᆞᄂᆞᆫ지라 이 교우들이 만약 셩신의 감화ᄒᆞᆷ이 아니더면 엇지 이ᄀᆞᆺ치 무셔옴이 업시 미혹과 화샹을 ᄑᆡ망케 ᄒᆞ엿시리오 참 밋음으로 힘ᄒᆞᆫ고로 아모 거졍이 업셧ᄂᆞᆫ지라 우리ᄂᆞᆫ ᄉᆡᆼ각 ᄒᆞ기를 이런 교우들은 하ᄂᆞ님을 밋을ᄲᅮᆫ 아니라 나라 법령도 잘 직히ᄂᆞᆫ 사ᄅᆞᆷ으로 아노라

오호격담

아모 사ᄅᆞᆷ이던지 ᄌᆞ긔 몸을 칭찬 ᄒᆞ여 주면 깃버 ᄒᆞ고 ᄎᆡᆨ망 ᄒᆞ면 실혀 ᄒᆞᆷ은 세샹 사ᄅᆞᆷ의 샹졍이라 여간 지죠가 잇더래도 교만 ᄒᆞ고 ᄌᆞ긍 ᄒᆞᄂᆞᆫ 쟈ᄂᆞᆫ 지극히 어리셕은고로 서국에 속담이 잇셔 ᄀᆞᆯᄋᆞᄃᆡ 여호ᄂᆞᆫ 지극히 간사ᄒᆞᆫ 짐싱이라 가마귀가 고기를 물고 나무 우희 안져심을 보고 나무 밋희 가셔 가마귀 ᄃᆞ려 ᄒᆞᄂᆞᆫ 말이 세샹에 무식ᄒᆞᆫ 무리들이 그ᄃᆡ를 보고 검다고 지목 ᄒᆞ되 내가 보기에ᄂᆞᆫ 희기가 눈과 ᄀᆞᆺ치 탁탁 ᄒᆞ고 죠츌 ᄒᆞ여 가히 일ᄇᆡᆨ 금조 즁에 왕이 되리로다 그러나 ᄒᆞᆫ마ᄃᆡ 쇼릐로 크게 울면 내가 실노 ᄉᆡ 즁에 왕인줄을 알이로다 그 가마귀가 이 말을 듯고 깃붐을 이긔지 못 ᄒᆞ여 ᄒᆞᆫ마ᄃᆡ 쇼릐로 크게 울더니 물엇던 고기 ᄯᅡ에 ᄯᅥ러지ᄂᆞᆫ지라 여호가 주어 먹고 가마구의 어리셕음을 우셧다 ᄒᆞ니 그런고로 소문이 실졍에 지남을 군ᄌᆞ가 붓그러 ᄒᆞᄂᆞ니 교만ᄒᆞᆫ ᄆᆞᄋᆞᆷ을 ᄇᆞ리고 ᄌᆞ긔 허물 듯기를 질거 ᄒᆞᄂᆞᆫ거시 공부 샹에 됴흘 닷 ᄒᆞ더라

레비일공과 데이십오 팔월 일일

박ᄉᆞ가예수ᄅᆞᆯ차자온일

마태 이장 일졀노

변조

디명 예루살렘과 벳네헴

一 헤롯왕 시졀에 예수ㅣ 유대 벳네헴에 나시니 박ᄉᆞ들이 동방에셔 예루살렘에 니르러 말ᄒᆞ여 ᄀᆞᆯᄋᆞ듸 二 유대 사ᄅᆞᆷ의 왕으로 나신 이가 어듸 계시뇨 우리가 동방에셔 그 별을 보고 졀ᄒᆞ려 왓노라 三 헤롯왕과 온 예루살렘이 듯고 소동ᄒᆞ여 四 졔ᄉᆞ 졔쟝과 ᄇᆡᆨ셩의 셔샤관 들을 다 모화 뎌들의게 그리스도가 어듸셔 낫겟ᄂᆞ뇨 ᄒᆞ니 五 닐너 ᄀᆞᆯᄋᆞ듸 유대 벳네헴 이니다 션지로 이러케 써 ᄀᆞᆯᄋᆞ듸 六 유대ᄯᅡ 벳네헴아 너는 유대 고을 즁에 ᄀᆞ쟝 적지 아니ᄒᆞᆫ지라 대개 이스라엘 ᄇᆡᆨ셩을 기르실 님군이 네게셔 나리라 ᄒᆞ심이러라 七 이에 헤롯이 ᄀᆞ만이 박ᄉᆞ를 불너 별이 나타난 ᄯᅢ를 ᄌᆞ셰히 뭇고 八 벳네헴으로 보내며 닐너 ᄀᆞᆯᄋᆞ듸 가셔 어린 ᄋᆞ희를 ᄌᆞ셰히 ᄎᆞᄌᆞ 맛나거든 내게 고ᄒᆞ라 나도 가 졀ᄒᆞ리라 九 박ᄉᆞ가 왕의 말을 듯고 가더니 동방에셔 뵈던 별이 압흐로 인도ᄒᆞ야 ᄋᆞ기 잇는 곳ᄭᅥ지 니ᄅᆞ러 그 우희 그치는지라 十 별을 보고 ᄀᆞ쟝 크게 깃버ᄒᆞ더라 十一 집에 드러가 ᄋᆞ기와 그 모친 마리아를 보고 ᄋᆞ기ᄭᅴ 업ᄃᆡ려 졀ᄒᆞ고 보ᄇᆡ합을 열어 례믈노 드리니 황금과 유향과 몰약이러라 十二 ᄭᅮᆷ에 헤롯의게로 도라 가지 말나고 ᄒᆞ올 지시 ᄒᆞ니 다른 길노 제 나라에 도라 가니라

주셕

마태 복음 일편 지은 이는 예수ᄭᅴ셔 쳐음 젼도ᄒᆞ실 ᄯᅢ에 만나셔 몸 뎨ᄌᆞ 된 마태라 ᄒᆞ는 사ᄅᆞᆷ이 지은 글이요(마태 복음 구쟝 구졀과 십졀을 보라) 이 마태 복음 쥬쟝 ᄯᅳᆺ슨 유대 사ᄅᆞᆷ 예수를 ᄀᆞᄅᆞ쳐 구약에 모세와 다른 션지로 허락ᄒᆞ샤 미시아 된줄 알게 ᄒᆞᆷ이니 이 복음은 구약에 긔록ᄒᆞᆫ 말도 만코 ᄯᅩ 일쟝에 마리아의 남편 요셉의 셰게도 ᄌᆞ셰히 썻ᄉᆞ며 예수ㅣ 아브라함의 후예 되며(창셰긔 십 이쟝 삼졀을 보라) ᄯᅩ 다빗의 후예 됨을 즁거ᄒᆞᆷ이라(사무엘긔 후셔 칠쟝 십 륙졀에 보라) 누가 복음 일쟝 오졀 브터 이쟝 삼십 구졀 ᄭᆞ지 보량이면 뎐ᄉᆞ가 살가리아의게 요한이 남을 말ᄒᆞ며 마리아의게 셩신으로 잉ᄐᆡᄒᆞᆷ과 벳네헴에 구유에셔 예수ㅣ 탄ᄉᆡᆼᄒᆞ심과 목인들의게 ᄀᆞᄅᆞ치심과 목인들이 벳네헴에 와셔 본 일이며 ᄋᆞ기를 셩뎐에 드리고 가셔 하ᄂᆞ님ᄭᅴ 밧친 일을 다 알지니라 이 여러 가지 일은 박ᄉᆞ 오기 젼에 발셔 일원 일이오 예수를 뵈이려 온 박ᄉᆞㅣ 동방으로 브터 왓ᄉᆞ니 지나간 공부에 소르문이 지혜를 비교ᄒᆞ든 나라가 동

방이매 이도 아마 이 나라로 온듯 ᄒᆞ더라 이 박
ᄉᆞ는 외방 사ᄅᆞᆷ이로ᄃᆡ 이젼 브터 션지로 ᄀᆞᄅᆞ치
는 말도 드럿ᄉᆞ려니와 하ᄂᆞ님이 표 내신 별을
보고 겨이히 너여 예수ᄭᅴ셔 나신줄 알고 예수를
차자 뵈고져 ᄒᆞᆯ셔 헤롯왕의게 나아가 예수 나신
곳을 무른ᄃᆡ 헤롯왕이 곳 민간 ᄉᆞᄌᆞ들을 불너 무
르니 여러히 다 구약에 말ᄉᆞᆷᄃᆡ로 ᄃᆡ답 ᄒᆞᆷ이 유태
벳네헴 고을 이니이다 ᄒᆞᄂᆞᆫ지라 박ᄉᆞㅣ 벳네헴으
로 갈졔 그 별이 다시 뵈이매 별을 ᄯᆞ라 벳네헴
에 니ᄅᆞ러는 그 별이 멈추거ᄂᆞᆯ 거긔셔 곳 예수ᄭᅴ
로 드러가 절 ᄒᆞ고 보비 함을 열어 례물을 드림
은 세샹 님군의게 항복 ᄒᆞᄂᆞᆫ것과 ᄀᆞᆺ지 안코 오직
외방 나라들이 구세쥬의게 항복 ᄒᆞᄂᆞᆫ ᄯᅳᆺ시오 박
ᄉᆞ는 이 곳으로 오는 길이 멀고 험 ᄒᆞ고 위ᄐᆡ ᄒᆞᆫ
것만은 이런거ᄉᆞᆫ 다 교계치 아니 ᄒᆞ고 다만 예수
ᄅᆞᆯ 뵈고 습혼것과 ᄀᆞᆺ치 우리도 예수ᄭᅴ로 나가곡
져 ᄒᆞ면 이 세샹에 어렵고 괴롭고 구익 ᄒᆞᄂᆞᆫ 일
을 모든 絶혀 이긔고 나갈거시오 박ᄉᆞ가 오고 간
ᄂᆞᆫ 길을 ᄀᆞᄅᆞ쳐 인도 ᄒᆞ심과 ᄀᆞᆺ쳐 우리도 예수의
계 열심오로 나가려 ᄒᆞ면 하ᄂᆞ님ᄭᅴ셔 나아갈
길을 인도 ᄒᆞ여 주시리라

묻는말. 兩面은 耶蘇를 見한 後에
아 死혼라 밍 사레人

一 복음이 몃치뇨 二 어나 복음들 즁에 예수 강싱
ᄒᆞ신 말ᄉᆞᆷ을 어ᄃᆡ ᄒᆞ엿ᄂᆞ뇨 三 예수씨가 어ᄃᆡ셔
탄싱 ᄒᆞ셧ᄂᆞ뇨 四 그 아바니와 어머니의 일홈이
무엇시뇨 五 누가 예수씨 보다 여ᄉᆞᆺ달을 몬져 낫
ᄂᆞ뇨 六 그 부모의 일홈이 무엇시뇨 七 예수ᄭᅴ셔
벳네헴에셔 나시매 누가 차자 갓ᄂᆞ뇨 八 양 모리
군이 예수 나신거ᄉᆞᆯ 엇더케 차잣ᄂᆞ뇨 九 셩뎐에
예수 드린거ᄉᆞᆯ 말ᄉᆞᆷ ᄒᆞ시오 十 이 ᄯᅢ에 유태왕이
누구뇨 十一 박ᄉᆞ들이 누구며 어ᄃᆡ셔 브터 왓ᄂᆞ뇨
十二 그들이 웨 예루살렘으로 왓ᄂᆞ뇨 十三 뎌의들의
뭇ᄂᆞᆫ거시 그 님군의게 무ᄉᆞᆷ 관계가 되엿ᄂᆞ뇨 十四
예수씨 계신 곳을 엇더케 료량 ᄒᆞ여 차잣ᄂᆞ뇨 十五
엇던 션지가 예수의 나실 곳을 말 ᄒᆞ엿ᄂᆞ뇨 十六
헤롯왕이 웨 박ᄉᆞ들을 가만이 불넛ᄂᆞ뇨 十七 그들
의게 무엇 ᄒᆞ라 명 ᄒᆞ엿ᄂᆞ뇨 十八 그 박ᄉᆞ들이 예
수를 차잣ᄂᆞ뇨 十九 그들이 도라와 헤롯의게 닐넛
ᄂᆞ뇨 二十 웨 그들이 도라 오지 아니 ᄒᆞ엿ᄂᆞ뇨

여긔 쥬의 ᄒᆞᆯ거시 별이 아니오 어
린 ᄋᆞᄒᆡ라 션지들이 예언 ᄒᆞ엿시
며 텬군이 복음을 보 ᄒᆞ엿시며 별
이 지시 ᄒᆞ엿시며 셩인들이 차잣
시며 님군과 관원들이 무셔워 ᄒᆞ
엿시며 현ᄉᆞ가 보호 ᄒᆞ엿ᄂᆞ니라

八十四年 노랏 ᄒᆞᆫ 女人데 名 맷혼

뎨일권 죠션 크리스도인 회보 이십륙호

건양이년 칠월이십팔일

화복론

화복이라 ᄒᆞᄂᆞᆫ거시 션악을 ᄯᆞ라 다니ᄂᆞᆫ고로 ᄌᆞ긔 몸에 잇ᄂᆞᆫ거시오 ᄂᆞᆷ의게 잇ᄂᆞᆫ거시 아니라 그런고로 셩경에 ᄀᆞᆯᄋᆞ샤ᄃᆡ 나무가 착ᄒᆞᆫ 실과를 ᄆᆡᆺ지 아니ᄒᆞᄂᆞᆫ 쟈ᄂᆞᆫ 곳 버혀 불에 더지리라 ᄒᆞ엿고 공지 ᄀᆞᆯᄋᆞᄃᆡ 션을 힝ᄒᆞᄂᆞᆫ 쟈ᄂᆞᆫ 하ᄂᆞᆯ이 복으로 갑고 악을 힝ᄒᆞᄂᆞᆫ 쟈ᄂᆞᆫ 하ᄂᆞᆯ이 앙화로 갑흐리라 ᄒᆞ엿ᄉᆞ니 이거ᄉᆞᆫ 반ᄃᆞ시 하ᄂᆞ님 도의 리치가 사ᄅᆞᆷ의 힝ᄉᆞ를 ᄯᆞ라셔 분명ᄒᆞᆫ 화복으로 뎡녕히 갑ᄂᆞᆫ 거시라 사ᄅᆞᆷ이 회당에 다닐 ᄯᅢ에 하ᄂᆞ님을 독실히 밋ᄂᆞᆫ 쟈도 잇고 외식으로 ᄒᆞᄂᆞᆫ 쟈도 잇ᄂᆞ니 이러ᄒᆞᆫ 사ᄅᆞᆷ은 텬하 각국에 아모 회당이던지 업실수ᄂᆞᆫ 업거니와 몃히 젼에 엇더ᄒᆞᆫ 사ᄅᆞᆷ이 우리 교회에 드러와 젼도 ᄒᆞ기를 원ᄒᆞ거ᄂᆞᆯ 그 사ᄅᆞᆷ의 공부를 시험ᄒᆞᆫ즉 신구약을 거진 다 아ᄂᆞᆫ 모양이오 ᄎᆞᆷ ᄆᆞᄋᆞᆷ으로 구셰쥬를 밋ᄂᆞᆫ다 ᄒᆞ기로 우리가 회당집을 사셔 주고 젼도 소님을 맛겻더니 그 후에 그 사ᄅᆞᆷ이 젼도ᄂᆞᆫ ᄒᆞ지 안코 쥬식에 방탕ᄒᆞ여 교회집ᄭᆞ지 파라 먹엇거ᄂᆞᆯ 우리가 그 사ᄅᆞᆷ이 다시 회ᄀᆡᄒᆞ기를 ᄇᆞ라되 맛ᄎᆞᆷ내 샹죵도 아니더니 필경은 도적의게 칼을 마자 ᄀᆡᆨᄉᆞᄒᆞ엿더라 ○ ᄯᅩ 엇던 사ᄅᆞᆷ은 근본 텬쥬교인으로 우리 교회에 드러와 하ᄂᆞ님을 독실히 밋ᄂᆞᆫ다ᄒᆞ고 무ᄉᆞᆫ 협잡을 ᄒᆞ랴다가 여의치 못ᄒᆞ여도로 비반ᄒᆞ고 가더니 필경은 죄를 지어 강변에서 죽엇시니 엇지 의셕ᄒᆞᆫ 일이 아니리오 셩경에 ᄀᆞᆯᄋᆞ샤ᄃᆡ 마귀가 사ᄅᆞᆷ을 ᄯᅥ나 갓다가 흉악ᄒᆞᆫ 샤귀 닐곱을 ᄃᆞ리고 다시 드러온즉 그 사ᄅᆞᆷ의 후환이 젼보담 더ᄒᆞ다 ᄒᆞ고 ᄯᅩ ᄀᆞᆯᄋᆞ샤ᄃᆡ 셩신을 훼방ᄒᆞᄂᆞᆫ 쟈ᄂᆞᆫ 죄를 샤ᄒᆞ지 못ᄒᆞ리라 ᄒᆞ셧ᄉᆞ니 일노 보건ᄃᆡ 그 사ᄅᆞᆷ들이 엇지 앙화를 면ᄒᆞ리오 육신이 죽은 후에 디옥 고쵸를 밧을ᄲᅮᆫ 아니라 이 세샹에서도 ᄯᅩᄒᆞᆫ 오ᄉᆞᄒᆞ기가 쉬운지라 우리가 임의 죽은 사ᄅᆞᆷ의 말을 ᄒᆞᄂᆞᆫ거시 박졀ᄒᆞᆫ듯ᄒᆞ나 형뎨들을 권면ᄒᆞᄂᆞᆫ ᄯᅢ에 압 슈레의 업더짐이 뒤 슈레의 경계가 됨을 말ᄉᆞᆷᄒᆞᆷ이오 ○ ᄯᅩᄒᆞᆫ 제물포 교우가 화복론을 지어 보낸고로 이 아래 긔록ᄒᆞ노라 엇지 ᄒᆞ면 화를 밧고 엇지 ᄒᆞ면 복을 밧ᄂᆞ뇨 셰상에 사ᄅᆞᆷ이 힝ᄒᆞᄂᆞᆫ 길이 둘이 잇ᄉᆞ니 ᄒᆞ나ᄂᆞᆫ 션을 힝ᄒᆞᄂᆞᆫ 길이오 ᄒᆞ나ᄂᆞᆫ 악을 힝ᄒᆞᄂᆞᆫ 길이라 션을 힝ᄒᆞ면 복을 밧고 악을 힝ᄒᆞ면 앙화를 밧ᄂᆞᆫ거ᄉᆞᆫ 사ᄅᆞᆷ마다 아ᄂᆞᆫ 배라 연이나 사ᄅᆞᆷ마다 션을 힝ᄒᆞ기ᄂᆞᆫ 슬혀ᄒᆞ고 악을 힝ᄒᆞ기ᄂᆞᆫ 됴와ᄒᆞ여 텬셩을 닐허ᄇᆞ린 ᄭᅡᄃᆞᆰ에 제 목숨을 보호ᄒᆞᆯ줄도 모로고 (미완)

례ᄇᆡ일공과 데이십륙 팔월 팔일

애급에피ᄒᆞᆫ일

마태이쟝 십삼졀노 이십 삼졀

년조

디명 예루살렘과 벳네헴

十三 박ᄉᆞ가 ᄯᅥ난 후에 쥬의 텬ᄉᆞ가 요셥의게 현몽
ᄒᆞ여 ᄀᆞᆯᄋᆞᄃᆡ 니러나 ㅇ기와 그 모친을 다리고 애
급으로 피 ᄒᆞ야 나ㅣ 네게 닐ᄋᆞ기 ᄭᆞ지 잇거라
대개 헤롯이 ㅇ기를 ᄎᆞ자 죽이려 ᄒᆞᄂᆞ니라 十四 요
셥이 니러나 ㅇ기와 그 모친을 다리고 밤에 애급
으로 ᄯᅥ나 十五 하세아션지 거긔셔 헤롯이 죽기 ᄭᆞ지 잇셧시니
이거ᄉᆞᆫ 쥬가 션지로 말ᄉᆞᆷ ᄒᆞ신거ᄉᆞᆯ 일우려 ᄒᆞ심
이니 말ᄉᆞᆷ ᄒᆞ야 ᄀᆞᆯᄋᆞ샤ᄃᆡ 애급에셔 내 아ᄃᆞᆯ을 불
넛다 ᄒᆞ셧ᄂᆞ니라 十六 이에 헤롯이 박ᄉᆞ의게 죠롱
밧음을 알고 심히 셩내여 사ᄅᆞᆷ을 보내야 벳네헴
과 모든 디경 안에 잇는 사나희를 박ᄉᆞ의게 ᄌᆞ셰히
ᄯᅢ를 알아본ᄃᆡ로 두셜브터 그 아래ᄭᆞ지 다 죽엿시
니 十七 그ᄯᅢ에 션지 야리미로 ᄒᆞ신거ᄉᆞᆯ 일위엿ᄂᆞ니
라 말ᄉᆞᆷ ᄒᆞ야 ᄀᆞᆯᄋᆞ샤ᄃᆡ 랍마에 울며 크게 셜워ᄒᆞ
는 소리를 드럿시니 十八 랍결시 그 ᄌᆞ식을 위ᄒᆞ야
울며 ᄌᆞ식이 업는고로 위로를 밧지 아니 ᄒᆞᆫ다 ᄒᆞ
셧ᄂᆞ니라 十九 헤롯이 죽은 후에 쥬의 텬ᄉᆞ가 애급
에셔 현몽ᄒᆞ야 二十 ᄀᆞᆯᄋᆞᄃᆡ 니러나 ㅇ기와 그 모친을
다리고 이스라엘 ᄯᅡ흐로 가라 대개 ㅇ기의 목숨
을 해ᄒᆞ려 ᄒᆞ든 사ᄅᆞᆷ이 죽엇ᄂᆞ니라 二十一 요셥이 니
러나 ㅇ기와 그 모친을 다리고 이스라엘 ᄯᅡ흐로
오니라 二十二 그러나 아긔로가 그 부친 헤롯을 니어
님군 됨을 듯고 거긔로 가기를 무셔워 ᄒᆞ더니 ᄭᅮᆷ
에 지시 ᄒᆞ심을 엇어 가리리 디경으로 도라가 二十三
나살륵이란 읍니에 와셔 사니 이는 여러 션지로
나살륵 사ᄅᆞᆷ이라 ᄒᆞ리란 말ᄉᆞᆷ ᄒᆞ신거ᄉᆞᆯ 일우려
ᄒᆞ심이니라

주셕

예수ㅣ 탄싱 ᄒᆞ실 ᄯᅢ에 헤롯이라 ᄒᆞ는 쟈ㅣ 유태
왕으로 잇셔 이는 심히 악ᄒᆞᆫ 사ᄅᆞᆷ이라 나히 늙엇
ᄉᆞ되 더옥 괴악ᄒᆞᆫ 힝실이 만ᄒᆞ니 뎌희 안히와 아
ᄃᆞᆯ 셋과 다른 사ᄅᆞᆷ들도 만히 죽엿ᄂᆞᆫ지라 이ᄯᅢ 박
ᄉᆞ의게 재로 난 왕이란 말을 듯고 일후에 뎌의
왕업을 일울ᄭᅡ 겁내여 예수를 죽일 ᄆᆞᄋᆞᆷ을 가만
히 두고 박ᄉᆞᄃᆞ려 그 ㅇ히를 아모ᄶᅩ록 ᄎᆞ자 보거
든 그ᄃᆡ 도라올 ᄯᅢ에 ㅇ히 잇는 곳을 내게 ᄌᆞ셰
히 ᄀᆞᄅᆞ쳐 주면 나도 ᄯᅩᄒᆞᆫ 나아가 절ᄒᆞ리라 ᄒᆞᆷ
은 거즛 착ᄒᆞᆫ톄 ᄒᆞᆷ이니 녜젹브터 이제ᄭᆞ지 괴악
ᄒᆞᆫ 사ᄅᆞᆷ들은 거즛 착ᄒᆞᆫ톄를 잘 ᄒᆞ는지라 헤롯왕
이 이러ᄃᆞ시 ᄒᆞ엿ᄉᆞ되 하ᄂᆞ님ᄭᅴ셔 박ᄉᆞ의게 길
을 외여셔 도라가라 ᄒᆞ시매 예루살렘으로 오지
아니ᄒᆞ니라 텬ᄉᆞㅣ 요셥ᄃᆞ려 ㅇ히와 모친을 ᄃᆞ
리고 급히 도망ᄒᆞ라 ᄒᆞ니 요셥이 이밤으로 곳 애

급으로 나아가 피ᄒᆞ실시 박ᄉᆞ의 례물 드린거시 이 ᄣᅢ에 로비며 ᄯᅩ 타국에 두류ᄒᆞᄂᆞᆫ 부비를 쓸만ᄒᆞᆫ 거ᄉᆞᆫ 이거시 하ᄂᆞ님ᄭᅴ셔 예비ᄒᆞ여 주심이라 헤롯이 박ᄉᆞ의게 속힘을 보고 분ᄒᆞ여 아모ᄶᅩ록 그 ᄋᆞ희를 ᄎᆞ자 죽이려ᄒᆞ매 벳네헴 일경 안에 남ᄌᆞ를 두설된 이하ᄂᆞᆫ 모도 죽이라 ᄒᆞᆷ은 데일 잔학ᄒᆞᆫ 일이나 어젼 ᄌᆞ긔 안히와 ᄌᆞ식을 앗기지 안코 죽이ᄂᆞᆫ쟈ㅣ니 엇지 이런 일을 아니ᄒᆞ리오 지금 죽ᄂᆞᆫ 어린 ᄋᆞ희들은 예수로 ᄒᆞ여 죽으니 이ᄣᅢ에 벳네헴 안에 ᄋᆞ희들 모친이 익곡ᄒᆞ며 슯허ᄒᆞᄂᆞᆫ 이가 심히 만ᄒᆞᆫ지라 요셉이 애급에 머믄지 일년 ᄶᅳᆷ 되매 헤롯이 니지 못ᄒᆞᆯ 병이 드러 죽으니 이 ᄣᅢ 더를 위ᄒᆞ여 슯허ᄒᆞᄂᆞᆫ쟈ㅣ ᄒᆞ나도 업고 모다 샹쾌히 넉이더라 이 후에 텬ᄉᆞ가 와셔 요셉ᄃᆞ려 이제ᄂᆞᆫ 고향으로 도라가라 ᄒᆞᄂᆞᆫ지라 요셉은 그 명령을 슌종ᄒᆞ매 녯적에 슌종치 안튼 이스라엘 ᄇᆡᆨ셩이 ᄉᆞ십년 만에 나아오든 길을 몃칠 동안에 득달ᄒᆞ엿ᄉᆞ니 하ᄂᆞ님 말ᄉᆞᆷ을 슌종ᄒᆞᄂᆞᆫ쟈ᄂᆞᆫ 하ᄂᆞ님ᄭᅴ셔 늘 도아주심을 엇을거시니라 요셉은 오다가 즁간에셔 드르니 헤롯의 아ᄃᆞᆯ이 왕업을 니엇다 ᄒᆞ거ᄂᆞᆯ 벳네헴으로 가기를 두려워ᄒᆞᆯ시 하ᄂᆞ님ᄭᅴ셔 곳 나사렛으로 피ᄒᆞ여 가라 ᄒᆞ신지라 이 공부에 우리ᄂᆞᆫ 비홀거ᄉᆞᆫ 이 셰샹 님군이라도 무ᄉᆞᆷ 일이던지 하ᄂᆞ님 ᄯᅳᆺᄃᆡ로 작뎡ᄒᆞ면 그ᄃᆡ로 될거시오 만일 텬명을 거역ᄒᆞ여 억지로 ᄒᆞ면 필경 ᄌᆞ긔 못된 ᄯᅳᆺᄃᆡ로 하ᄂᆞ님ᄭᅴ셔 못ᄒᆞ게 ᄒᆞ시리라 예수ᄭᅴ셔 이 셰샹에 죽으려 오셧ᄉᆞ나 헤롯의게 죽으실 일도 아니요 오직 헤롯보담 더ᄒᆞᆫ 마귀를 이긔시며 긔약ᄒᆞᆫ ᄣᅢ에 당ᄒᆞ여 우리를 위ᄒᆞ여 죽으사니라

뭇ᄂᆞᆫ 말 . 耶利米(前先知)耶穌降生前六百餘年

一 박ᄉᆞ ᄯᅥᄂᆞᆫ 후에 요셉의게 누가 현몽ᄒᆞ엿ᄂᆞ뇨 二 요셉의게 무어ᄉᆞᆯ 명ᄒᆞ엿ᄂᆞ뇨 三 무ᄉᆞᆷ 연고로 애급에 거ᄒᆞ라 ᄒᆞ엿ᄂᆞ뇨 四 요셉과 마리아와 예수가 애급에 얼마나 오리 잇셧ᄂᆞ뇨 五 요셉이 애급에셔 언제 ᄯᅥ낫ᄂᆞ뇨 六 이러케 ᄯᅥᄂᆞᆫ거시 무ᄉᆞᆷ 예언을 응ᄒᆞ엿ᄂᆞ뇨 七 박ᄉᆞ가 헤롯의게 도라가 재로 난 님군을 ᄎᆞᆺ다고 말ᄒᆞ엿ᄂᆞ뇨 八 헤롯이 벳네헴에 잇ᄂᆞᆫ ᄋᆞ희들을 엇더케 ᄒᆞ엿ᄂᆞ뇨 九 이러케 ᄒᆞᄂᆞᆫ거시 무ᄉᆞᆷ 쥬의뇨 十 다시 무ᄉᆞᆷ 예언이 응ᄒᆞ엿ᄂᆞ뇨 十一 요셉이 언제 헤롯이 죽엇다 ᄒᆞᆷ을 엇케 알앗ᄂᆞ뇨 十二 요셉이 ᄌᆞ긔 식구를 어ᄃᆡ 비치ᄒᆞ엿ᄂᆞ뇨 十三 웨 유태로 가지 아니ᄒᆞ엿ᄂᆞ뇨 十四 이 공부에 텬ᄉᆞ가 몃번이나 나타낫ᄂᆞ뇨

이 공부에 ᄆᆞᄅᆞᆷ친거ᄉᆞᆫ 一 하ᄂᆞ님ᄭᅴ셔 ᄌᆞ긔 원수가 무엇ᄒᆞ라 ᄒᆞᆫ거ᄉᆞᆯ 알으시고 二 우리가 아모 곳이나 허수히 넉이지 아닐거시 예수ᄭᅴ셔 벳네헴 ᄀᆞᆺ치 적근 셤에셔 나샤 빈궁ᄒᆞ고 쳔ᄒᆞᆫ 나사렛에셔 살으셧ᄂᆞ니라.

첫장연쇽

즈긔 몸을 죽는 구렁으로 쓸고 드러 가ᄂᆞ니 엇지 앗갑지 아니 ᄒᆞ리오 그 죽는ᄃᆡ 드러가는 몸을 뉘가 구원 ᄒᆞᄂᆞ뇨 오직 우리 쥬 예수 밧게 구원 ᄒᆞ리 업도다 수년 전에 엇던 사ᄅᆞᆷ이 우연이 졔믈포 교회에 드러와 즈긔 죄를 낫낫치 ᄌᆞ복 ᄒᆞ고 예수를 츰 밋으며 회ᄀᆡᄒᆞᆫ 열미도 잇고 날마다 간쥬 ᄒᆞ는 말을 ᄒᆞ여 예수를 밋은 후에 ᄆᆞᄋᆞᆷ이 홍샹 편안 ᄒᆞ고 죄악에셔 나아온 줄을 알겟노라 ᄒᆞ니 여러 교우가 다 ᄉᆞ랑 ᄒᆞ더니 일일은 목ᄉᆞ의게 와셔 돈 열양을 취 ᄒᆞ여 달나 ᄒᆞ거ᄂᆞᆯ 돈을 주지 못 ᄒᆞ엿더니 그 사ᄅᆞᆷ이 분심이 발 ᄒᆞ여 예수를 비반 ᄒᆞ고 나아간지라 근일에 ᄉᆞ문을 드른즉 그 사ᄅᆞᆷ이 불안당 괴슈로 잡히여 인쳔 옥즁에셔 목을 버혀 죽엿다 ᄒᆞ니 이러ᄒᆞᆫ 사ᄅᆞᆷ은 돈 열양으로 ᄌᆞ긔 싱명을 일허 ᄇᆞ렷도다 엇지 앗갑지 아니 ᄒᆞ며 무셥지 아니 ᄒᆞ리오 예수 ᄀᆞᆯᄋᆞ샤ᄃᆡ 사ᄅᆞᆷ이 지물을 셤기고 또 ᄒᆞᄂᆞ님을 셤기지 못ᄒᆞᆫ다 ᄒᆞ셧시니 누구던지 화를 ᄇᆞ리고 복을 밧으려 ᄒᆞ거든 지물을 ᄉᆞ랑 ᄒᆞ지 말지어다

셩경의번역된일

민싱 회보에 림락지 션싱이 붓친 글을 보니 ᄒᆞ엿시되 텬쥬교에는 교왕이 라마국 도셩에 잇셔 교즁 셩경을 감초고 교우라도 보이지 아니 ᄒᆞ는고로 근ᄅᆡ 사ᄅᆞᆷ들은 만히 예수교를 슝봉 ᄒᆞᄂᆞ니다름아니라 우리 교회는 셩경복음을 련히 각국의 방언과 글노 번역 ᄒᆞ여 ᄀᆞᄅᆞ치는 ᄭᅡ닭이라 현금에 셩경을 각국 글노 번역 ᄒᆞᆫ거시 일ᄇᆡᆨ 팔집 칠죵이오 그외에 적은 ᄯᅡ의 도음으로 번역 ᄒᆞᆫ거시 ᄯᅩᄒᆞᆫ 만흔지라 삼년 전에 아비리가쥬 즁에 ᄒᆞᆫ 나라 님군이 영국에 졍치가 붉고 인민이 흥왕 ᄒᆞᆷ을 듯고 영국 졍부에 ᄉᆞ신을 보내여 영국 황뎨를 뵈옵고 나라에 문명 부강 ᄒᆞ는 법을 뭇거ᄂᆞᆯ 영 황뎨가 거연이 ᄃᆡ답지 아니 ᄒᆞ고 다만 셩경칙 ᄒᆞᆫ권을 내여 주시며 부탁 ᄒᆞ여 ᄀᆞᆯᄋᆞᄃᆡ 이 칙을 귀국 왕ᄭᅴ 드리여 보시게 ᄒᆞ라 귀국에셔 만약 우리 나라가 엇더케 흥왕 ᄒᆞᆷ을 알고저 ᄒᆞᆯ진ᄃᆡ 우리는 이 셩경으로 근본을 삼앗시니 쳥컨ᄃᆡ 귀국 왕은 죵신토록 닑는거시 올타 ᄒᆞ셧시니 일노 좃차 보건ᄃᆡ 영국에 부강 ᄒᆞᆷ이 예수교 흥왕 ᄒᆞᆷ에 잇는줄을 알지라 ᄒᆞ엿더라

시흥범고기회당셰운일

범고기는 쟉년 십일월에 교당을 셜립 ᄒᆞ는ᄃᆡ 그곳 교우들이 즐겁게 ᄉᆞᄇᆡᆨ 오십량을 보조 ᄒᆞ고 달셩 회당에셔 ᄉᆞᄇᆡᆨ량을 보조 ᄒᆞ야 새로 지은 졍결ᄒᆞᆫ 집 아홉 간을 사셔 회당을 문들고 쥬일마다 ᄉᆞ오십명 교우가 모혀 레ᄇᆡ ᄒᆞ는ᄃᆡ 이 교당 셜립에 시쟉 ᄒᆞ여 쥬션 ᄒᆞ기는 달셩회당 교우 졍태인이가 ᄒᆞ엿더라

뎨일권

죠션 크리스도인 회보

건양이년 팔월 ᄉᆞ일

이십칠호

부부론

대개 부부ᄂᆞᆫ 오륜의 웃듬이요 만복의 근원이라 부부가 업ᄉᆞ면 부ᄌᆞ와 군신과 쟝유와 붕우가 어ᄃᆡ로 좃차 나리오 그러나 부부지례를 뎡ᄒᆞᆷ이 다만 셩욕만 위ᄒᆞᆫ거시 아니라 부창 부슈 ᄒᆞ야 가ᄉᆞ를 서로 다ᄉᆞ리고 서로 도와 주어 서로 알지 못 ᄒᆞᄂᆞᆫ 일이 업고 서로 의론치 안ᄂᆞᆫ거시 업서야 규문 안에 화평ᄒᆞᆫ 덕힝이 능히 온 집안을 창셩케 ᄒᆞᄂᆞ니 부부지 별이 엇지 뎨일 크고 즁ᄒᆞᆫ 례절이 아니리오 그런고로 ᄌᆞᄉᆞㅣ ᄀᆞᆯᄋᆞ샤ᄃᆡ 군ᄌᆞ의 도ᄂᆞᆫ 부부에 비롯ᄒᆞᆫ다 ᄒᆞ시니 사ᄅᆞᆷ마다 맛당히 이 말ᄉᆞᆷ을 깁히 경계 ᄒᆞᆯ거시어ᄂᆞᆯ 슯흐다 후셰 사ᄅᆞᆷ들이 관혹 ᄒᆞ여 부부의 근본은 ᄉᆡᆼ각지 안코 다만 음탕ᄒᆞᆫ 졍욕과 완픽ᄒᆞᆫ 풍습을 이긔지 못 ᄒᆞ여 안히가 혹 ᄌᆞ식이 아름답지 못 ᄒᆞ거나 녀공에 능난치 못 ᄒᆞ면 잡된 ᄉᆡᆼ각과 망녕된 힝실노 안히를 박ᄃᆡᄒᆞ되 공연이 치산의 불민 ᄒᆞᆫ거ᄉᆞᆯ 칭탁 ᄒᆞ던지 ᄉᆞ속이 업ᄂᆞᆫ거ᄉᆞᆯ 빙쟈 ᄒᆞ고 미쳡을 두어 심지의 소락을 궁극히 ᄒᆞ매 질투지 셜과 음란지 풍이 거의 사ᄅᆞᆷ의 집을 픽망케 ᄒᆞ되 죵시 회ᄀᆡ치 못 ᄒᆞ니 엇지 한탄ᄒᆞᆯ 곳이 아니리오 진나라 긔결은 부부가 서로 공경 ᄒᆞ기를 손님 ᄀᆞᆺ치 ᄒᆞ고 한나라 량홍은 부부 간에 샹들기를 눈셥에 가직ᄒᆞ게 ᄒᆞ엿ᄉᆞ매 지금 ᄭᆞ지 칭숑 ᄒᆞ기를 말지 아니 ᄒᆞ니 이 두 사ᄅᆞᆷ은 가히 만민의 부부 간에 ᄉᆞ표를 삼을만 ᄒᆞ도다 쥬역에 ᄀᆞᆯᄋᆞᄃᆡ ᄒᆞᆫ 음과 ᄒᆞᆫ 양을 닐ᄋᆞᄃᆡ 도라 ᄒᆞ니 이제 ᄒᆞᆫ 남ᄌᆞ가 두 녀인을 취 ᄒᆞᆫ즉 이ᄂᆞᆫ ᄒᆞᆫ 양이 두 음을 둠과 ᄀᆞᆺᄒᆞᆫ지라 엇지 도라 닐ᄋᆞ리오 사ᄅᆞᆷ들이 ᄒᆞᆫ이 알기를 남ᄌᆞᄂᆞᆫ 아모리 불션ᄒᆞᆫ 일을 ᄒᆞᆯ지라도 그 안히가 칙망 ᄒᆞᄂᆞᆫ 권리가 업고 녀인은 조곰만 례법을 어긔면 그 남편이 ᄭᅮ짓기를 ᄆᆞ옴ᄃᆡ로 ᄒᆞᄂᆞᆫ줄노 ᄉᆡᆼ각 ᄒᆞ되 하ᄂᆞ님이 남녀를 ᄃᆡ실적에 엇지 남ᄌᆞᄂᆞᆫ 귀 ᄒᆞ고 녀인은 쳔 ᄒᆞ게 ᄒᆞ셧ᄉᆞ리오 구셰쥬 ᄭᅴ셔 ᄀᆞᆯᄋᆞ샤ᄃᆡ 처음 만물을 지을 때에 하ᄂᆞ님이 남녀를 ᄆᆞᆫᄃᆞ셧ᄉᆞ니 일노 써 사ᄅᆞᆷ이 부모를 ᄯᅥ나 그 안히와 ᄒᆞᆫ 몸이 된지라 하ᄂᆞ님이 ᄶᅡᆨ ᄒᆞ신 바를 사ᄅᆞᆷ이 가히 난호지 못 ᄒᆞᆫ다 ᄒᆞ신고로 쥬를 밋ᄂᆞᆫ 사ᄅᆞᆷ은 ᄒᆞᆫ 지아비와 ᄒᆞᆫ 지어미로 몸을 맛치거니와 유도로 말ᄉᆞᆷ ᄒᆞᆯ지라도 유셔에 부부지 례를 경계 ᄒᆞᆫ것과 부부 간에 지극히 공경ᄒᆞᆫ 사ᄅᆞᆷ들을 올흔편에 대강 긔지 ᄒᆞ엿ᄉᆞ니 글 닑은 션비들은 깁히 ᄉᆡᆼ각 ᄒᆞᆯ지어다

례비일공과 데이십칠 팔월 십오일

예수셰례를밧으신일

마태복음 삼장 일졀노 십 칠졀

변조

디명 요단강

一 그 ᄯᅢ에 셰례 주ᄂᆞᆫ 요한이 유대 들에 니르러 반포 ᄒᆞ야 ᄀᆞᆯᄋᆞᄃᆡ 회ᄀᆡ ᄒᆞ라 二 텬국이 갓가오니라 ᄒᆞ니 三 이ᄂᆞᆫ 션지쟈 이사야로 말슴 ᄒᆞ신 쟈ㅣ니 ᄀᆞᆯᄋᆞ샤ᄃᆡ 들에 사ᄅᆞᆷ의 소리 잇셔 웨여 닐ᄋᆞᄃᆡ 쥬의 길을 예비 ᄒᆞ야 그 쳡경을 곳게ᄒᆞ라 ᄒᆞ나라 四 이 요한은 약대털 옷슬 닙고 가쥭 ᄯᅴ를 ᄯᅴ고 뫼ᄯᅩᆨ이와 셕청을 먹더라 五 이 ᄯᅢ에 예루살렘과 온 유대와 요단 량편이 나아가 六 각각 제 죄를 ᄌᆞ복ᄒᆞ고 요단 강에셔 요한의게 셰례를 밧으니 七 바리새와 사두ᄀᆡ 사ᄅᆞᆷ들이 셰례 밧으러 옴을 보고 닐너 ᄀᆞᆯᄋᆞᄃᆡ 독샤의 죵류들아 뉘가 너를 쟝ᄅᆡ의 노ᄒᆞ심을 피ᄒᆞ라 ᄀᆞᄅᆞ치더냐 八 그런고로 회ᄀᆡ ᄒᆞᄂᆞᆫᄃᆡ 합당ᄒᆞᆫ 실과를 맷고 九 ᄆᆞᄋᆞᆷ에 아부라함이 우리 조샹이라 ᄉᆡᆼ각지 말나 대개 내 네게 말ᄒᆞ노니 하ᄂᆞ님이 돌노도 아부라함 안테 ᄌᆞ손이 니러나게도 ᄒᆞ시리라 十 이제 독긔를 나무 ᄲᅮᆯ희에 노핫시니 됴흔 실과를 맷지 아니 ᄒᆞᄂᆞᆫ 나무마다 ᄶᅵᆨ어 불에 더지리라 十一 나ᄂᆞᆫ 물노 셰례를 주어 회ᄀᆡ케 ᄒᆞ거니와 내 뒤에 오시ᄂᆞᆫ 이ᄂᆞᆫ 나보다 능력이 만ᄒᆞ니 나ᄂᆞᆫ 그 신을 들기도 감당치 못ᄒᆞ노라 그ᄂᆞᆫ 셩신과 불노 셰례를 주시리라 十二 손에 키를 들고 마당에 곡식을 ᄆᆞᆰ아케 ᄲᅮᆯ니 알곡은 고간에 드리고 죽졍이ᄂᆞᆫ ᄭᅥ지지 안ᄂᆞᆫ 불에 ᄐᆡ오리라 十三 이 ᄯᅢ에 예수ㅣ 가리리로 요단에 니르러 요한의게 셰례를 밧으려 ᄒᆞ신ᄃᆡ 十四 요한이 ᄉᆞ양ᄒᆞ야 ᄀᆞᆯᄋᆞᄃᆡ 내가 셰례를 밧을터인ᄃᆡ 엇지 내게 오셧ᄂᆞ닛가 十五 예수ㅣ ᄃᆡ답 ᄒᆞ야 ᄀᆞᆯᄋᆞ샤ᄃᆡ 이제 허락 ᄒᆞ라 우리가 맛당히 이러케 모든 올흔 거슬 다 ᄒᆞᆯ지라 ᄒᆞ신ᄃᆡ 이에 요한이 허락 ᄒᆞ거놀 十六 예수ㅣ 셰례를 밧으시고 곳 물에셔 올나 오실ᄉᆡ 하ᄂᆞᆯ이 열니고 하ᄂᆞ님의 셩신이 비둘기 모양으로 ᄂᆞ려 그 우희 림ᄒᆞ심을 보고 十七 하ᄂᆞᆯ노셔 소리가 잇셔 말슴ᄒᆞ샤ᄃᆡ 이ᄂᆞᆫ 내 아ᄃᆞᆯ이니 내 ᄉᆞ랑ᄒᆞᄂᆞᆫ 아ᄃᆞᆯ이오 내 깃버ᄒᆞᄂᆞᆫ 이라 ᄒᆞ시더라

주셕

요셉이 ᄋᆞ희와 모친을 다리고 나살렛으로 갈제 예수ㅣ 나히 두어셜 가량 되엿ᄉᆞ매 그ᄯᅢ 브터 삼십세 ᄭᅡ지 지내던 일이 누가복음 이쟝 ᄉᆞ십졀 브터 오십 이졀 ᄭᅡ지 잇ᄂᆞᆫ말 외에ᄂᆞᆫ 알수 업ᄂᆞᆫ지라 이 후에 요셉이 죽고 예수의 동ᄉᆡᆼ이 사랏ᄉᆞ되 예수ㅣ 단ᄉᆡᆼ ᄒᆞ실ᄯᅢ 일과 이샹ᄒᆞᆫ 일을 아조 모로고 그ᄯᅢ 일 ᄉᆡᆼ각ᄒᆞ던 사ᄅᆞᆷ도 거의 업ᄉᆞ니 예수ㅣ 하ᄂᆞ님의 아ᄃᆞᆯ 되신줄도 모로고 밋지도 안터라 셰례 베프ᄂᆞᆫ 요한이 ᄌᆞ긔 낫키젼 일과 후 일은 누가복음 일쟝 오졀 브터 륙십 칠졀 ᄭᅡ지에 ᄡᅧᆺᄂᆞᆫ지라 요한은 예수보다 압셔 온 쟈ㅣ니 여셧ᄃᆞᆯ을 먼져 낫고 ᄯᅩ 예수ㅣ 젼도 ᄒᆞ시기젼 여셧ᄃᆞᆯ을 먼

져 나아왓시매 션지(이사아 ᄉᆞ십쟝 삼졀과 ᄯᅩ 마탐긔 삼쟝 일졀에) 더희ᄅᆞᆯ ᄀᆞᄅᆞ쳐 말ᄉᆞᆷ ᄒᆞ심이오 요한이 젼도ᄒᆞᆫ지 일년만 됨은 헤롯이 더ᄅᆞᆯ 잡아 가두웟다가 베힌이니(마가복음 륙쟝 십칠졀 브터 이십팔졀ᄭᆞ지 보라) 요한이 모양과 ᄀᆞᄅᆞ침이 녯적 션지 엘니야와 ᄀᆞᆺᄒᆞ여 ᄇᆡᆨ셩의게 죄와 심판을 ᄀᆞᄅᆞ치며 죄ᄅᆞᆯ ᄇᆞ려 회ᄀᆡᄒᆞ라 ᄒᆞ며 다른 션ᄉᆡᆼ과 ᄀᆞᆺ치 먹고 닙지도 안코 오직 들에 잇셔 메ᄯᅮ기와 쳥밀만 먹고 낫진 옷ᄉᆞᆯ 닙으며 ᄀᆞᄅᆞ치ᄂᆞᆫ 말이 듯기에 어렵고 사ᄅᆞᆷ이 이샹히 녁여 놀나게 ᄒᆞᆷ이라 그ᄯᅢ에 ᄇᆡᆨ셩이 죄에 ᄲᅡ져 아조 자ᄂᆞᆫ 모양이나 요한은 와셔 ᄭᆡ여 ᄉᆡᆼ각게 ᄒᆞ고 회ᄀᆡ케 ᄒᆞᆷ이니 ᄉᆡᆼ면이나 회당이나 가셔 젼도치 안코 오직 빈들에 잇셔 거ᄒᆞ셔 사ᄅᆞᆷ을 하ᄂᆞ님의게 갓가히 나아오게 ᄒᆞ며 여러히 나아왓ᄉᆞ되 요한은 두려워ᄒᆞᆷ이 업고 놉고 나즌 사ᄅᆞᆷ을 일톄로 회ᄀᆡ ᄒᆞ며 죄ᄅᆞᆯ ᄇᆞ리고 형벌 밧음을 면케 ᄒᆞ며 회ᄀᆡ ᄒᆞᆷ으로 ᄡᅥ 구원 ᄒᆞᆷ을 ᄀᆞᄅᆞ치셧ᄂᆞᆫ지라 요한이 셰례 베프ᄂᆞᆫ거ᄉᆞᆫ 죄ᄅᆞᆯ ᄇᆞ려 ᄌᆞ복 ᄒᆞ고 재 사ᄅᆞᆷ이 되게 ᄒᆞᄂᆞᆫ 일이요 그ᄯᅢ 예수ᄭᅴ셔 셰례ᄅᆞᆯ 밧으려 오심은 ᄌᆞ복ᄒᆞᆷ 죄도 업것마ᄂᆞᆫ 이 일노 셰샹 사ᄅᆞᆷ 쳔ᄒᆞᆫ 모양을 아조 가지샤 되신 형벌 밧을 사ᄅᆞᆷ 되셧ᄂᆞᆫ지라(이사야 오십 삼쟝 일 이졀 ᄒᆞ고 고린던 후셔 오장 이십 일졀을 보라) 예수ᄭᅴ셔 이러케 ᄉᆞᄉᆞ로 낫초시고 우리와 ᄀᆞᆺᄒᆞᆫ자 되실 ᄯᅢ에 하ᄂᆞ님ᄭᅴ셔 셩신을 ᄂᆞ려 보내시고 ᄯᅩ ᄇᆡᆨ셩 압헤 예수ᄅᆞᆯ 위ᄒᆞ야 [illegible]ᄒᆞ샤 이ᄂᆞᆫ 내 아ᄃᆞᆯ이라 ᄒᆞ시니 이 일노ᄡᅥ 셩부와 셩ᄌᆞ와 셩신이 삼위 일톄 되심을 알게 ᄒᆞ시ᄂᆞᆫ 간ᄌᆞᆼ이요 예수ᄭᅴ셔(마태복음 십 일쟝 칠졀 브터 십ᄉᆞ졀ᄭᆞ지에) 요한은 하ᄂᆞ님의 ᄎᆞᆷ 션지 됨을 ᄀᆞᄅᆞ치신지라 이 공부로 ᄡᅥ ᄇᆡ홀거시 하ᄂᆞ님의 나라에 드러 가고져 ᄒᆞᄂᆞᆫ쟈ㅣ 맛당히 죄ᄅᆞᆯ 회ᄀᆡ ᄒᆞ며 마귀 나라에셔 ᄯᅥ나 갈거시요 외모로 ᄡᅥ ᄆᆞᄋᆞᆷ을 곳친다 ᄒᆞᆷ이 ᄡᅳᆯᄃᆡ 업고 일심으로 회ᄀᆡ치 안ᄂᆞᆫ쟈ᄂᆞᆫ 열ᄆᆡᄅᆞᆯ 열지 안ᄂᆞᆫ 나무와 ᄀᆞᆺ치 베혀 ᄇᆞ린쟈ㅣ 되리라

뭇ᄂᆞᆫ 말

一 지나간 공부 ᄒᆞᆫ것과 이번 공부ᄒᆞᆫ 일이 샹거가 몃ᄒᆡ나 되ᄂᆞ뇨 二 예수ᄭᅴ셔 셰례 밧으시기 젼에 ᄒᆞ신 힝젹과 ᄯᅩ 어ᄃᆡ 긔록 ᄒᆞ엿ᄂᆞᆫ지 말ᄉᆞᆷ ᄒᆞ시오 三 셰례 베프던 요한의 난것과 어ᄃᆡ셔 젼도 ᄒᆞᆫ거ᄉᆞᆯ 말ᄉᆞᆷ ᄒᆞ시오 四 그의 젼도 ᄒᆞᆫ거시 ᄇᆡᆨ셩의게 무ᄉᆞᆷ 관계가 잇ᄂᆞ뇨 五 요한이 들에 잇슬ᄯᅢ 형용을 말ᄉᆞᆷ ᄒᆞ시오 六 그의 먹ᄂᆞᆫ 음식은 무어시더뇨 七 ᄌᆞ긔 젼도 ᄒᆞᄂᆞᆫ ᄃᆡ로 오ᄂᆞᆫ 바리시 사ᄅᆞᆷ과 사두ᄀᆡ 사ᄅᆞᆷ들을 보고 셩닉ᄂᆞᆫ 말을 웨 ᄒᆞ엿ᄂᆞ뇨 八 그들이 누구뇨 九 그들ᄃᆞ려 무어ᄉᆞᆯ 가져 오라 ᄒᆞ엿ᄂᆞ뇨 十 이 ᄯᅳᆺ시 무엇시뇨 十一 나무 ᄲᅮᆯ희에 ᄯᅩᆨ긔ᄅᆞᆯ 놋다 ᄒᆞᄂᆞᆫ 말이 무ᄉᆞᆷ ᄯᅳᆺ시뇨 十二 누가 ᄯᅩ 요한의게 왓ᄂᆞ뇨 十三 예수ᄭᅴ셔 어ᄃᆡ로 오셧ᄂᆞ뇨 十四 웨 요한의게 오셧ᄂᆞ뇨 十五 그의 쳥 ᄒᆞᄂᆞᆫ ᄃᆡ로 바로 허락ᄒᆞ엿ᄂᆞ뇨 十六 요한이 필경에 예수의게 셰례ᄅᆞᆯ 베프럿ᄂᆞ뇨 十七 예수ㅣ 셰례 밧으실 ᄯᅢ에 무ᄉᆞᆷ 이샹ᄒᆞᆫ 일이 잇던거ᄉᆞᆯ 말ᄉᆞᆷ ᄒᆞ시오

룡산장의슌의 모친장ᄉᆞ ᄒᆞᆫ일

장의슌에 모친이 나히 칠십 여셰인ᄃᆡ 열 닐곱히를 안잔방이로 고싱 ᄒᆞ야 츌입을 임의로 못 ᄒᆞ고 지내더니 달셩회당 젼도 ᄒᆞ는 셰라 부인이 금년 봄에 나가 예수의 일홈을 젼 ᄒᆞᆫ매 이 로인은 록 병신이오 나히 만흐나 [illegible]면이 미우 됴흔지라 예수의 일홈과 그 공뢰로 우리 죄를 ᄃᆡ쇽 ᄒᆞ신 말ᄉᆞᆷ이 곳 그 ᄆᆞᄋᆞᆷ에 박혀 쥬야 예수도 ᄆᆞᄋᆞᆷ을 위로 ᄒᆞ고 예수 [illegible] 잇는 곳가지도 ᄯᅩᄒᆞᆫ ᄆᆞᄋᆞᆷ 쇽에 잇는지라 그런고로 셰례 밧기를 원 ᄒᆞ는고로 시장로ᄉᆞ가 가셔 셰례를 주시는ᄃᆡ ᄎᆞᆷ 셩신 셰례는 임의 밧은 모양이더니 금월 십 팔일에 셰상을 ᄯᅥ낫는ᄃᆡ 빈지학당 목ᄉᆞ 아편셜라씨가 룡산 나와 례를 베프시고 달셩회당 교우 이십 여인과 녀교우 십 ᄉᆞ인이 나가 ᄒᆞᆷᄭᅴ 긔도 ᄒᆞ고 찬미 ᄒᆞ여 텬당 가는 령혼을 위로 ᄒᆞ는ᄃᆡ 상예와 관과은 달셩회당에셔 당 ᄒᆞ고 그날 졈심 범결은 동막 사는 쥬라 리부인이 당 ᄒᆞ엿다 더라

슈원장지ᄂᆡ회당셰운일

슈원 장지ᄂᆡ 박효승은 봉ᄇᆡ ᄒᆞᆫ지 칠년에 쥬야회당 셰우기를 긔도 ᄒᆞ더니 금년 츈에 비로소 회당 륙간을 셰우는ᄃᆡ 달셩회당에셔 돈 십원을 보조 ᄒᆞ고 청국셔 류ᄒᆞ는 미국 어린 ᄋᆞ희가 이원을 보조 ᄒᆞ고 그 외의 부비는 박효승이가 다 담당 ᄒᆞ고 그곳 교우들은 돈을 보조ᄒᆞᆯ수 업는지라 몸으로 와셔 힘써 역ᄉᆞ를 돕는ᄃᆡ 졍결 ᄒᆞ고 등교ᄒᆞᆫ 긔ᄃᆡ에 나는ᄃᆡ시 회당을 셜립 ᄒᆞ엿시니 일노 볼진ᄃᆡ 하ᄂᆞ님ᄭᅴ 맛당이 구ᄒᆞᆯ바를 빌면 일우지 못ᄒᆞᆯ거시 업는줄을 알거시오 ᄯᅩᄒᆞᆫ 긔도ᄒᆞᆫ 후에 긔도 ᄒᆞᆫᄃᆡ로 일을 힘 ᄒᆞ는거시 ᄎᆞᆷ 올흔줄을 알거시 만일 이 사ᄅᆞᆷ이 긔도만 ᄒᆞ고 힘치 아니 ᄒᆞ엿시면 엇지 돈 십이원을 엇을수 잇시며 여러 교우들의 힘을 엇지 엇을수 잇시며 ᄌᆞ긔의 집 지물은 엇지 하ᄂᆞ님ᄭᅴ 밧칠수 잇셧시리오 무론 누구던지 올흔 일을 위ᄒᆞ야 긔도 ᄒᆞ고 그ᄃᆡ로 힘ᄒᆞ면 그 일은 하ᄂᆞ님이 ᄎᆞᆷ 도아 주시는줄을 분명이 알거시오 이 박효승 ᄀᆞᆺᄒᆞᆫ 사ᄅᆞᆷ은 ᄎᆞᆷ ᄆᆞᄋᆞᆷ도 하ᄂᆞ님ᄭᅴ 밧치고 지물도 하ᄂᆞᆯ에 ᄡᆞᆺ는 사ᄅᆞᆷ 인줄을 분명이 알너라

교ᄇᆡᆨ

본회에셔 이회보를 일쥬일에 ᄒᆞᆫ번식 발간ᄒᆞ는거손 다만 미이미 교회만 위ᄒᆞᆷ이 아니오 다른교회나 교외사ᄅᆞᆷ들을 다 위ᄒᆞ는 일이니 죠션 교우나 셔국교ᄉᆞ나 교외친고나 만일 사셔 보고져 ᄒᆞ거든 졍동 아편셜라 교ᄉᆞ집이나 죵로대동셔시에 긔별ᄒᆞ여 갓다 보시오 우리가 이 회보를 ᄒᆞᆫ장에는 엽젼 너픈이오 ᄒᆞᆫ돌 갑슬 미리 내면 엽젼 ᄒᆞᆫ돈 오푼식이오 ᄯᅩ 싀골 사ᄅᆞᆷ의게 우체로 보내는 갑슨 ᄯᅡ로 잇소

죠션교우나 셔국교ᄉᆞ나 교즁소문에 드를만 ᄒᆞᆫ것 잇거든 국문으로 젹어셔 졍동 아편셜라 교ᄉᆞ집으로 보내여 주시면 우리가 회보에 긔록ᄒᆞ여 회보 보는이로 ᄒᆞ여곰 이목을 새롭게 ᄒᆞ겟소

뎨일권

죠션 크리스도인 회보

건양이년 팔월 십일일

이십팔호

긔원졀일

음력 본월 십 륙일은 아국 셩조 뎨 오빅 륙년 긔원 졀일 이라 독립 협회 회원들이 의론 ᄒᆞ야 경졀을 독립관의셔 닋외 각국 손님을 쳥 ᄒᆞ야 츅슈 ᄒᆞᆫ다 ᄒᆞ니 죠션 인민은 누가 이 날을 공경 아니 ᄒᆞ리오 나라마다 그 특별이 위 ᄒᆞ는 날이 잇서 혹 그 왕실의 경샤를 하례 ᄒᆞ거나 혹 그 독립을 긔렴 ᄒᆞ거나 혹 그 즁흥을 찬양 ᄒᆞ야 관민이 일심으로 젼국이 경하 ᄒᆞᆷ은 첫지는 그 님군의게 츙셩 ᄒᆞ고 나라를 ᄉᆞ랑 ᄒᆞ는 ᄆᆞ음을 표 ᄒᆞᆷ이오 둘지는 그 조샹의 공로와 사업을 잇지 말고 본 밧기를 긔약 ᄒᆞᆷ이오 셋지는 젼국 아동으로 ᄒᆞ여곰 그 ᄉᆞ긔와 영광을 알게 ᄒᆞ야 어려셔 브터 츙군 익국지 심을 돗탑게 ᄒᆞᆷ이오 넷지는 쳔만 인으로 ᄒᆞ여곰 비록 셩픔과 면목과 싱익와 디처는 다 다르나 셤기고 위 ᄒᆞ기는 ᄒᆞᆫ 님군 ᄒᆞᆫ 나라 인줄 알게 ᄒᆞᆷ이라 우리 나라 풍쇽이 이샹 ᄒᆞ야 자고 이릭로 내 나라 ᄉᆞ긔와 내 님군 영광은 ᄀᆞᄅᆞ치지 안코 다만 즁원 ᄉᆞ긔와 즁원 영광을 ᄀᆞᄅᆞ치는 고로 내 나라 ᄉᆞ랑 ᄒᆞ는 ᄆᆞ음이 업서 진과 한과 당과 송과 명과 쳥의 력대 됴흔 일은 알아도 우리 나라의 영광 되는 일과 날을 모로니 한심 ᄒᆞ도다 겨오 삼년 젼 브터 대군쥬 폐하ᄭᅴ셔 비로소 긔원 졀일을 경축 ᄒᆞ셧ᄉᆞ니 우리 신민이야 엇지 이 날을 공경 ᄒᆞ야 긔렴 아니 ᄒᆞ리오 그러나 이젼에 업던 일이라 젼국 사ᄅᆞᆷ이 그 즁대 ᄒᆞᆷ을 모로니 차차 학문이 열니는 디로 집집이 이 날을 직희여 젼국의 경졀을 삼고 다만 독립 협회 회원의 경졀만 아니기 ᄇᆞ라노라

권ᄉᆞ와 본로 젼도인의 공부 ᄒᆞᆯ 것시라

년회회는 미년에 ᄒᆞᆫ번식 교즁에 각항 ᄉᆞ무와 젼도 소님을 작뎡 ᄒᆞ는 회명 이라 금년은 감독 됴ᅵ이씨가 오월에 오샤 년회회를 기셜 ᄒᆞ엿는디 교즁 권ᄉᆞ들과 본로 젼도인 들이 일년 동안에 공부 ᄒᆞᆯ것슬 작뎡 ᄒᆞᆫ고로 이 아래 긔록 ᄒᆞ노라 ○ 이 다음 년회회에 공부들 ᄒᆞᆯ것슬 ᄉᆞ룸의게 강 밧을 터인듸 권ᄉᆞ는 이 아래 긔록 ᄒᆞᆫ 칙을 공부 ᄒᆞᆯ거시오 강 ᄒᆞᆯ 칙은 구약에 셩경도셜과 신약에 ᄉᆞ복음과 미이미 교회 문답과 감례와 종례와 디도라 ○권ᄉᆞ의 공부 ᄒᆞ여 외울거슨 십계와 ᄉᆞ도신경과 시편 일편 이십 삼편 오십 일편과 이시아 오십 삼장과 마태복음 오쟝 일절 브터 십이절 ᄭᆞ지와 가림다 젼셔 십 삼장 아오 닐는거슨 구약에 창셰긔와 츌애굽긔 신약 ᄉᆞ복음과 ᄉᆞ도힝젼과 뎐로력뎡 이니라 (미완)

례ᄇᆡ일공과 데이십팔 팔월 이십이일

예수ㅣ마귀의게시험밧으신일

마래복음 ᄉᆞ쟝 일졀노 십 일졀

변조

디명 요단강

一 그 때에 셩신이 예수를 인도ᄒᆞ야 들노 가셔 마귀의게 시험을 밧게 ᄒᆞ실ᄉᆡ 二 예수ㅣ ᄉᆞ십 일을 밤낫 굴무신 후에 주리서더니 三 시험 ᄒᆞᄂᆞᆫ 쟈ㅣ 예수ᄭᅴ 와 ᄀᆞᆯᄋᆞᄃᆡ 만일 하ᄂᆞ님의 아ᄃᆞᆯ이여든 이 돌노 ᄯᅥᆨ이 되게 ᄒᆞ라 四 예수ㅣ ᄃᆡ답ᄒᆞ야 ᄀᆞᆯᄋᆞ샤ᄃᆡ 긔록ᄒᆞᆫᄃᆡ 잇시니 사ᄅᆞᆷ이 ᄯᅥᆨ으로만 살거시 아니오 오직 하ᄂᆞ님의 입으로 나오ᄂᆞᆫ 모든 말ᄉᆞᆷ으로 살거시니라 五 이에 마귀가 거륵ᄒᆞᆫ 셩으로 다려가 셩뎐 ᄭᅩᆨ닥이에 세우고 六 말ᄒᆞ야 ᄀᆞᆯᄋᆞᄃᆡ 만일 하ᄂᆞ님의 아ᄃᆞᆯ이여든 네가 네 몸을 더져 ᄂᆞ리라 긔록ᄒᆞᆫᄃᆡ 잇시니 쥬ㅣ 너를 위ᄒᆞ야 텬ᄉᆞ의게 분부ᄒᆞ야 손으로 너를 밧드러 네 발이 돌이 부딋지 안케 ᄒᆞ시리라 ᄒᆞ셧ᄂᆞ니라 七 예수ㅣ 닐너 ᄀᆞᆯᄋᆞ샤ᄃᆡ 또ᄒᆞᆫ 긔록ᄒᆞᆫᄃᆡ 잇시니 쥬 너희 하ᄂᆞ님을 시험치 말나 ᄒᆞ셧ᄂᆞ니라 八 마귀가 또 다리고 지극히 놉흔 산에 올나가 텬하 만국과 그 영화를 뵈야 ᄀᆞᆯᄋᆞᄃᆡ 九 만일 내게 업ᄃᆞ려 절 ᄒᆞ면 이 모든거슬 주리라 十 이에 예수ㅣ 말ᄉᆞᆷ ᄒᆞ샤ᄃᆡ 살단아 물너 가거라 긔록ᄒᆞᆫᄃᆡ 잇시니 쥬 너희 하ᄂᆞ님ᄭᅴ 절 ᄒᆞ고 오직 이만 셤기라 ᄒᆞ니라 十一 이에 마귀가 예수를 ᄯᅥ나고 텬ᄉᆞㅣ ᄂᆞ려 슈죵드더라

주석

예수ᄭᅴ셔 요한의게 세례를 밧으시고 이 후에 셩신이 들에 인도 ᄒᆞᆷ을 밧으샤 거긔셔 ᄉᆞ십 일을 굴무시고 긔도 ᄒᆞ시매 이러ᄒᆞᆷ을 그 후에 어렵고 즁ᄒᆞᆫ 직분 당ᄒᆞᆯ 힘을 엇고 예비 ᄒᆞ신거시니 사ᄅᆞᆷ이 죵용이 잇서야 ᄉᆡᆼ각 ᄒᆞᆷ과 긔도가 잘 되고 하ᄂᆞ님으로 더브러 갓가히 ᄒᆞ여 은혜를 엇을 모양이라 모세가 들에서 ᄉᆞ십 년을 양 칠ᄯᅢ에 쟝ᄎᆞᆺ ᄒᆞᆯ 직분을 위ᄒᆞ여 예비ᄒᆞᆫ 일과 또 산에 올나 가셔 ᄉᆞ십일 동안에 음식을 먹지 아니 ᄒᆞᆫ 일은) 츌애급 삼십 ᄉᆞ쟝 이십 팔졀에 보고 또 엘니야 일은 렬왕긔 젼서 십 구쟝에 보라) 예수ㅣ 이 ᄯᅢ에 육신의 쓸거슬 아조 ᄉᆡᆼ각지 아니 ᄒᆞ시되 ᄉᆞ십 쥬야 후에 몸이 심히 곤 ᄒᆞ시매 마귀가 이 긔틀을 엇어 시험 ᄒᆞ엿ᄂᆞᆫ지라 마귀ᄂᆞᆫ 항샹 이러케 사ᄅᆞᆷ의 힘 업ᄂᆞᆫ ᄯᅢ나 조심 ᄒᆞ지 안ᄂᆞᆫ ᄯᅢ를 기ᄃᆞ리고

죄에 ᄲᅡ지게 ᄒᆞᆷ을 시험 ᄒᆞᄂᆞᆫ지라 예수ㅣ 맛나시던 시험을 ᄌᆞ세히 알지 못 ᄒᆞ여도 아ᄂᆞᆫ것 잇슴은 다름이 아니라 예수ᄭᅴ셔 세샹 사ᄅᆞᆷ과 ᄀᆞᆺ치 시험을 맛나셧ᄂᆞ니 그런고로 우리 연약 ᄒᆞᆷ을 아르시고 ᄉᆡᆼ각 ᄒᆞ샤 도아 쥬심이라 (희빅리 ᄉᆞ쟝 십 오절과 이쟝 십 팔절을 보라) 예수의 시험은 셋이니 첫지ᄂᆞᆫ 육신을 시험케 ᄒᆞ며 둘지ᄂᆞᆫ 셰샹 영화 됴하 ᄒᆞᆷ을 시험 ᄒᆞ며 셋지ᄂᆞᆫ 그보덤 더 놉흔 ᄆᆞᄋᆞᆷ을 시험케 ᄒᆞᄂᆞᆫ거시라 첫지 시험을 좃차게 드면 이ᄂᆞᆫ 다름 아니라 ᄌᆞ긔 몸을 위ᄒᆞ여 권능을 ᄡᅳᆷ이요 둘지를 좃차게 드면 ᄉᆞᄉᆞ로 놉힘이요 셋지를 좃차게 드면 이ᄂᆞᆫ 찬람 됨이라 지금 사ᄂᆞᆫ 사ᄅᆞᆷ이 이ᄀᆞᆺ치 시험 맛남이 젹지 안코 육신만 삶을 위ᄒᆞ여 죄에 ᄲᅡ진쟈ㅣ 만ᄒᆞ며 놈의게 칭찬 밧음을 됴하 ᄒᆞᄂᆞᆫ고로 죄에 얽혀 잇ᄂᆞᆫ 사ᄅᆞᆷ이 만ᄒᆞ니 이 시험 ᄒᆞᄂᆞᆫ 모양은 그 수를 이로 알수 업ᄂᆞᆫ지라 예수ㅣ 이 모든 시험을 ᄌᆞ긔 힘과 지혜로 다 이김이 아니라 오직 하ᄂᆞ님의 말ᄉᆞᆷ으로 이긔셧ᄉᆞ며 우리게 본을 뵈심이니 예수ㅣ 이러케 마귀를 이긔신 후에 마귀가 ᄯᅥ나 가고 하ᄂᆞ님ᄭᅴ셔 도아 주시며 셤기던 텬ᄉᆞ를 보내셧ᄂᆞᆫ지라 시험 맛나ᄂᆞᆫ거시 죄가 아니오 오직 시험에 ᄲᅡ짐이 죄가 되ᄂᆞ니라 예수ᄭᅴ셔도 여러 가지 시험을 맛나셧거든 ᄒᆞ믈며 우리ᄂᆞᆫ 엇지 면ᄒᆞ리오 예수ㅣ ᄌᆞ긔 지혜로 이긔지 안 ᄒᆞ셧고 다만 하ᄂᆞ님의 말ᄉᆞᆷ으로 이긔셧ᄉᆞ니 우리가 엇지 우리 힘과 지혜로 이긔리오 하ᄂᆞ님이 도아 주심을 닙어 이길지니 가난 ᄒᆞᆷ과 ᄋᆞᆰ흠과 악 ᄒᆞᆷ과 업수히 녀김과 괴롬을 다 ᄎᆞᆷ아 시험을 이긔고 하ᄂᆞ님 압헤 착 ᄒᆞ다 ᄒᆞᆷ을 밧ᄂᆞᆫ거시 큰 복이로다

믓ᄂᆞᆫ말

一 예수ᄭᅴ셔 언제 어ᄃᆡ셔 셰례를 밧으셧ᄂᆞ뇨 二 셰례 밧으신 후에 곳 무ᄉᆞᆷ 일이 잇셧ᄂᆞ뇨 三 셩경에셔 마귀가 무어신거ᄉᆞᆯ 세가지로 말ᄉᆞᆷ ᄒᆞ시오 四 예수ᄭᅴ셔 얼마나 오ᄅᆡ 금식 ᄒᆞ셧ᄂᆞ뇨 五 마귀가 몃번이나 예수를 시험 ᄒᆞ엿ᄂᆞ뇨 六 첫번 시험이 무엇시뇨 七 八 예수ᄭᅴ셔 엇더케 ᄃᆡ답 ᄒᆞ셧ᄂᆞ뇨 九 이불소 륙쟝 십 칠절에 ᄒᆞᆫ 말이 여긔 합당 ᄒᆞᆫ거시 무엇시뇨 十 마귀가 그 다음에ᄂᆞᆫ 무엇 ᄒᆞ엿ᄂᆞ뇨 十一 마귀가 셩경을 알아 ᄡᅳᄂᆞᆫ거시 미우 놀나온 일이뇨 十二 예수ᄭᅴ셔 ᄃᆡ답 ᄒᆞᆫ것시 무ᄉᆞᆷ 뜻시뇨 답 셩신의 도음을 밋고 함부로 셩뎐 ᄭᅩᆨ닥이에셔 ᄯᅱᄂᆞᆫ거시 하ᄂᆞ님의 계명 업시 위험ᄒᆞᆫ데 드러가 하ᄂᆞ님을 시험 ᄒᆞᄂᆞᆫ거시니라 十三 그 후에 산에셔 마귀가 예수씨의게 무엇ᄉᆞᆯ 뵈엿ᄂᆞ뇨 十四 마귀가 예수씨의게 무엇 ᄒᆞ라 ᄒᆞ엿ᄂᆞ뇨 十五 엇더케 ᄃᆡ답 ᄒᆞ셧ᄂᆞ뇨 十六 마귀가 ᄯᅥ난 후에 누가 예수의게 왓ᄂᆞ뇨 十七 들에셔 시험 밧은 일노 우리가 무ᄉᆞᆷ 요긴ᄒᆞᆫ 공부를 비호겟ᄂᆞ뇨

첫장연쇽

또 본도 젼도인의게 강 밧을거슨 구약 살모이긔 젼후셔와 신약 로마셔와 가림다셔 젼후셔와 미이미 교회 강려와 산학과 디도요 와올거슨 구약 시편 팔편 십 오편 십 구편과 이사야 ᄉᆞ십장과 마태복음 오 륙 칠장이오 닑는거슨 뎐도소원과 뎍혜임문과 요한ᄋᆡ살네의 힝젹 이니라

회즁신문

현금에 궁닉부 물픔ᄉᆞ장으로 잇는 리무영씨는 우리 교회즁 ᄉᆞ랑ᄒᆞ는 형뎨라 음력 륙월 이십구일은 그 대부인의 대긔 날인ᄃᆡ 그 형뎨가 망극ᄒᆞᆫ ᄆᆞᄋᆞᆷ과 감구지 회를 억제 ᄒᆞᆯ수 업는지라 우리가 ᄒᆞᄂᆞ님을 셤기고 구셰쥬를 밋은즉 다른 사ᄅᆞᆷ과 ᄀᆞᆺ치 음식을 버려 노코 제ᄉᆞ 지닐리는 업거니와 그 부모의 대소긔를 당ᄒᆞ여 효ᄌᆞ의 ᄆᆞᄋᆞᆷ이 엇지 그저 지내가리오 이에 교즁 여러 형뎨를 청좌ᄒᆞ고 대텽 마루에 등쵹을 ᄇᆞᆰ키 달고 그 대부인의 령혼을 위ᄒᆞ여 하ᄂᆞ님ᄭᅴ 긔도ᄒᆞ고 찬미ᄒᆞ며 그 대부인이 싱존ᄒᆞ여 계실 ᄯᅢ에 하ᄂᆞ님을 밋음과 경계ᄒᆞ든 말ᄉᆞᆷ과 현슉ᄒᆞ신 모양을 싱각ᄒᆞ며 일장을 통곡ᄒᆞ고 교우들도 리무영씨를 위ᄒᆞ여 하ᄂᆞ님ᄭᅴ 긔도ᄒᆞ며 경경히 밤을 지낼ᄉᆡ 그 모친의게 츙ᄆᆞᄋᆞᆷ으로 제ᄉᆞ를 드린지라 엇지 아름답지 아니리오 이후에 다른 교우들도 부모의 대소긔를 당ᄒᆞ면 ᄯᅩᄒᆞᆫ 리무영씨와 ᄀᆞᆺ치 ᄒᆞ기가 쉬운ᄃᆞᆺ ᄒᆞ더라

글을 지어 샹을 밧는일

우리가 지는 달에 청국 셩셔회에셔 발간ᄒᆞ는 월보를 보니 텬군 닉디 교회에셔 젼도ᄒᆞ는 로혜리라 ᄒᆞ는 목ᄉᆞ는 영국 사ᄅᆞᆷ인ᄃᆡ ᄉᆞ방에 잇는 친구의게 광고ᄒᆞᆫ 글에 ᄀᆞᆯᄋᆞᄃᆡ 안식일노 문뎨를 ᄒᆞ고 글을 지어 로혜리 목ᄉᆞ의 집으로 가져 오되 뎨일됴는 안식일을 당초에 뉘가 셜립ᄒᆞ엿시며 뎨이됴는 녯적에 이스라엘 ᄇᆡᆨ셩이 죄에 ᄲᅡ진 쟈를 하ᄂᆞ님ᄭᅴ셔 벌을 엇더케 주셧시며 뎨삼됴는 구셰쥬ᄭᅴ셔 신약을 주실 ᄯᅢ에 문도들이 엇더케 직히엿시며 뎨ᄉᆞ됴는 우리들이 엇더케 ᄒᆞ여야 신약의 말ᄉᆞᆷ을 젹히여 죄에 범ᄒᆞ지 안켓ᄂᆞ뇨 ᄒᆞ엿고 ᄯᅩ ᄀᆞᆯᄋᆞᄃᆡ 글 ᄯᅳᆺ슬 요긴ᄒᆞ고 간단ᄒᆞ게 ᄒᆞ여 일만 글ᄌᆞ에 지나지 말게 ᄒᆞ며 긔한은 팔월 닉로 가져오라 여러 목ᄉᆞ와 명ᄉᆞ들노 ᄒᆞᆷᄭᅴ 그 우열을 비교ᄒᆞ여 문치와 ᄉᆞ의가 과연 쵸등ᄒᆞᆫ 쟈는 은화로 샹급을 주되 오십원 이하로 십원ᄭᆞ지 분등ᄒᆞ여 주겟다 ᄒᆞ엿ᄉᆞ니 아마 청국 교우들도 셩경 공부를 잘ᄒᆞᆫ 사ᄅᆞᆷ이라야 글도 지을거시오 샹급도 밧을닷 ᄒᆞ더라

인도국에 보조ᄒᆞᆫ일

평양 교우들도 인도국에 흉년 맛는 ᄇᆡᆨ셩을 위ᄒᆞ여 은화 십원을 보조ᄒᆞ엿기에 우리가 젼과 ᄀᆞᆺ치 보내거니와 각처 교우들이 그 동안 미우 힘써 보조ᄒᆞ엿기에 다시는 더 힘이 밋지 못ᄒᆞᆯ줄 알앗더니 이 교우들은 못니 인도국 ᄇᆡᆨ셩을 불샹히 넉여 조만을 불계ᄒᆞ고 이ᄀᆞᆺ치 보조ᄒᆞ엿시니 우리가 더욱이 감샤ᄒᆞ노라

뎨일권

죠션 크리스도인 회보

광무원년 팔월 십구일

이십구호

긔원졀 경츅회

본월 십삼일은 즉 음녁 칠월 십륙일이니 오빅륙년젼 아태조 대왕의 등극 ᄒᆞ시던 경일이라 여러ᄂᆞᆯ 쟝마 쯧헤 또 비가 올가 염녀ᄒᆞ얏더니 다힝히 구름은 잇스나 비는 아니오고 독립관에 죠션 대신 협판 외국공령사 이외 빈ᄀᆡᆨᄉᆞ 오빅인이 뫼혀 오후 ᄉᆞ시에 비지학당 학도가 찬숑을 노리ᄒᆞᆫ후 회쟝 안경수씨가 개회ᄒᆞᄂᆞᆫ 대지를 셜명ᄒᆞ고 그다음은 학부대신 리완용씨를 ᄃᆡ신ᄒᆞ야 한셩판윤 리치연씨가 국민의 직무를 연셜ᄒᆞ야 사ᄅᆞᆷ마다 나라를 위ᄒᆞᆯ 직분을 말ᄒᆞ고 다시 비지학도가 외국가를 창ᄒᆞᆫ후 비지학당 교ᄉᆞ 아펜셜라씨가 영어로 죠션에 거류ᄒᆞᄂᆞᆫ 외국 사ᄅᆞᆷ의 직무를 연셜ᄒᆞ야 죠션산쳔의 수려ᄒᆞᆷ과 인민의 진보됨과 후일에 가망잇슴을 칭찬ᄒᆞ고 그다음에 고문관 졔손씨의 연셜은 죠션이 진보ᄒᆞᆫ일을 말ᄒᆞ야 오ᄂᆞᆯᄂᆞᆯ 지졍과 법률과 교휵과 사회가 이젼보다ᄂᆞᆫ 조곰 나은거슬 의론ᄒᆞ며 사ᄅᆞᆷ마다 ᄆᆞᆺ당히 독립ᄒᆞᆯ일을 권ᄒᆞ고 마치매 비지학도가 죠션가를 노리ᄒᆞᆫ후 젼협판 윤치호씨가 연셜ᄒᆞ야 긔원졀이 경ᄉᆞ로온 일과 인민이 나라를 ᄉᆞ랑케 ᄒᆞ라면 우리나라 영광잇ᄂᆞᆫ ᄉᆞ긔를 가ᄅᆞ치고 빅셩을 편히ᄒᆞ여야 될일을 말ᄒᆞᆫ후 독립관 대텽의셔 여러 빈ᄀᆡᆨ의게 다과를 ᄃᆡ졉ᄒᆞ야 다 질거히 뫼야 질거히 지ᄂᆡ고 질거히 파ᄒᆞ니 독립협회 졔원을 위ᄒᆞ야 하례ᄒᆞ며 이다음 긔원졀은 더욱 셩대ᄒᆞ기를 비노라

만슈셩졀

팔월 이십이일은 즉 음력 칠월 이십오일인ᄃᆡ 우리 대군쥬폐하의 탄신이라 팔역 신민의 경츅ᄒᆞᄂᆞᆫ ᄆᆞᄋᆞᆷ이 무궁ᄒᆞᆫᄃᆡ 우리가 하ᄂᆞ님ᄭᅴ 긔도ᄒᆞ고 참 감샤ᄒᆞᆫ일은 젼년 셩탄일노 브터 금년 셩탄일 ᄭᆞ지 니라러 나라에 별노 큰 근심이 업셧고 문명 진보가 졈졈 되여 가니 진실노 혼희ᄒᆞᆫ ᄆᆞᄋᆞᆷ을 금치 못ᄒᆞᆯ지라 (로마 십 삼쟝에 글ᄋᆞᄃᆡ 놉흔 위에 거ᄒᆞᆫ 이게 뭇 사ᄅᆞᆷ이 맛당히 복죵ᄒᆞ라 ᄒᆞ엿시며 대개 놉흔 위에 거ᄒᆞᆫ 이ᄂᆞᆫ 다 하ᄂᆞ님ᄭᅴ셔 명ᄒᆞ신 바니 놉흔 위에 거ᄒᆞᆫ 이를 슌죵ᄒᆞ지 안ᄂᆞᆫ 이ᄂᆞᆫ 하ᄂᆞ님을 거역 ᄒᆞᆷ이니 거역ᄒᆞᄂᆞᆫ 자ᄂᆞᆫ 죄를 밧으리라 ᄒᆞᆫ지라 이 셩경을 볼진ᄃᆡ 우리 교우ᄂᆞᆫ 더욱 국가 명령을 슌죵ᄒᆞ여 하ᄂᆞ님의 ᄉᆞ랑ᄒᆞ시ᄂᆞᆫ 빅셩의 표를 온 셰상에 ᄇᆞᆰ히 증거 ᄒᆞᆯ거 시니라

례비일공과 뎨이십구 팔월 십구일

예수가리리에젼도ᄒᆞ신일

마태 ᄉᆞ장 십이졀노 이십오

변조

디명

十二 예수ㅣ 요한의 가침을 드르시고 가리리로 도
라 가시니라 十三 나살륵을 ᄯᅥ나 가빅농으로 가셔
사시니 그ᄯᅡ흔 희변이라 셔포륜과 납대리 디경
에 잇시니 十四 이는 션지 이사야로 말ᄉᆞᆷ ᄒᆞ신거ᄉᆞᆯ
일우려 ᄒᆞ심이니 말ᄉᆞᆷᄒᆞ야 ᄀᆞᆯᄋᆞ샤ᄃᆡ 셔포륜ᄯᅡ와
납대리ᄯᅡ는 바다가 요단 건너 이방 사ᄅᆞᆷ의 가리
리는 十五 어두ᄃᆡ 사는 ᄇᆡᆨ셩이 큰 빗출 보앗고 죽
을 디경파 그늘에 사는 이게도 빗치 니러 나리라
ᄒᆞ셧ᄂᆞ니라 十六 이ᄯᅢ브터 예수ㅣ 젼도를 시작ᄒᆞ샤
말ᄉᆞᆷ ᄒᆞ샤ᄃᆡ 뉘웃쳐 곳치라 하ᄂᆞᆯ나라이 갓가오니
라 ᄒᆞ시니라 十七 ○ 十八 가리리 희변에 ᄃᆞᆫ니시다
가 두형뎨 피득이라 ᄒᆞᄂᆞᆫ 셔문과 제동ᄉᆡᆼ 안득렬이
바다에 그믈 더짐을 보시니 이는 어부ㅣ라 十九 말
ᄉᆞᆷᄒᆞ샤ᄃᆡ 나를 ᄯᆞ라 오너라 내 너희 들이 사ᄅᆞᆷ을
낙ᄂᆞᆫ 어부가 되게 ᄒᆞ리라 ᄒᆞ시니 二十 곳 그믈을
ᄇᆞ리고 조치니라 二十一 거긔셔 가시다가 다른 형뎨
들 셔비태의 아달 아각과 그 동ᄉᆡᆼ 요한을 보시니
이는 아비 셔비태와 ᄒᆞᆫ가지로 ᄇᆡ에셔 그믈을 깁ᄂᆞᆫ
ᄃᆡ 부라시거ᄂᆞᆯ 二十二 더들이 곳 ᄇᆡ를 ᄯᅥ나 아비를 리
별ᄒᆞ고 조치니라 ○ 二十三 예수ㅣ 온 가리리에 두루
ᄃᆞᆫ니샤 ᄇᆡᆨ셩의 회당에셔 ᄀᆞᄅᆞ치시며 하ᄂᆞᆯ나라 복
음을 젼ᄒᆞ시고 ᄇᆡᆨ셩 즁에 모든 병과 알ᄂᆞᆫ 거ᄉᆞᆯ
곳치시니 二十四 소문이 셔리아 온디방에 퍼지ᄂᆞᆫ지
라 모든 알ᄂᆞᆫ 쟈와 온갓 병이 들어 고통 ᄒᆞᄂᆞᆫ쟈
와 샤귀 들닌쟈와 간질 ᄒᆞᄂᆞᆫ자와 풍즁 들닌쟈를
예수ᄭᅴ로 다려오이 더들을 곳치셧더라 二十五 가리
리와 더가파리와 야로살림과 유태와 요단밧긔 허
다ᄒᆞᆫ 사ᄅᆞᆷ이 조치니라

주셕

예수ᄭᅴ셔 마귀 시험을 이긔시고 갈닐니로 가샤 그후에 쟝ᄎᆞᆺ 뎨ᄌᆞ 될 사ᄅᆞᆷ 멧촐 맛나샤 더들과 ᄒᆞᆷᄭᅴ 가나 혼인 잔치에 참례ᄒᆞ시고 거긔셔 가버나옴으로 나가시고 그후에 예루살넴에 올나가샤 셩뎐 안에 쟝ᄉᆞ ᄒᆞᄂᆞᆫ 쟈 들을 내여 ᄶᅩᆺ치시고 니고ᄃᆡ모로 더브러 말ᄉᆞᆷ ᄒᆞ시고 갈닐니로 도라 오실ᄯᅢ에 ᄯᅩ 사마랴 녀인으로 더브러 말ᄉᆞᆷ ᄒᆞ셧ᄉᆞ니 이 모든거ᄉᆞᆫ(요한 복음 일쟝 삼십 오졀 브터 이삼ᄉᆞ쟝을 보라)이 모든거ᄉᆞᆯ 다 ᄒᆞ시고 이젼 사시던 나사렛으로 나아가샤 거긔셔 ᄇᆡᆨ셩들을 ᄀᆞᄅᆞ쳐주고져 ᄒᆞ시나 악ᄒᆞᆫ ᄇᆡᆨ셩 들이 예수의 말ᄉᆞᆷ을 잘듯지도 안코 도로혀 죽일 ᄆᆞᄋᆞᆷ이 나니 예수ᄭᅴ셔 가버나옴으로 ᄯᅥ나 가셔셔 베드로와 안드레와 요한과 야곱의 집에 만히 거쳐 ᄒᆞ시니(루가복음 ᄉᆞ쟝 십륙졀 브터 삼십일 ᄭᆞ지 보라)예수ᄭᅴ셔 사나렛에셔 ᄯᅥ나 가신거ᄉᆞᆫ 그 곳 사ᄅᆞᆷ이 실혀 ᄒᆞ고 나아오지 안ᄂᆞᆫ고로 곳 ᄯᅥ나신 일이니 무론 누구던지 예수ᄭᅴ 갓가히 나올 ᄆᆞᄋᆞᆷ이 도모지 업ᄉᆞ면

예수ᄭᅴ셔 이런 사ᄅᆞᆷ의게는 오지 안ᄒᆞ실지니라 가비나옴은 바다가에 고을이니 거긔 사는 사ᄅᆞᆷ은 어부들이라 예수ᄭᅴ셔 이런 쳔ᄒᆞᆫ 사ᄅᆞᆷ 들을 불너 뎨ᄌᆞ를 삼으시고 하ᄂᆞ님 압희는 빈부 귀쳔과 외모를 보아 사ᄅᆞᆷ을 ᄐᆡᆨ ᄒᆞ지 아니 ᄒᆞ시고 오직 그 ᄆᆞ옴만 ᄐᆡᆨ ᄒᆞ심으로써 이 ᄀᆞᆺ치 쳔ᄒᆞᆫ 사ᄅᆞᆷ을 뎨ᄌᆞ를 삼으셧ᄂᆞᆫ지라 이 뎨ᄌᆞ 들이 예수의 부ᄅᆞ심을 듯고 곳 ᄌᆞ긔 ᄉᆡᆼ업을 ᄇᆞ리고 나아오니 이는 뎌희를 억지로 나오라 ᄒᆞ심도 아니오 월급도 ᄃᆡ신 주마고 ᄒᆞ심도 아니오 뎌희 산림 ᄒᆞᆯ거슬 주마고 ᄒᆞ신것도 아니라 오직 예수를 밋고 슌죵 ᄒᆞ면 하ᄂᆞ님 나라에 가나고 너희가 이 곳에셔 고기 잡는것과 ᄀᆞᆺ치 새샹 악ᄒᆞᆫ 사ᄅᆞᆷ들을 잡아 구원ᄒᆞᆯ 직분을 주리라 ᄒᆞ셧ᄂᆞᆫ지라 예루살넴에 이젼 ᄇᆞ터 거룩ᄒᆞᆫ 셩뎐이 잇ᄉᆞ매 유대 사ᄅᆞᆷ 들이 ᄒᆡ마다 몃번 졀긔에 참례 ᄒᆞ러 오며 그 외에 고을마다 회당이 잇ᄉᆞ니 각각 그 곳에셔 쥬일마다 모혀 구약 말ᄉᆞᆷ도 듯고 보며 하ᄂᆞ님의 ᄀᆞᄅᆞ치심을 ᄇᆡ호ᄂᆞᆫ지라 예수ᄭᅴ셔 어ᄃᆡ던지 ᄃᆞᆫ이시다가 쥬일을 당 ᄒᆞ심면 뎨ᄌᆞ들 ᄒᆞ고 회당에 가셔셔 허다ᄒᆞᆫ 사ᄅᆞᆷ의게 젼도 ᄒᆞ시며 하ᄂᆞ님 례법ᄃᆡ로 ᄒᆞ시며 ᄯᅩ ᄇᆡᆨ셩 구원ᄒᆞᆯ 도를 ᄀᆞᄅᆞ치신지라 이걸노 우리의게 본을 보이셧ᄂᆞ니 우리도 맛당히 쥬일을 경홀히 녀이지 말며 이 날에는 신심으로 회당에 나아와 례ᄇᆡ에 ᄲᅡ지지 말고 참례ᄒᆞᆯ지라 예수ᄭᅴ셔 여러 군ᄃᆡ로 ᄃᆞᆫ이시며 병든 사ᄅᆞᆷ도 만히 곳치시며 귀신 들닌 병도 곳치시며 긔이ᄒᆞᆫ ᄒᆡᆼ적을 보이시매 이러ᄒᆞᆷ으로써 사ᄅᆞᆷ의 권

능이 아니오 오직 하ᄂᆞ님ᄭᅴ셔 보내신 줄을 간증ᄒᆞ심이라

뭇ᄂᆞᆫ말

一 셰례 밧으신 후에 예수 ᄭᅴ셔 어ᄂᆞ 셩에 살으셧ᄂᆞ뇨 二 이셩이 엇던 강ᄀᆞ에 노엿ᄂᆞ뇨 三 이거시 엇던 ᄯᅩ 뉘 예언이 응ᄒᆞ엿ᄂᆞ뇨 四 예수를 젼도ᄒᆞᆫ 그 목적이 무엇시뇨 五 회개ᄒᆞᄂᆞᆫ 것시 무엇시뇨 답 회개ᄒᆞᄂᆞᆫ 것시 두가지니 젼죄를 거절ᄒᆞ고 쟝ᄅᆡ에 올흔 길노 가ᄂᆞᆫ 것시니라 六 예수씨가 갈니니 ᄒᆡ빈으로 가실시 누구를 보셧ᄂᆞ뇨 七 이사ᄅᆞᆷ들이 무엇 ᄒᆞ엿ᄂᆞ뇨 八 예수ᄭᅴ셔 그들의게 무엇시라 명ᄒᆞ셧ᄂᆞ뇨 九 그들의게 무ᄉᆞᆷ 허락을 ᄒᆞ셧ᄂᆞ뇨 十 그 사ᄅᆞᆷ들이 엇더케 ᄒᆞ엿ᄂᆞ뇨 十一 그 후에 엇던 두 문도가 불니 엿ᄂᆞ뇨 十二 예수ᄭᅴ셔 ᄌᆞ긔를 ᄯᆞ라오라 부르신 것ᄉᆞᆯ 그 사ᄅᆞᆷ들이 엇더케 녀엿ᄂᆞ뇨 十三 예수ᄭᅴ셔 갈니니에 잇ᄉᆞᆯᄯᅢ에 무엇 ᄒᆞ셧ᄂᆞ뇨 十四 ᄇᆡᆨ셩들이 예수씨의 ᄒᆞ시ᄂᆞᆫ 것ᄉᆞᆯ 안후에 누구 들을 그의게 ᄃᆞ려 왓ᄂᆞ뇨 十五 예수ᄭᅴ셔 못 곳치시ᄂᆞᆫ 병이 잇섯ᄂᆞ뇨 十六 그 무리들이 어ᄃᆡ로셔 왓ᄂᆞ뇨

희삼위귀경ᄒᆞᆫ것

아국 희삼위는 원산셔 죠션 슈로로 일쳔 오ᄇᆡᆨ리인ᄃᆡ 륜션으로 셔양시 이십ᄉᆞ시면 가더라 항구는 너르지 못ᄒᆞ며 물이 얏ᄒᆞᆫ 곳은 방금 파기도ᄒᆞ고 메우기도 ᄒᆞ야 물이 깁게 만들며 긔후는 음역 오월 인ᄃᆡ 죠션 음역 삼월 긔후와 ᄀᆞᆺᄒᆞ며 일긔는 비오는 날이 만은 고로 일광 빗최이는 날이 드믈며 본토인의 인물은 희며 혹 븕으며 누른 인물도 만히 잇시며 도로는 비오는 날이 만은 고로 질며 좌우 사ᄅᆞᆷ 다이는 길은 널판을 ᄭᆞᆯ엇는ᄃᆡ 업는ᄃᆡ가 삼분에 이나 되며 집들은 대개 벽돌노 짓고 혹 나무로만 지은 집노 잇는ᄃᆡ 귀족의 집들은 ᄉᆞ오층 되는 집도 더러 잇고 샹고의 집은 삼층 ᄭᆞ지 잇는ᄃᆡ 샹고는 청인이 뎨일 만코 일인도 잇스나 죠션 샹고는 항구에 ᄒᆞ나도 업고 고용ᄒᆞ는 사ᄅᆞᆷ ᄲᅮᆫ이더라 슈륙군 영문이 잇는ᄃᆡ 륙군과 슌ᄉᆞ의 복쟝은 졍ᄒᆞ지 못ᄒᆞ더라 샤이벼리아로 노아 들어가는 쳘도는 죠션 리슈로 이쳔여리를 노왓는ᄃᆡ 륜거는 ᄒᆞᆫ시 동안에 죠션 리슈로 륙십리를 가더라 본토인의 남녀 교졉ᄒᆞ는 것ᄉᆞᆫ 듯기에 무례ᄒᆞ고 부졍ᄒᆞᆫ 말이 만ᄒᆞ나 다만 두어가지 본것만 말ᄒᆞ노니 일일은 길에셔 ᄒᆞᆫ 녀인이 가는 것슬 ᄒᆞᆫ 사ᄅᆞᆷ이 압ᄒᆞ로 와 말 업시 쥬먹을 드려 녀인의 면샹을 치ᄆᆡ 녀인이 긔졀ᄒᆞ야 ᄯᅡ에 업더지며 얼골이 샹ᄒᆞ야 피가 흐라며 울식 첫던 쟈는 가고 다른 사ᄅᆞᆷ이 와 업더져 우는 녀인의 옷슬 헛치며 살을 어로 만지고 가더니 ᄯᅩ ᄒᆞᆫ 사ᄅᆞᆷ이 와셔 그와 ᄀᆞᆺ치 ᄒᆞ고 가되 좌우에 셧는 쟈ㅣ 관망만 ᄒᆞ는것슬 본즉 토인의 무례 ᄒᆞᆷ과 부졍ᄒᆞᆫ 힝실이 들은바와 ᄀᆞᆺᄒᆞ며 ᄯᅩ 술 취ᄒᆞ야 다니며 쥬졍 ᄒᆞ는 녀인도 간간 잇더라 일긔가 고로지 못ᄒᆞᆫ 고로 년년괴질이 류힝 ᄒᆞ더니 쟉년에는 아모병도 업셧다 ᄒᆞ며 괴질이 류힝 ᄒᆞ는 ᄯᆡ에는 아국 슌샤가 쥬야루 슌힝 ᄒᆞ야 병인이 잇슨즉 무론 엇더ᄒᆞᆫ 병인 이던지 병막 으로 다려가고 집에셔는 알치 못ᄒᆞ게 ᄒᆞ며 사ᄅᆞᆷ이 만히 죽는 ᄯᆡ에는 ᄉᆡᆼ사 미판 된 사ᄅᆞᆷ 이라도 뭇는ᄃᆡ 죠션인과 청인은 ᄒᆞᆫ 무덤에 십여인식 쟝사ᄒᆞᆫ다 ᄒᆞ라더 청인의 도적 홍의젹 이라 ᄒᆞ는것시 만히 잇는ᄃᆡ 물에셔 사ᄅᆞᆷ 샹 ᄒᆞ는말을 드른즉 ᄆᆡ양 날이 져물 ᄯᆡ에 청인의 쌈판에 오른즉 사ᄅᆞᆷ 보이지 아니 ᄒᆞ는 희즁 으로 나아가 총으로 노아 죽이고 시신은 물에 더지고 지물을 취ᄒᆞ기도 ᄒᆞ며 ᄯᅩ 날이 져물ᄯᆡ에 문젼에도 츌립을 임의로 못ᄒᆞ는 것슨 올긔미 도적이 잇셔 긔회만 잇슨즉 엇더ᄒᆞᆫ 사ᄅᆞᆷ이 던지 목을 미여 등을 맛다이고 죵용ᄒᆞᆫ 곳으로 가셔 지물 유무를 탄지 ᄒᆞ는ᄃᆡ 올긔미 에는 이로온 쇠가 잇셔 잡아 다닌쥬 목 사방을 ᄯᅮᆲ코 드려 가는 고로 쇼ᄅᆡ도 못ᄒᆞᆫ다 ᄒᆞ며 길에 총 가진 도적이 홍샹 숨어 잇스며 ᄯᅩ 청인 샹고의 집으로 물화 매ᄆᆡ ᄒᆞ려 갓다가 죽는 일도 만히 잇는 고로 아지 못ᄒᆞ는 청인의 집에는 돈 가지고 물화을 매ᄆᆡ ᄒᆞ려간즉 슈삼인이 쟉반ᄒᆞ여 간다ᄒᆞ며 도적들이 말ᄒᆞ기을 사ᄅᆞᆷᄒᆞᆫ 나을 잡은즉 노루 ᄒᆞ나에 지는다 ᄒᆞᆫ다 ᄒᆞ더라 미완

뎨일권 **죠션 크리스도인 회보** 뎨삼십호

광무 팔월이십오일

불교인의게젼도ᄒᆞᆫ일

스골 여러곳슬 단니다가 ᄒᆞᆫ곳슬 다다라니 슈목은 무셩ᄒᆞ고 산악은 험악ᄒᆞᆫᄃᆡ 풀속에 희미ᄒᆞᆫ 좁은길이 잇ᄂᆞᆫ지라 좁은문을 볼가ᄒᆞ여 십여리를 더드러가니 길도 ᄎᆞᄎᆞ 넓어지고 멀니 보이ᄂᆞᆫ문도 ᄒᆞᆫ 넓은지라 ᄆᆞᄋᆞᆷ에 싱각ᄒᆞ되 [illegible]은죄인으로셔 큰죄에 ᄲᅡ지러 가ᄂᆞᆫ 길인가 의심ᄒᆞ여 두루ᄉᆞᆲ혀 본즉 다른길은 업고 그 길노갈수 밧긔ᄂᆞᆫ 업ᄂᆞᆫ지라 ᄒᆞᆯ수업시 드러가니 이거ᄉᆞᆫ 만의ᄉᆞ라 ᄒᆞᄂᆞᆫ 큰졀인ᄃᆡ ᄎᆞᆷ 디옥갈쟈들이 디옥간쟈들을 셤기ᄂᆞᆫ 곳이라 ᄆᆞᄋᆞᆷ이 불붓ᄂᆞᆫ듯ᄒᆞ야 즁들을 다모호니 남승이 칠인이오 쳐ᄉᆞ가 ᄉᆞ인이오 보살이 일인이라 다 모흔후에 하ᄂᆞ님ᄭᅴ 츅원ᄒᆞ고 위션십계일이됴와 요한삼쟝 십륙졀 브터 이십일졀ᄭᆞ지 보고 말ᄒᆞᆫ후에 즁들의 모양을 ᄉᆞᆲ혀보니 안석이 삽변삽기ᄒᆞ여 ᄆᆞᄋᆞᆷ을 ᄶᅵᆯ니ᄂᆞᆫ듯 ᄒᆞᆫ모양이라 리은승이 더욱 손을 흔들며 소리질너 ᄀᆞᆯᄋᆞᄃᆡ 형데들아 더거신다 ᄡᅳᆯᄃᆡ업ᄂᆞᆫ 우샹이니 셤거면 점점 죄을 더지으려니와 독일무이ᄒᆞ신 진신과 그의아ᄃᆞᆯ님 예수크리스도를 밋은즉 오ᄂᆞᆯᄭᆞ지 부쳐 셤기던 죄ᄭᆞ지라도 다샤ᄒᆞ심을 엇으리라 형뎨들이 방쟝 디옥에 결박지여 갓친거ᄉᆞᆯ보 니 ᄎᆞᆷ 답답ᄒᆞ도다 디옥은 곳 졀이오 죄ᄂᆞᆫ 곳 부쳐라 엇지 여긔ᄲᅡ져 흥샹 거ᄒᆞ려ᄒᆞᄂᆞ뇨 ᄒᆞ니 즁들은깃브게 듯ᄂᆞᆫ모양이나 복쳐의게 든졍을 졸디에 ᄯᅦ지못ᄒᆞᆯ눈치가잇고 ᄒᆞᆫ칠십된 보살이 이말을듯고 나아와 ᄀᆞᆯᄋᆞᄃᆡ 원컨대 손님은 이절에셔 쉬여 이 조흔 말ᄉᆞᆷ을 더 ᄒᆞ여주옵쇼셔 ᄒᆞᄂᆞᆫ지라 리은승이 감샤타 말ᄒᆞ고 자기ᄂᆞᆫ스려 곳ᄯᅥ날시 보살시셥셥ᄒᆞᆫ ᄆᆞᄋᆞᆷ이 군졀ᄒᆞ여 계하에 ᄂᆞ려 젼별ᄒᆞ여왈 나ᄂᆞᆫ 오날죽을지 리일죽을지 모로오니 날노ᄒᆞ여곰 이다음에 ᄯᅩᄒᆞᆫ번말ᄉᆞᆷ 듯기를 위ᄒᆞ야 하ᄂᆞ님ᄭᅴ 긔도ᄒᆞ여주쇼셔 ᄒᆞ더라 그절에셔 ᄯᅥ나 뒤흐로도라보니 ᄯᅩ ᄒᆞᆫ 길이 눈에 보이ᄂᆞᆫ지라 ᄎᆞᄎᆞ져 올나가니 이산은 그곳사ᄅᆞᆷ의말노 아흔아홉구비되ᄂᆞᆫ 바사리고ᄀᆡ라 ᄒᆞ더라 그 고ᄀᆡ를올나가다가 ᄆᆞᄋᆞᆷ에 엇은거시 만이잇ᄉᆞ오니 이거ᄉᆞᆫ 진경이오 ᄯᅩ비유ㅣ라 그런고로 스골 여러곳에 단닌다ᄒᆞᆷ은 곳 이세샹에셔 아모랏케나 힝ᄒᆞᆫ단말이오 좁은길노 드러간다ᄒᆞᆷ은 교회에 드러왓단말이오 십여리를 더 드러간다 ᄒᆞᆷ은 몃ᄒᆡ동안 되엿단말이오 ᄎᆞᄎᆞ 길이 넓어 진다ᄒᆞᆷ은 시험이 ᄎᆞᄎᆞ 싱긴단말이오 ᄒᆞᆯ수업시큰길노 간다ᄒᆞᆷ은 시험밧을수 밧긔ᄂᆞᆫ ᄒᆞᆯ수 업단말이오 졀일홈이 만의ᄉᆞ라ᄒᆞᆷ은 ᄉᆡ험에 ᄲᅡ지매 만가지 의ᄉᆞ가 싱긴단말이오 미완

례배일공과 뎨삼십 구월 오일

뎨ᄌᆞ와의론ᄒᆞᆫ일

마태 오쟝 일졀노 십륙졀

년조

디명

一 뭇사ᄅᆞᆷ을 보시고 산에 올나가 안지시니 뎨ᄌᆞ
들이 예수ᄭᅴ 나아 오거ᄂᆞᆯ 二 입을 열어 ᄀᆞᄅᆞ쳐 ᄀᆞᆯ
ᄋᆞ샤ᄃᆡ 三 ᄆᆞᄋᆞᆷ으로 빈쟈ᄂᆞᆫ 복 잇ᄂᆞᆫ 쟈로다 텬국이
뎌희 거심이오 四 이통 ᄒᆞᄂᆞᆫ이ᄂᆞᆫ 복 잇ᄂᆞᆫ 쟈로다 그
위로 홈을 밧을 거심이오 五 량슌 ᄒᆞᆫ이ᄂᆞᆫ 복 잇ᄂᆞᆫ
쟈로다 ᄯᅡ흘 ᄎᆞ지 ᄒᆞᆯ거심이오 六 의 ᄉᆞ모 ᄒᆞ기를 주
리고 목마롬 ᄀᆞᆺ치 ᄒᆞᄂᆞᆫ쟈ᄂᆞᆫ 복 잇ᄂᆞᆫ쟈로다 비 부
를 거심이오 七 불샹히 너아ᄂᆞᆫ 쟈ᄂᆞᆫ 복 잇ᄂᆞᆫ 쟈로
다 불샹히 너임을 엇을 거심이오 八 ᄆᆞᄋᆞᆷ에 조찰
ᄒᆞᄂᆞᆫ쟈ᄂᆞᆫ 복 잇ᄂᆞᆫ 쟈로다 하ᄂᆞ님을 뵈올 거심
이오 九 화목케 ᄒᆞᄂᆞᆫ이ᄂᆞᆫ 복 잇ᄂᆞᆫ 쟈로다 하
ᄂᆞ님의 아ᄃᆞᆯ이라 닐ᄏᆞᄅᆞᆯ 거심이오 十 의를 위ᄒᆞ야
핍박을 밧ᄂᆞᆫ 쟈ᄂᆞᆫ 복 잇ᄂᆞᆫ 쟈로다 텬국이 뎌희 거
심이오 十一 나를 인ᄒᆞ야 너를 욕ᄒᆞ고 핍박ᄒᆞ고 모
든 악ᄒᆞᆫ거ᄉᆞᆯ 거즛말노 비방ᄒᆞ면 복 잇ᄂᆞᆫ 쟈로다
十二 깃거ᄒᆞ고 즐거워 ᄒᆞ라 하ᄂᆞᆯ에셔 큰 샹을 엇
으리라 녯 션지도 이ᄀᆞᆺ치 핍박 ᄒᆞ엿ᄂᆞ니라 十三 너
ᄂᆞᆫ 셰샹에 소곰이니 소곰이 만일 그 맛ᄉᆞᆯ 일ᄒᆞ면
엇지 다시 짜게 ᄒᆞ리오 후에ᄂᆞᆫ 쓸ᄃᆡ 업셔 밧긔
ᄇᆞ려 사ᄅᆞᆷ의게 ᄇᆞᆲ히ᄂᆞᆫ 바ㅣ 되ᄂᆞ니라 十四 너ᄂᆞᆫ 셰
샹에 빗치니 산우희 세운 셩이 숨기지 못ᄒᆞᆯ거시
오 十五 사ᄅᆞᆷ이 촛불을 혀서 말아래 두지아니ᄒᆞ고
오직 촛ᄃᆡ 우희 두ᄂᆞᆫ 온집 사ᄅᆞᆷ을 빗최게 홈이
니 十六 이ᄀᆞᆺ치 너의 빗출 사ᄅᆞᆷ 압희 빗최게 ᄒᆞ라 그
사ᄅᆞᆷ들이 너의 착ᄒᆞᆫ 힝실을 보고 너의 텬부를 영
화롭게 ᄒᆞ리라

주셕

예수ᄭᅴ셔 밤에 산에 올나 죡야토록 긔도 ᄒᆞ시고
그 잇흔날 아참에 산에 ᄂᆞ려오샤 여러 밋ᄂᆞᆫ 뎨ᄌᆞ
즁에 열두 몸 뎨ᄌᆞ를 ᄐᆡᆨ ᄒᆞ시고 바다 언덕에 ᄂᆞ
려가셔 여러 무리가 기ᄃᆞ림을 보시매 조곰 올나
안자시며 그 사ᄅᆞᆷ 들의게 연셜 ᄒᆞ여 ᄀᆞᄅᆞ치실ᄉᆡ
(루가복음 륙쟝 십이졀 브터 십구졀 ᄭᆞ지 보라)
예수ᄭᅴ셔 십이 뎨ᄌᆞ를 ᄐᆡᆨ ᄒᆞ샤 마태복음 오륙칠쟝
에 잇ᄂᆞᆫ말ᄉᆞᆷ으로 교훈 ᄒᆞ실ᄉᆡ 뎨ᄌᆞ들을 위ᄒᆞ야
일후에 너희가 만민을 다 이 ᄯᅳᆺᄃᆡ로 빗아 ᄀᆞᄅᆞ치
게 ᄒᆞ셧ᄉᆞ되 그 ᄯᅢ 십이뎨ᄌᆞ 외에 여러사ᄅᆞᆷ도 이
말ᄉᆞᆷ을 듯고 지금 ᄭᆞ지 허다ᄒᆞᆫ 사ᄅᆞᆷ이 복음에 ᄀᆞ
ᄅᆞ치심을 보매 젼 ᄒᆞᄂᆞᆫ 말과 조곰도 어김이 업ᄉᆞᆷ
을 알지라 오ᄂᆞᆯ 우리 공부에
예수ᄭᅴ셔ᄂᆞᆫ 이젼 나라 률법과 아조 ᄀᆞᆺ지 아니 ᄒᆞ
시고 오직 ᄌᆞ긔 나라도로 말ᄉᆞᆷ ᄒᆞ샤 엄 ᄒᆞ고 무
셔옴이 업게 다만 인의 ᄒᆞ시고 ᄌᆞ비 ᄒᆞ심으로 텬
하 만민을 ᄉᆞ랑 ᄒᆞ샤 복된 말ᄉᆞᆷ이 아홉이나 되며
ᄯᅩ 텬국에 나갈 직분을 ᄀᆞᄅᆞ치셧ᄂᆞᆫ지라 무론 누

구던지 하ᄂᆞ님 압헤 올흔례 ᄒᆞ지 말고 죄 잇ᄂᆞᆫ 줄을 알며 그 죄로 인ᄒᆞ야 슯흔 ᄆᆞᄋᆞᆷ이 나며 량슌ᄒᆞ고 겸손ᄒᆞᆫ ᄆᆞᄋᆞᆷ으로 하ᄂᆞ님 압헤 도아 주시기ᄅᆞᆯ ᄇᆞ라며 주리고 목ᄆᆞ른자와 ᄀᆞᆺ치 의ᄅᆞᆯ ᄉᆞ모ᄒᆞᄂᆞᆫ쟈ㅣ 이 네가지가 다 복이 잇다 ᄒᆞ셧ᄉᆞ며 누구던지 하ᄂᆞ님 압헤 죄ᄅᆞᆯ 샤ᄒᆞ여 주ᄂᆞᆫ것 ᄀᆞᆺ치 사ᄅᆞᆷ의게도 이처름 불샹이 넉이며 ᄯᅩ 죄ᄅᆞᆯ 쪄나고 조찰ᄒᆞᆫ 사ᄅᆞᆷ이 되ᄂᆞᆫ쟈ㅣ 복이 된다 ᄒᆞ셧ᄉᆞ며 하ᄂᆞ님 압헤 화평ᄒᆞᆫ 후에 다른 사ᄅᆞᆷ의게도 이 ᄀᆞᆺ치 화목케 ᄒᆞᄂᆞᆫ쟈ㅣ 복이 된다 ᄒᆞ시며 이럿케 힝ᄒᆞ여 예수 도ᄅᆞᆯ 위ᄒᆞ여 욕을 밧ᄂᆞᆫ쟈ㅣ 복이로다 ᄒᆞ셧ᄉᆞ며 ᄯᅩ 이 아홉 가지가 다 각각 샹을 밧으리라 ᄒᆞ셧ᄂᆞᆫ지라 사ᄅᆞᆷ이 이 뒤로 다 회ᄀᆡᄒᆞ고 예수의 졔ᄌᆞ 되엿ᄉᆞ니 예수ᄭᅴ셔 그 들의게 맛당히 ᄒᆞᆯ 직분을 ᄀᆞᄅᆞ치시매 소곰은 ᄶᅡ혜 귀ᄒᆞᆫ 거시라 온갓 음식에 드러야 맛시 나고 샹ᄒᆞ지도 아니 ᄒᆞᄂᆞᆫ것과 ᄀᆞᆺ치 예수의 뎨ᄌᆞ가 되면 이 셰샹에셔 도아 주고 망ᄒᆞ지 안케 ᄒᆞᆯ 직분이니 아모 교우던지 도ᄅᆞᆯ 실샹으로 밋지 안코 외모만 뵈이면 이러ᄒᆞᆫ 사ᄅᆞᆷ들은 필경 맛 업ᄂᆞᆫ 소곰이 아모도 쓸ᄃᆡ 업시 됨과 ᄀᆞᆺ치 사ᄅᆞᆷ도 ᄯᅩᄒᆞᆫ 쓸ᄃᆡ 업시 ᄇᆞ린쟈ㅣ 될거시오 등불은 어두온 방에 두면 ᄉᆞ면을 ᄇᆞᆰ히고 숨길거시 업슴ᄀᆞᆺ치 사ᄅᆞᆷ이 예수의 뎨ᄌᆞ가 ᄎᆞᆷ 되매 이 어둡고 악ᄒᆞᆫ 셰샹을 ᄀᆞᄅᆞ쳐 ᄇᆞᆰ게 ᄒᆞ며 ᄌᆞ긔가 착ᄒᆞ게 될 직분은 뎨몸을 놉히ᄂᆞᆫ거ᄉᆞᆯ ᄇᆞ라지 말며 다만 겸손ᄒᆞᆫ ᄆᆞᄋᆞᆷ으로 영광을 하ᄂᆞ님 압헤 돌닐지어다

뭇ᄂᆞᆫ말

一 이교훈ᄒᆞᄂᆞᆫ 말ᄉᆞᆷ을 특별이 누게 ᄒᆞ셧ᄂᆞ뇨 二 예수씨가 그 젼날밤을 엇더케 지ᄂᆡ셧ᄂᆞ뇨 三 십이문도ᄅᆞᆯ 다ᄃᆡ ᄒᆞ셧ᄂᆞ뇨 四 여긔 예수씨 ᄀᆞᆺ치 복된다ᄂᆞᆫ 뜻시 무엇시뇨 五 이공부에 복을 몃가지나 말ᄉᆞᆷ ᄒᆞ셧ᄂᆞ뇨 六 그 복들을 말ᄉᆞᆷ ᄒᆞ시요 七 이 츅슈ᄒᆞᆫ 것시 몸을 위ᄒᆞ여 ᄒᆞᆫ 것시뇨 혹 령혼을 위ᄒᆞᆫ 것시뇨 八 몸에 긴이 쓸것ᄉᆞᆯ 말ᄉᆞᆷ 아니 ᄒᆞᆫ 것시 미우 이샹ᄒᆞ뇨 九 ᄉᆡᆼ각에 뎨일 요긴ᄒᆞᆫ 세가지 츅복ᄒᆞᆫ 것ᄉᆞᆯ 말ᄉᆞᆷ ᄒᆞ시요 十 욕먹고 군츅 밧을ᄯᅢ에 깃부겟ᄂᆞ뇨 혹 어려워셔 즐거워 ᄒᆞ지 아니 ᄒᆞ겟ᄂᆞ뇨 十一 처음으로 군츅 밧은이가 예수씨의 뎨ᄌᆞ들이겟ᄂᆞ뇨 十二 이 셰샹에셔 엇던 두 크리스도인지파가 보젼ᄒᆞ겟ᄂᆞ뇨 十三 웨 크리스도인들이 ᄶᅡ우회 소곰 갓ᄒᆞ뇨 十四 웨 그리스도인이 산우화 셩이나 혹 빗과 ᄀᆞᆺ다 ᄒᆞᄂᆞ뇨 十五 오날 공부에 세가지 요긴ᄒᆞᆫ 것ᄉᆞᆯ 말ᄉᆞᆷ ᄒᆞ시요

대군쥬 폐하 탄일

팔월이십삼일 오후 삼시에 각 교회 교우와 다른 ᄇᆡᆨ셩들이 훈련원 대텽에 뫼혀 대군쥬 폐하 탄신을 경츅ᄒᆞᆫ일을 대강 긔록ᄒᆞ노라

오후 ᄉᆞ시에 찬양가로 ᄀᆡ회ᄒᆞᆫ 후 교우 ᄒᆞᆫ사ᄅᆞᆷ이 하ᄂᆞ님ᄭᅴ 긔도ᄒᆞ야 대군쥬폐하가 만수강녕ᄒᆞ시기를 빌고 ᄆᆞᆺ치매 아편셜라씨가 마태복음 뎨이십이쟝 십오졀브터 이십이ᄭᆞ지 읽어 사ᄅᆞᆷ마다 하ᄂᆞ님ᄭᅴᄒᆞᆯ 직무잇고 님군ᄭᅴᄒᆞᆯ 직무 잇슴을 론셜ᄒᆞᆫ 다음에 한셩판윤리ᄎᆡ연씨 연셜에 우리가뫼혀 경츅ᄒᆞ는 대지를 말ᄒᆞ되 집에 각직목이 서로 지탱ᄒᆞ여야 그 집이온젼ᄒᆞᆷ과 ᄀᆞᆺ치 나라에도 관민이 합심ᄒᆞ여야 독립ᄒᆞᆷ을 셜명ᄒᆞᆫ후 독립가를 노ᄅᆡᄒᆞ고 그다음에 윤치호씨가 말ᄒᆞ되 우리 나라 당금 긴ᄒᆞᆫ일은 ᄋᆞ히ᄋᆞᄌᆞ ᄇᆡᆨ셩민ᄌᆞ 츙셩츙ᄌᆞ 나라국ᄌᆞ 네글ᄌᆞ의 새ᄯᅳᆺ을 ᄇᆡ홈이라 우리나라 오ᄂᆞᆯ놀 형세되기는 ᄋᆞ히들을 업시녁여 가ᄅᆞ치지 못ᄒᆞᆷ이니 후일지망은 ᄋᆞ히들을 진즁히 교육ᄒᆞ기에 잇고 완고셰계에는 ᄇᆡᆨ셩민ᄌᆞ가 죵민ᄌᆞ가 되여 ᄇᆡᆨ셩은 다문 관인의 의식 공급ᄒᆞ는 죵이 되엿신즉 다시 ᄇᆡᆨ셩이 우가 되고 관인이 아래가 되여야 ᄀᆡ화가 될ᄂᆡ시오 구습에는 님군ᄭᅴ 승슌문ᄒᆞ거나 평시에 담학ᄒᆞ다가 란시에 ᄌᆞᆷ간 님군을 뫼시고 위경을 지내거나 유건을 쓰고 졍동 병문에 공셕이나 ᄯᆞᆯ고 샹쇼나ᄒᆞ면 츙신이라ᄒᆞ나 본ᄅᆡ 츙셩츙ᄌᆞ ᄯᅳᆺ은 ᄂᆡ졍셩것 직분은 다ᄒᆞ야 님군을 셤기는거신 즉 누구던지 졍셩으로 제 직분ᄒᆞ는 사ᄅᆞᆷ은 츙신이오 이젼에는 나라국ᄌᆞ가 잇스나 남의 나라ㅣ오 우리나라는 업더니 이제는 우리 나라에도 님군이 계시고 우리나라에도 ᄇᆡᆨ셩이잇고 우리나라에도 졍부가 잇셔 서로의지ᄒᆞᆫ줄을 알어야 나라를 ᄉᆞ랑ᄒᆞᆯ지라 이 네 글ᄌᆞ ᄉᆡ ᄯᅳᆺ은 ᄉᆞ셔 삼경이 가ᄅᆞ칠수 업고 각국 장사와 공령사가 가ᄅᆞ칠 리도 업거ᄂᆞᆯ 오ᄂᆞᆯ 뫼힌거슨 본족 이 ᄉᆡ 의사를 가ᄅᆞ친 사ᄅᆞᆷ이 잇슴은 분명ᄒᆞ니 누구ㅣ뇨 즉 우리가 욕ᄒᆞ고 시비ᄒᆞ고 업시 녁이는 그리스도교 교ᄉᆞ들이라 우리가 엇지 그사ᄅᆞᆷ들을 감샤아니리오 이교가 졈졈 흥왕ᄒᆞ야 우리나라 젼국사ᄅᆞᆷ들이 이 네 글ᄌᆞ ᄉᆡ ᄯᅳᆺ을 ᄇᆡ호기 바라노라ᄒᆞ고 그다음에 졔손씨가 연셜ᄒᆞ야 갑신년 일ᄒᆞᆫ 사ᄅᆞᆷ들은 벼슬과 권리를 위ᄒᆞᆷ이 아니라 우리나라가 샹뎐을 ᄯᅦ여ᄇᆞ리고 독립ᄒᆞ기를 경영ᄒᆞᆷ을 발명ᄒᆞ고 그ᄯᅢ 국젹으로 몰녀 본국을 ᄯᅥᄂᆞᆯᄯᅢ에 오ᄂᆞᆯ놀 훈련원에 그리스도교 교우들이 태극긔와 십ᄌᆞ긔를 ᄀᆞᆺ치달고 대군쥬 폐하 탄신을 경츅ᄒᆞᆯ 일은 ᄭᅮᆷ에도 못ᄉᆡᆼ각ᄒᆞ엿다ᄒᆞ고 하ᄂᆞ님 압헤는 지쳔ᄒᆞᆫ 사ᄅᆞᆷ도 황뎨와 동등이니 사ᄅᆞᆷ의 권리가 진즁ᄒᆞᆷ과 ᄇᆡᆨ셩이 나라의 근본 됨이 집의 긔쵸와 ᄀᆞᆺᄒᆞᆫ 것과 ᄀᆡ화는 공평을 쥬쟝ᄒᆞᆷ과 녀인을 공경ᄒᆞ고 교육ᄒᆞ여야 나라가 잘 될 일을 셜명ᄒᆞᆫ 후에 국가를 노ᄅᆡᄒᆞ고 량홍묵씨가 ᄀᆡ화는 뒤로 물너가지 아니ᄒᆞᆯ 일을 간략히 말ᄒᆞᆫ후 대군쥬 폐하 만만세와 왕태ᄌᆞ 뎐하 쳔쳔세를 환호ᄒᆞ고 다 흔연히 파회ᄒᆞ더라

뎨일권

죠션 크리스도인 회보

삼십일호

광무 원년 구월 월일

권면에부ᄌᆞ런이ᄒᆞᆯᄉ졍

우리 몬져몽소지ᄐᆡᆨ을 닙으신 교우들은 불가불 젼도를 힘써ᄒᆞ여야 ᄒᆞᆯ거시오 그후에 긴절ᄒᆞᆫ거슨 권면이 뎨일이라 이거시 우리도 여러분 목ᄉᆞ와 션ᄉᆡᆼ들의 권면ᄒᆞᆷ을 밧은고로 이디경ᄭᆞ지 니르럿시니 (이말ᄉᆞᆷ은 다 각기 ᄆᆞ음으로 간즁ᄒᆞ옵시오) 그런고로 우리도 맛당이 놈을 권면ᄒᆞ는거슨 쥬의ᄯᅳᆺ이라 그러나 젼도가 널니 되지 못ᄒᆞ는거슨 힘을 젹게 ᄡᅳᆷ이오 도를 젼ᄒᆞ고도 ᄌᆞ라지 안는거슨 권면치 아닌 ᄭᆞ닭이라 그런고로 ᄉᆞ골가 보온즉 혹 엇더ᄒᆞᆫ 사ᄅᆞᆷ은 닝슈를 쟝독ᄃᆡ에 ᄯᅥ놋코 졀ᄒᆞ고 엇던 사ᄅᆞᆷ은 ᄯᅥᆨ도 ᄒᆞ여놋코 마당에셔 졀ᄒᆞ고 엇던 사ᄅᆞᆷ은 닭도 잡아놋코 졀ᄒᆞ다ᄒᆞ니 이거시 엇지 예수교의 법도리오 우리도 만일 젼도만 ᄒᆞᆫ번 듯고 권면 ᄒᆞ는이가 업섯시면 엇지 이사ᄅᆞᆷ의 힝ᄉᆞ와 ᄀᆞᆺ기를 면ᄒᆞ엿시리오 이사ᄅᆞᆷ들은 법을 모로는고로 음식을 놋코 졀ᄒᆞ엿시니 그ᄆᆞ음에 셩력잇ᄉᆞᆷ은 가히 싱각 ᄒᆞ려니와 만일 권면치 아니ᄒᆞ면 더 큰죄를 짓는일이 더 만ᄒᆞᆯ듯ᄒᆞ니 그죄가 어ᄃᆡ로 도라가리오 다우리 허물이라 만일 ᄒᆞᆫ번만 젼도ᄒᆞ고 다시 권면치 아니ᄒᆞᆯ디경이면 비유컨대 목마른 어린ᄋᆞᄒᆡ를 물주마고 우물가헤 인도ᄒᆞ여 놋코 물을주지 아니ᄒᆞᆫ ᄭᆞ닭에 데집물도 못먹고 인ᄒᆞ여 목말너 죽음과 ᄀᆞᆺᄒᆞ니 이거시 뉘 허물이며 엇지 삼가지 아니ᄒᆞ리오 괴위 싱명심에 어린ᄋᆞᄒᆡ를 인도 ᄒᆞ엿거든 그물을 만히먹여 그물노 자라게 ᄒᆞ고 그 사ᄅᆞᆷ들도 ᄆᆞ음 속에서 싱명심 근원이 ᄒᆞᆯ너 다른 목마른 사ᄅᆞᆷ들의게 베플게 ᄒᆞ기를 셩심소원 ᄒᆞ옵ᄂᆞ이다

리온승

불교인의게젼도ᄒᆞᆫ일 속젼호

디옥 갈쟈들이라 ᄒᆞᆷ은 셰샹 악당들을 ᄀᆞᄅᆞ쳐 ᄒᆞᆫ말이오 요한삼쟝 십륙졀노 젼도 ᄒᆞ엿다ᄒᆞᆷ은 예수의 은혜와 셩경으로 마귀 시험을 이긔엿다 ᄒᆞᆷ이오 졀을 ᄯᅥ나니 ᄒᆞᆫ길이 눈에 보인다ᄒᆞᆷ은 하ᄂᆞ님ᄭᅴ셔 우리를 위ᄒᆞ샤 시험즁에 ᄒᆞᆫ 길을 열어주신단 말이니 가림다 젼셔십쟝 십삼졀보시오 아흔아홉구비어려온 고ᄀᆡ라 ᄒᆞᆷ은 예수를 밋는사ᄅᆞᆷ이 ᄒᆞᆫ번 회ᄀᆡᄒᆞᆫ 후에 다시 ᄒᆞᆯ거시업는 거시 아니라 날마다 힝ᄒᆞ는일에 시험 고ᄀᆡ가 만탄말이오니 누구시던지 ᄉᆞᄉᆞ로 간즁들 ᄒᆞ시기을 ᄇᆞ라ᄂᆞ이다

뎨ᄇᆡᆨ일공과 뎨삼십일 구월 십이일

뎨ᄌᆞ와의론ᄒᆞᆫ일

마태 오장 십칠절노 이십륙절

변조
디명

十七 내가 률법과 션지를 폐ᄒᆞ러 온줄노 알지 마라
폐ᄒᆞ러 온거시 아니오 온젼케 ᄒᆞᆷ이로다 十八 내 실
노 네게 닐ᄋᆞ노니 텬디가 업서지기 젼에 률법은
일뎜 일획 이라도 결단코 업서지지 아니 ᄒᆞᆯ거시
오 다 일울지라 十九 그럼으로 누구던지 계명의 지
극히 적은것 ᄒᆞ나이라도 폐ᄒᆞ여 가지고 사ᄅᆞᆷ을 ᄀᆞ
ᄅᆞ치는 이는 텬국에서 지극히 적다 닐ᄏᆞ를 거
시오 오직 누구던지 이ᄃᆡ로 준ᄒᆡᆼ ᄒᆞ며 ᄀᆞᄅᆞ치면
이런 사ᄅᆞᆷ은 텬국에서 크다 닐ᄏᆞ르리라 二十 내 네
게 닐ᄋᆞ노니 너희가 셔샤관과 법리ᄉᆞ 사ᄅᆞᆷ의 의
리 보담 낫지 못ᄒᆞ면 결단코 텬국에 드러가지 못
ᄒᆞ리라 二十一 네가 녯 사ᄅᆞᆷ의 말을 드럿ᄂᆞ니 살인
치 마라 누구던지 살인 ᄒᆞ면 죄를 뎡ᄒᆞ리라 ᄒᆞ엿
시나 二十二 오직 나는 닐ᄋᆞ노니 누구던지 그 형뎨
의게 노여워 ᄒᆞ는이는 죄를 뎡ᄒᆞᆯ거시오 또 누구
던지 그 형뎨를 납가ㅣ라 ᄒᆞ면 공회에 잡어 가기
쉽고 또 누구던지 미련ᄒᆞᆫ 쟈ㅣ 모레라 ᄒᆞ면 디옥
불에 드러가리라 二十三 그럼으로 례물을 제단에 드
릴때 거긔서 네가 형뎨의게 죄 잇슴을 ᄉᆡᆼ각 ᄒᆞ거
든 二十四 례물을 제단압헤 두고 몬져가 형뎨로 화
히ᄒᆞᆫ 후에 와서 례물을 드릴거시오 二十五 네가 송
ᄉᆞᄒᆞ는자 ᄀᆞᆺ치 길에 잇슬때에 급히 ᄉᆞ화ᄒᆞ라 그
송ᄉᆞᄒᆞ는 자ㅣ 너를 법관에 보내매 법관이 판예
ᄉᆞ게 보내여 또 옥에 가돌가 념려ᄒᆞ노라 二十六 내
가 실노 너희게 닐ᄋᆞ노니 네가 호리라도 갑기젼
에는 거긔셔 결단코 나올수가 업ᄉᆞ리라

주셕

그때 예수의 젼도 ᄒᆞ심을 듯는 사ᄅᆞᆷ 즁에 혹은 녯젹 률법과 규식을 ᄇᆞ리고 새 법을 내여 쓰기를 원 ᄒᆞ는이도 잇고 엇더 ᄒᆞᆫ 이는 이젼 률법과 규식을 그ᄃᆡ로 쓰고 곳치기를 실혀 ᄒᆞ는이도 잇ᄉᆞ니 여러 사ᄅᆞᆷ이 예수ᄭᅴ셔 엇더케 말ᄉᆞᆷ ᄒᆞ실넌지 듯기를 ᄇᆞ라는지라 예수ᄭᅴ셔 우리 오ᄂᆞᆯ 공부ᄒᆞ는걸노써 뎌희 ᄆᆞᄋᆞᆷ 속을 다 아시고 ᄃᆡ답ᄒᆞ시되 나는 너희 률법을 멸ᄒᆞ려 오지도 안코 곳치려 온것도 아니요 이 률법은 셰샹 ᄆᆞᆺ 날 지라도 변혁지 못 ᄒᆞᆯ거시오 오직 그 률법 직희는 모양을 더옥 됴흔 법으로 밝혀 새로히 ᄀᆞᄅᆞ치려 왓노라 이때 이스라엘 ᄇᆡᆨ셩이 이젼 률법을 잘 직힌다 ᄒᆞ며 셔ᄉᆞ관과 바리새 사ᄅᆞᆷ 들은 률법을 ᄌᆞ긔도 미오 잘 직힌다 ᄒᆞ며 사ᄅᆞᆷ 들이 잘 직힌다 칭찬 ᄒᆞ여 모다 츰 올흔 사ᄅᆞᆷ으로 ᄃᆡ졉ᄒᆞ나 그러ᄒᆞ나 이는 외모로만 착 ᄒᆞᆫ톄 ᄒᆞ고 실샹은 업는지라 예수ᄭᅴ셔는 말ᄉᆞᆷ ᄒᆞ시기를 사ᄅᆞᆷ이 이보

다더 잘ᄒᆞ고 언힝심ᄉᆞ에 어김이 업ᄉᆞᆯ거시요 그러치 아니면 죄인이니 사ᄅᆞᆷ을 쳐셔 해ᄒᆞ지 말ᄲᅮᆫ 아니라 ᄌᆞ긔 ᄆᆞᄋᆞᆷ 속에 먼져 악념을 먹지도 말며 닙으로도 몹쓸 말을 ᄒᆞ지 아닐거시며 누구던지 그 잘못 ᄒᆞ는쟈ㅣ 잇거든 오직 됴흔 말노 화친ᄒᆞ여 혐의를 풀어 ᄇᆞ릴지라 ᄒᆞ셧는지라 하ᄂᆞ님ᄭᅴ셔는 됴흔 법을 주셧것마는 이는 실과나모에 됴흔 열미가 잇드ᄅᆡ도 누가 그 나모 밋헤 온갓 ᄇᆞ릴 물건이 싸혀ᄉᆞ매 능히 나아가셔 그 실과를 ᄯᅡ 먹을수 업게흠 ᄀᆞᆺ치 사ᄅᆞᆷ이 하ᄂᆞ님의 주신 법을 모로고 ᄌᆞ긔가 지은 법은 놉히고 하ᄂᆞ님의 법을 숨기매 예수ᄭᅴ셔 이모든 사ᄅᆞᆷ 들이 ᄌᆞ긔가 온갓 지은 거ᄉᆞᆯ 다 멸ᄒᆞ시고 다만 ᄒᆞᆫ 새로온 길을 열어 주시려 오셧ᄉᆞ니 이는 다름 아니라 하ᄂᆞ님을 ᄉᆞ랑ᄒᆞ며 또 사ᄅᆞᆷ을 ᄉᆞ랑케 ᄒᆞᆷ이라 하ᄂᆞ님을 ᄉᆞ랑 ᄒᆞ는자는 하ᄂᆞ님의 일홈을 마고 닐ᄏᆞᆺ지 말며 또 하ᄂᆞ님의 셩일을 직흴수 밧긔 업ᄉᆞ며 텬디 만물을 창됴 ᄒᆞ시고 만빅셩의 아바지 되신 하ᄂᆞ님을 ᄉᆞ랑 ᄒᆞ매 사ᄅᆞᆷ의게 서로 형뎨 처름 ᄉᆞ랑 ᄒᆞᆯ수 밧긔 업ᄉᆞ니 엇지 ᄂᆞᆷ을 쳐 죽이며 ᄂᆞᆷ을 욕 ᄒᆞ며 ᄂᆞᆷ의 지물을 ᄲᅢ앗ᄉᆞ며 엇지 ᄂᆞᆷ을 속이리오 예수ᄭᅴ셔 모든 여러 가지 말ᄉᆞᆷ ᄒᆞ신 거ᄉᆞᆯ 합 ᄒᆞ면 이는 다름 아니라 ᄉᆞ랑이라 ᄉᆞ랑 업ᄉᆞ면 하ᄂᆞ님 계명을 ᄎᆞᆷ 직희지 못ᄒᆞ며 계명을 직희지 아니ᄒᆞ면 위를 엇지 못ᄒᆞ며 위를 엇지 못 ᄒᆞᆫ즉 텬당에 드러 가지 못ᄒᆞᆯ지라 오직 본 ᄆᆞᄋᆞᆷ으로 ᄉᆞ랑 ᄒᆞᆷ이 업ᄉᆞ니 곳 회개ᄒᆞ고 예수를 새 ᄆᆞᄋᆞᆷ을 밧어 밋고 하ᄂᆞ님의 ᄉᆞ랑 ᄒᆞ심을 엇어 계명을 잘 직힐지어다

뭇는말

一 예수ᄭᅴ셔 ᄌᆞ긔가 온것은 무슴 률법을 일워려 왓다 ᄒᆞ셧느뇨 二 률법에 예수ᄭᅴ 오시는 것을 말ᄒᆞ엿느뇨 三 예수ᄭᅴ셔 오셔셔 률법 ᄒᆞ나이라도 일위지 못 ᄒᆞ는것 보덤 무엇슬 폐 ᄒᆞ는것시 쉽다 ᄒᆞ엿느뇨 四 하ᄂᆞ님의 계명을 남을 ᄀᆞᄅᆞ쳐 직희게 ᄒᆞ는것과 내가 직희는ᄃᆡ 큰것이나 져근것이나 일톄로 ᄒᆞ야 ᄒᆞ겟느뇨 五 법리서 사ᄅᆞᆷ의 의가 무엇이뇨 六 무엇으로 우리가 법리서 사ᄅᆞᆷ의 의보덤 낫겟느뇨 답 순일ᄒᆞ여 표리가 ᄀᆞᆺᄒᆞ야 ᄒᆞᆯ것이요 질박ᄒᆞ여 도의힝실노 ᄆᆞᆺ출 거룩ᄒᆞ게 ᄆᆞᆺ치야 ᄒᆞᆯ것이요 겸양ᄒᆞ여 ᄯᅳᆺ을 낫초고 힝실을 단졍ᄒᆞ게 ᄒᆞᆯ지니라 七 이십일졀에 죄를 뎡ᄒᆞᆫ다 ᄒᆞ엿시니 죄뎡ᄒᆞ는이가 누구뇨 답 싱ᄉᆞ 지권을 잡은 닐곱사ᄅᆞᆷ이니라 八 이십이졀에 공회라 ᄒᆞᆫ것이 무엇이뇨 답 칠십이인이 잇는 의회원 이니라 九 라가라 ᄒᆞᆫ ᄯᅳᆺ시 무엇시뇨 답 헛된 욕이니라 十 디옥 불이라 ᄒᆞᆫ ᄯᅳᆺ이 무엇시뇨 답 힌놈 고을 구렁에서 타는불이니 루추ᄒᆞᆫ 물건과 죄인의 시신을 이 구렁에 더져 아조 타게 ᄒᆞ는곳이니 이것이 영원ᄒᆞᆫ 형벌 밧는것을 빅셩의게 뵈이는 것이니라 十一 졔물 드리라 ᄒᆞᆫ 계명이 무엇시뇨 十二 웨 화목ᄒᆞ는 것이 뎨일 요긴ᄒᆞ뇨 十三 이 공부에서 세가지 비ᄒᆞᆯ것슬 말ᄉᆞᆷ ᄒᆞ시요

대군쥬씌 셩경을 드린일

지작년 가을에 대한왕후 계실때에 궐닉에 잔치를
비셜ᄒᆞ고 셔국 부인들을 부르샤 연향 ᄒᆞ실시 졍
동 보구녀관 병원에 잇는 녀인 교우 ᄒᆞ는히 셔국
부인과 ᄒᆞᆷᄭᅴ 입시 ᄒᆞ엿더니 능히 셔국 말을 통ᄒᆞᆷ
으로 왕후ᄭᅴ셔 미우 ᄉᆞ랑 ᄒᆞ시고 좌우의 잇는
궁녀들도 서로 친ᄒᆞᆫ 사ᄅᆞᆷ이 잇는지라 금년 대군
쥬 폐하 만슈 셩절을 당ᄒᆞ야 그 녀교우가 금ᄌᆞ노
혼 신약 일권과 홍비단으로 의ᄒᆞᆫ 찬미가 일권을
친ᄒᆞ엿던 궁녀의게 주어 공슌히 대군쥬ᄭᅴ 드리라
ᄒᆞ엿더니 폐하ᄭᅴ셔 바다 보시고 깃버ᄒᆞ샤 좌우
에뫼신 신하의게 주시며 공부ᄒᆞ라 ᄒᆞ시니 하ᄂᆞ
님의 빗치 대궐에 빗최임을 볼너라

히삼위 구경ᄒᆞᆫ것

속이십구호

이런 고로 츌립ᄒᆞᆯ ᄯᅢ에 단촛을 몸에 감초는 쟈 |
심히 만터라 죠션 인의 거류 디는 항구 뒤에 쳥
인의 거류디와 ᄀᆞᆺ치 잇는디 호슈는 오십 여호에
인구는 ᄃᆡ왕 ᄒᆞ는 사ᄅᆞᆷ 병ᄒᆞ야 ᄒᆞᆼ샹 쳔여명이 류
ᄒᆞ며 집지은 졔도는 나무로만 짓고 온돌이오 마
루 노은 집은 삼ᄉᆞ호 되며 집 대쇼는 칠팔간 혹
십여간 되는디 집은 혹 오년 이면 아국 졍부 집
이 된다 ᄒᆞ더라 의관 물식은 죠션 의복에 삭발은
아니ᄒᆞ고 사포쓴 사ᄅᆞᆷ이 데일 만은디 누츄ᄒᆞᆫ 사ᄅᆞᆷ이
만코 양복ᄒᆞᆫ 사ᄅᆞᆷ도 잇고 쳥인의옷 입은 사ᄅᆞᆷ도
잇고 져고리는 죠션 옷시오 바지는 양복 입은 사
ᄅᆞᆷ도 잇셔 여러 모양 으로 입엇더라 그러나 아국
빅셩 된쟈는 삭발 아니ᄒᆞᆫ 쟈ㅣ 업스며 음식은 죠
션 음식이나 범졀이 쳥인의 음식과 방불 ᄒᆞ며 쟝
ᄉᆞ ᄒᆞ는 사ᄅᆞᆷ 면면 잇는디 나무와 귀리와 혹 쇼
쟝ᄉᆞ며 셩업은 모군일 ᄒᆞ는 사ᄅᆞᆷ이 데인 만코 집
잇는 사ᄅᆞᆷ들은 ᄃᆡ왕 ᄒᆞ는 죠션인의게 음식쟝ᄉᆞ
ᄒᆞ더라 죠션 사ᄅᆞᆷ을 관활 ᄒᆞ는 관리는 죠션 사
ᄅᆞᆷ인디 불으기를 노야라 ᄒᆞ며 션거 ᄒᆞ기는 죠션
사ᄅᆞᆷ이 ᄒᆞ나 아국 졍부에 유셰ᄒᆞᆫ 사ᄅᆞᆷ이 ᄒᆞᆫ다
ᄒᆞ며 파만은 삼년이며 져근일은 로야가 쳐단ᄒᆞ
고 큰 일에는 아국 법ᄉᆞ로 보닌다 ᄒᆞ더니 일일은
아국인 ᄒᆞ나이 죠션인 ᄒᆞ나을 살히 ᄒᆞ고 로야의
게 와 말ᄒᆞ미 로야가 아국 법ᄉᆞ로 보닛더니 그후
륙일만에 방숑 ᄒᆞ엿다 ᄒᆞ더라 이러 ᄒᆞ므로 죠션
사ᄅᆞᆷ들이 본국 졍부에셔 영ᄉᆞ 보니 쥬기를 가
믈ᄯᅢ에 구름과 비 바라듯 ᄒᆞ더라 히삼위셔 륜
차에 올나 셔으로 일빅 팔십리를 간즉 쇼항영
(아국 언어는 미고리씨긔) 이라 ᄒᆞ는 관찰사도
인디 가는길 좌우에 산과 들이 다 토식은 검고
대ᄒᆞᆫ 들이 긔경 되지 아니ᄒᆞᆫ ᄯᅡ이 만으며 일긔는
들은 귀ᄒᆞ며 슈목은 참치ᄒᆞ고 촌락은 드믈며 광
히삼위 보다 낫더라 쇼항영 에도 죠션인이 만히
사는디 쟉년에 쟝마가 심ᄒᆞ야 물에 죽게된 사ᄅᆞᆷ
이 만터니 아국 졍부의 호싱지 덕을 입어 관원
들이 쥬야로 물에서 죽게된 사ᄅᆞᆷ들을 구원 ᄒᆞ엿
는디 인ᄒᆞ야 ᄒᆞᆫ 관원이 물에서 죽은 고로 슬허ᄒᆞ
며 사모 ᄒᆞ는것시 형졔 ᄀᆞᆺ치 ᄒᆞ며 아국졍부를 티
ᄒᆞ야 찬숑 ᄒᆞ더라

뎨일권

죠션 크리스도인 회보

삼십이호

광무 원년 구월 팔일

계쥬론

평양 교우가 계쥬론을 지어 보내엿기로 긔록 ᄒᆞ노라

속담에 닐ᄋᆞᄃᆡ 술안먹고 얌젼ᄒᆞ다 ᄒᆞᄂᆞᆫ 말은 만ᄒᆞ되 술 먹고 얌젼ᄒᆞ다ᄒᆞᆷ은 도모지 듯지 못ᄒᆞ고 ᄯᅩ 술 먹ᄂᆞᆫ 사ᄅᆞᆷ은 패가망신 ᄒᆞᄂᆞ니 가량 모군이 ᄒᆞ로에 모군갑 ᄒᆞᆫ량닷돈을 밧ᄂᆞᆫᄃᆡ 만일 술 먹고 일 못ᄒᆞ면 모군갑 ᄒᆞᆫ량닷돈도 못밧고 술 갑시 혹 두셔량 되리니 그 술 먹ᄂᆞᆫ날에 ᄌᆡ물에 ᄒᆡ되ᄂᆞᆫ거시 ᄉᆞ오량 이오 ᄯᅩ ᄌᆞ긔몸도 술를 먹으면 머리가 아프고 가슴이 벌넉 벌넉 ᄒᆞ고 밋친사ᄅᆞᆷ 갓ᄒᆞ야 혹 쳐ᄌᆞ를 ᄯᅡ리며 혹 가산을 붓기도 ᄒᆞ고 혹 남과 ᄊᆞ홈도 ᄒᆞ다가 술이 ᄭᆡᆫ 후에ᄂᆞᆫ ᄉᆞ지가 아프고 구미가 업고 눈에 졍신이 업셔 맛치 즁병 알코ᄂᆞᆫ 사ᄅᆞᆷ 갓ᄒᆞ니 이거시 패가망신 아니고 무어시오 그런즉 모군이 이러ᄒᆞᆯ 진ᄃᆡ 벼슬 ᄒᆞᄂᆞᆫ 사ᄅᆞᆷ도 그러ᄒᆞᆯ 지라 그 직무를 감당치 못ᄒᆞ고 그 직분을 닐코 그 위가 나ᄌᆞ지고 그 몸이 약ᄒᆞ여 모군일도 못ᄒᆞ고 벌지 못ᄒᆞ면 부모를 봉양 ᄒᆞᆯ수도 업고 쳐ᄌᆞ를 먹여 살닐수 업스니 이거시 ᄯᅩᄒᆞᆫ 패가망신 ᄒᆞᆯ수밧게 업ᄂᆞᆫ지라 그러나 이 모든 거시 오히려 적은 일이오 만일 죰내 회개치 못ᄒᆞ고 술만 먹다가 죽으면 령혼이 디옥에 갈터이니 이거시 참 무서온 일이라 우리쥬 예수를 밋던사ᄅᆞᆷ은 만일 수화에 몸은 죽더라도 령혼이 하ᄂᆞ님ᄭᅴ로 갈수잇고 호랑이나 ᄉᆞᄌᆞ의게 죽더라도 그령혼이 하ᄂᆞ님ᄭᅴ로 갈수 잇거니와 술 먹다가 죽으면 엇지 그 령혼이 하ᄂᆞ님ᄭᅴ 갈수 잇스리오 그런즉 술이 호랑이보다 더 무섭고 슈화보다 더 무섭도다 그러ᄒᆞᆫ거마ᄂᆞᆫ 사ᄅᆞᆷ마다 슈화 가온ᄃᆡ셔 몸 피ᄒᆞ기를 ᄲᅡᆯ니ᄒᆞ고 호랑이를 보와도 ᄲᅡᆯ니 피ᄒᆞ면서 술을 보고 피ᄒᆞᆯ줄 모로니 이거시 참 익셕ᄒᆞᆫ 일이라 그럼으로 우리 교회에서 계쥬론을 지여 보ᄂᆞᆫ샤로 ᄒᆞ여곰 술금 ᄒᆞ기를 바라오 만일 열사ᄅᆞᆷ즁에 ᄒᆞᆫ사ᄅᆞᆷ식이라도 술먹기를 긋치면 이거시 대단이 깃분일이 되겟소 가령 평양 감영으로 말ᄒᆞ면 술파ᄂᆞᆫ집이 삼쳔집이나 되고 술먹ᄂᆞᆫ 사ᄅᆞᆷ이 삼만사ᄅᆞᆷ이나 된다ᄒᆞ니 열사ᄅᆞᆷ즁에 ᄒᆞᆫ사ᄅᆞᆷ식 긋치면 삼만 사ᄅᆞᆷ즁에 삼쳔사ᄅᆞᆷ이 됴흔사ᄅᆞᆷ 될터이니 이거시 참 깃분일이오 우리무리에 바라ᄂᆞᆫ 빈ᄂᆞᆫ다 ᄯᅩ 평양 셩즁 만호 가온ᄃᆡ 칠쳔집은 서로 도아주ᄂᆞᆫ 싱애ᄒᆞ고 삼쳔집은 술파ᄂᆞᆫ 싱애ᄒᆞ여 남을 망ᄒᆞ게ᄒᆞ니 참 ᄒᆞᆫ심ᄒᆞᆫ 일이로다 이런사ᄅᆞᆷ은 셩경에 말ᄉᆞᆷ과 갓치 마ㅡㅅ돌을 목에ᄆᆡ고 바다에 섬 갓도다 (미완)

뎨빅일공파 뎨삼십이 구월 십구일

뎨ᄌᆞ와의론ᄒᆞᆫ일

마태 오장 삼십삼절노 ᄉᆞ십팔절

변조

디명

三十三 또 네가 넷 사ᄅᆞᆷ의 말을 드럿ᄂᆞ니 ᄆᆡᆼ셰를
져ᄇᆞ리지 말나 쥬를 ᄃᆡᄒᆞ야 ᄆᆡᆼ셰ᄒᆞᆫ 거슨 반ᄃᆞ시
직히라 ᄒᆞ엿ᄉᆞ나 三十四 나ᄂᆞᆫ 너희게 닐ᄋᆞ노니 도모
지 ᄆᆡᆼ셰 ᄒᆞ지 말나 하ᄂᆞᆯ노 ᄆᆡᆼ셰치 말나 이ᄂᆞᆫ 하
ᄂᆞ님의 보좌요 三十五 ᄯᅡ흐로 ᄆᆡᆼ셰치 말나 이ᄂᆞᆫ 하
ᄂᆞ님의 발ᄃᆞ듬 이며 예루사렘으로 ᄆᆡᆼ셰치 말나
이ᄂᆞᆫ 큰 님군에 셔울이요 三十六 네가 너의 머리로
ᄆᆡᆼ셰치 말나 ᄒᆞᆫ 터럭도 희고 검게 ᄒᆞ지 못ᄒᆞ리
라 三十七 오직 너희 말이 올커든 네ᄒᆞ고 그ᄅᆞ거든
아니라 말ᄒᆞᆯ지니 무어시 던지 이에셔 더ᄒᆞ면
악으로 조차 옴이니라 三十八 네가 사ᄅᆞᆷ의 말을 드
럿다 ᄒᆞ니 눈은 눈으로 갑고 니ᄂᆞᆫ 니로 갑ᄂᆞᆫ다
ᄒᆞ엿ᄉᆞ나 三十九 나ᄂᆞᆫ 너희게 닐ᄋᆞ노니 흉악을 되뎍
지 마라 누구던지 너희 올흔편 ᄲᅣᆷ을 치거든 왼편
ᄭᅡ지 돌녀 향ᄒᆞ며 四十 또 사ᄅᆞᆷ이 너희를 송ᄉᆞᄒᆞ야
속옷슬 가지 고져 ᄒᆞ거든 밧겻옷 ᄭᅡ지 가지게 ᄒᆞ
며 四十一 또 누구던지 억지로 오리를 동ᄒᆡᆼ케 ᄒᆞ거든
그 사ᄅᆞᆷ과 십리를 동ᄒᆡᆼᄒᆞ고 四十二 너희게 구ᄒᆞᄂᆞᆫ쟈
여든 주며 너희게 빌니라 ᄒᆞᄂᆞᆫ자 여든 물니치지
말지니라 四十三 사ᄅᆞᆷ의 말을 드럿ᄂᆞ니 너희 니웃슬
ᄉᆞ랑ᄒᆞ고 너희 원슈를 뮈워 ᄒᆞᆯ거시라 ᄒᆞ엿ᄉᆞ니
四十四 나ᄂᆞᆫ 너희게 닐ᄋᆞ노니 너희 원슈를 ᄉᆞ랑ᄒᆞ며
너를 핍박 ᄒᆞᄂᆞᆫ 자를 위ᄒᆞ야 긔도ᄒᆞ라 四十五 이 ᄀᆞᆺ
치 ᄒᆞᆫ즉 너희가 하ᄂᆞᆯ에 계신 아바지의 아ᄃᆞᆯ이 되
ᄂᆞ니 하ᄂᆞᆯ 아바지ᄭᅴ셔 ᄒᆡ를 션ᄒᆞᆫ 쟈에도 빗최고
악ᄒᆞᆫ 쟈에도 빗최며 비를 의로온 쟈에도 졋게ᄒᆞ
고 불의ᄒᆞᆫ 쟈에도 졋게 ᄒᆞ시ᄂᆞ니라 四十六 너희가
너를 ᄉᆞ랑ᄒᆞᄂᆞᆫ 쟈를 ᄉᆞ랑ᄒᆞ면 무ᄉᆞᆷ샹이 잇ᄉᆞ리오
셰리ᄂᆞᆫ 이 ᄀᆞᆺ지 아니ᄒᆞ냐 四十七 또 너희가 너의 형
뎨의게만 인ᄉᆞᄒᆞ면 무어시 ᄂᆞᆷ보다 지ᄂᆞ리오 셰리
도 이 ᄀᆞᆺ지 아니ᄒᆞ냐 四十八 그럼으로 하ᄂᆞᆯ에 계신
너의 아바지 온젼이 거룩ᄒᆞᆷ과 ᄀᆞᆺ치 온젼 ᄒᆞᆯ지니라

주셕

삼십 삼절에 넷 사ᄅᆞᆷ의 말이라 ᄒᆞᆫ거슨 모셰의 ᄀᆞᄅᆞ침이 아니라 오직 그 후에 ᄇᆡᆨ셩의 쟝로가 하ᄂᆞ님 률법을 히셕 ᄒᆞ여 ᄀᆞᄅᆞ친 말이오 예수ᄭᅴ셔 뎌희들이 잘못 ᄀᆞᄅᆞ친다 ᄒᆞ심은 외모로만 힝ᄒᆞᆷ을 알고 예수ᄭᅴ셔ᄂᆞᆫ ᄎᆞᆷ 리치와 올흔 도로 ᄇᆞᆰ게 ᄀᆞᄅᆞ치신지라 뎌희ᄂᆞᆫ 뎨 삼 계명ᄃᆡ로 하ᄂᆞ님을 ᄀᆞᄅᆞ쳐 ᄆᆡᆼ셰 ᄒᆞ여 져ᄇᆞ리지 말나 ᄒᆞ엿시나 예수ᄭᅴ셔ᄂᆞᆫ 오직 그 속 ᄯᅳᆺ슬 ᄌᆞ셰히 ᄀᆞᄅᆞ치셧ᄂᆞ니 하ᄂᆞ님만 ᄀᆞᄅᆞ쳐 ᄆᆡᆼ셰치 말나 ᄒᆞ실ᄲᅮᆫ 아니라 하ᄂᆞᆯ과 ᄯᅡ이 하ᄂᆞ님의 지으신바니 ᄀᆞᄅᆞ쳐 ᄆᆡᆼ셰 말나 ᄒᆞ셧ᄉᆞ니 ᄒᆞ믈며 뎨몸과 부모와 형뎨며 다른 사ᄅᆞᆷ을 다 지목 ᄒᆞ여 ᄆᆡᆼ셰 ᄒᆞ리오 이 모든거시 하ᄂᆞ님ᄭᅴ셔 창됴 ᄒᆞ심이니 엇지 허다ᄒᆞᆫ 물건을

업수히 넉여 말ᄒᆞ리오 사ᄅᆞᆷ들이 ᄒᆞᆼ샹 밍셰ᄒᆞ논쟈ㅣ 만ᄒᆞ나 그 밍셰가 쓸ᄃᆡ 업고 거즛 시며 하ᄂᆞ님ᄭᅴ 죄 지음이요 사ᄅᆞᆷ이 무ᄉᆞᆷ 일이던지 졍직ᄒᆞ고 진실케만 ᄒᆞ면 이러ᄒᆞᆫ 쟈ᄂᆞᆫ 밍셰를 아니ᄒᆞ여도 ᄎᆞᆷ 밋분 사ᄅᆞᆷ이 되고 그외에 밍셰ᄒᆞᄂᆞᆫ 거손 다 죄가 될지라. 이젼 사ᄅᆞᆷ의 ᄀᆞᄅᆞ침은 무ᄉᆞᆷ 일이던지 그 일을 ᄐᆡ거리만 ᄒᆞᄂᆞᆫ거시 맛당 ᄒᆞ다 ᄒᆞ엿시나 오직 예수ᄭᅴ셔ᄂᆞᆫ 악을 션으로 써 갑고 뮈워 ᄒᆞᆷ을 ᄉᆞ랑으로 써 갑흘지니 놈을 위ᄒᆞ여 내 몸의 리가 업고 해로온거시 잇드라도 놈을 착ᄒᆞ게 ᄒᆞᆯ 터이면 이ᄂᆞᆫ 당연이 ᄒᆞᆯ 일이라 사ᄅᆞᆷ이 무ᄉᆞᆷ 악ᄒᆞᆫ 일을 ᄒᆞ던지 형벌도 말나 ᄒᆞᄂᆞᆫ거시 아니라 놈과 ᄀᆞᆺ치 악ᄒᆞᆫᄃᆡ로 갑흐랴 ᄒᆞ면 내 ᄆᆞᄋᆞᆷ이 졀노 악ᄒᆞ여지매 다만 ᄌᆞ긔 몸을 앗기지 말며 겸손ᄒᆞ고 ᄉᆞ랑ᄒᆞᄂᆞᆫ거ᄉᆞᆯ 뮈워ᄒᆞᄂᆞᆫ 자의게 뵈여 그 사ᄅᆞᆷ들이 졀노 붓그럽게 ᄒᆞᆯ지니 예수ᄭᅴ셔 말ᄉᆞᆷ이 부모나 형뎨나 니웃이나 친고만 ᄉᆞ랑ᄒᆞ라 ᄒᆞ실ᄲᅮᆫ 아니라 누구던지 더회 원슈ᄭᆞ지 더옥 ᄉᆞ랑ᄒᆞ여 감화케ᄒᆞ라 ᄒᆞ셧ᄉᆞ니 사ᄅᆞᆷ은 본ᄆᆞᄋᆞᆷ으로 이러케 ᄒᆞᆯ수 업것마ᄂᆞᆫ 오직 예수를 ᄎᆞᆷ 밋고 턴ᄂᆞ의 ᄌᆞ식 되ᄂᆞᆫ이ᄂᆞᆫ 셩신의 감화ᄒᆞᆷ을 엇고 이러ᄒᆞᆫ 권셰잇게 ᄒᆞᆯ지라 하ᄂᆞ님ᄭᅴ셔ᄂᆞᆫ 죄 지음을ㆍ뮈워ᄒᆞ시나 모든 사ᄅᆞᆷ들을 은혜로 베프시니 우리ᄂᆞᆫ 하ᄂᆞ님의 ᄌᆞ녀가 되엿ᄉᆞ매 맛당히 ᄒᆞᆯ 직분을 다 ᄒᆞᆯ지니 갓가온 친고만 ᄉᆞ랑ᄒᆞᆯᄲᅮᆫ 아니라 원슈들을 더옥 ᄉᆞ랑ᄒᆞ며 착ᄒᆞᆫᄃᆡ로 속히 나아와 회ᄀᆡ케 ᄒᆞ며 하ᄂᆞ님의 크신 은혜를 감ᄉᆞᄒᆞ며 모다 ᄎᆞᆷ 올흔 사ᄅᆞᆷ이 되여 하ᄂᆞ님 압헤 갓가히 나가게 ᄒᆞᆯ지라 이 모든 거ᄉᆞᆫ 스ᄉᆞ로 영화를 엇을거시 아니오 오직 하ᄂᆞ님ᄭᅴ로 영광을 돌닐지니라

뭇ᄂᆞᆫ 말

一 예수ᄭᅴ셔 녯적 사ᄅᆞᆷ이 밍셰 ᄀᆞᄅᆞ친 것슬 엇더케 말ᄉᆞᆷᄒᆞ셧ᄂᆞ뇨 二 예수ᄭᅴ셔 사ᄅᆞ실ᄯᅢ 빅셩들은 밍셰를 엇더케 알앗ᄂᆞ뇨 답 하ᄂᆞ님의 일홈만 부르지 아니ᄒᆞᆫ 하ᄂᆞᆯ과 ᄯᅡ와 예루살넴과 더의머리로 밍셰ᄒᆞᄂᆞᆫ 것은 불경치 안타 ᄀᆞᄅᆞ쳣ᄂᆞ니라 三 예수ᄭᅴ셔 그 밍셰를 인연ᄒᆞ여 무ᄉᆞᆷ 계명을 주셧ᄂᆞ뇨 四 하ᄂᆞᆯ을 가라쳐 밍셰ᄒᆞᄂᆞᆫ 거시 엇지ᄒᆞ여 그르뇨 五 ᄯᅡ를 가라쳐 밍셰ᄒᆞᆷ이 웨 그르뇨 六 예루살넴으로 밍셰ᄒᆞᆷ이 웨 그르뇨 七 머리를 가라쳐 밍셰ᄒᆞᄂᆞᆫ 거시 웨 그르뇨 八 웨 우리의 담론ᄒᆞᄂᆞᆫ 거ᄉᆞᆯ 올타 그르다만ᄒᆞ야 ᄒᆞ겟ᄂᆞ뇨 九 보복ᄒᆞᄂᆞᆫ 법이 무어시뇨 (츌의굽 이십일쟝 이십ᄉᆞ절에 보라) 十 웨 이법을 문드럿ᄂᆞ뇨 답 이거ᄉᆞᆫ 지판ᄒᆞᄂᆞᆫ 법이오 사사 원수를 갑ᄂᆞᆫ 거시미. 모셰ᄯᅢ에 ᄒᆞᆫ이 힝ᄒᆞ엿ᄂᆞ니라 十一 예수ᄭᅴ셔 복수ᄒᆞᄂᆞᆫᄃᆡ 무ᄉᆞᆷ 계명을 주셧ᄂᆞ뇨 十二 삼십 구절과 ᄉᆞ십절과 ᄉᆞ십일절과 ᄉᆞ십이절에 무엇ᄒᆞ라 ᄒᆞᆫ 말ᄯᅳᆺ이뇨 十三 이 말ᄉᆞᆷ이 ᄌᆞ긔 본셩에 박히겟ᄂᆞ뇨 답 혹 박히기도 ᄒᆞ며 혹 아니 ᄒᆞᄂᆞ니 이 말ᄉᆞᆷ은 예수ᄡᅵ의 문도가 무ᄉᆞᆷ ᄆᆞᄋᆞᆷ을 가진이 던지 ᄌᆞ긔가 히밧는 거ᄉᆞᆯ ᄀᆞᄅᆞ친 거시니라

쳣장연속

또 술 먹ᄂᆞᆫᄃᆡ 죄되ᄂᆞᆫ 걸노 말ᄒᆞ면 취토록 먹어 죄되ᄂᆞᆫ 거시 아니라 ᄒᆞᆫ 목음만 마셔도 죄 되ᄂᆞ니 그 먹음 으로 죄 되ᄂᆞᆫ거시 아니라 ᄆᆞᄋᆞᆷ으로 죄 되ᄂᆞ니라 처음에 하ᄂᆞ님이 익덴 동산에 션악과를 두고 아담 이와의게 먹지도 말고 만지지도 마라ᄒᆞ고 경계ᄒᆞᆫ 후에 ᄇᆡᄋᆞᆷ에 ᄭᅬ이ᄂᆞᆫ 소리를 듯고 그 실과를 볼ᄯᅢ에 곳 범죄ᄒᆞᄂᆞᆫ ᄆᆞᄋᆞᆷ이 나고 ᄒᆞᆫ번ᄯᅡ셔 맛본거시 큰죄가 되여ᄉᆞ니 그 먹음으로 죄가 아니오 ᄆᆞᄋᆞᆷ으로 죄 되엿ᄂᆞ니라 그러ᄆᆡ 술 먹ᄂᆞᆫ것도 그러ᄒᆞ니 혹 병 잇ᄂᆞᆫ사ᄅᆞᆷ이 숙디황을 쟝 먹ᄂᆞᆫᄃᆡ 그 숙디황 ᄒᆞᆫ근에 술이 ᄉᆞ오잔 드러ᄉᆞ되 그 숙디황 ᄒᆞᆫ근 먹ᄂᆞᆫ 사ᄅᆞᆷ온 죄되지 안으되 술ᄒᆞᆫ잔 먹ᄂᆞᆫ사ᄅᆞᆷ은 큰 죄가 잇ᄂᆞ니라

시크란돈목ᄉᆞ 회환ᄒᆞᆫ일

음력 오월 회일에 목ᄉᆞ 시크란돈씨가 그 대부인을 뫼시고 달셩회당을 ᄯᅥ나 원산 교회로 가신지라 교우들이 남녀업시 평안이 단여 오심을 하ᄂᆞ님ᄭᅴ 츅원 ᄒᆞ더니 서목ᄉᆞᄭᅴ셔 원산 력로에 협곡가셔서 부군슈 교우 심홍턱씨도 반갑게 맛나 보시고 금강산가셔셔 대찰도 여럿술 구경ᄒᆞ시고 명승지디도 마니 보시고 칠월 십오일에 본회당으로 평안이 도라 오신지라 십팔일 례비를 본 회당에셔 회우들노 ᄒᆞᆯᄯᅢ 지내ᄂᆞᆫᄃᆡ 로유남녀들이 다 깃분 ᄆᆞᄋᆞᆷ으로 하ᄂᆞ님ᄭᅴ 찬숑ᄒᆞ고 즐겁게 지내며 그즁에 특별이 ᄉᆡᆼ각 ᄒᆞᆯ거시 잇ᄉᆞ니 쟝ᄅᆡ 우리 령혼의 감독 오실ᄯᅢ에 아모 붓그럽고 겁낼것 업시 이ᄀᆞᆺ치 반갑게 맛나 뵈옵기를 위ᄒᆞ여 미리 됴흔일을 마니 ᄒᆞ면 더욱 깃브겟더라

쳥년회

구월 오일은 례비일 인ᄃᆡ 하오 두뎜죵에 남대문안 달셩회당 에서 뫼혀 쳥년회를 셜시 ᄒᆞᄂᆞᆫᄃᆡ 제물포 목ᄉᆞ 됴원시씨가 ᄉᆞ무를 쥬장ᄒᆞ여 회즁에 인원을 텩뎡 ᄒᆞ고 여러 사ᄅᆞᆷ을 모와 쳥년회 규칙을 닑어 들니고 회원은 교회즁 사ᄅᆞᆷ으로 밧으되 년긔ᄂᆞᆫ 십오세로 브터 삼십오세 ᄭᆞ지 허입ᄒᆞ고 ᄉᆞ무ᄂᆞᆫ ᄆᆡ 쥬일에 ᄒᆞᆫ번식 모혀 의론ᄒᆞ되 례비 ᄉᆞ일노 작뎡 ᄒᆞ니 달셩회당 교우즁에 위션 입참ᄒᆞᆫ 회원이 ᄉᆞ십 ᄉᆞ인 이오 인쳔 졔물포 교회에서도 ᄯᅩᄒᆞᆫ 쳥년회를 셜시 ᄒᆞ엿ᄂᆞᆫᄃᆡ 회원이 이십팔인이오 졍동 교즁에셔도 장ᄎᆞᆺ 셜시 ᄒᆞᆫ다더라

ᄇᆡ직학당광고

본학당이 본월십오일(음력팔월십구일)에 기학 ᄒᆞᆯ터이니 영어학원과 한문학원이 다 진긔ᄒᆞ야 귀학ᄒᆞᆷ

一 신입 학원은 본학당 규칙을 의지 ᄒᆞ야 입학ᄒᆞᆷ

一 영어 학원은 ᄆᆡ월에 두번식 밧ᄂᆞᆫᄃᆡ 일일브터 오일 ᄭᆞ지와 십륙일 브터 이십일 ᄭᆞ지오

一 영어 학원의 속슈금은 ᄆᆡ월에 일원식이오

춍교ᄉᆞ 아편셜라 ᄇᆡᆨ

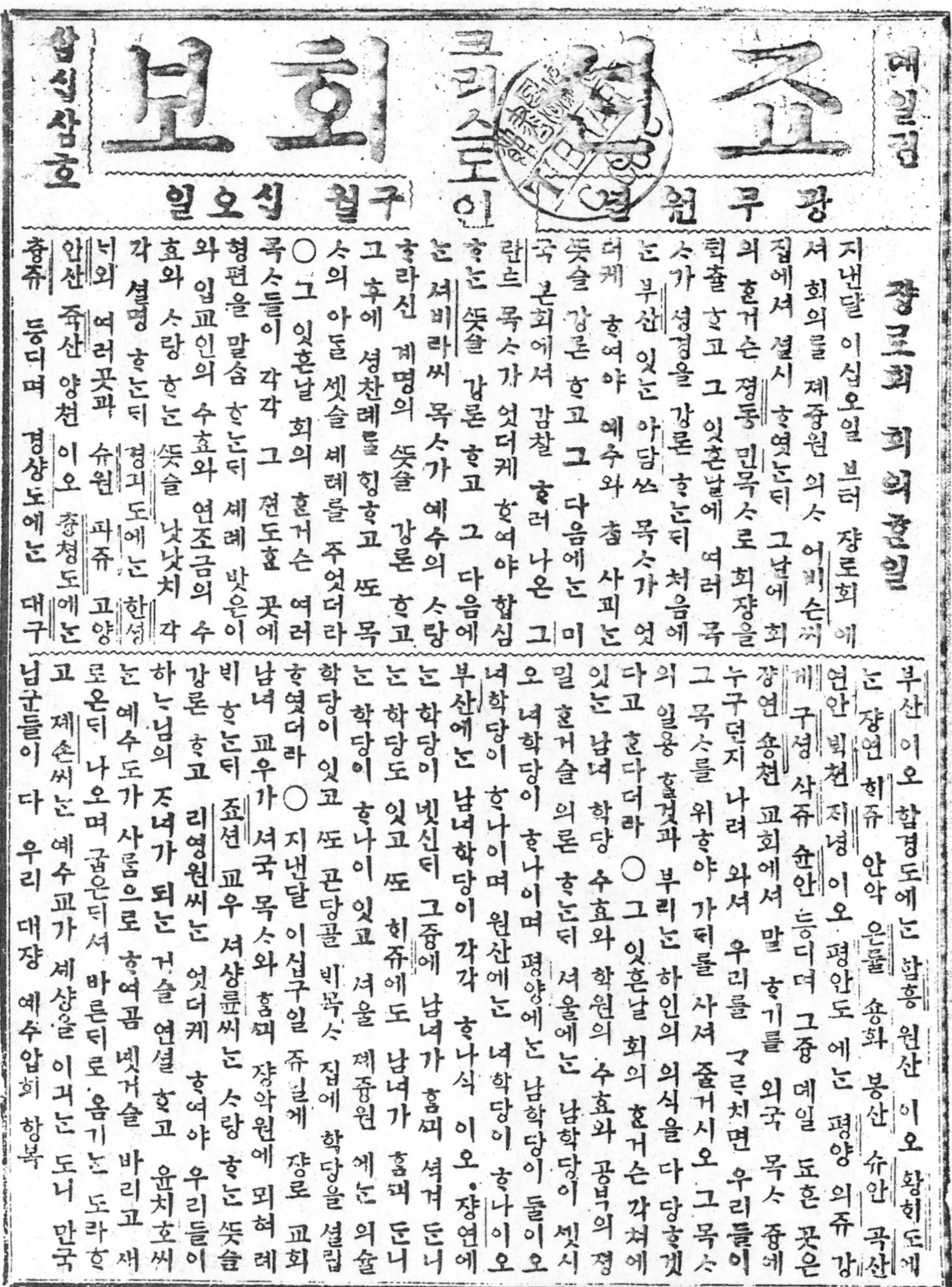

매일권

죠션 크리스도인 회보

삼십삼호

광무원년 구월 십오일

쟝로회 회의ᄒᆞᆫ 일

지낸달 이십오일 브터 쟝로회에셔 회의를 졔즁원 의ᄉ 어비슨씨 집에셔 설시 ᄒᆞ엿는ᄃᆡ 그날에 회의 ᄒᆞᆫ거슨 졍동 민목ᄉ로 회쟝을 퇴츌 ᄒᆞ고 그 잇흔날에 여러 목ᄉ가 셩경을 강론 ᄒᆞᄂᆞᆫᄃᆡ 처음에는 부산 잇는 아담ᄉ 목ᄉ가 엇더케 ᄒᆞ여야 예수와 ᄎᆞᆷ 사피는 뜻슬 강론 ᄒᆞ고 그 다음에는 미국 본회에셔 감찰 ᄒᆞ러 나온 그란ᄐ 목ᄉ가 엇더케 ᄒᆞ여야 합심ᄒᆞ는 뜻슬 강론 ᄒᆞ고 그 다음에는 셔비라씨 목ᄉ가 예수의 ᄉ랑ᄒᆞ라신 계명의 뜻슬 강론 ᄒᆞ고 그 후에 셩찬례를 힝ᄒᆞ고 ᄯᅩ 목ᄉ의 아ᄃᆞᆯ 셋슬 셰례를 주엇더라 ○그 잇흔날 회의 ᄒᆞᆫ거슨 여러 목ᄉ들이 각각 그 젼도ᄒᆞᆫ 곳에 형편을 말솜 ᄒᆞᄂᆞᆫᄃᆡ 셰례 밧은이와 입교인의 수효와 연조금의 수효와 ᄉ랑 ᄒᆞ는 뜻슬 낫낫치 각각 셜명 ᄒᆞᄂᆞᆫᄃᆡ 경긔도에는 한셩 니외 여러곳과 슈원 파쥬 고양 안산 죽산 양쳔 이오 츙쳥도에는 츙쥬 등디며 경샹도에는 대구 부산 이오 함경도에는 함흥 원산 이오 황히도에는 쟝연 히쥬 안악 은뉼 숑화 봉산 슈안 곡산 연안 빅쳔 지녕 이오 평안도 에는 평양 의쥬 강계 구셩 삭쥬 슌안 등디며 그즁 뎨일 됴흔 곳은 쟝연 숑쳔 교회에셔 말 ᄒᆞ기를 외국 목ᄉ 즁에 누구던지 나려 와셔 우리를 ᄀᆞᄅᆞ치면 우리들이 그 목ᄉ를 위ᄒᆞ야 가ᄃᆡ를 사셔 줄거시오 그 목ᄉ의 일용 ᄒᆞᆯ것과 부리는 하인의 의식을 다 당ᄒᆞ겟다고 ᄒᆞᆫ다더라 ○그 잇흔날 회의 ᄒᆞᆫ거슨 각쳐에 잇는 남녀 학당 수효와 학원의 수효와 공부의 졍일 ᄒᆞᆫ거슬 의론 ᄒᆞᄂᆞᆫᄃᆡ 셔울에는 남학당이 셋시오 녀학당이 ᄒᆞ나이며 평양에는 남학당이 둘이오 녀학당이 ᄒᆞ나이며 원산에는 녀학당이 ᄒᆞ나이오 부산에는 남녀학당이 각각 ᄒᆞ나식 이오·쟝연에는 학당이 넷신ᄃᆡ 그즁에 남녀가 ᄒᆞᆷᄭᅴ 셕겨 ᄃᆞᆫ니는 학당도 잇고 ᄯᅩ 히쥬에도 남녀가 ᄒᆞᆷᄭᅴ ᄃᆞᆫ니는 학당이 ᄒᆞ나이 잇고 셔울 졔즁원 에는 의술학당이 잇고 ᄯᅩ 곤당골 비목ᄉ 집에 학당을 셜립ᄒᆞ엿더라 ○지낸달 이십구일 쥬일에 쟝로 교회 남녀 교우가 셔국 목ᄉ와 ᄒᆞᆷᄭᅴ 쟝악원에 뫼혀 례비 ᄒᆞᄂᆞᆫᄃᆡ 죠션 교우 셔샹륜씨는 ᄉ랑 ᄒᆞ는 뜻슬 강론 ᄒᆞ고 리영원씨는 엇더케 ᄒᆞ여야 우리들이 하ᄂᆞ님의 ᄌᆞ녀가 되는 거슬 연셜 ᄒᆞ고 윤치호씨는 예수도가 사ᄅᆞᆷ으로 ᄒᆞ여곰 녯거슬 바리고 새로온ᄃᆡ 나오며 굽은ᄃᆡ셔 바른ᄃᆡ로 옴기는 도라ᄒᆞ고 졔손씨는 예수교가 셰샹을 이긔는 도니 만국 님군들이 다 우리 대쟝 예수압회 항복

레비일공과 데삼십삼 구월 이십륙일

구제ᄒᆞᆷ과긔도ᄒᆞᆷ을의론

마태 륙쟝 일졀노 십삼졀

뎐조

디명

一 너희는 조심ᄒᆞ야 놈의게 뵈이랴고 사ᄅᆞᆷ들 압희셔 의를 힝ᄒᆞ지마라 그리ᄒᆞ면 하ᄂᆞᆯ에계신 너희아바지의 샹을 엇지 못 ᄒᆞᄂᆞ니라 ○ 二 그런고로구제ᄒᆞᆯ ᄯᅢ에 거즛 착ᄒᆞᆫ톄 ᄒᆞᄂᆞᆫ자ㅣ 회당과 거리에셔 놈의게 영광을 엇으랴고 ᄒᆞᄂᆞᆫ것 ᄀᆞᆺ치 나발을 불지말나 내실노 너희게 닐으노니 뎌희는 샹을 임의 밧앗ᄂᆞ니라 三 너희는 구제ᄒᆞᆯ ᄯᅢ에 올흔손에 ᄒᆞᄂᆞᆫ거ᄉᆞᆯ 왼손으로 알게ᄒᆞ지 말나 四 이러케ᄒᆞ여야 너희 구제ᄒᆞᆷ이 은밀ᄒᆞᆯ지니 너희 아바지ᄭᅴ셔는 은밀ᄒᆞᆫ듸에 보샤 나타나게 갑흐시리라
○ 五 ᄯᅩ 너희가 긔도ᄒᆞᆯ ᄯᅢ에 거즛 착ᄒᆞᆫ톄 ᄒᆞᄂᆞᆫ쟈와 ᄀᆞᆺ치 말나 뎌희는 사ᄅᆞᆷ의게 뵈이랴고 회당과거리 어구에 셔셔 긔도ᄒᆞ기를 됴화ᄒᆞᄂᆞ니라 내실노 너희게 닐으노니 뎌희는 샹을 임의 밧앗ᄂᆞ니라 六 너희는 긔도ᄒᆞᆯᄯᅢ에 골방에 드러가 문을닷고 은밀ᄒᆞᆫ듸에 계신 너희 아바지ᄭᅴ 긔도ᄒᆞᆯ지니 너희 아바지ᄭᅴ셔는 은밀ᄒᆞᆫ듸에 보샤 나타나게 갑흐시리라 七 ᄯᅩ 긔도ᄒᆞᆯᄯᅢ에 외방사ᄅᆞᆷ과 ᄀᆞᆺ치 중언부언 ᄒᆞ지말나 뎌희는 말을 만히 ᄒᆞ여야드르실줄 아ᄂᆞ니 八 그럼으로 뎌희를 본밧지 말나 너희가 구ᄒᆞ기젼에 너희 쓸거ᄉᆞᆯ 너희 아바지ᄭᅴ셔 아시ᄂᆞ니라 九 그런고로 이러케 긔도ᄒᆞ되 우리하ᄂᆞᆯ에 계신 아바님 일홈이 거륵ᄒᆞ옵심이 나타나옵시며 十 아바님 나라히 림ᄒᆞ옵시며 아바님ᄯᅳᆺ시 하ᄂᆞᆯ에셔처럼 ᄯᅡ에셔도 일위여 지이다 十一 오ᄂᆞᆯ날 우리의게 일용ᄒᆞᆯ 량식을 주옵시고 十二 우리가 우리게 득죄ᄒᆞᆫ 쟈ᄅᆞᆯ 샤ᄒᆞ여 주ᄂᆞᆫ것 ᄀᆞᆺ치 우리죄ᄅᆞᆯ 샤ᄒᆞ여 주옵시고 十三 우리가 시험에 들지 말게 ᄒᆞ옵시고 다만 우리ᄅᆞᆯ 흉악에셔 구ᄒᆞ옵쇼셔대개 나라와 권셰와 영광이 아바님의게 영원이잇ᄉᆞ옵ᄂᆞ이다 아멘ᄒᆞ여라

주셕

지나간 셰 공부에 예수ᄭᅴ셔 ᄌᆞ긔 나라 ᄯᅳᆺ을 사ᄅᆞᆷ이 ᄆᆞᄋᆞᆷ 속에 ᄎᆞᆷ 되게 ᄒᆞ기ᄅᆞᆯ ᄀᆞᄅᆞ치셧ᄉᆞ며 이공부에 밧갓 모양으로 ᄒᆞᆯ 일을 ᄀᆞᄅᆞ치셧ᄉᆞ니 예수의 대ᄌᆞ된자ㅣ 맛당히 힝ᄒᆞᆯ 의가 잇ᄉᆞ매 그즁에 맛당히 ᄒᆞᆯ거ᄉᆞᆫ 긔도ᄒᆞᆷ과 놈을 구제ᄒᆞᆷ이요예수ᄭᅴ셔 우리ᄃᆞ려 너희가 하ᄂᆞ님ᄭᅴ 돈을 얼마나 드리라 ᄒᆞ며 놈을 구제ᄒᆞᄂᆞᆫ듸 다쇼ᄅᆞᆯ 말ᄉᆞᆷ아니 ᄒᆞ셧ᄉᆞ며 구제 ᄒᆞᄂᆞᆫ거ᄉᆞᆯ 억지로 ᄒᆞ라심이아니오 각기 질거옴과 고마온 ᄆᆞᄋᆞᆷ으로 ᄒᆞᆯ거시오(고린더 후셔 구쟝 칠팔졀을 보라) 긔도 ᄒᆞᄂᆞᆫ것도 억지로 ᄒᆞᆯ거시 아니오 말이 길고 ᄶᅡᄅᆞᆫ거ᄉᆞᆫ 말ᄉᆞᆷ아니 ᄒᆞ셧ᄉᆞ매 오직 반가고 원ᄒᆞᄂᆞᆫ ᄆᆞᄋᆞᆷ으로 하ᄂᆞ님ᄭᅴ 죄를 ᄌᆞ복ᄒᆞ고 샤 ᄒᆞ심을 엇어 ᄆᆞᄋᆞᆷ을교동 코져 ᄒᆞᆷ이니 각각 ᄌᆞ긔 ᄆᆞᄋᆞᆷ에 잇서 하ᄂᆞ

님ᄭᅴ 죄샤 ᄒᆞ야 주심을 엇어 하ᄂᆞ님ᄭᅴ 교통ᄒᆞᆯ ᄆᆞᄋᆞᆷ이 젹으면 긔도 ᄒᆞᆷ도 게으를 거시오 진실코 부ᄌᆞ런 ᄒᆞᆫ죡 ᄯᅩᄒᆞᆫ 그ᄃᆡ로 자조 ᄒᆞᆯ지라 (누가복음 칠팔쟝 일졀 브터 칠졀 ᄭᆞ지와 요한복음 ᄉᆞ쟝 이십삼졀을 보라) 예수ᄭᅴ셔는 하ᄂᆞ님ᄭᅴ 드림과 놈을 구졔ᄒᆞᆷ을 얼마콤 ᄒᆞ라 아니 ᄒᆞ셧ᄉᆞ며 오직 ᄇᆞᆰ게 경계 ᄒᆞ심은 아조 잘못 ᄒᆞᄂᆞᆫ 연고로 써 놈의 압헤 영광이며 칭찬을 밧으량으로 ᄒᆞ지 말나 ᄒᆞ셧ᄉᆞ니

예수ᄭᅴ셔 사ᄅᆞᆷ압헤 구졔 말나신 거시 아니라 이런 연고로 써 사ᄅᆞᆷ들을 경계 ᄒᆞ셧ᄂᆞ니 사ᄅᆞᆷ이 고맙고 질거온 ᄆᆞᄋᆞᆷ으로 구졔 ᄒᆞ면 하ᄂᆞ님압헤 밧을거ᄉᆞᆫ 삭군이 일 ᄒᆞᄂᆞᆫᄃᆡ로 삭을 밧음이 아니요 오직 ᄉᆞ랑 ᄒᆞᄂᆞᆫ 아ᄃᆞᆯ이 아바지의게 넉넉히 밧음 ᄀᆞᆺ치 하ᄂᆞ님ᄭᅴ 샹을 엇을거시오 예수ᄭᅴ셔 사ᄅᆞᆷ 압헤 긔도 말나신 말ᄉᆞᆷ이 아니오 사ᄅᆞᆷ 압헤 여러번 긔도 ᄒᆞ셧ᄉᆞ며 ᄯᅩ 긴 말노 ᄒᆞ지 말나 ᄒᆞ심도 아니오 예수ᄭᅴ셔 여러번 밤새도록 긔도 ᄒᆞ셧ᄉᆞ며 사ᄅᆞᆷ이 ᄒᆞ지 말나신 거ᄉᆞᆫ 놈의 압헤 칭찬 밧으랴ᄂᆞᆫ거ᄉᆞᆯ 말나 ᄒᆞ셧ᄂᆞ니 예수ᄭᅴ셔 사ᄅᆞᆷ 압헤 긔도 ᄒᆞ실졔 ᄶᆞ룬 말노 ᄒᆞ시고 죵용 ᄒᆞᆯᄯᅢ 길게 ᄒᆞ신지라 우리도 그 본을 밧아 ᄒᆞᆯ ᄆᆞᄋᆞᆷ이 잇ᄉᆞ면 그ᄃᆡ로 ᄒᆞᆷ이 올흘지니라 골방에서 문을 닷고 긔도 ᄒᆞ라신 ᄠᅳᆺ은 죵용코 은밀ᄒᆞᆫᄃᆡ 하ᄂᆞ님으로 더브러 말ᄉᆞᆷ ᄒᆞ랴ᄒᆞᆷ이요 죵용ᄒᆞᆫᄃᆡ가 업ᄉᆞ면 산이던지 뷘터이나 사ᄅᆞᆷ 만히 모힌 곳이라도 ᄒᆞᆯ노 ᄌᆞ긔 ᄆᆞᄋᆞᆷ쇽으로만 빌며 그 ᄯᅢ에는 아모 다른 ᄉᆡᇰ각을 말지라 이럿케 ᄒᆞᆷ은 벗이 서로 말ᄒᆞ며 아비가 아ᄃᆞᆯ과 말ᄒᆞ며 어미가 ᄯᆞᆯ과 말ᄒᆞᄂᆞᆫ것 ᄀᆞᆺ고 질거옴이나 괴로옴이나 걱정이나 시험이나 유죡ᄒᆞᆷ이나 부죡ᄒᆞᆷ이나 구ᄒᆞᆯ거시나 고마온 말이나 이 여러 가지가 죵용ᄒᆞᆯ ᄯᅢ에 긔도 ᄒᆞ기 됴코 참된 모양이니 예수ᄭᅴ셔 긔도문 쥬신 ᄠᅳᆺ은 이ᄃᆡ로만 긔도 ᄒᆞ라신거시 아니요 긔도문 모양을 그ᄃᆡ로 ᄒᆞ라신 ᄠᅳᆺ이니 ᄌᆞ식이 아바지 더러 말ᄒᆞᆷ과 ᄀᆞᆺᄒᆞ매 ᄌᆞ긔를 위ᄒᆞ야 ᄒᆞᆷ이 아니요 오직 모든 사ᄅᆞᆷ을 위ᄒᆞ야 몸과 령혼이 쓸거ᄉᆞᆯ 구ᄒᆞ며 놉힘과 영광을 하ᄂᆞ님ᄭᅴ로 돌녀 보낼지어다

뭇ᄂᆞᆫ말

一 유대사ᄅᆞᆷ이 판후ᄒᆞᆫ 빅셩이뇨 二 구졔ᄒᆞᆫ다 ᄒᆞᄂᆞᆫ ᄠᅳᆺ이 무어시뇨 三 구졔 ᄒᆞ거나 혹 착ᄒᆞᆫ 힝실을 힝ᄒᆞ미 도모지 사ᄅᆞᆷ의게 뵈이지 아니 ᄒᆞ겟ᄂᆞ뇨 四 일졀에 예수ᄭᅴ셔 경계 ᄒᆞ신거시 무어시뇨 五 구졔 ᄒᆞᆷ으로 뉘게 샹 밧기를 ᄇᆞ라겟ᄂᆞ뇨 六 삼졀에 바른손이 ᄒᆞᄂᆞᆫ거ᄉᆞᆯ 왼손이 아지 못ᄒᆞ게 ᄒᆞᆫ다ᄂᆞᆫ ᄠᅳᆺ이 무어시뇨 七 예수ᄭᅴ셔 긔도 ᄒᆞᄂᆞᆫᄃᆡ 무ᄉᆞᆷ법을 주셧ᄂᆞ뇨 八 하ᄂᆞ님이 우리의 쓸바를 알으시면 웨 우리가 긔도 ᄒᆞᄂᆞᆫ거시 요긴ᄒᆞ뇨 답 우리의 긔도 ᄒᆞᄂᆞᆫ거ᄉᆞᆫ 우리 쓸거ᄉᆞᆯ 하ᄂᆞ님의게 말 ᄒᆞᄂᆞᆫ거시 아니로되 우리가 쓸거ᄉᆞᆯ 아ᄂᆞᆫ것과 우리 밋ᄂᆞᆫ거ᄉᆞᆯ 하ᄂᆞ님이 알으셔셔 주시ᄂᆞ니라 九 쥬의긔도문 쥬쟝ᄠᅳᆺ이 무어시뇨 답 하ᄂᆞ님의 나라을 원ᄒᆞᄂᆞᆫ 거시니라

쳣쟝연속

ᄒᆞᆫ다 ᄒᆞ고 미국 목ᄉᆞ 서비라씨가 연셜 ᄒᆞ되 만국 사ᄅᆞᆷ들이 모양과 의복은 ᄀᆞᆺ지 아니나 예수를 밋음 으로 서로 형뎨와 ᄌᆞᄆᆡ ᄀᆞᆺ치 ᄉᆞ랑 ᄒᆞᆫ다 ᄒᆞ며 유불션 삼교와 그외 여러 가지 교를 다 본즉 다 츙됨이 업셔 쓸ᄃᆡ 업다 ᄒᆞ더라 ○ 금년에 쟝로교우 수효ᄂᆞᆫ 합ᄒᆞ여 삼쳔명 이더라

엡웟 쳥년회

셩경에 ᄀᆞᆯᄋᆞ샤ᄃᆡ 두사ᄅᆞᆷ이 서로 도아 준즉 이긔고 노ᄭᅳᆫ이 세겹이 된즉 ᄭᅳᆫ키가 쉽지 안타 ᄒᆞ엿ᄉᆞ니 이거ᄉᆞᆫ 우리 엡웟 쳥년회의 동심 합력 ᄒᆞᄂᆞᆫ 본의와 ᄀᆞᆺ도다 엇지ᄒᆞ야 엡웟이라 ᄒᆞᄂᆞ뇨 디명이니 쥬 강ᄉᆡᆼ젼 일쳔 칠ᄇᆡᆨ 삼십 구년에 미이미 교회를 셜립 ᄒᆞ시던 요한웨실네 션ᄉᆡᆼ이 ᄉᆡᆼ쟝 ᄒᆞ던 곳이라 대영국에 잇스며 엇지 ᄒᆞ여 그 ᄯᅡ일홈으로 쳥년회를 셜 ᄒᆞ엿ᄂᆞ뇨 하ᄂᆞ님의 온톄로 자라남이오 쳥년회라 홈은 로인과 샹관 업ᄂᆞᆫ 뜻시 아니라 쳥년들은 무론 남녀 ᄒᆞ고 로인에 비교 ᄒᆞ면 긔력이 강건 ᄒᆞ며 심ᄉᆞ가 활발 ᄒᆞ고 열심도 더ᄒᆞᆫ 고로 무ᄉᆞᆷ 일이 던지 합력만 된즉 일위지 못ᄒᆞᆯ 것시 업ᄂᆞᆫ지라 그런고로 로인들은 뒤치를 잘 ᄭᅳᆯ하 주고 쳥년들은 압치를 잘 메여 교회가 잘 진보가 되기를 위홈이오 인력 으로만 ᄒᆞᆫ즉 쟝구히 보젼 ᄒᆞᆯ수 업ᄂᆞᆫ 고로 특별히 셩신의 도아 주심을 위ᄒᆞ야 일쥬일 간에 목요일 하오 칠뎜죵으로 긔도회를 셜시 ᄒᆞ엿시니 이회가 처음으로 시작 되기ᄂᆞᆫ 쥬 강ᄉᆡᆼ 일쳔 팔ᄇᆡᆨ 팔십 팔년 이오 련하 각국에 업ᄂᆞᆫ 곳이 업ᄉᆞ며 련하 즁앙 회샤ᄂᆞᆫ 대미국 지카가 셩에 잇고 회샤쟝은 곳ᄉᆞ년젼에 오셧던 나인ᄯᅴ씨 감독이라 대죠션에ᄂᆞᆫ 일쳔 팔ᄇᆡᆨ 구십 칠년 뎨 십삼 년환회에 감독 됴이씨가 셜시 ᄒᆞ기를 작졍 ᄒᆞ엿시며 의원들은 목ᄉᆞ 됴원시씨와 로불씨와 부인 페인씨로 ᄒᆞ엿시며 대죠션 즁앙 쳥년회 감회관은 됴원시씨로 특별히 뎡ᄒᆞ엿더라 진실노 이회ᄂᆞᆫ 혼ᄌᆞ 감당 ᄒᆞᆯ수가 업ᄂᆞᆫᄃᆡ 하ᄂᆞ님ᄭᅴ셔 졔물포 젼도인 기ᄀᆡ범씨와 비지학당 교관 노병션씨와 달셩회당 젼도인 리은승씨를 주샤 합력 ᄒᆞ게 ᄒᆞ셧시며 ᄯᅩᄒᆞᆫ 임원과 국쟝들과 넙회원 들이 쥬의 압헤서 ᄒᆞᆫ뎡어리가 되여 날마다 십ᄌᆞ가를 지고 예수를 좃치며 이회가 일즁월비 ᄒᆞ여 ᄃᆡᄃᆡ로 영광을 쥬의게 돌녀 보내기를 셩심소원 ᄒᆞ노라 감회광 죠원시

비지학당광고

본학당이 **본월십오일**(음력팔월십구일)에 **ᄀᆡ학** ᄒᆞᆯ터이니 **영어학원과 한문학원**이다 진긔ᄒᆞ야 **긔학** 홈

- 신입 학원은 본학당 규칙을 의지ᄒᆞ야 입학홈
- 영어 학원은 ᄆᆡ월에 두번식 밧ᄂᆞᆫᄃᆡ 일일브터 오일 ᄭᆞ지와 십륙일 브터 이십일 ᄭᆞ지오
- 영어 학원의 속슈금은 ᄆᆡ월에 일원식이오

죵교ᄉᆞ 샤편셜ᄒᆞᆫ 방ᄎᆡᆨ

뎨일권

죠션 크리스도인 회보

광무원년 구월이십이일

삼십ᄉᆞ호

화셩돈 긔념비

비샹ᄒᆞᆫ ᄉᆞ젹과 긔이ᄒᆞᆫ 공로를 단쳥에 올니거나 텰셕에 삭이여 후셰에 유젼홈은 뎐하 고금 통습이라 션치 슈렴의 목비나 효ᄌᆞ 렬녀의 정문과 츙훈 공신의 화샹이 다 이ᄯᅳᆺ이라 이풍속이 셔양각국에 더욱 셩ᄒᆡᆼᄒᆞ야 누구던지 왕후쟝샹으로 브터 지미 하쳔이라도 국가와 인민의게 유익ᄒᆞᆫ 공로가 잇스면 긔만 긔뵈만원을 앗기지 안코 동텰이나 반셕으로 그 화샹을 모조ᄒᆞ거나 공덕을 찬송ᄒᆞ야 ᄃᆡ로변이나 공원이나 유명ᄒᆞᆫ 쳐소에 셰워 다문 그 사ᄅᆞᆷ의 비샹ᄒᆞᆫ ᄉᆞ업을 빅셰에 유젼홀 ᄲᅮᆫ 아니라 국민으로 ᄒᆞ여곰 영웅 호걸의 지덕을 ᄉᆞ모ᄒᆞ야 본밧게ᄒᆞ며 나라 영광을 셰샹에 빗나게ᄒᆞ며 후진의 학문과 긔샹을 권쟝ᄒᆞᄂᆞᆫ지라 미국에 이러ᄒᆞᆫ 긔념비가 허다ᄒᆞ나 기즁 유명ᄒᆞ기ᄂᆞᆫ 화셩돈 긔념비라 이비가 미국 경셩에 잇서 미국 창업ᄒᆞᆫ ᄃᆡ통령 화셩돈씨의 ᄃᆡ공을 표양ᄒᆞ니 그셕지ᄂᆞᆫ 화강셕과 화반셕이오 그즁에 애비리가 회랍 토이기 일본 쳥국 셤라 셔셔 각국 돌도 잇스며 놉기ᄂᆞᆫ 오빅오십오쳑이오 밋 쟝광은 오십오 방쳑이오 비속은 공허ᄒᆞ야 구빅 충계가 라사ᄀᆞᆺ치 비 극샹층ᄭᆞ지 올나가나 거러 올나가면 다리가 압흔고로 미국 졍부가 큰 ᄌᆞ운긔를 비치ᄒᆞ야 ᄆᆡ일 오젼 구시반 브터 오후 오시반ᄭᆞ지 유람ᄒᆞᄂᆞᆫ 사ᄅᆞᆷ을 돈 밧지 안코 구경 식히며 비우의셔 나려다 보면 왕ᄅᆡᄒᆞᄂᆞᆫ 거마와 사ᄅᆞᆷ들이 가미ᄀᆞᆺ치 적게 뵈이니 법국 경셩에 잇ᄂᆞᆫ 엣헬텰탑 다음에ᄂᆞᆫ 이 화셩돈 셕비가 셰계에 그즁 놉ᄒᆞ니라 우리 나라 사ᄅᆞᆷ이 이 비를 보면 일변으로ᄂᆞᆫ 그 웅쟝홈을 칭찬ᄒᆞ거니와 일변으로ᄂᆞᆫ 셥셥ᄒᆞᆫ ᄉᆡᆼ각이 셋시니 첫지 이 비가 비록 화셩돈씨를 긔념ᄒᆞ나 기실은 미국이 빅여년젼에 독립ᄒᆞ든 ᄉᆞ업을 표명홈이라 그ᄯᅢ 미국이 영국 속국 으로셔 인구가 불과 오빅만명이오 영국은 부강이 무쌍ᄒᆞ나 영국 정부가 잡셰를 쳔단이 거둠이 미국 빅셩이 일심으로 니러나 칠팔년 혈젼을 지ᄂᆡ고 필경 영국을 셰치고 독립국이 되야 국셰를 일취 월쟝ᄒᆞ야 현금 뎐하에 뎨일 부국시 되엿거놀 우리나라ᄂᆞᆫ 인구가 십오빅만으로도 국셰가 잔약ᄒᆞ야 가련ᄒᆞ니 국가의 흥쇠ᄂᆞᆫ 그 인민 긔샹 강약에 잇고 인구 다소에 잇지아님을 가자로다 둘지 타국은 그나라 셩군 현신과 유명ᄒᆞᆫ 사ᄅᆞᆷ의 공덕을 텰셕에 올녀 젼국 인민이 남녀 로소 업시 그 일홈을 알고 ᄉᆞ업을 흠모케ᄒᆞ되 우리나라ᄂᆞᆫ 유공ᄒᆞᆫ 영웅호걸이 잇셧서도 다문 그 ᄌᆞ손이 일년에 ᄒᆞᆫ번식

레비일공과 례삼십ᄉᆞ 십월 삼일

우리아바님이보호ᄒᆞ심을의론홈

마태 륙장 이십ᄉᆞ절노 삼십ᄉᆞ절

변조
디명

二十四 ᄒᆞᆫ 사ᄅᆞᆷ이 두 쥬인을 셤기지 못 ᄒᆞᆯ거시니
혹 이를 뮈워ᄒᆞ며 뎌를 ᄉᆞ랑ᄒᆞ고 혹 이를 즁히
너이며 뎌를 경히 너임이라 너희도 하ᄂᆞ님과
지물을 겸ᄒᆞ야 셤기지 못 ᄒᆞᄂᆞ니라 二十五 그런고
로 내 너희게 닐으노니 너희 목숨을 위ᄒᆞ야 무
어슬 먹으며 무어슬 마실가 념녀 ᄒᆞ지 말며 몸
을 위ᄒᆞ야 무어슬 닙을가 념려 ᄒᆞ지 말지어다
목숨이 음식보다 즁ᄒᆞ지 아니ᄒᆞ며 몸이 의복보
다 즁ᄒᆞ지 아니ᄒᆞ냐 二十六 공즁에 ᄂᆞᄂᆞᆫ 새를 보
아라 심으지도 아니ᄒᆞ고 거두지도 아니ᄒᆞ고 곡
간에 싸치도 아니ᄒᆞ되 하ᄂᆞᆯ 아바지ᄭᅴ셔 기르시
ᄂᆞ니 너희는 그것들보다 귀ᄒᆞ지 아니ᄒᆞ냐 二十七
너희 즁에 누가 념려 ᄒᆞᆷ으로 목숨을 일각이나
더 ᄒᆞ겟ᄂᆞ냐 二十八 ᄯᅩ 너희가 엇지 의복을 위ᄒᆞ야
근심 ᄒᆞᄂᆞ냐 들에 ᄇᆡᆨ합ᄭᅩᆺ치 엇더케 자라ᄂᆞᆫ가 ᄉᆡᆼ
각 ᄒᆞ야 보아라 슈고도 아니ᄒᆞ고 길삼도 아니
ᄒᆞᄂᆞ니라 二十九 그러나 내 너희게 말ᄒᆞ노니 소로문
의 극ᄒᆞᆫ 영광으로도 닙은거시 이ᄭᅩᆺ ᄒᆞ나만 ᄀᆞᆺ
지 못 ᄒᆞ엿ᄂᆞ니라 三十 져게 밋ᄂᆞᆫ이 들아 하ᄂᆞ
님ᄭᅴ셔는 오ᄂᆞᆯ 잇다가 릐일 아궁이에 더지는 들
풀도 이러케 가우 시기는 ᄒᆞ물며 너희야 더 닙
히지 아니ᄒᆞ랴 三十一 그런고로 념려ᄒᆞ야 ᄀᆞᆯᄋᆞ뒤
무어슬 먹을가 무어슬 마실가 무어슬 닙을가 ᄒᆞ
지 말나 三十二 이 모든 거슨 외방사ᄅᆞᆷ이 구ᄒᆞᄂᆞ니
대개 너희 하ᄂᆞᆯ 아바지는 너희 쓸거슬 다 아시
ᄂᆞ니라 三十三 너희는 몬져 하ᄂᆞ님의 나라와 의를
구ᄒᆞ라 이 모든 거슬 너희게 더 ᄒᆞ리니 三十四 그
런고로 릐일을 위ᄒᆞ야 념려 ᄒᆞ지 마라 릐일 일
은 릐일 념려ᄒᆞ고 오ᄂᆞᆯ 일은 오ᄂᆞᆯ ᄒᆞᄂᆞᆫ거시 족
ᄒᆞ니라 ᄒᆞ시더라

주셕

ᄒᆞᆫ 신하가 두 님군을 셤기지 못 ᄒᆞᄂᆞ니 혹 두 님군을 셤기려 ᄒᆞ면 ᄒᆞᆫ 님군의게는 츙셩으로 셤기드리도 다른이의게는 비반 ᄒᆞᆷ이 될거시요 그러치 아니면 둘다 잘못 셤길거시며 ᄯᅩ ᄒᆞᆫ 죵이 두 쥬인의게 붓친자ㅣ 되지 못 ᄒᆞᄂᆞ니 이와 ᄀᆞᆺ치 사ᄅᆞᆷ은 하ᄂᆞ님과 모든 샤신들 ᄒᆞ고 ᄒᆞᆷᄭᅴ 셤기지 못 ᄒᆞ며 이 세상 지물과 영화를 춤 하ᄂᆞ님과 ᄒᆞᆷᄭᅴ 셤기지 못 ᄒᆞᆯ거시요 지물과 영화를 셤긴다 ᄒᆞᆷ은 그 압헤 쭐어 절 ᄒᆞᆫ다 ᄒᆞᆷ이 아니라 오직 집이나 지물이나 벼슬이나 권세이나 남의게 칭찬 받는거슬 너모 귀즁히 너이는 거시니 이러ᄒᆞᆫ 여러 가지를 일테로 귀즁히 너이면 하ᄂᆞ님 압헤는 이와 ᄀᆞᆺ치 일테로 셤길수 업ᄉᆞ며 (마가 복음 ᄉᆞ장 십구절을 보라) 그러ᄒᆞ나 예

수ᄭᅴ셔 사ᄅᆞᆷ이 무어슬 먹고 닙ᄂᆞᆫ거슬 념려치 말나 ᄒᆞ심은 먹고 닙지 말며 아모 일도 ᄒᆞ지 말나신 말ᄉᆞᆷ이 아니오 도로혀 셩경의 말ᄉᆞᆷ은 사ᄅᆞᆷ이 무ᄉᆞᆷ 일이던지 부ᄌᆞ런이 ᄒᆞ라신 말ᄉᆞᆷ이 잇서(一 데살로니가 후서 삼쟝 십졀 브터 십이 ᄭᆞ지와 ᄯᅩ 젼서 ᄉᆞ쟝 십일 십이 졀을 보라) 이럿케 일을 부ᄌᆞ런이 ᄒᆞ여 이 외에ᄂᆞᆫ 념려 ᄒᆞ지 말고 하ᄂᆞ님을 의지 ᄒᆞ라신 ᄯᅳᆺ이요 예수ᄭᅴ셔 목수 노릇을 ᄒᆞ여 그 본을 뵈이시며 ᄯᅩ 뎨ᄌᆞ를 쳔ᄒᆞᆫ 일 ᄒᆞᄂᆞᆫ 즁에셔 ᄲᅢ ᄒᆞ심은 이 ᄯᅳᆺ을 ᄀᆞᄅᆞ치심이니 우리 육신 창조 ᄒᆞ신 하ᄂᆞ님ᄭᅴ셔 엇지 우리 닙고 먹일 힘을 주지 안ᄒᆞ시리오 이일을 위ᄒᆞ야 사ᄅᆞᆷ이 념려를 너모 ᄒᆞᄂᆞᆫ거슨 하ᄂᆞ님을 밋지 안ᄂᆞᆫ 모양이니바 예수ᄭᅴ셔 공즁에 나ᄂᆞᆫ 새로 말ᄉᆞᆷ ᄒᆞ심은 이것도 하ᄂᆞ님ᄭᅴ셔 먹고 닙을 힘을 주신뒤로 더도 부ᄌᆞ런이 ᄒᆞ매 ᄌᆞ연이 더 먹을거치 넉넉 ᄒᆞᆷ이요 하ᄂᆞ님ᄭᅴ셔 이런 조고만 짐승ᄭᆞ지 다 먹을 힘을 주셧거든 ᄒᆞ믈며 더 보다 더 귀ᄒᆞᆫ 사ᄅᆞᆷ을 도라 보시지 안ᄒᆞ시리오 그러ᄒᆞᆫ즉 ᄇᆡ가 이 도를 ᄒᆡᆼ ᄒᆞ게드면 나의 벼슬이나 직분이나 ᄯᅥ러져 내 식구가 다 굴머 죽을ᄭᆡ 념려 ᄒᆞ지 말며 쟝ᄉᆞ ᄒᆞᄂᆞᆫ 사ᄅᆞᆷ이 쥬일 하로 문ᄯᅥ지 닷치셔 흥셩균을 일ᄂᆞᆫ 연고로 집안에 살수 업다 ᄒᆞ지 말거시요 ᄆᆡᄆᆡ ᄒᆞᆯ ᄯᅢ에도 거즛 말노 속이지 말며 무ᄉᆞᆷ 일이던지 쥬일 하로를 츰으로 직희고 륙일 동안에 모든 일을 부ᄌᆞ런이 다 ᄒᆞ면 하ᄂᆞ님ᄭᅴ셔 이날 하로 직희ᄂᆞᆫ 걸노ᄡᅥ 죽게 아니 ᄒᆞ시리니 사ᄅᆞᆷ이 육신의 ᄒᆞᆯ거슬 예비치 못 ᄒᆞᆯ진되 먼저 령혼을 위ᄒᆞ여 하ᄂᆞ님을 밋어 셤기면 하ᄂᆞ님ᄭᅴ셔 육신의 예비ᄒᆞᆯ 힘을 ᄌᆞ연이 주시리라

묻는말

一 ᄒᆞᆫ 사ᄅᆞᆷ이 몃쥬인을 셤기겟ᄂᆞ뇨 二 예수씨ᄂᆞᆫ 쥬인이 몃치잇다 말ᄉᆞᆷᄒᆞ셧ᄂᆞ뇨 三 그들이 누구뇨 四 지물이라 ᄒᆞᆫᄯᅳᆺ이 무어시뇨 답 이 글ᄌᆞᄯᅳᆺ은 부자란 ᄯᅳᆺ이니 사ᄅᆞᆷ이 하ᄂᆞ님을 밋지 아니ᄒᆞ면 돈을 잘 밋ᄂᆞ니라 五 웨 그리스도인이 의복과 음식을 위ᄒᆞ여 그리 익쓰지 아니ᄒᆞᄂᆞ뇨 六 ᄉᆡᆼ명과 음식에 엇던거시 더 귀ᄒᆞ뇨 육신이뇨 의복이뇨 七 공즁에 나ᄂᆞᆫ 새를 가라친 거시 무ᄉᆞᆷ 공부뇨 八 우리가 원ᄒᆞᄂᆞᆫ걸노 우리의 형용을 밧구겟ᄂᆞ뇨 九 밧희 ᄇᆡᆨ합화ᄂᆞᆫ 우리의게 무ᄉᆞᆷ 공부를 ᄀᆞᄅᆞ친 거시뇨 十 소로문이 누구뇨 十一 엇더ᄒᆞᆫ ᄇᆡᆨ셩이 의복과 음식을 쳣ᄌᆡ ᄉᆡᆼ각ᄒᆞᄂᆞ뇨 十二 삼십삼졀의 무ᄉᆞᆷ긴ᄒᆞᆫ 계명을 주셧ᄂᆞ뇨 十三 그 계명ᄯᅳᆺ이 무어시뇨 답 一 ᄯᅢ를 뎡ᄒᆞᆫ거시니 졈 어실 ᄯᅢ에 하ᄂᆞ님 나라에 드러가기를 ᄉᆡᆼ각ᄒᆞᆷ이요 二 젼심 치지 ᄒᆞ여야 도를 밧ᄂᆞ니 우리가 반다시 이거슬 뎨일 요긴ᄒᆞᆫ 직본으로 ᄒᆞ야 ᄒᆞᆯ거시니라

첫쟝련쇽

쓸ᄃᆡ업ᄂᆞᆫ 졔ᄉᆞ나 지닉고 인민은 막연부지ᄒᆞ니 이ᄀᆞᆺ고 엇지 인지가 ᄃᆡ츌ᄒᆞ기를 바라리오 셋ᄌᆡᄂᆞᆫ 다국은 졍부가 ᄇᆡ셜ᄒᆞᆫ 공원과 셔젹관과 박람회와 궁궐이라도 인민의 유람을 허락ᄒᆞ야 죠흔거슬 여민 공락ᄒᆞ되 우리나라ᄂᆞᆫ ᄇᆡᆨ셩이 죽도록 셰나 밧치고 ᄇᆡᆨ셩을 위ᄒᆞ여ᄂᆞᆫ 유람ᄒᆞᆯ 곳 ᄒᆞ나도 업스니 엇지 셥셥치 아ᄂᆞ리오

교우의당연이ᄒᆞᆯ일

구셰쥬 ᄀᆞᆯᄋᆞ샤ᄃᆡ 너희가 텬하만민을 불너 복ᄌᆞ 셩신의 일홈으로 셰례를 베플어 뎨ᄌᆞ를 ᄉᆞᆷ으라 ᄒᆞ시고 ᄉᆞ도보라 ᄯᅩ ᄀᆞᆯᄋᆞ샤ᄃᆡ 이도ᄂᆞᆫ 내가 심으고 아파라가 물ᄃᆡ고 하ᄂᆞ님ᄭᅴ셔 ᄌᆞ라게 ᄒᆞ신다 ᄒᆞ엿시니 교회의 흥왕ᄒᆞ기ᄂᆞᆫ 하ᄂᆞ님의 권능으로 힝ᄒᆞ시ᄂᆞᆫ 바어니와 도를 권면ᄒᆞ여 뎐파ᄒᆞ기ᄂᆞᆫ 반다시 사ᄅᆞᆷ으로 ᄒᆞ여곰 사ᄅᆞᆷ의게 젼ᄒᆞ게 ᄒᆞ시ᄂᆞ니 사ᄅᆞᆷ의 몸이 비록 ᄉᆞ지ᄇᆡᆨ톄가 만ᄒᆞ나 합ᄒᆞ여 불진ᄃᆡ 필경은 ᄒᆞᆫ몸이오 그리스도의 교회가·ᄯᅩᄒᆞᆫ 그러ᄒᆞᆫ지라 이제 눈ᄒᆞ나이 병드러 보지 못ᄒᆞᆯ진ᄃᆡ 사ᄅᆞᆷ이 넘ᄋᆞ기를 병신이라 ᄒᆞᆯᄲᅮᆫ 아니라 그 사ᄅᆞᆷ의 소용으로 말ᄒᆞ여도 두눈이 온젼ᄒᆞᆫ 사ᄅᆞᆷ만 ᄒᆞᆯ수 업ᄂᆞ니 반다시 눈으로 보고 입으로 말ᄒᆞ고 귀로 듯고 발노 힝ᄒᆞ며 ᄇᆡᆨ톄에 ᄒᆞ나도 부족ᄒᆞᆫ 거시 업신후에 가히 온젼ᄒᆞᆫ 사ᄅᆞᆷ이라 칭ᄒᆞᆯ 거시오 회당에셔 론셜 ᄒᆞᄂᆞᆫ이도 잇고 길 거리에셔 젼도 ᄒᆞᄂᆞᆫ 이도 잇고 ᄎᆡᆨ을 문ᄃᆞ라 뎐파 ᄒᆞᄂᆞᆫ 이도 잇고 ᄎᆡᆨ을 팔며 회보를 문ᄃᆞ러 교우를 ᄀᆞᄅᆞ치ᄂᆞᆫ 이도 잇서 여러사ᄅᆞᆷ이 합심합력ᄒᆞᆫ 후에 가히 교회가 흥왕ᄒᆞᆯ지라 우리회보로 ᄀᆡ셜ᄒᆞᆫ지가 우금 아홉ᄃᆞᆯ이 되엿ᄂᆞᆫᄃᆡ 회보론셜과 교즁신문에 긔ᄌᆡᄒᆞᆷ을 최형뎨 병헌씨로 ᄒᆞ여곰 찬죠ᄒᆞ라 ᄒᆞ엿시나 이거슨 ᄒᆞᆫ사ᄅᆞᆷ의 지식으로 능히 ᄒᆞᆯ배 아니라 엇던 교우자 무슨 됴흔 말ᄉᆞᆷ이 잇서 여러 형뎨의 신심을 굿게 ᄒᆞᆯ넌지 무슨 이샹ᄒᆞᆫ 일이 잇서 죠션회보를 보ᄂᆞᆫ 사ᄅᆞᆷ으로 이목을 놀내게 ᄒᆞᆯ넌지 우리ᄂᆞᆫ 알수 업시니 아모 형뎨던지 가히 교우를 권면ᄒᆞᆯ 말ᄉᆞᆷ이 잇거나 소문이 잇거든 일일이 기록ᄒᆞ여 우리회보샤로 보내여 회보에 긔ᄌᆡᄒᆞ게 ᄒᆞ기를 ᄇᆞ라오 내가 아ᄂᆞᆫ거슬 남의게 ᄀᆞᄅᆞ쳐 지혜를 널으게 ᄒᆞ고 신심이 굿게 ᄒᆞᄂᆞᆫ 거시 형뎨들의 ᄉᆞ랑ᄒᆞᄂᆞᆫ 근본인줄 우리ᄂᆞᆫ 밋노라

ᄇᆡᄌᆡ학당ᄀᆡ학

구월 십오일에 ᄀᆡ학 ᄒᆞᄂᆞᆫᄃᆡ 영어 구학원이 일ᄇᆡᆨ삼명이 모ᄒᆡ고 신학원도 ᄯᅩ 몃명이 왓더라 그날에 총교ᄉᆞ와 부교ᄉᆞ들이 과셩을 다시 뎡ᄒᆞ야 등급을 분명이 마련ᄒᆞ고 그때 맛참 한셩판윤 리ᄎᆡ연씨가 신학원 이인을 다리고 와셔 친히 쳔거ᄒᆞ고 인ᄒᆞ야 두어 말ᄉᆞᆷ으로 여러 학원들을 권장ᄒᆞ더라 방학ᄒᆞᆫ 동안에 모든 학원이 다 별고업시 잘 지닉고 금번 ᄀᆡ학시에 젼과 ᄒᆞ야 귀학 ᄒᆞ엿시니 참 고마온 일이오 신학원도 ᄎᆞᄎᆞ 더 오ᄂᆞᆫ 모양이니 본학교가 졈졈 진익ᄒᆞᆯ 즁죠더라

뎨일권

죠션크리스도인회보

광무 원년 구월 이십구일
삼십오호

츈음을잇김이라

서국에 ᄒᆞᆫ 션비 잇ᄉᆞ니 문쟝이 유명ᄒᆞ고 지됴가 졀등 ᄒᆞᆷ으로 일홈이 일향에 진동ᄒᆞ나 그러나 교만ᄒᆞᆫ ᄆᆞ옴이 잇서 풍유 호걸노 ᄌᆞ랑ᄒᆞ고 도학 군ᄌᆞ를 비쇼ᄒᆞ여 쳔고의 권면ᄒᆞᆷ을 듯지안터니 ᄒᆞ로는 란간을 의지ᄒᆞ여 취몽이 깁히 시매 ᄒᆞᆫ곳에 이르니 삼월 츈풍에 빅화 만발ᄒᆞ고 슈리 쳥산에 쳔셕이 영롱ᄒᆞᆫ듸 영영ᄒᆞᆫ 새소리와 잔잔ᄒᆞᆫ 시릐물은 사ᄅᆞᆷ의 심혼을 호탕케 ᄒᆞᄂᆞᆫ지라 학ᄉᆡᆼ이 긔구ᄒᆞᆫ 길노 풍경을 귀경ᄒᆞ며 아람다온 디경을 ᄎᆞ자가더니 홀연이 밋그러지며 쳔만쟝이나 되는 구덩이에 ᄲᅡ지니 ᄯᅥᆫ다가 아득ᄒᆞ고 졍신이 비월ᄒᆞᆫ지라 다ᄒᆡᆼ이 구덩이 가에 등 너출이 잇서 아리로 드리엿거ᄂᆞᆯ 학ᄉᆡᆼ이 손으로 등너출을 붓드러 ᄯᅥ러지지 안코 공즁에 달엿시나 우러러 본즉 ᄒᆞᆫ 줄기 ᄇᆞᆰ은 빗치 우회 잇서 하ᄂᆞᆯ이 돈 ᄀᆞᆺ치 뵈이며 굽흐려 본즉 ᄒᆞᆫ량업ᄂᆞᆫ 깁흔 못시 아리 잇서 디옥ᄀᆞᆺ치 어두온지라 모발이 송연ᄒᆞ며 ᄆᆞ옴이 초죠ᄒᆞ여 등 너출을 어로만져 우흐로 올나 가고져 ᄒᆞᆯ시 난듸업ᄂᆞᆫ 쥐 두마리가 잇서 ᄒᆞ나은 빗치 희고 ᄒᆞ나은 빗치 검은듸 둘이 번ᄎᆞ례로 등 너출의 ᄲᅮ리를 입으로 무러 ᄯᅳ드니 ᄉᆡᆼ각건ᄃᆡ 그 등 너출이 오ᄅᆡ지 못ᄒᆞ여 ᄭᅳᆫ허질지라 학ᄉᆡᆼ의 ᄆᆞ옴이 더욱 착급ᄒᆞ여 너출을 당긔여 올나가더니 홀연이 보매 등 너출 사이에 리리ᄒᆞᆫ 실과 루루이 ᄆᆡ졋ᄂᆞᆫ듸 홍윤ᄒᆞᆫ 빗치 보기에 아람답고 이샹ᄒᆞᆫ 내음ᄉᆡ 비위를 놀리거ᄂᆞᆯ ᄒᆞᆫ키를 ᄯᅡ서 맛보매 달고 싀원ᄒᆞᆫ 향내 입안에 가득ᄒᆞ여 세샹에 범샹ᄒᆞᆫ 실과에ᄂᆞᆫ 이ᄀᆞᆺᄒᆞᆫ 진미가 업실지라 ᄒᆞᆷ션ᄒᆞᆫ ᄆᆞ옴에 식욕이 대발ᄒᆞ여 거긔잇ᄂᆞᆫ 실과를 긔연이 다 먹고져 ᄒᆞᆯ시 ᄌᆞ연이 ᄇᆞᆰ은 곳으로 올나가기를 니져ᄇᆞ리고 두쥐가 등 너출 해ᄒᆞᆷ을 ᄉᆡᆼ각도 아니더니 실과를 다 먹지 못ᄒᆞ여 등너출이 졸디에 ᄭᅳᆫ허지며 ᄌᆞ긔 일신이 표연이 ᄯᅥ러지매 ᄒᆞᆫ소리를 크게 지르고 놀나 ᄭᆡ다르니 이에 거거ᄒᆞᆫ 일몽이라 좌우를 살펴보니 인젹은 고요ᄒᆞ고 등쵹은 휘황ᄒᆞᆫ듸 원촌에 ᄃᆞᆰ의 소리 셔벽을 지쵹ᄒᆞ고 향연은 사라진듸 ᄌᆞ긔 일신이 의구히 란간을 비겨 안저거ᄂᆞᆯ 이에 몽ᄉᆞ를 ᄉᆡᆼ각ᄒᆞ매 ᄆᆞ옴이 스ᄉᆞ로 젼률ᄒᆞ며 ᄯᆞᆷ이 나셔 라삼에 사못찬지라 반향을 침음ᄒᆞ여 ᄌᆞ긔 평ᄉᆡᆼ에 힝ᄒᆞᆫ바 일을 ᄉᆡᆼ각ᄒᆞ며 편시 침샹에 츈몽이 괴이ᄒᆞᆷ을 의심ᄒᆞ더니 황연이 ᄭᆡ다라 몽ᄉᆞ를 일일히 히셕ᄒᆞᆫ지라 아지못거라 필경은 그 학ᄉᆡᆼ이 그 ᄭᅮᆷ을 엇더케 히셕ᄒᆞ엿ᄂᆞᆫ고 이다음 회보를 보라

례비일공과 뎨삼십오 십월 십일

구셰쥬의대일귀훈법을의론홈

마태 칠쟝 일졀노 십ᄉ졀

변조

디명

一 평론을 밧지아니 ᄒᆞ랴거든 놈을 평론치 마라 二 놈을 평론 ᄒᆞᄂᆞᆫ딕로 너도 평론을 밧을 거시오 놈을 혜아리ᄂᆞᆫ딕로 너도 혜아림을 밧을 거시니 三 엇지ᄒᆞ야 동싱의 눈속에 잇ᄂᆞᆫ 티ᄂᆞᆫ 보고 네 눈속에 잇ᄂᆞᆫ 들보ᄂᆞᆫ 싱각지 못ᄒᆞᄂᆞ냐 四 또 엇지ᄒᆞ여 동싱 ᄃᆞ려ᄂᆞᆫ 닐ᄋᆞ딕 나를 용납ᄒᆞ여 네 눈에 티를 ᄲᅢ게 ᄒᆞ라 ᄒᆞ면서 네 눈에ᄂᆞᆫ 들보가 오히려 잇ᄂᆞ냐 五 거즛 착ᄒᆞᆫ톄 ᄒᆞᄂᆞᆫ이여 몬져 네 눈에 잇ᄂᆞᆫ 들보를 ᄲᅢ여야 그 후에ᄂᆞᆫ 동싱의 눈에 잇ᄂᆞᆫ 티를 ᄲᅢ기에 붉히 뵈이리라 ○ 六 거륵ᄒᆞᆫ 거ᄉᆞᆯ 개게 주지말며 진주를 도야지 압희 더지지 마라 뎌희가 그거ᄉᆞᆯ 붋고 도리켜 너를 물가 ᄒᆞ노라 ○ 七 구ᄒᆞ면 엇을 거시오 차지면 맛날 거시오 두ᄃᆞ리면 열어 주실 거시니 八 구ᄒᆞᄂᆞᆫ쟈 마다 엇을 거시오 ᄎᆞᄌᆞᄂᆞᆫ쟈 마다 맛날 거시오 두ᄃᆞ리ᄂᆞᆫ 쟈의ᄭᅴ 열어 주리라 九 너희 즁에 아ᄃᆞᆯ이 떡을 구ᄒᆞ면 돌을 주며 十 싱션을 구ᄒᆞ면 비암을 줄 사ᄅᆞᆷ이 잇겟ᄂᆞ냐 十一 너희가 악ᄒᆞᆯ 지라도 됴흔 거ᄉᆞ로 ᄌᆞ식을 줄줄 알거든 ᄒᆞ믈며 하ᄂᆞᆯ에 계신 너희 아바니ᄭᅴ서 더옥 됴흔 거ᄉᆞ로 구 ᄒᆞᄂᆞᆫ이를 주시지 안켓ᄂᆞ냐 十二 그런고로 무어시던지 놈의게 딕졉을 밧고져 ᄒᆞ거든 너도 놈을 딕졉 ᄒᆞ여라 이ᄂᆞᆫ 률법과 션지의 큰 ᄯᅳᆺ시이라 ○ 十三 좁은 문으로 드러가거라 멸망으로 인도ᄒᆞᄂᆞᆫ 문은 넓고 그 길이 커서 드러가ᄂᆞᆫ 사ᄅᆞᆷ이 만코 十四 싱명으로 인도 ᄒᆞᄂᆞᆫ 문은 좁고 길이 험ᄒᆞ여 ᄎᆞᆺᄂᆞᆫ사ᄅᆞᆷ이 젹으니라

주셕

놈을 평론치 말나 홈은 법관이 사ᄅᆞᆷ의 론죄 ᄒᆞᆯ거ᄉᆞᆯ 말나홈도 아니요 잘 ᄒᆞ고 잘못 ᄒᆞᄂᆞᆫ거ᄉᆞᆯ 분변치 말나 홈도 아니오 사ᄅᆞᆷ이 놈을 싀긔 ᄒᆞ고 ᄉᆞ암 내ᄂᆞᆫ ᄆᆞᄋᆞᆷ으로 평론ᄒᆞᆯ 싱각을 두지 말지니 이런일은 첫지 하ᄂᆞ님과 사ᄅᆞᆷ을 ᄉᆞ랑ᄒᆞᆯ ᄆᆞᄋᆞᆷ이 젹고 다만 ᄌᆞ긔 몸만 극히 ᄉᆞ랑ᄒᆞᆯ ᄆᆞᄋᆞᆷ이 나옴이오 놈의게 ᄌᆞ비 홈과 인ᄋᆡ 홈과 참음이 업ᄉᆞ면 엇지 ᄌᆞ비 ᄒᆞ시고 인ᄋᆡ ᄒᆞ옵신 하ᄂᆞ님 압헤 죄샤 ᄒᆞ야 주심을 구 ᄒᆞᆯ수 잇ᄉᆞ리요 므롯 이러케 ᄒᆞᆫ즉 놈의 죄ᄂᆞᆫ 크다 ᄒᆞ고 드러 내며 ᄌᆞ긔의 허믈은 젹다고 ᄒᆞ며 놈의 죄를 ᄯᅡ짓고 곳치 라고 ᄒᆞ나 이런 ᄆᆞᄋᆞᆷ으로 ᄌᆞ긔가 몬져 곳치지 안ᄒᆞ고 놈을 평론 ᄒᆞᄂᆞᆫ거ᄉᆞᆫ 아조 쓸ᄃᆡ 업ᄉᆞ며 이러케 ᄒᆞᄂᆞᆫ거ᄉᆞᆫ ᄌᆞ긔 눈에 큰 나모 잇ᄉᆞᆯ ᄯᅢ에 놈의 눈에 져근 티ᄭᅳᆯ을 ᄲᅢ여 ᄇᆞ리라 홈 곳ᄒᆞ니 몬져 ᄌᆞ긔 눈에 큰 나모롤 ᄲᅢ아 ᄇᆞ린 후에야 놈의 눈에 틔ᄭᅳᆯ을 ᄲᅢ여 ᄇᆞ리라 ᄒᆞᆯ거시요 ᄌᆞ긔ᄆᆞᄋᆞᆷ을숣혀 거ᄏᆡ서 악홈과 작죄 홈을 ᄌᆞ복ᄒᆞ고 씻서 ᄇᆞ린 후에야 ᄉᆞ랑홈과 ᄌᆞ비홈과 지혜와 참음이 잇서 놈을 도아줄

수 잇슬지라 예수ᄭᅴ셔셔 급ᄒᆞᆫ 말노 놈을 평론치 말나 ᄒᆞ셧시나 그러ᄒᆞ나 아모 사ᄅᆞᆷ 의게던지 모다 법연이 ᄒᆞ지 말나 ᄒᆞ셧ᄂᆞᆫ지라 거륵ᄒᆞᆫ 성서와 하ᄂᆞ님의 ᄉᆞ랑 ᄒᆞ심과 구원 ᄒᆞ심과 긔도 ᄒᆞᆷ과 찬미ᄒᆞᆷ이 이ᄂᆞᆫ 다 거륵ᄒᆞᆫ 물건인ᄃᆡ 하ᄂᆞ님 도ᄅᆞᆯ 욕ᄒᆞ고 뮈워 ᄒᆞᄂᆞᆫ 쟈의게 이런 물건을 한만히 주지 못 ᄒᆞᆯ거ᄉᆞᆫ 이ᄂᆞᆫ 도야지의게 진쥬ᄅᆞᆯ ᄇᆞ린것 쳐름 이와 ᄀᆞᆺ차 천히 ᄒᆞᆷ새 져페 ᄒᆞᆷ이라 밋ᄂᆞᆫ 사ᄅᆞᆷ이 쟝모 ᄒᆞᄂᆞᆫᄃᆡ 군절ᄒᆞᆫ ᄆᆞ옴으로 ᄒᆞ나 ᄯᅩᄒᆞᆫ 지혜 잇서야 ᄒᆞᆯ거시요 이러케 ᄒᆞᆯ 저혜가 업ᄉᆞ면 다만 하ᄂᆞ님ᄭᅴ 구 ᄒᆞ야 엇을 거시요(야곱서 일쟝 오졀을 보라)구 ᄒᆞ면 물건을 엇으리라 ᄒᆞ신즉 우리ᄂᆞᆫ 올흔으로 써 구 ᄒᆞ면 모든 요긴ᄒᆞᆫ 거ᄉᆞᆯ 엇을자나 입으로만 이러케 ᄒᆞᆯ거시 아니라 오직 알심오로 군졀이 구 ᄒᆞ여 물건을 달나 ᄒᆞ여 엇으매 맛온 훈에 와셔 열어 달나 웨치며 기ᄃᆞ라기ᄅᆞᆯ 군졀히 ᄒᆞᆯ ᄀᆞᆺ차 ᄒᆞᆯ거시요 ᄒᆞ하가 부모의게 혹 하론 거ᄉᆞᆯ 달나 ᄒᆞᄂᆞᆫᄃᆡ로 그 부모가 주면 쓸ᄃᆡ 업ᄂᆞᆫ 돌과 해 ᄒᆞᄂᆞᆫ 배암을 줌 ᄀᆞᆺᄒᆞ매 다만 유익ᄒᆞᆫ 물건을 ᄃᆡ신 줄자니 지극히 ᄉᆞ랑ᄒᆞ시고 지혜로으신 하ᄂᆞ님ᄭᅴ셔ᄂᆞᆫ 이와 ᄀᆞᆺ치 우리가 잘못 구 ᄒᆞᄂᆞᆫᄃᆡ 물건을 아니 주설거시요 오직 유익ᄒᆞᆫ거ᄉᆞ로 마삼 주셔리라 이ᄃᆡ로 ᄒᆞ여 평론 ᄒᆞᆷ도 업고 범연ᄒᆞᆷ도 업고 놈의게 밧고져 ᄒᆞᆷ이 업ᄉᆞ면 놈 ᄒᆞᄂᆞᆫᄃᆡ ᄯᅩ ᄃᆡ졉 ᄒᆞᆯ거서요 이법ᄃᆡ로 ᄃᆡ졉 ᄒᆞ면 금 조각보다 하맛고 보ᄇᆡ론 례물을 드림 보다 더ᄒᆞᆯ 거시요 그ᄃᆡ로 ᄒᆞ여 ᄌᆞ긔 ᄆᆞ옴을 앗기지 안ᄒᆞᆫ즉 좁은 문과 험ᄒᆞᆫ 길노 드러 가ᄂᆞᆫ 것과 ᄀᆞᆺᄒᆞ며 놈을 평론ᄒᆞ고 ᄌᆞ긔ᄅᆞᆯ 놉힘을 좃타 ᄒᆞᆫ즉 광활ᄒᆞᆫ 문으로 드러감 ᄀᆞᆺ도다

뭇ᄂᆞᆫ 말

一 이 공부와 비교ᄒᆞᆯ 말ᄉᆞᆷ이 어ᄃᆡ 잇ᄂᆞ뇨 답(누가복음 륙쟝 삼십칠졀노 ᄉᆞ십이졀 ᄭᆞ지와 십일쟝 구졀노 십삼졀 ᄭᆞ지 보라)二 이공부에 쥬쟝 ᄯᅳᆺ야 무어시뇨 三 우리가 다른이ᄅᆞᆯ 잔인이 평론ᄒᆞ면 그들은 우리ᄅᆞᆯ 엇더케 평론 ᄒᆞ겟ᄂᆞ뇨 四 일졀에 말ᄉᆞᆷ이 ᄉᆞᄉᆞ로히 판단 ᄒᆞᄂᆞᆫ것과 공심 ᄒᆞᄂᆞᆫ 거시 다 그르다ᄂᆞᆫ ᄯᅳᆺ이뇨 답 아니라 五 네 형데의 눈에 티라ᄒᆞᆫ ᄯᅳᆺ이 무어시뇨 답 쟉은죄와 죄 연듯ᄒᆞᆫ 거서니라 六 우리 눈에 들보라 ᄒᆞᆫ ᄯᅳᆺ은 무어시뇨 답 크고 악ᄒᆞᆫ 죄니라 七 형데의 눈에서 티 ᄲᆡ내기ᄅᆞᆯ 용납ᄒᆞ리 ᄒᆞ기젼에 우리가 무엇ᄒᆞ야 ᄒᆞ겟ᄂᆞ뇨 八 우리가 죄ᄅᆞᆯ 버서난 후에 우리 형데ᄅᆞᆯ 도아 주야 ᄒᆞ겟ᄂᆞ뇨 답 우리가 우리형데ᄅᆞᆯ 도아줄ᄲᅮᆫ 머라 이거시 우리가 그러케 ᄒᆞᆯ 직분이니라 九 륙졀애 거륵ᄒᆞᆫ 물건이라 ᄒᆞᆫ ᄯᅳᆺ이 무어시뇨 답 이ᄯᅳᆺ은 단우에 노앗든 졔륙이니 이 졔륙은 부졍ᄒᆞᆫ 사ᄅᆞᆷ은 먹지 못ᄒᆞᆷ이 가타 ᄒᆞ엿ᄂᆞ니라 十 륙졀에 명ᄇᆡᆨ히 ᄀᆞᄅᆞ친거시 무어시뇨 十一 칠졀에 세가지 명령 ᄒᆞ신거시 무어시뇨 十二 칠졀에 구ᄒᆞᆫ다 찻ᄂᆞᆫ다 두ᄃᆞ린다 ᄒᆞᄂᆞᆫ 거시 무ᄉᆞᆷ ᄯᅳᆺ이뇨 답 구 ᄒᆞᆫ다 ᄒᆞᄂᆞᆫ거ᄉᆞᆫ 기ᄃᆞ린다 ᄒᆞᆷ이요 찻ᄂᆞᆫ다 ᄒᆞᄂᆞᆫ거ᄉᆞᆫ 니러버렷다 ᄒᆞᆷ이요 두다린다 ᄒᆞᄂᆞᆫ거ᄉᆞᆫ 잠갓다 ᄒᆞᆷ이니라

쇄격지션ᄉᆡᆼ의뎨ᄌᆞ를ᄀᆞᄅᆞ침이라

회리니 나라에 녯젹 셩인 ᄒᆞ나이 잇ᄉᆞ니 일홈은 쇄격지라 ᄒᆞ로ᄂᆞᆫ 뎨ᄌᆞ들을 다리고 셔울 져ᄌᆞ 거리로 갈ᄉᆡ ᄒᆞᆫ곳에 이라니 옥셕을 다ᄉᆞ리ᄂᆞᆫ 쟝ᄉᆡᆨ이 잇셔 옥으로 사ᄅᆞᆷ의 형상을 ᄆᆞᆫᄃᆞ라 노왓ᄂᆞᆫᄃᆡ 이 목 구 비와 슈족이 완연이 산사ᄅᆞᆷ 모양이 어ᄂᆞᆯ 뎨ᄌᆞ가 보고 그 쟝인의 공교ᄒᆞᆫ 지됴ᄅᆞᆯ 칭찬ᄒᆞ니 쇄격지션ᄉᆡᆼ이 ᄀᆞᆯᄋᆞᄃᆡ 너희가 뎌 옥의 형상이 엄연이 산사ᄅᆞᆷ ᄀᆞᆺᄒᆞᆫ 거ᄉᆞᆯ 보고 그 ᄆᆞᆫᄃᆞᆫ사ᄅᆞᆷ 공교ᄒᆞᆷ을 칭숑ᄒᆞ나 그러나 시험ᄒᆞ여 보건ᄃᆡ 불너도 능히 ᄃᆡ답지 못ᄒᆞ고 움ᄌᆞᆨ이매 능히 ᄒᆡᆼᄒᆞ지 못ᄒᆞ거ᄂᆞᆯ 엇지 쟝ᄉᆡᆨ의 졍교ᄒᆞᆷ을 칭도ᄒᆞᄂᆞ뇨 셜ᄉᆞ 뎌 사ᄅᆞᆷ으로 ᄒᆞ여곰 능히 입으로 말ᄒᆞ고 눈으로 보고 발노 ᄒᆡᆼᄒᆞᆯ진ᄃᆡ 너희가 엇더ᄒᆞ다 ᄒᆞ리오 뎨ᄌᆞ ᄀᆞᆯᄋᆞᄃᆡ 세샹에 엇지 그러ᄒᆞᆫ 지됴가 잇ᄉᆞ리잇가 쇄격지션ᄉᆡᆼ이 ᄀᆞᆯᄋᆞᄃᆡ 그ᄲᅮᆫ도 아니라 뎌사ᄅᆞᆷ이 능히 ᄌᆞ식을 산휵ᄒᆞ여 족쇽이 번셩ᄒᆞ야 쟝ᄉᆡᆨ의 손을 수고 ᄒᆞᆯ거시 업게 될진ᄃᆡ 너희ᄂᆞᆫ 엇더 ᄒᆞ다 ᄒᆞ리오 뎨ᄌᆞᄃᆡ왈 신이 ᄒᆞ도다 이러ᄒᆞᆫ 지죠가 어ᄃᆡ 잇ᄂᆞᆫ닛가 션ᄉᆡᆼ이 ᄀᆞᆯᄋᆞᄃᆡ 너희가 묵묵히 안져 아모 말도 못ᄒᆞᄂᆞᆫ 옥인을 긔이 ᄒᆞ다 ᄒᆞ면서 엇지ᄒᆞ야 림림 총총 ᄒᆞᆫ 져ᄌᆞ 우희 리왕 ᄒᆞᄂᆞᆫ 사ᄅᆞᆷ을 보지 못 ᄒᆞᄂᆞ냐 ᄉᆞ지ᄇᆡᆨ톄 다 구비ᄒᆞ고 시텽언동에 못 ᄒᆞᆯ거시 업신즉 옥쟝인이 ᄆᆞᆫᄃᆞᆫ것 보담 ᄇᆡᆨ비가 낫지 아니 ᄒᆞ리오 이거ᄉᆞᆫ 다 하ᄂᆞ님의 조화로 역죠창ᄉᆡᆼ을 슈고업시 ᄆᆞᆫᄃᆞ신 거시라 너희ᄂᆞᆫ 이장ᄉᆡᆨ의 ᄌᆡ됴ᄅᆞᆯ 칭도 ᄒᆞ지 말고 젼능ᄒᆞ신 하ᄂᆞ님을 찬숑ᄒᆞ라 ᄒᆞ셧더라

구습을맛당히ᄇᆞ릴것

영국 류돈셩에 ᄒᆞᆫ 유명ᄒᆞᆫ 젼도 교ᄉᆞ가 잇ᄉᆞ니 일홈은 샤반금이라 미양 회당에서 강론ᄒᆞᆯ때에 텽도ᄒᆞᄂᆞᆫ 사ᄅᆞᆷ이 오쳔여인식 되ᄂᆞᆫᄃᆡ 그즁에 쥬ᄉᆡᆨ잡기로 방탕ᄒᆞᆫ 무리가 뭇츰ᄂᆡ 회ᄀᆡ치 아니 ᄒᆞ거ᄂᆞᆯ 샤반금션ᄉᆡᆼ이 비ᄉᆞᄅᆞᆯ 베프러 ᄀᆞᆯᄋᆞᄃᆡ 녯젹에 님군 ᄒᆞ나이 잇서 셕폼이 포악 ᄒᆞᆫ지라 쇠장ᄉᆡᆨ으로 ᄒᆞ여곰 쇠ᄉᆞ슬을 ᄆᆞᆫ들나 ᄒᆞ엿더니 쟝ᄉᆡᆨ이 쇠ᄉᆞ슬을 왕의 명ᄃᆡ로 ᄆᆞᆫ드러 왕의게 밧치니 왕이 그ᄉᆞ실노 써 그쟝ᄉᆡᆨ의 슈족을 결박ᄒᆞ야 옥에 가두엇다 ᄒᆞ엿시니 일노 좃차 볼진ᄃᆡ 포악ᄒᆞᆫ 님군이 그 쟝ᄉᆡᆨ을 결박ᄒᆞᆷ이 마귀가 셰샹 사ᄅᆞᆷ을 구쇽ᄒᆞᆷ과 ᄀᆞᆺᄒᆞᆫ지라 쥬ᄉᆡᆨ에 방탕ᄒᆞᆫ 뎌 쇼년들이 어려셔 ᄇᆞ러 악습에 물드러 그 ᄒᆡᆼ위를 졸연이 고치자못ᄒᆞ니 이거ᄉᆞᆫ 마귀에 결박ᄒᆞᆫ바 되야 그 올무를 버셔나지 못 ᄒᆞᆷ이라 사ᄅᆞᆷ이 능히 구습을 ᄇᆞ리지 못ᄒᆞ면 착ᄒᆞᆫ 곳에 나아가지 못ᄒᆞ고 셩신으로 다시 나지 아니ᄒᆞ면 하ᄂᆞ님 나라에 드러가지 못ᄒᆞ리니 악ᄒᆞᆫ쟈로 ᄒᆞ여곰 션ᄒᆞ게 ᄒᆞ시고 죽을쟈로 ᄒᆞ여곰 영ᄉᆡᆼᄒᆞ게 ᄒᆞ실이ᄂᆞᆫ 구셰쥬 예수 외에ᄂᆞᆫ 업다 ᄒᆞ엿더라

대일권

죠션 크리스도인 회보

삼십륙호

광무원년 십월륙일

죤음을잇김이라 (속젼호)

그 학ᄉᆡᆼ이 ᄭᅮᆷ을 ᄭᆡ나 니러안져 몽즁에 지난바 일을 일일히 ᄉᆡᆼ각ᄒᆞ며 좀을 닐위지 못ᄒᆞ엿더니 황연이 ᄭᆡ다라 ᄀᆞᆯᄋᆞᄃᆡ 이거ᄉᆞᆫ 반드시 하ᄂᆞ님이 나의 완악ᄒᆞᆷ을 경계ᄒᆞ샤 보이심 이로다 사ᄅᆞᆷ이 셰상에 븟치여 사ᄂᆞᆫ거시 길흔 곳구뎡이에 ᄯᅥ러짐과 ᄀᆞᆺ고 실낫ᄀᆞᆺ치 가련ᄒᆞᆫ 목숨은 ᄒᆞᆫ줄기 등너츌에 달님과 ᄀᆞᆺ고 우흐로 ᄇᆞᆰ은 빗치 보이ᄂᆞᆫ 거ᄉᆞᆫ 분명ᄒᆞᆫ 텬당을 ᄀᆞᄅᆞ침이오 아ᄅᆡ로 어두온 못시 잇슴은 뎡녕ᄒᆞᆫ 디옥을 ᄀᆞᄅᆞ침이로다 검은 쥐와 흰쥐의 등너츌을 ᄯᅳᆺᄂᆞᆫ거ᄉᆞᆫ 무엇시뇨 반ᄃᆞ시 음양이니 날과 ᄃᆞᆯ이 쥬야로 왕ᄅᆡᄒᆞ여 셰월을 가게ᄒᆞᆫ매 사ᄅᆞᆷ의 목숨이 ᄉᆞᆫ허져 죽ᄂᆞᆫ 거시니 두쥐ᄂᆞᆫ 일월을 가라쳐 보임이오 등너츌에 됴흔 실과가 만히 잇숨은 무어시오 이거ᄉᆞᆫ 셰상에 헛된 영화를 가ᄅᆞ쳐 보임이니 사ᄅᆞᆷ마다 이 셰상에 부귀와 지식에 질거온 욕심을 ᄇᆞ리지 못ᄒᆞ여 텬당 복디에 올나감을 이져ᄇᆞ리고 도도홍진에 취ᄒᆞᆫ ᄭᅮᆷ을 ᄭᆡ닷지 못ᄒᆞ다가 필경은 그 사ᄅᆞᆷ의 령혼이 디옥 암부에 ᄯᅥ러 지ᄂᆞ니 아셰에 내가 등 너츌에 잇ᄂᆞᆫ 실과를 탐ᄒᆞ여다 먹고져 ᄒᆞ다가 다 먹지도 못ᄒᆞ고 ᄇᆞᆰ은 빗출 차쟈 올나가기를 이졋다가 못 가온ᄃᆡ ᄯᅥ러짐과 ᄀᆞᆺ도다 이졔야 내가 네젼 ᄒᆡᆼ실에 잘 못ᄒᆞᆫ거ᄉᆞᆯ ᄭᆡ웃쳐 곳치고 사ᄅᆞᆷ의 당연이 ᄒᆞᆯ일을 힘ᄒᆞ리라 사ᄅᆞᆷ이 셰샹에 사ᄂᆞᆫ거시 진실노 풀 ᄭᅳᆺ헤 이실과 믈우헤 겁흠 ᄀᆞᆺ흔지라 어나ᄯᆡ에 죽을지 알지 못ᄒᆞ고 무졍ᄒᆞᆫ 셰월이 믈셜ᄀᆞᆺ치 흘너가니 맛당이 죤음을 잇겨 공부ᄅᆞᆯ 힘쓰며 셰샹에 헛된 영화와 셩식을 탐ᄒᆞ지 말고 맛당이 내몸이 죽기젼에 광명ᄒᆞᆫ 텬국에 드러가ᄂᆞᆫ 리치를 궁구ᄒᆞ여 하ᄂᆞ님을 존경ᄒᆞ고 구셰쥬ᄅᆞᆯ 밋으며 ᄉᆞ히안에 잇ᄂᆞᆫ 사ᄅᆞᆷ들을 형뎨ᄀᆞᆺ치 ᄉᆞ랑ᄒᆞ여 나의 령혼이 흉암 디옥에 ᄲᅡ지지 말고 아모죠록 텬국에 가기를 힘쓰리라 ᄒᆞ엿시니 우리ᄂᆞᆫ 이 ᄭᅮᆷ을 희셕ᄒᆞ든 학ᄉᆡᆼ과 ᄀᆞᆺ치 네젼허믈을 회ᄀᆡᄒᆞ고 령혼이 텬국으로 가ᄂᆞᆫ 길을 예비ᄒᆞ여 죽을ᄯᆡ에 후회 되지 말기를 ᄇᆞ라노라

광고

죠션셩교셔회에셔ᄂᆞᆫ 여러가지 ᄎᆡᆨ을 박히ᄂᆞᆫ 회인이 대ᄒᆡ마다 죠션 교우와 외국 목ᄉᆞ와 ᄀᆞᆺ치 연보ᄅᆞᆯ ᄒᆞ야 ᄎᆡᆨ박히ᄂᆞᆫ 회의 부비ᄅᆞᆯ 돕ᄂᆞᆫ대 십월 십칠일 쥬일에 각쳐 례ᄇᆡ당에셔 연셜ᄒᆞ여 여러가지 ᄎᆡᆨ 박히ᄂᆞᆫ 부비ᄅᆞᆯ 돕ᄂᆞᆫ대 죠션 교우들도 힘을 다ᄒᆞ야 돕ᄂᆞᆫ거시 올흐니 이연보ᄂᆞᆫ 죠션 교우

례비일공파 뎨삼십륙 십월 십칠일

거즛뎨ᄌᆞ와춤뎨ᄌᆞ를의론홈

마태 칠장 십오졀노 이십구졀

변조

디명

十五 거즛 션지쟈 들을 삼갈지어다 양의옷슬 닙고
너희게 나오나 속에ᄂᆞᆫ 로략질 ᄒᆞ라ᄂᆞᆫ 일희니라
十六 더희 열ᄆᆡ로 더희를 알지니 가시 나무에서 엇
지 포도를 ᄯᅡ며 엉겅퀴에서 무화과를 ᄯᅡ겟ᄂᆞ냐
十七 이와 ᄀᆞᆺ치 됴흔 나무가 됴흔 실과를 ᄆᆡᆺ고 악
ᄒᆞᆫ 나무가 악ᄒᆞᆫ 실과를 ᄆᆡᆺᄂᆞ니 十八 됴흔 나무가
악ᄒᆞᆫ 실과ᄅᆞᆯ 열니지 못ᄒᆞ고 악ᄒᆞᆫ 나무가 됴흔 실
과ᄅᆞᆯ 열니지 못 ᄒᆞᄂᆞ니라 十九 됴흔 실과가 열니지
아니 ᄒᆞᄂᆞᆫ 나무ᄂᆞᆫ ᄶᅵᆨ어 불에 더지리니 二十 이런고
로 그 실과ᄅᆞᆯ 보와 아ᄂᆞ니라 二十一 날ᄃᆞ려 쥬여 쥬
여 ᄒᆞᆫ다고 ᄒᆞᄂᆞᆫ이ᄂᆞᆫ 하ᄂᆞᆯ 나라에 다 드러 갈거시
아니오 하ᄂᆞᆯ에 계신 내 아바지의 ᄯᅳᆺ대로 ᄒᆡᆼ ᄒᆞᄂᆞᆫ
이라야 드러가리라 二十二 그날에 여러 사ᄅᆞᆷ들이 날
ᄃᆞ려 닐ᄋᆞᄃᆡ 쥬여 쥬여 우리가 쥬의 일홈으로 예
언을 ᄒᆞ며 쥬의 일홈으로 귀신을 ᄶᅩᆺ치며 쥬의 일
홈으로 여러 가지 능ᄒᆞᆫ 일을 ᄒᆡᆼ치 아니 ᄒᆞ엿ᄂᆞ닛
가 ᄒᆞ리니 二十三 내가 더희게 ᄇᆞᆰ히 말ᄒᆞ여 ᄀᆞᆯᄋᆞᄃᆡ
내 너희ᄅᆞᆯ 도모지 모ᄅᆞ노니 악ᄒᆞᆫ일 ᄒᆞᄂᆞᆫ자 들이 내
게서 ᄯᅥ나가라 ᄒᆞ리라 ○ 二十四 그럼으로 누구던지
내 말을 듯고 ᄒᆡᆼ ᄒᆞᄂᆞᆫ이ᄂᆞᆫ 지혜 잇ᄂᆞᆫ이가 집을
반셕우에 지음 ᄀᆞᆺ ᄒᆞ리니 二十五 비가 ᄂᆞ리고 쟝마
물이 나고 바ᄅᆞᆷ이 부러 그 집에 부듸치되 너머지
지 아니 ᄒᆞᄂᆞᆫ거슨 반셕우에 터를 닥근 연고요 二十六
누구던지 내 말을 듯고 ᄒᆡᆼ치 아니 ᄒᆞᄂᆞᆫ이ᄂᆞᆫ 어리
셕은이가 집을 모ᄅᆡ우에 지음 ᄀᆞᆺ ᄒᆞ리니 二十七 비
가 ᄂᆞ리고 쟝마물이 나고 바ᄅᆞᆷ이 부러 그집에 부
듸치매 크게 문허 지ᄂᆞ니라 ○ 二十八 ᄆᆞᆺ츰 예수ㅣ
이 말ᄉᆞᆷ을 긋치시매 여러 사ᄅᆞᆷ이 그 ᄀᆞᄅᆞ침을 이
샹히 넉입은 二十九 대개 그 ᄀᆞᄅᆞ치신 거시 권능 잇
ᄂᆞᆫ이와 ᄀᆞᆺ고 셔샤관과 ᄀᆞᆺ지 아니 홈일너라

주석

지나간 공부에 예슈ᄭᅴ셔 하ᄂᆞᆯ 나라 드러 갈 좁은 길을 힘써 나가라 ᄒᆞ셧ᄉᆞ니 우리가 맛당히 그 길을 무러 보고 찻질거시되 그러나 조심 홀지니 대개 듯기 좃코 밋기 쉽게 ᄒᆞ여 잘 못 ᄀᆞᄅᆞ친쟈ㅣ 만코 더희가 외모ᄂᆞᆫ 양과 ᄀᆞᆺ치 슌량 ᄒᆞ나 그 속은 일희와 ᄀᆞᆺ치 간샤 ᄒᆞ고 망케 홀 길노 인도ᄒᆞᄂᆞᆫ지라 혹이 물어 ᄀᆞᆯᄋᆞᄃᆡ 이런 간샤 ᄒᆞᆫ쟈 들을 엇지 알수 잇ᄂᆞᆫ이닛가 예수ㅣ ᄀᆞᆯᄋᆞ샤ᄃᆡ 이ᄂᆞᆫ 그 열ᄆᆡ로 써 아ᄂᆞᆫ거시니라 열ᄆᆡ라 홈은 더희 ᄒᆡᆼ실 ᄲᅮᆫ 아니라 오직 ᄀᆞᄅᆞ침이요 예수ㅣ ᄀᆞᄅᆞ치심과 더희 말 ᄒᆞ고 비교 ᄒᆞ여 합당치 아니ᄒᆞ면 그거시 올흔 열ᄆᆡᄅᆞᆯ ᄆᆡᆺ지 못 홈이니 가시 나무가 포도ᄅᆞᆯ ᄆᆡᆺ지 못ᄒᆞ며 ᄶᅡᆯ네 나무에서 무화과ᄅᆞᆯ ᄯᅡᆯ수 업슴 ᄀᆞᆺ흔지라 나무ᄂᆞᆫ 뎨 모양ᄃᆡ로 열ᄆᆡᄅᆞᆯ ᄆᆡᆺ짐과 ᄀᆞᆺ

치 사ᄅᆞᆷ도 말과 ᄒᆡᆼ실이 그 ᄆᆞᄋᆞᆷ대로 나며 본심이 악ᄒᆞ여 악ᄒᆞᆫ ᄒᆡᆼ실이 나ᄂᆞ니 ᄉᆡ로난 ᄆᆞᄋᆞᆷ으로 셩신이 가득히 인도 ᄒᆞ심을 엇으면 ᄉᆞ랑과 슌죵ᄒᆞᆯ 열ᄆᆡ가 잇게 될지라 됴치 못ᄒᆞᆫ 나무에 됴흔 나무ᄅᆞᆯ 졉 ᄒᆞ여 잘 되게 ᄒᆞᆷ과 ᄀᆞᆺ치 사ᄅᆞᆷ도 본 ᄆᆞᄋᆞᆷ이 변화 ᄒᆞ여 ᄉᆡ로난 ᄆᆞᄋᆞᆷ이 업ᄉᆞ면 아조 망ᄒᆞᆯ거시요 이러케 변화 ᄒᆞᄂᆞᆫ거ᄉᆞᆫ 닙으로만 말ᄒᆞᆯ것도 아니요 외모로만 ᄒᆞᆯ거시 아니라 대개 사ᄅᆞᆷ이 아조 ᄉᆡ로 나지 못 ᄒᆞ면 하ᄂᆞ님 나라에 드러 가지 못ᄒᆞ고 아조 ᄉᆡ로 나고 일심으로 공경 ᄒᆞ며 하ᄂᆞ님 ᄯᅳᆺ슬 슌죵 ᄒᆞᄂᆞᆫ자ㅣ 라야 드러 갈거시니 므릇 누구던지 ᄉᆡ로된 ᄆᆞᄋᆞᆷ으로 예수의 ᄀᆞᄅᆞ치심을 일심으로 본 밧아 그 ᄆᆞᄋᆞᆷ이 아조 변화 ᄒᆞ여 밧갓 모양ᄭᅡ지 속 ᄆᆞᄋᆞᆷ이 아조 ᄀᆞᆺᄒᆞ여 드러 가게 밋으면 이ᄂᆞᆫ 변ᄒᆞ지 안ᄂᆞᆫ 반셕 우회 거ᄒᆞᆷ ᄀᆞᆺ치 영원토록 평안ᄒᆞᆷ을 엇을지라 집을 ᄂᆡ물 갓가히 ᄒᆞ고 모ᄅᆡ 우회 지으면 그 집이 풍우에 흔들녀 수히 너머지기 쉬울지니 사ᄅᆞᆷ도 이와 ᄀᆞᆺ치 외모로만 예수ᄅᆞᆯ 밋ᄂᆞᆫ다 ᄒᆞ면 이런 쟈 들은 그 밋ᄂᆞᆫ다 ᄒᆞᆷ이 쟝구치 못ᄒᆞᆷ이요 집이 ᄂᆡ물 가헤 잇드ᄅᆡ도 반셕우헤 지으면 풍우에 너머지도 안ᄒᆞᆷ ᄀᆞᆺ치 예수ᄅᆞᆯ 참 밋고 슌죵 ᄒᆞ면 영ᄉᆡᆼ ᄒᆞᆯ 길을 엇고 길게 평안 ᄒᆞᆯ지라 이 글쟝 보ᄂᆞᆫ이 들은 각기 ᄌᆞ긔 ᄆᆞᄋᆞᆷ속을 혜아려 보면 ᄆᆞᄋᆞᆷ에 의지 ᄒᆞᆯ거시 무엇시뇨 이세샹 풍속과 외모로ᄯᅡᆫ ᄒᆞᄂᆞᆫ 일이며 사ᄅᆞᆷ이 지은 도에 의지 ᄒᆞᆯ수 업ᄂᆞ니 다만 젼능 ᄒᆞ옵시고 영ᄉᆡᆼ ᄒᆞ시ᄂᆞᆫ 하ᄂᆞᆯ에 계신 아바지와 그 ᄉᆞ랑 ᄒᆞᄂᆞᆫ 아ᄃᆞᆯ 예수ᄭᅴ만 의지 ᄒᆞᆯ지어다

뭇ᄂᆞᆫ말

一 십오절에 예수ᄭᅴ셔 ᄌᆞ긔 뎨ᄌᆞ의게 누구를 삼가라 경계 ᄒᆞ셧ᄂᆞ뇨 二 거즛 션지와 거즛 션ᄉᆡᆼ이 뎨ᄌᆞ의게 엇더케 오겟ᄂᆞ뇨 三 엇더케 뎌의 진실ᄒᆞᆫ 셩픔을 일겟ᄂᆞ뇨 四 무ᄉᆞᆷ 나무에셔 포도를 ᄯᅡ겟ᄂᆞ뇨 五 됴흔 나무에셔 무ᄉᆞᆷ 열ᄆᆡ가 열니겟ᄂᆞ뇨 六 언ᄶᅡᆫᄒᆞᆫ 나무에셔ᄂᆞᆫ 무ᄉᆞᆷ 열ᄆᆡ가 열니겟ᄂᆞ뇨 七 나무에 션불션을 엇더케 알겟ᄂᆞ뇨 八 이법이 모든 도ᄅᆞᆯ ᄀᆞᄅᆞ치ᄂᆞᆫ듸 다 합당 ᄒᆞ겟ᄂᆞ뇨 九 쥬여 쥬여 ᄒᆞᄂᆞᆫ이 마다 다 텬국에 드러 가겟ᄂᆞ뇨 十 누구면 텬국에 드러 가겟ᄂᆞ뇨 十一 심판 ᄒᆞᄂᆞᆫ 날에 여러서 무어시라 말ᄒᆞ겟ᄂᆞ뇨 十二 그러ᄒᆞ면 예수ᄭᅴ셔ᄂᆞᆫ 엇더케 ᄃᆡ답 ᄒᆞ시겟ᄂᆞ뇨 十三 엇더ᄒᆞᆫ 사ᄅᆞᆷ이 집을 바외우에 짓겟ᄂᆞ뇨 十四 바외라 ᄒᆞᆫ ᄯᅳᆺ이 무어시뇨 十五 엇더ᄒᆞᆫ 사ᄅᆞᆷ이 집을 모ᄅᆡ우에 짓겟ᄂᆞ뇨 十六 모ᄅᆡ라 ᄒᆞᆫ ᄯᅳᆺ이 무어시뇨 답 그리스도인의게 네가지 긴ᄒᆞᆫ 일이 잇ᄉᆞ니 一 밋음이 그리스도인을 문드며 二 셩명이 그리스도인을 움작이며 三 시험이 그리스도인을 즁거ᄒᆞ며 四 죽ᄂᆞᆫ 거시 그리스도인을 일우ᄂᆞᆫ지라

만 ᄒᆞᄂᆞᆫ거시 아니오 외국 목ᄉᆞ들도 연보ᄅᆞᆯ 내여 합ᄒᆞ야 보낼터이니 원근간에 ᄯᅳᆺ이 잇거든 이광고ᄅᆞᆯ 보시고 다쇼간 연보ᄅᆞᆯ 거두워 본 교회로 보내시기ᄅᆞᆯ 바라ᄂᆞ니다

참과 거즛

셰샹에 사ᄅᆞᆷ이 ᄒᆞᆫ번나매 참된 사ᄅᆞᆷ이 되여야 사ᄅᆞᆷ이라 칭ᄒᆞᆯ거시오 만약 사ᄅᆞᆷ이 외모로ᄂᆞᆫ 겸손ᄒᆞ고 어질고 참된톄ᄒᆞ며 속으로ᄂᆞᆫ 악ᄒᆞᆷ과 속임과 도적ᄒᆞᆷ과 간음과 질투ᄒᆞ야 여러가지 악ᄒᆞᆫ 힝실을 ᄒᆞ면 엇지 사ᄅᆞᆷ이라 칭 ᄒᆞ리오 우리ᄂᆞᆫ 하ᄂᆞ님 빅셩을 참된줄 밋으나 그러니 ᄯᅩᄒᆞᆫ 밋지 못ᄒᆞᆯ지라 우리가 하ᄂᆞ님을 진심으로 공경ᄒᆞ며 예수ᄅᆞᆯ 독실이 밋어 ᄆᆞᄋᆞᆷ에 주야 ᄉᆞ모ᄒᆞ야 젼도 ᄒᆞ기ᄅᆞᆯ 힘쓰며 ᄯᅩ 언어가 능ᄒᆞ야 말을 잘 ᄒᆞᆯ지라도 졍셩됨이 업고 거즛 외모로만 ᄒᆞ면 이셰샹 사ᄅᆞᆷ들은 칭찬 ᄒᆞ기를 현인 군ᄌᆞ요 구셰쥬 예수의 진실ᄒᆞᆫ 문도라 칭ᄒᆞ되 다만 그사ᄅᆞᆷ들은 무소 불능ᄒᆞ신 하ᄂᆞ님ᄭᅴ셔 사ᄅᆞᆷ을 모양으로 써 취 ᄒᆞ지 아니 ᄒᆞ시ᄂᆞᆫ 고로 밧셔 죄ᄅᆞᆯ 뎡ᄒᆞ샤 몸은 망ᄒᆞ고 령혼은 디옥에 ᄲᅡ지게 ᄒᆞ셧시니 엇지 불샹치 아니리오 그런고로 우리가 이런 사ᄅᆞᆷ을 위ᄒᆞ야 알어드를만콤 권ᄒᆞ야 말ᄒᆞᄃᆡ 도로혀 흉을 보며 시긔ᄒᆞᄂᆞᆫ ᄆᆞᄋᆞᆷ이 잇시니 하ᄂᆞ님ᄭᅴ셔도 아실ᄲᅮᆫ 더러 우리 무식ᄒᆞᆫ 이목으로도 가히 알지라 어나 사ᄅᆞᆷ이던지 참되고 거즛슬 알냐ᄒᆞ면 그사ᄅᆞᆷ의 힝실과 언어와 모든일 ᄒᆞᆷ을 보면 가히 알지라 슬프다 하ᄂᆞ님ᄭᅴ 회개ᄒᆞ고 도라온 후로ᄂᆞᆫ 죵신토록 ᄆᆞᄋᆞᆷ을 변치 아니 ᄒᆞᆯ 거시어ᄂᆞᆯ 그런힝실을 ᄒᆞ고야 엇지 ᄌᆞ긔의 몸에 쥬ᄭᅴ셔 텸 ᄒᆞ심과 셩신이 츙만ᄒᆞ심을 ᄇᆞ라리오 (마태복음 오장 삼십팔졀브터 ᄉᆞᆺ졀ᄭᆞ지 ᄒᆞ신 말ᄉᆞᆷ과 모든계명을 직히며 하ᄂᆞ님을 참으로 공경ᄒᆞ고 예수ᄅᆞᆯ 독실이 밋고 예수와 ᄀᆞᆺ치 어질고 겸손ᄒᆞ며 하ᄂᆞ님ᄭᅴ셔 우리ᄅᆞᆯ ᄉᆞ랑ᄒᆞ샤 셩신으로 감화 ᄒᆞ신 하ᄂᆞ님의 권능과 셩신의 힘을 주시고 ᄯᅩ 우리 쥬 예수ᄭᅴ셔 ᄒᆞᆼ샹ᄀᆞᆺ치 계실지라 엇지아니 깃부리오 ᄯᅩ ᄒᆞᆼ샹 죠심 ᄒᆞᆯ거ᄉᆞᆫ 긔도 ᄒᆞᆯ졔던지 셜도 ᄒᆞᆯᄯᅢ던지 례비당에 드러올ᄯᅢ에 사ᄅᆞᆷ마다 엄슉ᄒᆞ게 ᄒᆞ야 발ᄉᆞᆺᄒᆞ로 소리업시 드러오고 드러온후에 서로 니야기ᄅᆞᆯ 쟝황이 말며 크게 기침도 말며 요란히 옷지도 말고 몸을 바르게 안고 ᄒᆞᆼ샹 엄슉ᄒᆞ고 졍졔ᄒᆞ게 ᄒᆞ야 하ᄂᆞ님이 례비당에 계신줄노 밋어 두려온 ᄆᆞᄋᆞᆷ으로 젼도ᄒᆞᄂᆞᆫ 말ᄉᆞᆷ을 드라면 외인이 우리 ᄒᆞᄂᆞᆫ 일과 법을보고 이동ᄒᆞᄂᆞᆫ ᄆᆞᄋᆞᆷ으로 졔 죄ᄅᆞᆯ 회개ᄒᆞᆫ 하ᄂᆞ님ᄭᅴ로 도라올쟈 ㅣ 만코 ᄯᅩ 우리도가 올흔줄도 알터이오 우리ᄅᆞᆯ 참된 사ᄅᆞᆷ으로도 알터이라 엇지 됴심치 아니ᄒᆞ리오 무식ᄒᆞᆫ 셩각에도 이러로 ᄒᆞ면 됴ᄒᆞᆯ듯 ᄒᆞ오이다 문경호

뎨일권
죠션 크리스도인 회보
광무원년 십월 십삼일
삼십칠호

크리스도인모본ᄒᆞᄂᆞᆫ 일이라

요ᄉᆞ이 셰샹에 여러가지 어지로
온 일즁에 령향간 이야기 ᄃᆞᆺᄂᆞᆫ
듸 크리스도인이라 ᄒᆞᄂᆞᆫ 사ᄅᆞᆷ이
하ᄂᆞ님 법을 힝실노 거ᄉᆞ리ᄂᆞᆫ
일을 크리스도인이라 ᄒᆞᄂᆞᆫ 사ᄅᆞᆷ
도 잇다금 들니ᄂᆞᆫ지라 여러가지
이야기 ᄃᆞᆺ기ᄂᆞᆫ 크리스도인이라
깃분일이 만흐나 오ᄂᆞᆯ 그 거ᄉᆞᆯ
이야기 ᄒᆞᄂᆞᆫ 거시 아니라 엇던
듸 ᄃᆞᆺ기ᄂᆞᆫ 크리스도인이라 ᄒᆞᄂᆞᆫ
사ᄅᆞᆷ이 혹 작당ᄒᆞ여 산송 ᄒᆞᄂᆞᆫ
일과 혹 작당ᄒᆞ여 과부 탈취 ᄒᆞ
ᄂᆞᆫ일과 혹 술취ᄒᆞ여 쥬졍 ᄒᆞᄂᆞᆫ 일
과 혹 노름ᄒᆞ여 놈의지물 쏀ᄂᆞᆫ일
과혹 놈의 산판에 큰 나무비ᄂᆞᆫ일
과 혹 놈의게 빗지고 아니 갑ᄂᆞᆫ
일이 잇서 죵죵 들이니 이거슨
무슨 일이던지 작당을 몬ᄃᆞ러
사실ᄒᆞᄂᆞᆫ 거시라 이런일이 잇시
면 그 사ᄅᆞᆷ 힝실이 교에 단이면
셔 이러ᄒᆞᆯ 진ᄃᆡ 교에 아니 단이
ᄂᆞᆫ 사ᄅᆞᆷ보다 엇더케 다ᄅᆞ리오
비유 ᄒᆞ건ᄃᆡ 어ᄃᆡ셔 든지 양국
사ᄅᆞᆷ ᄀᆞᆺ치 복식을 ᄒᆞ고 드러오
ᄂᆞᆫ 사ᄅᆞᆷ을 맛나면 ᄀᆞᆺ치 이야기 ᄒᆞ랴ᄒᆞᆯ때 그말도
모ᄅᆞ고 양국 집에서 ᄃᆡ졉ᄒᆞᆯ때 그 풍쇽을 좃지 아
니ᄒᆞ고 그 사ᄅᆞᆷ이 본 말노 내가 양국 사ᄅᆞᆷ이라
ᄒᆞ야도 그 양국 사ᄅᆞᆷ 안인줄은 분명이 알거사라
이와ᄀᆞᆺ치 말노만 크리스도인이라 ᄒᆞ고 힝실 부족
ᄒᆞᆷ이 잇시면 그런사ᄅᆞᆷ 아니라 이일은 모든 크리
스도인의게 심히 샹관되ᄂᆞᆫ 일이라 다른거시 아니
라 우리가 날마다 우리 힝실노 우리 입에서 나오
ᄂᆞᆫ 말보다 우리 밋ᄂᆞᆫ 거ᄉᆞᆯ ᄀᆞ르친 거시라 크리
스도인이 모본을 잘 ᄒᆞᄂᆞᆫ거시 맛당이 이 세가지
셔ᄃᆞᆰ이 잇ᄉᆞ니 아죡은 조졍이나 외방 사ᄅᆞᆷ들이
우리도를 ᄃᆞᆺ기ᄂᆞᆫ 드러도 ᄯᅳᆺ슬 잘 알지 못 ᄒᆞᄂᆞᆫ고
로 크리스도인이라 ᄒᆞᄂᆞᆫ 사ᄅᆞᆷ들이 됴흔 힝실을
뵈이지 아니ᄒᆞ면 첫재ᄂᆞᆫ 우리 셩교회를 험담닙힐
거시오 둘재ᄂᆞᆫ 외방 사ᄅᆞᆷ들이 교를 밋고 드러오
지 아니ᄒᆞᆯ거시오 셋재ᄂᆞᆫ ᄌᆞ긔가 나죵에 망ᄒᆞᆷ을
엇을 거시니라 비유컨ᄃᆡ 사ᄅᆞᆷ이 셩에 올느랴면
몬져 올나 가ᄂᆞᆫ 길을 단니고 쓸ᄃᆡ 업ᄂᆞᆫ 짐은
질머지지 아니 ᄒᆞᆯ거시라 동ᄂᆡ 사ᄅᆞᆷ들이 ᄯᅥ남을
보거든 셩은 어ᄂᆡ쪽인지 알거시오 가ᄂᆞᆫ길에 짐
막ᄂᆞᆫ 줄도 알거시니라 이와ᄀᆞᆺ치 우리 힝실노 련
단가ᄂᆞᆫ 일을 놈의게 뵈일 거시도 되고 ᄯᅩ 우리ᄂᆞᆫ
악힝이 잇시면 우리 길을 과연 막음을 엇을 거시
라 그런고로 크리스도인 모본이 두가지 잇ᄉᆞ니
우리 악힝을 버셔 나ᄂᆞᆫ것 ᄲᅮᆫ 아니오 션힝을 닙을
거시니라 우리가 참 크리스도인이면 우리 련당골
사ᄅᆞᆷ이라 그 후로ᄂᆞᆫ 힝실을 어 ᄯᅢᄃᆡ를 본밧지 말

례ᄇᆡ일공과 뎨삼십칠 십월 이십ᄉᆞ일

크리스도의 권능을 의론ᄒᆞᆷ

마태 팔쟝 십팔졀노 삼십ᄉᆞ졀

변조

디명

十八 예수ㅣ 허다ᄒᆞᆫ 사ᄅᆞᆷ이 에워ᄡᆞᆷ을 보시고 명ᄒᆞ
샤 뎌편으로 건너가라 ᄒᆞ시니 十九 ᄒᆞᆫ 셔샤관이 나
아와 예주ᄭᅴ 말ᄉᆞᆷᄒᆞ되 션ᄉᆡᆼ님 어ᄃᆡ로 가시던지
뎌ᄂᆞᆫ 조치리이다 二十 예수ㅣ 닐ᄋᆞ샤ᄃᆡ 여호도 굴
이 잇고 공중에 ᄉᆡ도 집이 잇ᄉᆞ되 오직 인ᄌᆞᄂᆞᆫ
머리 둘 곳시 업다 ᄒᆞ시더라 二十一 뎨ᄌᆞ중에 ᄯᅩ ᄒᆞᆫ
나히 ᄀᆞᆯᄋᆞᄃᆡ 쥬여 나를 몬져 가셔 부친을 쟝ᄉᆞᄒᆞ
게 ᄒᆞ여 주옵소셔 ᄒᆞ니 二十二 예수ㅣ ᄀᆞᆯᄋᆞ샤ᄃᆡ 죽은
쟈로 뎌의 죽은쟈를 쟝ᄉᆞᄒᆞ게 ᄒᆞ고 너ᄂᆞᆫ 나를 조
치라 ○ 二十三 예수 ᄇᆡ에 올으시니 뎨ᄌᆞ들이 좃더
라 二十四 ᄯᅩ 바다에 큰놀이 니러나 물결이 ᄇᆡ에 덥
히되 예수ᄂᆞᆫ ᄌᆞᆷ으시더니 二十五 그 뎨ᄌᆞ들이 나아와
ᄭᅢ우며 ᄀᆞᆯᄋᆞᄃᆡ 쥬여 구ᄒᆞ쇼셔 우리들이 죽겟ᄂᆞ
이다 二十六 예수ㅣ 닐ᄋᆞ샤ᄃᆡ 적게 밋ᄂᆞᆫ 이아 왜 무
셔워ᄒᆞᄂᆞ나 ᄒᆞ시고 곳 니러나샤 바람과 바다를
ᄭᅮ지지신ᄃᆡ 아조 잔잔ᄒᆞ거ᄂᆞᆯ 二十七 사ᄅᆞᆷ들이 긔이
히 너겨 ᄀᆞᆯᄋᆞᄃᆡ 이 엇더ᄒᆞᆫ 사ᄅᆞᆷ 이기에 바람과
바다도 슌죵ᄒᆞᄂᆞᆫ고 ᄒᆞ더라 ○ 二十八 ᄯᅩ 예수ㅣ 건
너편 혁혁사 ᄯᅡ흐로 드러가실ᄉᆡ 샤귀들닌 사ᄅᆞᆷ
둘이 잇서 심히 사오나와 사ᄅᆞᆷ이 능히 그길노 지
나가지 못ᄒᆞ더니 무덤에서 나아와 예수를 맛나
매 二十九 소리 질너 ᄀᆞᆯᄋᆞᄃᆡ 하ᄂᆞ님의 아ᄃᆞᆯ아 우
리가 너와 무ᄉᆞᆷ 샹관이 잇ᄂᆞ뇨 ᄯᅢ가 니르기 젼에
여긔와셔 우리를 고롭게 ᄒᆞᄂᆞ뇨 三十 멀니셔 만흔
도야지 ᄯᅦ가 먹ᄂᆞᆫ지라 三十一 샤귀들이 예수ᄭᅴ ᄀᆞᆫ구
ᄒᆞ여 ᄀᆞᆯᄋᆞᄃᆡ 만일 우리를 ᄶᅩᆺ차 내실진ᄃᆡ 도야지
ᄯᅦ에 드려 보내쇼셔 三十二 닐ᄋᆞ샤ᄃᆡ 가라ᄒᆞ시니 샤
귀들이 나가셔 도야지게로 드러가니 도야지 ᄯᅦ가
비탈노 급히 ᄂᆞ려 다라나 바다에 ᄯᅥ러져 물에 몰
ᄉᆞᄒᆞ거ᄂᆞᆯ 三十三 도야지 치던이가 다라나 읍니에
드러가 이일과 샤귀들닌 이의 당ᄒᆞᆫ일을 다 말ᄒᆞ
니 三十四 일읍이 다 예수를 만나러 나가보고 그 디
경에서 ᄯᅥ나시기를 ᄀᆞᆫ구ᄒᆞ더라

주셕

예수ᄭᅴ셔 산에셔 ᄀᆞᄅᆞ치심을 맛치시고 다ᄉᆞᆺ 돌 동안을 두루 ᄃᆞᆫ이시며 그 ᄯᅢ에 긔이ᄒᆞ신 힘젹과 여러 가지로 ᄀᆞᄅᆞ치심은(누가 복음 칠쟝과 마태 복음 십일 십삼 쟝에 보라) 이런 일을 간간히 ᄒᆞ샤 미오 밧부게 ᄒᆞ시며 엇던 ᄯᅢ에ᄂᆞᆫ 잠시 쉬실 동안도 업고 잡수실 여가ㅣ 업ᄂᆞᆫ지라 이번은 병든 사ᄅᆞᆷ과 도 듯ᄂᆞᆫ쟈ㅣ 심히 만하 죵일토록 병인 들을 곳치시며 허다ᄒᆞᆫ 사ᄅᆞᆷ의게 젼도ᄒᆞ시메 몸이 곤비ᄒᆞ샤 뎨ᄌᆞ들 ᄃᆞ려 뎌편 바다 언덕으로 가자 ᄒᆞ시고 나아 가실 ᄯᅢ에 맛참 ᄒᆞᆫ 션비 예수 압헤 나와 몸 뎨ᄌᆞ 되기를 원ᄒᆞ거ᄂᆞᆯ 사ᄅᆞᆷ을 외모로 ᄡᅥ 퇴ᄒᆞ면 이런 사ᄅᆞᆷ은 미오 합당ᄒᆞ여

무식ᄒᆞᆫ 어부 노릇ᄒᆞ든 ᄃᆡᄌᆞ보다 나ᄒᆞᆯ줄 알기 쉬올지라 오직 예수ᄭᅴ셔ᄂᆞᆫ 사ᄅᆞᆷ의 속 ᄆᆞᄋᆞᆷ을 알으시매 이 사ᄅᆞᆷ ᄃᆞ려ᄂᆞᆫ 오라고 ᄒᆞ신바도 업고 오지말나신 바도 업ᄉᆞ되 다만 ᄃᆡ가 몸 ᄃᆡᄌᆞ 되여 고ᄉᆡᆼ되고 어려옴을 ᄉᆡᆼ각게 ᄒᆞ시니 이 사ᄅᆞᆷ이 예수의 말ᄉᆞᆷ을 듯고 실혀셔 곳 도라 갈듯 ᄒᆞᄂᆞᆫ지라 ᄃᆡᄌᆞ 된중에 ᄒᆞᆫ 사ᄅᆞᆷ은 말ᄒᆞ기를 나ᄂᆞᆫ ᄯᅥ나 갓다가 ᄃᆞᆫ여 오겟ᄉᆞᆷ나이다 ᄒᆞ나 예수ᄭᅴ셔 허락지 아니ᄒᆞ셧ᄉᆞ며 이 속에 ᄀᆞᄅᆞ칠 ᄯᅳᆺ이 둘이 잇ᄉᆞ니 ᄒᆞ나흔 젼도ᄒᆞᆯ 직분을 맛고져 ᄒᆞ면 하ᄂᆞ님의 부ᄅᆞ심을 들어야 ᄒᆞᆯ거시요 셰샹 살님 ᄒᆞᄂᆞᆫ 일과 ᄀᆞᆺ치 못ᄒᆞᆯ일이요 둘지ᄂᆞᆫ 이 도를 힝ᄒᆞ여 그리스도인이 되고 십흐면 이제 곳 ᄯᅳᆺ을 결단ᄒᆞᆯ지니 혹 부모가 도라 가신 후에나 아ᄃᆞᆯ과 ᄯᆞᆯ을 다 셩취ᄒᆞᆫ 후나 모든 어렵고 걱졍된 일을 업시 ᄒᆞ며 이 일과 뎌 일을 다ᄒᆞᆫ 후에야 이 도를 밋어 힝ᄒᆞᆫ다 ᄒᆞᄂᆞᆫ거ᄉᆞᆫ 아조 ᄡᅳᆯᄃᆡ 업고 어리셕은 말이라 (희뵈리 삼쟝 십오 절을 보라) 예수ᄭᅴ셔 ᄇᆡ에 오르시매 심히 피곤ᄒᆞ여 누어 주무시니 이 바다ᄂᆞᆫ 젹으나 홀연 바람이 불며 물결이 크게 니러나매 그 ᄃᆡᄌᆞ 들이 보고 ᄆᆡ오 놀나ᄉᆞᆷ은 밋음이 아조 업ᄂᆞᆫ거시 아니라 좃시 젹은 연고ㅣ니 밋음이 넉넉ᄒᆞ량이면 예수와 ᄒᆞᆷᄭᅴ 모시고 잇ᄉᆞ니 위티코 망ᄒᆞ지 아니 ᄒᆞᆯ줄을 알것마ᄂᆞᆫ 예수를 ᄭᅢ여 무ᄉᆞᆷ 일노ᄡᅥ 도아 주심을 ᄇᆞ라매 예수ᄭᅴ셔 니러나샤 ᄃᆡᄌᆞ들이 밋음이 젹음을 먼져 ᄭᅮ지ᄌᆞ시고 후에 바람을 ᄭᅮ지ᄌᆞᄉᆞ니 바람이 곳 굿치고 물결이 평뎡ᄒᆞ며 ᄃᆡᄌᆞ의 ᄆᆞᄋᆞᆷ도 평안ᄒᆞᄂᆞ니라 사ᄅᆞᆷ이 밋음이 넉넉ᄒᆞ면 ᄆᆞᄋᆞᆷ이 ᄒᆞᆼ샹 평안ᄒᆞᆯ지라 뎌편 언덕에 니ᄅᆞ샤 샤귀 들닌자 둘을 맛나샤 귀신을 ᄶᅩ차시고 곳쳐 편안케 ᄒᆞ여 주시니 ᄃᆡᄌᆞ들이 보고 이가 엇더ᄒᆞᆫ 사ᄅᆞᆷ이며 엇지ᄒᆞᆫ 권능이뇨 다름 아니라 이 셰샹에 ᄂᆞ려 오샤 쳔ᄒᆞᆫ 쟈와 ᄀᆞᆺ치 되셧신 하ᄂᆞ님의 아ᄃᆞᆯ이요 ᄯᅩ이 권능은 하ᄂᆞ님의 권능이니 이권능은 사ᄅᆞᆷ의 ᄆᆞᄋᆞᆷ속도 다 알으시며 풍랑도 평뎡ᄒᆞ시며 마귀 이길힘도 잇ᄉᆞ며 밋ᄂᆞᆫ쟈 죄에 ᄲᅡ질거ᄉᆞᆯ 구원ᄒᆞ샤 그 ᄆᆞᄋᆞᆷ이 평안ᄒᆞᆷ과 희락이 무궁케 ᄒᆞᆯ 권능이 계시니라

뭇ᄂᆞᆫ말

一 이 공부에 잇ᄂᆞᆫ일이 어나ᄯᅢ에 잇셧ᄂᆞ뇨 답 지나간 두쥬일젼 공부ᄒᆞᆫ ᄯᅢ에셔 다ᄉᆞᆺ달 후이니라 二 이 글쟝에 긔록ᄒᆞᆫ 예수ᄭᅴ셔 힝ᄒᆞ신 세가지 이젹이 무엇시뇨 三 이ᄯᅢ에 예수ᄭᅴ셔 어ᄃᆡ 계셧ᄂᆞ뇨 답 가비나음에 계셧ᄂᆞ니라 四 갈리리 바다 져편에 가시기젼에 두 사ᄅᆞᆷ이 무어ᄉᆞᆯ 무럿ᄂᆞ뇨 五 예수ᄭᅴ셔 엇더케 ᄃᆡ답ᄒᆞ셧ᄂᆞ뇨 六 이 ᄃᆡ답ᄒᆞ신 ᄯᅳᆺ을 히셕ᄒᆞ시오 七 갈리리 바다를 엇더케 건너 갓ᄂᆞ뇨 八 누가 ᄒᆞᆷᄭᅴ 갓ᄂᆞ뇨 九 가ᄂᆞᆫ 길에 무ᄉᆞᆷ 일이 잇셧ᄂᆞ뇨 十 풍우 대작ᄒᆞᆯᄯᅢ에 예수ᄭᅴ셔 어ᄃᆡ 계셧ᄂᆞ뇨 十一 문도들이 무서올ᄯᅢ에 뉘게로 갓ᄂᆞ뇨 十二 예수ᄭᅴ셔 무엇 두가지를 ᄒᆞ셧ᄂᆞ뇨 十三 그 ᄇᆡ셩들이 웨 놀니엿ᄂᆞ뇨 十四 그들이 바다 져편에셔 엇던 두사ᄅᆞᆷ을 맛낫ᄂᆞ뇨 十五 이들의게 들닌 마귀들이 예수를 향ᄒᆞ여 무어시라 ᄒᆞ엿ᄂᆞ뇨

첫쟝련속

고 오직 ᄆᆞ음을 새로히 편ᄒᆞ여 하ᄂᆞ님의 션ᄒᆞ시고 온젼ᄒᆞ신 ᄯᅳᆺ슬 련달 ᄒᆞᆯ거시니 이런사ᄅᆞᆷ만 진실노 크리스도인이라 그런사ᄅᆞᆷ 악ᄒᆡᆼ을 도모 피지 ᄒᆞᆯ뿐 아니오 오직 ᄆᆞ음을 겸손ᄒᆞ고 죄짓지 아님을 인ᄒᆞ야 념녀ᄒᆞ고 ᄆᆞ음이 온유ᄒᆞ고 량션ᄒᆞ고 의를 ᄒᆡᆼᄒᆞᆷ을 인ᄒᆞ야 비곱흔 사ᄅᆞᆷᄀᆞᆺ치 힘쓰며 남의 몸과 령혼에 고ᄉᆡᆼᄒᆞᄂᆞᆫ 거ᄉᆞᆯ 불샹히 넉이고 도아주며 악ᄒᆞ고 더러온 말이나 ᄉᆡᆼ각을 듯지안코 남으로 더브러 ᄒᆞᆼ샹 화목ᄒᆞ고 특별이 의ᄒᆡᆼ으로 인ᄒᆞ여 핍박을 당ᄒᆞᆯ때 ᄎᆞᆷ고 ᄯᅩᄒᆞᆫ 예수 좃ᄎᆞᆷ을 인ᄒᆞ여 핍박당ᄒᆞᆷ을 깃버ᄒᆞᆯ 거시니라 모든일에 부ᄌᆞ런ᄒᆞ야 ᄌᆞ긔일노 량식을 어더먹고 남의게 이지러 짐이 업숨이라 모든 악ᄒᆞᆫ것과 악ᄒᆞᆫ사ᄅᆞᆷ 무리를 피ᄒᆞ고 술취ᄒᆞ지 아니 ᄒᆞᆯ거시오 징두ᄒᆞᄂᆞᆫ 거시 도모지 업ᄂᆞᆫ 일이라 이런표적 잇ᄂᆞᆫ 사ᄅᆞᆷ만 진실노 크리스도인이라 하ᄂᆞ님의 진리를 우리 ᄆᆞ음 속에 잇고 거ᄒᆞ면 하ᄂᆞ님의 권능을 인ᄒᆞ여 그 진리로 우리 ᄆᆞ음을 새롭게 ᄒᆞ시ᄂᆞ니라 셩경 말ᄉᆞᆷ과 ᄀᆞᆺ치 사ᄅᆞᆷ이 만일 크리스도 속에 잇시면 그 사ᄅᆞᆷ은 곳 새 사ᄅᆞᆷ이라 우리 복음이 날노 젼ᄒᆞᆷ이 아니오 오직 하ᄂᆞ님의 젼능 ᄒᆞ심이 우리 새로 ᄒᆞ심으로 뵈이 심이니라

새회당에셔 례ᄇᆡᄒᆞᆫ일

십월 삼일 (음력 구월 팔일) 쥬일에 처음으로 졍동 새회당에셔 례ᄇᆡ ᄒᆞᄂᆞᆫᄃᆡ 달셩회당과 동대문안 회당에 ᄃᆞᆫ이ᄂᆞᆫ 형뎨들과 리화학당 ᄌᆞ미들이 다 모혓스니 남녀 관동이 여러 ᄇᆡᆨ명이라 아ᄎᆞᆷ 열시에 시작ᄒᆞ야 찬미 긔도 ᄒᆞᆫ후에 목ᄉᆞ 크란돈 목ᄉᆞ가 젼도 ᄒᆞᄂᆞᆫᄃᆡ 요한복음 십쟝에 양으로 비유ᄒᆞ신 말ᄉᆞᆷ을 닑은후 사ᄅᆞᆷ이 구셰쥬를 밋고 쥬일마다 회당에셔 졍셩ᄉᆞᆺ 례ᄇᆡ ᄒᆞ여야 일우에 영ᄉᆡᆼ을 엇ᄂᆞᆫ거시 양이 목쟈를 ᄯᆞ라 우리를 ᄯᅥ나지 아니ᄒᆞ여야 능히 ᄭᅩᆯ을 엇ᄂᆞᆫ것과 ᄀᆞᆺᄒᆞᆫ 리치를 ᄌᆞ미 잇게 론셜ᄒᆞ고 거의 열두시나 되야셔 파ᄒᆞ시라 오후 두시에 다시 모혓ᄂᆞᆫᄃᆡ 젼협판 윤치호씨가 회당의 쥬장 ᄯᅳᆺ슬 연셜 ᄒᆞ기를 동양의 다른 교들은 학쟈가 산림에 숨어셔 홀노 ᄌᆞ긔 일신만 챡ᄒᆞ게 ᄒᆞᄂᆞᆫ 교도 잇고 즁이 산속에 졀을 짓고 셰샹 사ᄅᆞᆷ을 샹관치 안ᄂᆞᆫ 교도 잇ᄉᆞ니 이교들은 다 셰샹 물욕의 ᄶᅩᆺ기여 가ᄂᆞᆫ 교로되 우리 크리스도 교회ᄂᆞᆫ 경셩안 뎨일 번화ᄒᆞᆫ 졍동 네거리에 회당을 셜립 ᄒᆞ고 셩경에 됴흔 말ᄉᆞᆷ으로 리왕ᄒᆞᄂᆞᆫ 사ᄅᆞᆷ들을 ᄀᆞᄅᆞ치니 우리교ᄂᆞᆫ ᄎᆞᆷ 셰샹 물욕을 ᄶᅩᆺ차내ᄂᆞᆫ 교라고 ᄆᆡ우 굿세게 말ᄉᆞᆷᄒᆞ고 졔손씨가 ᄯᅩ 뭇사ᄅᆞᆷ을 권면ᄒᆞ되 ᄀᆡ명ᄒᆞᆫ 나라의 률법과 졍치ᄂᆞᆫ 다 셩경에셔 나온지라 우리나라 ᄇᆡᆨ셩들도 속히 셩경의 교육을 밧어야 남녀간 서로 의심ᄒᆞᄂᆞᆫ ᄆᆞ음이 업실거시오 샤신 우샹을 셤기ᄂᆞᆫ 폐가 업실 거시니 교우들은 교회에셔 ᄒᆡᆼᄒᆞ던 일을 밧긔 나가셔도 ᄒᆡᆼᄒᆞᆯ것 ᄀᆞᆺᄒᆞ면 무ᄉᆞᆷ 일이던지 다 잘되리라 말ᄉᆞᆷᄒᆞ니 듯ᄂᆞᆫ 사ᄅᆞᆷ이 다 귀를 기우리더라

뎨일권

죠션크리스도인회보

삼십팔호

광무 원년 십월 이십일

대죠션뎨일경ᄉᆞ

광무 원년 십월 십이일(음력구월십칠일)은 단군 이후 ᄉᆞ쳔여년의 뎨일 영화롭고 크게 경츅ᄒᆞᆯ날이라 월젼브터 이젼 남별궁 안에 단을 건츅ᄒᆞ는ᄃᆡ 단일홈은
환구단이니 동셔 남 북에 황살문을 세웟ᄂᆞᆫ지라 이ᄃᆞᆯ 십일일 오후 두시반에
경운궁에셔 시작ᄒᆞ야
환구단ᄭᆞ지 길 좌우로 휘쟝을 쳐셔 잡인의 왕릭 홈을 금ᄒᆞ고 휘쟝 안으로는 각대ᄃᆡ 병뎡들이 졍제히 라립ᄒᆞ고 슌금 몃빅명이 틈틈이 셔셔 지휘ᄒᆞ며 녯젹의 쓰던 각양 졔구를 곳쳐 누른빗츠로 모드러 슈용ᄒᆞ게 ᄒᆞ엿스며
어가를 호위ᄒᆞ는 시위ᄃᆡ 병뎡들은 총 ᄭᅳᆺ히 ᄭᅩᆺ친 무수ᄒᆞᆫ 챵ᄭᅳᆺ시 엄슉ᄒᆞᆫ 위엄을 뵈이고 륙군쟝관들은 금슈 노흔 복쟝과 은빗 ᄀᆞᆺ흔 군도가 화려ᄒᆞᆫ 의용을 빗내고 금관 죠복ᄒᆞᆫ 관원들은 좌우로 비힙ᄒᆞ야 승평ᄒᆞᆫ 긔샹을 드러내니 쟝안 ᄉᆞ녀들이 다토아 구경ᄒᆞ며
대황뎨의 위의를 서로 칭하 ᄒᆞ더라
대황뎨 폐하ᄭᅴ셔는 황룡포에 면류관을 쓰시고 금으로 칙식ᄒᆞᆫ 누른 련을 타시고
황태ᄌᆞ 뎐하ᄭᅴ셔는 홍룡포에 면류관을 쓰시고 붉은 련을 타시고
환구에 니르샤 졔향에 쓸 각식 물건을
친히
감ᄒᆞ신후 오후 네시쯤 되야셔
환어ᄒᆞ옵셧다가 십이일 오젼 두시에 다시
위의를 갓초시고
환구에
림ᄒᆞ샤
텬디ᄭᅴ 졔ᄉᆞ ᄒᆞ시고
대황뎨 위에 나아가심을 고ᄒᆞ시고 오젼 네시반에
환어ᄒᆞ셔셔 졍오 십이시에 빅관의 경츅ᄒᆞ는 하례를 밧으시고 십삼일에 각국 ᄉᆞ신을 쳥ᄒᆞ샤
황뎨위에 나아가심을 션고ᄒᆞ시매 각국 ᄉᆞ신들이 다 하례를 올녓스며 동일 오후 네시에
황후 폐하
빈뎐 명졍을 곳치시고 십ᄉᆞ일에
황태후 폐하
위호를 더ᄒᆞᆯ ᄯᆡ에 보를 올니시고 황태ᄌᆞ 뎐하ᄭᅴ
황태ᄌᆞ비 뎐하를 칙 ᄒᆞ셧다더라 우리가 츙
대쥬지 하ᄂᆞ님의 지극히 ᄉᆞ랑 ᄒᆞ심으로 동방을
권고 ᄒᆞ옵신 은덕을 감샤히 넉이노라

례비일공과 뎨삼십팔 십월 삼십일일

크리스도의권능을의론홈

마태 구쟝 일졀노 십삼졀

변조

디명

一 예수ㅣ 비에 올나 건너가샤 고향에 니르시니
二 사ᄅᆞᆷ들이 반신불슈 병으로 요에 누은 사ᄅᆞᆷ을
ᄃᆡ고 왓거ᄂᆞᆯ 예수ㅣ 그 밋음을 보시고 병든쟈ᄃᆞ
려 닐ᄋᆞᄉᆞᄃᆡ 쇼쟈야 안심ᄒᆞ여라 네죄를 샤ᄒᆞ엿
ᄂᆞ니라 三 셔사관 몃사ᄅᆞᆷ이 ᄆᆞᄋᆞᆷ 속으로 닐ᄋᆞᄃᆡ
이 사ᄅᆞᆷ이 참람ᄒᆞ도다 四 예수ㅣ 그ᄯᅳᆺ슬 알으시
고 ᄀᆞᆯᄋᆞ샤ᄃᆡ 너희가 엇지 악ᄒᆞᆫ 싱각을 품ᄂᆞ냐 五 ᄒᆞᄂᆞᆫ
네죄를 샤ᄒᆞ엿다 ᄒᆞᄂᆞᆫ말과 니러나 ᄃᆞᆫ니라 ᄒᆞᄂᆞᆫ
말이 어나거시 쉽겟ᄂᆞ뇨 六 너희가 인쟈ㅣ 셰상에
셔 죄를 샤ᄒᆞᄂᆞᆫ 권셰가 잇ᄂᆞᆫ줄을 알게 ᄒᆞ리라 ᄒᆞ
시고 병든사ᄅᆞᆷ ᄃᆞ려 말ᄉᆞᆷᄒᆞ샤ᄃᆡ 니러나 네 요를
가지고 네 집으로 도라가라 ᄒᆞ시니 七 그 사ᄅᆞᆷ이
니러나 집으로 도라 가거ᄂᆞᆯ 八 여러 사ᄅᆞᆷ이 보고
이상이 녁이며 하ᄂᆞ님ᄭᅴ셔 이런 권능으로 사ᄅᆞᆷ
의게 주신 영광을 찬미ᄒᆞ더라 九 예수ㅣ 거긔
셔 ᄯᅥ나 가시다가 마태라 ᄒᆞᄂᆞᆫ 사ᄅᆞᆷ이 셰관에 안
진거슬 보시고 닐ᄋᆞ샤ᄃᆡ 나를 좃치라 ᄒᆞ시니 그
사ᄅᆞᆷ이 니러나 좃치니라 十 예수ㅣ 마태의 집
에셔 음식을 잡수실ᄉᆡ 여러 셰리와 죄인들이 와
셔 예수와 그 뎨ᄌᆞ들노 ᄒᆞᆷᄭᅴ 안졋더니 十一 바리ᄉᆡ
사ᄅᆞᆷ들이 보고 그 뎨ᄌᆞ들ᄃᆞ려 닐ᄋᆞᄃᆡ 엇지ᄒᆞ야
너희 션싱이 셰리와 죄인들노 더브러 음식을 먹
ᄂᆞ냐 ᄒᆞ거ᄂᆞᆯ 十二 예수ㅣ 드르시고 닐ᄋᆞ샤ᄃᆡ 건쟝
ᄒᆞᆫ 이ᄂᆞᆫ 의원이 쓸ᄃᆡ업고 병든 이의게 쓰ᄂᆞ니라
十三 나ᄂᆞᆫ 불샹이 녁이ᄂᆞᆫ 거슬 즐겨ᄒᆞ고 졔ᄉᆞᄂᆞᆫ 즐
겨ᄒᆞ지 안노라 ᄒᆞ신 ᄯᅳᆺ슬 가셔 ᄇᆡ호라 대개 내가
올흔 사ᄅᆞᆷ을 불으러 온거시 아니오 죄인들을 불
으러 왓노라

주셕

예수ᄭᅴ셔 샤귀들을 쫏차시매 그 디방 사ᄅᆞᆷ들이 예수가 ᄯᅥ나 가시기를 원ᄒᆞ거ᄂᆞᆯ 예수ㅣ 곳 ᄯᅥ나 건너편 언덕으로 가샤 ᄌᆞ긔 고을이라 ᄒᆞᄂᆞᆫ 가버나옴으로 가셔셔 거긔셔 예루살넴과 다른ᄃᆡ로 오ᄂᆞᆫ 바리ᄉᆡ 인과 ᄇᆡᆨ셩이 만히 모혀 그 계신 집에 가득ᄒᆞ엿ᄂᆞᆫ지라 (누가복음 오쟝 십칠졀 브터 이십오 ᄭᆞ지 보시면 이 이야기를 ᄌᆞ셰히 알거시요) ᄒᆞᆫ 반신불슈 병든 쟈를 네 사ᄅᆞᆷ이 메고 와셔 예수 압헤 갓가히 못ᄒᆞ매 락심치 아니ᄒᆞ고 ᄒᆞᆫ 계교를 엇어 집웅으로 올나 가셔 그 우흘 ᄯᅮᆯ코 병인을 요와 ᄒᆞᆷᄭᅴ 예수 압헤 ᄂᆞ려 노흠은 그 나라 집지은 풍쇽이 죠션과 달나 구멍을 ᄯᅮᆯ어도 그후에 곳치기 폐롭지 안코 편리ᄒᆞᆷ이요 그 메고 온 사ᄅᆞᆷ들이 괴롬을 모로ᄂᆞᆫ 것과 병인도 몸이 괴롭흔 거슬 견ᄃᆡᄂᆞᆫ 거슨 이 모다 밋음이 단단ᄒᆞᆷ을 표ᄒᆞᆷ이요 겻헤 잇ᄂᆞᆫ 사ᄅᆞᆷ들도 병인의 집심이 이ᄀᆞᆺ치 무던ᄒᆞᆫ 줄만 알아사되 예수ᄭᅴ셔ᄂᆞᆫ ᄆᆞᄋᆞᆷ 속에

밋음 잇는줄을 아시니 네 죄를 샤 ᄒᆞ엿다 ᄒᆞ셧ᄉᆞ며 모든 병은 죄로 인ᄒᆞ여 밧은 형벌이 아니로되 그러ᄒᆞᆫ 일이 만히 잇ᄉᆞ며 이 사ᄅᆞᆷ도 죄로 ᄒᆞ여 이러ᄒᆞᆫ듯 ᄒᆞ매 예수ᄭᅴ셔 그 병인이 죄로 인ᄒᆞ여 병된 연고를 아시매 죄를 샤ᄒᆞ여 주시니 듯는 사ᄅᆞᆷ즁에 엇던이는 말이 이는 참람 됨이요 하ᄂᆞ님 외에 뉘가 능히 죄를 샤ᄒᆞ여 주리오 ᄒᆞ는것은 참 말이로되 이는 예수ᄭᅴ셔 참 하ᄂᆞ님의 아ᄃᆞᆯ 되신 줄을 모로매 그러ᄒᆞᆫ 거시요 눈으로 뵈는거시 업ᄉᆞᆫ즉 참 권세 계신줄을 밋지 아니 ᄒᆞ니 예수ᄭᅴ셔 말ᄉᆞᆷ ᄒᆞ시되 병 곳치는 것과 죄 샤 ᄒᆞ여 주는거시 어ᄂᆡ 거시 더 쉬운냐 ᄒᆞ신ᄃᆡ 뎌희 ᄉᆡᆼ각에는 죄 샤 ᄒᆞ여 준다는 말이 더 쉬온줄 안즉 더 사ᄅᆞᆷ들이 눈으로 보는ᄃᆡ 권세잇고 업는거슬 알게ᄒᆞ라 ᄒᆞ샤 병인ᄃᆞ려 곳 니러나 네 요를 가지고 가라 ᄒᆞ시매 병인이 곳 니러나 갓신즉 그 사ᄅᆞᆷ들이 예수ᄭᅴ셔 참 하ᄂᆞ님의 권세 가지신 줄을 아는고로 눈으로 뵈지안는 죄 샤 ᄒᆞ시는 권세를 알더라

○ 예수ᄭᅴ셔 ᄯᅥ나샤 마태라 ᄒᆞ는 사ᄅᆞᆷ의 셰관을 맛나고 불으샤 나를 좃치라 ᄒᆞ시니 곳 ᄯᅡ르는지라 오랜후에 마태의 집 잔치ᄒᆞᆯᄯᅢ 예수와 뎨ᄌᆞ를 쳥ᄒᆞ며 마태가 더외 밋기젼 친고들도 쳥ᄒᆞᆷ은 그 사ᄅᆞᆷ들이 다 예수 밋기를 원ᄒᆞᆷ이니 (누가 복음 오쟝 이십 칠팔 졀을 보라) 예수ᄭᅴ셔 여러 죄인들과 자리에 ᄀᆞᆺ치 안자시기를 슬혀 아니 ᄒᆞ시매 오직 바리새인과 다른 사ᄅᆞᆷ들이 예수ᄃᆞ려 말ᄒᆞ되 엇지 져런 죄인들과 사괴여 갓가히 ᄒᆞᄂᆞ뇨 ᄒᆞ며 원망 ᄒᆞ는지라 예수ᄭᅴ셔 이런 원망 ᄒᆞ는 말을 ᄃᆡ답 ᄒᆞ심은 사ᄅᆞᆷ이 병 업고 건쟝ᄒᆞᆫ 줄을 알면 의원이 쓸ᄃᆡ 업고 오직 병 잇는줄 아는 쟈라야 의원을 쓸지니 이와 ᄀᆞᆺ치 나는 셰샹 죄인을 구원ᄒᆞ려 온거신즉 죄인으로 더브러 ᄒᆞᆫ가지 ᄒᆞᆷ이요 너희와 ᄀᆞᆺ치 착ᄒᆞ고 올흔톄 ᄒᆞ는 쟈의게는 아조 쓸ᄃᆡ 업다 ᄒᆞᆷ이니라

뭇는말

一 예수ᄭᅴ셔 어나 셩에셔 반신불수 병든 사ᄅᆞᆷ을 곳치셧ᄂᆞ뇨 二 예수ᄭᅴ셔 누구의 밋는거슬 보셧ᄂᆞ뇨 三 예수ᄭᅴ셔 더의들의 밋는거슬 인ᄒᆞ여 엇더케 ᄒᆞ셧ᄂᆞ뇨 四 ᄉᆞᄌᆞ들이 예수ᄭᅴ셔 무엇슬 ᄒᆞ는가 ᄉᆡᆼ각ᄒᆞ엿ᄂᆞ뇨 五 ᄌᆞ긔가 셜독 아니 ᄒᆞᆫ 양으로 엇더케 증거 ᄒᆞ엿ᄂᆞ뇨 六 예수ᄭᅴ셔 반신불수 병든사ᄅᆞᆷ을 집으로 가라 ᄒᆞ실 ᄯᅢ에 그 사ᄅᆞᆷ이 엇더케 ᄒᆞ엿ᄂᆞ뇨 七 무리들이 이거슬 보고 엇더케 너엿ᄂᆞ뇨 八 그후에 예수ᄭᅴ셔 누구를 맛나ᄂᆞ뇨 九 마태의 말ᄉᆞᆷ을 ᄒᆞ시요 十 다른 일홈으로는 마태를 엇더케 아ᄂᆞ뇨 (누가복음 오쟝 이십칠졀에 보라) 十一 마태가 예수를 위ᄒᆞ여 무엇 ᄒᆞ엿ᄂᆞ뇨 十二 누가 마태의 친구뇨 十三 바리새 사ᄅᆞᆷ들이 예수의 문도의게 무어슬 무럿ᄂᆞ뇨 十四 예수ᄭᅴ셔 엇더케 ᄃᆡ답 ᄒᆞ셧ᄂᆞ뇨 十五 이 ᄃᆡ답 ᄯᅳᆺ시 무어시뇨 이공부에 뎨일 큰 ᄯᅳᆺ슨 예수ᄭᅴ셔 죄인을 구ᄒᆞ려 오신 거시니라

죠션셩교셔회

칠년젼에 셩교셔회를 처음으로 셜시ᄒᆞ여 울능어 교ᄉᆞ가 삼년 동안을 회쟝으로 잇셧고 그 후에는 아편셜라 목ᄉᆞ가 회쟝으로 춍찰 ᄒᆞᄂᆞᆫᄃᆡ ᄉᆞ년젼에 본회를 위ᄒᆞ야 죠션 교우와 셔국 목ᄉᆞ들이 연보ᄒᆞᆫ 돈이 가히 여러가지 칙을 인츌ᄒᆞᆯ만 ᄒᆞᆫ지라 그ᄉᆞ이 교즁에 ᄆᆡ우 유익ᄒᆞᆫ 칙들을 ᄀᆡ간 ᄒᆞ여 아모조록 젼도에 진익이 되게 ᄒᆞᄂᆞᆫᄃᆡ 그칙 일홈들은 쟝원량우샹론과 텬로지귀와 인가귀도와 셩경문답과 그외에 여러칙을 문ᄃᆞ러 간츌 ᄒᆞ엿더라

본회에 여러가지 칙을 다 변론의원이 맛하셔 각교회에 보ᄂᆡ여 방매 ᄒᆞᄂᆞᆫᄃᆡ 지나간 열두ᄃᆞᆯ 동안에 ᄀᆡ간ᄒᆞᆫ 칙은 삼만 오쳔권이요 방매ᄒᆞᆫ 칙은 그젼의 잇던칙 거지 합ᄒᆞ여 삼만 칠쳔권 일너라

회즁에 집ᄉᆞ가 십륙인 인ᄃᆡ 집ᄉᆞ즁에 아홉 사ᄅᆞᆷ은 셔울 잇셔셔 회즁 ᄉᆞ무를 보게ᄒᆞ고 금년에 비로소 죠션 젼협판 윤치호씨로 임원을 ᄐᆡᆨᄒᆞ엿시며 회원 밧는 규칙이 두가지 법이 잇스니 은젼 이원을 회즁에 밧치면 일년 회원이 되고 만약 이십원을 밧치면 평싱 회원이 되더라

본회에셔 새로 세가지 칙을 인츌 ᄒᆞ고 쟝찻 인츌 ᄒᆞᆯ거시 네가지 칙이 잇더라

십월 십칠일 쥬일에 졍동 새회당 에셔 례비를 맛친 후에 회쟝 아편셜라씨가 셩교셔회의 쥬쟝 ᄯᅳᆺ을 잠간 말솜 ᄒᆞ고 본회에 연보젼을 밧는ᄃᆡ 거둔 돈이 이원이라 이돈을 회즁에 밧치고 리화학당에 잇는 녀교우 ᄒᆞᆫ분을 본회 회원으로 ᄐᆡᆨ입 ᄒᆞᆫ다더라 쥬일 오후에 셔국 목ᄉᆞ들과 여러 부인이 다 비지학당 회당에 모혀셔 례비 ᄒᆞᄂᆞᆫᄃᆡ 회쟝 아편셜라씨가 본회 ᄉᆞ무를 연셜 ᄒᆞ고 의원 변론씨는 기간 여러 가지 칙 방매 ᄒᆞᆫ거슬 보단 ᄒᆞ더라

우리 여러 교우들은 특별이 하ᄂᆞ님ᄭᅴ 긔도 ᄒᆞᆯ거슨 다만 셔울안에 잇난 교회에셔만 셩교셔회를 위ᄒᆞ야 보죠ᄒᆞᆯ섇 아니라 싀골 각쳐에 잇는 교회에셔도 교우마다 ᄆᆞ음을 합ᄒᆞ고 힘을 아올나 본회를 도아 주거드면 이는 하ᄂᆞ님의 도가 크게 흥왕ᄒᆞᆯ 긔쵸요 거륵ᄒᆞᆫ 복음을 널니 젼파ᄒᆞᆯ 쟝본이라 여러 싀골에 잇는 적은 회당에셔도 각기 힘ᄃᆡ로 연보 ᄒᆞ여 됴흔 칙들을 만히 ᄀᆡ간케 ᄒᆞ기를 ᄀᆞᆫ졀이 ᄇᆞ라노라

고빅

본회에셔 이회보를 일쥬일에 ᄒᆞᆫ번식 발간ᄒᆞᄂᆞᆫ거ᄉᆞᆫ 다만 미이미 교회만 위홈이 아니오 다른 교회나 교외 사ᄅᆞᆷ들을 다위ᄒᆞᄂᆞᆫ 일이니 죠션 교우나 셔국교ᄉᆞ나 교외친고나 만일 사셔 보고져 ᄒᆞ거든 졍동 아편셜라 교ᄉᆞ집이나 죵로 대동셔시에 긔별ᄒᆞ여 갓다 보시오 우리가 이회보를 ᄒᆞᆫ쟝에는 엽젼너푼이오 ᄒᆞᆫᄃᆞᆯ 갑슬 미리 내면 엽젼 ᄒᆞᆫ돈 오푼식이오 ᄯᅩ 싀골 사ᄅᆞᆷ의게 우체로 보내는 갑슨 ᄯᅮ루이소

○죠션교우나 셔국교ᄉᆞ나 교즁소문에 드를만 ᄒᆞᆫ것 잇거든 국문으로 젹어셔 졍동 아편셜라 교ᄉᆞ집으로 보내여 주시면 우리가 회보에 긔록 ᄒᆞ여 회보 보는이로 ᄒᆞ여곰 이목을 새롭게 ᄒᆞ겟소

뎨일권

죠션 크리스도인 회보

광무 원년 십월 이십칠일

삼십구호

청년회

청년회가 제물포 회당과 셔울남대문안 회당에셔는 임의 셜립ᄒᆞ엿고 또 졍동 회당에셔 또 셜립ᄒᆞᆯ터인ᄃᆡ 이는 다 쥬ᄭᅴ 영화를 돌녀 보낼지어다 모히는 일ᄌᆞ는 목요일 마다 모히는ᄃᆡ 오는 두돌 동안은 긔도회로 모힐 터인ᄃᆡ 연셜ᄒᆞᆯ 문제가 잇슨 후에야 긔도회가 흥왕ᄒᆞᆯ터이기로 문제는 좌에 긔록ᄒᆞ노니 이 문제는 (ᄉᆞ도ᄒᆡᆼ젼에 잇는 거시라) 이거ᄉᆞᆫ 우리 졂은 교회의 유익ᄒᆞᆯ거ᄉᆞᆫ ᄉᆞ도ᄒᆡᆼ젼은 교회 비셜ᄒᆞ는 ᄉᆞ젹이니 우리도 우리 ᄉᆞ긔를 잘 알 거시니라

십일월 ᄉᆞ일

뎨일 **구쥬의승텬** ᄉᆞ도ᄒᆡᆼ젼 일쟝 이졀노 십ᄉᆞ졀

십일월 십일일

뎨이 **셩신지강림** ᄉᆞ도ᄒᆡᆼ젼 이쟝 일졀노 십삼졀

십일월 십팔일

뎨삼 **만흔무리가회ᄀᆡᄒᆞᆷ** ᄉᆞ도ᄒᆡᆼ젼 이쟝 삼십일졀노 ᄉᆞ십칠졀

십일월 이십오일

토론회

십이월 이일

뎨ᄉᆞ **안잔방이를곳침** ᄉᆞ도ᄒᆡᆼ젼 삼쟝 일졀노 십륙졀

십이월 초구일

뎨오 **ᄉᆞ도지용밍** ᄉᆞ도ᄒᆡᆼ젼 ᄉᆞ쟝 일졀노 십ᄉᆞ졀

십이월 십륙일

뎨륙 **하ᄂᆞ님ᄭᅴ원납** ᄉᆞ도ᄒᆡᆼ젼 ᄉᆞ쟝 삼십이졀노 오쟝 십일졀

십이월 이십삼일

뎨칠 **구쥬탄싱**

십이월 삼십일

토론회

이 청년회는 합즁국만 잇는거시 아니라 텬하 각국에 예수교회를 셜립ᄒᆞᆫ 곳에 만히 잇는지라 청년이라 ᄒᆞᆷ은 로인이 아죠 샹관 업는거시 아니라 로인은 회가 자라매 청년이 되고 청년이 늙으매 로인이 되ᄂᆞ니 오놀날 ᄇᆡᆨ발옹은 곳 녜젼 청년회의 쇼년이라 엇지 로쇼에 분별이 잇ᄉᆞ리오 청년들은 로인보다 녀력이 방강ᄒᆞ고 미ᄉᆞ에 쟝진지망이 잇는 고로 늙 별어 청년회라 ᄒᆞᆷ이니라

레비일공과 뎨삼십구 십일월 초칠일

밋음의힘굶을의뢰론

마태 구장 십팔절노 삼십일절

변조
디명

十八 예수ㅣ 이런 말ᄉᆞᆷ을 ᄒᆞ실때에 ᄒᆞᆫ 관원이 와서
절ᄒᆞ고 ᄀᆞᆯᄋᆞᄃᆡ 내ᄯᆞᆯ이 지금 죽엇ᄉᆞ오니 가셔셔
그몸에 손만 ᄃᆡ히시면 살겟ᄂᆞ이다 十九 예수ㅣ 니
러나 좃ᄎᆞ 가실시 뎨ᄌᆞ들도 ᄒᆞᆷᄭᅴ 가니라 二十 열두
ᄒᆡ를 혈누증으로 알ᄂᆞᆫ 녀인이 예수뒤를 좃ᄎᆞ와셔
그 옷ᄀᆞ을 문지니 二十一 제 ᄆᆞᄋᆞᆷ에ᄂᆞᆫ 그 옷만 문져
도 낫겟다 ᄒᆞᆷ이라 二十二 예수ㅣ 도라 보시며 ᄀᆞᆯᄋᆞ
샤ᄃᆡ ᄯᆞᆯ아 안심ᄒᆞ여라 네 밋음이 너를 낫게 ᄒᆞᄂᆞ
니라 ᄒᆞ시니 그시로 낫더라 二十三 예수ㅣ 그 관원
의 집에 드러가샤 피리부ᄂᆞᆫ 쟈들과 뭇사ᄅᆞᆷ이 헌
화ᄒᆞᆷ을 보시고 二十四 ᄀᆞᆯᄋᆞ샤ᄃᆡ 믈너가라 이 쳐녀가
죽은거시 아니오 잔다 ᄒᆞ시니 뭇 사ᄅᆞᆷ이 비웃더
라 二十五 뭇 사ᄅᆞᆷ을 내여 보낸후에 예수ㅣ 드러가
샤 그 쳐녀의 손을 잡으시매 쳐녀가 곳 니러나니
二十六 그 소문이 온디경에 퍼지더라 二十七 예수ㅣ 거
긔셔 ᄯᅥ나 가실시 두소경이 ᄯᆞ라오며 소리질너
ᄀᆞᆯᄋᆞᄃᆡ 대위의 ᄌᆞ손은 우리를 불샹히 넉이쇼셔
ᄒᆞ더니 二十八 예수ㅣ 집에 드러 가시매 쇼경들이 오거
ᄂᆞᆯ 예수ㅣ ᄀᆞᆯᄋᆞ샤ᄃᆡ 내 능히 이 일ᄒᆞᆯ거슬 너희가 밋
ᄂᆞ냐 ᄃᆡ답ᄒᆞᄃᆡ 쥬여 그러 ᄒᆞ니이다 二十九 예수ㅣ 뎌
의 눈을 문지시며 ᄀᆞᆯᄋᆞ샤ᄃᆡ 너희 밋ᄂᆞᆫᄃᆡ로 되리
라 ᄒᆞ시니 三十 그 눈들이 ᄇᆞᆰ은지라 예수ㅣ 엄히
경계 ᄒᆞ샤ᄃᆡ 삼가 사ᄅᆞᆷ을 알게ᄒᆞ지 말나 ᄒᆞ셧더
니 三十一 그들이 나아가서 그 소문을 온 디방에 젼
파ᄒᆞ더라

주석

이공부에 예수ᄭᅴ셔 ᄒᆞ신 신긔ᄒᆞᆫ 일은 세시니 죽은 ᄋᆞᄒᆡ를 살니심과 모든 의원이 곳치지 못ᄒᆞᆯ병을 곳치심과 두 소경된 쟈의 눈을 ᄯᅥ 보게 ᄒᆞ심이요 (마가 복음 오장 이십 이절 브터 ᄉᆞᆺ절 ᄭᅥ지 와 누가 복음 팔장 ᄉᆞ십 일절 브터 ᄉᆞᆺ장 ᄭᅥ지 보면) 이 공부를 더 ᄇᆞᆰ게 알지니 이거시 밋음이 잇ᄉᆞᆫ즉 다 ᄒᆞ시ᄂᆞᆫ 일이요 혈루병 가진 녀인ᄃᆞ려 너ᄂᆞᆫ 안심 ᄒᆞ여라 네 밋음이 너를 낫게 ᄒᆞ리라 ᄒᆞ시며 그 죽은 ᄋᆞᄒᆡ의 아바지ᄃᆞ려 너ᄂᆞᆫ 걱정 말고 밋기만 ᄒᆞ여라 네 ᄯᆞᆯ이 구ᄒᆞᆷ을 엇으리라 ᄒᆞ시며 소경ᄃᆞ려 네희 밋ᄂᆞᆫᄃᆡ로 되리라 ᄒᆞ신지라 이 세 사ᄅᆞᆷ 즁에 엇더ᄒᆞᆫ 자가 밋음이 더ᄒᆞᆫ지 뉘가 알수 잇ᄉᆞ리오 그 ᄋᆞᄒᆡ 아바지ᄂᆞᆫ ᄯᆞᆯ이 죽은줄 알아ᄉᆞ되 예수ᄭᅴ셔 만지기만 ᄒᆞ시면 살줄 알며 혈루병 가진 녀인은 예수의 옷깃만 만져도 나ᄒᆞᆯ줄 알며 소경된 쟈ᄂᆞᆫ 예수ㅣ 본톄 아니 ᄒᆞ셔도 밋어 웨치기만 ᄒᆞ면 나ᄒᆞᆯ줄 알아ᄉᆞ매 이 세 사ᄅᆞᆷ이 다 각기 구 ᄒᆞ고 밋ᄂᆞᆫᄃᆡ로 밧은즉 지금도 우리가 더

사롬과 굿치 밋음이 넉넉ᄒᆞ면(미태 복음 칠쟝 팔절에 잇ᄂᆞᆫ 말솜과 굿치 다 구ᄒᆞ면 밧ᄂᆞᆫ다 ᄒᆞᄂᆞᆫ 간중이라) 그 녀인은 예수ᄭᅴ서 허다ᄒᆞᆫ 사롬을 만히 곳치신 줄도 알고 지금 이 곳으로 지나 가시ᄂᆞᆫ 줄을 알매 가만히 나아가 그 옷깃만 만져 보면 병이 나흘줄 알아ᄉᆞ되 오직 예수ᄭᅴ서ᄂᆞᆫ 그녀인의 밋음을 놈이 알게 ᄒᆞᄂᆞᆫ거시 올코 효험 빗을줄 아시니 여러 사롬 압헤 밋음 잇ᄂᆞᆫ줄을 뵈게 ᄒᆞ셧ᄂᆞᆫ지라 지금도 사롬들이 말ᄒᆞ되 나ᄂᆞᆫ 홀노 ᄆᆞ옴으로만 도를 밋고 놈이 모로게 ᄒᆞ드리도 다 관계치 안타 ᄒᆞ나 이러케 ᄒᆞᄂᆞᆫ자 들은 예수ᄭᅴ서 됴치 안케 녁이시ᄂᆞ니 사롬이 각기 ᄌᆞ긔 죄를 놈의 압헤 ᄌᆞ복ᄒᆞ며 예수를 좃차 섬기여야 평안ᄒᆞ리라 ᄒᆞ심을 드롤지라 사롬 압헤 예수를 밋기를 붓그러ᄒᆞ면 이ᄂᆞᆫ 예수의 데ᄌᆞ 되지 못ᄒᆞᄂᆞ니 춤으로 놈이 얼게 밋ᄂᆞᆫ거시 맛당홈이요(마태 복음 십쟝 삼십삼 절을 보라) 예수ᄭᅴ서 그 관원의 집에 가실재 ᄋᆞ희를 살니겟다 ᄒᆞ시매 여러 사롬이 죠롱ᄒᆞ고 비웃더니 ᄋᆞ희 삶을 보고 도로혀 놀나고 이상이 녁이더라 두 소경이 예수롤 ᄀᆞᄅᆞ쳐 ᄯᅢ빗의 ᄌᆞ손이라 칭홈은 다름 아니ᄒᆞ라 춤 하ᄂᆞ님ᄭᅴ서 보내신 메시야신줄 안다ᄂᆞᆫ 말이라 우리ᄂᆞᆫ 이 여러 사롬과 굿치 곳치지 못홀 병과 죽을 병도 잇ᄉᆞ나 이ᄂᆞᆫ 사롬마다 ᄆᆞ옴에 죄악이 ᄀᆞ득홈이요 예수ᄭᅴ서ᄂᆞᆫ 곳치실 권셰 계신즉 어서 예수 압헤 권셰를 엇어 곳치기를 ᄇᆞ라노니 오ᄂᆞᆯ 예수ᄭᅴ서 계신즉 오ᄂᆞᆯ 곳 예수를 밋으면 구원을 엇을 가시요 ᄆᆞ옴을 곳 씻셔 ᄇᆞᆰ히여야 ᄉᆡᆼ명의 길을 주시리라

뭇ᄂᆞᆫ말

一 이 공ᄇᆞ에 말솜ᄒᆞᆫ 세가지 예수씨의 이적이 무어시뇨 二 엇던거시 첫재 힝ᄒᆞ신 거시뇨 三 이녀인이 얼마나 오ᄅᆡ 알앗ᄂᆞ뇨 四 이 녀인이 예수씨의게 올ᄯᅢ에 무어시라 말ᄒᆞ엿ᄂᆞ뇨 五 예수씨가 그 녀인을 보시고 무어시라 말솜ᄒᆞ셧ᄂᆞ뇨 六 이 녀인이 예수씨의 옷깃술 만져서 나앗ᄂᆞ뇨 혹 밋음으로 나앗ᄂᆞ뇨 七 예수씨 보다 몬저 누가 그 쟈상의 집에 니르럿ᄂᆞ뇨 八 그 녀ᄋᆞ가 죽지 아니ᄒᆞ엿다 ᄒᆞ실ᄯᅢ에 그 ᄇᆡᆨ셩들이 웨 우셧ᄂᆞ뇨 九 예수씨ᄭᅴ서 여러 ᄇᆡᆨ셩들 압헤서 그 녀ᄋᆞ를 닐으키셧ᄂᆞ뇨 十 이 이적이 널니 젼파 ᄒᆞ엿ᄂᆞ뇨 十一 그 후에 소경 몃치 예수를 ᄯᆞ롯ᄂᆞ뇨 十二 그들이 예수ᄭᅴ 무어시라 말ᄒᆞ엿ᄂᆞ뇨 十三 집에 드러간 후에 그 소경의게 엇더케 말솜ᄒᆞ셧ᄂᆞ뇨 十四 그들이 디답을 엇더케 ᄒᆞ엿ᄂᆞ뇨 十五 그들의게 무어시 일위엿다 말솜ᄒᆞ셧ᄂᆞ뇨 十六 그들이 눈을 ᄯᅳᆫ후에 가만이 잇슬수가 잇셧ᄂᆞ뇨 十七 이 세가지 이적에서 비홀공부 세가지를 말솜ᄒᆞ시요

나죵을잘ᄒᆞᆯ것

무론 모ᄉᆞ ᄒᆞ고 나죵을 보아야 진위와 득실을 아ᄂᆞ니 가ᄉᆞ 초목으로 의론ᄒᆞ면 봄에 나셔 자라다가 혹 병드러 석거지거나 혹 가을을 당ᄒᆞ여도 열ᄆᆡ가 번셩치 안ᄒᆞ면 비록 봄에 나기는 낫스나 실샹은 쓸ᄃᆡ 업고 금슈로 의론ᄒᆞ면 ᄃᆡ란화습에 각각 제 죵류ᄃᆡ로 셰샹에 나혓다가 얼마되지 못ᄒᆞ야 혹 톄질이 강쟝치 못ᄒᆞ거나 혹 모골이 파샹ᄒᆞ면 더회 몸에도 쾌ᄒᆞ지 못ᄒᆞ며 또 사ᄅᆞᆷ의 슈용ᄒᆞᄂᆞᆫᄃᆡ도 유익ᄒᆞᆷ이 업고 사ᄅᆞᆷ의 일노 의론ᄒᆞ면 혹 공부를 ᄒᆞ되 처음은 부지런ᄒᆞ다가 점점 희타ᄒᆞ면 젼에 약간 공부ᄒᆞ엿던 학식을 다 니져ᄇᆞ리고 무식을 면치 못ᄒᆞ니 쓸ᄃᆡ업고 혹 선교ᄉᆞ가 되여 도를 젼ᄒᆞ되 처음은 공근ᄒᆞ고 관후ᄒᆞ며 쳥렴ᄒᆞ고 정직ᄒᆞ야 하ᄂᆞ님의 일을 힘써ᄒᆞ매 그 사ᄅᆞᆷ의 동작을 보고 올흔도를 젼ᄒᆞᄂᆞᆫ줄을 ᄇᆡᆨ셩이 밋어 복음 듯기를 만이 원ᄒᆞ다가 혹 그후에 교만ᄒᆞ거나 지라들 담ᄒᆞ거나 경박ᄒᆞ거나 판ᄇᆡᆨ되면 여러 ᄇᆡᆨ셩이 그의 동작을 보고 의심ᄒᆞ여 복음 서자 밋지 아니ᄒᆞ면 이왕에 ᄒᆞ엿던 ᄉᆞ업도 쓸ᄃᆡ 업스며 영영ᄒᆞᆫ 진복을 일허ᄇᆞ리고 혹 지샹으로 의론ᄒᆞ면 처음에는 공평ᄒᆞ고 충직ᄒᆞ며 근신ᄒᆞ고 쳥ᄇᆡᆨᄒᆞ매 그 지샹의 동작을 보고 여러 동요가 감복ᄒᆞ야 각각 그 직무를 힘쓰고 진심보국ᄒᆞ기를 조긔ᄒᆞ다가 그후에 그가 점점 뢰물을 탐ᄒᆞ고 음란ᄒᆞ며 샤치ᄒᆞ고 강폭ᄒᆞ매 조긔 명망도 업서지고 국ᄉᆞ도 그릇되며 그 아래 관요도 다 각심으로 ᄒᆡ이ᄒᆞ니 집안일과 나라일에 ᄒᆡ가 무궁ᄒᆞᆫ지라 일노 보면 ᄆᆡᄉᆞ가 나죵을 잘ᄒᆞᄂᆞᆫ 거시 올흘ᄯᅳᆺ ᄒᆞ더라

덕산교회

서산군 거ᄒᆞᄂᆞᆫ 박덕칠이라 ᄒᆞᄂᆞᆫ 사ᄅᆞᆷ은 근본 부랑픽류로 셔울에 올나와 예수교회에 칙을 ᄉᆞ가지고 서산 태안 등디로 ᄃᆞᆫ니며 픽악ᄒᆞᆫ 일을 ᄒᆞ되 말ᄒᆞ기를 덕산 한니 류ᄃᆡ쳔 의게서 가져 왓다 ᄒᆞᄂᆞᆫ 고로 악ᄒᆞᆫ 일홈이 모도 류면쳔의게로 도라 가ᄂᆞᆫ지라 그럼으로 류면쳔이 조긔가 교회칙 준 사ᄅᆞᆷ의게 일일이 사실ᄒᆞ여 본즉 그 교회 사ᄅᆞᆷ은 ᄒᆞ나도 불의지ᄉᆞ를 ᄒᆞᆫ일이 업고 일후에 또ᄒᆞᆫ 무ᄉᆞᆫ 폐가 잇슬가 ᄒᆞ야 지금브터 교회에 참예ᄒᆞ기를 원ᄒᆞᄂᆞᆫ 사ᄅᆞᆷ이 잇스면 칙에 도셔를 쳐셔 표ᄒᆞ야 주어 협잡ᄒᆞᄂᆞᆫ 폐가 야조 업게ᄒᆞ며 진심으로 경련ᄒᆞ기를 힘쓴다ᄒᆞ니 이런일을 볼진ᄃᆡ ᄌᆞ세히 ᄉᆞᆲ히지 못ᄒᆞ고 명ᄇᆡᆨ히 알지 못ᄒᆞ면 엇지 외인의 훼방ᄒᆞᄂᆞᆫ 말만 듯고 그 사ᄅᆞᆷ의 ᄒᆡᆼ위를 악ᄒᆞ다 칭ᄒᆞ리오 쇽담에 닐ᄋᆞ기를 ᄒᆞᆫ마리 고기가 온 바다물을 흐리게 ᄒᆞᆫ다 ᄒᆞ거니와 이ᄂᆞᆫ 그ᄲᅮᆫ 아니라 동희에 잇ᄂᆞᆫ 고기가 셔희의 물을 흐리게 ᄒᆞᆷ과 ᄀᆞᆺ도다 셔산박씨가 덕산교회에 샹관도 업고 류면쳔과 일면지분도 업ᄂᆞᆫᄃᆡ 류면쳔을 빙ᄌᆞᄒᆞ고 ᄉᆞ방에 ᄃᆞᆫ니며 ᄒᆡᆼ악이 무쌍ᄒᆞ여 ᄇᆡᆨ옥ᄀᆞᆺ치 일뎜하ᄌᆞ가 업ᄂᆞᆫ 류면쳔이 의ᄆᆡ이 루명을 닙으니 참 ᄀᆡ탄ᄒᆞᆯ 일일너라

뎨일권 죠션 크리스도인 회보 ᄉᆞ십호
광무 원년 십일월 삼일

교우문답

우리가 경향간에 ᄃᆞᆫ이며 젼도 ᄒᆞᆫ곳이 만치 못 ᄒᆞ거니와 ᄒᆞᆫ식골에 니라러 도를 젼ᄒᆞ고 교우를 권면ᄒᆞᆯ시 그곳 사ᄅᆞᆷ들이 셩경문답을 보앗스나 쥬일에 긔도 ᄒᆞ는 법과 찬미와 론셜 ᄒᆞ는 규칙을 처음 보는지라 그런고로 하ᄂᆞ님이 처음에 텬디 만물을 창조ᄒᆞ심과 구세쥬의 강ᄉᆡᆼ ᄒᆞ심과 셩신의 감화ᄒᆞ심을 강론 ᄒᆞ더니 ᄒᆞᆫ교우가 무러 ᄀᆞᆯᄋᆞᄃᆡ 하ᄂᆞ님의 위는 셋시요 톄는 ᄒᆞ나 이라ᄒᆞ니 그게 무슴 리치뇨 가쟝 알기 어렵다 ᄒᆞ거ᄂᆞᆯ 젼도인이 비ᄉᆞ를 베프러 ᄃᆡ답ᄒᆞ되 형뎨들아 태양을 볼지어다 ᄇᆞᆰ은 빗시 잇셔 만국에 빗치며 더운 긔운이 잇셔 만물을 쟝양케 ᄒᆞ나 합ᄒᆞ여 말ᄒᆞ면 ᄒᆞᆫ태양이요 난호아 말ᄒᆞ면 태양과 빗과 더운 긔운이라 그런즉 셩부는 태양과 ᄀᆞᆺ고 셩ᄌᆞ는 빗과ᄀᆞᆺ고 셩신은 더운 긔운과 ᄀᆞᆺᄒᆞ여 하ᄂᆞ님은 만물의 대쥬재가 되시고 구세쥬는 만민의 죄를 ᄃᆡ쇽ᄒᆞ신 크리스도 ᄊᆞ요 셩신은 인심을 감화ᄒᆞ야 ᄆᆡ과쳔션케 ᄒᆞ시는 보혜ᄉᆞ라 ᄒᆞ니 듯는 사ᄅᆞᆷ들이 황연히 ᄭᆡ다라 깁히든 잠을 ᄭᆡ고 어둡게 막힌 귀가 열니는것 ᄀᆞᆺ다고 다 깃버 말ᄒᆞ더라 그다음에 ᄯᅩ 하ᄂᆞ님의 십계를 히셕ᄒᆞ여 강론ᄒᆞᆯ시 여러 사ᄅᆞᆷ들의 말이 계명을 직히기 과이 어려온거시 업스나 뎨일 직힐수 업는거슨 뎨ᄉᆞ계의 말ᄉᆞᆷ과 ᄀᆞᆺ치 안식일에 일 ᄒᆞ지 안는 거시라 우리 식골 사ᄅᆞᆷ은 봄에 심으고 여름에 김ᄆᆡ고 가을에 츄슈 ᄒᆞ는거시 각각 ᄯᆡ가 잇셔 그ᄯᆡ에는 ᄒᆞ로는 고샤ᄒᆞ고 일시라도 휴식ᄒᆞ면 낭픽가 만하 과연 난쳐ᄒᆞᆫ지라 라마교 ᄒᆞᄂᆞᆫ 사ᄅᆞᆷ들은 신부의 허가를 맛하셔 쥬일에 오젼만 긔도ᄒᆞ고 오후에는 각각 ᄌᆞ긔 직업을 좃차 일을 ᄒᆞᆫ다ᄒᆞ니 우리 교회에도 혹 그러ᄒᆞᆫ 권도가 잇ᄂᆞ뇨 뭇거ᄂᆞᆯ ᄃᆡ답ᄒᆞ되 구세쥬ᄭᅴ셔 안식일에 병든쟈를 곳치심도 잇고 쥬의 뎨ᄌᆞ들이 밧헤 지나다가 보리이삭을 ᄯᅡ셔 먹은 일도 잇스니 우리가 쥬일에 급ᄒᆞᆫ 병에는 약도 쓸거시요 긔한이 심ᄒᆞ면 먹기를 도모 ᄒᆞ려니와 기외에 다른일은 집에 머무는 손님 ᄭᆞ지라도 일ᄒᆞ지 말나 ᄒᆞ셧슨즉 엇지 라마교 신부의 권도 쓰는거슬 본밧으리오 형뎨들은 조심ᄒᆞ여 안식일을 잘 직히기를 ᄇᆞ라노라 ᄒᆞ니 듯는 사ᄅᆞᆷ들이 다 묵묵히 말이 업더라 우리는 ᄇᆞ라노니 경향을 물론ᄒᆞ고 교즁 형뎨들은 여ᄉᆞᆺ날 동안에 각기 직무를 좃차 힘써ᄒᆞ고 쥬일에는 육신의 의식을 걱정ᄒᆞ지말고 령혼의 영ᄉᆡᆼ ᄒᆞ는 량식을 위ᄒᆞ여 긔도 찬미를 진심ᄭᆞᆺ ᄒᆞ기를 ᄇᆞ라노라

례ᄇᆡ일공과 뎨ᄉᆞ십 십일월 십ᄉᆞ일

열둘불으신의론

마태 십장 일졀노 십오졀

변조

디명

一 예수ㅣ 열두뎨ᄌᆞ를 브르샤 샤귀을 쫏치며 모
든 질병을 곳치는 권능를 주시니 ○ 二 열두뎨ᄌᆞ
의 일홈이 첫재는 베드로라 ᄒᆞ는 시몬과 그동싱
안드레와 셰비대의 아들 야곱과 그동싱 요한과 三
필닙보와 바돌노매와 도마와 셰리 마태와 알픠오
의 아들 야곱과 륵비라 ᄒᆞ는 다대와 四 시몬 이
라ᄒᆞ는 예와 예수를 판 가략 사름 유대ㅣ라 五
예수ㅣ 이열둘을 보내시며 명ᄒᆞ여 ᄀᆞᆯᄋᆞ샤ᄃᆡ 이방
길노 가지 말고 살마리아 고을노 드러가지 말고
六 이식렬 집에 일허ᄇᆞ린 양의게로 가라 七 가셔
젼도ᄒᆞ여 말ᄒᆞ되 텬국이 갓가왓다 ᄒᆞ고 八 병을
곳치며 죽은이를 니ᄅᆞ키며 문동이를 ᄭᆡᆺ긋게 ᄒᆞ며
샤귀를 쫏차내되 너희가 그저 밧앗스니 그저ᄒᆞ여
주어라 九 또 너희 주먼이에 금과 은과 동이나 十
젼ᄃᆡ나 두벌 옷시나 신이나 지핑이도 예비치 말
나 일군이 음식 엇기는 맛당ᄒᆞ니라 十一 엇던 셩
이나 마을이나 드러가셔 맛당ᄒᆞᆫ 사름을 ᄎᆞ쟈 너
희 ᄯᅥ나기 ᄭᆞ지 거긔셔 머물고 十二 놈의 집에 드
러 갈때에 평안ᄒᆞ기를 빌나 十三 그집이 복 밧을만
ᄒᆞ면 너희 빈ᄃᆡ로 주실터이오 못밧을 터이면 너
희 빈거시 너희게로 도라오게 ᄒᆞ시리라 十四 누구
던지 너희를 영졉도 아니ᄒᆞ고 너희 말도 듯지아니
ᄒᆞ거든 그 집이나 셩이나 ᄯᅥ날적에 너희 발에 몬
지ᄭᆞ지 ᄯᅥᆯ어 ᄇᆞ리라 十五 내 실노 너희게 닐ᄋᆞ노니
심판ᄒᆞ는 날에 소다마와 ᄭᅩ마랍 형벌도 그셩보다
견ᄃᆡ기가 나으리라

주셕

예수ᄭᅴ셔 모든 뎨ᄌᆞ즁에 열두 뎨ᄌᆞ를 ᄐᆡᆨᄒᆞ심은 ᄌᆞ긔 몸 뎨ᄌᆞ 되며 특별히 부리시는 ᄉᆞ신을 삼으시매 이 열두 뎨ᄌᆞ의 일홈은 오놀 공부 외에는 (마가 복음 삼장 십륙 졀과 누가 복음 륙장 십ᄉᆞ 졀과 ᄉᆞ도힝젼 일쟝 십삼졀에 잇ᄂᆞᆫᄃᆡ) 륵비라 ᄒᆞ는 다대는 마가 복음에는 다대라 ᄒᆞ고 누가 복음과 ᄉᆞ도힝젼 에는 유대라 ᄒᆞᆫ지라 이열두 뎨ᄌᆞ즁에 뎨일 ᄯᅱ여 난쟈는 베드로요 그 다음은 요한과 야곱이니 이 세 사름은 다른 뎨ᄌᆞ보다 륵이 갓가온 모양이오 예수ᄭᅴ셔 이제 십이 뎨ᄌᆞ드려 나아가 젼도ᄒᆞ라 ᄒᆞ심이 처음으로 시험ᄒᆞ시매 그곳에 나아가 엇더케 ᄒᆞ라고 ᄒᆞ심은 이번만 이러케 ᄀᆞᄅᆞ치심이요 그후에 예수ᄭᅴ셔 승텬 ᄒᆞ시기젼에는 텬하 나라에 다가셔 젼도ᄒᆞ라 ᄒᆞ시되 이번에는 사마랴 셩에도 드러, 가지 말나 ᄒᆞ셔모오직 유대 고을노 가셔 젼도ᄒᆞ라 ᄒᆞ심은 유대 사름이 하ᄂᆞ님이 ᄐᆡᆨᄒᆞ신 ᄇᆡᆨ셩이매 몬져 그리로

가서 젼도ᄒᆞᆷ이 맛당타 ᄒᆞ심이요 일허ᄇᆞ린 양이라
날ᄀᆞᄅᆞ심은 더희가 하ᄂᆞ님을 춤 셤기ᄂᆞᆫ 도ᄅᆞᆯ
비반ᄒᆞ고 곳쳐 ᄌᆞ긔 ᄆᆞ옴ᄃᆡ로 ᄒᆞ엿ᄉᆞ나 그러ᄒᆞ나
이ᄂᆞᆫ 이방 사ᄅᆞᆷ이 아니요 하ᄂᆞ님의 ᄐᆡᆨᄒᆞ신 ᄇᆡᆨ
셩이라 세번을 어ᄃᆡ로ᄂᆞᆫ 가지 말고 어ᄃᆡ로 가라
ᄒᆞ심은 ᄒᆞᆫ곳에 오ᄅᆡ 잇지 말고 여러 군ᄃᆡ로 단이
며 젼도 ᄒᆞ라 ᄒᆞ심이요 하ᄂᆞ님 나라이 갓가웟
다 ᄒᆞ심은 구원 ᄒᆞ시ᄂᆞᆫ 쥬ㅣ 오셧다 ᄒᆞᆷ이요 예수
ᄯᅢ셔 긔이ᄒᆞᆫ 힝젹으로 써 뎨ᄌᆞ의게 권세ᄅᆞᆯ 주심
은 이거시 ᄇᆡᆨ셩의게 간증 ᄒᆞᆷ이니 오직 병을 곳치
ᄂᆞᆫ 거시나 젼도 ᄒᆞᄂᆞᆫᄃᆡ 그 갑슬 밧지 말나 ᄒᆞ심
은 예수ᄭᅴ셔 뎨ᄌᆞ의게 공이 주셧ᄉᆞ매 너도 그ᄃᆡ
로 공이 주라 ᄒᆞ심이니 그러나 사ᄅᆞᆷ이 병을 곳치
며 젼도 ᄒᆞᄂᆞᆫ 자의게 공이 밧앗ᄉᆞᆫ즉 그 밧은 자
ㅣ 갑흘거ᄉᆞᆫ 졉ᄃᆡ ᄒᆞᆷ으로써 ᄃᆡ신 ᄒᆞᆯ지라 이런고
로 예수ᄭᅴ셔 뎨ᄌᆞᄃᆞ려 의복이나 돈을 가지고 나
가지 말나 ᄒᆞ셧ᄉᆞ니 대개 역군이 품삭 밧ᄂᆞᆫ것쳐
ᄅᆞᆷ 젼도 ᄒᆞᄂᆞᆫᄃᆡ도 이와 ᄀᆞᆺᄒᆞ매 이ᄂᆞᆫ 구제 ᄒᆞᆷ도
아니요 오직 공번된 일이라 십일 졀에 맛당ᄒᆞᆫ 사
ᄅᆞᆷ이라 ᄒᆞᆷ은 하ᄂᆞ님을 춤 공경 ᄒᆞ고 그의 보내
신 ᄉᆞ신을 잘 듯ᄂᆞᆫ다 ᄒᆞᄂᆞᆫ 사ᄅᆞᆷ이요 예수ᄭᅴ셔 뎨
ᄌᆞᄃᆞ려 사ᄅᆞᆷ의게 인ᄉᆞ ᄒᆞᆯ졔 외모로만 ᄒᆞᆯ거시 아
니라 춤 하ᄂᆞ님ᄭᅴ 빌고 평안 ᄒᆞᆷ을 구 ᄒᆞ여 맛
당ᄒᆞᆯ 사ᄅᆞᆷ이면 그ᄃᆡ로 밧을거시요 그러치 못ᄒᆞᆫ
쟈ᄂᆞᆫ 그 비ᄂᆞᆫ거시 뎨ᄌᆞ의게로 도라 올거시니 뎨
ᄌᆞ들이 이러케 졍셩과 힘으로 젼도 ᄒᆞ여 사ᄅᆞᆷ은
듯지도 안코 밧지도 안 ᄒᆞᆯ량이면 그 ᄯᅢ에ᄂᆞᆫ 뎨ᄌᆞ

가[illegible] 발에 몬지 ᄯᅥ지라도 ᄯᅥᆯ어 ᄇᆞ린다 ᄒᆞᆷ은 더
회계 조곰치도 누ᄅᆞᆯ 셰쳐지 안코 죄 엽숨을 간증
ᄒᆞᆷ이라 이러케 듯지 안ᄂᆞᆫ 쟈들은 일후 하ᄂᆞ님
ᄭᅴ셔 심판 ᄒᆞ실 ᄯᅢ에 이젼에 소도모와 ᄭᅩ마라가
불노 형벌 밧은것 보담 더ᄒᆞᆫ 형벌을 밧을지니라

뭇ᄂᆞᆫ말

[路加가 [illegible] 上 [illegible] 감복] ⊙ 作福音

一 예수씨가 뎨ᄌᆞᄅᆞᆯ 몃치나 부르셧ᄂᆞ뇨 二 그 둘의
일홈을 부르시요 三 이 뎨ᄌᆞ들 즁에 엇던 뎨ᄌᆞᄅᆞᆯ
몬져 부르셧ᄂᆞ뇨 四 이 뎨ᄌᆞ들 즁에 엇던이ᄅᆞᆯ 더
감복 ᄒᆞ겟ᄂᆞ뇨 五 웨 그 이ᄅᆞᆯ 더 감복 ᄒᆞ겟ᄂᆞ뇨
六 엇던이ᄂᆞᆫ 조곰 감복 ᄒᆞ겟ᄂᆞ뇨 七 엇지ᄒᆞ여 그
러뇨 八 열두 뎨ᄌᆞ들즁 몃사ᄅᆞᆷ이 셩경칙을 썻ᄂᆞ뇨
九 뎨ᄌᆞ들이 쓴 편지ᄅᆞᆯ 말솜 ᄒᆞ시요 十 이 편지 쓴
즁에 아ᄂᆞᆫ거ᄉᆞᆯ 말 ᄒᆞ시요 十一 예수ᄭᅴ셔 이 열두
뎨ᄌᆞ의게 무ᄉᆞᆷ 계명을 주셧ᄂᆞ뇨 十二 뎨ᄌᆞ들이 젼도
ᄅᆞᆯ 젼 ᄒᆞᄂᆞᆫᄃᆡ 무어ᄉᆞᆯ 더 말 ᄒᆞ엿ᄂᆞ뇨 十三 젼도
ᄒᆞᆯ 동안에 셩명이 엇더케 살앗ᄂᆞ뇨 十四 뎨ᄌᆞ들
믈니치ᄂᆞᆫ 이들의게 무ᄉᆞᆷ 형벌이 잇겟ᄂᆞ뇨

彼得 ⊙ 雅各 ⊙ 四人
[安得烈] 下同 達太
雅各 ⊙ 銳
約翰 ⊙ 猶大 一
腓力
巴多羅買
馬太 多馬

[附]
雅各書 五章 除[illegible]
彼得前 五章 後書 三章
約翰 第一 二 三 一章
猶大 一章
約翰 默示 二十二章

덕산교회

덕산거 ᄒᆞᄂᆞᆫ 젼 면쳔군슈 류졔ᄂᆞᆫ 근본 셔울 사ᄅᆞᆷ으로 뎐셩이 인션ᄒᆞ고 ᄆᆞᄋᆞᆷ이 온유ᄒᆞᆫ터 ᄉᆞ오년젼에 쌀을 무곡 ᄒᆞ고져 ᄒᆞ여 ᄂᆡ포 등드로 갓더니 흉년을 당ᄒᆞᆫ ᄇᆡᆨ셩들이 류리ᄒᆞᆷ을 보고 불상이 너여 수십만량 무곡ᄒᆞᆫ 쌀을 홋허 ᄂᆡ포등디 십여골에 긔민을 주엇시며 갑오년 동란ᄯᅢ에 션유 별관을 ᄒᆞ여 ᄯᅩᄒᆞᆫ 사ᄅᆞᆷ을 만히 살닌지라 그런고로 렬읍 ᄇᆡᆨ셩들이 ᄂᆡ부에 쳥원ᄒᆞ야 면쳔 군슈를 ᄒᆞ엿시며 셕비를 각쳐에 셰워 류졔의 은덕을 칭용ᄒᆞ더니 면쳔원을 갈닌후에 덕산 ᄒᆞᆫ내라 ᄒᆞᄂᆞᆫ 촌에 거ᄒᆞ여 하ᄂᆞ님을 공경ᄒᆞ고 사ᄅᆞᆷ을 ᄉᆞ랑ᄒᆞᄂᆞᆫ 예수도를 힝ᄒᆞᆯᄉᆡ 린근읍 사ᄅᆞᆷ들이 그 소문을 듯고 ᄎᆞ쟈와셔 교회칙도 가져가고 교회리치도 뭇ᄂᆞᆫ 사ᄅᆞᆷ이 잇ᄂᆞᆫ지라 셔울 교회에셔 신실ᄒᆞᆫ 교우 두사ᄅᆞᆷ을 ᄐᆡᆨᄒᆞ여 덕산ᄯᅡ에 보내여 교회일을 권면ᄒᆞ더니 덕산군슈 됴죵셔씨가 관찰부 비훈이라 ᄒᆞ고 류면쳔의 하인 원상돈과 덕산 슈촌이라 ᄒᆞᄂᆞᆫ곳에 사ᄂᆞᆫ 됴감찰 원식씨의 집사ᄅᆞᆷ 최응산을 잡아가고 각쳐에 방을 붓쳐 말ᄒᆞ되 대쳔 슈촌 량쳐에 교당을 셜립ᄒᆞ고 평민을 권립ᄒᆞ니 반다시 동학 여당에 부랑 픽류가 교당을 칭탁ᄒᆞ고 셰를지어 힝악ᄒᆞᄂᆞᆫ 폐가 잇ᄉᆞ리니 두민등은 힘을 합ᄒᆞ여 잡아밧치라 ᄒᆞ엿시니 이거신 셔울셔 나려가 젼도ᄒᆞᄂᆞᆫ 교우에 력력히 목도ᄒᆞᆫ 일이라 만일 류면쳔으로 ᄒᆞ여곰 츄호 만치라도 그른 일을 ᄒᆞ엿시면 잡아갈ᄲᅮᆫ아니라 죽여도 ᄒᆞᆫ이 업거니와 문명 ᄀᆡ화 ᄒᆞᄂᆞᆫᄯᅢ에 명텬이 우에 게시고 열눈이 보ᄂᆞᆫ 바여ᄂᆞᆯ ᄇᆡᆨ디에 익미ᄒᆞ고 지극히 인션ᄒᆞᆫ 사ᄅᆞᆷ을 동학보다 더 악ᄒᆞᆫ일을 ᄒᆞᆫ다ᄒᆞ고 홍쥬 병참소 에셔 군부에 보고 ᄒᆞ기를 류졔등이 셔교를 칭탁ᄒᆞ고 도당을 쇼취ᄒᆞ며 셩군 작ᄃᆡᄒᆞ여 부ᄌᆞ의 젼곡을 억탈ᄒᆞ며 량민을 억지로 교에 륵립ᄒᆞ고 비리의 용ᄉᆞ를 쳔힝ᄒᆞᆫ다 ᄒᆞ엿시니 이게 무슴 밋친말이뇨 일변으로 나라 ᄇᆡᆨ셩을 위ᄒᆞ야 한심ᄒᆞ도다 각각 ᄌᆞ긔 집에셔 하ᄂᆞ님을 공경ᄒᆞ고 사ᄅᆞᆷ을 ᄉᆞ랑ᄒᆞᄂᆞᆫ 도리를 진심으로 힝ᄒᆞᄂᆞᆫ 사ᄅᆞᆷ의게 엇지 이런 ᄲᅮ리업ᄂᆞᆫ 악ᄒᆞᆫ말을 ᄒᆞ여 죽이고져 ᄒᆞᄂᆞ뇨 우리ᄂᆞᆫ 대한국 관원을 ᄃᆡᄒᆞ야 ᄒᆞᆫ번 탄식 ᄒᆞ노니 만약 어리셕은 ᄇᆡᆨ셩의 와젼 ᄒᆞᄂᆞᆫ 소문을 듯고 악ᄒᆞᆫ 무리의 허무ᄒᆞᆫ 말을 밋어셔 인션ᄒᆞᆫ 군ᄌᆞ를 모힘ᄒᆞ고 슌량ᄒᆞᆫ 민심을 션동케 ᄒᆞ면 그 ᄒᆡ가 다만 ᄒᆞᆫ두 사ᄅᆞᆷ의게만 밋칠ᄲᅮᆫ 아니라 젼국 졍치에 크게 관계 되ᄂᆞᆫ일이니 엇지 삼가고 조심ᄒᆞᆯ곳이 아니리오 어ᄂᆞ 나라이 던지 어ᄂᆞ 디방이 던지 녜젼이나 지금이나 착ᄒᆞᆫ도를 비방ᄒᆞ고 어진 사ᄅᆞᆷ을 군츅 ᄒᆞᄂᆞᆫ 거시 업슬수 업ᄂᆞᆫ바요 면ᄒᆞ기 어려온 일이로ᄃᆡ 교즁 형뎨들은 미양 환난을 당 ᄒᆞ거든 셩심으로 긔도ᄒᆞ여 구셰쥬를 밋ᄂᆞᆫ ᄆᆞᄋᆞᆷ이 더욱 견실 ᄒᆞ면 젼능 ᄒᆞ옵신 하ᄂᆞ님ᄭᅴ셔 우리 ᄆᆞᄋᆞᆷ속을 쇼쇼이 솗히샤 밋ᄂᆞᆫᄃᆡ로 우리를 구ᄒᆞ여 주실 거시니 참환난에셔 우리 ᄆᆞᄋᆞᆷ을 련달 ᄒᆞᆯ너라

데일권

죠션회보

ᄉᆞ십일호

광무원년 십일월십일

고륜포

샹고젹 사ᄅᆞᆷ의 문견은 지금 사ᄅᆞᆷ의 소견을 밋지 못ᄒᆞᄂᆞᆫ고로 말ᄒᆞ기를 하날은 둥글고 ᄯᅡ은 모지다 ᄒᆞ엿시며 아시아 사ᄅᆞᆷ은 다만 즁국 텬하만 알고 바다 밧게는 엇다ᄒᆞᆫ 나라이 잇는지 아지 못ᄒᆞ며 구라파 사ᄅᆞᆷ들은 다만 디구샹에 류로바와 아셰아와 아비리서만 잇는줄 알더니 서력 일쳔ᄉᆞᄇᆡᆨ 십아년에 고륜포라 ᄒᆞᄂᆞᆫ 명인이 의대리국에 난지라 평ᄉᆡᆼ에 ᄌᆔ집을 일ᄉᆞᆷ어 삼대쥬 바다가에 왕ᄅᆡᄒᆞ며 디리학을 공부ᄒᆞ여 비로소 디구가 둥글고 서편으로 줄곳 가면 가히 동방에 잇는 나라를 지나 본국으로 도라올 리치를 ᄭᆡ다른지라 그러나 ᄌᆞ본이 업서 능히 디구에 잇는 ᄯᅡ을 차질 힘이 업시매 몬져 의대리왕을 보고 그런 리치를 말ᄒᆞ되 왕이 듯지안커ᄂᆞᆯ ᄯᅩ 포츄갈국에 가 왕을 보고 말ᄒᆞ되 그왕이 ᄯᅩᄒᆞᆫ 밋지 안는지라 ᄯᅩ 셔반아국에 가 왕과 왕후를 보고 말ᄒᆞ되 만일 대서양으로 가서 엇는 나라이 잇스면 그ᄯᅡ와 그영화를 다 왕후의게로 드리리라 ᄒᆞ니 그왕후 이에 깃거 허락ᄒᆞ고 ᄂᆡ탕의 은화를 내여 풍범션 삼쳑을 ᄆᆞᆫ들고 샤공 일ᄇᆡᆨ 이십인과 일년 동안에 먹을 량식을 예비ᄒᆞ여 주거ᄂᆞᆯ 고륜포 이에 왕후를 하직ᄒᆞ고 샤공들을 분부ᄒᆞ여 삼쳑션을 진발홀ᄉᆡ 디즁히로 좃차 대서양을 향ᄒᆞ고 가더니 망망ᄒᆞᆫ 대히에 물결은 하ᄂᆞᆯ에 졉ᄒᆞ엿고 도도ᄒᆞᆫ 풍랑에 돗ᄃᆡ가 흔들녀 뎡쳐 업시 가는지라 ᄇᆡ에 잇는 사ᄅᆞᆷ들이 서로 도라 보며 의심ᄒᆞ여 ᄀᆞᆯᄋᆞᄃᆡ 우리가 이러케 서으로만 가다가는 필경은 고국에 도라가도 못ᄒᆞ고 바다에서 죽으리라 돗ᄃᆡ 노ᄅᆡ가 홀연이 변ᄒᆞ여 불여 귀를 부르니 고륜포 지삼위로 ᄒᆞ여 ᄀᆞᆯᄋᆞᄃᆡ 그ᄃᆡ등은 ᄆᆞᄋᆞᆷ을 굿게ᄒᆞ여 두려워 말고 일심으로 젼진ᄒᆞ기를 힘쓰라 타일에 공을 일위고 고국에 도라가 샹급을 후이 ᄒᆞ리라 샤공등이 다만 유유히 ᄃᆡ답ᄒᆞ고 갈ᄉᆡ 삼십여일이 지나매 뭇사ᄅᆞᆷ들이 아죠 동으로 도라가기를 작뎡ᄒᆞ고 고륜포를 죽이고져 ᄒᆞ거ᄂᆞᆯ 고륜포 ᄒᆞᆯ일업서 뭇사ᄅᆞᆷ을 ᄃᆡᄒᆞ여 다시 군청ᄒᆞ되 만약 사흘이 지내도 륙디를 보지 못ᄒᆞ거든 그ᄃᆡ의 ᄆᆞᄋᆞᆷᄃᆡ로 도라 가기를 작졍ᄒᆞ쟈 ᄒᆞ니 ᄇᆡ 사ᄅᆞᆷ들이 고륜포의 셩심으로 군청ᄒᆞᆷ과 ᄯᅩ 사흘 한뎡이 만치 아님을 보고 마지 못ᄒᆞ여 여젼히 압흐로 가더니 뎨 삼일를 당ᄒᆞ여 ᄇᆡ머리에 ᄒᆞᆫ 사ᄅᆞᆷ이 서서 크게 소ᄅᆡ질너 ᄀᆞᆯᄋᆞᄃᆡ 륙디가 보인다 ᄒᆞ거ᄂᆞᆯ 삼쳑션즁에 ᄇᆡᆨ여명 사ᄅᆞᆷ들이 일졔히 깃거ᄒᆞ야 긔를 달고 방포ᄒᆞ며 일시에 랍함ᄒᆞ니 그 깃버홈이 하ᄂᆞᆯ노 좃차 나려온것 ᄀᆞᆺᄒᆞᆫ지

례븨일공과 뎨ᄉᆞ십일 십일월 이십일일

크리스도씨를위ᄒᆞ여환란밧음

마태 십쟝 십륙졀노 이십팔졀

변조

디명

十六 내 너희를 보냄이 양이 일희 가온ᄃᆡ 드러감과 ᄀᆞᆺ
ᄒᆞ니 그런고로 지혜ᄂᆞᆫ 빈암ᄀᆞᆺ고 슌ᄒᆞᆷ은 비ᄃᆞᆰ이 ᄀᆞᆺ
치 ᄒᆞᆯ거시오 十七 사ᄅᆞᆷ들을 삼가 ᄒᆞ여라 뎌들이 너
회를 공회에 잡아가고 뎌희 회당에셔 채ᄶᅵᆨ질 ᄒᆞ
리라 十八 ᄯᅩ 너희가 쟝ᄎᆞᆺ 내 연고로 방ᄇᆡᆨ과 왕의
게 잡혀가셔 뎌희들과 이방사ᄅᆞᆷ 들의게 증거ᄒᆞ리
니 十九 너희를 잡을ᄯᆡ에 엇지ᄒᆞᆯ고 ᄒᆞ며 엇더케 말
ᄒᆞᆯ거ᄉᆞᆯ 념녀치 마라 곳 그시에 엇더케 말ᄒᆞ게 ᄒᆞ
여 주시리니 二十 너희가 말ᄒᆞᄂᆞᆫ이가 아니라 아바
지의 셩신이 너희 속에셔 말ᄉᆞᆷ ᄒᆞ시ᄂᆞ니라 二十一
그ᄯᆡ에 형뎨가 형뎨를 죽ᄂᆞᆫᄃᆡ로 잡혀 가게ᄒᆞ며
아비가 ᄌᆞ식을 ᄯᅩ 그러케 ᄒᆞ며 ᄌᆞ식들이 부모를
쳐셔 죽게 ᄒᆞ리라 二十二 너희가 내 일홈을 위ᄒᆞ여
모든 사ᄅᆞᆷ의게 미움을 밧으되 나죵ᄭᆞ지 견ᄃᆡᄂᆞᆫ
쟈ᄂᆞᆫ 구원ᄒᆞᆷ을 엇을 거시요 二十三 이셩에셔 너희를
핍박ᄒᆞ거든 다른ᄃᆡ로 다러나라 내 실노 너희게
닐ᄋᆞ노니 너희가 이ᄉᆡᆨ렬 모든셩을 두루 ᄃᆞᆫ이지 못
ᄒᆞ여셔 인ᄌᆞ가 오리라 二十四 뎨ᄌᆞ가 션ᄉᆡᆼ보다 놉지
못ᄒᆞ고 죵이 샹뎐보다 놉지 못ᄒᆞᄂᆞ니 二十五 뎨ᄌᆞ가
션ᄉᆡᆼᄀᆞᆺ고 죵이 샹뎐 ᄀᆞᆺᄒᆞᆷ이 족ᄒᆞᆫ지라 집 쥬인ᄃᆞ려
별셔복이라 닐ᄏᆞᆺ거든 그 집 사ᄅᆞᆷ들을 닐ᄏᆞᆺ기야
오죽 ᄒᆞ리오 二十六 그런즉 뎌희를 두려워 ᄒᆞ지마라
감촌거슨 드러내지 못ᄒᆞ며 숨은거슨 알지 못ᄒᆞᆷ이
업ᄂᆞ니라 二十七 내가 너희게 어두온ᄃᆡ셔 닐온거슬
광명ᄒᆞᆫᄃᆡ셔 말ᄒᆞ며 너희가 귀속으로 드른거슬
집우헤 펴치리라 二十八 몸은 죽여도 령혼은 죽이지
못ᄒᆞᄂᆞᆫ쟈를 두려워 ᄒᆞ지말고 몸과 령혼을 디옥
에 멸ᄒᆞᄂᆞᆫ이를 더욱 두려워 ᄒᆞ라

주셕

ᄉᆞ십 공부에 예수ᄭᅴ셔 뎨ᄌᆞ들을 젼도 ᄒᆞ러 보내시고 힝ᄒᆞᆯ 일도 ᄀᆞᄅᆞ치샤 처음 시험 ᄒᆞ심이오 이 공부에ᄂᆞᆫ 그후에 젼도 ᄒᆞᆯᄯᆡ에 당ᄒᆞᆯ일을 ᄀᆞᄅᆞ치셧ᄂᆞᆫ지라 예수ᄭᅴ셔 뎨ᄌᆞ의게 셰샹 희락과 평안ᄒᆞᆷ을 주신다 ᄒᆞᆷ이 아닐ᄲᅮᆫ더러 도로혀 양이 일희 ᄯᅦ에 드러 가셔 괴롭고 샹ᄒᆞᆷ이 쉬옴과 ᄀᆞᆺ치 악ᄒᆞᆫ 셰샹도 밋ᄂᆞᆫ 사ᄅᆞᆷ들을 핍박 ᄒᆞ며 샹 ᄒᆞ며 멸코져 ᄒᆞᆷ이니 양이란거ᄉᆞᆫ 슌량 ᄒᆞ고 온화 ᄒᆞ며 놈을 대뎍ᄒᆞ고 막을 힘도 업서 멸망 ᄒᆞᄂᆞᆫᄃᆡ 니ᄅᆞ러도 필경 복죵 ᄒᆞᄂᆞ니 밋ᄂᆞᆫ 사ᄅᆞᆷ도 이 양과 ᄀᆞᆺ치 ᄒᆞ여야 ᄒᆞᆯ터인ᄃᆡ 그러나 지혜ᄂᆞᆫ 빈암 ᄀᆞᆺ치 ᄒᆞ되 그 간샤 ᄒᆞ고 독ᄒᆞᆷ은 본 밧을거시 아니라 지혜만 아ᄀᆞᆺ치 ᄒᆞ며 비ᄃᆞᆰ이와 ᄀᆞᆺ치 슌 ᄒᆞ고 속임이 업게 ᄒᆞᆯ거시니라 공회에 잡혀 가며 회당에셔 채ᄶᅵᆨ질 ᄒᆞᆷ은 유대 나라 풍쇽이 사ᄅᆞᆷ이 죽을 죄 아니면

회당에셔 ᄎᆡ직으로 치는ᄃᆡ 이 ᄎᆡ직은 가족 오락
지로 문ᄃᆞ러 ᄡᅳᆺ홀 각각 ᄆᆡ듭을 ᄆᆡᆺ고 ᄯᅡ릴 ᄯᅢ에
ᄒᆞᆫᄎᆞ가 열 세번을 치는ᄃᆡ 그 ᄆᆡ 맛즌 자국이 ᄀᆡ
ᄀᆡ히 나셔 십삼번을 합ᄒᆞ면 삼십 구ᄀᆡ 맛는걸노
뎡홈이요 바울노는 이러케 맛가룰 다ᄉᆞᆺ ᄎᆞ례롤 ᄒᆞ
엿ᄉᆞ매(고린더 후셔 십일쟝 이십ᄉᆞ절을 보라)방
ᄇᆡᆨ과 왕의게 잡히이라 ᄒᆞ심은 예수ᄭᅴ셔는 피랍도
방ᄇᆡᆨ의게 잡힌바 되시며 바울노와 다른 뎨ᄌᆞ는
헤롯과 아그리파 왕과 로마 황뎨 압헤 잡힌바 되며
그 후로 이 ᄯᅢᄭᆞ지 니ᄅᆞ러 예수의 도롤 인ᄒᆞ여
왕의 압헤셔 형벌 밧으며 군축과 핍박 밧는 쟈ㅣ
만ᄒᆞ며 이러틋 욕과 형벌 당ᄒᆞ는 쟈ㅣ 심판ᄒᆞ
시는 날에 더희롤 젼도 ᄒᆞ여도 듯지 안턴 쟈롤
간증 홈이라 너희가 잡혀 갈제 엇더케 말홀쇼 념
려 말나 ᄒᆞ심은 범연이 ᄒᆞ고 ᄆᆞ옴을 관계치 말나
심이 아니라 예수로 인ᄒᆞ야 잡혀 갓슨즉 그 ᄯᅢ에
곳 셩신이 네게 홈ᄭᅴ 계시고 네가 엇더케 말 홈을
ᄀᆞᄅᆞ치리라 홈이요 이러케 군축과 핍박을 외방 사
ᄅᆞᆷ이나 원슈의게만 밧을ᄲᅮᆫ 아니라 뎨일 갓가온 친
고와 일가의게 밧을거시니 이는 원슈의게 당홈
보다 더 어려오나 대뎍 홀거시 아니오 오직 참고
견ᄃᆡᆯ거시니라 이십 삼절에 너희가 이스라엘 모든
셩을 두루 ᄃᆞᆫ이기 젼에 인ᄌᆞㅣ 니ᄅᆞ리라 ᄒᆞ심은
삼일 만에 부싱 ᄒᆞ여 온다 ᄒᆞ심이요 그 후에는
이스라엘 ᄯᅡ만 젼도 ᄒᆞ라심이 아니라 온 텬하에
두루 젼파 ᄒᆞ라 ᄒᆞ셧ᄉᆞ며 예수ᄭᅴ셔는 군축과 고
난을 밧으시며 십ᄌᆞ가에셔 도라 가시기 ᄭᆞ지 ᄒᆞ
셧거든 우리는 엇지 이런 일을 당ᄒᆞ지 안ᄒᆞ리오
쥬인을 ᄀᆞᄅᆞ쳐 별시파라 홈은 별시파는 마귀의
왕의 일홈이요 집 쥬인 이라 홈은 예수롤 ᄀᆞᄅᆞ침
이니 이 일은 다 무셔워 홀거시 업ᄂᆞ니 대뎌 더희
몸은 샹 홀지라도 하ᄂᆞ님ᄭᅴ셔는 더희 령혼을 구
원 ᄒᆞ여 주시리라

뭇는말

一 문도들이 무엇과 ᄀᆞᆺᄒᆞ뇨 二 문도들을 뉘게 보ᄂᆡ
엿스며 무엇과 ᄀᆞᆺᄒᆞ라 ᄒᆞ엿ᄂᆞ뇨 三 고들의게 무어
슬 조심ᄒᆞ라 경계 ᄒᆞ셧ᄂᆞ뇨 四 문도들이 사ᄅᆞᆷ의게
ᄃᆡ졉 밧겟ᄂᆞ뇨 五 예수씨의 이 말ᄉᆞᆷ이 긔독교회
ᄉᆞ긔에 응 ᄒᆞ엿ᄂᆞ뇨 六 문도들이 무어슬 예비ᄒᆞ여
더희 들의 원슈의 거ᄉᆞ리는 말을 ᄃᆡ졉 ᄒᆞ겟ᄂᆞ뇨
七 누가 문도들을 식혀 말 ᄒᆞ겟ᄂᆞ뇨 八 ᄒᆞᆫ 식구가
엇더케 난호겟ᄂᆞ뇨 九 나죵ᄭᆞ지 참는이의게 무ᄉᆞᆷ
허락을 주셧ᄂᆞ뇨 十 군축 밧을ᄯᅢ에 피 ᄒᆞ는거시 올
흐뇨 十一 악ᄒᆞᆫ 사ᄅᆞᆷ이 착ᄒᆞᆫ 사ᄅᆞᆷ을 군축 ᄒᆞ는거시
놀낼 일이뇨 十二 우리가 군축을 밧으면 예수씨의
밧으신것과 다ᄅᆞ뇨 十三 쥬인이 우리가 군축 밧는
슬 아ᄂᆞ뇨 十四 악ᄒᆞᆫ 사ᄅᆞᆷ이 착ᄒᆞᆫ 사ᄅᆞᆷ을 죽이면
령혼ᄭᆞ지 죽이ᄂᆞ뇨 十五 하ᄂᆞ님이 악ᄒᆞᆫ사 ᄅᆞᆷ을 형
벌 ᄒᆞ시ᄆᆡ 육신과 령혼을 다 멸 ᄒᆞ시ᄂᆞ뇨 十六 우
리가 ᄎᆞᆷ 누구를 무셔워 ᄒᆞ겟ᄂᆞ뇨 十七 웨 하ᄂᆞ님
을 무셔워 ᄒᆞ겟ᄂᆞ뇨

첫장련속

라 못 사ᄅᆞᆷ들이 하ᄂᆞ님의 도으심을 칭숑ᄒᆞ니 그ᄯᅡ흔 지금 남 북 아미리가 대쥬라 고륜포 ᄀᆞᆺᄒᆞᆫ 이ᄂᆞᆫ 그 밋음으로 쳔고에 대공을 일위엿시니 (마태 구장 이십구졀에 말ᄉᆞᆷ과 ᄀᆞᆺ더라

교우쥭산군슈의힝젹

김홍슈씨ᄂᆞᆫ 본ᄅᆡ 남양 사ᄅᆞᆷ으로 이왕에 청국가셔 셩경을 공부ᄒᆞ고 쥬ᄅᆞᆯ밋던 사ᄅᆞᆷ이라 김씨가 쥭산군슈로 잇ᄉᆞᆫ지 슈년이 못되여 여러가지 치덕으로 션치ᄒᆞᄂᆞᆫ즁 ᄒᆞᆼ샹 ᄇᆡᆨ셩을 맛난즉 진도ᄅᆞᆯ 젼ᄒᆞ고 리쇽을 ᄉᆞ랑ᄒᆞ여 압헤 안치고 셩경을 강론ᄒᆞ며 ᄯᅩ 그 고을에 북군이라ᄒᆞᄂᆞᆫ 귀신이 잇ᄂᆞᆫᄃᆡ 어거ᄉᆞᆫ 오ᄇᆡᆨ여년을 위ᄒᆞ던 바라 ᄒᆞ로ᄂᆞᆫ 북군을 잡어오라 ᄒᆞ엿더니 리쇽들의 말이 여러ᄃᆡ 셤기던 큰 귀신을 잡어올수 잇ᄉᆞ오ᄂᆞ니잇가 ᄒᆞ거ᄂᆞᆯ 군슈 왈 귀신위ᄒᆞᄂᆞᆫ 본의ᄂᆞᆫ 고을이 태평ᄒᆞ기ᄅᆞᆯ 위ᄒᆞᆷ이로되 귀신이라 ᄒᆞᄂᆞᆫ거ᄉᆞᆫ 본ᄅᆡ 허망ᄒᆞᆫ거시오 만일 귀신이 령ᄒᆞᆷ과 의리가 잇ᄉᆞᆯ것 ᄀᆞᆺᄒᆞ면 지작년 동학도 막엇실 거시오 작년의 병도 방비 ᄒᆞ엿실터인ᄃᆡ 사ᄅᆞᆷ이 만히 죽고 집들이 다 소화되여도 ᄒᆞᆫ번도 지시 ᄒᆞᄂᆞᆫ 말이 업셧시니 이귀신은 공연이 오ᄇᆡᆨ여년을 ᄂᆞᆷ의 젼곡을 먹은 도적이오 이러ᄒᆞᆫ 의리업ᄂᆞᆫ 귀신은 쳔참 만육ᄒᆞᆷ이 맛당 ᄒᆞ다 ᄒᆞ고 ᄌᆞ긔 손으로 불살웟시며 ᄒᆞᆼ샹 근읍에 잇ᄂᆞᆫ 교우들을 신칙ᄒᆞ며 각 쟝터로 ᄃᆞᆫ니며 연셜ᄒᆞ며 ᄒᆞᆫ번은 죄인을 잡아 왓ᄂᆞᆫᄃᆡ 이ᄂᆞᆫ 교ᄒᆞᆫ다 ᄒᆞᄂᆞᆫ ᄇᆡᆨ셩이라 그ᄅᆞ지 아니 ᄒᆞ여도 ᄒᆞᆼ샹 교우ᄂᆞᆫ 비방을 밧ᄂᆞᆫᄃᆡ 원이 만일 괄셰ᄒᆞ고 보면 비방이 더 ᄒᆞᆯ지라 군슈왈 네가 유대ᄅᆞᆯ 아ᄂᆞ뇨 모로ᄂᆞ이다 네가 예수ᄅᆞᆯ 푸ᄂᆞᆫ 유대로다 너ᄅᆞᆯ 쇽ᄒᆞ신 쥬ᄅᆞᆯ 알지어다 그러나 아즉은 너희가 예수교 도리와 규식은 모로고 다만 문견이 동학과 의병인고로 그와 ᄀᆞᆺᄒᆞᆫ줄 알고 힝악 ᄒᆞ엿시니 좀간 용셔 ᄒᆞ거니와 만약 내가 교 리치ᄅᆞᆯ 다 ᄀᆞᄅᆞ친 후에 ᄯᅩ 죄ᄅᆞᆯ 범ᄒᆞ면 큰 형벌를 밧으리라 ᄒᆞ고 방숑ᄒᆞᆫ즉 이 사ᄅᆞᆷ이 춤 ᄌᆞ긔집에 도라가 회ᄀᆡ ᄒᆞ엿다 ᄒᆞ나 이군슈ᄂᆞᆫ 형벌노 ᄇᆡᆨ셩을 두렵게 ᄒᆞᆯᄲᅮᆫ 아니라 춤 의리로 ᄇᆡᆨ셩을 굴복게 ᄒᆞ더라 다ᄅᆞᆫ일도 만ᄉᆞ오나 다 긔록못ᄒᆞ오니 만약 그 션치ᄒᆞᆫ 일을 보시랴거든 독립신문 일ᄇᆡᆨ 이십구호ᄅᆞᆯ 보시요

청년회

광무원년 십월 삼십일일 례ᄇᆡ에 졍동 셔로지은 회당에셔 하ᄂᆞ님ᄭᅴ 긔도ᄒᆞᆯ시 이ᄂᆞᆯ에 셰례 밧은 형뎨가 다섯시오 학습인에 일홈을 붓친 사ᄅᆞᆷ이 십삼인이오 그날 하오 칠뎜 반에 ᄯᅩ 다시 모히여 청년회ᄅᆞᆯ 셜시 ᄒᆞ엿ᄂᆞᆫᄃᆡ 비지학당 교우즁에 회원이 이십오인이오 리화학당 녀 교우가 ᄯᅩᄒᆞᆫ 쳥년회ᄅᆞᆯ 셜ᄒᆞ여 회원이 십일인인ᄃᆡ 이 쳥년회ᄂᆞᆫ 회즁에 젼도국과 인제국과 학문국과 다졍국과 통신국과 회계국이 잇셔 교회 ᄉᆞ무ᄅᆞᆯ 동심합력 ᄒᆞ여 교회가 흥왕 ᄒᆞ기ᄅᆞᆯ 힘쓴다더라

뎨일권

죠션 크리스도인 회보

ᄉᆞ십이호

광무원년 십일월 십칠일

평양교회

양력 십월 십팔일에 쟝로ᄉᆞ 시란
돈씨와 교우 됴명운씨가 평양셔
문안 회당에 가셔 본즉 남녀 회
원 수ᄇᆡᆨ인이 일심으로 합력 ᄒᆞ야
큰 례ᄇᆡ당을 뎡ᄍᆞ 모양으로 지엇
ᄂᆞᆫᄃᆡ 간수ᄂᆞᆫ 십륙간이나 되고 유
리등을 좌우로 여ᄉᆞᆺ개를 다랏시
며 ᄯᅩᄒᆞᆫ ᄋᆞ희들 교육 ᄒᆞ기를 위
ᄒᆞ여 새로 학당을 셜립ᄒᆞ고 하
ᄂᆞ님ᄭᅴ 례ᄇᆡᄒᆞᆷ과 ᄋᆞ희들 교육ᄒᆞ
기를 날노 힘쓰ᄂᆞᆫᄃᆡ 이회당과 학
당을 지을ᄯᅢ에 셔양 목ᄉᆞ의 돈으
로 지은거시 아니라 본국 교우들
이 각각 연보 ᄒᆞ기를 힘쓰고 돈
이 업ᄂᆞᆫ 사ᄅᆞᆷ들은 몸으로 가셔 역
ᄉᆞ를 진심것 ᄒᆞ여 일을 일위게
ᄒᆞ엿시니 ᄎᆞᆷ 이교우들은 우ᄒᆞ로
하ᄂᆞ님을 공경ᄒᆞ고 아래로 셰샹
사ᄅᆞᆷ을 ᄉᆞ랑ᄒᆞᄂᆞᆫ ᄆᆞᄋᆞᆷ이 밧긔ᄭᆞ
지 나타내엿시니 감샤ᄒᆞ고 ᄯᅩ 셩
각ᄒᆞᆯ거시 누구던지 일심으로 무
ᄉᆞᆷ일을 ᄒᆞ면 ᄎᆞᆷ 셩신의 도아주
심을 밧아 일우지 못ᄒᆞᆯ거시 업슬
줄 알거시오 깃분일은 셩밧긔 사
ᄂᆞᆫ 학습인 즁에 한인명씨와 김졍
길씨가 힘을 다ᄒᆞ여 학습인 즁에 연보젼을 거두
어 별달니 대동강 건너편 봉룡동이라 ᄒᆞᄂᆞᆫ 곳에
회당 ᄉᆞ간반을 나ᄂᆞᆫ다시 지엿ᄂᆞᆫᄃᆡ 쟝광이 광활
ᄒᆞᆫ고로 수ᄇᆡᆨ명 이라도 능히 용납 ᄒᆞ겟시며 그 지
목인즉 수십년 ᄌᆞ란 느름나모로 지엿시니 이 지목
은 진실노 희한ᄒᆞᆫ 지목이오 이지목은 그동리 사
ᄅᆞᆷ들이 그 가온ᄃᆡ 마귀당을 짓고 젼후 좌우로
슈목을 무셩케 길넛더니 지금은 마귀당을 헐고
셩당을 셰웟시며 거긔셔 베힌 지목으로 지엿고
지목으로 쓴외에 셧ᄂᆞᆫ 슈목들은 셩당 울타리 모
양으로 두어 ᄒᆞᆫ모양을 더 새롭게 ᄒᆞ엿시니 이일
을 볼진ᄃᆡ 하ᄂᆞ님ᄭᅴ셔 우리가 셩당을 짓고 ᄯᅩ
령ᄒᆞᆫ 구ᄒᆞ기를 위ᄒᆞ야 예비ᄒᆞ여 주신 지목인줄
알고 감샤 ᄒᆞ오며 그곳에 학습인이 삼십여인이나
되엿시니 이곳 사ᄅᆞᆷ들은 ᄎᆞᆷ 하ᄂᆞ님ᄭᅴ셔 미리
ᄐᆡᆨᄒᆞ여 두신 교우들 인듯 ᄒᆞᆫ고로 감샤도 ᄒᆞ거니
와 ᄯᅩ 밋고 ᄇᆞ라기ᄂᆞᆫ 이밧헤 ᄯᅥ러진 씨가 싹이
만이 낫시니 이싹이 ᄎᆞᄎᆞ 덩굴이 벗어 삼쳔리ᄭᆞ
지 덥히기를 ᄇᆞ라오며 례ᄇᆡ 삼일에 쟝로ᄉᆞ 시란
돈씨와 목ᄉᆞ 로불씨와 셩ᄂᆡ 여러 교우들이 ᄒᆞᆷᄭᅴ 봉
룡동 새로 지은 회당에 가셔 찬미와 긔도ᄒᆞᆫ 후에
미이미 교회 례법ᄃᆡ로 그 회당을 하ᄂᆞ님ᄭᅴ 밧
치고 깃분 ᄆᆞᄋᆞᆷ으로 쥬의 영광을 찬양 ᄒᆞ엿
ᄂᆞᆫ지라 두쥬일 후에 시란돈씨가 도라올시 교우
들이 대동강 진두에 ᄭᆞ지 나아와 작별 ᄒᆞᄂᆞᆫᄃᆡ
련련ᄒᆞᆫ 졍회가 친형뎨 ᄀᆞᆺ더라

례비일공과 뎨ᄉᆞ십이 십일월 이십팔일

크리스도씨를ᄂᆞᆷ의게알게론

마태 십장 삼십이절노 ᄉᆞ십이절

변조

디명

三十二 누구던지 나를 ᄂᆞᆷ의게 알게ᄒᆞ면 내 또ᄒᆞᆫ 더
를 하ᄂᆞᆯ에 계신 내 아바지ᄭᅴ 알게 ᄒᆞᆯ거시오 三十三
나를 ᄂᆞᆷ의게 모로게 ᄒᆞ면 내 또ᄒᆞᆫ 더를 하ᄂᆞᆯ에
계신 내 아바지ᄭᅴ 모로게 ᄒᆞ리라 ○ 三十四 내가 셰
샹을 화평케 ᄒᆞ라 왓다 ᄉᆡᆼ각지 마라 화평케 ᄒᆞ라
온거시 아니오 환도를 니르키려 ᄒᆞᆷ이니 三十五 아ᄃᆞᆯ
이 아비와 불화ᄒᆞ며 ᄯᆞᆯ이 어미와 불화ᄒᆞ며 며나
리가 싀어미와 불화ᄒᆞ야 三十六 ᄌᆡ 집안 식구 ᄌᆡ리
원슈가 되리라 三十七 야바지와 어마니 ᄉᆞ랑ᄒᆞ기를
날보담 더 ᄒᆞᄂᆞᆫ이는 내게 합당치 안코 아ᄃᆞᆯ과 ᄯᆞᆯ
ᄉᆞ랑ᄒᆞ기를 날보담 더 ᄒᆞᄂᆞᆫ이도 내게 합당치 안
코 三十八 또 십ᄌᆞ가를 지고 나를 좃지 안ᄂᆞᆫ이도 내
게 합당치 안코 三十九 제 목숨을 앗기ᄂᆞᆫ이ᄂᆞᆫ 쟝ᄎᆞᆺ
일허ᄇᆞ리고 나를 위ᄒᆞ야 목숨을 일허ᄇᆞ리ᄂᆞᆫ이
ᄂᆞᆫ 쟝ᄎᆞᆺ ᄎᆞᆺ지리라 ○ 四十 너희를 영졉ᄒᆞᄂᆞᆫ이ᄂᆞᆫ
나를 영졉ᄒᆞᆷ이요 나를 영졉ᄒᆞᄂᆞᆫ이ᄂᆞᆫ 나 보내신
이를 영졉ᄒᆞᆷ이요 四十一 션지의 일홈으로 션지를 영
졉ᄒᆞᄂᆞᆫ이ᄂᆞᆫ 션지의 샹을 밧을거시요 의인의 일
홈으로 의인을 영졉ᄒᆞᄂᆞᆫ이ᄂᆞᆫ 의인의 샹을 밧을
거시요 四十二 또 누구던지 이 쇼ᄌᆞ즁에 ᄒᆞ나를 내
뎨ᄌᆞ의 일홈으로 ᄅᆡᆼ슈 ᄒᆞᆫ 그릇시라도 주ᄂᆞᆫ이ᄂᆞᆫ 내
실노 너희게 닐ᄋᆞ노니 그 사ᄅᆞᆷ이 샹을 일허ᄇᆞ리
지 아니리라 ᄒᆞ시더라

주석

누구던지 핍박이나 군축과 쵸롱이며 죽을 디경을 당ᄒᆞ더리도 ᄂᆞᆷ의 압헤 도를 들어 닉여 담대ᄒᆞ고 결단ᄒᆞᆷ과 공경ᄒᆞᆷ으로 알게 ᄒᆞ면 이러ᄒᆞᆫ 사ᄅᆞᆷ은 예수ᄭᅴ셔 젼능ᄒᆞ시고 지극히 놉ᄒᆞ신 아바지ᄭᅴ셔 심판ᄒᆞ실 ᄯᅢ에 ᄐᆡᆨᄒᆞ여 알게 ᄒᆞ실거시요 이 셰샹에셔ᄂᆞᆫ 쳔ᄒᆞ고 간난ᄒᆞ고 외롭든 쟈라도 그 ᄯᅢ에ᄂᆞᆫ 놉ᄒᆞ신 하ᄂᆞ님과 거룩ᄒᆞᆫ 텬ᄉᆞ 압헤셔 예수와 ᄒᆞᆷᄭᅴ 친고도 되며 뎨형도 됨을 알게 ᄒᆞ실지니 다만 베드로와 ᄀᆞᆺ치 두려워ᄒᆞ고 모른다ᄒᆞ여 아모던지 ᄂᆞᆷ의 압헤셔 예수를 모른다ᄒᆞ면 이런 사ᄅᆞᆷ들은 하ᄂᆞ님 압헤 예수ᄭᅴ셔 또ᄒᆞᆫ 모른다ᄒᆞ실거시요 이러케 예수를 밋고 뎨ᄌᆞ 됨을 ᄂᆞᆷ의게 알게ᄒᆞ면셔 핍박과 군축이 외인의게만 밧ᄂᆞᆫ거시 아니라 집안에 친쪽ᄒᆞ고도 또ᄒᆞᆫ 이러케 원슈 되ᄂᆞ니 예수ᄭᅴ셔 셰샹에 계신 ᄯᅢ 브터 이제ᄭᆞ지 이 도로 인ᄒᆞ야 여러 나라히 싸홈도 만히 나나 부ᄌᆞ와 형뎨와 모녀가 서로 분산ᄒᆞ여 대뎍이 되매 이ᄂᆞᆫ 예수ᄭᅴ셔 이 셰샹을 화평케 ᄒᆞ려 오심이 아니요 오직 환도를 니르키려 오셧단

뜻이요 누구던지 이런 일을 인ᄒᆞ야 도를 힝치 못ᄒᆞ면 이ᄂᆞᆫ 부모나 형뎨나 ᄌᆞ녀만 ᄉᆞ랑 ᄒᆞ기를 예수를 ᄉᆞ랑 ᄒᆞᄂᆞᆫᄃᆡ셔 더 즁히 녁임이니 이런 쟈들은 모다 예수의 뎨ᄌᆞ 되며 하ᄂᆞ님 압헤 알께 ᄒᆞ심이 합당치 못ᄒᆞᆯ거시니라 삼십 팔졀에 십ᄌᆞ가라 ᄒᆞ신 말슴은 무거온 나모로 ᄆᆞᆫᄃᆞ러 지란 거시 아니라 사ᄅᆞᆷ이 어렵고 괴롬을 당ᄒᆞ고 견ᄃᆡ라 ᄒᆞᄂᆞᆫ 뜻이니 누구던지 이 도를 힝ᄒᆞ여 예수의 뎨ᄌᆞ가 되려 ᄒᆞ면 이 모든 어렵고 괴론거슬 당ᄒᆞ고 견ᄃᆡ여야 ᄒᆞᆯ거시요 이 모든 어려온 일을 면ᄒᆞ고 육신만 앗겨 살기를 구 ᄒᆞᄂᆞᆫ 자ᄂᆞᆫ 그 령혼이 영ᄉᆡᆼ ᄒᆞᆷ을 일허 ᄇᆞ리고 이 셰상에서 육신을 앗기지 아니ᄒᆞ고 ᄇᆞ리ᄂᆞᆫ 자ᄂᆞᆫ 령혼이 영ᄉᆡᆼ ᄒᆞᆷ을 엇을 거지요 너희를 영졉 ᄒᆞᆫ다 ᄒᆞ심은 너희 젼ᄒᆞᄂᆞᆫ 도를 밧들고 밋ᄂᆞᆫ 뜻이니 이ᄂᆞᆫ 다름 아니라 예수를 밧음이요 예수를 밧드ᄂᆞᆫ거슨 곳 아ᄇᆞ님 보내신 하ᄂᆞ님을 밧들어 밋ᄂᆞᆫ 뜻이라 이러케 젼도 ᄒᆞᄂᆞᆫ 자를 영졉 ᄒᆞᄂᆞᆫ 이ᄂᆞᆫ 필경 하ᄂᆞ님 압헤 상을 밧을 거시나 오직 이뿐 아니라 밋ᄂᆞᆫ 사ᄅᆞᆷ 즁에 지극히 쳔ᄒᆞ고 불샹ᄒᆞᆫ 사ᄅᆞᆷ의게라도 ᄒᆞᆫ 잔 물주ᄂᆞᆫ것 ᄀᆞᆺ치 조고만 일을 ᄒᆞ드라도 이ᄂᆞᆫ 다 하ᄂᆞ님 압헤 그ᄃᆡ로 큰 상을 밧을 거시니라

묻ᄂᆞᆫ 말

一 오ᄂᆞᆯ 공부에 쥬쟝이 무어시뇨 二 예수씨의 말슴이 ᄌᆞ긔를 사ᄅᆞᆷ 압희셔 안다 ᄒᆞᄂᆞᆫ 뜻시 무어시뇨 三 예수씨를 사ᄅᆞᆷ 압희셔 안다 ᄒᆞᄂᆞᆫ 이의게 무어슬 허락 ᄒᆞ셧ᄂᆞ뇨 四 아모나 예수씨를 사ᄅᆞᆷ 압희셔 안다 ᄒᆞᆷ이 가ᄒᆞ뇨 五 예수씨를 사ᄅᆞᆷ 압희셔 모론다 ᄒᆞᄂᆞᆫ 이ᄂᆞᆫ 엇더케 되겟ᄂᆞ뇨 六 예수씨가 무어슬 위ᄒᆞ여 셰셩에 보ᄂᆡ여 오셧다 말슴 ᄒᆞ셧ᄂᆞ뇨 七 환도란 뜻시 무어시뇨 八 삼십오졀과 삼십륙졀 뜻시 무어시뇨 九 우리가 십ᄌᆞ가를 지고 예수씨를 ᄯᆞ르라 ᄒᆞᆫ 뜻시 무어시뇨 十 이거시 나무조각으로 ᄆᆞᆫ든 십ᄌᆞ가란 뜻시뇨 혹 시험과 고란을 참고 견ᄃᆡ란 뜻시뇨 十一 예수씨가 보ᄃᆡ신 이를 잘 ᄃᆡ졉ᄒᆞ면 우리가 무슴 샹급을 ᄇᆞ라겟ᄂᆞ뇨 十二 ᄉᆞ십일졀과 ᄉᆞ십이졀에 두서너가지 말슴ᄒᆞᆫ 샹급을 말ᄒᆞ시요 十三 하ᄂᆞ님ᄭᅴ셔 ᄌᆞ긔 일홈으로 ᄇᆡ푼 조고마ᄒᆞᆫ 은혜라도 니저 ᄇᆞ리겟ᄂᆞ뇨 十四 우리ᄂᆞᆫ 하ᄂᆞ님의 열홈으로 엇더케 ᄒᆞ겟ᄂᆞ뇨 十五 예수씨의 일홈을 위ᄒᆞ여 엇더케 ᄒᆞ겟ᄂᆞ뇨 十六 예수씨의 일홈을 위ᄒᆞ여 아모것도 아니 ᄒᆞ엿서면 곳 시작ᄒᆞ겟ᄂᆞ뇨

평양쳥년회

구월 이십이일은 례ᄇᆡ 삼일인ᄃᆡ 하오 칠졈죵에 평양 셔문안 아영동 회당에셔 모혀 쳥년회를 셜시ᄒᆞᄂᆞᆫᄃᆡ 목ᄉᆞ로불씨가 ᄉᆞ무를 쥬쟝ᄒᆞ여 회즁에 임원을 ᄐᆡᆨ뎡ᄒᆞ고 여러 사ᄅᆞᆷ을 모와 쳥년회 규칙을 닑어 들니고 회원은 교회즁 사ᄅᆞᆷ으로 션거ᄒᆞ되 년긔ᄂᆞᆫ 십오셰로 부터 ᄉᆞ십셰 ᄭᆞ지 허입ᄒᆞ고 ᄉᆞ무ᄂᆞᆫ 미례ᄇᆡ 륙일노 작뎡 ᄒᆞ엿고 교우즁에 위션 입참ᄒᆞᆫ 회원이 ᄉᆞ십이인이더라

녀ᄋᆞ셩심

룡인 교우 김쥰회씨 ᄯᆞᆯ은 나이 십칠셰인ᄃᆡ 셩면에 연금ᄒᆞ기를 위ᄒᆞ여 밧두이랑에 ᄇᆡ치를 심으고 ᄌᆞ긔손으로 별달니 힘써 각구ᄂᆞᆫᄃᆡ ᄇᆡ치가 다른ᄃᆡ 비교ᄒᆞ면 더욱 쟝ᄒᆞ고 갑슬 잘 밧게 되엿시니 ᄉᆡᆼ각건ᄃᆡ 예수ᄭᅴ셔 눈을드러 보시면 이ᄋᆞ희 연금은 비록 적으나 ᄇᆡᆨᄌᆞ의 만ᄒᆞᆫ 연금보다 더 만ᄒᆞᆫ줄노 알으실 거시요 이 ᄋᆞ희ᄂᆞᆫ 참 복 잇ᄂᆞᆫ 쟈ㅣ로다 (누가 이십일쟝에) 과부ᄂᆞᆫ 이ᄋᆞ희 ᄀᆞᆺᄒᆞᆫ 친구를 엇엇시니 깃버ᄒᆞᆯ 거시오 (ᄉᆞ도힝젼 오쟝 아나니아와 살비날 ᄀᆞᆺᄒᆞᆫ 사ᄅᆞᆷ은 븟그러워 ᄒᆞᆯ듯ᄒᆞ니 우리ᄂᆞᆫ 이 ᄋᆞ희와 ᄀᆞᆺ치 셩심으로 연금ᄒᆞ면 참 예수ᄭᅴ 칭찬을 밧올듯 ᄒᆞ더라

리은승

셩심긔도

녯젹에 영국에 여러 목ᄉᆞ가 잇서 젼도ᄒᆞ기를 힘쓸시 미양 ᄃᆞᆯ마다 문뎨를 내여 교즁 형뎨로 ᄒᆞ여곰 그 문뎨의 리치를 궁구ᄒᆞ고 예비ᄒᆞᆫ 후에 모히여 강론ᄒᆞᄂᆞᆫᄃᆡ ᄒᆞᆫ번은 우리가 엇더케 ᄒᆞ여야 셩심으로 긔도ᄒᆞ리오 문뎨를 내ᄂᆞᆫᄃᆡ ᄆᆞᆺ참 소란이라ᄒᆞᄂᆞᆫ 녀이이 들어와 화덕에 불을 픠우더니 문뎨를 듯고 말ᄒᆞ되 나도 이다음 강론ᄒᆞᆯ ᄯᅢ에 ᄒᆞᆷᄭᅴ와셔 연셜 ᄒᆞᆫ마ᄃᆡ ᄒᆞᄂᆞᆫ거시 엇더ᄒᆞ니 잇가 ᄒᆞ거ᄂᆞᆯ 목ᄉᆞ ᄃᆡ답ᄒᆞ되 그ᄃᆡ가 ᄂᆞᆷ의집에 고용으로 잇서 일이 ᄒᆞᆼ샹 밧브거ᄂᆞᆯ 어ᄂᆞ 결을에 긔도를 쟝구히 ᄒᆞ리오 소란이 ᄃᆡ답ᄒᆞ되 나ᄂᆞᆫ 아참에 닐어나 옷닙을 ᄯᅢ에 쥬ᄭᅴ 빌기를 츙신의 갑옷스로 내몸에 더ᄒᆞ샤 마귀의 악ᄒᆞᆫ 화살을 ᄃᆡ뎍ᄒᆞ게 ᄒᆞ여 주시기를 ᄇᆞ란다 ᄒᆞ고 세슈 ᄒᆞᆯᄯᅢ에 긔도 ᄒᆞ기를 쥬ᄭᅴ셔 셩신으로 내 ᄆᆞ음을 졍결ᄒᆞ게 씻서 주시기를 ᄇᆞ란다 ᄒᆞ고 마당을 뷔질ᄒᆞᆯ ᄯᅢ에 내 ᄆᆞ음의 악ᄒᆞᆫ거슬 셩신으로 ᄡᅥ러 주옵쇼셔 ᄒᆞ묘 불을 사를 ᄯᅢ에 내 ᄆᆞ음의 열심이 불ᄀᆞᆺ치 나서 구셰쥬를 독실이 밋게 ᄒᆞ쇼셔 ᄒᆞᆫ즉 ᄒᆞᆫ날 동안에 긔도ᄒᆞ지 안일ᄯᅢ가 업다 ᄒᆞ거ᄂᆞᆯ 목ᄉᆞ가 깃거 칭찬ᄒᆞ고 그 녀인을 더 ᄉᆞ랑ᄒᆞ더니 ᄆᆞᆺ참내 그녀인이 진실ᄒᆞᆫ 교우가 되다 ᄒᆞ엿시니 우리도 그 녀인을 본밧아 각각 무ᄉᆞᆷ 일을 ᄒᆞ던지 ᄒᆞᆼ샹 쥬를 밋어 긔도ᄒᆞ기를 말지아니ᄒᆞ면 마귀 유혹에 ᄲᅡ짐이 업슬터이요 육신졍욕을 니길거시요 구셰쥬의 근원잇ᄂᆞᆫ 활슈와 영싱ᄒᆞᄂᆞᆫ 진병으로 우리령혼을 ᄌᆞ라게 ᄒᆞᆯ거시니 형뎨들은 긔도ᄒᆞᆯ 결을이 업다 ᄒᆞ지말고 집에 잇슬ᄯᅢ나 밧긔 나가서나 혼ᄌᆞ 잇슬ᄯᅢ나 사ᄅᆞᆷ을 ᄃᆡᄒᆞ야셔나 ᄆᆞ음으로 긔도 ᄒᆞᆯ지어다

뎨일권

죠션크리스도인회보

ᄉᆞ십삼호

광무원년 십일월 이십ᄉᆞ일

독립경츅회

대한국 광무원년 십일월 십일일 샹오 십삼뎜 죵에 각부대신 이하로 여러 관원들과 독립협회 회원들이 독립관에 모히여 대죠션 대군쥬폐하 대황뎨위에 나아가심과 국호를 대한이라 ᄒᆞ신 뜻스로 경연을 빈셜ᄒᆞ고 젼국 신민의 경츅ᄒᆞᄂᆞᆫ 깃분 ᄆᆞᄋᆞᆷ을 표ᄒᆞᆯ식 독립관 압헤 쳥숑가지로 홍예를 느러ᄆᆞᆫ을 세우고 누른 죠희로 대한독립 경회라 여숫 글ᄌᆞ를 식여 붓치고 태극 국긔와 협회긔를 세웟시며 차일을 놉히치고 마당에는 멍셕과 돗자리로 포진ᄒᆞ고 교의 수빅거를 노앗ᄂᆞᆫᄃᆡ 회장 안경슈씨가 긔회ᄒᆞᆫ 후에 외부대신 됴병식씨가 연셜ᄒᆞ되 우리 무리가 지금은 대한국 대황뎨의 신하와 빅셩이 되엿시니 참 나라를 위ᄒᆞ여 오쳔만년에 경츅ᄒᆞᆯ 일이라 ᄒᆞ고 그 다음에 외부협판 유긔환씨가 대한국 젼진 ᄒᆞ기로 문뎨를 ᄒᆞ여 연셜ᄒᆞ되 하ᄂᆞ님의 도으심으로 우리 나라 복됴가 오빅여년을 누리다가 지금은 대황뎨 나라이 되고 국호를 대한이라 곳쳣시니 졍부 관료가 되여 맛당이 빅셩을 ᄉᆞ랑ᄒᆞ야 졍ᄉᆞ를 공평히 ᄒᆞ고 샹벌을 분명히 ᄒᆞ며 이웃 나라들을 신의로 교졔 ᄒᆞ여야 가히 대황뎨 나라의 진보가 되겟다 ᄒᆞ고 그다음에 젼 협판 윤치호씨가 국호를 대한이라 곳치심으로 문뎨ᄒᆞ여 연셜ᄒᆞ되 우리 나라이 지금은 뎨국이 되고 국호ᄭᆞ지 곳쳣시나 산쳔 풍토와 국가 졍치와 신민의 힝위가 죠곰치도 젼보다 다른거시 업고 곳친것도 업ᄂᆞᆫ지라 대황뎨폐셔 이왕에 반하ᄒᆞ신 죠셔 즁에 말숨 ᄒᆞ시기를 녜를 곳치고 새거슬 도모ᄒᆞ라 ᄒᆞ셧시니 우리 나라 신민이 되여 불가불 곳칠거슨 ᄉᆞ농공샹의 직업을 밧고라 ᄒᆞᄂᆞᆫ게 아니라 구습에 물들어 라태ᄒᆞ고 벌졔 위명으로 ᄒᆞ던거슬 아조 바리고 사ᄅᆞᆷ마다 무슨 벼슬을 ᄒᆞ든지 무슨 쟝ᄉᆞ를 ᄒᆞ든지 실졍으로 ᄌᆞ긔 직분을 다 ᄒᆞ게되면 우리 나라이 ᄌᆞ연 부강ᄒᆞᆯ뿐 아니라 참으로 대한국 신민이 되리라 ᄒᆞ고 그후에 쥬병과 실과를 논호와 먹을ᄉᆡ 일졔히 만셰를 불으고 오후 두뎜죵에 다시 외국 사ᄅᆞᆷ들을 쳥ᄒᆞ여 연향ᄒᆞᆯᄉᆡ 각국 공령ᄉᆞ와 외국 부인들과 비지학당 교ᄉᆞ 아편셜라씨와 ᄉᆞ범학교 교ᄉᆞ 헐벗씨와 일어학교 교쟝 쟝도씨와 일본 슈비ᄃᆡ쟝 샹파쇼좌씨 여러분이 독립관안에 모히여 경츅회를 참예ᄒᆞᄂᆞᆫᄃᆡ 안경슈씨가 잔을들어 츅슈ᄒᆞ매 서지필씨가 번역ᄒᆞ고 리도지씨가 연셜ᄒᆞᄂᆞᆫᄃᆡ 윤치호씨가 번역ᄒᆞ여 들니고 오후 ᄉᆞ뎜죵에 연셕을 파 ᄒᆞ엿더라

례비일공과 뎨ᄉᆞ십삼 십이월 오일

셰례베프는요한이예수ᄭᅴᄉᆞ쟈를 보낸론

마태 십일쟝 일절노 십삼절

년조

디명

一 예수ㅣ 열두 뎨ᄌᆞ의게 명ᄒᆞ심을 뭇치시고 거긔셔 ᄯᅥ나샤 ᄀᆞᄅᆞ치시며 젼도ᄒᆞ시랴고 뎌희 셩에 가시더라 ○ 二 그ᄯᅢ에 요한이 옥에셔 크리스도의 ᄒᆡᆼᄒᆞ심을 듯고 그뎨ᄌᆞ를 보내여 三 예수ᄭᅴ 물으ᄃᆡ 맛당이 올이가 그ᄃᆡ닛가 혹 우리가 다른이를 기ᄃᆞ리잇가 四 예수ㅣ ᄃᆡ답ᄒᆞ샤ᄃᆡ 너희가 가셔 듯고 본거ᄉᆞ로 요한의게 고ᄒᆞ되 五 쇼경이 보며 져는이가 ᄃᆞᆫ이며 문둥이가 ᄭᆡᆨ긋ᄒᆞ며 귀 먹은이가 드르며 죽은이가 다시살며 가난ᄒᆞᆫ이가 복음을 듯게 ᄒᆞᆫ다ᄒᆞ라 六 누구던지 나를 슬혀 ᄇᆞ리지 안는이는 복을 밧으리라 七 그들이 ᄯᅥ나매 예수ㅣ 뭇 사ᄅᆞᆷ의게 요한을 ᄀᆞᄅᆞ쳐 말ᄉᆞᆷᄒᆞ샤ᄃᆡ 너희가 무어ᄉᆞᆯ 보랴고 들에 나갓더냐 바ᄅᆞᆷ에 윤죽이는 갈ᄃᆡ냐 八 [illegible]희 무엇슬 보랴고 나갓더냐 아ᄅᆞᆷ다온 옷닙은 사[illegible]이냐 아ᄅᆞᆷ다온 옷슬 닙은 사ᄅᆞᆷ은 대궐에 잇ᄂᆞ니라 九 너희가 웨 나갓더냐 션지를 보랴더냐 내 너희게 닐ᄋᆞ노니 이사ᄅᆞᆷ이 션지보담 나흐니라 十 이사ᄅᆞᆷ은 셩경에 닐넛시되 내가 내 ᄉᆞ쟈를 네 압희 보내노니 네 길을 예비ᄒᆞᆯ자ㅣ라 ᄒᆞ셧ᄂᆞ니라 十一 실노 내 너희게 닐ᄋᆞ노니 녀인의 나은 즁에는 셰례주는 요한보담 더 큰이가 업ᄉᆞ나 텬국에셔 지극히 젹은니라도 뎌 사ᄅᆞᆷ보담 크니라 十二 셰례주는 요한의 날브터 지금ᄭᆞ지 텬국은 힘써셔 엇ᄂᆞ니 힘쓰는 이는 엇ᄂᆞ니라 十三 모든 션지와 률법이 요한ᄭᆞ지 미리 말ᄒᆞ엿스니

주셕

希律은 其弟 腓力之妻 希羅底를 娶ᄒᆞ며 約翰이 諫ᄒᆞ되 不聽ᄒᆞ고 囚

예수ᄭᅴ셔 열두 뎨ᄌᆞ를 시험ᄒᆞ샤 젼도ᄒᆞ러 보내신 동안에 편이 계시지 안ᄒᆞ시고 여러 고을노 ᄃᆞᆫ이시며 도를 젼ᄒᆞ시는지라 이 일 젼에 헤롯왕이 셰례베프는 요한을 잡아 옥에 가둔지 일년반이 되여셔 헤롯이 그 괴악ᄒᆞᆫ 안히의 말을 ᄒᆞ쟈는ᄃᆡ로 좃차 요한의 목을 베혓ᄉᆞ며 (마태복음 십ᄉᆞ쟝 삼절브터 십이절ᄭᆞ지) 이말을 ᄌᆞ세히 긔록ᄒᆞᆫ지라 요한이 옥에 갓쳣슬 ᄯᅢ에 뎨ᄌᆞ들이 자죠 보러 오며 밧긔 특별ᄒᆞᆫ 소문과 예수의 ᄒᆡᆼᄒᆞ신 일을 다 알게 ᄒᆞᄂᆞᆫ지라 요한이 예수를 하ᄂᆞ님ᄭᅴ셔 보내신 줄도 알고 온 셰상 구셰쥬 되신줄을 알매 (마태복음 삼쟝 십일 십이 졀과 요한복음 일쟝 이십구 삼십졀을 보라) 요한이 그 밋음을 ᄇᆞ리지 안코 오직 근심이 낫슴은 예수ᄭᅴ셔 미시아 되셧ᄉᆞ면 엇지 왕의 권셰를 가지시고 이스라엘나라를 회복지 아니ᄒᆞ신고 ᄒᆞ며 예수ᄭᅴ셔는 셰상

에 오샤 도롤 젼 ᄒᆞ시며 긔이ᄒᆞᆫ ᄉᆞ젹만 뵈시고 일후에 ᄯᅩ 다른 이가 와셔 나라롤 회복 ᄒᆞᆯ가 ᄒᆞ엿ᄉᆞ매 그런고로 뎨ᄌᆞ 돌을 예수ᄭᅴ 보내여 말ᄒᆞ되 맛당히 오실 자닛가 다른이롤 기ᄃᆞ리릿가 ᄒᆞᄂᆞᆫ지라. 예수ᄭᅴ셔 요한의 뎨ᄌᆞᄃᆞ려 내라고 말솜은 안ᄒᆞ시되 ᄌᆞ긔의 이젹으로 말숨 ᄒᆞ샤 이롤 보면 알니라 ᄒᆞ셧ᄂᆞᆫ지라 대개 구약에 션지가 예언 ᄒᆞ셧ᄉᆞ되 미ᄉᆡ아 오시면 이런 일이 다 잇겟다 ᄒᆞ엿ᄉᆞ며(이ᄉᆡ아 이십구장 십팔절과 삼십오장 이며 ᄉᆞ십이장 륙칠절과 ᄯᅩ 다른ᄃᆡ도 보라) 요한이 옥에 잇셔 예수의 ᄒᆡᆼᄒᆞ진 일을 듯고 ᄌᆞᆨ용이 ᄉᆡᆼ각 ᄒᆞ여 보니 더된줄 알아(마랍긔 삼장 일졀 브터오졀에 말ᄉᆞᆷ과 ᄀᆞᆺ치 급히 ᄒᆡᆼ ᄒᆞ시면 됴흘줄 알앗ᄉᆞ매 의심이 나셔 곳 뎨ᄌᆞ돌 보내여 무러 보앗ᄂᆞᆫ지라 그들이 ᄯᅥ나간 후에 예수ᄭᅴ셔 여러 사롬의게 요한을 ᄀᆞᄅᆞ쳐 됴흔 간증을 ᄒᆞ시며 그 여러 사롬의게 말솜 ᄒᆞ샤ᄃᆡ 너희가 요단에셔 요한의게 나아간거시 무엇솔보랴 ᄒᆞᄂᆞ냐 갈대쳐름 머뭇거리ᄂᆞᆫ 사롬을 보랴ᄂᆞ냐 요한은 그런 사롬 아니요 아름다온 옷닙은 쟈롤 보랴ᄂᆞ냐 그런 사롬을 보랴거든 들에도 갈것 업고 궁궐에 드러 가야 볼거시니 오직 션지롤 보랴 ᄒᆞᄂᆞ냐 이 요한은 모든 션지 보다 놉흘ᄲᅮᆫ 아니라 하ᄂᆞ님ᄭᅴ셔 특별이 보내신 ᄉᆞ신이나 그러나 무론 누구던지 예수롤 진실이 밋고 외지ᄒᆞ면 하ᄂᆞ님 나라에셔ᄂᆞᆫ 이 요한보다 더크다 ᄒᆞᆯ지라 요한은 아젼 션지 엘니아와 ᄀᆞᆺᄒᆞᆫ일이 만ᄒᆞ매 요한을 ᄀᆞᄅᆞ쳐 엘니아라 ᄒᆞᄂᆞᆫ 말이 만ᄒᆞ니라

뭇ᄂᆞᆫ말

以十九章十八

긔이ᄒᆞᆫ 계집ᄋᆞ회

미국 긔쳔만 너인 즁에 당시 가장 긔이ᄒᆞᆫ 계집 ᄋᆞ히ᄒᆞ나 잇스니 그 일홈은 헬넨 갤닐이라 나히 십륙세요 눈 멀고 귀 먹고 벙어리라 처음에는 밍인 학교에 들어 공부ᄒᆞ고 그후 예비 학교에 들어 공부ᄒᆞ야 라뗀 법국 덕국 글을 영어ᄀᆞᆺ치 닑고 사긔 산술 화학 물리 여러 학문을 무불 통달ᄒᆞ야 이목이 총명ᄒᆞ고 말ᄒᆞ는 사ᄅᆞᆷ 보다도 더 숙달ᄒᆞ니 과연 당셰 긔인이라 수쟉ᄒᆞ랴면 다른 사ᄅᆞᆷ의 입설에 손 뭇문 ᄃᆡ이고 잇스면 그ᄒᆞ는 말을 다 알아 듯고 후 말ᄒᆞ는 사ᄅᆞᆷ의 코와 입설과 목에 손뭇을 ᄃᆡ이여 그 말을 통ᄒᆞ며 대학교에 드는 취지 뵈는ᄃᆡ 츔예ᄒᆞ야 각식 취지를 월등히 잘 뵈엿시니 파지 던지라 이 계집 ᄋᆞ희의 지됴도 비샹ᄒᆞ거니와 그 경셩파 근이 더욱 비샹ᄒᆞ며 그 션싱의 공력과 지됴도 젼능 ᄒᆞ도다

교육회 핍박 밧은 일

덕산 유춘사는 됴원식 씨가 금년봄 브터 예수셩교를 봉힝ᄒᆞ야 경단위인 ᄒᆞᆫ 기를 힘쓰더니 거월 이십륙일에 본군 관예가 구타ᄒᆞ며 잡아가거늘 들어가 본군슈 됴죵서 씨를 보고 무ᄉᆞᆷ죄로 잡아온 곡절을 무르니 군슈의 말이 그ᄃᆡ의 무죄홈은 내가 이믜 짐작ᄒᆞ여 ᄌᆞ세히 아는 바로ᄃᆡ 관찰부에서 여러번 그ᄃᆡ들을 잡으라는 훈령이 왓기로 내가 방보ᄒᆞ니라고 됴회가 여러쵹이 들엇노라 ᄒᆞ고 관찰부 훈령을 내여 보이는ᄃᆡ 훈령 니ᄀᆡ에 류재등이 셔교를 쳥탁ᄒᆞ고 셩군작ᄃᆡ ᄒᆞ야 부ᄌᆞ의 젼국을 여럼ᄒᆞ며 군슈와 관찰ᄉᆞ도 무셥지 안타ᄒᆞ며 비리의 송ᄉᆞ를 쳔단이 힝ᄒᆞ니 약ᄎᆞᆫ 당을 멸홈이 맛당ᄒᆞᆫ고로 병뎡을 보니니 류제사는 동리를 몰슈히 뭇질으라 ᄒᆞᆫ지라 이ᄯᅢ에 본읍량반 니명우씨들과 이ᄇᆡ들이 일졔히 말ᄒᆞ되 무죄ᄒᆞᆫ 동리 사ᄅᆞᆷ들을 로멸ᄒᆞ는거시 민간에 지원ᄒᆞ는 일이오 국가의 대변이라 샹영 분부가 암만 지엄ᄒᆞ여도 깁히 샹량ᄒᆞ야 죠쳐홀 일이라 ᄒᆞ니 덕산슈의 말이 나도 ᄯᅩᄒᆞᆫ 이의 싱각ᄒᆞ엿다 ᄒᆞ고 그 닉흔날 됴원식씨를 친히 다리고 홍쥬읍에 가셔 군슈 정운경씨를 보고 대칙ᄒᆞ여왈 무죄ᄒᆞᆫ 사ᄅᆞᆷ들을 죽이랴고 경군을 나려오게 ᄒᆞᆫ거시 무ᄉᆞᆷ ᄶᅡᄃᆞᆰ이뇨 됴원식을 내가 다려왓시니 불너 샤실ᄒᆞ라 ᄒᆞ니 정운경씨 ᄃᆡ답이 나는 도모지 모로겟다 ᄒᆞ기로 덕산슈 됴죵서씨가 ᄯᅩ 말ᄒᆞ되 네가 모론다 ᄒᆞ면 나는 언제아는 일이냐 ᄒᆞ고 즉시 됴원식을 보니는지라 그 닉흔날 됴원식 ᄯᅩ 덕산읍에 들어갓더니 맛츰쟝관 니규갑씨가 병뎡 심삼명을 거느리고 와서 됴죵서씨를 보고 말ᄒᆞ되 관찰ᄉᆞ의 말이 홍쥬와 대구와 덕산등디에 란당이 진을 쳣스니 병뎡 오십명을 거느리고 가서 로멸ᄒᆞ라 ᄒᆞ더니 각 고을에 ᄒᆞᆫ곳도 친친ᄃᆡ가 업고 ᄉᆞ방이 안연ᄒᆞ나 가히 한심ᄒᆞᆫ 일이라 ᄒᆞ고 셔산 ᄐᆡ안등디로 가는지라 이ᄯᅢ에 류제씨 사는 동리사ᄅᆞᆷ들은 병뎡이 뭇질으러 온다는 소문을 듯고 남녀들이 ᄉᆞ산분쥬 ᄒᆞ고 니셩집이라 ᄒᆞ는 사ᄅᆞᆷ은 셔울노 도망ᄒᆞ다가 즁로에서 ᄌᆞᆨᄉᆞ ᄒᆞ엿더라

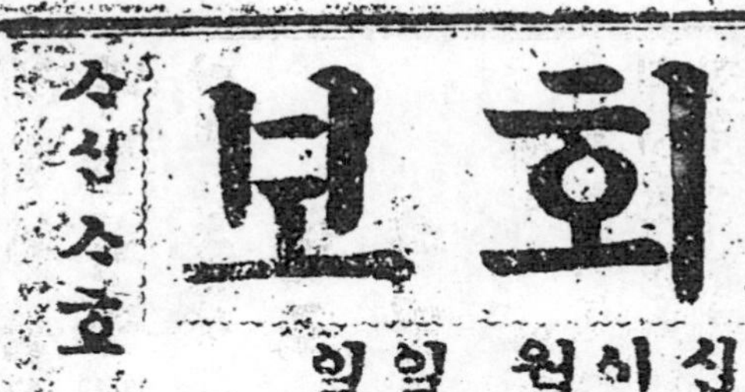

대한 광무 원년

죠션크리스도인회보

수십수호

광무 원년 십이월 일일

명셩황후의 인산

광무원년 십일월 이십일일은 곳 음력으로 시월 이십칠일이라 이 날 묘시에 대한국 명셩 황후의 인봉 ᄒᆞ시기를 위ᄒᆞ여 셔궁 대여를 ᄯᅥ나신 ᄒᆞ시고 이십팔 일 진시에 하현궁 례를 ᄒᆞ시 지라 이번 인봉은 대한국에 큰 례졀 일ᄲᅮᆫ 아니라 져국 신민의 이목 ᄎᆞᆷ과 외국 사ᄅᆞᆷ의 위문 ᄒᆞᄂᆞᆫ 이 모양 ᄉᆞ긔에 처음 잇ᄂᆞᆫ바ㅣ라 명셩 황후ᄭᅴ셔ᄂᆞᆫ 규년 [illegible] ᄉᆞ십칠세시오 셕히 구일 이십으 일에 탄성 ᄒᆞ셧고 간ᄌᆞ년에 왕비로 최봉 ᄒᆞ셧시며 ᄉᆞ십오세 되시든 을미 팔월 이십일일에 승하 ᄒᆞ셧ᄂᆞᆫ되 지금은 대한국 황후의 존호를 밧으셧시니 ᄯᅩᄒᆞᆫ 동방 긔국후 ᄉᆞ쳔여년에 처음 잇는 일이라 그런고로 녜젼 몃나라 법례을 존치샤 황후의 두시ᄂᆞᆫ 봉셔은 황금과 ᄎᆡᆨ색 운문 대단으로 쟝식ᄒᆞ여 문 드시고 오식 운긔와 의쟝 긔치를 세로 쳬조 ᄒᆞ거시 만하미 ᄎᆞᄒᆞ 두룸이 삼쌍이오 뇽룡 구의 표존ᄂᆞᆫ 되명에 삼원식이오 여ᄉᆞ군의게 만하ᄒᆞ신 돈이 ᄉᆞ만량이라 아ᄯᅢ에 황뎨 폐하ᄭᅴ셔와 황태ᄌᆞ 뎐하ᄭᅴ셔 졔복을 넙으시고 ᄎᆞᆷ예 대가를 동ᄒᆞ샤 릉상에 친림ᄒᆞ실시 군졔의 엄슉ᄒᆞᆷ과 위의의 쟝려ᄒᆞᆷ은 말ᄒᆞᆯ것 업거니와 각국 공ᄉᆞ와 령ᄉᆞ와 외국 셩교ᄉᆞ와 부인들이 ᄎᆞᆷ예 대가를 비죵ᄒᆞ엿시며 각국 공관에셔 삼일 반긔를 드라 조샹ᄒᆞᄂᆞᆫ 례를 표ᄒᆞ엿더라 황뎨 ᄭᅴ셔와 대ᄌᆞ ᄭᅴ셔 산룽에 [illegible] ᄒᆞ샤 ᄒᆞᆫ 밤을 경야 ᄒᆞ실시 외국사ᄅᆞᆷ도 ᄒᆞᆫ 신ᄒᆞ과 ᄀᆞᆺ치 ᄒᆞ위 ᄒᆞ엿ᄂᆞᆫ되 밤이 맛차도록 황후의 비 [illegible] ᄒᆞ시고 이혼날 치[illegible] 당에 셤ᄒᆞ샤 외곡 ᄒᆞ시고 하친궁 ᄒᆞ시ᄂᆞᆫ 례를 갑ᄒᆞ신후 [illegible] 산뎡에 [illegible] 비가 ᄒᆞ신 동안에 옥누 [illegible] 향 [illegible] 결어 ᄒᆞᄂᆞᆫ지라 이ᄯᅢ [illegible] 졀은 지한 [illegible] 적부의 샹 신기셔씨가 [illegible] 와 쳥쥬에 잇ᄂᆞᆫ [illegible] 각식 [illegible] 부르샤 공 [illegible] 호 [illegible] 대가를 비죵 ᄒᆞ게 [illegible]

례비일공과 데ᄉᆞ십ᄉᆞ 십이월 십이일

예수ᄭᅴ셔 오라ᄒᆞ심

마태 십일쟝 이십졀노 삼십졀

변조

디명

二十 예수ㅣ 여러번 권능을 베프신 고을이 회ᄀᆡ치
아니ᄒᆞ거늘 ᄭᅮ지지시되 二十一 가랍범아 너희게 앙
화 잇고 ᄇᆡᆺ사대야 너희게 앙화 잇슬진뎌 너희게
힝ᄒᆞᆫ 권능을 츄라와 셔돈에 힝ᄒᆞ엿더면 뎌희가
발셔 뵈옷슬 닙고 ᄌᆡ에 안져 회ᄀᆡ ᄒᆞ엿시리라 二十
二 내 너희게 닐ᄋᆞ노니 심판ᄒᆞᆯ날에 츄라와 셔돈
의 형벌이 너희보담 경ᄒᆞᆯ거시오 二十三 가ᄇᆡ나옴아 네
가 텬당에 올ᄂᆞᆯ듯 십ᄒᆞ냐 디옥에 ᄯᅥ러 지리니 너
희게셔 힝ᄒᆞᆫ 권능을 소다마에셔 힝 ᄒᆞ엿더면 그
셩이 이날ᄭᆞ지 잇슬지니라 二十四 내 너희게 닐ᄋᆞ노
니 심판ᄒᆞᆯ 날에 소다마의 형벌이 너희보담 경ᄒᆞ
리라 ○ 二十五 그ᄯᅢ에 예수ㅣ ᄀᆞᆯᄋᆞ샤ᄃᆡ 아바지여
하ᄂᆞᆯ과 ᄯᅡ에 쥬지시니 아바지ᄭᅴ셔 일들을 지혜잇
고 통달ᄒᆞᆫ 이의게는 숨기시고 어린 ᄋᆞᄒᆡ의게는
나타 내심을 감샤 ᄒᆞ옵ᄂᆞ니 二十六 올소이다 아바지
보시기에 이거시 합의 ᄒᆞ니이다 二十七 모든거슬 아
바지ᄭᅴ셔 내게 주셧시니 아바지 외에는 아들을
아는이가 업고 아들과 아들의 ᄀᆞᄅᆞ친이 외에는
아바지를 아는이가 업ᄂᆞ니라 二十八 괴롭고 무거온
짐진 사ᄅᆞᆷ들은 내게로 오너라 편안홈을 주리라
二十九 나는 ᄆᆞᄋᆞᆷ이 온유ᄒᆞ고 겸손ᄒᆞ니 나의 멍에를
메고 나를 비호면 너희 령혼이 편안홈을 맛나리
니 三十 대개 내 멍에는 쉽고 짐은 가ᄇᆡ야 오니라
ᄒᆞ시더라

주셕

예수ᄭᅴ셔 요한을 위ᄒᆞ여 간증을 다 ᄒᆞ신 후에 ᄯᅩ 요한의 ᄀᆞᄅᆞ침도 드럿ᄉᆞ며 예수ᄭᅴ셔 젼도 ᄒᆞ심도 듯고 긔이ᄒᆞᆫ 힝젹을 보왓ᄉᆞ되 죵시 회ᄀᆡ치 안는 여러 셩을 ᄭᅮ즈지시는지라 가랍범과 ᄇᆡᆺ서다는 가ᄇᆡ나옴과 갓갑고 가리리 ᄯᅡ히니 예수ᄭᅴ셔 이곳에셔 여러번 단이시며 ᄀᆞᄅᆞ치신 ᄯᅡ힌듯 ᄒᆞ며 (마태복음 구쟝 십오졀과 요한 복음 이십 일쟝 이십오졀을 보라) 츄라와 셔돈은 이스라엘 ᄯᅡ 북편에 잇는 외방 셩인ᄃᆡ 소문이 크게 남은 ᄆᆡ오 부요ᄒᆞ며 심이 악ᄒᆞᆫ 셩이라 이 악ᄒᆞᆫ 셩이라도 예수와 요한의 ᄀᆞᄅᆞ치심을 드럿더면 발셔 뎌희 죄를 인ᄒᆞ야 슯허 ᄒᆞ리라 ᄒᆞ시더라 예수ㅣ 가ᄇᆡ나옴에 만히 계시고 긔힝 이젹을 만히 ᄒᆞ심으로 뎌희들이 ᄉᆞᄉᆞ로 ᄌᆞ랑ᄒᆞ나 그러나 심판 ᄒᆞ실 ᄯᅢ에 하ᄂᆞ님ᄭᅴ셔 이젼에 악홈을 인ᄒᆞ여 멸망 식히시던 소다마 보다 더ᄒᆞᆫ 형벌을 밧으리라 ᄒᆞ시며 (누가복음 십이쟝 ᄉᆞ십 팔졀을 보라) 이십 오륙 졀에 아바지ᄭᅴ셔 일들을 지혜 잇고 통달ᄒᆞᆫ 자의게는 숨

기시고 어린 ᄋᆞ희의게ᄂᆞᆫ 나타내신다 ᄒᆞ심은 셰샹에셔 박학지인과 고명ᄒᆞᆫ 쟈의게ᄂᆞᆫ 하ᄂᆞ님ᄭᅴ셔 이 도를 짐즛 숨기심이 아니라 이런 사ᄅᆞᆷ들은 ᄒᆞᆼ샹 교만ᄒᆞ고 ᄌᆞ긔 지식만 ᄌᆞ랑ᄒᆞᆷ으로 도로혀 ᄭᆡ닷지 못ᄒᆞᆫ다. ᄒᆞ심이요 어리셕은 쟈ᄂᆞᆫ 아모것도 모로드리도 다만. 진실히 밋ᄂᆞᆫ ᄆᆞ옴이 잇슴으로 참 리치를 ᄭᆡ닷기 쉽다 ᄒᆞ심이라 구원ᄒᆞᄂᆞᆫ 도ᄂᆞᆫ 셰샹에 학문을 지혜로 비ᄒᆞᄂᆞᆫ 것과 ᄀᆞᆺ지 안코 오직 겸손ᄒᆞ며 항복ᄒᆞ여 어린 ᄋᆞ희가 부모를 밋ᄂᆞᆫ것 ᄀᆞᆺ치 ᄒᆞ여야 엇을거시오 이십 칠졀에 말ᄉᆞᆷ은 하ᄂᆞ님ᄭᅴ셔 모든거ᄉᆞᆯ 아ᄃᆞᆯ의게 주셧다 ᄒᆞᆷ은 이 셰샹 사ᄅᆞᆷ으로 말ᄒᆞᆯ지라도 아비가 아ᄃᆞᆯ의게 허다ᄒᆞᆫ 일을 맛길것도 잇고 못ᄒᆞᆯ 일도 잇ᄉᆞ매 ᄒᆞᆨ 온갓 일을 다 맛길 쳐디에ᄂᆞᆫ 그 부ᄌᆞ간에 조곰도 념려와 의심이 업서 ᄆᆞ옴이 아조 화합ᄒᆞ여야 ᄒᆞᆯ지니 ᄒᆞ믈며 하ᄂᆞ님ᄭᅴ셔ᄂᆞᆫ 예수의게 모든 권셰를 주샤 아바지와 아ᄃᆞᆯ 되심을 간중ᄒᆞ심이라 셰샹 사ᄅᆞᆷ은 다만 더회 한뎡 잇ᄂᆞᆫ 지혜를 가지고 예수ᄭᅴ셔ᄂᆞᆫ 하ᄂᆞ님의 아ᄃᆞᆯ 되시고 셰샹에 육신도 되심은 ᄭᆡ닷지 못ᄒᆞ며 예수ᄭᅴ셔 셰샹에 강림ᄒᆞ시기 젼에도 사ᄅᆞᆷ들이 하ᄂᆞ님ᄭᅴ셔 아바지 되신줄은 모로고 엄위ᄒᆞ샤 형벌만 주실ᄭᅡ 두려워ᄒᆞ나 그러ᄒᆞ나 하ᄂᆞ님ᄭᅴ셔 예수를 셰샹에 보내샤 ᄌᆞ긔 모양을 다나타내심이니 (요한복음 일쟝 십팔졀과 ᄯᅩ 삼쟝 십륙졀과 요한일서 ᄉᆞ쟝 구졀을 보면) 이 ᄯᅳᆺ슬 ᄌᆞ세히 알지라 사ᄅᆞᆷ이 다만 예수를 밋어야 하ᄂᆞ님을 ᄎᆞᆷ 알수 잇ᄉᆞᆯ지니 이거

손 셰샹에셔 고명ᄒᆞ고 안락ᄒᆞᄂᆞᆫ 쟈ᄃᆞ려만 ᄒᆞ심이 아니라 고난 밧ᄂᆞᆫ쟈며 ᄆᆞ옴이 무겁고 슯허ᄒᆞ든쟈라도 다 내게로 나아오면 무거온 짐을 벗기시고 평안ᄒᆞᆷ을 주리라 ᄒᆞ시더라

뭇ᄂᆞᆫ 말

一 예수ᄭᅴ셔 어ᄂᆞ 고ᄋᆞᆯ 들에셔 권능을 베프셧ᄂᆞ뇨

二 츄라와 셰돈 셩들이 어ᄃᆡ 셩이며 무슴 벌밧은 거시 잇ᄂᆞ뇨

三 뵈옷슬 닙고 ᄌᆡ에 안저 회ᄀᆡ ᄒᆞᆫ단 말이 무슴 ᄯᅳᆺ이 잇ᄂᆞ뇨

四 소대마 셩이 련악 밧은 니야기를 ᄒᆞ시요

五 소다마 셩이 발셔 별을 다 밧엇소 혹 이후도 별을 밧겟ᄂᆞ뇨

六 구셰쥬ᄭᅴ셔 어린 ᄋᆞ희들이 엇더케 지혜잇ᄂᆞᆫ 사ᄅᆞᆷ보다 지나갓다 ᄒᆞ셧ᄂᆞ뇨

七 아바지를 아ᄂᆞᆫ이가 누구냐고 ᄒᆞ셧ᄂᆞ뇨

八 우리 괴롭고 무거온 짐은 무엇시뇨

九 예수의 명에ᄂᆞᆫ 무엇시뇨

十 그듕에 몃치나 예수의 명에를 지고 싱젼에 지니겟ᄂᆞ고

미국부인이한국에도라옴

십일월 십오일에 미국셔 일곱사롬이 다시 나왓는딕 훌 의원의 부인과 ᄋ희 놈면와 됴목ᄉ 위 녀인과 ᄋ희와 희리씨부인과 ᄋ희 쎄으시부인이라 훌의원이 다솟히 젼에 대한국에 나아와 수년후에 부인과 홈씌 평양부에 가셔 도롤 젼ᄒ려 ᄒᆯ시 무수ᄒᆫ 고쵸롤 밧엇서며 갑오년에 일본과 쳥국이 평양부에서 싸홈ᄒ미 죽은 사롬이 만흔지라 그때에 훌 의원이 평양부에 가셔 사롬을 구원 ᄒ다가 독ᄒᆫ 긔운이 병이 들여 일쳔팔뵉 구십ᄉ년 십일월 이십ᄉ일에 령혼이 육신을 떠나 텬국으로 갓시니 지금 삼년젼이라 그 부인이 어린 ᄋ희롤 드리고 미국 고향에 도라가셔 슈년을 계시다가 금년에 다시 대한국으로 나아와 쟝춧 평양부로 향ᄒ여 젼에 훌 의원이 다 ᄒ지 못ᄒ고 도라간 일을 다시 일위고져 ᄒᆫ다 ᄒ니 우리는 춤으로 하ᄂ님이 도으심인줄 잇고 감샤ᄒ노라

됴목ᄉ의부인은 칠년젼브터 대한국에 나아와 교회를 위ᄒ야 젼ᄒᆯ시 쵸학언문이라 ᄒᄂᆫ 칙을 문드러 본국 놈녀의게 젼도ᄒ고 그후에 고국에 도라가 슈년만에 다시 나아와 인천 졔물포에셔 됴목ᄉ와 홈씌 도롤 젼ᄒ고 쎄으시와 셔리시부인은 자금 리화학당에 류ᄒ시는딕 희련시는 희위일을 볼터이요 쎄으시는 학당일을 도아수다 ᄒ더라

나라를위홈

십일월 이십일일은 [illegible] 맛춤 명셩황후의 [illegible]봉ᄒ시는 때라 셔국 교ᄉ들과 본국 신도들이 ᄒ날외 황후를 싱각ᄒ여 비통ᄒᆫ 무ᄋᆷ과 나라를 위ᄒ여 ᄉ랑ᄒᄂᆫ 졍셩으로 [illegible] 미회 형뎨들이 홈씌 대졍동 새로지은 회당에 모히여 하ᄂ님씌 긔도홈시 목ᄉ 아편셜라씨가 만[illegible]을 십륙쟝을 닑어 들니고 교우 량쥬묵씨는 라마인서 십삼쟝에 말숨으로 젼도ᄒ되 우리가 맛당히 님군을 잘 셤길거손 하ᄂ님씌서 우리나라 님군을 내시고 또 황뎨가 되시게 ᄒ셧서니 님군의 명령을 거역홈은 곳 하ᄂ님의 뜻슬 거ᄉ림이라 ᄒ고 목ᄉ 원누우씨는 말숨ᄒ되 명셩황후씌셔 병환이 계셔 흉변으로 승하ᄒ샤고 인산ᄯ를 당ᄒ엿더래도 나라 신민이 되여 사롬마다 비감ᄒᆯ거시여니와 허물며 역적의 손에 변란을 당ᄒ심이리오 우리가 오날 ᄒᆫ곳에 모힘은 황후를 위홈뿐 아니라 하ᄂ님씌서 나라를 도으샤 교회가 흥왕케 ᄒ시기를 원ᄒᆫ다 ᄒ고 신문샤쟝 졔손씨의 말숨은 예수교를 밋는 사롬은 교외 사롬과 ᄀᆺ지 아니ᄒ여 육신이 죽는날은 곳 영싱ᄒᄂᆫ 때로알고 밋는고로 악ᄒᆫ 사롬의 ᄒᆫ 빈숙으면 다시 [illegible]이 업는줄 알고 외롱ᄒᄂᆫ것 보다 ᄆᄋᆷ이 얼마 [illegible] 뒤 [illegible]이 될지라 형뎨들은 춤으로 나라를 ᄉ랑[illegible] 교회가 흥왕ᄒ기를 긔도 ᄒ라 ᄒ엿더라

[illegible]오호 대한그리스도인회보 뎨일권

광무원년 칠이십팔일

미국 유명ᄒᆞᆫ 목ᄉᆞ 비쳘이 그 아ᄃᆞᆯ의게 ᄒᆞᆫ 편지라

네가 부모의 슬하와 교훈을 ᄯᅥ나 처음으로 셰샹에 츌신ᄒᆞ니 이ᄯᅢ를 당ᄒᆞ야 새 길을 잡ᄂᆞᆫ거시 됴호매 지ᄂᆞᆫ 허믈을 곳치고 올흔 버릇슬 취ᄒᆞ야 내 말을 명심ᄒᆞ라

뎨일 빗지지 마라 빗슬 무셔의ᄒᆞ기를 사귀 무셔웨 ᄒᆞᄃᆞᆺᄒᆞ야 뭇돈 업시ᄂᆞᆫ 물건을 사지 마라

뎨이 경솔히 언약 ᄒᆞ지 마라 샤쇼ᄒᆞᆫ 일이라도 언약을 어긔지 말지니 언약을 직희랴 ᄒᆞᄂᆞᆫ 사ᄅᆞᆷ은 허락을 만히 못ᄒᆞᄂᆞ니라

뎨삼 언어를 각별히 죠심ᄒᆞᆯ지니 뎡녕히 아ᄂᆞᆫ 말만 ᄒᆞ고 아모 말도 아니 ᄒᆞᆯ지언뎡 분명치 못ᄒᆞᆫ 일은 입밧긔 내지 마라

뎨ᄉᆞ 놈의 일을 보거든 너의 일은 이져ᄇᆞ리고 다만 그 사ᄅᆞᆷ의 리해만 싱각ᄒᆞ며 부지런ᄒᆞ고 진실ᄒᆞ고 쳥렴ᄒᆞ야 쥬인의게 슈죡 ᄀᆞᆺ치 되야라

뎨오 다른 사ᄅᆞᆷ이 너의게 바르ᄂᆞᆫ것 보다 너의 힝실의 표준을 놉히ᄒᆞ야 너희게ᄂᆞᆫ 엄ᄒᆞ되 놈의게ᄂᆞᆫ 너그럽게 ᄒᆞ라

뎨륙 너 못ᄒᆞᆫ 일에 정신을 다ᄒᆞ야 ᄆᆞᄋᆞᆷ이 갈니지 안케ᄒᆞ고 젼일ᄒᆞ며 견고ᄒᆞ고 인닉ᄒᆞ여라

뎨칠 노름말고 공돈을 바ᄅᆞ지 마라 노름 판에ᄂᆞᆫ 사ᄅᆞᆷ마다 일 안코 졸디에 돈은 만히 엇고져ᄒᆞ야 무비 물 거품을 좃ᄂᆞ니 근실ᄒᆞ고 부지런 ᄒᆞᆷ은 지물 모으ᄂᆞᆫ 두 샹칙이오 탐과 조급ᄒᆞᆷ은 미련 과 련인을 망ᄒᆞᄂᆞᆫ 두 마귀니라

뎨팔 너의 부모가 밧드ᄂᆞᆫ 하ᄂᆞ님을 잇지 마라 례비당에 교훈을 드믈게 들을수록 너의 힘을 다 ᄒᆞ여야 하ᄂᆞ님ᄭᅴ ᄆᆞᄋᆞᆷ을 둘거시오 젹은 회당과 미미ᄒᆞᆫ 교ᄉᆞ를 멸시 말지니 셩경에 ᄀᆞᆯᄋᆞ샤ᄃᆡ 놉흔 일에 쥬의 말고 나즌 사ᄅᆞᆷ을 잘 ᄃᆡ졉ᄒᆞ라 ᄒᆞ시니라

뎨구 좀언과 신약의 교훈과 직분을 자조 닑으라 너의 부친의 하ᄂᆞ님이 너와 ᄀᆞᆺ치 가샤 보호 ᄒᆞ시기를 비노라

예수ᄭᅴ의 탄일을 의론홈

양력 십이월 이십 오일은 텬하 예수 교회에 뎨일 큰 명일이니 이ᄂᆞᆫ 다름 아니라 하ᄂᆞ님ᄭᅴ셔 그 외아ᄃᆞᆯ을 셰샹에 나려 보내샤 만민을 구원케 ᄒᆞ셔 탄강ᄒᆞ신 날이매 이ᄂᆞᆯ은 온 텬하ㅣ 하ᄂᆞ님ᄭᅴ [illegible]ᄂᆞᆫ 나라에ᄂᆞᆫ 뎨오깃븐 날인ᄃᆡ 이젼브터 이ᄂᆞᆯ에ᄂᆞᆫ 남녀

례비일공과 뎨ᄉᆞ십오 십이월 십구일

사밧날에 힝ᄒᆞᆫ일

마태 십이쟝 일졀노 십삼졀

년조

디명

一 사밧날에 예수ㅣ 곡식 밧흐로 지나실ᄉᆡ 뎨ᄌᆞ들이 시쟝ᄒᆞ여 이삭을 잘너 먹으니 二 법리ᄉᆡ 사ᄅᆞᆷ들이 보고 예수ᄭᅴ ᄀᆞᆯᄋᆞᄃᆡ 너희 뎨ᄌᆞ가 사밧날에 당치 못ᄒᆞᆫ일을 힝 ᄒᆞᄂᆞᆫ도다 ᄒᆞ거ᄂᆞᆯ 三 예수ㅣ ᄀᆞᆯᄋᆞ샤ᄃᆡ 따빗과 ᄒᆞᆷᄭᅴ ᄒᆞ던 사ᄅᆞᆷ들이 시쟝ᄒᆞᆯ ᄯᅢ에 四 하ᄂᆞ님의 뎐에 들어가셔 ᄎᆞ려논 ᄯᅥᆨ을 먹엇시니 그 ᄯᅥᆨ은 따빗도 먹지 못ᄒᆞ고 ᄒᆞᆷᄭᅴ간 사ᄅᆞᆷ들도 먹지 못ᄒᆞᆯ거시요 졔ᄉᆞ쟝들만 먹ᄂᆞᆫ거시라 ᄒᆞᆷ을 닑지못ᄒᆞ엿시며 五 률법에 졔ᄉᆞ쟝들이 셩뎐 안희셔 사밧날을범ᄒᆞ여도 무죄ᄒᆞ다 ᄒᆞᆷ을 닑지 못 ᄒᆞ엿ᄂᆞ냐 六 내가너희게 닐ᄋᆞ노니 셩뎐보담 더 큰이가 여긔 ᄒᆞ나잇ᄂᆞ니라 七 나ᄂᆞᆫ 불샹이 넉이ᄂᆞᆫ 거ᄉᆞᆯ 됴화ᄒᆞ고 졔ᄉᆞᄂᆞᆫ 됴화 아니 ᄒᆞ노라 ᄒᆞ신ᄯᅳᆺ슬 너희가 알앗더면 죄 업ᄂᆞᆫ이를 죄 잇다 아니 ᄒᆞ리라 八 대개 인ᄌᆞ가 사밧날에 쥬ㅣ니라 ᄒᆞ시더라 ○ 九 거긔를 ᄯᅥ나 회당에 드러가시니 十 ᄒᆞᆫ편손 마른이가 잇ᄂᆞᆫ지라 뭇 사ᄅᆞᆷ이 예수ᄭᅴ 무러 ᄀᆞᆯᄋᆞᄃᆡ 사밧날에 병곳치ᄂᆞᆫ거시 올흔잇가 ᄒᆞ니 이ᄂᆞᆫ 예수를 칙잡으랴 ᄒᆞᆷ일내라 十一 예수ㅣ ᄀᆞᆯᄋᆞ샤ᄃᆡ 너희즁에 뉘가 양ᄒᆞᆫ 마리가 사밧날에 구덩이에 ᄲᅡ지면 붓잡어 닐ᄋᆞ키지 아켓ᄂᆞ냐 十二 사ᄅᆞᆷ이 양보담 얼마가 더 귀켜 아니ᄒᆞ냐 그럼으로 사밧날에 션을 힝ᄒᆞᆷ이 합당ᄒᆞ니라 ᄒᆞ시고 十三 그 사ᄅᆞᆷᄃᆞ려 닐너 ᄀᆞᆯᄋᆞ샤ᄃᆡ 손을 펴라 ᄒᆞ시니 그 손을펴매 다른손과 ᄀᆞᆺ치 나ᄒᆞ니라

주석

바리ᄉᆡ인이 처음에ᄂᆞᆫ 놈이 모로게 예수를 해코져ᄒᆞ더니 점점 담대ᄒᆞᆫ ᄆᆞ옴이 나셔 들어 내여 예수 죽이기를 ᄭᅬᄒᆞ며 이 공부에 바리ᄉᆡ인이 사밧날에 그 계명을 예수ᄭᅴ셔 범ᄒᆞ신다 ᄒᆞ며 뎨ᄌᆞ들도 그ᄃᆡ로 ᄀᆞᄅᆞ친다 ᄒᆞᆫ지라 텬디 개벽 이후로 하ᄂᆞ님ᄭᅴ셔 닐곱날 즁에 하로ᄂᆞᆫ 편히 쉬샤(챵셰긔 이쟝 이 삼졀을 보라) 이날은 안식 일이라도 ᄒᆞ며 사밧 날이라도 ᄒᆞ니 사밧 두 글ᄌᆞ ᄯᅳᆺ은 유대나라 방언으로 편히 쉰단 말이라 사밧 날 ᄯᅳᆺ은 사ᄅᆞᆷ마다 엿시 동안에 모든일을 ᄒᆞ다가 이날 하로ᄂᆞᆫ 편히 쉬며 후날 일ᄒᆞᆯ힘도 엇을거시요 ᄯᅩ 하ᄂᆞ님ᄭᅴ셔 복 주신줄도 알며 그 은혜도 감샤ᄒᆞ며 셩경도 공부ᄒᆞ며 각기 령혼 먹을 량식과 구원ᄒᆞᆯ 엇을 줄을 알거시요 유대빅셩 쟝로들이 하ᄂᆞ님ᄭᅴ셔 안식일에 법을 작뎡 ᄒᆞ신외에 ᄎᆞᄎᆞ 그 계명을 더 ᄒᆞᄂᆞᆫ일이 만히 잇ᄉᆞ매 예수ᄭᅴ셔 오날 공부예 ᄒᆞ시ᄂᆞᆫ 말ᄉᆞᆷ은 더희 ᄒᆞᄂᆞᆫ일이 안되며 합당치 못ᄒᆞ다 ᄒᆞ심이요 더희가 외모로만 계명을 올케직희나 예수ᄭᅴ셔ᄂᆞᆫ 그 속 ᄯᅳᆺ티로 바르게 직희라 ᄒᆞ

심이 따라온 사울노를 피ᄒᆞ여 도망ᄒᆞᆯ제 죵인들[illegible]ᄒᆞ고 셩뎐에 드러가 거긔 버려노흔 거륵ᄒᆞᆫ 떡을 먹고 주린 목숨을 보젼ᄒᆞ엿ᄉᆞ나 하ᄂᆞ님ᄭᅴ셔 [illegible]빗을 죄로 뎡치 아니시고 졔ᄉᆞ장이 쥬일마다 졔ᄉᆞ 드릴ᄯᅢ에 일이 만ᄒᆞ나 그러ᄒᆞ나 이날 셩뎐에셔 ᄒᆞᄂᆞᆫ일은 죄가 아니요 안식일에 곡식 밧헤셔 츄슈를 ᄒᆞ던지 다른일을 ᄒᆞᄂᆞᆫ거ᄉᆞᆫ 죄어니와 주린자가 지나다가 곡식을 ᄯᅡ 먹ᄂᆞᆫ거ᄉᆞᆫ 일 ᄒᆞᄂᆞᆫ 것도 아니요 죄도 아니며 졔ᄉᆞ장과 쟝로들이 륙일 동안에 드릴 졔ᄉᆞ를 안식일 ᄭᅡ지 밀녀 나오게 ᄒᆞ면 이 겨서 죄요 누구던지 륙일 동안에 모든일을 예비치 안코 이날에 ᄒᆞ면 죄가되며 안식일 젼날에 아모던지 살림살이 ᄒᆞᄂᆞᆫ디 반찬이나 나모며 옷이나 빨니 ᄒᆞᄂᆞᆫᄭᅦ시며 바나질 ᄒᆞᄂᆞᆫ 이런 모든일을 미리 쥰비 ᄒᆞᆯ거시요 그러치 안코 사빗날에 ᄒᆞᄂᆞᆫ거ᄉᆞᆫ 죄가 되ᄂᆞ니 이날에 밥 짓ᄂᆞᆫ것 ᄭᅡ지 안식일 젼에 예비ᄒᆞᆯ수 업ᄉᆞᆫᄆᆡ ᄭᅵᄂᆞᆫ 죄되지 아닐거시오 하ᄂᆞ님ᄭᅴ셔 사ᄅᆞᆷ을 위ᄒᆞ여 사빗날을 뎡ᄒᆞ시며 예수ᄭᅴ셔도 사빗날 쥬인이 되셧ᄉᆞᆫᄆᆡ 이 날에ᄂᆞᆫ 하ᄂᆞ님이 깃버ᄒᆞ심으로 사ᄅᆞᆷ이 ᄌᆞ비ᄒᆞᆫ ᄆᆞᄋᆞᆷ을 가지고 놈을 불샹히 녀겨 도아 주ᄂᆞᆫ거ᄉᆞᆫ 죄가 아니요 이날을 셩일되게 ᄒᆞᆯ이라 예수ᄭᅴ셔 ᄒᆞᆼ샹 규식ᄃᆡ로 이번에도 회당에 가실ᄉᆡ 원슈들이 ᄯᅡ라옴은 거긔셔 손 마른 자를 예수ᄭᅴ셔 엇더케 곳치시ᄂᆞᆫ가 엿보려 ᄒᆞᆷ이러[illegible]회들이 예수ᄭᅴ셔 사빗날에 병 곳치ᄂᆞᆫ거시을 [illegible]가 [illegible]치 아니ᄒᆞ거ᄂᆞᆯ ᄒᆞ니 예수ᄭᅴ셔 다른 말ᄉᆞᆷ[illegible] 뎌 [illegible]회가 사빗날에 양 ᄒᆞ나히 구렁에 ᄲᅡ지면 건져 구원치 안켓ᄂᆞ냐 ᄒᆞ심은 김승도 이럿케 도아 주거든 ᄒᆞ믈며 사ᄅᆞᆷ을 구ᄒᆞ지 아니랴 사빗날에 병 곳치ᄂᆞᆫ거ᄉᆞᆫ 죄가 아니 되ᄂᆞ니라 손 마른 자를 예수ᄭᅴ셔 곳치시매 뎌희 힘으로ᄂᆞᆫ 필수 업ᄉᆞ되 뎨가 밋음으로 ᄡᅥ 손 필 힘을 주샤 곳 펴ᄉᆞ니 이와 ᄀᆞᆺ치 사ᄅᆞᆷ이 사빗날을 잘 직히고 이 손 마른 자 쳐름 밋으면 그 밋고 직힘으로 복을 밧을거시요 누구던지 사빗날을 직힐힘이 업더리도 예수를 단단히 밋으면 예수ᄭᅴ셔 이날직힐 힘으로 도아 주시리라

뭇ᄂᆞᆫ말

一 사빗이란 말에 무ᄉᆞᆷ ᄯᅳᆺ이 잇ᄂᆞ뇨

二 그날에 뎨ᄌᆞ들이 무ᄉᆞᆷ일을 ᄒᆞ엿ᄂᆞ뇨

三 법리시 사ᄅᆞᆷ들이 누구며 왜 이일을 부족히 알엇ᄂᆞ뇨

四 ᄎᆞ려노흔 ᄯᅥᆨ이 무ᄉᆞᆷ ᄯᅥᆨ이뇨

五 ᄯᅡ빗이 어느ᄯᅢ 그ᄯᅥᆨ을 먹엇ᄂᆞ뇨

六 졔ᄉᆞ장은 엇더케 셩뎐에셔 사빗날을 범ᄒᆞ엿ᄂᆞ뇨

七 이 셰샹 사ᄅᆞᆷ들은 졔ᄉᆞ 지내ᄂᆞᆫ 거슬 엇더케 알며 하ᄂᆞ님ᄭᅴ셔ᄂᆞᆫ 엇더케 아시ᄂᆞ뇨

八 사빗날에 맛당 ᄒᆞᆯ일이 무엇시며 못ᄒᆞᆯ 일이 무엇시뇨

九 예수ᄭᅴ셔 사빗 날이라도 맛당이 ᄒᆞᆯ일은 엇더케 비유ᄒᆞ셧ᄂᆞ뇨

十 대한 형뎨들이 사빗날을 엇더케 직히ᄂᆞ뇨

로쇼가 깃분 ᄆᆞᄋᆞᆷ으로 회당에 모혀 하ᄂᆞ님ᄭᅴ 찬미ᄒᆞ고 이경츅 홈을 론셜ᄒᆞᄂᆞᆫ 법이 잇고 또 이ᄯᅢ에 쳔고던지 어린ᄋᆞ히던지 례물을 주ᄂᆞᆫ 법이 혹 잇ᄉᆞ니 이ᄂᆞᆫ 다름 아니라 우리 쥬 예수를 하ᄂᆞ님ᄭᅴ셔 례물노 보내셧ᄉᆞᆫ즉 이와 ᄀᆞᆺ치 례물을 주어 그ᄯᅳᆺ을 표ᄒᆞ고 이날을 깃분 ᄆᆞᄋᆞᆷ으로 알게 홈이라 무론 누구던지 부모의 싱일을 당ᄒᆞ여 다깃분 ᄆᆞᄋᆞᆷ으로 지내되 그 부모의 흥샹 됴화 ᄒᆞᄂᆞᆫ걸노 이놀에 즐겁게 ᄒᆞ여야 홀거시요 그러치 아니면 이ᄂᆞᆫ 쓸ᄃᆡ 업슴과 ᄀᆞᆺ치 우리도 예수 탄일을 당ᄒᆞ여 그 깃버 ᄒᆞ시ᄂᆞᆫ걸노 직희여야 홀지니라 사ᄅᆞᆷ이 뎨 깃븀도 싱각지 안코 례물 밧기를 ᄇᆞ라지도 안코 오직 ᄌᆞ긔보다 더 간난ᄒᆞ고 외로온 쟈를 힘써 구졔ᄒᆞ고 도아주면 이ᄂᆞᆫ 하ᄂᆞ님 압헤 이만치 더 깃붐이 잇ᄉᆞ리오 우리 졍동 회당에 ᄃᆞᆫ이시ᄂᆞᆫ 형뎨 ᄌᆞ미들은 이거ᄉᆞᆯ 깁히 싱각ᄒᆞ시고 그ᄃᆡ로 ᄒᆞ기를 ᄇᆞ라옵

구셰 교회가 동양에 드러옴

셰샹 사ᄅᆞᆷ이 말ᄒᆞ기를 만국이 통샹 약됴를 힝ᄒᆞ기 젼과 화륜션이 나기 젼에ᄂᆞᆫ 바다밧ᄭᅴ 엇더ᄒᆞᆫ 나라이 잇ᄂᆞᆫ지 아지도 못ᄒᆞ고 구셰쥬의 교회가 엇더ᄒᆞ다ᄂᆞᆫ 말도 듯지 못 ᄒᆞ엿더니 근년이릭로 그리스도의 교회가 아셰아에 드러와 회당을 셜시ᄒᆞ고 ᄇᆡᆨ셩을 권면ᄒᆞ여 하ᄂᆞ님의 도를 젼ᄒᆞᆫ다 ᄒᆞ나 그러나 ᄒᆞ론돈교회 션ᄉᆞ 구방시씨가 덕국에 잇ᄂᆞᆫ 반의라 ᄒᆞᄂᆞᆫ 사ᄅᆞᆷ의게 붓친 편지를 보니 ᄒᆞ엿시되 구셰쥬의 교회가 쳐음에 유태국으로 브터 라마국에 젼ᄒᆞ엿고 일쳔팔ᄇᆡᆨ구십여년 동안에 온텬하 륙대쥬에 ᄉᆞ쇼ᄒᆞᆫ 셤ᄭᆞ지 젼도ᄒᆞ여 셩교가 서로 교통 ᄒᆞᄂᆞᆫ지라 애셔셰아에 처음으로 드러온 년됴를 궁구ᄒᆞ여 보건ᄃᆡ 당나라 졍관 년호를 쓸ᄯᅢ에 계수씨의 뎨ᄌᆞ니라리유라 ᄒᆞᄂᆞᆫ 사ᄅᆞᆷ이 퍼시아국으로 브터 구셰교회를 밧드러 당나라에 드러와 쟝안에 우거ᄒᆞᆯ식 그ᄯᅢ에 님군과 신하들이 존즁히 ᄃᆡ졉ᄒᆞ야 ᄯᅡ을주어 집을 짓게ᄒᆞ고 그 교회를 일홈ᄒᆞ되 경교라 ᄒᆞ엿사니 일홈은 비록 다르나 실샹은 크리스도의 교회라 지금 경교비문을 볼진ᄃᆡ 확거가 분명ᄒᆞ거놀 엇지 후셰 사ᄅᆞᆷ의 말이 화륜션이 릭왕ᄒᆞᆫ 후에 비로소 셔국 교회가 드러왓다 ᄒᆞᄂᆞᆫ말을 밋으리오 ᄒᆞ엿더라

졍동 새로지은 회당을 하ᄂᆞ님ᄭᅴ 밧침

십이월 이십륙일 례ᄇᆡ에ᄂᆞᆫ 졍동 새로지은 회당을 하ᄂᆞ님ᄭᅴ 밧칠터인ᄃᆡ 우리 졍동에 모히ᄂᆞᆫ 형뎨와 ᄌᆞ미들만 감샤 홀ᄲᅮᆫ 아니라 미이미 교회즁에 참예ᄒᆞᆫ 교우들은 일톄로 ᄆᆞᄋᆞᆷ이 깃부고 감샤 홀일이오니 무론 남녀 교우ᄒᆞ고 누구시든지 그날에 졍동회당으로 오서셔 홈ᄭᅴ 례ᄇᆡ ᄒᆞ기를 원 ᄒᆞᄂᆞᆫ이ᄂᆞᆫ ᄆᆞ옴ᄃᆡ로 오시기를 ᄇᆞ라오 하ᄂᆞ님ᄭᅴ 밧치ᄂᆞᆫ 례식은 이다음 회보에 ᄌᆞ셰이 긔록 ᄒᆞ겟솝

뎨일권

대한크리스도인회보

ᄉᆞ십륙호

광무 원년 십이월 십오일

구셰쥬의탄일

대범 텬하에 만물이 싱일 업는 물건은 업ᄂᆞ니 하ᄂᆞ님의 창조 ᄒᆞ심을 밧은 후에 비로소 물건이 되엿시며 몰건이 잇실 때에 반ᄃᆞ시 싱일이 잇ᄂᆞᆫ지라 그러나 초목과 금슈ᄂᆞᆫ 허령 지각의 혼이 업ᄂᆞᆫ고로 쳔 ᄒᆞᆯ뿐 아니라 싱일을 죡하 긔렴 ᄒᆞᆯ거시 업고 사ᄅᆞᆷ은 령동 활발 ᄒᆞᄂᆞᆫ혼을 주신고로 귀 ᄒᆞᆯ뿐 아니라 ᄌᆞ쥬 ᄒᆞᄂᆞᆫ 권리도 잇고 싱ᄉᆞ 간에 긔렴ᄒᆞᄂᆞᆫ 리치가 싱긴지라 동 셔 양 사ᄅᆞᆷ을 물론ᄒᆞ고 싱일날을 당ᄒᆞ여 깃버ᄒᆞ지 아니리ᄂᆞᆫ 업ᄉᆞ며 산ᄋᆞ회가 날때에 ᄲᅩᆼ나무 활과 ᄡᅮᆨ디 살노 ᄉᆞ방을 쏘ᄂᆞᆫ거슨 그 ᄋᆞ회가 자ᄅᆞ셔 잘 되기를 츅원 ᄒᆞᆷ이오 복모의 싱신에 잔치를 비셜ᄒᆞ고 빈ᄀᆡᆨ을 청ᄒᆞ여 연락ᄒᆞᆷ은 부모의 안강 ᄒᆞ심을 츅슈 ᄒᆞᆷ이나 그거슨 사ᄅᆞᆷ마다 ᄌᆞ긔 집에 깃븜이오 나라 황상의 만슈 셩졀과 태ᄌᆞ 뎐하의 쳔츄 경졀을 당ᄒᆞ여 ᄇᆡᆨ셩들이 국긔를 달며 등불을 켜셔 일졔히 깃버ᄒᆞᆷ은 젼국 인민이 님군의 만슈 무강 ᄒᆞ심을 경츅 ᄒᆞᆷ이나 이거슨 나라마다 ᄇᆡᆨ셩들이 졔 님군을 위ᄒᆞᆷ이라 다른 나라 님군의 탄싱일은 본국 신민의 경츅ᄒᆞᆯ바 업거니와 텬하 만국에 무론 남녀 로유 ᄒᆞ고 일심으로 감샤ᄒᆞ며 온젼히 깃분날은 구셰쥬의 탄일이라 님군의 탄신과 부모의 싱신으로 비교 ᄒᆞᆯ수업고 ᄌᆞ녀의 돌날이나 국가의 독립일노 ᄯᅩᄒᆞᆫ 샹ᄃᆡ ᄒᆞᆯ수 업ᄂᆞ니 일년즁에 깃분때ᄂᆞᆫ 이날이 뎨일이라 엇지ᄒᆞ여 그러ᄒᆞ뇨 당초에 구셰쥬의 강싱ᄒᆞ심이 아니더면 억죠 창싱의 죄악을 엇지 ᄃᆡ쇽 ᄒᆞᆯ수 잇ᄉᆞ며 죄를 쇽ᄒᆞ지 아니셧시면 우리가 엇지 형벌을 면ᄒᆞ리오 반ᄃᆞ시 소다마 아마랍의 형벌이나 홍슈의 란을 두번 맛낫실지라 그런즉 예수씨의 오심으로 만민의 죄를 버셔나 죽은쟈ㅣ 다시살고 병든쟈ㅣ 곳침을 엇엇시니 그런 리치를 아ᄂᆞᆫ사ᄅᆞᆷ은 구셰쥬의 탄강일을 뉘가 아니 깃버ᄒᆞ며 뉘가 아니 감샤 ᄒᆞ리오 만일 구셰쥬로 ᄒᆞ여곰 죄를 ᄃᆡ쇽 ᄒᆞ심이 업실진ᄃᆡ 당초에 셰샹에 오실리도 업거니와 우리가 밋을것도 업고 깃불것도 업ᄂᆞᆫ지라 그러나 구셰쥬의 란일이 잇심으로 하ᄂᆞᆯ문이 열엿시며 즁보가 되샤 죄악이 관영ᄒᆞᆫ 진셰 인싱으로 ᄒᆞ여곰 지극히 놉흐신 하ᄂᆞ님ᄭᅴ 나아오게 ᄒᆞ셧시니 엇지 심샹ᄒᆞᆫ 셰샹 사ᄅᆞᆷ의 싱신으로 비교 ᄒᆞ리오 그때를 샹고ᄒᆞ여 볼진ᄃᆡ 셔력으로 일쳔 팔ᄇᆡᆨ 구십 칠년젼 십이월 이십오일이오 라마국 항뎨 [illegible]살 아고ᄉᆞ독이 위에 잇슬때오 거리츄가 슈리아 ᄯᅡ에 감ᄉᆞ가 되엿실때며 유태

례비일공과 뎨ᄉᆞ십륙 십이월 이십륙일

예수씨의 탄싱ᄒᆞᆫ ᄉᆞ실

누가 이장 일졀노 이십졀

년조

디명

一 이때에 가이사 어구스도가 령을 ᄂᆞ려 텬하로 ᄒᆞ여곰 다 호젹에 올니게 ᄒᆞ니 二 구레니가 수리아 감ᄉᆞ 되엿실 때에 이 호젹이 처음으로 힝ᄒᆞ는지라 三 모든 사ᄅᆞᆷ이 호젹을 ᄒᆞ랴고 각각 제 본고을노 도라가니 四 요셉도 갈닐니아에셔 나사렛으로 브터 유대에 올나가 다위의 고을 벳들헴에 니르니 뎌ㅣ 다위의 집 ᄌᆞ손이라 五 뎡혼ᄒᆞᆫ 안히 마리아와 ᄒᆞᆷᄭᅴ 호젹을 ᄒᆞ려 가더니 마리아가 잉틔ᄒᆞ엿는지라 六 뎌긔 잇셔 히산ᄒᆞᆯ 때가 니르러 七 맛아ᄃᆞᆯ을 나하 강보로 싸 구유에 누이니 이는 긱뎜에 용납ᄒᆞᆯ 곳이 업숨이러라 ○ 八 그 근쳐에 양 기르는 이가 들에 잇셔 밤에 그 양의 무리를 직히더니 九 쥬의 ᄉᆞ자가 겻헤 셔고 쥬의 영광이 두루 빗최매 그 사ᄅᆞᆷ들이 크게 두려워 ᄒᆞ거ᄂᆞᆯ 十 ᄉᆞ자가 닐너 ᄀᆞᆯᄋᆞ대 놀내지 말나 내가 너희게 크게 깃버ᄒᆞᆯ 아름다온 쇼식을 가져오니 이는 만민의게 밋출지니라 十一 오ᄂᆞᆯ 다위의 고을에 너희를 위ᄒᆞ야 ᄒᆞᆫ 구쥬가 나셧시니 곳 그리스도 쥬ㅣ시니라 十二 징험이 이거시니 너희 장ᄎᆞᆺ 가서 ᄒᆞᆫ 아기가 강보로 싸서 구유에 누인거ᄉᆞᆯ 보리라 ᄒᆞ니 十三 ᄒᆞᆯ연이 허다ᄒᆞᆫ 하ᄂᆞᆯ 군ᄉᆞ가 ᄉᆞ쟈와 ᄀᆞᆺ치 잇서 하ᄂᆞ님을 찬미ᄒᆞ야 ᄀᆞᆯᄋᆞ틔 十四 지극히 놉ᄒᆞᆫ 산틔 . 하ᄂᆞ님ᄭᅴ 영화를 돌녀 보내고 ᄯᅡ헤셔는 깃버 ᄒᆞ심을 닙은 사ᄅᆞᆷ이 평안ᄒᆞᆯ지어다 ᄒᆞ더라 ○ 十五 뭇ᄎᆞᆷ 텬ᄉᆞ들이 떠나 하ᄂᆞᆯ노 올나가니 목동이 서로 말ᄒᆞ야 ᄀᆞᆯᄋᆞ틔 우리들이 곳 맛난일은 쥬ㅣ 우리게 뵈신 거ᄉᆞᆯ 보러 벳들헴ᄭᅡ지라도 가쟈ᄒᆞ고 十六 ᄲᆞᆯ니가 마리아와 요셉과 아기를 구유에 누인거ᄉᆞᆯ ᄎᆞ지니라 十七 목동이 보매 곳 아기를 알닌말ᄉᆞᆷ 젼파ᄒᆞ니 十八 듯는쟈ㅣ 다 목동의 고ᄒᆞ는일을 긔이히 넉이되 十九 오직 마리아는 이 모든 말을 ᄆᆞᄋᆞᆷ에 졈졈이 류념ᄒᆞ니 二十 목동이 그 듯고 본거시 다 알닌바와 ᄀᆞᆺᄒᆞᆷ으로 써 영화를 하ᄂᆞ님ᄭᅴ 돌녀 보내고 찬미ᄒᆞ고 도라가더라

주석

예수 탄싱ᄒᆞ실 때에 텬하이라 ᄒᆞ는ᄯᅡ흔 그때로마국이 심이 강셩ᄒᆞ고 거셔 이긔여 쇽방 된 나라가 만ᄒᆞ며 그 즁 이스라엘 나라도 쇽국이 되엿는지라 이때 로마 황뎨가 온 쇽방에 죠서ᄒᆞ여 호젹을 ᄒᆞ라 ᄒᆞ매 여러 나라히 다 각각 나라 풍쇽ᄃᆡ로 ᄒᆞ되 이스라엘 풍쇽은 뎨 각기 본도에 친히 가셔 호젹ᄒᆞ니 요셉과 마리아는 ᄯᅡ빗의 후예 된즉 나사렛이라 ᄒᆞ는 ᄃᆡ셔 ᄯᅥ나 ᄯᅡ빗의 셩이라 ᄒᆞ는 벳네헴 일빅 팔십리 되는 먼길에 나아가 호젹을 ᄒᆞᆯᄉᆡ 거긔 니르러 마리아가 히산 긔약이 니르매 텬ᄉᆞ가 그 젼(마태 복음 일쟝 이십졀 브터 이십오졀 ᄭᆞ

지)ᄒᆞᆫ 말솜과 ᄀᆞᆺ치 되엿시며 하ᄂᆞ님ᄭᅴ셔는 사ᄅᆞᆷ이 연쟝 쓰는것과 ᄀᆞᆺ치 이외방 황뎨를 쓰샤 (만가 오쟝 이졀에 말솜ᄃᆡ로 예수ᄭᅴ셔 벳네헴에셔 나리라 ᄒᆞ심을 응험케 ᄒᆞ신지라 이ᄯᅢ 벳네헴에 오ᄂᆞᆫ 손님이 만코 방갑도 ᄆᆞᆫᄒᆞ매 요셉과 마리아ᄂᆞᆫ 극히 간난 ᄒᆞ여 방을 엇을수 업ᄉᆞ나 아조 쳔ᄒᆞᆫ 마구에 가셔 ᄋᆞ희를 나흔지라 예수ᄭᅴ셔 이러케 쳔히 탄싱 ᄒᆞ여 계시되이 탄싱 ᄒᆞ시ᄂᆞᆫ 긔별은 텬하에 왕후 귀인이라도이 ᄀᆞᆺ치 영화롭고 이샹케 ᄒᆞᆯ수 업슴은 텬ᄉᆞ가 마리아의게 말솜 ᄒᆞ엿시며 목인의게도 ᄇᆞᆰ히 ᄀᆞᄅᆞ치셧ᄉᆞ며 동방에 잇는 박ᄉᆞ의게도 현몽 ᄒᆞ샤 별노 알게 ᄒᆞ엿ᄉᆞ니 이런 영화로온 일이 업ᄂᆞᆫ지라 이젼에 ᄶᅡ빗이 벳네헴에셔 그 부친의 양 치ᄂᆞᆫ것과 ᄀᆞᆺ치 이제도 목인들이 밤에 양을 치러 나아 갓더니 하ᄂᆞ님의 텬ᄉᆞ가 홀연 그 목인들 가온ᄃᆡ 셧ᄉᆞ매 캄캄ᄒᆞᆫ 밤이 별안간 명랑ᄒᆞᆫ 히빗 보담 더 ᄇᆞᆰ으니 목인들이 크게 놀나ᄂᆞᆫ지라 텬ᄉᆞ가 아 목인들이 놀나ᄂᆞᆫ 소식을 젼 ᄒᆞ려 온거시 아니라 목인들과 온 이스라엘 ᄇᆡᆨ셩과 텬하 나라들에 깃분 쇼식을 알게ᄒᆞ려 옴은 구세쥬 예수ㅣ(마태복음 일쟝 이십일졀을 보라) 하ᄂᆞ님ᄭᅴ셔 뎡ᄒᆞ여 세우신 그리스도ㅣ 오셧다 ᄒᆞᆷ을 알게 ᄒᆞᆷ이니 처음온 텬ᄉᆞ가 말을 다ᄒᆞᆫ 후에 여러 텬ᄉᆞ가 ᄂᆞ려 와셔 ᄀᆞᆺ치 찬미 ᄒᆞ매 이 찬미 ᄯᅳᆺ은 다름 아니라 구세쥬 예수 그리스도ᄭᅴ셔 오샤 온 인간이 하ᄂᆞ님으로 더브러 화목게 ᄒᆞ심이니 이럼으로ᄡᅥ 하ᄂᆞ님ᄭᅴ셔 화평ᄒᆞᆷ을 주시며 사ᄅᆞᆷ은 그 영광을 하ᄂᆞ님ᄭᅴ로 돌니고 ᄯᅩ 깃붐을 닙을지라 이 일은 그ᄯᅢ 인간만 위 ᄒᆞ심이 아니라 오ᄂᆞᆯ날 ᄭᅡ지 사ᄅᆞᆷ이 예수 탄싱 ᄒᆞ심을 보지 못 ᄒᆞ엿드릐도 사ᄅᆞᆷ마다 예수를 밋으면 평안ᄒᆞᆷ을 엇고 깃붐을 닙을수 잇ᄂᆞ니라 텬ᄉᆞ는 찬미를 다ᄒᆞ고 하ᄂᆞᆯ노 올나간후에 목인들이 텬ᄉᆞ의 말이 참 그러ᄒᆞᆫ지 아지 못ᄒᆞ여 서로 의심 ᄒᆞ다가 텬ᄉᆞ의 ᄀᆞᄅᆞ치던 ᄃᆡ로 곳 가셔본즉 그말과 ᄀᆞᆺᄒᆞ매 크게 이샹히 녁이고 즉시 영광을 하ᄂᆞ님ᄭᅴ로 돌니니라

뭇는말

一 구쥬님ᄭᅴ셔 양력으로 몃히젼에 나시며 음력으로 무슨히에 나셧ᄂᆞ뇨 二 어ᄂᆞ 나라와 어ᄂᆞ 고을파 무슴왕 ᄯᅢ에 나셧ᄂᆞ뇨 三 구쥬님ᄭᅴ셔 뉘 후례로 나셧ᄂᆞ뇨 四 대위로 긔독ᄭᆞ지 몃대나 되엿ᄂᆞ뇨 五 구쥬님의 부모들이 무슴일노 베들헴에 갓ᄂᆞ뇨 六 거긔셔 엇더케 머물럿ᄂᆞ뇨 七 하ᄂᆞ님ᄭᅴ셔 구쥬 나심을 목인의게 알게 ᄒᆞ시기 젼에 혹 누구의게 알게 ᄒᆞ셧ᄂᆞ뇨 八 하ᄂᆞ님ᄭᅴ셔 엇지 왕이나 경자나 ᄉᆞ족이나 알게 ᄒᆞ시지 안코 쳔ᄒᆞᆫ 목인만 알게 ᄒᆞ셧ᄂᆞ뇨 九 하ᄂᆞᆯ에셔 무슴 찬미 잇셧ᄂᆞ뇨 十 목인들이 텬군의 찬미 ᄀᆞᆺ쳔후에 무엇 ᄒᆞ엿ᄂᆞ뇨 十一 우리가 왜 구쥬 탄일을 깃부게 시리 지내ᄂᆞ뇨 十二 구쥬님ᄭᅴ셔 마방에셔 나사나 텬군들이 ᄇᆞᆰ히 낫타나게 찬송ᄒᆞ시고 십ᄌᆞ에셔 도라 가셧시나 몃칠 아니되여 승텬ᄒᆞ시니 이처럼 영광파 쳔ᄒᆞᆷ을 당ᄒᆞᆫ거시 우리의게 무슴 효험이 잇겟ᄂᆞ뇨

첫쟝련속

태국왕 희률이 붕봉ᄒᆞᆫ 님군이 되엿실때오 아시아의 력ᄃᆡ를 상고 ᄒᆞ건ᄃᆡ 신라국 ᄐᆡ조 혁거세의 즉위ᄒᆞᆫ지 오십팔년이요 한나라 평뎨 원시 원년이며 공부ᄌᆞ의 나신후 오ᄇᆡᆨ 오십 일년이라 유도를 좃ᄂᆞᆫ이ᄂᆞᆫ 공ᄌᆞ를 존숭ᄒᆞ여 경슐일에 셩인이 나심을 긔렴ᄒᆞ고 불교를 좃ᄂᆞᆫ이ᄂᆞᆫ 셕가모니를 ᄉᆞ모ᄒᆞ여 ᄉᆞ월 팔일에 불을 켜며 지를 올녀 부쳐의 싱일을 긔렴ᄒᆞ되 공씨와 셕씨의 힝ᄒᆞᆫ바 일을 볼진대 됴흔 례법과 현철ᄒᆞᆫ 말ᄉᆞᆷ을 만히ᄒᆞ여 셰샹 사ᄅᆞᆷ을 ᄀᆞᄅᆞ쳐시고 만셰 션비와 스승이 되엿시나 일죽이 만민 죄를 대신ᄒᆞ여 ᄌᆞ긔몸이 죽기에 니ᄅᆞ지 못ᄒᆞ엿시며 삼일만에 다시 살아나시ᄂᆞᆫ 권릉이 업셧거놀 엇지 구셰쥬의 은혜로 더브러 등렬을 ᄀᆞᆺ치ᄒᆞ여 말ᄒᆞ리오 예수씨의 강싱 ᄒᆞ신곳이 유대국 벳ᄂᆡ혬이여 신즉 근본 아시아쪽원이오 구라파나 아메리까따히 아니며 셔국에셔만 구셰쥬가 되실ᄲᅮᆫ 아니라 만국 만민의 구원 ᄒᆞ시ᄂᆞᆫ 쥬지가 되셧서나 우리 교즁 형뎨들만 구셰쥬의 탄일을 깃버홀거시 아니라 누구시든지 하ᄂᆞᆯ노 머리둔 사ᄅᆞᆷ들은 다 ᄀᆞᆺ치 감샤ᄒᆞᆫ ᄆᆞᄋᆞᆷ으로 찬숑 ᄒᆞ기들 ᄇᆞ라노라

최병헌

구쥬탄일에새회당례식

이십ᄉᆞ일

오후 다숫시에 여러 교우가 새 회당에 모혀셔 하ᄂᆞ님도를 강론ᄒᆞᆫ 연후에 됴흔 그림을 구경식힐터인대 문표 몃ᄇᆡᆨ쟝을 미리 문ᄃᆞ러 죵로 대동셔시 쥬인과 본학당 여러 션ᄉᆡᆼ이 각각 맛ᄒᆞ셔셔 줄터이나 누구시던지 이 좌셕에 참예코져 ᄒᆞ시거든 문표를 엇어 가지고 오시옵

이십오일

이날은 우리 구셰쥬의 탄일이라 아참 열시에 교즁 형뎨들이 각기 깃분 ᄆᆞᄋᆞᆷ으로 새회당에 모혀셔 열두시 ᄭᆞ지 젼도 ᄒᆞᄂᆞᆫ 말ᄉᆞᆷ을 드롤지어다

이십륙일

이날은 쥬일이라 젼과ᄀᆞᆺ치 열시에 새 회당에 모혀셔 셔국에 유명ᄒᆞᆫ 목ᄉᆞ ᄒᆞᆫ분이 젼도ᄒᆞ시고 새 회당을 하ᄂᆞ님ᄭᅴ 밧치ᄂᆞᆫ 례를 힝ᄒᆞ고 저녁 일곱시에 다시 모혀셔 원두우 목ᄉᆞ가 론셜 ᄒᆞ시니라

이십칠일

오후 세시에 회당에 다사 모혀 손님으로 오신 목ᄉᆞ의 부인과 다른 부인들이 각기 론셜 ᄒᆞ시니라

이십팔일

오후 세시에 젼과ᄀᆞᆺ치 모혀 여러 본국 교우가 연셜 홀터인대 이러케 여러날 모히ᄂᆞᆫ 거시 다 구쥬탄일에 감샤ᄒᆞᆫ 뜻시요 또 새 회당을 하ᄂᆞ님ᄭᅴ 밧치ᄂᆞᆫ 뜻시니 엇던 교우 시던지 다 오시기를 ᄇᆞ라옵

뎨일권

대한 크리[illegible] 회보

ᄉᆞ십칠호

광무원년 [illegible]월이십이일

론셜

금월 이십 오일은 구세쥬에 탄강ᄒᆞ신 날이라 교즁 형뎨와 ᄌᆞᄆᆡ들이 그날에 깃부고 감샤ᄒᆞᆫ ᄆᆞᄋᆞᆷ으로 하ᄂᆞ님의 은혜를 찬송ᄒᆞ엿ᄉᆞ니 원컨대 하ᄂᆞᆯ에 계신 아바님과 우리 쥬 예수ᄭᅴ서 특별히 셩신으로 감화ᄒᆞ시난 은춍을 형뎨들의게 주시기를 ᄇᆞ라오며 그 후날은 우리 형뎨들이 ᄯᅩᄒᆞᆫ 깃분 ᄆᆞᄋᆞᆷ으로 졍동에 새로 지은 회당을 하ᄂᆞ님ᄭᅴ 드리ᄂᆞᆫ 례식을 [illegible]ᄒᆞᆯ 터이온ᄃᆡ 이일은 교회즁에 ᄎᆞᆷ 긴요ᄒᆞᆫ 일이요 감샤ᄒᆞᆫ 표적이라 미이미 교회즁 형뎨들은 일졔히 오서셔 이아래 긔지ᄒᆞᆫ 례문을 깃분 ᄆᆞᄋᆞᆷ으로 ᄒᆞᆷᄭᅴ 힝ᄒᆞ시기를 ᄇᆞ라오며 이아래 긔록ᄒᆞᆫ 찬미가 이쟝은 리화학당에 계신 부인 로화려씨가 새로 번역ᄒᆞ신 거시라 대한에 잇난 형뎨와 ᄌᆞᄆᆡ들의 이목을 새로 ᄇᆞᆰ히난 거시니 ᄯᅩᄒᆞᆫ 감샤ᄒᆞᆫ 일이라 ᄒᆞᆷᄭᅴ 모혀 찬양 ᄒᆞ기를 ᄇᆞ라노라

구세쥬의 간증

녜로브터 셩현 군ᄌᆞ와 영웅 호걸이 당시에 유명ᄒᆞ고 후세ᄭᆞ지 칭숑ᄒᆞ나 다이 세샹에 나셔 쟝셩ᄒᆞᆫ 연후에 ᄀᆞ 힝위를 보아야 비로소 그가 셩현인 줄도 알고 군ᄌᆞᆫ 줄도 알고 영웅인줄도 알고 호걸인줄도 알되 몃 쳔년 젼이나 몃 ᄇᆡᆨ년젼에 미리 엇더ᄒᆞᆫ 셩현 군ᄌᆞ가 나리라 엇더ᄒᆞᆫ 영웅 호걸이 나리라고 긔록ᄒᆞᆫᄃᆡᄂᆞᆫ 업거니와 우리 구세쥬ᄭᅴ셔ᄂᆞᆫ 이세샹에 오시기젼 칠ᄇᆡᆨ ᄉᆞ십 년젼에 쥬ᄭᅴ셔 이ᄉᆡ야의게 부탁ᄒᆞ야 말솜ᄒᆞ샤ᄃᆡ 쟝ᄎᆞᆺ 쳐녀가 잇셔 잉ᄐᆡᄒᆞ야 아ᄃᆞᆯ을 나흐매 사ᄅᆞᆷ이 그 일홈을 널ᄏᆞᄅᆞ 이마누엘이라 ᄒᆞ리라 ᄒᆞ셧시니 이거슨 예수ᄭᅴ셔 이세샹에 오시기젼에 간증이요 그ᄲᅮᆫ 아니라 이셰샹에 오실ᄯᅢ에ᄂᆞᆫ 여러가지 이샹ᄒᆞᆫ 증죠가 잇스니 쳣재ᄂᆞᆫ 뎐ᄉᆞ 가ᄇᆡ렬이 하ᄂᆞ님의 명령을 밧드러 가리리 나사렛ᄯᅡ에 가셔 동뎡녀 마리아를 보고 닐ᄋᆞᄃᆡ 네가 셩신으로 잉ᄐᆡᄒᆞ야 아ᄃᆞᆯ을 나흘거시니 일홈을 예수라 ᄒᆞ라 지극히 놉흐시니의 아ᄃᆞᆯ이 되시리라 ᄒᆞ니 마리아 ᄃᆡ답ᄒᆞ되 내가 시집도 가지아니 ᄒᆞ엿거ᄂᆞᆯ 엇지 이런일이 잇스리오 뎐ᄉᆞ 골ᄋᆞᄃᆡ 하ᄂᆞ님ᄭᅴ셔ᄂᆞᆫ 능치 못ᄒᆞ신 일이 업다 ᄒᆞ더니 과연 셩신으로 잉ᄐᆡᄒᆞ엿고 둘지ᄂᆞᆫ 요실이 마리아의 잉ᄐᆡ홈을 듯고 마리아의게 쟝가들지 안코져 ᄒᆞ더나 쥬의 ᄉᆞ쟈가 요실의게 현몽ᄒᆞ

여 닐ᄋᆞᄃᆡ 네가 두려워 말고 마리아의게 取쳐ᄒᆞ라 그가 잉ᄐᆡᄒᆞᆷ은 셩신의 감화ᄒᆞᆷ이라 ᄒᆞ엿고 셋지는 ᄲᅦᆫ네헴에서 나실때에 들에서 양 치는 무리가 밤에 양을 직히더니 쥬의 영광이 빗최고 텬ᄉᆞ가 나려와 됴흔 쇼식을 젼ᄒᆞ되 오ᄂᆞᆯ ᄯᆞ빗의 고을에 너희를 위ᄒᆞ야 구세쥬가 나시리라 ᄒᆞ며 무슈ᄒᆞᆫ 텬군이 텬ᄉᆞ로 ᄒᆞᆷᄭᅴ 하ᄂᆞ님 은혜를 찬송ᄒᆞ거ᄂᆞᆯ 목쟈가 텬ᄉᆞ의 말ᄃᆡ로 ᄯᆞ빗의 고을에 가셔 마리아가 뵈로 어린ᄋᆞ희를 ᄊᆞ서 ᄆᆞᆯ 구유에 뉘인거슬 보고 영화를 하ᄂᆞ님ᄭᅴ 돌녀 보ᄂᆡ엿고 넷지는 나신후 팔일만에 요실과 마리아가 예수쓰를 안ᄭᅩ 예루살렘 셩뎐에 가셔 하ᄂᆞ님ᄭᅴ 드릴ᄉᆡ 셔면이라 ᄒᆞᄂᆞᆫ 사ᄅᆞᆷ이 젼브터 셩신의 묵시를 엇어 죽기젼에 쥬 크리ᄉᆞ도쓰를 뵈올줄 알더니 뭇ᄎᆞᆷ 셩뎐에 들어와 ᄋᆞᄒᆡ를 안ᄭᅩ 하ᄂᆞ님ᄭᅴ 찬미ᄒᆞ엿고 다ᄉᆞᆺ지는 동방에 잇는 박ᄉᆞ가 별을보고 예루살렘에 와서 구세쥬의 나신곳슬 뭇고 별을 ᄯᆞ라 벳네헴에 가매 별이 ᄋᆞ기 잇는 곳우에 긋치는지라 박ᄉᆞ가 그집에 들어가 ᄋᆞ기의게 절ᄒᆞ고 보ᄇᆡ 합을 열어 황금과 유향과 몰약으로 례물을 드렷고 여셧지는 박ᄉᆞ가 도라간 후에 요실이 텬ᄉᆞ의 묵시를 엇어 ᄋᆞ기와 마리아를 다리고 이급으로 가서 헤롯왕의 모ᄒᆡᄒᆞᆷ을 피ᄒᆞ엿스니 이거슨 예수ᄭᅴ서 이세상에 오실때에 간증이오 그ᄲᅮᆫ아니라 이세샹에 오신후에 긔이ᄒᆞᆫ 힝젹과 비샹ᄒᆞᆫ 권능을 만이 베프샤 소경으로 보게 ᄒᆞ시고 안즌방이로 ᄃᆞᆫ이게 ᄒᆞ시고 믄동이로 죠출케 ᄒᆞ시고 귀 먹으니로 듯게 ᄒᆞ시고 죽은쟈로 다시 살게 ᄒᆞ시고 가난ᄒᆞᆫ 쟈로 복음을 듯게 ᄒᆞ시고 다ᄉᆞᆺ개 ᄯᅥᆨ과 두마라 고기로 오쳔 여인을 먹이셧스며 열두 뎨ᄌᆞ를 퇴ᄒᆞ샤 도를 젼ᄒᆞ시고 만민의 죄를 대쇽ᄒᆞ샤 십ᄌᆞ가에 죽으시고 삼일만에 다시 살으샤 ᄉᆞ십일 동안에 뎨ᄌᆞ를 ᄀᆞ리치시고 하ᄂᆞᆯ노 올나 가실때에 여러사ᄅᆞᆷ이 다 보앗스니 이거슨 예수ᄭᅴ서 이세샹에 오신후에 간증이요 그ᄲᅮᆫ 아니라 지금ᄭᆞ지 셔양 졔국이 구세쥬의 강싱ᄒᆞ심으로 력대를 긔록ᄒᆞ여 곳치지 아니ᄒᆞ고 하ᄂᆞ님의 도가 오쥬 세계에 젼ᄒᆞ지 아니ᄒᆞᆫ 곳이 업서서 이도를 슝샹ᄒᆞᄂᆞᆫ 나라는 다문명 ᄀᆡ화에 진보가 되엿스니 이거슨 예수ᄭᅴ서 이세샹을 ᄯᅥ나신 후에 간증이라 동포 형뎨들아 세샹 사ᄅᆞᆷ으로 말ᄒᆞ면 아모리 큰 셩인이요 큰 영웅이라도 엇지 이러ᄒᆞᆫ 간증이 잇ᄉᆞ리오 이 네가지 간증을 보건대 예수ᄭᅴ서는 참 하ᄂᆞ님의 아ᄃᆞᆯ이시오 온셰샹을 구원ᄒᆞ시는 쥬신줄을 뎡녕이 밋을지라 무론 누구던지 이 거룩ᄒᆞ신 구쥬탄일을 당ᄒᆞ매 더옥 감샤ᄒᆞ고 깃분 ᄆᆞᄋᆞᆷ으로 구세쥬의 한량 업스신 공로를 싱각ᄒᆞ야 영화를 하ᄂᆞ님ᄭᅴ 돌녀 보ᄂᆡ고 졍셩으로 죵일도록 긔도ᄒᆞ고 찬미ᄒᆞᆯ지어다

송긔용

례비일공과 뎨ᄉᆞ십칠 졍월 이일

씨ᄲᅮ리는비유론

마태십삼쟝 일졀노 이십삼졀

一 그날에 예수ㅣ 집에셔 나가샤 바다가에 안지시
매 二 허다ᄒᆞᆫ 사ᄅᆞᆷ들이 와셔 모히거ᄂᆞᆯ 예수ㅣ ᄇᆡ
에 드러가 안지시니 모든 사ᄅᆞᆷ이 언덕에 섯는지
라 三 예수ㅣ 여러가지 비유로 말ᄉᆞᆷᄒᆞ여 ᄀᆞᆯᄋᆞ샤ᄃᆡ
씨를 ᄲᅵ우는 사ᄅᆞᆷ이 ᄲᅵ우러 나가셔 四 ᄲᅵ울식 길
가에 ᄯᅥ러진 씨ᄂᆞᆫ ᄉᆡ가 와셔 먹고 五 흙이 젹은 돌
작밧헤 ᄯᅥ러진 씨는 ᄯᅡᆼ이 깁지 아님으로 속히 싹
이 나오나 六 히가 ᄶᅬ이면 ᄲᅮᆯ희가 박히지 못ᄒᆞ야
마ᄅᆞ고 七 가싀덤불 속에 ᄯᅥ러진 씨는 가싀가 자
ᄅᆞ매 숨이 막히고 八 됴흔 ᄯᅡ에 ᄯᅥ러진 씨는 결실
ᄒᆞᆷ이 혹 ᄇᆡᆨ비도 되며 륙십비도 되고 삼십비도 되
ᄂᆞ니 九 귀 잇는이는 드르라 ᄒᆞ신ᄃᆡ ◯ 十 뎨ᄌᆞ들
이 나아와 ᄀᆞᆯᄋᆞᄃᆡ 웨 그 사ᄅᆞᆷ들의게 비유로 말ᄉᆞᆷ
ᄒᆞ시ᄂᆞ니잇가 十一 예수ㅣ 대답ᄒᆞ샤대 하ᄂᆞᆯ 나라의
오묘ᄒᆞᆫ 거ᄉᆞᆯ 너희ᄃᆞ려 알게 ᄒᆞᆷ이오 뎌희의게는
주지 안ᄂᆞ니 十二 누구던지 잇는 이의게는 더 주어
넉넉ᄒᆞ게 ᄒᆞ고 업는 이의게는 잇는것 ᄭᆞ지라도
ᄲᅢ앗ᄂᆞ니라 十三 그럼으로 내가 비유로 말ᄒᆞ기는
뎌들이 보아도 보지 못ᄒᆞ며 드러도 듯지 못ᄒᆞ며
ᄭᆡ닷지 못 ᄒᆞᆷ이니라 十四 이사야의 예언이 뎌희게
응ᄒᆞ엿시니 닐넛스되 너희가 듯기는 드러도 ᄭᆡ
닷지 못ᄒᆞ며 보기는 보아도 아지 못ᄒᆞᄂᆞᆫ 거ᄉᆞᆫ 十五
이 ᄇᆡᆨ셩들의 ᄆᆞᄋᆞᆷ이 완악ᄒᆞ야 귀를 막고 눈을 감
아 혹 눈으로 보고 귀로 듯고 ᄆᆞᄋᆞᆷ으로 ᄭᆡ닷고 회
ᄀᆡᄒᆞ게 내가 곳쳐 줄가 두려워 ᄒᆞᆷ이라 ᄒᆞ엿스되
十六 너희 눈이 복 잇슴은 봄이요 귀가 복이 잇슴
은 드롬이라 十七 내 실노 너희게 닐ᄋᆞ노니 여러 션
지쟈와 올흔 사ᄅᆞᆷ들이 너희 보는것 들을 보고져
ᄒᆞ여도 보지 못ᄒᆞ엿고 너희 듯는것들을 듯고져
ᄒᆞ여도 듯지 못 ᄒᆞ엿ᄂᆞ니라 十八 그런즉 씨 ᄲᅵ우는
비유를 드르라 十九 아모나 텬국 말을 듯고 ᄭᆡ닷지
못ᄒᆞ매 악ᄒᆞᆫ쟈 와셔 ᄆᆞᄋᆞᆷ속에 ᄲᅵ운거ᄉᆞᆯ ᄲᅢ아가
ᄂᆞ니 이거시 길강에 ᄲᅵ운거시오 二十 돌작밧헤 ᄲᅵ
운다 ᄒᆞᆫ거ᄉᆞᆫ 사ᄅᆞᆷ이 도를 듯고 즉시 깃거워 ᄒᆞ나
二十一 속에 ᄲᅮᆯ희가 업서 잠시 견대다가 도의 연고
로 환난이나 핍박을 당ᄒᆞᆫ즉 곳 실혀 ᄇᆞ린다 ᄒᆞᆷ이
요 二十二 가싀 가온대 ᄲᅵ운다 ᄒᆞᆫ거ᄉᆞᆫ 사ᄅᆞᆷ이 도를
드르매 셰샹의 념려와 지리의 욕심이 도를 막아
결실치 못ᄒᆞ게 ᄒᆞᆫ다 ᄒᆞᆷ이요 二十三 됴흔ᄯᅡ에 ᄲᅵ운다
ᄒᆞᆫ거ᄉᆞᆫ 사ᄅᆞᆷ이 도를듯고 ᄭᆡ다라 실노 결실ᄒᆞ여
혹 ᄇᆡᆨ비도 되고 륙십비도 되고 삼십ᄇᆡᆨ도 된다 ᄒᆞᆷ
이니라 ᄒᆞ시더라

주석

예수ᄭᅴ셔 ᄇᆡᆨ셩들을 더옥 ᄀᆞᄅᆞ치시며 바라시 인을
경계ᄒᆞ샤 ᄎᆞᆷ 라치로 변론 ᄒᆞ시기를 죵일토록 ᄒᆞ
샤 몸이 심히 곤 ᄒᆞ시고 시장 ᄒᆞ신거ᄉᆞᆯ ᄉᆡᆼ각지
아니 ᄒᆞ시매 (마태복음 십이장 십ᄉᆞ졀 브터
ᄉᆞᆺ졀ᄭᆞ지 보라) 예수의 모친과 그 동ᄉᆡᆼ이 ᄎᆞᆺ
와셔 보는거ᄉᆞᆯ 예수ᄭᅴ셔 곤ᄒᆞ시고 시쟝 ᄒᆞ심으로

ᄌᆞ긔 집에 잠깐 가셔셔 요긔ᄒᆞ시기를 ᄇᆞ라고 온듯ᄒᆞᆫ지라 오직 허다ᄒᆞᆫ 사ᄅᆞᆷ이 만흐매 뉘가 예수ᄭᅴ 그 모친과 동생이 보려 왓심을 말ᄒᆞ니 예수ㅣ 오십졀에 잇ᄂᆞᆫ 모든 밋ᄂᆞᆫ 사ᄅᆞᆷ의 반가옴으로 ᄃᆡ답ᄒᆞ셧ᄂᆞᆫ지라 그ᄯᅢ 날이 져물매 예수ᄭᅴ셔 뎨ᄌᆞㅣ들노 더브러 바다 언덕에 가샤 무리들이 만히 좃차옴을 보시고 ᄇᆡ에 안자 ᄆᆞᄅᆞ치시고 무리ᄂᆞᆫ 언덕에 잇ᄉᆞ니 예수ᄭᅴ셔 이날 닐곱가지 비유를 말ᄉᆞᆷᄒᆞ샤ᄃᆡ ᄇᆡ에셔 네가지를 말ᄉᆞᆷᄒᆞ시고 집에 도라가샤 세가지를 말ᄉᆞᆷᄒᆞ신지라 십삼졀을 다 보라 예수ᄭᅴ셔 ᄇᆡᆨ셩의게 흔샹 알아듯기 쉬온 비유를 말ᄒᆞ시며 오ᄂᆞᆯ 공부에 ᄂᆞᆼᄉᆞᄒᆞᄂᆞᆫ걸노 비유ᄒᆞ심은 이 언덕에셔 뵈ᄂᆞᆫ밧치 갓가히 잇서 그들이 갓갸이 보고 알기쉽게 ᄒᆞ심이오 십팔졀 브터 이십삼졀ᄭᆞ지에 이 비유를 ᄌᆞ세히 ᄒᆡ셕ᄒᆞ셧ᄉᆞ니 이 공부에셔 우리ᄂᆞᆫ 더 ᄒᆡ셕ᄒᆞᆯ거시 업ᄉᆞ며 이 비유ᄂᆞᆫ 첫번 ᄆᆞᄅᆞ시심이니 ᄀᆞᆫ ᄇᆡᆨ셩들은 듯기를 다ᄒᆞ고 ᄂᆞ려간 후에 뎨ᄌᆞ들만 잇서 말ᄒᆞ되 션ᄉᆡᆼ님이여 엇지ᄒᆞ여 뎌들을 비유로 ᄆᆞᄅᆞ치ᄉᆞᆷᄂᆞ닛가 예수 ᄃᆡ답ᄒᆞ사되 들어 넓것도 잇고 감촐것도 잇ᄂᆞᆫ고로 비유로 말홈이나 누구던지 ᄎᆞᆷ 리치를 ᄇᆡ화 알녀 ᄒᆞ면 비유를 ᄡᅥ ᄃᆞᆺ기 쉬오려니와 쉬온말ᄉᆞᆷ 힘도 ᄭᆡᄃᆞᆺ지 못ᄒᆞᄂᆞᆫ 쟈 잇ᄉᆞᆷ은 본ᄅᆡ ᄇᆡ홀 ᄆᆞᄋᆞᆷ도 업고 도로혀 죠롱만 ᄒᆞᆷ이니 일노ᄡᅥ 비유홈이라 ᄒᆞ신지라 오직 사ᄅᆞᆷ이 진리를 ᄇᆡ화 알녀지도 안코 죠롱만 ᄒᆞᄂᆞᆫ쟈ᄂᆞᆫ 비유를 들어도 감촘이오 뎨ᄌᆞ들은 예수의 ᄆᆞᄅᆞ치신 ᄯᅳᆺ을 알아 ᄇᆡ호고져 ᄒᆞ매 들오내심이오 바라신 인은 ᄆᆞᄅᆞ치심을 ᄇᆡ호지도 안코 실혀 홈으로 감촘이라 무론 아모던지 원ᄒᆞᄂᆞᆫ 쟈ᄂᆞᆫ ᄭᆡᄃᆞᆺ기에 능홈을 엇고 원치 안ᄂᆞᆫ쟈ᄂᆞᆫ 능홈을 엇지 못ᄒᆞᆯ거시나 이ᄂᆞᆫ 하ᄂᆞ님ᄭᅴ셔 편벽되게 ᄒᆞ심도 아니며 사ᄅᆞᆷ이 진리를 ᄭᆡᄃᆞᆺ지 못ᄒᆞᆫ다 ᄒᆞ심도 아니라 더희가 악심이 졀노 단단히 굿엇ᄉᆞᆫ즉 아모리 진리의 말ᄉᆞᆷ을 ᄒᆞ여도 귀 밧그로 들니고 알고져 ᄒᆞᆯ ᄆᆞᄋᆞᆷ이 업ᄉᆞᆷ이라 하ᄂᆞ님 도를 ᄃᆞᆺ고 ᄭᆡᄃᆞᆺᄂᆞᆫ 쟈ᄂᆞᆫ ᄎᆞᆷ 복이로다 십팔졀 브터 이십삼졀ᄭᆞ지에 예수ㅣ 이 비유를 ᄌᆞ세히 말ᄉᆞᆷᄒᆞ셧ᄉᆞ니 우리ᄂᆞᆫ 이 ᄯᅳᆺ을 ᄌᆞ세히 보고 묵념ᄒᆞ며 ᄌᆞ긔 ᄆᆞᄋᆞᆷ을 깁히 혜아려 엇더케 된 ᄆᆞᄋᆞᆷ인지 집작ᄒᆞ기를 ᄇᆞ라노니 누구던지 길가와 험ᄒᆞᆫ 돌ᄲᅡ와 가싀덤불 밧ᄀᆞᆺ치 이런 ᄆᆞᄋᆞᆷ이 잇ᄂᆞᆫ쟈ᄂᆞᆫ 곳 하ᄂᆞ님ᄭᅴ 빌고 구ᄒᆞ여 옥토에 씨를 더져 그 ᄡᅡᆨ이 몃ᄇᆡ가 되ᄂᆞᆫ것과 ᄀᆞᆺ치 되게 ᄒᆞ기를 ᄇᆞ라노라

뭇ᄂᆞᆫ 말

一 마태복음 십삼쟝에 비유ᄂᆞᆫ 몃가지나 잇ᄂᆞ뇨 二 이 비유ᄂᆞᆫ 누구를 ᄆᆞᄅᆞ치랴고 ᄒᆞ신 비유뇨 三 예수ᄭᅴ셔 무ᄉᆞᆷ 연고를 인ᄒᆞ야 비유로 ᄆᆞᄅᆞ치신다 ᄒᆞ셧ᄂᆞ뇨 四 씨 ᄲᅮ리ᄂᆞᆫ 사ᄅᆞᆷ의 비유를 간략히 말ᄒᆞ시오 五 대한 사ᄅᆞᆷ들 즁에 이여러가지 ᄲᅡ와ᄀᆞᆺ흔 사ᄅᆞᆷ들이 잇겟ᄂᆞ뇨 六 씨 ᄲᅮ리ᄂᆞᆫ 사ᄅᆞᆷ은 누구며 씨 사ᄅᆞᆷ은 리졔에 엇더케 되겟ᄂᆞ뇨 九 대한 형뎨들이 나ᄂᆞᆫ 식 ᄀᆞᆺ흔 원수를 웨 뎨일 무셔올 묘리가 잇겟ᄂᆞ뇨

회당을하ᄂᆞ님ᄭᅴ드림

친이ᄒᆞᆫ 봉우여 셩경에 말ᄉᆞᆷ ᄒᆞ엿스되 하ᄂᆞ님ᄭᅴ셔
ᄌᆞ긔 일홈을 놉혀 셩뎐짓ᄂᆞᆫ 이들을 ᄆᆡ우 깃버ᄒᆞ
신다ᄒᆞ엿고 하ᄂᆞ님ᄭᅴ셔 엇더케 솔노문이지은 셩
뎐을 ᄌᆞ긔의 영광으로 츙만케 ᄒᆞ심과 둘재번 지
은셩뎐에셔 엇더케 젼보담 더영화롭게 ᄌᆞ긔를 나
타내신거솔 우리가 드른바이요 여러사ᄅᆞᆷ을 위ᄒᆞ
야 ᄒᆞᆫ 회당을 지은 ᄇᆡᆨ부쟝을 셩경에 칭찬ᄒᆞ고 치
하ᄒᆞ엿스니 우리가 몃가지 례ᄇᆡᄒᆞᄂᆞᆫ 직무를 ᄒᆡᆼᄒᆞ
기를 위ᄒᆞ야 이뎐을 공경ᄒᆞ여 하ᄂᆞ님ᄭᅴ 밧치ᄂᆞᆫ 본
의를 하ᄂᆞ님ᄭᅴ셔 ᄯᅩᄒᆞᆫ 깃버게 밧으실거솔 의심
치 말거시오 이진합ᄒᆞᆫ 일이 이만큼 셩취되엿스니
우리가 ᄆᆞᄋᆞᆷ을 합ᄒᆞ야 하ᄂᆞ님의 일홈을 공경ᄒᆞ여
찬양ᄒᆞᆯ거시오 ᄯᅩ 이일에 샹관된 모든 사ᄅᆞᆷ들의게
와 이후 이곳에셔 례ᄇᆡᄒᆞᄂᆞᆫ 온 사ᄅᆞᆷ들의게 복이
ᄂᆞ리기를 긔도ᄒᆞᆸ세다,

찬미

일

온세계우놉흔셩뎐
넓게세운여호와여
우리손지은셩당을
깃벅시게밧으쇼셔

이

영화로신보좌에셔
영원ᄒᆞᆫ신평안ᄒᆞᆷ을
이뎐각에한량업시
가득ᄒᆞᆷ을주옵쇼셔

삼

길일ᄒᆞᆫ쟈이곳에셔
춤도로써ᄀᆞᄅᆞ치며
ᄯᅩ연약ᄒᆞ고슯ᄒᆞᆫ쟈
긔도ᄒᆞᆯᄯᅢ드ᄅᆞ쇼셔

ᄉᆞ

이쳐소에ᄉᆞ랑ᄒᆞᆷ과
밋음늘더간졀케ᄒᆞ
욕심덜고열심느려
일톄로쥬를셤기게

찬미ᄒᆞᆫ후에 ᄒᆞᆫ 사ᄅᆞᆷ이 긔도ᄒᆞᆯᄯᅢ에 모든 춤셕ᄒᆞᆫ 회
우들이 다 업다리ᄂᆞ니라

뎨일공과

력ᄃᆡ지략

륙쟝 一 솔노문이 ᄀᆞᆯᄋᆞᄃᆡ 여호와ᄭᅴ셔 녯젼에
닐ᄋᆞ샤ᄃᆡ 반ᄃᆞ시 유심ᄒᆞ고 현원ᄒᆞᆫᄃᆡ에 거ᄒᆞ시
겟다ᄒᆞ셧시나 二 내가 위ᄒᆞ야 셩뎐을 셰웟스니
영영 쥬필ᄒᆞ실쳐소를 삼으소셔
十八 그러나 하ᄂᆞ님ᄭᅴ셔 엇지 사ᄅᆞᆷ과 ᄒᆞᆷᄭᅴ ᄯᅡ에
거ᄒᆞ사리요 공즁에도 족히 거ᄒᆞ시지 아니ᄒᆞᆯ거
시요 텬샹 놉흔 궁에도 ᄯᅩᄒᆞᆫ 족히 거ᄒᆞ시지 아니

ᄒᆞ시리니 ᄒᆞ물며 내가 이 셰운 셩뎐에 거ᄒᆞ시리
잇가 十九 내의 하ᄂᆞ님 여호와는 하ᄂᆞ님의 죵의
ᄇᆡᄂᆞᆫ것과 구ᄒᆞᄂᆞᆫ 거슬 ᄉᆡᆼ각ᄒᆞ시며 내가 오ᄂᆞᆯ 긔도
ᄒᆞᄂᆞᆫ거슬 드르쇼셔 二十 하ᄂᆞ님ᄭᅴ셔 쥬야로 이 셩
뎐을 도라 보시기를 ᄇᆞ라ᄂᆞ니 곳 하ᄂᆞ님ᄭᅴ셔 이
젼에 허락ᄒᆞ샤 일홈 부로ᄂᆞᆫ 쳐소를 삼으라 ᄒᆞ심
이라 하ᄂᆞ님의 죵이 이곳에셔 긔도를 ᄒᆞ겟ᄉᆞ니
하ᄂᆞ님ᄭᅴ셔 드르쇼셔 二十一 하ᄂᆞ님의 죵과 이스라
엘 ᄇᆡᆨ셩이 이곳에셔 긔도를 ᄒᆞ면 하ᄂᆞ님이 텬샹
쳐소에셔 드르시고 드르셔ᄉᆞᆫ즉 샤죄ᄒᆞ여 주옵쇼셔
四十 우리 하ᄂᆞ님ᄭᅴ셔 권고ᄒᆞ셔셔 이 셩뎐에셔 긔
도ᄒᆞ여 구 ᄒᆞᄂᆞᆫ거슬 · 하ᄂᆞ님ᄭᅴ셔 ᄉᆡᆼ각ᄒᆞ여 주소
셔 四十一 여호와 하ᄂᆞ님이여 하ᄂᆞ님의 놉흔 영화
의 법궤로 ᄒᆞ여곰 이 셩뎐에 돌녀 보내여 하ᄂᆞ
님의 쥬필 ᄒᆞ시ᄂᆞᆫ 쳐소를 삼으시고 하ᄂᆞ님의 졔
ᄉᆞ로 ᄒᆞ여곰 하ᄂᆞ님이 구원ᄒᆞ심을 엇게 ᄒᆞ시며
하ᄂᆞ님의 거륵ᄒᆞᆫ 사ᄅᆞᆷ으로 ᄒᆞ여곰 · 하ᄂᆞ님이 불
샹히 너이심을 깃부게 ᄒᆞ소셔 四十二 여호와 하ᄂᆞ님
이여 하ᄂᆞ님ᄭᅴ셔 기름으로 써 바르신쟈의 긔도
ᄒᆞᆷ을 물이치지 마시고 하ᄂᆞ님의 죵 ᄯᅡ윗의게 허락
ᄒᆞ신 은혜를 불샹이 너이여 ᄉᆡᆼ각ᄒᆞ소셔 솔노문
이 이 긔도ᄒᆞ기를 임의 ᄆᆞ치매 하ᄂᆞᆯ노 브터 불이 ᄂᆞ
려와 번졔ᄒᆞᄂᆞᆫ 례물을 불사로고 여호와의 영광이
셩뎐에 ᄀᆞ득ᄒᆞ니 쥬의 영광이 셩뎐에 ᄀᆞ득ᄒᆞᆷ을
인ᄒᆞ야 졔ᄉᆞ가 여호와의 셩뎐에 드러가지 못ᄒᆞᆫ지
라 이스라엘족파 여러 사ᄅᆞᆷ이 불이 ᄂᆞ려오ᄂᆞᆫ 것
과 ᄯᅩᄒᆞᆫ 여호와의 영광이 셩뎐을 덥흔거슬 보고
돌편곳에 업드려 절ᄒᆞ고 여호와를 찬숑ᄒᆞ야 ᄀᆞᆯᄋᆞ
ᄃᆡ 여호와는 지극히 착ᄒᆞ고 ᄒᆞᆼ샹 불샹히 너기심
을 품으시도다 ᄒᆞ며 왕과 여러 ᄇᆡᆨ셩이 여호와
압헤 졔ᄉᆞ를 드리더라

둘직공과

히ᄇᆡ리인셔

십쟝 十九 二十 형뎨여 우리가 임의 예수의 피를 힘
닙어ᄉᆞ니 그가 우리를 위ᄒᆞ야 영ᄉᆡᆼᄒᆞᄂᆞᆫ 새길을 열
어중이라 포쟝 친듸를 지내여 거룩ᄒᆞᆫ 곳에 드러가
ᄂᆞ니 이 포쟝은 곳 육신이라 二十一 임의 큰 졔ᄉᆞ가
잇서 하ᄂᆞ님의 집을 다ᄉᆞ리나 二十二 우리가 맛당히
ᄆᆞᄋᆞᆷ을 싯쳐 악ᄒᆞᆷ을 ᄇᆞ리고 몸을 ᄆᆞᆰ은 물노 싯쳐
셩심으로 독실히 밋어야 하ᄂᆞ님 압헤 갈거시오
二十三 ᄯᅩ 우리가 밧드ᄂᆞᆫ거슬 견고ᄒᆞ게 직혀 우리가
희망ᄒᆞᄂᆞᆫ 길을 결단코 옴기지 아니 ᄒᆞᆯ거시니 대개
우리의게 허락ᄒᆞ신 하ᄂᆞ님은 신을 일치아니 ᄒᆞ
사ᄂᆞ니라 二十四 ᄯᅩ 서로 보호ᄒᆞ야 피ᄎᆞ에 힘써
진거슬 힝ᄒᆞ고 착ᄒᆞᆷ을 ᄒᆞᆯ지라 二十五 모히지 안ᄂᆞᆫ 사
ᄅᆞᆷ을 본밧지 말고 오직 서로 권면ᄒᆞ라 그날이 임
의 갓가온즉 더옥이 ᄀᆞᆺ치 ᄒᆞᆯ지니라 二十六 대개 우
리가 ᄎᆞᆷ 리치를 안후에 귀줏 죄를 범ᄒᆞ면 다시ᄂᆞᆫ
속죄ᄒᆞᆯ 졔ᄉᆞ가 업ᄂᆞ니라

찬미

일

영화로신님군
이셩당에계셔
이모힌빅셩을
ᄌᆞ긔빅셩삼아
또사ᄅᆞᆷ즁에거ᄒᆞ심
이셩당에뵈옵쇼셔

이

에셔긔도ᄒᆞᆷ을
ᄒᆞᆼ샹드르시고
예셔샤례ᄒᆞᆷ을
향ᄀᆞᆺ치올니고
예셔우리쥬복음을
여러히듯게ᄒᆞ쇼셔

삼

또우리ᄌᆞ손이
쥬ᄅᆞᆯ찬송ᄒᆞ고
셩뎐진돌ᄀᆞᆺ치
견고케ᄒᆞ쇼셔
구원케ᄒᆞ신능력을
ᄭᅳᆺ날ᄭᆞ지뵈옵쇼셔

ᄉᆞ

여긔셔여러히
츌도ᄅᆞᆯ밧들고

또셩인들찬미
텬ᄉᆞᄀᆞᆺ치ᄒᆞ야
승텬ᄒᆞᆫ후보좌압헤
기리찬송케ᄒᆞ쇼셔

시편일빅이십이

一 내가 깃버ᄒᆞᆷ은 더들이 날다려 말ᄒᆞ기ᄅᆞᆯ
여호와의 뎐에 드러가세

二 예루살렘아 우리 발이 네 문안헤 섯도다

三 예루살넴아 네가 셰운거슨 곳
굿고굿이 완젼ᄒᆞᆫ 셩과 ᄀᆞᆺ도다

四 지파들이 더리로 올나가니 곳 여호와의 지파
ᅵ로다
이는 이스라엘에 증거ᄒᆞ여 여
호와의 일홈의게 감샤ᄒᆞ라 ᄒᆞᆷ
이도다

五 대개 거긔셔 심판ᄒᆞ는 여러 보좌ᄅᆞᆯ 세웟사니
곳 ᄯᅡ위ᄉᆞ의 집 보좌로다

六 예루살렘의게 평안ᄒᆞᆷ이 잇기ᄅᆞᆯ 긔도ᄒᆞ게
너ᄅᆞᆯ ᄉᆞ랑ᄒᆞ는 쟈의게는 평안
ᄒᆞᆷ이 잇도다

七 네셩 안에 평안ᄒᆞᆷ이 잇고

너희 대궐 안헤 태평홈이 잇
기를 원ᄒᆞᄂᆞᆫ도다
八 내 형뎨와 동모를 위ᄒᆞ야
내가 네 안헤 평안ᄒᆞ라 말ᄒᆞ
겟도다
九 우리 하ᄂᆞ님 여호와의 집을 위ᄒᆞ야
너 잘 되기를 내가 힘 쓰겟도
다

그후에 탁ᄉᆞ들이 단압헤 셔셔 그즁에 ᄒᆞᆫ 사ᄅᆞᆷ이
나 흑 탁ᄉᆞ대신으로 엇던 사ᄅᆞᆷ이 쟝로ᄉᆞ의게 말
ᄒᆞ되 **우리가 이집으로 쟝로ᄉᆞ의게**
드려 전능ᄒᆞ신 하ᄂᆞ님을 복ᄉᆞᄒᆞ고
숭미ᄒᆞ기를 위ᄒᆞ여 ᄒᆞᆫ 례ᄇᆡ당으
로 하ᄂᆞ님ᄭᅴ 밧치게 ᄒᆞᄂᆞ이다
ᄒᆞᆯ지니라

그후에 쟝로ᄉᆞ가 이아리 셜명ᄒᆞᆫ 글을 닑을때에
참셕ᄒᆞᆫ 회우들이 다 니러셔기를 청ᄒᆞᄂᆞ니다
친이ᄒᆞᆫ 붕우여 우리가 셩경에서 ᄇᆡ온바 하ᄂᆞ님ᄭᅴ
모혀 례ᄇᆡᄒᆞᆷ을 위ᄒᆞ여 지은 집들을 특별이 구별
ᄒᆞ여 교를 위ᄒᆞ여 씀으로 하ᄂᆞ님ᄭᅴ 밧치ᄂᆞᆫ 거시
례졀에 합당ᄒᆞ고 ᄉᆞ리에 올흔거시라 이곳치 밧치
ᄂᆞᆫ 일을 위ᄒᆞ여 우리가 지금 모혓ᄂᆞᆫ지라 그런으
로 이례ᄇᆡ당 셰우신 거륵ᄒᆞᆫ 입ᄒᆞ라 ᄌᆞ들의게 특
별이 복을 주시ᄂᆞᆫ이 젼능ᄒᆞ옵신 하ᄂᆞ님ᄭᅴ 감
샤ᄒᆞᆷ을 드림으로 우리가 이집을 밧치니 셩경을 강
론ᄒᆞᄂᆞᆫ것과 하ᄂᆞ님의 도를 젼 ᄒᆞᄂᆞᆫ것과 셰례와
만찬례를 힝 ᄒᆞᄂᆞᆫ것과 또 모든 례ᄇᆡ ᄒᆞᄂᆞᆫ일과 교
즁ᄉᆞ무를 위ᄒᆞ여 ᄒᆞᆷ이니 이모든 거슨 다 미이미
교회의 강례와 풍쇽을 의빙ᄒᆞ여 ᄒᆞᆷ이요 례ᄇᆡᄒᆞᄂᆞᆫ
사ᄅᆞᆷ들이 공경ᄒᆞᄂᆞᆫ ᄆᆞ음으로 아니ᄒᆞ면 이셩뎐을
밧치ᄂᆞᆫ거시 다만 헛된일인즉 나ᄂᆞᆫ지금 모든 사ᄅᆞᆷ
들이 ᄌᆞ긔 몸들을 하ᄂᆞ님ᄭᅴ 새로이 밧치기를 권
ᄒᆞ노니 우리 령혼들을 밧쳐 크리스도와 굿치 새
롭히 되게ᄒᆞ고 우리 몸들을 밧쳐 셩신이 거쳐ᄒᆞᆯ
만ᄒᆞᆫ 셩뎐이 되게ᄒᆞ고 또ᄒᆞᆫ 우리의 로력 ᄒᆞᄂᆞᆫ것
파 싱업 ᄒᆞᄂᆞᆫ거슬 밧쳐 하ᄂᆞ님의 큰 일홈의 영광
파 하ᄂᆞ님의 나라가 흥왕ᄒᆞᄂᆞᆫ 열미가 되게ᄒᆞ고
이공경 ᄒᆞᄂᆞᆫ일을 하ᄂᆞ님ᄭᅴ셔 깃부게 밧으심을
긔도ᄒᆞᆸ셰다

뎨일권

대한 회보

광무 원년 십이월 이십구일

수십팔호

론셜

우리 교회는 텬하 만국에 어나 곳이든지 반드사 합심이 되는거슨 다름 아니라 예수씨를 밋음으로 다굿치 ᄒᆞᆫ 하ᄂᆞ님을 존경홈이라 우리가 이번에도 회보를 또 팔폭으로 ᄒᆞᄂᆞᆫ거슨 구셰쥬ᄭᅴ셔 아셰상에 탄ᄉᆡᆼᄒᆞ신 날을 당ᄒᆞ매 감샤ᄒᆞᆫ ᄯᅳᆺ시 ᄒᆞᆫ량이 업사며 새셩당을 ᄒᆞᄂᆞ님ᄭᅴ 밧치미 깃분일이 더욱 만홈이라 그런고로 교즁형데 ᄌᆞᄆᆡ들이 다ᄉᆞᆺ날을 련ᄒᆞ여 모혓ᄂᆞᆫᄃᆡ 달셩회당과 동문안 회당과 리화학당이오 졔물포교회 됴원시 목ᄉᆞ도 오시고 새문안 회당 원두우 목ᄉᆞ도 참례 ᄒᆞ신지라 셔울잇ᄂᆞᆫ 교우들은 흠ᄭᅴ 모혓거니와 시골 각쳐에 잇ᄂᆞᆫ 형데들은 참셕지 못ᄒᆞ엿신즉 여러날 동안에 힝ᄒᆞᆫ 바 일을 이아래 긔재ᄒᆞ노니 우리ᄂᆞᆫ 사골 교회가 날노 흥왕ᄒᆞᆯ 기ᄅᆞᆯ 셩심으로 긔도ᄒᆞᆯ거시오 각쳐에 잇ᄂᆞᆫ 형데들은 ᄯᅩᄒᆞᆫ 셔울 교회를 위ᄒᆞ여 열심으로 긔도 ᄒᆞ시기를 ᄇᆞ라노라

정동새회당에셔 힝ᄒᆞᆫ일

이십ᄉᆞ일 하오 다ᄉᆞᆺ시에 교우들이 새 회당에 모혀셔 긔이ᄒᆞᆫ 크립을 구경 ᄒᆞᆯ터인ᄃᆡ 문표 일쳔쟝을 미리 논하 쥬어 교즁 형데와 교외 친구들을 다 쳥ᄒᆞ야 찬미 ᄒᆞ고 긔도 ᄒᆞᆫ후에 아편셜라 목ᄉᆞ가 잠간 론셜 ᄒᆞ고 여러 사ᄅᆞᆷ이 깃분 ᄆᆞ옴으로 연보ᄒᆞᆫ 돈이 남녀 합ᄒᆞ여 아십오원이라 수젼ᄒᆞᆫ 후에 긔이ᄒᆞᆫ 크립을 ᄌᆞ미잇게 잘들 구경ᄒᆞ고 닐곱시즘 되야 파ᄒᆞ니라

이십오일 이날은 우리구셰쥬의 탄신이라 오젼 열시에 교즁형데와 ᄌᆞᄆᆡ들이 다 깃부고 감샤ᄒᆞᆫ ᄆᆞ옴으로 새회당에 모혀셔 찬미 긔도 ᄒᆞ고 아편셜라 목ᄉᆞ가 십년젼에 젼도ᄒᆞᆫ 론셜을 다시 닐어 들니ᄂᆞᆫᄃᆡ 그 분명ᄒᆞᆫ 말ᄉᆞᆷ과 명ᄅᆡᆼᄒᆞᆫ 언론이 리치에 합당ᄒᆞ고 추호도 ᄎᆞ착이 업셔 듯ᄂᆞᆫ이가 다 귀를 기우리며 긔이히 너이더라 그후에 교우 노병션씨가 론셜ᄒᆞ되 구셰쥬에 탄신이 셰계상에 뎨일 큰 명일이 되ᄂᆞᆫ거슨 구셰쥬ᄭᅴ셔 만국만민의 죄를 ᄃᆡ속ᄒᆞ샤 밋ᄂᆞᆫ쟈로 ᄒᆞ여곰 영ᄉᆡᆼ을 엇게 ᄒᆞ심이라 ᄒᆞ고 각기 일심으로 하ᄂᆞ님의 은덕을 찬송ᄒᆞ고 열두시나 되야셔 파ᄒᆞ니라 오후에 젼날 연보ᄒᆞᆫ 돈으로 남녀 교우즁 빈한ᄒᆞᆫ 사ᄅᆞᆷ과 병든이 들을 ᄎᆞ등이 잇게 분배ᄒᆞ야 구졔ᄒᆞ고 져녁 닐곱시에 학원들이 ᄇᆡ지학당 회당압회 등쓸 수ᄇᆡᆨ개를 켯ᄂᆞᆫᄃᆡ 그즁

일

헤 뎨일큰 십ᄌᆞ등 ᄒᆞᆫ기를 문ᄃᆞ러 금ᄌᆞ로 광죠동방네 글ᄌᆞ를 써서 공중에 놉히 ᄃᆞᆯ고 ᄋᆞ히들을 실과를 쥬어 깃분날을 표ᄒᆞ니라

이십[illegible]일 이날은 쥬일이라 졍동 새회당에 모혀서 회당을 하ᄂᆞ님ᄭᅴ 밧치ᄂᆞᆫ 례식을 힝ᄒᆞᄂᆞᆫ듸 이 회당은 시역ᄒᆞᆫ지 두ᄒᆡ반에 역ᄉᆞ를 겨우 맛쳣스니 회당에 쟝은 칠십쳑이요 광은 ᄉᆞ십쳑이요 놉기ᄂᆞᆫ 이십오쳑 안듸 죵을 다ᄂᆞᆫ간은 쿄가 오십쳑이며 회당안에 좌우로 협방이 ᄒᆞ나씩 잇ᄂᆞᆫ듸 장이 이십팔쳑 이요 광이 십ᄉᆞ쳑이며 집웅은 함셕으로 덥이고 ᄉᆞ면에 류리로 챵을ᄒᆞ야 심이 명랑ᄒᆞᆫ지라 기간 역ᄉᆞ에 든 부비ᄂᆞᆫ 팔쳔 일ᄇᆡᆨ원 가량인듸 그즁에 죠션 교우들이 연보ᄒᆞᆫ 돈이 칠ᄇᆡᆨ여원이라 우리가 죠션 형뎨를 ᄃᆡᄒᆞ야 하ᄂᆞ님의 은혜를 츰 감샤히 넉이고 깃분 ᄆᆞᄋᆞᆷ으로 치하 ᄒᆞ노라 이날에 목ᄉᆞ 시란돈씨와 ᄲᅦ일씨와 기외 여러교ᄉᆞ와 서국 부인들과 달셩 회당과 동문안 회당에 잇ᄂᆞᆫ 남녀 교우들이 일졔히 모혓스며 본국남녀교우와 서국 목ᄉᆞ와 부인이 깃분 ᄆᆞᄋᆞᆷ으로 연보ᄒᆞᆫ 돈이 삼ᄇᆡᆨ 오십 여원이라 그후에 시란돈목ᄉᆞ가 연셜ᄒᆞ되이집은 노릇ᄒᆞᄂᆞᆫ집이 아니요하ᄂᆞ님ᄭᅴ 긔도 ᄒᆞᄂᆞᆫ 집이라고 말솜 ᄒᆞ고 회당 밧치ᄂᆞᆫ 례를 힝ᄒᆞᆯ식 다시 감샤ᄒᆞᆫ ᄆᆞᄋᆞᆷ으로 찬미 긔도ᄒᆞ고 시편 일ᄇᆡᆨ이십이 편을 닑은후에 탁ᄉᆞ 몃 사ᄅᆞᆷ이 셩단압회 서서 아편셜라 목ᄉᆞ가 탁ᄉᆞ ᄃᆡ신으로 쟝로ᄉᆞ 시란돈씨의게 말솜ᄒᆞ되 우리가 이집으로 쟝로ᄉᆞ의게 드려 젼능ᄒᆞ신 하ᄂᆞ님을 복ᄉᆞᄒᆞ고 숭비ᄒᆞ기를 위ᄒᆞ야ᄒᆞᆫ 례비당으로 하ᄂᆞ님ᄭᅴ 밧치게 ᄒᆞᄂᆞ이다 ᄒᆞ고 회당 열쇠를 드린즉 쟝로ᄉᆞ 시란돈씨가 셜명ᄒᆞᆫ 글을 닑어 례식을 힝ᄒᆞ고 여러 교우가 홈ᄭᅴ 영광을 하ᄂᆞ님ᄭᅴ 돌녀 보ᄂᆡ고 깃분 ᄆᆞᄋᆞᆷ으로 서로 치하ᄒᆞ니라○오후 세시에 서국 목ᄉᆞ와 부인들이 다시 모혀서 론셜ᄒᆞᄂᆞᆫ듸 쥬쟝 ᄯᅳᆺ신즉 새회당을 하ᄂᆞ님ᄭᅴ 밧치ᄂᆞᆫ 례식을 힝 ᄒᆞ엿스매 이집은 곳 거룩ᄒᆞᆫ 뎐이라고 감샤ᄒᆞᆫ ᄯᅳᆺ슴 서로 셜명ᄒᆞ니라 져녁 닐곱시에 다시 모혀서 원두우 목ᄉᆞ가 론셜ᄒᆞᄂᆞᆫ듸 가림다 젼서 십삼쟝을 닑은후에 말솜ᄒᆞ되 우리가 십년젼에 젼도ᄒᆞ려 죠션에 나아와 본즉 죠션에 예수를 아ᄂᆞᆫ 사ᄅᆞᆷ이 ᄒᆞ나도 업더니 지금은 경향간에 구셰쥬의 뎨ᄌᆞ가 만명에 갓가오니 하ᄂᆞ님의 은혜를 츰 감샤 ᄒᆞᆯ거시오 더욱 감샤ᄒᆞᆯ 거슨 이곳에 이러ᄒᆞᆫ 됴흔 회당을 셜립ᄒᆞ야 하ᄂᆞ님ᄭᅴ 밧쳣신즉 여긔 모힌 형뎨와 ᄌᆞ미들은 이셩뎐에 드러올ᄯᅢ만 구셰쥬를 싱각 ᄒᆞᆯ거시 아니라 각기 ᄆᆞᄋᆞᆷ속에 셩뎐 ᄒᆞ나식 지여두어 홍샹 구셰쥬 뫼시고 하ᄂᆞ님을 ᄯᅥ나지 안키를 ᄇᆞ라노라 ᄒᆞ니 듯ᄂᆞᆫ 사ᄅᆞᆷ들이 다 감샤히 넉이고 깃비 하ᄂᆞ님을 찬송ᄒᆞ더라

이십칠일 이날 하오 세시에 서울잇ᄂᆞᆫ 미이미 교회중 형뎨들이 남녀로유 업시 일졔히 새회당에 다시 모혀 깃분 ᄆᆞᄋᆞᆷ으로 하ᄂᆞ님ᄭᅴ 긔도ᄒᆞᆯ서 달셩회당에 계신 로부인ᄭᅴ서 회쟝이 되샤 셩경

을 보신후에 또 티씨 부인이 예수씌셔 뎨ᄌᆞ들의게
새로주신 계명을 말ᄉᆞᆷᄒᆞ되 우리도 서로 ᄉᆞ랑ᄒᆞ기
를 예수씌셔 우리를 ᄉᆞ랑ᄒᆞ시ᄂᆞᆫ것 ᄀᆞᆺ치 ᄒᆞ여야
가히 령혼을 구ᄒᆞ겟다 ᄒᆞ고 본국 ᄌᆞ미 즁에 ᄒᆞᆫ 부
인이 긔도ᄒᆞ고 예수 긔셔 녀인들의게 특별히 은
혜 주심을 말ᄉᆞᆷᄒᆞ되 십수년 젼에 우리들이 하ᄂᆞ님
이 무엇신지 예수 쓰가 누구신지 ᄯᅳᆺ지도 못ᄒᆞ엿고 알
지도 못ᄒᆞ엿더니 지금은 이곳에 셩뎐을 지어 하ᄂᆞ
임 ᄯᅢ 빗쳣시니 은혜 감샤ᄒᆞ오며 더욱 감샤 ᄒᆞ올
거ᄉᆞᆫ 당초에 아담이 하ᄂᆞ님의 은혜를 밧아 죄에 ᄲᅢ
짐어 업더니 이와가 죄를 먼져 지엿시며 아담ᄭᆞ지
죄를 범ᄒᆞ게 ᄒᆞ엿거ᄂᆞᆯ 하ᄂᆞ님의 인이ᄒᆞ심과 구셰
쥬의 은총으로 녀인의 죄ᄭᆞ지 ᄃᆡ쇽ᄒᆞ샤 밋ᄂᆞᆫ쟈로
ᄒᆞ여곰 령혼을 구ᄒᆞ게ᄒᆞ시니 그은혜 ᄒᆞᆫ량업시 감
샤ᄒᆞ다ᄒᆞ고 ᄯᅩ 다른부인이 론셜ᄒᆞ되 예수ᄡᅵ가 말
ᄉᆞᆷᄒᆞ시기를 내게로 오ᄂᆞᆫ쟈 ᄂᆞᆫ기리 빅곱ᄑᆞ지 안코
기리 목마르지 아니리라 ᄒᆞ셧ᄉᆞ니 ᄋᆞ리도 네젼 베
드로와 안드류 ᄀᆞᆺ치 곳 예수 ᄡᅳ의게 나아가 계명
을 독실히 직힐진ᄃᆡ 녀인이라도 가히 남ᄌᆞ보다 나
을지라 엇지남ᄌᆞ와 동등이되지 못ᄒᆞ리오 ᄒᆞ고 ○로
화러ᄡᅥ부인이 ᄯᅩ 말ᄉᆞᆷᄒᆞ되 녯젹 사ᄅᆞᆷ들이 디구가 정
반ᄀᆞᆺ치 반듯ᄒᆞᆫ줄노 알앗더니 그후에 ᄎᆞᄎᆞ 공부ᄒᆞ
여 ᄃᆡ구가 능금ᄀᆞᆺ치 둥근줄 알앗스며 디구 반을 논
ᄒᆞᆫ즉 동반구와 셔반구가 된지라 사ᄅᆞᆷ의 이목구비
와 ᄉᆞ지ᄇᆡᆨ톄ᄂᆞᆫ 동셔양 사ᄅᆞᆷ들이 다른 거시 업것마
ᄂᆞᆫ 다만 풍쇽에 ᄀᆞᆺ지 아닌거시 만흔지라 그즁에 ᄒᆞᆫ
가지ᄂᆞᆫ ᄂᆡ외법이니 대한과 쳥국과 인도국즁에 다

이법이 잇스되 뎨일 엄금ᄒᆞᄂᆞᆫ 나라ᄂᆞᆫ 죠션이라
엇지 그러ᄒᆞᆫ뇨 셔양 졔국들은 하ᄂᆞ님의도를 존
숭 ᄒᆞᄂᆞᆫ고로 남녀를 동등으로 ᄃᆡ졉ᄒᆞ여 남ᄌᆞ와
ᄀᆞᆺ차 ᄀᆞᄅᆞ치며 셔로 ᄉᆞ랑ᄒᆞᄂᆞᆫ고로 남녀들이 학식
도 잇실ᄲᅮᆫ 아니라 ᄂᆡ외 ᄒᆞᄂᆞᆫ 풍쇽이 업고 동양에
잇ᄂᆞᆫ 나라 들은 구셰쥬의 은혜를 모로ᄂᆞᆫ 고로 녀인
들을 압제ᄒᆞ여 남ᄌᆞ와 ᄀᆞᆺ치 ᄃᆡ졉ᄒᆞ지 아님이라 내
가 ᄂᆡ외법을 그르다 ᄒᆞᄂᆞᆫ 거사 아니로되 셩
각 ᄒᆞ여 보게 되면 녀인 ᄃᆞ려 임의로 츌립도 못ᄒᆞ게
ᄒᆞ고 집안이나 직히라ᄒᆞ며 밧게 일은 샹관치 말고
음식과 침션이나 일슴으라ᄒᆞ니 이거ᄉᆞᆫ 무죄 ᄒᆞᆫ 녀
인으로 옥에 갓친 죄인이 되게 ᄒᆞᆷ이오 ᄉᆞ랑ᄒᆞᄂᆞᆫ 안
히를 노비 ᄀᆞᆺ치 ᄃᆡ졉 ᄒᆞᆷ이라 내가 깃부고 감샤 ᄒᆞᆯ거
ᄉᆞᆫ 죠션 교우들이 ᄎᆞᄎᆞ 그안히를 ᄀᆞᄅᆞ쳐 달나 ᄒᆞᄂᆞᆫ
이도잇고 예수를 밋ᄂᆞᆫ ᄆᆞᄋᆞᆷ으로 죠션 녀인들이 ᄂᆞᆷ의
욕ᄒᆞᆷ을 무셔워ᄒᆞ 지 아코 이 회당에 와셔 남ᄌᆞ들과
ᄒᆞᆷᄭᅴ 례ᄇᆡᄒᆞ니엇지 하ᄂᆞ님의 은혜가 아니리오 엇던
녀ᄋᆞ ᄒᆞ나이 우리학당에 와셔 공부ᄒᆞ다가 다시 오지
안키로 그연고를 무른즉 ᄃᆡ의 아바지말이 집에셔 침
션이나 ᄇᆡ호라 공부ᄒᆞ여 ᄡᅳᆯᄃᆡ업다ᄒᆞ니 이거ᄉᆞᆫ ᄌᆞ식
을 ᄉᆞ랑ᄒᆞᄂᆞᆫ거시 아니오ᄌᆞ긔몸만위ᄒᆞᆷ이라 사ᄅᆞᆷ이학
문을 ᄇᆡ호ᄂᆞᆫ거ᄉᆞᆫ 지식을 널니고져 ᄒᆞᆷ이여ᄂᆞᆯ 엇지
ᄒᆞ여 아ᄃᆞᆯ의게ᄂᆞᆫ 됴흔거ᄉᆞᆯ 주고 ᄯᆞᆯ의게ᄂᆞᆫ 됴흔거
ᄉᆞᆯ 논호와 주지안ᄂᆞ뇨 내가 죠션 풍쇽을 보건ᄃᆡ
남ᄌᆞ들 ᄀᆞᄅᆞ치ᄂᆞᆫ 학당은 만히잇시되 녀ᄋᆞ를 ᄀᆞᄅᆞ
치ᄂᆞᆫ 학교ᄂᆞᆫ 예수 교즁 외에ᄂᆞᆫ ᄒᆞ나도 업고 남녀
로 유ᄒᆞᆷᄭᅴ 모히ᄂᆞᆫ 곳도 례ᄇᆡ당 외예ᄂᆞᆫ 업ᄉᆞ니 우

삼

리가 이런 일을 싱각ᄒᆞ건ᄃᆡ 하ᄂᆞ님의 은혜를 참 ᄆᆞᄋᆞᆷ으로 감샤 ᄒᆞᆯ지라 그러나 우리가 겸손 ᄒᆞᆫ ᄆᆞᄋᆞᆷ으로 예수 씨의 ᄯᅳᆺ슬 밧드러 힝ᄒᆞᆯ거시오 교만ᄒᆞᆫ ᄆᆞᄋᆞᆷ이 업서야 쟝구히 은혜를 밧겟다 ᄒᆞ고 일졔히 찬미가를 노래ᄒᆞ니 사ᄅᆞᆷ 마다 감샤 ᄒᆞ고 깃벅다 ᄒᆞ더라

이십팔일 이날 하오 세시에 각쳐 교우가 젼날 ᄀᆞᆺ치 셩뎐에 모혀 긔도ᄒᆞᆯ식 목ᄉᆞ 시란돈씨와 니덕씨와 졔물포 목ᄉᆞ 죠원시씨가 모혓ᄂᆞᆫᄃᆡ 목ᄉᆞ 아편셜라씨의 말ᄉᆞᆷ은 우리 교회가 쳐음에 졍동에셔 긔디를 셜립ᄒᆞ야 각쳐에 젼파 ᄒᆞ엿ᄉᆞᆫ즉 우리가 오날 이곳에 모힘은 ᄒᆞᆫ 집안 식구ᄀᆞᆺ치 합ᄒᆞᄂᆞᆫ ᄯᅳᆺ시라 ᄒᆞ고 동문안 교우 박윤셥씨ᄂᆞᆫ 하ᄂᆞ님ᄭᅴ셔 ᄎᆞᆷ리치를 지식잇ᄂᆞᆫ 쟈의게ᄂᆞᆫ 숨기고 어리셕은 쟈의게 나타 내심을 셜명 ᄒᆞ고 젼협판 윤치호씨ᄂᆞᆫ 말ᄉᆞᆷᄒᆞ되 오날 모힘이 가히 합회라 일홈 ᄒᆞᆯ지라 그러나 ᄎᆞᆷ으로 합 ᄒᆞ지 아니ᄒᆞ면 기름을 물에 셕ᄂᆞᆫ것과 ᄭᅩᆺ가지를 다른 나무에 미ᄂᆞᆫ것 ᄀᆞᆺᄒᆞ여 그 합 ᄒᆞᆷ이 쟝구치 못ᄒᆞᆯ거시니 오직 예수씨를 밋음과 신의로 합 ᄒᆞ여야 그 합 ᄒᆞᆷ이 견고ᄒᆞ다 ᄒᆞ고 달셩회당 교우 니은승씨ᄂᆞᆫ 셩뎐을 견고 ᄒᆞ게 지음과 구셰쥬의 나심과 하ᄂᆞ님ᄭᅴ셔 내신 풍악의 리치를 말ᄉᆞᆷᄒᆞ고 졔물포 목ᄉᆞ 됴원시씨ᄂᆞᆫ 시골 각쳐에 잇ᄂᆞᆫ 교우들이 졍동에 새회당 지은거슬 치하ᄒᆞ노라 ᄒᆞ며 됴흔 말ᄉᆞᆷ으로 젼도 ᄒᆞ엿더라

삼십일일

이날은 금년이 마ᄌᆞ막 가ᄂᆞᆫ 날이오 쳥년회에셔 ᄯᅩᄒᆞᆫ 토론회로 모히ᄂᆞᆫ 날이라 하오 셔뎜죵에 모히여 남녀를 ᄀᆞᆺᄒᆞᆫ 학문으로 ᄀᆞᄅᆞ치고 동등으로 ᄃᆡ졉ᄒᆞᆷ이 가ᄒᆞ다ᄂᆞᆫ 문졔를 내여 토론ᄒᆞᆯ식 김연근씨의 말ᄉᆞᆷ은 하ᄂᆞ님ᄭᅴ셔 당초에 남녀를 내시미 음양이 셔로 빈합이 되엿사니 음이 업ᄉᆞ면 양이 쓸ᄃᆡ업고 양이 업ᄉᆞ면 음이 쓸ᄃᆡ업ᄂᆞ니 남녀가 동등이라 ᄒᆞ고 됴한규씨의 말ᄉᆞᆷ은 셩경에 ᄀᆞᆯᄋᆞ샤ᄃᆡ 남ᄌᆞ가 녀인의 머리가 된다ᄒᆞ고 하ᄂᆞ님ᄭᅴ셔 아담을 먼져 문ᄃᆞ셧ᄉᆞ며 아담을 도아 주게ᄒᆞ샤 ᄒᆞᆫ ᄶᅢ로 이와를 내셧시며 ᄯᅩᄒᆞᆫ 이와가 죄를 먼져지엿시니 동등이 되지 못 ᄒᆞ리라ᄒᆞ고 ᄶᅦ손씨의 말ᄉᆞᆷ은 녀인이 당초에 사ᄅᆞᆷ을 ᄀᆞᄅᆞ치러 난거시라 ᄋᆞᄒᆡ들이 어려실 ᄯᅢ에 그 모친이 아니면 ᄀᆞᄅᆞ칠슈도 업고 길너 낼슈도 업시며 녀인이 학문을 비호면 ᄯᅩᄒᆞᆫ 못ᄒᆞᆯ일이 업ᄂᆞ니 엇지 동등이 아니리오 ᄒᆞ고 윤치호씨ᄂᆞᆫ 말ᄉᆞᆷᄒᆞ되 녀인이 사ᄅᆞᆷ을 ᄀᆞᄅᆞ치러 셰샹에 낫다 ᄒᆞᆷ은 밍낭ᄒᆞᆫ 말이라 사ᄅᆞᆷ을 ᄀᆞᄅᆞ침은 도학이 유쟝이니 예수 씨의 뎨ᄌᆞ와 공ᄌᆞ 밍ᄌᆞ가 됴흔 말ᄉᆞᆷ으로 빅셩을 ᄀᆞᄅᆞ치셧시되 록의홍샹에 녀인이란 말은 듯지 못ᄒᆞ엿고 영웅렬ᄉᆞ들이 공을 일위며 일홈을 후셰에 젼ᄒᆞ엿시되 지분을 단쟝ᄒᆞᆫ 녀인이란 말은 듯지 못ᄒᆞ엿다 ᄒᆞ고 ᄯᅩᄒᆞᆫ 교즁 부인들이 말ᄉᆞᆷᄒᆞ되 이와가 비록 죄를 지엿사나 마리아가 아니시면 예수ᄭᅴ셔 엇지 셰샹에 오셔셔 죄를 ᄃᆡ쇽ᄒᆞ셧사리오 ᄒᆞ여 형뎨들과 ᄌᆞ미들이 일쟝을 토론ᄒᆞ엿더라

례ᄇᆡ일공과 뎨ᄉᆞ십팔 정월구일

씨뿌리ᄂᆞᆫ비유ᄀᆞᄅᆞ치ᄂᆞᆫ론

마태 십삼장 이십ᄉᆞ절노 삼십절과 삼십 칠절
노 ᄉᆞ십삼절

변죠

디명

二十四 예수ㅣ 그들 압헤셔 ᄯᅩ 비유로 말ᄉᆞᆷ ᄒᆞ샤ᄃᆡ
텬국은 사ᄅᆞᆷ이 됴흔씨를 제밧헤 뿌림과 ᄀᆞᆺᄒᆞ니
二十五 사ᄅᆞᆷ들이 잘ᄯᅢ에 원슈가 와셔 곡식 가온ᄃᆡ
에 가라지를 ᄯᅩ 뿌리고 갓더니 二十六 넙히 나오고
열ᄆᆡ가 열닐ᄯᅢ에 가라지도 뵈이거ᄂᆞᆯ 二十七 죵들이
와셔 말ᄒᆞᄃᆡ 쥬인님의 밧희 됴흔씨를 심으지 아
니ᄒᆞ엿ᄂᆞ니잇가 어ᄃᆡ셔 가라지가 삼겻ᄂᆞ잇가 二十
八 쥬인이 ᄀᆞᆯᄋᆞᄃᆡ 원슈가 그리ᄒᆞᆫ거시로다 죵인들이
말ᄒᆞᄃᆡ 그런즉 우리가 가셔 ᄲᅩᆸ으리잇가 二十九 쥬인
이 ᄀᆞᆯᄋᆞᄃᆡ 그만두어라 가라지를 ᄲᅩᆸ으랴면 곡식ᄭᆞ
지 ᄲᅩᆸ힐ᄶᅢ ᄒᆞ노니 三十 다 츄슈ᄒᆞ기ᄭᆞ지 ᄒᆞᆷᄭᅴ 자
ᄅᆞ게 ᄒᆞ엿다가 그ᄯᅢ에 내가 뷔ᄂᆞᆫ이의게 말ᄒᆞ기를
가라지ᄂᆞᆫ 몬져 거두어 단으로 묵거 불살으고 곡
식은 거두어 곡간에 너으라 ᄒᆞ리라 ○
三十七 예수ㅣ ᄀᆞᆯᄋᆞ샤ᄃᆡ 됴흔씨를 ᄲᅮ리ᄂᆞᆫ 이ᄂᆞᆫ 인ᄌᆞ
요 三十八 밧슨 셰계요 됴흔씨ᄂᆞᆫ 나라 ᄌᆞ식이요 가다
지ᄂᆞᆫ 악ᄒᆞᆫ쟈의 ᄌᆞ식이요 三十九 가라지를 심은 원슈
ᄂᆞᆫ 마귀요 츄슈ᄒᆞᆯᄯᅢᄂᆞᆫ 셰샹 ᄆᆞᆺ치요 뷔ᄂᆞᆫ 자들은
텬ᄉᆞ들이니 四十 가라지를 거두어 불에 살우 ᄃᆞ시 셰
샹 ᄆᆞᆺ헤도 이러케 되리니 四十一 인ᄌᆞ가 텬ᄉᆞ들을
보내여 그 나라에서 놈을 범죄케 ᄒᆞᆫ이들과 악ᄒᆞᆫ
일 ᄒᆞᆫ이들을 거두어 내여 四十二 불웅덩이에 던져
너흐리니 거긔셔 울며 니를 갈거시오 四十三 그ᄯᅢ에
올흔 사ᄅᆞᆷ들은 아바니 나라에서 ᄒᆡ와ᄀᆞᆺ치 빗치리
니 귀 잇거든 드르라

주셕

지나간 공부에ᄂᆞᆫ 예수ᄭᅴ셔 ᄌᆞ긔 교회 셜립ᄒᆞ신 법을 ᄀᆞᄅᆞ치셧ᄉᆞ며 이 공부에ᄂᆞᆫ 교회가 셰샹에 잇서 시험 ᄒᆞᄂᆞᆫ것과 악을 티뎌 ᄒᆞᄂᆞᆫ거ᄉᆞᆯ ᄀᆞᄅᆞ치셧ᄂᆞᆫ지라 이시험 ᄒᆞ시ᄂᆞᆫ거ᄉᆞᆫ 얼마 동안만 ᄒᆞ실거시 아니요 심판 ᄒᆞ시ᄂᆞᆫ날 ᄭᆞ지 갈거시며 밧치라 ᄒᆞ심은 셰샹이요 됴흔씨 심으ᄂᆞᆫ 이ᄂᆞᆫ 하ᄂᆞ님이시니 하ᄂᆞ님ᄭᅴ셔 텬디개벽 ᄒᆞ실ᄯᅢ에 아담 에와 두사ᄅᆞᆷ을 ᄌᆞ긔 도양으로 내셧건마ᄂᆞᆫ 얼마 아니되야 마귀가 악ᄒᆞᆫ 씨를 뎌희 ᄆᆞ옴에 뿌렷ᄂᆞᆫ지라 됴흔씨ᄂᆞᆫ 밧헤 ᄲᅮ린후에 ᄒᆞᆼ샹 그뒤를 거두어야 ᄒᆞᆯ거시요 악ᄒᆞᆫ씨ᄂᆞᆫ ᄒᆞᆫ번 ᄲᅮ리면 절노 잘 자라ᄂᆞ니 이와ᄀᆞᆺ치 악ᄒᆞᆷ이 점점 퍼져 셰샹에 문ᄒᆞ매 하ᄂᆞ님ᄭᅴ셔 홍슈로 다멸 ᄒᆞ시고 오직 ᄒᆞᆫ 착ᄒᆞᆫ 노아만 두셧더니 그후에 마귀가 ᄯᅩ 악ᄒᆞᆫ씨를 ᄲᅵ우ᄂᆞᆫ지라 하ᄂᆞ님ᄭᅴ셔 이후에 이런 홍슈로ᄂᆞᆫ 멸치 아니리라 ᄒᆞ시고 악ᄒᆞᆫ쟈 즁에셔 ᄒᆞᆫ 착ᄒᆞᆫ쟈 아브라함을 ᄐᆡᆨᄒᆞ샤 뎌회후에로 써 ᄌᆞ긔 셰ᄀᆞᆺᄒᆞᆫ ᄇᆡᆨ셩을 삼으시되 마귀가 ᄯᅩ 악ᄒᆞᆫ 씨를 ᄲᅮ려 그 ᄇᆡᆨ셩이 ᄎᆞᄎᆞ 악ᄒᆞᆫ쟈ㅣ 만ᄒᆞᆫ지라 이번은 하ᄂᆞ님ᄭᅴ셔 ᄌᆞ긔 ᄉᆞ랑ᄒᆞ시ᄂᆞᆫ 착ᄒᆞᆫ 외아ᄃᆞᆯ

을 셰샹에 보내샤 ᄒᆞᆫ 졍결ᄒᆞᆫ 교회를 셜립게 ᄒᆞ시매 이 교회ᄂᆞᆫ 다만 ᄒᆞᆫ군ᄃᆡ만 두고 셰ᄀᆞᆺᄒᆞᆫ 사ᄅᆞᆷ을 나아옴이 아니라 악ᄒᆞᆫ 셰계에 여러곳을 두어 악ᄒᆞᆫ쟈와 원슈와 ᄃᆡ뎍을 이긔게 ᄒᆞ심이라 됴흔 곡식은 변화ᄒᆞ여 풀이 될슈가 업ᄉᆞ며 풀도 됴흔 곡식 변화ᄒᆞᆯ수 업ᄉᆞ되 사ᄅᆞᆷ은 변화ᄒᆞᆯ수 잇ᄉᆞ니 악ᄒᆞᆫ것과 마귀와 ᄃᆡ뎍을 다 이긔면 하ᄂᆞ님의 ᄇᆡᆨ셩에 들거시요 그 ᄇᆡᆨ셩이 되야서도 ᄒᆡᆼ샹 조심ᄒᆞ고 삼가지 안ᄒᆞ면 마귀 시험에 ᄲᅡ져 악ᄒᆞᆫ쟈 되기 쉬온지라 하ᄂᆞ님ᄭᅴ셔 이젼 홍슈ᄯᅢ 쳐름 악ᄒᆞᆫ쟈를 멸ᄒᆞ시려도 아니시고 텬ᄉᆞ도 보내여 멸치도 아니시며 오직 악ᄒᆞᆫ 쟈들이 아모조록 착ᄒᆞ게 되기를 원ᄒᆞ시매 (이셔결 삼십삼쟝 십일졀과 베드로 후서 삼쟝 구졀을 보라) 억지로 회ᄀᆡ를 식히지도 아님이요 더회들이 죽을ᄯᅢ ᄭᆞ지라도 ᄆᆞᄋᆞᆷ이 변화ᄒᆞ여 회ᄀᆡ기들 기ᄃᆞ리시며 셰샹에 악ᄒᆞᆷ이 만ᄒᆞ도 예수 교회ᄂᆞᆫ 악ᄒᆞᆷ의 이긘바 ― 되지안코 오직악을 이긔ᄂᆞᆫ거시 맛당ᄒᆞᆯ거시오 예수ᄭᅴ셔 요한복음 십칠쟝 십오졀에 ᄌᆞ긔 뎨ᄌᆞ들만 위ᄒᆞ여 긔도ᄒᆞ심이 아니라 온교회 형뎨를 위ᄒᆞ여 긔도 ᄒᆞ심이요 이긔도 ᄒᆞ신ᄯᅳᆺ은 교회가 속히 흥ᄒᆞ여 텬국에 가게ᄒᆞ심이 아니라 오직 악ᄒᆞᆫ 셰샹에 보젼ᄒᆞ야 죄에 ᄲᅡ지지 안케ᄒᆞ야 주시기를 원ᄒᆞᄂᆞᆫ ᄯᅳᆺ이라 악ᄒᆞᆫ쟈가 밤에와셔 밧헤 악ᄒᆞᆫ씨를 ᄲᅮ림과 ᄀᆞᆺ치 우리도 조심치 안코 긔도도 아니ᄒᆞ며 ᄒᆡ틔ᄒᆞ며 곤ᄒᆞᆯᄯᅢ에 마귀가 그ᄅᆞᆷ을 타셔 우리 ᄆᆞᄋᆞᆷ과 우리 ᄌᆞ식이며 다른 교우들ᄭᆞ지 다 악ᄒᆞᆫᄃᆡ ᄲᅡ지게 ᄒᆞᄂᆞ니 예수의 말ᄉᆞᆷᄃᆡ로 ᄡᅥ고 빌지어다

뭇ᄂᆞᆫ말

一 이 가라지 비유의 큰 ᄯᅳᆺ시 무엇시뇨
二 본비유ᄂᆞᆫ 씨ᄲᅮ리ᄂᆞᆫ 사ᄅᆞᆷ의 비유로 비교ᄒᆞ면 ᄯᅳᆺ시 엇더케 다르뇨
三 대한에 엇더ᄒᆞᆫ 사ᄅᆞᆷ들이 이와ᄀᆞᆺᄒᆞᆫ 비유를 ᄌᆞ미잇게 듯겟ᄂᆞ뇨
四 대한에셔 원슈를 갑흐려 ᄒᆞ여 농ᄉᆞ를 해ᄒᆞᄂᆞᆫ 일이 혹 잇ᄂᆞ뇨
五 텬국은 엇더케 씨 ᄲᅮ림과 ᄀᆞᆺ다고 ᄒᆞ셧ᄂᆞ뇨
六 이비유 ᄯᅳᆺ시 곡식은 무엇시 되며 가라지ᄂᆞᆫ 무엇시 되겟ᄂᆞ뇨
七 쥬인의 죵들이 누가 되겟ᄂᆞ뇨
八 가라지를 츄슈 ᄒᆞᆯᄯᅢᄭᆞ지 두게되면 곡식을 샹ᄒᆞ지안켓ᄂᆞ뇨
九 삼십 칠팔졀을 외오시오
十 가라지된 사ᄅᆞᆷ들이 불웅 덩이에셔 얼마 동안에 슯히울며 니를 갈겟ᄂᆞ뇨
十一 가라자된 사ᄅᆞᆷ들이 회ᄀᆡᄒᆞ여 구원을 엇을수 잇ᄂᆞ뇨
十二 가라지를 뉘가 곡식가온ᄃᆡ 나게 ᄒᆞ엿ᄂᆞ뇨
十三 쥬인이 무슨 ᄭᆞᄃᆞᆰ으로 가라지를 ᄲᅡᆸ지 못 ᄒᆞ게 ᄒᆞ엿ᄂᆞ뇨
十四 츄슈 ᄒᆞᆯᄯᅢᄂᆞᆫ 언제며 츄슈를 엇더케 ᄒᆞ겟ᄂᆞ뇨
十五 우리가 오ᄂᆞᆯ 공부에 명심ᄒᆞᆯ 일이 무엇시뇨

만국이 동공ᄒᆞ야 ᄒᆞᆯ 쥬일 동안

긔도ᄒᆞᆯ 졔목

각국 교우들이 ᄆᆡ년 졍월 첫 쥬일 브터 ᄒᆞᆫ쥬일동안을 긔도 ᄒᆞᆯ터힌대 텬하 만국에 잇는 그리스도교인들이 동공ᄒᆞ야 열심으로 긔도 ᄒᆞᆯ터이니 대ᄒᆞᆫ에 잇는 교우들도 텬하 만국과 ᄀᆞᆺ치 긔도 ᄒᆞᆯ거시나라 또 긔도ᄒᆞᆯ 졔목을 이아래 긔지 ᄒᆞ엿시니 ᄌᆞ세히 보시기를 ᄇᆞ라노라

쥬일 初二일 례ᄇᆡ당에서 연셜ᄒᆞᆯ 대지 샹쥬의 ᄇᆡᆨ셩들이 쥬ᄭᅴ 갓가히 와서 그 ᄇᆞᆰ으신 빗헤 힝ᄒᆞᆯ거시니라 셩경에 ᄀᆞᆯᄋᆞ틔 이스라엘 ᄌᆞ손의 무리의게 쥬ᄭᅴ 갓가히 오라 ᄒᆞ라 ᄒᆞ시더라 야곱의 집안들아 너희가 여호와의 빗헤 힝ᄒᆞ라 이사야 二장 五 예수ㅣ 빗헤 계심ᄀᆞᆺ치 우리도 빗헤 힝ᄒᆞ면 ᄉᆞ괴임이 잇ᄂᆞ니라

월요일 初三일 죄를 고ᄒᆞ고 감샤ᄒᆞᆫ 날이라 죄를 고ᄒᆞᆷ은 우리가 그리스도의 ᄯᅳᆺ에 합ᄒᆞ지 아니ᄒᆞ고 쥬신 은혜를 잘 쓰지도 안코 그리스도를 증거 ᄒᆞ기에 담력이 업슴이니라 로마 六장 一ㅣ十四 마태 二十五장 十四 三十

감샤ᄒᆞ고 찬양ᄒᆞᆯ거슨 셩경을 나타내신것과 셩령감화 ᄒᆞ신것과 샹쥬ㅣ 허락ᄒᆞ신 것과 핍박즁에 교를 더욱 왕셩케 ᄒᆞ심이니라 시편 一百四十 五편 一ㅣ十三 가림다 젼서 二장 七ㅣ 十六

화요일 初四일 셩경회

긔도 ᄒᆞᆯ거슨 교회의 영긔로옴이 신약에 긔록ᄒᆞᆫ대로 더욱 나타내게 ᄒᆞᆯ거시오 그리도스를 밋는 쟈들이 ᄌᆞ긔를 온젼히 쥬ᄭᅴ 드릴 거시오 셩령 감화ᄒᆞᆷ으로 써 모든 교우들이 압흐로 나아가게 ᄒᆞᆯ거시오 모든 감독과 목ᄉᆞ와 집ᄉᆞ와 교우들이 셩령이 충만케 ᄒᆞᆯ거시오 그리스도 교회가 속속히 ᄒᆞ나히 되기를 근구 ᄒᆞᆯ거시니라 이불소 四장 一ㅣ 十六 묵시 一장 十二ㅣ 十六

슈요일 初五일 각나라와 그나라ᄒᆞᆯ 다ᄉᆞ리ᄂᆞ니 긔도ᄒᆞᆯ거슨 권셰 잇는이가 대쥬재 샹쥬ᄭᅴ서 그 권셰 맛기신거슬 써ᄯᅩᆺ게 ᄒᆞ시고 다ᄉᆞ릴 ᄯᅢ에난 사름 압헤셔 다ᄉᆞ리지 말고 대쥬재 압헤셔 다ᄉᆞ리게 ᄒᆞ시고 각 나라히 쥬일을 직히게 ᄒᆞ시고 불의ᄒᆞᆷ과 술취ᄒᆞᆷ과 혹독ᄒᆞᆷ이 업게ᄒᆞ시고 참는것과 태평ᄒᆞᆷ과 각 나라히 다 형뎨ᄀᆞᆺ치 지내게 ᄒᆞ시기를 근구 ᄒᆞᆯ거시니라 단이엘 十二장 一ㅣ四 뎨모태젼셔 二장 一ㅣ六

목요일 初六일 집안과 학당

긔도ᄒᆞᆯ거슨 각 그리스도 집안에서 혼솔이 긔도ᄒᆞ게 ᄒᆞ시며모다 즁싱을 어게 ᄒᆞ시고 다 더욱 화목게 ᄒᆞ시고 모든 쇼학교와 즁학교와 대학교의 ᄒᆞᄂᆞᆫ 교훈이 셩경의 ᄯᅳᆺ과 합ᄒᆞ기를 근구 ᄒᆞᆯ거시니라 요셰아 二十四장 十三ㅣ 二十二 시편 一百二十三편 가라사 三장 十四ㅣ 四장 一

금요일 初七일 그리스도 교를 아지 못ᄒᆞᄂᆞᆫ 나라헤 젼도ᄒᆞᆷ을 감샤 ᄒᆞ야 찬양ᄒᆞᆯ거 교회즁에

칠

셔 목ᄉᆞ와 의원과 교ᄉᆞ를 만히 보내여 쳥도를 아지못ᄒᆞᄂᆞᆫ 빅셩즁에셔 예수를 밋ᄂᆞᆫ 교회가 만히 나사게 ᄒᆞᆷ이라 긔도 ᄒᆞᆯ거ᄉᆞᆫ 각 교회즁에셔 젼도ᄒᆞᄅᆞᆼ으로 보낸사ᄅᆞᆷ이 더옥만히 니러나게 ᄒᆞ시고 그나라헤 잇ᄂᆞᆫ 교우들이 견실이 밋게 ᄒᆞ시고 그교우즁에셔 젼도ᄒᆞᆯ 사ᄅᆞᆷ이 만히싱기게 ᄒᆞ시며 셩령이 감화ᄒᆞ샤 츙만케ᄒᆞ시고 로마 교우즁에 잘못ᄒᆞᆫ거슬 ᄭᆡᄃᆞ라 춤 리치대로 밋게 ᄒᆞ시고 복음의 ᄇᆞᆰ으신압회 모든 무식ᄒᆞᆷ과 헛도히밋ᄂᆞᆫ 것과 헛신을 위ᄒᆞᄂᆞᆫ거슬 업게 ᄒᆞ시기를 군구 ᄒᆞᆯ거시니라

시편 二편 로마 十쟝 六ㅣ二十一

토요일 초八일 그리스도 교를 아ᄂᆞᆫ나라헤 젼도ᄒᆞᆷ과 유대 사ᄅᆞᆷ의게 젼도ᄒᆞᆷ과 긔도 ᄒᆞᆯ거ᄉᆞᆫ 그리스도인들이 ᄌᆞ긔리웃과 ᄌᆞ긔나라 사ᄅᆞᆷ의게 젼도ᄒᆞ기에 더옥힘쓰게 ᄒᆞ시고 샹쥬ᄭᅴ셔 그러케 힘쓰ᄂᆞᆫ거슬 더욱 도아 주시고 ᄯᅩᄒᆞᆫ 이젼에 샹쥬ㅣ 턱ᄒᆞ신빅셩들이 그리스도 교회에 드러오게 ᄒᆞᆯ거슬 군구 ᄒᆞᆯ거시니라 ᄉᆞ도힝젼 一쟝 一ㅣ八 믁시 七쟝 四ㅣ十二

쥬일 초九일 례비당에 연셜ᄒᆞᆯ 대지 샹쥬의 빅셩들이 셰상에셔 샹쥬를 증거 ᄒᆞᆯ거시니라 셩경에 ᄀᆞᆯᄋᆞ대 너희게 여호와ᄭᅴ셔 말ᄉᆞᆷ ᄒᆞ시기를 너희가 내 증인이라 ᄒᆞ셧ᄂᆞ니라 이샤야 六十三쟝 十 너희가 이ᄯᅡᄭᅳᆺᄭᆞ지 나를 증거 ᄒᆞᄂᆞᆫ이가 되리라 ᄉᆞ도힝젼 一쟝 八

업시ᄒᆞᆯ물건

ᄀᆡ화를 크게 해ᄒᆞᄂᆞᆫ 물건은 술인고로 올케 싱각ᄒᆞᄂᆞᆫ 사ᄅᆞᆷ마다 이것을 업시ᄒᆞ기에 힘쓸지니 술은 바른 싱의로 수고ᄒᆞ야 모흔 지물을 ᄲᅢ아ᄉᆞ며 걸인과 죄인을 만들고 집을 망ᄒᆞ며 협잡파 뢰물과 사졍을 셩힝케ᄒᆞ야 사무를 그릇치고 국지를 람용ᄒᆞ며 부셰를 묵업게ᄒᆞ고 유익ᄒᆞᆫ 일에 쓸 돈을 여러 빅만금식 희론일에 허비ᄒᆞ야 ᄒᆞᆼ샹 이젼졍 군식ᄒᆞ게 ᄒᆞ니 만일 술에 업셔ᄂᆞᆫ 지물을 일용지물에 쓰면 사롱공샹이 다 흥왕ᄒᆞ고 돈업서 어려워ᄒᆞᄂᆞᆫ 괴롬이 구름ᄀᆞᆺ치 헛터즐지니 경제샹 으로나 도덕샹으로 보면 술은 업시ᄒᆞᆯ 물건 이어ᄂᆞᆯ 오ᄂᆞᆯ날 ᄭᆞ지 그대로 두니 괴이ᄒᆞ도다

새희에 깃분일

일월이일은 새희 첫쥬일 인대 젼과 ᄀᆞᆺ치 정동 새회당에 모혀 례비ᄒᆞᆯᄉᆡ 남녀 교우들이 만히 오사고 목ᄉᆞ 아편셜라씨가 ᄌᆞ미 ᄒᆞᆫ분과 형데 세분을 셰례를 주엇시니 이거시 새희에 데일 감샤ᄒᆞᆫ 일일너라

데이권 대한회보 ᄉ십구호

광무이년 인 정월오일

녯ᄒᆡ를보내고새ᄒᆡ를마짐

음력 십이월 초팔일은 양력 일쳔 팔ᄇᆡᆨ 구십칠년 십이월 삼십일일이니 이날은 금년이 마즈막가고 쟝ᄎᆞᆺ 새ᄒᆡ를 마질ᄯᅢ라 동셔양을 물론ᄒᆞ고 양력을 쓰ᄂᆞᆫ 나라 사ᄅᆞᆷ들은 이ᄯᅢ를 당ᄒᆞ면 ᄐᆞᆨ별이 일년중에 ᄒᆡ 머리를 웃듬가ᄂᆞᆫ 명졀노 ᄉᆡᆼ각ᄒᆞ여 음식을 주며 친구를 차자 녯ᄒᆡ를 보내고 새ᄒᆡ를 마자오ᄂᆞᆫ 례졀을 힝ᄒᆞ며 녯젹 ᄶᅵ앙을 멀니 보내고 새로 오ᄂᆞᆫ 복 밧기를 사ᄅᆞᆷ마다 츅ᄒᆞ며 사ᄅᆞᆷ마다 소원이로ᄃᆡ 이 일이 ᄐᆞᆨ별이 두가지 다른거시 잇ᄂᆞ니 하ᄂᆞ님의 도를 봉힝ᄒᆞᄂᆞᆫ 사ᄅᆞᆷ과 힝치 아니 ᄒᆞᄂᆞᆫ 사ᄅᆞᆷ이 서로 다른지라 엇지ᄒᆞ여 그러ᄒᆞ뇨 구셰쥬를 밋지안코 ᄉᆞ후에 샹벌이 잇슴을 아지 못ᄒᆞᄂᆞᆫ 사ᄅᆞᆷ들은 다만 이 셰샹에셔 부귀홈과 ᄌᆞ손이 만흔것과 오린 향슈홈으로 복이라 ᄒᆞ고 죄를 범ᄒᆞ여 뎡비를 가든지 징역을 ᄒᆞ든지 일직 죽ᄂᆞᆫ거ᄉᆞᆯ 앙화로 아ᄂᆞᆫ고로 인ᄉᆡᆼ이 초로ᄀᆞᆺ하오리 살지 못ᄒᆞᆷ을 탄식ᄒᆞ며 셰월이 여류ᄒᆞ여 ᄇᆡᆨ발이 셩셩ᄒᆞᆷ을 슯허 ᄒᆞᄂᆞᆫ지라 그런고로 졔나라 경공 ᄀᆞᆺ흔 님군은 렬국ᄯᅢ에 유명ᄒᆞᆫ 사ᄅᆞᆷ이로ᄃᆡ 셔녁산에 ᄯᅥ러지ᄂᆞᆫ ᄒᆡ빗슬 보고 눈물을 흘엿시며 밍샹군 뎐문이 ᄀᆞᆺ흔이ᄂᆞᆫ 셰샹에 유명ᄒᆞᆫ 호걸이오 부귀ᄒᆞᆫ 공ᄌᆞ로ᄃᆡ 옹문에 거문고 소리를 듯고 눈물을 나렷시니 이거ᄉᆞᆫ 녜젼브터 가인과 ᄌᆡᄌᆞ들이 늙ᄂᆞᆫ거ᄉᆞᆯ 슯허ᄒᆞ여 ᄒᆡ마다 마즈막 가ᄂᆞᆫ날을 당ᄒᆞ면 졔셕시를 지으며 노래를 불너 셰월이 가ᄂᆞᆫ거ᄉᆞᆯ 혼탄 ᄒᆞ거니와 하ᄂᆞ님을 밋고 영ᄉᆡᆼᄒᆞᄂᆞᆫ 리치를 아ᄂᆞᆫ이ᄂᆞᆫ 그럿치 아니ᄒᆞ여 녯ᄒᆡ를 보내고 새ᄒᆡ를 마질ᄯᅢ에 일년 동안에 힝ᄒᆞᆫ바 일을 ᄉᆡᆼ각ᄒᆞ여 아모ᄯᅢ에 잘못ᄒᆞᆫ 일이 잇ᄉᆞ면 뉘웃쳐 곳치기를 ᄆᆞ음에 밍셰ᄒᆞ며 새ᄒᆡ를 당ᄒᆞ거든 하ᄂᆞ님ᄭᅴ 긔도ᄒᆞ여 새로 셩신의 감화ᄒᆞ심을 엇어 새로난 사ᄅᆞᆷ이 되며 새로 힘을 엇어 새로 듯ᄂᆞᆫ 사ᄅᆞᆷ의게 도를 널니 젼ᄒᆞ고 새ᄒᆡ에ᄂᆞᆫ 그른일을 힝치말며 죄에 ᄲᅡ지지 아니ᄒᆞ기를 구ᄒᆞᄂᆞᆫ지라 그런즉 엇지 셰샹에셔 하ᄂᆞ님의 은혜를 아지 못ᄒᆞ고 셤길줄도 모로고 ᄉᆞ후에 다사 사ᄂᆞᆫ 리치를 모로ᄂᆞᆫ 사ᄅᆞᆷ과 ᄀᆞᆺᄒᆞ리오 사ᄅᆞᆷ이 만약 죽은후에 아모 ᄇᆞ랄것도 업고 두려온것도 업ᄂᆞᆫ줄알고 다만 이 셰샹에 사ᄂᆞᆫ것만 ᄉᆡᆼ각ᄒᆞᆯ진ᄃᆡ 엇지 만물즁에 사ᄅᆞᆷ이 귀ᄒᆞ다 ᄒᆞ리오 이거시 교회즁 사ᄅᆞᆷ과 교밧게 사ᄅᆞᆷ이 ᄐᆞᆨ별이 다른거시라 ᄇᆞ라건ᄃᆡ 우리 형뎨들은 새로 셩신 밧기를 새ᄒᆡ와 ᄀᆞᆺ치 되기를 원ᄒᆞ노라.

래비일공과 ᄉᆞ십구 졍월 십륙일

셰례주던요한이죽은일

마태 십ᄉᆞ장 일졀노 십이졀

년됴

디명

一그때에 분봉ᄒᆞᆫ 님군 헤롯이 예수의 소문을 듯고 二그 신하 ᄃᆞ려 닐ᄋᆞᄃᆡ 이는 셰례주던 요한이 죽엄에서 다시 살어나 이런 권능을 ᄒᆡᆼᄒᆞᆷ이로다 ᄒᆞ니 三대개 헤롯이 그 동ᄉᆡᆼ 비력의 안해 희라지알노 요한을 잡아 목거셔 옥에 가두기는 四요한이 헤롯의게 말ᄒᆞ되 그 녀인을 취ᄒᆞ는거시 올치안타 ᄒᆞᆷ이라 五헤롯이 죽이랴ᄒᆞ되 뭇사ᄅᆞᆷ을 무셔워ᄒᆞᆫ거슨 다 요한을 션지로 녁임 일너니 六맛ᄎᆞᆷ 헤롯의 ᄉᆡᆼ일이 도라오매 희라지의 ᄯᆞᆯ이 압회셔 츔을츄어 희롤을 깃부게 ᄒᆞ는지라 七밍셰로 허락ᄒᆞ되 네가 무어슬 달나 ᄒᆞ던지 주겟다 ᄒᆞ거ᄂᆞᆯ 八그 계집이 제 어마의 식임을 듯고 ᄀᆞᆯᄋᆞᄃᆡ 셰례주는 요한의 머리를 쇼반에 담아 주쇼셔 ᄒᆞ니 九왕이 근심ᄒᆞ나 제의 밍셰와 여러 사ᄅᆞᆷ이 잔치에 ᄒᆞᆷᄭᅴ 안졋던 연고를 안ᄒᆞ야 주겟노라 ᄒᆞ고 十사ᄅᆞᆷ을 보내여 요한을 옥에셔 목베혀 十一그 머리를 쇼반에 담어다가 주니 그 계집이 제 어미게 가져가니라 十二그 뎨ᄌᆞ들이 와셔 시톄를 거두어 장ᄉᆞᄒᆞ고 가셔 예수ᄭᅴ 고 ᄒᆞ니라

주셕

오ᄂᆞᆯ 공부를 번연히 보거더면 셰례 베프는 요한이 잡혀 죽은일이 이때에 잇는줄 알기 쉬오나 ᄉᆞ십삼 공부를 보면 요한이 옥에 갓친지 일년반이 되엿다 ᄒᆞ며 또 그후 얼마 아니되여 죽엇는지라 그러ᄒᆞ면 요한의 죽음을 이제 말ᄒᆞ는거슨 엇짐인고 ᄒᆞ니 이때에 헤롯이 예수를, ᄀᆞᄅᆞ쳐 요한이 다시살아 왓다 ᄒᆞᆫ ᄭᆡ닭으로 마태가 이말을 자금ᄒᆞᆷ이요 헤롯이 예수의 이적과 능력이 잇슴을 드ᄅᆞ매 일노 써 요한이 다시산줄 앎이요 더회 신하ᄃᆞ려 무렷ᄉᆞ니 이 신하는 예수를 밋는 사ᄅᆞᆷ인듯ᄒᆞ니 누가복음 팔장 삼졀에 헤롯의 지샹 쿠사의 안히 요안나와 ᄉᆞ도ᄒᆡᆼ젼 십삼장 일졀에 헤롯과 동학ᄒᆞ든 마념이 예수를 셤겻든 말이 잇는지라 헤롯이 이 사ᄅᆞᆷ의게 예수ㅣ ᄒᆡᆼᄒᆞ신 일을 들엇ᄉᆞ며 헤롯은 본ᄅᆡ 악ᄒᆞᆫ 사ᄅᆞᆷ 일ᄲᅮᆫ더러 더옥 흉악ᄒᆞᆫ 일이 잇서 ᄌᆞ긔 뎨슈를 취ᄒᆞ여 살매 일노 써 요한이 의리에 올치 아님을 척망ᄒᆞ니 (누가 복음 삼쟝 십팔졀을 보라 헤롯이 곳 요한을 잡아 옥에 가두웟ᄉᆞ나 그러ᄒᆞ나 헤롯의 ᄆᆞᄋᆞᆷ 속으로는 요한이 올흔 사ᄅᆞᆷ인줄 알며 또 ᄇᆡᆨ셩을 두려워 ᄒᆞᆷ으로 죽이지 못ᄒᆞ는지라 헤롯의 뎨슈는 요한을 극히 뮈워ᄒᆞ여 죽이고져 ᄒᆞ나 마가복음 륙장 십구 졀을 보라 엇지 ᄒᆞᆯ수 업더나 헤롯이 더회 ᄯᆞᆯ의게 어리셕은 허락을 ᄒᆞᆷ으로 이 긔회를 엇어 죽엿는지라

헤롯이 뎌의 싱일에 가쟝놉고 교만ᄒᆞ여 잔치를 크게 버리고 놉흔 사ᄅᆞᆷ과 원군에 잇는쟈를 ᄆᆞᆫ히 쳥ᄒᆞ여 모히매 뎌희 풍쇽ᄃᆡ로 잔치에 ᄌᆞ긔 ᄯᆞᆯ노 춤을 추게ᄒᆞ며 그ᄯᆞᆯ을 ᄉᆞ랑ᄒᆞ는 ᄆᆞ음이 너머 군절ᄒᆞ여 아모거시던지 달나면 주마ᄒᆞ며 나라를 반이라도 주겟다 ᄒᆞ니 그ᄯᆞᆯ이 어미ᄃᆞ려 이말을 ᄒᆞᆫ티 어미가 이 긔틀을 타셔 헤롯ᄃᆞ려 요한의 목을 베혀 그 머리를 데 압헤 노아 달나 ᄒᆞ거ᄂᆞᆯ 헤롯이 이 말을 듯고 ᄆᆞ음은 셥셥ᄒᆞ나 무엇이던지 주마고 허락ᄒᆞᆫ 말을 좌즁 여러히 보앗ᄉᆞ매 이말을 불응ᄒᆞ면 여러 사ᄅᆞᆷ 면목이 붓그러오니 엇자 ᄒᆞᆯ수 업서 곳 요한의 목을 베혀 가져 왓ᄂᆞᆫ지라 사ᄅᆞᆷ이 ᄉᆞᄉᆞ로 놉고 교만ᄒᆞᆫ톄 ᄒᆞᆷ으로 죄를 자음이 만ᄒᆞ며 ᄯᅩ 죄를 범ᄒᆞ면 졈졈 깁흔ᄃᆡ ᄲᅡ지ᄂᆞ니 헤롯은 이럿듯 악ᄒᆞᆷ으로 ᄡᅥ 이후에 뎌의 부쳐가 다 극ᄒᆞᆫ 형벌을밧고 원방에 귀양가셔거긔셔 필경 육신과 령혼이 아조 망ᄒᆞ엿ᄉᆞ니 헤롯은 이층도를 듯지 못ᄒᆞᆷ도 아니요 요한과 신하의게 올캐 간ᄒᆞ는 말도 들엇ᄉᆞ되 오직 악을 대뎍지 안코 그리로 좃차 망ᄒᆞᆷ을 ᄌᆞ취 ᄒᆞ엿도다 요한이 죽은후에 그대ᄌᆞ가 요한의 죽음을 듯고 ᄆᆞ음아 심히 슯허 곳 위로ᄒᆞ여 주시는 예수ᄭᅴ로 가셔 이말을 고 ᄒᆞ엿ᄉᆞ니 우리도 무슴 일이던지 슯흐고 어려운 일이 잇거든 예수ᄭᅴ로 나아와 고ᄒᆞ면 곳 안위ᄒᆞᆷ을 주시ᄂᆞ니라

묻는말

一 헤롯이 엇던나라 님군이뇨

二 벳네헴에 ᄋᆡ희들 죽인 헤롯이 이 헤롯의게 엇더케 되ᄂᆞ뇨 답 이 헤롯이 둘재 ᄋᆞᄃᆞᆯ이 되ᄂᆞ니라

三 헤롯이 예수의 놉흔 일홈을 듯고 그 하인의게 엇더케 말 ᄒᆞ엿ᄂᆞ뇨

四 요한이 왜 옥에 갓첫ᄂᆞ뇨

五 요한이 헤롯을 무셔워 ᄒᆞ엿ᄂᆞ뇨 헤롯이 요한을 무셔워 ᄒᆞ엿ᄂᆞ뇨

六 왜 그러 ᄒᆞ엿ᄂᆞ뇨

七 왜 헤롯이 요한 죽이기를 무셔워 ᄒᆞ엿ᄂᆞ뇨

八 그 님군의 싱일에 무슴일 잇슨거슬 말솜ᄒᆞ시요

九 님군이 뉘게 밍셰 ᄒᆞ엿ᄂᆞ뇨

十 그 계집 ᄋᆞ희가 무엇슬 구 ᄒᆞ엿ᄂᆞ뇨

十一 님군이 이말 듯기를 깃버 ᄒᆞ엿ᄂᆞ뇨 혹 불안이 너겻ᄂᆞ뇨

十二 불안히 너겻ᄉᆞ면 왜 셰례주던 요한을 죽이라 명 ᄒᆞ엿ᄂᆞ뇨

十三 요한의 시톄를 누가 가져 갓ᄂᆞ뇨

十四 헤롯이 엇더케 되엿ᄂᆞ뇨 답 헤롯과 그 안히를 로마 님군이 법난ᄂᆞ로 귀양 보니여 거긔셔 그들이 불샹ᄒᆞ게 죽엇ᄂᆞ니라

대한그리스도인회보

우리가 이회보를 젼년과 ᄀᆞᆺ치 츌판ᄒᆞᆷ은 젼혀 우리 교회즁 형뎨와 ᄌᆞ매들을 위ᄒᆞ여 공부를 힘ᄡᅳ게 ᄒᆞᆷ이오 ᄯᅩᄒᆞᆫ 올히는 작뎡ᄒᆞ기를 뎨 이권이라 ᄒᆞ며 형뎨들이 ᄌᆞ미잇게 보시기를 위ᄒᆞᆷ이니 이다음 오십호브터 이폭을 더ᄒᆞ야 륙폭으로 츌판ᄒᆞᆯ터이오 이폭을 더ᄒᆞ야도 갑슨 젼과ᄀᆞᆺ치 ᄒᆞᆫᄃᆞᆯ을 미리내면 엽젼으로 ᄒᆞᆫ돈 오푼이오 만약 ᄒᆞᆫ쟝을 사셔 보랴ᄒᆞ면 젼보다 엽젼 ᄒᆞᆫ푼을 더ᄒᆞ야 오푼을 밧을터이라 근일에 우리 회보에 긔재ᄒᆞᆷ을 보건ᄃᆡ 다만 졍동교회에셔 ᄒᆡᆼᄒᆞᆫ 일ᄲᅮᆫ이라 보시는 교우들이 무슨 ᄌᆞ미가 잇스리오 원컨대 경향간 우리 교우들은 회즁 신문에 가히 드를만 ᄒᆞᆫ 일이 잇거든 긔록ᄒᆞ여 보내시고 론셜을 짓던지 볼만ᄒᆞᆫ 글을 져술ᄒᆞ던지 각각 ᄌᆞ긔 일노알고 국문으로 젹어셔 본회 회보 샤쟝 아편셜라목ᄉᆞ 집으로 보내여 ᄉᆞ랑ᄒᆞᄂᆞᆫ ᄆᆞᄋᆞᆷ으로 서로 도아 주시기를 ᄇᆞ라노라○대한에 신문지를 츌판ᄒᆞᄂᆞᆫ 곳시 만치도 안커니와 만히 잇더라도 다만 셰샹 소문만 긔재ᄒᆞ고 신문을 보ᄂᆞᆫ이도 셰샹 소문 듯기를 도학 리치보담 더 됴화ᄒᆞ되 ᄉᆡᆼ각ᄒᆞ여 볼진대 그럿치 아닌거시 사ᄅᆞᆷ이 도학의 리치를 아지 못ᄒᆞᆫ즉 문한이 유여ᄒᆞᆫ 션ᄇᆡ라도 언어가 맛시업고 심지를 구속ᄒᆞ기가 어려온고로 셰샹 사ᄅᆞᆷ이 왕왕이 불의지ᄉᆞ를 ᄒᆡᆼᄒᆞ기 쉬운지라 그런고로 우리 회보에ᄂᆞᆫ 도학샹에 유죠ᄒᆞᆫ 공부와 교회즁에 긴요ᄒᆞᆫ 신보를 긔록ᄒᆞ여 사ᄅᆞᆷ으로 ᄒᆞ여곰 착ᄒᆞᆫ길노 나아가게ᄒᆞ고 이후브터ᄂᆞᆫ 간혹 ᄂᆡ외국 소문과 농샹의 리치를 조곰식 긔재ᄒᆞ야 보ᄂᆞᆫ 사ᄅᆞᆷ의 이목을 새롭게 ᄒᆞᆯ터이니 엇지 심샹ᄒᆞᆫ 셰샹 소문만 긔재ᄒᆞᄂᆞᆫ 다른신문에 비ᄒᆞ리오 ᄇᆞ라건ᄃᆡ 우리교즁 형뎨ᄲᅮᆫ 아니라 교외 친구들도 만히 사셔 보시ᄋᆞᆸ

협셩회광고

새로 츌판ᄒᆞᆫ 협셩회 회보ᄂᆞᆫ 졍동 ᄇᆡ재학당 일방에셔 파ᄂᆞᆫᄃᆡ ᄒᆞᆫ쟝갑슨 엽젼 너푼이오 일삭됴를 미리 내면 엽젼ᄒᆞᆫ돈 오푼인ᄃᆡ ᄂᆡ외국 소문과 학문샹에 유죠ᄒᆞᆫ 말이 만히 잇ᄉᆞ오니 사셔 보시기를 ᄇᆞ라오

본회고ᄇᆡᆨ

본회에셔 이회보를 젼년과 ᄀᆞᆺ치 일쥬일에 ᄒᆞᆫ번식 발간ᄒᆞᄂᆞᆫᄃᆡ 새로 륙폭으로 작뎡ᄒᆞ고 ᄒᆞᆫ쟝갑슨 엽젼 오푼이오 ᄒᆞᆫᄃᆞᆯ갑슬 미리내면 젼과 ᄀᆞᆺ치 엽젼 ᄒᆞᆫ돈 오푼이라 본국 교우나 셔국 목ᄉᆞ나 교외 친구나 만일 사셔 보고져 ᄒᆞ거든 졍동 아편셜라 목ᄉᆞ 집이나 죵로 대동셔시에 가셔 사시ᄋᆞᆸ

제이권 대한(크리스도인)회보 오십호
광무이년 정월십이일

샤셜

우리 회보를 보시는 이는 우리를 엇더케 모아 주라오 우리를 도아주랴 ᄒᆞᆯ진디 어렵지 아니ᄒᆞ나 쳣재는 우리 회보를 사셔 보시는 거시오 둘재는 다른 친구를 디ᄒᆞ여 말ᄉᆞᆷ ᄒᆞᆯ때에 회보에 잇는 말이 다 학문샹에 유조ᄒᆞ고 사ᄅᆞᆷ의게 유익ᄒᆞᆫ 일이라 ᄒᆞᆷ이요 셋재는 회보를 보지 안는 친구의게 권면ᄒᆞ여 회보를 사셔 보시도록 ᄒᆞᄂᆞᆫ거시 우리를 ᄎᆞᆷ으로 도아 주심인줄 우리는 ᄉᆡᆼ각ᄒᆞ노라

협셩회는 우리 ᄇᆡᄌᆡ학당 학도들이 일년젼 브터 셜시ᄒᆞᆫ 회인디 지금은 일쥬일에 ᄒᆞᆫ번식 모힐분 아니라 협셩회 회보를 츌판ᄒᆞ여 보는 사ᄅᆞᆷ으로 ᄒᆞ여곰 이목을 새롭게 ᄒᆞ고 지혜를 널니게 ᄒᆞ는지라 ᄉᆡᆼ국ᄒᆞ여 보건디 두ᄒᆡ 젼에는 대한에 국문으로 발간ᄒᆞ는 신문은 ᄒᆞ나도 업더니 **독립신문**이 몬져 셜시가 되엿시며 그후에 우리 **회보**를 시작ᄒᆞ엿고 그후에 또 **크리스도신문**이 ᄉᆡᆼ겻시며 지금은 또 협셩회 **회보**가 새로 낫시니 이거슨 두ᄒᆡ 동안에 대한국 가온디 ᄀᆡ화에 진보됨이라 이 협셩회 **회보**는 셔양 사ᄅᆞᆷ들이 조곰도 샹관이 업고 다만 본국 학도들이 일심으로 시작ᄒᆞ여 본국 사ᄅᆞᆷ의 ᄀᆡ명ᄒᆞ기를 도아 줌이니 대한 ᄀᆡ국이ᄅᆡ로 처음 잇ᄂᆞᆫ일이라 대한 ᄇᆡᆨ셩을 디ᄒᆞ여 잇지 치하 ᄒᆞᆯ일이 아니리오 우리도 또ᄒᆞᆫ 깃버 ᄒᆞ노라

신약을번역ᄒᆞᆷ

형뎨들아 사ᄅᆞᆷ마다 가기 공부ᄒᆞᄂᆞᆫ 신약 셩경이 잇ᄂᆞ뇨 구세쥬 ᄀᆞᆯᄋᆞ샤디 너의 무리가 셩경을 공부ᄒᆞᆷ은 그즁에 영ᄉᆡᆼᄒᆞᄂᆞᆫ 리치가 잇심이라 ᄒᆞ시고 ᄉᆞ도 보라 ᄀᆞᆯᄋᆞ디 셩경이 능히 사ᄅᆞᆷ으로 ᄒᆞ여곰 지혜를 더ᄒᆞ게 ᄒᆞᆫ다 ᄒᆞ엿시니 우리가 령혼을 구ᄒᆞ고져 ᄒᆞᆯ진디 구세쥬를 밋을ᄲᅮᆫ 아니라 불가불 셩경을 공부ᄒᆞ여야 될지라 ᄒᆞᆫ문 신약을 구ᄒᆞ고져 ᄒᆞ면 칙을 파ᄂᆞᆫ 형뎨의게 살거시오 국문으로 번역ᄒᆞᆫ 신약을 사고져 ᄒᆞ면 우리가 또ᄒᆞᆫ 츌판ᄒᆞᆫ 셩경이 잇ᄂᆞᆫ지라 현금에 츌판ᄒᆞᆫ거슨 마태복음과 마가복음과 루가복음과 요한복음과 ᄉᆞ도ᄒᆡᆼ젼과 가랍태인셔와 아각셔와 피득젼후셔오 번역만 되고 아직 츌판치 못ᄒᆞᆫ거슨 라마인셔와 가림다인젼셔와 가라셔인셔와 비립비인셔와 요한 일이삼셔오 기외에 가지는 아직 번역이 되지 못ᄒᆞ엿스나 오리지 아니ᄒᆞ여 번역도 다 될거시오 츌판도 ᄒᆞᆯ터이라 위션 발간ᄒᆞᆫ 칙브터 사 보시기를 ᄇᆞ라노라

대한크리스도인 회보

THE KOREAN CHRISTIAN ADVOCATE.
Rev. H. G. Appenzeller, Editor.
36 cents per annum *in advance. Postage extra.*
Wednesday, Jan. 12th, 1898.

셔울 정동셔 일쥬일에 ᄒᆞᆫ번식 발간ᄒᆞᄂᆞᆫᄃᆡ 아편셜라 목ᄉᆞ가 회보 샤쟝이 되엿더라

일년 갑슬 미리 내면 삼십 륙젼이오 우표갑슨 ᄯᅡ로 잇ᄂᆞ니라

오늘 이 회보에 내는 미이미 교회 례비례식은 여러 교인의게 알게 ᄒᆞ기를 위ᄒᆞ여 례비례식과 이례식 츌쳐를 이아래 긔록ᄒᆞ옵ᄂᆞ이다 셰례문답 십칠쟝에 보면 미이미 교회의 열가지 특별ᄒᆞᆫ 법이란 말이 잇고 그 아래 뎨 칠됴에 보면 다ᄉᆞᆺ가지 공회즁에 ᄉᆞ년 총의회란 말이 잇ᄂᆞ이다 미이미 교회ᄂᆞᆫ 미국만 잇슬ᄲᅮᆫ 아니라 거의 만국에 다 퍼졋시며 이ᄀᆞᆺ치 큰 교회가 반ᄃᆞ시 일심되기를 위ᄒᆞ여 다ᄉᆞ리는 쳐소 ᄒᆞ나이 잇서야 됴흘지라 그런고로 미국에 ᄉᆞ년마다 모히ᄂᆞᆫ 회가 잇ᄉᆞ니 이거시 곳 총의회라 그 회원들은 모든 감독과 여러 쟝로와 교인들이니 그 수효는 오ᄇᆡᆨ여 명가량이요 ᄉᆞ무인즉 우리 온교회 모든 관계되ᄂᆞᆫ 일이라 그런고로 미국에서 지작년에 총의회ᄒᆞᆯ ᄯᅢ에 모든 일 즁에 ᄯᅩᄒᆞᆫ 이 례비례식을 작뎡ᄒᆞ여 각국 미이미 교의게 베픈거시니 그런고로 이 례식을 각국 교회가 각기 방언ᄃᆡ로 번역ᄒᆞ여 직히ᄂᆞᆫ지라 이럼으로 각국이 비록 방언은 다르나 례식인즉 ᄒᆞᆫ가지요 그러나 우리 교회ᄂᆞᆫ 례식만 조참으로만 족ᄒᆞᆫ줄 알거시 아니로되 각 교회가 이 례식ᄃᆡ로 조차면 셩신 도아주심을 닙어 이일 뎡ᄒᆞᆷ이 대한 교회의게도 유익ᄒᆞᆯ줄을 아옵ᄂᆞ니다

례비례식

우리 미이미 교회즁에 쥬일 례비ᄒᆞᄂᆞᆫ 거슬 일뎡ᄒᆞ기를 위ᄒᆞ여 좌에 긔록ᄒᆞᄂᆞᆫ 아참 례비례식을 열심으로 권ᄒᆞ노라

一 **풍류소리** 二 **찬미ᄒᆞᆷ** 회즁이 셔셔 찬미가 칙으로

三 **ᄉᆞ도신경을외옴** 四 **긔도ᄒᆞᆷ** 목ᄉᆞ와 회즁이 다 ᄭᅮᆯ어 업ᄃᆡ여 긔도ᄒᆞᆫ 후에 쥬의 긔도문을외옴

五 **셩가ᄒᆞᆷ**

六 **구약 몃귀절을 닑으옴** 만일 시편을 닑거든 회즁과 ᄒᆞᆷᄭᅴ 화답ᄒᆞᆷ이 가ᄒᆞᆷ

七 **영광경** 영광이 셩부ᄭᅴ와 셩ᄌᆞᄭᅴ와 셩신ᄭᅴ 계시도다 ᄐᆡ초와 이제와 영원ᄒᆞᆯ 세샹ᄭᆞ지 무궁히 계시도다 아멘

八 **신약 몃귀절을 닑으옴**

九 **수젼과 고시ᄒᆞᆷ** 十 **찬미ᄒᆞᆷ** 회즁이 셔셔 찬미가 칙으로 十一 **젼도ᄒᆞᆷ**

十二 **긔도ᄒᆞᆷ** 젼도ᄒᆞᆷ이 회즁의게 유익되기를 위ᄒᆞ여 간단ᄒᆞ게

十三 **찬미ᄒᆞᆷ** 찬미ᄒᆞᆫ 후에 찬미 하ᄂᆞ님 복근원으로 굿치옵

十四 **ᄉᆞ도츅문**

례ᄇᆡ일공과 오십 졍월 이십삼일

예수허다ᄒᆞᆫ사ᄅᆞᆷ을먹이ᄂᆞᆫ론

마태 십ᄉᆞ장 십삼졀노 이십일졀

변됴

디명

十三 예수ㅣ 드르시고 ᄇᆡ를ᄐᆞ고 ᄯᅥ나샤 홀노 들에
가시니 사ᄅᆞᆷ들이 듯고 셩에셔 브터 거러셔 좃거
놀 十四 예수ㅣ 나아가 허다ᄒᆞᆫ 사ᄅᆞᆷ을 보시고 불
샹히 넉이샤 그 즁에 병 잇ᄂᆞᆫ이를 곳쳐 주시더니
十五 져녁이 되매 뎨ᄌᆞ들이 나아와 ᄀᆞᆯᄋᆞᄃᆡ 이곳은
들이오 ᄯᅢ도 져믈엇시니 모든 사ᄅᆞᆷ을 보내여 마을
에 드러가 음식을 사 먹게 ᄒᆞ쇼셔 十六 예수ㅣ ᄀᆞᆯᄋᆞ
샤ᄃᆡ 갈것업다 너희가 먹을거ᄉᆞᆯ 주어라 十七 뎨ᄌᆞ
들이 ᄃᆡ답ᄒᆞᄃᆡ 여긔 떡 다ᄉᆞᆺ개와 싱션 두마리만
잇ᄂᆞ이다 十八 예수ㅣ ᄀᆞᆯᄋᆞ샤ᄃᆡ 내게로 가져오라
ᄒᆞ시고 十九 허다ᄒᆞᆫ 사ᄅᆞᆷ들을 명ᄒᆞ여 풀에 안치시
고 떡 다ᄉᆞᆺ개와 싱션 두마리를 가지고 하ᄂᆞᆯ을 우
러러 츅슈ᄒᆞ시고 떡을 ᄯᅦ여 뎨ᄌᆞ를 주시매 뎨ᄌᆞ들
이 허다ᄒᆞᆫ 사ᄅᆞᆷ의게 주어 二十 다 ᄇᆡ불니 먹고 부셔
진 가루를 주은거시 열두 광주리에 ᄎᆞ고 二十一 먹
은 사ᄅᆞᆷ은 녀인과 어린 ᄋᆞᄒᆡ 외에 오쳔명ᄶᅳᆷ 되
더라

주셕

예수의 긔힝 이젹이 여러가지 즁에 이ᄉᆞ젹 ᄒᆞ나
ᄒᆞᆫ ᄉᆞ복음에 다 긔록 ᄒᆞ엿ᄉᆞ니 그러ᄒᆞᆫ즉 이 공부
외에는 마가복음 륙쟝 삼십이졀 브터 ᄉᆞ십ᄉᆞ졀ᄭᆞ
지와 누가복음 구쟝 십졀브터 십칠졀ᄭᆞ지와 요한
복음 륙쟝 일졀노 십삼 ᄭᆞ지에 ᄌᆞ세히 보면 알거
시요 열두 뎨ᄌᆞ들이 젼도ᄒᆞ려 갓다가 도라와 ᄌᆞ
긔 지낸 일이며 요한의 죽음을 예수ᄭᅴ 고ᄒᆞᆫᄃᆡ 예
수ᄭᅴ셔 ᄇᆡ를 타시고 건넌편 언덕으로 가심은 두
가지 일이 잇ᄉᆞ니 ᄒᆞ나ᄒᆞᆫ 예수와 뎨ᄌᆞ가 잠간 편
히 쉬려 ᄒᆞ심이요 ᄒᆞ나ᄒᆞᆫ 혜롯이 예수를 해 ᄒᆞᆯᄯᅳᆺ
ᄒᆞ매 일노ᄡᅥ 피 ᄒᆞ심이요 녀편언덕 동북 쪽으로
ᄲᅦᆺ사이다란 ᄯᅡ흐로 갈제 예수와 뎨ᄌᆞᄂᆞᆫ ᄇᆡ를 타고
가시니 무리들이 곳 륙디로 ᄯᆞᆯ니압셔 나아가 그
곳에 모혓ᄉᆞ매 예수ᄭᅴ셔 엇지ᄒᆞᆯ수 업ᄂᆞᆫ지라 이 무
리ᄂᆞᆫ 여러고을 ᄇᆡᆨ셩이니 예루살넴으로 졀과 참예
ᄒᆞ러 가ᄂᆞᆫ길에 예수의 긔힝 이젹을 듯고 구경 ᄒᆞ
러 옴이요 예수ᄭᅴ셔 뎌들을 목ᄌᆞ업ᄂᆞᆫ 양 ᄀᆞᆺ치 녁
이심은 뎌희가 춤 리치를 모로며 하ᄂᆞ님을 춤
셤기ᄂᆞᆫ 모양을 알지 못ᄒᆞᆷ으로 예수ᄭᅴ셔 그날 여
러 가지로 ᄀᆞᄅᆞ치시며 ᄯᅩ 병인 들을 곳치샤 날이
져녁ᄯᅢ가 되매 무리들이 ᄇᆡ 곱흠을 예수ᄭᅴ셔 불
샹히 넉이시니 뎨ᄌᆞ들이 보고 무리를 ᄒᆞ터 보냄
이 됴켓다 ᄒᆞ거ᄂᆞᆯ 예수ᄭᅴ셔ᄂᆞᆫ 뎨ᄌᆞ들ᄃᆞ려 그 무
리를 다 먹이라 ᄒᆞ시니 ᄲᅦᆺ사이다 사ᄂᆞᆫ 빌립 이란
뎨ᄌᆞᄂᆞᆫ 우리가 엇지 이런 만ᄒᆞᆫ 무리를 다 먹일수
잇ᄉᆞ오릿가 ᄒᆞ며 안드레란 뎨ᄌᆞᄂᆞᆫ 져긔 ᄋᆞᄒᆡ가
가져온 떡 다ᄉᆞᆺ개와 물고기 두 마리가 잇다 ᄒᆞ매

예수ᄭᅴ셔 뎨ᄌᆞᄃᆞ려 그 무리를 ᄯᅡ헤 안치라 ᄒᆞ신 후에 ᄋᆞ희가 가져온 조고마ᄒᆞᆫ ᄯᅥᆨ과 물고기로 이 무리를 먹이셧ᄉᆞ니 이는 만물을 창조ᄒᆞ시고 ᄒᆡ마다 곡식을 자라게 ᄒᆞ는 권능이 계심으로 이러케 ᄒᆞ신지라 무리들이 다 먹고 남어지가 오히려 열두 ᄋᆞ희가 가져 갈만콤 되엿ᄉᆞ매 예수ᄭᅴ셔 더 무리의게 이젹을 보이심은 더희 육신도 불샹히 너이샤 도아 주실ᄲᅮᆫ 아니라 ᄌᆞ긔 ᄀᆞᄅᆞ치는 말ᄉᆞᆷ은 싱명의 썩지안는 량식됨을 알게ᄒᆞ샤 오묘ᄒᆞᆫ 뜻을 ᄀᆞᄅᆞ쳐 ᄭᆡ닷기를 원ᄒᆞ신지라 무론 누구던지 괴롭고 곤ᄒᆞᆫ쟈는 다 예수ᄭᅴ로 나오면 예수ᄭᅴ셔 도아 주실거시요 예수ᄭᅴ셔 ᄒᆞᆫ몸의 피를 흘녀 만민의 죄를 ᄃᆡ쇽ᄒᆞ심이 그 ᄯᆡ ᄲᅮᆫ 아니라 셰셰에 이 피로 ᄆᆞ만 ᄇᆡᆨ셩의 죄를 넉넉히 씻슬 거시며 예수ᄭᅴ셔 ᄀᆞᄅᆞ치심이 크ᄯᆡ 듯는 사ᄅᆞᆷ의 령혼을 살게 ᄒᆞ실ᄲᅮᆫ 아니라 심판날ᄭᆞ지 온 셰샹 ᄇᆡᆨ셩의 령혼을 구원ᄒᆞ여 살기를 넉넉게 ᄒᆞ신지라 그ᄯᆡ 무리가 ᄯᅥᆨ을 먹고 이샹히 넉임은 더희가 힘도 안쓰고 쉽고 ᄇᆡ불니 먹엇ᄉᆞ니 더희 ᄉᆡᆼ각에 예수ᄭᅴ셔 우리게 왕이 되셧ᄉᆞ면 됴켓다 ᄒᆞ엿ᄉᆞ나 예수ᄭᅴ셔는 오직 왕의 권세는 실혀ᄒᆞ시고 더들과 우리가 ᄆᆞ옴쇽을 다ᄉᆞ리기만 원ᄒᆞ시ᄂᆞ니 오ᄂᆞᆯ 이공부 ᄇᆡ호는 이는 육신만 위ᄒᆞ여 예수ᄭᅴ 구ᄒᆞᆯ거시 아니라 오직 령혼이 썩지 안ᄒᆞᆯ 량식과 갈ᄒᆞ지 안는 산물을 주심주 ᄒᆞ기를 ᄇᆞ라노라

뭇ᄂᆞᆫ말

一 예수ᄭᅴ셔 무슴 소문을 들으시고 어ᄃᆡ로 가셧ᄂᆞ뇨

二 그 들에셔 뭇 사ᄅᆞᆷ들을 불샹히 너이신 증거가 무엇시뇨

三 뎨ᄌᆞ들이 뭇 사ᄅᆞᆷ들을 엇더케 ᄃᆡ졉ᄒᆞ려 ᄒᆞ엿ᄂᆞ뇨

四 예수ᄭᅴ셔는 엇더케 ᄃᆡ졉ᄒᆞ라 ᄒᆞ셧ᄂᆞ뇨

五 뎨ᄌᆞ들이 웨 예수ᄭᅴ 분부ᄃᆡ로 못 ᄒᆞ엿ᄂᆞ뇨

六 예수씨는 곳 하ᄂᆞ님이신데 분부로만 ᄒᆞ셔도 사ᄅᆞᆷ을 ᄇᆡ부르게 ᄒᆞ시겟는ᄃᆡ 웨 ᄯᅥᆨ을 가지사 고 뎨ᄌᆞ로 ᄒᆞ여곰 사ᄅᆞᆷ을 먹여 ᄇᆡ부르게 ᄒᆞ셧ᄂᆞ뇨

八 남져지 ᄇᆞ시럭이가 얼마나 잇셧ᄂᆞ뇨

九 녜젼에 이스라엘ᄇᆡᆨ셩들의게 이와ᄀᆞᆺ치 먹인 무ᄉᆞᆷ 신긔ᄒᆞᆫ 일이 잇셧ᄂᆞ뇨

十 우리가 엇더케 십륙졀에 잇는 말ᄉᆞᆷᄃᆡ로 좃차 힘ᄡᅳᆯ수 잇겟ᄂᆞ뇨

위복에단초를닥는비유 (목ᄉᆞ파올)

ᄇᆡ ᄇᆞ리ᄂᆞᆫ 함쟝 ᄒᆞᆫ 사ᄅᆞᆷ이 잇ᄂᆞᆫᄃᆡ ᄇᆡ를두고 ᄉᆞ방으로 단니며 재물을 버러 재산이 유여ᄒᆞ고 겸ᄒᆞ여 ᄇᆡ길을 만이 단여 본고로 ᄇᆡ에 묘리를 잘알며 학…이 넓고 ᄆᆞᄋᆞᆷ이 활발ᄒᆞ여 도량이 하히 ᄀᆞᆺᄒᆞᆫ지라… 원리 텬셩이 ᄌᆞ션ᄒᆞ여 ᄌᆞ긔 산업을 츌판ᄒᆞ여 큰 ᄇᆡ ᄒᆞᆫ척을 지엿ᄂᆞᆫᄃᆡ 반셕ᄀᆞᆺ치 견고ᄒᆞ고 살ᄃᆡᄀᆞᆺ치 ᄲᆞ르게 ᄒᆞ여 망망ᄒᆞᆫ ᄒᆡ즁에 위험ᄒᆞᆫ 것과 ᄌᆞ조 파션ᄒᆞᄂᆞᆫ 여울목을 ᄅᆡ왕코져 ᄒᆞ며 ᄯᅩᄒᆞᆫ 풍랑을 맛나 ᄇᆡ가 ᄭᆡ여지고 사ᄅᆞᆷ이 죽을ᄯᆡ를 당ᄒᆞᄂᆞᆫ 경위에ᄂᆞᆫ 죽기를 무릅쓰고 사ᄅᆞᆷ을 살라니ᄂᆞᆫ ᄆᆞᄋᆞᆷ이 잇서 담대ᄒᆞ고 신실ᄒᆞ고 민쳡ᄒᆞᆫ 사ᄅᆞᆷ을 엇으랴고 여러 어부촌에 ᄃᆞ러가 그즁에 ᄆᆡ일가ᄂᆞᆫ 쟝뎡 ᄇᆡᆨ명을 ᄐᆡᆨᄒᆞ니 물결이 니러나고 풍우대쟉 ᄒᆞᆯᄯᆡ라도 가이 ᄇᆡᆨ필만 ᄒᆞᆫ지라 ᄯᅡ려다가 ᄇᆡ에 올니고 맛ᄂᆞᆫ 음식을 먹이며 화려ᄒᆞᆫ 의복을 닙히며 죠ᄒᆞᆫ 샹급을 주고 각각 그 소쟝을 ᄯᅡ라 각식 긔계와 연쟝을 주며 쓰ᄂᆞᆫ법을 닉히며 날마다 조련ᄒᆞ여 위티ᄒᆞᆫ ᄯᆡ를 당ᄒᆞᆫ더리도 사ᄅᆞᆷ을 구급ᄒᆞᄂᆞᆫ 도리에 조곰도 서ᄐᆞ르지 안케ᄒᆞ고 만일 사ᄅᆞᆷ을 구ᄒᆞᄂᆞᆫ쟈이면 샹급을 두터이 주게 마련ᄒᆞ고 규모가 졔졔창창 ᄒᆞ여 호리에 버서나지 안케 ᄒᆞ엿더니 긔져귀지에 놋코 기다리던 으희가 엇지 나아오치 아니리오 파연 ᄒᆞ로ᄂᆞᆫ 함쟝이 ᄒᆞᆫ곳을 바라보니 ᄒᆞᆫ ᄇᆡ가 편편 파쇄ᄒᆞ여 션ᄀᆡᆨ이 풍비 박산ᄒᆞ여 갈바를 모로ᄂᆞᆫ지라 그ᄯᆡ에 함쟝이 ᄇᆡ를 급히 저ᄒᆞ며 예ᄇᆡ ᄒᆞ엿든 샤공의게 크게 호령ᄒᆞ여 ᄇᆡ우에 노앗든 죵선 열긔를 나려두고 가구완 ᄒᆞ라ᄒᆞ니 이 샤공들이 죵선은 나리지 안코 ᄇᆡ가에 서셔 노를 감기도 ᄒᆞ며 풀기도 ᄒᆞ고 죵션 달앗던 고리에 긔름칠만 ᄒᆞ고 이리져리 단니면서 나무 긔져귀와 죠희 부스럭지를 주으며 날마다 ᄒᆞ던 긔예도 ᄒᆞ고 더희들의 단초만 닥ᄂᆞᆫ지라 함쟝이 다시 벽녁ᄀᆞᆺ치 호령ᄒᆞ기를 ᄇᆡ 나리라 더 사ᄅᆞᆷ들 ᄲᆡ져 죽ᄂᆞᆫ다 급히 나오너라 더 사ᄅᆞᆷ들은 내의 친구로다 어서가셔 구완ᄒᆞ여라 ᄒᆞ되 죵시 드른체 안코 ᄇᆡ가로 오로락 ᄂᆡ리락 ᄒᆞ며 뎌의 군복 여긔에 부친표를 ᄉᆞᆯ질ᄒᆞ며 의복에 몬지만 ᄯᅥᆯ고 음식 문ᄃᆞᄂᆞᆫ 사ᄅᆞᆷ의게와 월급주ᄂᆞᆫ 회계의게 고맙다고 치하만 ᄒᆞᄂᆞᆫ고로 ᄒᆞᆯ일업서 함쟝이 죵션 ᄒᆞᆫ척을 나려두매 수삼인이 ᄯᅡ르가 ᄲᅡ진 사ᄅᆞᆷ을 구완ᄒᆞ여 가지고 경각간에 도라오니 다만 여ᄉᆞᆺ 사ᄅᆞᆷ이라 긔진ᄆᆡᆨ진 ᄒᆞ여 누이고 다른 여러 션ᄀᆡᆨ과 ᄇᆡ ᄇᆞ리ᄂᆞᆫ 사ᄅᆞᆷ들은 다 죽엇스되 이 샤공들은 오히려 단초만 닥고 단니ᄂᆞᆫ지라 그 함쟝이 눈물을 흘니고 구완ᄒᆞ여온 여ᄉᆞᆺ 사ᄅᆞᆷ 가온ᄃᆡ 서서 ᄲᅡ져죽은 사ᄅᆞᆷ들을 졍신업시 싱각ᄒᆞᄂᆞᆫᄃᆡ 샤공들은 깃부다 소ᄅᆡ지르며 뎌의 담력과 영특홈으로 칭송ᄒᆞ며 단초를 닥그니 슬피 울고 ᄆᆞᄋᆞᆷ이 샹ᄒᆞᆫ 함쟝은 머리털이 니려 귀밋과 목에 덥혀 바위돌에 잇기 덥힌것ᄀᆞᆺ고 셧든 갓과 갓세 단쟝ᄒᆞ엿던 거시 다 업서지고 복쟝이 간ᄃᆡ업고 손바닥에 샹쳐가 나 유혈이 낭쟈ᄒᆞ며 발이 결궈메여 좌우로 샹쳐가 흉악ᄒᆞ여 참아 못볼 겟시매 활인ᄒᆞ기에 츙얼심이되 샤공들은 오히려 단초만 닥더라

ᄂᆡ보

새로 ᄒᆞᆫ 경무ᄉᆞ 리츙구씨는 년젼에 쟝로 교회에 ᄃᆞᆫ니며 셔국부인을 죠션말을 ᄀᆞ르쳣는ᄃᆡ 그때브터 우리가 리씨의 ᄒᆡᆼ위를 본즉 신의를 일치안터니 그후에 국가를 위ᄒᆞ야 ᄌᆞ긔몸을 ᄉᆡᆼ각지 아니ᄒᆞ고 츙의 분발ᄒᆞ다가 곤경도 당ᄒᆞ엿거니와 그후에 형ᄉᆞ 국쟝으로 법부에셔 공평 졍직ᄒᆞᆫ 일을 만히 ᄒᆡᆼᄒᆞ여 인망이 잇는 관원이라 지금 경무의 즁임을 맛하ᄉᆞ니 경무쳥에 각식 공무를 쟝졍ᄃᆡ로 잘 ᄒᆡᆼᄒᆞ리라고 말들이 만히 잇더라 ○근일에 쌀갑시 고등ᄒᆞ야 경향간 인심이 흉흉ᄒᆞ고 각쳐에 불안당이 죵죵 이러나 ᄇᆡᆨ셩이 안도키 어렵다더라 ○진안군슈 홍완씨가 션졍 ᄒᆞᆫ다고 ᄒᆡ군ᄇᆡᆨ셩들이 쳔인산을 ᄆᆞᆫᄃᆞ러 가지고 셔울에 올나와셔 각쳐로 ᄃᆞᆫ닌다더라

외보

새ᄒᆡ에 영국 녀황 폐하ᄭᅴ셔 공뢰잇는 관원들의게 훈쟝을 나리시는ᄃᆡ 그즁에 대한에 잇는 젼 탁지고문관 ᄲᅳ라운씨를 훈쟝 ᄒᆞ나를 주엇다더라 ○덕국 친왕 헨늬씨가 영국포ᄃᆡ 지브롤타에 니르ᄆᆡ 영국포ᄃᆡ 쟝관이 영졉ᄒᆞ야 져녁에 잔치를 ᄒᆞ엿다더라 ○인도 변방에셔 영국 군ᄉᆞ와 토민 들이 다시 싸화 량편에 죽은쟈가 만히 잇다더라 ○남아메리가 브라실에 잇는 불란셔 공ᄉᆞ 피숀씨를 쳥국 쥬찰ᄒᆞ는 공ᄉᆞ로 명ᄒᆞ엿다더라 ○인도 봄베항구에 흑ᄉᆞ병이 다시 니러나 죽은쟈가 만히 잇다더라 ○일본과 쳥국에 잇는 영국 신문들이 동양에 영국 형세가 대단히 위ᄐᆡᄒᆞ여 간다고 속히 영국 졍부에셔 무ᄉᆞᆷ 일을 ᄒᆞ야 영국 권리를 일치말나고 들 대단히 말ᄒᆞ엿다더라

협셩회광고

새로 츌판ᄒᆞᆫ 협셩회 회보는 졍동 ᄇᆡ지학당 일방에셔 파는ᄃᆡ ᄒᆞᆫ쟝갑슨 엽젼 너푼이오 일삭료를 미리 내면 엽젼ᄒᆞᆫ돈 오푼인ᄃᆡ ᄂᆡ외국 소문과 학문샹에 유죠ᄒᆞᆫ 말이 만히 잇ᄉᆞ오니 사셔 보시기를 ᄇᆞ라오

본회고ᄇᆡᆨ

본회에셔 이회보를 젼년과 ᄀᆞᆺ치 일쥬일에 ᄒᆞᆫ번식 발간ᄒᆞ는ᄃᆡ 새로 륙폭으로 작뎡ᄒᆞ고 ᄒᆞᆫ쟝갑슨 엽젼 오푼이오 ᄒᆞᆫᄃᆞᆯ갑슬 미리내면 젼과 ᄀᆞᆺ치 엽젼 ᄒᆞᆫ돈 오푼이라 본국 교우나 셔국 목ᄉᆞ나 교외 친구나 만일 사셔 보고져 ᄒᆞ거든 졍동 아편셜라 목ᄉᆞ 집이나 죵로 대동셔시에 가셔 사시ᄋᆞᆸ

죵로대동셔시광고

우리 셔샤에셔 셩경 신구약과 찬미가 칙과 교회에 유익ᄒᆞᆫ 여러가지 셔칙과 시무에 긴요ᄒᆞᆫ 칙들을 팔되 갑시 샹당ᄒᆞ오니 학문샹과 시무번에 ᄯᅳᆺ이 잇는 군ᄌᆞ들은 만히 사셔 보시ᄋᆞᆸ

뎨이권

대한크리스도인회보

오십일호

광무이년 정월십구일

샤셜

우리가 양력으로ᄂᆞᆫ 임의 과셰를 ᄒᆞ엿 거니와 지금은 또 음력으로 녯ᄒᆡ를 보니ᄂᆞᆫ지라 일년 동안에 보고 드른바 일을 ᄉᆡᆼ각 ᄒᆞ건ᄃᆡ 첫재ᄂᆞᆫ 나라에 별노히 큰 환난은 업섯고· 여러가지 경츅홀 일이 잇섯스니

대군쥬 폐하ᄭᅴ셔

환구에

친림ᄒᆞ샤

황뎨 위에 나아 가시고

건양 년호를 곳치샤 광무 원년이라 ᄒᆞ시고.

또 황ᄌᆞ가 탄ᄉᆡᆼ ᄒᆞ셧고

명셩 황후의 인봉을 지니셧시며

궁궐을 더 크게 창건 ᄒᆞ시며 외국 사ᄅᆞᆷ이 탁지부에 지졍을 간검ᄒᆞ야 일본국에 진빗 이ᄇᆡᆨ만원을 갑헛고 경셩안 도로를 슈츅ᄒᆞ야 인마의 ᄃᆞ니기를 편리케 홀ᄲᅮᆫ 아니라 싀골에도 치도ᄒᆞᆫ 곳이 더러 잇섯시며 그즁에 불ᄒᆡᆼᄒᆞᆫ 일은 려흥부대 부인ᄭᅴ셔 훙셔 ᄒᆞ셧더라 둘재ᄂᆞᆫ 셩닉에 잇ᄂᆞᆫ 각 학교에셔 공부 ᄒᆞᄂᆞᆫ 학원들이 대단히 흥왕치ᄂᆞᆫ 못 ᄒᆞ엿시나 ᄎᆞᄎᆞ 진익이 되ᄂᆞᆫ 모양이요 싀골에도 공립 학교를 더러 비셜ᄒᆞ야 쥰슈ᄒᆞᆫ ᄌᆞ뎨를 ᄀᆞᄅᆞ치ᄂᆞᆫᄃᆡ 사ᄅᆞᆷ들이 처음에ᄂᆞᆫ 이샹히 넉이다가 나죵에ᄂᆞᆫ 깃버ᄒᆞᄂᆞᆫ 모양 이라더라 셋재ᄂᆞᆫ 흉년이 든 ᄭᅡ닭으로 근일에 ᄡᆞᆯ갑시 고등ᄒᆞ야 셩즁에 잇ᄂᆞᆫ 인민들만 ᄉᆡᆼ익가 어려울ᄲᅮᆫ 아니라 싀골에도 실농ᄒᆞᆫ ᄇᆡᆨ셩이 만히 잇고· 동요와 의병의 폐단은 업스나 가로샹에 도적 소문은 죵죵 잇더라 넷재ᄂᆞᆫ 경향간에 잇ᄂᆞᆫ 우리 교회가 셩신의 도으심을 만히 닙어셔 형뎨와 ᄌᆞ매들이 밋ᄂᆞᆫ ᄆᆞ옴으로 각쳐에 젼도 ᄒᆞ기를 힘쓰매 교우의 수효ᄂᆞᆫ ᄯᅩᆨᄯᅩᆨ이 긔지 ᄒᆞ지 아니 ᄒᆞ나 교회의 흥왕ᄒᆞᆫ 거슨 ᄇᆞᆰ히 ᄡᅥ다를너라 우리가 간ᄒᆡ 동안에 경력ᄒᆞᆫ 일을 혜아려 보매 젼국에 감샤ᄒᆞᆫ 일이 만치 아닌거슨 아니로ᄃᆡ 새ᄒᆡ에ᄂᆞᆫ 나라안에 조곰도 걱졍이 업시 잘 지낼ᄲᅮᆫ 아니라 문명 ᄀᆡ화에 진보가 되야 각 학교에셔 교육 ᄒᆞ기를 더욱 힘쓰고 ᄇᆡᆨ셩이 각기 직업을 다ᄒᆞ야 나라를 ᄉᆞ랑ᄒᆞ고 우리 교회가 경향에 더욱 흥왕 ᄒᆞ기를 간졀히 ᄇᆞ라노라

대한크리스도인 회보

THE KOREAN CHRISTIAN ADVOCATE.
Rev. H. G. Appenzeller, Editor.
36 cents per annum
in advance. Postage extra.
Wednesday, Jan. 19th, 1898.

셔울 졍동셔 일쥬일에 ᄒᆞᆫ번식 발간 ᄒᆞᄂᆞᆫᄃᆡ 아편셜라 목ᄉᆞ가 회보 샤쟝이 되엿더라

일년 갑슬 미리내면 삼 십 륙젼이오 우표갑슨 ᄯᅩ로 잇ᄂᆞ니라

협셩회론

대개 텬하에 물리와 ᄉᆞ졍이 화합지 아니ᄒᆞ고 일위ᄂᆞᆫ 일은 업ᄂᆞᆫ지라 엇지 그러ᄒᆞ뇨 텬디로 말ᄉᆞᆷᄒᆞ면 태극이 조판후에 음양이 ᄇᆡ합ᄒᆞ여 일월이 쥬야를 논ᄒᆞ아 빗최이며 우로의 은택으로 초목을 윤택케ᄒᆞ고 바람과 우뢰로 만물을 뇨동케ᄒᆞ며 샹쟝케 위엄으로 초목을 슉살케 ᄒᆞ며 더운긔운으로 만물을 길으고 치운긔운으로 만물을 감게ᄒᆞ여 ᄉᆞ시의 공을 일위ᄂᆞ니 만일 음양이 합ᄒᆞ지 못ᄒᆞ여 독양과 독음이 되엿더면 만물을 셩취ᄒᆞᆯ슈 업고 사ᄅᆞᆷ으로 말ᄉᆞᆷᄒᆞ면 이목구비와 ᄉᆞ지ᄇᆡᆨ톄가 구비ᄒᆞᆫ 후에 신령ᄒᆞᆫ 곳에 잇ᄂᆞᆫ 하ᄂᆞᆯ님군이 쥬쟝ᄒᆞ여 귀로 듯게ᄒᆞ며 눈으로 보게ᄒᆞ고 힝ᄒᆞ며 긋치ᄂᆞᆫᄃᆡ 능히 사ᄅᆞᆷ에 일을 일위ᄂᆞ니 만일 ᄇᆡᆨ톄중에 ᄒᆞᆫ가지라도 업실진ᄃᆡ 엇지 온젼ᄒᆞᆫ 사ᄅᆞᆷ이 되리오 그런고로 와다리ᄂᆞᆫ 능히 힝치 못ᄒᆞ고 ᄒᆞᆫ 손펵은 능히 소리ᄒᆞᆫ슈 업ᄉᆞ며 손가락 ᄒᆞ나로ᄂᆞᆫ 무ᄉᆞᆷ 물건을 집을수 업ᄂᆞ니 둘이 서로 힘쓰며 여러시 도아준 후에 일을 가히 일윌지라 슈레박훼가 반ᄃᆞ사 둘이 잇ᄉᆞᆫ후에 능히 물건을 운젼ᄒᆞ며 입살이 잇신후에 니가 차지 아니ᄒᆞᄂᆞ니 사ᄅᆞᆷ이 셰샹에 잇셔 무ᄉᆞᆫ 일이든지 셩취ᄒᆞ랴 ᄒᆞ면 비록 영웅 호걸과 셩인 군ᄌᆞ라도 ᄌᆞ긔 혼ᄌᆞᄂᆞᆫ ᄒᆞᆯ수업ᄂᆞᆫ 고로 네젼브터 지금ᄭᆞ지 ᄯᅳᆺ시 잇ᄂᆞᆫ 션ᄇᆡᄂᆞᆫ 서로 합심 되기가 쉽고 합심이 되ᄂᆞᆫ이ᄂᆞᆫ 일을 일위지 못홈이 업ᄂᆞᆫ지라 졍동 ᄇᆡᄌᆡ학당에 잇ᄂᆞᆫ 학원들이 일년젼에 ᄒᆞᆫ 회를 창셜ᄒᆞ니 일홈은 협셩회라 그ᄯᅳᆺ슬 궁구ᄒᆞ면 화합ᄒᆞᆫ ᄆᆞ음으로 일을 일위자 홈이요 회즁에 회장과 셔긔와 ᄉᆞ찰의 임명이 잇ᄉᆞ며 학도외에도 ᄯᅩᄒᆞᆫ 찬셩원을 밧ᄂᆞᆫ 쟝졍이 잇셔 학문잇ᄂᆞᆫ 션비들과 지각잇ᄂᆞᆫ 친구들이 일쥬일에 ᄒᆞᆫ번식 홈ᄭᅴ 모혀 문명ᄒᆞᆫᄃᆡ 진보홈과 사무샹에 유익ᄒᆞᆫ 일노 서로 토론ᄒᆞ여 공부ᄒᆞᄂᆞ니 이거슨 교육상에 ᄆᆡ우 긴요ᄒᆞᆫ 일ᄲᅮᆫ이 아니라 대한국에 ᄯᅩᄒᆞᆫ 크게 유죠ᄒᆞᆫ 셩ᄉᆞ라 이회ᄂᆞᆫ 당초에 학원즁 십삼인이 일심으로 회를 셜립ᄒᆞ엿더니 일년 동안에 회즁일도 잘될ᄲᅮᆫ 아니라 회원이 ᄎᆞᄎᆞ 번셩ᄒᆞ여 이ᄇᆡᆨ 여인에 니르니 엇지 깃부지 아니리오 지금은 회원들이 각각 지물을 연보ᄒᆞ여 일쥬일 동안에 ᄒᆞᆫ번식 회보를 츌판ᄒᆞ여 본국 인민으로 ᄒᆞ여곰 학문상에 이목을 새롭게ᄒᆞ니 ᄯᅩᄒᆞᆫ 나라에 크게 유익ᄒᆞᆫ이 될너라

례ᄇᆡ일공과 오십일 졍월 삼십일

예수바다에왕리ᄒᆞ심

마태 십ᄉᆞ장 이십이절노 삼십삼절

년됴

디명

二十二 예수ㅣ 허다ᄒᆞᆫ 사ᄅᆞᆷ을 보내랴고 즉시 데ᄌᆞ들
을 지촉ᄒᆞ샤 비ᄐᆞ고 압서 건너편으로 가게ᄒᆞ시고
二十三 허다ᄒᆞᆫ 사ᄅᆞᆷ을 보낸후에 예수ㅣ 홀노 산에
올나가 긔도 ᄒᆞ시고 저녁이 되매 거긔셔 혼쟈 계
시더니 二十四 비가 바다 가온ᄃᆡ 잇서 물결에 요동
ᄒᆞᆷ은 바ᄅᆞᆷ이 거실님이라 二十五 밤 ᄉᆞ경에 예수ㅣ
물우흐로 거러셔 데ᄌᆞ의게 오시니 二十六 데ᄌᆞ들이
물우흐로 거러 오심을 보고 무셔워 ᄒᆞ야 ᄀᆞᆯᄋᆞᄃᆡ
요물이라 ᄒᆞ며 놀나 소ᄅᆡ 지르거ᄂᆞᆯ 二十七 예수ㅣ
즉시 닐ᄋᆞ샤ᄃᆡ 내니 두려워 말고 안심ᄒᆞ여라 二十八
피득이 ᄃᆡ답ᄒᆞᄃᆡ 쥬여 만일 쥬시여든 나도 물우흐
로 쥬ᄭᅴ 가게 ᄒᆞ쇼셔 二十九 ᄀᆞᆯᄋᆞ샤ᄃᆡ 오라 ᄒᆞ시니
피득이 비에셔 ᄂᆞ려 예수ᄭᅴ 가랴고 물우흐로 거
러 가다가 三十 바ᄅᆞᆷ이 나리남을 보고 무셔워 ᄲᆞ져
가매 불너 ᄀᆞᆯᄋᆞᄃᆡ 쥬여 나를 구원 ᄒᆞ쇼셔 ᄒᆞ니
三十一 예수ㅣ 즉시 붓잡으시며 ᄀᆞᆯᄋᆞ샤ᄃᆡ 적게 밋는
쟈여 왜 의심 ᄒᆞ엿ᄂᆞ냐 ᄒᆞ시고 三十二 비에 올으시
매 바ᄅᆞᆷ이 긋치ᄂᆞᆫ지라 三十三 비에 잇던이들이 예수
ᄭᅴ 절ᄒᆞ며 ᄀᆞᆯᄋᆞᄃᆡ 진실노 하ᄂᆞ님의 아ᄃᆞᆯ이니
다 ᄒᆞ더라

주셕

예수ᄭᅴ셔 무리들을 다 먹이신 후에 무리들이 예수를 왕 삼기를 원ᄒᆞ며 데ᄌᆞ들도 ᄯᅩᄒᆞᆫ 그러케 됴화ᄒᆞᆷ은 데ᄌᆞ가 예수ᄭᅴ셔 부싱 ᄒᆞ시기 젼에는 더 나라가 홍샹 이 셰샹에 될줄알며 사ᄅᆞᆷ ᄆᆞᄋᆞᆷ속에 되실줄은 몰나ᄉᆞ매 예수ᄭᅴ셔는 이거시 아바지ᄭᅴ셔 작뎡ᄒᆞ신 ᄯᅳᆺ도 아니요 허락 ᄒᆞ시드ᄃᆡ도 혜롯의 위ᄐᆡᄒᆞᆷ은 밧을줄 아셧ᄂᆞᆫ지라 이런고로 데ᄌᆞᄃᆞ려 ᄂᆡ희ᄂᆞᆫ 비를ᄐᆞ고 얼만콤 더편 언덕으로 가셔 내가 더 ᄇᆡᆨ셩을 흐터 보낸후에 나 도라 오기를 기다리라 ᄒᆞ시며 예수ᄭᅴ셔 ᄇᆡᆨ셩을 다 보내시매 밤은 깁고 몸은 심히 곤 ᄒᆞᆫ식죵 더 ᄇᆡᆨ셩들과 데ᄌᆞ들이 ᄌᆞ긔 나라 리치 죵시 ᄶᅢ닷지 못ᄒᆞᆷ을 보시고 ᄆᆞᄋᆞᆷ이 별노 샹ᄒᆞ샤 일노써 아바지ᄭᅴ 긔도ᄒᆞ여 ᄆᆞᄋᆞᆷ이 교통키를 원ᄒᆞ시니 홀노 산에 올나가샤 다만 아바지와 ᄌᆞ긔가 죵용히 말ᄉᆞᆷᄒᆞ여 긔도ᄒᆞ신지라 우리도 아모리 곤ᄒᆞ며 밧부고 심란ᄒᆞᆫ ᄯᅢ라도 아바지ᄭᅴ 진심으로 부ᄌᆞ런히 긔도ᄒᆞ면 힘과 안위ᄒᆞᆷ을 엇으리라 이바다ᄂᆞᆫ 큰 바다 아니나 산 가온ᄃᆡ 젹은 바다인즉 산 바ᄅᆞᆷ과 물결이 합ᄒᆞ여 풍랑이 ᄆᆡ오 급ᄒᆞᆫ지라 이번에도 그러ᄒᆞᆫ즉 데ᄌᆞ들이 진력ᄒᆞ여 노를 저으나 겨오 십리밧긔 못 갓ᄉᆞ매 예수ᄭᅴ셔 산에셔 긔도ᄒᆞ샤 이져ᄇᆞ리심도 아니요 오직 더화를 도아주려 나가샤 물우흘 평디쳐름 ᄇᆞᆲ고 오시니 데ᄌᆞ들이 이를 보고

크게 놀나 더희 구ᄒᆞ려 오시는 친고ㅣ 신줄은 모로고 도로혀 더를 괴롭게 ᄒᆞ려오는 물건인줄 알되 예수ᄭᅴ셔 내로다 ᄒᆞ시며 무셔워 말난 말ᄉᆞᆷ으로 ᄌᆞ긔를 나타 내신지라 무셔워 말나심은 예수의 말ᄉᆞᆷ을 듯고 가셔 위틔ᄒᆞᆷ을 당히도 겁낼거시 업ᄉᆞᆯ거시요 베드로는 늘 ᄒᆞ던 모양으로 먼져 나와 말ᄒᆞᆷ은 ᄌᆞ긔 밋음을 뵈이나 또 교만ᄒᆞᆷ을 뵈여 쥬긔로 먼져 나가려 ᄒᆞ매 쥬ᄭᅴ셔 오라 ᄒᆞ시니 베드로는 곳 물을 ᄇᆞᆲ고 나오나 뎨가 밋음에 교만ᄒᆞᆷ이 셕겨손즉 일노 써 몰에셔 놀나고 예수압헤ᄭᆞ지 못나와 교만ᄒᆞᆷ을 ᄇᆞ리고 쥬만 의지ᄒᆞ매 예수ᄭᅴ셔 곳 손으로 붓잡어 건지시니 이ᄯᅢ 곳 물결과 바룸이 안뎡 ᄒᆞᆫ지라 이 공부에 교우들이 비화 ᄆᆞᄋᆞᆷ 위로ᄒᆞᆷ 밧을거시 만ᄒᆞᆷ은 악ᄒᆞᆫ 셰샹에셔 쥬의 교회가 뎨일 마귀와 죄를 ᄃᆡ젹ᄒᆞ여 위틔ᄒᆞᆫᄃᆡ ᄡᅧ 질졔 예수ᄭᅴ셔 이런거ᄉᆞᆯ 모로고 샹관 업다심이 아니며 오직 뎌들을 위ᄒᆞ여 아바님ᄭᅴ 구ᄒᆞ샤 도아 주시려 갓가히 나오시리니 막히고 나오지 못ᄒᆞᆯ것 업시 이번에도 예수ᄭᅴ셔 물을 ᄇᆞᆲ고 나오신것과 ᄀᆞᆺ치 우리도 이 뎨ᄌᆞ처름 놀남이 만ᄃᆞ리도 쥬의 명령을 좃차면 무셔올거시 업ᄂᆞᆫ지라 우리는 밋음이 넉넉ᄒᆞ면 베드로가 물 ᄇᆞᆲ고 나오든 일보다 더 큰 일이 잇ᄉᆞ니 슈심과 괴롬과 곤ᄒᆞᆷ과 허다ᄒᆞᆫ 일 잇ᄉᆞᆯᄯᅢ에 예수ᄭᅴ셔 안위 ᄒᆞᆷ을 주시리라

뭇는말

격치가 교화의 근원

원리로 큰 도ᄂᆞᆫ 동셔양 나라에 방한이 업ᄉᆞ 거록ᄒᆞᆫ 교회ᄂᆞᆫ ᄂᆡ외국 사ᄅᆞᆷ의게 셔로 교통ᄒᆞᄂᆞ니 즁심에 츙만 ᄒᆞᆫ거슬 닐온바 도학이요 외면에 낫ᄒᆞ난 거슬 닐온바 교화라 유로바 각국의 녜젹 교화를 보건ᄃᆡ 아시아 나라들과 대개 셔로 ᄀᆞᆺ더니 구세쥬의 교도가 크게 흥왕 ᄒᆞᆷ으로 브터 녯젹에 ᄀᆞᄅᆞ치든 교ᄂᆞᆫ 초초 쇠삭ᄒᆞ여 업셔지고 새로 나오ᄂᆞᆫ 학문이 점점 진보가 되여 나라에 풍쇽을 날위며 ᄇᆡᆨ셩의 ᄆᆞᄋᆞᆷ을 감화ᄒᆞ여 오ᄂᆞᆯ날 문명ᄒᆞᆫ ᄃᆡ경에 니ᄅᆞ럿시니 셰계에 운슈를 통달ᄒᆞᆫ 쟈 보ᄂᆞᆫ 쟈ㅣ 반다시 그 교화의 근본을 궁구ᄒᆞᆯ지라 그 근원아 다른ᄃᆡ로 좃차 온거시 아니라 반다시 물건을 격치ᄒᆞᆷ에 잇ᄂᆞ니 격치를 인ᄒᆞ여 ᄯᅳᆺ시 셩실ᄒᆞᆫᄃᆡ 나ᄅᆞ고 지극하셩실ᄒᆞᆷ을 인ᄒᆞ야 ᄆᆞᄋᆞᆷ이 ᄌᆞ연 인익ᄒᆞᆫᄃᆡ 나ᄅᆞ고 ᄆᆞᄋᆞᆷ이 인익ᄒᆞᆷ을 안ᄒᆞ야 ᄇᆡᆨ셩의게 ᄌᆞ쥬ᄒᆞᄂᆞᆫ 권리를 주며 ᄇᆡᆨ셩이 ᄌᆞ쥬ᄒᆞᄂᆞᆫ 권리를 얻ᄒᆞ야 집안이 부강ᄒᆞᆷ을 닐위고 집집이 부강ᄒᆞᆷ을 인ᄒᆞ여 나라이 문명ᄒᆞᆫᄃᆡ 니른자라 그런즉 ᄯᅳᆺ슬 셩설케 ᄒᆞ며 ᄆᆞᄋᆞᆷ을 바르게 ᄒᆞ며 몸을 닥고 집을 가작캐 ᄒᆞ며 나라을 다ᄉᆞ리고 텬하를 태평캐 ᄒᆞᄂᆞᆫ 공효가 엇지 물건을 격치 ᄒᆞᄂᆞᆫᄃᆡ 잇지 아니리오 대뎌 격치의 학은 내의 지식을 지극ᄒᆞᆫ뎌 ᄆᆞᆯ론어 아자 못ᄒᆞᆷ이 업ᄂᆞᆫᄃᆡ 니ᄅᆞ며 물건의 리치를 지극하 궁구ᄒᆞ여 니ᄅᆞ지 못ᄒᆞᆫ곳이 업게 ᄒᆞᆷ이라 대학 쥬ᄌᆞ 쥬에 ᄀᆞᆯᄋᆞᄃᆡ 격ᄌᆞᄂᆞᆫ 니ᄅᆞ단 말이오 치ᄉᆞᄌᆞᄂᆞᆫ 극진ᄒᆞᆫᄃᆡ 미루단 말이라 ᄒᆞ엿시니 격치의 ᄯᅳᆺ시 이에 ᄇᆞᆰ은지라 그러나 이 셰상에 싱싱ᄒᆞᄂᆞᆫ 물건이 ᄒᆞᆫ량 업시 만커ᄂᆞᆯ 엇지써 분간 ᄒᆞ리오 텬디도 ᄯᅩᄒᆞᆫ 물건이오 내 몸도 ᄯᅩᄒᆞᆫ 물건이라 반다시 텬륜과 인륜과 물륜을 분간ᄒᆞ여 격치의 학을 궁구ᄒᆞ건ᄃᆡ 반다시 량량ᄒᆞ신 하ᄂᆞ님ᄭᅴ셔 놉히 우희계셔 만물을 다ᄉᆞ리시며 우리가 무형 무샹 ᄒᆞ신 하ᄂᆞ님을 뵈올수 업사되 젼능 ᄒᆞ신 셩신이 능히 사ᄅᆞᆷ의 ᄆᆞᄋᆞᆷ을 감화 ᄒᆞ시ᄂᆞᆫ줄 알거시오 사ᄅᆞᆷ은 하ᄂᆞ님의 조화로 령혼을 픔부ᄒᆞ여 텬디간 만물즁에 뎨일 귀ᄒᆞᆯᄲᅮᆫ 아니라 ᄌᆞ쥬ᄒᆞᄂᆞᆫ 권리가 잇시며 허령 자각이 잇심으로 텬디 리치를 궁구ᄒᆞ여 ᄉᆞ학 사ᄅᆞᆷ을 다 형뎨로 알며 셔로 ᄉᆞ랑ᄒᆞ고 하ᄂᆞ님을 존경ᄒᆞ여 육신이 죽은후에 션악에 샹벌이 잇ᄂᆞᆫ줄을 알거시오 물건이란 거슨 사ᄅᆞᆷ의게 미인바 되여 사ᄅᆞᆷ이 능히 물건을 부리며 엇제도 ᄒᆞ며 ᄇᆡ양도 ᄒᆞᆯᄲᅮᆫ 아니라 사ᄅᆞᆷ이 귀ᄒᆞ고 물건이 쳔ᄒᆞᆫ줄 아ᄂᆞᆫ고로 목셕으로 문든 우샹의게 절ᄒᆞ지 아닐지라 사ᄅᆞᆷ이 격치의 공부로 ᄆᆞᄋᆞᆷ이 셩실ᄒᆞᆫ즉 텬륜 인륜 물륜의 리치를 의심 업시 알거시오 ᄆᆞᄋᆞᆷ에 참으로 아ᄂᆞᆫ거시 잇신즉 거짓거슬 멋지 아닐지라 그런즉 우리ᄂᆞᆫ 교화의 근원이 격치학에 잇다 ᄒᆞ노라

닉보

부대부인 씌셔 근일에 환후 공극 ᄒᆞ사매 대황뎨 폐하의 지효 셩덕 으로 의ᄉᆞ를 운현궁에 보닉샤 병환을 뫼시더니 불힝이 본월 팔일 히시에 훙 ᄒᆞ시니 본국 샹하 신민이 다 비도ᄒᆞᆫ ᄆᆞ옴을 측량 ᄒᆞᆯ수 업고 각국 공관에셔 삼일 반긔를 달아 됴샹 ᄒᆞ는 례를 표ᄒᆞ더라 ○수월젼에 륙국 공ᄉᆞ 민영익씨의 참셔관으로 갓던 셩기운씨와 기외 나운갑씨와 셩쥬복씨와 유긍환씨 ᄉᆞ인이 본월 륙일에 부산항에셔 륜션을 ᄐᆞ고 제물포에 나르러 일젼에 황셩에 입 ᄒᆞ엿다더라 ○ 부대부인 상ᄉᆞ에 셩샹 폐셔 특별히 은젼 ᄉᆞ쳔원과 뵈 여섯동과 비단 ᄒᆞᆫ동 ᄉᆞ무필을 부의 ᄒᆞ셧다더라 ○ 외국 사ᄅᆞᆷ의 각쳐에 잇는 수효는 인쳔항에 잇는 일인이 ᄉᆞ쳔 이ᄇᆡᆨ 칠인이오 쳥인이 일쳔 삼ᄇᆡᆨ ᄉᆞ십 오인이오 영인이 십ᄉᆞ인이오 덕인이 십인이오 미인이 십칠인 이오 법인이 오인이오 의대리인과 포도아인이 각 삼인이오 오디리인이 칠인이니 도합 오쳔 륙ᄇᆡᆨ 십일인이오 원산항에 잇는 일인이 일쳔 ᄉᆞᄇᆡᆨ 팔십인이오 미인이 팔인이오 영인과 법인이 각 삼인이오 아인이 일인이오 쳥인이 륙십 구인이니 도합이 일쳔 오ᄇᆡᆨ 십ᄉᆞ인이러라

외보

일본이 ᄎᆞ지ᄒᆞ고 잇는 위헤위를 아라샤가 샤ᄌᆞ고 ᄒᆞ는말이 잇다더라○ 쳥국이 아라샤에셔 빌녀 주마고ᄒᆞᆫ 돈을 마다고 ᄒᆞᆫ거슨 덕국이 아라샤를 돈을 주어 쳥국에 빌녀 주게ᄒᆞᆫ 셔돈이라 더라 ○ 미국셔는 은젼 쓰쟈는 의론이 대단히 셩 ᄒᆞᆫ다더라 ○ 영국졍부에셔 익급으로 군ᄉᆞ일만 팔쳔명을 보닉고 군함을 더 보닉여 익급 변방에 란리를 속히 토멸ᄒᆞ랴 ᄒᆞ는ᄃᆡ 륙군부쟝 키친어씨를 ᄉᆞ령관으로 명ᄒᆞ야 토멸케 ᄒᆞ고 만일 군ᄉᆞ가 부족ᄒᆞ면 더 보닉여 주마고 ᄒᆞ엿다더라

협셩회광고

새로 츌판ᄒᆞᆫ 협셩회 회보는 졍동 비지학당 일방에셔 파는ᄃᆡ ᄒᆞᆫ쟝갑슨 엽젼 너푼이오 일삭 됴를 미리 내면 엽젼ᄒᆞᆫ돈 오푼인ᄃᆡ 닉외국 소문과 학문샹에 유죠ᄒᆞᆫ 말이 만히 잇ᄉᆞ오니 사셔 보시기를 ᄇᆞ라오

본회고ᄇᆡᆨ

본회에셔 이회보를 젼년과 ᄀᆞᆺ치 일쥬일에 ᄒᆞᆫ번식 발간 ᄒᆞ는ᄃᆡ 새로 륙폭으로 작뎡ᄒᆞ고 ᄒᆞᆫ쟝갑슨 엽젼 오푼이오 ᄒᆞᆫ돌갑슬 미리내면 젼과 ᄀᆞᆺ치 엽젼 ᄒᆞᆫ돈 오푼이라 본국 교우나 셔국 목ᄉᆞ나 교외 친구나 만일 사셔 보고져 ᄒᆞ거든 졍동 아펜셜라 목ᄉᆞ 집이나 죵로 대동셔시에 가셔 사시옵

죵로대동셔시광고

우리 셔샤에셔 셩경 신구약과 찬미가 칙과 교회에 유익ᄒᆞᆫ 여러가지 셔칙과 시무에 긴요ᄒᆞᆫ 칙들을 팔되 갑시 샹당ᄒᆞ오니 학문샹과 시무변에 ᄯᅳᆺ이 잇는 군ᄌᆞ들은 만히 사셔 보시옵

데이권 오십이호

대한크리스도인회보

광무이년 졍월 십륙일

사셜

청국에셔 젼도ᄒᆞᄂᆞᆫ 유명ᄒᆞᆫ 목ᄉᆞ 쎌두웬씨와 그부인이 대한에 나와 일월 이십삼일 례ᄇᆡ에 졍동새 회당에셔 젼도 ᄒᆞ신 말ᄉᆞᆷ을 좌에 긔ᄌᆡ ᄒᆞ노라

샹오 열시에 찬미 긔도ᄒᆞᆫ후 아편셜라 목ᄉᆞ가 마태 십삼쟝을 보고 최 형데 병헌씨ᄂᆞᆫ 라마인셔 십쟝을 본후에 쎌두웬 목ᄉᆞ가 론셜ᄒᆞ시고 아편셜라 목ᄉᆞ가 대한 말노 번역ᄒᆞ여 들니ᄂᆞᆫᄃᆡ 울며 씨를 ᄲᅮ리ᄂᆞᆫ쟈ㅣ 잇시면 깃브게 거두ᄂᆞᆫ쟈ㅣ 잇ᄂᆞᆫ지라 오십년젼에 미국 션교ᄉᆞ 두분이 쳥국 복쥬ᄯᅡ에 가셔 셩경 복음을 젼ᄒᆞᄂᆞᆫᄃᆡ 쳥국 사ᄅᆞᆷ이 군츅ᄒᆞᆷ으로 아홉ᄒᆡ를 젼도 ᄒᆞ여도 교우 ᄒᆞᆫ 사ᄅᆞᆷ도 엇지못 ᄒᆞ엿더니 회당둘을 지여 ᄒᆞᄂᆞ님ᄭᅴ 밧친후에 밋ᄂᆞᆫ 사ᄅᆞᆷ을 ᄎᆞᆺ차 엇어시며 쳥국 녀인은 본ᄅᆡ 일홈이 업더니 셰례 밧을ᄯᅢ에 비로소 일홈을 지엿ᄂᆞᆫ지라 목ᄉᆞ가 말ᄉᆞᆷᄒᆞ기를 나ᄂᆞᆫ 삼십 륙년젼브터 쳥국에 가셔 젼도 ᄒᆞ기를 힘썻ᄂᆞᆫᄃᆡ ᄒᆞᆫ 사ᄅᆞᆷ이 와셔 뭇기를 예수씨가 우리의 죄를 구원ᄒᆞᆯ수 잇ᄂᆞ냐 ᄒᆞ며 나ᄂᆞᆫ 쥬식잡기와 아편연을 먹ᄂᆞᆫ 죄인이라 ᄒᆞ더니 그후에 밋ᄂᆞᆫ 무리가 되야 그 사ᄅᆞᆷ이 ᄒᆞᆫ곳에셔 ᄉᆞ십명 교우를 엇고 젼도 ᄒᆞ다가 악ᄒᆞᆫ 무리의게 돌노맛고 잡혀 관뎡에 들어가 ᄆᆡ를 이쳔개 맛고 죽게 되엿더니 샹쳐가 죠곰 나흔후에 다시 그곳에 가셔 ᄌᆞ긔를 핍박ᄒᆞ던 쟈의게 도를 젼ᄒᆞ야 회개ᄒᆞᆫ 사ᄅᆞᆷ이 만히 잇셧ᄂᆞᆫᄃᆡ 젼후에 이사ᄅᆞᆷ의 엇은 교우가 륙ᄇᆡᆨ 여명이오 그 사ᄅᆞᆷ의 아ᄃᆞᆯ둘이 다 젼도 목ᄉᆞ가 되엿더라 ○목ᄉᆞ 말ᄉᆞᆷ이 내가 ᄯᅩ 이십삼년 젼에 인도국에 가셔 본즉 그나라 대쟝 ᄒᆞᆫ 사ᄅᆞᆷ이 크리스도 교인을 다 죽여 우물에 너코 돌노 그우에 메여 사ᄅᆞᆷ과 도가 ᄒᆞᆷᄭᅴ 망ᄒᆞᆫ줄 알더니 몃ᄒᆡ후에 다시가셔 본즉 그 우물엽헤 돌비를 세워 그ᄯᅢ 군츅밧은 사ᄅᆞᆷ들을 표ᄒᆞ고 그 근쳐에 회당이 잇셔 교우가 날노 흥왕ᄒᆞ야 ᄒᆞ로에 들어오ᄂᆞᆫ 교우가 오십명씩 이나되ᄂᆞᆫ지라 지금으로 혜아리건ᄃᆡ 구셰쥬를 밋ᄂᆞᆫ 미이미 교회 형데가 쳥국에 이만명이요 인도국에 팔만명이요 일본국에 삼만명이요 대한국에 이쳔여명이라 일노 ᄎᆞᆺ차 보건ᄃᆡ 울면셔 씨를 ᄲᅮ리ᄂᆞᆫ이가 잇스면 우스며 츄슈 ᄒᆞᄂᆞᆫ이가 잇ᄂᆞᆫ거슬 ᄇᆞᆰ히 ᄭᆡ다를지라 ᄒᆞᄂᆞ님의 은혜가 엇지 감샤치 아니리오ᄒᆞ니 듯ᄂᆞᆫ 형데들이 다 깃버 ᄒᆞ더라

대한크리스도인 회보

THE KOREAN
CHRISTIAN ADVOCATE.
Rev. H. G. Appenzeller, Editor
36 cents per annum
in advance. Postage extra.
Wednesday, Jan. 26th, 1898.

서울 졍동서 일쥬일에 ᄒᆞᆫ번식 발간ᄒᆞᄂᆞᆫᄃᆡ 아편셜라 목ᄉᆞ가 회보 샤쟝이 되엿더라
일년 갑슬 미리내면 삼십 륙젼이오 우표갑슨 ᄯᅡ로 밧ᄂᆞ니라

셜두웬목ᄉᆞ부인의젼도홈

그날 하오 두시에 교즁 형뎨와 ᄌᆞ미가 다시 졍동 새회당에 모혀셔 레비홀ᄉᆡ 셜두웬 목ᄉᆞ의 부인이 론셜ᄒᆞ시고 리화학당 션ᄉᆡᆼ부인 노월나씨가 대한말노 번역ᄒᆞ여 들니ᄂᆞᆫᄃᆡ 말ᄉᆞᆷᄒᆞ되 밧헤 여러히 묵으면 잡풀과 돌이 만히 잇ᄂᆞᆫᄃᆡ 농부가 씨를 ᄲᅳ우랴 ᄒᆞ면 먼저 밧슬 갈고 돌을 주워 ᄇᆞ리고 집풀을 다 ᄲᅡᆸ은후에 씨를 ᄲᅳ우면 가히 츄슈를 만히홀지라 사ᄅᆞᆷ의 ᄆᆞᄋᆞᆷ이 교육이 업고 악ᄒᆞᆫ 욕심이 만흔쟈ᄂᆞᆫ ᄯᅩᄒᆞᆫ 묵은밧과 ᄀᆞᆺᄒᆞᆫᄃᆡ 하ᄂᆞ님이 션교ᄉᆞ로 ᄒᆞ여곰 거륵ᄒᆞᆫ 도를 젼파홀ᄯᅢ에 먼져 사ᄅᆞᆷ의 죄악을 ᄲᅢ야 ᄇᆞ리고 회기케 ᄒᆞᆫ후에 능히 착ᄒᆞᆫ 사ᄅᆞᆷ이 될지라 내가 삼십 륙년젼에 쳥국에 가셔 본즉 밋ᄂᆞᆫ 무리가 몃치 업고 사ᄅᆞᆷ의 모양이 츄잡ᄒᆞ며 힝실이 완악ᄒᆞᆫ이가 만터니 교회에 드러온후에는 그 사ᄅᆞᆷ의 ᄆᆞᄋᆞᆷ만 셰숫홀뿐 아니라 외양ᄭᆞ지 졍결ᄒᆞ고 힝실에 졍대ᄒᆞ더라 내가 ᄋᆞ희가 여ᄉᆞᆺ시 잇ᄂᆞᆫᄃᆡ ᄒᆞ나흔 미국서 나코 다ᄉᆞᆺ슨 쳥국와셔 나핫ᄂᆞᆫᄃᆡ ᄒᆞᆫ ᄋᆞ희ᄂᆞᆫ 얼골빗과 눈이 다 검고 다ᄉᆞᆺᄋᆞ희ᄂᆞᆫ 머리털이 희고 눈이 프르되 무슨 어려온 일이 잇스면 서로 도아 주ᄂᆞᆫ거슨 다름 아니라 ᄒᆞᆫ 부모의 ᄌᆞ녀가 된 연고라 동셔양 사ᄅᆞᆷ이 의복도 다르고 언어도 다르고 모양도 ᄀᆞᆺ지 아니되 서로 ᄉᆞ랑ᄒᆞ고 서로 도아주ᄂᆞᆫ거슨 다름 아니라 ᄒᆞᆫ 하ᄂᆞ님의 ᄌᆞ녀가 되야 ᄒᆞᆫ 구세쥬를 셤기ᄂᆞᆫ ᄭᆞᄃᆞᆰ이라 우리가 그젼에 디도를 본측 대한이 잇ᄂᆞᆫ 줄을 알앗시나 ᄒᆞᆫ번도 구경치 못ᄒᆞ엿더니 감샤ᄒᆞ신 하ᄂᆞ님ᄭᅴ서 동방을 권고ᄒᆞ샤 젼도 교ᄉᆞ를 보ᄂᆡ샤 하ᄂᆞ님의 도를 널니 젼파ᄒᆞ여 오ᄂᆞᆯ날이 회당에 형뎨와 ᄌᆞ미를 깃부게 맛나보니 감샤ᄒᆞ거니와 다시 ᄇᆞ라기ᄂᆞᆫ 대한 교우들도 무론 남녀ᄒᆞ고 일심이 되여 어려온 일이 잇거든 서로 도아줄ᄲᅮᆫ 아니라 묵어온 짐을 강건ᄒᆞᆫ 오라비가 잔약ᄒᆞᆫ 누의의게 지우지 말고 강건ᄒᆞᆫ 남편이 잔약ᄒᆞᆫ 안히의게 지우지 말고 하ᄂᆞ님 ᄯᅳᆺ슬 좃차 서로 ᄉᆞ랑ᄒᆞᆯ지어다 ᄒᆞ니 남녀 교우가 다 깃부게 듯더라

일월 이십삼일에 셜두웬 목ᄉᆞ가 대한 황셩에 드러오매 이날은 곳 업웟 쳥년회 론셜ᄒᆞᄂᆞᆫ 날이라 져녁 닐곱시 반에 셜두웬 목ᄉᆞ가 힝역에 피곤홈을 혜아리지 안코 깃분 ᄆᆞᄋᆞᆷ으로 달셩회당에 오셔셔 연셜ᄒᆞ되 내가 비록 나흔 늙어시나 ᄆᆞᄋᆞᆷ은 쳥년이라 그런고로 쳥국에셔 여러곳 쳥년회에 다 깃부게 참예ᄒᆞ고 이번에 졔물포 회당에 와셔 됴원시 목ᄉᆞ와 ᄀᆞᆺ치 쳥년회에 긔도ᄒᆞ고 ᄯᅩ 여긔셔 쳥년회 회원들을 반갑게 맛나보니 우리 교회 가온ᄃᆡ 쳥년회가 ᄆᆡ우 ᄌᆞ미잇다 ᄒᆞ시더라

레비일공과 오십이 이월 륙일

바리새인을 칙망ᄒᆞᆷ이라

마태 십오장 일졀노 이십졀

년됴

뎨명

一 때에 바리새 사ᄅᆞᆷ과 셔샤관들이 야로살넴으로브터 예수ᄭᅴ 나아와 갈ᄋᆞᄃᆡ 二 너희 뎨ᄌᆞ들이 엇지 먹을때에 손을 씻지 아니ᄒᆞ야 쟝로의 유젼ᄒᆞᆷ을 범ᄒᆞᄂᆞ냐 ᄒᆞ거ᄂᆞᆯ 三 ᄃᆡ답ᄒᆞ여 갈ᄋᆞ샤ᄃᆡ 네 엇지 너의 유젼으로 ᄡᅥ ᄒᆞᄂᆞ님의 계명을 범ᄒᆞᄂᆞ냐 四 ᄒᆞᄂᆞ님ᄭᅴ셔 갈ᄋᆞ샤ᄃᆡ 네 아바지와 네 어마니를 존경ᄒᆞ라 ᄒᆞ시고 또 갈ᄋᆞ샤ᄃᆡ 아바니나 어마니를 훼방ᄒᆞᄂᆞᆫ쟈ᄂᆞᆫ 죽인다 ᄒᆞ셧거ᄂᆞᆯ 五 오직 너희ᄂᆞᆫ 갈ᄋᆞᄃᆡ 누구던지 저의 아바니나 저의 어마니의게 말ᄒᆞ되 부모님ᄭᅴ 드리랴던거슬 ᄒᆞᄂᆞ님ᄭᅴ 드렷습ᄂᆞ이다 ᄒᆞ면 六 그에 아바니를 존경치 아니ᄒᆞ야도 관계치 안타ᄒᆞ나 이ᄂᆞᆫ 너희가 너희 유젼으로 ᄒᆞᄂᆞ님의 계명을 폐ᄒᆞᆷ이니라 七 거즛 착ᄒᆞᆫ톄ᄒᆞᄂᆞᆫ 쟈들아 이사야가 너희를 미리 말ᄒᆞᆫ거시 올토다 닐ᄋᆞᄃᆡ 八 이 ᄇᆡᆨ셩들이 뎌희 입살노ᄂᆞᆫ 나를 존경ᄒᆞ되 오직 뎌희 ᄆᆞᄋᆞᆷ은 내게셔 멀다ᄒᆞ고 九 다만 나를 헛되이 숭비ᄒᆞᆷ은 사ᄅᆞᆷ의 식인거스로 도를 삼아 ᄀᆞᄅᆞ침이라 十 예수ㅣ 무리를 불너 닐ᄋᆞ샤ᄃᆡ 듯고 ᄭᅢ다르라 十一 입에 드러가ᄂᆞᆫ거슨 사ᄅᆞᆷ을 드럽게 ᄒᆞ지 못ᄒᆞ되 입에셔 나오ᄂᆞᆫ거시 사ᄅᆞᆷ을 더럽게 ᄒᆞᄂᆞ니라 十二 이에 뎨ᄌᆞ들이 나아와 갈ᄋᆞᄃᆡ 바리새 사ᄅᆞᆷ들이 이 말ᄉᆞᆷ을 드를때에 슬희여 ᄒᆞᆷ을 알ᄋᆞ시ᄂᆞ잇가 十三 예수ㅣ ᄃᆡ답ᄒᆞ여 갈ᄋᆞ샤ᄃᆡ 나무마다 내 하ᄂᆞᆯ 아바지ᄭᅴ셔 심ᄋᆞ지 아닌거슨 ᄲᅢᆸ힐거시니 十四 구만 두어라 뎌희들은 쇼경으로 인도ᄒᆞᄂᆞᆫ 쟈ㅣ니 만일 쇼경이 쇼경을 인도ᄒᆞ면 둘이 다 구덩이에 ᄲᅡ져 드러 가리라 十五 피득이 ᄃᆡ답ᄒᆞ여 갈ᄋᆞᄃᆡ 비유를 우리게 ᄀᆞᄅᆞ쳐 주옵쇼셔 十六 예수 갈ᄋᆞ샤ᄃᆡ 너희들이 아직도 ᄭᆡ닷지 못ᄒᆞᄂᆞ냐 十七 무어시던지 입으로 드러가ᄂᆞᆫ 거시 ᄇᆡ로 드러가셔 뒤로내여 ᄇᆞ리ᄂᆞᆫ줄을 아지 못ᄒᆞᄂᆞ냐 十八 입에셔 나오ᄂᆞᆫ거슨 ᄆᆞᄋᆞᆷ에셔 나아와 사ᄅᆞᆷ을 더럽히ᄂᆞ니 十九 대개 ᄆᆞᄋᆞᆷ에셔 나오ᄂᆞᆫ거슨 악ᄒᆞᆫ ᄉᆡᆼ각과 살인ᄒᆞᆷ과 통간ᄒᆞᆷ과 음란ᄒᆞᆷ과 도적질ᄒᆞᆷ과 거즛 증거ᄒᆞᆷ과 욕ᄒᆞᆷ이니 二十 이런것들이 다 사ᄅᆞᆷ을 더럽히ᄂᆞᆫ 거시오 오직 손을 씻지안코 먹ᄂᆞᆫ거슨 사ᄅᆞᆷ을 더럽히지 못 ᄒᆞᄂᆞ니라

주셕

예수ᄭᅴ셔 젼도ᄒᆞ실때에 세번재 넘ᄂᆞᆫ 졀긔를 당ᄒᆞ샤 예루살넴으로 가시지 안 ᄒᆞ심은 쟝로와 바리새 인들이 예수를 뮈워 모해ᄒᆞ려 ᄒᆞᆷ으로 ᄡᅥ 갈리리에 머므시매 뎌들이 예수ᄭᅴ셔 예루살넴으로 아니 오심을 보고 몃 사ᄅᆞᆷ을 갈리리로 보내여 긔여히 무ᄉᆞᆷ 흠절을 잡으려 왓ᄂᆞᆫ지라 ᄒᆞᄂᆞ님ᄭᅴ셔 모셰로 ᄒᆞ여곰 ᄇᆡᆨ셩의게 률법을 ᄀᆞᄅᆞ쳐 주심은 츌애굽긔 리미긔와 민수긔략과 신명긔에 다긔록ᄒᆞ엿ᄉᆞ되 쟝로들이 계명을 히셕ᄒᆞ며 이 외에 다

ᄅᆞᆫ 경계 ᄒᆞᄂᆞᆫ거시 만흠은 더의가 문젹은 업고 ᄃᆡᄃᆡ로 귀와 입으로 듯고 지언거술 모세의 ᄀᆞᄅᆞ친 률법이라 ᄒᆞ며 더들이 셩셔에 긔록ᄒᆞᆫ 계명과 더회 절례라 ᄒᆞᄂᆞᆫ거술 비교ᄒᆞ면 계명은 억의고 더회 전례만 직혀 맛당케 녁임을 포도즙이 물보다 나흔것 ᄀᆞᆺ치 ᄒᆞᄂᆞᆫ지라 오날 공부에 더회 몃사ᄅᆞᆷ이 왁셔 억지로 시비코져 ᄒᆞ여 예수와 뎨ᄌᆞ들이 밥 먹을ᄯᅢ 손을 씻지 안ᄂᆞᆫ다 ᄒᆞᆷ은 참 부졍ᄒᆞ여 그럼이 아니라 더회 ᄒᆞᄂᆞᆫ법은 음식 먹을ᄯᅢ 멧번식 손을씻고 먹으며 그러치아니면 죄가된다 ᄒᆞᆷ이ᄂᆡ 예수ᄭᅴ셔 대답ᄒᆞ심은 너희가 엇지 하ᄂᆞ님 법을 어긔ᄂᆞ냐 하ᄂᆞ님ᄭᅴ셔 뎨오 계명에 ᄀᆞᄅᆞ치심은 너희 부모를 공경ᄒᆞ라 ᄒᆞ셧ᄂᆞ니 너희ᄂᆞᆫ ᄌᆞ식이 되여 엇지 그 부모ᄂᆞᆫ 밧들지 아니ᄒᆞ여 하ᄂᆞ님ᄭᅴ 드릴 물건이라 말만ᄒᆞ면 죄가 업다 ᄒᆞᄂᆞ냐 너희ᄂᆞᆫ 이사아의 예언과 ᄀᆞᆺ치 거즛 착ᄒᆞᆫ톄 ᄒᆞ며 입으로만 하ᄂᆞ님을 셤긴다 ᄒᆞ니 하ᄂᆞ님ᄭᅴ셔ᄂᆞᆫ 재물 드림과 외모로 만 말 ᄒᆞᄂᆞᆫ쟈ᄂᆞᆫ 실혀ᄒᆞ사고 오직 ᄆᆞᄋᆞᆷ에 소사 힝 ᄒᆞᄂᆞᆫ쟈를 됴화 ᄒᆞ시ᄂᆞ니라 (사무엘긔 전셔 십오쟝 이십 이절과 요한복음 ᄉᆞ쟝 이십 ᄉᆞ절을 보라) 예수ᄭᅴ셔 이럿케 말솜ᄒᆞ시매 바리시인이 다시 ᄃᆡ답ᄒᆞᆯ 말이 업서 예수의 뎨ᄌᆞ를 보고 핍박과 비방이 심 ᄒᆞ거ᄂᆞᆯ 뎨ᄌᆞ들이 예수ᄭᅴ 고ᄒᆞᆫᄃᆡ 예수ㅣ 조곰도 놀나며 두려워 아나 ᄒᆞ시고 말솜 ᄒᆞ시기를 더 바리시 인들은 하ᄂᆞ님 동산에 심으지 안은 악ᄒᆞᆫ 나물과 ᄀᆞᆺᄒᆞᆫ즉 이런것슨 하ᄂᆞ님ᄭᅴ셔 필경 ᄲᅩᆸ아 ᄇᆞ리실지라 더들이 참 리치는 모르고 빅셩을 ᄀᆞᄅᆞ치니 이는 둘이 다 망ᄒᆞ리라 뎨ᄌᆞᄂᆞᆫ 예수ᄭᅴ셔 두ᄒᆡ 동안을 ᄀᆞᄅᆞ쳣ᄉᆞ되 ᄭᆡ닷지 못ᄒᆞ며 이번에 바리시인의 외모로 례법을 직히ᄂᆞᆫ거시 ᄆᆞᄋᆞᆷ은 더럽게 아니ᄒᆞᆫ다 ᄒᆞ심을 알아듯지 못ᄒᆞ매 예수ᄭᅴ셔 ᄒᆞ신말솜 ᄯᅳᆺ슨 사ᄅᆞᆷ이 무숨 먹ᄂᆞᆫ 물건이던지 입으로 드러 가ᄂᆞᆫ거시 ᄆᆞᄋᆞᆷ을 더례울수 업ᄉᆞ며 외모로 직히ᄂᆞᆫ 일이 ᄯᅩᄒᆞᆫ ᄆᆞᄋᆞᆷ을 ᄭᆡᄭᆞᆺᄒᆞ게 ᄒᆞᆯ수업ᄂᆞ니 사ᄅᆞᆷ이 무숨일이던지 외모로만 ᄒᆞ며 셩경도 보며 회당에도 단이며 세례도 밧은 이런 사ᄅᆞᆷ이 다 착ᄒᆞᆫ 실과를 맷ᄂᆞᆫ거시 아니요 오직 일심으로 밋어 하ᄂᆞ님의 도아 주심으로 긔질이 변화 ᄒᆞ여야 아조 ᄭᆡᆺ긋ᄒᆞ여 가라져 오쟝 이십 이절에 긔록ᄒᆞᆫ ᄭᆡᆺ긋ᄒᆞᆫ 실과를 맷즐거시니라

뭇ᄂᆞᆫ말

一 셔사관과 법리시 사ᄅᆞᆷ들의 유젼ᄒᆞᄂᆞᆫ 법이 엇더ᄒᆞ뇨 二 하ᄂᆞ님의 계명은 엇더ᄒᆞ뇨 三 그 사ᄅᆞᆷ들의 유젼ᄒᆞᄂᆞᆫ 법으로 하ᄂᆞ님의 계명을 범 ᄒᆞᄂᆞᆫ 거시 무엇사뇨 四 네 오계를 외오겟ᄂᆞ뇨 五 대한에 유젼ᄒᆞᄂᆞᆫ법은 엇더ᄒᆞ며 계명을 범 ᄒᆞᄂᆞᆫ거시 무어시겟ᄂᆞ뇨 六 셔사관들이 부모를 엇더케 공경 ᄒᆞ엿ᄂᆞ뇨 七 그러면 하ᄂᆞ님은 잘 경비 ᄒᆞ엿ᄂᆞ뇨 八 웨 하ᄂᆞ님을 잘못 경비 ᄒᆞ엿ᄂᆞ뇨 九 우리가 엇더케 ᄒᆞ여야 헛되이 졀ᄒᆞ지 안켓ᄂᆞ뇨 十 대한 형뎨들 즁에 이 셔사관들을 칙망 ᄒᆞ라가 누구뇨

엡웟쳥년회별보

감회ᄉᆞ보고

우리 엡웟 쳥년회를 대한국에 셜시 ᄒᆞ기는 지나
간 일쳔 팔ᄇᆡᆨ 구십칠년 오월 년화회에셔 셜시
ᄒᆞᆫ 거시니 지금 팔삭이니라 그ᄯᅢ 년화회 회쟝
됴이싀 감독ᄭᅴ셔 인쳔 목ᄉᆞ 도원시씨로 대한쳥
년회 감회ᄉᆞ를 ᄐᆡᆨ뎡 ᄒᆞ시고 평양 목ᄉᆞ 노불씨와
졍동 이화학당에 계신 편씨 부인과 이 세분을
대한 즁앙회사 의원을 ᄐᆡᆨ뎡ᄒᆞ샤 대한에 쳥년회를
셜시케 ᄒᆞ시니라 아 팔삭 동안에 ᄒᆞᆫ일은 세가지
니 쳣지는 쟝졍을 번역ᄒᆞ야 츌판ᄒᆞ고 둘지는 회
표를 재조ᄒᆞ야 분숑ᄒᆞ고 셋지는 쳥년회를 다ᄉᆞᆺ
을 셜시 ᄒᆞ엿시니 인쳔과 셔울 세곳과 평양이니라
우리 엡웟 쳥년회 풍쇽은 교회 유명ᄒᆞᆫ 이의 셩
명을 ᄯᅡ라 각 지파에 회명을 짓는 법이 잇시니
대한 쳥년회 지파들은 대한에 단여가신 감독의 존
셩을 ᄯᅡ라 회명을 지엇는ᄃᆡ 인쳔회는 나인데 지
파오 셔울 졍동 교회에 쳥년회 둘이니 ᄒᆞ나는 ᄇᆡ
지학당 학원과 교회에 단니는 쇼년들이니 회명은
와런 지파요 ᄒᆞ나는 리화학당 학원들과 교회에
단니는 절문 부인들이니 회명은 됴이싀 지파요
달셩 교회의 회명은 말날뉴 지파요 평양 교회 회
명은 웃셜 지파이니라 만일 각 지파에셔 본 지파
회명을 ᄯᅡ라 지은 감독의 ᄉᆞ젹을 알녀ᄒᆞ면 본
교회 목ᄉᆞ외게 알아보면 ᄆᆡ우 죠흘 일일너라 이
다ᄉᆞᆺ곳에 쳥년회 회원의 슈효는 얼문지 ᄌᆞ셰히
모르나 가량이 일ᄇᆡᆨ 오십명이니 만일 우리가 동
심합력 ᄒᆞ면 못ᄒᆞᆯ일이 무어시 잇ᄉᆞ리오

고씨부인별셰ᄒᆞᆫ일

강화 홍히 교회 고씨 부인은 금년에 년셰가 칠십
일이요 봉교ᄒᆞᆫ지 이년 동안에 쥬의 은혜를 만히
밧은거시 이젼에는 귀가 어두어 말을 분명히 듯
지 못ᄒᆞ더니 쥬를 밋은후로 귀가 열니고 복음
뜻슬 지미잇게 드르며 홍샹 구쥬의 십ᄌᆞ가를 ᄌᆞ
랑ᄒᆞ며 본 교회 회당 짓는ᄃᆡ 진심 갈력ᄒᆞ야 보
죠도 만히ᄒᆞ고 밋는 ᄒᆡᆼ젹을 만히 낫타니여 남의
신심을 도아주며 진심으로 쥬를 경외ᄒᆞ더니 금월
구일에 위연 득병ᄒᆞ야 십일일 오후 륙점에 별셰
ᄒᆞ니 ᄌᆞ녀 대손들이 조곰도 슬품이 업고 셩시에
죠화 ᄒᆞ시던 찬미로 텬당가는 령혼을 위로ᄒᆞ며
본 교우들이 졔졔히 복을 입엇는ᄃᆡ 구쥬의 구쇽
ᄒᆞ신 십ᄌᆞ가로 형뎨됨을 표 ᄒᆞ랴고 십ᄌᆞ건을 쓰
고 부인들은 짓무명 조고리에 십ᄌᆞ를 노아 닙엇
더라 십ᄉᆞ일에 쟝례를 지ᄂᆡᄂᆞᆫᄃᆡ 본쳐 교우와 교
항동 교우와 고비 교우들이 다 모히고 인쳔 목
ᄉᆞ 됴원시씨가 가셔 쟝례를 ᄒᆡᆼᄒᆞ려 ᄒᆞ셧더니 본
교회 쇼관ᄉᆞ가 잇셔 못가고 본쳐 젼도인 김긔범
씨와 담방라 교회쇽쟝 젼쥬ᄉᆞ 복졍치씨로 ᄃᆡ숑
ᄒᆞ야 교즁례로 션산에 안쟝ᄒᆞ고 묘젼에 십ᄌᆞ패
를 셰웟ᄉᆞ니 ᄉᆡᆼ시에도 쥬의 십ᄌᆞ가를 ᄌᆞ랑ᄒᆞ시더
니 ᄉᆞ후에 육톄셔지라도 모든 분묘즁에 긔독도 됨
을 표 ᄒᆞ엿더라 김긔범

교회신문

이십삼일 오젼 십점즁에 셜두웰 목ᄉ의 부인이 달셩 회당에셔 젼도 ᄒ엿다 ᄒ니 싱각건대 응당 됴흔 말솜이 만흘듯 ᄒ나 우리는 참예치 못 ᄒ엿신즉 실노 셥셥ᄒ지라 그때에 그부인의 말솜을 들은 형데들은 혼ᄌ만 비부르지 마시고 그 말솜을 우리 회보에 긔지케 ᄒ여 여러 형데로 ᄒ여곰 다 긔갈을 면케 ᄒ심이 됴흘듯

○음력 십이월 금음날 저녁브터 달셩 회당에셔 긔도회를 시작ᄒ여 열흘을 두고 미일져녁 닐곱시반에 모힌다 ᄒ니 교즁 형데들은 굿치 참예 ᄒ심이 됴흘듯 ᄒ더라

닉보

월젼에 미국 대통령 어마니가 도라가신 젼보가 오매 대황뎨 폐하ᄭ셔셔 대통령의게 젼보로 위문 ᄒ셧더니 이번에 ᄇ대부인 홍서ᄒ신 젼보가 미국에 가매 대황뎨 폐하ᄭ셔 젼보로 위문 ᄒ셧다니 이걸 보거드면 량국교졔가 친밀ᄒ 거슨 가히 알너라 ○경긔 관찰ᄉ가 닉부에 보고 ᄒ기를 관하 각군에 도젹이 셩ᄒ야 긔계들을 가지고 횡힝ᄒ즉 각 히군에셔 막고 직히는 즈음에 또ᄒ 가히 긔계가 업지 못ᄒ 터인즉 춍과 챵을 가지고 방비들을 ᄒ겟시나 각쳐 병참쇼와 디방디에셔 민간에 잇는 병긔를 다 것어가니 빈손으로는 도젹을 밧비 홀수가 업사니 닉부에셔 군부에 죠회ᄒ야 각 동리에 잇던 춍과 챵을 것어 들이지 말뜻으로 각 병참소와 디방대에 훈령ᄒ야 달나고 ᄒ엿다더라

외보

덕국이 교쥬를 쎄셧신즉 구라파 각국이 쳥국을 분파 ᄒ여야 권리가 서로 평균 ᄒ겟다 ᄒ고 아라샤 신문에 말 ᄒ엿다더라 ○미국 금년도 예산을 금젼으로 도합 ᄉ억 륙쳔 이빅 륙십 ᄉ만 칠쳔 팔빅 팔십 오원인대 작년보다 ᄉ쳔 이빅 만원이 더ᄒ다더라

협셩회광고

새로 츌판ᄒ 협셩회 회보는 졍동 비지학당 일방에셔 파는디 ᄒ쟝갑슨 엽젼 너푼이오 일삭 됴흘미라 내면 엽젼ᄒ돈 오푼인디 닉외국 소문과 학문샹에 유죠ᄒ 말이 만히 잇ᄉ오니 사셔 보시기를 ᄇ라오

본회고빅

본회에셔 이회보를 젼년과 굿치 일쥬일에 ᄒ번식 발간 ᄒ는디 새로 륙폭으로 작뎡ᄒ고 ᄒ쟝갑슨 엽젼 오푼이오 ᄒ돈갑슬 미리내면 젼과 굿치 엽젼 ᄒ돈 오푼이라 본국 교우나 셔국 목ᄉ나 교외 친구나 만일 사셔 보고져 ᄒ거든 졍동 아편셜라 목ᄉ 집이나 죵로 대동셔시에 가셔 사시옵

죵로대동셔시광고

우리 셔샤에셔 셩경 신구약과 찬미가 칙과 교회에 유익ᄒ 여러가지 셔칙과 시무에 긴요ᄒ 칙들을 팔되 갑시 샹당ᄒ오니 학문샹과 시무변에 뜻이 잇는 군ᄌ들은 만히 사셔 보시옵

뎨이권

대한크리스도인회보

뎨오호

합오십삼

이년 이월 삼일

샤셜

감리 교회가 대한국에 나아온지 오래지 아닌지라 우리가 그보단을 본즉 양력으로 샹년 십이월 팔일에 감리회 년화회를 처음으로 셜시 ᄒᆞ엿사니 이 교회가 대한에 젼도ᄒᆞᆫ지 두ᄒᆡ도 못되엿시나 교회를 서울과 송도에 시작ᄒᆞ엿시며 그 동안에 두곳에서 교우에 드러 온이가 ᄉᆞ십 팔인이오 학습인에 일홈을 붓친이가 일ᄇᆡᆨ 팔인이오 교즁에서 슈합ᄒᆞᆫ 돈이 모도 일ᄇᆡᆨ 구십이원 십이젼인ᄃᆡ 우리가 드른즉 그즁에 대한 교우들이 삼분에 이나 더 되엿다 ᄒᆞ고 셩경 복음을 판거시 칠ᄇᆡᆨ구십 칠이오 셩경 외에 교즁ᄎᆡᆨ 판거시 일쳔 ᄉᆞᄇᆡᆨ 륙십 오권이라 이 교회는 특별이 우리 교회와 ᄀᆞᆺᄒᆞᆫᄃᆡ 처음으로 시작 ᄒᆞᆯ때에 우리 ᄉᆞ랑ᄒᆞᄂᆞᆫ 형뎨 윤치호씨가 만히 샹관이 되엿고 이 교회가 대한에 와서 시작ᄒᆞᆫ지 얼마 동안이 되지 아니 ᄒᆞ여서 이러케 잘 되ᄂᆞᆫ거슬 우리가 ᄆᆡ우 깃버 ᄒᆞ노라

쳥년회ᄌᆞ미라

제물포 목ᄉᆞ 됴원시씨가 청년회에서 젼도ᄒᆞᆫ 말솜을 적어 보니엿기로 좌에 긔지 ᄒᆞ노라 그 말솜에 ᄀᆞᆯᄋᆞᄃᆡ 일젼에 형뎨 ᄒᆞ나히 감회ᄉᆞ의게 청ᄒᆞ되 우리 청년회는 인제 셜시가 잘되엿스나 ᄌᆞ미잇는 일을 ᄒᆞ여야 쓰겟ᄉᆞ오니 ᄌᆞ미 잇는 말노 ᄌᆞ미잇게 ᄀᆞᄅᆞ치쇼서 ᄒᆞ엿더라 엡웟 청년회에 ᄌᆞ미잇는 일이 무어시뇨 뭇게드면 ᄃᆡ답은 ᄒᆞ나ᄲᅮᆫ이니 엡웟 청년회 셜시ᄒᆞᆫ ᄯᅳᆺ슬 ᄌᆞ세히 ᄭᆡ다라 알고 그ᄃᆡ로 ᄒᆡᆼᄒᆞᆯ거시니라 비유컨ᄃᆡ 우리 청년회ᄂᆞᆫ ᄒᆞᆫ 학교와 ᄀᆞᆺᄒᆞ나 아모리 박학ᄒᆞᆫ 션ᄇᆡ라도 박학ᄉᆞ 되기젼에 불가불 학교에 셩심으로 ᄃᆞᆫ이며 모든 리치와 학문을 박람ᄒᆞᆫ 연후에 박학ᄉᆞ가 되ᄂᆞᆫ것ᄀᆞᆺ고 ᄯᅩ 둘지ᄂᆞᆫ 학교에 운동 긔계와 ᄀᆞᆺᄒᆞ니 학도들이 이 긔계에 운동을 숭상ᄒᆞ야 긔운이 강건ᄒᆞᆫ것 ᄀᆞᆺ고 셋지ᄂᆞᆫ 병뎡들이 싸홈 싸우기젼에 불가불 긔예를 연습ᄒᆞ여야 싸홈을 잘 ᄒᆞᄂᆞᆫ것 ᄀᆞᆺ치 우리 교회에 청년회를 셜시ᄒᆞᆫ거손 교회에 ᄌᆡ조와 지혜와 용밍잇ᄂᆞᆫ 청년들의 학교요 운동ᄒᆞᄂᆞᆫ 긔계요 긔예를 비화 각각 ᄌᆡ조ᄃᆡ로 소임을 공부ᄒᆞᄂᆞᆫ 것시니 이거손 여러가지 일노 될터이라 이번에ᄂᆞᆫ ᄒᆞᆫ가지 말만 ᄒᆞ노니 별다른 젼도라 제물포 나인데 청년회ᄂᆞᆫ 녜젼 구쥬씌셔 칠십명을 젼도 보니신것ᄀᆞᆺ치 둘식으로 각처에 젼도ᄒᆞ라 보니ᄂᆞᆫᄃᆡ 혹은 션창에 나가셔 지게군들의게 괴롭고 무거온 짐진사ᄅᆞᆷ들은 모도 구쥬님씌로 도라옵쇼서 젼도ᄒᆞ고 혹

이십삼

대한크리스도인 회보

THE KOREAN CHRISTIAN ADVOCATE.
Rev. H. G. Appenzeller, Editor.
36 cents per annum in advance. Postage extra.
Wednesday, Feb. 3d, 1898.

셔울 졍동셔 일쥬일에 ᄒᆞᆫ번식 발간 ᄒᆞᄂᆞᆫᄃᆡ 아편셜라 목ᄉᆞ가 회보 샤쟝이 되엿더라

일년 갑슬 미리 내면 삼십 륙젼이오 우표갑슨 ᄯᅡ로 밧ᄂᆞ니라

은 강변에 나아가 칠동비에 올나셔 션인의게 구쥬ᄭᅴ셔 엇더케 바람과 바다 물결을 다ᄉᆞ리ᄂᆞᆫ 젼도를 ᄒᆞ고 혹은 물건너 셤즁으로 가셔 구쥬ᄭᅴ셔 엇더케 어부들노 뎨ᄌᆞ를 삼ᄂᆞᆫ 젼도를 ᄒᆞ고 혹은 산으로 ᄃᆞᆫ이며 목인들의게 우리들이 이 셰샹은 화초와 ᄀᆞᆺᄒᆞ니 어셔 구쥬님을 밋어야 되겟다ᄂᆞᆫ 젼도를 ᄒᆞ고 혹은 촌간으로 ᄃᆞᆫ이며 타조ᄒᆞᄂᆞᆫ 사ᄅᆞᆷ의게 이 베를 셔불너 죽졍이ᄂᆞᆫ 불에 틔우고 알곡은 챵고에 두ᄂᆞᆫ것 ᄀᆞᆺ치 구쥬님ᄭᅴ셔 이 셰샹 ᄆᆞᆺ날에 사ᄅᆞᆷ을 이와ᄀᆞᆺ치 ᄒᆞ시리란 젼도를 ᄆᆡ 칠일에 ᄒᆞᆫ번식 ᄒᆞ니 엇지 긔도회 모힐때에 ᄌᆞ미잇ᄂᆞᆫ 말이 업ᄉᆞ리오 이와ᄀᆞᆺ치 각처 쳥년회 에셔도 별 젼도를 셜시ᄒᆞ야 이 여러 가지 사ᄅᆞᆷ들의게 젼도ᄒᆞ며 ᄯᅩ 물쟝ᄉᆞ 들의게 영셩ᄒᆞᄂᆞᆫ 물 마시ᄂᆞᆫ 젼도를 ᄒᆞ고 마방에 가셔 마부의게 젼도ᄒᆞ며 더러ᄂᆞᆫ 욱에 가셔 갓친 죄인과 징역군의게 젼도ᄒᆞ며 혹은 긱졈에 [illegible]이며 나그ᄂᆡ를 차져 젼도ᄒᆞ여 교회당에 차져오[illegible]를 인귄ᄒᆞ면 긔도회 모힐때 마다 ᄌᆞ미가 만히 잇슬지니라 이와ᄀᆞᆺ치 각 쳥년회 젼도국에셔 별[illegible]젼도를 마련ᄒᆞ여 회원들을 둘식 젼도를 보내면 ᄌᆞ미만 잇슬ᄲᅮᆫ 아니라 모든 회원들이 은혜에셔 더 ᄌᆞ라고 령ᄒᆞᆫ 긔운이 강건ᄒᆞ며 교회 소임을 맛흘만ᄒᆞᆫ 교인들이 될너라

형뎨가 칙을 져술홈

교우 로병션씨가 파혹진션론이라 ᄒᆞᄂᆞᆫ 칙을 지어 츌판ᄒᆞ엿ᄂᆞᆫᄃᆡ 그 말솜의 종지ᄂᆞᆫ 셔국 션교ᄉᆞ들이 당초에 엇지ᄒᆞ여 대한에 나아온 일과 나아와셔 대한 사ᄅᆞᆷ을 엇더케 ᄀᆞᄅᆞ침과 병인들을 엇더케 구제홈과 젼파ᄒᆞᄂᆞᆫ 교회의 근본 ᄯᅳᆺ시 무어시며 사ᄅᆞᆷ이 셰샹에 나셔 당연히 ᄒᆞᆯ일이 무어신지 텬쥬 교회와 예수 교회가 엇더케 다른거슬 대강 말솜ᄒᆞ엿ᄂᆞᆫᄃᆡ 리치가 쇼연ᄒᆞ고 말솜이 분명ᄒᆞ여 능히 셰샹 사ᄅᆞᆷ으로 ᄒᆞ여곰 의혹을 파ᄒᆞ고 착ᄒᆞᆫᄃᆡ 나아가게 ᄒᆞᆯ지라 칙도 크지 안커니와 갑도 지헐ᄒᆞ오니 누구든지 이칙을 보기 원ᄒᆞᄂᆞᆫ이ᄂᆞᆫ 졍동 ᄇᆡ지학당이나 죵로 대동셔시 가셔 사 보시기를 ᄇᆞ라노라

레비일공과 오십삼 이월십삼일

시로피니시녀인의밋음

마태 십오장 이십일절노 삼십일절

변됴

디명

二十一 ᄯᅩ 예수ㅣ 거긔셔 나가샤 츄라와 셔돈 디경
에 드러 가시니 二十二 ᄒᆞᆫ 시로피니시 녀인이 그 디
경으로 나와셔 소리질너 ᄀᆞᆯᄋᆞᄃᆡ 쥬 ᄯᅡ빗의 후에
여 나를 불샹이 녁이쇼셔 제ᄯᆞᆯ이 ᄒᆞᆫ 마귀로 심히
고ᄉᆡᆼᄒᆞᄂᆞ이다 二十三 예수ㅣ ᄒᆞᆫ 말ᄉᆞᆷ도 ᄃᆡ답지 아
니ᄒᆞ시니 뎨ᄌᆞ들이 와셔 쳥ᄒᆞ야 말ᄒᆞ되 그 녀인
이 우리뒤에 소ᄅᆡ를 지르오니 보내쇼셔 二十四 예수
ㅣ ᄃᆡ답ᄒᆞ샤ᄃᆡ 나를 다른데 보내신 거시 아니라
이스라엘 집에 일허ᄇᆞ린 양의게 보내심이라 ᄒᆞ신
ᄃᆡ 二十五 녀인이 와셔 예수ᄭᅴ 졀ᄒᆞ야 ᄀᆞᆯᄋᆞᄃᆡ 쥬여
저를 도으쇼셔 ᄒᆞᆫ거ᄂᆞᆯ 二十六 ᄃᆡ답ᄒᆞ야 ᄀᆞᆯᄋᆞ샤ᄃᆡ ᄋᆞ
희ᄯᆞᆯ의 ᄯᅥᆨ을 취ᄒᆞ야 개들의게 더짐이 올치안타 ᄒᆞ
시니 二十七 녀인이 ᄀᆞᆯᄋᆞᄃᆡ 쥬여 올쇼이다 마ᄂᆞᆫ 개
들도 저의 쥬인의 상에셔 ᄯᅥ러진 부스럭이를 먹
ᄂᆞ니다 二十八 그제야 예수ㅣ ᄃᆡ답ᄒᆞ야 ᄀᆞᆯᄋᆞ샤ᄃᆡ 녀
인아 네 밋음이 크니 네 원ᄃᆡ로 되리라 ᄒᆞ시니
그ᄯᅢ브터 그의 ᄯᆞᆯ이 나흐니라 ○ 二十九 예수ㅣ ᄯᅩ
거긔셔 ᄯᅥ나샤 갈리리 바다 갓가이 ᄂᆞ려 산에
올나가 안지시니 三十 허다ᄒᆞᆫ 무리들이 예수ᄭᅴ 나
아올셔 저ᄂᆞᆫ쟈와 쇼경과 벙어리와 샹ᄒᆞᆫ쟈와 ᄯᅩ 다
큰 병 잇ᄂᆞᆫ 이들을 다라고 와셔 예수의 발압헤 두
매 예수ㅣ 곳치시니 三十一 무리가 벙어리 말ᄒᆞ고 샹
ᄒᆞᆫ쟈ㅣ 낫고 저ᄂᆞᆫ쟈ㅣ ᄃᆞᆫ이고 쇼경이 보ᄂᆞᆫ거ᄉᆞᆯ 보
매 긔괴히 녁이고 ᄯᅩ 영화를 이스라엘 하ᄂᆞ님
의게 돌녀 보내더라

주셕

예수ᄭᅴ셔 바리ᄉᆡ인의 모함ᄒᆞᆷ이 심ᄒᆞ고 ᄯᅩ 혜롯이 더옥 뮈워ᄒᆞᆷ으로 써 예루살넴으로 가시지 못ᄒᆞᆯᄲᅮᆫ 아니라 ᄯᅩ 갈리리 디경을 ᄯᅥ나샤 유대 고을 셔북으로 디즁히 근쳐 츄라와 셔돈으로 가시매 이 츄라와 셔돈을 ᄀᆞᄅᆞ쳐 말ᄒᆞᆷ은 ᄉᆞ십ᄉᆞ 공부를 보면 ᄯᅩ 오ᄂᆞᆯ 공부말은(마가복음 칠장 이십ᄉᆞ졀 브터 삼십ᄉᆞ지 보라) 예수ᄭᅴ셔 어ᄃᆡ로 가시던지 소문이 먼져 젼파ᄒᆞ며 이번에도 은근이 나아 가시려 ᄒᆞ시되 소문이 졀노 퍼졋ᄉᆞ매 뎨ᄌᆞ들과 ᄒᆞᆷᄭᅴ 나아 가시다가 길에셔 ᄒᆞᆫ 녀인이 나와 크게 소ᄅᆡ를 지ᄅᆞᆷ은 뎌의 ᄯᆞᆯ이 병이 잇슬ᄲᅮᆫ 아니라 샤귀가 들녀 아조 밋치게 되엿ᄂᆞᆫ지라 이 녀인은 이스라엘사ᄅᆞᆷ이 아니요 본ᄅᆡ 이스라엘을 업수이 녁이ᄂᆞᆫ 외방사ᄅᆞᆷ이니 그러나 이스라엘을 구원ᄒᆞᄂᆞᆫ 미ᄉᆡ아 오실줄을 이젼브터 듯고 밋엇ᄉᆞ매 이번에도 예수 미ᄉᆡ아 되줄을 알며 ᄯᅡ빗의 ᄌᆞ손이라 불너 간쥬ᄒᆞᆷ이요 예수ᄭᅴ셔 ᄒᆞᆼ샹 사ᄅᆞᆷ을 불샹히 녁이시고 인ᄋᆡ ᄒᆞ시것마ᄂᆞᆫ 녀인의계ᄂᆞᆫ ᄃᆡ답도 아니ᄒᆞ시고 엄위ᄒᆞᆷ을 뵈시매 녀인은 조곰도 락심치 안코 밋ᄂᆞᆫ

ᄆᆞ옴으로 또 따르며 붙너 여러 사ᄅᆞᆷ을 듯게ᄒᆞ니 뎨ᄌᆞ들은 예수ᄭᅴ 녀인을 곳쳐 주샤 곳 보내쇼셔 ᄒᆞᆷ은 인의 ᄒᆞ심과 이젹을 뵈쇼셔 ᄒᆞᆷ이 아니라 그곳에 또 무숨일이 날ᄭᅡ 념려 ᄒᆞᆷ이요 예수ᄭᅴ셔 녀인의게 몬져 ᄃᆡ답지 안 ᄒᆞ심은 뎨가 밋음이 잇고 업ᄂᆞᆫ거ᄉᆞᆯ 보려 ᄒᆞ심이어 아니라 오직 유대 ᄇᆡᆨ셩의게 긔힘 이젹을 뵈려 오심이요 뎨ᄌᆞ들을 더희게 젼도ᄒᆞ러 보내심이라(마태복음 십쟝 륙졀을 보라) 보라와 다른 뎨ᄌᆞ들도 몬져 유대 ᄇᆡᆨ셩의게 ᄀᆞᄅᆞ쳐 더들이 듯기 ᄉᆞᆯ혀ᄒᆞᆫ 후에야 다른 나라 사ᄅᆞᆷ의게 젼도 ᄒᆞ엿ᄂᆞᆫ지라 예수 크리스도로 말미암아 구원 ᄒᆞᄂᆞᆫ법은 온 텬하 ᄇᆡᆨ셩을 위ᄒᆞ여 구원 ᄒᆞ시ᄂᆞᆫ 뜻이언마ᄂᆞᆫ 몬져 유대 ᄇᆡᆨ셩을 구원ᄒᆞ려 ᄒᆞ심이요 예수ᄭᅴ셔 이십 ᄉᆞ졀에 ᄃᆡ답 ᄒᆞ신 말ᄉᆞᆷ어 이 ᄯᅳᆺ인ᄃᆡ 녀인ᄃᆞ려 ᄋᆞ히 가진ᄯᅥᆨ을 개게 주ᄂᆞᆫ거시 올치안타 ᄒᆞ심은 그 녀인을 업수히 녁이심이 아니라 그ᄯᅢ에 유대국이 외방 나라들을 ᄀᆞ라ᄒᆞ매 그 풍쇽ᄃᆡ로 말심 ᄒᆞ심이요 녀인은 노 ᄒᆞ지도 안코 더욱 겸손ᄒᆞᆫ ᄆᆞ옴으로 개가 될지라도 그 ᄯᅥ러진 ᄯᅥᆨ 부스러기나 주시기를 구 ᄒᆞᄂᆞᆫ지라 이런 밋음이 잇ᄉᆞᆫ즉 예수ᄭᅴ셔 듯지 안 ᄒᆞ실수 업서 그ᄯᆞᆯ을 곳 낫게 ᄒᆞ셧ᄉᆞ며 이 녀인은 ᄯᆞᆯ을 위ᄒᆞ여 구원ᄒᆞᆷ을 이렁케 엇엇거든 지금도 하ᄂᆞ님ᄭᅴ셔 ᄋᆞ히를 위ᄒᆞ여 부모가 ᄲᅵᄂᆞᆫ거ᄉᆞᆯ 엇지 듯지 아니시라오 밋지도 안코 실혀ᄒᆞ며 핍박ᄒᆞᄂᆞᆫ ᄌᆞ식 잇ᄂᆞᆫ 쟈의 부모들이 밋음으로 하ᄂᆞ님ᄭᅴ 그 ᄌᆞ식을 위ᄒᆞ여 빌지어다 ○ 예수ᄭᅴ셔 다시 갈리리 희변으로 가셔셔 잔에 오르시매 ᄇᆡᆨ셩들이 병도 곳치러 ᄒᆞ며 구원ᄒᆞᆷ을 엇으려 만히 나왓거ᄂᆞᆯ 예수ᄭᅴ셔 그들은 다 곳치시니 하ᄂᆞ님을 밋고 찬숑ᄒᆞᆯ 사ᄅᆞᆷ도 만코 이젼 션지 어ᄉᆡ아셔 삼십 오쟝의 말ᄉᆞᆷᄃᆡ로 응험 ᄒᆞ엿ᄂᆞ니라

뭇ᄂᆞᆫ말

一 츄라와 셔돈말이 무숨 말이뇨 답 예젼브터 유명ᄒᆞᆫ 두 셩이니 예루살넴에서 셔북편으로 디즁히 가에 잇ᄂᆞ니라

二 예수ᄂᆞᆫ ᄯᅥ빗의 후예라 일ᄏᆞᆺ기에 무숨 깁흔 뜻이 잇ᄂᆞ뇨

三 가나암 녀인의 ᄯᆞᆯ은 무숨 병이 잇셧ᄂᆞ뇨

四 대한에서 이 병을 엇더케 곳치ᄂᆞ뇨

五 그 녀인이 불샹히 녁임을 구ᄒᆞᆯᄯᅢ에 구쥬ᄭᅴ셔 왜 듯지 아니 ᄒᆞ셧ᄂᆞ뇨

六 나죵에ᄂᆞᆫ 구쥬ᄭᅴ셔 왜 그 녀인을 칭찬 ᄒᆞ셧ᄂᆞ뇨

七 이스라엘 일허바린 양은 무엇시며 구원을 엇엇ᄂᆞ뇨

八 개가 상아리 부스럭이를 먹ᄂᆞᆫ뜻시 무엇시뇨

九 삼십 일졀에 ᄇᆡᆨ셩들이 무숨일노 하ᄂᆞ님ᄭᅴ 영화를 돌녀 보녀엿ᄂᆞ뇨

十 우리가 무숨일노 하ᄂᆞ님ᄭᅴ 영화를 돌녀 보내겟ᄂᆞ뇨

아프리ᄭᅡ 유람

법국사ᄅᆞᆷ ᄒᆞ나이 아프리ᄭᅡ ᄂᆡ디에 드러가 유람ᄒᆞ고 거긔 풍쇽을 대강 긔록 ᄒᆞ엿ᄂᆞᆫᄃᆡ 그 사ᄅᆞᆷ의 일홈은 밀망이라 긔록ᄒᆞᆫ바 말에 ᄀᆞᆯᄋᆞᄃᆡ 내가 태화미라 ᄒᆞᄂᆞᆫ 나라에 드러가니 그ᄯᅡ은 열ᄃᆡ디경에 잇셔 일긔가 겨울에도 심히 더운ᄃᆡ 그나라 님군의 일홈은 아가리아파니 얼골이 검으며 긔골이 쟝대ᄒᆞ고 코가 심이 낫져 그 모양의 간활ᄒᆞᆷ이 여호와 ᄀᆞᆺᄒᆞᆫ지라 손님을 맛질ᄯᅢ에 례복은 흰베 ᄒᆞᆫ폭으로 그몸에 둘너시며 죠희로 갓슬 문ᄃᆞ러 머리에 ᄡᅥᆺᄂᆞᆫᄃᆡ 져츅ᄒᆞᆫ 지물이 아주업서 마구에 몰 ᄒᆞᆫ필을 먹일힘이 업ᄂᆞᆫ지라 그러나 님군의 귀ᄒᆞᆷ으로 거러 다니기를 붓그러 ᄒᆞ여 슈레 ᄒᆞ나를 젹게 문ᄃᆞ러 그 신하로 ᄒᆞ여곰 말을 ᄃᆡ신ᄒᆞ야 슈레를 ᄭᅳ을게 ᄒᆞ며 님군이 ᄃᆞ고 ᄃᆞ니다가 대궐노 도라온 후에 다시 신하의 직분을 힝ᄒᆞ게 ᄒᆞ고 그 부즁에 녀인 삼ᄇᆡᆨ 사ᄅᆞᆷ이 잇ᄉᆞ니 다 왕의 안ᄒᆡ이오 왕의 ᄒᆞᄂᆞᆫ바 일은 아모것도 업고 오직 벽녀로 더브러 희롱ᄒᆞ며 담비먹고 술 마시ᄂᆞᆫ 일이 쥬쟝이더라 ○ 내가 ᄯᅩ 박독박나라 ᄒᆞᄂᆞᆫ 나라에 니ᄅᆞ니 국왕의 일홈은 독발이라 태화미국에 비교ᄒᆞ면 크게 부요ᄒᆞ며 위의도 쟝ᄒᆞᆫᄃᆡ 부즁에 왕의 안ᄒᆡ가 오ᄇᆡᆨ인이 잇고 시쳡은 한뎡이 업ᄉᆞ며 쳐쳡이 왕의압헤 니ᄅᆞ면 반ᄃᆞ시 ᄭᅮᆯ어 안즈며 왕이 츌입ᄒᆞᆯᄯᅢ에 보ᄂᆞᆫ 사ᄅᆞᆷ이 다 ᄭᅮᆯ어안고 감이 니러나지 못ᄒᆞᄂᆞᆫ지라 왕의 모양은 얼골과 눈이 검으며 몸에 금으로 슈노흔 화포를 닙고 ᄉᆡ 깃스로 ᄭᅮᆷ인 화관을 쓰고 위의가 엄슉ᄒᆞ며 궁궐은 쟝목으로 지은거시 영국에 샹등가ᄂᆞᆫ 빅셩의 집만 ᄒᆞᆫᄃᆡ 대궐문 량편으로 슈목을 만이심어 용도를 널운지라 왕이 외국 손님을 볼ᄯᅢ에 모든 신하가 좌우에 시립ᄒᆞ엿ᄂᆞᆫᄃᆡ 왕이 술노 손님을 ᄃᆡ졉 ᄒᆞ라ᄒᆞ니 신하즁 세 사ᄅᆞᆷ이 나아와 ᄒᆞ나ᄂᆞᆫ 술병을 들고 ᄒᆞ나ᄂᆞᆫ 잔ᄃᆡ를 ᄌᆞᆸ아스며 ᄒᆞ나ᄂᆞᆫ 술을 힝ᄒᆞ야 왕ᄭᅴ 드리매 왕이 손님의게 밧드러 마시게 ᄒᆞ고 님군은 자리에 안ᄌᆞ 집팡이로 ᄯᅡ롤집고 신하들은 ᄭᅮᆯ어 안젓다가 손님이 술 먹기를 다ᄒᆞᄆᆡ 모든 션하들이 일졔히 일어셔 두팔을 펏다가 손벽을 합ᄒᆞ야 소리가 나게ᄒᆞ니 이거슨 손님을 ᄃᆡ졉ᄒᆞᄂᆞᆫ 큰 례졀이니 젼고에 듯지 못ᄒᆞ던비라 년젼에 그나라 님군이 아돌ᄐᆡ쇼와 아긔피와 신하를 법국 셔울에 보내여 공부 ᄒᆞ기를 원ᄒᆞ거놀 법국 사ᄅᆞᆷ이 샹등 손님으로 ᄃᆡ졉 ᄒᆞᄂᆞᆫᄃᆡ 그 사ᄅᆞᆷ의 셩품이 몰 희롱 ᄒᆞᄂᆞᆫ 거슬 보기 됴화ᄒᆞ여 ᄒᆞ로ᄂᆞᆫ 간 곳시 업ᄂᆞᆫ지라 ᄉᆞ방으로 렴탐ᄒᆞ더니 슌검이 그 왕ᄌᆞ를 마희쟝에셔 ᄎᆞ진지라 즉시 고국으로 돌녀 보내 다ᄒᆞ니 일노 ᄯᅩᆺᄎᆞ 보건ᄃᆡ 아프리ᄭᅡ 풍쇽을 가히 알겟더라

닉보

려홍 부대부인의 양례 일ᄌᆞ는 음력 삼월 십삼일 진시로 턱뎡ᄒᆞ샤 셔셔 공덕리 아쇼당에 안장ᄒᆞ신다더라 ○ 한셩부에셔 셔울 오셔 ᄌᆞ닉에 식칙ᄒᆞ야 취리 ᄒᆞ는 각 시젼 압헤 밤이면 등불을 켜게 ᄒᆞ는고로 비록 ᄃᆞᆯ이 업는 밤이라도 도로가 명랑ᄒᆞ야 인민의게 대단히 리익ᄒᆞ며 길 좌우편에 등불빗치 휘황ᄒᆞ야 무수ᄒᆞᆫ 밤별이 공중에 라렬ᄒᆞᆫ것 ᄀᆞᆺᄒᆞ니 참 문명ᄒᆞᆫ 긔샹일너라 ○ 감옥셔에 갓친 죄인들의 조셕밥을 히셔 압되들이 작간도 ᄒᆞ고 침어도 ᄒᆞᄂᆞᆫ 폐단이 만타 ᄒᆞᄂᆞᆫ고로 경무텽에셔 감옥셔 셔쟝의게 훈칙 ᄒᆞ기를 셔쟝아 식칙을 잘 ᄒᆞ엿시면 엇지 이러ᄒᆞᆫ 폐단이 잇사랴 만일 다시 이런일이 잇시면 셔쟝을 즁히 론칙 ᄒᆞ리라 ᄒᆞ엿다더라 ○ 셔울 사는 리근비와 김두승 량인이 뎐긔등과 뎐긔거와 젼어긔를 셔울다가 셜시 ᄒᆞ랴고 농샹 공부에 쳥원 ᄒᆞ엿다니 이일이 참 될디경이면 리국편민 ᄒᆞ기에 미우 긴요 ᄒᆞᆯ너라

외보

덕국 닉각에셔 의회에 히군 확쟝표를 ᄒᆞ야 보닛는딕 덕국 히군이 외양에 나가는 텰갑션 십구쳑파 닉히에 슌힝ᄒᆞ는 텰갑션 팔쳑과 슌양함 ᄉᆞ십이쳑과 또 기외에 별노히 외양 텰갑션 오쳑과 슌양함 구쳑을 제조ᄒᆞ자 ᄒᆞ엿는딕 부비인즉 덕국 돈으로 미년 일억 륙쳔 오빅만 마크라 칠년을 두고 이거슬 필역 ᄒᆞ자고 ᄒᆞ엿다더라

협셩회광고

새로 출판ᄒᆞᆫ 협셩회 회보는 졍동 비지학당 일방에셔 파는딕 ᄒᆞᆫ쟝갑슨 엽젼 너푼이오 일삭 됴를 미리 내면 엽젼ᄒᆞᆫ돈 오푼인딕 닉외국 소문과 학문샹에 유죠ᄒᆞᆫ 말이 만히 잇ᄉᆞ오니 사셔 보시기를 ᄇᆞ라오

본회고빅

본회에셔 이회보를 젼년과 ᄀᆞᆺ치 일쥬일에 ᄒᆞᆫ번식 발간 ᄒᆞ는딕 새로 륙폭으로 작뎡ᄒᆞ고 ᄒᆞᆫ쟝갑슨 엽젼 오푼이오 ᄒᆞᆫᄃᆞᆯ갑슬 미리내면 젼과 ᄀᆞᆺ치 엽젼 ᄒᆞᆫ돈 오푼이라 본국 교우나 셔국 목ᄉᆞ나 교외 친구나 만일 사셔 보고져 ᄒᆞ거든 졍동 아편셜라 목ᄉᆞ 집이나 죵로 대동셔시에 가셔 사시ᄋᆞᆸ

죵로대동셔시광고

우리 셔샤에셔 셩경 신구약과 찬미가 칙과 교회에 유익ᄒᆞᆫ 여러가지 셔칙과 시무에 긴요ᄒᆞᆫ 칙들을 팔되 갑시 샹당ᄒᆞ오니 학문샹과 시무변에 ᄯᅳᆺ이 잇는 군ᄌᆞ들은 만히 사셔 보시ᄋᆞᆸ

뎨이권

대한회보

뎨륙호

광무 이년 이월 구일

합오십ᄉ

샤셜

근졀ᄒᆞᆫ긔도ᄂᆞᆫ듯지아니ᄒᆞ심업소

음력 십이월 회일 붓터 섭일동 안 올 샤동 달셩회당에서 긔도회로 모히ᄂᆞᆫᄃᆡ 남녀로유 회원들이 ᄆᆡ일 오후 칠시 반에 륙일밤을 모혀 긔도ᄒᆞ되 별다른 일은 간증치 못ᄒᆞ엿더니 뎨 칠일되ᄂᆞᆫ 밤은 쳥년회 모히ᄂᆞᆫ 날이오 ᄯᅩ 긔도회 밤이라 이날밤에 회원들이 회당에 드러온즉 방안에 한풍이 소실ᄒᆞ고 ᄆᆞᄋᆞᆷ들이 텅락ᄒᆞᆫ지라 본회 목ᄉᆞ가 말ᄉᆞᆷᄒᆞ기를 오ᄂᆞᆯ은 교우들이 긔도ᄒᆞᆯ ᄆᆞᄋᆞᆷ으로 아니 왓ᄂᆞᆫ가부오 방도 차고 ᄆᆞᄋᆞᆷ들도 찬 모양이오니 몬져 더운 ᄆᆞᄋᆞᆷ을 구ᄒᆞ여 엇은후에 례비ᄒᆞᄂᆞᆫ일을 온젼이 ᄒᆡᆼᄒᆞᆷ이 맛당ᄒᆞ다 ᄒᆞ고 여러 교우들의게 말ᄉᆞᆷᄒᆞ여 더운 ᄆᆞᄋᆞᆷ 엇기ᄭᆞ지 돌녀 긔도ᄒᆞ자 ᄒᆞ고 긔도를 다시 시작ᄒᆞ여 아모리 긔도 ᄒᆞ여도 말 긔도ᄲᅮᆫ이오 도모지 감동 ᄒᆞᆷ이 업ᄂᆞᆫ지라 어ᄯᅢ에 ᄒᆞᆫ 교우가 이러나 누가 섭이쟝 ᄉᆞ십구졀과 마가 십일쟝 이십삼졀과 야곱보셔오쟝 십ᄉᆞ졀브터 십륙졀ᄭᆞ지 본후에 온교우들과 합심ᄒᆞ여 특별이 본회목ᄉᆞᄅᆞᆯ 쳥ᄒᆞ여 긔도ᄒᆞᄂᆞᆫᄃᆡ 목적인즉 ᄆᆞᄋᆞᆷ에 셩신이 ᄯᅳ겁게 강림ᄒᆞᆫ 셜과 긔지ᄉᆞ경된 교우 일본셔 온 쇼림셕송씨를 위ᄒᆞ여 긔도ᄒᆞᄂᆞᆫᄃᆡ 이ᄯᅢᄂᆞᆫ ᄉᆡᆼ각컨ᄃᆡ 쥬ᄭᅴ셔 갓가히 계셔셔 우리의게 주실거ᄉᆞᆯ 다 예비ᄒᆞ시고 우리 거동을 보시ᄂᆞᆫ ᄯᅢ인 가보더라 이ᄯᅢ에 교우들은 심력을 다ᄒᆞ여 목ᄉᆞ에 긔도를 돕고 목ᄉᆞᄂᆞᆫ 긔도ᄒᆞ다가 곳 이동ᄒᆞ니 각 사ᄅᆞᆷ들에 ᄆᆞᄋᆞᆷ이 졸디에 변ᄒᆞ여 졍신이 명랑ᄒᆞ고 깃붐이 가득ᄒᆞ며 부지즁에 방안에 열긔가 가득ᄒᆞ여 낫 빗치 술 취ᄒᆞᆫ것ᄀᆞᆺ고 완연이 즁화셰계에 안잔것 ᄀᆞᆺᄒᆞᆫ지라 그런고로 이젼에 붓그러워 말ᄒᆞᆯ줄 모로던 사ᄅᆞᆷ과 어린 ᄋᆞ히들ᄭᆞ지라도 다 입을 열어 각기 ᄆᆞᄋᆞᆷ에 엇은간증을 ᄒᆞᄂᆞᆫᄃᆡ ᄆᆡ오 ᄌᆞ미잇ᄂᆞᆫ 말이 만ᄒᆞ며 각사ᄅᆞᆷ의 ᄆᆞᄋᆞᆷ과 온몸에 깃분것 ᄲᅮᆫ이엇시니 이거시 엇지 오슌졀과 다르다 ᄒᆞᆯ수 잇ᄉᆞ며 우리ᄂᆞᆫ 어ᄂᆞᄯᅢ이던지 일심으로 간졀이 ᄒᆞᄂᆞᆫ긔도ᄂᆞᆫ 춤듯지 아니심이 업ᄂᆞᆫ줄 아오며 언제던지 진심으로 긔도ᄒᆞᄂᆞᆫ ᄯᅢ가 오슌졀노 아노라 엇지 깃부지 아니ᄒᆞ며 엇지 ᄌᆞ랑치 아니ᄒᆞ리오 그런고로 춤을수 업ᄂᆞᆫ ᄆᆞᄋᆞᆷ으로 쥬ᄭᅴ 영광을 돌녀보내엿더라

이심구

대한크리스도인 회보

THE KOREAN CHRISTIAN ADVOCATE.
Rev. H. G. Appenzeller, Editor.
36 cents per annum *in advance. Postage extra.*
Wednesday, Feb. 9th, 1898.

셔울 졍동셔 일쥬일에 ᄒᆞᆫ번식 발간 ᄒᆞᄂᆞᆫ티 아편셜라 목ᄉᆞ가 회보 샤쟝이 되엿더라

일년 갑슬 미리 내면 삼십 륙젼이오 우표갑슨 ᄯᅩ로 잇ᄂᆞ니라

홀의원의힝젹

미국셔 나아오신 홀의원의 부인이 우리의게 칙 ᄒᆞᆫ권을 보내엿ᄂᆞᆫ티 이칙은 미국 릐우욕이라 ᄒᆞᄂᆞᆫ항구에셔 츌판ᄒᆞᆫ 칙이요 칙즁에 홀의원의 평싱 힝젹이다 잇ᄂᆞᆫ지라 홀의원은 근본 삼십 팔년젼에 영국카나다에셔 낫시며 삼년젼 양력 십일월 이십ᄉᆞ일에 륙신이 죽엇ᄂᆞᆫ티 그 산소ᄂᆞᆫ양화진 언ᄃᆡ에 입산ᄒᆞ엿더라 이형뎨ᄂᆞᆫ 대한에 나아와셔 젼도ᄒᆞᄂᆞᆫ미이미 교회즁에 처음으로 죽은이오 이칙은 그부인이 다 지은거시 아니라 여러 친구가 긔록ᄒᆞᆫ거슬합ᄒᆞ여 츌판ᄒᆞᆫ 거신티 우리가 그즁에 홀 의원의힝젹을 보고 대강 긔록ᄒᆞ노라 ○ 홀 의원이 ᄋᆞ희ᄯᅢ에 그 부모의 집에잇셔 다른 ᄋᆞ희와 ᄀᆞᆺ치 학당에가셔 공부ᄒᆞᆯ식 지됴ᄂᆞᆫ 별노 만치못ᄒᆞ되 그ᄆᆞ옴은 ᄆᆡ우 착ᄒᆞ고 ᄯᅩᄒᆞᆫ 근간 ᄒᆞᆫ지라 나히 십ᄉᆞ셰에하ᄂᆞ님ᄭᅴ셔 ᄌᆞ긔의 죄를 샤ᄒᆞ여 주신줄 밋엇고 그ᄯᅢ에 본집으로 도라가 쟝식의일을 비호더니 우연이 병이드러 죽을지경에 니르매 하ᄂᆞ님ᄭᅴ 긔도ᄒᆞ여 골ᄋᆞᄃᆡ 내의병을 낫게ᄒᆞ여 주시면 내힘을다ᄒᆞ여 사ᄅᆞᆷ을 구원ᄒᆞ겟다 ᄒᆞ더니 그병이 나흔후에열심으로 젼도 ᄒᆞᄂᆞᆫ지라 ○ 공부의 셩취ᄒᆞᆷ을 위ᄒᆞ여 다시 학당에 드러왓시며 그후에 미국 릐ᄋᆞ욕으로 와셔 의셔 공부를 힘써ᄒᆞ여 졸업쟝을 밧앗더라 그ᄯᅢ에 의술과 젼도ᄒᆞᆷ을 특별히 구차ᄒᆞᆫ 사ᄅᆞᆷ들즁에 힘써 ᄉᆞ년동안에 사ᄅᆞᆷ의 육신만 곳쳐줄ᄲᅮᆫ 아니라 그 사ᄅᆞᆷ의 령혼ᄭᆞ지 구원케 ᄒᆞ엿시며릐우욕은 대단히 큰 셩인고로 부쟈도 만커니와 그즁에 ᄆᆡ우 구간ᄒᆞᆫ 사ᄅᆞᆷ이 잇ᄂᆞᆫ지라 홀 의원이 그집에 드러가 본즉 단간방에 녀인 ᄒᆞ나히 ᄋᆞ희ᄉᆞᆺ슬 ᄃᆞ리고 잇ᄂᆞᆫ티 두ᄋᆞ희ᄂᆞᆫ 옷시 아조업고 어린 ᄋᆞ희ᄂᆞᆫ 평샹우희 뉘엿ᄂᆞᆫ티 신문지로 몸을 가리우고 일긔ᄂᆞᆫ ᄆᆡ우 치운티 화덕은 더옵지 안코먹을거슨 ᄯᅥᆨᄒᆞᆫ덩이 ᄲᅮᆫ이라 그 녀인의 말이 나ᄂᆞᆫ구졔ᄒᆞᆯ것 업거니와 이 어린거슬 구ᄒᆞ여 달나 ᄒᆞ거ᄂᆞᆯ 홀의원이 엇더케 도아줄고 긔도ᄒᆞᆫ 후에 나아가 그 ᄋᆞ희들을 구졔ᄒᆞ여 준지라 이와 ᄀᆞᆺ치 어려온 사ᄅᆞᆷ들을 도아주매 일홈이 드러날ᄲᅮᆫ 아니라그 사ᄅᆞᆷ들이 홀 의원을 ᄆᆡ우 ᄉᆞ랑ᄒᆞ엿더라 ○ 하ᄂᆞ님ᄭᅴ셔 이 형뎨를 외국에 젼도 ᄒᆞᄂᆞᆫ 일노 부르신 고로 대한ᄭᆞ지 나아왓더라 ○ 대한에 나아와힝ᄒᆞ든 일은 로병션씨가 이 아래 오폭에 긔록ᄒᆞ엿시니 보시오

례비일공과 오십ᄉᆞ 이월 이십일

예수ㅣᄌᆞ긔를누구냐ᄒᆞ무르심

마태 십륙장 십삼절노 이십팔절

년됴 디명

十三 예수ㅣ 히살리아 바립비 디경에 니르러 뎨ᄌᆞ
들의게 무르샤ᄃᆡ 놈들아 인ᄌᆞ를 누구라고 ᄒᆞ더냐
十四 ᄃᆡ답ᄒᆞ되 엇던이는 세례주던 요한이라 ᄒᆞ고 엇
던이는 이리야라 ᄒᆞ고 ᄯᅩ 다른이는 야리미나 션
지중에 ᄒᆞ나이라 ᄒᆞ더이다 十五 ᄀᆞᆯᄋᆞ샤ᄃᆡ 너희는 나
를 누구라 ᄒᆞᄂᆞ냐 十六 셰문 베드로 ᄃᆡ답ᄒᆞ되 쥬는
긔독이요 영싱ᄒᆞ는 하ᄂᆞ님의 아ᄃᆞᆯ이시니다 十七 ᄀᆞᆯ
ᄋᆞ샤ᄃᆡ 셔문 파요나아 네가 복이 잇시리니 육신이
이거슬 네게 알게 ᄒᆞᆫ거시 아니요 하ᄂᆞᆯ에 계신 내
아바지ᄭᅴ셔 알게 ᄒᆞ심이니라 十八 ᄯᅩ 네게 닐ᄋᆞ노
니 너는 베드로니라 내가 이 반셕우에 내 교회를
셰우리니 음부의 권세가 이긔지 못ᄒᆞ리라 十九 내
가 하ᄂᆞᆯ나라 열쇠를 주리니 네가 ᄯᅡ에셔 무엇시
던지 ᄆᆡ면 하ᄂᆞᆯ에셔도 ᄆᆡ힐 거시요 네가 ᄯᅡ에셔
무엇시던지 풀면 하ᄂᆞᆯ에셔도 풀닐 지니라 ᄒᆞ시고
二十 뎨ᄌᆞ들의게 경계ᄒᆞ샤 내가 긔독이라고 사ᄅᆞᆷ의
게 닐ᄋᆞ지 말나 ᄒᆞ시더라 ○ 二十一 그ᄯᅢ로 브터 예
수ㅣ 뎨ᄌᆞ들의게 예루살넴에 가셔 장로와 졔ᄉᆞ쟝
과 셔ᄉᆞ판 들의게 해를 만히밧고 죽엇다가 삼일
만에 다시 살으심을 비로소 말ᄉᆞᆷᄒᆞ시니 二十二 베
드로 예수를 붓들고 간ᄒᆞ야 ᄀᆞᆯᄋᆞᄃᆡ 쥬여 이런일
을 멀니 ᄒᆞ쇼서 이거시 쥬의게 밋치지 아니 ᄒᆞᆯ지
니이다 二十三 예수ㅣ 몸을 도로키시며 베드로ᄃᆞ려 닐
ᄋᆞ샤ᄃᆡ 살단아 물너가라 네가 나를 거치게 ᄒᆞ니
대개 네가 하ᄂᆞ님의 ᄯᅳᆺ슬 ᄉᆡᆼ각지 아니ᄒᆞ고 사
ᄅᆞᆷ의 ᄯᅳᆺ만 ᄉᆡᆼ각ᄒᆞ는도다 ᄒᆞ시고 二十四 그ᄯᅢ에 예
수ㅣ 뎨ᄌᆞ들의게 닐ᄋᆞ샤ᄃᆡ 아모던지 나를 ᄯᅡ라오
랴면 졍욕을 이긔고 십ᄌᆞ가를 지고 나를 좃차라
二十五 누구던지 제 목숨을 구원코저ᄒᆞ면 일흘 거시
요 나를 위ᄒᆞ여 제 목숨을 일흐면 ᄎᆞᆺ질거시니 二十
六 사ᄅᆞᆷ이 만일 온 텬하를 엇고도 제 목숨을 일흐
면 무어시 유익ᄒᆞ며 무엇슬 주고 목숨을 밧구겟
ᄂᆞ냐 二十七 인ᄌᆞ가 아바지의 영광으로 그 텬ᄉᆞ들과
ᄒᆞᆫ가지로 오겟시니 그ᄯᅢ에 사ᄅᆞᆷ마다 저의 힝ᄒᆞᆫᄃᆡ
로 갑흐리라 二十八 내 실노 너희게 닐ᄋᆞ노니 여긔
셧는이 즁에 인ᄌᆞ가 그 나라에 림ᄒᆞ는거슬 죽기
젼에 볼 사ᄅᆞᆷ이 잇ᄂᆞ니라

주셕 路加福音

(누가복음 구쟝 십팔절 브터 ᄒᆞ고 마가복음 팔쟝
이십칠절 브터 이 공부말을 ᄯᅩ 긔록 ᄒᆞ엿ᄂᆞ니라
이ᄯᅢᄭᆞ지 뎨ᄌᆞ들이 예수ᄭᅴ셔 미시아 되신줄은 알
것마는 그 깁흔ᄯᅳᆺ은 종시 ᄭᆡ닷지 못ᄒᆞᆷ을 예수ㅣ
알으시고 ᄌᆞ긔 고난 밧을거슬 이젼에 뎨ᄌᆞ들의게
ᄀᆞᄅᆞ치지 아니 ᄒᆞ심은 뎌희가 참고 견ᄃᆡ지 못ᄒᆞᆯ
줄을 쾌히 아심이니 이제 불가불 ᄀᆞᄅᆞ치실 ᄯᅢ가
되엿시매 몬져 뎨ᄌᆞᄃᆞ려 무러보샤 나를 뉘라고 ᄒᆞ
ᄂᆞ냐 놈들은 나를 엇더케 알던지 샹관이 업거니

와 오직 너희ᄂᆞᆫ 내 뎨ᄌᆞ가 되여 나를 뉘라 ᄒᆞᄂᆞ냐 ᄒᆞ시더라 베드로ᄂᆞᆫ 몬져 나아와 ᄃᆡ답ᄒᆞ여 그라스도ㅣ 영싱 ᄒᆞ시ᄂᆞᆫ 하ᄂᆞ님의 아ᄃᆞᆯ이라 ᄒᆞ니 이ᄯᅳᆺ은 하ᄂᆞ님의 턱ᄒᆞ신 쟈로 보내셧단 말ㅣ라 뎨ᄌᆞ들이 이ᄀᆞᆺ치 앎은 ᄃᆡ희 지혜로 아ᄂᆞᆫ거시 아니요 오직 하ᄂᆞ님ᄭᅴ셔 ᄃᆡ희게 나타내샤 ᄇᆞᆰ히 알게 ᄒᆞ심이요 (마태복음 십일쟝 이십 오졀을 보라) 파요나라 ᄒᆞᆷ은 번역ᄒᆞᆫ즉 요나의 아ᄃᆞᆯ이라 ᄒᆞᆷ이요 베드로라 부르ᄂᆞᆫ 글ᄌᆞᄯᅳᆺ은 그 방언에 반셕이란 말과 ᄀᆞᆺᄒᆞᆷ이요 베드로ᄂᆞᆫ 이러케 몬져 ᄃᆡ답 ᄒᆞᄂᆞᆫ거시 뎨몸만 위ᄒᆞᆷ이 아니요 열두 뎨ᄌᆞ의 몸을 ᄃᆡ신ᄒᆞ여 ᄃᆡ답 ᄒᆞ엿ᄉᆞ매 예수ᄭᅴ셔 ᄃᆡ답ᄒᆞ심은 ᄯᅩ 베드로의게만 ᄒᆞ심이 아니라 열두 뎨ᄌᆞ의게 다 ᄃᆡ답 ᄒᆞ심이라 고난을 밧으시다가 죽엄의 권세를 이긔시ᄂᆞᆫ 예수 크리스도ㅣ 영싱ᄒᆞ시ᄂᆞᆫ 하ᄂᆞ님의 아ᄃᆞᆯ이심을 츔 안다ᄒᆞᄂᆞᆫ 뎨ᄌᆞᄂᆞᆫ 가히 예수 교회의 터가 될거시며 예수ᄭᅴ셔ᄂᆞᆫ 그 터의 머리가 되실거시오 (이불소 이쟝 이십졀노 이십이 ᄉᆞ지와 요한묵시 이십일쟝 십ᄉᆞ졀을 보라 모든 죄악의 권세라도 이 교회를 이긔지 못ᄒᆞᆯ지라 열쇠를 주샤 민고 놋ᄂᆞᆫ 권세를 준다 ᄒᆞ심은 세샹 사ᄅᆞᆷ의 죄를 샤ᄒᆞ여 주ᄂᆞᆫ 권세를 주심이 아니요 오직 예수 교회를 셜립ᄒᆞᄂᆞᆫᄃᆡ 다ᄉᆞ리ᄂᆞᆫ 법을 문ᄃᆞᆯ게 ᄒᆞᄂᆞᆫ 권세를 주심이라 ᄉᆞ도힝젼 이며 신약 일질에 여러 ᄉᆞ도의 편지에도 ᄯᅩᄒᆞᆫ 이교회 다ᄉᆞ리ᄂᆞᆫ 법을 말ᄉᆞᆷᄒᆞᆷ이 만ᄒᆞᆫ지라 뎨ᄌᆞ들은 예수ㅣ 크리스도로 하ᄂᆞ님의 아ᄃᆞᆯ이 신줄을 알앗ᄉᆞ되 이 세샹에 권세를 ᄇᆞ리ᄂᆞᆫ ᄆᆞ음이 셕겻ᄉᆞ매 그러ᄒᆞᆫ즉 뎌들도려 님의게 닐ᄋᆞ지말나 경계 ᄒᆞ시ᄂᆞᆫ지라 예수ᄭᅴ셔 뎨ᄌᆞᄃᆞ려 ᄌᆞ긔 고난을 밧으시고 죽어 다시 살을 이제 분명이 ᄀᆞᄅᆞ치심은 뎌들이 하ᄂᆞ님 나라가 크리스도ㅣ 고난을 밧으심으로 써 셜립ᄒᆞᆷ을 알게 ᄒᆞ심이라 뎌들이 ᄭᅢ닷지 못ᄒᆞ여 예수ㅣ 영화롬을 밧을 미시아ㅣㄴ 줄만 알고 고난밧을 미시아인 줄은 몰낫ᄂᆞᆫ지라 베드로ᄂᆞᆫ 앗가ᄂᆞᆫ 담대ᄒᆞᆫ 모양으로 안다 말 ᄒᆞ엿ᄉᆞ나 이제 마귀의 연장이 되여 예수ᄭᅴ 이런일을 다ᄒᆞ지 말나고 막으니 예수ᄭᅴ셔ᄂᆞᆫ 이젼에 마귀들 막ᄂᆞᆫ것ᄀᆞᆺ치 베드로를 대뎌 ᄒᆞ신지라 누구든지 하ᄂᆞᆯ 나라로 드러오랴면 이세샹 희락파 능ᄒᆞᆷ과 권세와 영화를 ᄇᆞ랄것 업고 오직 예수를 위ᄒᆞ여 제몸을 이긔고 이세샹 모든 물욕을 ᄇᆞ리ᄇᆞ리면 령혼이 영싱을 엇으리라 세샹 사ᄅᆞᆷ들은 ᄌᆞ긔 육신 사ᄂᆞᆫ것만 즁히 넉이나 오직 그 령혼이 길히 삶이 잇ᄂᆞ니 엇지 육신과 비교 ᄒᆞ리오 금셰에 ᄌᆞ긔몸을 이긔고 예수를 위ᄒᆞ여 괴롬을 지ᄂᆞᆫ쟈ㅣ 후셰에 반ᄃᆞ시 예수의게 길히 삶을 엇으리라

뭇ᄂᆞᆫ말

一 예수ᄭᅴ셔 히살니아 비립비 디경에서 무슴 말을 무르셧ᄂᆞ뇨 = 문도들이 엇더케 ᄃᆡ답ᄒᆞ엿ᄂᆞ뇨 = 특별이 예수를 셰례주든 요한이라 ᄒᆞ이가 누구뇨 = 이라야ᄂᆞᆫ 누구며 야리미ᄂᆞᆫ 누구며 웨 그ᄯᅢ 빅셩들이 이두사ᄅᆞᆷ 다시 살기를 기ᄃᆞ렷ᄂᆞ뇨 = 뎨ᄌᆞ들아 예수를 누구시라고 ᄒᆞ엿ᄂᆞ뇨 * 뎨ᄌᆞ들이 무슴일노 예수를 그쳐럼 알앗ᄂᆞ뇨

대뎌 친구가 대단이 소즁ᄒᆞᆫ거시 됴ᄒᆞᆫ 친구는 ᄉᆞ싱을 갓치ᄒᆞ여 피차에 단쳐를 면칙ᄒᆞ며 아모쪼록 실수업게 도아주며 ᄆᆡᄉᆞ를 서로 의론ᄒᆞ며 아모리 어려운 일이라도 되도록 쥬션들ᄒᆞ며 의취가 ᄀᆞᆺᄒᆞ여 잠시라도 ᄯᅥ나기를 앗기고 평ᄉᆡᆼ을 ᄀᆞᆺ치 지ᄂᆡ며 됴치 아니ᄒᆞᆫ 친구는 친구를 위티케ᄒᆞ며 ᄃᆡᄒᆞ면 감언니설노 ᄒᆞ여 그눈을 가리우다가 도라서셔는 흠담을 ᄒᆞ여 모르는 사ᄅᆞᆷ의 말ᄒᆞ듯기 ᄒᆞ며 술잔을 ᄃᆡᄒᆞ면 친형뎨 ᄀᆞᆺ치 반기다가 일을 당ᄒᆞ여 ᄆᆞᄋᆞᆷ을 의론ᄒᆞ여 보면 월나라 초나라 이며 필경 못된 친구를 위ᄒᆞ여 누명을 쓰고 몸이 망ᄒᆞ는 폐단이 죵죵 잇ᄉᆞ니 엇지 친구를 사귀기가 어렵지 아니리오 그러나 됴ᄒᆞᆫ 친구를 엇어다가 누구던지 몬저 셰샹을 ᄯᅥ나는 거슨 비록 공도나 대단이 섭섭ᄒᆞ더라 내의 ᄉᆞ랑ᄒᆞ는 친구 홀의원은 오년젼에 사귀인 친구인ᄃᆡ 피차 샹죵ᄒᆞ기를 불파 십삼삭에 불ᄒᆡᆼ이 육신이 죽엇시ᄆᆡ 보지 못ᄒᆞᆫ지가 ᄉᆞ년에 갓가온지라 ᄉᆡᆼ젼에 피차 왕복ᄒᆞᆫ 편지가 ᄎᆡᆨ상 우희 노엿ᄉᆞ니 그필젹이 완연ᄒᆞ고 그쥰수ᄒᆞᆫ 형용이 내 ᄆᆞᄋᆞᆷ에 그림이 되여 ᄉᆡᆼ각ᄒᆞ는ᄃᆡ로 그친구의 얼골이 거울ᄒᆞ여 빗치나 내의 진실ᄒᆞᆫ 친구는 분명ᄒᆞ도다 젼일에 이친구의 ᄒᆡᆼᄒᆞ시던 일을 왕왕이 ᄉᆡᆼ각ᄒᆞ던차에 대한 크리스도 회보 샤장 아펀셜라 씨가 날ᄃᆞ려 말ᄒᆞ기를 로형의 친구 홀 씨를 ᄉᆡᆼ각ᄒᆞᄂᆞ뇨 ᄒᆞ고 그친구의 ᄒᆡᆼ젹을 친이 보고 드른ᄃᆡ로 긔록ᄒᆞ여 보ᄂᆡ면 우리 회보에 긔재ᄒᆞ겟노라 ᄒᆞ기에 나는 깃부게 ᄃᆡ답ᄒᆞ엿던

ᄉᆞ나 붓슬 들고 고인을 ᄉᆡᆼ각ᄒᆞ니 졍신이 아득ᄒᆞ여 그의 ᄒᆡᆼᄒᆞ던 일을 니진 거시 만키로 낫낫치 쓰지 못ᄒᆞ고 대강 긔재ᄒᆞ노라 홀씨의 순젼ᄒᆞ고 인후ᄒᆞᆫ 셩품은 말ᄉᆞᆷ 아니ᄒᆞ여도 그의 친구가 되신이 들은다 짐작ᄒᆞ시려니와 사ᄅᆞᆷ을 교졔 ᄒᆞ는 법이 샹하 귀쳔 친소를 불계ᄒᆞ고 맛나면 몬저 인ᄉᆞᄒᆞ며 사ᄅᆞᆷ ᄃᆡ졉 ᄒᆞ기를 우녈이 업ᄉᆞ며 그의 도 밋는 법은 긔도 ᄒᆞ기로 쥬장을 삼아 우흐로 하ᄂᆞ님ᄭᅴ 셩령을 밧아ᄉᆞ며 아ᄅᆡ로 교우들을 감동케 ᄒᆞ엿고 무ᄉᆞᆷ 일이던지 육신의 힘이 들고 될일은 수고를 앗기지 아니ᄒᆞ며 원근을 혐의치 아니ᄒᆞ고 그혀히ᄒᆞ여 사ᄅᆞᆷ의 ᄆᆞᄋᆞᆷ이 감복케 ᄒᆞ엿ᄉᆞ며 ᄆᆞᄀᆞᆫ치기를 계을니 아니ᄒᆞ여 샹동파 평양 등디로 단니며 육신이 병든 사ᄅᆞᆷ의게는 약으로 곳쳐주고 령혼이 병든 사ᄅᆞᆷ의게는 예수의 말ᄉᆞᆷ으로 곳쳐주며 근근 ᄌᆞᄌᆞ히 평양에 씨를 ᄲᅳ려 지금 싹이 도다 나는거슨 우리도 지금 보는바라 나는 이친구의게 여러가지 교훈을 밧은즁에 지금ᄭᆞ지 닛치지 아니ᄒᆞ는 말은 홀의원씨가 근본 어린 ᄋᆞᄒᆡ를 ᄆᆡ우 ᄉᆞ랑ᄒᆞᄂᆞᆫ고로 어ᄃᆡ를 가던지 수십명 ᄋᆞᄒᆡ들이 ᄯᅡ라 단니며 대단이 셩가싀게 ᄒᆞ고 심지어 수염을 써두루되 조곰도 셩ᄂᆡ지 아니ᄒᆞ고 깃분 얼골노 졉ᄒᆞ거ᄂᆞᆯ ᄒᆞ로는 내가 뭇기를 형은 엇지ᄒᆞ야 ᄋᆞᄒᆡ들을 그리 ᄉᆞ랑ᄒᆞ여 ᄋᆞᄒᆡ들이 버르장이가 업게ᄒᆞᄂᆞ뇨 ᄒᆞᆫ즉 ᄃᆡ답ᄒᆞ는 말이 우리가 텬국을 드러 가랴ᄒᆞ면 뎌ᄋᆞᄒᆡ와 ᄀᆞᆺᄒᆞ야 ᄒᆞᆫ다ᄒᆞ던 말ᄉᆞᆷ이 내ᄆᆞᄋᆞᆷ에 지금ᄭᆞ지 잇노라

로병션

ᄂᆡ보

○길에셔 긴 담ᄇᆡᄃᆡ 물고 ᄃᆞ니ᄂᆞᆫ거시 거만ᄒᆞᆯᄲᅮᆫ 아니라 만일 다질니면 사ᄅᆞᆷ이 샹ᄒᆞ기 쉬혼고로 경무텽에셔 도로샹에 긴 담ᄇᆡᄃᆡ 물고 ᄅᆡ왕ᄒᆞᄂᆞᆫ거ᄉᆞᆯ 각방곡에 고시ᄒᆞ고 엄금 ᄒᆞᆫ다더라 ○경긔 각군에 작년 년ᄉᆞ가 흉년든 우심ᄒᆞᆫ 고을은 열 여ᄃᆞᆲ인ᄃᆡ 강화 인쳔 슈원 룡진 장단 부평 남양 풍덕 쥭산 안산 안셩 김포 음쥭 진위 양쳔 지평 양셩 교동이요 그 지ᄎᆞ 고을은 ᄉᆞ믈인ᄃᆡ 광쥬 귀셩 려쥬 양쥬 파쥬 리쳔 포쳔 양근 삭령 고양 영평 ᄆᆡ젼 교하 가평 룡인 시흥 젹셩 과쳔 련쳔 양지 이며 각군에 션지는 도합 칠쳔 일ᄇᆡᆨ 칠십겹 이십이짐 세못이라더라 ○미국 지목 회샤에셔 경 인 텰도 회샤로 미국 지목 일ᄇᆡᆨ 이십 오만쳑을 텰도 쇼용으로 보ᄂᆡᆫᄂᆞᆫᄃᆡ 미국 풍범션 ᄒᆞ나이 이 지목을 실고 일젼에 졔물포로 들어왓ᄂᆞᆫᄃᆡ 이런 큰 풍범션과 이런 굉장ᄒᆞᆫ 지목은 동양에 처음으로 왓다고ᄒᆞ엿더라 (독립신문)

○경무ᄉᆞ 리츙구씨가 셔울 오셔 ᄌᆞ니에 밤마다 쳔히 슌힝 ᄒᆞᄂᆞᆫ고로 각 교번소 슌검들이 졍신을 ᄎᆞ려 젼보다 경찰을 더잘ᄒᆞ니 요ᄉᆡ이ᄂᆞᆫ 도젹이 ᄎᆞᄎᆞ 업셔 진다더라

외보

영국 탁지대신이 ᄇᆡᆨ리스돌셔 연셜 ᄒᆞ기를 금년도 예산에 영국 정부에셔 영국 슈병들의 의식을 낫게ᄒᆞ여 주겟스며 영국셔 히군을 점점 더 확쟝ᄒᆞ야 다른 나라에셔 히군을 더 느리더ᄅᆡ도 영국 히군이 ᄯᅡ라 확쟝ᄒᆞ여 질터인즉 영국 히군이 언제든지 다ᄅᆞᆫ나라 히군보다 더 강ᄒᆞ리라고 ᄒᆞ며 만열 청국과 영국이 ᄡᅡ홈 ᄒᆞᄂᆞᆫᄃᆡ로 국쳐를 ᄶᅡ지 아니ᄒᆞ면 영국이 그ᄯᅢᄂᆞᆫ 약됴ᄒᆞᆫ 권리를 가지고 시ᄒᆡᆼᄒᆞ겟노라고 ᄒᆞ엿다더라 ○미국 졍부에셔 군함 네쳑을 동양으로 더 보내여 동양 ᄉᆞ졍을 ᄌᆞ셰히 슌헌다더라 ○일본 동경안에 잇ᄂᆞᆫ 깨가 구천 륙십삼마리인ᄃᆡ 일년에 동경부에셔 세 밧ᄂᆞᆫ거시 일만팔쳔 일ᄇᆡᆨ 이십 륙원이라더라. (독립신문)

협셩회광고

새로 츌판ᄒᆞᆫ 협셩회 회보는 졍동 ᄇᆡ재학당 일밥에셔 파ᄂᆞᆫᄃᆡ ᄒᆞᆫ쟝갑슨 엽젼 너픈이오 일삭 됴를 미리 내면 엽젼ᄒᆞᆫ돈 오픈인ᄃᆡ ᄂᆡ외국 소문과 학문샹에 유죠ᄒᆞᆫ 말이 만히 잇ᄉᆞ오니 사셔 보시기를 ᄇᆞ라오

본회 고ᄇᆡᆨ

본회에셔 이회보를 젼년과 ᄀᆞᆺ치 일쥬일에 ᄒᆞᆫ번식 발간 ᄒᆞᄂᆞᆫᄃᆡ 새로 륙폭으로 작뎡ᄒᆞ고 ᄒᆞᆫ쟝갑슨 엽젼 오픈이오 ᄒᆞᆫᄃᆞᆯ갑슬 미리내면 젼과 ᄀᆞᆺ치 엽젼 ᄒᆞᆫ돈 오픈이라 본국 교우나 셔국 목ᄉᆞ나 교외 친구나 만일 사셔 보고져 ᄒᆞ거든 졍동 아편셜라 목ᄉᆞ 집이나 죵로 대동셔시에 가셔 사시ᄋᆞᆸ

죵로대동셔시광고

우리 셔샤에셔 셩경 신구약과 찬미가 쳑과 교회에 유익ᄒᆞᆫ 여러가지 셔쳑과 시무에 긴요ᄒᆞᆫ 쳑들을 팔되 갑시 샹당ᄒᆞ오니 학문샹과 시무변에 ᄯᅳᆺ이 잇ᄂᆞᆫ 군ᄌᆞ들은 만히 사셔 보시ᄋᆞᆸ

뎨이권

대한크리스도인회보

뎨칠호

합오십오　　광무 [illegible]년 이월 십륙일

사셜

화미보론

회보가 사ᄅᆞᆷ의게 유죠 ᄒᆞᆫ일이 만ᄒᆞᆫ거지피ᄎᆞ에 ᄉᆞ졍울서로 통ᄒᆞ며 샹하에 막힌거슬 서로 알게 ᄒᆞᄂᆞ니 우리 미이미 교회에셔 젼도 ᄒᆞᄂᆞᆫ곳 마다 회보를 츌판 ᄒᆞᄂᆞᆫ고로 민ᄉᆡᆼ 회보와 화즁월보와 여러가지 신문이 잇ᄂᆞᆫ지라 금년 브터ᄂᆞᆫ 민ᄉᆡᆼ보와 화즁보를 합ᄒᆞ여 화미보라 일홈ᄒᆞ고 청국 복쥬에서 츌판 ᄒᆞᄂᆞᆫ듸 그즁에 우리 교회즁 소문과 셰계샹에 형편이 엇더홈과 학문샹에 유죠ᄒᆞᆫ 말ᄉᆞᆷ이 ᄆᆡ우 만히 잇ᄂᆞᆫ듸 갑슨 일년 동안에 이십오젼식 밧으며 우표갑슨 사서 보ᄂᆞᆫ이가 ᄯᅩ로 낼거시오 츌판 ᄒᆞ기ᄂᆞᆫ ᄆᆡ월에 일ᄎᆞ식 이라ᄒᆞ더라

○우리가 죵현에서 젼도 ᄒᆞᄂᆞᆫ 텬쥬교 쥬교의 편지를 밧엇ᄂᆞᆫ듸 그즁에 말ᄉᆞᆷ ᄒᆞ기를 쥬 강ᄉᆡᆼ 일쳔 팔ᄇᆡᆨ 구십 ᄉᆞ년에 교우 합수가 이만 ᄉᆞ쳔 칠ᄇᆡᆨ 삼십 삼명이오 일쳔 팔ᄇᆡᆨ 구십 오년에 교우 합수가 이만 오쳔 구ᄇᆡᆨ 구십 팔명이오 일쳔 팔ᄇᆡᆨ 구십 륙년에 교우 합수가 이만 팔쳔 팔ᄇᆡᆨ 이명이오 일쳔 팔ᄇᆡᆨ 구십 칠년에 교우 합수가 삼만이쳔 이ᄇᆡᆨ 십칠명이라 ᄒᆞ엿시니 이거슨 대한 팔도에 잇ᄂᆞᆫ 텬쥬교 인을 합 ᄒᆞᆫ거시오 텬쥬교 풍쇽은 어린 ᄋᆞ회와 녀인을 의론치 안코 반다시 교우라 칭ᄒᆞ더라

례ᄇᆡ일을직히ᄂᆞᆫ거시유익ᄒᆞᆫ론

뎨ᄉᆞ계명 례ᄇᆡ일을 거륵ᄒᆞ게 직히라ᄒᆞᆫ 말ᄉᆞᆷ뿐 아니라 ᄒᆞᆫ ᄇᆡᆨ여년 젼에 엇던 미국 셩에 ᄆᆡ우 부쟈ᄒᆞ나이 잇ᄂᆞᆫ듸 례ᄇᆡ 륙일을 당ᄒᆞ여 그집에 일보ᄂᆞᆫ 사ᄅᆞᆷ들의게 님ᄋᆞ기를 리일은 무숨 일이 잇ᄉᆞ니 일제이 오라ᄒᆞ미 그즁에 ᄒᆞᆫ 졂은 사ᄅᆞᆷ이 말ᄒᆞᄒᆞ기를 나ᄂᆞᆫ 례ᄇᆡ일에 일홀수 업노라ᄒᆞ니 그쥬인이 말ᄒᆞ기를 두말마라 우리 집에 규칙를 아지 못ᄒᆞ나냐 ᄒᆞᆫ즉 그소년이 말ᄒᆞ기를 내가 버려 어마니를 봉양ᄒᆞ나 례ᄇᆡ일은 일을 못 ᄒᆞ겟노라 ᄒᆞ니 그쥬인의 말이 그러면 돈맛ᄒᆞᆫ 사ᄅᆞᆷ의게 가셔 협ᄒᆞ여 가지고 가라ᄒᆞ니 졸지에 그소년이 ᄉᆡᆼ이가 ᄯᅥ러저 ᄉᆞ방으로 단니며 직업을 구ᄒᆞ려 계삼칠일을 단닐ᄉᆡ ᄒᆞ로ᄂᆞᆫ 은힝소 쥬인이 이 부쟈의게 와셔 은힝의 돈맛길 진실ᄒᆞᆫ 사ᄅᆞᆷ을 ᄒᆞ나 쳔거ᄒᆞ라 ᄒᆞ니 그부쟈가 젼일에 보ᄂᆡᆫ 그소년을 쳔거 ᄒᆞ거늘 은힝소 쥬인이 놀ᄂᆡ여 ᄒᆞᄂᆞᆫ말이 엇지ᄒᆞ여 그ᄃᆡ가 보ᄂᆡᆫ 사ᄅᆞᆷ을 내가 쳔거 ᄒᆞ나뇨 ᄒᆞᆫ즉 그 부쟈의 말이 내가 보ᄂᆡ기ᄂᆞᆫ ᄒᆞ엿스나 의리를 위ᄒᆞ여 졔의 ᄉᆡᆼ이 ᄯᅥ러지ᄂᆞᆫ 거슬 혐의치 안ᄂᆞᆫ 사ᄅᆞᆷ인즉 가이 돈을 맛길만ᄒᆞ다ᄒᆞ고 그소년을 쳔거ᄒᆞ더라 ᄒᆞ니 엇지 례ᄇᆡ일을 직히ᄂᆞᆫ 거시 유익지 아니리오

대한크리스도인 회보

THE KOREAN
CHRISTIAN ADVOCATE.
Rev. H. G. Appenzeller, Editor.
36 cents per annum
in advance. Postage extra.
Wednesday, Feb. 16th, 1898.

셔울 졍동셔 일쥬일에 ᄒᆞᆫ번
발간 ᄒᆞᄂᆞᆫ뒤 아펀셜라 목ᄉᆞ가
회보 사장이 되엿더라
일년 갑슬 미리ᄂᆡ면 십
십 륙젼이오 우표갑슨
ᄯᅩ로 잇ᄂᆞ니라

찬미가

뎨일
독일무이하ᄂᆞ님ᄭᅴ
텬하만민경비
만국왕울다ᄉᆞ리고
만민기르시베

후렴
죄을버ᄉᆞ랴면
회기ᄒᆞ고
하ᄂᆞ님ᄭᅦ경비ᄒᆞ며
예수씨를밋게

뎨이
모든밋는셩도들은
만국방언으로
온텬하에널니젼히
만민알게ᄒᆞ셰
후렴

뎨삼
하ᄂᆞ님을모로오고
경비사신ᄒᆞ면
무소복지하ᄂᆞ님이
디옥불에넛네
후렴

뎨ᄉᆞ
이셰샹에모든물건
우리ᄭᅦ주시니
하ᄂᆞ님ᄯᅢ감샤ᄒᆞ고
샤신의게말게
후렴

뎨오
온텬하을모ᄯᅩ엇고
만국왕되여도
우리싱명널흘진티
영화쓸티업네

인천 제물포 형뎨 리명슉씨는 황히도 연안 등디로 ᄃᆞ니며 젼도ᄒᆞᄂᆞᆫ뒤 이번에 강화 홍의회당에서 젼도ᄒᆞᄂᆞᆫ 교우 박능일씨의 긔록ᄒᆞᆫ바 소문를 가져 왓기로 이아래 긔지ᄒᆞ노라

홍의회당 에서 구세쥬 탄일에 등불 삼십오 기를 달고 형뎨ᄌᆞ민 삼십여 인이 모히여 하ᄂᆞ님ᄭᅴ 경축ᄒᆞ고 구쥬님ᄭᅴ셔 졍셩의 ᄆᆞ음을 주신줄 밋ᄉᆞ오며 ᄯᅩ 양력 일월 일일밤에 구쥬님 탄일과 ᄀᆞᆺ치 등불을 ᄇᆞᆰ히고 형뎨들이 모히여 집집마다 ᄎᆞ져가 지ᄂᆞᆫ간 일년 동안에 평안히 지낸 은혜를 하ᄂᆞ님ᄭᅴ 감샤ᄒᆞ고 구세쥬의 일홈으로 찬미ᄒᆞ며 새히 일년 동안에 하ᄂᆞ님ᄭᅴ셔 은혜 쥬시기를 긔도ᄒᆞ여 ᄆᆞ음 속에 보혜ᄉᆞ의 인도 ᄒᆞ심으로 힘ᄒᆞ기를 밋엇시며 ᄯᅩ 그잇흔날 례ᄇᆡ에 ᄋᆞ히들노 ᄒᆞ여곰 론설 ᄒᆞ게ᄒᆞ고 형뎨와 ᄌᆞ미들이 각각 손에 나무조각 ᄒᆞ나식 가지고 잇다가 그 ᄋᆞ히 론셜즁에 요긴ᄒᆞᆫ말이 돌닐ᄯᅢ 마다 나무조각을 ᄒᆞ나식 젼도ᄒᆞᄂᆞᆫ ᄋᆞ히 압회 던젓 다가 론셜을 맛친후에 그 나무쇠 다쇼를 계교ᄒᆞ여 샹급주되 일등에는 돈 너푼이오 이등에 서푼식 삼등에 두푼식 ᄉᆞ등에 ᄒᆞᆫ푼식 주어 ᄋᆞ히들노 ᄒᆞ여곰 하ᄂᆞ님의 은혜와 구세쥬의 ᄉᆞ랑 ᄒᆞ심을 ᄎᆞᄎᆞ 알고 공부를 더 힘쓰게 ᄒᆞ엿ᄉᆞᆸ

례배일공과 오십오 이월이십칠일

예수ㅣ형샹을변화ᄒᆞ심

마태 십칠쟝 일졀노 십삼졀

변됴

디명

一 엿새후에 예수ㅣ 베드로와 야곱과 야곱의 동ᄉᆡᆼ
요한을 ᄃᆞ리시고 조용이 놉흔산에 올나가샤 二 뎌
들 압회셔 형샹을 변화ᄒᆞ샤 그 얼골이 히ᄀᆞᆺ치 빗
나며 옷시 회여 광채가 나더라 三 ᄯᅢ에 모셰와
엘니아ㅣ 뎌 무리들의게 나타나 예수로 더부러 말
ᄉᆞᆷᄒᆞ거ᄂᆞᆯ 四 베드로 예수ᄭᅴ 고ᄒᆞ여 ᄀᆞᆯᄋᆞᄃᆡ 쥬여
우리가 여긔 잇ᄂᆞᆫ거시 됴ᄉᆞ오니 쥬ㅣ 만일 원ᄒᆞ
시면 우리가 여긔셔 쟝막 세슬 지어 ᄒᆞ나ᄂᆞᆫ 쥬ᄅᆞᆯ
위ᄒᆞ고 ᄒᆞ나ᄂᆞᆫ 모셰ᄅᆞᆯ 위ᄒᆞ고 ᄒᆞ나ᄂᆞᆫ 엘니아ᄅᆞᆯ 위
ᄒᆞ리다 五 말ᄒᆞᆯᄯᅢ에 홀연이 빗ᄂᆞᆫ 구룸이 가리오며
ᄯᅩ 소ᄅᆡ가 구룸속에셔 나와 ᄀᆞᆯᄋᆞᄃᆡ 이ᄂᆞᆫ 내의 ᄉᆞ
랑ᄒᆞᄂᆞᆫ 아ᄃᆞᆯ이오 나ᄅᆞᆯ 깃부게ᄒᆞᄂᆞᆫ 쟈ㅣ니 너희ᄂᆞᆫ
뎌ᄅᆞᆯ 들을지어다 ᄒᆞ거ᄂᆞᆯ 六 뎨ᄌᆞ들이 듯고 심이
두려워 업드러지니 七 예수ㅣ 나아와 뎌들을 만지
시며 ᄀᆞᆯᄋᆞ샤ᄃᆡ 두려워말고 이러나라 ᄒᆞ시니 八 뎨
ᄌᆞ들이 눈을 들고보니 ᄒᆞᆫ사ᄅᆞᆷ도 보지못ᄒᆞ고 오직
예수 ᄲᅮᆫ이실너라 ○ 九 산에셔 나려 오실ᄯᅢ에 예수
ㅣ 명ᄒᆞ야 ᄀᆞᆯᄋᆞ샤ᄃᆡ 인ᄌᆞ가 죽어셔 다시 살기젼
에ᄂᆞᆫ 본거ᄉᆞᆯ 사ᄅᆞᆷ의게 닐ᄋᆞ지 마라ᄒᆞ시니 十 뎨ᄌᆞ
들이 뭇ᄌᆞ와 ᄀᆞᆯᄋᆞᄃᆡ ᄉᆞ쟈가 엇지 엘니아ㅣ 몬져
온다 말ᄒᆞ엿ᄂᆞ닛가 十一 예수ㅣ ᄃᆡ답ᄒᆞ여 ᄀᆞᆯᄋᆞ샤ᄃᆡ 十二
엘니아ㅣ 과연 몬저와셔 모든일을 회복ᄒᆞ리라 十二 뎌
오직 내 네게 말ᄒᆞ노니 엘니아가 임의왓스되 뎌
사ᄅᆞᆷ들이 아지못ᄒᆞ고 임의로 ᄃᆡ졉ᄒᆞ엿스니 인ᄌᆞ
도 ᄯᅩᄒᆞᆫ 이와ᄀᆞᆺ치 해ᄅᆞᆯ밧으리라 ᄒᆞ시니 十三 그졔
야 뎨ᄌᆞ들이 예수ㅣ 말ᄉᆞᆷᄒᆞ신거시 셰례준 요한인
줄을 ᄭᆡ닷더라

주셕

오ᄂᆞᆯ 공부ᄅᆞᆯ 알나거든 마가 복음 구쟝 이졀 브터 십삼졀 ᄭᆞ지와 누가 복음 구쟝 이십 팔 삼십졀을 보면 ᄌᆞ셰 긔록 ᄒᆞ엿ᄂᆞᆫ지라 예수ᄭᅴ셔 셰샹에 계실ᄯᅢ에 ᄂᆞᆺ짐과 조롱홈과 핍박홈도 밧으시며 ᄯᅩ 하ᄂᆞ님 압헤 영화ᄅᆞᆯ 드림을 보셧ᄉᆞᆷ은 셰례 밧으실 ᄯᅢ에 하ᄂᆞᆯ이 열니며 하ᄂᆞ님의 ᄉᆞ랑 ᄒᆞ시ᄂᆞᆫ 아ᄃᆞᆯ이심을 간증 ᄒᆞ시고 이번에도 하ᄂᆞ님ᄭᅴ셔 뎨ᄌᆞ들 압회 예수ㅣ 아ᄃᆞᆯ 되심을 나타 내시며 영화ᄅᆞᆯ 뵈샤 예수ㅣ 형용을 변화 ᄒᆞ신지라 예수ᄭᅴ셔 ᄌᆞ긔가 고난을 밧으샤 십ᄌᆞ가에 도라 가셧다가 부ᄉᆡᆼ ᄒᆞ심을 뎨ᄌᆞ의게 ᄯᅩ 말ᄉᆞᆷ ᄒᆞ신지 닐헤만에 십이 문도즁에 더옥 갓가온 뎨ᄌᆞ 삼인을 다리시고 놉고 그윽ᄒᆞᆫ 산에 올나가 긔도 ᄒᆞ신지라 거긔셔 긔도 ᄒᆞ시다가 홀연이 형샹을 변화 ᄒᆞ샤 얼골 빗치 빗ᄂᆞᆫ 히ᄀᆞᆺ고 옷 빗치 회여 광채 ᄡᅩ이니 이 빗츤 다른 광채ᄅᆞᆯ 빌어 이러 홈이 아니라 ᄎᆞᆷ 하ᄂᆞ님 되신 예수의 빗치오 시편 일빅 ᄉᆞ편을 보라 뎨ᄌᆞ들이 서서 보고 놀나다가 홀연 모셰와 엘

나아 잇슴을 보앗는지라 모셰는 하ᄂᆞ님의 률법을 빅셩의게 젼 ᄒᆞ여 ᄀᆞᄅᆞ친 쟈요 엘니야는 구약 여러 션지 즁에 놉고 유명 ᄒᆞᆫ 쟈ㅣ니 이 두 사ᄅᆞᆷ의 죽은 모양도 셰샹 사ᄅᆞᆷ과 ᄀᆞᆺ지 아니 ᄒᆞ매 모셰는 하ᄂᆞ님의 명령ᄃᆡ로 ᄒᆞ여 놉흔 산에 올나가 죽엇ᄉᆞ되 쟝ᄉᆞ 지낸 쟈도 업고 그 무덤을 아는 쟈도 업ᄉᆞ며 신명긔 삼십 ᄉᆞ쟝 오 륙 졀을 보라 엘니야는 하ᄂᆞ님의 명령을 슌죵ᄒᆞ다가 빅일 승텬ᄒᆞᆫ 쟈ㅣ니 렬왕긔 후셔 이쟝 십일졀을 보라 이 두 사ᄅᆞᆷ도 예수와 ᄀᆞᆺ치 ᄉᆞ십일을 금식ᄒᆞ고 산즁에 잇셔 하ᄂᆞ님의 현몽 ᄒᆞ심을 밧앗는지라 이번에 두 사ᄅᆞᆷ이 몸이 옴은 구약에 예언ᄒᆞᆫ ᄃᆡ로 구셰쥬 오심을 발셔 응험ᄒᆞᆷ을 간증 ᄒᆞᆷ이오 이날 구약과 신약이 맛나 본것 쳐름 되엿ᄉᆞ되 오직 예수ᄭᅴ셔 그 두 군ᄃᆡ 다 쥬쟝이 되셧는지라 베드로의 ᄆᆞᄋᆞᆷ에는 이 곳에 뮈위 ᄒᆞ는 바리셔 사ᄅᆞᆷ도 업고 괴롭게 ᄒᆞ는 빅셩들도 업ᄉᆞ니 하ᄂᆞᆯ노 오신 손님과 ᄒᆞᆷᄭᅴ 홍샹 여긔 잇기를 원 ᄒᆞ엿ᄉᆞ매 이와 ᄀᆞᆺ치 지금 사ᄅᆞᆷ들 말이 도를 ᄒᆞ랴면 회당에만 ᄃᆞᆫ여 공부를 ᄒᆞ고 모든 싱업을 다 폐ᄒᆞ여야 되겟다 ᄒᆞ나 오직 이는 예수의 ᄯᅳᆺ이 아니니 예수ᄭᅴ셔 뎨ᄌᆞ들 ᄒᆞ고 혹 산에 올나 가샤 영광도 뵈시며 ᄂᆞ려와셔 악ᄒᆞᆫ 셰샹에 살다가 악을 ᄃᆡ뎍게 ᄒᆞ신ᄯᅳᆺ이라 수일젼에 바리셔 사ᄅᆞᆷ이 하ᄂᆞᆯ 증조를 뵈여야 밋겟다 ᄒᆞ엿ᄉᆞ나 예수ᄭᅴ셔 증조를 허락지 아니 ᄒᆞ셧ᄉᆞ며 이제는 하ᄂᆞᆯ에셔 소ᄅᆡ 잇셔 이는 나의 아ᄃᆞᆯ이오 깃버ᄒᆞ는 쟈ㅣ니 들으라 ᄒᆞ심은 이거시 뎨ᄌᆞ의게 밋음을 단단케 ᄒᆞ며 의심업게 ᄒᆞ는 증조를 주시며 간증 ᄒᆞ심이오 하ᄂᆞ님ᄭᅴ셔 이젼에는 구약을 셰우샤 모셰와 엘니야와 다른 션지들노 빅셩을 ᄀᆞᄅᆞ치셧ᄉᆞ며 이제 오직 신약을 셰웟ᄉᆞ니 그 아ᄃᆞᆯ 예수로 ᄡᅥ 말ᄉᆞᆷ ᄒᆞ시랴 ᄒᆞ시나 셰샹 사ᄅᆞᆷ들은 다 예수ᄯᅢ 나와 드를지어다

뭇는말

一 예수ᄭᅴ셔 누구를 다리고 산으로 올나 가셧ᄂᆞ뇨

二 구쥬는 엇더케 영광 스로히 변화 ᄒᆞ셧ᄂᆞ뇨

三 변화 ᄒᆞ심이 우리의게 유죠 ᄒᆞᆯ일이 무엇시뇨

四 변화 ᄒᆞ실ᄯᅢ에 누구와 ᄒᆞᆷᄭᅴ 무ᄉᆞᆷ일을 의론ᄒᆞ셧ᄂᆞ뇨

五 베드로가 무엇슬 ᄒᆞᄌᆞ고 ᄒᆞ엿ᄂᆞ뇨

六 이ᄯᅳᆺ 속에 잘못됨이 무엇시뇨

七 하ᄂᆞ님이 하ᄂᆞᆯ에셔 ᄇᆞᆰ히 말ᄉᆞᆷᄒᆞ샤 몃번 이나 엇더케 증거ᄒᆞ셧ᄂᆞ뇨

八 구쥬ᄭᅴ셔 웨 변화 ᄒᆞ신일을 남의게 고치 말나 ᄒᆞ셧ᄂᆞ뇨

九 요한이 엘니아 된 증거가 무엇시뇨

十 이 셰샹이 구쥬와 요한을 이처럼 ᄃᆡ졉 ᄒᆞ엿시니 우리가 ᄃᆡ졉 밧을거시 무엇시뇨

달셩회 즁부인의 덕힝

엇던 부인 ᄒᆞ나이 과거로 계신 부인이오 우리교회에 진실이 밋는 부인이라 각쳐로 날마다 ᄃᆞ니며 힘써 젼도ᄒᆞ고 밋지 안는 사ᄅᆞᆷ은 울면셔 권ᄒᆞ니 ᄉᆞᆷ 이 부인은 눈물노 ᄡᅵ우다가 우슴으로 거둘거시오 ᄌᆞ긔 돈으로 옷업는 사ᄅᆞᆷ을 옷 닙히기와 밥 업는 사ᄅᆞᆷ을 밥 주기와 부모 업는 ᄋᆞᄒᆡ를 구졔ᄒᆞ기와 집 업는 소경을 움집 지여 주기를 힘ᄊᆞ니 이 부인은 우리 쥬 심판ᄒᆞ실 ᄯᅢ에 ᄀᆡ벽젼 부러 예비ᄒᆞ엿던 나라를 우편 면양과 ᄀᆞᆺ치 밧을거시오 ᄯᅩ 놈 모로게 은밀이 ᄃᆞ니면셔 됴흔 일을 만나 ᄒᆞ니 ᄎᆞᆷ 이 부인은 지물을 텬국에 ᄡᅡᆺ는 ᄌᆞ미ᄃᆞᆯ이 셰상에 ᄶᅡ키보다 더 깃버ᄒᆞ고 하ᄂᆞ님ᄭᅴ 칭찬 밧기를 사ᄅᆞᆷ의게 칭찬 밧기보다 더 깃버ᄒᆞ는 부인이오 예수 크리ᄉᆞ도의 뎨지된 부인일너라 이 부인 젼도로 드러온 교우가 남녀 합ᄒᆞ여 ᄉᆞ오십명이나 되오니 이런 일을 ᄒᆞᆫ 사ᄅᆞᆷ만 ᄒᆞᆯ거시 아니라 모든 사ᄅᆞᆷ이 다 ᄒᆞᆯ 직분이오며 모든 사ᄅᆞᆷ이 다 이ᄀᆞᆺ치 ᄒᆞ면 예수ᄭᅴ셔 각 사ᄅᆞᆷ을 대신ᄒᆞ여 도라 가신 공뢰가 헛된ᄃᆡ 도라 가지 아니ᄒᆞᆯ거 시니 엇지 영화 롭지 아니리오 우리 모든 밋는 사ᄅᆞᆷ들은 다 이와 ᄀᆞᆺ치 힝ᄒᆞ시기를 ᄇᆞ라노라

됴명운

대한 회보 오십이호 륙폭에 말숨 ᄒᆞ기를 ᄊᆞᆯ두엔 목ᄉᆞ의 부인이 달셩회당에셔 젼도ᄒᆞᆫ 됴흔 말숨을 ᄒᆞᆫᄌᆞ만 비부ᄅᆞ게 먹지 말나 ᄒᆞ셧시니 과연 됴흔 말숨이오나 오십이호 이폭에 ᄊᆞᆯ두에목ᄉᆞ 부인의 젼도ᄒᆞᆫ 말숨을 긔지 ᄒᆞᆫ거슬 본즉 음식은 ᄯᅩᆨᄀᆞᆺᄒᆞᆫ 음식인ᄃᆡ 우리 달셩회당에셔는 샹오 십뎜 죵에 먹고 졍동 회당에셔는 하오 두시에 먹엇시니 몸은 비록 동셔편에 난호여 잇고 먹은 시간은 비록 조만이 다르나 ᄒᆞᆫ날 ᄒᆞᆫ님에셔 나오난 신령ᄒᆞᆫ 음식을 ᄒᆞᆷᄭᅴ 먹엇시니 감샤ᄒᆞ고 더욱 감샤 ᄒᆞ기는 졍동 회당에셔 회보에 긔록ᄒᆞ여 우리의게 ᄒᆞᆫ번 더 먹이 셧시니 형님의 ᄉᆞ랑 ᄒᆞ시는 ᄆᆞ음을 ᄎᆞᆷ 감샤 ᄒᆞ오며 우리ᄃᆞ려 ᄒᆞᆷᄭᅴ 먹자 ᄒᆞ셧시니 만일 ᄯᅩᆨ ᄀᆞᆺ치 먹기를 원 ᄒᆞ시거든 오십이호 이폭에셔 다시 ᄒᆞᆫ번 더 잡ᄉᆞ시기를 ᄇᆞ라ᄋᆞᆸᄂᆞ이다

달셩회당

욕심으로죽는것

일젼에 칙을 샹고 ᄒᆞ다가 맛춤 화도 신보를 보더니 ᄒᆞᆫ 이샹ᄒᆞᆫ 그림이 잇는지라 ᄌᆞ셰히 본즉 호랑이 ᄒᆞ나이 고기 덩이를 물고 우물를 ᄃᆡᄒᆞ여 안젓는ᄃᆡ 그 말숨에 ᄀᆞᆯᄋᆞᄃᆡ 범이 고기를 물고 오다가 물속에 그림ᄌᆞ를 보고 다른 범이 먹을거슬 가졋는가 의심ᄒᆞ여 마ᄌᆞ ᄲᅢ시랴고 물노 ᄯᅱ여 드러 갓다가 ᄲᅡ져 죽엇다 ᄒᆞ엿더라

ᄂᆡ보

대한 속담에 도야지는 복잇는 즘싱 이라 ᄒᆞᄂᆞᆫ고로 무론 누구던지 다른 집에 이샤ᄒᆞᆫ 후에 도야지 ᄭᅮᆷ을 ᄭᅮ면 길몽이라 ᄒᆞᄂᆞᆫ지라 음력 정월 초삼일에 도야지 ᄒᆞᆫ마리가 대궐안 후원에 ᄯᅱ여 들어 갓ᄂᆞᆫᄃᆡ 그날은 힘일인즉 길ᄒᆞᆫ 중됴라 ᄒᆞ야 도야지 임쟈를 불너 샹급젼 오ᄇᆡᆨ량을 주엇다더라

○음력 정월 십오일야에 엇던 ᄅᆞ파 ᄒᆞ나이 ᄒᆞᆫ 죠회로 사ᄅᆞᆷ의 형용을 ᄆᆞᆫ들어 광통교 다리 우에 펴노코 그 죠회 우에는 렵젼 몃푼과 ᄡᆞᆯ ᄒᆞᆫ줌과 실과 몃개를 버려 노앗ᄂᆞᆫᄃᆡ 그 ᄅᆞ파가 원발을 굴으며 무슴 진언을 입술 안으로 ᄒᆞᆫ참 외오고 가ᄂᆞᆫ지라 교우 몃사ᄅᆞᆷ이 맛참 지나다가 그 광경을 보고 발노 그죠희를 헷치며 탄식ᄒᆞ여 ᄀᆞᆯᄋᆞᄃᆡ 이어리셕은 사ᄅᆞᆷ이여 엇지ᄒᆞ야 참된 거슬 바리고 헛된일을 됴아 ᄒᆞᄂᆞ뇨 무론 누구던지 다만 ᄒᆞᆫ분 하ᄂᆞ님ᄭᅴ만 긔도 ᄒᆞᆯ거시요 다른 ᄃᆡᄂᆞᆫ 다 ᄡᅳᆯᄃᆡ 업다 ᄒᆞ니 좌우에 ᄒᆡᆼ인들은 다 방졍ᄒᆞᆯ ᄯᅡᄅᆞᆷ이요 겻히 섯든 ᄋᆞ희들은 다토아 돈을 집어 가지고 다라나더라

○광무 이년도 예산(셰입총익은 ᄉᆞᄇᆡᆨ 오십 이만 칠쳔 ᄉᆞᄇᆡᆨ 칠십 륙원인ᄃᆡ 작년 보다 삼십 삼만 륙쳔 이ᄇᆡᆨ 륙십 ᄉᆞ원이 더ᄒᆞ고 셰츌총익은 ᄉᆞᄇᆡᆨ 오십 이만 오쳔 오ᄇᆡᆨ 삼십원 인ᄃᆡ 작년보다 삼십 삼만 오쳔 일ᄇᆡᆨ 삼원이 더ᄒᆞ니 남ᄂᆞᆫ 거시 일쳔 구ᄇᆡᆨ ᄉᆞ십 륙원 이라더라

외보

미국 무긔회샤에서 데일 샹등 연방총 만병과 탄환 오ᄇᆡᆨ만 개를 아라샤 정부에 팔앗다더라 ○영국 졍부에서 동양 함ᄃᆡ를 더 느리량으로 텰갑션 ᄒᆞᆫ쳑과 슌양함 두쳑을 청국으로 보낸다더라

협셩회광고

새로 츌판ᄒᆞᆫ 협셩회 회보는 정동 ᄇᆡ지학당 일방에서 파ᄂᆞᆫᄃᆡ ᄒᆞᆫ쟝갑슨 엽젼 너푼이오 일삭됴를 미리 내면 엽젼ᄒᆞᆫ돈 오푼인ᄃᆡ 니외국 소문과 학문샹에 유죠ᄒᆞᆫ 말이 만히 잇ᄉᆞ오니 사셔 보시기를 ᄇᆞ라오

본회고ᄇᆡᆨ

본회에서 이 회보를 전년과 ᄀᆞᆺ치 일쥬일에 ᄒᆞᆫ번식 발간 ᄒᆞᄂᆞᆫᄃᆡ 새로 륙폭으로 작뎡ᄒᆞ고 ᄒᆞᆫ쟝갑슨 엽젼 오푼이오 ᄒᆞᆫᄃᆞᆯ갑슨 미리내면 젼과 ᄀᆞᆺ치 엽젼 ᄒᆞᆫ돈 오푼이라 본국 교우나 셔국 목ᄉᆞ나 교외 친구나 만일 사셔 보고져 ᄒᆞ거든 정동 아편셜라 목ᄉᆞ 집이나 죵로 대동셔시에 가셔 사시옵

죵로대동셔시광고

우리 셔샤에셔 셩경 신구약과 찬미가 칙과 교회에 유익ᄒᆞᆫ 여러가지 셔칙과 시무에 긴요ᄒᆞᆫ 칙들을 팔되 갑시 샹당ᄒᆞ오니 학문샹과 시무변에 ᄯᅳᆺ이 잇ᄂᆞᆫ 군ᄌᆞ들은 만히 사셔 보시옵

뎨이권

대한 크리스도인 회보

뎨팔호

합오십륙

광무 이년 이월 이십삼일

독립협회 회원들이 샹쇼ᄒᆞᆷ

독립협회ᄂᆞᆫ 본ᄅᆡ 대한 관민간에 열넌 사ᄅᆞᆷ들이 모히여 나라아 독립된 것을 셰계에 들어 ᄂᆡ고져 ᄒᆞ야 돈 수쳔원을 내여 젼 영은 문을 헐고 독립문을 셰웟시며 ᄯᅩ 미일요일에 회원들이 모히여 문 제를 졔츌ᄒᆞ야 토론 ᄒᆞ더니 본 월 십삼일에 회원들이 모히여 연 셜ᄒᆞᆫ 후에 말 ᄒᆞ기를 빅셩이 지 금 도탄즁에 들엇시며 나라 형 셰가 위틔ᄒᆞ나 대황뎨 폐하ᄭᅴ셔ᄂᆞᆫ 구즁궁궐에 계셔 이런일을 ᄌᆞ셰이 아시지 못 ᄒᆞᆯ듯 ᄒᆞ니 신ᄌᆞ의 도리에 알고 도 그ᄃᆡ로 잇ᄂᆞᆫ것은 올치 안타 ᄒᆞ 야 샹쇼 ᄒᆞ기로 작뎡들을 ᄒᆞ엿다 더나 본월 이십일에 회원들이 다 시 모히여 샹쇼ᄒᆞᆯ 쵸본을 가지고 회원 수빅명과 방텽인 쳔여경 압 헤셔 닑ᄂᆞᆫᄃᆡ 그 대지인즉 빅셩 이 도탄즁에 든거ᄉᆞᆫ 구법은 폐 지ᄒᆞ엿다 ᄒᆞ야 쓰지 아니ᄒᆞ고 신법은 잇셔도 시ᄒᆡᆼ치 아니ᄒᆞ니 이ᄂᆞᆫ 젼쟝법도가 업ᄂᆞᆫ 나라이락 ᄒᆞ엿시며 ᄌᆡ졍과 군권은 놈의게 맛기지 못ᄒᆞᆯ 거신ᄃᆡ 놈의게 맛기엿시며 ᄯᅩ 혹간 관인을 츌쳑 ᄒᆞ시ᄂᆞᆫᄃᆡ도 대황뎨 폐하의 임의로 못 ᄒᆞ시ᄂᆞᆫ거ᄉᆞᆫ 간샤ᄒᆞᆫ 무 리가 외국인의 권리를 빙ᄌᆞᄒᆞ야 춍명을 옹폐ᄒᆞᆷ이 니 이ᄂᆞᆫ 다 빅셩된쟈의 죄오나 ᄎᆞ라리 가ᄉᆞᆷ에 창 과 칼을 박어 보지도 듯지도 못 ᄒᆞᄂᆞᆫ것만 못ᄒᆞ온 고로 알외오니 황샹ᄭᅴ옵셔ᄂᆞᆫ 삼쳔리에 일쳔 오빅만 젹ᄌᆞ의 ᄆᆞᄋᆞᆷ 을 슓히샤 쳐분 ᄒᆞ옵시라고 ᄒᆞ엿ᄂᆞᆫᄃᆡ 샹쇼ᄂᆞᆫ 이 십일일 오후에 밧쳣다더라

○양력 이월 십이일에 갑목ᄉᆞ와 쇄만 의원 두분 이 각기 ᄌᆞ긔의 부인과 어린 ᄋᆞ히를 다리고 대한 에 나와셔 갑목ᄉᆞᄂᆞᆫ 졍동 칙판일을 보고 쇄만 의 원은 샹동 시병원일을 보ᄂᆞᆫᄃᆡ 칙판은 교회에 유 익ᄒᆞᆫ 셔칙을 만히 츌판ᄒᆞ야 아모쪼록 젼파케 ᄒᆞ ᄂᆞᆫ곳이오 병원은 각식 병인을 즁세ᄃᆡ로 약을 주 어 아모쪼록 낫게ᄒᆞᄂᆞᆫ 곳이라 이 두군ᄃᆡ ᄉᆞ무가 극히 호번ᄒᆞ야 어려운 일이 만커ᄂᆞᆯ 이 두분이 대 한 인민을 위ᄒᆞ야 고난을 혜아리지 안코 몃만리 밧ᄭᅴ 와셔 이런일을 보나 우리ᄂᆞᆫ 참 고맙게 아노라

○죵로 죵각엽헤 밋친병든 녀인 ᄒᆞ나이 안졋ᄂᆞᆫᄃᆡ 좌우에 구경ᄒᆞᄂᆞᆫ 사ᄅᆞᆷ이 관동로쇼 합ᄒᆞ여 수십명 이라 혹은 흉도보고 혹은 웃기도 ᄒᆞ고 혹은 욕도 ᄒᆞ고 불샹 ᄒᆞ다고 민망이 녀이ᄂᆞᆫ 사ᄅᆞᆷ은 ᄒᆞ나도 업시니 슓ᄒᆞ다 ᄒᆞᆫ분 하ᄂᆞ님 밋헤 다ᄀᆞᆺ치 형뎨ᄌᆞ ᄆᆡ여ᄂᆞᆯ 누의가 병든거ᄉᆞᆯ 보고 오라비가 엇지 흉보 고 웃고 욕ᄒᆞ리오 우리가 이병든 녀인보다 이 여 러사ᄅᆞᆷ들을 더 한심이 녁이노라

대한크리스도인 회보

THE KOREAN CHRISTIAN ADVOCATE.
Rev. H. G. Appenzeller, Editor
36 cents per annum
in advance. Postage extra.
Wednesday, Feb. 23th, 1898.

셔울 졍동셔 일쥬일에 ᄒᆞᆫ번식 발간 ᄒᆞᄂᆞᆫᄃᆡ 아편셜라 목ᄉᆞ가 회보 샤쟝이 되엿더라

일년 갑슬 미리 내면 삼십 륙젼이오 우표갑슨 ᄯᅩ로 잇ᄂᆞ니라

허실을변론ᄒᆞᆷ이라

대뎌 셰샹에 크게 해되ᄂᆞᆫ 일이 만토다 리ᄒᆞᆫ 일은 밋지 아니ᄒᆞ고 해론일은 잘 밋ᄂᆞᆫ것과 내거슨 올코 남의거슨 시험히 보지도 안코 그르다 ᄒᆞᄂᆞᆫ지라 ᄒᆞᆫ 사ᄅᆞᆷ드려 대지를 대강 말ᄒᆞ되 텬디 만물을 창조 ᄒᆞ신후 물건 부릴 임쟈를 내샤 거나리게 ᄒᆞ셧스니 이ᄂᆞᆫ 곳 사ᄅᆞᆷ이라 사ᄅᆞᆷ이 만물보다 귀ᄒᆞᆫ즉 물건을 헛되이 쓰지 말지라 헛된 우샹이며 집안에 터쥬 걸닙 셩쥬 부군과 부모의 졔ᄉᆞ가 다 헛된것이니 이후 붓터ᄂᆞᆫ 이거슬 다 ᄇᆞ리고 하ᄂᆞ님ᄭᅦ 공경ᄒᆞ면 영원ᄒᆞᆫ 복을 엇으리라 ᄒᆞᆫ즉 ᄃᆡ답이 ᄌᆞ고 이뤼로 대한의 풍도가 이러ᄒᆞᆫ즉 잇ᄂᆞᆫ법 업시고 새법 닐것업고 ᄯᅩ 우리 션ᄃᆡ의셔도 샤신 우샹을 잘셤겨 잘되기도 ᄒᆞ고 후세 극락도 가셧슨즉 무어시 방해되리오 ᄒᆞ며 ᄯᅩ 말ᄒᆞ기를 부모 졔ᄅᆞᆯ 불가타 ᄒᆞ니 ᄌᆞ식이되여 도라 가신날 물 ᄒᆞᆫ술도 아니 ᄯᅥ놋ᄂᆞᆫ거시 올ᄒᆞ냐 ᄒᆞ기에 ᄃᆡ답ᄒᆞ되 졔ᄉᆞ를 지닐ᄯᆡ의 부모가와셔 잡ᄉᆞ시더뇨 도라가신 부모가 잇지 잡ᄉᆞ실수가 잇겟ᄂᆞ냐 만은 사ᄅᆞᆷ이 ᄌᆞ식두어 됴흔거시 무어시냐 부모 죽은날 물ᄒᆞᆫ술 아니 ᄯᅥ노면 잡ᄉᆞ시던 아니 잡ᄉᆞ시던 도리가 그져 지ᄂᆡᄂᆞᆫ거시 올켓ᄂᆞ냐 그러치 안타 사ᄅᆞᆷ이 초목과 금슈보다 귀ᄒᆞ다 ᄒᆞᄂᆞᆫ거슨 령혼이 잇슴이라 령혼인즉 육신의 쥬인이니 눈으로 보고 귀로 듯고 코로 맛고 입으로 말ᄒᆞ고 손으로 만지고 발노 힝ᄒᆞ게 ᄒᆞᄂᆞᆫ지라 그쥬인이 잠시 츌입ᄒᆞᆫ ᄯᆡᄂᆞᆫ 자ᄂᆞᆫ거시고 아조 나갓시면 죽ᄂᆞᆫ거시라 잠간 ᄉᆡᆼ각ᄒᆞ시오 부모가 죽지말고 살아셔 낫에 혹 곤ᄒᆞ여 낫잠자ᄂᆞᆫ 사이에 만반 진슈를 차려 노왓다가 ᄭᆡ시기 젼에 치우고 ᄭᆡ신후 ᄋᆞᆺ가 만흔 음식을 먹어셧ᄂᆞ냐 물으면 필연 모른다 ᄒᆞᆯ터이라 살아잇셔 좀 자ᄂᆞᆫ시에 일을 모로거든 허물며 죽어셔 이 셰샹을 알길 업ᄂᆞ니 깁히 ᄉᆡᆼ각ᄒᆞ여 회ᄀᆡᄒᆞ라 ᄒᆞᆫ즉 말인즉 다 올치만은 그거시 실샹 죽어 잘되고 잘못 되ᄂᆞᆫ거슬 뉘가 아나 그러나 이러케 궁ᄒᆞᆫ판의 먹을 거시나 준다면 좀 ᄒᆞ여 보겟네 ᄒᆞ니 우리 형뎨 ᄌᆞ미ᄂᆞᆫ 일심으로 이런 사ᄅᆞᆷ을 위ᄒᆞ여 지셩으로 긔도ᄒᆞ시기 ᄇᆞ라ᄂᆞ이다

김익진

레ᄇᆡ일공과 오십륙 삼월 륙일

뎨ᄌᆞ들의게 명령을 조심ᄒᆞ라심

마태 십팔장 일졀노 십ᄉᆞ졀

년됴

디명

一 그때에 뎨ᄌᆞ들이 예수ᄭᅴ 나아와 ᄀᆞᆯᄋᆞᄃᆡ 하ᄂᆞᆯ
나라에셔ᄂᆞᆫ 뉘가 뎨일 놉흐리잇가 二 예수ㅣ ᄒᆞᆫ 어
린ᄋᆞᄒᆡ를 블너 가온ᄃᆡ 셰우시고 三 ᄀᆞᆯᄋᆞ샤ᄃᆡ 내 ᄋᆞ
실노 너희게 닐ᄋᆞ노니 너희가 변화ᄒᆞ여 어린 ᄋᆞ
ᄒᆡ들과 ᄀᆞᆺ치 아니ᄒᆞ면 하ᄂᆞᆯ 나라에 드러가지 못
ᄒᆞᄂᆞ니라 四 그런고로 이 어린 ᄋᆞᄒᆡ와 ᄀᆞᆺ치 ᄉᆞᄉᆞ
로 겸손 ᄒᆞᄂᆞᆫ쟈ᄂᆞᆫ 하ᄂᆞᆯ 나라에셔 뎨일 놉흐니라
五 ᄯᅩ 누구던지 내 일홈으로 이런 어린 ᄋᆞᄒᆡ ᄒᆞ나
라도 영졉ᄒᆞ면 곳 나를 영졉 ᄒᆞᆷ이니 六 나 믿ᄂᆞᆫ 쇼
ᄌᆞ를 ᄒᆞ나라도 범죄케 ᄒᆞᄂᆞᆫ쟈ᄂᆞᆫ 찰ᄒᆞ리 ᄆᆡ돌을
목에 ᄃᆞᆯ고 깁흔 바다에 ᄲᅡ지ᄂᆞᆫ거시 나흐리라 七 사
ᄅᆞᆷ을 범죄케 ᄒᆞᆷ으로 이 셰샹이 앙화를 밧으리니 사
ᄅᆞᆷ을 범죄케 ᄒᆞᄂᆞᆫ거ᄉᆞᆫ 업ᄉᆞᆯ수 업시나 놈을 범죄케
ᄒᆞᄂᆞᆫ쟈ᄂᆞᆫ 앙화를 밧으리라 八 만일 너희 손이나 발
아나 너를 범죄케 ᄒᆞ거든 ᄶᅵᆨ어 ᄇᆞ리고 찰ᄒᆞ리 손
이나 발이나 ᄒᆞ나이 업시 영ᄉᆡᆼ ᄒᆞᄂᆞᆫ데 드러 가ᄂᆞᆫ
거시 두손과 두발노 영영ᄒᆞᆫ 블에 더지ᄂᆞᆫ것 보다
됴흐니라 九 만일 네 눈이 너를 범죄케 ᄒᆞ거든 ᄲᅢ
여 ᄇᆞ리고 찰ᄒᆞ리 ᄒᆞᆫ눈으로 영ᄉᆡᆼ ᄒᆞᄂᆞᆫ데 드러 가
ᄂᆞᆫ거시 두눈으로 디옥블에 더지ᄂᆞᆫ것 보다 됴흐리
라 十 삼가ᄒᆞ여 이쇼ᄌᆞ즁 ᄒᆞ나도 업수이 넉이지 마
라 내 너희게 말ᄒᆞ노니 뎌의 텬ᄉᆞ들이 하ᄂᆞᆯ에셔
내의 하ᄂᆞᆯ 아바지의 얼골을 ᄒᆞᆼ샹 뵈옵ᄂᆞ니라 十一
대개 인ᄌᆞㅣ 온거ᄉᆞᆫ 일허ᄇᆞ린 사ᄅᆞᆷ들을 구원ᄒᆞ려
ᄒᆞᆷ이니 十二 엇던 사ᄅᆞᆷ이 양 일ᄇᆡᆨ 마리가 잇ᄂᆞᆫᄃᆡ
만일 그즁에 ᄒᆞ나이 길을 일헛스면 너희 ᄉᆡᆼ각에ᄂᆞᆫ
엇더켓ᄂᆞ냐 그 사ᄅᆞᆷ이 아ᄒᆞᆫ아홉 마리를 ᄇᆞ려두고
산에가셔 길 일흔양을 ᄎᆞᆺ지 안켓ᄂᆞ냐 十三 내 실노
너희게 닐ᄋᆞ노니 만일 ᄎᆞᆺ지면 일치아니ᄒᆞᆫ 아ᄒᆞᆫ아
홉 마리 양보담 더 깃거워 ᄒᆞ리니 十四 이와ᄀᆞᆺ치 이
쇼ᄌᆞ즁에 ᄒᆞ나라도 일허 ᄇᆞ리ᄂᆞᆫ거시 너희 하ᄂᆞᆯ에
계신 아바지의 ᄯᅳᆺ시 아니니라

주셕

뎨ᄌᆞ들이 예수ᄭᅴ셔 고난을 밧으샤 십ᄌᆞ가에 도라 가시며 저 나라에 하ᄂᆞᆯ 나라가 되지 아닐줄 알매 셔로 변론ᄒᆞ기를 누가 하ᄂᆞᆯ 나라에 그즁 크게 되ᄂᆞᆫ가 ᄒᆞ니 예수ㅣ 뎌들의 변론ᄒᆞᆷ을 아시고 무러 ᄀᆞᆯᄋᆞ샤ᄃᆡ 너희 앗가 ᄒᆞᄂᆞᆫ말이 무ᄉᆞᆷ ᄯᅳᆺ이냐 뎨ᄌᆞ들이 붓그러웨 아모 ᄃᆡ답도 못ᄒᆞ다가 후에 다시 나와 말ᄒᆞ되 텬국에 나아가 크게 될쟈ㅣ 뉘닛가 (누가복음 구장 ᄉᆞ십 륙칠졀과 마가복음 구장 삼십 삼ᄉᆞ졀을 보라) 예수ᄭᅴ셔 뎨ᄌᆞ들의게 바로 ᄃᆡ답지 아니시며 ᄭᅮ짓지도 아니 ᄒᆞ시고 ᄒᆞᆫ ᄋᆞᄒᆡ를 오라 ᄒᆞ시매 이 ᄋᆞᄒᆡᄂᆞᆫ 겨오 거러 ᄃᆞᆫ이ᄂᆞᆫ ᄋᆞᄒᆡ나 안아 주ᄂᆞᆫ것과 어룬의게 의지ᄒᆞ기를 됴케 넉이며 이 ᄋᆞᄒᆡᄂᆞᆫ 교만ᄒᆞᆷ과 뎨가 쥬장 ᄒᆞᆯ줄을 모로ᄂᆞᆫ 것

파 곳치 누구던지 하ᄂᆞᆯ나라에 드러오랴 ᄒᆞ면 긔질이 아조 변화ᄒᆞ여 겸손ᄒᆞ고 슌복ᄒᆞ여야 ᄒᆞᆯ거시요 이런 ᄆᆞ옴을 뎨일 굿게 먹ᄂᆞᆫ쟈ㅣ 하ᄂᆞ님 나라에 뎨일 큰쟈ㅣ 될지라 하ᄂᆞ님ᄭᅴ셔 겸손ᄒᆞᆫ 쟈를 이러케 놉히시거든 ᄒᆞ믈며 우리ᄂᆞᆫ 이런쟈를 더옥 놉혀 공경ᄒᆞᆯ거시오 오직 하ᄂᆞ님 ᄌᆞ식 된 쟈를 ᄃᆡ졉ᄒᆞᄂᆞᆫ쟈ᄂᆞᆫ 예수ᄭᅴ셔 ᄌᆞ긔를 ᄃᆡ졉ᄒᆞᆷ으로 아시ᄂᆞᆫ지라 아모던지 하ᄂᆞ님 ᄌᆞ식을 범죄케 ᄒᆞ거드면 죄가 될ᄲᅮᆫ 아니라 즁ᄒᆞᆫ 형벌을 밧을 거시오 오직 세상에 범죄케 ᄒᆞᄂᆞᆫ거시 심히 만ᄒᆞ나 그러나 각기 ᄌᆞ긔 ᄆᆞ옴을 살펴 뎌로 ᄒᆞ여곰 하ᄂᆞ님의 ᄌᆞ식을 범죄케 ᄒᆞᆷ이 업게 ᄒᆞᆷ이라 누구던지 범죄케 ᄒᆞᄂᆞᆫ거시 뎌희 눈과 팔과 손과 다리의 요긴코 귀ᄒᆞᆫ것 처름 녁이드릭도 반ᄃᆞ시 ᄇᆞ리고 죄를 면ᄒᆞ며 ᄂᆞᆷ을 범죄케 아니 ᄒᆞᆯ거시니라 예수ᄭᅴ셔 ᄌᆞ긔 ᄌᆞ식 된쟈를 ᄉᆞ랑ᄒᆞ시며 귀히 녁이시매 보호ᄒᆞᄂᆞᆫ 텬ᄉᆞ를 두셧ᄉᆞ니 세상 님군 압헤 ᄒᆞᆼ샹 시립ᄒᆞ여 슈죵 ᄒᆞᄂᆞᆫ쟈와 곳치 이 텬ᄉᆞᄂᆞᆫ 하ᄂᆞ님의 긔이히 녁이시ᄂᆞᆫ ᄌᆞ식을 보호ᄒᆞᆯ죡 ᄒᆞᆼ샹 하ᄂᆞ님 압헤 갓가히 잇서 하ᄂᆞ님 얼골을 뵈온다 ᄒᆞ며 예수ᄭᅴ셔 그 ᄌᆞ식 된쟈를 엇지ᄒᆞ여 이러틋 귀히 녁이시ᄂᆞ뇨 목ᄌᆞ가 양을 치다가 일ᄇᆡᆨ 양즁에 ᄒᆞ나만 일흐면 그 여러 마리를 다두고 차지려 ᄒᆞᆯ제 어둡고 길이 험ᄒᆞ며 위티ᄒᆞ며 치울지라도 뎨몸 편ᄒᆞᆷ을 앗기지 안코 오직 ᄒᆞᆫ마리 찻ᄂᆞᆫ거슬 깃부게 녁임이요 예수ᄭᅴ셔ᄂᆞᆫ 이보다 더ᄒᆞ샤 세상 사ᄅᆞᆷ을 위ᄒᆞ여 ᄌᆞ긔 목숨을 ᄇᆞ리셧ᄉᆞ니 이거ᄉᆞᆫ 다름 아니라 허다ᄒᆞᆫ 인간이 디옥에 ᄲᅡ짐을 구원ᄒᆞ려 ᄒᆞ시며 ᄉᆞ랑ᄒᆞ심이라 예수ᄭᅴ셔 ᄌᆞ긔나라 ᄌᆞ식들을 이곳치 귀히 녁이시고 ᄉᆞ랑ᄒᆞ시니 우리ᄂᆞᆫ 엇지 하ᄂᆞ님 ᄌᆞ식 된쟈를 놉히고 ᄉᆞ랑ᄒᆞ여 서로 허믈을 샤ᄒᆞ여 주지 아니리오 예수ᄭᅴ셔 세상으로 인ᄒᆞ여 ᄌᆞ긔 목숨을 앗기지 안코 십ᄌᆞ가에서 우리죄를 ᄃᆡ신ᄒᆞ여 도라가셧ᄉᆞ니 우리ᄂᆞᆫ 예수를 밋지 아니 ᄒᆞ면 엇지 구원ᄒᆞ여 주심을 엇으리오

뭇ᄂᆞᆫ말

一 문도들이 웨 텬국에서 누구라 큰야고 무릿ᄂᆞ뇨
二 예수ᄭᅴ셔 ᄃᆡ답ᄒᆞ야 엇더케 ᄀᆞᄅᆞ치셧ᄂᆞ뇨
三 삼졀을 외오라
四 무슴일 ᄒᆞᄂᆞᆫ사ᄅᆞᆷ이 화악이 잇시리라고 ᄒᆞ셧ᄂᆞ뇨
五 ᄒᆞᆫ손과 ᄒᆞᆫ발을 ᄶᅵㄱ어바린단 ᄯᅳᆺ시 무엇시뇨
六 눈을 ᄲᅢ ᄇᆞ리ᄂᆞᆫ것 보담 더어려운 형벌이 잇겟ᄂᆞ뇨
七 이 셩경을 보ᄂᆞᆫ 형뎨들은 이뒤로 연단ᄒᆞ여 보앗ᄂᆞ뇨
八 예수ᄭᅴ셔 일허바린양으로 엇더케 비유ᄒᆞ셧ᄂᆞ뇨
九 인ᄌᆞᄭᅴ셔 무엇ᄒᆞ려 이 세샹에 오셧다 ᄒᆞ셧ᄂᆞ뇨
十 일허바린양 ᄒᆞᆫ마리 ᄎᆞᆺᄂᆞᆫ것이 엇던 구십구양 보담더 깃거 ᄒᆞᆯ거시 무엇시뇨
十一 우리가 엇더케 구원ᄒᆞᆷ을 닙엇ᄂᆞ뇨
十二 십ᄉᆞ졀을 보니 디옥으로 가리가 몃치나 되겟ᄂᆞ뇨

권면의 유익이라

대개 젼도 ᄒᆞ는거슨 다만 교외에 사ᄅᆞᆷ의게 ᄒᆞᆯ뿐 아니라 학습인과 셰례밧은 사ᄅᆞᆷ의게 더욱 부ᄌᆞ런이 ᄒᆞᆯ지라 우리는 이셰상에 힝킥된 사ᄅᆞᆷ이매 ᄒᆞᆫ 힝킥의 비유ᄒᆞ여 말ᄒᆞ노라 힝킥이 좁은길노 좃ᄎᆞ 점점 깁흔산에 드러가매 도로가 챵황ᄒᆞ여 졍히길 ᄎᆞᆺ기 어렵더니 문득 압흘 바라보니 ᄒᆞᆫ 사ᄅᆞᆷ이 오는지라 급히가셔 길을 무ᄅᆞᆫ티 그사ᄅᆞᆷ이 ᄌᆞ셰이 ᄀᆞᄅᆞ치고 또ᄒᆞᆫ 그림 ᄒᆞᆫ쟝을 내여뵈며 길이 갈나진 것과 시ᄂᆡ물과 골쟈이와 험ᄒᆞᆫ것과 막힌거슬 쇼연ᄒᆞ게 ᄀᆞᄅᆞ치매 심이 깃버ᄒᆞ고 밧아가지고 졀ᄒᆞ여 샤례ᄒᆞ고 힝ᄒᆞᆯ시 그 그림을 안찰ᄒᆞ야 압흐로 나아갈ᄉᆡ 길 잘못드럿든 거슬 가히 ᄭᅢᄃᆞᆯ너라 그러나 오리 갈소록 산이 더욱 험ᄒᆞ고 도로가 더욱 멀어셔 혹 올흔지 글은지 ᄌᆞ셰히 알수 업스나 심즁에 바루 본거시 잇는것 ᄀᆞᆺᄒᆞ여 곳 드러가니 더욱 깁고 보는바 더욱 아득ᄒᆞ여 두렵고 의심ᄒᆞ여 ᄆᆞ옴에 겁나며 연ᄒᆞ여 놉흔졀벽과 험ᄒᆞᆫ산 잇고 인적이 묘연ᄒᆞ여 ᄯᅳᆺᄒᆞ티 산 잔ᄂᆡ비와 나는ᄉᆡ나 지나 갈거시오 나는 발 붓칠수 업스니 엇지ᄒᆞᆯ고 탄식ᄒᆞ며 압흘 바라보매 길이 궁ᄒᆞᆫ것 ᄀᆞᆺᄒᆞ여 길가기 폐ᄒᆞ고 도라올 ᄉᆡᆼ각이 나셔 바야흐로 발을 도라올 ᄯᅢ에 문득 사ᄅᆞᆷ이 잇셔 불너 글ᄋᆞ티 또 물너가지 말고 나를 좃ᄎᆞ오라 ᄒᆞ거늘 살펴보니 젼에 길 ᄀᆞᄅᆞ쳐 주던 그사ᄅᆞᆷ 일너라 ᄆᆞ옴에 깃버 좃차가니 그 사ᄅᆞᆷ이 압흘 인도ᄒᆞ여 의연이 나아가니 비록 산이 쳡쳡ᄒᆞ고 물이 닝닝ᄒᆞ고 돌뿔히와 바위 등에도 막힘이 업고 경ᄒᆞᆫ 멍에에 아는 길 ᄀᆞᆺᄒᆞ여 탄탄 대로ᄀᆞᆺ치 힝ᄒᆞ니 이ᄯᅢ에 힝킥이 ᄆᆞ옴 더욱 상쾌ᄒᆞ고 보기도 더욱 분명ᄒᆞ고 힝보도 더욱 ᄲᆞᆯ으고 곤ᄒᆞᆷ도 업시 가다가 날이 저물매 산곡에 ᄒᆞᆫ촌을 ᄎᆞᄌᆞ 숙소를 뎡ᄒᆞ니 과목과 화초가 만코 경개가 심히 유졍ᄒᆞᆯ지라 깃붐을 이긔지 못ᄒᆞ여 그사ᄅᆞᆷ의게 치샤ᄒᆞ여 글ᄋᆞ티 형이 오직 나를 길을 ᄀᆞᄅᆞ쳐 주고 또 담량과 지식을 더ᄒᆞ게 ᄒᆞ고 이제 션원 가경에 니르러 평안ᄒᆞᆷ을 엇게ᄒᆞ니 내가 쟝ᄎᆞᆺ 무어스로 써 형의게 샤례ᄒᆞ리오 ᄒᆞᆫ티 답왈 내게 샤례ᄒᆞᆯ것 업는지라 나도 또ᄒᆞᆫ 길가는 사ᄅᆞᆷ이로라 님쟈가 나를 보지 못ᄒᆞ야 슬젹에 진보ᄒᆞᆷ이 더 젹은거시 아니오 임이 나를 좃ᄎᆞ셔 진보ᄒᆞᆷ이 더 만흔거시 아니라 셰샹길이 비록 험ᄒᆞ나 오직 ᄌᆞ긔의 용ᄆᆡᆼ을밋어 압흐로 나가면 두렵고 어려온 것도 업고 막힐것도 업셔 스ᄉᆞ로 가히 멀니 니를지니 그런고로 님쟈가 비록 나를 좃ᄎᆞ 이에 니르럿스나 님쟈의 밋음을 인ᄒᆞ여 옴이여놀 엇지 다른사ᄅᆞᆷ의 잇그러 당긔는티 관계가 되리오 그러나 내ᄒᆞᆫ말노 부탁ᄒᆞ노니 쳥념ᄒᆞ라 이제 후에는 다시 뒤도라 보지말고 곳 압흐로 나아가 슌셔지니ᄅᆞ기를 ᄇᆞ라노라ᄒᆞ고 ᄆᆞ옴이 셔로 교졉ᄒᆞ여 유졍ᄒᆞᆷ이 비ᄒᆞᆯ티 업더라

김창식

닉보

이월 십삼일에 엇더ᄒᆞᆫ 남녀 두 사ᄅᆞᆷ이 교군으로 ᄒᆞ여곰 가마ᄅᆞᆯ 메고 즁셔 경무관 쟝윤환씨의 집에 와셔 쟝씨의 아ᄃᆞᆯ 십ᄉᆞ셰된 쇼년을 보고 말ᄒᆞ되 너ᄂᆞᆫ 내의 아ᄃᆞᆯ이나 네가 세살 되얏슬 ᄯᅢ에 내가 쟝씨의집 개구멍에 너엇더니 쟝씨가 길넛스나 너ᄂᆞᆫ 실샹 내의 아ᄃᆞᆯ이니 ᄒᆞᆷᄭᅴ 가자 ᄒᆞ거ᄂᆞᆯ 그ᄯᅢ에 쟝씨ᄂᆞᆫ 공무ᄅᆞᆯ 인ᄒᆞ야 즁셔에 가고 업ᄂᆞᆫᄃᆡ 쟝씨의 부인이 그 말을 듯고 긔가 막혀 방망이ᄅᆞᆯ 들고 나아와 그 계집을 호령ᄒᆞ야 글ᄋᆞᄃᆡ 내의 아ᄃᆞᆯ은 내가 나은 곳과 그ᄯᅢ에 본 즁인이 ᄌᆞ지 ᄒᆞ거ᄂᆞᆯ 너ᄂᆞᆫ 엇더ᄒᆞᆫ 년으로 밋친말을 ᄒᆞᄂᆞ냐 ᄒᆞᆫ즉 그 녀인의 말이 법부ᄅᆞᆯ 뎡ᄒᆞ야 ᄌᆡ판ᄒᆞ겟다 ᄒᆞ고 갓ᄂᆞᆫᄃᆡ 쟝씨의 아ᄃᆞᆯ이 그 모씨ᄅᆞᆯ 향ᄒᆞ야 엿ᄌᆞ오ᄃᆡ 나ᄅᆞᆯ 엇어셔 길너ᄂᆞᆫ잇가 ᄒᆞ고 그 ᄌᆞ부ᄂᆞᆫ 몃ᄂᆞᆯ을 졀곡ᄒᆞᄂᆞᆫ지라 쟝경무의 말이 그 년놈을 긔여이 잡아 놈의 부ᄌᆞ간에 의심이 나게ᄒᆞᄂᆞᆫ 죄ᄅᆞᆯ 즁치ᄒᆞ야 변ᄇᆡᆨ ᄒᆞ겟다더라

○ 요ᄉᆞ이 일긔가 점점 화챵ᄒᆞ야 동산풀은 싹이나고 언덕 버들은 푸른빗슬 먹음어 만물이 다 질거워ᄒᆞᄂᆞᆫᄃᆡ 졍동 인화문 압헤 그지 아ᄒᆡ들은 람루ᄒᆞᆫ 의복으로 얼골빗시 먹긋고 길가에 안세도 ᄒᆞ며 서기도ᄒᆞ야 ᄒᆡᆼ인의게 돈 ᄒᆞᆫ푼을 익걸ᄒᆞ니 대한 힝복도 어셔 긔명이 되야 이런 ᄋᆞᄒᆡ들을 각 학교에 보ᄂᆡ여 교육ᄒᆞ면 됴흘듯

외보

요젼 오디리총리대신 길노키씨가 축엇다더라 ○

셔반아에 잇ᄂᆞᆫ 미국 공ᄉᆞ가 셔반아 졍부에 말ᄒᆞ기ᄅᆞᆯ 셔반아가 미국을 ᄃᆡᄒᆞ야 불평ᄒᆞᆫ 셩각이 업다ᄂᆞᆫ 거슬 셰계에 고시ᄒᆞ고 해군을 확쟝ᄒᆞ야 미국과 ᄊᆞ화본다ᄂᆞᆫ 풍셜을 거즛 말이라고 발명 ᄒᆞ라고 ᄒᆞ엿다더라 ○일본 궁ᄂᆡ대신 토방씨ᄂᆞᆫ ᄉᆞ직ᄒᆞ고 젼즁씨가 대신이 되엿다더라

협셩회광고

새로 츌판ᄒᆞᆫ 협셩회 회보ᄂᆞᆫ 졍동 ᄇᆡ지학당 일방에셔 파ᄂᆞᆫᄃᆡ ᄒᆞᆫ쟝갑슨 엽젼 너푼이오 일삭됴ᄅᆞᆯ 미라 내면 엽젼ᄒᆞᆫ돈 오푼인ᄃᆡ 니외국 소문과 학문샹에 유죠ᄒᆞᆫ 말이 만히 잇ᄉᆞ오니 사셔 보시기ᄅᆞᆯ ᄇᆞ라오

본회고ᄇᆡᆨ

본회에셔 이회보ᄅᆞᆯ 젼년과 ᄀᆞᆺ치 일쥬일에 ᄒᆞᆫ번식 발간ᄒᆞᄂᆞᆫᄃᆡ 새로 륙폭으로 작뎡ᄒᆞ고 ᄒᆞᆫ쟝갑슨 엽젼 오푼이오 ᄒᆞᆫᄃᆞᆯ갑슬 미리내면 젼과 ᄀᆞᆺ치 엽젼 ᄒᆞᆫ돈 오푼이라 본국 교우나 셔국 목ᄉᆞ나 교외 친구나 만일 사셔 보고져 ᄒᆞ거든 졍동 아편셜라 목ᄉᆞ 집이나 죵로 대동셔시에 가셔 사시ᄋᆞᆸ

죵로대동셔시광고

우리 셔샤에셔 셩경 신구약과 찬미가 칙과 교회에 유익ᄒᆞᆫ 여러가지 셔칙과 시무에 긴요ᄒᆞᆫ 칙들을 팔되 갑시 샹당ᄒᆞ오니 학문샹과 시무변에 ᄯᅳᆺ이 잇ᄂᆞᆫ 군ᄌᆞ들은 만히 사셔 보시ᄋᆞᆸ

뎨이권

대한회보

뎨구호

합오십칠

광무 인 이년삼월이일

샤셜

평양셔 젼도ᄒᆞᄂᆞᆫ 목ᄉᆞ 로불씨가 요사이 셔울 올나와셔 수삼일 두류ᄒᆞᄂᆞᆫᄃᆡ 양력 이월 이십칠일 례비에 졍동 새로지은 회당에셔 미우 깃분 ᄆᆞ음으로 ᄌᆡ미잇게 젼도ᄒᆞ엿더라

학도를 ᄀᆞᄅᆞ침

젼 협판 윤치호씨가 양력 이월 이십팔일 브터 졍동 빈ᄌᆡ학당에 와셔 학도의게 격물학 공부를 ᄀᆞᄅᆞ치ᄂᆞᆫᄃᆡ 학문상에 미우 유죠ᄒᆞᆫ 말ᄉᆞᆷ이 만히 잇더라

황히도에 젼도홈

인쳔 졔물포에셔 젼도ᄒᆞᄂᆞᆫ 목ᄉᆞ 됴원시씨가 이번에 강화와 황히도 여러골노 ᄃᆞ니며 젼도ᄒᆞ엿ᄂᆞ니 교회ᄯᅳᆺ을 듸강아ᄂᆞᆫ 사ᄅᆞᆷ들만 학습인으로 일홈을 밧은거시 칠십 륙명이오 ᄯᅩ 영안 고을에 가셔 네곤ᄃᆡ 젼도 ᄒᆞ엿ᄂᆞᆫᄃᆡ ᄒᆞᆫ 사ᄅᆞᆷ이 능히 셰례문답을 처음브터 ᄆᆞᆺ치지 다 외오ᄂᆞᆫ 사ᄅᆞᆷ을 보앗시며 ᄒᆞᆫ곳에 여ᄃᆞᆯ 집이 사ᄂᆞᆫ 촌이 잇ᄂᆞᆫᄃᆡ 그즁에 여ᄉᆞᆺ집은 발셔 셩쥬와 텨쥬를 다 업시ᄒᆞ여 샤신을 숭비 ᄒᆞ지 아니 ᄒᆞᆫ다더라

긔명의긴요ᄒᆞᆫ것

대뎌 나라이 긔명 되ᄂᆞᆫ거ᄉᆞᆫ ᄇᆡᆨ셩이 열니 ᄂᆞᆫᄃᆡ 잇고 ᄇᆡᆨ셩이 열니 기ᄂᆞᆫ 각항 신문과 됴흔 셔칙에 잇시나 신문과 셔칙이 만일 너무 귀 ᄒᆞ여 갑시 빗ᄉᆞ면 ᄇᆡᆨ셩 들이 엇지 사셔 볼수 잇ᄉᆞ리오 그런고로 학교를 만히 셜립 ᄒᆞᄂᆞᆫ 거ᄉᆞᆫ 됴흔 셔칙을 츌판 ᄒᆞᄂᆞᆫᄃᆡ 미우 유익 ᄒᆞ고 박학ᄒᆞᆫ 션ᄇᆡ가 만히 잇셔야 여러가지 신문를 능히 긔간 ᄒᆞᆯ지라 누구 든지 됴ᄒᆞᆫ 셔칙과 됴흔 신문을 만히 만들면 이ᄂᆞᆫ 그나라를 긔명케 ᄒᆞᄂᆞᆫ 사ᄅᆞᆷ 이니라 십구년 젼에 일본에 신문이란 거ᄉᆞᆫ ᄒᆞ나도 업더니 지금은 일쥬일 동안에 간츌 ᄒᆞᄂᆞᆫ 신문이 오ᄇᆡᆨ 칠십 오장이오 률법 ᄀᆞᄅᆞ치ᄂᆞᆫ 월보가 삼십 오권이오 격물학 월보가 일ᄇᆡᆨ 십일권 이오 의학 월보가 삼십 오권이오 여러 교회즁에셔 츌판 ᄒᆞᄂᆞᆫ 월보가 삼십 오권이라 지금 륙쥬 셰계에셔 일본국을 긔명ᄒᆞᆫ 나라로 ᄃᆡ졉 ᄒᆞ니 긔명의 긴요ᄒᆞᆫ 거시 엇지 신문과 셔칙에 잇지 아니 ᄒᆞ리오 대한국이 삼년 이후로 각 학교를 졈졈 셜립 ᄒᆞ고 각항 신문을 ᄎᆞᄎᆞ 간츌ᄒᆞ니 대한국도 일노조차 긔명이 될ᄃᆞᆺ

一

ᄉᆞ십칠

대한크리스도인 회보

THE KOREAN CHRISTIAN ADVOCATE.
Rev. H. G. Appenzeller, Editor
36 cents per annum
in advance. Postage extra.
Wednesday, Mar. 6th, 1898.

서울 졍동셔 일쥬일에 ᄒᆞᆫ번식 발간 ᄒᆞᄂᆞᆫᄃᆡ 아편셜라 목ᄉᆞ가 회보 샤쟝이 되엿더라

일년 갑슬 미리 내면 삼십 륙젼이오 우표갑슨 ᄯᅩ로 잇ᄂᆞ니라

교도의 만코젹음

대범 텬하에 나라를 다ᄉᆞ리는 님군은 네젼브터 네가지 일을 쥬쟝 ᄒᆞᄂᆞ니 ᄒᆞ나은 도학을 슝샹 ᄒᆞᆯ거시오 둘ᄌᆡ는 률법을 ᄇᆞᆰ게ᄒᆞ며 셋ᄌᆡ는 ᄇᆡᆨ셩을 편케 ᄒᆞᆯ거시오 넷ᄌᆡ는 ᄇᆡᆨ셩을 길으는 거시니라 도학에 아닌즉 사ᄅᆞᆷ의 욕심을 억제ᄒᆞ며 악심을 감화 ᄒᆞᆯ수가 업고 률법이 ᄇᆞᆰ지 못ᄒᆞᆫ즉 사ᄅᆞᆷ의 션악을 갈히여 샹벌을 분명이 ᄒᆞᆯ수업고 ᄇᆡᆨ셩을 편ᄒᆞ게 아니ᄒᆞᆫ즉 서로 모히여 요란 ᄒᆞ기가 쉽고 ᄇᆡᆨ셩을 ᄇᆡ양ᄒᆞ지 아닌즉 지덕이 겸젼ᄒᆞᆫ 션비를 엇을수 업ᄂᆞᆫ지라 그러나 이 네가지 즁에 도학이 ᄒᆞᆼ샹 쳣ᄌᆡ 되ᄂᆞᆫ거ᄉᆞᆫ 그 리치를 궁구ᄒᆞ여 보건ᄃᆡ 률법을 ᄇᆞᆰ히ᄂᆞᆫ것과 ᄇᆡᆨ셩을 편케ᄒᆞᆷ과 기르ᄂᆞᆫ 거시 도학으로 근본을 삼지 아닌즉 ᄒᆞᄂᆞᆫ도 공평ᄒᆞ게 ᄒᆞᆯ수 업ᄂᆞ니 이거ᄉᆞᆫ 지각잇ᄂᆞᆫ 션비의 아ᄂᆞᆫ바ㅣ라 우리가 지금은 텬하 오쥬 세계에 여러가지 교회의 만코 젹은거슬 긔록ᄒᆞ여 대한 형뎨들노 ᄒᆞ여곰 알게ᄒᆞ노라 ○ 온 디구우희 잇ᄂᆞᆫ 나라를 합ᄒᆞ여 보건ᄃᆡ 쳥국 리수로 오쳔여억 방리가 되ᄂᆞᆫᄃᆡ 구셰쥬의 교회를 존슝ᄒᆞᄂᆞᆫ 나라들이 ᄉᆞ쳔 이ᄇᆡᆨ여억 방리를 관할ᄒᆞ엿고 유교를 존슝ᄒᆞᄂᆞᆫ 나라들은 ᄉᆞᄇᆡᆨ억 방리 가량을 관할 ᄒᆞ엿고 회회교를 존슝ᄒᆞᄂᆞᆫ 나라은 삼ᄇᆡᆨ억 방리를 관할 ᄒᆞ엿고 오쥬 세계에 각국 인명 슈효가 남녀 로유를 합ᄒᆞ여 일쳔 오ᄇᆡᆨ죠 가량이라 구셰쥬를 놉히ᄂᆞᆫ 무리ᄂᆞᆫ 구교와 신교를 합ᄒᆞ여 수효가 구ᄇᆡᆨ 여죠가 되고 유교와 불교와 션교를 슝샹ᄒᆞᄂᆞᆫ 무리를 합ᄒᆞ여 수효가 ᄉᆞᄇᆡᆨ여죠 가량이오 회회교를 좃ᄂᆞᆫ 무리ᄂᆞᆫ 팔십죠가 되ᄂᆞᆫ지라 일노 좃ᄎᆞ 보건ᄃᆡ 교회의 셩ᄒᆞ고 쇠ᄒᆞᆷ과 교도의 만코 젹은거슬 가히 알거시오 하ᄂᆞ님의 도를 밋ᄂᆞᆫ 나라들이 문명 진보 되ᄂᆞᆫ거슬 ᄯᅩᄒᆞᆫ 짐작ᄒᆞᆯ지라 하ᄂᆞ님의 도ᄂᆞᆫ 사ᄅᆞᆷ을 ᄉᆞ랑ᄒᆞ기로 근본을 삼ᄂᆞᆫ고로 관인과 ᄇᆡᆨ셩을 평등의 권을 주어 압제ᄒᆞᄂᆞᆫ 풍쇽이 업ᄉᆞ며 서로 권면ᄒᆞ여 착ᄒᆞᆫ길노 인도 ᄒᆞ기를 쥬쟝 ᄒᆞᄂᆞ니 닐은바 어두ᄂᆞᆫ 집의 등불이요 죽을 병의 량약이라 우리가 거룩ᄒᆞᆫ 교회로 대한 형뎨를 ᄀᆞᄅᆞ쳐 ᄇᆡᆨ셩의 어두운 ᄆᆞᄋᆞᆷ을 ᄇᆞᆰ게 ᄒᆞ노니 ᄆᆞᄋᆞᆷ이 ᄇᆞᆰ은즉 션악의 경계를 알거시요 경계가 분명ᄒᆞᆫ즉 ᄉᆞ랑ᄒᆞᄂᆞᆫ ᄆᆞᄋᆞᆷ이 ᄌᆞ연이 날[illegible]니 우리ᄂᆞᆫ 도학ㅣ ᄇᆡᆨ셩을 ᄃᆞᄉᆞ리ᄂᆞᆫ대 근본으로 이노라

례배일공과 오십칠 삼월 십삼일

용셔ᄒᆞᆷ의 론ᄒᆞᆷ

마태 십팔쟝 이십일졀노 삼십오졀

변됴

니명

二十一 그ᄯᆡ에 베드로ㅣ 나아와 예수ᄭᅴ ᄀᆞᆯᄋᆞᄃᆡ 쥬여 형
뎨가 내게 죄를 지으면 몃번이나 용셔ᄒᆞ여 주리
잇가 닐곱번 ᄭᆞ지 ᄒᆞ오릿가 二十二 예수ㅣ ᄀᆞᆯᄋᆞ샤ᄃᆡ
내 네게 닐ᄋᆞ노니 닐곱번 ᄭᆞ지 말ᄒᆞᆷ이 아니라 二十
三 이런고로 하ᄂᆞᆯ 나라이 엇든 님군이 신하와 회
계ᄒᆞᆷ과 ᄀᆞᆺᄒᆞ니 二十四 회계를 시작ᄒᆞᆫ 후에 은 쳔만양
빗진쟈 ᄒᆞ나를 ᄃᆞ려왓ᄉᆞ니 二十五 빗진거슬 갑흘거
시 업ᄉᆞᆷ애 님군이 분부ᄒᆞ되 그 몸과 쳐와 ᄌᆞ식과
잇ᄂᆞᆫ거슬 다 풀어 갑흐라 ᄒᆞ니 二十六 그 신하가 업
듸여 절ᄒᆞ고 ᄀᆞᆯᄋᆞᄃᆡ 쥬여 내게 ᄎᆞᆷᄋᆞ쇼셔 다 갑흐
리이다 ᄒᆞ니 二十七 그 님군이 불샹히 너여 노코 보
내며 그 빗슬 탕감ᄒᆞ여 주엇더니 二十八 그 신하가 나
가다가 졔게 ᄇᆡᆨ양 빗진 동관 ᄒᆞ나를 맛나매 곳 붓
드러 목을 잡고 ᄀᆞᆯᄋᆞᄃᆡ 네 빗슬 갑흐라 ᄒᆞ니 二十九 그
동관이 업ᄃᆡ여 ᄀᆞᆫ구ᄒᆞ여 ᄀᆞᆯᄋᆞᄃᆡ 나를 ᄎᆞᆷ어 주쇼셔
다 갑흐리다 ᄒᆞ되 三十 허락ᄒᆞ지 아니ᄒᆞ고 빗슬 다
갑도록 옥에 가도니 三十一 동관들이 보고 심히 민망
ᄒᆞ야 님군ᄭᅴ 가셔 그 ᄒᆞᆫ 일을 다 고ᄒᆞ니 三十二 님군
이 그 사ᄅᆞᆷ을 불너다가 ᄀᆞᆯᄋᆞᄃᆡ 악ᄒᆞᆫ 신하야 네가
빌기에 내가 네 빗슬 탕감ᄒᆞ여 주엇ᄉᆞ니 三十三 네
동관 불샹히 너이기를 내가 너를 불샹히 너김과
ᄀᆞᆺ치ᄒᆞᆷ이 맛당치 ᄒᆞ냐 ᄒᆞ고 三十四 님군이 노ᄒᆞ
야 빗슬 다 갑도록 옥졸의게 붓칫ᄉᆞ니 三十五 너희
사ᄅᆞᆷ이 ᄎᆞᆷ ᄆᆞᄋᆞᆷ으로 형뎨의 죄를 용셔ᄒᆞ지 아
니ᄒᆞ면 내의 하ᄂᆞᆯ 아바지도 이와ᄀᆞᆺ치 너희게 ᄒᆞ시
리라

주셕

예수ᄭᅴ셔 온 십팔쟝 속에 사ᄅᆞᆷ이 엇더케 ᄒᆞ여야 하ᄂᆞ님 ᄌᆞ식이 되고 하ᄂᆞ님 나라에 드러올 법을 ᄀᆞᄅᆞ치시며 또 ᄌᆞ식이 된후에 그 힝실 다ᄉᆞ릴 모양을 ᄀᆞᄅᆞ치시나 뎨ᄌᆞ들은 이 말ᄉᆞᆷ을 드르매 뎌의 ᄉᆡᆼ각에는 이법이 유대 사ᄅᆞᆷ의 법도 아니요 디방 나라 법도 아니요 오직 예수 교회에 드러오ᄂᆞᆫ 사ᄅᆞᆷ을 다ᄉᆞ리ᄂᆞᆫ 법은 아조 새법으로 즁히 너엿ᄉᆞ니 유대 나라 법은 누가 죄를 범ᄒᆞ여 용셔ᄒᆞ기를 구ᄒᆞ면 세번ᄭᆞ지ᄂᆞᆫ 샤ᄒᆞ여 주ᄂᆞᆫ법이 잇고 그 외에는 업ᄂᆞ니 베드로ᄂᆞᆫ 예수ㅣ ᄀᆞᄅᆞ치신 법이 이 보다 더 나흘듯ᄒᆞ매 동ᄉᆡᆼ이 내게 범죄ᄒᆞ거드면 일곱번ᄭᆞ지 샤ᄒᆞ여 주오릿가 예수ᄭᅴ셔 일흔번 일곱번ᄭᆞ지라 ᄒᆞ심은 동ᄉᆡᆼ이 범죄ᄒᆞ엿드ᄅᆡ도 아모ᄶᅩ록 회ᄀᆡᄒᆞ기ᄭᆞ지 샤ᄒᆞ여 주란 ᄯᅳᆺ이오 이 회ᄀᆡ라ᄂᆞᆫ거ᄉᆞᆫ 말노만 ᄒᆞ며 외모로만 ᄒᆞᄂᆞᆫ거ᄉᆞᆫ 쓸ᄃᆡ업고 오직 진심으로 독실이 힘ᄒᆞ여야 ᄒᆞᆯ거시오 이러케 진실이 회ᄀᆡᄒᆞᄂᆞᆫ 쟈ᄂᆞᆫ 일심으로 힘써 죄를 이긔고 일흔번 일곱번을 죄샤ᄒᆞ여 달나ᄒᆞᆷ이 업슬거시오 동ᄉᆡᆼ이 이ᄀᆞᆺ치 회ᄀᆡᄒᆞ거드면 그 형이 죄

ᄅᆞᆯ 외모로만 샤ᄒᆞ여 줄거시 아니라 오직 ᄆᆞ옴속에도 쾌히 샤ᄒᆞ여 깁버 ᄒᆞᆯ지니라 예수ᄭᅴ셔 비유말ᄉᆞᆷ으로 ᄇᆞᆰ히 ᄀᆞᄅᆞ치시매 텬국이라 ᄒᆞᆷ은 하ᄂᆞ님이 예수로 ᄒᆞ여곰 다ᄉᆞ림이오 님군은 하ᄂᆞ님이오 신하ᄂᆞᆫ 하ᄂᆞ님의 ᄌᆞ식된 쟈ㅣ요 님군의게 빗젓단 말은 하ᄂᆞ님 압헤 죄ᄅᆞᆯ 젓단 말이오 빗진 동관은 사ᄅᆞᆷ이 서로 죄ᄅᆞᆯ 지음이오 몸과 쳐ᄌᆞᄅᆞᆯ 팔아 빗을 갑흐라 ᄒᆞᆷ은 그 나라 풍쇽이 빗진쟈가 갑지 못ᄒᆞ면 몸과 쳐ᄌᆞᄅᆞᆯ 죵으로 팔녀 ᄃᆡ쇽ᄒᆞᄂᆞᆫ법이 잇슴이라 이 신하ᄂᆞᆫ 님군의게 큰빗 진거ᄉᆞᆯ 참아 달나ᄒᆞ매 님군이 불샹히 너여 몸을 노아주고 빗을 아조 탕감ᄒᆞᄂᆞᆫ것 ᄀᆞᆺ치 사ᄅᆞᆷ은 하ᄂᆞ님ᄭᅴ 빗진거시 심히 만흐매 무엇으로 갑흘수 업거ᄂᆞᆯ 하ᄂᆞ님ᄭᅴ셔" 오직 각기 제죄ᄅᆞᆯ ᄌᆞ복ᄒᆞ고 회ᄀᆡᄒᆞ면 하ᄂᆞ님의 ᄌᆞ비 ᄒᆞ심으로 불샹히 너이시며 그 아ᄃᆞᆯ 예수의 ᄃᆡ쇽ᄒᆞᆫ 공뢰ᄅᆞᆯ 인ᄒᆞ여 모든 죄ᄅᆞᆯ 샤ᄒᆞ여 주시리라 이신하ᄂᆞᆫ ᄌᆞ긔 큰빗을 님군이 아조 탕감ᄒᆞ여 주고 인익ᄒᆞᆷ을 밧앗것마ᄂᆞᆫ 뎌의 동관이 조고마ᄒᆞᆫ 빗 진걸노 써 인익ᄒᆞᆷ도 업고 참아 달나ᄂᆞᆫ것도 허락지 안코 옥에 가도웟ᄉᆞ니 우리즁에 이와 ᄀᆞᆺᄒᆞᆫ이가 얼마나 되ᄂᆞ뇨 적지 아닐지라 오직 하ᄂᆞ님이 죄ᄅᆞᆯ 샤ᄒᆞ여 주시고 인익ᄒᆞ심을 밧은쟈ㅣ 형뎨 ᄌᆞ미즁에 조고마ᄒᆞᆫ 죄라도 범ᄒᆞ면 뎌ᄅᆞᆯ 샤ᄒᆞ여 줄수업고 인익ᄒᆞᆷ을 뵈지 아닐지라 다른 신하들이 이ᄅᆞᆯ보고 ᄆᆞ옴이 셥셥ᄒᆞ여 님군ᄭᅴ 고ᄒᆞ엿ᄉᆞ매 하ᄂᆞ님 ᄌᆞ식 된쟈ㅣ 다른 교우의 잘못ᄒᆞᆷ을 보고 셥셥히 너여 하ᄂᆞ님ᄭᅴ 고ᄒᆞ고 긔,도 ᄒᆞᆯ거시오 님군은 이일을 드ᄅᆞ매 노ᄒᆞ샤 오ᄂᆞᆯ 잘못 ᄒᆞ쉬술 분히 너일ᄲᅮᆫ 아니라 그젼 뎌의게 빗을 탕감ᄒᆞ여 주든거시 아조 쓸ᄃᆡ업시 되엿ᄂᆞᆫ지라 사ᄅᆞᆷ이 하ᄂᆞ님ᄭᅴ 죄샤 ᄒᆞ심을 엇을지라도 다시 범죄 ᄒᆞ거드면 하ᄂᆞ님ᄭᅴ셔 새로 지은죄ᄅᆞᆯ 아실ᄲᅮᆫ 아니라 그젼죄 ᄭᆞ지 다 아시고 형벌을 주시리라 (이셔결 삼십삼쟝 십이졀 브터 십팔 ᄭᆞ지와 베드로 후서 이쟝 이십 이십일졀을 보라)

믓ᄂᆞᆫ말

一 누가 예수ᄭᅴ 죄잇ᄂᆞᆫ 형뎨 샤유ᄒᆞᄂᆞᆫ 도리를 무럿ᄂᆞ뇨

二 베드로ᄂᆞᆫ 몃번 샤유ᄒᆞ면 조흔줄노 알앗ᄂᆞ뇨

三 예수ᄭᅴ셔 죄짓ᄂᆞᆫ 형뎨를 몃번이나 사유ᄒᆞ라 ᄒᆞ셧ᄂᆞ뇨

四 닐흔식 닐곱번은 몃치나 되겟ᄂᆞ뇨

五 텬국에서 죄 사유ᄒᆞᄂᆞᆫ 도리ᄂᆞᆫ 무엇ᄉᆞ로 비유ᄒᆞ셧ᄂᆞ뇨

六 비유 말ᄉᆞᆷ에 왕은 빗진신하ᄅᆞᆯ 엇더케 벌 주라 ᄒᆞ엿ᄂᆞ뇨

七 무ᄉᆞᆷ일노 이벌을 그만 두엇ᄂᆞ뇨

八 이신하가 그 동모를 엇더케 ᄃᆡ졉 ᄒᆞ엿ᄂᆞ뇨

九 이일을 보면 그신하ᄂᆞᆫ 엇든 사ᄅᆞᆷ인줄 알겟ᄂᆞ뇨

十 그님군이 이신하를 엇더케 벌 주셧ᄂᆞ뇨

十一 우리가 웨 ᄂᆞᆷ의죄를 사유 ᄒᆞ여야 되겟ᄂᆞ뇨

十二 만일 우리가 ᄂᆞᆷ의죄를 사유ᄒᆞ지 아니ᄒᆞ면 무ᄉᆞᆷ벌을 당 ᄒᆞ겟ᄂᆞ뇨

젼족론

셰샹에 풍쇽을 말 ᄒᆞᄂᆞᆫ 사ᄅᆞᆷ이 의론ᄒᆞ되 셔양국 부녀의 허리를 가ᄂᆞᆯ게 ᄒᆞᄂᆞᆫ것과 일본국 녀인의 니를 칠 ᄒᆞᄂᆞᆫ것과 쳥국 녀인의 발을 동이ᄂᆞᆫ거시 미우 이샹ᄒᆞ다 ᄒᆞ더니 원호 션비 가복초의 젼족론을 보매 그 고명ᄒᆞᆫ 의론이 족히 쳥국 녀인 으로 ᄒᆞ여곰 발을 동이ᄂᆞᆫ 구습을 곳치게 ᄒᆞᆯ지라 그 말ᄉᆞᆷ에 ᄀᆞᆯᄋᆞᄃᆡ 텬하에 고약ᄒᆞᆫ 풍쇽이 만ᄒᆞ되 발을 동이ᄂᆞᆫ 풍쇽ᄀᆞᆺ치 잔악ᄒᆞᆫ 거ᄉᆞᆫ 업ᄂᆞᆫ지라 민심에 관계됨이 아편연의 병듬과 쥬식의 밋치ᄂᆞᆫ것 보다 더ᄒᆞ고 녀ᄋᆞ를 물에 더져 죽이ᄂᆞᆫ것과 ᄀᆞᆺ거ᄂᆞᆯ 셰샹 사ᄅᆞᆷ이 사나희ᄂᆞᆫ 즁히 알고 녀ᄋᆞᄂᆞᆫ 경히 넉겨 구습의 악ᄒᆞᆫ일을 힝ᄒᆞ되 곳칠줄을 아지 못ᄒᆞ나 실노 한심ᄒᆞᆫ지라 현금에 셔국 규슈들이 텬족회를 셜립ᄒᆞ여 즁국 녀ᄋᆞ의 결박 ᄒᆞᄂᆞᆫ 풍쇽을 곳치고져 ᄒᆞ니 진실노 아ᄅᆞᆷ다온 셩ᄉᆞ라 그 풍쇽에 곳치기 어려운 거시 세가지오 곳치기 쉬운거시 다ᄉᆞᆺ가지니 즁국에 부녀들이 학문이 젹은고로 발을 동이ᄂᆞᆫ거시 녀ᄌᆞ의게 큰 일노 알아 구습을 ᄇᆞ리기 어려운 거시 ᄒᆞ나이오 셰샹 사ᄅᆞᆷ이 안히를 취ᄒᆞᆯ젹에 규슈의 덕힝이 엇더ᄒᆞᆷ은 뭇지안코 먼져 발의대쇼를 물어 발이 만약 크거드면 큰 험졀노 아ᄂᆞᆫ고로 부모가 불가불 녀ᄋᆞ의 발을 동이지 아닐수 업ᄂᆞᆫ거시 둘이오 녀인들이 ᄒᆞᆷᄭᅴ 모힐때에 셔로 발을 굽어보아 ᄌᆞ긔 발이 놈과 ᄀᆞᆺ지 못ᄒᆞ면 동류의게 우숨을 밧으며 남편의게 미움을 불셔 ᄒᆞ여 그 부모가 어렷실때에 ᄃᆡ 발을 동이지 아님을 원망ᄒᆞᄂᆞ니 이거시 셰ᄶᆡ 곳치기 어려옴이라 다ᄉᆞᆺ가지 쉬운 계교ᄂᆞᆫ 당금에 나라 형셰가 심히 빈약 ᄒᆞ니 ᄉᆞ롱 공샹을 물론ᄒᆞ고 녀인의 힝보를 편케 ᄒᆞ여 남ᄌᆞ를 도아주게 ᄒᆞᆯ지라 맛당히 녀학교를 만히 셜시ᄒᆞ여 악ᄒᆞᆫ 풍쇽은 일졀히 비호지 말며 공부ᄒᆞᆯ때에 운동법을 시험ᄒᆞ고 발을 동이ᄂᆞᆫ거시 ᄃᆡ몸을 해ᄒᆞ며 놈의게 붓그러온 리치를 ᄇᆞᆰ게 ᄀᆞᄅᆞ치면 그 풍쇽이 ᄌᆞ연 업셔 질거시오 둘ᄌᆡᄂᆞᆫ 졍부에셔 관원의 ᄌᆞ녀들을 일일히 호젹ᄒᆞ되 발을 동이ᄂᆞᆫ 이ᄂᆞᆫ 그 부모를 죄주고 그 쇽을 호젹에 ᄲᅢ게ᄒᆞ며 셋ᄌᆡᄂᆞᆫ ᄉᆞ대부의 ᄆᆞ음이 ᄀᆞᆺᄒᆞᆫ 쟈들이 회를 셜시ᄒᆞ여 회원즁에 녀ᄋᆞ의 발을 동이ᄂᆞᆫ 쟈ᄂᆞᆫ 회에 내여 ᄶᅩᆺ고 회원셸이 혼인 ᄒᆞᄂᆞᆫ 거시오 넷ᄌᆡᄂᆞᆫ 각식 긔계창에 품파ᄂᆞᆫ 녀인이 만흔즉 발이 젹은 녀인을 ᄡᅳ지 아니면 빈한ᄒᆞᆫ 녀인이 ᄌᆞ연 풍쇽을 곳칠거시오 다ᄉᆞᆺ재ᄂᆞᆫ 젼도ᄒᆞᄂᆞᆫ 교ᄉᆞ들이 교에 드러오ᄂᆞᆫ 녀인의 발을 결박ᄒᆞ지 못 ᄒᆞ게ᄒᆞ면 ᄯᅩᄒᆞᆫ 풍쇽을 곳치ᄂᆞᆫ 녀인이 만흘지라 이러케 ᄒᆞ게되면 쳥국에 이 벽죠 ᄲᅡᆷ만ᄒᆞᆫ 사ᄅᆞᆷ을 더 엇겟다 ᄒᆞ엿더라

ᄂᆡ보

이월 십ᄉᆞ일에 빅지학당 학원 ᄒᆞᆫ분이 협셩회 회보를 가지고 구리ᄀᆡ 병문에 나아가 풀며 연셜ᄒᆞᄃᆡ 이회보ᄂᆞᆫ 빅셩이 열니고 나라이 ᄀᆡ명 ᄒᆞᄂᆞᆫᄃᆡ ᄆᆡ우 유익ᄒᆞᆫ 거시니 사셔 보라ᄒᆞ고 도라 오ᄂᆞᆫᄃᆡ 엇더ᄒᆞᆫ 관인 세사ᄅᆞᆷ이 의관이 션명ᄒᆞ고 모양이 점잔ᄒᆞᆫᄃᆡ 셔서 보다가 말ᄒᆞ되 뎌놈이 빅지학당에셔 예수교 ᄒᆞᄂᆞᆫ 놈이니 ᄯᅴ려 죽여도 관계치 안타ᄒᆞ고 주먹을 돌고 ᄯᅴ려라 ᄯᅴ려라 ᄒᆞ며 ᄯᅩᄎᆞ 오거ᄂᆞᆯ ᄆᆞ참 교우 ᄒᆞ나이 그광경을 보고 분긔를 참지 못ᄒᆞ야 그 관인의 소ᄆᆡ를 잡고 물으ᄃᆡ 뎌 회보를 포ᄂᆞᆫ 사ᄅᆞᆷ이 무슴죄가 잇기에 죽이라 ᄒᆞᄂᆞ냐 ᄒᆞᆫ즉 그 관인이 뎨가 도로혀 죽ᄂᆞᆫ 모양으로 곳 ᄌᆞ복ᄒᆞ야 골으ᄃᆡ 나도 양인을 아노니 나를 용셔ᄒᆞ여 달나 ᄒᆞ거ᄂᆞᆯ 그 교우의 말이 나ᄂᆞᆫ 양인을 모로나 양인을 아ᄂᆞᆫ놈은 사ᄅᆞᆷ을 무죄이 죽이기를 잘ᄒᆞᄂᆞ냐 ᄒᆞᆫᄃᆡ 그ᄯᅢ에 ᄉᆞ오십명 구경군이 처음에ᄂᆞᆫ 그 관인의 말과 ᄀᆞᆺ치 회보포ᄂᆞᆫ 사ᄅᆞᆷ을 뮈워ᄒᆞᄂᆞᆫ 모양일너니 나죵에 관인의 ᄌᆞ복ᄒᆞᆷ을 보고 도로혀 관인을 뮈워ᄒᆞ야 죽일 놈이라 ᄒᆞ고 슌검 둘이 와서 싸홈을 말닐ᄉᆡ 관인의 어실ᄒᆞᆷ을 대칙 ᄒᆞ더라

○국태공 뎌하ᄭᅴ셔 수월을 미녕ᄒᆞ시더니 ᄇᆡᆨ대부인 상ᄉᆞ이후에 환후 더욱 침즁ᄒᆞ샤 양력 이월 이십이일 오후 일곱시에 훙ᄒᆞ시니 츈츄ᄂᆞᆫ 칠십 구셰라 대황뎨 폐하의 지극히 ᄋᆡ통ᄒᆞ시ᄂᆞᆫ 셩효ᄂᆞᆫ 더구나 말ᄉᆞᆷ ᄒᆞᆯ수 업거니와 각 대쇼 신민이 다 비도ᄒᆞᆫ ᄆᆞᄋᆞᆷ을 이긔지 못ᄒᆞ고 각 학교에서도 삼일을 뎡공ᄒᆞ고 황셩에 쥬찰ᄒᆞᆫ 각 공관에서도 ᄯᅩᄒᆞᆫ 삼일 반긔를 ᄃᆞᆯ아 됴상ᄒᆞᄂᆞᆫ 례를 표 ᄒᆞ더라

외보

영국 외부대신이 의회원에서 말ᄒᆞ되 청국이 영국의게 운남셩으로 텰도 노흐라고 허락ᄒᆞ엿단 말은 아즉 밋을수가 업노라고 ᄒᆞ엿다더라

협셩회광고

새로 츌판ᄒᆞᆫ 협셩회 회보ᄂᆞᆫ 졍동 빅지학당 일방에서 파ᄂᆞᆫᄃᆡ ᄒᆞᆫ쟝갑슨 엽젼 너푼이오 일삭됴를 미리 내면 엽젼ᄒᆞᆫ돈 오푼인ᄃᆡ ᄂᆡ외국 소문과 학문샹에 유죠ᄒᆞᆫ 말이 만히 잇ᄉᆞ오니 사셔 보시기를 ᄇᆞ라오

본회고ᄇᆡᆨ

본회에서 이회보를 젼년과 ᄀᆞᆺ치 일쥬일에 ᄒᆞᆫ번식 발간 ᄒᆞᄂᆞᆫᄃᆡ 새로 륙폭으로 작뎡ᄒᆞ고 ᄒᆞᆫ쟝갑슨 엽젼 오푼이오 ᄒᆞᆫᄃᆞᆯ갑슬 미리내면 젼과 ᄀᆞᆺ치 엽젼 ᄒᆞᆫ돈 오푼이라 본국 교우나 셔국 목ᄉᆞ나 교외 친구나 만일 사셔 보고져 ᄒᆞ거든 졍동 아편셜라 목ᄉᆞ 집이나 죵로 대동셔시에 가셔 사시옵

죵로대동셔시광고

우리 셔샤에서 셩경 신구약과 찬미가 칙과 교회에 유익ᄒᆞᆫ 여러가지 셔칙과 시무에 긴요ᄒᆞᆫ 칙들을 팔되 갑시 샹당ᄒᆞ오니 학문샹과 시무변에 ᄯᅳᆺ이 잇ᄂᆞᆫ 군ᄌᆞ들은 만히 사셔 보시옵

뎨이권

대한크리스도인회보

뎨십호

합오십팔 광무 인 삼월구일

샤셜

아셰아 셔편에 ᄒᆞᆫ동리가 잇스니 산이 깁고 싸이 궁벽ᄒᆞ야 세상사ᄅᆞᆷ과 샹관이 업ᄂᆞᆫ고로 어ᄂᆞ나라 사ᄅᆞᆷ이던지 괴로온 일이 잇시면 도망ᄒᆞ야 그 동리에 와셔 사ᄂᆞᆫᄃᆡ 수십년을 지ᄂᆡ매 촌락이 부요ᄒᆞ고 풍쇽이 슌박ᄒᆞ나 다만 그 사ᄅᆞᆷ들의 문견이 고루ᄒᆞ야 비컨ᄃᆡ 우물안 고기와 ᄀᆞᆺᄒᆞᆫ지라 ᄒᆞ로ᄂᆞᆫ 동리 사ᄅᆞᆷ들이 모혀 놀다가 홀연이 ᄉᆡᆼ각 ᄒᆞ기를 텬디간에 응당 대쥬지가 계실듯ᄒᆞ나 우리ᄂᆞᆫ 그가 어ᄃᆡ 계신지 알지 못ᄒᆞ거니와 우리가 참 감샤 ᄒᆞ기ᄂᆞᆫ 이 산골에셔 흘너 나려오ᄂᆞᆫ 물이라 이 물이 아니면 목마를 때에 무어슬 마시리오 ᄒᆞ고 물 가에셔 졔ᄉᆞᄒᆞ며 물을 대쥬지로 셤기더니 그 이듬ᄒᆡ 봄에 장마가 지매 물이 넘쳐 집이 모도 ᄯᅥ고 사ᄅᆞᆷ이 만히 샹ᄒᆞᆫ지라 동리 사ᄅᆞᆷ이 서로 놀ᄂᆡ여 ᄀᆞᆯᄋᆞᄃᆡ 우리가 물 귀신을 잘 셤기지 못ᄒᆞᆫ고로 이런 지앙이 가잇스니 불가불 사ᄅᆞᆷ으로 졔물을 삼아 물속에 너흐리라 ᄒᆞ고 각기 ᄌᆞ식을 다리고 물 가에셔 울더니 홀연이 ᄒᆞᆫ 손님이 와셔 말ᄒᆞ되 공연이 인명을 살해치 말고 나를 ᄯᆞ르라 ᄒᆞ고 여러사ᄅᆞᆷ을 불너 큰 돌을 운젼ᄒᆞ야 언덕을 싸으니 그후에ᄂᆞᆫ 비가 만히와도 물이 넘어들지 안ᄂᆞᆫ지라 무리가 깃버ᄒᆞ야 손님의게 치하ᄒᆞ되 그ᄃᆡ가 대쥬지로다 ᄒᆞ니 손님이 우스며 ᄀᆞᆯᄋᆞᄃᆡ 나ᄂᆞᆫ 사ᄅᆞᆷ이니 엇지 대쥬지가 되리오 무리가 물ᄋᆞᄃᆡ 그러면 대쥬지가 뉘시뇨 ᄒᆞ고 각각 호믜를 메고 박혜 나가 ᄇᆡᆨ곡이 비와 이슬에 ᄌᆞ라ᄂᆞᆫ거슬 보고 절ᄒᆞ며 말ᄒᆞ되 대쥬지가 반ᄃᆞ시 구름속에 계시도다 그러나 우리가 그 형샹을 보지 못ᄒᆞ니 엇지 써 은혜를 갑ᄒᆞ리오 손님은 우리를 위ᄒᆞ여 대쥬지의 형샹을 ᄆᆞᆫ들나 ᄒᆞ거ᄂᆞᆯ 그 손님이 나무로 사ᄅᆞᆷ의 형샹을 삭여 장막안에 두고 ᄀᆞᆯᄋᆞᄃᆡ 이거시 대쥬지의 계신ᄃᆡ라 ᄒᆞ니 무리가 다 그 목인의게 졔ᄉᆞ ᄒᆞ거ᄂᆞᆯ 손님이 탄식ᄒᆞ야 ᄀᆞᆯᄋᆞᄃᆡ 너희가 참 이거시 대쥬진 줄노 아ᄂᆞ뇨 ᄒᆞ고 그 목인과 장막을 다 불살으니 무리들이 놀나거ᄂᆞᆯ 손이 그졔야 하ᄂᆞᆯ을 ᄀᆞᄅᆞ쳐 말ᄒᆞᄃᆡ 참 대쥬지ᄂᆞᆫ 형샹도 업스시고 소리도 업스시며 온젼이 능ᄒᆞ시고 지극히 거룩ᄒᆞ샤 사ᄅᆞᆷ의 손으로 지은뎐에 계시지 아니ᄒᆞ신다 ᄒᆞ니 무리가 그졔야 ᄶᅥ돗고 다시ᄂᆞᆫ 뭇지 아니ᄒᆞ고 일심으로 하ᄂᆞ님을 공경ᄒᆞ며 영광을 돌녀 보ᄂᆡ엿스니 이 산즁에 사ᄂᆞᆫ ᄇᆡᆨ셩들이 쳐음은 어리셔으나 나죵은 슬긔 잇ᄂᆞᆫ거시 가히 거울ᄒᆞᆯ만 ᄒᆞᆫ고로 이ᄀᆞᆺ치 긔지ᄒᆞ노라

대한크리스도인 회보

THE KOREAN CHRISTIAN ADVOCATE.
Rev. H. G. Appenzeller, Editor
36 cents per annum
in advance. Postage extra.
Wednesday, Mar. 9th, 1898.

서울 정동서 일쥬일에 ᄒᆞᆫ번식 발간 ᄒᆞᄂᆞᆫᄃᆡ 아펜셜라 목ᄉᆞ가 회보 사쟝이 되엿더라

일년 갑슬 미리 내면 삼십 륙젼이오 우표갑슨 ᄯᅩ로 잇ᄂᆞ니라

미이미교회흥왕홈

우리가 요젼 구호에 뎐하 각국에 잇ᄂᆞᆫ 여러가지 교회의 만코 젹은거슬 긔록ᄒᆞ엿거니와 지금은 우리 미이미 교회에 흥왕홈을 좌에 긔지ᄒᆞ노라

○ 구쥬 강ᄉᆡᆼ 일쳔 칠ᄇᆡᆨ 삼십 구년에 요한웨ᄉᆞ레 션ᄉᆡᆼ이 영국에서 처음으로 교회를 셜립ᄒᆞ여 몃ᄒᆡ 동안에 젼도ᄒᆞ고 그후에 미국으로 와셔 ᄯᅩ 젼도ᄒᆞ셧ᄂᆞᆫᄃᆡ 미국이 독립 ᄌᆞ쥬가 된후에 미국 교인들이 젼도ᄒᆞᄂᆞᆫ 목ᄉᆞ가 업심으로 근심ᄒᆞ거ᄂᆞᆯ 웨ᄉᆞ레 션ᄉᆡᆼ이 교ᄉᆞ ᄒᆞᆫ 사ᄅᆞᆷ을 ᄐᆡᆨᄒᆞ여 보내셧ᄂᆞᆫᄃᆡ 일쳔 칠ᄇᆡᆨ 팔십ᄉᆞ년에 니르러 미국 동편 ᄲᅳᆯ테몰이라 ᄒᆞᄂᆞᆫ ᄯᅡ에 교회가 크게 흥왕ᄒᆞ여 젼도ᄒᆞᄂᆞᆫ 목ᄉᆞ가 팔십 삼인이오 교우가 일만 ᄉᆞ쳔명이라 감독 두사ᄅᆞᆷ을 ᄐᆡᆨ뎡ᄒᆞ니 곡감독과 익쓰베리 감독인ᄃᆡ 곡 감독은 두어달후에 도로 영국으로 도라가니 익쓰베리 감독이 교회일을 혼ᄌᆞ 쥬장ᄒᆞ엿ᄂᆞᆫ지라 익쓰베리ᄂᆞᆫ 근본 영국 사ᄅᆞᆷ으로 일쳔 칠ᄇᆡᆨ 칠십 일년에 미국으로 왓시니 감독으로 ᄐᆡᆨ뎡ᄒᆞ기젼 십삼년을 미국에서 잇셧더라 ○ 익쓰베리ᄂᆞᆫ 네젼에 보라와 ᄀᆞᆺ치 여러곳에 젼도ᄒᆞ기를 ᄆᆡ우 힘쓸ᄉᆡ 젼도ᄒᆞ기를 위ᄒᆞ여 쉬쳐도 아니ᄒᆞ엿시며 ᄆᆡ월에 밧ᄂᆞᆫ돈은 륙십ᄉᆞ원식인ᄃᆡ 그돈으로 영국에 계신 ᄌᆞ긔 모친을 봉양ᄒᆞ엿고 감독 직분을 맛하 삼십 이년 동안에 진심진력ᄒᆞ다가 일쳔 팔ᄇᆡᆨ 십륙년에 도라 가신지라 우리 교회가 익쓰베리의 은덕을 만히 닙어 여러 목ᄉᆞ들이 열심으로 싸홈ᄒᆞᄂᆞᆫ 병뎡과 ᄀᆞᆺ치 힘을 합ᄒᆞ여 도를 젼ᄒᆞ며 익쓰베리 감독으로 쥬장을 삼앗ᄂᆞᆫᄃᆡ 처음에 젼도ᄒᆞᄂᆞᆫ 사ᄅᆞᆷ이 팔십 삼인이더니 삼십이년 후에 목ᄉᆞ가 칠ᄇᆡᆨ안이 되고 본토에 젼도인이 이쳔명이오 교우가 합ᄒᆞ여 이ᄇᆡᆨ 일만 ᄉᆞ쳔명이 되엿ᄂᆞᆫ지라 이거슨 우리 미이미 교회에 처음으로 흥왕ᄒᆞ든 ᄉᆞ젹이오 우리 교회가 지금와셔 엇더케 된거슨 이 다음에 ᄯᅩ 긔지ᄒᆞ여 대한 형뎨로 ᄒᆞ여곰 알게 ᄒᆞ겟ᄉᆞᆸ

례비일공과 오십팔 삼월 이십일

예수씨와어린ᄋᆞᄒᆡ라

마태 십구장 십삼졀노 이십삼졀

변됴

디명

十三 ᄯᆡ에 사ᄅᆞᆷ이 어린 ᄋᆞᄒᆡ들을 ᄃᆞ리고 와셔 예수
ᄭᅴ셔 손을 그우에 대히시고 긔도ᄒᆞ여 주시기를 원
ᄒᆞ매 뎨ᄌᆞ들이 ᄭᅮ짓거ᄂᆞᆯ 十四 예수ㅣ ᄀᆞᆯᄋᆞ샤ᄃᆡ 어
린 ᄋᆞᄒᆡ를 내게 오게ᄒᆞ고 금치마라 하ᄂᆞᆯ 나라에
잇ᄂᆞᆫ쟈ㅣ가 이런 어린ᄋᆞᄒᆡ ᄀᆞᆺᄒᆞ니라 ᄒᆞ시며 十五 손
을 그우에 대혀 주시고 거긔셔 ᄯᅥ나 가실ᄉᆡ 十六 ᄒᆞᆫ
사ᄅᆞᆷ이 와셔 ᄀᆞᆯᄋᆞᄃᆡ 착ᄒᆞ신 션ᄉᆡᆼ님이여 내가 무
ᄉᆞᆷ 착ᄒᆞᆫ일을 ᄒᆞ여야 영ᄉᆡᆼ을 엇겟ᄂᆞ닛가 十七 예수
ㅣ ᄀᆞᆯᄋᆞ샤ᄃᆡ 엇지 나ᄅᆞᆯ 착ᄒᆞ다 ᄒᆞᄂᆞ냐 하ᄂᆞ님
외에ᄂᆞᆫ ᄒᆞ나도 착ᄒᆞᆫ이가 업ᄂᆞ니 네가 영ᄉᆡᆼ을 엇으
랴면 계명을 직ᄒᆡ여라 十八 ᄀᆞᆯᄋᆞᄃᆡ 엇던 계명이오
닛가 예수ㅣ ᄀᆞᆯᄋᆞ샤ᄃᆡ 살인 ᄒᆞ지말며 음란ᄒᆞ지말
며 도적질 말며 거즛증거 말며 十九 네부모ᄅᆞᆯ 공경
ᄒᆞ며 니웃 ᄉᆞ랑ᄒᆞ기ᄅᆞᆯ 제몸과 ᄀᆞᆺ치ᄒᆞ라 ᄒᆞ셧ᄂᆞ니
라 二十 젊은쟈ㅣ ᄀᆞᆯᄋᆞᄃᆡ 이여러 계명은 내가 어려
셔브터 다 직혀ᄉᆞ오니 무어시 오히려 부족ᄒᆞ오릿
가 二十一 예수ㅣ ᄀᆞᆯᄋᆞ샤ᄃᆡ 네가 온젼ᄒᆞᆫ 사ᄅᆞᆷ이 되
고져 ᄒᆞᆯ진ᄃᆡ 가셔 잇ᄂᆞᆫ거ᄉᆞᆯ ᄑᆞᆯ아 가난ᄒᆞᆫ이ᄅᆞᆯ 주
어라 그러ᄒᆞ면 지물이 하ᄂᆞᆯ에 잇ᄉᆞᆯ 거시오 ᄯᅩ 와
셔 나ᄅᆞᆯ ᄌᆞᆺ치라 ᄒᆞ시니 二十二 젊은쟈ㅣ 지물이 만
ᄒᆞᆫ고로 말ᄉᆞᆷ을 듯고 근심ᄒᆞ며 가니라 ○ 二十三 예수
ㅣ 뎨ᄌᆞᄃᆞ려 닐ᄋᆞ샤ᄃᆡ 내 실노 너희게 닐ᄋᆞ노니
부쟈ᄂᆞᆫ 하ᄂᆞᆯ 나라에 드러가기 어려우리라

주셕

예수ᄭᅴ셔 여러 디방 사ᄅᆞᆷ을 ᄀᆞᄅᆞ치신 즁에 갈리리 ᄯᅡ헤 더욱 만히 유ᄒᆞ샤 ᄀᆞᄅᆞ치셧ᄉᆞ매 허다ᄒᆞᆫ 사ᄅᆞᆷ이 예수와 뎨ᄌᆞ들이며 그외 밋ᄂᆞᆫ쟈들을 ᄀᆞᄅᆞ쳐 갈리리 사ᄅᆞᆷ이라 죠롱ᄒᆞ더라 예수ᄭᅴ셔 이제 이곳을 아조 ᄯᅥ나샤 남편으로 유대 ᄯᅡ히며 요단 동편 디방으로 가셔셔 거긔셔 ᄃᆞᆫ이시며 ᄀᆞᄅᆞ치신지라 이공부장 일졀과 요한복음 십장 ᄉᆞ십졀을 보라 예수ᄭᅴ셔 여긔셔 몃ᄃᆞᆯ 동안에 ᄀᆞᄅᆞ치신 말ᄉᆞᆷ과 ᄒᆡᆼᄒᆞ신 이젹은 (요한복음 칠쟝브터 십일쟝 ᄭᆞ지와 누가복음 십쟝브터 십팔쟝 ᄭᆞ지에 긔록ᄒᆞ엿ᄂᆞᆫ지라) 바리시 사ᄅᆞᆷ들이 이번에 ᄯᅩ 와셔 괴를을 엇고져 예수를 시험ᄒᆞ니 예수ᄭᅴ셔 뎌들의게 ᄃᆡ답ᄒᆞ심은 혼인ᄒᆞᄂᆞᆫ 리치ᄅᆞᆯ 하ᄂᆞ님의 ᄯᅳᆺᄃᆡ로 ᄀᆞᄅᆞ치셧ᄉᆞ며 사ᄅᆞᆷ이 안희ᄅᆞᆯ 내여 보내ᄂᆞᆫ 연고ㅣ ᄒᆞᆫ가지 ᄲᅮᆫ이니 이ᄂᆞᆫ 음란ᄒᆞᆷ이오 그 외에ᄂᆞᆫ 다른 ᄭᆞᄃᆞᆰ으로 ᄇᆞ리면 하ᄂᆞ님 법에 합당치 못ᄒᆞᆷ이라 ᄒᆞ신지라 이ᄯᆡ 사ᄅᆞᆷ이 예수ᄭᅴ ᄋᆞᄒᆡᄅᆞᆯ ᄃᆞ려옴은 이 ᄋᆞᄒᆡᄅᆞᆯ 위ᄒᆞ여 예수ᄭᅴ셔 복 주시기ᄅᆞᆯ 원ᄒᆞᄂᆞᆫᄃᆡ 뎨ᄌᆞ들이 이ᄋᆞᄒᆡᄅᆞᆯ 돌녀 보내쇼셔 ᄒᆞ되 예수ᄭᅴ셔 금ᄒᆞ지 말나실ᄲᅮᆫ 아니라 오히려 ᄋᆞᄒᆡᄅᆞᆯ 위로ᄒᆞ샤 십ᄉᆞ졀에 아름답고 인ᄋᆡᄒᆞᆫ 말ᄉᆞᆷ으로 ᄒᆞ시니 이 말ᄉᆞᆷ은 ᄐᆡ도로 아모 ᄋᆞᄒᆡ던지 무셔옴이 업고 예수

째로 나올길을 열어 주심이라 예수ᄭᅴ셔 이젼에도 이런 말ᄉᆞᆷ을 ᄒᆞ심과 ᄀᆞᆺ치 누구든지 더 나라에 나아가고져 ᄒᆞᄂᆞᆫ쟈ᄂᆞᆫ 진실ᄒᆞ고 뎡직ᄒᆞ며 겸손ᄒᆞ여 밋음이 이 ᄋᆞᄒᆡ와 ᄀᆞᆺ치 ᄒᆞ여야 ᄒᆞᆯ거시라 ᄒᆞ심은 예수ᄭᅴ셔 어린ᄋᆞᄒᆡ 본죄ᄭᅡ지 ᄃᆡ속 ᄒᆞ셧ᄉᆞ니 ᄋᆞᄒᆡ가 션악을 알기젼에 죽ᄂᆞᆫ거ᄉᆞᆫ 텬당으로 드러갈거시오 ᄎᆞᄎᆞ자라 션악을 안후에 죄를 짓거드면 반ᄃᆞ시 회ᄀᆡᄒᆞ고 예수를 밋어야 뎌 나라에 드러 갈지니라○ᄒᆞᆫ 쇼년이 예수ᄭᅴ 나아왓ᄉᆞ니 이ᄂᆞᆫ 하ᄂᆞ님의 계명을 어려셔브터 알며 잘 직히ᄂᆞᆫ 쟈ㅣ나 그러나 ᄌᆞ긔 ᄆᆞᄋᆞᆷ에 부족ᄒᆞᆫ줄을 알매 텬국에 드러가지 못ᄒᆞᆯ줄 짐작ᄒᆞ고 예수ᄭᅴ 나아와 뎨가 므엇슬 부족히 ᄒᆞ엿ᄂᆞᆫ지 알녀 ᄒᆞᄂᆞᆫ지라 이러케 나와ᄉᆞ되 쇼경과 병든 쟈들처름 예수를 놉혀 대위의 ᄌᆞ손이며 쥬라 부ᄅᆞᆯ ᄆᆞᄋᆞᆷ은 업고 다만 착ᄒᆞᆫ 션ᄉᆡᆼ으로만 ᄃᆡ졉ᄒᆞᆫ지라 누구든지 예수를 하ᄂᆞ님의 아ᄃᆞᆯ노 존ᄃᆡᄒᆞ지 안ᄂᆞᆫ쟈ᄂᆞᆫ 영ᄉᆡᆼ을 엇지 못ᄒᆞᆯ거시매 예수ᄭᅴ셔 이 쇼년ᄃᆞ려 엇지ᄒᆞ여 그러ᄒᆞ냐 ᄒᆞ셧ᄂᆞᆫ지라 이사ᄅᆞᆷ은 ᄌᆞ긔가 착ᄒᆞᆫ일만 ᄒᆞ면 그ᄃᆡ신 밧을갑시 잇ᄂᆞᆫ줄알아 영ᄉᆡᆼ을 벌고져 ᄒᆞ엿ᄉᆞ니 오직 하ᄂᆞ님 나라에ᄂᆞᆫ 영ᄉᆡᆼ을 ᄃᆡ신 갑 밧ᄂᆞᆫ것ᄀᆞᆺ치 ᄒᆞᄂᆞᆫ법이 업ᄉᆞ며 쇼년이 뎨가 계명을 잘 직힌다 ᄒᆞᆫ것마ᄂᆞᆫ 하ᄂᆞ님 나라에 드러가려 ᄒᆞᄂᆞᆫ쟈ㅣ 그 계명을 온젼히 직히랴면 하ᄂᆞ님 ᄉᆞ랑ᄒᆞᆷ을 온갓 ᄌᆡ물보다 뎨일 즁히 녁이며 ᄉᆞ랑ᄒᆞᆷ을 나타내여야 ᄒᆞᆯ지니 이ᄂᆞᆫ 예수ᄭᅴ셔 너희가 잇ᄂᆞᆫ바 ᄌᆡ물을 다 팔아셔 불샹ᄒᆞᆫ 사ᄅᆞᆷ을 구원ᄒᆞ라 ᄒᆞ심이니 이말ᄉᆞᆷ은 ᄌᆡ물 잇ᄂᆞᆫ거시 죄라 ᄒᆞ심이 아니라 오직 ᄌᆡ물을 하ᄂᆞ님보다 더귀히 녁이매 죄라 ᄒᆞ심이오 쇼년은 영ᄉᆡᆼ을 엇으려 ᄒᆞ되 이ᄀᆞᆺ치 무거운 갑ᄉᆞ로 엇을ᄆᆞᄋᆞᆷ 업ᄂᆞᆫ지라 사ᄅᆞᆷ이 ᄌᆡ물을 하ᄂᆞ님보다 더즁히 녁이며 어려워ᄒᆞᆷ을 예수ᄭᅴ셔 약ᄃᆡ가 바ᄂᆞᆯ 구멍으로 드러 가ᄂᆞᆫ걸노 바교 ᄒᆞ셧ᄂᆞ니 사ᄅᆞᆷ이 근본 ᄆᆞᄋᆞᆷ으로 ᄒᆞᆯ수업ᄉᆞ나 그러나 하ᄂᆞ님ᄭᅴ셔 사ᄅᆞᆷ의 ᄆᆞᄋᆞᆷ을 변화ᄒᆞ샤 돌니게 ᄒᆞ실수 잇ᄂᆞ니라

뭇ᄂᆞᆫ말

一 누가 어린ᄋᆞᄒᆡ를 예수ᄭᅴ 가져왓ᄂᆞ뇨
二 문도들이 웨 금ᄒᆞ엿ᄂᆞ뇨
三 십ᄉᆞ졀을 외오라
四 졂은 사ᄅᆞᆷ이 무어슬 구쥬ᄭᅴ 무럿ᄂᆞ뇨
五 예수ᄭᅴ셔ᄂᆞᆫ ᄎᆡᆨᄒᆞ시지 아니 ᄒᆞ셧ᄂᆞ뇨
六 이졀믄 사ᄅᆞᆷ이 엇더케 계명을 직혓ᄂᆞ뇨
七 이졀믄 사ᄅᆞᆷ이 웨 근심ᄒᆞ여 갓ᄂᆞ뇨
八 예수ᄭᅴ셔 부쟈 텬당 드러가기가 엇더케 어렵다 ᄒᆞ셧ᄂᆞ뇨
九 약ᄃᆡ 바ᄂᆞᆯ구멍에 나아간단 말이 무슴 말이뇨
十 졂은 사ᄅᆞᆷ이 무어스로 부족히 되엿ᄂᆞ뇨
十一 구쥬ᄭᅴ셔 문도들의게 무슴샹을 주시마고 ᄒᆞ셧ᄂᆞ뇨
十二 구쥬ᄭᅴ셔 우리 뭇 뎨ᄌᆞ의게 무슴샹을 주시마고 ᄒᆞ셧ᄂᆞ뇨

교만으로패ᄒᆞᆫ일

사ᄅᆞᆷ의 ᄆᆞᄋᆞᆷ이 어리석고 지됴가 로둔ᄒᆞᆫ거슨 학문
을 ᄀᆞᄅᆞ쳐 학식을 널니ᄒᆞ며 지혜를 비양ᄒᆞᆫ즉 그
어리석음을 가히 곳칠수 잇거니와 사ᄅᆞᆷ의 ᄆᆞᄋᆞᆷ이
교만ᄒᆞ고 ᄌᆞ승지벽이 잇ᄂᆞᆫ이ᄂᆞᆫ ᄀᆞᄅᆞ칠수도 업고
곳칠수도 업ᄂᆞ니 그병근이 놈을 업수히 넉이며
ᄉᆞᄉᆞ로 아ᄂᆞᆫ체 ᄒᆞ야 됴흔 말ᄉᆞᆷ과 ᄎᆞᆷ 리치를 들을
ᄯᅢ에 밋지안코 비방ᄒᆞᄂᆞᆫ 셔닭이라 녜젼에 셔국에
ᄒᆞᆫ 교만ᄒᆞᆫ 님군이 잇서 셩경을 보다가 하ᄂᆞ님
ᄭᅴ셔 놉흔체 ᄒᆞᄂᆞᆫ쟈ᄂᆞᆫ 도로혀 ᄂᆞᆺ게ᄒᆞ고 머리가 되
고져 ᄒᆞᄂᆞᆫ쟈ᄂᆞᆫ 도로혀 죵이 되게 ᄒᆞ세며 교만ᄒᆞᆫ
쟈ᄂᆞᆫ 위에 ᄂᆞᆽ치고 겸손ᄒᆞᆫ 쟈ᄂᆞᆫ 위에 올닌다 ᄒᆞᆷ을
보고 크게 노ᄒᆞ여 골ᄋᆞᄃᆡ 뉘가 능히 나를 위에셔
ᄶᅩᆺᄎᆞ 내리오 맛당이 셩경에 이말ᄉᆞᆷ을 ᄲᅦ여ᄇᆞ리라
ᄒᆞ더니 ᄒᆞᆯ로ᄂᆞᆫ 그왕이 목욕을 감고져 ᄒᆞ여 온쳔
으로 가 옷슬벗고 몸을 씻슬ᄉᆡ 하ᄂᆞ님의 ᄉᆞ쟈
ㅣ ᄀᆞ마니 나려와 해여지고 더러온 옷ᄉᆞ로 왕의
됴흔옷슬 밧고와 닙고 밧그로 나아오니 모든 신
하들이 ᄉᆡᆼ각ᄒᆞ기를 뎌의왕이 목욕을 다ᄒᆞ고 나온
다 ᄒᆞ여 ᄒᆞᆷᄭᅴ 호위ᄒᆞ고 대궐노 드려가 위에 안쳔
지라 죠곰후에 왕이 목욕집에셔 나와본즉 의복이
간ᄃᆡ 업거ᄂᆞᆯ ᄆᆞᄋᆞᆷ에 괴샹히 너여 헌옷슬 닙고 나
오매 신하가 ᄯᅩᄒᆞᆫ ᄒᆞ나도 업거ᄂᆞᆯ 더욱 이샹히 넉
여 ᄎᆞᄎᆞ 대궐노 드러가니 문직힌 군ᄉᆞ ᄆᆞᆨᄂᆞᆫ지라
맛참 ᄉᆞ랑ᄒᆞ던 신하를 맛나 무ᄅᆞᄃᆡ 네가 나를 아
지못ᄒᆞᄂᆞ뇨 나ᄂᆞᆫ 네의 왕이라 ᄒᆞ니 그 신하가 ᄂᆞᆯ
ᄒᆞ야 골ᄋᆞᄃᆡ 너ᄂᆞᆫ 엇더ᄒᆞᆫ 놈으로 망녕된 말을 ᄒᆞ
ᄂᆞ뇨 우리 대왕은 지금위에 안지샤 나라일을 의론
ᄒᆞ신다 ᄒᆞ거ᄂᆞᆯ 그왕의 ᄆᆞᄋᆞᆷ에 칼노 버히ᄂᆞᆫ것 ᄀᆞᆺ치
압흐나 발명ᄒᆞᆯ 길이 업셔 통곡ᄒᆞ고 대궐 밧그로
나아가 거지ᄀᆞᆺ치 ᄲᅵ러먹으며 뉘웃쳐 골ᄋᆞᄃᆡ 내가
녜젼에 너무 교만ᄒᆞ여 하ᄂᆞ님의 셩경을 곳치
랴 ᄒᆞ엿더니 반ᄃᆞ시 하ᄂᆞ님의 노여 ᄒᆞ심으로
이ᄀᆞᆺ치 벌을 밧음이로다 ᄋᆡ통ᄒᆞᆷ을 마지 아니러니
텬ᄉᆞ가 밤에 왕의 ᄉᆞ관에 나아와 왕을보고 골ᄋᆞ
ᄃᆡ 그ᄃᆡ가 향실에 너무 교만ᄒᆞᆷ으로 왕의위를 일헛
더니 지금은 진심으로 회ᄀᆡ ᄒᆞ엿ᄉᆞ니 가히 왕의
옷슬 닙고 대궐노 드러가라 그러나 다시 교만ᄒᆞᆫ ᄆᆞ
ᄋᆞᆷ을 둘진ᄃᆡ 이후에 벌이 더 크리라 ᄒᆞ고 홀연이
간ᄃᆡ 업ᄂᆞᆫ지라 그왕이 옷슬 닙은후에 다시 왕의 위
를 엇엇시나 신하들은 ᄒᆞ나도 아ᄂᆞᆫ이가 업ᄉᆞᆷ은 그
텬ᄉᆞ의 모양이 구왕과 일호도 다른ᄃᆡ가 업심이오
이 말ᄉᆞᆷ이 유젼ᄒᆞ기ᄂᆞᆫ 그왕이 ᄉᆞᄉᆞ로 젼파ᄒᆞᆷ이러
라

니보

부산항 졀영도 서닭으로 아월 이십팔일에 독립협회 회원들이 외부대신 셔리 민죵묵 씨의게 편지ᄒᆞ되 졀영도를 아라샤 사ᄅᆞᆷ의게 입의 주엇ᄂᆞᆫ지 아죠 주지 아니 ᄒᆞ엿ᄂᆞᆫ지 만일 빌닐터이면 일본 사ᄅᆞᆷ의게 빌녀주던 합동 죠관과 ᄀᆞᆺ치 ᄒᆞ랴ᄂᆞᆫ지 영영이 주ᄂᆞᆫ지 본회 회원도 대한 신민인즉 참예ᄒᆞ야 알고져 ᄒᆞ노니 곳 회답ᄒᆞ라 ᄒᆞ엿더니 민씨가 답쟝 ᄒᆞ기를 일본 셕탄고 빌녀주던 젼례디로 아라샤에도 허급ᄒᆞ엿시나 미돌 일관은 내가 아공ᄉᆞ의게 편지 ᄒᆞ기를 거긔 사ᄂᆞᆫ 빅셩의 싱업을 젼졉케 ᄒᆞ라고 ᄒᆞ엿시니 미돌은 ᄌᆞ연 감수가 되리라고 ᄒᆞ엿더라

○요젼에 김홍륙씨가 ᄌᆞ긔을 만난일노 성상ᄭᅴ셔 니부에 칙령ᄒᆞ샤 경무ᄉᆞ로 ᄒᆞ여곰 삼일 일니로 ᄌᆞ킥을 잡으되 만일 한이 지나면 경무ᄉᆞ를 론감ᄒᆞ리라 ᄒᆞ셧ᄂᆞᆫ디 경무ᄉᆞ 니씨가 엄칙지하에 쥬야로 렴탐ᄒᆞ여 잡을시 젼 궁니대신 니지슌씨를 나리 ᄒᆞ엿ᄂᆞᆫ디 니부대신 남뎡쳘씨가 황상ᄭᅴ 쥬달ᄒᆞ되 경무ᄉᆞ 니츙구가 이왕에 대신지닌이를 법부 쥬본도 업시 바루 잡엇ᄉᆞ온즉 심히 히연ᄒᆞ오니 위션 면관ᄒᆞ옵고 기죄샹은 법부로 나문ᄒᆞ옵이 엇더 ᄒᆞ올넌지 ᄒᆞ엿더니 폐하ᄭᅴ셔 윤허 ᄒᆞ셧다더라

외보

표도아 졍부에셔 군함 ᄒᆞᆫ쳑을 동양으로 보니여 포도아 인민을 보호 ᄒᆞᆫ다더라

○일본에 양목짜ᄂᆞᆫ 제죠소가 륙십ᄉᆞ쳐 인디 그 재죠소에셔 부리ᄂᆞᆫ 공쟝이 샤나희가 삼만 ᄉᆞ쳔 구빅명이요 계집이 ᄉᆞ만 륙쳔 오빅 십명이라 더라

협셩회광고

새로 츌판ᄒᆞᆫ 협셩회 회보ᄂᆞᆫ 졍동 비지학당 일방에셔 파ᄂᆞᆫ디 ᄒᆞᆫ쟝갑슨 엽젼 너푼이오 일삭됴를 미리 내면 엽젼ᄒᆞᆫ돈 오푼인디 니외국 소문과 학문샹에 유죠ᄒᆞᆫ 말이 만히 잇ᄉᆞ오니 사셔 보시기를 ᄇᆞ라오

본회고빅

본회에셔 이회보를 젼년과 ᄀᆞᆺ치 일쥬일에 ᄒᆞᆫ번식 발간 ᄒᆞᄂᆞᆫ디 새로 륙폭으로 작뎡ᄒᆞ고 ᄒᆞᆫ쟝갑슨 엽젼 오푼이오 ᄒᆞᆫᄃᆞᆯ갑슬 미리내면 젼과 ᄀᆞᆺ치 엽젼 ᄒᆞᆫ돈 오푼이라 본국 교우나 셔국 목ᄉᆞ나 교외 친구나 만일 사셔 보고져 ᄒᆞ거든 졍동 아편셜라 목ᄉᆞ 집이나 죵로 대동셔시에 가셔 사시옵

죵로대동셔시광고

우리 셔샤에셔 셩경 신구약과 찬미 칙과 교회에 유익ᄒᆞᆫ 여러가지 셔칙과 시무에 긴요ᄒᆞᆫ 칙들을 팔되 갑시 샹당ᄒᆞ오니 학문샹과 시무샹에 ᄯᅳᆺ이 잇ᄂᆞᆫ 군ᄌᆞ들은 만히 사셔 보시옵

뎨이권

대한크리스도인회보

第二卷

뎨십일호

합오십구 광무 이년 삼월 십륙일

감리교회라

지나간 ᄃᆞᆯ에 목ᄉᆞ 리덕씨가 싀골에 가서 젼도ᄒᆞ엿ᄂᆞᆫᄃᆡ 고양ᄯᅡ에서 셰례 밧은이가 이십 일인이오 파쥬문산포에서 셰례 밧은 이가 십륙인이오 새술막에서 셰례 밧은이가 ᄉᆞ인이니 합ᄒᆞ여 ᄉᆞ십 일인이오 태원ᄯᅡ에서 학습인에 일홈을 붓친이가 이십일인이라 그즁에 특별이 감샤ᄒᆞᆯ일은 고양ᄯᅡ에 사ᄂᆞᆫ 점치ᄂᆞᆫ 장님 ᄒᆞ나이 녜젼에 힝ᄒᆞ든 젼술을 ᄇᆞ리고 하ᄂᆞ님을 독실히 밋어 계명을 직힌다 ᄒᆞ더라

대한우체ᄉᆞ

도로가 요원ᄒᆞ여 쳔리 만리 되ᄂᆞᆫ 곳에 쇼식을 샐니 젼ᄒᆞ기ᄂᆞᆫ 뎐보만치 속ᄒᆞᆫ게 업시며 ᄇᆡᆨ셩의 이목을 붉히ᄂᆞᆫ 거ᄉᆞᆫ 신문지의 공효가 젹지 아[illegible] 신문과 서신을 덜나 젼용ᄒᆞ[illegible] [illegible]과 륜거와 우체곳치 편리ᄒᆞᆫ [illegible]시 업ᄂᆞᆫ지라 지금 대한국에 [illegible]거ᄂᆞᆫ 아즉 업거니와 우체의 ᄉᆞ무가 ᄎᆞᄎᆞ 확쟝이 되여 현금에 팔도 십삼부 관찰ᄉᆞ 잇ᄂᆞᆫ 곳과 다ᄉᆞᆺ곳 ᄀᆡ항쟝과 그외에 경긔도 ᄀᆡ셩과 안셩과 평안도 의쥬와 강계와 함경도 경흥과 츙청도 청쥬와 경상도 샹쥬와 젼라도 남원과 라쥬와 강원도 김셩과 강릉 고을에 우체을 셜시ᄒᆞ엿스니 합ᄒᆞ여 이십 구쳐가 되고 ᄯᅩᄒᆞᆫ 경긔 일도에ᄂᆞᆫ 위션 각군에 별달니 분젼ᄒᆞ기를 쟝찻 셜시 ᄒᆞᆫ다 ᄒᆞ니 이거ᄉᆞᆫ 나라 실이 ᄀᆡ화에 ᄎᆞᄎᆞ 진보홈이라 ᄇᆡᆨ셩이나 관인이나 서로 쇼식을 젼ᄒᆞ기 편리 ᄒᆞᆯ터이니 우리ᄂᆞᆫ 우체ᄉᆞ가 대한팔역에 고을마다 잇게 되기를 원ᄒᆞ노라

죽기로 밍셰홈이라

삼월 칠일에 협회 회원들이 특별이 독립관에 모히여 ᄉᆞ무를 의론ᄒᆞᄂᆞᆫᄃᆡ 나라를 위ᄒᆞ여 의리에 합당ᄒᆞᆫ 일을 ᄒᆞ다가 죽ᄂᆞᆫ 거시 신민의 직분이라 ᄒᆞ여 죽을ᄉᆞ ᄌᆞ를 크게 써서 노코 죽을 디경을 당ᄒᆞ여도 이심을 먹지 안키로 밍셰홀ᄉᆡ 각각 ᄌᆞ긔 ᄆᆞᄋᆞᆷ되로 ᄌᆞ긔 셩명을 써 노아 동년 동월 동일에 의리로 죽기를 표ᄒᆞ라 ᄒᆞ니 회원들이 일제히 손펵을 치고 셩명을 닷토아 써서 더지니 분분ᄒᆞᆫ 명편이 눈ᄀᆞᆺ치 ᄯᅥ러지ᄂᆞᆫ지라 그즁에 ᄒᆞᆫ 쇼년이 년긔가 십이삼셰 가량인ᄃᆡ 붉은 옷과 누른 초립으로 일홈을 ᄯᅩᄒᆞᆫ 쓰거ᄂᆞᆯ 회원이 그 ᄯᅳᆺ슬 무른ᄃᆡ 쇼년이 답왈 졔공들이 나라를 위ᄒᆞ다가 의리에 죽기를 밍셰 ᄒᆞᆫ다 ᄒᆞ오니 나도 그런 의를 됴와ᄒᆞ노라 ᄒᆞ엿시니 일노 좃차 보건ᄃᆡ 대한에도 츙의가 겸젼ᄒᆞᆫ이도 만코 ᄀᆡ화의 경계를 아ᄂᆞᆫ 이도 만ᄒᆞᆫ지라 이날에 셩명을 쓴이가 회원즁에 구십 팔인이오 방텽인 즁에 륙십 ᄉᆞ인이라 ᄒᆞ더라

대한크리스도인 회보

THE KOREAN CHRISTIAN ADVOCATE.
Rev. H. G. Appenzeller, Editor
36 cents per annum
in advance. Postage extra.
Wednesday, Mar. 16th, 1898.

서울 정동서 일쥬일에 ᄒᆞᆫ번식 발간 ᄒᆞᄂᆞᆫᄃᆡ 아편셜라 목ᄉᆞ가 회보 샤쟝이 되엿더라
일년 갑슬 미리 내면 셜흔 륙젼이오 우표갑슨 ᄯᅡ로 잇ᄂᆞ니라

춤ᄂᆞᆫ거시 복되ᄂᆞᆫ것

사ᄅᆞᆷ의 덕힝이라 ᄒᆞᄂᆞᆫ거슨 어려온 일을 춤ᄂᆞᆫᄃᆡ 셩기ᄂᆞᆫ 거시라 엇지 그러ᄒᆞᆫ뇨 사ᄅᆞᆷ이 분ᄒᆞᆫ일을 보고 욕을 당ᄒᆞᆫ ᄯᅢ에 분을 춤지 못ᄒᆞ면 필경은 더 사ᄅᆞᆷ과 ᄊᆞ홈 ᄒᆞ기도 쉽고 ᄊᆞ홈 ᄒᆞ다가 살인 ᄒᆞ기도 쉬온거시오 원통ᄒᆞᆫ 일을 당ᄒᆞᆯᄯᅢ에 ᄯᅩᄒᆞᆫ 춤지 못ᄒᆞ면 필경은 스ᄉᆞ로 목을 ᄆᆡ여 죽기도 쉽고 목숨을 ᄭᅳ느려 ᄒᆞ다가 병신 되기도 쉬온지라 그런고로 셩경에 ᄀᆞᆯᄋᆞ샤ᄃᆡ 사ᄅᆞᆷ이 능히 춤을진ᄃᆡ 일ᄇᆡᆨ가지 착ᄒᆞᆫ거시 된다 ᄒᆞ시고 소셔에도 말ᄒᆞ되 편안ᄒᆞᆫ거시 욕을 춤ᄂᆞᆫ것만 ᄒᆞᆫ게 업다 ᄒᆞᆫ지라 녯적에 요ᄇᆡᆨ이라 ᄒᆞᄂᆞᆫ 사ᄅᆞᆷ은 ᄌᆞ녀 십인과 양 칠쳔슈와 약대 삼쳔필과 소 오ᄇᆡᆨ ᄶᅡᆨ과 허다ᄒᆞᆫ 지산이 일조에 픠망ᄒᆞᆷ을 보고 ᄌᆞ긔 몸ᄭᆞ지 챵병이 드럿시되 맛ᄎᆞᆷ내 시죵이 여일ᄒᆞ게 춤ᄂᆞᆫ고로 하ᄂᆞ님ᄭᅴ셔 은춍을 다시 주셧고 쟝공예라 ᄒᆞᄂᆞᆫ 사ᄅᆞᆷ은 아홉ᄃᆡ를 ᄒᆞᆫ집에 사라 식구가 수ᄇᆡᆨ명이 되여도 ᄒᆞᆫ번 ᄊᆞ홈 ᄒᆞᄂᆞᆫ일이 업고 집안이 화평 ᄒᆞᆫ거ᄂᆞᆯ 님군이 쟝공을 불너 제가 ᄒᆞᄂᆞᆫ 법을 무른ᄃᆡ 쟝공이 춤을인ᄌᆞ ᄇᆡᆨ을써셔 올니ᄂᆞᆫ지라 그 ᄯᅳᆺ신즉 ᄒᆞᆫ집안에 살ᄯᅢ에 분ᄒᆞᆫ일이 잇ᄉᆞ면 ᄒᆞᆼ샹 춤어 ᄊᆞ홈 말기로 경계ᄒᆞᆫ 거시라 일노 조차 볼진ᄃᆡ 분ᄒᆞᆫ일을 춤ᄂᆞᆫ거시 엇지 덕힝을 닥ᄂᆞᆫ 공부상에 유익지 아니리오 구셰쥬 ᄀᆞᆯᄋᆞ샤ᄃᆡ 환란을 당ᄒᆞᆯᄯᅢ에 ᄒᆞᆼ샹 춤ᄂᆞᆫ쟈ᄂᆞᆫ 구원ᄒᆞᆷ을 엇으리라 ᄒᆞ시고 ᄉᆞ도 보라 ᄀᆞᆯᄋᆞᄃᆡ 환란이 사ᄅᆞᆷ으로 ᄒᆞ여곰 춤ᄂᆞᆫ ᄆᆞᄋᆞᆷ을 나게 ᄒᆞ고 억지로 춤ᄂᆞᆫ거시 사ᄅᆞᆷ으로 ᄒᆞ여곰 단련ᄒᆞᄂᆞᆫ 공부가 되게ᄒᆞ고 단련ᄒᆞᄂᆞᆫ 공부가 ᄇᆞ라ᄂᆞᆫ ᄆᆞᄋᆞᆷ을 나게ᄒᆞ고 ᄇᆞ라ᄂᆞᆫ ᄆᆞᄋᆞᆷ이 븟그러온 거슬 업게ᄒᆞᆷ은 하ᄂᆞ님ᄭᅴ셔 우리의게 셩신을 주샤 우리를 ᄉᆞ랑 ᄒᆞ시며 우리 ᄆᆞᄋᆞᆷ을 열어 주심이라 ᄒᆞ엿시며 녯적에 마가랴이라 ᄒᆞᄂᆞᆫ 셩인은 팔이가 괴롭게 ᄒᆞᄂᆞᆫ거슬 노여ᄒᆞ여 팔이 ᄒᆞ나를 죽이고 도로혀 뉘웃쳐 스ᄉᆞ로 칙ᄒᆞ되 내가 능히 팔이의 ᄲᆡᄂᆞᆫ거슬 춤지 못ᄒᆞᆯ진ᄃᆡ 엇지 크게 괴로옴을 견ᄃᆡ리오 이에 옷슬 벗고 들노 나아가 모든 모긔로 ᄒᆞ여곰 그 살을 ᄲᆡ라 먹게ᄒᆞ거ᄂᆞᆯ 다른사ᄅᆞᆷ이 그연고를 무른ᄃᆡ 답왈 내가 이일을 힝ᄒᆞ여 춤세를 익히고 노홈을 ᄌᆞ칙ᄒᆞᆫ다 ᄒᆞ더니 여러ᄒᆡ를 공부ᄒᆞ여 맛ᄎᆞᆷ니 큰 셩인이 된지라 우리도 ᄒᆞᆼ샹 괴로운일과 노여운일을 볼ᄯᅢ에 춤ᄂᆞᆫ걸노 근본을 삼아 이 셰샹에 잇실ᄯᅢ에 어진 군ᄌᆞ가 되고 후셰에 영원 무궁ᄒᆞᆫ 복밧기를 ᄇᆞ라노라

레비일공과 오십구 삼월 이십칠일

삭군을돈준비유

마태 이십쟝 일졀노 십륙졀

변됴

디명

대개 텬국은 집 쥬인이 아츰에 나가 품군을 엇어 포도 동산에 드려 보냄과 ᄀᆞᆺᄒᆞ니 二 품군과 ᄒᆞ로 은 ᄒᆞᆫ돈식 주마 작뎡ᄒᆞ야 포도 동산에 드려 보내고 三 ᄉᆞ시에 ᄯᅩ 나가 쟝터에 한가히 섯ᄂᆞᆫ 사ᄅᆞᆷ들을 보고 四 ᄀᆞᆯᄋᆞᄃᆡ 너희도 포도 동산에 드러가면 내가 삭을 잘 주리라 ᄒᆞ니 그 사ᄅᆞᆷ들이 가묘 五 오시와 신시 초에 ᄯᅩ 나가 그와ᄀᆞᆺ치 ᄒᆞ고 六 거의 유시초에 나가 ᄯᅩ 한가히 섯ᄂᆞᆫ 사ᄅᆞᆷ들을 보고 ᄀᆞᆯᄋᆞᄃᆡ 너희ᄂᆞᆫ 엇지 죵일토록 한가히 여긔 섯ᄂᆞ뇨 七 ᄃᆡ답ᄒᆞ되 우리를 품군으로 쓰ᄂᆞᆫ 사ᄅᆞᆷ이 업ᄂᆞ이다 ᄒᆞ니 집쥬인이 ᄀᆞᆯᄋᆞᄃᆡ 너희도 포도 동산에 드러가라 삭을 잘 밧으리라 ᄒᆞ고 八 임의 져믈매 동산 쥬인이 셰간 맛흔 사ᄅᆞᆷᄃᆞ려 닐너 ᄀᆞᆯᄋᆞᄃᆡ 품군들을 불너 나죵온쟈로 브터 시쟉ᄒᆞ여 몬져온 사ᄅᆞᆷᄭᆞ지 삭을주라 九 유시초에 온쟈들도 각각 은 ᄒᆞᆫ돈식 밧거ᄂᆞᆯ 十 몬져 온쟈ㅣ들이 와셔 저희ᄂᆞᆫ 더 밧을줄 알엇더니 더들도 ᄯᅩᄒᆞᆫ ᄒᆞᆫ돈식 밧으매 十一 밧어가지고 집 쥬인을 원망ᄒᆞ야 ᄀᆞᆯᄋᆞᄃᆡ 十二 우리ᄂᆞᆫ 죵일 더위에 슈고를 ᄒᆞ엿ᄂᆞᆫᄃᆡ 엇지 나죵에 와셔 반시 일ᄒᆞᆫ 사ᄅᆞᆷ과 ᄀᆞᆺ치 주ᄂᆞ뇨 ᄒᆞ니 十三 쥬인이 그즁에 ᄒᆞᆫ 사ᄅᆞᆷᄃᆞ려 닐ᄋᆞᄃᆡ 친구여 내ㅣ 네게 그르게ᄒᆞᆫ거시 업ᄂᆞ니 우리가 은 ᄒᆞᆫ돈식 쟉뎡 아니 ᄒᆞ엿ᄂᆞ냐 十四 네 삭이나 가지고 가거라 나죵에 온 사ᄅᆞᆷ을 너희와ᄀᆞᆺ치 주겟노라 十五 내 물건을 내 ᄆᆞᄋᆞᆷᄃᆡ로 쓰ᄂᆞᆫ거시 올치 아니ᄒᆞ냐 내가 착ᄒᆞᆫ고로 네가 악ᄒᆞ게 보ᄂᆞ냐 十六 이와ᄀᆞᆺ치 뒤에 잇ᄂᆞᆫ이가 압셔고 압희 잇ᄂᆞᆫ이가 뒤셔리니 대개 불너 가ᄂᆞᆫ이ᄂᆞᆫ 만ᄒᆞ되 ᄐᆡᆨᄒᆞᆫ이ᄂᆞᆫ 적음이니라

주셕

지나간 공부와 십쟝 삼십졀ᄭᆞ지에 사ᄅᆞᆷ이 하ᄂᆞ님나라에 드려 가려ᄒᆞ면 아조 착ᄒᆞ여야 ᄒᆞᆯ거시로ᄃᆡ 그 착ᄒᆞᆫ걸노 ᄃᆡ신 갑 밧ᄂᆞᆫ모양은 업ᄉᆞ며 오직 하ᄂᆞ님이 공히 주신거시오 오ᄂᆞᆯ 공부 비유 ᄒᆞ심은 이리치를 히셕 ᄒᆞ심이니 텬국이라 ᄒᆞᆷ은 하ᄂᆞ님에 다ᄉᆞ리심이요 집 쥬인이라 ᄒᆞᆷ은 하ᄂᆞ님이요 품군은 셰샹 사ᄅᆞᆷ이오 집 쥬인이 품군을 부르러 감은 하ᄂᆞ님ᄭᅴ셔 ᄌᆞ긔 셤기ᄂᆞᆫ 사ᄅᆞᆷ을 부르심이니 사ᄅᆞᆷ들은 하ᄂᆞ님을 차짐이 업ᄉᆞ되 하ᄂᆞ님ᄭᅴ셔ᄂᆞᆫ 인의 ᄒᆞ심으로 ᄒᆞᆼ샹 사ᄅᆞᆷ을 차ᄌᆞ서매 어ᄂᆞᆫ 하ᄂᆞ님ᄭᅴ셔 우리를 요긴히 너이심이 아니라 오직 우리가 하ᄂᆞ님을 요긴히 ᄒᆞᆷ을 아셤이라 엇더ᄒᆞᆫ 사ᄅᆞᆷ은 베드로와 ᄀᆞᆺ치 말ᄒᆞ기를 하ᄂᆞ님을 셤기면 그 엇을거시 무엇시요 ᄒᆞ며 품군과 ᄀᆞᆺ치 갑을 작뎡ᄒᆞ기를 원 ᄒᆞᆷ이니 이런 사ᄅᆞᆷ들은 그 작뎡ᄒᆞᆫᄃᆡ로 밧을거시오 그외에ᄂᆞᆫ 밧을거시 업ᄉᆞᆯ거시오 오직 하ᄂᆞ님의 진실됨을 밋ᄂᆞᆫ쟈ᄂᆞᆫ 복을 만히 밧으리라 유대ᄇᆡᆨ셩은 하ᄂᆞ님ᄭᅴ 몬져 브르신 쟈인ᄃᆡ 더희들이 올

흔테만ᄒᆞ고 교만ᄒᆞ여 하ᄂᆞ님 압헤 밧을거시삭으로 된줄 알앗ᄂᆞᆫ지라 하ᄂᆞ님ᄭᅴ셔 홍샹 사ᄅᆞᆷ들의게 회ᄀᆡᄒᆞ고 ᄌᆞ긔 압흐로 나아오라 ᄒᆞ셧ᄂᆞ니 무론 누구던지 이말ᄉᆞᆷ을 듯고 곳 회ᄀᆡᄒᆞ고 나아오면 삭으로 밧을거시 아니라 죽은후 ᄭᆞ지 길이 구원 ᄒᆞ여 주실 은혜를 밧을거시오 하ᄂᆞ님ᄭᅴ 나아와 ᄎᆞᆷ ᄌᆞ식이 된 후에ᄂᆞᆫ 뎌의 힝위ᄃᆡ로 밧을거시 아니라 오직 그 ᄆᆞᄋᆞᆷ을 하ᄂᆞ님ᄭᅴ 향ᄒᆞᄂᆞᆫ 걸노 ᄡᅥ 그ᄃᆡ로 은혜를 주시리라 이런고로 셰샹에 뎨일 쳔ᄒᆞ고 뒤로섯든 쟈ㅣ라도 하ᄂᆞ님 압혜ᄂᆞᆫ 압셔기 쉽고 하ᄂᆞ님ᄭᅴ셔 오ᄂᆞᆯᄭᆞ지 셰샹 사ᄅᆞᆷ들을 불너 회ᄀᆡ키를 기ᄃᆞ리시며 이 부르심은 ᄌᆞ긔 셩신으로도 부르시며 젼도ᄒᆞᄂᆞᆫ 쟈로도 ᄇᆞᄅᆞ시며 셩셔도 보게ᄒᆞ샤 부ᄅᆞ시며 혹 다른됴흔 ᄎᆡᆨ으로도 ᄇᆞᄅᆞ시ᄂᆞ니 하ᄂᆞ님이 ᄇᆞᄅᆞ심을 듯거든 그ᄃᆡ들은 ᄆᆞᄋᆞᆷ을 굿셰게 먹고 곳 회ᄀᆡᄒᆞ여 하ᄂᆞ님 나라로 드러 갈지어다 나히 졂은쟈ᄂᆞᆫ 아참ᄯᅢ와 ᄀᆞᆺᄒᆞ매 일즉 도에 드러 갈거시요 그다음 오시ᄲᅳᆷ 된쟈ᄂᆞᆫ 더 밧비 ᄒᆞᆯ거시오 져녁ᄯᅢ 된 로인은 더욱 급ᄒᆞᆫ고로 ᄒᆞᆫ시 밧비 드러 갈터이요 리일ᄭᆞ지 기ᄃᆞ리면 발셔 밤이되여 드러가지 못ᄒᆞᆯᄶᅢ ᄒᆞ노라 그러ᄒᆞ면 무엇을 엇으릿가 ᄒᆞ지말고 오직 하ᄂᆞ님의 공변되시고 인이ᄒᆞ심만 밋을지어다 이젼에 마귀들을 셤길ᄯᅢ에 마귀의게 밧을거ᄉᆞᆫ 무엇이뇨 하ᄂᆞ님ᄭᅴ셔ᄂᆞᆫ 금셰에 사ᄅᆞᆷ이 ᄆᆞᄋᆞᆷ 편안ᄒᆞᆷ과 後셰에 길게 복락 누림을 주시ᄂᆞ니라

뭇ᄂᆞᆫ말

一 엇더케 텬국은 집 쥬인과 ᄀᆞᆺ다고 ᄒᆞᄂᆞᆫ수가 잇ᄂᆞ뇨

二 포도 동산은 무어시뇨

三 포도 동산에 가셔 일 ᄒᆞᄂᆞᆫ 이들이 누구 되겟ᄂᆞ뇨

四 쟝터ᄂᆞᆫ 무엇시며 ᄉᆞ시와 오시와 신시와 유시ᄂᆞᆫ 무엇시뇨

五 이 셰샹 사ᄅᆞᆷ들이 엇더케 쟝터에 한가히 안졋ᄂᆞ뇨

六 포도원에셔 일ᄒᆞᄂᆞᆫ 사ᄅᆞᆷ들이 삭슬 밧ᄂᆞᆫ거시 무엇시며 등분이 잇게 밧앗ᄂᆞ뇨

七 포도원에셔 일ᄒᆞᆫ 사ᄅᆞᆷ들이 웨 쥬인을 원망 ᄒᆞ엿ᄂᆞ뇨

八 쥬인이 션후가 업시 삭슬 일테로 주신거시 공변된일이 아니겟ᄂᆞ뇨

九 쥬인은 엇더케 발명 ᄒᆞ엿ᄂᆞ뇨

十 오ᄂᆞᆯ 이 형뎨즁에 포도원에셔 일 ᄒᆞᄂᆞᆫ이가 몃치며 무엇슬 바라고 일 ᄒᆞᄂᆞ뇨

삼호만셰

아모 나라이든지 ᄌᆡ명이 되랴ᄒᆞ면 ᄇᆡᆨ셩이 몬저 열닌후에야 그나라이 놈의게 슈모를 밧지 안는 법이라 근ᄅᆡ에 대한국 즁에 협셩회와 독립 로론회와 쳥년회와 광무 협회라 ᄒᆞᄂᆞᆫ회가 ᄎᆞᄎᆞ 싱긴후에 본국ᄉᆞ졍과 외국 형편을 서로 강론ᄒᆞ더니 ᄇᆡᆨ셩의 문견이 대단이 열닌지라 졍부에서 부산항에 쇽ᄒᆞᆫ바 절영도를 아라샤에 주고져 ᄒᆞᆷ으로 ᄇᆡᆨ셩들의 의긔가 분발ᄒᆞ여 졍부에 편지 ᄒᆞ엿스며 ᄯᅩᄒᆞᆫ 만민이 공동ᄒᆞ여 죵로에셔 연셜ᄒᆞ되 나라에 ᄌᆡ졍과 군졍의 권리와 션왕의 토디를 외국인의게 주지 안는거시 독립ᄌᆞ쥬 ᄒᆞᄂᆞᆫ나라에 본석이니 탁지부에 잇ᄂᆞᆫ 아라샤 고문관과 군부에 잇ᄂᆞᆫ 아라샤 ᄉᆞ관을 다보ᄂᆡ며 절영도를 주지 안ᄂᆞᆫ거시 올타ᄒᆞ여 ᄇᆡᆨ셩들의 가부를 무론후에 춍ᄃᆡ위원을 ᄐᆡᆨ뎡ᄒᆞ여 졍부에 편지ᄒᆞ더니 졍부에셔 ᄇᆡᆨ셩의 의론이 여일ᄒᆞᆷ을 보고 아라샤 공ᄉᆞ의게 고문관과 ᄉᆞ관을 다 히고ᄒᆞ여 보ᄂᆡ기로 죠회를 답장ᄒᆞᆫ지라 삼월 십삼일에 회원과 ᄇᆡᆨ셩 슈쳔명이 독립관에 모히여 규칙과 쟝졍을 새로 ᄆᆞᆫ들고 위원을 ᄐᆡᆨ뎡ᄒᆞ여 아라샤 고문관과 ᄉᆞ관을 다 보ᄂᆡᆺ스니 우리들이 감샤ᄒᆞᆫ ᄯᅳᆺ스로 졍부에 다시 편지ᄒᆞ기를 작뎡ᄒᆞ고

대황뎨 폐하와 대한 국긔를 위ᄒᆞ여 일졔히 만셰를 세번 부르니 ᄇᆡᆨ셩들의 ᄆᆞᄋᆞᆷ이 깃거워 비ᄒᆞᆯᄃᆡ 업ᄂᆞᆫ지라 일노좃차 보건ᄃᆡ 대한국에 ᄌᆡ명됨을 가히 알겟더라

ᄂᆡ보

귀족원경 김홍륙씨가 ᄌᆞᄀᆡᆨ을 맛난후에 ᄃᆞ듸여 샹소ᄒᆞ야 물너 가기를 빌되 황샹ᄭᅴ셔 윤허치 아니 ᄒᆞ셧다더라

○젼시독 니인규씨가 민죵묵씨를 론ᄒᆡᆨᄒᆞᄂᆞᆫ 소를 올녓ᄂᆞᆫᄃᆡ 비셔원에셔 그 샹소를 밧지 아니 ᄒᆞ엿다더라

○본월 ᄉᆞ일에 길 거리에 붓친 방을 좌에 긔ᄌᆡᄒᆞ노라

김홍륙이가 요힝이 ᄯᅢ를맛나 외국인의 통샤가 되엿시니 ᄌᆡ죠ᄂᆞᆫ 외국말을 죠곰 아ᄂᆞᆫᄃᆡ 지나지 못ᄒᆞ고 직칙은 맛당히 교셥ᄒᆞᄂᆞᆫ ᄉᆞ이에만 부틸거시여ᄂᆞᆯ 엇지감히 권세를 쳔단ᄒᆞ며 리익을 온젼이 ᄒᆞ리오 그러ᄒᆞᆫᄃᆡ ᄂᆡ졍과 외무를 ᄒᆞ나도 간셥지 아님이 업시며 방ᄌᆞ히 힝패ᄒᆞ고 무례ᄒᆞ니 지금 졍부에 다만 홍륙이 ᄒᆞ나 잇단말만 듯고 다시 모든대신에 누가 잇ᄂᆞᆫ거ᄉᆞᆯ 알니오 벼ᄉᆞᆯ을 쳔단히 풀고 쳥쵹을 힘써좃치며 죠졍 대신을 욕ᄒᆞ되 허물치 아니ᄒᆞ고 기타의 음샤ᄒᆞ며 괴려ᄒᆞᆫ 힝실은 가히 낫낫치 들어 말ᄒᆞ지 못ᄒᆞ거니와 그 심ᄒᆞᆫᄃᆡ 니르러셔ᄂᆞᆫ 죠칙을 법샤에 ᄉᆞᆷ여 대신을 잡아오게 ᄒᆞ되 긔탄이 업시며 지존의 압헤 갓가히 고혀온미ᄒᆞᆫ거ᄉᆞᆯ 가만히 부러내ᄂᆞᆫ 즁에 츌입ᄒᆞᄂᆞᆫ 문패를 뎨가 임의로 죠죵ᄒᆞ니 쟝ᄎᆞᆺ 저앙이 어ᄃᆡ 니를지 알지 못ᄒᆞ며 쥬셕의 신하 츙량 ᄒᆞᆫ이를 점점 잔해ᄒᆞ리니 슯흐다 나라에 고이ᄂᆞᆫ 신하가 잇고 졍ᄉᆞ

가 어지럽지 아님이 업시며 님군이 친ᄒᆞᆫ 신하가 업고 세가 고단치 아님이 업ᄂᆞᆫ지라 지금 벼슬에 잇ᄂᆞᆫ쟈ㅣ 홍륙의게 붓좃지 아니ᄒᆞᆫ즉 곳 오일경죠로 알고 록에 쳐을녀 니웃 나라에 우숨 밧ᄂᆞᆫ 거슬 알지 못ᄒᆞ니 쇼인의 도가 길고 군ᄌᆞ의 도가 ᄉᆞ라져 쟝ᄎᆞᆺ 어느 디경에 니를지 알지 못ᄒᆞᄂᆞᆫ지라 이ᄀᆞᆺ치 악ᄒᆞᆫ 금슈의 무리를 가히 심상히 가려두지 못ᄒᆞᆯ거시니 우리나라 관녀 션비들은 소리를 놉혀 흥인지문 압헤 ᄒᆞᆷᄭᅴ모혀 샹소ᄒᆞ고 복합ᄒᆞ야 좀먹듯 ᄒᆞᄂᆞᆫ 신하를 물니쳐 샤특ᄒᆞᆷ과 졍대ᄒᆞᆷ을 ᄇᆞᆰ히ᄂᆞᆫ거시 힝심이라 광무 이년 이월일 양근 리 츙쥬 졍 안동 졍 김 강릉 리 임 뎡평 허 츙ᄒᆞᆫ부로 소텽을 뎡ᄒᆞ고 진복일ᄌᆞᄂᆞᆫ 구일노 뎡ᄒᆞ며 쓰ᄂᆞᆫ 부비ᄂᆞᆫ 각기 판비ᄒᆞᆯ 일이라 ᄒᆞ엿더라

○ 졔쥬 목ᄉᆞ 니병휘씨가 ᄇᆡᆨ셩을 포학 ᄒᆞ며 젼지를 토식ᄒᆞ야 인민의 원ᄒᆞᆫ이 골슈에 ᄆᆞᆺ쳣더니 니씨의 면관ᄒᆞᆷ을 인ᄒᆞ야 란민이 작당ᄒᆞ야 니씨를 에워싸고 ᄇᆡᆨ셩의게 토식ᄒᆞᆫ 재물을 도로 ᄇᆡᆨ셩을 주고 가라 ᄒᆞᆫ다더라

○요ᄉᆞ이 ᄡᆞᆯ갑시 별안간 더 고등ᄒᆞ야 싀골에 술과 엿슬 금ᄒᆞᄂᆞᆫ 곳이 더러 잇ᄂᆞᆫᄃᆡ ᄡᆞᆯ갑 고등ᄒᆞᆫ 거시 혹은 말ᄒᆞ되 텰노와 금광에 역군이 여러쳔명씩이 되ᄂᆞᆫ고로 곡식이 모도 그리로 새지ᄂᆞᆫ 서ᄃᆞᆰ이라고 ᄒᆞ고 혹은 말ᄒᆞ되 은ᄌᆞ박은 은젼을 줄ᄃᆡ에 금ᄒᆞᄂᆞᆫ 서ᄃᆞᆰ이라고 ᄒᆞᄂᆡ 그말을 다 밋을수 업ᄉᆞ나 우리 싱각에ᄂᆞᆫ 대뎌 작년 년ᄉᆞ가 참흉인ᄃᆡ 봄을 당ᄒᆞ매 녯곡식이 점점 ᄯᅥ러지ᄂᆞᆫ 서ᄃᆞᆰ인듯 ᄒᆞ더라

외보

미국 하의원에서 젼국 해륙군의 슈용 ᄇᆡᆨ비를 례산외에 금젼 오쳔만원을 더 지츌ᄒᆞ기로 쟉뎡 ᄒᆞ엿다더라○오디리 ᄂᆡ각 대신들이 모도 ᄉᆞ직ᄒᆞ고 나갓다더라

협셩회광고

새로 츌판ᄒᆞᆫ 협셩회 회보ᄂᆞᆫ 졍동 ᄇᆡ재학당 일방에셔 파ᄂᆞᆫᄃᆡ ᄒᆞᆫ쟝갑슨 엽젼 너푼이오 일삭됴를 미리 내면 엽젼ᄒᆞᆫ돈 오푼인ᄃᆡ ᄂᆡ외국 소문과 학문샹에 유죠ᄒᆞᆫ 말이 만히 잇ᄉᆞ오니 사셔 보시기를 ᄇᆞ라오

본회고ᄇᆡᆨ

본회에셔 이회보를 젼년과 ᄀᆞᆺ치 일쥬일에 ᄒᆞᆫ번식 발간 ᄒᆞᄂᆞᆫᄃᆡ 새로 륙폭으로 작뎡ᄒᆞ고 ᄒᆞᆫ쟝갑슨 엽젼 오푼이오 ᄒᆞᆫᄃᆞᆯ갑슬 미리내면 젼과 ᄀᆞᆺ치 엽젼 ᄒᆞᆫ돈 오푼이라 본국 교우나 셔국 목ᄉᆞ나 교외 친구나 만일 사셔 보고져 ᄒᆞ거든 졍동 아펜셜라 목ᄉᆞ 집이나 죵로 대동셔시에 가셔 사시옵

죵로대동셔시광고

우리 셔샤에셔 셩경 신구약과 찬미 ᄎᆡᆨ과 교회에 유익ᄒᆞᆫ 여러가지 셔ᄎᆡᆨ과 시무에 긴요ᄒᆞᆫ ᄎᆡᆨ들을 팔되 갑시 샹당ᄒᆞ오니 학문샹과 시무변에 ᄯᅳᆺ이 잇ᄂᆞᆫ 군ᄌᆞ들은 만히 사셔 보시옵

뎨이권

대한크리스도인회보

뎨십이호

합륙십

광무이년 이십삼일

샤셜

세계샹 만물즁에 바다ᄀᆞᆺ치 큰 물건이 업시며 ᄯᅴ글ᄀᆞᆺ치 적은 물건이 업ᄂᆞ니 큰 물건은 고비니고의 지혜로도 측량ᄒᆞ기 어렵고 적은 물건은 리루의 ᄇᆞᆰ음으로도 볼수가 업ᄂᆞᆫ지라 그러나 물건의 대쇼를 의론치 말고 임쟈업ᄂᆞᆫ 물건은 셰계샹에 업ᄂᆞ니 집에 반ᄃᆞ시 쥬인이 잇고 나라에 반ᄃᆞ시 님군이 잇시며 텬디 만물 즁에 반ᄃᆞ시 대쥬지가 계신지라 셰샹 사ᄅᆞᆷ들이 녜젼브터 지금ᄭᆞ지 대쥬지를 비반ᄒᆞ고 샤신을 셤기ᄂᆞᆫ쟈 만흔고로 국가이나 ᄉᆞ가나 영원ᄒᆞᆫ 복을 밧지 못ᄒᆞᆷ이라 우리가 지금은 동셔양 나라 사ᄅᆞᆷ들에 슝ᄇᆡᄒᆞᄂᆞᆫ 샤신과 우샹을 대강 긔록ᄒᆞ여 대쥬지를 밋ᄂᆞᆫ 형뎨들노 알게 ᄒᆞ노라 ○셔국 ᄇᆡᆨ셩들은 녜젼에 금으로 ᄆᆞᆫ든 소와 대공의 우샹과 파력의 우샹과 아대록과 마락의 우샹과 검번의 별과 투ᄉᆞ와 아디미 우샹과 무당과 졈치ᄂᆞᆫ 거슬 밋어시며 인도국 사ᄅᆞᆷ들은 불샹과 보살과 태양의 신과 ᄇᆡ암을 셤겻고 즁원에ᄂᆞᆫ 샹나라 무을황뎨가 처음으로 우샹을 ᄆᆞᆫ들어 텬신이라 부르더니 한나라 당나라 이후로 션불의 도가 졈졈 셩ᄒᆞ여 샤신을 슝ᄇᆡᄒᆞᄂᆞᆫ ᄇᆡᆨ셩이 대단히 만흔지라 션비들은 공ᄌᆞ와 밍ᄌᆞ와 여러 현인의 위패와 문챵셩과 규셩과 챵힐을 셤기고 뭇 사ᄅᆞᆷ들은 옥황샹뎨와 관셩뎨군과 북뎨와 관음보살과 오현과 삼셩과 셩황신과 홍셩과 현단과 셕감당과 화타와 쟝공과 뢰조와 ᄌᆞ미셩과 북두칠셩과 토디지신과 텬관지신과 지신과 문신과 조왕신과 우물신과 산신과 슈신과 목신을 위ᄒᆞ고 쟝ᄉᆡᆨ들은 로반의게 절ᄒᆞ고 부인들은 견우와 직녀셩에 절ᄒᆞ고 션도를 밋ᄂᆞᆫ 이들은 로ᄇᆡᆨ양과 녀슌양과 손진인과 허진군과 황뎨의게 절ᄒᆞ고 불도를 밋ᄂᆞᆫ쟈ᄂᆞᆫ 셕가여ᄅᆡ와 라한과 금강과 가람과 삼보와 보살의게 절ᄒᆞ고 기외에 태샹로군과 원시텬존과 구텬현녀와 문챵뎨군과 진무쟝군과 쟝텬ᄉᆞ와 텬비텬후와 쟝비와 악비와 니여송과 울지공을 셤기며 샤공들은 소ᄇᆡᆨ헌의 신과 안무ᄌᆞ의 신을 위ᄒᆞ고 일본 사ᄅᆞᆷ들은 불샹과 신ᄆᆡᆨ텬황과 원뇌죠와 후토ᄉᆞ를 위ᄒᆞ고 대한국에ᄂᆞᆫ 죵묘ᄉᆞ직과 릉침외에 여러가지 졔ᄉᆞ가 만히 잇ᄂᆞᆫ티 문묘와 관뎨묘와 삼셩ᄉᆞ와 슝의뎐과 슝덕뎐과 만동묘와 계셩ᄉᆞ와 대보단과 여졔단이 잇시며 가외에 ᄯᅩ 션롱단과 션잠단과 우단과 마죠단과 빙고졔와 ᄯᅮᆨ졔와 삼각산과 ᄇᆡᆨ악과 목멱과 한강에 각각 졔ᄉᆞ가 잇고 ᄇᆡᆨ셩은 가묘와 묘ᄉᆞ와 셔원외에 위ᄒᆞᄂᆞᆫ 거시 셩쥬와 터쥬와 녕황당과 국ᄉᆞ당과 칠셩당과 슈신당과 미력당과 져동과 려동과 부군당과 불당과 산신당에 절ᄒᆞ며 그즁에 칙간과 조왕에 고ᄉᆞᄒᆞᄂᆞᆫ 이도 잇더라

대한크리스도인 회보

THE KOREAN CHRISTIAN ADVOCATE.
Rev. H. G. Appenzeller, Editor
36 cents per annum in advance. Postage extra.
Wednesday, Mar. 23th, 1898.

셔울 정동셔 일쥬일에 ᄒᆞᆫ번식
발간 ᄒᆞᄂᆞᆫᄃᆡ 아편셜라 목ᄉᆞ가
회보 샤쟝이 되엿더라
일년 갑슬 미리ᄂᆡ면 삼
십 륙젼이오 우표갑슨
ᄯᅩ로 잇ᄂᆞ니라

평양 셔문안 아영동 미이미교 회당 청년회인 김락션씨가 글을 지여 보ᄂᆡ엿기로 좌에 긔ᄌᆡᄒᆞ노라

슯흐다 대한 션비들이 ᄉᆞ셔 삼경외에 셰계샹에 다른 학문은 다 쓸ᄃᆡ 업ᄂᆞᆫ줄노 알고 ᄯᅩ 삼강 오륜을 명명ᄒᆞᆫ 도라ᄒᆞ고 다른 학문은 보지안ᄒᆞ니 실노 한심ᄒᆞ도다 대개 도라 ᄒᆞᄂᆞᆫ거슨 ᄆᆞᄋᆞᆷ을 정ᄒᆞ게 ᄒᆞᄂᆞᆫ 거신ᄃᆡ 대한 션비들은 공밍에 문법과 쥬ᄌᆞ에 례법이나 빅와 사ᄅᆞᆷ의게 칭찬밧기를 됴화ᄒᆞ며 진ᄉᆞ대과ᄒᆞ여 사ᄅᆞᆷ훈데 영화나 엇고져 ᄒᆞᄂᆞᆫ ᄭᆡ닭으로 인심은 날노 위ᄐᆡᄒᆞ며 도심은 날마다 젹어지며 공편ᄒᆞᆫ 도ᄂᆞᆫ ᄲᅢ히지고 간샤ᄒᆞᆫ 무리ᄂᆞᆫ 살져가니 엇지 망ᄒᆞᆯ 장본이 안이리요 마ᄂᆞᆫ 다힝이 인ᄌᆞᄒᆞᆫ 하ᄂᆞ님의 구완지도가 대한에 림ᄒᆞ여 우리로 구완지도를 알게 ᄒᆞ엿ᄉᆞ니 엇지 깃브지 안ᄒᆞ리요 그러나 우리 구쥬의 문도된이들은 대한 션비들과 ᄀᆞᆺ치 외모로 ᄒᆞ리요 대한 션비들은 글비화 이셰샹 영화엇고져 ᄒᆞ나 우리 형뎨ᄂᆞᆫ 도비화 하ᄂᆞ님의게 영화 엇기를 원ᄒᆞᆯ거시요 뎌들은 사ᄅᆞᆷ의게 칭찬 밧기를 됴화ᄒᆞ나 우리 형뎨들은 하ᄂᆞ님ᄭᅴ 칭찬 밧기를 됴화 ᄒᆞᆯ거신즉 엇지 뎌들과 ᄀᆞᆺᄒᆞ리요 셩경에 골ᄋᆞ샤ᄃᆡ 너희가 내의 계명을 직히면 셩신을 주리라 ᄒᆞ엿ᄉᆞ니 우리ᄂᆞᆫ ᄆᆞᄋᆞᆷ으로 계명을 직히면셔 하ᄂᆞ님ᄭᅴ 셩신을 구ᄒᆞᆯ거시요 우리ᄂᆞᆫ 죄를 날마다 더 지흠으로 셩신을 구ᄒᆞ면 구 ᄒᆞᄂᆞᆫ거시 유익지 못ᄒᆞᆯ지라 비컨ᄃᆡ 흔동산에 화초밧시 잇ᄂᆞᆫᄃᆡ ᄭᅩᆺ시 만발ᄒᆞᆫ 나무에ᄂᆞᆫ 나비가 나라들고 ᄭᅩᆺ피지 안ᄂᆞᆫ나무에ᄂᆞᆫ 나비가 오지안ᄂᆞ니 우리도 ᄆᆞᄋᆞᆷ에 ᄭᅩᆺ치 피여야 셩신이 ᄆᆞᄋᆞᆷ의 감화 ᄒᆞᆯ터이요 광명ᄒᆞᆫ 일월은 사ᄅᆞᆷ의 눈을 ᄇᆞᆰ히고 구쥬의 졍도ᄂᆞᆫ 사ᄅᆞᆷ의 ᄆᆞᄋᆞᆷ을 ᄇᆞᆰ히ᄂᆞ니 일월이 빗날지라도 사ᄅᆞᆷ이 눈을 닷고 보지안ᄒᆞ면 빗치 쓸ᄃᆡ 업ᄂᆞᆫ거시 아니라 ᄌᆞ긔의 눈이 어두어 몸이 즌흙에 ᄲᅡ질거시오 구쥬의 졍도ᄂᆞᆫ 사ᄅᆞᆷ의 ᄆᆞᄋᆞᆷ을 ᄇᆞᆰ힐지라도 사ᄅᆞᆷ이 ᄆᆞᄋᆞᆷ을 닷고 힘ᄡᅧ 안ᄒᆞ면 도가 쓸ᄃᆡ 업ᄂᆞᆫ거시 아니라 ᄌᆞ긔 ᄆᆞᄋᆞᆷ이 흐린고로 령혼이 디옥에 ᄲᅡ질거시니 엇지 두렵지 안ᄒᆞ리오 그런즉 우리 령혼을 엇더케 ᄌᆞ라나게 ᄒᆞ리요 비컨ᄃᆡ 초목은 양긔와 습긔와 공긔를 인ᄒᆞ여 자라나ᄂᆞᆫ 거시니 이와ᄀᆞᆺ치 우리 령혼은 긔도와 공부와 젼도흠으로 우리 령혼이 자라날줄노 아오니 여러 형뎨들은 이 셰가지를 부즈런히 힘ᄡᅳ기를 ᄇᆞ라ᄋᆞᆸ

김락션

례비일공과 륙십 ᄉᆞ월 삼일

교만ᄒᆞᆷ을칙ᄒᆞ심

마태 이십장 이십졀노 삼십ᄉᆞ졀

년됴

디명

二十 그때에 셔비태의 아ᄃᆞᆯ의 어마니가 그 아ᄃᆞᆯ을
ᄃᆞ리고 예수ᄭᅴ 와셔 졀ᄒᆞ며 ᄒᆞᆫ일을 구ᄒᆞ니 二十一 예
수ㅣ ᄀᆞᆯᄋᆞ샤ᄃᆡ 무어ᄉᆞᆯ 원ᄒᆞᄂᆞ뇨 ᄀᆞᆯᄋᆞᄃᆡ 내 아ᄃᆞᆯ
ᄃᆞᆯ을 쥬의 나라에셔 ᄒᆞ나ᄂᆞᆫ 쥬의 올흔편에 안치
며 ᄒᆞ나ᄂᆞᆫ 쥬의 왼편에 안게ᄒᆞ여 주옵쇼셔 二十二 예
수ㅣ ᄃᆡ답ᄒᆞ샤ᄃᆡ 너희 구ᄒᆞᄂᆞᆫ거ᄉᆞᆯ 너희가 아지
못ᄒᆞᄂᆞᆫ도다 나 마실잔을 너희가 마시겟ᄉᆞ며 나
밧을 셰례를 너희가 밧겟ᄂᆞ냐 ᄃᆡ답ᄒᆞᄃᆡ 능히ᄒᆞ겟
ᄂᆞ이다 二十三 예수ㅣ ᄀᆞᆯᄋᆞ샤ᄃᆡ 너희가 과연 나의잔
을 마시며 나 밧을 셰례를 밧으면 내 올흔편과 왼
편에 안치기ᄂᆞᆫ 내가 줄거시 아니라 내 아바지ᄭᅴ
셔 위ᄒᆞ야 예비ᄒᆞ여 주시리게 ᄌᆞ시리라 二十四 열뎨ᄌᆞ
ㅣ 듯고 형뎨 두 사ᄅᆞᆷ을 ᄒᆞᆫᄒᆞ거ᄂᆞᆯ 二十五 예수ㅣ 뎨
ᄌᆞ들을 불너다가 ᄀᆞᆯᄋᆞ샤ᄃᆡ 이방님군이 졍ᄉᆞ를 ᄃᆞ
ᄉᆞ리매 대신들이 권셰를 잡ᄂᆞᆫ줄은 너희가 알거니
와 二十六 너희 중에ᄂᆞᆫ 그러치 못ᄒᆞᆯ지라 너희중에 누
구던지 놉흐랴 ᄒᆞᄂᆞᆫ자ᄂᆞᆫ 너희 하인이 될거시오
二十七 웃듬이 되랴 ᄒᆞᄂᆞᆫ자ᄂᆞᆫ 너희 죵이 되리니 二十八
인ᄌᆞㅣ 온거시 사ᄅᆞᆷ을 브리려 ᄒᆞᆷ이 아니라 사ᄅᆞᆷ
을 셤기려 ᄒᆞᆷ이오 ᄯᅩ 무리를 위ᄒᆞ야 목숨을 ᄇᆞ려
쇽죄ᄒᆞ여 줌이니라 ○ 二十九 예리고에셔 ᄯᅥ나갈ᄉᆡ
큰 무리가 좃더니 三十 쇼경둘이 길가에 안졋다가
예수 지나가심을 듯고 소리질너 ᄀᆞᆯᄋᆞᄃᆡ 쥬대위의
ᄌᆞ손이여 우리를 불샹히 넉이쇼셔 ᄒᆞ니 三十一 무리
가 ᄭᅮ지져 줌줌ᄒᆞ라 ᄒᆞ되 쇼경이 더욱 소리질너
ᄀᆞᆯᄋᆞᄃᆡ 쥬 대위의 ᄌᆞ손이여 우리를 불샹히 넉이
쇼셔 ᄒᆞ거ᄂᆞᆯ 三十二 예수ㅣ 머물너 서셔 그들을 불
너 ᄀᆞᆯᄋᆞ샤ᄃᆡ 너희가 날ᄃᆞ려 무엇ᄉᆞᆯ ᄒᆞ라 ᄒᆞᄂᆞ냐
三十三 쇼경들이 ᄀᆞᆯᄋᆞᄃᆡ 쥬여 우리눈을 ᄇᆞᆰ게ᄒᆞ여 주
옵쇼셔 三十四 예수ㅣ 민망히 넉이샤 뎌희눈을 문지
시니 눈이 곳 ᄇᆞᆰ그매 두사ᄅᆞᆷ이 예수를 좃더라

주셕

예수ᄭᅴ셔 이제 마자막 예루살넴에 올나 가시다가 뎨ᄌᆞ들 ᄃᆞ려 ᄌᆞ긔 고난 밧으심과 십ᄌᆞ가에 죽으심과 부싱ᄒᆞ심을 다시 ᄀᆞᄅᆞ치시되 뎨ᄌᆞ들이 죵시 ᄭᆡ닷지 못ᄒᆞᄂᆞᆫ지라 요한과 야곱은 셔비태의 아ᄃᆞᆯ인ᄃᆡ (마태복음 ᄉᆞ장 이십 일졀을 보라) 뎌의어머니 살노미가 이번에 ᄒᆞᄂᆞᆫ 모양은 미오 잘못 되엿ᄉᆞ나 그 후에ᄂᆞᆫ 진실히 밋고 증거를 표냄은 예수ᄭᅴ셔 십ᄌᆞ가에 달니실때에 붓그러옴이 업고 다른 녀인과 ᄀᆞᆺ치 잇서ᄉᆞ며 ᄯᅩ 도라 가신지 삼일되든 날에 유향과 몰약을 가지고 무덤에 나아 감이라 (마가복음 십오장 ᄉᆞ십졀과 십륙장 일졀을 보라) 이러케 진실히 밋고 ᄉᆞ랑ᄒᆞᆷ으로 샹밧을거시 업지 아닐지니 뎐ᄉᆞ가 뎌의게 예수 부싱ᄒᆞ심을 ᄀᆞᄅᆞ쳐ᄉᆞ며 ᄯᅩ 얼마 못되여 길에서 예수를 맛나 뵈왓ᄉᆞᆫ

좀 이거시 샹 밧음이라 뎨ᄌᆞᄂᆞᆫ 예수ᄭᅦ셔 여러가지 ᄀᆞᄅᆞ쳐 주심을 ᄭᆡ닷지 못ᄒᆞ겻마ᄂᆞᆫ 지금은 예루살넴에 가셔 더 나라히 세울줄 알앗ᄉᆞ매 예수ㅣ 영화롬 밧으심을 보ᄂᆞᆫ 요한과 야곱이 뎨일 놉흔자리를 ᄇᆞ라더니 이번에ᄂᆞᆫ 뎌의 모친이 아ᄃᆞᆯ을 ᄃᆞ리고 와셔 두 아ᄃᆞᆯ을 예수 나라 놉흔위에 좌우 편으로 안게ᄒᆞ기를 원 ᄒᆞ엿ᄉᆞ나 그러나 몃칠이 안되여 예수ᄭᅦ셔 십ᄌᆞ가에 달니실ᄯᅢ에 도적놈 둘이 예수 좌우편에 달님을 보고 ᄆᆞᄋᆞᆷ이 엇더ᄒᆞ엿ᄉᆞ리오 예수ᄭᅦ셔 너희가 너희 구 ᄒᆞᄂᆞᆫ거ᄉᆞᆯ 알지 못 ᄒᆞᄂᆞᆫ도다 ᄒᆞ심을 이제야 조곰 ᄭᆡᄃᆞ롤싸 홈이라 이에 세례라 ᄒᆞ심은 물노ᄒᆞᄂᆞᆫ 셰례도 아니요 셩신의 셰례도 아니라 오직 금파 은이 불에셔 무수히 단련홈과 ᄀᆞᆺ치 고난을 밧으샤 온젼이 졍ᄒᆞ게 되심이라 그후에 이두 사ᄅᆞᆷ이 고난을 당ᄒᆞ매 아조참고 견ᄃᆡ엿ᄉᆞ며 야곱은 혜롯의게 도ᄅᆞᆯ 위ᄒᆞ여 죽인바ㅣ 되고 (ᄉᆞ도ᄒᆡᆼ젼 십이장 일이졀을 보라) 요한은 다른 뎨ᄌᆞ들보다 오래 살앗ᄉᆞ되 고난을 만히밧고 귀향보낸자ㅣ 되엿ᄂᆞᆫ지라 하ᄂᆞ님 나라에 주실샹은 하ᄂᆞ님ᄭᅦ셔 작뎡 ᄒᆞ심이니 이ᄂᆞᆫ 예수ᄭᅦ셔도 변동ᄒᆞ자 못ᄒᆞ심이라 셰샹 사ᄅᆞᆷ은 놉흔 벼슬을 엇고져 홈이 다만 ᄌᆞ긔몸을 유익게 ᄒᆞ며 그권세로 놈을 압졔홈이요 하ᄂᆞᆯ 나라법은 놉흔 자리에 잇슬ᄉᆞ록 뎨몸을 도라보지 안코 ᄇᆡᆨ셩을 위ᄒᆞ여 몸을 ᄂᆞᆽ게ᄒᆞᄂᆞ니 이ᄂᆞᆫ 예수ᄭᅦ셔 셰샹에 오샤 ᄌᆞ긔 유익됨을 도라보시지 안코 우리ᄅᆞᆯ 위ᄒᆞ여 목숨을 ᄇᆞ리심과 ᄀᆞᆺ홈이라○이제 예루살넴으로 가시ᄂᆞᆫ길에 여리고셩을 지나실ᄉᆡ 두쇼경이 예수 지나가심을 듯고 이ᄀᆡᆯ을 엇어 ᄃᆡ의 눈 곳침을 원ᄒᆞ니 ᄇᆡᆨ셩들은 그만두라고 말ᄒᆞ되 쇼경은 대 샹각에 아ᄯᅢᄅᆞᆯ 일ᄒᆞ면 아후ᄂᆞᆫ 다시 못뵈올줄 알매 더욱 소ᄅᆡᄅᆞᆯ 질너 부ᄅᆞ거ᄂᆞᆯ 예수ᄭᅦ셔 더ᄃᆞ려 네가 원 ᄒᆞᄂᆞᆫ거시 무엇이냐 ᄒᆞ심은 그 원ᄒᆞᄂᆞᆫ바ᄅᆞᆯ 모로심이 아니로되 그 원ᄒᆞᄂᆞᆫ 말을 분명히 ᄒᆞ라 ᄒᆞ심이니 아ᄂᆞᆫ 우리도 본밧을거시니 우리가 하ᄂᆞ님ᄭᅴ 긔도홀제 말ᄒᆞᄂᆞᆫ ᄯᅳᆺ은 업시 다만 복주쇼셔 ᄒᆞ지말며 그 원ᄒᆞᄂᆞᆫ말은 ᄯᅮᆨᄯᅮᆨ히 ᄒᆞ여 은혜주심을 ᄇᆞ랄지어다

뭇ᄂᆞᆫ 말

一 [illegible]비태의 아ᄃᆞᆯ이 누구뇨
二 셔비태의 안히의 일홈은 무엇시뇨
三 이북인은 구쥬ᄭᅴ 무엇슬 구 ᄒᆞ엿ᄂᆞ뇨
四 그부인의 원ᄒᆞᄂᆞᆫ바 즁에 잘못됨이 무엇이뇨
五 구쥬의 밧을 셰례와 마실잔은 무엇시뇨
六 누가 구쥬의 올흔편과 왼편에 안게 ᄒᆞ겟ᄂᆞ뇨
七 열뎨ᄌᆞ가 셔비태의 아ᄃᆞᆯ을 한 ᄒᆞᄂᆞᆫ거시 죄가아니뇨
八 구쥬ᄭᅦ셔 셔로 듸졉 ᄒᆞ기ᄅᆞᆯ 엇더케 ᄀᆞᄅᆞ치ᄂᆞ뇨
九 구쥬 어듸셔 엇더케 두쇼경의 눈을 ᄇᆞᆰ혀 주셧ᄂᆞ뇨
十 교만ᄒᆞᆫ ᄆᆞᄋᆞᆷ이 엇지ᄒᆞ여 죄가 되겟ᄂᆞ뇨

교곰에드문일

녜젹 신라 유례왕ᄯᅢ에 인관이라 ᄒᆞᄂᆞᆫ 사ᄅᆞᆷ이 면화ᄉᆞᆷ을 쟝으로 풀너갓더니 맛참 셔됴라 ᄒᆞᄂᆞᆫ 사ᄅᆞᆷ이 곡식을 가지고 와셔 인관의 ᄉᆞᆷ을 곡식으로 밧고아 가지고 각각 집으로 도라갓더니 잇흔날 난데업ᄂᆞᆫ 소리개 ᄒᆞ나이 셔됴의 집에와셔 발노 그 ᄉᆞᆷ을 집어다가 도로 인관의 집에 갓다 놋ᄂᆞᆫ지라 인관이 ᄌᆞ긔가 셔됴의게 풀엇던 ᄉᆞᆷ인줄 분명히알고 그ᄉᆞᆷ을 도로 가져다가 셔됴의게 젼ᄒᆞᆫ데 셔됴의말이 이거ᄉᆞᆫ 심샹ᄒᆞᆫ 일이 아니라 반ᄃᆞ시 하ᄂᆞ님의 ᄒᆞ산바ㅣ라 ᄒᆞ고 밧지 안커ᄂᆞᆯ 인관이 다시 곡식을 ᄎᆔᄒᆞ야 셔됴의게 갑ᄒᆞ니 셔됴의 말이 내가 임의 풀엇슨즉 이곡식은 내 물권이 아니라 ᄒᆞ야 밧지 아니ᄒᆞ고 인관의말은 그ᄉᆞᆷ을 내가 도로 가칠진데 이곡식은 그데의 물권이라 ᄒᆞ야 둘이 서로 ᄉᆞ양ᄒᆞ다가 맛참ᄂᆡ 그곡식을 쟝터에 ᄇᆞ리고 간지라 고소문이 왕의게 들니매 왕이 두 사ᄅᆞᆷ을 불너 벼슬을 주엇다 ᄒᆞ더니 근리에 대한국 즁에 ᄯᅩᄒᆞᆫ 이샹ᄒᆞᆫ 사ᄅᆞᆷ이 잇서 지물ᄇᆞ리기를 와륵과 ᄀᆞᆺ치 ᄒᆞᄂᆞᆫ지라 삼월 십ᄉᆞ일에 엇더ᄒᆞᆫ 두 사ᄅᆞᆷ이 교분이 친밀ᄒᆞᆫ데 소미를 련ᄒᆞ야 죵로 힝길에 왕래ᄒᆞ며 노더니 맛참 희의장ᄉᆞ가 지니며 사라 ᄒᆞ거ᄂᆞᆯ 그두 사ᄅᆞᆷ이 서로 의론ᄒᆞ되 우리가 더 희의를 사자ᄒᆞ여 각기 두돗식을 삿ᄂᆞᆫ데 ᄒᆞᆫ사ᄅᆞᆷ이 그 네돗갑슬 다내거ᄂᆞᆯ ᄒᆞᆫ사ᄅᆞᆷ이 말ᄒᆞ되 나도 돈이 잇노라 ᄒᆞ야 돈을내여 그친구의게 주니 그ᄯᅢ에 쟈ᄉᆞᄂᆞᆫ 발셔가고 업ᄂᆞᆫ데 ᄒᆞᆫ사ᄅᆞᆷ의 말은 맛참 돈이 잇기로 사셔 논ᄒᆞᆫ거ᄂᆞᆯ 엇지 이ᄀᆞᆺ치 교계 ᄒᆞᄂᆞ뇨 ᄒᆞ야 밧지안코 ᄒᆞᆫ사ᄅᆞᆷ의 말은 내가 돈이 업서면 당초에 사지도 아닐거시요 ᄯᅩᄒᆞᆫ 친구의 물권이라도 무단이 밧는거시 의가 아니라 ᄒᆞ야 ᄶᅢ로 ᄉᆞ양ᄒᆞ다가 필경은 그돈을 힝길에 ᄇᆞ리고 두 사ᄅᆞᆷ이 각각 동셔로 난호아 갓시니 그 사ᄅᆞᆷ들은 크리스도 교인이라더라

닉보

경무텽에서 닉부 훈령을 인ᄒᆞ야 ᄎᆞ대문에 방을 붓쳣시되 근일에 ᄇᆡᆨ셩들이 연셜을 칭탁ᄒᆞ고 무단히 죵로 거리에 모혀 나라일을 의론ᄒᆞ며 폐려ᄒᆞᆫ 힘위가 만타ᄒᆞ니 졍부에셔 엇지 ᄇᆡᆨ셩의 연셜을 계다려 미ᄉᆞ를 귀졍ᄒᆞ리오 공연이 ᄇᆡᆨ셩의 ᄆᆞ옴만 소동케 ᄒᆞᄂᆞᆫ일이니 ᄌᆞ금이후로ᄂᆞᆫ 본텽에셔 단당엄금ᄒᆞᆫ다 ᄒᆞ엿더라

○졍부에셔 아라샤 ᄉᆞ관파 고문관을 ᄒᆡ고ᄒᆞ야 보닉ᄂᆞᆫ일과 특별이 ᄉᆞ은대ᄉᆞ를 아라샤 경셩에 파송ᄒᆞ야 우리 나라를 보호ᄒᆞᆫ 은혜를 치하ᄒᆞᆯ ᄯᅳᆺ스로 아라샤 공ᄉᆞ의게 죠회 ᄒᆞ엿더니 애공ᄉᆞ ᄉᆞ펴야써가 이 죠회ᄯᅳᆺ슬 ᄌᆞ긔나라 졍부에 뎐보ᄒᆞ야 답면보가 왓ᄂᆞᆫ데 ᄒᆞ엿시되 우리ᄂᆞᆫ 다만 은혜를 ᄇᆡ플고 치하밧기를 원치 아니 ᄒᆞ노니 귀국에셔 ᄯᅢᄉᆞ를 파송ᄒᆞᆯ거시 업거니와 ᄉᆞ관파 고문관은 ᄒᆡ시 귀국에셔 쳥ᄒᆞᆫ고로 보닉엿더니 지금은 귀졍부에셔 외국의 도아줌을 의뢰치안코 다 도로 보닉다 ᄒᆞ니 이거ᄉᆞᆫ 귀국에셔 ᄎᆞᄎᆞ ᄌᆞ쥬독립 ᄒᆞᄂᆞᆫ권리에

진보홈이니 군졀이 치하 ᄒᆞ노라 ᄒᆞᆫ고로 아공ᄉᆞ가 ᄉᆞ관과 고문관을 다시는 대한에서 시무 아니케 ᄒᆞᆯ 뜻스로 외부에 답죠회가 왓더라

○츙훈부 소텽 일은 젼호에 긔지 ᄒᆞ엿 거니와 삼원 십칠일에 소슈 홍죵우씨가 여러ᄇᆡᆨ명 션ᄇᆡ를 다리고 소장을 밧들어 인화문밧긔 진복 ᄒᆞ엿ᄂᆞᆫᄃᆡ 셩샹ᄭᅴ셔 그샹소를 즉시 밧어 드리셧다더라

○북촌 사ᄂᆞᆫ 진ᄉᆞ 유진덕씨가 츙훈부 소텽에 은화 ᄇᆡᆨ원과 뎜심 ᄒᆞᆫ셰를 ᄒᆞ여 여러 션ᄇᆡ를 ᄃᆡ졉 ᄒᆞ엿다 ᄒᆞ니 유진ᄉᆞᄂᆞᆫ 참 츙의샹에 지물을 앗기지 안ᄂᆞᆫ 사ᄅᆞᆷ일너라

○향일에 아라샤 병졍 네명이 ᄇᆡᆨ쥬에 수지도가골 여염집에 졸디에 드러가셔 부녀를 겁탈 ᄒᆞ랴다가 여의치 못ᄒᆞ고 쫏겨나와 길에셔 지ᄂᆡ가ᄂᆞᆫ 부녀의 쟝옷슬 벗겻ᄂᆞᆫᄃᆡ 그 부녀ᄂᆞᆫ 못춤 로인이라 그로인이 말ᄒᆞ되 이욕은 젼국이 다 당ᄒᆞᆫ 모양이라 ᄒᆞ더라

○흉년을 당ᄒᆞᆫ ᄇᆡᆨ셩이 쥬려 죽ᄂᆞᆫ쟈ㅣ 만이잇ᄂᆞᆫᄃᆡ 감포군슈 뎡국경씨가 그고을 ᄇᆡᆨ셩을 지극히 무휼ᄒᆞ야 안도케 ᄒᆞ고 일젼에 ᄂᆡ부에 보고ᄒᆞ야 돈ᄉᆞ쳔원을 획하ᄒᆞ야 그고을 ᄇᆡᆨ셩즁에 죽게된쟈를 구졔ᄒᆞ고져 ᄒᆞᆫ다ᄒᆞ니 이러ᄒᆞᆫ 관쟝은 참 ᄇᆡᆨ셩 ᄉᆞ랑ᄒᆞ기를 ᄌᆞ식ᄀᆞᆺ치 ᄒᆞ더라

○아국 공ᄉᆞ가 외부에 죠회 ᄒᆞ기를 샤은 대ᄉᆞ를 아라샤 졍부에 보내ᄂᆞᆫ거슨 만만 부당ᄒᆞ다 ᄒᆞ엿시나 대한 졍부에셔 량국교의를 친밀코져 ᄒᆞ야 시죵원경 김규홍씨로 대ᄉᆞ를 삼아 아라샤에 보낸다 ᄒᆞ더라

외보

청국 남경 관찰ᄉᆞ와 늬잉가 관찰ᄉᆞ와 하남 관찰ᄉᆞ가 양ᄌᆞ강 남편을 ᄯᅦ여 ᄌᆞ쥬 독립국을 ᄆᆞᆫ들고 이셰 관찰ᄉᆞ가 의뎡대신들이 된다더라 (독립신문)

협셩회광고

새로 츌판ᄒᆞᆫ 협셩회 회보ᄂᆞᆫ 졍동 ᄇᆡ지학당 일방에셔 파ᄂᆞᆫᄃᆡ ᄒᆞᆫ쟝갑슨 엽젼 너푼이오 일삭됴를 미리 내면 엽젼ᄒᆞᆫ돈 오푼인ᄃᆡ ᄂᆡ외국 소문과 학문샹에 유죠ᄒᆞᆫ 말이 만히 잇ᄉᆞ오니 사셔 보시기를 ᄇᆞ라오

본회 고ᄇᆡᆨ

본회에셔 이 회보를 젼년과 ᄀᆞᆺ치 일쥬일에 ᄒᆞᆫ번식 발간 ᄒᆞᄂᆞᆫᄃᆡ 새로 륙폭으로 작뎡ᄒᆞ고 ᄒᆞᆫ쟝갑슨 엽젼 오푼이오 ᄒᆞᆫᄃᆞᆯ갑슨 미리내면 젼과 ᄀᆞᆺ치 엽젼 ᄒᆞᆫ돈 오푼이라 본국 교우나 셔국 목ᄉᆞ나 교외 친구나 만일 사셔 보고져 ᄒᆞ거든 졍동 아편셜라 목ᄉᆞ 집이나 죵로 대동셔시에 가셔 사시옵

죵로대동셔시광고

우리 셔샤에셔 셩경 신구약과 찬미 칙과 교회에 유익ᄒᆞᆫ 여러가지 셔칙과 시무에 긴요ᄒᆞᆫ 칙들을 팔되 갑시 샹당ᄒᆞ오니 학문샹과 시무변에 뜻이 잇ᄂᆞᆫ 군ᄌᆞ들은 만히 사셔 보시옵

뎨이권

대한크리스도인회보

뎨십삼호

광무이년 (일십육합) 일십[illegible]월[illegible]삼[illegible]

사셜

청국 사룸 텰미싕의 론셜훈 말솜을 대강 긔록호노라

엇더훈 션비 말호되 빅셩의게 유죠훈거슨 학교가 뎨일 요긴호니 네젹 셩인의 도를 서로 젼호여 후싱을 ᄀᆞᄅᆞ치며 인지를 비양호여 나라집에 ᄌᆞ목이 되게 호거니와 신문이라 호는거슨 보는쟈로 호여곰 불과 말자루를 도으며 심심훌때에 파적이나 훌지라 사룸을 ᄀᆞᄅᆞ치는뒤 무솜 유익홈이 잇시리오 텰미싕이 뒤답호되 ᄌᆞ긔의 말솜이 호나만 알고 둘은 모롬이로다 션비가 네젹 ᄉᆞ긔만 통달호고 현금에 형편을 아지 못호면 복레풀 기동에 비파를 트는것과 ᄀᆞᆺ훈지라 네젹은 올코 지금은 그르다 호리니 엇지때에 합당홈을 알니오 신문샤에서는 네와 이제에 엇더케 변혁홈과 외국과 니디에 엇더훈 쇼문을 날마다 긔록호여 보는사룸의 이목을 붉게호며 정치의 득실을 론난호느니 신문샤에 공효가 엇지 젹다호리오 쳣저는 네젹 ᄉᆞ긔에 능통훈 관원으로 호여곰 신문지를 날노 볼진뒤 온 셰계샹에 일과 여항간에 ᄉᆞ쇼훈 소문ᄭᆞ지 알거시니 그 관원의 고집된 ᄆᆞ옴을 곳칠거시오 둘재는 웃사룸의 호는일이 가빅가 엇더훈지 빅셩의 ᄉᆞ졍이 엇더케 원억홈과 민간에 환란과 질병이 엇더홈을 서로 교통호여 알게호며 공평훈 말과 유리훈 글을 왕왕히 긔록호여 아지못호고 일을 그릇훈 유ᄉᆞ로 호여곰 뉘웃쳐 ᄭᆡ닷게 호고 우미훈 빅셩들이 그짓말을 밋고 공연히 쇼동 호는쟈ㅣ 신문을 보면 와언을 밋지 아니호여 소견이 붉어지며 ᄆᆞ옴이 편안호고 여항이 고요 훌거시오 셋재는 통샹훈 이후로 만국 쟝ᄉᆞ가 구름ᄀᆞᆺ치 모히매 빅셩과 나라를 부강호게 ᄒᆡ 호는쟈ㅣ 쟝ᄉᆞ호는업을 힘쓰느니 이런고로 태서 사룸들이 신문샤를 비셜호고 물건갑의 고하를 긔지호여 서로 알게호니 신문지 유익홈이 면션과 륜션과 텰로보담더 쟝훈지라 태서 제국에 제조호는 긔계가 날마다 졍교호여 눈으로 측량호지 못호고 ᄆᆞ옴으로 혜아리지 못훌거시 만흐되 오직 신문샤에서 치탐호여 언의 나라에서 새법으로 무슨 긔계를 문둔거슬 ᄌᆞ샹히 긔지호여 젼문호며 초목 비양호는법을 시시로 긔지호여 농민의 문견을 새롭게 호니 이거스로 보건뒤 신문샤의 쟝대훈 공효가 인민의게 두루펴져 셰샹을 경졔호는 약셕이니 문명훈 나라이 되랴호면 쳐쳐에 신문샤를 셜시 호는거시 뎨일이라 호엿더라

책십이

대한크리스도인 회보

THE KOREAN
CHRISTIAN ADVOCATE.
Rev. H. G. Appenzeller, Editor
36 cents per annum
in advance. *Postage extra.*
Wednesday, Mar. 30th, 1898.

서울 졍동셔 일쥬일에 ᄒᆞᆫ번식 발간ᄒᆞᄂᆞᆫᄃᆡ 아편셜라 목ᄉᆞ가 회보 샤쟝이 되엿더라
일년 갑슬 미리내면 삼십 륙젼이오 우표갑슨 ᄯᅩ로 잇ᄂᆞ니라

달셩회당 녀교우 ᄒᆞᆫ분이 글을지여 보내엿기로 긔재 ᄒᆞ노라

경향간 우리 녀교우 형뎨의게 고ᄒᆞᆯ말 두서너말 잇소 쥬밋ᄂᆞᆫ 우리가 쥬밋ᄂᆞᆫ ᄆᆞᄋᆞᆷ에 ᄇᆞ라ᄂᆞᆫ ᄉᆡᆼ각은 다 갓겟소마ᄂᆞᆫ ᄒᆞᆼ심은 아마 ᄀᆞᆺ지 못ᄒᆞᆯ듯ᄒᆞ오 아모사ᄅᆞᆷ이나 쥬를 밋으랴면 ᄎᆞᆷ 회개ᄒᆞ야 이젼힝실 다버리고 쥬를밋고 텬쥬를 의심업시 ᄎᆞᆷ밋어 쥬의 계명대로 힝ᄒᆞᄂᆞᆫ쟈 텬당복 밧을쟈요 셰샹에서도 평안ᄒᆞᆫ복 밧을쟈요 이런자가 쥬ᄭᅴ 영화 드리ᄂᆞᆫ쟈요 ᄎᆞᆷ 셩도인 되여 다른 사ᄅᆞᆷ의게 쥬의 은혜를 난호겟소 우리가 불가불 오ᄂᆞᆯ브터 진졍 겸손ᄒᆞᆷ으로 쥬의 교훈을 명심ᄒᆞ여 게으르지 말고 말ᄒᆞ기를 됴화말고 일ᄒᆞ기를 됴화ᄒᆞ며 교만ᄒᆞᆷ과 가증ᄒᆞᆷ으로 몸을 앗기져 말고 ᄌᆞ긔와 ᄇᆞ모 쳐ᄌᆞ와 집 모양 ᄭᆞ지라도 이젼보더 ᄐᆞᆨ별이 졍결ᄒᆞᆫ 모양 되여야 외인보더 문명ᄒᆞᆫ 빗치 되겟소 누구던지 가증ᄒᆞᆫ ᄆᆞᄋᆞᆷ으로 게으르지 말고 무식히 잠만 자지말고 쥬의 명령을 명심ᄒᆞ여 아모ᄶᅩ록 모든거ᄉᆞᆯ 졍결키로 작뎡ᄒᆞ면 능히 ᄒᆞᆯ수잇소 ᄎᆞᆷ말이요 우리가 지금ᄭᆞ지 텬쥬밋ᄂᆞᆫ 규식도 모로ᄂᆞᆫ쟈 만소 만일 우리 교우가 복의근원 구쥬님을 업으로만 밋ᄂᆞᆫ쟈 영싱복을 엇지 엇겟소 지믈 샹관되ᄂᆞᆫ 육신도 더러온 모양을 다 버리지 못ᄒᆞ니 ᄆᆞᄋᆞᆷ인들 츄ᄒᆞᆫ거ᄉᆞᆯ 엇지 다 버렷다 ᄒᆞ겟소 그러면 구쥬님을 우리가 엇지 안다ᄒᆞᆯ수잇소 구쥬님 은혜를 ᄎᆞᆷ 밧으랴면 우리쥬 ᄯᅳᆺ대로 힝ᄒᆞᆯ거시요 텬쥬압헤 업ᄃᆡ여 긔도ᄒᆞᄂᆞᆫ 우리힝실 보시오 머리속에 버러지잇소 머리 모양도 졍ᄒᆞ지 안소 얼골도 졍치 못ᄒᆞ오 슈속도 졍치 못ᄒᆞ여 옷도 미우 더럽소 그러ᄒᆞᆯ지라도 텬쥬압헤서 엇지 민망치 안켓시며 엇지 붓그러온 ᄆᆞᄋᆞᆷ 업겟소 이 모양이 도모지 텬쥬를 업수히 여기ᄂᆞᆫ거시오 드러온 마귀의게 복을 달나ᄒᆞᄂᆞᆫ 외인들도 그모양 미오 졍ᄒᆞ며 얌젼ᄒᆞᆫ 모양으로 빗ᄂᆞᆫ것도 ᄎᆞᆷ ᄆᆞᄋᆞᆷ으로 ᄒᆞ오 아조헛된 그른일 ᄒᆞᄂᆞᆫ자도 그러ᄒᆞᆫ데 ᄒᆞ믈며 우리 구쥬님 밋ᄂᆞᆫ우리 례ᄇᆡ회당 참례날이나 무시날이나 ᄆᆞᄋᆞᆷ과 육신을 졍ᄒᆞ게안코 우리쥬를 엇지안다 ᄒᆞ겟소 당신들 옷시 날것던지 셩ᄒᆞ던지 ᄲᆞᆯ내를 ᄌᆞ조ᄒᆞ여 부ᄌᆞ러니 잇을ᄒᆞ여 ᄌᆞ긔와 ᄇᆞ모와 가쟝 ᄌᆞ식 ᄭᆞ지라도 졍ᄒᆞᆫ 모양으로 긔도 부ᄌᆞ러니 ᄒᆞ며 집안을 졍케ᄒᆞ며 텬쥬ᄭᅴ 긔도ᄒᆞ야 구쥬님 은혜를 만히 닙기를 셩심소원 이옵ᄂᆞ이다

레비일공과 륙십일 ᄉᆞ월 십일

예수부ᄉᆡᆼᄒᆞ신일

마태 이십팔장

뎨됴

디명

一 사밧날 잇튼날 ᄉᆡ벽에 막달나에 마리아와 다른
마리아가 무덤을 보랴고 왓더니 二 크게 디동ᄒᆞ며
하ᄂᆞ님의 ᄉᆞ쟈ㅣ 하ᄂᆞᆯ에서 ᄂᆞ려와 무덤문에 돌을
굴니고 그우회 안졋ᄂᆞᆫᄃᆡ 三 얼골이 번개ᄀᆞᆺ고 옷시
희기가 눈과ᄀᆞᆺ거ᄂᆞᆯ 四 슈직ᄒᆞ던쟈 인ᄒᆞ야 무서워 ᄯᅥ
너 죽은 사ᄅᆞᆷ과 ᄀᆞᆺ게 되ᄂᆞᆫ지라 五 텬ᄉᆞ 녀인들ᄃᆞ
려 닐너 ᄀᆞᆯᄋᆞᄃᆡ 무서워 말나 너희가 십ᄌᆞ가에 못박
힌 예수를 ᄎᆞᆺᄂᆞᆫ줄을 내가 아노라 六 그가 여긔 계시
지 안코 젼에 말ᄉᆞᆷ ᄒᆞ시던ᄃᆡ로 다시 니러나셧ᄉᆞ니
와서 쥬의 누엇던곳을 보고 七 ᄯᅩ ᄲᆞᆯ니가서 그의 뎨
ᄌᆞ들의게 닐ᄋᆞᄃᆡ 그가 죽엇다가 다시 살어나셔서 너
희보다 몬져 갈리리로 가셧시니 거긔셔 너희가 그
를 뵈오리라 내가 임의 너희ᄃᆞ려 닐넛ᄂᆞ니라 ᄒᆞ라
ᄒᆞ거ᄂᆞᆯ 八 그 녀인들이 무서운즁 크게 깃거움으로
무덤에서 ᄲᆞᆯ니ᄯᅥ나 뎨ᄌᆞ들의게 그 말ᄉᆞᆷ을 젼ᄒᆞ려
갈ᄉᆡ 九 길에서 예수를 맛나니 ᄀᆞᆯᄋᆞ샤ᄃᆡ 평안ᄒᆞ뇨
ᄒᆞ신ᄃᆡ 녀인들이 나아가 그발을 안고 절ᄒᆞ니 十 예
수ㅣ ᄀᆞᆯᄋᆞ샤ᄃᆡ 무서워 말고 가셔 내 동ᄉᆡᆼ들의게 닐
ᄋᆞᄃᆡ 갈리리로 가면 거긔셔 나를 보리라 ᄒᆞ라 ○ 十一
녀인들이 갈제 슈직ᄒᆞ던 군ᄉᆞ즁 몃치 셩에 드러가
모든 지낸 일들을 졔ᄉᆞ졔쟝의게 고ᄒᆞ니 十二 그들이
쟝로들과 ᄒᆞᆷᄭᅴ 모혀 의론ᄒᆞ고 군ᄉᆞ들의게 돈을 만
히주며 十三 ᄀᆞᆯᄋᆞᄃᆡ 너희ᄂᆞᆫ 말ᄒᆞ기를 우리가 잘ᄯᅢ에
그의 뎨ᄌᆞ들이 밤에와서 그 신톄를 도적ᄒᆞ여 갓다
ᄒᆞ라 十四 만일 이말이 감ᄉᆞ의 귀에 들닐지라도 우
리가 권ᄒᆞ야 너희를 무ᄉᆞᄒᆞ게 ᄒᆞ리라 ᄒᆞ니 十五 군
ᄉᆞ들이 돈을밧고 ᄀᆞᄅᆞ치ᄂᆞᆫᄃᆡ로 ᄒᆞ니 이말이 이날
ᄭᆞ지 유태 사ᄅᆞᆷ가온ᄃᆡ 두루 퍼지니라 ○ 十六 열ᄒᆞᆫ
뎨ᄌᆞㅣ 갈리리에 가서 예수ᄭᅴ서 명ᄒᆞ시던 산에 니
ᄅᆞ러 十七 예수를 뵈옵고 례ᄇᆡᄒᆞ나 혹 의심ᄒᆞᄂᆞᆫ이
가 잇거ᄂᆞᆯ 十八 예수ㅣ 나아와 닐너 ᄀᆞᆯᄋᆞ샤ᄃᆡ 하ᄂᆞᆯ
과 ᄯᅡ의 모든 권셰를 다 내게 주셧시니 十九 그럼으
로 너희ᄂᆞᆫ 가서 모든 ᄇᆡᆨ셩으로 뎨ᄌᆞ를 삼고 아바
니와 아ᄃᆞᆯ과 셩신의 일홈으로 셰례를 주고 二十 무
엇시던지 내가 너희게 분부ᄒᆞᆫ거슬 다 직히게 ᄀᆞᄅᆞ
치라 ᄯᅩ 나ᄂᆞᆫ 셰샹 ᄆᆞᆺ날ᄭᆞ지 너희와 ᄒᆞᆼ샹ᄀᆞᆺ치 잇
스리라 아멘

주셕

예수ㅣ 죄인을 위ᄒᆞ여 ᄌᆞ긔목숨으로 하ᄂᆞ님ᄭᅴ 졔ᄉᆞ 드렷시매 맛당히 아바지 ᄯᅳᆺᄃᆡ로 죄인 모양으로 십ᄌᆞ가에 ᄯᅩ 도라가시랴고 ᄒᆞ시고 외방 병ᄃᆡ손에 여러가지 고난을 밧으시고 뭇사ᄅᆞᆷ의게 능욕을 당ᄒᆞ셧ᄂᆞᆫ지라 만국 만민의 구쇽ᄒᆞ심을 ᄆᆞᆺ치시고 령혼이 ᄯᅥ나신후에 유월절이 갓가옴으로 아리마태에서 ᄒᆞᆫ착ᄒᆞᆫ부ᄌᆞ 요솝이 빌나도의게 예수 신톄를 구ᄒᆞ니 그사ᄅᆞᆷ은 온밀이 밋ᄂᆞᆫ쟈ㅣ라 감ᄉᆞㅣ 허

락ᄒᆞ거ᄂᆞᆯ 곳 신톄를 졍ᄒᆞᆫ뵈로 싸셔 반셕에 판 ᄌᆞ긔 새 무덤에 뫼신지라 ᄯᅩ 젼에 예수ᄭᅴ 밤에 나왓던 니가져모가 몰약과 침향빅근을 가지고 와셔 신톄에 그 향 ᄌᆡ료를 쓰고 유태 법대로 존귀ᄒᆞ게 장례를 지낸지라 밋ᄂᆞᆫ 사ᄅᆞᆷ들과 뎨ᄌᆞ들이 셩셔 말ᄉᆞᆷ에 쥬ᄭᅴ셔 다시살아 나신다고 ᄒᆞᆫ말ᄉᆞᆷ을 니져ᄇᆞ리고 대단히 슯허ᄒᆞᆺᄉᆞ나 죽임을 ᄭᅦ ᄒᆞ든쟈들은 니져ᄇᆞ리지 아니ᄒᆞ고 감ᄉᆞ의게 말ᄒᆞ되 유혹 ᄒᆞ든쟈ㅣ 사흘후에 부싱 ᄒᆞ리라고 ᄒᆞ엿ᄉᆞ니 그런즉 사흘ᄭᆞ지 무덤을 굿게 직히라고 분부 ᄒᆞ기를 쳥ᄒᆞ니 빌나도ㅣ 글ᄋᆞᄃᆡ 너희의 셩뎐 슈직군으로 굿게 직히라 ᄒᆞ니 군ᄉᆞ들이 가셔 무덤을 돌노 봉ᄒᆞ고 신톄도적은 맛앗ᄉᆞ나 부싱ᄒᆞ심을 엇지 막으리오 온텬하 님군과 빅셩과 마귀의 권세를 합홀지라도 하ᄂᆞ님의 작뎡ᄒᆞ신 뜻을 못ᄒᆞ시게 홀수 업ᄂᆞ니라 밋ᄂᆞᆫ 녀인들이 갈리리로 브터 십ᄌᆞ가ᄭᆞ지 좃차ᄉᆞ며 ᄯᅩ장ᄉᆞ 지내ᄂᆞᆫ거ᄉᆞᆯ 본후에 도라가셔 니가져모가 몰약을 만히 썻드릭도 ᄉᆞ랑ᄒᆞᄂᆞᆫ ᄆᆞᄋᆞᆷ이 군졀ᄒᆞ고로 향ᄌᆡ료를 친히 예비ᄒᆞ고 사밧날 지나가기를 기ᄃᆞ려 새벽에 가지고 가면셔 누가 무덤에 돌을 굴녀 줄넌지 의론이 분분히셔 가다가 분묘를 ᄇᆞ라보니 열엿거ᄂᆞᆯ 녀인들이 신톄를 누가 도적ᄒᆞᆫ줄 알고 즉시 뎨ᄌᆞ의게 가셔 닐너ᄉᆞ되 밋지들 아니 ᄒᆞᆺᄉᆞ나 다만 베드로와 요한은 셸니가 무덤속에 ᄃᆞ러가셔 쌋던뵈만 보고 그제야 부싱ᄒᆞ신줄 좀밋더라 하ᄂᆞ님ᄭᅴ셔 텬ᄉᆞ를 보내샤 병졍들이 무셥게ᄒᆞ고 무덤에 돌을 음기게ᄒᆞ고 슯흔 녀인들을 안위 ᄒᆞ셧ᄉᆞ나 막달나 마리아는 젼에 닐곱 귀신을 예수ㅣ 내쫏차 주신고로 쥬를 ᄉᆞ랑ᄒᆞᄂᆞᆫ ᄆᆞᄋᆞᆷ이 견고ᄒᆞ야 안위홈을 엇지 못ᄒᆞ고 예수ᄭᅴ를 찻더라 누구던지 뎨 즁ᄒᆞᆫ죄를 예수ᄭᅴ 용셔ᄒᆞ신 은혜 닙은쟈는 예수ᄭᅴ 아니고는 깃븜도 업고 살수도 업ᄉᆞᆯ지라 슈직군들이 뇌물을 밧고 거즛말노 참 부싱ᄒᆞ심을 덥흔지라 본ᄅᆡ 마귀는 예수ᄭᅴ 원슈ㅣ고로 사ᄅᆞᆷ을 아모조록 밋지못ᄒᆞ게 ᄒᆞᄂᆞ니라 뎨ᄌᆞ들은 뎡녕히 쥬가 부싱ᄒᆞ신줄알고 희석이 만면ᄒᆞ여 잇다가 쥬를 여러번 맛나 뵈을ᄲᅮᆫ더러 ᄯᅩ션지들 예언ᄒᆞᆫ오묘ᄒᆞᆫ뜻을 ᄀᆞᄅᆞ쳐 주셧ᄂᆞ니라 쥬ㅣ 부싱ᄒᆞ셧ᄉᆞ니 텬하에 밋는 형뎨들도 부싱홀줄 아는고로 깃분 ᄆᆞᄋᆞᆷ이 잇시며 ᄯᅩ 형상이 쥬와 ᄀᆞᆺᄒᆞ며 모든 밋는 친구들도 ᄀᆞᆺ치 잇시리라 승텬ᄒᆞ실ᄯᅢ에 뎨ᄌᆞᄃᆞ려 셩신 감동ᄒᆞ심을 기ᄃᆞ리라 ᄒᆞ시고 만국에 내도를 젼ᄒᆞ라 ᄒᆞ심으로 우리ᄭᆞ지 영싱도를 밧앗ᄉᆞ니 깃븜을 측량홀수 업노라

뭇는말

一 구쥬ᄭᅴ셔 뉘뫼에 누어셧ᄂᆞ뇨 二 이뫼는 엇더케 직혓ᄂᆞ뇨 三 하ᄂᆞ님ᄭᅴ셔 이 뫼를 엇더케 열엇ᄂᆞ뇨 四 파수ᄒᆞᄂᆞᆫ 군ᄉᆞ들이 웨 무셔워 ᄒᆞ엿ᄂᆞ뇨 五 누가 일직이 구쥬의 뫼에 갓ᄂᆞ뇨 六 부인네들이 뫼에셔 누구를 만나며 무ᄉᆞᆷ 말ᄉᆞᆷ을 드럿ᄂᆞ뇨 七 이 텬신의 모양은 엇더케 되엿ᄂᆞ뇨 八 부인네들이 웨 크게 깃거 ᄒᆞ엿ᄂᆞ뇨 九 부인네들이 엇더케 예수를 맛낫ᄂᆞ뇨

부ᄌᆞ문답

서국에 ᄒᆞᆫ 농부가 잇서 하ᄂᆞ님의 도를 독실이 밋더니 ᄒᆞ로ᄂᆞᆫ ᄌᆞ긔의 어린 아ᄃᆞᆯ을 다리고 들에 가셔 양의 무리를 구경ᄒᆞᆯ싀 늙은양이 밧가에 누엇ᄂᆞᆫ듸 양의 식기들이 어미겻헤셔 뛰놀며 젓을 먹거늘 그 ᄋᆞ히가 오릭셔셔 보다가 깃거ᄒᆞ야 ᄀᆞᆯᄋᆞ듸 양의 식기가 그어미를 좃난거시 어린ᄋᆞ히가 모친을 좃침과 ᄀᆞᆺᄒᆞᆫ지라 그러나 뎌양의 아비ᄂᆞᆫ 어듸 잇ᄂᆞ이가 아범이 듸답ᄒᆞ되 양이 그어미ᄂᆞᆫ 알고 그아비ᄂᆞᆫ 알지 못ᄒᆞᄂᆞ니라 ᄋᆞ희 물ᄋᆞ듸 아비를 모로면 쟝구히 그어미만 좃ᄂᆞᆫ잇가 아범이 ᄀᆞᆯᄋᆞ듸 그러치 아니ᄒᆞᄂᆞ니 양이 젓을 먹을때에ᄂᆞᆫ 어미를 좃다가 풀을 넉을줄 안후에ᄂᆞᆫ 그어미도 이저 ᄇᆞ리ᄂᆞ니라 ᄋᆞ희 ᄯᅩ 말ᄒᆞ되 사ᄅᆞᆷ은 엇더ᄒᆞ니잇가 아번이 ᄀᆞᆯᄋᆞ듸 사ᄅᆞᆷ은 날때에 어마니 품에 잇시되 어미닌줄 모로다가 두어ᄃᆞᆯ 후에 점점 그어머니 얼골을 알어 어미ᄅᆞᆯ 보면 깃버ᄒᆞ고 ᄯᅩ 두어ᄃᆞᆯ 지난후에ᄂᆞᆫ 점점 그 아범의 얼골을 알어 아범을 보면 반겨ᄒᆞᄂᆞ니 이거ᄉᆞᆫ 즘싱의 못ᄒᆞᄂᆞᆫ일이요 ᄯᅩ ᄌᆞ란후에 즘싱의 능히 못ᄒᆞᆯ일을 ᄒᆞᄂᆞ니 ᄌᆞ긔부모만 아ᄂᆞᆫ거시 아니라 텬디만물에 대쥬지며셔 싱명의 근원이 되시ᄂᆞᆫ줄 ᄭᆡ지 아ᄂᆞ니라 그ᄋᆞ히가 아범의 손을잡고 감샤히 너이더라

제물포교회에셔 보낸것

감리 홍위 회당에셔 고씨부인의 쟝례를 자닌후에 허무ᄒᆞᆫ 말이나기를 제물포셔 쟝례지닉ᄌᆞ 온 사ᄅᆞᆷ이 망인의 눈을ᄲᅢ고 코를 ᄯᅢ갓다고 소문이 낭ᄌᆞᄒᆞ여 인심이 소요ᄒᆞᆫ다니 우리ᄂᆞᆫ 그런말도 처음듯ᄂᆞᆫ지라 누구든지 그런허무ᄒᆞᆫ 말닌 사ᄅᆞᆷ들은 밧비 잠을셰여 하ᄂᆞ님압헤 죄를 ᄌᆞ복ᄒᆞᆯ지어다

○ᄯᅩ 회당 목칙털삭을 린동 ᄋᆞ희들이 ᄲᅢ어 가져갓다니 그런 무례ᄒᆞᆫ ᄋᆞ희들은 불가불 그 회즁에셔 불너다가 셩경도 ᄀᆞᄅᆞ치며 법례도 ᄀᆞᄅᆞ쳐 다시죄예 ᄲᅡ지지 아니케 ᄒᆞᄂᆞᆫ거시 됴ᄒᆞᆯ듯

○ᄯᅩ 회당아래 사ᄂᆞᆫ 사ᄅᆞᆷ의 먹이ᄂᆞᆫ 소를 일엇더니 삼일만의 동진ᄶᅡ에셔 긔별이 잇서 그소를 ᄎᆞ져오고 일동로쇼가 말ᄒᆞ기를 이ᄂᆞᆫ 춤 하ᄂᆞ님의 은혜라 ᄒᆞ고 말ᄃᆞᆯ을 ᄒᆞᆫ다니 그곳은 오래지 아니ᄒᆞ여다 셩교인이 될줄을 우리ᄂᆞᆫ 아노라

○ᄯᅩ 이월 십구일에 제물포 목ᄉᆞ 됴원시씨가 홍의 회당에 가셔 셰례를 베픈후에 그동닉 사ᄅᆞᆷ들을 위ᄒᆞ여 복음을 젼코져ᄒᆞ여 그 회즁 형뎨들을 보닉여 쳥ᄒᆞ엿더니 듸답은 가마ᄒᆞ고 마ᄎᆞᆷ닉 오지 아니ᄒᆞ거ᄂᆞᆯ 목ᄉᆞ 됴원시씨가 형뎨를 향ᄒᆞ여 말ᄉᆞᆷᄒᆞ시기를 내가 이다음 올나와서 친히 ᄎᆞ져가서 젼도ᄒᆞᆫ다고 ᄒᆞ셧다더라

닉보

락동에 류ᄒᆞᄂᆞᆫ 쳥인 당쇼의씨가 대한 독립협회 회원들이 나라를 위ᄒᆞ여 의리예 죽기로 밍셰ᄒᆞ고 죵로에셔 만민이 공동회를 ᄒᆞ야 의견셔를 지여 졍부에 보닉여 외국 ᄉᆞ관과 고문관을 다보닉고 ᄌᆞ쥬독립의 긔초를 견고케 ᄒᆞᄂᆞᆫ거슬 보고 ᄯᅡ홀치며 룽

곡ᄒᆞ되 대한인민은 ᄎᆞᄎᆞ 일심이되여 나라를 위ᄒᆞᆯ 줄 아ᄂᆞᆫ대 청국은 대한ᄀᆞᆺ치 일심이 못되니 필경에 망ᄒᆞ겟다 ᄒᆞ엿다더라

○교하 방화리 사ᄂᆞᆫ 민감찰이 벼 오ᄇᆡᆨ셕을 싸노코 ᄒᆞᄂᆞᆫ말이 쌀 화인ᄒᆞᆫ되 갑시 열량을 ᄒᆞ여야 이 벼를 작젼ᄒᆞ겟다고 ᄒᆞᆫ다니 민씨가 여의 곡식을 돈 만히 밧ᄂᆞᆫ것만 ᄉᆡᆼ각ᄒᆞ고 쌀갑시 고등ᄒᆞ면 대한에 잇ᄂᆞᆫ 동포 형뎨들이 쥬려 죽ᄂᆞᆫ거ᄉᆞᆫ 조곰도 념려치 아니ᄒᆞ니 민씨ᄂᆞᆫ 가히 인류로 칭ᄒᆞ지 못ᄒᆞᆯ너라

○경무ᄉᆞ 김재풍씨가 삼월 이십이일 밤에 벼슬을 면ᄒᆞ고 법부로 죄를 엄ᄒᆞ게 다ᄉᆞ리라ᄂᆞᆫ 측령이 나리셧ᄂᆞᆫᄃᆡ 그 죄목인즉 대궐안에 잇ᄂᆞᆫ 각감형 소속즁에 죄를 범ᄒᆞᆫ쟈 잇ᄂᆞᆫ고로 별순검이 대궐 문안에 드러가 임의로 죄인을 잡으려 ᄒᆞᆯ시 면각이 갓가온 곳에서 심히 헌화홈으로 황태ᄌᆞ뎨셔 진로 ᄒᆞ심이라 더라

○아라샤 ᄉᆞ관의 환국ᄒᆞᄂᆞᆫ 부비를 군부에서 칠만원으로 의정부에 청의 ᄒᆞ엿더니 ᄉᆞ만 이쳔 일ᄇᆡᆨ ᄉᆞ십원 으로 작뎡이 되여서 임의 획급 ᄒᆞ엿고 탁지부 고문관의 회환비ᄂᆞᆫ 구쳔원으로 작뎡 ᄒᆞ엿다더라

외보

덕국셔 동양에 뎔갑션 두쳑과 데이등 슌양함 세쳑과 데삼등 슌양함 두쳑과 데ᄉᆞ등 슌양함 ᄒᆞᆫ쳑을 두겟다고 해군부에 광고 ᄒᆞ엿다더라

○일본 정부에서 청국 정부에 말ᄒᆞ되 청국이 외쳐를 만히 엇엇시니 일본에 진 비샹을 다 갑겟ᄂᆞᆫ냐 ᄒᆞᆫ즉 청국셔 말ᄒᆞ기를 오월 팔일에 다 갑겟다고 ᄒᆞ엿다더라

○일본셔 청국 정부에 말ᄒᆞ되 다른 나라도 청국토디를 만히 빌어가니 일본에도 위히위를 구십구년만 빌녀 달나고 ᄒᆞ엿다더라

협셩회광고

새로 츌판ᄒᆞᆫ 협셩회 회보ᄂᆞᆫ 졍동 비지학당 일방에서 파ᄂᆞᆫᄃᆡ ᄒᆞᆫ장갑ᄉᆞᆫ 엽젼 너푼이오 일삭됴를 미리 내면 엽젼ᄒᆞᆫ돈 오푼인ᄃᆡ 닉외국 소문과 학문샹에 유죠ᄒᆞᆫ 말이 만히 잇ᄉᆞ오니 사셔 보시기를 ᄇᆞ라오

본회고ᄇᆡᆨ

본회에서 이 **회보**를 젼년과 ᄀᆞᆺ치 일쥬일에 ᄒᆞᆫ번식 발간 ᄒᆞᄂᆞᆫᄃᆡ 새로 륙폭으로 작뎡ᄒᆞ고 ᄒᆞᆫ장갑슨 엽젼 오푼이오 ᄒᆞᆫ달갑슨 미리내면 젼과 ᄀᆞᆺ치 엽젼 ᄒᆞᆫ돈 오푼이라 본국 교우나 셔국 목ᄉᆞ나 교외 친구나 만일 사셔 보고져 ᄒᆞ거든 졍동 아펜셜라 목ᄉᆞ 집이나 죵로 대동셔시에 가셔 사시옵

죵로대동셔시광고

우리 셔샤에셔 셩경 신구약과 찬미 칙과 교회에 유익ᄒᆞᆫ 여러가지 셔칙과 시무에 긴요ᄒᆞᆫ 칙들을 팔되 갑시 샹당ᄒᆞ오니 학문샹과 시무변에 ᄯᅳᆺ이 잇ᄂᆞᆫ 군ᄌᆞ들은 만히 사셔 보시옵

뎨이권

대한크리스도인회보

뎨십ᄉᆞ호

광무이년 (이십륙합) [illegible] 일륙

예수부ᄉᆡᆼᄒᆞ심

동셔양을 물론ᄒᆞ고 녜젹 ᄉᆞ긔를 보면 이샹ᄒᆞᆫ 일과 희한ᄒᆞᆫ 소문이 처음에는 혹 듯는자의 귀를 놀니고 보는자의 ᄆᆞᄋᆞᆷ을 요동케 ᄒᆞ되 ᄎᆞᄎᆞ 깁히 궁구ᄒᆞ고 널니 비교ᄒᆞ면 고금에 흔이 잇는 일이요 셰샹에 허다ᄒᆞᆫ 바ㅣ로되 오직 사ᄅᆞᆷ이 죽어 장ᄉᆞᄒᆞᆫ졔 삼일만에 다시살아 나신이는 태초이리로 우리 쥬 예수씨 ᄒᆞᆫ분외에는 다시는 보지도 못 ᄒᆞ엿고 듯지도 못 ᄒᆞ엿도다 구셰쥬의 부ᄉᆡᆼ ᄒᆞ심이 만국 만민의게 엇더케 유익ᄒᆞᆫ거슬 대강말 ᄒᆞ노니 쳣재는 우리들이 비록 구셰쥬의 거룩ᄒᆞ신 용모를 친히 뵈ᄋᆞᆸ지는 못 ᄒᆞ엿시나 그 뎡녕이 부ᄉᆡᆼ ᄒᆞ신 ᄉᆞ젹을 본즉 참 긔이ᄒᆞ고 참 상쾌 ᄒᆞ며 참 오묘ᄒᆞ야 ᄒᆞᆼ상 구셰쥬를 ᄉᆡᆼ각 ᄒᆞᆯ거시요 둘재는 구셰쥬의 부ᄉᆡᆼ ᄒᆞ심이 밋는 무리의게 안위 ᄒᆞᆷ을 주시는 거시니 요한 십ᄉᆞ장 일졀에 ᄀᆞᆯᄋᆞ샤ᄃᆡ 너희는 ᄆᆞᄋᆞᆷ에 근심 ᄒᆞ지 말고 하ᄂᆞ님을 밋으며 또 나를 밋으라 ᄒᆞ셧신즉 누구던지 구셰쥬를 밋는 사ᄅᆞᆷ은 안위ᄒᆞᆷ을 엇을거시요 셋재는 구셰쥬의 부ᄉᆡᆼ ᄒᆞ심이 밋는 사ᄅᆞᆷ의 령혼을 영ᄉᆡᆼ케 ᄒᆞ는거시니 요한 십일장 이십 오륙졀에 예수 ᄀᆞᆯᄋᆞ샤ᄃᆡ 다시 살니는 이도 나요 ᄉᆡᆼ명도 내니 나를 밋는 사ᄅᆞᆷ은 죽어도 살고 살어셔 밋는 사ᄅᆞᆷ은 영영이 죽지 아니 ᄒᆞ리라 ᄒᆞ셧고 가림다 젼셔 십오장 이십 일이졀에 보라ㅣ 말ᄉᆞᆷ ᄒᆞ샤ᄃᆡ 크리스도ᄭᅴ셔 죽엇다가 다시 살앗ᄉᆞᆫ즉 너희도 반다시 다시삶을 엇으리라 ᄒᆞ엿시니 슯흐다 엇지ᄒᆞ야 사ᄅᆞᆷ들이 혹 말 ᄒᆞ기를 죽엇다가 다시 사는 리치가 업다 ᄒᆞᄂᆞ뇨 구셰쥬의 부ᄉᆡᆼ ᄒᆞ심은 참 리치와 오묘ᄒᆞᆫ 뜻시 만흐나 다만 쥬쟝뜻 세가지만 긔지ᄒᆞ노라

대한크리스도인 회보

THE KOREAN CHRISTIAN ADVOCATE.
Rev. H. G. Appenzeller, Editor
36 cents per annum
in advance. Postage extra.
Wednesday, April. 6th, 1898.

서울 졍동셔 일쥬일에 ᄒᆞᆫ번식
발간 ᄒᆞᄂᆞᆫᄃᆡ 아편셜라 목ᄉᆞ가
회보 샤쟝이 되엿더라
일년 갑슬 미리 내면 샹
십 륙젼이오 우표갑슨
ᄯᅡ로 잇ᄂᆞ니라

평양에 유람ᄒᆞᆫ일

본회 회보 샤쟝이 교회즁 일노 지난달에 평양을 나려갈시 화륜션으로 가ᄂᆞᆫᄃᆡ 일긔가 부죠ᄒᆞ야 셜나가지 못ᄒᆞ엿더라 삼월 십삼일 쥬일을 즁남포에셔 지내ᄂᆞᆫᄃᆡ 근쳐에 사ᄂᆞᆫ 친구 몃 사ᄅᆞᆷ을 반갑게 만나보고 례ᄇᆡ 이일에야 비소로 평양을 득달ᄒᆞᆫ매 교즁 형뎨들이 츰 깃분 ᄆᆞᄋᆞᆷ으로 손을잡고 영졉ᄒᆞᆫ거ᄂᆞᆯ 들어가며 위션 새로지은 회당 모양을 둘너보니 집웅은 기와로 니엿고 간수ᄂᆞᆫ 열두어 간이나 놈아 되ᄂᆞᆫᄃᆡ 집지은 제도도 ᄆᆡ우 졍결ᄒᆞ거니와 남녀 교우가 각각 안ᄂᆞᆫ 쳐소가 분명ᄒᆞ야 셔로 혼잡지 안케 되엿ᄂᆞᆫᄃᆡ 이회당 지은 부비ᄂᆞᆫ 대한 형뎨들이 젼혀 판비ᄒᆞᆷ일너라 이ᄉᆞ일 쥬일 아츰에 내가 아ᄂᆞᆫᄃᆡ로 대강 젼도 ᄒᆞᄂᆞᆫᄃᆡ 례ᄇᆡ 츰예 ᄒᆞᄂᆞᆫ 교우가 남녀로쇼 합ᄒᆞ야 일ᄇᆡᆨ 칠십여명이 두ᄒᆡ젼 일을 ᄉᆡᆼ각ᄒᆞᆫ즉 그때에 례ᄇᆡ ᄒᆞ든 집이 두간반쯤 되엿ᄂᆞᆫᄃᆡ 팔월 의원이 일을 보앗고 여ᄉᆞᆺ달 후에 로불목ᄉᆞ가 ᄯᅩ 나려가셔 젼도 ᄒᆞ기를 힘쓴지라 지금 교회의 흥왕ᄒᆞᆫ거슬 보건ᄃᆡ 하ᄂᆞ님ᄭᅴ셔 팔월씨와 로불씨 두사ᄅᆞᆷ을 ᄐᆡᆨᄒᆞ샤 평양 옥ᄐᆞ에 됴흔씨를 만히ᄲᅮ려 결실이 몃ᄇᆡ가되게 ᄒᆞ셧시니 영광을 츰 하ᄂᆞ님ᄭᅴ 돌녀 보낼거시요 ᄯᅩ 감샤ᄒᆞᆯ일은 내가 젼에 면번이곳에 와셔 본즉 다만 남교우 몃 형뎨ᄲᅮᆫ 일너니 지금은 구셰쥬를 밋ᄂᆞᆫ 우리 ᄌᆞᄆᆡ가 만히 잇시니 이거ᄉᆞᆫ 우리가 로불목ᄉᆞ 부인과 팔월의원 부인을 ᄃᆡᄒᆞ야 더욱 치하 ᄒᆞᄂᆞ라 회당 근쳐에 새로 학당 ᄒᆞ나를 셜립 ᄒᆞ엿ᄂᆞᆫᄃᆡ 역시 와가로 지엿고 간수ᄂᆞᆫ 여ᄉᆞᆺ간이며 학도ᄂᆞᆫ 삼십여명 일너라 내가 특별이 병원일을 감샤히 넉이노니 팔월 의원이 닐곱달 동안에 ᄉᆞ쳔 칠ᄇᆡᆨ 칠십여인의 병을 보앗ᄂᆞᆫᄃᆡ 다만 그 사ᄅᆞᆷ들의 육신의 병만 곳칠ᄲᅮᆫ 아니라 령혼의 병 곳치ᄂᆞᆫ 복음을 만히 젼파ᄒᆞ야 석달 동안에 방ᄆᆡᄒᆞᆫ 교회 칙이 일ᄇᆡᆨ 이십 여권이요 본회에셔 발간ᄒᆞᆫ 대한회보를 근일에 일ᄇᆡᆨ 삼십 칠쟝을 풀엇더라 내가 올나올때에ᄂᆞᆫ 륙로로 오ᄂᆞᆫᄃᆡ 길에셔 만나ᄂᆞᆫ 사ᄅᆞᆷ마다 나다려 양대인이라 칭ᄒᆞ지 안코 젼도 목ᄉᆞ라 말ᄒᆞ니 그 사ᄅᆞᆷ들이 엇더케 아ᄂᆞ뇨 내 ᄉᆡᆼ각에ᄂᆞᆫ 이거시 하ᄂᆞ님의 도가 흥왕ᄒᆞᆷ 즁됴로 아노라

례ᄇᆡ일공과 륙십이 ᄉᆞ월 십칠일

혼인잔치로비유ᄒᆞ심

마태 이십이쟝 일졀노 십ᄉᆞ졀

련됴
디명

一 예수 ᄃᆡ답ᄒᆞ샤 다시 비유로 말ᄉᆞᆷᄒᆞ샤ᄃᆡ 二 하ᄂᆞᆯ
나라이 엇던 님군과 ᄀᆞᆺᄒᆞ니 그 아ᄃᆞᆯ을 위ᄒᆞ야 혼
인 잔치ᄅᆞᆯ 베플ᄉᆡ 三 그 죵을 보ᄂᆡ여 청ᄒᆞᆫ 사ᄅᆞᆷ들을
혼인 잔치에 오라ᄒᆞ되 오지 아니ᄒᆞ거ᄂᆞᆯ 四 다시 다
른 죵을 보ᄂᆡ여 ᄀᆞᆯᄋᆞᄃᆡ 네가 가셔 청ᄒᆞᆫ 사ᄅᆞᆷ들의게
ᄂᆞᆯ으되 내 임의 음식을 쟝만ᄒᆞ여 노코 소와 살진
즘ᄉᆡᆼ을 잡고 ᄯᅩ 모든거ᄉᆞᆯ ᄀᆞᆺ초왓시니 오쇼셔 ᄒᆞ
라 ᄒᆞᆫᄃᆡ 五 더들이 도라 보지도 안코 가되 ᄒᆞ나ᄂᆞᆫ
제 밧헤 가고 ᄒᆞ나ᄂᆞᆫ 져ᄌᆞ에 가고 六 그 남은이들
은 죵을잡아 릉욕ᄒᆞ고 죽이니 七 님군이 듯고 노
ᄒᆞ야 군ᄉᆞ를 보ᄂᆡ여 그 살인ᄒᆞᆫ 쟈들을 멸ᄒᆞ며 셩
을 불살으고 八 죵ᄃᆞ려 ᄂᆞᆯᄋᆞᄃᆡ 혼인 잔치ᄂᆞᆫ 예비ᄒᆞ
엿시나 청ᄒᆞᆫ 사ᄅᆞᆷ들은 합당치 아니ᄒᆞ나 九 큰길거
리에 가셔 아모 사ᄅᆞᆷ이던지 맛나ᄂᆞᆫ ᄃᆡ로 청ᄒᆞ여
오너라 ᄒᆞᆫᄃᆡ 十 죵이 길에 나아가 션ᄒᆞᆫ이나 악ᄒᆞᆫ
이나 맛나ᄂᆞᆫᄃᆡ로 모도 다려오니 혼인 자리가 ᄀᆞ
득ᄒᆞᆫ지라 十一 님군이 드러와셔 손을볼ᄉᆡ ᄒᆞᆫ사ᄅᆞᆷ이
례복을 닙지 아니 ᄒᆞ엿거ᄂᆞᆯ 十二 말ᄒᆞ여 ᄀᆞᆯᄋᆞᄃᆡ 친
구여 엇지 례복을 닙지 안코 여긔 드러왓ᄂᆞ냐 ᄒᆞ
니 손이 ᄌᆞᆷᄌᆞᆷᄒᆞ고 ᄃᆡ답지 안커ᄂᆞᆯ 十三 님군이 죵의
게 말ᄒᆞ되 그 슈족을 결박ᄒᆞ여 밧겻 어두ᄃᆡ 더지
라 거긔셔 슯히울고 니를 갈니라 ᄒᆞ니 十四 대개
불은 사ᄅᆞᆷ은 만흐되 ᄐᆡᆨᄒᆞᆫ 사ᄅᆞᆷ은 젹으니라

주셕

이십일쟝 말ᄉᆞᆷ은 예수ᄭᅴ셔 셩뎐에 드러가샤 거긔
셔 쟝ᄉᆞᄒᆞ며 거록ᄒᆞᆫ곳을 더럽게 ᄒᆞᄂᆞᆫ쟈들을 내여
쫏치시니 그 잇흔날 제ᄉᆞ쟝과 쟝로들이 나아와
그ᄃᆡ가 무ᄉᆞᆷ권세로 이러케 ᄒᆞᄂᆞ뇨 예수ᄭᅴ셔 바로
ᄃᆡ답지 아니시고 오직 뎌들이 ᄃᆡ답ᄒᆞ기 실혀 ᄒᆞᆯ
말ᄉᆞᆷ으로 무ᄅᆞ시며 ᄯᅩ 여러가지 비유로 뎌들이
하ᄂᆞ님ᄭᅴ 엇더케 향의 ᄒᆞᄂᆞᆫ거ᄉᆞᆯ 말ᄉᆞᆷ ᄒᆞ시며 오
ᄂᆞᆯ공부 비유 ᄒᆞ신ᄯᅳᆺ은 하ᄂᆞ님ᄭᅴ셔 유태 ᄇᆡᆨ셩
을 ᄐᆡᆨᄒᆞ신후로 멸망ᄒᆞᆯᄯᅢ ᄭᆞ지 하ᄂᆞ님ᄭᅴ셔 더
들을 션ᄃᆡᄒᆞ심과 뎌희ᄂᆞᆫ 하ᄂᆞ님ᄭᅴ 향의 잘못
ᄒᆞᆷ을 ᄀᆞᄅᆞ치심이요 님군이라 ᄒᆞ심은 하ᄂᆞ님이
요 님군의 아ᄃᆞᆯ이 신랑됨은 예수 그리스도요 신
부ᄂᆞᆫ 셩공회요 혼인이라 ᄒᆞᆷ은 예수ᄭᅴ셔 다시오
셔셔 신랑이 신부ᄅᆞᆯ 취ᄒᆞᆫ후 ᄒᆞᆫ몸됨과 ᄀᆞᆺ치 이 교
회와 일톄되샤 아조 합 ᄒᆞ심이요 잔치라 ᄒᆞᆷ은 이
셰샹 사ᄅᆞᆷ이 복음을 밧아 누리며 희락ᄒᆞᆷ이요 부ᄇᆡᆨ
가 서로 맛나면 ᄒᆞᆫ몸이 되여 셰샹에 이보다 더 갓
가온거시 업ᄉᆞ나 둘이 서로 놉히고 깁히 ᄉᆞ랑ᄒᆞ
여야 이거시 온젼ᄒᆞᆷ이니 예수와 교회가 서로 화
합ᄒᆞᆷ이 이와ᄀᆞᆺ치 친밀ᄒᆞ고 졍근ᄒᆞ여 동심 됨이라
님군의 잔치에 ᄇᆡᆨ물이 구비ᄒᆞ여 ᄒᆞ나도 브족ᄒᆞᆷ이
업ᄉᆞᆷ과 ᄀᆞᆺ치 복음에 구원 ᄒᆞ시ᄂᆞᆫ 법이 다잇셔 부

족ᄒᆞᆷ이 업ᄂᆞᆫ지라 유대 ᄇᆡᆨ셩은 하ᄂᆞ님ᄭᅴ셔 아ᄇᆞ라함을 ᄐᆡᆨᄒᆞ신ᄯᅢ와 모세로 ᄒᆞ여곰 애굽에셔 구ᄒᆞ여 내시던ᄯᅢ로 ᄇᆞ터 쳥 ᄒᆞ셧시며 이제ᄂᆞᆫ 셰례주던 요한과 예수며 그 뎨ᄌᆞ들노 오라 ᄒᆞ셧ᄉᆞ며 이ᄯᅢ셔지 쳥ᄒᆞᆷ을 ᄌᆞ랑 ᄒᆞ고 하ᄂᆞ님 ᄇᆡᆨ셩이라 ᄒᆞ되 오직 예수ㅣ ᄇᆞᄅᆞ심을 밧고 교회의 아조 일톄됨을 실혀 ᄒᆞ엿ᄂᆞᆫ지라 님군이 ᄇᆞᄅᆞ시ᄂᆞᆫᄃᆡ 가지 아니 ᄒᆞᄂᆞᆫ자도 역젹이요 이 사ᄅᆞᆷ은 하ᄂᆞ님이 ᄇᆞᄅᆞ시ᄂᆞᆫᄃᆡ 오지 아니ᄒᆞ니 역젹일ᄲᅮᆫ 더러 하ᄂᆞ님의 심부ᄅᆞᆷ ᄒᆞᄂᆞᆫ쟈를 아조쳐셔 죽엿ᄂᆞᆫ지라 님군은 이런 악ᄒᆞᆫ거ᄉᆞᆯ 보고 용셔ᄒᆞ면 이ᄂᆞᆫ 그죄를 감ᄎᆞᆷ이나 불가불 저앙을 ᄂᆞ려 그사ᄅᆞᆷ을 망케ᄒᆞ고 셩도 멸ᄒᆞᆯ지라 하ᄂᆞ님ᄭᅴ셔 유태 ᄇᆡᆨ셩의게 저앙을 ᄂᆞ리샤 예수 도라가신지 거의 ᄉᆞ십년이 되여셔 예루살넴과 셩뎐이 외방 사ᄅᆞᆷ의 손에 무너지며 볼 사ᄅᆞᆷ을 당ᄒᆞ여 그 ᄇᆡᆨ셩들이 오ᄂᆞᆯ날 셔지 ᄉᆞ방에 홋터 졋ᄂᆞᆫ지라 쳣번 쳥ᄒᆞᆫ쟈가 그 잔치에 오지 아니ᄒᆞ나 잔치ᄂᆞᆫ ᄇᆞ릴바ㅣ 아니매 ᄯᅩ 사ᄅᆞᆷ을 불너 무론 누구던지 맛나ᄂᆞᆫᄃᆡ로 오라ᄒᆞ심은 유태 ᄇᆡᆨ셩이 예수를 죽이고 뎨ᄌᆞ들을 해ᄒᆞ며 복음으로 부ᄅᆞ심을 밧지 아니ᄒᆞ매 보라와 베드로와 다른 뎨ᄌᆞ로써 외방 사ᄅᆞᆷ을 복음 잔치에 ᄇᆞᄅᆞ라 ᄒᆞ셧ᄉᆞ며 이 부ᄅᆞ심은 이제 대한 사ᄅᆞᆷ의게도 나아와셔 무론 누구던지 뎌의 악ᄒᆞᆷ을 아조 버셔 ᄇᆞ리고 오직 예수의 의ᄅᆞᆯ 닙으면 하ᄂᆞᆯ나라에 드러 갈쟈ㅣ요 오직 이 비유에 례복 닙가실혀 ᄒᆞᄂᆞᆫ쟈처름 뎨죄를 회ᄀᆡ치 안코 예수의 원ᄅᆞᆯ 닙게 실혀ᄒᆞ면 이ᄂᆞᆫ 즁ᄒᆞᆫ 형벌을 밧을지라 그ᄃᆡ들은 하ᄂᆞ님의 쳥ᄒᆞ심을 드럿것마ᄂᆞᆫ 그 ᄇᆞᄅᆞ심을 좃차갈쟈ㅣ 누구뇨

뭇ᄂᆞᆫ말

一 이비유ᄒᆞᆫ 님군과 아ᄃᆞᆯ과 그죵들이 누구뇨
二 셰샹 사ᄅᆞᆷ들이 혼인 지날ᄯᅢ에 웨 잔치 ᄒᆞᄂᆞ뇨
三 혼인ᄒᆞᄂᆞᆫ 사ᄅᆞᆷ들이 엇더ᄒᆞᆫ 사ᄅᆞᆷ들을 잔치에 쳥 ᄒᆞᄂᆞ뇨
四 국혼에 쳥ᄒᆞᄂᆞᆫ 사ᄅᆞᆷ들이 누구 되겟ᄂᆞ뇨
五 비유에 말이 혼인에 쳥ᄒᆞᆫ 사ᄅᆞᆷ들이 님군에 죵들을 엇더케 ᄃᆡ졉 ᄒᆞ엿ᄂᆞ뇨
六 그러면 그 사ᄅᆞᆷ들이 몃가지 죄를 지엇ᄂᆞ뇨
七 님군이 그사ᄅᆞᆷ들을 엇더케 형벌을 주셧ᄂᆞ뇨
八 이러ᄒᆞᆫ 후에 님군이 누구를 혼인 잔치에 쳥ᄒᆞ엿ᄂᆞ뇨
九 예수ᄭᅴ셔 혼인 례복으로 무ᄉᆞᆷᄯᅳᆺ슬 ᄀᆞᄅᆞ치셧ᄂᆞ뇨
十 혼인 례복업시 참례ᄒᆞᆫ 사ᄅᆞᆷ이 웨 님군 압헤셔 잠잠 ᄒᆞ엿ᄂᆞ뇨
十一 님군이 례복업ᄂᆞᆫ 사ᄅᆞᆷ을 엇지 ᄒᆞ야 무ᄉᆞᆷ벌을 주셧ᄂᆞ뇨
十二 대한에 먼져 쳥ᄒᆞᆷ을 보앗던 사ᄅᆞᆷ과 ᄀᆞᆺᄒᆞᆫ 사ᄅᆞᆷ이 잇겟ᄂᆞ뇨
十三 혹 우리 회즁에 혼인례복 업ᄂᆞᆫ이가 잇ᄂᆞ뇨

엡웟쳥년회임원국이라

엡웟 쳥년회 칠국즁에 임원국이 뎨일 되ᄂᆞᆫ거ᄉᆞᆫ 소임잇ᄂᆞᆫ 국쟝과 임원들만 참예 ᄒᆞᆯ거시오 회즁 ᄉᆞ무를 의론ᄒᆞ야 결뎡ᄒᆞᄂᆞᆫ듸 만일 회즁에 잘못된 일이 잇ᄉᆞ면 ᄀᆡ뎡ᄒᆞ고 부족ᄒᆞᆫ 일이 잇ᄉᆞ면 증보ᄒᆞ되 셜령 국관으로 론ᄒᆞᆯ진듸 외관들이 졍ᄉᆞ를 잘볼지라도 의졍부에셔 게으르거나 공변되이 의론을 못 ᄒᆞ거드면 젼국에 관계되ᄂᆞᆫ 일이 불소ᄒᆞ닷키 업원국에셔 허물이 잇거드면 온 교회에 손히가 불소ᄒᆞᆯ자라 이 위태ᄒᆞᆫ 디경을 삼가ᄒᆞᆯ일이 여러가지 잇ᄂᆞᆫ듸 첫지ᄂᆞᆫ 임원국이 잘되고 못되기ᄂᆞᆫ 회쟝의 권셰에 잇ᄂᆞᆫ거시니 임원국 ᄉᆞ무ᄂᆞᆫ 회쟝이 힘써보되 임의로 말고 ᄆᆡᆨᄉᆞ를 국쟝들과 의론ᄒᆞ여 동심합력ᄒᆞ여 일을 보와야 되겟고 ᄯᅩ 특별히 각국 국쟝들이 ᄆᆡᆨ삭에 긔회일을 위긔치 말고 모혀 회즁 ᄉᆞ무를 셩심으로 의론ᄒᆞ여 작뎡ᄒᆞ여야 될거시오 임원국 모힐ᄯᆡ에 쟝졍에 잇ᄂᆞᆫ 회례ᄎᆞ셔를 ᄎᆞᄎᆞ힝ᄒᆞᆯ거시니 일은 회쟝이 례ᄇᆡ홈으로 ᄀᆡ회ᄒᆞ고 이ᄂᆞᆫ 셔긔가 호명 ᄒᆞᆯ거시니 만일 국쟝 두셋만 호명에 ᄃᆡ답ᄒᆞ고 둘이나 셋시 불참 ᄒᆞ거드면 ᄌᆞ미만 업실ᄲᅮᆫ 아니라 열심이 업셔 지겟고 삼은 셔긔가 젼회 임원국 일긔를 ᄀᆡ독 ᄒᆞᆯ거시니 만일 셔긔가 일긔를 부족히 긔록 ᄒᆞ엿거나 혹 일긔를 안가져왓ᄉᆞ면 엇지 셔긔가 허물업다 ᄒᆞ리오 ᄉᆞᄂᆞᆫ 각 임원들이 보고 ᄒᆞᆯ지니 대개 보고를 긔록ᄒᆞ여 드릴거시오 오ᄂᆞᆫ 원 입회원에 유무를 작뎡 ᄒᆞᆯ터이니 이ᄯᆡ에 다졍국쟝 ᄉᆞ무에 유무를 낫타낼거ᄉᆞᆫ 만일 다졍국에셔 직무를 잘 보앗더면 원입회원이 잇겟고 그러치 아니ᄒᆞ면 입회원이 업슬터이오 륙은 젼회 미결ᄒᆞᆫ 일을 ᄀᆡᆼ론 ᄒᆞᆯ터이니 미결ᄒᆞᆫ 일이 잇ᄉᆞ면 이ᄯᆡ에 작뎡 ᄒᆞᆯ거시오 칠은 회즁 ᄉᆞ무를 다 의론ᄒᆞ야 결쳐 ᄒᆞᆯ거시니 만일 각 국쟝에 특뎡ᄒᆞᆯ 일이 잇ᄉᆞ면 이ᄯᆡ에 임원국에 쳥ᄒᆞ여 서로 의향 잇ᄂᆞᆫ듸로 의론ᄒᆞ야 작뎡 ᄒᆞᆯ거시라 쳥년회 진보키ᄂᆞᆫ 이 ᄉᆞ무에 붓친거시니 임원국은 비유컨ᄃᆡ ᄒᆞᆫ심과 ᄀᆞᆺᄒᆞ니 쟝산 심곡에셔 나ᄂᆞᆫ ᄒᆞᆫ젹은 심이 온ᄂᆡ에 탁박ᄒᆞᆫ 거슬 흥샹 묽히ᄂᆞᆫ것 ᄀᆞᆺ치 임원국에셔 의뎡ᄒᆞᄂᆞᆫ ᄉᆞ무가 잇ᄉᆞ면 심과 ᄀᆞᆺ고 ᄉᆞ무가 업ᄉᆞ면 마른심과 ᄀᆞᆺᄒᆞ나 ᄉᆞ무가 져절노 싱길거시 아니오 임원국 모히기젼에 각국 임원들이 ᄉᆞ무를 만드러야 ᄉᆞ무가 잇ᄉᆞᆯ지라 마지막에 임원국 폐회 ᄒᆞᆯ거시니 회쟝이 긔도와 찬미로 폐회 ᄒᆞᆯ거시오 임의 임원국이 폐회 ᄒᆞ엿시니 각 국쟝들이 임원국에셔 의뎡ᄒᆞᆫ ᄉᆞ무와 퇴뎡ᄒᆞᆫ 신입 회원을 보고에 긔록 ᄒᆞ엿다가 그다음 토론회 모힐ᄯᆡ에 통샹회에 고시 ᄒᆞᆯ지어다

ᄂᆡ보

근일에 곡가가 고등ᄒᆞᆫ거ᄉᆞᆫ 여러가지 곡졀이 잇시니 첫지ᄂᆞᆫ 작년이 흉년이요 둘지ᄂᆞᆫ 작년가을 브터 지금ᄭᅡ지 일긔가 감으러 강물이 쳔탄이 된고로 슈샹의 곡식은 비가결녀 수운ᄒᆞ여 오기 어렵고 슈하의 곡식은 외국 사ᄅᆞᆷ의게 방매 ᄒᆞᄂᆞᆫ고로

셔울노 오지 못ᄒᆞᆷ이요 셋재ᄂᆞᆫ 년젼브터 외도 각군에 탁지부 샹납을 쇄리ᄒᆞᄂᆞᆫ 사ᄅᆞᆷ들이 외획 ᄒᆞ여 무곡 ᄒᆞ엿ᄂᆞᆫᄃᆡ 지금 오강에 싸둔 곡식이 여러 십만셕이나 곡가 고등ᄒᆞ기ᄅᆞᆯ 기다려 작젼을 아니ᄒᆞᆷ이라더라

○ 향일에 관인 ᄒᆞ나ᄅᆞᆯ 만나 외식골 소문을 드르니 각 군슈가 관쟝노릇슬 ᄒᆞᆯ수 업ᄂᆞᆫ거시 외획을 맛흔쟈ㅣ 탁지부 훈령과 대신의 긴찰을 가지고 와셔 슈령들을 동독ᄒᆞ매 견ᄃᆡᆯ수업셔 위션 몃빅결 밧을거슬 획급ᄒᆞᆫ즉 외획을 맛흔쟈ㅣ 소솔이 수십명이라 쟝터에 쥬인을 뎡ᄒᆞ고 ᄇᆡᆨ셩의게 여간 밧ᄂᆞᆫ돈은 쥬식부비로 다 들어 가ᄂᆞᆫᄃᆡ 수십일이 지나지 못ᄒᆞ야 다른사ᄅᆞᆷ이 ᄯᅩ 탁지부 훈령과 모대신의 긴찰을 가지고 와셔 역시 그 모양으로 일이 되ᄂᆞᆫᄃᆡ 가량 그 고을 샹납이 십만량이 될것ᄀᆞᆺᄒᆞ면 여러 사ᄅᆞᆷ의 외획ᄒᆞ야 오ᄂᆞᆫ 돈 수효ᄂᆞᆫ 이십 만량이나 되고 샹납ᄒᆞᆯ 돈인즉 그 사ᄅᆞᆷ들의 부비로 다 업셔져셔 국고에 들어오ᄂᆞᆫ 지물은 얼마가 아니되고 ᄇᆡᆨ셩은 여러 사ᄅᆞᆷ의 독쵹ᄒᆞᆷ을 견ᄃᆡ지 못ᄒᆞ니 그 폐단이 도모지 외획에 잇ᄂᆞᆫ지라 셩샹ᄭᅴ셔 민정을 통쵹ᄒᆞ샤 근일에 외획을 막으셧다 ᄒᆞ니 이후로ᄂᆞᆫ 그런 폐가 업슬듯 ᄒᆞ더라

○ 셩샹ᄭᅴ셔 대황뎨위에 나아가신 경ᄉᆞᄅᆞᆯ 각국에 고시ᄒᆞᄂᆞᆫᄃᆡ 오디리와 의태리 두 나라에ᄂᆞᆫ 말ᄉᆞᆷᄒᆞ지 아니ᄒᆞᆫ ᄭᆞᄃᆞᆰ으로 외부대신 민죵묵씨ᄅᆞᆯ 면관ᄒᆞᆫ엿다더라

○ 산릉에 소나무와 뎐나무 ᄉᆞ십만쥬ᄅᆞᆯ 새로 심으ᄂᆞᆫᄃᆡ 그 부비ᄂᆞᆫ 공젼즁에셔 칙하ᄒᆞᆯ열노 칙령을 밧드러 시힝ᄒᆞᆫ다더라

외보

일본 동경에 유ᄒᆞᄂᆞᆫ 대한 학싱들이 본국 졍부에셔 보죠금을 주지 아니 ᄒᆞᆫ후로ᄂᆞᆫ 죽을 디경에 니르럿다더라

협셩회광고

새로 츌판ᄒᆞᆫ 협셩회 회보ᄂᆞᆫ 졍동 비지학당 일방에셔 파ᄂᆞᆫᄃᆡ ᄒᆞᆫ쟝갑슨 엽젼 너푼이오 일삭 료ᄅᆞᆯ 미리 내면 엽젼ᄒᆞᆫ돈 오푼인ᄃᆡ 니외국 소문과 학문샹에 유죠ᄒᆞᆫ 말이 만히 잇ᄉᆞ오니 사셔 보시기ᄅᆞᆯ ᄇᆞ라오

본회 고ᄇᆡᆨ

본회에셔 이 회보ᄅᆞᆯ 젼년과 ᄀᆞᆺ치 일쥬일에 ᄒᆞᆫ번식 발간ᄒᆞᄂᆞᆫᄃᆡ 새로 륙폭으로 작뎡ᄒᆞ고 ᄒᆞᆫ쟝 갑슨 엽젼 오푼이오 ᄒᆞᆫᄃᆞᆯ갑슬 미리내면 젼과 ᄀᆞᆺ치 엽젼 ᄒᆞᆫ돈 오푼이라 본국 교우나 셔국 목ᄉᆞ나 교외 친구나 만일 사셔 보고져 ᄒᆞ거든 졍동 아편셜라 목ᄉᆞ 집이나 죵로 대동셔시에 가셔 사시옵

죵로대동셔시광고

우리 셔샤에셔 셩경 신구약과 찬미 칙과 교회에 유익ᄒᆞᆫ 여러가지 셔칙과 시무에 긴요ᄒᆞᆫ 칙들을 팔되 갑시 상당ᄒᆞ오니 학문상과 시무변에 ᄯᅳᆺ이 잇ᄂᆞᆫ 군ᄌᆞ들은 만히 사셔 보시옵

뎨이권 대한크리스도인회보 대십오호
광무이년 (삼십륙합) 인 ᄉᆞ월십삼일

부활경츅

샹동 달셩회당 에셔ᄂᆞᆫ 예수 부활일을 예비ᄒᆞ여 부활 젼 쥬일브터 슈난 젼날ᄭᆞ지 밤마다 모혀 별 긔도와 예수ᄭᅴ셔 그 동안에 ᄒᆞ시던 일을 ᄎᆞ례로 공부ᄒᆞ고 슈나일을 당ᄒᆞ매 각 교우들이 샹오 십졈죵에 일뎨히 모혀 비창ᄒᆞᆫ ᄆᆞᄋᆞᆷ으로 셩 만찬을 밧엇시며 일노 이ᄒᆞ여 우리 ᄆᆞᄋᆞᆷ 속이 ᄭᆡᆺ긋이 된지라 그런고로 밧겻ᄭᆞ지 ᄭᆡᆺ긋이 ᄒᆞ기를 위ᄒᆞ여 남녀 교당을 교우들이 모혀 도빅ᄒᆞ고 셩단 젼후 좌우 벽샹과 각 기동들을 홍포쟝으로 ᄭᅮᆷ엿시며 셩단 밋ᄎᆡᄂᆞᆫ 각식 화초로 층층이 버렷ᄂᆞᆫᄃᆡ 그 즁에 요ᄉᆞ이 열미 밋인 실과 나무가 뎨일 귀ᄒᆞ고 남회당 마잔편은 예수 부활ᄒᆞ셧네 닐곱ᄌᆞ를 국문 금ᄌᆞ로 완연이 삭엿시며 녀회당 마잔편은 할닐누야쥬찬숑 닐곱ᄌᆞ를 역시 국문 금ᄌᆞ로 완연이 삭여 붓쳣더라 부활일을 당ᄒᆞ매 남녀 로유 ᄉᆞ빅여인이 모혀 깃붐으로 례빅ᄒᆞᄂᆞᆫᄃᆡ 로부인은 풍금을 라시고 쇄만의원은 라발을 불고 남녀 교우들은 목소리로 찬미를 화답ᄒᆞ니 참 쇄락ᄒᆞᆫ 졍신이 완연이 텬당에 안진듯ᄒᆞ며 본쳐 목ᄉᆞ와 홍ᄉᆡ 할닐누야쥬찬숑 노리를 왕왕이 부르ᄂᆞᆫᄃᆡ 마ᄃᆡ 마ᄃᆡ 셩신의 참 깃붐이 각인의 심쟝을 ᄶᅵᆯ으ᄂᆞᆫ듯ᄒᆞ고 ᄯᅩᄒᆞᆫ 갑목ᄉᆞᄂᆞᆫ 대한말을 아쥭 공부차 못ᄒᆞ엿ᄂᆞᆫᄃᆡ 할닐누야 소리에 귀가 ᄇᆞᆰ아 홈ᄭᅴ 응셩ᄒᆞ니 참 깃부더라 이날 남녀로유 합 이십인을 셰례주고 ᄯᅩ 아홉 사ᄅᆞᆷ을 입교ᄒᆞᄂᆞᆫᄃᆡ 그 즁에 ᄒᆞᆫ십륙셰 된 쳐녀가 예수의 시험과 고난을 셩각ᄒᆞ여 ᄉᆞ십여일을 ᄉᆞᄉᆞ로 하로에 일죵만 ᄒᆞ고 금식ᄒᆞ엿ᄂᆞᆫᄃᆡ 얼골이 더욱 화긔나고 조곰도 초최ᄒᆞᆫ 긔ᄉᆡᆨ이 업시나 이 쳐녀ᄂᆞᆫ 참 셩신을 힘닙은 쳐녀요 이날에 평안ᄒᆞᆷ과 보호ᄒᆞ심을 더욱 만이 밧엇실거시며 이 쳐녀 ᄆᆞᄋᆞᆷ 속에ᄂᆞᆫ 예수ᄭᅴ셔 참 새로 림ᄒᆞ여 계실너라

일본유학싱의게보죠금

대한 싱도가 일본국에 가셔 유학ᄒᆞᄂᆞᆫᄃᆡ 대한 졍부에셔 월급을 주지 안는고로 다 쥬려셔 공부를 못ᄒᆞᆯ 디경에 니른지라 대한 각 학교 학원들이 참아 염연이 놈의일노 볼수업셔 다 보죠금들을 거두ᄂᆞᆫᄃᆡ 우리 빅지학당에셔도 여러 학원이 서로 말ᄒᆞ되 본국 형뎨들이 타국에 가셔 죽게된거슬 본국에셔 모로ᄂᆞᆫ체 ᄒᆞᄂᆞᆫ거시 인졍도 아닐ᄲᅮᆫ더러 타국에 큰 슈치라ᄒᆞ고 일심으로 합력ᄒᆞ여 거둔 돈이 합ᄒᆞ여 이십륙원 이니 닐은바 십시일반이라 곳 일본국에 보니여 우리 동포 유학싱의게 만분지일이나 군급ᄒᆞᆫ거슬 도아주노라

대한크리스도인 회보

THE KOREAN CHRISTIAN ADVOCATE.
Rev. H. G. Appenzeller, Editor
36 cents per annum
in advance. Postage extra.
Wednesday, April. 13th, 1898.

서울 졍동셔 일쥬일에 ᄒᆞᆫ번식 발간 ᄒᆞᄂᆞᆫᄃᆡ 아편셜라 목ᄉᆞ가 회보 사쟝이 되엿더라 일년 갑슬 미리 ᄂᆡ면 삼십 륙젼이오 우표갑슨 ᄯᅡ로 잇ᄂᆞ니라

도를위ᄒᆞ야군츅밧은일

아비리기 동남에 ᄒᆞᆫ 나라히 잇시니 일홈은 마륵가라 그ᄯᅡ이 광은 쳔리요 장은 이쳔 오ᄇᆡᆨ리요 인민의 수효ᄂᆞᆫ 이ᄇᆡᆨ 오십만 가량인ᄃᆡ 다만 나라 안에 셔칙이 업서 ᄇᆡᆨ셩이 다 무식ᄒᆞᆯᄲᅮᆫ 아니라 우샹을 숭봉ᄒᆞ고 샤술을 밋으며 서로 싸호기를 됴화ᄒᆞᄂᆞᆫ지라 영국셔 젼도목ᄉᆞ ᄒᆞ나이 나와셔 학교를 셜립ᄒᆞ고 ᄇᆡᆨ셩의 ᄌᆞ녀를 ᄀᆞᄅᆞ치며 셩경 복음을 젼파ᄒᆞ야 하ᄂᆞ님 도를 권면ᄒᆞ매 맛ᄎᆞᆷ 그ᄯᅢ에 그나라 님군이 현쳘ᄒᆞ야 그 목ᄉᆞ의 ᄒᆞᄂᆞᆫ일을 미우 깃버 ᄒᆞ더니 팔년후에 불ᄒᆡᆼ이 국왕이 붕ᄒᆞ고 태ᄌᆞㅣ ᄯᅩᄒᆞᆫ 어질매 슯흐다 그 ᄇᆡᆨ모가 본ᄅᆡ 포학ᄒᆞᆫ ᄆᆞᄋᆞᆷ으로 태ᄌᆞ를 죽이고 뎨가 ᄉᆞᄉᆞ로 녀왕이 되야 ᄇᆡᆨ셩중에 하ᄂᆞ님을 공경 ᄒᆞᄂᆞᆫ쟈ㅣ 잇시면 잡어 죽이기로 작뎡ᄒᆞ고 병뎡을 보ᄂᆡ여 ᄉᆞ방으로 염탐ᄒᆞ니 젼도 목ᄉᆞᄂᆞᆫ ᄒᆞᆯ일업서 고국으로 도라가고 본토에 도를 밋ᄂᆞᆫ 무리들은 핍박을 만나 도피ᄒᆞᆯ시 혹 셩경을 바위 구멍에 감초기도 ᄒᆞ고 ᄯᅡᆼ속에 뭇기도 ᄒᆞ며 혹 산속에서 찬미도 ᄒᆞ고 나무 밋헤셔 긔도도 ᄒᆞᄂᆞᆫ지라 녀왕이 국즁에 령을 나리되 만일 칠일안에 하ᄂᆞ님을 ᄇᆡ반치 안ᄂᆞᆫ쟈ㅣ 잇시면 맛당이 죽이고 용셔치 안으리라 ᄒᆞ엿더니 관원즁에 ᄉᆞᄇᆡᆨ 여명이 죽어도 도를 ᄇᆡ반치 못ᄒᆞ겟다 말ᄒᆞ거ᄂᆞᆯ 녀왕이 노ᄒᆞ야 그 관직을 다 삭탈ᄒᆞ고 ᄇᆡᆨ셩 이만명을 옥에 가두엇ᄂᆞᆫᄃᆡ 그즁에 참혹히 죽은쟈ㅣ 수ᄇᆡᆨ 여명이라 녀왕의 포학홈으로 엇지 앙화를 밧지 아니 ᄒᆞ리오 우연이 병셰 침즁ᄒᆞ야 셰상을 ᄇᆞ리고 그 아ᄃᆞᆯ이 등극ᄒᆞ니 태ᄌᆞᄂᆞᆫ 본ᄅᆡ 텬셩이 인션ᄒᆞᆫ지라 국왕이 된후에 곳 옥즁에 원통이 갓친 죄인을 다 방셕ᄒᆞ고 외국 목ᄉᆞ를 쳥ᄒᆞ야 곳곳이 학교와 례ᄇᆡ당을 셜립ᄒᆞ니 ᄇᆡᆨ셩들이 다 나라를 위ᄒᆞ야 만셰를 불으더라 몃 십년 동안에 각쳐에 잇ᄂᆞᆫ 례ᄇᆡ당이 일쳔 삼ᄇᆡᆨ이요 교인이 이십일만 여명이요 학도가 남녀 합ᄒᆞ여 구만 여명이라 일노좃차 보건ᄃᆡ 어ᄂᆞ 나라 사ᄅᆞᆷ이던지 만일 도를 위ᄒᆞ야 군츅을 밧으면 하ᄂᆞ님ᄭᅴ셔 깃버ᄒᆞ샤 도의 근원을 더 견고케 ᄒᆞ시고 도의 지엽을 더 무셩케 ᄒᆞ시ᄂᆞ니 그런고로 ᄂᆞᆼ히 사ᄅᆞᆷ을 군츅ᄒᆞ고 멸망케 ᄒᆞᄂᆞᆫ쟈ᄂᆞᆫ 잇시되 ᄂᆞᆼ히 도의 근원을 ᄭᅳᆫ허 멸망케 ᄒᆞᄂᆞᆫ쟈ᄂᆞᆫ 잇지 아니ᄒᆞᆫ지라 우리ᄂᆞᆫ 하ᄂᆞ님 도가 군츅 밧ᄂᆞᆫ거시 곳 흥왕ᄒᆞᆯ 증좌로 아노라

레비일공과 륙십삼 ᄉᆞ월 이십ᄉᆞ일

세샹외ᄆᆞᆺ론

마태 이십ᄉᆞ장 삼졀노 이십ᄉᆞ졀

년됴

디명

三 예수ㅣ 감남산에 안져 계실때에 뎨ᄌᆞ들이 죵용
이 와셔 ᄀᆞᆯᄋᆞᄃᆡ 우리게 닐ᄋᆞ쇼셔 어느때에 이런
일이 잇스며 또 쥬ᄭᅴ셔 림ᄒᆞ심과 셰샹ᄆᆞᆺ치 무슴
표젹이 잇스오리잇가 四 예수ㅣ ᄃᆡ답ᄒᆞ여 ᄀᆞᆯᄋᆞ샤
ᄃᆡ 조심ᄒᆞ야 놈의게 미혹 ᄒᆞ지마라 五 대개 여러
사ᄅᆞᆷ이 내 일홈으로 와셔 닐ᄋᆞᄃᆡ 나ᄂᆞᆫ 크리스도이
라ᄒᆞ야 여러 사ᄅᆞᆷ을 미혹케 ᄒᆞ리라 六 또 싸홈과 싸
홈 소ᄅᆡ를 드러도 두려워 마라 이런일이 반드시
잇스되 ᄆᆞᆺ촌 아직 못 되엿ᄂᆞ니라 七 ᄇᆡᆨ셩이 ᄇᆡᆨ셩
을 치며 나라가 나라를 칠거시오 흉년과 병과 디
동이 각쳐에 잇스리니 八 이 모든거시 다 직란의
사작이니라 九 그때에 사ᄅᆞᆷ이 너희를 환란에 ᄲᅡ지
게 ᄒᆞᆯ거사오 너희를 죽이며 너희가 내 일홈을 위
ᄒᆞ야 온 ᄇᆡᆨ셩의게 뮈워ᄒᆞᆷ을 밧으리니 十 그때에 사
ᄅᆞᆷ이 만히 나를 슬혀ᄒᆞ야 서로 잡혀 보내고 서로
뮈워 ᄒᆞᆯ거시오 十一 거줏 션지가 만히 니러나 여러
사ᄅᆞᆷ을 미혹ᄒᆞ게 ᄒᆞᆯ거시오 十二 악ᄒᆞᆯ거시 셩ᄒᆞᆫ즉 만
ᄒᆞᆫ 사ᄅᆞᆷ의 ᄉᆞ랑ᄒᆞᄂᆞᆫ 졍이 졈졈 업셔지리라 十三 ᄆᆞᆺ
ᄎᆞ지 견ᄃᆡᄂᆞᆫ 사ᄅᆞᆷ은 구원을 엇으리라 十四 나라의
복음을 온 셰샹에 젼ᄒᆞ여 모든 ᄇᆡᆨ셩의게 증거ᄒᆞᆫ
후에 ᄆᆞᆺ치 니르리라 十五 그럼으로 너희가 션지쟈
단이리의 말ᄒᆞᆫᄃᆡ로 잔젹ᄒᆞ야 뮈운 물건이 거룩ᄒᆞᆫ
곳에 셧심을 보거든 이글 닑ᄂᆞᆫ 사ᄅᆞᆷ은 ᄌᆞ셰히 알
지어다 十六 그때에 유태에 잇ᄂᆞᆫ 사ᄅᆞᆷ은 산으로 도
망ᄒᆞ고 十七 집웅우에 잇ᄂᆞᆫ 사ᄅᆞᆷ은 집안에 잇ᄂᆞᆫ 물
건을 가질너 ᄂᆞ려오지 말고 十八 밧헤 잇ᄂᆞᆫ 사ᄅᆞᆷ은
옷슬 가질너 도라 오지 말지어다 十九 그날에 ᄋᆞ희
ᄇᆡᆫ이와 졋 먹이ᄂᆞᆫ 녀인들의게 화가 잇스리라 二十
너희가 겨울과 사밧일에 도망ᄒᆞᆷ을 면ᄒᆞ게 긔도ᄒᆞᆯ
지어다 二十一 그때에 큰 환란이 잇슬지니 이런거시
셰샹 사작ᄒᆞᆷ으로 브터 지금ᄭᆞ지 업섯고 또후에도
업시리라 二十二 그 날들을 감ᄒᆞ지 아니 ᄒᆞ엿더면 육
신을 구원 ᄒᆞᆯ이가 업슬 거시로되 오직 퇴ᄒᆞᆫ 사ᄅᆞᆷ
들을 위ᄒᆞ야 그 날들을 감ᄒᆞ리라 二十三 그때에 아모
사ᄅᆞᆷ이 너희게 말ᄒᆞ되 긔독이 여긔잇다 뎌긔잇다
ᄒᆞ여도 밋지마라 二十四 대개 거줏 긔독들과 거줏
션지쟈들이 니러나 큰 징죠와 이샹ᄒᆞᆫ 일을 뵈여
퇴ᄒᆞᆫ 이라도 미혹 ᄒᆞᆯ수만 잇스면 ᄒᆞ리니

주셕

예수ᄭᅴ셔 륙십일 공부 말ᄉᆞᆷ ᄒᆞ실때에 이십 이삼
쟝 말ᄉᆞᆷ을 다 ᄒᆞᆫ날 ᄒᆞ셧ᄉᆞ며 또 오날공부 말ᄉᆞᆷ을
ᄒᆞ셧ᄂᆞᆫ지라 예수ᄭᅴ셔 마자막 칠일 동안에 아참마
다 예루살넴에 올나가샤 ᄀᆞᄅᆞ치시고 져녁이면 베
다니아에셔 주무셧시며 오ᄂᆞᆯ 공부ᄂᆞᆫ 뎨 삼일되ᄂᆞᆫ
날인듯 ᄒᆞᆫ지라 예수ᄭᅴ셔 베다니아로 가시다가 셩
뎐을 도라 보시고 뎨ᄌᆞ들 ᄃᆞ려 뎌 셩뎐과 셩들이

오리지 아니ᄒᆞ여 다 멸망 ᄒᆞ겟다 ᄒᆞ시니 뎨ᄌᆞᄂᆞᆫ 조곰 잇다가 나아와 세가지 말ᄉᆞᆷ을 무ᄅᆞᆺᄉᆞ매 첫지ᄂᆞᆫ 이러케 멸홈이 어나때나 되오며 둘지ᄂᆞᆫ 예수ㅣ 다시 오시기젼 표젹과 셋지ᄂᆞᆫ 세상 ᄆᆞᆺ 되ᄂᆞᆫ 증쇼를 무ᄅᆞᆺᄂᆞᆫ지라 오ᄂᆞᆯ 공부ᄂᆞᆫ 예수ᄭᅴ셔 첫번 ᄆᆞᆺᄂᆞᆫ말을 ᄃᆡ답 ᄒᆞ심이요 오륙졀에 조심ᄒᆞ라 ᄒᆞ심은 거즛 션지가 와셔 속히며 미혹게 ᄒᆞ여 세샹 ᄆᆞᆺ날이 갓가히 되며 예수ㅣ 다시 오사ᄂᆞᆫ줄 알기 쉬올지니 속은바 되지말나 ᄒᆞ심이요 ᄯᅩ 란리와 란리 소문을 두려워 ᄒᆞ지마라 이ᄂᆞᆫ 미라 소동 홈이니라 이런일은 다 예루살넴이 멸망키 젼에 잇슬지니 란리도 잇고 교회를 핍박ᄒᆞ며 도로 인ᄒᆞ야 죽으며 고난과 군츅을 밧은 사ᄅᆞᆷ도 만ᄒᆞᄉᆞ매 이런말은 다 ᄉᆞ도힝젼에 만히 긔록 ᄒᆞ엿ᄂᆞᆫ지라 그때에 거즛도를 ᄀᆞᄅᆞ치ᄂᆞᆫ쟈며 션지라도 ᄒᆞ며 거즛 크리ᄉᆞ도라 ᄒᆞᄂᆞᆫ쟈ㅣ 잇섯ᄉᆞ니 이ᄂᆞᆫ 여러 ᄉᆞ도의 편지 긔록ᄒᆞᆫᄃᆡ 잇ᄉᆞ며 이 모든일은 ᄉᆞ십년 안에 응험 ᄒᆞ엿ᄂᆞᆫ지라 십졀 십일 십이 십삼 ᄭᅡ지에 말을 혹이 일노써 세샹ᄆᆞᆺ 되ᄂᆞᆫ줄만 알아 도를 비반ᄒᆞ며 놈을 잡혀 가게ᄒᆞ며 죽고 망ᄒᆞ게 ᄒᆞᄂᆞᆫ 이런 사ᄅᆞᆷ들은 다 구원ᄒᆞᆷ을 엇지 못 ᄒᆞᆯ거시요 오직 죽도록 참고 견ᄃᆡ여 도를 직히ᄂᆞᆫ 쟈라야 구원ᄒᆞᆷ을 엇음이니라 이런일이 다 일위드린도 예수의 복음을 각국에 젼파ᄒᆞ기 젼에ᄂᆞᆫ 세샹 ᄆᆞᆺ날이 될수 업슬지라 십오졀 브터 말ᄉᆞᆷ ᄒᆞ신 ᄯᅳᆺ은 이런 멸망케 ᄒᆞᄂᆞᆫ 소동과 싸호자ᄂᆞᆫ 소문이 거륵ᄒᆞᆫ 셩ᄭᅡ지 니름을 볼때에 도망 ᄒᆞᆯ거시요 이 도망 ᄒᆞᆷ은 급히 ᄒᆞᆯ거시니 집웅우헤 잇던 쟈라도 ᄂᆞ려와 뎨집 물건을 거두지 말거시요 밧헤 잇던 쟈라도 도라오지 말고 그저가라 ᄒᆞ심이라 예수 도라 가신지 삼십 오년쯤 되여셔 로마 군병과 유대 ᄇᆡᆨ셩들이 서로 싸호기 시작ᄒᆞ여 소동이 되매 이때 예수 말ᄉᆞᆷ을 밋고 도망ᄒᆞ던 교우들은 다 목숨을 건져ᄉᆞ며 ᄯᅩ 삼 ᄉᆞ년 후에 로마 군ᄉᆞ가 삼만명이 와셔 예루살넴과 셩뎐ᄭᅡ지 ᄉᆞ방으로 에워싸며 그안 ᄇᆡᆨ셩을 죽인쟈ㅣ 만ᄒᆞᄉᆞ며 이때 셩니 사ᄅᆞᆷ은 도망ᄒᆞᆯ수 업고 서골 잇던 쟈들은 올수업셔 그안 ᄇᆡᆨ셩이 굴머 죽은쟈ㅣ 만ᄒᆞᄉᆞ니 이젼에 예수ᄭᅴ셔 예언 ᄒᆞ신ᄃᆡ로 이때에 셩뎐과 그외 크고 젹은 집이며 십지어 돌ᄭᅡ지 ᄒᆞ나도 쳡노히지 못 ᄒᆞ리라 ᄒᆞ심이 과연 응험 ᄒᆞ엿ᄂᆞᆫ지라 이런 말ᄉᆞᆷ은 셩경외에 다른 ᄉᆞ긔칙을 보거드면 그때 ᄇᆡᆨ셩의 지앙과 괴롬 밧음이 비교 ᄒᆞᆯ거시 업섯ᄂᆞ니라

뭇ᄂᆞᆫ말

一 예수ᄭᅴ셔 이 공부 ᄒᆞᄂᆞᆫ 말ᄉᆞᆷ을 어ᄃᆡ셔 베프셧ᄂᆞ뇨 二 문도들이 구쥬님ᄭᅴ 무ᄉᆞᆷ말을 무ᄅᆞᆺᄂᆞ뇨 三 구쥬ᄭᅴ셔 무엇슬 조심ᄒᆞ라 ᄒᆞ셧ᄂᆞ뇨 四 우리가 엇지ᄒᆞ야 싸홈과 싸홈 쇼식을 드러도 두려워 ᄒᆞᆯ거시 업ᄂᆞ뇨 五 칠졀에 무ᄉᆞᆷ 네가지 지앙이 잇ᄂᆞ뇨 六 그때에 신쟈들이 무ᄉᆞᆷ 핍박을 당ᄒᆞ며 교즁사ᄅᆞᆷ 가온ᄃᆡ 무ᄉᆞᆷ 원동ᄒᆞᆫ 일이 잇겟ᄂᆞ뇨 七 몰세 되기 젼에 도 젼ᄒᆞ기ᄂᆞᆫ 엇더케 되겟ᄂᆞ뇨 八 션지 단이리 말에 미운물건이 거륵ᄒᆞᆫ때에 셧단말이 무ᄉᆞᆷ 말이요

엡웟쳥년회칠국이라

엡웟 쳥년회 지파마다 칠국으로 난호인거시 잇ᄉᆞ니 임원국과 젼도국과 인졔국과 학문국과 다졍국과 통신국과 회계국이라 이국들이 ᄌᆞ긔 직분을 열심으로 힘ᄒᆞ여야 쳥년회가 진보ᄒᆞᆯ거시오 그러치 아니ᄒᆞ면 쳥년회가 진보ᄒᆞ여 갈수가 업ᄂᆞᆫ지라 셜령 나라 죠졍으로 비교ᄒᆞ건ᄃᆡ 임원국은 혹 의졍부와 ᄀᆞᆺᄒᆞ니 불가불 ᄆᆡ삭에 ᄒᆞᆫ번식 모히여 쳥년회가 진보ᄒᆞ도록 ᄉᆞ무를 의론ᄒᆞ여야 되겟고 젼도국은 혹 ᄂᆡ부와 ᄀᆞᆺᄒᆞ니 젼도ᄒᆞᆯ ᄎᆡ례는 잘 마련히 노와야 ᄒᆞ겟고 인졔국은 혹 궁ᄂᆡ부와 ᄀᆞᆺᄒᆞ니 구쥬님을 뫼시고 구쥬님 힝젹을 몸밧아 교회를 도라 보와야 ᄒᆞ겟고 학문국은 혹 학부와 ᄀᆞᆺᄒᆞ니 모든 입회인의 ᄆᆞᄋᆞᆷ을 ᄇᆞᆰ히도록 연단ᄒᆞ게 ᄒᆞ여야 ᄒᆞ겟고 다졍국은 혹 농샹부와 ᄀᆞᆺᄒᆞ니 교즁로유를 무론ᄒᆞ고 강권ᄒᆞ며 입회인의 유무고를 알아 보아 권위ᄒᆞ여야 ᄒᆞ겟고 통신국은 혹 외부와 ᄀᆞᆺᄒᆞ니 회즁에 신이 잇게 통신 ᄉᆞ무를 맛하 보와야 ᄒᆞ겟고 회계국은 혹 탁지부와 ᄀᆞᆺᄒᆞ니 회즁 져졍 ᄉᆞ무를 맛하보되 교회에 유익ᄒᆞ도록 지졍을 맛하 써야 ᄒᆞ겟ᄂᆞᆫ지라 이국들이 ᄌᆞ긔 ᄆᆞᄋᆞᆷᄃᆡ로 힝ᄒᆞᆯ거시 아니요 원 쟝졍 규칙ᄃᆡ로 힝ᄒᆞ되 임원국에셔 마련히 노흔 법ᄃᆡ로 쥰힝ᄒᆞᆯ지어다

너보

그젼에 드른즉 산 도적놈이 ᄆᆡ양 간교ᄒᆞᆫ 꾀가 만어 두놈이 ᄀᆞᆺ치 ᄃᆞ니며 신 도적질ᄒᆞ기를 꾀ᄒᆞᆯ시 ᄒᆞᆫ 사ᄅᆞᆷ이 새신을 신쬬 집 압헤셔 방황ᄒᆞ거늘 뒤로 가만이 가셔 그 사ᄅᆞᆷ의 갓슬 벗겨 집웅 우의 던지니 그 사ᄅᆞᆷ이 놀ᄂᆡ여 도라 보거늘 그놈이 거ᄌᆞᆺ 무안ᄒᆞᆫ 모양으로 그사ᄅᆞᆷ 압헤 나아가 샤과ᄒᆞ여 골ᄋᆞᄃᆡ 나ᄂᆞᆫ 아모 친구로 알고 희롱ᄒᆞ엿더니 다시 본즉 ᄉᆡᆼ쇼ᄒᆞᆫ 면목이라 이런 무례ᄒᆞᆫ 일이 어ᄃᆡ 잇시리오 나를 용셔ᄒᆞ라ᄒᆞ고 ᄯᅩ 말ᄒᆞ되 그러나 집웅에 언진 갓슬 불가불 나려야 ᄒᆞᆯ터이니 그ᄃᆡᄂᆞᆫ 괘려치 말으시고 내 억개에 올나셔셔 갓슬 집어 나리쇼셔 ᄒᆞ거늘 그 사ᄅᆞᆷ이 ᄒᆞᆯ일 업셔 신을 버셔노코 버션 발노 그놈의 억개에 올나셔셔 갓슬 나릴 동안에 ᄒᆞᆫ놈은 멀니셔 관망ᄒᆞ다가 발셔 그 신을 집어 가지고 다라난지라 그 사ᄅᆞᆷ이 나려와 본즉 금방 버셔논 신이 ᄒᆞᆯ연이 간곳이 업거늘 그놈이 다시 샤과ᄒᆞ되 공연히 내가 시럽신 작란ᄒᆞᆫ ᄭᆞᄃᆞᆰ에 그ᄃᆡ의 신을 도적놈의게 일헛시니 불안ᄒᆞᆫ ᄆᆞᄋᆞᆷ을 칙량ᄒᆞᆯ수가 업노라 ᄒᆞ고 엄연이 다른 곳으로 갓다 ᄒᆞ더니 일젼에 회동 병문에셔 륙칠셰 가량된 ᄋᆞᄒᆡ가 새신을 신쬬 길에셔 놀더니 도적놈이 지ᄂᆡ다가 락과싱 ᄒᆞᆫ푼 어치를 사셔 그 ᄋᆞᄒᆡ를 달ᄂᆡ며 ᄒᆞᄂᆞᆫ 말이 네신에 즁ᄒᆞᆫ 개가 새졋시니 내가 즁을 박어다 주마 ᄒᆞ고 벗겨 가자고 다라낫다 ᄒᆞ니 이런 놈은 도적놈 즁에도 더러온 놈일너라

○새문안에 의지업ᄂᆞᆫ 사ᄅᆞᆷ이 그 근쳐에 개고기 푸ᄂᆞᆫ집에 가셔 개고기를 사먹고 곳 숩통이 막혀 죽엇ᄂᆞᆫᄃᆡ 그집 쥬인이 상두군 놉을 식혀 메여다

자 셔쇼문 밧긔 공한ᄒᆞᆫ 싸에 뭇으라 ᄒᆞ엿더니 그 샹두군 놈들이 메고 나가다가 감옥셔 압헤 ᄇᆞ리고 다라낫거ᄂᆞᆯ 감옥셔장이 개고기 ᄑᆞᆯ던 놈을 잡어 가두고 엄히 분부 ᄒᆞ야 일젼에 그 시톄를 내다가 뭇게 ᄒᆞ엿다더라

○ 일젼에 무교 다리로 지나다가 본즉 십이삼세 가량된 ᄋᆞᄒᆡ 둘이 그다리 우희셔 놀다가 무ᄉᆞᆷ 시ᄃᆞᆰ으로 서로 싸호ᄂᆞᆫ 모양이여ᄂᆞᆯ ᄒᆞᆫ동안 서셔 보니 ᄒᆞᆫ ᄋᆞᄒᆡ가 그 동모ᄃᆞ려 ᄒᆞᄂᆞᆫ 말이 오ᄂᆞᆯ 일긔가 미우 화챵ᄒᆞ니 우리들이 남산에 올나가 소챵ᄒᆞ자 ᄒᆞᆫ대 이ᄋᆞᄒᆡ 대답ᄒᆞ되 나ᄂᆞᆫ 지금 학교에 공부ᄒᆞ러 가겟기로 네말을 응죵ᄒᆞᆯ수 업다ᄒᆞᆫ즉 그ᄋᆞᄒᆡᄂᆞᆫ 이ᄋᆞᄒᆡ 보다 키가 좀 더크고 힘이 좀 더잇ᄂᆞᆫ지라 이 ᄋᆞᄒᆡ의 소미를 잡고 남쪽으로 ᄭᅳ을거ᄂᆞᆯ 이 ᄋᆞᄒᆡ가 대노ᄒᆞ여 소미를 ᄯᅦ치며 ᄭᅮ짓져 ᄀᆞᆯᄋᆞᄃᆡ 사ᄅᆞᆷ마다 ᄌᆞ유지권이 잇거ᄂᆞᆯ 네가 엇지 나를 압졔ᄒᆞ야 억지로 가자 ᄒᆞ나냐 ᄒᆞᆫ즉 그 ᄋᆞᄒᆡ가 좀좀ᄒᆞ고 동편집 대문안으로 다라 나ᄂᆞᆫ지라 이 ᄋᆞᄒᆡᄂᆞᆫ 칙을 엽헤세고 엄연이 학교로 들어 가ᄂᆞᆫ거ᄉᆞᆯ 보니 누구던지 ᄌᆞ식이 잇시면 불가불 학교에 보ᄂᆡ여 교육 ᄒᆞ여야 ᄒᆞᆯ너라

○ 경산졀에 잇ᄂᆞᆫ 즁들이 말ᄒᆞ기를 근일에 셩교ᄒᆞᄂᆞᆫ 사ᄅᆞᆷ이 만흔고로 불공이 들어오지 안ᄂᆞᆫ 시ᄃᆞᆰ에 졀이 다 빈한ᄒᆞ다 ᄒᆞᆫ다니 셩교의 흥왕 ᄒᆞᄂᆞᆫ 거시 즁의 싱의에ᄂᆞᆫ 불힝ᄒᆞᆫ듯 ᄒᆞ나 젼국에ᄂᆞᆫ 크게 치하ᄒᆞᆯ 일일너라

외보

청국셔 아라샤에 허급ᄒᆞᆫ 싸이 여순구에셔 시작ᄒᆞ야 북으로 일ᄇᆡᆨ 륙십리요 동셔로 팔십리요 기외에 히변으로 텰도 놋ᄂᆞᆫ싸은 또 ᄯᅡ로 주마고 ᄒᆞ엿다더라

협셩회광고

새로 츌판ᄒᆞᆫ 협셩회 회보ᄂᆞᆫ 졍동 비지학당 일방에셔 파ᄂᆞᆫᄃᆡ ᄒᆞᆫ쟝갑슨 엽젼 너푼이오 일삭 됴를 미리 내면 엽젼ᄒᆞᆫ돈 오푼인ᄃᆡ 너외국 소문과 학문샹에 유죠ᄒᆞᆫ 말이 만히 잇ᄉᆞ오니 사셔 보시기를 ᄇᆞ라오

본회고ᄇᆡᆨ

본회에셔 이 **회보**를 젼년과 ᄀᆞᆺ치 일쥬일에 ᄒᆞᆫ번식 발간 ᄒᆞᄂᆞᆫᄃᆡ 새로 륙폭으로 작뎡ᄒᆞ고 ᄒᆞᆫ쟝 갑슨 엽젼 오푼이오 ᄒᆞᆫᄃᆞᆯ갑슬 미리내면 젼과 ᄀᆞᆺ치 엽젼 ᄒᆞᆫ돈 오푼이라 본국 교우나 셔국 목ᄉᆞ나 교외 친구나 만일 사셔 보고져 ᄒᆞ거든 졍동 아편셜라 목ᄉᆞ 집이나 죵로 대동셔시에 가셔 사시ᄋᆞᆸ

죵로대동셔시광고

우리 셔샤에셔 셩경 신구약과 찬미 칙과 교회에 유익ᄒᆞᆫ 여러가지 셔칙과 시무에 긴요ᄒᆞᆫ 칙들을 팔되 갑시 샹당ᄒᆞ오니 학문샹과 시무변에 ᄯᅳᆺ이 잇ᄂᆞᆫ 군ᄌᆞ들은 만히 사셔 보시ᄋᆞᆸ

뎨이권

대한크리스도인회보

뎨[illegible]호

광무이년 (ᄉᆞ십륙합) 이[illegible]이십일

난득씨별셰ᄒᆞᆷ

의ᄉᆞ 난득씨는 근본 미국 사ᄅᆞᆷ으로 영국 교회에 드럿는ᄃᆡ 명예가 놉고 지식이 넓은 큰 션비라 여러가지 학문을 겸ᄒᆞ엿시며 늣게 한문을 됴화ᄒᆞ야 청국ᄉᆞ긔를 만히 열남ᄒᆞᆫ 즁에 ᄆᆡᆼᄌᆞ칠권을 더욱 통달ᄒᆞᆫ지라 대한에 나온지 불과 칠팔년에 대한명ᄉᆞ를 만히 샹죵ᄒᆞ는ᄃᆡ 사ᄅᆞᆷ들이 닐ᄏᆞᆺ기를 난득씨는 ᄆᆡᆼᄌᆞ에 션ᄉᆡᆼ이라 ᄒᆞ더라 낙동 병원에서 몃ᄒᆡ를 병인을 보는ᄃᆡ 활인을 만히 ᄒᆞ엿고 수년전에 졔믈포로 이샤ᄒᆞ야 류ᄒᆞ더니 이ᄃᆞᆯ 십륙일에 셰샹을 ᄇᆞ렷시니 우리는 일후에 뎐당에셔 서로 맛나 볼줄을 밋고 깃버ᄒᆞ거니와 위션 이셰샹에셔는 다시 맛나지 못ᄒᆞ는 거슬 섭섭히 녁여 대강 긔록ᄒᆞ노라

일본에유람간형뎨

이ᄃᆞᆯ 초ᄉᆡᆼ에 ᄇᆡ지학당 교ᄉᆞ 쎙커씨와 교우 최병헌씨 두분이 교회즁 일로 일본에 갓는ᄃᆡ 우리는 이 두 형뎨가 지금 어ᄃᆡ 잇시며 아모 환난이나 업시며 간일을 잘 보는지 ᄎᆞᆷ 궁굼이 녁이거니와 첫지 ᄇᆞ라기는 하ᄂᆞ님ᄭᅴ셔 이 두 형뎨를 잘 보호ᄒᆞ시고 잘 인도ᄒᆞ샤 리왕간에 조곰도 어렵고 군ᄉᆡᆨᄒᆞᆫ 거시 업시 평안케 ᄒᆞ심이요 둘지는 이 두 형뎨가 어ᄃᆡ를 가던지 어ᄃᆡ셔 류ᄒᆞ든지 무ᄉᆞᆷ 일을 보든지 ᄒᆞᆼ샹 셩신의 능력으로 셩경 복음을 만히 젼파ᄒᆞ야 지나는곳 마다 산쳔 초목이 다 광ᄎᆡ가 잇게 ᄒᆞ기를 군졀이 ᄇᆞ라노라

정동새회당에서경츅ᄒᆞᆫ일

양력 ᄉᆞ월 팔일은 우리 구셰쥬ᄭᅴ셔 만국 만민의 죄를 ᄃᆡ쇽ᄒᆞ샤 십ᄌᆞ가에 못박혀 이 셰샹을 ᄯᅥ나신 날이라 그날 샹오 열시에 우리 ᄌᆞ미형뎨 들이 일졔히 새 회당에 모혀 다 섭섭ᄒᆞᆫ ᄆᆞᄋᆞᆷ으로 하ᄂᆞ님ᄭᅴ 찬미 긔도ᄒᆞ며 각기 구셰쥬의 공로를 군졀히 ᄉᆡᆼ각ᄒᆞ고 열두시ᄶᅳᆷ 되야 파ᄒᆞ니라

○ 뎨 삼일후 부ᄉᆡᆼᄒᆞ신 쥬일을 당ᄒᆞ매 다시 감샤ᄒᆞ고 경츅ᄒᆞᆯ ᄆᆞᄋᆞᆷ으로 젼과ᄀᆞᆺ치 모혀셔 본회회보샤쟝이 ᄉᆞ복음에 구셰쥬의 부ᄉᆡᆼᄒᆞ신 ᄉᆞ젹을 ᄌᆞ셰히 닑은후에 참 깃분 ᄯᅳᆺ스로 대강 젼도ᄒᆞ는ᄃᆡ 좌우에 무수ᄒᆞᆫ ᄭᅩᆺ 가지는 봄 바람에 츔을 츄어 뎨가 비록 미물이나 구셰쥬의 부ᄉᆡᆼᄒᆞ심을 반기는듯 향ᄂᆡ가 의샹에 ᄀᆞ득ᄒᆞ고 좌셕에 버려 안진 교우들은 사ᄅᆞᆷ마다 깃분빗치 용모에 나타나 완연이 구셰쥬가 목젼에 강림ᄒᆞ신듯 일심으로 영광을 하ᄂᆞ님ᄭᅴ 돌녀 보니고 찬미ᄒᆞ는 노ᄅᆡ와 풍류ᄒᆞ는 소ᄅᆡ가 공즁에 진동ᄒᆞ더라

대한크리스도인 회보

THE KOREAN CHRISTIAN ADVOCATE.
Rev. H. G. Appenzeller, Editor
36 cents per annum in advance. Postage extra.
Wednesday, April. 20th, 1898.

서울 정동셔 일쥬일에 ᄒᆞᆫ번식 발간 ᄒᆞᄂᆞᆫ디 아편셜라 목ᄉᆞ가 회보 샤쟝이 되엿더라

일년 갑슬 미리 내면 삼십 륙젼이오 우표갑슨 ᄯᅡ로 잇ᄂᆞ니라

오후 두시에 남녀 교우가 다시 모혀 레비ᄒᆞ실식 교우 노병션씨가 론셜 ᄒᆞᄂᆞᆫ디 ᄌᆞ미잇ᄂᆞᆫ 말ᄉᆞᆷ이 만터라

○ 져녁 여ᄉᆞᆺ시 반에 특별히 청년회로 모힐ᄉᆡ 샹하에 등촉은 휘황ᄒᆞ고 남녀 교우가 좌우를 난호아 정졔히 안졋ᄂᆞᆫ디 교우 문경호씨가 몬져 셩경 몃 쟝졀을 닑고 간략히 론셜ᄒᆞᆫ 후에 남녀 로쇼가 각기 니러나셔 ᄌᆞ긔의 밋ᄂᆞᆫ ᄆᆞᄋᆞᆷ을 간증ᄒᆞ실ᄉᆡ 하ᄂᆞ님의 은혜를 엇더케 닙엇시며 구셰쥬의 공로를 엇더케 밋으며 ᄌᆞ긔의 죄과를 엇더케 회기ᄒᆞ며 교회즁 일을 엇더케 힘쓰ᄂᆞᆫ거ᄉᆞᆯ 각각 말ᄒᆞᄂᆞᆫᄃᆡ 조곰도 위식홈이 업고 다 실졍으로 간증ᄒᆞ니 듯ᄂᆞᆫ 사ᄅᆞᆷ들이 서로 ᄆᆞᄋᆞᆷ이 감동ᄒᆞ고 졍신이 쾌활ᄒᆞ야 긔질이 ᄎᆞᆷ 변화ᄒᆞᆫ 모양 ᄀᆞᆺ더라

감리교회

고양ᄯᅡ에 감리회가 셜시ᄒᆞᆫ지 일년이 못되여셔 읍ᄂᆡ 사ᄂᆞᆫ 눈감은 쟝님 ᄒᆞ나이 회ᄀᆡ 립교 ᄒᆞ엿ᄂᆞᆫ디 그젼에 마귀 숭봉ᄒᆞ던 단골이라 ᄒᆞ고 ᄃᆞ니던 사ᄅᆞᆷ이 ᄒᆞᆫ날은 쌀과 돈을 가지고 와셔 문복을 ᄒᆞ여 달나ᄒᆞᆫ즉 쟝님이 ᄒᆞᄂᆞᆫ말이 이왕에ᄂᆞᆫ 내가 리치의 근원을 알지 못ᄒᆞ고 혹셰 무민 ᄒᆞᄂᆞᆫ 싱의ᄅᆞᆯ ᄒᆞ엿더니 지금은 하ᄂᆞ님ᄭᅴ셔 우리ᄅᆞᆯ 내시고 기ᄅᆞ시며 구쥬 예수 크리스도ᄭᅴ셔 우리 죄ᄅᆞᆯ 딕속ᄒᆞ심신줄을 본명히 알앗슨즉 내가 비로소 붉은빗헤 나아와 하ᄂᆞᆯ 아바님을 ᄎᆞᄌᆞᆫ지라 텬하 만국에 잇ᄂᆞᆫ 사ᄅᆞᆷ이 다 동포 형뎨여ᄂᆞᆯ 엇지 젼과 ᄀᆞᆺ치 허망ᄒᆞᆫ 말노 속여 직물을 취ᄒᆞ리오 소위 문복ᄒᆞᆫ다ᄒᆞᄂᆞᆫ 돈과 쌀을 도로 가지고 가셔. 병든 형뎨나 ᄌᆞ매ᄅᆞᆯ 구완ᄒᆞ라 ᄒᆞ니 문복ᄒᆞ러 왓던 사ᄅᆞᆷ의 말이 그 밋친말 말고 어셔 문복이나 ᄒᆞ여 달나 ᄒᆞ거ᄂᆞᆯ 쟝님말이 답답ᄒᆞᆫ 형뎨여 보시오 쟝님이란 거슨 제 발ᄲᅮ리에 큰 변란이 나도 몰으ᄂᆞᆫ 날더러 무어슬 이리 무ᄅᆞ시오 문복ᄒᆞ던 사ᄅᆞᆷ이 말ᄒᆞ되 사ᄅᆞᆷ이 병들어 죽겟ᄂᆞᆫ디 밋친말 고만두고 쌀과 돈이 적으면 더 가져 올거시니 어셔 병든 사ᄅᆞᆷ을 살녀 달나ᄒᆞᆫ즉 쟝님말이 쌀과 돈을 바려셔 하ᄂᆞ님의 지앙을 밧지말고 날과 ᄀᆞᆺ치 하ᄂᆞ님ᄭᅴ 긔도ᄒᆞ고 예수ᄅᆞᆯ 밋자ᄒᆞᆫ즉 그 사ᄅᆞᆷ이 셩내고. 가며 ᄒᆞᄂᆞᆫ말이 쟝님들이 다 몰온다 ᄒᆞ니 이 사ᄅᆞᆷ은 쇽졀업시. 죽겟다 ᄒᆞ엿슨즉 이ᄀᆞᆺ치 허무지술에 고혹ᄒᆞ야 ᄭᆡ닷지 못ᄒᆞᄂᆞᆫ 사ᄅᆞᆷ을 위ᄒᆞ여 우리가 긔도 만이 ᄒᆞ기ᄅᆞᆯ ᄇᆞ라ᄋᆞᆸᄂᆞ이다 윤셩근

열처녀로비유ᄒᆞᆫ십

마태 이십오장 일졀노 십삼졀

년됴

디명

一 텬국은 쳐녀 열이 등을 들고 신랑 마즈러 나감과 ᄀᆞᆺᄒᆞ니 二 그즁에 다ᄉᆞᆺ슨 미련ᄒᆞ고 다ᄉᆞᆺ슨 슬긔 잇ᄂᆞᆫ지라 三 미련ᄒᆞᆫ 이ᄂᆞᆫ 등을 가지되 기름을 가지지 아니ᄒᆞ고 四 슬긔 잇ᄂᆞᆫ이ᄂᆞᆫ 그릇서 기름을 예비ᄒᆞ고 등을 가지고 갓더니 五 신랑이 더ᄃᆡ 오거ᄂᆞᆯ 다 졸다가 자더니 六 밤즁에 소리지르되 신랑이 오니 나아와 마지라 ᄒᆞ매 七 그 쳐녀들이 다 니러나 등을 쥰비ᄒᆞᆯ시 八 미련ᄒᆞᆫ이가 슬긔잇ᄂᆞᆫ 이의게 골ᄋᆞᄃᆡ 우리 등이 써지겟스니 너희 기름을 좀 ᄂᆞᆫ화달나 ᄒᆞ거ᄂᆞᆯ 九 슬긔 잇ᄂᆞᆫ이가 ᄃᆡ답ᄒᆞ여 골ᄋᆞᄃᆡ 우리와 너희가 쓰기에 다 부죡ᄒᆞᆯ새 ᄒᆞ노니 찰하리 ᄑᆞᄂᆞᆫ 사ᄅᆞᆷ의게 가셔 너희 쓸거슬 사라 ᄒᆞ니 十 사러간 ᄉᆞ이에 신랑이 왓거ᄂᆞᆯ 예비 ᄒᆞᆫ녀던 이들은 ᄒᆞᆷᄭᅴ 혼인 잔치에 드러가고 문을 닷엇ᄂᆞᆫ지라 十一 그후에 다른 쳐녀들이 ᄯᅩᄒᆞᆫ 와셔 골ᄋᆞᄃᆡ 쥬여 쥬여 열어 주쇼셔 ᄒᆞ니 十二 ᄃᆡ답ᄒᆞ여 골ᄋᆞᄃᆡ 실노 너희게 닐ᄋᆞ노니 내가 너희를 아지 못ᄒᆞᆫ다 ᄒᆞᄂᆞ니 十三 그런고로 셜지어다 너희ᄂᆞᆫ 그날과 그시를 아지 못ᄒᆞᄂᆞ니라

주셕

예수ᄭᅴ셔 마자막 칠일즁 뎨 삼일 되ᄂᆞᆫ날에 오날 공부와 지나간 공부도 뎨 삼일에 말ᄉᆞᆷ ᄒᆞ심과 이십오쟝 일편 말ᄉᆞᆷ을 이날 다 ᄒᆞ셧ᄉᆞ며 이 공부에 신랑이라 ᄒᆞᆷ은 예수 그리스도니 그나라 풍쇽ᄃᆡ로 신랑이 깁흔밤에 신부를 취ᄒᆞ러 오ᄂᆞᆫ것 처름 예수ᄭᅴ셔 두번ᄌᆡ 오샤 ᄌᆞ긔피로 쇽죄ᄒᆞᆫ 교회 신부된쟈를 마지러 오심이니 이 두번ᄌᆡ 오시ᄂᆞᆫ거슨 어나날 어나ᄯᆡ에 오실넌지 우리ᄂᆞᆫ 아지 못ᄒᆞᆷ이요 텬ᄉᆞ도 아지 못ᄒᆞ며 예수ᄭᅴ셔도 아지 못 ᄒᆞ시되 오직 하ᄂᆞᆯ에 계신 아바지ᄭᅴ셔만 아실거시오 (마태복음 이십ᄉᆞ장 삼십 륙졀과 마가복음 십삼장 삼십 이졀을 보라) 열 쳐녀라 ᄒᆞᆷ은 만국 만민이 셰셰로 죽어셔 잠자ᄂᆞᆫ 모양으로 기ᄃᆞ림이요 그 신랑이 어나ᄯᆡ에 올넌지 아지 못ᄒᆞ여 모든일을 미리 쥰비ᄒᆞ고 기ᄃᆞ리ᄂᆞᆫ것 처름 총명과 지혜 잇ᄂᆞᆫ 사ᄅᆞᆷ들은 이 셰샹에 잇슬ᄯᆡ에 뎨가 죽은 후 심판 밧을줄 알매 일즉 예비 ᄒᆞᆷ이요 예비치 아니 ᄒᆞᆫ쟈ᄂᆞᆫ 어리셕고 미련ᄒᆞᆫ 쳐녀와 ᄀᆞᆺᄒᆞᆫ지라 신랑이 온줄안후 등불을 쥰비ᄒᆞᆯ ᄉᆞ이도 업ᄉᆞ며 기름도 사러 가지 못ᄒᆞ여 신랑을 마지러 드러가지 못ᄒᆞᆷ과 ᄀᆞᆺ치 사ᄅᆞᆷ이 죽은후 심판ᄒᆞᆯ 날을 예비치도 못ᄒᆞ고 ᄯᅩ 하ᄂᆞ님의 은혜도 엇지 못 ᄒᆞᆷ이라 혹이 골ᄋᆞᄃᆡ 이 예비ᄒᆞᆷ이 무엇이뇨 하ᄂᆞ님으로 화목ᄒᆞ며 뎌의죄를 ᄌᆞ복ᄒᆞ여 회ᄀᆡᄒᆞ며 예수의 공뢰로 인ᄒᆞ여 하ᄂᆞ님의 샤ᄒᆞ여 주심을 엇고 그릇

세 기름을 넉넉히 쥰비ᄒᆞᆫ것 처름 ᄆᆞ음의 간즁ᄒᆞᆷ을 엇음이요 요한묵시 칠쟝 구졀브터 십칠 ᄭᆞ지와 요한일서 일쟝 칠졀을 보라 미련ᄒᆞᆫ 쳐녀가 예비치 안코 신랑이 올ᄯᅢ에 걱정되여 기름을 ᄂᆞᆷ의게 구ᄒᆞ여도 엇지 못ᄒᆞ고 져ᄌᆞ에 사러 갓다가 도라오매 발셔 문을 닷고 열어주지 아니 ᄒᆞ엿ᄂᆞᆫ지라 누구던지 심판 ᄒᆞ실날을 위ᄒᆞ여 예비치도 안코 죽기젼에 새로온 ᄆᆞ음과 셩ᄉᆞᆺᄒᆞᆷ을 엇지 못ᄒᆞ면 뎐당에 드러가지 못ᄒᆞᆯ거시요 문밧긔 서셔 (누가복음 십삼쟝 이십ᄉᆞ오졀) 말ᄉᆞᆷ과 ᄀᆞᆺ치 문을 열어달나 ᄒᆞ여도 열지 안니 ᄒᆞ며 오직 쥬의게 이십 칠팔졀에 ᄒᆞ신 말ᄉᆞᆷ만 드롤거시요 요한묵시 륙쟝 십륙졀에 말ᄉᆞᆷ처름 ᄃᆡ답ᄒᆞᆯ지라 신랑이 밤즁에 별안간 와서 자ᄂᆞᆫ쟈를 셥과 ᄀᆞᆺ치 셰샹 ᄉᆞᆺ 날에라 발소릐 깃서 죽은쟈를 이르켜리라 고린던 젼셔 십오쟝 오십 이졀을 보라 그ᄯᅢ에 예비 ᄒᆞᆫ쟈들은 예수와 ᄒᆞᆷᄭᅴ 뎐당에 드러가 편안ᄒᆞᆷ과 희락과 영화를 누리ᄂᆞᆫ샤ㅣ 복이여 오직 예비치 아니ᄒᆞ며 새 ᄆᆞ음과 새 입ᄒᆞᆷ을 엇지 못 ᄒᆞᄂᆞᆫ쟈ㅣ 앙화로다 그ᄃᆡ들은 엇더ᄒᆞ뇨 심판을 위ᄒᆞ여 예비ᄒᆞ엿ᄂᆞ뇨 이를 위ᄒᆞ여 예비 ᄒᆞᄂᆞᆫ쟈ᄂᆞᆫ 죽ᄂᆞᆫ 날을 위ᄒᆞ여 예비 ᄒᆞᆷ이요 ᄯᅩ 예수ㅣ 다시 오심을 위ᄒᆞ여 예비 ᄒᆞᆷ이니 이ᄯᅢᄭᆞ지 예비치 아니 ᄒᆞ엿거든 다른 기드릴것 업고 오ᄂᆞᆯ 곳 하ᄂᆞ님의 부르심을 듯고 회ᄀᆡᄒᆞ여 샤 ᄒᆞ심을 엇을지어다 히브리 삼쟝 칠 팔졀을 보라

뭇ᄂᆞᆫ말

一 쳐녀와 신랑은 누구며 어나ᄯᅢ에 이처럼 마즈려 가겟ᄂᆞ뇨

二 쳐녀들이 신랑 맛기를 엇더케 예비 ᄒᆞ엿ᄂᆞ뇨

三 이 비유에 기름은 무엇시며 엇더케 기름을 엇겟ᄂᆞ뇨

四 열 쳐녀가 다 신랑을 마졋ᄂᆞ뇨

五 다ᄉᆞᆺ 쳐녀가 웨 부족히 되엿ᄂᆞ뇨

六 넉넉히 예비ᄒᆞᆫ이가 부족ᄒᆞᆫ이를 ᄂᆞᆫ화 줄수가 잇ᄂᆞ뇨

七 기름 ᄑᆞᄂᆞᆫ이ᄂᆞᆫ 누구며 무엇슬 주고 기름을 사겟ᄂᆞ뇨

八 기름을 사려갓던 쳐녀들이 신랑과 ᄀᆞᆺ치 혼인 잔치에 드러 갓ᄂᆞ뇨

九 이 기름을 어ᄂᆞᄯᅢ 브터 예비 ᄒᆞ여야 되겟ᄂᆞ뇨

十 오ᄂᆞᆯ 공부 ᄒᆞᄂᆞᆫ 형데들은 다 기름이 넉넉 ᄒᆞ시오

격물학근원

외국에 유람훈 션비 말호되 서양 제국이 만일 예수의 도만 슝샹호고 졍치학파 격물학을 힘쓰지 아니홀진딕 그 나라들이 쇠패호여 망호리라 호고 또 말홀기를 셔국 격물 학ᄉ들은 하ᄂ님의 도를 호나도 공부 호논이가 업서 아죠 브렷다 호거놀 우리가 홍샹 의심 호더니 청국에셔 젼노 호논 션싱 뎡위량씨의 긔록훈 글은 보매 의심을 비로소 파혹홀지라 구셰쥬의 ᄀ른치심을 쳔히 밧고 ᄯ라 ᄃ니든 뎨ᄌ에도 스승을 픈 유대가 잇고 공ᄌ의 문하에 륙예를 통달훈 뎨ᄌ 즁에도 지물을 구취호든 염구가 잇서시니 이제 격물학ᄉ 즁인들 만물의 쥬재를 니져 브린쟈 엇지 호나도 업시라오 대개 격물ᄉ의 새로 공부 호논거슨 뭇치오 조물쥬의 도논 녯적브터 젼호신 근본이라 나무의 색리가 잇심으로 쏫시 영화호고 물건을 창조 호신 고로 격물학이 싱겻ᄂ니 텬디간에 젼지 젼능 호신 쥬재가 업다홈은 격물의 근본을 모롬이라 그런고로 덕국 사룸 국빅이논 격물 학ᄉ로 힘셩의 리치를 세다르매 조물쥬를 크게 찬송호여 글으듸 세샹 사룸이 우리 도를 아지 못홈으로 조물호신 쥬재께셔 륙쳔년을 참으샤 나로 호여곰 희둑게 호셧다 호엿시며 법국 사룸 뎌알뎌게와 빅ᄉ각은 다 격치가에 유명훈 영걸이로듸 글을 지어 하ᄂ님의 도를 의론호여 세샹 사룸으로 호여곰 ᄭ다라 만물의 쥬재를 셤기게 호엿고 영국 사룸 내댠은 텬문 학ᄉ들이 쥬장으로 놉히논 션싱이로듸 내씨가 텬도를 존슝호며 대쥬재를 공경호여 셩경을 여러히 동안에 공부호며 쥬셕을 문드러 후세 사룸으로 호여곰 오묘훈 리치를 씨닷게 호엿고 긔외에 영국 사룸 법늑틔와 미국 션비 현뎨ᄉ는 다 나라의 명령을 밧들어 격치 학교에셔 학도의게 면보법을 ᄀ른치논 션싱이로듸 미양 안식일을 당호면 반다시 공부를 파호고 례빅당에 드러와 셔경을 강론호야 인민을 ᄀ른쳣시니 녯적브터 격치학을 공부호논 션비들이 하ᄂ님의 도를 존슝 호논자ㅣ 수업시 만흔지라 새로 발명훈 학문이 유롭바로 좃차 니러나셔 유로바 나라들의 흥왕홈은 구세쥬의 도학으로 근본을 삼앗시니 그교회의 활발훈 힘이 모든 나라로 호여곰 샤신을 슝비호논 풍속만 곳치게 홀뿐 아니라 사룸의 어두온 ᄆ옴으로 지혜가 싱기게 호여 ᄆ옴이 붉은후에 능히 격치 학문을 ᄭ닷게 호엿시니 조화쥬의 권능이 진실노 크신지라 셔국 션비들이 어려셔브터 셩경을 공부 호논이는 깁히 조물호신 리치를 궁구 호ᄂ니 조화쥬를 ᄇ리고 물건의 리치를 구 호논자ㅣ 몃 사룸이나 되리요 아세아로 말숨홀지라도 황뎨헌원씨가 남으로 ᄀ른치논 슈릐를 문돌며 우슌이 션긔옥형을 문드러 황도젹도에 일월 도수를 측량 호엿시니 리치를 궁구호논 셩인들은 ᄆ옴으로 텬도를 공경치 아니 신이가 업거놀 이제 격치 학ᄉ들이 조화의 쥬를 모롤진듸 이사룸은 훈갓 필묵을 희롱호여 문장의 일홈만 도적호논 사룸이라 우리는 족히 더브러 텬디간에 졍묘훈 리치를 의론치 못홀 어리셕은 사룸으로 아노라

ᄂᆡ보

월젼에 샹소ᄒᆞ던 홍죵우씨가 이ᄃᆞᆯ 초구일에 대쇼 인민 쳔여명을 거ᄂᆞ리고 죵로로 나와셔 각젼문을 다 닷치라 ᄒᆞ고 졍동 인화문 압헤 일제히 진복ᄒᆞ야 소본을 올녓ᄂᆞᆫ데 그 샹소 대개ᄂᆞᆫ 곡가가 졸디에 고등ᄒᆞ야 ᄇᆡᆨ셩이 다 죽을 디경에 니르럿ᄉᆞ오니 이거ᄉᆞᆫ 외국 사ᄅᆞᆷ이 무곡ᄒᆞᄂᆞᆫ ᄭᆞᄃᆞᆰ이라 곳 방곡령을 나리샤 본국 인민을 다 살게ᄒᆞ여 주시고 외국 사ᄅᆞᆷ은 빙표업시 본국 ᄂᆡ디에 ᄃᆞ니지 못ᄒᆞ게 ᄒᆞ시고 외국 병참소를 물니쳐 다 보ᄂᆡ시고 졀영도에 외국인의 죠계를 분명이 뎡ᄒᆞ시며 경셩안에 외국인의 ᄀᆞ시를 일병 다 내여 보ᄂᆡ시며 홍삼ᄉᆞᄆᆡ ᄒᆞᄂᆞᆫ거ᄉᆞᆯ 금ᄒᆞ시며 외국돈은 쓰지말고 광무년호로 돈을지여 쓰게 ᄒᆞ시옵쇼셔 ᄒᆞ엿다더라

○졍동 인화문 압헤 ᄀᆞ지 ᄒᆞ나이 안ᄌᆞ셔 지나가ᄂᆞᆫ ᄒᆡᆼ인의게 돈 ᄒᆞᆫ푼을 의걸 ᄒᆞᄂᆞᆫ데 ᄯᅩᄒᆞᆫ 병신이 되야 능히 거러 ᄃᆞ니지 못 ᄒᆞᄂᆞᆫ지라 십 ᄉᆞ오셰된 ᄋᆞᄒᆡ가 지ᄂᆡ다가 그 걸인의 돈 달나ᄂᆞᆫ 손에 돈을 던지거ᄂᆞᆯ 맛ᄎᆞᆷ 졈잔ᄒᆞᆫ 션비 ᄒᆞᆫ 사ᄅᆞᆷ이 그 광경을 보고 그 ᄋᆞᄒᆡ를 쟝ᄎᆡᆨ ᄒᆞ더라

○셔울셔 살던 교우 ᄒᆞ나이 양쥬 고령면에 이샤ᄒᆞ야 사ᄂᆞᆫ데 그 동리 사ᄅᆞᆷ즁에 졍분 잇다ᄂᆞᆫ 이가 말ᄒᆞ되 그ᄃᆡ가 만일 셩교ᄒᆞᄂᆞᆫ 눈치를 뵈엿다가ᄂᆞᆫ 여긔셔 ᄉᆞᆫ두 마지리라 ᄒᆞ거ᄂᆞᆯ 그 교우가 ᄃᆡ답ᄒᆞ되 내가 셩교 ᄒᆞᄂᆞᆫ거시 동리에 무엇사 해롭기에 나를 ᄉᆞᆫ두ᄒᆞᆫ다 ᄒᆞᄂᆞ뇨 나ᄂᆞᆫ 다만 나흘 직분만 ᄒᆞ겟노라 ᄒᆞ엿다니 그 동리 사ᄅᆞᆷ들은 엇지ᄒᆞ야

하ᄂᆞ님의 ᄇᆰ은빗출 ᄉᆞᆲ혀 ᄒᆞᄂᆞᆫ지

외보

덕국 황뎨가 영국 춍리 대신의게 젼보ᄒᆞ되 영국 군ᄉᆞ가 ᄋᆡ급셔 토민과 싸홈 승젼 ᄒᆞ엿다니 하례 ᄒᆞᆫ다고 ᄒᆞ엿다더라

ᄆᆡ일신문광고

협셩회 회보를 지금은 날마다 츌판 ᄒᆞ고 일홈은 ᄆᆡ일신문 이요 파ᄂᆞᆫ 쳐소ᄂᆞᆫ 남대문안 젼 ᄊᆞ젼도가 인ᄃᆡ ᄒᆞᆫ쟝 갑슨 엽 너푼이요 일삭 됴ᄂᆞᆫ 엽 닐곱돈 인ᄃᆡ ᄂᆡ외보와 여러가지 유죠ᄒᆞᆫ 말이 만히 잇ᄉᆞ오니 쳠군ᄌᆞᄂᆞᆫ 만히 사셔 보사오

본회고ᄇᆡᆨ

본회에셔 이 회보를 젼년과 ᄀᆞᆺ치 일쥬일에 ᄒᆞᆫ번식 발간 ᄒᆞᄂᆞᆫ데 새로 륙폭으로 작뎡ᄒᆞ고 ᄒᆞᆫ쟝 갑슨 엽젼 오푼이오 ᄒᆞᆫᄃᆞᆯ갑슬 미리내면 젼과 ᄀᆞᆺ치 엽젼 ᄒᆞᆫ돈 오푼이라 본국 교우나 셔국 목ᄉᆞ나 교외 친구나 만일 사셔 보고져 ᄒᆞ거든 졍동 아편셜라 목ᄉᆞ 집이나 죵로 대동셔시에 가셔 사시옵

죵로대동셔시광고

우리 셔샤에셔 셩경 신구약과 찬미칙과 교회에 유익ᄒᆞᆫ 여러가지 셔칙과 시무에 긴요ᄒᆞᆫ 칙들을 팔되 갑시 샹당 ᄒᆞ오니 학문샹과 시무변에 ᄯᅳᆺ이 잇ᄂᆞᆫ 군ᄌᆞ들은 만히 사셔 보시옵

뎨이권 대한 크리스도인 회보 뎨십칠호
광무이년 (오십륙합) ᄉᆞ월 이십칠일

본회 회보샤쟝이 당고흠

ᄉᆞ월 이십일은 곳 례ᄇᆡ 삼일이라 져녁 닐곱시 반에 남녀 교우가 졍동 새 회당에 모혀 찬미 긔도ᄒᆞ신 회보 샤쟝 아펜셜라씨의 외모에 슯흔빗치 완연이 나타나거늘 모힌 교우들이 ᄆᆞ음에 다 이샹히 녁이더니 회보 샤쟝이 성경 몃 귀졀을 닑은후에 말ᄉᆞᆷᄒᆞ되 아셔 고국셔 나온 편지를 밧어본즉 우리 어마니가 삼월 오일에 이 세샹을 ᄯᅥ나셧다니 내가 일후에 텬당에 가셔 만나 뵈올줄은 뎡녕이 밋으나 이 세샹에셔는 다시 뵈옵지 못ᄒᆞᆫ즉 망극 익통ᄒᆞᆫ ᄆᆞ음이 흉즁에 ᄀᆞ득ᄒᆞ야 론셜 ᄒᆞᆯ수가 업시니 여러 교우들은 나를 위ᄒᆞ야 하ᄂᆞ님ᄭᅴ 긔도ᄒᆞ여 달나ᄒᆞᆫ즉 좌우에 안진 형뎨 ᄌᆞᄆᆡ들이 각기 엽ᄃᆡ여 일심으로 긔도ᄒᆞᄂᆞᆫᄃᆡ 그비창ᄒᆞᆫ 모양과 ᄀᆞᆫ졀ᄒᆞᆫ 말ᄉᆞᆷ은 각각 ᄌᆞ긔의 친상을 당ᄒᆞᆷ과 다름이 업시매 소소ᄒᆞ신 하ᄂᆞ님ᄭᅴ셔 굽어 슯히샤 회보샤쟝의 ᄆᆞ음을 안위케 ᄒᆞ시ᄂᆞᆫ듯 ᄒᆞ더라 그 잇흔날아ᄎᆞᆷ의 ᄇᆡ재학당 여러 션ᄉᆡᆼ이 서로 의론ᄒᆞ되 친상을 당ᄒᆞ신 총교ᄉᆞ의 ᄆᆞ음은 더구나 말ᄒᆞᆯ수 업거니와 우리도 ᄌᆞ연이 비감ᄒᆞ야 공부ᄒᆞᆯ수도 업실ᄲᅮᆫ더러 우리가 여긔셔 직ᄶᅥ리고 ᄯᅥ드ᄂᆞᆫ거시 입ᄉᆞ도리에 온당치 못ᄒᆞ니 불가불 잇흘은 뎡공 ᄒᆞᆯ지라 학도들은 어룬이나 ᄋᆞᄒᆡ나 여긔셔 조곰도 요란케 말고 곳 각기 집으로 도라가서 편히쉬고 잇ᄒᆞᆯ후에 다시 오라ᄒᆞ고 학원 즁에셔 곳 총ᄃᆡ위원들을 ᄲᅩᆸ아 회보 샤쟝의게 위문 ᄒᆞ더라 다시 ᄒᆞᆫ마듸 말ᄉᆞᆷ을 잠간 긔록 ᄒᆞ노니 회보 샤쟝의 이번에 친상 당ᄒᆞᆫ거시 이세샹 육신으로 말ᄒᆞ면 모ᄌᆞ간 졍리에 잠시 익통ᄒᆞᆫ ᄆᆞ음이 업실수 업스나 회보 샤쟝이 대한에 나와 잇ᄂᆞᆫ거시 ᄌᆞ긔를 위ᄒᆞᆷ이 아니라 하ᄂᆞ님의 ᄯᅳᆺ디로 구세쥬의 도를 전파ᄒᆞᆷ이니 일후에 반ᄃᆞ시 큰샹을 밧을터인즉 그ᄯᅢ에ᄂᆞᆫ 그 모친을 영원이 뫼실거시요 회보 샤쟝의 년긔가 ᄉᆞ십여셰에 처음으로 친상을 당 ᄒᆞ엿고 ᄌᆞ녀가 만당ᄒᆞ고 고국에 형뎨와 ᄌᆞᄆᆡ와 족쇽이 번셩ᄒᆞ니 이 세샹에셔도 참 다복지인이라 칭ᄒᆞᆯ만ᄒᆞ더라

송긔용

대한크리스도인 회보

THE KOREAN CHRISTIAN ADVOCATE.
Rev. H. G. Appenzeller, Editor
36 cents per annum
in advance. Postage extra.
Wednesday, April. 27th, 1898.

셔울 정동셔 일쥬일에 ᄒᆞᆫ번식
발간 ᄒᆞᄂᆞᆫᄃᆡ 아편셜라 목ᄉᆞ가
회보 샤쟝이 되엿더라
일년 갑슬 미리 내면 삼
십 륙젼이오 우표갑슨
ᄯᅩ로 잇ᄂᆞ니라

웟ᄐᆡ궐 엽희사ᄂᆞᆫ 김윤옥 어머니가 달셩교우 된지
가 명식은 삼년이나 달노치면 두희가 못 되엿소
언문 못 ᄒᆞᄂᆞᆫ쟈요 과히 늘근 칠십 로인이요 그가
ᄯᅩᄒᆞᆫ 미우 가ᄂᆞᆫᄒᆞᆫ쟈요 슬푼지라 우리 령혼 어ᄂᆞ
ᄯᆡ 세샹에셔 나갈넌지 알슈업소 그런즉 우리도
이 로인ᄀᆞᆺ차 영싱길을 부즈런이 예비 ᄒᆞᆯ거시오
그가 입도 ᄒᆞ던날 브터 셩신감화 ᄒᆞᆫ심을 밧아셔
문답 공부를 언문ᄒᆞᄂᆞᆫ 졀문이 보더 속히 ᄒᆞᆺ소 교
우 모히ᄂᆞᆫ 규식의 한번이나 ᄲᅡ지면 못ᄂᆡ 슬퍼 ᄒᆞ
던쟈요 ᄌᆞ나ᄭᅢ나 열심 익쥬 ᄒᆞ든쟈요 밤이나 낫
ᄯᅢ나 원근을 혜치안코 츈하 츄동 일긔가 됴튼지
굿던지 회당 츌입ᄒᆞᆯᄯᅢ 굴멋든지 먹엇던지 ᄒᆞᆼ샹회
쇠어 안면에 가득ᄒᆞ오 그가 쥬를밋고 하ᄂᆞ님
을 사모ᄒᆞᆷ이 적은ᄋᆞ희 제, 모친보고 조화ᄒᆞᆷ ᄀᆞᆺ소
그가 ᄒᆞᆼ샹 말ᄒᆞ기를 우리쥬 계신곳 가면 슬푼일
업소 어려운 일 업소ᄒᆞ고 ᄒᆞᆼ샹 그의 모양 인션ᄒᆞ
오 우리가 그의 힝심을 본 밧어야 그ᄀᆞᆺ치 영싱복
을 엇겟소 도모지 우리 회즁에 남녀가 이 로인ᄀᆞᆺ
치 츙심된 셩도업소 극히 어둔 밤에도 젹빈ᄒᆞᆫ 형
세라 등불도 못 가지고 지퓡이만 의자ᄒᆞ고 열심
익쥬 ᄒᆞ던쟈요 그가 영혼 ᄯᅥ나ᄂᆞᆫ날 졍신이 진홀
ᄯᅢᄭᆞ지 리웃 사ᄅᆞᆷ의게 ᄇᆞᆨ탁 ᄒᆞᄂᆞᆫ말이 회긔ᄒᆞ고
뎐당가라 ᄒᆞ엿소 던든지 두날후 세샹 ᄯᅥ낫소 ᄌᆞ
긔 손으로 목욕ᄒᆞ고 머리빗고 그후에 내가 ᄌᆞ겟
다 ᄒᆞ고 눕더니 ᄌᆞ최업시 영영 누어 ᄌᆞᄂᆞᆫᄌᆞ 된것
ᄀᆞᆺ타나 그의 령혼은 쥬ᄒᆞᆷᄭᅴ 잇ᄂᆞᆫ줄노 나ᄂᆞᆫ 밋소
우리도 이ᄀᆞᆺ치 세샹에 잇슬ᄯᅢ 힘실노 쥬의 은혜
를 나타 내ᄉᆞ이다

엡웟쳥년회

양력 ᄉᆞ월 이십오일은 곳 레비 일일인ᄃᆡ 져녁 닐
곱시 반에 졍동 새 회당에셔 형뎨와 ᄌᆞᄆᆡ들이 모혀
엡웟 쳥년회를 열고 찬미 긔도 ᄒᆞᆫ후에 됴원시 목
ᄉᆞ가 십ᄌᆞ지란을 론셜 ᄒᆞᄂᆞᆫᄃᆡ 그 쥬쟝 ᄯᅳᆺ신즉 이넷
적에 예루살넴과 구세쥬를 장ᄉᆞᄒᆞ엿든 무덤을 이
방 사ᄅᆞᆷ의게 ᄲᅢᆺ긴배 되엿더니 구라파 셔방에 교인
들이 동분이 너여 예루살넴파 거룩ᄒᆞᆫ 무덤을 다시
회복 ᄒᆞ엿시니 이ᄯᅢᄂᆞᆫ 구쥬 강싱 일쳔년이라 그
러나 지금 각국에 잇ᄂᆞᆫ 쳥년 회우들은 예루살넴
과 거룩ᄒᆞᆫ 무덤 회복 ᄒᆞ기를 원ᄒᆞᆯ거시 아니라 다
만 각기 나아가셔 령혼 구원 ᄒᆞᄂᆞᆫ도를 힘ᄡᅥ 젼파
ᄒᆞ기를 원ᄒᆞ노라 ᄒᆞ니 그 말ᄉᆞᆷ이 참 ᄌᆞ미잇셔 듯
ᄂᆞᆫ이가 다귀를 기우리고 ᄯᅩ 특별ᄒᆞᆫ 례식ᄃᆡ로 쇼
목ᄉᆞᄂᆞᆫ 찬미ᄒᆞ고 쇄만의원은 라발을 불고 ᄲᅦ에 쓰
ᄇᆞᆨ인은 풍류를ᄒᆞ고 여러교우가 ᄒᆞᆫ가지 노리ᄒᆞ니
구세쥬ᄭᅴ셔 완연이 가온ᄃᆡ 계신듯 서로 뎐당에셔
노넌가 의심 ᄒᆞ더라

쥬인이종들노회계홈

마태 이십오장 십ᄉ절노 삼십절

년됴

디명

十四 텬국은 ᄯᅩ혼 ᄒᆞᆫ 사ᄅᆞᆷ이 다른 디방에 갈제 그 종들을 불너 잇ᄂᆞᆫ거슬 맛김과 ᄀᆞᆺᄒᆞ니 十五 각각 그 지간ᄃᆡ로 ᄒᆞᆫ나ᄒᆞᆫ 금 오천을 주고 ᄒᆞᆫ나ᄒᆞᆫ 이천을 주고 ᄒᆞᆫ나ᄒᆞᆫ 일천을 주고 떠낫더니 十六 금 오천 밧은 사ᄅᆞᆷ은 바로 가셔 쟝ᄉᆞᄒᆞ야 ᄯᅩ 오천을 남기고 十七 이천 밧은 사ᄅᆞᆷ도 그 모양으로 ᄒᆞ야 ᄯᅩ 이천을 남겻ᄉᆞ되 十八 일천 밧은 사ᄅᆞᆷ은 가셔 ᄯᅡᆼ을파고 그 쥬인의 돈을 감초앗더니 十九 오랜후에 그 종들의 쥬인이 도라와 그 종들노 홈ᄭᅴ 회계ᄒᆞᆯ시 二十 오천 밧앗던 사ᄅᆞᆷ은 오천을 더 가지고 와셔 ᄀᆞᆯ으ᄃᆡ 쥬여 내게 금 오천을 주셧ᄂᆞᆫᄃᆡ 내가 ᄯᅩ 오천을 남겻ᄉᆞᆸᄂᆞ이다 ᄒᆞ거ᄂᆞᆯ 二十一 그 쥬인이 일너 ᄀᆞᆯ으ᄃᆡ 잘 ᄒᆞ엿도다 착ᄒᆞ고 신실ᄒᆞᆫ 종이여 네가 적은일에 신실이 ᄒᆞ엿시니 내가 만흔거스로 네게 맛기리니 드러와 네 쥬인의 즐거옴을 누릴지어다 ᄒᆞ고 二十二 이쳔 밧앗던 사ᄅᆞᆷ도 와셔 ᄀᆞᆯ으ᄃᆡ 쥬여 내게 금 이쳔을 주셧ᄂᆞᆫᄃᆡ 내가 ᄯᅩ 이천을 남겻ᄉᆞᆸᄂᆞ이다 ᄒᆞ거ᄂᆞᆯ 二十三 그 쥬인이 닐너 ᄀᆞᆯ으ᄃᆡ 잘 ᄒᆞ엿도다 착ᄒᆞ고 신실ᄒᆞᆫ 종이여 네가 적은일에 신실이 ᄒᆞ엿시니 내가 만흔거스로 네게 맛기리니 드러와 네 쥬인의 즐거옴을 누릴지어다 ᄒᆞ고 二十四 일쳔 밧앗던 사ᄅᆞᆷ이 ᄯᅩ 와셔 ᄀᆞᆯ으ᄃᆡ 쥬여 너ᄂᆞᆫ ᄀᆞᆺ은 사ᄅᆞᆷ이라 심으지 아닌ᄃᆡ 거두고 헷치지 아닌ᄃᆡ 모호ᄂᆞᆫ 줄을 나ᄂᆞᆫ 아노니 二十五 내가 두려워 ᄒᆞ야 네 금을 ᄯᅡ에 감초앗시니 그 본젼은 잇노라 ᄒᆞ거ᄂᆞᆯ 二十六 그 쥬인이 ᄃᆡ답ᄒᆞ여 ᄀᆞᆯ으ᄃᆡ 악ᄒᆞ고 게으른 종아 나ᄂᆞᆫ 심으지 안넌ᄃᆡ 거두고 헷치지 안넌ᄃᆡ 모호ᄂᆞᆫ 줄을 네가 알앗신즉 二十七 네가 맛당이 내돈을 취리 ᄒᆞᄂᆞᆫ이의게 두엇다가 나 도라 올ᄯᅢ에 내의 본젼과 변리를 밧게 ᄒᆞ엿실거시니라 ᄒᆞ고 二十八 그 종에게셔 금 일쳔을 ᄲᅢ앗셔 십쳔가진 사ᄅᆞᆷ의게 주라 ᄒᆞ리니 二十九 아모 사ᄅᆞᆷ이 던지 잇ᄂᆞᆫ 이의게ᄂᆞᆫ 더 주어 풍족 ᄒᆞ게ᄒᆞ고 업ᄂᆞᆫ 이의게ᄂᆞᆫ 잇ᄂᆞᆫ것 ᄭᅡ지 ᄲᅢ앗ᄂᆞ니라 三十 쓸ᄃᆡ업ᄂᆞᆫ 종을 밧긔 어두온ᄃᆡ로 내여 ᄶᅩᆺ치라 거긔셔 슯히울고 니를 갈니라

주셕

지나간 공부에ᄂᆞᆫ 쥬ᄭᅴ셔 다시 오시기 기ᄃᆞ림을 ᄀᆞᄅᆞ치셧ᄉᆞ며 오ᄂᆞᆯ 공부ᄂᆞᆫ 쥬쟝ᄯᅳᆺ은 사ᄅᆞᆷ이 셰샹에 잇서 불가불 예비ᄒᆞᆯ 일을 ᄀᆞᄅᆞ치셧ᄉᆞ니 먼 디방에 갓다ᄒᆞᆫ 쥬인이라 ᄒᆞᆷ은 예수ᄭᅴ셔 하ᄂᆞᆯ에 올나 계시다가 쟝ᄎᆞᆺ 심판ᄒᆞᆯᄯᅢ 도라 오심이요 종이라 ᄒᆞᆷ은 셰샹 사ᄅᆞᆷ이요 금 몃쳔을 준다ᄒᆞᆷ은 뎌희게 지조를 주심이 아니라 오직 힘ᄒᆞᆯ 직분을 맛기심이니 셰샹 사ᄅᆞᆷ을 모다 ᄒᆞᆫ가지 직분으로 맛기심이 아니라 그중에 경ᄒᆞ고 즁ᄒᆞᆫ 맛흔 직분이 잇ᄉᆞ

매이는 더희 각기 직죠ᄃᆡ로 맛기심이요 이 직분은 사롬이 ᄒᆞ랴면 ᄒᆞ고 말냐면 말거시 아니라 좀이 그 쥬인의 분부 ᄒᆞᄂᆞᆫᄃᆡ로 슌죵홈과 ᄀᆞᆺ치 맛당케 홀 직분이니 이죻은 금 몟쳔을 밧아 가지고 쟝ᄉᆞᄒᆞ여 리를 만히 남긴것 처름 사롬이 직분을 잘직혀 힝ᄒᆞ야 ᄌᆞ긔와 놈의게 유익게 ᄒᆞ며 영화를 하ᄂᆞ님ᄭᅴ 돌녀 보내면 이거시 리라 홈이요 나라에 데일 놉고 ᄂᆞᆺ진벼슬 ᄒᆞᄂᆞᆫ 쟈들은 하ᄂᆞ님 압과ᄀᆞᆺ차 그 님군의게 츙셩된 직분을 다ᄒᆞ면 이도 리가 됨이요 하ᄂᆞ님 도를 젼파 ᄒᆞᄂᆞᆫ쟈는 여러 사롬의게 도를 알게ᄒᆞ여 밋고 힝ᄒᆞ게 ᄒᆞ면 이도 리가 됨이요 션ᄉᆡᆼ된 쟈는 데ᄌᆞ들을 잘 교훈ᄒᆞ여 주면 이 ᄯᅩᄒᆞᆫ 리가 된이라 부모는 그 ᄌᆞ식을 잘 비양ᄒᆞ야 ᄀᆞᄅᆞ치며 됴흔본을 뵈여 착ᄒᆞᆫ 사롬이 되게ᄒᆞ매 이도 리가 되며 아모 쳔ᄒᆞᆫ 사롬이라도 쥬인을 일심으로 셤기고 졍셩됨과 슌죵홈으로 써 뎌의 직분을 힝ᄒᆞ면 이도 리가 됨이니라 이 여러 직분은 다 하ᄂᆞ님ᄭᅴ셔 주심이니 이직분을 잘ᄒᆞ여 리가 되게 ᄒᆞ면 하ᄂᆞ님 압헤 삭처름 밧을거시 아니라 오직 하ᄂᆞ님ᄭᅴ셔 착ᄒᆞ다 ᄒᆞ심을 듯고 샹을 밧을터이요 이런일노 써 죄샤 ᄒᆞ심과 구원 ᄒᆞ심을 엇지 못 홀거시요 이는 공히 주심이라 그러나 예수를 밋는쟈ㅣ 모든 착ᄒᆞᆫ일을 ᄒᆞ고 악을 더뎍 ᄒᆞᄂᆞᆫ이는 하ᄂᆞ님ᄭᅴ셔 깃버 보시고 칭찬ᄒᆞ샤 샹을 주시리라 셰샹 사롬은 아모리 힘을 쓰드ᄅᆡ도 일위는 일이 ᄶᅥᆨ으되 . 하ᄂᆞ님ᄭᅴ셔는 주시는 희락과 샹이 한량업시 크신지라 금 일쳔을 밧은쟈는 그저슬 가지고 데 ᄌᆞ죠ᄃᆡ로 쟝ᄉᆞᄒᆞ여 리롭게 아니ᄒᆞ고 다만 그금을 더러온 ᄯᅡ헤 뭇어 데 눈으로 보지도 안코 아모 ᄉᆡᆼ각도 업게 ᄒᆞ엿ᄂᆞᆫ지라 엇던 사롬은 이 죻과 ᄀᆞᆺ치 ᄒᆞᄂᆞᆫ 이들이 잇서 ᄌᆞ긔 ᄆᆞᄋᆞᆷ 속에는 하ᄂᆞ님이 직분 주심을 알되 이 셰샹 겨졍과 근심이나 물욕이나 게으롬으로 그거슬 덥허두고 모로는것 처름, ᄒᆞ니 이는 리가 됨이 업고 하ᄂᆞ님ᄭᅴ셔 ᄎᆞᄎᆞ 더 주실것도 업고 오직 뎌희게 잇는것 ᄭᅡ지 다 ᄲᅢ앗서 잇는 쟈의게 더 주시고 더는 아조 쓸ᄃᆡ 업시 ᄇᆞ릴ᄲᅮᆫ 아니오 취망ᄒᆞ고 형벌ᄂᆞᆯ 주시리라

뭇는말

ᄌᆡ물이ᄆᆞᄋᆞᆷ을슈란케ᄒᆞᆷ

대개 ᄌᆡ물이란 거슨 사ᄅᆞᆷ의게 업실수 업스나 ᄌᆡ물이 만ᄒᆞᆫ즉 탐욕이 나고 탐욕이 난즉 허물을 짓ᄂᆞ니 그런고로 셩경에 ᄀᆞᆯᄋᆞ샤ᄃᆡ 부쟈는 하ᄂᆞ님 나라에 들어 가기가 어려올진져 ᄒᆞ시고 ᄯᅩ ᄀᆞᆯᄋᆞ샤ᄃᆡ 사ᄅᆞᆷ의 ᄉᆡᆼ명이 ᄌᆡ물의 유여ᄒᆞᆫᄃᆡ 잇지 아니ᄒᆞ다 ᄒᆞ셧시니 동포 형뎨들은 ᄌᆡ리샹에 삼갈지어다 됴흔 니야기 두어 마ᄃᆡ를 대강 긔ᄌᆡ ᄒᆞ노니 셔국에 두 사ᄅᆞᆷ이 니웃ᄒᆞ야 사ᄂᆞᆫᄃᆡ ᄒᆞ나ᄂᆞᆫ 큰 부쟈요 ᄒᆞ나ᄂᆞᆫ 지극히 가난ᄒᆞᆫ지라 부쟈ᄂᆞᆫ 날마다 경영ᄒᆞᄂᆞᆫ 일이 만ᄒᆞᆫ고로 ᄆᆞᄋᆞᆷ에 ᄒᆞᆼ샹 근심이 잇고 가난ᄒᆞᆫ 쟈ᄂᆞᆫ 날마다 나아가 품을 팔어 삭돈을 밧아 먹음을 ᄯᅳᄅᆞᆷ이요 기외에 ᄌᆡ물은 구ᄒᆞ지 아니ᄒᆞ매 ᄆᆞᄋᆞᆷ이 길거워 소ᄅᆡ 노ᄅᆡ가 닙에 ᄭᅳᆫ치지 안ᄂᆞᆫ지라 부쟈가 이샹히 너여 ᄉᆡᆼ각ᄒᆞ되 뎌ᄂᆞᆫ 가난ᄒᆞ되 ᄒᆞᆼ샹 길거워 ᄒᆞ고 나ᄂᆞᆫ 부쟈로되 ᄒᆞᆼ샹 근심ᄒᆞᆷ이 무ᄉᆞᆷ ᄭᆡᄃᆞᆰ이요 ᄒᆞ고 드ᄃᆡ여 가난ᄒᆞᆫ 쟈를 불너 ᄀᆞᆯᄋᆞᄃᆡ 우리 두집이 여러ᄒᆡ를 니웃ᄒᆞ여 살엇시매 그ᄃᆡ의 쳥고ᄒᆞᆫ 덕ᄒᆡᆼ은 내가 일즉이 탄복 ᄒᆞᄂᆞᆫ 바여니와 가셰가 이ᄀᆞᆺ치 간난ᄒᆞᆫ거ᄉᆞᆯ 민망이 너여 구졔코져 ᄒᆞ노니 지금 돈 몃만량을 줄거시니 그ᄃᆡ의 ᄆᆞᄋᆞᆷᄃᆡ로 흥리ᄒᆞ여 리남는 거슨 다먹고 십년후에 본젼만 달나ᄒᆞᆫ즉 가난ᄒᆞᆫ쟈ㅣ 무수히 치하ᄒᆞ고 돈을 가지고 가더니 그후로ᄂᆞᆫ 노ᄅᆡᄒᆞᄂᆞᆫ 소ᄅᆡ가 다시 들니지 안ᄂᆞᆫ지라 부쟈가 그졔야 ᄌᆞ긔의 근심은 부쟈ㅣㄴ 연고요 뎌 사ᄅᆞᆷ의 길거온 거슨 가난ᄒᆞᆫ 연고ㅣㄴ 줄을 ᄭᆡ다럿더니 그 가난ᄒᆞᆫ 쟈도 ᄯᅩᄒᆞᆫ ᄌᆡ물은 엇엇시나 길거온 거슨 닐은거ᄉᆞᆯ 후회ᄒᆞ야 곳그돈을 도로 부쟈의게 다갑고 다시 젼과 ᄀᆞᆺ치길겁게 지ᄂᆡ엿다 ᄒᆞ니 일노볼진ᄃᆡ ᄌᆡ물이 과연 사ᄅᆞᆷ의 ᄆᆞᄋᆞᆷ을 슈란케 ᄒᆞᄂᆞᆫ줄노 우리ᄂᆞᆫ 아노라

ᄂᆡ보

셔쇼문안 복쳐다리 엽헤 사ᄂᆞᆫ 김가의 아ᄃᆞᆯ은 나이 십구셰라 작년 가을에 쟝가를 드럿ᄂᆞᆫᄃᆡ 그 안ᄒᆡ가 뎨 쳔가에 가셔 수삭을 잇다가 일젼에 싀가에 와셔 잇더니 무ᄉᆞᆷ 흉계를 ᄑᆞᆷ엇ᄂᆞᆫ지 밤즁에 뎨 난편 잠든ᄯᅢ를 타셔 칼을 가지고 뎨 남편의 목을 ᄶᅵ르랴다가 일이 발각되여 경무텽에 고ᄒᆞ야 곳 잡아 감옥셔에 가두엇다 ᄒᆞ니 이런일은 춤 강샹의 큰 변일너라

○ 일젼에 슌검 ᄒᆞ나이 죄인 칠팔명을 령솔ᄒᆞ고 감옥셔로 가ᄂᆞᆫᄃᆡ 무교 큰 길노 지ᄂᆡ갈ᄉᆡ 그 죄인 즁에 ᄒᆞᆫ 사ᄅᆞᆷ이 병뎡과 졍분이 ᄆᆡ우 잇ᄂᆞᆫ지라 병뎡 셋시 나와셔 슌검을 힐난ᄒᆞ며 ᄒᆞᄂᆞᆫ말이 이 죄인의 무ᄉᆞᆷ 죄목 잇ᄂᆞᆫ거ᄉᆞᆯ 말ᄒᆞ라 ᄒᆞᆫ즉 슌검의 ᄃᆡ답 ᄒᆞᄂᆞᆫ 말이 나ᄂᆞᆫ 다만 샹관의 령으로 죄인을 령솔ᄒᆞ고 감옥셔로 갈 ᄯᅳᄅᆞᆷ이라 무ᄉᆞᆷ 죄목을 내가 엇지 다 알수 잇ᄉᆞ리오 ᄒᆞᆫᄃᆡ 병뎡들이 졔잡담ᄒᆞ고 ᄃᆞᆯ녀들어 발노 슌검의 등을 차며 손으로 슌검의 ᄲᅡᆷ을 ᄯᅡ리니 지나가ᄂᆞᆫ ᄒᆡᆼ인이 다 병뎡의 ᄒᆡᆼ픽ᄒᆞᆷ을 ᄒᆡ연이 넉이더라

○ 요ᄉᆞ이 일긔도 감을고 ᄊᆞᆯ갑도 고등ᄒᆞ야 인심

이、흉흉 ᄒᆞ더니 일젼에 비도 만히 오고 또 드른즉 쳥인이 쌀 몃만셕을 내온다니 곡식이 웅당 ᄎᆞᄎᆞ 락가가 될지라 각쳐에 무곡ᄒᆞ여 싸든 사ᄅᆞᆷ들이 곡가가 더 올으기를 ᄇᆞ란다더니 그네들의 소망이 아마 낭픽가 될듯

○일젼에 죵로로 지나다가 보니 두 사ᄅᆞᆷ이 서로 멱살을 쥐고 싸호는ᄃᆡ 그 시비 곡직은 알수 업시되 ᄒᆞᆫ 사ᄅᆞᆷ의 ᄒᆞ는말이 이놈 너는 좀을 용두레로 퍼닐놈이라 ᄒᆞ니 사ᄅᆞᆷ의 몸에셔 싸물 용두레로 퍼너넌 수도 업거니와 만일 그 디경에 니르면 그 사ᄅᆞᆷ이 엇지 살기를 ᄇᆞ라리오 이는 그 사ᄅᆞᆷ드려 당장에 죽으란 말이니 무ᄉᆞᆷ일이 던지 노여온일이 잇사면 그 일이나 변빅 ᄒᆞᆯ거시지 이런 악담패샹 소리를 엇지 ᄒᆞ리오 대한 언민도 어서 ᄀᆡ명이 되야 아모리 ᄎᆞ시민이라도 언어 동작이 좀 졈잔 ᄒᆞ여야 ᄒᆞᆯ너라

○졍동 언화문 압헤 그지 ᄒᆞ나이 안져서 날마다 힝인의게 ᄋᆡ걸 ᄒᆞ는ᄃᆡ 그 그지의 셩은 박가라 ᄃᆞ론즉 그 부친이 그젼에 삽년을 션혜 낭텽으로 잇서셔 여러 섬만량 지물을 다쥬식 잡기에 탕핏ᄒᆞ고 늙게 ᄒᆞᆯ수업서 식골노 ᄃᆞᆫ니며 비러먹고 그 아ᄃᆞᆯ은 서울셔 더 디경이 되엿다 ᄒᆞ니 대개 사ᄅᆞᆷ의 일울 알수가 업거니와 벼슬을 ᄒᆞ여 지물이 만히 싱기던지 부모의 셰업이 잇셔 지물이 만든지 ᄒᆞ면 흔이 싱각 ᄒᆞ기를 그 지물이 ᄒᆞᆼ샹 싯길줄만 알고 남용 남비 ᄒᆞ다가 필경에 걸식 ᄒᆞ는이가 만히 잇다더라

외보

쳥국 쇼년들이 나라가 졈졈 씨겨 망ᄒᆞ게 되는거슬 통분이 넉여 북경서 크게 모혀 연설ᄒᆞ되 졍부에서 나라를 아라샤에 팔아 먹으랴 ᄒᆞᆫ즉 불가불 졍부를 변혁 ᄒᆞ자고 ᄒᆞ엿다더라

미일신문광고

협셩회 회보를 지금은 날마다 츌판 ᄒᆞ고 일홈은 미일신문 이요 파는 처소는 남대문안 젼 써젼도가 인ᄃᆡ ᄒᆞᆫ장 갑슨 엽 너푼이요 일삭 됴는 엽 닐곱돈 인ᄃᆡ ᄂᆡ외보와 여러가지 유죠ᄒᆞᆫ 말이 만히 잇ᄉᆞ오니 재군ᄌᆞ는 만히 사셔 보사오

본회고ᄇᆡᆨ

본회에서 이 회보를 젼년과 ᄀᆞᆺ치 일쥬일에 ᄒᆞᆫ번식 발간 ᄒᆞ는ᄃᆡ 새로 륙폭으로 작뎡ᄒᆞ고 ᄒᆞᆫ장 갑슨 엽젼 오푼이오 ᄒᆞᆫᄃᆞᆯ갑슬 미리내면 젼과 ᄀᆞᆺ치 엽젼 ᄒᆞᆫ돈 오푼이라 본국 교우나 셔국 목ᄉᆞ나 교외 친구나 만일 사셔 보고져 ᄒᆞ거든 졍동 아편설라 목ᄉᆞ 집이나 죵로 대동서시에 가셔 사시옵

죵로대동셔시광고

우리 서샤에셔 셩경 신구약과 찬미칙과 교회에 유익ᄒᆞᆫ 여러가지 서칙과 시무에 긴요ᄒᆞᆫ 칙들을 팔되 갑시 샹당 ᄒᆞ오니 ᄒᆞᆨ문샹과 시무변에 ᄯᅳᆺ이 잇는 군ᄌᆞ들은 만히 사셔 보시옵

대이권

대한크리스도인회보

대십칠호

광무이년 (륙십칠합) 오월 ᄉᆞ일

글을지여외인을ᄭᆡ닷게홈

우리가 대한에 나온지 십여년 동안에 외인의 말을 만히 드럿거니와 흔이 말 ᄒᆞ기를 셩경을 보던지 목ᄉᆞ의 젼도 ᄒᆞᄂᆞᆫ 말ᄉᆞᆷ을 드ᄅᆞ던지 예수교가 참 지극히 착ᄒᆞᆫ 교로되 다만 봉힝키 어려온 일이 잇시니 무어슬 닙으며 무어슬 먹어야 됴를 ᄒᆞ겟소 ᄒᆞᄂᆞᆫ 사ᄅᆞᆷ이 비일 비지라 우리가 그러케 말 ᄒᆞᄂᆞᆫ 이를 어둡고 미련ᄒᆞᆫ 사ᄅᆞᆷ으로 아노니 우리 셩교ᄂᆞᆫ 사ᄅᆞᆷ으로 ᄒᆞ여곰 이 세샹에셔 하ᄂᆞ님을 공경 ᄒᆞ고 구세쥬를 밋어 일후 령혼의 영원ᄒᆞᆫ 복을 예비케 ᄒᆞᆷ이니 옷슬 닙지 말나ᄂᆞᆫ것도 아니요 밥을 먹지 말나ᄂᆞᆫ것도 아니요 우리 교를 ᄒᆞᆫ다고 농ᄉᆞ ᄒᆞ든이가 별안간 농ᄉᆞ를 말나ᄂᆞᆫ것도 아니요 쟝ᄉᆞ ᄒᆞ든이가 별안간 쟝ᄉᆞ를 말나ᄂᆞᆫ것도 아니라 다만 무ᄉᆞᆷ 일을 ᄒᆞ던지 하ᄂᆞ님의 은혜를 잇지말며 구세쥬의 공로를 긔렴ᄒᆞ야 악ᄒᆞᆫ 일을 힝ᄒᆞ지 말고 젼일 죄과를 회ᄀᆡ ᄒᆞᆯ 거시여놀 사ᄅᆞᆷ들이 그거슬 ᄭᆡ닷지 못ᄒᆞ고 다만 의식만 걱정ᄒᆞ니 엇지 란식ᄒᆞᆯ 곳이 아니리오 우리가 그 사ᄅᆞᆷ들을 속히 ᄭᆡ닷게 ᄒᆞ랴면 불가불 칙을 문ᄃᆞ러야 ᄒᆞᆯ터이니 칙제목은 **힝도부직식** (번역 ᄒᆞ면 도를 힝ᄒᆞᄂᆞᆫ 거시 먹ᄂᆞᆫ되 잇지 아니 ᄒᆞᆷ이라) 교우즁에 누구던지 이글을 지으시되 귀절은 ᄯᅴ우고 글ᄌᆞ 수효ᄂᆞᆫ 일쳔 오ᄇᆡᆨᄌᆞ 혹 이쳔ᄌᆞ 석지만 ᄒᆞ여 석ᄃᆞᆯ 안으로 대한 셩교 셔회쟝 아편셜라씨 집으로 보내시면 그 즁에 뎨일 잘진글노 츌간 ᄒᆞᆯ거시오 그글 임쟈ᄂᆞᆫ 셩교셔회 돈 빅량으로 감샤ᄒᆞᆫ 뜻슬 표 ᄒᆞ겟노라

싀골에젼도홈

달셩회당에 계신 로부인ᄭᅴ서 그ᄌᆞ뎨 시크란돈 목ᄉᆞ를 다리시고 슈원으로 향ᄒᆞ야 공쥬ᄭᆞ지 나려가시ᄂᆞᆫ되 어졋ᄭᅴ 길을 ᄯᅥ나셧시니 이거슨 젼혀 싀골 형뎨의게 젼도ᄒᆞᆷ을 위 ᄒᆞ심이라 로부인ᄭᅴ서 근력은 비록 강건 ᄒᆞ시나 츈츄ᄂᆞᆫ 믹우 놉흐신터에 ᄌᆞ긔 일신의 괴로옴을 ᄉᆡᆼ각지 아니 ᄒᆞ시고 셩경 복음에 활슈와 활병으로 각쳐에 잇ᄂᆞᆫ 동포 형뎨의 쥬리고 목마른 령혼을 구제코져 ᄒᆞ야 이ᄀᆞᆺ치 쇠경에 위험ᄒᆞᆫ 싀골길을 깃분 ᄆᆞᄋᆞᆷ으로 ᄃᆞ녀시니 이ᄂᆞᆫ 다름 아니라 셩경에 잇ᄂᆞᆫ ᄋᆡ인여긔 네 글ᄌᆞ를 ᄆᆞᄋᆞᆷ속에 깁히삭여 하ᄂᆞ님의 분부와 구세쥬의 교훈을 독실이 봉힝 ᄒᆞ심이라 대한에 잇ᄂᆞᆫ 우리 형뎨와 ᄌᆞ민들도 이와ᄀᆞᆺ치 복된 쇼식을 힘써 젼파ᄒᆞ기를 군졀이 ᄇᆞ라노라.

일ᄇᆡᆨ일

대한크리스도인 회보

대한크리스도인 회보

THE KOREAN
CHRISTIAN ADVOCATE.
Rev. H. G. Appenzeller, Editor
36 cents per annum
in advance. Postage extra.
Wednesday, May. 4th, 1898.

서울 정동셔 일쥬일에 ᄒᆞᆫ번식
발간 ᄒᆞᄂᆞᆫᄃᆡ 아편셜라 목ᄉᆞ가
회보 샤쟝이 되엿더라
일년 갑슬 미리 내면 삼
십 륙젼이오 우표갑슨
ᄯᅡ로 잇ᄂᆞ니라

평양사ᄂᆞᆫ 교우ᄒᆞᆫ분이 편지ᄒᆞ엿기로 좌에 긔직ᄒᆞ노라

한문 셩경을 국문으로 번역 ᄒᆞᄂᆞᆫ일은 엇지나 되엿ᄂᆞᆫ지 답답 ᄒᆞ옵ᄂᆞ이다 예수를 밋ᄂᆞᆫ 사ᄅᆞᆷ의 량식은 셩경이온ᄃᆡ 한문을 모로ᄂᆞᆫ 사ᄅᆞᆷ은 남녀간에 국문으로 번역ᄒᆞᆫ 셩경 나려 보내시기를 ᄇᆡ곱흔쟈의 밥과 목마른쟈의 물과ᄀᆞᆺ치 기다리오니 원컨ᄃᆡ ᄉᆞ목ᄉᆞᄭᅴ옵셔 평양 경ᄂᆡ에 여러 동싱들을 지극히 ᄉᆞ랑ᄒᆞ샤 영원히 썩어지지 안ᄂᆞᆫ 령혼의 량식을 어셔 쇽히 나려 보내 주시여 여러 동싱들의 ᄇᆡ를 브로게 ᄒᆞ여 주옵시기를 쳔만 ᄇᆞ라옵ᄂᆞ이다 ᄒᆞ엿더라

니홍ᄒᆞᆫ쟈론

아프리ᄭᅡ 니디에 유람ᄒᆞ고 온 유명ᄒᆞᆫ 사ᄅᆞᆷ의 말이 우리가 아프리ᄭᅡ 토인즁에셔 원슈를 만이 만나스되 뎨일 간악ᄒᆞᆫ 토인은 킈적은 나쟝이라 이 난장이들이 활과 살을 가지고 싱소ᄒᆞᆫ 사ᄅᆞᆷ을 보면 쏘되 어린 ᄋᆞᄒᆡ들의 작란ᄒᆞᄂᆞᆫ것과 ᄀᆞᆺᄒᆞ나 가외인거시 살촉ᄭᅳᆺ히 독약을 발나 가지고 풀속에 몸을 숨기고 안젓다가 사ᄅᆞᆷ이나 즘싱이 지나가면 별안간 쏘기와 웅덩이를 파고 가지와 닙ᄉᆞ로 덥허 지나가ᄂᆞᆫ이마다 ᄲᅡ져 죽게 ᄒᆞ기와 살촉ᄭᅳᆺ히 독약을 발나 ᄶᅡ헤ᄯᅩ자 사ᄅᆞᆷ이나 즘싱이 지나다가 발바 찔니면 곳 죽더라고 ᄒᆞ며 미우 이샹ᄒᆞᆫ 거슨 이 독약은 ᄭᅮᆯ노 만들더라 ᄒᆞ니 이와ᄀᆞᆺ치 살탄이 하ᄂᆞ님의 밋ᄂᆞᆫ 빅셩을 모함 ᄒᆞᄂᆞᆫ거시 외양은 킈가적고 아조 량슌ᄒᆞᆫ 모양이오 ᄭᅮᆯᄀᆞᆺ치 단 말노 밋ᄂᆞᆫ쟈의게 밋ᄲᅮ미 잇게 뵈이나 ᄇᆡ속에ᄂᆞᆫ 음흉ᄒᆞᆫ ᄭᅬ가잇서 ᄭᅮᆯ노 만든 독약을 발은 살촉과 ᄀᆞᆺ치 쏘ᄂᆞᆫᄃᆡ로 사ᄅᆞᆷ이 죽으며 웅덩이를 파고 닙ᄉᆞ를 덥허 지나ᄂᆞᆫ이 마다 ᄲᅡ져죽게 ᄒᆞ다가 발각이 되면 쥬를 ᄇᆡ반ᄒᆞ고 교회를 욕ᄒᆞ며 밋ᄂᆞᆫ쟈를 비웃다가 지앙을 속히 밧ᄂᆞᆫ쟈ᄂᆞᆫ 싱젼에 ᄌᆞ긔 육신ᄭᆞ지 표초를 밧다가 필경 령혼이 디옥에 ᄲᅡ지ᄂᆞᆫ거슨 우리 교즁 형뎨들은 다 분명ᄒᆞᆫ 증거를 눈으로 본거시어니와 사ᄅᆞᆷ이 외양이 션명ᄒᆞ고 ᄇᆡ속이 흉ᄒᆞ여도 못쓰고 안이 션명ᄒᆞ고 밧기 흉 ᄒᆞ여도 못쓰ᄂᆞ니 표리가 서로 ᄀᆞᆺᄒᆞ야 ᄒᆞᆯ거시니라

례ᄇᆡ일공과 륙십륙 오월 십오일

예수ᄭᅦ셔심판ᄒᆞ러오심

마태 이십오장 삼십일졀노 ᄉᆞ십오졀

변됴

디명

三十一 인ᄌᆞㅣ ᄌᆞ긔 영광으로 모든 텬ᄉᆞ와 ᄀᆞᆺ치올제
영광으로 온자리에 안지매 三十二 모든 ᄇᆡᆨ셩을 그압
희 모호고 각각 분별ᄒᆞ기를 양치ᄂᆞᆫ 사ᄅᆞᆷ이 양과
염쇼를 난화 놋ᄂᆞᆫ것 ᄀᆞᆺ치ᄒᆞ야 三十三 양은 제 올흔편
에 두고 염쇼ᄂᆞᆫ 왼편에 두ᄂᆞ니 三十四 그ᄯᅢ에 님군
이 올흔편에 잇ᄂᆞᆫ이ᄃᆞ려 닐ᄋᆞ샤ᄃᆡ 너희 내아바니
ᄭᅦ 복을 밧은이ᄂᆞᆫ 나아와 이셰샹 창조ᄒᆞᆯ제 브터
너희를 위ᄒᆞ여 예비 ᄒᆞ셧던 나라를 밧으라 三十五 내
가 주릴제 네가 먹을거ᄉᆞᆯ 주고 목마를제 마실거
ᄉᆞᆯ 주고 나그내 되엿실제 ᄃᆡ졉ᄒᆞ고 三十六 버셧실제
옷ᄉᆞᆯ 닙히고 병드럿ᄉᆞᆯ제 도라보고 옥에 갓쳣실제
와셔 보앗ᄂᆞ니라 三十七 그 올흔 사ᄅᆞᆷ들이 ᄃᆡ답ᄒᆞ여
ᄀᆞᆯᄋᆞᄃᆡ 쥬여 우리가 어ᄂᆞᄯᅢ에 쥬ᄭᅦ셔 주리매 공
궤 ᄒᆞ엿ᄉᆞ며 목마르매 마실거ᄉᆞᆯ 드렷ᄉᆞ며 三十八 어
ᄂᆞᄯᅢ에 나그내 되매 ᄃᆡ졉 ᄒᆞ엿ᄉᆞ며 버셧ᄉᆞ매 옷
닙히엿ᄉᆞ며 三十九 병든ᄯᅢ와 옥에 갓쳣실ᄯᅢ에 가셔
뵈엿ᄂᆞᆫ잇가 ᄒᆞ리니 四十 ᄯᅩ 님군이 ᄃᆡ답ᄒᆞ여 ᄀᆞᆯᄋᆞ
샤ᄃᆡ 실노 너희ᄃᆞ려 닐ᄋᆞ노니 너희가 내 동ᄉᆡᆼ즁
지극히 젹은이 ᄒᆞ나의게 ᄒᆡᆼᄒᆞᆫ거시 곳내게 ᄒᆡᆼᄒᆞᆷ이
라 ᄒᆞ시고 四十一 ᄯᅩ 왼편에 잇ᄂᆞᆫ이의게 닐너 ᄀᆞᆯᄋᆞ
샤ᄃᆡ 너희ᄂᆞᆫ 화ᄅᆞᆯ 밧은쟈ㅣ니 나ᄅᆞᆯ ᄯᅥ나 마귀와
그 샤쟈를 위ᄒᆞ야 예비 ᄒᆞ엿던 영영ᄒᆞᆫ 불에 드러
가라 四十二 내가 주릴제 너희가 먹을거ᄉᆞᆯ 주지 아니
ᄒᆞ엿고 목마를제 마실거ᄉᆞᆯ 주지 아니 ᄒᆞ엿고 四十三
나그내 되엿실제 ᄃᆡ졉지 아니 ᄒᆞ엿고 버셧실제 옷
닙히지 아니 ᄒᆞ엿고 병드럿실제와 옥에 갓쳐실제
보지 아니 ᄒᆞ엿ᄂᆞ니라 ᄒᆞ시니 四十四 그들도 ᄃᆡ답ᄒᆞ
여 ᄀᆞᆯᄋᆞᄃᆡ 쥬여 우리가 어ᄂᆞᄯᅢ에 쥬ᄭᅦ셔 주리셧거
나 목마르셧거나 나그내 되셧거나 옷버ᄉᆞ셧거나 병
드셧거나 옥에 갓치셧ᄉᆞ매 공양치 아니 ᄒᆞ더잇가 四十
五 님군이 ᄃᆡ답ᄒᆞ여 ᄀᆞᆯᄋᆞ샤ᄃᆡ 내실노 너의ᄃᆞ려 닐ᄋᆞ
노니 이 지극히 젹은이 ᄒᆞ나의게 ᄒᆡᆼ치 아니 ᄒᆞᆫ거시
곳 내게 ᄒᆡᆼ치 아니 ᄒᆞᆷ이라 ᄒᆞ시리니 이들은 영영
ᄒᆞᆫ 형벌을 밧고 더 올흔 이들은 영ᄉᆡᆼ을 엇으리라

주셕

오ᄂᆞᆯ 공부에ᄂᆞᆫ 예수ᄭᅦ셔 비유 말ᄉᆞᆷ으로 아니ᄒᆞ심이요 오직 바른말ᄉᆞᆷ으로 심판ᄒᆞᆷ을 ᄀᆞᄅᆞ치셧ᄂᆞᆫ지라 우리ᄂᆞᆫ 그날과 ᄯᅢ를 아조 알수 업ᄉᆞ되 (이십ᄉᆞ장 삼십륙졀을 보라) 다만 심판 ᄒᆞ시ᄂᆞᆫ 쥬와 심판ᄒᆞ시ᄂᆞᆫ 모양과 뫼시ᄂᆞᆫ 텬ᄉᆞ와 샹쥬심과 형벌 주시ᄂᆞᆫ 거ᄉᆞᆯ 이공부에셔 다알거시요 온 셩경에 단이엘 브터 요한믁시 ᄭᆞ지 심판ᄒᆞ시ᄂᆞᆫ 쥬ᄂᆞᆫ 하ᄂᆞ님 아바님이 아니요 오직 하ᄂᆞ님의 아ᄃᆞᆯ 예수 크리스도라 ᄒᆞᄂᆞᆫ 말ᄉᆞᆷ이 만흔지라 예수ᄭᅦ셔 두번ᄌᆡ 오실제ᄂᆞᆫ 첫번에 오심과 ᄀᆞᆺ치 쳔ᄒᆞᆫ 모양으로 오시지 안코 오직 그 영화를 닙어 나타내시며 놉흔

님군의 위의와 ᄀᆞᆺ치 ᄒᆞ시고 오실거시니 이영화로심을 나타 내심이 여러가지 잇ᄉᆞ매 엄위 ᄒᆞᆫ심파 젼능 ᄒᆞᆫ심과 온젼히 아심과 공변 되심으로 쥬ᄭᅴ셔 오실ᄯᅢ에 나타 내실지라 텬ᄉᆞ가 심판 ᄒᆞ시ᄂᆞᆫ 쥬ᄅᆞᆯ 뫼시고 옴은 그져 놉히려 옴이 아니라 죽은 사ᄅᆞᆷ과 산 사ᄅᆞᆷ을 다불너 심판을 밧으라 알게 ᄒᆞ며 공변되신 분부ᄅᆞᆯ 밧아 반포ᄒᆞ며 구원ᄒᆞᆷ을 밧ᄂᆞᆫ쟈의 놉힘을 보며 디옥에 갈쟈ㅣ 지앙 밧음도 보ᄂᆞᆫ지라 (마태복음 십삼쟝 삼십팔졀 브터 ᄉᆞ십일ᄭᆞ지와 누가복음 십이쟝 팔 구졀과 요한묵시 십ᄉᆞ쟝 십졀을 보라) ○ 예수ᄭᅴ셔 이제 아바지 올흔편에 계신위ᄂᆞᆫ ᄌᆞ비 ᄒᆞ시고 은혜로으신 위니 무론 누구던지 예수ᄅᆞᆯ 의지ᄒᆞ고 나아오면 그 압헤 갓가히 빌수 잇ᄉᆞᆯ거시요 이후 심판 ᄒᆞ실 ᄯᅢ에ᄂᆞᆫ 엄위ᄒᆞᆫ신 위로 안지시리니 아모리 빌고져 ᄒᆞᆯ지라도 감히 나아갈수 업ᄉᆞᆯ거시요 예수ᄭᅴ셔 셰샹에 계실ᄯᅢ에 공변되지 못ᄒᆞᆫ 법관의게 잡혀 죄뎡ᄒᆞᆷ을 밧으셧ᄉᆞ되 쟝ᄎᆞᆺ 심판ᄒᆞ실 ᄯᅢ에ᄂᆞᆫ 지극히 공평케 ᄒᆞ시리라 그 ᄯᅢ에ᄂᆞᆫ 만민이 아담으로 브터 이 셰샹 ᄆᆞᆺ날ᄭᆞ지 니ᄅᆞ러 그즁에 ᄒᆞᆫ 사ᄅᆞᆷ도 피ᄒᆞᆯ수업고 다 심판을 밧으며 그들을 두ᄯᅦ에 난호ᄂᆞᆫ것 밧긔 업ᄉᆞ니 구원ᄒᆞᆷ을 밧ᄂᆞᆫ쟈와 구원을 엇지 못ᄒᆞᄂᆞᆫ쟈 다만 이 두ᄯᅦ ᄲᅮᆫ이라 죄가 적은쟈라도 그ᄯᅢ에 예수ᄭᅴ셔 씻셔 주지 못 ᄒᆞ시리니 일호 일점이라도 범죄ᄒᆞ면 이도 형벌노 ᄒᆞᆷᄭᅴ 드러갈거사오 이 셰샹에셔 죄를 회ᄀᆡᄒᆞ고 예수를 밋고 예수의 피를 흘녀 죄샤 ᄒᆞ심을 엇은쟈ᄂᆞᆫ 그ᄯᅢ에 올흔편 ᄭᅦ에 셧고 텬디ᄀᆡ벽 ᄒᆞᆯ제브터 셰샹 사ᄅᆞᆷ을 위ᄒᆞ여 예비 ᄒᆞ엿든 텬당으로 드러 갈거시오 오직 왼편에셔 구원ᄒᆞᆷ을 엇지 못ᄒᆞ고 형벌 밧ᄂᆞᆫ쟈ᄂᆞᆫ ᄀᆡ벽 ᄒᆞᆯᄯᅢ브터 마귀와 마귀 텬ᄉᆞᄅᆞᆯ 위ᄒᆞ여 예비 ᄒᆞ엿든 디옥으로 갈지니라 하ᄂᆞ님ᄭᅴ셔 사ᄅᆞᆷ을 위ᄒᆞ야 형벌 ᄒᆞᄂᆞᆫ곳을 예비치 아니시고 예수로 써 구원 ᄒᆞᄂᆞᆫ법을 주시며 모든 사ᄅᆞᆷ을 위ᄒᆞ여 텬당복과 영ᄉᆡᆼ을 예비케 ᄒᆞ셧것마ᄂᆞᆫ 사ᄅᆞᆷ은 더회가 실혀 밧지 아님으로 마귀와 ᄒᆞᆫ곳에 드러가게 ᄒᆞᄂᆞᆫ지라 누구던지 예수ᄅᆞᆯ ᄉᆞ랑 ᄒᆞᆷ으로 놈의게 착ᄒᆞᆷ을 힝ᄒᆞ면 그날에 예수ᄭᅴ셔 ᄌᆞ긔의게 ᄃᆡ졉ᄒᆞᆷ과 ᄀᆞᆺ치 녁이시고 큰샹을 주시리라 (십팔쟝 오륙졀을 보라) 삼십오졀 브터 ᄉᆞ십졀 ᄭᆞ지에 긔록ᄒᆞᆫ 일은 ᄌᆡ물이 만코 귀ᄒᆞᆫ 사ᄅᆞᆷ이 ᄒᆞᆯᄲᅮᆫ 아니라 가난ᄒᆞ고 쳔ᄒᆞᆫ 쟈ㅣ라도 능히 ᄒᆞᆯ지니라

뭇ᄂᆞᆫ 말

一 구쥬님ᄭᅴ셔 영광으로 오시ᄂᆞᆫ거슬 무ᄉᆞᆷ 증조ᄅᆞᆯ 보고 알겟ᄂᆞ뇨

二 모든 ᄇᆡᆨ셩을 압회 모호실제 혹 ᄲᅡ지ᄂᆞᆫ 사ᄅᆞᆷ이 잇겟ᄂᆞ뇨

三 그 ᄇᆡᆨ셩들을 므ᄉᆞᆷ 모양으로 압회 두셧ᄂᆞ뇨

四 그ᄯᅢ에 님군이 올흔편에 잇ᄂᆞᆫ이 드려 무엇ᄉᆞᆯ 빗으라고 ᄒᆞ셧ᄂᆞ뇨

五 올흔편에 잇ᄂᆞᆫ 사ᄅᆞᆷ들이 웨 그 샹을 밧겟ᄂᆞ뇨

六 왼편에 잇ᄂᆞᆫ이들은 어ᄃᆡ로 가라 ᄒᆞ셧ᄂᆞ뇨

七 왼편 사ᄅᆞᆷ들은 웨 그런ᄃᆡ로 가라 ᄒᆞ셧ᄂᆞ뇨

八 우리가 므ᄉᆞᆷ일을 ᄒᆞ여야 구쥬님을 ᄃᆡ졉ᄒᆞ겟ᄂᆞ뇨

九 오ᄂᆞᆯ 공부 ᄒᆞᄂᆞᆫ 형뎨들은 어ᄂᆞ편에 셔겟ᄂᆞ뇨

모로는사롬을구원홈

대뎌 사롬이 환난에 서로 구원 ᄒᆞᄂᆞᆫ거슨 졍분이 도라온 연고요 졍분이 도라온거슨 서로 친밀ᄒᆞᆫ 연고라 그런고로 서로 모로ᄂᆞᆫ ᄉᆞ이에ᄂᆞᆫ 구원ᄒᆞ여 쥬어도 둇지 못ᄒᆞ엿고 구원ᄒᆞ여 주기를 ᄇᆞ라ᄂᆞᆫ이도 보지 못 ᄒᆞ엿ᄉᆞ니 이거슨 녜나 지금이나 동양이나 셔양이나 다 사롬의 샹졍이어ᄂᆞᆯ 셔국 ᄒᆞᆫ셩에 두 사롬이 작반ᄒᆞ여 먼 시골에 갈ᄉᆡ 날이 져물매 ᄒᆞᆫ촌에 드러가 쟝찻 샤판에셔 류슉ᄒᆞ려 ᄒᆞᆯ더니 홀연이 근쳐에 들네ᄂᆞᆫ 소ᄅᆡ가 나거ᄂᆞᆯ 가만이 드른즉 사롬들이 말ᄒᆞᄃᆡ 아모집에 불이 낫다 ᄒᆞᄂᆞᆫ지라 샤판에셔 류ᄒᆞ던 친구 ᄒᆞ나이 곳 힝장을 부리고 가셔 구원코져 ᄒᆞ니 동힝ᄒᆞ던 사롬이 구지 말류ᄒᆞ여 ᄀᆞᆯᄋᆞᄃᆡ 이 동리 사롬들이 죡히 그 화직들 구원ᄒᆞᆯ거시어ᄂᆞᆯ 우리ᄂᆞᆫ 잠시 류ᄒᆞᄂᆞᆫ 과ᄀᆡᆨ으로 무숨 샹관이 잇ᄂᆞ뇨 그 친구가 듯지 아니ᄒᆞ고 즉시가셔 보니 발셔 불이 왼집을 다 둘넛ᄂᆞᆫᄃᆡ 밧긔 녀인 ᄒᆞ나이 셔셔 말ᄒᆞᄃᆡ 내 아ᄃᆞᆯ아 내 아ᄃᆞᆯ아 움당 죽엇도다 ᄒᆞᆫ즉 그손이 그말을 드르며 곳 불속으로 뛰여 드러가니 겻희셔 보던 사롬들이 다 닐ᄋᆞᄃᆡ 이 사롬ᄭᆞ지 마ᄌᆞ 죽엇도다 ᄒᆞ더니 조곰 잇다가 그손이 연긔를 무릅쓰고 나오ᄂᆞᆫᄃᆡ 모발이 다 타고 의복이 다 거믄즁에 두손으로 두 ᄋᆞᄒᆡ를 닛ᄭᅳ러 그 어맘을 주니 그 녀인이 ᄋᆞᄒᆡ를 밧아안고 ᄯᅡ에 업ᄃᆡ여 무슈이 치하ᄒᆞᆯᄉᆡ 말을 맛치자 아니ᄒᆞ여 그집은 이믜 문어져 다 지가 되엿더라 졍신을 슈습ᄒᆞ여 샤판에 도라오니 그만 류ᄒᆞ던 친구가 말ᄒᆞᄃᆡ 내가 그ᄃᆡ와 친ᄒᆞᆫ지가 수십년이 되엿ᄉᆞ되 그ᄃᆡ의 사롬을 구원ᄒᆞᄂᆞᆫ 의긔가 이ᄀᆞᆺᄒᆞᆫ줄은 파연 ᄯᅳᆺᄒᆞ지 못 ᄒᆞ엿고 이번일이 더욱 치하 ᄒᆞᆯ거슨 그ᄃᆡ가 졍분이 친밀ᄒᆞᆫ 사롬을 구원ᄒᆞᆫ거시 아니라 잠시 지나ᄂᆞᆫ 힝ᄀᆡᆨ으로 당초에 보지도 못ᄒᆞ던 사롬의 환난에 내 목숨을 도라보지 안코 긔여히 구원ᄒᆞ니 깁히 탄복ᄒᆞᄂᆞᆫ 배로라 ᄒᆞ녓ᄉᆞ니 일노 볼진ᄃᆡ 이 사롬의 구원ᄒᆞᆫ거슨 사롬의게 칭찬이나 밧거니와 우리 쥬 예수 크리스도ᄭᅴ셔ᄂᆞᆫ ᄌᆞ긔를 비방ᄒᆞ고 ᄌᆞ긔를 굼축ᄒᆞᄂᆞᆫ 온세샹 사롬의 죄악을 ᄃᆡ신ᄒᆞ여 존귀ᄒᆞ신 목숨을 ᄇᆞ리셧ᄉᆞ니 엇지 이 파긔의 다만 ᄒᆞᆫ 사롬의 집에 환난을 구원ᄒᆞᆫ거시 비교 ᄒᆞ리오 동포 형뎨들은 깁히 궁구 ᄒᆞᆯ지어다

니보

츙쳥도 사ᄂᆞᆫ 엇던친구 ᄒᆞ나이 년젼에 본읍의게 모히ᄒᆞᆫ 배 되야 온 집안이 다 가산을 탕패ᄒᆞᆯ뿐 아니라 그일노 인연ᄒᆞ야 사롬ᄭᆞ지 몃치 죽엇ᄂᆞᆫᄃᆡ 그 일인즉 셔울 아모 지샹이 샹관이 된고로 지금ᄭᆞ지 셜분을 못 ᄒᆞ엿다더라

○ 독립신문 샤쟝 의ᄉᆞ ᄶᅢ손씨ᄂᆞᆫ 대한에 나온지 몃ᄒᆡ 동안에 나라를 위ᄒᆞ야 유죠ᄒᆞᆫ 일을 만히 ᄒᆞ엿ᄂᆞᆫᄃᆡ 대한 졍부에셔 외국인 고문관을 다 ᄒᆡ고ᄒᆞᄂᆞᆫ ᄯᅢ에 ᄶᅢ손씨도 ᄯᅩᄒᆞᆫ ᄒᆡ고가 된고로 쟝찻 미국으로 도라 가랴ᄒᆞᆯ매 대한에 유지각ᄒᆞᆫ 션비들

이다 불힝이 녁이더라

◯어느 나라이던지 기명이 되랴면 첫재는 국즁에 각항 신문이 만어야 ᄒᆞᄂᆞᆫ듸 대한에도 지금은 경향간에 신문샤가 여러곳이 잇스니 일노좃차 보건듸 대한국도 ᄎᆞᄎᆞ 기명이 될듯

◯시골사ᄂᆞᆫ 사ᄅᆞᆷ ᄒᆞ나이 우리 셩교를 밋겟다고 교칙도 더러 사갓ᄂᆞᆫ듸 셰젼에 ᄒᆞᆫ번 올나 왓기에 셩경ᄯᅳᆺ슬 물은즉 ᄒᆞ나도 모로고 십계와 ᄉᆞ도신경도 외오지 못 ᄒᆞᄂᆞᆫ고로 우리 ᄆᆞᄋᆞᆷ에 그 사ᄅᆞᆷ이 무어슬 밋ᄂᆞᆫ지 의심 ᄒᆞ엿더니 근일에 드른즉 그 사ᄅᆞᆷ이 시골 ᄃᆞ니며 힝픠가 무쌍 ᄒᆞ다니 그 사ᄅᆞᆷ이 셰례도 밧지 아니 ᄒᆞ엿신즉 교우라 칭ᄒᆞᆯ수ᄂᆞᆫ 업거니와 그런 사ᄅᆞᆷ ᄯᆞ닭에 우리 교회가 공연이 외인위게 비방을 듯더라

◯일젼에 엇던 ᄋᆞᄒᆡ ᄒᆞ나이 샹동 병원에 와셔 셔국 의ᄉᆞ의게 엿ᄌᆞ오듸 저ᄂᆞᆫ 본릐 원산 ᄋᆞᄒᆡ로 모친은 일즉 죽고 부친만 뫼시고 지ᄂᆡ옵더니 수월젼에 부친이 우연이 나가셔 도라오지 아니ᄒᆞ매 부친의 죵젹을 알고져 ᄒᆞ야 륙셰 녀뎨를 다리고 부친을 ᄎᆞ지러 ᄃᆞ니다가 녀뎨ᄂᆞᆫ 빅여리 밧긔 쥬막집에 잠시 맛기고 왓ᄉᆞ오니 이 죽게된 두 인싱을 구졔 ᄒᆞ옵쇼셔 의ᄉᆞㅣ 측은이 녁여 그 ᄋᆞᄒᆡ를 로ᄌᆞ를 주어 더의 녀뎨를 다려오라 ᄒᆞᆫ듸 그 ᄋᆞᄒᆡ가 다리러 간즉 그 집 쥬인의 말이 보름 동안에 먹은 밥갑시 일빅 오십량이니 그돈을 다 가져와야 네 동싱을 ᄂᆡ여 주겟다 ᄒᆞ매 그 ᄋᆞᄒᆡ가 ᄒᆞᆯ수 업셔 그저 왓거ᄂᆞᆯ 셔국 의ᄉᆞ가 곳 밥갑 륙원을 주어 다시 나려 보ᄂᆡᆺ다더라

외보

규바에 란리난 이후로 두히 동안에 죽은쟈가 ᄉᆞ십이만 오쳔명이요 지근 죽게된쟈가 이십 만명이라 미국 샹의원에셔 연셜 ᄒᆞ기를 우리 힘ᄃᆡ로 규바를 구원ᄒᆞ야 그 ᄇᆡᆨ셩들을 도아 주자고 ᄒᆞ엿다더라

ᄆᆡ일신문광고

협셩회 회보를 지금은 날마다 출판 ᄒᆞ고 일홈은 ᄆᆡ일신문 이요 파ᄂᆞᆫ 쳐소ᄂᆞᆫ 남대문안 젼 쌋젼도가 인ᄃᆡ ᄒᆞᆫ쟝 갑슨 엽 너푼이요 일삭 됴ᄂᆞᆫ 엽 닐곱돈 인ᄃᆡ ᄂᆡ외보와 여러가지 유조ᄒᆞᆫ 말이 만히 잇ᄉᆞ오니 졔군ᄌᆞᄂᆞᆫ 만히 사셔 보사오

본회고빅

본회에셔 이 회보를 젼년과 ᄀᆞᆺ치 일쥬일에 ᄒᆞᆫ번식 발간 ᄒᆞᄂᆞᆫ듸 새로 륙폭으로 작뎡ᄒᆞ고 ᄒᆞᆫ쟝 갑슨 엽젼 오푼이오 ᄒᆞᆫ돌갑슨 미리내면 젼파 ᄀᆞᆺ치 엽젼 ᄒᆞᆫ돈 오푼이라 본국 교우나 셔국 목ᄉᆞ나 교외 친구나 만일 사셔 보고져 ᄒᆞ거든 졍동 아편셜라 목ᄉᆞ 집이나 죵로 대동셔시에 가셔 사시옵

죵로대동셔시광고

우리 셔샤에셔 셩경 신구약과 찬미칙과 교회에 유익ᄒᆞᆫ 여러가지 셔칙과 시무에 긴요ᄒᆞᆫ 칙들을 팔되 갑시 샹당 ᄒᆞ오니 ᄒᆞᆨ문샹과 시무변에 ᄯᅳᆺ이 잇ᄂᆞᆫ 군ᄌᆞ들은 만히 사셔 보시옵

뎨이권

대한크리스도인회보

광무이년 (합륙십칠) 오월 십일일

뎨십구호

글을지여 외인을 셔닷게홈

우리가 대한에 나온지 십여년 동안에 외인의 말을 만하 드럿거니와 흔이 말 ᄒᆞ기를 셩경을 보던지 목ᄉᆞ의 젼도 ᄒᆞᄂᆞᆫ 말ᄉᆞᆷ을 듯던지 예수교가 참 지극히 착ᄒᆞᆫ 교로되 다만 봉힝키 어려온 일이 잇시니 무어슬 닙으며 무어슬 먹어야 ᄯᅢ를 ᄒᆞ겟소 ᄒᆞᄂᆞᆫ 사ᄅᆞᆷ이 비일 비지라 우리가 그러케 말 ᄒᆞᄂᆞᆫ 이를 어둡고 미련ᄒᆞᆫ 사ᄅᆞᆷ으로 아노니 우리 셩교ᄂᆞᆫ 사ᄅᆞᆷ으로 ᄒᆞ여곰 이 세샹에셔 하ᄂᆞ님을 공경 ᄒᆞ고 구셰쥬를 밋어 일후 령혼의 영원ᄒᆞᆫ 복을 예비케 홈이니 옷슬 닙지 말나ᄂᆞᆫ것도 아니요 밥을 먹지 말나ᄂᆞᆫ것도 아니요 우리 교를 ᄒᆞᆫ다고 농ᄉᆞ ᄒᆞ던이가 별안간 농ᄉᆞ를 말나ᄂᆞᆫ것도 아니요 쟝ᄉᆞ ᄒᆞ던이가 별안간 쟝ᄉᆞ를 말나ᄂᆞᆫ것도 아니라 다만 무ᄉᆞᆷ 일을 ᄒᆞ던지 하ᄂᆞ님의 은혜를 잇지말며 구셰쥬의 공로를 긔렴ᄒᆞ야 악ᄒᆞᆫ 일을 힝ᄒᆞ지 말고 젼일 죄과를 회개 ᄒᆞᆯ 거시여ᄂᆞᆯ 사ᄅᆞᆷ들이 그거ᄉᆞᆯ ᄭᆡ닷지 못ᄒᆞ고 다만 의식만 겨졍ᄒᆞ나 엇지 탄식ᄒᆞᆯ 곳이 아니리오 우리가 그 사ᄅᆞᆷ들을 속히 ᄭᆡ닷게 ᄒᆞ랴면 불가불 칙을 문드러야 ᄒᆞᆯ터이나 착제목은 **힝도부직식** (번역 ᄒᆞ면 도를 힝ᄒᆞᄂᆞᆫ거시 먹ᄂᆞᆫᄃᆡ 잇지 아니 홈이라) 교우즁에 누구던지 이글을 자으시되 귀졀은 ᄯᅧ우고 글ᄌᆞ 수효ᄂᆞᆫ 일쳔 오ᄇᆡᆨᄌᆞ 혹 이쳔ᄌᆞ ᄉᆞ자만 ᄒᆞ여 셕ᄃᆞᆯ 안으로 대한 셩교 셔회쟝 아편셜라 씨 집으로 보네시면 그 쥴에 뎨일 잘진 글노 츌간 ᄒᆞᆯ거시오 그글 입쟈ᄂᆞᆫ 셩교셔회 돈 ᄇᆡᆨ량으로 감샤ᄒᆞᆫ 뜻을 표 ᄒᆞ겟노라

고국에 도라가심

미스 페인 부인이 대한에 나온지 다ᄉᆞᆺ히 동안에 리화학당에셔 모든일을 잘 보ᄉᆞᆲ혓ᄂᆞᆫᄃᆡ 녀인을 맛나ᄂᆞᆫᄃᆡ로 하ᄂᆞ님도를 힘써 권면ᄒᆞ매 부인의 덕힝을 탄복ᄒᆞ지 안ᄂᆞᆫ이가 업스며 대한에 남녀가 동등이 되지 못 ᄒᆞᄂᆞᆫ거슬 통분이 녁여 계집 ᄋᆞ히를 더옥 ᄉᆞ랑ᄒᆞ야 교육 ᄒᆞ기를 ᄆᆡ우 힘쓰고 학당이 좁아 용슬 ᄒᆞᆯ수가 업ᄂᆞᆫ고로 다시 벽돌노 층집을 짓ᄂᆞᆫᄃᆡ 역ᄉᆞ를 맛치지ᄂᆞᆫ 못 ᄒᆞ엿시되 이 거시다 부인의 셜시ᄒᆞᆫ배라 일간 미국으로 도라 가시ᄂᆞᆫᄃᆡ 이번길이 잠시 ᄃᆞ니러 가시ᄂᆞᆫ 터인즉 몃ᄃᆞᆯ후면 다시 나오사겟스나 부인의 평안이 왕반 ᄒᆞ기를 우리ᄂᆞᆫ ᄇᆞ라노라

대한크리스도인 회보

THE KOREAN CHRISTIAN ADVOCATE.
Rev. H. G. Appenzeller, Editor
36 cents per annum in advance. Postage extra.
Wednesday, May. 11th, 1898.

서울 졍동셔 일쥬일에 ᄒᆞᆫ번식 발간ᄒᆞᄂᆞᆫᄃᆡ 아편셜라 목ᄉᆞ가 회보 샤쟝이 되엿더라
일년 갑슬 미리 내면 삼십 륙젼이오 우표갑슨 ᄯᅡ로 잇ᄂᆞ니라

미국과셔반아두나라이싸홈ᄒᆞᄂᆞᆫ ᄉᆞ연

미국 동남간에 규바라 ᄒᆞᄂᆞᆫ셤이 잇ᄂᆞᆫᄃᆡ 미국셔 슈로로 닐곱시 동안이면 가ᄂᆞᆫ 셤이오 디면은 오만방리오 인구가 이ᄇᆡᆨ 오십 만명이라 그 셤즁에셔 사탕과 차와 담ᄇᆡ가 소산인고로 미국과 샹무에 샹관이 만이 잇서 혹 미국 사ᄅᆞᆷ이 그 셤즁에가 사ᄂᆞᆫ쟈도 잇ᄂᆞᆫ지라 이셤은 근본 셔반아에 삼ᄇᆡᆨ여년을 속방이 되여 무수ᄒᆞᆫ 압졔를 밧고 흉악ᄒᆞᆫ 학졍에 ᄇᆡᆨ셩이 괴를 못펴고 지나더니 ᄇᆡᆨ셩을 몹씨 ᄃᆡ졉ᄒᆞ고 학졍이 너머 심ᄒᆞ여 인민이 악에 바쳐 삼년젼에 ᄂᆡ란을 니ᄅᆞ키매 셔반아 졍부에셔 그 ᄇᆡᆨ셩의 사졍은 살피지도 안코 삼년 동안에 군ᄉᆞ 이십만명을 보ᄂᆡ여 ᄂᆡ란을 토멸코져 ᄒᆞ나 악에 올은 토민이 원원이 의리를 잡고 ᄃᆡ뎍홈에 죵시 평뎡치 못ᄒᆞ고 다만 이명만 살히 ᄒᆞ엿스니 삼년 동안에 그 토민에 참혹ᄒᆞᆫ 경샹이야 엇지 다 긔록ᄒᆞ라오 안져 눈으로 참아 볼수가 업스매 갈닌 미국 대통령쎄셔 작년에 셔반아 졍부를 ᄃᆡᄒᆞ여 뭇기를 이 란리가 언제 졍돈이 되겟ᄂᆞ냐 ᄒᆞ고 ᄯᅩ 일년이 지ᄂᆡ도록 ᄂᆡ란이 졍돈치 못ᄒᆞ고 졈졈 불샹ᄒᆞᆫ ᄉᆡᆼ명만 죽이고 본 졍부에셔 ᄇᆡᆨ셩의 폐막은 도라보지 안코 졍부를 반ᄃᆡᄒᆞᄂᆞᆫ것만 분이 녁여 병함파 희륙군을 더 보ᄂᆡ여 위협으로 ᄇᆡᆨ셩을 뭇지르려고 ᄒᆞ여 ᄇᆡᆨ셩이 업에 편안치 못ᄒᆞ고 도탄즁에 드러 그의 이ᄇᆡᆨ 오십만명 인구가 죽게된고로 미국 대통령 믹리씨가 ᄯᅩ 셔반아 졍부에 말ᄉᆞᆷᄒᆞ기를 엇지 되엿던지 석돌안에는 싸홈 결말을 ᄂᆡ라 ᄒᆞ엿더니 죵시도 평뎡치 못ᄒᆞ고 여일이 살뉵지폐가 대단ᄒᆞ매 그제는 싸홈을 긋치라 ᄒᆞ니 셔반아 졍부에셔 미국이 싸홈 긋치라 홈을 분이 녁여 미국 졍부를 대ᄒᆞ야 싸호쟈 ᄒᆞ여 이번에 싸홈이 닐어남이라 미국은 아모조록 이 압졔로 못 살게된 불샹ᄒᆞᆫ 규바를 도아 못된 학졍을 밧지 말고 ᄌᆞ쥬 독립국이 되라 홈이요 둘지는 무죄ᄒᆞᆫ 인명이 년리로 몃 십만이 죽음을 불샹이 녁임이오 토디를 욕심ᄂᆡ임이 아니여ᄂᆞᆯ 셔반아는 이거슬 불가타 ᄒᆞ여 맛츰내 량국에 병혁이 ᄉᆡᆼ겻스니 쟝ᄎᆞᆺ 하회가 엇지 될ᄂᆞᆫ지 모로거니와 무론 엇던 나라 엇던 ᄇᆡᆨ셩이 던지 의리를 잡고 죽기를 겁ᄂᆡ지 안코 그혀이 그 의리를 셰우랴 ᄒᆞ면 도아주ᄂᆞᆫ 친구가 만이 ᄉᆡᆼ기ᄂᆞᆫ 법은 ᄌᆞ연ᄒᆞᆫ 리치니라

례비일공과 륙십칠 오월 이십이일

예수룰기룸으로브름

마태 이십륙장 일졀노 십삼졀

변됴

디명

一 예수ㅣ 이 말숨을 다 뭇치시고 뎨ᄌᆞ들의게 닐
너 ᄀᆞᆯᄋᆞ샤ᄃᆡ 二 잇틀을 지나면 유월졀 인줄은 너
희가 아ᄂᆞ니 인ᄌᆞㅣ 잡혀가 십ᄌᆞ가에 못 박히리
라 ᄒᆞ시더라 三 그때에 졔ᄉᆞ쟝과 ᄇᆡᆨ셩의 쟝로들
이 대졔ᄉᆞ 히아법이라 ᄒᆞᄂᆞᆫ 이의 아문에 모히여
四 예수를 궤계로 잡아 죽이랴고 의론ᄒᆞ되 五 졀긔
에는 올치 안타 ᄒᆞᆷ은 민요날사 두려ᄒᆞᆷ 일너라
○ 六 예수ㅣ 빅대니에 사는 문동이 셔문의 집에
계시다가 七 잔ᄎᆡ 자리에 안지신ᄃᆡ ᄒᆞᆫ 녀인이 옥
합에 ᄆᆡ우 귀ᄒᆞᆫ 기롬을 담어 가지고 와셔 예수의
머리에 붓으니 八 뎨ᄌᆞㅣ 보고 흔ᄒᆞ여 ᄀᆞᆯᄋᆞᄃᆡ 무
숨 의ᄉᆞ로 이거슬 허비 ᄒᆞᄂᆞ뇨 九 이 기롬을 갑 만
니 밧고 풀아 간난ᄒᆞᆫ 사ᄅᆞᆷ을 구졔 ᄒᆞ거시라 ᄒᆞ거
늘 十 예수ㅣ 알으시고 뎌ᄃᆞ려 닐너 ᄀᆞᆯᄋᆞ샤ᄃᆡ 너
희가 엇지 이 녀인을 힐난 ᄒᆞᄂᆞ냐 제가 내게 착
ᄒᆞᆫ일을 힝 ᄒᆞ엿ᄂᆞ니라 十一 간난ᄒᆞᆫ 이는 ᄒᆞᆼ샹 너희
와 ᄒᆞᆷᄭᅴ 잇스려니와 나는 ᄒᆞᆼ샹 ᄒᆞᆷᄭᅴ 잇지 못ᄒᆞ리
라 十二 그 녀인이 내몸에 기롬을 붓는거슨 내 장
ᄉᆞ를 위ᄒᆞ야 예비 ᄒᆞᆷ이니라 十三 내 실노 너희게
닐ᄋᆞ노니 온 텬하에 어ᄃᆡ던지 이 복음을 젼ᄒᆞ고
또 이 녀인의 ᄒᆡᆼᄒᆞᆫ일도 말ᄒᆞ야 긔억케 ᄒᆞ여라

주셕

예수ᄭᅴ셔 마자막 륙일 동안 뎨 잇흔날에 허다 ᄀᆞᄅᆞ치심을 다 맛치시고 뎨ᄌᆞᄃᆞ려 오는 잇흔날 후는 인ᄌᆞㅣ 십ᄌᆞ가에 못박혀 죽으심을 ᄀᆞᄅᆞ치셧ᄉᆞ며 이젼에 ᄀᆞᄅᆞ치셧ᄉᆞ나 그날은 아지 못 ᄒᆞ엿더니 이제 아조 ᄭᆡ닷게 ᄒᆞ셧는지라 유태 나라에 큰 졀긔 (셋이) 잇ᄉᆞ니 그즁 뎨일 큰졀은 넘는 졀긔인ᄃᆡ 이 졀긔는 ᄒᆡ마다 갓가히 이르면 무론 아모던지 실고 업는쟈는 다 오며 먼 디방에셔도 만히 옴이요 예수ᄭᅴ셔 십이셰 되셧슬 ᄯᅢ에 그 부모와 ᄒᆞᆷᄭᅴ 예루살넴으로 올나가셔 이 졀긔를 직히셧는지라 하ᄂᆞ님ᄭᅴ셔 이스라엘 ᄇᆡᆨ셩이 애굽에셔 괴롬 밧음을 면케 ᄒᆞ실ᄯᅢ에 이 졀긔를 셜닙 ᄒᆞ심이니 츌애굽 십이쟝에 이졀긔 직희는 모양을 ᄀᆞᄅᆞ치셧ᄉᆞ며 그ᄯᅢ 양의 삭기를 잡아 온통 구어 먹게 ᄒᆞ심은 이후에 예수ᄭᅴ셔 십ᄌᆞ가에 피를 흘녀 그몸을 온셰샹에 드리심을 미리 표젹 되심이라 하ᄂᆞ님ᄭᅴ셔 그ᄯᅢ 애굽 ᄇᆡᆨ셩의게 지앙을 ᄂᆞ리샤 맛 아ᄃᆞᆯ들을 다죽이시고 이스라엘 ᄇᆡᆨ셩은 양의삭기 피를 흘녀 지앙을 면케 ᄒᆞ셧ᄂᆞ니 이와ᄀᆞᆺ치 셰샹 사ᄅᆞᆷ이 죄의 형벌 밧음은 길게 죽는것인ᄃᆡ 오직 예수ᄭᅴ셔 양의 삭기로 ᄃᆡ쇽ᄒᆞᆫ것 처럼 뭇 사ᄅᆞᆷ의 죄를 ᄃᆡ쇽 ᄒᆞ신바ㅣ 되신지라 (요한복음 일쟝 이십 구졀을 보라) 뎌양의 삭기피로 문설쥬 좌우편에 발나 지앙을 면ᄒᆞᆷ과 ᄀᆞᆺ치 예수ㅣ 흘니신 피

로 우리 ᄆᆞ옴을 씻스면 쇽죄 ᄒᆞ심이니라 하ᄂᆞ님ᄭᅦ셔 이 졀긔를 애급에 셜립 ᄒᆞ실ᄯᅢ에 뎌회가 ᄃᆡᄃᆡ로 ᄌᆞ손의게 이ᄯᅳᆺ을 ᄀᆞᄅᆞ치며 졀긔를 직희라 ᄒᆞ심은 구원ᄒᆞᆫ 엇옴을 알고 긔념케 ᄒᆞ심이요 ᄯᅩ 이후 그보다 더ᄒᆞᆫ 예수ㅣ 구원 ᄒᆞ심을 ᄀᆞᄅᆞ치심이라 유태ᄇᆡᆨ셩은 일쳔 오ᄇᆡᆨ년 동안에 몃히ᄭᆞ지 지안코 이 졀긔를 직혓ᄂᆞᆫᄃᆡ 이번 졀긔에도 이젼 표젹ᄃᆡ로 양의 삭기를 잡을ᄲᅮᆫ 아니라 ᄯᅩ 실샹 되신 예수ㅣ 뭇죄를 ᄃᆡ쇽ᄒᆞ고 드림을 ᄎᆞᆷ 응험 ᄒᆞ엿ᄂᆞ니 이 후로ᄂᆞᆫ 다른 졔물 드릴거시 업ᄉᆞᆷ이라 (고린뎌 젼셔 오쟝 칠졀과 ᄇᆡ드로 젼셔 일쟝 십팔브터 이십ᄉᆞ지 보라) 먼뎌 사ᄅᆞᆷ과 예루살넴에 잇ᄂᆞᆫ 모든 사ᄅᆞᆷ들은 졀긔일을 예비ᄒᆞᆯ시 이ᄯᅢ 공회에셔 ᄉᆞ쟈들이 긔회를 ᄯᅡ라셔 예수 죽이기를 ᄭᅬᄒᆞ매 혹은 이 졀긔날 죽엄이 합당치 못ᄒᆞ다 ᄒᆞᆷ은 이ᄯᅢ 예수 밋ᄂᆞᆫ 갈릴리 사ᄅᆞᆷ들이 잔치에 만히 옴으로 무셔워 ᄒᆞᆷ이나 필경 이날 이 일을 힝 ᄒᆞ엿ᄉᆞ며

○이ᄯᅢ 베다니아에 문둥병 든쟈 시몬의집에 예수ᄅᆞᆯ 위ᄒᆞ야 잔치를 예비ᄒᆞ니 손님즁에 죽엄에셔 살니시던 라사롯도 잇고 그누님 마다ᄂᆞᆫ 일을 도아주려 왓ᄉᆞ며 마리아ᄂᆞᆫ 향긔로온 기름을 가지고 와셔 예수의 발과 머리에 발남은 뎨일귀ᄒᆞᆫ 물건을 예수의게 드리ᄂᆞᆫ ᄯᅳᆺ인지라 마가복음 십ᄉᆞ장 삼졀 브터 구졀ᄭᆞ지와 요한복음 십이쟝 일졀브터 구졀ᄭᆞ지 보라 뎨ᄌᆞ들은 이일을 보고 됴와 아니 ᄒᆞ며 그즁에 유대라 ᄒᆞᄂᆞᆫ 뎨ᄌᆞᄂᆞᆫ 그 녀인ᄃᆞ려 이런 물건을 ᄑᆞᆯ아 만흔 돈으로 간난ᄒᆞᆫ 사ᄅᆞᆷ이나 구제 ᄒᆞᄂᆞᆫ거시 올타ᄒᆞ매 마리아ᄂᆞᆫ 놀나ᄂᆞᆫ듯 ᄒᆞ거ᄂᆞᆯ 예수 뎨ᄌᆞ들을 ᄭᅮ지자시고 마리아를 위로 ᄒᆞ심은 마리아ᄂᆞᆫ 예수 ᄉᆞ랑 ᄒᆞᄂᆞᆫ ᄆᆞ옴이 잇고 유대ᄂᆞᆫ 이런 ᄉᆞ랑 ᄆᆞ옴도 업고 도로혀 나아가셔 예수를 ᄑᆞᆯ앗ᄉᆞ니 일노브터 ᄇᆡᆨ셩이 업ᄂᆞᆫᄃᆡ셔 예수 잡을 긔틀을 찻더라

뭇ᄂᆞᆫ말

一 예수ᄭᅴ셔 이ᄯᅢ에 어ᄃᆡ 계셧ᄂᆞ뇨

二 시몬의 집에셔 누가 무ᄉᆞᆷ일ᄂᆞᆯ 구쥬님ᄭᅴ ᄒᆞ엿ᄂᆞ뇨

三 이 녀인은 근본 션ᄒᆞᆫ 녀인이며 ᄆᆞᄉᆞᆷ ᄆᆞ옴을 가지고 이쳐럼 힝 ᄒᆞ엿ᄂᆞ뇨

四 뎨ᄌᆞ즁에 ᄒᆞ나ᄂᆞᆫ 이일을 엇더케 녁엿ᄂᆞ뇨

五 이 뎨ᄌᆞ가 빈쟈를 ᄎᆞᆷ 불샹이 녁이ᄂᆞᆫ ᄆᆞ옴이 잇셧겟ᄂᆞ뇨

六 구쥬님ᄭᅴ셔 이 녀인의 일을 엇더케 아셧ᄂᆞ뇨

七 가난ᄒᆞᆫ 쟈ᄂᆞᆫ ᄒᆞᆼ샹ᄀᆞᆺ치 잇겟마 ᄒᆞ신 말ᄉᆞᆷ을 우리가 명심 ᄒᆞᆯ거시 잇겟ᄂᆞ뇨

八 이 기름 바르ᄂᆞᆫ거ᄉᆞᆫ 무어ᄉᆞᆯ 예비ᄒᆞᆫ다 ᄒᆞ셧ᄂᆞ뇨

九 이 녀인의 힝ᄒᆞᆫ일노 우리가 본밧을 거시 무엇시뇨

화류를구경ᄒᆞᆷ

비지 학교에셔 츈화일난 ᄒᆞᆫ때면 년년이 ᄒᆞᆫ번식
쇼창ᄒᆞ더니 금년에도 무ᄉᆞ양츈이 의구히 또도라
오매 여러 학원이 풍경을 ᄉᆞ랑ᄒᆞ야 셔교 진판ᄉᆞ
로 놀기를 긔회ᄒᆞ고 힝쟝을 슈습ᄒᆞ야 나갈싀 대
한 국긔와 본학당 긔를 들고 일ᄇᆡᆨ ᄉᆞ오십명이 졔
졔히 힝ᄒᆞᄂᆞᆫᄃᆡ 지나ᄂᆞᆫ 곳에 버들 가지ᄂᆞᆫ 아ᄎᆞᆷ
연긔를 머금은듯 복소아 ᄭᅩᆺ츤 비뒤에 웃고 셧시
며 청렬ᄒᆞᆫ 새암파 긔이ᄒᆞᆫ 바외ᄂᆞᆫ ᄎᆞᆷ 별건곤 일너
라 진판에 당도ᄒᆞ니 ᄉᆞ오명 로승이 흔연이 영졉
ᄒᆞ거놀 잠간 쉰후에 ᄎᆞ와 떡을 먹고 인ᄒᆞ야 놉흔
산에 오르며 ᄆᆞᆰ은 시내에 림ᄒᆞ야 회연히 수파롬
도 불며 무심이 ᄭᅩᆺ도 ᄭᅥᆨ그며 한가히 구름도 보며
청아ᄒᆞᆫ 노ᄅᆡ도 브르며 졂은즁을 불너 북도 치히
며 위티ᄒᆞᆫ 셕벽을 안고 락락ᄒᆞᆫ 소나무를 붓들고
긔이ᄒᆞᆫ 시 소래도 드르며 시츅을 펴노코 당일 경
치와 일쟝 ᄉᆞ실을 음영ᄒᆞᄂᆞᆫ티 여러분의 지은글
을 ᄒᆞᆫ폭에 다 긔록ᄒᆞᆯ수가 업셔 그즁에 연ᄶᅴ 몃
만 등졔ᄒᆞ노니 고ᄉᆞ연흔 쳠초식이요 반뎐풍력
동화지라 번역ᄒᆞ면 녯절에 연긔 흔젹은 풀빗츨
더ᄒᆞ고 반하놀 바롬힘은 ᄭᅩᆺ가지를 움즉이더라 다
반병진 다별미요 쇽승동락 시가긔라 번역ᄒᆞ면 차
와 밥을 아올나 베푸니 별미가 만코 쇽인과 중이
ᄒᆞᆫ가지 즐거워 ᄒᆞ니 이 아름다운 긔약 일너라 고
각죵함 운외향이요 츅쟝화츌 우여지라 번역ᄒᆞ면
놉흔집에 쇠북은 구름밧긔 소리를 머금고 기우러
진 담에 ᄭᅩᆺ츤 비놈은 가지가 나오더라 운비심학
승귀ᄉᆞ요 일락고봉 죠반지라 번역ᄒᆞ면 구름이 깁
흔 구렁에 나ᄂᆞᆫᄃᆡ 죠은 졀노 도라가고 날이 외로
온 봉에 ᄯᅥ러 지ᄂᆞᆫ티 싀ᄂᆞᆫ 가지에 도라 오더라
명구쳔셕 즁유약이요 고ᄉᆞ운연 불부긔라 번역ᄒᆞ
면 일홈난 디경에 싀암파 돌은 일죽이 언약을 머
므르고 녯절에 구름과 연긔ᄂᆞᆫ 긔약을 져ㅂ리지
안더라 동슈운싱 방초안이요 루공화락 벽도지라
번역ᄒᆞ면 골이 깁ᄒᆞ매 구름이 방초 언덕에 나오
고 루가 뷔이매 ᄭᅩᆺ치 벽도가지에 ᄯᅥ러지더라 산즁
츈진 차구극이요 셰외풍다 슉죠지라 번역ᄒᆞ면 산
가온ᄃᆡ 봄은 말달니ᄂᆞᆫ 틈에 다ᄒᆞ고 셰샹밧긔 바
롬은 ᄉᆡ 자ᄂᆞᆫ 가지에 만터라 보초하ᄉᆞ 이단극ᄒᆞ
랴 이화유식 호여지라 번역ᄒᆞ면 풀에 거르니 엇
자 ᄌᆞ른 나막신 옴기기를 ᄉᆞ양ᄒᆞ랴 ᄭᅩᆺ츌 ᄉᆞ랑ᄒᆞ
매 오히려 놈은가지 보호ᄒᆞᆯ줄을 알더라 글 써기
를 ᄆᆞᆺ친후에 랑연이 읇흐매 쇄락ᄒᆞᆫ 소리가 벽공
에 ᄯᅳᆯ치니 ᄎᆞᆷ 일ᄃᆡ 셩ᄉᆞ라 죵일토록 길겁게 놀다
가 셕양이 압길에 빗김을 보고 이에 도라 오니
라

내보

츙청남도 공쥬 회덕 근쳐로 년젼에 동학ᄒᆞ던 무리들이 모도 텬쥬교에 입명ᄒᆞ고 ᄃᆞ니며 힝패가 무쌍ᄒᆞ되 희군슈가 능히 금단ᄒᆞ지 못ᄒᆞᆫ즉 향곡에 ᄇᆡᆨ셩들이 부쟈ᄒᆞ야 살수가 업다더라

○ 싀골사ᄂᆞᆫ 친구 ᄒᆞ나이 셔울와셔 보고 ᄒᆞᄂᆞᆫ 말이 셔울셔ᄂᆞᆫ 곡가가 고등은 ᄒᆞ되 돈만 잇시면 곡식을 ᄑᆞᆯ어 먹기ᄂᆞᆫ 용이 ᄒᆞ거니와 싀골셔ᄂᆞᆫ 집에 돈을 두고도 곡식을 엇어 볼수업셔 굼넌이가 만타더라

○ 일젼에
대황뎨 폐하ᄭᅴ셔와
황태ᄌᆞ 뎐하ᄭᅴ셔
죵묘에 거동 ᄒᆞ시ᄂᆞᆫᄃᆡ 시위ᄒᆞᄂᆞᆫ 병ᄃᆡ들이 무슘 야료ᄒᆞᆫ ᄉᆞ단으로
폐하ᄭᅴ셔 진노ᄒᆞ샤 군부대신은 곳 면관ᄒᆞ고 그ᄯᅢ 쟝관은 귀양 가기가 쉽다더라

외보

○ 월젼에 일본총리대신 이도씨와 일본에 쥬찰ᄒᆞᆫ 아라샤 공ᄉᆞ 노젠씨 두분이 대한일에 약됴 ᄒᆞᄂᆞᆫᄃᆡ 아공ᄉᆞ의 말ᄉᆞᆷ이 우리 나라에셔도 대한이 ᄎᆞᆷ ᄌᆞ쥬독립국 인쥴을 알고 깃버 ᄒᆞ노라 ᄒᆞ엿시며 죵금 이후로ᄂᆞᆫ 대한 정부에셔 외국 사ᄅᆞᆷ 고문관 두ᄂᆞᆫ거ᄉᆞᆯ 일본과 아라샤 두 나라에셔 셔로 의론 ᄒᆞ야 합당케 ᄒᆞ자 ᄒᆞ엿시며 일본 ᄇᆡᆨ셩들이 대한에 나와셔 쟝ᄉᆞᄒᆞ고 사ᄂᆞᆫ거ᄉᆞᆯ 아라샤에셔 조곰 치락도 해롭게 ᄒᆞ지 안키로 작뎡 ᄒᆞ엿다더라

○ 영국 작년 셰입이 정부 ᄇᆡᆨ비 쓰고 남은돈이 삼쳔 륙ᄇᆡᆨ 칠십 팔만원인고로 탁지대신이 샹하의원에셔 말ᄒᆞ되 공연ᄒᆞᆫ 돈이 넘어만히 남으니 금년에ᄂᆞᆫ ᄇᆡᆨ셩의게 셰를감ᄒᆞ야 탁지에 돈이 이러케 남어 만히 남지 안캐ᄒᆞ야 달나 ᄒᆞ엿다더라

ᄆᆡ일신문광고

협셩회 회보를 지금은 날마다 츌판 ᄒᆞ고 일홈은 ᄆᆡ일신문 이요 파ᄂᆞᆫ 쳐소ᄂᆞᆫ 남대문안 젼 쓰젼도가 인ᄃᆡ ᄒᆞᆫ장 갑슨 엽 너푼이요 일삭 됴ᄂᆞᆫ 엽 닐곱돈 인ᄃᆡ 니외보와 여러가지 유죠ᄒᆞᆫ 말이 만히 잇ᄉᆞ오니 졔군ᄌᆞᄂᆞᆫ 만히 사셔 보시오

본회고ᄇᆡᆨ

본회에셔 이 회보를 젼년과 ᄀᆞᆺ치 일쥬일에 ᄒᆞᆫ번식 발간 ᄒᆞᄂᆞᆫᄃᆡ 새로 륙폭으로 작뎡ᄒᆞ고 ᄒᆞᆫ쟝 갑슨 엽젼 오푼이오 ᄒᆞᆫᄃᆞᆯ갑ᄉᆞᆯ 미리내면 젼과 ᄀᆞᆺ치 엽젼 ᄒᆞᆫ돈 오푼이라 본국 교우나 셔국 목ᄉᆞ나 교외 친구나 만일 사셔 보고져 ᄒᆞ거든 졍동 아편셜라 목ᄉᆞ 집이나 죵로 대동셔시에 가셔 사시압

죵로대동셔시광고

우리 셔샤에셔 셩경 신구약과 찬미칙과 교회에 유익ᄒᆞᆫ 여러가지 셔칙과 시무에 긴요ᄒᆞᆫ 칙들을 팔되 갑시 샹당 ᄒᆞ오니 학문샹과 시무변에 ᄯᅳ시 잇ᄂᆞᆫ 군ᄌᆞ들은 만히 사셔 보사압

뎨이권

대한 크리스도인 회보

뎨이십호

광무이년 (팔십륙합) 오월 [illegible]팔일

화미보에긔록ᄒᆞᆫ말ᄉᆞᆷ

우리가 그젼 회보에도 화미보에 잇ᄂᆞᆫ 말ᄉᆞᆷ을 긔재ᄒᆞ엿거니와 화미보ᄂᆞᆫ 쳥국 교회에셔 ᄆᆡ월 일ᄎᆞ식 발간 ᄒᆞᄂᆞᆫ거신ᄃᆡ 음력 윤삼월치를 본즉 젼도 ᄒᆞᄂᆞᆫ이를 보호ᄒᆞ여 써 나라에 란이 업게 ᄒᆞᄂᆞᆫ론이라 ᄒᆞ엿스니 그론에 ᄀᆞᆯᄋᆞᄃᆡ 구셰 교회가 즁국에 젼파ᄒᆞᆫ지 수십년에 교를 밋ᄂᆞᆫ 무리가 심히 만흔지라 우리교에 쥬쟝ᄯᅳᆺ은 착ᄒᆞᆫ 사ᄅᆞᆷ을 포양ᄒᆞ고 악ᄒᆞᆫ 힝실을 경계ᄒᆞ여 사ᄅᆞᆷ마다 서로 화목ᄒᆞᄂᆞᆫ 도리니 즁국 사ᄅᆞᆷ이 만약 다 교를 밋으면 수만리 디방에 관원이 업서도 나라안에 가이 어즈러온 일이 업슬거시어놀 근일에 교쥬에 란리ᄂᆞᆫ 실상 교인을 살히ᄒᆞᆫᄃᆡ 말ᄆᆡ암이니 엇지 탄식ᄒᆞᆯ곳이 아니리오 젼도 목ᄉᆞ가 착ᄒᆞᆫ 도로 써 사ᄅᆞᆷ을 ᄀᆞᄅᆞ치매 듯ᄂᆞᆫ쟈들이 도로혀 이단이라 칭ᄒᆞ고 례빅당을 헐고 교인을 죽엿스니 그 형편을 혜아리건ᄃᆡ 교쥬에 지앙은 실상 자취라 다시 누구를 원망 ᄒᆞ리오 그런즉 아모디방이던지 그고올 관원이 지식이 넓고 덕힝을 닥가 션교ᄉᆞ를 지극히 사랑ᄒᆞ고 각쳐 례비당을 힘써 보호 ᄒᆞ여야 향곡에 잇ᄂᆞᆫ 우쥰ᄒᆞᆫ 빅셩들이 졔관원의 법령을 두려워 ᄒᆞ여 감히 교인을 모히ᄒᆞ지 못ᄒᆞᆯ뿐 아니라 각기 ᄆᆞ음을 도리켜 우리 거륵ᄒᆞᆫ 교회에 도라와셔 다 슌량ᄒᆞᆫ 빅셩이 될거시니 일노좃ᄎᆞ 볼진ᄃᆡ 나라에 편안ᄒᆞ고 위티ᄒᆞᆫ 거시 엇지 그나라 관원들이 교인을 보호ᄒᆞ고 보호ᄒᆞ지 안ᄂᆞᆫᄃᆡ 잇다 아니 ᄒᆞ리오 셔국에 션교ᄉᆞ들이 하ᄂᆞ님의 명령을 밧아 교토를 바리고 여러 바다를 건너 됴흔 복음을 동포 형뎨의게 젼파 ᄒᆞ거놀 어리석은 사ᄅᆞᆷ들은 그 리치를 ᄭᆡ닷지 못ᄒᆞ고 도로혀 의심ᄒᆞ여 말 ᄒᆞ기를 나라 형셰를 엿보아 불의ᄒᆞᆫ 일을 꾀ᄒᆞᆫ다 ᄒᆞ야 ᄒᆞᆫ가지 교유 ᄒᆞ지 아니ᄒᆞ고 뮈워 ᄒᆞ기를 금슈와 ᄀᆞᆺ치 ᄒᆞ니 크게 한심ᄒᆞ도다 ᄒᆞ엿스며

○또 다시 본즉 셩교광학론이라 ᄒᆞ엿ᄂᆞᆫᄃᆡ 그론에 ᄀᆞᆯᄋᆞᄃᆡ 즁국에셔 근본 유교를 슝봉 ᄒᆞᄂᆞᆫ고로 공ᄌᆞ의 도학을 빅호ᄂᆞᆫ 무리들은 공ᄌᆞ의 도라가신 날노 써 빗ᄂᆞᆫ학의 긔약을 삼앗고 우리 크리스도 교인들은 구셰쥬를 슝봉 ᄒᆞᄂᆞᆫ고로 구셰쥬ᄭᅴ셔 십ᄌᆞ가에 히를 밧으셧다가 삼일만에 다시 사신날노 써 빗ᄂᆞᆫ학의 긔약을 삼아 모든 교우로 ᄒᆞ여금 구셰쥬의 ᄃᆡ쇽ᄒᆞ신 공로를 알게 ᄒᆞᆷ이라 ᄒᆞ엿고 그외에 다른 말ᄉᆞᆷ도 됴흔 언론이 만흐나 일폭에 다 긔록ᄒᆞᆯ수 업스니 일후에 달마다 ᄒᆞᆫ번식 등지ᄒᆞ겟노라

대한크리스도인 회보

THE KOREAN
CHRISTIAN ADVOCATE.
Rev. H. G. Appenzeller, Editor
36 cents per annum
in advance. Postage extra.
Wednesday, May. 18th, 1898.

셔울 졍동셔 일쥬일에 ᄒᆞᆫ번식 발간 ᄒᆞᄂᆞᆫᄃᆡ 아편셜라 목ᄉᆞ가 회보 샤쟝이 되엿더라

일년 갑슨 미리 ᄂᆡ면 삼십 륙젼이오 우표갑슨 ᄯᅩ로 잇ᄂᆞ니라

의ᄉᆞ졔손씨가환국홈

졔손씨가 대한에 나온지 삼년 동안에 빅셩을 위ᄒᆞ야 유죠ᄒᆞᆫ 일을 만히 ᄒᆞ엿ᄂᆞᆫᄃᆡ 첫ᄌᆡᄂᆞᆫ 독립신문을 문ᄃᆞ러 졍부와 빅셩이 일심이 되여야 나라이 ᄎᆞᄎᆞ ᄌᆞ쥬독립이 되ᄂᆞᆫ것과 사ᄅᆞᆷ마다 ᄌᆞ유ᄒᆞᄂᆞᆫ 권리가 잇ᄂᆞᆫ거슬 셜명ᄒᆞ엿고 둘ᄌᆡᄂᆞᆫ 각 학교에 ᄃᆞ니며 츙군 ᄋᆡ국ᄒᆞᄂᆞᆫ 도리와 문명 진화ᄒᆞᄂᆞᆫ 리치를 힘써 연셜ᄒᆞ야 사ᄅᆞᆷ의 흉즁에 모식ᄒᆞᆫ거슬 열게 ᄒᆞ엿고 셋ᄌᆡᄂᆞᆫ 비지학당 학도의게 협셩회 규칙과 쟝졍을 ᄀᆞᄅᆞ쳐 ᄆᆡ 토요일 오후면 모히여 학문샹에 유익ᄒᆞᆫ것과 시무샹에 진보될거슬 서로 토론ᄒᆞ여 회원이 ᄆᆡ우 흥왕ᄒᆞ엿시며 그ᄲᅮᆫ 아니라 일년 동안을 일쥬일에 ᄒᆞᆫ번식 비지학당에 와셔 텬하 디리와 각국 졍치를 ᄇᆞᆰ게 ᄀᆞᄅᆞ쳐 학도의 지식을 넓게 ᄒᆞ엿고 넷ᄌᆡᄂᆞᆫ 독립관에 독립협회 토론회를 셜시케 ᄒᆞ여 ᄆᆡ 일요일 오후면 졍부에 고명ᄒᆞᆫ 관원과 민간에 유지각ᄒᆞᆫ 션비들이 모히여 각국 형편과 민간 질고를 서로 토론 ᄒᆞᄂᆞᆫᄃᆡ 우리 나라가 외국에 슈치 밧ᄂᆞᆫ거슬 통분이 넉여 나라를 위ᄒᆞ야 죽기로 써 밍셰ᄒᆞ고 일심으로 모히ᄂᆞᆫ 회원들이 ᄆᆡ양 쳔여명에 갓갑더라 이번에 졍부에셔 외국인을 다 ᄒᆡ고ᄒᆞ매 졔손씨도 ᄯᅩᄒᆞᆫ 그즁에 ᄎᆞᆷ예ᄒᆞ야 불가불 고국으로 도라가게 된지라 빅셩들이 다 졔손씨의 ᄯᅥ나감을 셥셥히 넉여 만민 공동회에셔와 독립협회에셔 졔손씨를 아죠 만류ᄒᆞᆯ ᄯᅳᆺ스로 졍부에 편지 ᄒᆞ엿스나 ᄉᆞ셰 그럿치 못ᄒᆞ야 일젼에 ᄒᆡᆼ쟝을 슈습ᄒᆞ야 길을 ᄯᅥ나ᄂᆞᆫᄃᆡ 협셩회 회원들과 독립협회 회원들이며 기외 여러 친구가 합 ᄉᆞ오십명이 강에ᄭᆞ지 나아가 젼송ᄒᆞᄂᆞᆫᄃᆡ 작별ᄒᆞᆯᄯᅢ에 서로 붓들고 눈물을 흘니며 그 련련ᄒᆞᆫ 졍의와 챵연ᄒᆞᆫ 회포ᄂᆞᆫ 형용ᄒᆞ야 말ᄒᆞᆯ수 업더라

국태공의쟝례지ᄂᆡ심

음력 윤삼월 이십 륙일은 곳
국태공과
부대부인 량위 뎐하의 안쟝 길일이라 그젼날 오후 여ᄉᆞᆺ시 반씀 되야셔
발인 ᄒᆞᄂᆞᆫᄃᆡ
대황뎨 폐하ᄭᅴ셔ᄂᆞᆫ ᄌᆞ니로 망곡 이통 ᄒᆞ시고 만민들은 각기 졍셩으로 오식등을 가지고 대쇼예 젼후로 비힝ᄒᆞ고 각국 공관에셔ᄂᆞᆫ 삼일 반긔를 달어 됴샹 ᄒᆞᄂᆞᆫ 례를 표 ᄒᆞ더라

례ᄇᆡ일공과 륙십팔 오월 이십구일

예수를판유대

마태 이십륙장 십ᄉᆞ졀노 이십구졀

변됴

디명

十四 그때 열두 문도중에 가략 사ᄅᆞᆷ 유대라 ᄒᆞᄂᆞᆫ
이가 졔ᄉᆞ졔쟝의게 가서 ᄀᆞᆯᄋᆞᄃᆡ 十五 내가 예수를
너희게 잡혀 보내리니 얼마나 주랴ᄂᆞ냐 ᄒᆞ니 그
물이 은 삼십을 ᄃᆞᆯ아 주거ᄂᆞᆯ 十六 그때브터 예수
잡혀 보낼 긔회를 ᄎᆞᆺ더라 ○ 十七 누룩업ᄂᆞᆫ 떡 먹
ᄂᆞᆫ 첫날에 뎨ᄌᆞ들이 예수ᄭᅴ 나아와서 ᄀᆞᆯᄋᆞᄃᆡ 어
ᄃᆡ서 우리가 유월졀 잔치를 예비ᄒᆞ야 잡수시게 ᄒᆞ
오리잇가 十八 ᄀᆞᆯᄋᆞ샤ᄃᆡ 셩안 아모의게 가서 닐너
ᄀᆞᆯᄋᆞᄃᆡ 선ᄉᆡᆼ님 말ᄉᆞᆷ이 내ᄯᅢ가 갓가왓시니 뎨ᄌᆞ들
노 ᄒᆞᆷᄭᅴ 유월졀을 네집에서 직희겟다 ᄒᆞ라 ᄒᆞ신
ᄃᆡ 十九 뎨ᄌᆞ들이 예수의 식이신ᄃᆡ로 ᄒᆞ야 유월졀
을 예비 ᄒᆞ엿ᄂᆞ니라 二十 져물때 예수ㅣ 열두 뎨ᄌᆞ
와 ᄒᆞᆷᄭᅴ 자리에 안져 二十一 음식 먹을때에 ᄀᆞᆯᄋᆞ샤
ᄃᆡ 내실노 너희게 닐ᄋᆞ노니 너희중에 ᄒᆞᆫ 사ᄅᆞᆷ이
나를 ᄑᆞᆯ니라 ᄒᆞ시니 二十二 뎌희들이 심이 근심ᄒᆞ야
ᄒᆞ나식 뭇기를 시작ᄒᆞ여 ᄀᆞᆯᄋᆞᄃᆡ 쥬여 내니잇가
二十三 ᄃᆡ답ᄒᆞ여 ᄀᆞᆯᄋᆞ샤ᄃᆡ 나와ᄀᆞᆺ치 그릇시 손을 너
흔쟈ㅣ 곳 나를 ᄑᆞᆯ니라 二十四 인ᄌᆞᄂᆞᆫ 셩경에 긔록
ᄒᆞᆫ대로 가려니와 인ᄌᆞ를 ᄑᆞᄂᆞᆫ쟈ᄂᆞᆫ 앙화 잇스리니
그 사ᄅᆞᆷ이 나지 아니 ᄒᆞ엿더면 됴흘번 ᄒᆞ엿ᄂᆞ니
라 二十五 예수를 판 유대가 ᄃᆡ답ᄒᆞ여 ᄀᆞᆯᄋᆞᄃᆡ 선ᄉᆡᆼ
님 내니잇가 ᄀᆞᆯᄋᆞ샤ᄃᆡ 네가 말 ᄒᆞ엿도다 ᄒᆞ시고
二十六 음식 먹을때에 예수ㅣ 떡을 가지샤 츅샤ᄒᆞ시
고 ᄯᅦ여 뎨ᄌᆞ들을 주시며 ᄀᆞᆯᄋᆞ샤ᄃᆡ 밧어 먹으라
이거시 내 몸이라 ᄒᆞ시고 二十七 ᄯᅩ 잔을 가지샤 츅
샤 ᄒᆞ시고 그들을 주시며 ᄀᆞᆯᄋᆞ샤ᄃᆡ 다 마시라 二十
八 이거슨 내의 새로 언약ᄒᆞᄂᆞᆫ 피니 여러 사ᄅᆞᆷ의
죄샤ᄒᆞᆷ을 위ᄒᆞ야 흘님이니라 二十九 그러가 내 너희
게 닐ᄋᆞ노니 이 포도즙을 내 아바니 나라에서 새
로 너희와 ᄒᆞᆷᄭᅴ 마시ᄂᆞᆫ 날ᄭᅡ지 다시 마시지 아니
ᄒᆞ리라 ᄒᆞ시더라

주셕

누룩업ᄂᆞᆫ 떡먹ᄂᆞᆫ 날이라 ᄒᆞᆷ은 넘ᄂᆞᆫ 졀긔요 누룩
업ᄂᆞᆫ 떡이란 ᄯᅳᆺ은 하ᄂᆞ님ᄭᅴ서 이졀긔 칠일 동
안에ᄂᆞᆫ 누룩업ᄂᆞᆫ 떡만 먹으라 ᄒᆞ심이요 (츌애굽이
십삼장 십오졀을 보라) 유월졀에 잡ᄂᆞᆫ양의 삭기
ᄂᆞᆫ 아모ᄃᆡ서나 잡아 먹지 못ᄒᆞ고 오직 예루살넴
셩 안에서만 잡ᄂᆞᆫᄃᆡ 이ᄉᆞ라엘 ᄇᆡᆨ셩이 ᄉᆞ방에 무
론 누구던지 다 예루살넴 셩안으로 와서 이 졀긔
를 직희며 예루살넴 사ᄅᆞᆷ은 그때 먼 디방에서 온
사ᄅᆞᆷ들을 방을 빌녀 주엇ᄂᆞᆫ지라 뎨ᄌᆞ들은 어린ᄋᆞ
히가 아바지의게 의지 ᄒᆞᄂᆞᆫ것 ᄀᆞᆺ치 예수를 의지ᄒᆞ
매 이번 잔치를 어ᄃᆡ다가 비셜ᄒᆞ오릿가ᄒᆞ니 예수
ᄭᅴ서 베드로와 요한으로 써 예비ᄒᆞ러 가게 ᄒᆞ샤
어나 곳인지 분명이 ᄀᆞᄅᆞ쳐 주지 아니 ᄒᆞ셧ᄉᆞ나
뎌희가 알 표젹을 뵈이셧ᄉᆞ며 (마가복음 십ᄉᆞ쟝

십이졀노 십륙ᄭᆞ지와 누가복음 이십이장 팔졀노 십삼ᄭᆞ지 보라) 이집 쥬인은 션싱이 뉘신줄도 알며 ᄯᅢ가 갓가왓다 ᄒᆞᆷ도 알매 예수를 밋ᄂᆞᆫ 사ᄅᆞᆷ인듯 ᄒᆞᆷ이요 방을 잠시 빌닌거시 아니라 그져 내여놋코 례비ᄒᆞᄂᆞᆫ 쳐소를 삼앗ᄉᆞ니 이ᄂᆞᆫ 예수 오시기를 기ᄃᆞ린 모양이요 두 뎨ᄌᆞᄂᆞᆫ 이집에 와서 잔치일을 예비ᄒᆞ고 져녁ᄯᅢ에 가서 예수와 그 남은 뎨ᄌᆞ들 ᄒᆞ고 와서 이 졀긔를 지내ᄂᆞᆫ듸 예수ᄭᅴ셔 크게 구속ᄒᆞ심 표내ᄂᆞᆫ 졀긔를‖이번에 마자막 직회셧ᄂᆞᆫ지라 ᄇᆡᆨ셩이 이젼에 애굽에셔 ᄯᅥ나 갈 ᄯᅢ와 들에셔 ᄉᆞ십년 지낼제 이 졀긔를 직회ᄂᆞᆫ듸 먹을ᄯᅢ에 몸에 ᄯᅴ와 신을 풀지안코 서서 먹엇ᄉᆞ니 이ᄂᆞᆫ 먼길감을 예비 ᄒᆞᆷ이요 오직 하ᄂᆞ님ᄭᅴ셔 주마ᄒᆞ신 ᄯᅡᄒᆞᆯ 엇어 잇슨 연후에야 안져셔 먹엇ᄉᆞ니 이ᄂᆞᆫ 편안이 쉬ᄂᆞᆫ 뜻이요 오ᄂᆞᆯ 공부에 예수ᄭᅴ셔 그ᄯᅢ ᄒᆞ시던 말ᄉᆞᆷ ᄡᅧ진 마ᄃᆡ가 잇ᄉᆞ니 요한복음 십삼장에 만이 잇ᄂᆞᆫ듸 뎨ᄌᆞ가 뎌회들 즁에 예수를 폴쟈ㅣ 잇다 ᄒᆞᆷ을 ᄃᆞ라매 믜오 놀나며 죄를 놈의게 미루지 안코 오직 내오닛가 ᄒᆞᄂᆞᆫ지라 예수ᄭᅴ셔 만민의 죄를 ᄃᆡ쇽 ᄒᆞ시량으로 고난을 밧으심은 발서 아바지ᄭᅴ셔 작뎡 ᄒᆞ심이 어니와 유대가 이러케 예수를 판거ᄉᆞᆫ 이죄가 덜수 업고 뎨가 후회ᄒᆞ되 다시 샤 ᄒᆞ심을 엇지 못ᄒᆞ며 영원토록 큰 형벌을 밧을지라 ○ 이번 졀긔를 예수ㅣ 마자막 직회셧ᄉᆞ며 이후로ᄂᆞᆫ 다 양의 삭기를 잡아 잔치 ᄒᆞᄂᆞᆫ법이 업셧ᄉᆞ니 이ᄂᆞᆫ 예수ᄭᅴ셔 ᄎᆞᆷ 양의 삭기되샤 제물 드림으로 ᄃᆡ쇽 ᄒᆞ심을 ᄇᆞᆰ히 응험 ᄒᆞ심이니 이밤에 뎨ᄌᆞ들의게 잔과 ᄯᅥᆨ을 주셧ᄉᆞ매 포도즙은 예수ㅣ 흘니신 피를 싱각ᄒᆞ라 ᄒᆞ심이요 ᄯᅥᆨ을ᄲᅦ혀 주심은 예수의 몸이 ᄯᅧ러짐을 싱각ᄒᆞ라 ᄒᆞ샤 일노 ᄡᅥ 새로 언약을 세우시매 그후로 넘ᄂᆞᆫ 졀긔를 대신ᄒᆞ여 셩 만찬 례가 셜립되니 밋ᄂᆞᆫ 쟈들이 이례를 직회여 예수의 큰 ᄃᆡ쇽ᄒᆞ심을 싱각게 ᄒᆞ라 ᄒᆞ셧ᄂᆞᆫ지라.

뭇ᄂᆞᆫ말

一 이ᄯᅢ에 십이 뎨ᄌᆞ즁에 ᄒᆞ나ᄂᆞᆫ 무ᄉᆞᆷ일을 ᄒᆞ라 단엿ᄂᆞ뇨

二 사ᄅᆞᆷ이 아모 일이던지 돈만 불면 잘 지ᄂᆡ겟ᄂᆞ뇨

三 졔효졀은 무ᄉᆞᆷ 졀긔뇨

四 이날에 뎨ᄌᆞ들이 예수ᄭᅴ 무엇슬 예비 ᄒᆞ오릿가 무럿ᄂᆞ뇨

五 이넘ᄂᆞᆫ졀 ᄅᆡ력을 간략히 말ᄉᆞᆷ ᄒᆞ시요

六 유태 ᄇᆡᆨ셩들이 이 졀긔를 엇더케 직혓ᄂᆞ뇨

七 넘ᄂᆞᆫ졀 ᄃᆡ신 셜시ᄒᆞᆫ 일이 잇ᄂᆞ뇨

八 이날밤에 예수ᄭᅴ셔 뎨ᄌᆞ들의게 무ᄉᆞᆷ일을 ᄒᆞ셧ᄂᆞ뇨

九 우리가 이 넘ᄂᆞᆫ졀과 ᄀᆞᆺ치 지ᄂᆡᄂᆞᆫ거시 무엇시뇨

十 이례를 어ᄂᆞᄯᅢᄭᆞ지 힘 ᄒᆞ겟ᄂᆞ뇨

놈을참소ᄒᆞᆫ난이는제몸이몬져망홈

대개 다른 사ᄅᆞᆷ을 시긔ᄒᆞ야 참소코져 ᄒᆞ는쟈ㅣ 함졍을 베프러 사ᄅᆞᆷ을 ᄲᅡ지게 ᄒᆞ되 다른 사ᄅᆞᆷ은 ᄲᅡ지지 아니ᄒᆞ고 필경은 제가 몬져 그 함졍에 ᄲᅡ져 죽는 법이라 그런고로 셔국에 ᄒᆞᆫ 현인이 비유ᄒᆞᆫ 말ᄉᆞᆷ이 잇기에 이아래 긔지ᄒᆞ노라

샤ᄌᆞ는 몸이크고 힘이 만흔고로 여러 즘ᄉᆡᆼ즁에 왕이되매 무론 엇더ᄒᆞᆫ 즘ᄉᆡᆼ이던지 만약 억울ᄒᆞᆫ 일이 잇시면 샤ᄌᆞ왕의게 지판도 ᄒᆞ고 즘ᄉᆡᆼ즁에 뮈운놈이 잇시면 ᄯᅩᄒᆞᆫ 와셔 서로 참소도 ᄒᆞ더니 ᄒᆞ로는 샤ᄌᆞ왕이 병이 드럿는ᄃᆡ 여러 즘ᄉᆡᆼ이 다 와셔 문안ᄒᆞ되 홀노 여호가 오자 아니ᄒᆞ엿거놀 시랑이 본ᄃᆡ 여호와 ᄉᆞ쇼ᄒᆞᆫ 혐의가 잇셔 ᄒᆞᆼ샹 뮈워ᄒᆞ던ᄎᆞ에 드ᄃᆡ여 참소ᄒᆞ야 ᄀᆞᆯᄋᆞᄃᆡ 대왕의 병환이 위즁ᄒᆞ시매 우리들이 다 황공ᄒᆞ와 즉시와셔 문안ᄒᆞ거놀 여호는 요마ᄒᆞᆫ 젹은 놈으로 당돌이 대집에셔 길거워 ᄒᆞ고 대왕ᄭᅴ 일ᄎᆞ 문안도 업ᄉᆞ오니 이러ᄒᆞᆫ 역젹놈은 죽을죄로 다ᄉᆞ리심이 맛당ᄒᆞ도쇼이다 말을 맛치지 아니ᄒᆞ야 여호가 못ᄎᆞᆷ 이르니 샤ᄌᆞ왕이 대노ᄒᆞ야 ᄭᅮ짓스되 여호야 내가 병든지 여러 날이여늘 네가 인졔야 와셔 문안 ᄒᆞ는체 ᄒᆞ니 져러ᄒᆞᆫ 가통엔놈이 어ᄃᆡ 잇시라오 여호가 우ᄉᆞ며 말ᄉᆞᆷ을 느즉이 ᄒᆞ여 엿ᄌᆞ오ᄃᆡ 지금 죽ᄉᆞ와도 ᄒᆞᆫ이 업ᄉᆞ오니 원컨ᄃᆡ ᄒᆞᆫ 말ᄉᆞᆷ만 드르시옵쇼셔 샤ᄌᆞ왕이 ᄀᆞᆯᄋᆞᄃᆡ 무ᄉᆞᆷ 말이뇨 ᄲᅡᆯ니ᄒᆞ라 여호가 다시 엿ᄌᆞ오ᄃᆡ 다른 즘ᄉᆡᆼ들은 다만 와셔 문안만 ᄒᆞ오니 대왕의 병환에 무ᄉᆞᆷ 리익이 잇ᄉᆞᆸ나잇가 쇼신은 대왕의 미령ᄒᆞ신 소문을 듯ᄉᆞᆸ고 두루 ᄃᆞ니며 됴흔 방문을 얻어 왓ᄉᆞ오니 시험ᄒᆞ시면 됴켓ᄉᆞᆸ니이다 샤ᄌᆞ왕이 대희ᄒᆞ야 믈ᄋᆞᄃᆡ 무ᄉᆞᆷ 약이뇨 아ᄉᆞ 내의 실슈ᄒᆞᆫ거ᄉᆞᆯ 허믈치 말고 내의 병을 곳 낫게ᄒᆞ라 여호가 말ᄉᆞᆷᄒᆞᄃᆡ 살어셔 ᄃᆞ니는 시랑의 가죽을 벗겨 대왕의 몸에 덥ᄒᆞ면 곳 평복이 되시리이다 샤ᄌᆞ왕이 즉시 령을 나려 아ᄎᆞᆷ 문안ᄒᆞ던 시랑을 잡아 여호의 ᄀᆞ르치는 방문ᄃᆡ로 ᄒᆞ니라 ᄒᆞ엿스니 이 비유ᄒᆞᆫ 말ᄉᆞᆷ을 보건ᄃᆡ 리치에 격당ᄒᆞ야 비록 부녀라도 보고 ᄭᅢ닷기 쉬운지라 우리 형데 ᄌᆞ민들은 몸을 닥고 ᄒᆡᆼ실을 가다듬어 다른 사ᄅᆞᆷ을 참소 ᄒᆞ지 말고 각기 겸양ᄒᆞ기를 힘쓸지어다

닉보

양력 오월 십일일 밤에 남쟝동 근쳐에 불이 낫는ᄃᆡ 그ᄯᅢ 일긔가 미우 감온고로 불을 속히 잡지 못ᄒᆞ야 쳥인의 집과 일본 사ᄅᆞᆷ의 집이 만히 탓다더라

○쳥국ᄊᆞᆯ이 만히 나온다는 소문을 듯고 사ᄅᆞᆷ들이 곡가가 쟝ᄎᆞᆺ 나리자리라 ᄒᆞ야 인심이 조곰 위로가 되더니 요ᄉᆞ이 드른즉 쳥국셔 방곡을 대단이ᄒᆞ야 곡식이 나오지 못ᄒᆞ고 락동 리ᄉᆞ부에 잇는 쳥인 당소의씨가 ᄯᅩᄒᆞᆫ 본국 졀졔를 밧어 쳥국 곡식 시른ᄇᆡ가 인쳔 바다에 도박 ᄒᆞ랴는거ᄉᆞᆯ 다

시 ᄯᅩᆺ차 돌녀 보닛다 ᄒᆞ니 이 소문이 젹보ᄂᆞᆫ지 알수ᄂᆞᆫ 업스나 우리ᄂᆞᆫ 위션 듯ᄂᆞᆫ더로 등지 ᄒᆞ노라

○경긔 근쳐에 불안당이 대단ᄒᆞ야 집에 여간 곡식셤 두고 사ᄂᆞᆫ 사ᄅᆞᆷ들이 부닥겨 살수가 업셔셔 셔울노 만히 이샤 오ᄂᆞᆫᄃᆡ 사ᄅᆞᆷ들이 말ᄒᆞ기를 지금은 먹을것만 잇시면 ᄎᆞ라리 셔울 와셔 사ᄂᆞᆫ거시 편안타 ᄒᆞ더라

○대왕뎨 폐하ᄭᅨ셔 일젼에 죵묘 거동 ᄒᆞ실ᄯᅢ에 윗붓븍ᄂᆞᆫ 업시 ᄌᆞ하로 좌우길을 엄금ᄒᆞ야 빅셩들이 병문밧ᄭᅴ 얼는 못 ᄒᆞ엿더니 셩샹ᄭᅨ셔 동촉ᄒᆞ샤 그번에 홍릉에 거동 ᄒᆞ실ᄯᅢᄂᆞᆫ 로금을 조곰 푸르시매 빅셩들이 다 대황뎨의 위의를 쳠앙ᄒᆞ고 텬은을 찬숑 ᄒᆞ더라

○졍동 니셔방의 약계집 힝낭 압흐로 엇더ᄒᆞᆫ 사ᄅᆞᆷ들이 지ᄂᆡ다가 그 힝낭에 잇ᄂᆞᆫ 졂은 녀인ᄃᆞ려 물 ᄒᆞᆫ그릇슬 달나ᄒᆞᆫ즉 그 녀인이 물이 업다고 ᄒᆞ매 서로 힐난 ᄒᆞᄂᆞᆫ ᄎᆞ에 일수쟝이가 ᄆᆞᆺ참 일수돈을 밧으러 왓다가 그 경샹을 보고 물 ᄒᆞᆫ사발을 ᄯᅥ셔 주엇더니 그두 사ᄅᆞᆷ이 물도 변변이 먹지안코 그물을 힝낭 들창안으로 드러 부으니 그 녀인이 그놈들의 무례ᄒᆞᆷ을 칙망 ᄒᆞᄂᆞᆫᄃᆡ 그ᄯᅢ ᄆᆞᆺ참 그 녀인의 셔방이 와셔 보고 분이 너여 그 근쳐 슌검텽에 가셔 말ᄒᆞ니 두놈즁에 ᄒᆞᆫ놈은 이믜 다라난지라 슌검이 즉시와셔 ᄒᆞᆫ놈만 잡어 갓다더라

외보

미국셔 셔반아에 속ᄒᆞᆫ 비립비 셩에 들어가 셔반아 병션을 쳐 부수고 미국 국긔를 ᄭᅩᆺ고 쟝ᄎᆞᆺ 군ᄉᆞ 오천명을 보ᄂᆡ여 그셩을 직힌다더라

미일신문광고

협셩회 회보를 지금은 날마다 츌판 ᄒᆞ고 일홈은 미일신문 이요 파ᄂᆞᆫ 쳐소ᄂᆞᆫ 남대문안 젼 쌋전도가 인ᄃᆡ ᄒᆞᆫ쟝 갑슨 엽 너픈이요 일삭 됴ᄂᆞᆫ 엽 닐곱돈 인ᄃᆡ ᄂᆡ외보와 여러가지 유죠ᄒᆞᆫ 말이 만히 잇ᄉᆞ오니 졔군ᄌᆞᄂᆞᆫ 만히 사셔 보사오

본회고빅

본회에셔 이 회보를 젼년과 ᄀᆞᆺ치 일쥬일에 ᄒᆞᆫ번식 발간 ᄒᆞᄂᆞᆫᄃᆡ 새로 륙폭으로 작뎡ᄒᆞ고 ᄒᆞᆫ쟝 갑슨 엽젼 오푼이오 ᄒᆞᆫ돌갑슬 미리내면 젼과 ᄀᆞᆺ치 엽젼 ᄒᆞᆫ돈 오푼이라 본국 교우나 셔국 목ᄉᆞ나 교외 친구나 만일 사셔 보고져 ᄒᆞ거든 뎡동 아편셜라 목ᄉᆞ 집이나 죵로 대동셔시에 가셔 사시옵

죵로대동셔시광고

우리 셔샤에셔 셩경 신구약과 찬미칙과 교회에 유익ᄒᆞᆫ 여러가지 셔칙과 시무에 긴요ᄒᆞᆫ 칙들을 팔되 갑시 샹당 ᄒᆞ오니 학문샹과 시무변에 ᄯᅳᆺ이 잇ᄂᆞᆫ 군ᄌᆞ들은 만히 사셔 보시옵

대한크리스도인회보

뎨이권 광무이년 (구십육합)

오월 이십오일

뎨이십일호

홀의원의 부인이 츔쳑본일

양력 ᄉᆞ월에 홀 의원의 부인이 교회일을 위ᄒᆞ여 어린ᄋᆞᄒᆡ 남미를 다리고 평양으로 나려 갓ᄂᆞᆫ듸 그때에 부인의 ᄯᆞᆯ 세살된 ᄋᆞ기가 리질병이 잇ᄂᆞᆫ고로 우리가 민망히 녁녀 병이 낫기를 ᄇᆞ랏더니 오월 이십삼일에 평양서 뎐보가 왓ᄂᆞᆫ듸 그 ᄋᆞᄒᆡ의 병이 점점 더ᄒᆞ여 졀혼이 세상을 ᄯᅥ낫다 ᄒᆞᆫ지라 우리 셔국 교우들과 대한 형뎨와 ᄌᆞ미즁에 그 부인의 졍경을 아ᄂᆞᆫ 사ᄅᆞᆷ은 뉘가 아니 슯허 ᄒᆞ리오 우리가 이 셰샹에서ᄂᆞᆫ 다시 그 ᄋᆞᄒᆡ를 만나볼수업고 그 부인의 가련ᄒᆞᆫ 쳐디를 싱각ᄒᆞ매 ᄆᆞᄋᆞᆷ이 샹ᄒᆞ여 ᄶᅵ르ᄂᆞᆫ것 갓ᄒᆞ나 일변으로 ᄇᆞ라고 위로ᄒᆞᆯ것슨 그 부인과 우리들이 일후에 텬국에 가서 홀 의원과 그 ᄋᆞᄒᆡ를 만나 볼터이오니 지금은 슬푸나 그때ᄂᆞᆫ 깃불지라 녜젹에 대벽왕의 말ᄉᆞᆷ과 ᄀᆞᆺ치 ᄋᆞᄒᆡ가 임의 죽엇시니 금식ᄒᆞ여 무엇 ᄒᆞ리오 엇지 그 령혼을 도라오게 ᄒᆞ랴 ᄋᆞᄒᆡᄂᆞᆫ 다시 내게로 오지 못ᄒᆞ되 내가 쟝ᄎᆞᆺ ᄋᆞᄒᆡ 잇ᄂᆞᆫ 곳으로 가리라 ᄒᆞ엿시니(샤무엘 후서 십이쟝 이십삼졀에 보라) 이 부인도 ᄯᅩᄒᆞᆫ 일후에 남편과 ᄯᆞᆯ이 잇ᄂᆞᆫ 곳으로 가실거슬 우리ᄂᆞᆫ 뎡녕이 밋노라 ○녜젹에 나아미라 ᄒᆞᄂᆞᆫ 부인은 근본 유대국 ᄇᆡ리홍 사ᄅᆞᆷ으로 고향을 ᄯᅥ나 모압이라 ᄒᆞᄂᆞᆫ 이방에 우거 ᄒᆞ엿더니 그남편 이리미렉과 두아ᄃᆞᆯ 마류과 긔련이 다 죽은지라 나아미 슬허 ᄒᆞ더니 여호화 하ᄂᆞ님ᄭᅴ셔 불샹히 넉이샤 그 며ᄂᆞ리 로득씨의게 은혜를 베프러 후손이 챵셩케 ᄒᆞ셧시니 지금 홀 의원의 부인도 미국 고향을 ᄯᅥ나 대한에 나아왓다가 그 남편과 ᄯᆞᆯ을 리별 ᄒᆞ엿시나 나아미보다 나흔거시 ᄉᆞ랑ᄒᆞᄂᆞᆫ 아ᄃᆞᆯ이 잇서 서로 의지 ᄒᆞ오니 죡히 ᄆᆞᄋᆞᆷ을 위로 ᄒᆞ실거시오 하ᄂᆞ님ᄭᅴ셔 특별히 그 아ᄃᆞᆯ의게 은혜 주시기를 ᄇᆞ라노라

일본간 교우가 회환홈

ᄲᅦᆼ커교ᄉᆞ 닉외분과 교우 최병헌씨가 교회즁 일노 일본국에 가셧다ᄂᆞᆫ 말은 젼에도 긔진 ᄒᆞ엿거니와 두ᄃᆞᆯ 동안을 별 연고업시 ᄉᆞ무를 잘보고 세분이 다 평안이 도라왓시니 ᄆᆡ우 감샤ᄒᆞᆫ 일이라 우리가 최형뎨의게 부탁ᄒᆞ야 이번에 열남ᄒᆞᆫ 풍경과 ᄉᆞ실을 몃번 **회보**에 긔록 ᄒᆞᆯ터이니 응당 이샹ᄒᆞᆫ 소문과 ᄌᆞ미잇ᄂᆞᆫ 말ᄉᆞᆷ이 만흘지라 우리 **회보**를 보시ᄂᆞᆫ 형뎨와 ᄌᆞ미들은 집에 안져서 일본 산쳔과 풍속을 구경들 ᄒᆞ시오

대한크리스도인 회보

THE KOREAN
CHRISTIAN ADVOCATE.
Rev. H. G. Appenzeller, Editor
36 cents per annum
in advance. Postage extra.
Wednesday, May. 25th, 1898.

셔울 졍동셔 일쥬일에 ᄒᆞᆫ번식 발간ᄒᆞᄂᆞᆫᄃᆡ 아편셜라 목ᄉᆞ가 회보 샤쟝이 되엿더라

일년 갑슬 미리ᄂᆡ면 삼십 륙젼이오 우표갑슨 ᄯᆞ로 잇ᄂᆞ니라

일본에 열남ᄒᆞᆫ일

구쥬 강싱 일쳔 팔ᄇᆡᆨ 구십팔년 삼월에 대졍동 ᄇᆡ직학당 교ᄉᆞ 쎙커씨가 그 부인과 홈ᄭᅴ 일본국에 가 대한 국문 쥬ᄌᆞ를 새로 문ᄃᆞ러 ᄌᆞ양을 됴케 ᄒᆞᆫ후에 셩경을 츌판ᄒᆞ여 교즁 형뎨들노 보게ᄒᆞ실ᄉᆡ 나를 쳥ᄒᆞ여 홈ᄭᅴ 가ᄉᆞ무 보기를 원ᄒᆞ거ᄂᆞᆯ 이에 ᄒᆡᆼ장을 슈습ᄒᆞ여 룡산진으로 나아가 일본 륜션 안리환이라 ᄒᆞᄂᆞᆫ ᄇᆡ를 ᄐᆞ고 인쳔 졔물포에 득달ᄒᆞ여 룡동 학당에서 잇흘밤을 류슉ᄒᆞ실ᄉᆡ 그곳 형뎨들을 깃부게 만나보고 져녁에 긔도ᄒᆞ실ᄉᆡ 셩경 ᄒᆞᆫ 구졀식을 각각 번ᄎᆞ례로 돌녀보아 ᄌᆞ긔 아ᄂᆞᆫᄃᆡ로 간략히 론셜 ᄒᆞ엿고 잇흔ᄂᆞᆯ 일본 륜션 비후환(일본 말노ᄂᆞᆫ 희ᄶᆞ마루)이라 ᄒᆞᄂᆞᆫ ᄇᆡ를 ᄐᆞ고 부산 항으로 향ᄒᆞ실ᄉᆡ 이 ᄇᆡᄂᆞᆫ 비록 크지 못ᄒᆞ나 인쳔셔 ᄇᆡᆨ미 일만셕을 싯고 긔외에 다른 물건과 사ᄅᆞᆷ도 만흔지라 ᄉᆞ월 삼일 쥬일은 ᄇᆡ에셔 ᄒᆞᆫᄌᆞ 긔도ᄒᆞ고 셔쳐의 허다ᄒᆞᆫ 풍광을 력력히 구경ᄒᆞ실ᄉᆡ 망망ᄒᆞᆫ 큰 바다에 물빗슨 누르고 즁즁ᄒᆞᆫ 여러셤에 산빗슨 푸른ᄃᆡ 특별ᄃᆡ 남방에 일좌 고산이 잇서 흰눈이 산우에 가득ᄒᆞ니 이거슨 탐라 교국에 유명ᄒᆞᆫ 한나산이라 잇흔날 아춤에 부산항에 니르나 풍랑이 고요ᄒᆞ여 바다히 거울ᄀᆞᆺ고 쳥산이 둘너잇서 봉리도가 갓가오니 항구의 졀묘ᄒᆞᆷ이 졔물포 보다 나은지라 ᄒᆡ관 쥰교가 일본ᄇᆡ로 올나와 내외국 가는 집죠를 샹고ᄒᆞ여 간후에 다시 ᄒᆡᆼ션ᄒᆞ여 ᄃᆡ마도(일본 말노ᄂᆞᆫ 슈시마)에 니ᄅᆞ니 이ᄯᆡᄂᆞᆫ 음력으로 삼월 십ᄉᆞ일이라 일긔가 치운고로 대한 산쳔에ᄂᆞᆫ 쵸목이 비로쇼 ᄆᆡᆼ동ᄒᆞ더니 대마도에ᄂᆞᆫ 슈목이 무셩ᄒᆞ며 모ᄆᆡᆨ이 발슈ᄒᆞ고 외와 나물이 란만ᄒᆞ더라 잇흔날 쟝긔항(일본 말노ᄂᆞᆫ 나가식이)세 득달ᄒᆞ니 검역관(병을 보ᄂᆞᆫ관원)이 몬져 젹은 륜션에 긔를 달고 나아와 우리 ᄇᆡ 가온ᄃᆡ 병인이 잇고 업ᄂᆞᆫ거슬 젹간ᄒᆞ여 의심이 업신후에 항구로 드러오기를 허 ᄒᆞᄂᆞᆫ지라 쟝긔셔 하륙은 아니 ᄒᆞ엿시나 ᄃᆞᆺ고 보건ᄃᆡ 우편에ᄂᆞᆫ 조션챵이 잇서 화륜션을 문ᄃᆞᄂᆞᆫᄃᆡ ᄉᆞ무가 굉쟝ᄒᆞ고 좌편에ᄂᆞᆫ 각국 공ᄉᆞ관이 잇서 칭루가 질비ᄒᆞᆫᄃᆡ 법국 교회당과 미국 녀학당이 잇고 ᄯᅩᄒᆞᆫ 미긔로 불켜ᄂᆞᆫ 법을 문ᄃᆞᄂᆞᆫ 집이 여럿시오 슈군 학도들은 큰 륜션안에 잇서 각항 긔예와 물지죠와 ᄇᆡ ᄇᆡᆨ리ᄂᆞᆫ 법을 연습ᄒᆞᆫ다 ᄒᆞ더라 일본이 과히 머지 아니ᄒᆞ나 교즁 형뎨들이 보시지 못ᄒᆞᆫ이가 보신이 보다 만ᄒᆞᆫ고로 회보에 련쇽ᄒᆞ여 긔록ᄒᆞ겟ᄉᆞ오니 보시기를 ᄇᆞ라옵

(미완) 최병헌

례비일공과 륙십구 륙월 오일

예수씌셔세번긔도ᄒᆞ심

마태 이십륙장 삼십륙절노 오십절

변됴

디명

三十六 ᄯᅢ에 예수ㅣ 뎨ᄌᆞ들과 ᄒᆞᆷᄭᅴ 긱서마니라 ᄒᆞᄂᆞᆫ
곳에 니르러 뎨ᄌᆞ들의게 닐너 ᄀᆞᆯᄋᆞ샤ᄃᆡ 너희ᄂᆞᆫ
여긔 안젓스라 내 뎌긔가셔 긔도ᄒᆞ리라 ᄒᆞ시고 三
十七 베드로와 세비대의 두 아ᄃᆞᆯ을 ᄃᆞ리고 가실ᄉᆡ
민망ᄒᆞ고 슯허ᄒᆞ샤 三十八 말ᄉᆞᆷ ᄒᆞ샤ᄃᆡ 내 ᄆᆞ옴이
심히 민망ᄒᆞ야 죽게 되엿시니 너희ᄂᆞᆫ 여긔 잇서
나와ᄀᆞᆺ치 ᄭᆡ여라 ᄒᆞ시고 三十九 조곰 압흐로 나아가
샤 얼골을 ᄯᅡ에 ᄃᆡ고 업ᄃᆞ려 긔도ᄒᆞ시며 ᄀᆞᆯᄋᆞ샤
ᄃᆡ 내 아바님이여 만일 ᄒᆞᆯ만ᄒᆞ시거든 이잔으로
내게 오지 안케 ᄒᆞ쇼셔 그러나 내가 ᄒᆞ고져 ᄒᆞᄂᆞᆫ
ᄃᆡ로 마옵시고 아바지의 ᄯᅳᆺᄃᆡ로 ᄒᆞ옵쇼셔 四十 ᄯᅩ
뎨ᄌᆞ들의게 오샤 자ᄂᆞᆫ거ᄉᆞᆯ 보시고 베드로 ᄃᆞ려
말ᄉᆞᆷ ᄒᆞ샤ᄃᆡ 너희가 ᄂᆞᆯ과 ᄀᆞᆺ치 ᄒᆞᆫ시 동안을 ᄭᆡ
여 잇지 못ᄒᆞᄂᆞ냐 四十一 ᄭᆡ여 긔도ᄒᆞ야 시험에 들
지안케 ᄒᆞ여라 ᄆᆞ옴에ᄂᆞᆫ 원이로ᄃᆡ 육신이 피곤ᄒᆞᆷ
이니라 四十二 다시 두번재 ᄯᅩ 나아가 긔도 ᄒᆞ시며
ᄀᆞᆯᄋᆞ샤ᄃᆡ 내 아바님이여 만일 이잔을 내게 ᄯᅥ나
지 못ᄒᆞᆯ거시어든 내가마셔 아바님의 ᄯᅳᆺᄃᆡ로 일
우여 지이다 ᄒᆞ시고 四十三 다시오샤 뎨ᄌᆞ들의 자ᄂᆞᆫ
거ᄉᆞᆯ 보시니 눈이 피곤ᄒᆞᆷ일너라 四十四 그들을 ᄇᆞ
리시고 다시 나아가 세번재 긔도 ᄒᆞ시며 말ᄉᆞᆷᄒᆞ
시기를 젼과ᄀᆞᆺ치 ᄒᆞ시고 四十五 뎨ᄌᆞ들의게 오샤 닐
너 ᄀᆞᆯᄋᆞ샤ᄃᆡ 이제ᄂᆞᆫ 자고 쉴지어다 ᄯᅢ가 갓가왓
시니 인ᄌᆞㅣ 죄인의 손에 ᄑᆞᆯ녀 가리라 四十六 니러
나 ᄒᆞᆷᄭᅴ 갈지어다 나를 ᄑᆞᆯ쟈가 갓가이 왓ᄂᆞ니라
四十七 말ᄉᆞᆷ ᄒᆞ실ᄯᅢ에 열두 뎨ᄌᆞ즁 ᄒᆞ나 유대가 환
도와 몽치 가진 허다ᄒᆞᆫ 사ᄅᆞᆷ을 ᄃᆞ리고 제ᄉᆞ졔쟝
과 ᄇᆡᆨ셩 쟝로의게셔 왓ᄂᆞᆫ지라 四十八 예수를 ᄑᆞᄂᆞᆫ자
ㅣ 군호를 ᄶᅡ ᄀᆞᆯᄋᆞᄃᆡ 누구던지 내가 닙 마초ᄂᆞᆫ이
가 곳 그 사ᄅᆞᆷ이니 잡으라 ᄒᆞ고 四十九 곳 예수ᄭᅴ
나아와 ᄀᆞᆯᄋᆞᄃᆡ 션ᄉᆡᆼ님 안녕 ᄒᆞ옵시오닛가 ᄒᆞ고
닙을 맛초니 五十 예수ㅣ ᄀᆞᆯᄋᆞ샤ᄃᆡ 친구여 네가 무
엇슬 ᄒᆞ랴고 왓ᄂᆞᆫ지 ᄒᆞ여라 ᄒᆞ시니 나아와 예수
ᄭᅴ 손을ᄃᆡ여 잡거ᄂᆞᆯ

주석

예수ᄭᅴ셔 넘ᄂᆞᆫ졀긔 잔치를 ᄒᆞ시고 뎨ᄌᆞ들의 발을 씻기신후 요한복음 십ᄉᆞ 오 륙 칠쟝 말ᄉᆞᆷ을 ᄯᅩ ᄒᆞ시고 그후에 열ᄒᆞᆫ 뎨ᄌᆞᄃᆞᆯ ᄃᆞ리시고 긱서마니로 가셧ᄉᆞ니 이곳은 감남 나무가 만흔 동산이며 그 열미로 기ᄅᆞᆷ을 만히 ᄶᅡ셔 쓰ᄂᆞᆫ 곳이매 번역ᄒᆞ여 말ᄒᆞ면 기ᄅᆞᆷ틀이라 ᄒᆞᄂᆞᆫ지라 이 열미를 짓ᄶᅵ여 기ᄅᆞᆷ냄과 ᄀᆞᆺ치 예수ᄭᅴ셔 ᄆᆞ옴이 ᄶᅵ음을 밧으샤 우리죄를 곳치셧ᄂᆞᆫ지라 여ᄃᆞᆲ 뎨ᄌᆞᄂᆞᆫ 문에 갓가이 잇스라 ᄒᆞ시고 이젼에 예수ㅣ 변화 ᄒᆞ심과 영화롭 밧으실재 간증ᄒᆞ든 베드로와 요한과 야곱 세 사ᄅᆞᆷ이 이번에도 예수ᄭᅴ셔 이통 ᄒᆞ심과 겸손 되

심을 ᄀᆞᆫ졀케 ᄒᆞ여 갓가히 잇ᄉᆞ라 ᄒᆞ시고 오직 ᄒᆞᆯᄂᆞ 나아가셔 긔도 ᄒᆞ심은 ᄀᆞᆫ졀이 빌고 졍담 ᄒᆞᆷ으로 하ᄂᆞ님과 갓가히 ᄒᆞ심이니 사ᄅᆞᆷ은 특별히 긔도 ᄒᆞᆯᄯᅢ에 ᄒᆞᆯ노 하ᄂᆞ님과 ᄒᆞᆷᄭᅴ 갓가워야 ᄒᆞᆯ거시요 예수ᄭᅴ셔 지극히 무거온 고ᄉᆡᆼ을 밧으심이 십ᄌᆞ가에 도라 가심이 아니라 오직 이ᄯᅢ 인간 죄의 무거옴을 밧으시고 질무셧ᄉᆞ며 ᄋᆡ통 ᄒᆞ시고 ᄆᆞᄋᆞᆷ이 샹ᄒᆞ샤 ᄯᆞᆷ이 피 방울처름 ᄯᅥ러져 거의 죽게되시매 하ᄂᆞ님ᄭᅴ셔 도아 주ᄂᆞᆫ 텬ᄉᆞ를 보ᄂᆡ셧ᄂᆞᆫ지라 (누가복음 이십이쟝 ᄉᆞ십 삼ᄉᆞ졀을 보라) 우리ᄂᆞᆫ 예수ᄭᅴ셔 이번에 긔도 ᄒᆞ시든 ᄉᆞ젹을 공부ᄒᆞᆯ거시 몃가지 잇ᄉᆞ니 뎨ᄌᆞ를 ᄀᆞᄅᆞ치심과 ᄀᆞᆺ치 긔도ᄒᆞᆯ졔 ᄒᆞᄂᆞᆫ말이 길지도 안코 다 분명케 졍직ᄒᆞᆫ 말노 ᄒᆞᆯ거시요 ᄀᆞᆫ졀히 ᄒᆞ여 모든거ᄉᆞᆯ 아바지만 밋고 의지ᄒᆞ며 ᄌᆞ긔 구ᄒᆞᄂᆞᆫ ᄯᅳᆺᄃᆡ로 일위자 못ᄒᆞᆯ 지라도 아바지의 ᄯᅳᆺᄃᆡ로 ᄒᆞ시기를 원 ᄒᆞᆯ지니라 예수ㅣ ᄆᆞᄋᆞᆷ이 심히 민망ᄒᆞ샤 셋 뎨ᄌᆞ가 ᄭᅢ기를 원ᄒᆞ시되 뎨ᄌᆞᄂᆞᆫ ᄭᅢ지 안코 졸녀ᄒᆞ야 긔도 ᄒᆞ심을 ᄯᅳᆺ지 못 ᄒᆞ엿ᄉᆞ며 그후 예수ㅣ 부ᄉᆡᆼᄒᆞ신 후에야 들엇ᄂᆞᆫ지라 뎨ᄌᆞᄂᆞᆫ 뎌의 령혼은 ᄒᆞ고져 ᄒᆞ엿ᄉᆞ나 육신의 연약ᄒᆞᆷ을 이긔지 못ᄒᆞ엿고 예수ᄭᅴ셔ᄂᆞᆫ 령혼이 육신을 이긔셧ᄂᆞ니 무론 누구던지 하ᄂᆞ님의 도아 주심을 엇어야 연약ᄒᆞᆷ을 이길수 잇ᄂᆞ니라 예수ᄭᅴ셔 오샤 뎨ᄌᆞ들 자ᄂᆞᆫ거ᄉᆞᆯ 보시고 민망이 넉이샤 ᄭᅮ짓지도 아니시고 참으시며 도라가샤 긔도 ᄒᆞ시매 두번ᄌᆡ와 세번ᄌᆡ 이와ᄀᆞᆺ치 ᄒᆞ시니 깁히 근심 ᄒᆞ심과 ᄆᆞᄋᆞᆷ을 샹 ᄒᆞ심은 ᄌᆞ긔가 십ᄌᆞ가에 도라 가심을 무셔워 ᄒᆞ심이 아니라 오직 우리 무거온 죄 당ᄒᆞᆷ을 근심 ᄒᆞ심이요 예수ᄭᅴ셔 이런거ᄉᆞᆯ 다 이긔시고 ᄌᆞ긔를 ᄑᆞᆯ 사ᄅᆞᆷ을 기도리신지라 그젼에 샹관업ᄂᆞᆫ 사ᄅᆞᆷ이나 원슈라도 이런일을 ᄒᆞ기 어렵거든 ᄒᆞ믈며 갓가온、뎨ᄌᆞ나 친구가 되여 이일을 ᄒᆡᆼ ᄒᆞ엿ᄂᆞ니 ᄆᆞᄋᆞᆷ에 엇더 ᄒᆞ리요 유대ᄂᆞᆫ 아조 흉악ᄒᆞᆫ ᄆᆞᄋᆞᆷ을 먹고 예수 압헤 ᄉᆞ랑ᄒᆞᄂᆞᆫ톄 ᄒᆞ고 나아가 닙을 맛초며 원슈의 표젹 내엿ᄂᆞᆫ지라

뭇ᄂᆞᆫ말

一 예수ᄭᅴ셔 뎨ᄌᆞ를 다리시고 어ᄃᆡ로 가셧ᄂᆞ뇨

二 거긔셔 구쥬님 ᄆᆞᄋᆞᆷ은 엇더케 되엿ᄂᆞ뇨

三 예수ᄭᅴ셔 ᄆᆞᄋᆞᆷ은 슯ᄒᆞᆯᄯᅢ에 무엇 ᄒᆞ셧ᄂᆞ뇨

四 첫번 긔도ᄒᆞᆫ 말ᄉᆞᆷ을 외오시오

五 잔이란 말이 무ᄉᆞᆷ ᄯᅳᆺ이뇨

六 두번ᄌᆡ 긔도ᄒᆞᆫ 말ᄉᆞᆷ을 외오시오

七 예수님ᄭᅴ셔 무ᄉᆞᆷ죄로 이잔을 밧으셧ᄂᆞ뇨

八 오ᄂᆞᆯ 공부 ᄒᆞᄂᆞᆫ 형뎨들은 이런잔을 맛보셧소

九 예수ᄭᅴ셔 아바지의 ᄯᅳᆺᄃᆡ로 되기를 안져셔 기드렷ᄂᆞ뇨

十 오ᄂᆞᆯ 공부에 우리가 본밧을거시 몃가지뇨

ᄉᆞ랑ᄒᆞᄂᆞᆫ거시 사ᄅᆞᆷ을 감복케ᄒᆞᆷ

미국에 녯적의 ᄒᆞᆫ 큰 션ᄉᆡᆼ이 잇시니 일홈은 마져이라 ᄆᆡ양 젼도ᄒᆞᆯᄯᅢ에 흑 비유의 말ᄉᆞᆷ도 ᄒᆞ고 흑 ᄌᆞ긔의 이왕 경력ᄒᆞᆫ일도 말ᄒᆞ야 듯ᄂᆞᆫ 사ᄅᆞᆷ들노 ᄒᆞ여곰 질겨 좃게 ᄒᆞᄂᆞᆫ지라 ᄒᆞ로ᄂᆞᆫ 도ᄅᆞᆯ 강론ᄒᆞᆯ서 ᄀᆞᆯᄋᆞᄃᆡ 내가 어렷슬ᄯᅢ에 학교에 ᄃᆞ니며 공부ᄒᆞᄂᆞᆫᄃᆡ 션ᄉᆡᆼ의 승픔이 사우납고 조급ᄒᆞ야 학도가 만약 규칙을 범 ᄒᆞᄂᆞᆫ자ㅣ 잇시면 문득 등ᄀᆞ지로 종아리ᄅᆞᆯ 치ᄂᆞᆫᄃᆡ 나도 몃번 종아리ᄅᆞᆯ 마진지라 션ᄉᆡᆼ이 너머 엄ᄒᆞᆫ고로 학도의 부형들이 불합히 녁여 별퇴히 인션ᄒᆞᆫ 사ᄅᆞᆷ을 ᄲᅩᆸ아 션ᄉᆡᆼ 삼기ᄅᆞᆯ 의론ᄒᆞᆯᄯᅢ 학도들이 듯고 다 깃버ᄒᆞ야 말ᄒᆞᄃᆡ 이제ᄂᆞᆫ 우리가 종아리 맛기ᄅᆞᆯ 면 ᄒᆞ겟다 ᄒᆞᄂᆞᆫ지라 이예 ᄒᆞᆫ 부인 션ᄉᆡᆼ을 청ᄒᆞ야 두엇ᄂᆞᆫᄃᆡ 그 부인이 ᄆᆡ양 아참마다 학도ᄅᆞᆯ 뎜고 ᄒᆞᆯᄯᅢ에 몬져 셩경을 닑고 긔도ᄒᆞ니 그젼 션ᄉᆡᆼ의 규칙과 대단히 다른지라 학도가 다 이상이 녁이고 ᄆᆡ양 드른즉 그부인의 긔도ᄒᆞᄂᆞᆫ 말ᄉᆞᆷ이 하ᄂᆞ님ᄭᅴ셔 내게 능력을 주샤 ᄉᆞ랑ᄒᆞᄂᆞᆫ ᄆᆞᄋᆞᆷ으로 학도ᄅᆞᆯ 감복케 ᄒᆞ여 주시옵쇼셔 ᄒᆞᄂᆞᆫ지라 두어 례ᄇᆡᄅᆞᆯ 지ᄂᆡ되 일즉이 종아리 치ᄂᆞᆫ거ᄉᆞᆯ 보지못ᄒᆞ엿더니 ᄒᆞ로ᄂᆞᆫ 내가 불ᄒᆡᆼ이 대단ᄒᆞᆫ 규칙을 범 ᄒᆞ엿ᄂᆞᆫ지라 오후의 공부ᄅᆞᆯ 맛친후에 학도들이 각각 집으로 도라갈ᄉᆡ 부인 션ᄉᆡᆼ이 나ᄅᆞᆯ 불너 말ᄒᆞ되 다른 학도ᄂᆞᆫ 다가고 너만 여긔 잇스라 ᄒᆞᆯᄯᅢ 내가 ᄆᆞᄋᆞᆷ에 ᄉᆡᆼ각 ᄒᆞ기ᄅᆞᆯ 이번에ᄂᆞᆫ 종아리ᄅᆞᆯ 면ᄒᆞ지 못 ᄒᆞ엿도다 그러나 만약 종아리ᄅᆞᆯ ᄯᅢ릴 디경이면 내가 ᄆᆞᄋᆞᆷ을 단단이 먹고 도모지 굴복ᄒᆞ지 아니 ᄒᆞ리라 ᄒᆞ엿더니 다른 학도가 다 나아간후에 부인 션ᄉᆡᆼ이 다시 나ᄅᆞᆯ 불너 압회 셰우고 우스며 됴흔 말ᄉᆞᆷ으로 경계ᄒᆞ야 ᄀᆞᆯᄋᆞᄃᆡ 내가 심히 너ᄅᆞᆯ ᄉᆞ랑 ᄒᆞ노니 내가 긔도 ᄒᆞᆯᄯᅢ에 하ᄂᆞ님ᄭᅴ 구ᄒᆞᄂᆞᆫ 말ᄉᆞᆷ도 네가 응당 드럿스려니와 네가 만약 나ᄅᆞᆯ ᄉᆞ랑ᄒᆞ야 나ᄀᆞᄅᆞ치ᄂᆞᆫᄃᆡ로 드ᄅᆞᆯ디경이면 너ᄂᆞᆫ 샹등 ᄋᆞ희가 될거시요 내가 더욱 너ᄅᆞᆯ ᄉᆞ랑 ᄒᆞ겟노라 ᄒᆞ고 조곰도 언짠은 말노 ᄭᅮ짓지 안ᄂᆞᆫ지라 내가 ᄒᆞᆫ번 그 말ᄉᆞᆷ을 드르매 ᄆᆞᄋᆞᆷ이 ᄌᆞ연 감복ᄒᆞ야 다시ᄂᆞᆫ 허믈짓지 안키ᄅᆞᆯ 원 ᄒᆞ엿시니 이ᄂᆞᆫ 다름 아니라 션ᄉᆡᆼ이 위력으로 써 아니ᄒᆞ고 ᄉᆞ랑ᄒᆞᄂᆞᆫ ᄆᆞᄋᆞᆷ으로 내 ᄆᆞᄋᆞᆷ이 ᄉᆞᄉᆞ로 감복ᄒᆞᆷ이라 일노 볼진ᄃᆡ 하ᄂᆞ님이 우리ᄅᆞᆯ ᄉᆞ랑 ᄒᆞ심이 ᄯᅩᄒᆞᆫ 이와 ᄀᆞᆺᄒᆞ니 우리가 하ᄂᆞ님을 ᄉᆞ랑ᄒᆞ고 하ᄂᆞ님의 계명을 쥰ᄒᆡᆼᄒᆞ여야 하ᄂᆞ님ᄭᅴ셔 더욱 우리ᄅᆞᆯ ᄉᆞ랑ᄒᆞ샤 복을 주시ᄂᆞ니라 ᄒᆞ엿스니 마져 션ᄉᆡᆼ의 이 말ᄉᆞᆷ이 ᄆᆡ우 유리ᄒᆞᆫ고로 이ᄀᆞᆺ치 긔지ᄒᆞ노라

ᄂᆡ보

이번에 국태공뎐하 쟝례 뫼실ᄯᅢ에 ᄉᆡᆨ골셔 구경ᄒᆞ러 올나오ᄂᆞᆫ 사ᄅᆞᆷ들이 구름ᄀᆞᆺ치 모히매 오강에 ᄇᆡᆨ ᄉᆞ공들이 션가 밧기에 겨를을 못ᄒᆞ야 다 큰수가 나고 어ᄂᆞ 강에셔ᄂᆞᆫ ᄇᆡ가 젹은ᄃᆡ 사ᄅᆞᆷ들이 다토아 건너랴 ᄒᆞ야 사ᄅᆞᆷ을 너머만이 실ᄭᅩ 그날 ᄆᆞᆺ참 ᄇᆞ람

이 대단이 분고로 빅가 복션이 되야 녀인 삼십여명이 죽엇다더라

○교우 ᄒᆞᆫ분이 근본 ᄒᆡᆼ위가 공검ᄒᆞ고 심지가 쳥고ᄒᆞ야 부귀 영화에 ᄯᅳᆺ시 업고 다만 산즁에 드리가셔 나무와 돌노 ᄒᆞᆫ가지 살고 노루와 사심으로 친구 삼기를 원ᄒᆞ나 집이 지극히 가난ᄒᆞ고 더구나 팔십로친 시하인고로 먼 시골에 산슈 됴흔ᄃᆡ는 이샤 갈수가 업는지라 ᄉᆡᆼ각다 못ᄒᆞ야 셩안 번화ᄒᆞᆫ곳을 ᄯᅥ나 북악산 밋헤 륙칠간 쵸옥을 사셔 사는ᄃᆡ 반이랑 동산밧과 ᄒᆞᆫ구븨 시ᄂᆡ물노 그 길거옴을 곳치지 안코 셰월을 보니더니 ᄒᆞ로는 큰 노루 두마리가 집에 드러와셔 사ᄅᆞᆷ을 두려워 ᄒᆞ지 안코 은연이 ᄃᆞ니며 동산에 나무입도 혀로 할트며 그 쥬인과 무ᄉᆞᆷ 졍분이 잇는모양 ᄀᆺ치 ᄒᆞᆫ연이 놀다가 나아가니 이런 즘ᄉᆡᆼ도 그 교우의 쳥고ᄒᆞᆫ 지취를 아는지

○군긔소 다리ᄀᆡ쳔가에 엇더ᄒᆞᆫ 사ᄅᆞᆷ이 무ᄉᆞᆷ 쟝ᄉᆞ를 ᄒᆞ량으로 집 수십여간을 짓는ᄃᆡ 이층집으로 ᄉᆞ오간을 셰우고 여ᄉᆞ집 모양으로 십 오륙간을 셰웟더니 ᄒᆞ로는 ᄒᆞᆫ 졈잔ᄒᆞᆫ 관인이 사ᄅᆞᆷ ᄒᆞ나를 다리고 그 압흐로 지내다가 그 집지은 모양이 좀 이상ᄒᆞᆫ거슬 보고 혀를 차며 말ᄒᆞ되 집을 더 모양으로 짓는거시 긔화인가 더집에셔 무어슬 ᄒᆞ랴는지 ᄒᆞ며 ᄆᆡ우 비웃고 죠롱ᄒᆞ니 그 사ᄅᆞᆷ은 엇지ᄒᆞ야 긔화를 그ᄃᆡ지 슬혀 ᄒᆞ는지

외보

미국과 셔반아 두 나라의 싸홈일은 젼에도 긔지ᄒᆞ엿거니와 미국셔 요ᄉᆞ이 군ᄉᆞ와 병긔를 셔반아에 보니여 치랴 ᄒᆞ엿더니 미국 적은 병션 ᄒᆞᆫ쳑이 셔반아 군ᄉᆞ의게 부수운배 되야 미국 군ᄉᆞ가 하륙ᄒᆞ지 못ᄒᆞ엿고 비렵비 셩은 미국셔 이믜 항복 밧은고로 쟝ᄎᆞᆺ 군ᄉᆞ 일만 오쳔명을 보니여 그 셩을 직히기로 작뎡ᄒᆞ엿다더라

ᄆᆡ일신문광고

협셩회 회보를 지금은 날마다 츌판ᄒᆞ고 일홈은 ᄆᆡ일신문 이요 파는 쳐소는 남대문안 젼 쌋젼도가 인ᄃᆡ ᄒᆞᆫ쟝 갑슨 엽 너푼이요 일삭 됴는 엽 닐곱돈 인ᄃᆡ ᄂᆡ외보와 여러가지 유죠ᄒᆞᆫ 말이 만히 잇ᄉᆞ오니 졔군ᄌᆞ는 만히 사셔 보사오

본회고ᄇᆡᆨ

본회에셔 이 **회보**를 젼년과 ᄀᆺ치 일쥬일에 ᄒᆞᆫ번식 발간ᄒᆞ는ᄃᆡ 새로 륙폭으로 작뎡ᄒᆞ고 ᄒᆞᆫ쟝 갑슨 엽젼 오푼이오 ᄒᆞᆫ돌갑슬 미리내면 젼과 ᄀᆺ치 엽젼 ᄒᆞᆫ돈 오푼이라 본국 교우나 셔국 목ᄉᆞ나 교외 친구나 만일 사셔 보고져 ᄒᆞ거든 졍동 아편셜라 목ᄉᆞ 집이나 죵로 대동셔시에 가셔 사시읍

죵로대동셔시광고

우리 셔샤에셔 셩경 신구약과 찬미칙과 교회에 유익ᄒᆞᆫ 여러가지 셔칙과 시무에 긴요ᄒᆞᆫ 칙들을 팔되 갑시 샹당ᄒᆞ오니 학문샹과 시무변에 ᄯᅳᆺ이 잇는 군ᄌᆞ들은 만히 사셔 보시읍

뎨이권

대한크리스도인회보

뎨이십이호

(합칠십) 광무이년 륙월일일

우리교회가흥왕ᄒᆞ면 나라이더옥근명홈

슯ᄒᆞ다 동포 형데들아 셩경복음에 잇ᄂᆞᆫ 말ᄉᆞᆷ을 보지도 아니ᄒᆞ고 듯지도 아니ᄒᆞ고 우리 교회속을 알어 보지도 아니ᄒᆞ고 다만 비방ᄒᆞ여 말ᄒᆞ기를 셔양 사ᄅᆞᆷ의 도가 동양 ᄉᆞᄅᆞᆷ의게 무ᄉᆞᆷ 샹관이 잇ᄂᆞ뇨 ᄒᆞ며 비웃고 욕ᄒᆞ고 죠롱ᄒᆞᄂᆞᆫ ᄉᆞᄅᆞᆷ은 도모지 거론ᄒᆞ야 말ᄒᆞᆯ것도 업거니와 셩경을 간혹 보기도 ᄒᆞ고 쥬일이면 간혹 례비 참예도 ᄒᆞ고 우리 교회속도 ᄌᆞ칭 안다고 ᄒᆞ면서 말ᄒᆞ기를 만약 예수교를 참 독실히 힝ᄒᆞᆯ것 ᄀᆞᆺᄒᆞ면 위션 ᄌᆞ긔 일신도 보호ᄒᆞ지 못ᄒᆞᆯ거시 놈이 와셔 무단히 내빰을 쳐ᄃᆡ도 아모말도 아니ᄒᆞ고 마질거시요 놈이와셔 무단히 나닙은 옷슬 버셔 달나고 ᄒᆞᆫᄃᆡ도 아모말도 아니ᄒᆞ고 버셔 줄거시니 그러ᄒᆞ고야 엇지 제몸을 보젼ᄒᆞ며 제몸ᄒᆞ나를 보젼치 못ᄒᆞᄂᆞᆫ도가 엇지 나라를 다ᄉᆞ려 문명케 ᄒᆞ리오 첫지나라를 문명케 ᄒᆞ랴면 몬져 부강ᄒᆞ여야 ᄒᆞᆯ거시오 부강케 ᄒᆞ랴면 놈의나라 토디도 ᄲᅢ셔야 ᄒᆞᆯ거시오 놈의토디를 ᄲᅢᄉᆞ랴면 놈의 군ᄉᆞ도 만히 죽여야 ᄒᆞᆯ거시어놀 예수교ᄂᆞᆫ 그러ᄒᆞᆫ일은 단뎡코 힝ᄒᆞ지 아닐거시니 어느 나라이던지 만일 예수교를 슝샹ᄒᆞᆯ디경이면 문명은 고샤ᄒᆞ고 졈졈 쟌약ᄒᆞ야 놈의나라에 슈치만 밧으리라 ᄒᆞ니 우리가 이러케 말ᄒᆞᄂᆞᆫ 사ᄅᆞᆷ을 ᄃᆡᄒᆞ야 ᄃᆡ강 변론ᄒᆞ노니 참 우숩고 어림업도다 지금 셔양 각국에 뎨일 문명ᄒᆞ고 뎨일 부강ᄒᆞᆫ 나라를 보라 그 나라들이 무ᄉᆞᆷ교를 슝샹ᄒᆞᄂᆞ뇨 이거ᄉᆞᆫ 우리가 말ᄒᆞ지 아니ᄒᆞ여도 응당 다 아ᄂᆞᆫ바 여니와 다시 말ᄒᆞ노니 나라의 문명ᄒᆞ고 부강ᄒᆞᆫ거시 도시 놈의 군ᄉᆞ를 죽이고 놈의 토디를 ᄲᅢ앗ᄂᆞᆫᄃᆡ 잇ᄂᆞᆫ거시 아니라 다만 ᄇᆡᆨ셩으로 ᄒᆞ여곰 각기 그 직업을 편안이 ᄒᆞ야 우흐로ᄂᆞᆫ 하ᄂᆞ님을 공경ᄒᆞ고 님군을 ᄉᆞ랑ᄒᆞ며 아래로ᄂᆞᆫ 부모의게 효도ᄒᆞ고 쳐ᄌᆞ를 보존ᄒᆞ며 사ᄅᆞᆷᄉᆞ랑ᄒᆞ기를 제몸ᄀᆞᆺ치 ᄒᆞ야 젼국 인민이 일심이 되고 국즁에 도모지 놀고닙고 놀고먹ᄂᆞᆫ 사ᄅᆞᆷ이 업서셔 집마다 넉넉ᄒᆞ고 사ᄅᆞᆷ마다 요족ᄒᆞ면 나라이 ᄌᆞ연히 문명ᄒᆞ고 부강ᄒᆞ야 니웃세 빈약ᄒᆞᆫ 나라들이 스ᄉᆞ로 도라와 붓칠지라 엇지 군ᄉᆞ를 써셔 토디를 널녀야 문명 부강라 ᄒᆞ리오 그런즉 우리 예수교로 나라를 다ᄉᆞ리면 사ᄅᆞᆷ을 죽이고 ᄯᅡ를 ᄲᅢ앗지 아니ᄒᆞ여도 나라이 부ᄒᆞ고 군ᄉᆞ가 강ᄒᆞ야 문명긔화에 진보가 될거시니 젼국에 우리 교회가 흥왕ᄒᆞ면 엇지 힝복이 아니리오 슯흐도다 동포 형데들아

대한크리스도인 회보

THE KOREAN CHRISTIAN ADVOCATE.
Rev. H. G. Appenzeller, Editor.
36 cents per annum *in advance. Postage extra.*
Wednesday, June. 1st, 1898.

셔울 정동셔 일쥬일에 ᄒᆞᆫ번식 발간 ᄒᆞᄂᆞᆫ디 아편셜라 목ᄉᆞ가 회보 샤쟝이 되엿더라

일년 갑슬 미리 닉면 삼십 륙젼이오 우표갑슨 ᄯᅡ로 잇ᄂᆞ니라

일본에 열람ᄒᆞᆫ일

속젼호

ᄉᆞ월 오일 하오에 쟝긔셔 반션ᄒᆞ여 오도와 일기도 셔이로 갈식 각력이라 ᄒᆞᄂᆞᆫ 바회가 뎐작으로 홍예문을 지어 바다 가온디 훌연이 셧ᄂᆞᆫ지라 이날밤에 현히라 ᄒᆞᄂᆞᆫ 바다에 나르니 물빗시 검은디 풍랑이 나러나 빈안에 잇ᄂᆞᆫ 교의와 집물을 다 란간에 동여미더라 잇때에 바다가 뫼ᄲᅮ리에 붉은 등과 푸른 등불이 명멸ᄒᆞ니 이거ᄉᆞᆫ 밤에 지나가ᄂᆞᆫ 빈 사ᄅᆞᆷ으로 ᄒᆞ여곰 슈로를 알게 홈이라 나가 붉은 달빗슬 인ᄒᆞ여 찬미가 두어 곡됴를 창ᄒᆞᆫ후에 졀구 일슈를 읍주려 ᄀᆞᆯᄋᆞ디 (일기묘묘 랑삼가) 일기도가 묘묘ᄒᆞᆫ디 두세집이요 (오도창챵 수뎜아) 오도가 챵챵ᄒᆞᆫ디 두어뎜 (까마귀로다) ([illegible]텰션 무양도) 바다에 나려가ᄂᆞᆫ 쇠비가 무양이 건너시니 (빅운만리 고원하) 흰 구름 만리에 고원이 머렷더라 잇흔날 아참에 마관에 (일본 말노ᄂᆞᆫ 시모노식이) 나르매 군함과 샹선이 구름ᄀᆞᆺ치 모히교 륜거와 마차가 별ᄀᆞᆺ치 달니ᄂᆞᆫ디 동으로 문ᄉᆞ뎡이 잇교 셔으로 츈범루가 잇시니 이 루각은 경긔가 졀승ᄒᆞᆫ디 삼년젼에 일본과 쳥국이 싸홈홀때에 합비 샹국 리홍쟝이 일본에 와 이곳에셔 약됴를 뎡ᄒᆞ던 곳시라 히관 슌ᄉᆞ가 나아와 나의 셩명과 집쥬를 샹교ᄒᆞ여 가ᄂᆞᆫ지라 미양 항구에 드러가면 쟝ᄉᆞ들이 물건을 가지고 빈에 올나와 ᄆᆡᄆᆡᄒᆞᄂᆞᆫ디 마관은 베루돌이 만흔고로 교ᄉᆞ가 ᄉᆞ무에 급홈을 념녀ᄒᆞ여 거긔셔 베루와 벽을 사고 셩경에 잇ᄂᆞᆫ 국문 글ᄍᆞ를 류취ᄒᆞ여 ᄌᆞ뎐 모양으로 만들기를 시작ᄒᆞᆫ지라 마관셔 떠나 신호 (일본 말노ᄂᆞᆫ 고빈)로 향홀식 바다목과 산 봉오리에 포ᄃᆡ가 총총ᄒᆞ여 외국 병화의 침노홈을 단단히 예비ᄒᆞ엿시며 이 바다ᄂᆞᆫ 일본국 닉히라 녜젼브터 외국 병션은 닉히에 드러 오기를 허ᄒᆞ지 아니ᄒᆞᄂᆞᆫ디 남으로 구쥬가 잇교 동으로 ᄉᆞ국이 잇교 본쥬ᄂᆞᆫ 셔으로 련륙ᄒᆞ엿시니 여러섬을 합ᄒᆞ여 일운 나라이라 닉히에 륜션은 만치 아니ᄒᆞ나 고기잡ᄂᆞᆫ 빈와 쟝ᄉᆞ빈가 모도 풍범션인디 슌풍에 돗출달고 리왕ᄒᆞᄂᆞᆫ거시 몃 빅쳑인지 혜아릴수 업더라 잇흔날 오후에 신호에 니르니 히변에 병고와 포ᄃᆡ가 잇ᄂᆞᆫ디 검역관이 나아와 빈에 잇ᄂᆞᆫ 사ᄅᆞᆷ을 일졔히 갑판우에 라립ᄒᆞ여 세우고 ᄎᆞ례로 형샹을 보며 빗촐 살펴본 연후에 항구에 도박ᄒᆞ니라.

최병헌

례ᄇᆡ일공과 칠셥 륙월 십이일

예수ᄭᅴ셔고난을밧으심

마태 이십칠장 십일졀노 삼십일졀

변됴

디명

十一 예수ㅣ 감ᄉᆞ압헤 셧시니 감ᄉᆞㅣ 무러 ᄀᆞᆯᄋᆞᄃᆡ
네가 유태 사ᄅᆞᆷ의 님군이냐 예수ㅣ ᄃᆡ답 ᄒᆞ샤ᄃᆡ
네가 말ᄒᆞ엿도다 ᄒᆞ시고 ○ 十二 제ᄉᆞ제쟝과 쟝로
들이 송ᄉᆞᄒᆞ되 ᄃᆡ답지아니ᄒᆞ시ᄂᆞᆫ지라 十三 피랍다
ㅣ 닐ᄋᆞᄃᆡ 뎌들이 여러 ᄉᆞ단으로 너를 증거ᄒᆞᆷ을
듯지 못ᄒᆞᄂᆞ냐 ᄒᆞ되 十四 또 ᄒᆞᆫ마ᄃᆡ도 ᄃᆡ답지 아
니시니 그럼으로 감ᄉᆞㅣ 심히 괴이히 넉이더라
十五 졀긔마다 감ᄉᆞ가 여러 사ᄅᆞᆷ의 소원ᄃᆡ로 죄인
을 ᄒᆞ나식 노아 주ᄂᆞᆫ 젼례가 잇더니 十六 그때에
파랍파라 ᄒᆞᄂᆞᆫ 유명ᄒᆞᆫ 죄인이 갓친지라 十七 여러
사ᄅᆞᆷ 모혓실때에 피랍다ㅣ 무러 ᄀᆞᆯᄋᆞᄃᆡ 너희가
누구를 노아 달나 ᄒᆞᄂᆞ뇨 파랍파ㅣ나 긔독이라
ᄒᆞᄂᆞᆫ 예수나 ᄒᆞᆷ은 十八 그 사ᄅᆞᆷ들이 예수를 싀긔ᄒᆞ
여 잡아 온줄을 알밈너라 十九 감ᄉᆞㅣ 송ᄉᆞ밧ᄂᆞᆫ 자
리에 안젓더니 그 안히가 사ᄅᆞᆷ을 보내여 ᄀᆞᆯᄋᆞ대
더 올흔 사ᄅᆞᆷ의게 아모 샹관도 ᄒᆞ지 마옵쇼셔 오
날ᄭᅮᆷ에 내가 그 사ᄅᆞᆷ을 위ᄒᆞ야 이를 만히 썻ᄂᆞ이
다 ᄒᆞ더라 二十 제ᄉᆞ제쟝과 쟝로들이 ᄇᆡᆨ셩을 츙동
ᄒᆞ야 파랍파ᄂᆞᆫ 노아주고 예수를 멸ᄒᆞ자 ᄒᆞ니 二十一
감ᄉᆞㅣ ᄃᆡ답ᄒᆞ여 ᄀᆞᆯᄋᆞᄃᆡ 두사ᄅᆞᆷ 즁에 누구를 노
아달나 ᄒᆞᄂᆞ냐 ᄀᆞᆯᄋᆞ되 파랍파로 소이다 二十二 피랍
다 ᄀᆞᆯᄋᆞᄃᆡ 그러면 긔독이라 ᄒᆞᄂᆞᆫ 예수를 엇더케
ᄒᆞ랴ᄒᆞ니 뎌들이 다 ᄀᆞᆯᄋᆞᄃᆡ 십ᄌᆞ가에 못박게 ᄒᆞ
쇼셔 二十三 감ᄉᆞㅣ ᄀᆞᆯᄋᆞᄃᆡ 엇짐이뇨 무ᄉᆞᆷ 악ᄒᆞᆫ일을
ᄒᆞ엿ᄂᆞ냐 여러히 더욱 소리질너 ᄀᆞᆯᄋᆞᄃᆡ 십ᄌᆞ가에
못 박히게 ᄒᆞ쇼셔 ᄒᆞ거ᄂᆞᆯ 二十四 피랍다ㅣ 말ᄒᆞ나 무
익ᄒᆞᆷ을 보고 도로혀 민란이 니러날가 ᄒᆞ야 물을
가져다가 여러사ᄅᆞᆷ 압회서 손을씨셔 ᄀᆞᆯᄋᆞᄃᆡ 이
올흔 사ᄅᆞᆷ의 피를 흘님이 내죄ᄂᆞᆫ 아니니 너희가
당ᄒᆞ라 ᄒᆞ니 二十五 ᄇᆡᆨ셩이 다 ᄃᆡ답ᄒᆞᄃᆡ 그피를 우
리와 우리 ᄌᆞ손의게 돌녀 보낼지어다 ᄒᆞ거ᄂᆞᆯ 二十六
파랍파ᄂᆞᆫ 노아주고 예수를 칫지질ᄒᆞ여 십ᄌᆞ가에
못박히게 ᄒᆞ니라 ○ 二十七 감ᄉᆞ의 군ᄉᆞ들이 예수를
잇ᄭᅳᆯ고 공회에 니르러 온 영문을 모호고 二十八 예
수의 옷슬 벗기고 홍포를 닙히고 二十九 가싀 면류
관을 엮거 그 머리에 씌우고 갈ᄃᆡ를 그 올흔손에
들니고 그압희 ᄭᅮᆯ어안저 희롱ᄒᆞ여 ᄀᆞᆯᄋᆞᄃᆡ 유태님
군은 평안ᄒᆞ냐 ᄒᆞ며 三十 춤밧고 갈ᄃᆡ를 가저 그
머리를 치고 三十一 희롱ᄒᆞ기를 다ᄒᆞ매 홍포를 벗
기고 그젼옷슬 닙히고 십ᄌᆞ가에 못 박으랴고 ᄭᅳᆯ
으러 가니라

주셕

예수ᄭᅴ셔 잡힌바ㅣ 되신후에 대ᄌᆞ들은 도아주지 못ᄒᆞᆯ줄 알매 다 ᄒᆞ터졋ᄂᆞᆫᄃᆡ 무리들이 예수를 잡아 그젼 대제ᄉᆞ장 아나의 집으로 ᄭᅳᆯ고가니 이때 베드로와 요한이 ᄯᅡ라 갓ᄉᆞ나 거긔셔 베드로가

예수를 세번 모른다 ᄒᆞ엿ᄂᆞᆫ지라 (요한복음 십팔쟝 십이졀 브터 이십칠 ᄭᆞ지 보라) 이곳에서 예수를 글고 그ᄯᅢ 대 제ᄉᆞ쟝된 가야파의 집에 나아가 거긔셔 밤시도록 모든 공회가 모혀 예수를 문죄ᄒᆞᆷ은 뎌희가 예수를 잡앗ᄉᆞ나 로마 감ᄉᆞ의게 송ᄉᆞᄒᆞᆯ 증거를 예비치 아니ᄒᆞ매 그즁에 거즛증거ᄒᆞᄂᆞᆫ쟈도 만컷마ᄂᆞᆫ 증거ᄂᆞᆫ 합당치 아니ᄒᆞ여 엇더케 일울 셰ᄒᆞ지 못ᄒᆞ더니 맛참 대 제ᄉᆞ쟝이 무르ᄃᆡ 너ᄂᆞᆫ 하ᄂᆞ님의 아ᄃᆞᆯ 영싱ᄒᆞᄂᆞᆫ 그리스도ㅣ라 ᄒᆞᄂᆞᆫ거시 올흐냐 예수 ᄃᆡ답ᄒᆞ시ᄃᆡ 너ᄂᆞᆫ 올케 알앗다 ᄒᆞ시거ᄂᆞᆯ 뎌희가 다른증거 ᄒᆞᆯ거시 업서 일노만 크게 죄된다 증거를 삼앗ᄂᆞᆫ지라 이거ᄉᆞᆫ 모세가 ᄇᆡᆨ셩의게 맛겨 젼ᄒᆞ여 그림ᄌᆞ 된 제ᄉᆞ쟝파 하ᄂᆞ님ᄭᅴ셔 ᄎᆞᆷ 맛기신 제ᄉᆞ쟝으로 이제 응험ᄒᆞ신 예수와 서로 ᄃᆡᄒᆞ여 ᄇᆡᆨ셩의 제ᄉᆞ쟝은 예수의 간증 ᄒᆞ심을 드럿ᄉᆞ되 실혀 짐즛 ᄇᆞ려ᄉᆞ며 예수를 희롱ᄒᆞ며 십ᄌᆞ가에 못 박기를 원 ᄒᆞᆫ지라 이ᄂᆞᆫ 다름 아니라 이스라엘 ᄇᆡᆨ셩을 예수ㅣ 구원ᄒᆞ심을 밧지안코 하ᄂᆞ님의 노ᄒᆞ심을 닙음이라 이 공회ᄂᆞᆫ 사ᄅᆞᆷ을 죽이ᄂᆞᆫ 권세 업ᄂᆞᆫ고로 아참에 방ᄇᆡᆨ 빌나도의게 나아가 예수 죽이기를 작뎡ᄒᆞ여 달나고 ᄒᆞ엿ᄉᆞ니 이ᄂᆞᆫ 다 예수ᄭᅴ셔 마태복음 이십쟝 십팔구 졀에 ᄒᆞ신 말ᄉᆞᆷ을 일위게 ᄒᆞ심이라 빌나도ᄂᆞᆫ 외방 사ᄅᆞᆷ인즉 예수ㅣ 하ᄂᆞ님의 아ᄃᆞᆯ이라 ᄒᆞᆷ을 죄로 뎡치 아닐줄 알고 무리들이 다른길노 ᄡᅥ 증거를 삼아 예수ㅣ ᄌᆞ긔가 왕이라 칭ᄒᆞ고 ᄇᆡᆨ셩을 쇼동ᄒᆞᆫ다 ᄒᆞ여 실노 ᄡᅥ 송ᄉᆞᄒᆞ니 (누가복음 이십삼쟝 일졀노 오졀ᄭᆞ지 보라) 빌나도ᄂᆞᆫ 예수의 갈ᄉᆞᆷ을 드른즉 뎌의 나라ᄂᆞᆫ 하ᄂᆞᆯ 나라ㅣᆫ줄 알매 죄를 잡지 못ᄒᆞ고 다만 힘ᄡᅥ 노하 보내고져 ᄒᆞ며 그ᄯᅢ 로마 감ᄉᆞ가 뎌의 풍쇽ᄃᆡ로 졀긔를 당ᄒᆞ여 죄인 ᄒᆞ나를 노흐려 ᄒᆞᆯ시 예수와 역젹놈 파랍파를 ᄀᆞᄅᆞ쳐 누구를 노하주랴 ᄒᆞ엿ᄂᆞ니 몃날젼에 예수를 왕처름 섬기던 ᄇᆡᆨ셩은 예수 노하 주기를 원ᄒᆞᄂᆞᆫ듯 ᄒᆞ되 오직 졔ᄉᆞ쟝들은 ᄇᆡᆨ셩ᄃᆞ려 파랍파를 노하 달나고 ᄭᅬ이니 이졔 무죄ᄒᆞᆫ 예수를 십ᄌᆞ가에 달니게 ᄒᆞ고 아조 흉악ᄒᆞᆫ 역젹 파랍파를 노하달나 ᄒᆞ엿ᄂᆞᆫ지라

뭇ᄂᆞᆫ말

一 예수를 판죄ᄒᆞᄂᆞᆫ 감ᄉᆞ가 누구며 어ᄂᆞ 나라 사ᄅᆞᆷ이뇨

二 감ᄉᆞ가 예수ᄭᅴ 무ᄉᆞᆷ말을 무럿ᄂᆞ뇨

三 구쥬님ᄭᅴ셔 엇더케 ᄃᆡ답ᄒᆞ셧ᄂᆞ뇨

四 그ᄯᅢ에 예수ᄭᅴ셔 유태국 왕노릇슬 ᄒᆞ셧ᄂᆞ뇨

五 그러면 유태국 왕이라고 ᄃᆡ답ᄒᆞᆫ ᄯᅳᆺ시 무ᄉᆞᆷ ᄯᅳᆺ시뇨

六 그ᄯᅢ 유태 풍쇽에 무ᄉᆞᆷ 젼례가 잇섯ᄂᆞ뇨

七 이 젼례ᄃᆡ로 누구를 노왓ᄂᆞ뇨

八 피랍다가 지판ᄒᆞᆯᄯᅢ에 ᄇᆡᆨ셩들의게 무ᄉᆞᆷ 말을 ᄒᆞ엿ᄂᆞ뇨

九 그 ᄇᆡᆨ셩들이 ᄃᆡ답은 엇더케 ᄒᆞ엿ᄂᆞ뇨

十 그 ᄇᆡᆨ셩들이 ᄃᆡ답ᄒᆞᆫ ᄃᆡ로 되엿ᄂᆞ뇨

아라사에 그릭련쥬교 물을맛는사룸들이 요단강물을존즁이넉이는말

아라사 사롬들이 요단강 물을 대단이 밋고 존즁이 녁인마교 론돈 그리픽이라 ᄒᆞᄂᆞᆫ 신문에 말ᄒᆞ엿ᄂᆞᆫᄃᆡ 요단강 물노 세례를 밧으야만 ᄒᆞᆫ다 ᄒᆞ며 사롬이 죽으매 험포를 이물에 적셔 시톄의 입히ᄂᆞᆫ 것도 죠커니와 살아서 요단강에 가 목욕ᄒᆞ던때에 입던 옷스로 죽은후에 입ᄂᆞᆫ거사 더욱 죠다ᄒᆞ고 치셩 드리려 ᄃᆞᆫ이ᄂᆞᆫ 사롬이 원근업시 ᄒᆡ마다 쳥쵸이면 예루살넴으로 모도 가매 아라사와 예루살넴 ᄉᆞ이에 각쳐에 너막을 지여노코 각쳐에셔 오ᄂᆞᆫ 치셩군이 먼길에 량식싸고 ᄃᆞᆫ이ᄂᆞᆫ 거졍이 업게ᄒᆞ고 졍월 륙일 젼 토요일이면 남녀간 수쳔명이 야러고 륙십리를 연ᄒᆞ여 쥬야로 들과 산에 머물다가 례비일에는、교회에 감독이 모든 사물을 거ᄂᆞ리고 압해서셔 요단강에 드러가 몬져 그물에 복을 빈후에 여러쳔명 남녀가 각각 무슴 그릇슬 ᄒᆞ나식 가젓다가 그물을 담아 가며 야랍빅교인과 유태 교인과 희리니 교인과 회회 교인과 영국 랑국 사롬들이 수만명이 모힌즁에 ㅣ여러 치셩군들은 감물에 드러가 죽은후 수의ᄒᆞᆯ 옷도 적시며 목욕ᄒᆞ며 경문닑고 십ᄌᆞ를 헤며 강변젼후에 가만이 세번식 건너 ᄃᆞ니고 일긔가 칩고 강물이 찬데 쉽녀 ᄃᆞᆫ이기를 즐거이 넉인다 ᄒᆞ엿더라

너보

경무텽에서 너부 훈령을 등쵸ᄒᆞ야 ᄉᆞ대문에 방을 붓첫ᄂᆞᆫᄃᆡ ᄒᆞ엿시되 대황뎨 폐하께서 궁츈에 주린 빅셩이 만흔거슬 ᄒᆞ려ᄒᆞ샤 진휼ᄒᆞ실 ᄯᅳᆺ으로 돈 이쳔원을 나리시고 황태ᄌᆞ 뎐하ᄭᅴ셔 ᄯᅩ 특별이 팔쳔원을 나리샤 셩안과 셩밧ᄭᅴ 불샹ᄒᆞᆫ 빅셩을 낫낫치 젹간ᄒᆞ야 ᄒᆞ나도 ᄲᅡ지ᄂᆞᆫ 폐단이 업게ᄒᆞ라 ᄒᆞ옵셧다더라

○ 슈표교 근처에 사ᄂᆞᆫ 졍감찰은 본리 련셩이 착ᄒᆞ고 ᄯᅩᄒᆞᆫ 가세가 부요ᄒᆞᆫ지라 나라에셔 불샹ᄒᆞᆫ 빅셩을 진휼 ᄒᆞ신다ᄂᆞᆫ 소문을 듯고 ᄆᆞ음이 감동ᄒᆞ야 ᄌᆞ긔가 돈 ᄉᆞ빅원을 나라에 밧쳐 이번에 진휼 ᄒᆞ시ᄂᆞᆫᄃᆡ 보틔여 쓰시게 ᄒᆞ엿다더라

○ 일본 사롬 ᄒᆞ나이 일젼에 유람ᄎᆞ로 대한에 나왓ᄂᆞᆫᄃᆡ 그 사롬인즉 큰 부쟈라 경셩 너외에 빅셩의 집들이 만히 퇴락ᄒᆞᆫ거슬 보고 ᄌᆞ긔 본국 쳔구드려 ᄒᆞᄂᆞᆫ 말이 뎌 사롬들의 집 모양이 져러 ᄒᆞᆫ적에 그 먹고 닙ᄂᆞᆫ거시 오죽 ᄒᆞ겟ᄂᆞ뇨 ᄒᆞ고 돈 쳔원을 대한 졍부에 밧쳐 진휼 ᄒᆞ시ᄂᆞᆫᄃᆡ 보용케 ᄒᆞ엿다더라

○ 경무관과 경무텽 감독이 오강 근쳐로 ᄃᆞ니며 말ᄒᆞ되 빅셩들이 만약 독립협회에 들어 졍치 등설을 로론 ᄒᆞᄂᆞᆫ자 독립협회 회표를 옷세달고 ᄃᆞ니든지 ᄒᆞ면 즁죄를 주ᄒᆞ라 ᄒᆞ엿다ᄂᆞᆫ 소문이 잇사나 대한이 지금은 문명 긔회에 진보가 되야 완고이 ᄌᆞ쥬 독립권이 [illegible]엿ᄂᆞᆫᄃᆡ 여지 독립협회를 금

흘러가 잇시려니와 나라이든지 회가 잇시면 ᄌᆞ연이 회표가 잇ᄂᆞᆫ 법인대 엇지 회원이 회표ᄎᆞ고 ᄃᆞ니ᄂᆞᆫ거ᄉᆞᆯ 금ᄒᆞᆯ리가 잇시리오 우리ᄂᆞᆫ 그 소문을 풍셜노 알고 밋지 아니 ᄒᆞ노라

○광쥬사ᄂᆞᆫ 니도ᄉᆞᄂᆞᆫ 근본 학쟈로 유명ᄒᆞ야 외국 졍치와 법률과 풍쇽을 됴케 녀이지 아니ᄒᆞ고 다만 대한에 몃ᄇᆡᆨ년 이ᄅᆡ로 젼ᄒᆞ야 오ᄂᆞᆫ 례악과 법도와 문물을 웃듬으로 알어 집에서 ᄒᆡᆼ실을 닥고 셩리를 강론ᄒᆞ더니 년젼에 무ᄉᆞᆷ일노 미국에 갓다온 후로ᄂᆞᆫ 말ᄒᆞ기를 내가 공연이 삼십여년을 무릅을 ᄭᅮᆯ고 셰월만 보ᄂᆡᆫ거시 참 후회로다 우리 나라도 어서 셔양 각국과 ᄀᆞᆺ치 문명 ᄀᆡ화가 되여야 놈의 나라에 슈치도 밧지 아닐 거시요 ᄇᆡᆨ셩들이 참 평안이 살니라 ᄒᆞ야 동리에 ᄃᆞ니며 연셜을 ᄒᆞᆫ다니 이런 학쟈가 만약 진즉 타국을 갓다 왓더면 나라에 유죠ᄒᆞᆫ일을 더만히 ᄒᆞ엿실너라

○양쥬 고령면 사ᄂᆞᆫ 유학쟈ᄂᆞᆫ 학ᄒᆡᆼ이 도뎌ᄒᆞ고 고집이 대단ᄒᆞ여 지금ᄭᆞ지 셔양목과 셔양샤와 모든 타국 물건은 몸에 닙지도 아니ᄒᆞ고 입에 먹지도 아니ᄒᆞ며 안지면 쳥국 ᄉᆞ긔만 말ᄒᆞ고 셔양 각국은 다 오랑키라고 ᄒᆞᆫ다나 이런 학쟈ᄂᆞᆫ 셔양 졔국을 구경도 아니 가ᄂᆞᆫ지 만약 로ᄌᆞ가 업서 타국은 못갈 디경이면 광쥬 니학쟈의 소문도 듯지 못ᄒᆞᄂᆞᆫ지

외보

파려에 잇ᄂᆞᆫ 아라샤 공ᄉᆞ관에서 월젼에 잔ᄎᆡ를 ᄒᆞᄂᆞᆫᄃᆡ 남녀 의복와 화려ᄒᆞᆫ 거시 찬란ᄒᆞᆫ 중에 ᄒᆞᆫ 녀인의 닙은옷ᄉᆞᆫ 돎의 가족을 다루어 지엇ᄂᆞᆫᄃᆡ 가족 팔ᄇᆡᆨ쟝이나 들엇고 그 ᄉᆞᆷ인 졔도와 그 가족 우헤 그린 그림이 졍묘 화려ᄒᆞ야 만좌가 칭찬 ᄒᆞᄂᆞᆫᄃᆡ 그옷 갑ᄉᆞᆫ 대한 돈으로 근 이쳔원 이라 더라

ᄆᆡ일신문광고

협셩회 회보를 지금은 날마다 출판 ᄒᆞ고 일홈은 ᄆᆡ일신문 이요 파ᄂᆞᆫ 쳐소ᄂᆞᆫ 남대문안 젼 ᄊᆞ젼도가 인ᄃᆡ ᄒᆞᆫ쟝 갑ᄉᆞᆫ 엽 너푼이요 일삭 됴ᄂᆞᆫ 엽 닐곱돈 인ᄃᆡ ᄂᆡ외보와 여러가지 유죠ᄒᆞᆫ 말이 만히 잇ᄉᆞ오니 졔군ᄌᆞᄂᆞᆫ 만히 사셔 보사오

본회고ᄇᆡᆨ

본회에서 이 **회보**를 젼년과 ᄀᆞᆺ치 일쥬일에 ᄒᆞᆫ번식 발간 ᄒᆞᄂᆞᆫᄃᆡ 새로 륙폭으로 작뎡ᄒᆞ고 ᄒᆞᆫ쟝 갑ᄉᆞᆫ 엽젼 오푼이오 ᄒᆞᆫ달갑ᄉᆞᆯ 미리내면 젼과 ᄀᆞᆺ치 엽젼 ᄒᆞᆫ돈 오푼이라 본국 교우나 셔국 목ᄉᆞ나 교외 친구나 만일 사셔 보고져 ᄒᆞ거든 졍동 아편셜라 목ᄉᆞ 집이나 죵로 대동셔시에 가셔 사시ᄋᆞᆸ

죵로대동셔시광고

우리 셔샤에서 셩경 신구약과 찬미ᄎᆡᆨ과 교회에 유익ᄒᆞᆫ 여러가지 셔ᄎᆡᆨ과 시무에 긴요ᄒᆞᆫ ᄎᆡᆨ들을 팔되 갑시 샹당 ᄒᆞ오니 학문상과 사무변에 ᄯᅳᆺ이 잇ᄂᆞᆫ 군ᄌᆞ들은 만히 사셔 보시ᄋᆞᆸ

뎨이권

대한그리스도인회보

뎨이십삼호

(합칠십일) 광무이년 륙월팔일

련쥬교당을 하ᄂᆞ님ᄭᅴ 밧친일

죵현 련쥬 교당은 시역ᄒᆞᆫ지 여ᄉᆞᆺ히 만에 비로소 필역이 되엿ᄂᆞᆫ디 쟝은 이ᄇᆡᆨ 이쳑이요 광은 흑 구십쳑 되ᄂᆞᆫ디도 잇시며 흑 륙십쳑 되ᄂᆞᆫ디도 잇고 죵각 놉기ᄂᆞᆫ 일ᄇᆡᆨ ᄉᆞ십 일쳑이요 집지은 부비ᄂᆞᆫ 대한 돈으로 륙만원이라 양력 오월 이십구일 쥬일에 셩뎐을 하ᄂᆞ님ᄭᅴ 밧치ᄂᆞᆫ 례를 ᄒᆡᆼᄒᆞᄂᆞᆫ디 법국 신부가 여러분이 뫼히고 대한 정부에 놉흔 관원들을 만히 쳥ᄒᆞ엿시며 각국 공령ᄉᆞ가 다 참예ᄒᆞᆫ지라 셩뎐 지은디와 셩단과 죵 세ᄀᆞ지를 ᄒᆞᆷᄭᅴ 하ᄂᆞ님ᄭᅴ 밧칠시 교즁 감독이 짐더로 ᄃᆞ니며 물을 몃번 ᄲᅮ리고 ᄌᆞᆨ을 세번쳐셔 공경ᄒᆞᄂᆞᆫ 례들 베풀고 그날은 ᄉᆞ방문을 통긔ᄒᆞ야 셩안 사ᄅᆞᆷ들과 각 시골에 사ᄂᆞᆫ ᄇᆡᆨ셩들이 남녀로쇼업시 다토아 구경 ᄒᆞ더라

평양교우의젼도ᄒᆞᆫ 말ᄉᆞᆷ

평양 교즁형뎨 김창식씨가 양력 륙월오일 쥬일 아침에 졍동새 회당에셔 젼도 ᄒᆞ되 녜젹에 하ᄂᆞ님을 뫼은 사ᄅᆞᆷ이 만치 아니ᄒᆞ고 다만 션지 몃분 ᄲᅮᆫ인즉 이ᄂᆞᆫ 다름 아니라 사ᄅᆞᆷ마다 머리우회 슈건이 잇ᄂᆞᆫ ᄭᅡ닭으로 하ᄂᆞ님압회 나아가지 못ᄒᆞᆷ일너니 우리쥬 예수ᄭᅴ셔 강셩ᄒᆞ신 후로ᄂᆞᆫ 사ᄅᆞᆷ이 능히 머리우회 슈건을 버슬수가 잇ᄂᆞᆫ지라 그런고로 가림다 후셔 삼쟝 십오륙졀에 글ᄋᆞᆫ디 뎌희 무리가 지금ᄭᆞ지 모세의글을 닑을 ᄯᆡ에ᄂᆞᆫ 슈건이 그 ᄆᆞᄋᆞᆷ을 덥헛더니 쥬의게로 도라오매 슈건을 곳 업시ᄒᆞᆫ다 ᄒᆞ엿시니 일노좃차 볼진ᄃᆡ 예수ᄭᅴ셔 밋ᄂᆞᆫ 무리들의 머리우회 슈건을 벗겨주샤 령혼의 눈이 능히 하ᄂᆞ님을 뵈옵게 ᄒᆞ시ᄂᆞᆫ지라 그런즉 예수 강셩젼에 낫던 사ᄅᆞᆷ들은 슈건을 벗기가 어려우되 지금 여긔모힌 형뎨 ᄌᆞ미들은 예수ᄭᅴ ᄀᆞᄅᆞ치신 말ᄉᆞᆷ을 만히 보셧신즉 젼일 죄과를 ᄎᆞᆷ회ᄒᆞ야 머리우회 슈건을 다벗기를 ᄇᆞ란다 ᄒᆞᆫ매 그말ᄉᆞᆷ이 경계가 ᄇᆞᆰ고 ᄌᆞ미가 잇셔 능히 듯ᄂᆞᆫ 사ᄅᆞᆷ으로 ᄒᆞ여곰 ᄆᆞᄋᆞᆷ을 격동케 ᄒᆞ더라

ᄎᆡᆨ을국문으로짓ᄂᆞᆫ일

우리가 힘ᄃᆞ박지식 이란 ᄎᆡᆨ을 누구던지 석달 안으로 지어 보내시란 말ᄉᆞᆷ은 회보에 이왕 긔재ᄒᆞ엿거니와 기간에 한문으로 지여 보낸이가 잇ᄂᆞᆫ고로 다시말ᄒᆞ노니 한문은 아ᄂᆞᆫ이가 젹고 국문은 모로ᄂᆞᆫ이가 젹은즉 이ᄎᆡᆨ은 여러사ᄅᆞᆷ을 위ᄒᆞ여 보게ᄒᆞᆷ이니 죠금 이후로ᄂᆞᆫ 다ᄅᆞᆫ 국문으로 지어 보ᄂᆡ시기ᄅᆞᆯ ᄇᆞ라옴

대한크리스도인 회보

THE KOREAN CHRISTIAN ADVOCATE.
Rev. H. G. Appenzeller, Editor
36 cents per annum
in advance. Postage extra.
Wednesday, June. 8th, 1898.

셔울 졍동셔 일쥬일에 ᄒᆞᆫ번식 발간 ᄒᆞᄂᆞᆫᄃᆡ 아편셜라 목ᄉᆞ가 회보 샤쟝이 되엿더라

일년 갑슬 미리 내면 삼십 륙젼이오 우표갑슨 ᄯᅩ로 잇ᄂᆞ니라

ᄇᆞ라ᄂᆞᆫ즁에 허실이 잇ᄂᆞᆫ것

셰샹 사ᄅᆞᆷ이 빈부 귀쳔을 물론ᄒᆞ고 ᄌᆞ긔의 ᄒᆞᄂᆞᆫ바일이 ᄂᆡ두에 ᄇᆞ랄거지 업ᄉᆞ면 ᄌᆞ미가 업슬ᄲᅮᆫ아니라 힘도 쓰지 아니ᄒᆞ며 ᄆᆞᄋᆞᆷ도 ᄌᆞ연 게을너 지ᄂᆞ니 ᄌᆞ긔몸에 유익ᄒᆞᆷ이 잇ᄉᆞᆯ줄 밋은후에 심력을 다ᄒᆞ여 그 일을 힝ᄒᆞᄂᆞᆫ 법이라 그런고로 벼ᄉᆞᆯ ᄒᆞᄂᆞᆫ 신하들은 나라를 위ᄒᆞ여 힘을 다ᄒᆞ고 츙셩을 다ᄒᆞᆯ지라도 ᄌᆞ긔의 ᄇᆞ라ᄂᆞᆫ거슨 관록의 두터옴이오 학교에 공부ᄒᆞᄂᆞᆫ 학원들은 여러가지 공부즁에 ᄆᆞᄋᆞᆷ되로 젼문학을 힘써 졸업 ᄒᆞ기를 긔필ᄒᆞᆷ은 ᄌᆞ긔의 ᄇᆡ혼 ᄌᆡ됴를 일후에 슈용ᄒᆞ여 나라와 ᄇᆡᆨ셩을 위ᄒᆞ여 유익ᄒᆞᆫ ᄉᆞ업을 닐울ᄯᅢ에 의식의 ᄌᆞ뢰와 집안의 보젼ᄒᆞᆷ이 그즁에 잇심이오 부샹과 보샹이 풍우를 무릅시며 한셔를 불고ᄒᆞ고 묵어온 짐을지고 경향으로 ᄃᆞ니ᄂᆞᆫ것슨 물건의 리익을 엇어 부모와 쳐ᄌᆞ의 긔한을 면코져 ᄒᆞᆷ이오 농ᄉᆞ ᄒᆞᄂᆞᆫ ᄇᆡᆨ셩들은 봄 바람과 여름비에 밧갈기와 논미기를 힘써ᄒᆞ야 송츅이 버셔지며 신톄가 곤뢰ᄒᆞ고 셩셩ᄒᆞᆫ 머리털이 싱익에 늙어가되 슈고를 엿ᄂᆞᆫ거슨 츄셩후에 곡식을 거둠이오 교즁 형뎨와 ᄌᆞᄆᆡ들이 외인의게 군축을 당ᄒᆞ며 비방을 드러도 ᄒᆞᆼ샹 ᄎᆞᆷ으며 긔도ᄒᆞᆷ은 일후에 영싱을 엇음이라 그러나 셰샹일노 구 ᄒᆞᄂᆞᆫ거슨 혹 낭픽ᄒᆞᆷ이 잇스되 텬국에 구 ᄒᆞᄂᆞᆫ바ᄂᆞᆫ 하ᄂᆞ님이 반드시 주시ᄂᆞ니 슈한의 ᄌᆡ앙이 잇셔 흉년을 당ᄒᆞᆯ진ᄃᆡ 농민의 실망이요 물가가 지헐ᄒᆞ여 ᄌᆞ본젼을 밋질진ᄃᆡ 샹민의 실망이요 신슈가 불길ᄒᆞ야 ᄌᆡ됴를 슈용치 못ᄒᆞᆯ진ᄃᆡ 학도의 실망이요 국용이 탕갈ᄒᆞ야 관록을 주지 못ᄒᆞᆯ진대 관인의 실망이로ᄃᆡ 영싱ᄒᆞᄂᆞᆫ 리치ᄂᆞᆫ 구ᄒᆞ면 엇고 차지면 만나고 문을 두다리면 열어준다 ᄒᆞ셧시며 ᄯᅩ ᄀᆞᆯᄋᆞ샤ᄃᆡ 밋은즉 ᄇᆞ라ᄂᆞᆫ바를 이믜 엇음과 ᄀᆞᆺᄒᆞ여 보지 아니ᄒᆞ여도 ᄯᅥᆨ실이 증거가 잇다 ᄒᆞ셧시며 ᄯᅩ ᄀᆞᆯᄋᆞ샤ᄃᆡ 너희ᄂᆞᆫ 나를 밋으라 내가 가ᄂᆞᆫ거슨 너희 잇슬곳을 예비 ᄒᆞᆷ이라 ᄒᆞ셧시니 구세쥬를 진심으로 밋어 계명을 직힐진ᄃᆡ 이 셰상에셔 암만 괴로옴을 볼지라도 일후에ᄂᆞᆫ 영원ᄒᆞᆫ 복록을 누릴지니 엇지 일호나 의심이 잇시리오 그런고로 셔국 젼도 목ᄉᆞ들이 친쳑을 ᄇᆞ리고 고향을 ᄯᅥ나 몃만리밧게 나아와 ᄌᆞ긔 신명을 도라보지 안코 거룩ᄒᆞᆫ 도를 젼 ᄒᆞᄂᆞᆫ거시 ᄎᆞᆷ 외인여긔 ᄒᆞᄂᆞᆫ ᄆᆞᄋᆞᆷ이니 동포 형뎨들은 궁구 ᄒᆞᆯ지어다

례ᄇᆡ일공과 칠십일 륙월 십구일

예수ᄭᅴ셔십ᄌᆞ가에못박히심

마태 이십칠쟝 삼십이졀노 ᄉᆞ십구졀

·변됴

디명

三十二 여러히 나아 가다가 고리내 사ᄅᆞᆷ을 맛나니
일홈은 셔문이라 억지로 그 십ᄌᆞ가를 지우고 三十
三 각각ᄯᅡ라 ᄒᆞᄂᆞᆫ곳에 니르니 번역ᄒᆞ면 ᄒᆡ골잇ᄂᆞᆫ
곳이라 三十四 초에 쓸긔를 ᄐᆞ셔 예수를 마시우니
맛보시매 마시지 아니 ᄒᆞ시니라 三十五 십ᄌᆞ가에 못
박은후에 제비ᄲᅩᆸ아 그옷슬 가지니 션지의 말ᄉᆞᆷ을
일우엿시니 닐으ᄃᆡ 뎌희들이 내 것옷슬 ᄂᆞᆫ호고
속옷슨 제비ᄲᅩᆸ아 가지리라 ᄒᆞ엿더라 ○ 三十六 군
ᄉᆞ들이 거긔안져 직희고 三十七 명패를 그 머리우
희 두엇시니 쓰기를 이ᄂᆞᆫ 유태 사ᄅᆞᆷ의 님군 예
수라 ᄒᆞ엿고 三十八 또 강도들을 ᄒᆞᆫᄯᅢ 십ᄌᆞ가에 못
박을ᄉᆡ ᄒᆞ나ᄂᆞᆫ 우편에 잇고 ᄒᆞ나ᄂᆞᆫ 좌편에 잇더
라 ○ 三十九 지나가ᄂᆞᆫ 사ᄅᆞᆷ들도 ᄭᅮ짓고 머리를 흔
들며 四十 ᄀᆞᆯᄋᆞᄃᆡ 셩뎐을 헐고 사흘만에 짓겟다 ᄒᆞ
던이여 이제 네가 너를 구원 ᄒᆞ거시오 하ᄂᆞ
님의 아ᄃᆞᆯ이면 십ᄌᆞ가에서 ᄂᆞ려오라 ᄒᆞ고 四十一 그
와ᄀᆞᆺ치 졔ᄉᆞ쟝과 셔사관과 쟝로들도 희롱ᄒᆞ여
ᄀᆞᆯᄋᆞᄃᆡ 四十二 제가 다른 사ᄅᆞᆷ은 구원 ᄒᆞ엿스되 제
몸은 구원치 못 ᄒᆞᄂᆞᆫ도다 그가 이스라엘의 님군
이니 즉금 십ᄌᆞ가에서 ᄂᆞ려 올지어다 우리가 밋
겟고 四十三 제가 하ᄂᆞ님의 아ᄃᆞᆯ이라 ᄒᆞ야
하ᄂᆞ님을 밋으니 만일 하ᄂᆞ님ᄭᅴ셔 깃거 ᄒᆞ시
면 구원 ᄒᆞ시리라 ᄒᆞ고 四十四 십ᄌᆞ가에 ᄒᆞᆷᄭᅴ 못박
힌 강도들도 이와ᄀᆞᆺ치 욕 ᄒᆞ더라 ○ 四十五 오시즁
으로 브터 미시말 ᄭᆞ지 온ᄯᅡ히 어둡더니 四十六 거
의 미시말이 되여 예수ㅣ 크게 소리질너 ᄀᆞᆯᄋᆞ샤
ᄃᆡ 엘니 엘니 나마사ᄲᅡᆨ대니아 ᄒᆞ니 번역ᄒᆞ면 곳
내의 하ᄂᆞ님 내의 하ᄂᆞ님이여 엇지 나를
ᄇᆞ리사ᄂᆞ니잇가 ᄒᆞᆷ이라 四十七 겻헤 셧던 쟈들은
듯고 ᄀᆞᆯᄋᆞᄃᆡ 이 사ᄅᆞᆷ이 이리아를 부른다 ᄒᆞ니 四
十八 그즁에 ᄒᆞᆫ 사ᄅᆞᆷ이 ᄲᆞᆯ니가셔 ᄒᆡ융을 초에적셔
갈ᄃᆡ에 ᄭᅦ여 마시우랴 ᄒᆞ거ᄂᆞᆯ 四十九 그놈은 이를
이 ᄀᆞᆯᄋᆞᄃᆡ 아직 그만두어라 이리아가 와셔 구원
ᄒᆞ나 아니ᄒᆞ나 보쟈 ᄒᆞ더라

주셕

뎌 무리들이 예수 죽이기를 작뎡ᄒᆞ여 십ᄌᆞ가에
못박게 되매 이 십ᄌᆞ가ᄂᆞᆫ 유태나라 법이 아니
라 로마국 법이며 거긔셔 죡파 뎨일 즁ᄒᆞᆫ 죄인
을 이 형벌노 쓰ᄂᆞᆫ 거신ᄃᆡ 유태 사ᄅᆞᆷ들은 예수
를 뮈워ᄒᆞ며 아조 쳔히 녁이매 이 모양으로 죽
이기를 작뎡 ᄒᆞ엿ᄉᆞ며 십ᄌᆞ가에 죽이ᄂᆞᆫ 법은 죄
인을 이디로 뎡죄ᄒᆞᆫ후에 죄인이 십ᄌᆞ가를 지고
죽일곳ᄭᆞ지 니르러 거긔셔 죄인과 십ᄌᆞ가를 ᄒᆞᆷ
ᄭᅴ 누이며 못질ᄒᆞᆫ후 십ᄌᆞ를 드러 깔만ᄒᆞᆫ 구
을 ᄯᅡ에 ᄯᅮᆯ코 죄인과 십ᄌᆞ를 ᄒᆞᆫ도로 니르켜 그
구멍에 세워 곳 죽지도 안코 살이 앏흐도록 셔

ᄌᆞ가에 달녀 결노 ᄌᆞ진케 된後 못어 ᄇᆞ리ᄂᆞᆫ지라 예수ᄭᅴ셔ᄂᆞᆫ 오직 겸손ᄒᆞ신ᄯᅢ 이러케 욕 보심과 죽으실ᄲᅮᆫ 더러 아조 흉악ᄒᆞᆫ 도적놈과 ᄒᆞᆷᄭᅴ ᄒᆞ쳣ᄉᆞ되 이ᄂᆞᆫ 이샤야 오십삼장 말ᄉᆞᆷ을 일위게 ᄒᆞ심이라 예수ᄭᅴ셔ᄂᆞᆫ 이거ᄉᆞᆯ 다 참으실ᄲᅮᆫ 더러 하ᄂᆞ님ᄭᅴ 뎌희ᄅᆞᆯ 위ᄒᆞ여 긔도ᄅᆞᆯ 만히 ᄒᆞ셧ᄉᆞ며 초에 ᄡᅳᆯ개ᄅᆞᆯ 타셔 먹임은 무ᄉᆞᆷ약을 먹어셔 알흠을 모로게 ᄒᆞᆷ ᄀᆞᆺ치 이 형별노 알흔거ᄉᆞᆯ 참게 ᄒᆞᆷ이나 예수ᄭᅴ셔ᄂᆞᆫ 이거ᄉᆞᆯ 먹지 아니시고 오직 죽도록 참고 견ᄃᆡ셧ᄂᆞᆫ지라 ‖ᄭᅩᆯ고다이란 ᄯᅡ흔 예루살넴‖ 셩 밧긔 ᄯᅡ이요(회빌리 십삼장 십이 십삼절을 보라) 졔비ᄧᅩᆸ아 옷ᄉᆞᆯ 논화 가자ᄂᆞᆫ 쟈ᄂᆞᆫ 죄인을 죽기ᄭᆞ지 직힌 로마군명 네명이요 졔ᄉᆞ장들은 예수의 명패 쓴거ᄉᆞᆯ 보고 곳치기ᄅᆞᆯ 원ᄒᆞ나 빌나도ᄂᆞᆫ 곳치지 아니ᄒᆞ며 하ᄂᆞ님의 아ᄃᆞᆯ 예수ㅣ 유태 왕이라 ᄒᆞᆷ이 이거시 춤으로 ᄇᆡᆨ셩의게 알게 ᄒᆞᆷ이요 십ᄌᆞ가에 못 박히시러 갈졔 ᄯᅡ라 가ᄂᆞᆫ쟈ㅣ 만ᄒᆞ니 예수의 모친 마리아와 다른 녀인과 요한과 그외 다른 밋ᄂᆞᆫ 사ᄅᆞᆷ들은 ᄆᆞᄋᆞᆷ이 심히 슯허 아조 ᄇᆞ람이 업ᄉᆞᆯ줄 알고 ᄯᅡ라 왓ᄉᆞ며 그 외에ᄂᆞᆫ 이젼에 예수ᄅᆞᆯ 뮈워ᄒᆞ고 비방ᄒᆞ든 쟈들이 나아와 이졔도 악ᄒᆞᆫ말과 거즛말노 ᄡᅥ 무수히 조롱 ᄒᆞᄂᆞᆫ지라 예수ᄭᅴ셔 셰ᄅᆡ 밧으신 후에 마귀의게 시험도 밧으시고 죽으실ᄯᅢ ᄭᆞ지 시험 밧으심이 만ᄒᆞ셧ᄉᆞ며 이번에도 네가 하ᄂᆞ님의 아ᄃᆞᆯ이면 가히 십ᄌᆞ가에셔 ᄂᆞ려 올거ᄉᆞᆯ ᄀᆞᆺᄒᆞ면 우리가 너ᄅᆞᆯ 밋을 거시오. 또 하ᄂᆞ님ᄭᅴ셔 너ᄅᆞᆯ ᄉᆞ랑 ᄒᆞ시면 엇지 너ᄅᆞᆯ 구완치 아니시랴 ᄒᆞᄂᆞᆫ거ᄉᆞᆫ 이거시 다 이젼에 시험 밧으심 ᄀᆞᆺ치 이러케 시험 ᄒᆞᆷ이니 오직 예수ᄭᅴ셔 온갓 시험을 다 밧으시고 십ᄌᆞ가에셔 ᄂᆞ려올 권셰도 뵈지 아니시며 다만 무덤에셔 다시 니러나시ᄂᆞᆫ 권셰ᄅᆞᆯ 뵈셧ᄂᆞᆫ지라 옷 사ᄅᆞᆷ브터 직희ᄂᆞᆫ 군ᄉᆞ와 도적놈 ᄭᆞ지 예수ᄅᆞᆯ 조롱ᄒᆞ고 흉 보왓ᄉᆞ되 그즁 도적 ᄒᆞ나흔 춤 회ᄀᆡᄒᆞ고 예수둘 하ᄂᆞ님의 아ᄃᆞᆯ이 신줄노 알ᄆᆡ 예수ᄭᅴ셔 네죄ᄅᆞᆯ 샤ᄒᆞ여 주며 영ᄉᆡᆼ을 주마고 ᄒᆞ셧ᄂᆞᆫ지라 이ᄂᆞᆫ 사ᄅᆞᆷ이 죽을ᄯᅢ에도 회ᄀᆡᄒᆞ면 죄샤ᄒᆞ여 주시ᄂᆞ니 사ᄅᆞᆷ은 이거ᄉᆞᆯ 보고 미루워 갈거ᄉᆞᆫ 아니요 곳 이 도적처름 예수도ᄅᆞᆯ 듯고 곳 회ᄀᆡ ᄒᆞᆯ거시니라 .

묻ᄂᆞᆫ말

一 이 악당들이 무ᄉᆞᆷ 모양으로 구쥬님ᄋᆞᆯ 희롱ᄒᆞ엿ᄂᆞ뇨

二 이 악당들이 구쥬님ᄋᆞᆯ ᄭᅳᆯ고 어나ᄯᅡ로 갓ᄂᆞ뇨

三 그리로 갈ᄯᅢ에 길에셔 누구ᄅᆞᆯ 만낫ᄂᆞ뇨

四 군ᄉᆞ들이 예수님의 옷ᄉᆞᆯ 무엇 ᄒᆞ엿ᄂᆞ뇨

五 구쥬님과 ᄀᆞᆺ치 못박힌 도적즁에 구완ᄋᆞᆯ 엇은 이가 잇ᄂᆞ뇨

六 이 도적은 무죄ᄒᆞ야 구완ᄋᆞᆯ 엇엇ᄂᆞ뇨

七 과긱들이 예수ᄅᆞᆯ 무ᄉᆞᆷ말노 ᄭᅮ지졋ᄂᆞ뇨

八 그날에 무ᄉᆞᆷ 증죠가 잇셧ᄂᆞ뇨

九 구쥬님이 십ᄌᆞ가샹에셔 무ᄉᆞᆷ 말ᄉᆞᆷ을 ᄒᆞ셧ᄂᆞ뇨

十 이 말ᄉᆞᆷ은 어나 나라 방언이오

일본에 열람ᄒᆞᆫ 일 (속젼호)

ᄉᆞ월 팔일 아참 다ᄉᆞᆺ시에 교ᄉᆞ와 ᄒᆞᆷ띄 인력거를 ᄐᆞ고 뎡거장에 나아가 긔챠를 ᄐᆞ고 홍빈(일본말노ᄂᆞᆫ 요구하마)으로 갈ᄉᆡ 즁등 셰젼 칠원 륙십젼을 주고 빙표를 밧은후에 ᄒᆞᆫ곳에 니ᄅᆞ니 목칙으로 막은ᄃᆡ 좁은문이 잇셔 ᄒᆞᆫ 사ᄅᆞᆷ식 나오게 ᄒᆞ고 그문에 텰로 ᄉᆞ원이 서셔 각 사ᄅᆞᆷ의 가진 빙표를 적간ᄒᆞ되 가우로 표지의 엽흘 베힌후에 도로 그 사ᄅᆞᆷ을 주어가지고 긔챠를 ᄐᆞ게ᄒᆞᄆᆡ 각 사ᄅᆞᆷ이 빙표ᄃᆡ로 샹즁하 삼등간을 차져 드러가니 이 긔챠ᄂᆞᆫ 크기가 수십 여간인ᄃᆡ 힝인이 거의 쳔여명이라 엿ᄉᆞᆺ시에 홀연이 웅쟝ᄒᆞᆫ 소ᄅᆡ가 나며 박쥐가 우뢰ᄀᆞᆺ치 진동ᄒᆞ니 십ᄌᆞ로 통ᄒᆞᆫ 길에ᄂᆞᆫ ᄉᆞ원이 긔를 두르며 문을닷아 힝인을 멈치게 ᄒᆞ고 긔챠가 지나간후에 다시 문을열어 주더라 경각간에 대판을 지나 경도에 니ᄅᆞ니 이곳은 삼십일년 젼에 일본 황뎨가 도읍 ᄒᆞ엿던 셔울이요 비파호라 ᄒᆞᄂᆞᆫ 큰 호슈가 잇서 경ᄀᆡ가 아람다오니 이 호슈ᄂᆞᆫ 일본즁에 뎨일 유명ᄒᆞᆫ 경쳐오 획연ᄒᆞᆫ 소ᄅᆡ가 날ᄯᅢ마다 긔챠가 흑암 디즁으로 드러가니 이거ᄉᆞᆫ 산을ᄯᅮᆲ코 텰도를 통ᄒᆞᆷ이라 눈압회 만물이 활동치 아니미 업서 산쳔초목이 번개ᄀᆞᆺ치 지나가며 쳔병만마가 풍우ᄀᆞᆺ치 모라온듯 졍신이 어지럽고 이목이 현황ᄒᆞᆫ지라 미양 뎡거쟝에 니ᄅᆞᄆᆡ 조곰식 지톄ᄒᆞᆷ은 힝인으로 ᄒᆞ여곰 나리리ᄂᆞᆫ 나리게 ᄒᆞ고 새로 ᄐᆞ고져 ᄒᆞᄂᆞᆫ이ᄂᆞᆫ 올으게 ᄒᆞᄂᆞᆫᄃᆡ 목징쳔과 명고옥과 졍강ᄯᅡ을 지나매 북으로 ᄇᆡᆨᄉᆞ산이(일본 말노ᄂᆞᆫ 푸지야마)잇서 흰눈이 산우에 가득ᄒᆞᆫᄃᆡ 놉히 구름 속에 소삿시니 셰계샹에 유명ᄒᆞᆫ 명산이라 ᄒᆞ더라 하오 십일뎜에 홍빈항에 니ᄅᆞ러 긔챠에 나리니 ᄯᅩ ᄒᆞᆫ 목칙ᄒᆞᆫ 곳에 좁은문이 잇고 텰도 ᄉᆞ원이 잇서 각인의 가진 빙표를 일일히 거둔후에 나아가게 ᄒᆞᄂᆞᆫ지라 인력거를 ᄐᆞ고 쥬막을 차져올ᄉᆡ 시졍은 번화ᄒᆞ고 칭루ᄂᆞᆫ 질비ᄒᆞᆫᄃᆡ 뎐긔등과 미긔등이 좌우에 황황ᄒᆞ고 ᄇᆞᆰ은달과 ᄆᆞᆰ은 바람이 아람다온ᄃᆡ 산슈본뎡에 니ᄅᆞ러 교ᄉᆞᄂᆞᆫ 영국 교우의 집에 ᄉᆞ관을 뎡ᄒᆞ고 ◦나ᄂᆞᆫ 일본사ᄅᆞᆷ 풍미회죠의 집에서 유슉 ᄒᆞ엿더니 잇흔날 경찰쇼에셔 슌ᄉᆞ가 차져와 나의 셩명을 탐문ᄒᆞ여 가더라 ○ ᄉᆞ월 십일은 구셰쥬의 부활ᄒᆞ신 날이라 ᄉᆞ관에셔 ᄒᆞᆫᄌᆞ 긔도ᄒᆞᆫ후에 회당을 차져 가고져 ᄒᆞ나 일본말과 영국말을 도모지 도로고 모로가 ᄯᅩᄒᆞᆫ 셩쇼ᄒᆞᆫ즉 어ᄃᆡ로 향ᄒᆞ리오 대한사ᄅᆞᆷ ᄒᆞ나이 궁긔뎡이라 ᄒᆞᄂᆞᆫ촌에 잇단말을 듯고 ᄆᆞᄋᆞᆷ에 깃부기ᄂᆞᆫ 이 사ᄅᆞᆷ을 차진후에 교회당을 가리라 ᄒᆞ여 슌포막에 가 필담으로 무ᄅᆞ니 니챵직이라 ᄒᆞᄂᆞᆫ 사ᄅᆞᆷ이 야모산 대신궁압회 잇다ᄒᆞ고 ᄒᆞᆫ 사ᄅᆞᆷ을 지시ᄒᆞ여 길을 인도 ᄒᆞᄂᆞᆫ지라 대신궁을 차자가니 ᄇᆡᆨ발이 셔리ᄀᆞᆺᄒᆞᆫ 보살이 향랍 아래 ᄊᆞ려 안쟈 합쟝비례 ᄒᆞ더라

최병헌

닉보

최법흔은 근본 동학 괴슈로 유명ᄒᆞᆫ 쟈이라 빅셩을 속이고 셰상을 요혹케 ᄒᆞ야 국가에 근심이 적지 안터니 일젼에 드른즉 엇더ᄒᆞᆫ이가 최교를 밧들고 나려가셔 최가를 잡어 왓다니 ᄌᆞ금이후로ᄂᆞᆫ 시골에 동학의 폐단이 업슬너라

○슈원군슈 김씨가 일젼에 셔울노 올나올서 하인을 다솔ᄒᆞ고 동젹강을 건너ᄂᆞᆫᄃᆡ 혼비에 오른이가 수십 여명이라 강을 건넌후의 떡젼거리 쥬막 근쳐에 나ᄅᆞ니 길가에 죽은 사ᄅᆞᆷ의 신톄가 잇고 십여셰된 ᄋᆞᄒᆡ ᄒᆞ나이 울며 말ᄒᆞ되 져ᄂᆞᆫ 근본 슈원 빅셩으로 흉년을 당ᄒᆞ야 부ᄌᆞ 걸식ᄒᆞ야 ᄃᆞ니다가 아비가 이곳에셔 죽으니 엄토ᄒᆞᆯ 길이 망연ᄒᆞᆫ지라 여러분이 돈량식을 주시면 보ᄐᆡ여 아비의 시신을 뭇겟다 ᄒᆞ매 여러 힝인이 졍디의 측흑ᄒᆞᆷ을 불샹히 넉여 각각 돈푼식을 주되 슈원군슈 김씨ᄂᆞᆫ 그져지ᄂᆡ 가거ᄂᆞᆯ 그 ᄋᆞᄒᆡ가 보고 아래셔 ᄋᆡ걸ᄒᆞ니 김씨가 그 ᄋᆞᄒᆡ를 담비ᄯᅥ로 눈을 찔너 쫏치매 뒤에 ᄯᅡ려가ᄂᆞᆫ 하인이 그 ᄋᆞᄒᆡ ᄃᆞ려 내돈이나 밧으라 ᄒᆞ고 돈을 주ᄂᆞᆫ지라 좌우에 힝인들이 김씨를 욕ᄒᆞ야 왈 져런놈은 뎨 하인만도 못ᄒᆞ도다 져ᄋᆞᄒᆡ외 경샹을 식샹ᄒᆞᆫ 힝인도 불샹히 넉이거든 ᄒᆞ믈며 군슈의 몸으로 뎨고을 빅셩이 아ᄉᆞᄒᆞᆷ을 보고 측은ᄒᆞᆫ ᄆᆞᄋᆞᆷ이 업슬분더러 도로혀 그 ᄋᆞᄒᆡ를 해코져 ᄒᆞ니 이런좀놈은 처음본다 ᄒᆞ되 김씨가 ᄒᆞᆯ말도 ᄃᆡ답지 못ᄒᆞ엿다더라

외보

청국 정부에 권세잇ᄂᆞᆫ 대신들이 벼슬을 매매ᄒᆞᄂᆞᆫ고로 쟈ᄉᆞ와 슈령이 은을 밧치고 고을에 도임ᄒᆞᆫ후 각기 드린돈을 ᄲᆡ랴고 빅셩을 침학ᄒᆞ매 쳐쳐에 민요가 이러 난다더라 (미일신문)

미일신문광고

협셩회 회보를 지금은 날마다 츌판ᄒᆞ고 일홈은 미일신문 이요 파ᄂᆞᆫ 쳐소ᄂᆞᆫ 남대문안 젼 쌋젼도가 인ᄃᆡ ᄒᆞᆫ장 갑슨 엽 너픈이요 일삭됴ᄂᆞᆫ 엽 닐곱돈 인ᄃᆡ 늬외보와 여러가지 유죠ᄒᆞᆫ 말이 만히 잇ᄉᆞ오니 제군ᄌᆞᄂᆞᆫ 만히 사셔 보사오

본회고빅

본회에서 이 **회보**를 젼년과 ᄀᆞᆺ치 일쥬일에 ᄒᆞᆫ번식 발간ᄒᆞᄂᆞᆫᄃᆡ 새로 륙폭으로 작뎡ᄒᆞ고 ᄒᆞᆫ장 갑슨 엽젼 오픈이오 ᄒᆞᆫᄃᆞᆯ갑슨 미리내면 젼파 ᄀᆞᆺ치 엽젼 ᄒᆞᆫ돈 오픈이라 본국 교우나 셔국 목ᄉᆞ나 교외 친구나 만일 사셔 보고져 ᄒᆞ거든 졍동 아편셜라 목ᄉᆞ 집이나 죵로 대동셔시에 가셔 사시옵

죵로대동셔시광고

우리 셔샤에셔 셩경 신구약과 찬미칙과 교회에 유익ᄒᆞᆫ 여러가지 셔칙과 시무에 긴요ᄒᆞᆫ 칙들을 팔되 갑시 샹당ᄒᆞ오니 학문샹과 사무번에 ᄯᅳᆺ이 잇ᄂᆞᆫ 군ᄌᆞ들은 만히 사셔 보시옵

뎨여권

대한크리스도인회보

뎨이십ᄉ호

(이십칠합) 광무이년 륙월십오일

교우의별셰홈

교우 됴챵렬씨는 근본 의쥬 사룸으로 평양부에 우거홀때에 본회 회보 샤장이 나려가 셰례를 주엇고 륙칠년 젼에 졍동와셔 살앗시며 한문은 조곰알되 한어는 능통ᄒᆞ고 구셰쥬를 밋은후로 힝위가 졈잔ᄒᆞ며 언어가 공슌ᄒᆞ고 미양 외인을 티ᄒᆞ면 하ᄂᆞ님 도를 힘써 권면ᄒᆞ더니 불힝이 륙월일에 이 셰상을 리별ᄒᆞ엿ᄂᆞᆫ디 여러 셔국 목ᄉᆞ와 부인들이며 대한 형대들이 다 그 졍디를 측혹히 녀여 각기 힘디로 부의홀 돈이 오륙 빅량이라 그일흔날 즉시 회보 샤장과 대한 형데들이 ᄒᆞᆷ께 나아가 교즁례로 안장 ᄒᆞ엿고 그때 뭇춤 평양 교우 김챵식씨가 올나와셔 초종 쟝ᄉᆞ에 미우 힘써 쥬션 ᄒᆞ엿시며 우리가 이 셰상에셔는 다시 됴형데를 보지 못ᄒᆞ나 텬당에셔 깃벅게 맛나는 날은 잇슨즉 후셰에 영원ᄒᆞᆫ 쾌락이 죡히 금일에 잠시 셥셥ᄒᆞᆫ ᄆᆞ옴을 위로홀만ᄒᆞ노라

두부인이쳐소를옴긴일

션싱 부인은 대한에 나오신후 여러히 동안을 리화학당에 잇서 복된 쇼식을 힘써 젼파ᄒᆞ고 ᄋᆞ히들을 잘 교육ᄒᆞ매 녀인들이 로쇼업시 션싱 부인의 덕힝을 흠모ᄒᆞ야 우리 교회에 들어온이가 며우 만앗시며 위원 부인은 대한에 나오신제 몃ᄃᆞᆯ은 되지 아니 ᄒᆞ엿시되 유슌ᄒᆞᆫ 말솜과 인션ᄒᆞᆫ 힝실을 사룸마다 칭찬치 안난이가 업더니 월젼에 두 부인이 쳐소를 동대문안 회당으로 옴기시매 졍동 근쳐에 샹종ᄒᆞ던 녀교우들은 다 셥셥ᄒᆞᆷ ᄆᆞ옴을 측량치 못ᄒᆞ나 우리는 동대문안 교회가 쟝ᄎᆞᆺ 흥왕 홀거슬 미리 치하 ᄒᆞ노라

공부를곳쳐작뎡홈

대개 고기를 잡고져 ᄒᆞᄂᆞᆫ쟈ᄂᆞᆫ 반다시 그물을 예비ᄒᆞ고 싸홈을 니기고뎌 ᄒᆞᄂᆞᆫ쟈ᄂᆞᆫ 반다시 병긔를 쥰비ᄒᆞᄂᆞ니 우리가 구셰쥬의 병뎡이 되야 마귀의 화살을 피ᄒᆞ고져 홀진ᄃᆡ 불가불 츙신의 갑쥬와 화평ᄒᆞᆫ 방픽를 예비홀지라 그방픽와 갑쥬ᄂᆞᆫ 다른거시 아니라 셩경을 공부ᄒᆞ야 하ᄂᆞ님의 오묘ᄒᆞᆫ 리치를 밝게 안후에 모든 원슈를 막을지라 우리가 일년 동안에 신약 마태복음을 공부ᄒᆞ야 뎨이권 이십삼호에 맛쳣ᄂᆞᆫ디 다만 신약만 공부ᄒᆞ면 구약에 ᄉᆞ젹을 닛기가 쉬온고로 칠월 첫쥬일 브터ᄂᆞᆫ 구약 챵셰긔를 공부 코져ᄒᆞ야 여ᄉᆞᆺᄃᆞᆯ 동안에 공부홀 뎨목을 ᄎᆞ례로 긔지ᄒᆞ노니 교즁 형데와 ᄌᆞ미들은 독실이 공부 ᄒᆞ시기를 ᄇᆞ라노라

대한크리스도인 회보

THE KOREAN CHRISTIAN ADVOCATE.
Rev. H. G. Appenzeller, Editor
36 cents per annum
in advance. Postage extra.
Wednesday, June. 15th, 1898.

서울 졍동서 일쥬일에 ᄒᆞᆫ번식
발간ᄒᆞᄂᆞᆫᄃᆡ 아편셜라 목ᄉᆞ가
회보 샤쟝이 되엿더라
일년 갑슬 미리 내면 삼
십 륙젼이오 우표갑슨
ᄯᅡ로 잇ᄂᆞ니라

일본에 열람ᄒᆞᆫ일

속젼호

그졀에셔 늙은즁을 향ᄒᆞ여 리씨의 쇼식을 탐문ᄒᆞ니 즁이 ᄃᆡ답ᄒᆞ되 리씨가 예수교 학당에 잇다ᄒᆞ고 ᄒᆞᆷᄭᅴ 차자갈ᄉᆡ 몸이 곤ᄒᆞ고 목이 말은지라 우물가에 니ᄅᆞ러 물깃ᄂᆞᆫ 녀인의게 물을 청ᄒᆞ니 그녀인이 류리잔을 취ᄒᆞ여 물을주거ᄂᆞᆯ 내가 마신후에 일본돈 일젼을 잔에 담아주니 좌우에 보ᄂᆞᆫ 사ᄅᆞᆷ이 다 웃더라 ᄒᆞᆫ곳에 니ᄅᆞ니 놉흔산이 잇고 ᄇᆞᆰ은 먹으로 써시되 예수교 복음 회ᄉᆞ라 ᄒᆞ엿거ᄂᆞᆯ 문에 드러가니 일본사ᄅᆞᆷ 수십명이 ᄃᆡ상에셔 뎜심밥을 먹ᄂᆞᆫᄃᆡ 그즁에 ᄒᆞᆫ사ᄅᆞᆷ이 나ᄅᆞᆯ보고 ᄯᅳᆯ에 나아와 ᄆᆡᄒᆞ여 ᄀᆞᆯᄋᆞᄃᆡ 존형은 뉘시며 무ᄉᆞᆷ일노 이곳에 오시닛가 오래간만에 다시 고국의관을 뵈오니 깃브다 ᄒᆞ거ᄂᆞᆯ 피ᄎᆞ 반가운 ᄆᆞᄋᆞᆷ으로 인ᄉᆞᄒᆞ고 청루에 올나가니 이ᄂᆞᆫ 구세쥬ᄅᆞᆯ 진실히 밋ᄂᆞᆫ 형뎨 [illegible]창ᄉᆞ이라 ᄯᅩᄒᆞᆫ 일본 교우와 반가이 인ᄉᆞᄒᆞ고 도라오니라 그 잇흔날브터 나재ᄂᆞᆫ 국문 글ᄌᆞ를 쓰고 밤에ᄂᆞᆫ 셩경에 잇ᄂᆞᆫ 글ᄌᆞ들 류취ᄒᆞ여 보기를 편케 ᄒᆞ더니 ᄒᆞ로ᄂᆞᆫ 홍빈 녀학교에셔 운동ᄒᆞ여 우리 ᄉᆞ관 압흐로 지나간다 ᄒᆞ거ᄂᆞᆯ 나아가 보니 쇼학교 긔와 일본 국긔를 좌우에 들고 그뒤에ᄂᆞᆫ 군악을 치며 일ᄌᆞ로 지나가ᄂᆞᆫᄃᆡ 학도의 머리마다 ᄒᆞᆫ가지 ᄭᅩᆺ시 잇고 몸에ᄂᆞᆫ 문의 잇ᄂᆞᆫ 옷슬 닙어 모샹도 ᄀᆞᆺ고 크기도 ᄀᆞᆺᄒᆞᆫᄃᆡ 쌍쌍히 소매를 련ᄒᆞ고 거름을 ᄀᆞᆺ치ᄒᆞ니 수효ᄂᆞᆫ 오ᄇᆡᆨ 여명이오 년세ᄂᆞᆫ 십삼ᄉᆞ 가량이라 쇼ᄉᆞ들이 간간히 겻히셔셔 호위ᄒᆞ니 이ᄂᆞᆫ 대한에셔 보지 못ᄒᆞ던 구경이더라 ᄯᅩ 하로ᄂᆞᆫ 홍빈에 사ᄂᆞᆫ 영국 사ᄅᆞᆷ들이 마쟝에 모히여 ᄆᆞᆯ 달니기를 ᄂᆡ기ᄒᆞᆫ다 ᄒᆞ거ᄂᆞᆯ 나아가니 수ᄇᆡᆨ개 인력거와 마챠가 우뢰ᄀᆞᆺ치 다라나 구경터로 향ᄒᆞᄂᆞᆫᄃᆡ ᄇᆞ라보니 사ᄅᆞᆷ이 구름ᄀᆞᆺ치 모히고 일본 국긔를 놉히 다랏스며 마쟝의 쥬회ᄂᆞᆫ 오리즘 되ᄂᆞᆫᄃᆡ 좌우로 목책을 ᄒᆞ엿고 목책에 문이 잇시며 문밧게 수칭 루각이 잇ᄂᆞᆫ지라 영국사ᄅᆞᆷ 십여명이 각각 쥰마를 ᄐᆞ고 마쟝에 나아와 일ᄌᆞ로 ᄆᆞᆯ을 세운후에 일시에 ᄆᆞᆯ을 달녀 본쳐로 도라올ᄉᆡ 뎨일 몬져오ᄂᆞᆫ ᄆᆞᆯ을 턱ᄒᆞ야 샹을 준다 ᄒᆞᄂᆞᆫᄃᆡ 그즁에 됴치못ᄒᆞᆫ 풍쇽이 잇시니 ᄆᆞᆯ을 시험ᄒᆞ기젼에 쇼년들이 ᄆᆞᆯ의 관샹을 ᄒᆞ여 샐니가ᄂᆞᆫ ᄆᆞᆯ를 ᄂᆡ기ᄒᆞ되 ᄒᆞᆫ번에 수ᄇᆡᆨ원돈을 내여노코 그 사ᄅᆞᆷ의 말ᄃᆡ로 그ᄆᆞᆯ이 과연 몬져 갈진ᄃᆡ 그 사ᄅᆞᆷ이 그돈을 먹ᄂᆞᆫ다더라

매비일공파 칠십이 륙월 이십륙

구약창세긔보러

칠월삼일

창조ᄒᆞᆫ일 창세긔 일장 일절노 이십삼ᄭᆞ지

칠월십일

창조ᄒᆞᆫ일 이십ᄉᆞ절노 삼십일 ᄭᆞ지와 이장 일절노 삼ᄭᆞ지

칠월십칠일

에덴동산 이장 팔절노 십칠ᄭᆞ지

칠월이십ᄉᆞ일

녀인울니신일 이장 십팔절노 이십오ᄭᆞ지

칠월삼십일일

아담이죄진일 삼장 일절노 십오ᄭᆞ지

팔월칠일

아담파이와에덴에셔너여쏫긴일 삼장 십륙절노 이십ᄉᆞ ᄭᆞ지

팔월십ᄉᆞ일

가인파아벨의일 ᄉᆞ장 삼절노 십오ᄭᆞ지

팔월이십일일

이녁파노아 오장 이십일절노 삼십이ᄭᆞ지

팔월이십팔일

노아의게방쥬를지으라ᄒᆞ심 륙장 십일절노 이십이 ᄭᆞ지

구월ᄉᆞ일

노아가방쥬에드러감 칠장 일절노 십 ᄭᆞ지

구월십일일

홍수 칠장 십일절노 이십ᄉᆞ ᄭᆞ지

구월십팔일

노아가방쥬에나림 팔장 륙절노 이십 이ᄭᆞ지

구월이십오일

하ᄂᆞ님이노아와언약을세우심 구 장 팔절노 십칠ᄭᆞ지

십월이일

파[illegible]이단합 십일쟝 일졀노 십ᄉᆞ지

십월구일

아브라함을부르심 십이쟝 일졀노 구ᄉᆞ지

십월십륙일

아브라함파나득의편당 십삼쟝 일졀노 십삼ᄉᆞ지

십월이십삼일

멜기셰덕 십ᄉᆞ쟝 십삼졀노 이십ᄉᆞᄉᆞ지

십월삼십일

하ᄂᆞ님이아브라함과언약을셰우심 십칠쟝 일졀노 구ᄉᆞ지

십일월륙일

아브라함이셰련ᄉᆞ를ᄃᆡ졉ᄒᆞᆫ것 십팔쟝 일졀노 십오ᄉᆞ지

십일월십삼일

아브라함이소다마를위ᄒᆞ야빈일 십팔쟝 이십졀노 삼십삼ᄉᆞ지

십일월이십일

소다마가망ᄒᆞᆫ일 십구쟝 십이졀노 이십륙ᄉᆞ지

십일월이십칠일

아브라함이그안ᄒᆡ를안ᄒᆡ라아니ᄒᆞᆷ 이십쟝 일졀노 십륙ᄉᆞ지

십이월ᄉᆞ일

이삭이나미하가를보낸일 이십일쟝 일졀노 이십일ᄉᆞ지

십이월십일일

아브라함의밋음시험ᄒᆞᆫ일 이십이쟝 일졀노 십삼ᄉᆞ지

십이월십팔일

살아이죽은일 이십삼쟝 일졀노 십륙ᄉᆞ지

십이월이십오일

예수씨의나신일 누가 이쟝 일졀노 십륙ᄉᆞ지

부국ᄒᆞᆫ규칙

현금에 쳥국 ᄇᆡᆨ셩들이 국가 졍치의 ᄇᆞᆰ지 못ᄒᆞᆷ을 ᄒᆞᆫ탄ᄒᆞ고 외국 사ᄅᆞᆷ의 침노ᄒᆞᆷ을 분이너여 여러 가지 회를 셜립ᄒᆞ야 ᄇᆡᆨ셩을 ᄀᆞᄅᆞ치며 기화에 진보ᄒᆞ기를 힘쓰ᄂᆞᆫᄃᆡ 샹히에 흥아회와 (아시아를 흥왕케 ᄒᆞᄂᆞᆫ회) 광학회가 (넓게 ᄇᆡ호ᄂᆞᆫ회) 잇고 북경과 텬진에 보국회 (나라를 보호 ᄒᆞᄂᆞᆫ회)가 잇서 고명ᄒᆞᆫ 관원들과 ᄯᅳᆺ잇ᄂᆞᆫ 션비들이 ᄒᆞᆷᄭᅴ 모혀 외국 형편과 본국 시셰를 강론 ᄒᆞᄂᆞᆫ지라 보편ᄯᅢ에 송학련이라 ᄒᆞᄂᆞᆫ 사ᄅᆞᆷ은 부국회를 (나라를 부ᄒᆞ게 ᄒᆞᄂᆞᆫ회) 셜립ᄒᆞ고져 ᄒᆞ야 회즁 규칙을 만드러 여러 사ᄅᆞᆷ으로 ᄒᆞ여곰 보게ᄒᆞ니 그 규칙에 ᄀᆞᆯᄋᆞᄃᆡ 뎨일됴ᄂᆞᆫ 학교니 동니 ᄇᆡᆨ셩의 집을 졀장보단 ᄒᆞ여 일ᄇᆡᆨ호 즁에 반ᄃᆞ시 쇼학교 ᄒᆞ나식을 셜시ᄒᆞ고 쇼학교 열둘 가온ᄃᆡ 반ᄃᆞ시 즁학교 ᄒᆞ나를 셜립ᄒᆞ며 즁학교 열둘 가온ᄃᆡ 반ᄃᆞ시 대학교 ᄒᆞ나식을 셜시ᄒᆞ여 궁벽ᄒᆞᆫ촌 ᄭᆞ지 ᄲᅡ짐이 업게ᄒᆞ고 뎨이ᄂᆞᆫ 졔조국이니 (물건 문ᄃᆞᄂᆞᆫ집) 대즁쇼 학교의 수효를 ᄌᆞᆺᄎᆞ ᄯᅩᄒᆞᆫ 대즁쇼 졔조국을 ᄒᆞ나식 셜립ᄒᆞ고 뎨삼은 샹잔이니 (물건 ᄑᆞᄂᆞᆫ집) 대즁쇼 졔조국을 ᄌᆞᆺ차 ᄯᅩᄒᆞᆫ 대즁쇼 샹잔을 ᄒᆞ나식 비셜ᄒᆞ고 뎨ᄉᆞᄂᆞᆫ 마챠길을 대즁쇼 샹잔으로 브터 텰로와 항구ᄭᆞ지 통ᄒᆞ게 ᄒᆞ고 뎨오ᄂᆞᆫ 텰로길을 젹은 고을노 브터 큰 부즁과 북경ᄭᆞ지 니르게 ᄒᆞ고 뎨륙은 롱무 학교를 셰워 곡셕과 실과 나무와 ᄇᆡ양 ᄒᆞᄂᆞᆫ법을 ᄀᆞᄅᆞ치며 뎨칠은 화륜션을 만히 몬ᄃᆞ러 외국 쟝ᄉᆞ의 물화를 통ᄒᆞ고 뎨팔은 금 은 동 텰과 ᄆᆡ탄의 개ᄂᆞᆫ 법을 ᄀᆞᄅᆞ쳐 ᄯᅡ에 잇ᄂᆞᆫ 지물을 취용ᄒᆞ며 뎨구ᄂᆞᆫ 대즁쇼 신문관을 만히 셜립ᄒᆞ고 뎨십은 각 고을에 외국 어학교를 세우되 태셔 각국의 나라를 다ᄉᆞ리며 ᄇᆡᆨ셩을 기ᄅᆞᄂᆞᆫ 법을 취용ᄒᆞ고 뎨십일은 동니마다 회당을 셜립ᄒᆞ여 덕힝 잇ᄂᆞᆫ 션비로 ᄒᆞ여곰 하ᄂᆞ님을 공경ᄒᆞ고 사ᄅᆞᆷ을 ᄉᆞ랑ᄒᆞᄂᆞᆫ 도학으로 ᄇᆡᆨ셩을 ᄀᆞᄅᆞ치며 반ᄃᆞ시 지됴와 덕힝이 겸젼ᄒᆞᆫ이를 ᄃᆡᆨᄒᆞ여 졍부의 일을 맛기라 ᄒᆞ엿ᄂᆞᆫᄃᆡ 그 규칙의 말ᄉᆞᆷ이 ᄌᆞ셰ᄒᆞ고 계교가 심원ᄒᆞ여 나라를 죡히 부ᄒᆞ게 ᄒᆞᆯ지라 우리가 대강 긔록 ᄒᆞ노라

ᄂᆡ보

죵로 대동셔시ᄂᆞᆫ 시무에 긴요ᄒᆞᆫ 셔칙을 더러 ᄆᆡ미ᄂᆞᆫ ᄒᆞ되 그즁에 교회칙을 쥬쟝으로 ᄑᆞᄂᆞᆫ 칙샤이라 왕ᄅᆡᄒᆞᄂᆞᆫ 외인들이 이 칙샤에 들어와셔 셔칙을 사벗다 칙탁ᄒᆞ고 억셜노 우리 셩교를 비방ᄒᆞ며 쥬인을 멸시ᄒᆞ되 쥬인니 경회씨ᄂᆞᆫ 근본 힝ᄉᆡ가 공검ᄒᆞ고 ᄯᅩᄒᆞᆫ 구변이 잇ᄂᆞᆫ지라 미양 됴흔 말ᄉᆞᆷ으로 악ᄒᆞᆫ욕을 ᄃᆡ뎍 ᄒᆞ더니 ᄒᆞ로ᄂᆞᆫ ᄒᆞᆫ 사ᄅᆞᆷ이 들어 오ᄂᆞᆫᄃᆡ 모양은 셕근 머리에 감투를 썻시며 감투우에 갓순 반ᄶᅩᆷ 잡바지고 두루막이 압가슴은 혈ᄭᅢᆨ 헷치고 마루에 올나 안ᄂᆞᆫᄃᆡ 장간보니 술이 대취 ᄒᆞ엿더라 그 사ᄅᆞᆷ이 말ᄒᆞ되 이집은 셩교ᄒᆞᄂᆞᆫ 집이뇨 쥬인이 ᄃᆡ답ᄒᆞ되 셩교만 ᄒᆞᆷ

[illegible]지 ᄒᆞ노라 ᄒᆞᆫ즉 그 사도이 [illegible] 쥬연일혜 달녀들어 구습이 흉학ᄒᆞ고 ᄂᆞᆫ [illegible] 위탁ᄒᆞ야 쥬인이 암만 유슌ᄒᆞᆫ 말솜으로 [illegible]다 도모지 듯지안코 오후 세시 브터 여ᄉᆞ시ᄭᆞ지 힐난ᄒᆞ매 그동안 여간 칙 사러왓단 친구들은 그놈의 힝핀홈을 두려워셔 칙도 사지안코 다 퇴ᄒᆞ야 나가ᄂᆞᆫ지라 쥬인이 졍히 답답ᄒᆞ야 ᄆᆞ음 속으로 긔도ᄒᆞᄂᆞᆫ ᄎᆞ에 엇던 친구 ᄒᆞ나이 들어와셔 반갑게 인ᄉᆞᄒᆞ거ᄂᆞᆯ 이에 머리를 드러 보니 곳 남셔 경무관 쟝윤환씨라 니러나 흔연이 영접ᄒᆞ며 심즁에 성신의 도으심인줄 밋엇더니 그놈이 과연 쟝경무를 되ᄒᆞ야 욕설을 ᄒᆞ거ᄂᆞᆯ 쟝경무의 말이 네가 술을먹고 가로에 ᄃᆞ니며 시민의 셩업을 해롭게 ᄒᆞ고 또 무단히 지나가ᄂᆞᆫ 사ᄅᆞᆷ을 욕ᄒᆞ며 네가 예수교를 헐어 말ᄒᆞ니 능히 그교를 금ᄒᆞ겟ᄂᆞ냐 더ᄀᆞᆺ흔 픠류ᄂᆞᆫ 불가불 죽습ᄒᆞ리라ᄒᆞ고 호각을 내여부니 미구에 슌검이 올ᄃᆡ 경아래 그놈이 급ᄒᆞᆫ 경우를 당ᄒᆞ매 술 쥬졍이 들어가고 아모말도 못ᄒᆞ거ᄂᆞᆯ 쥬인이 그놈의 형벌 당ᄒᆞᄂᆞᆫ거슬 측은이 녁여 슌검 오기젼에 그놈을 귀유ᄒᆞ야 보내니 좌우에 구경ᄒᆞ던 사ᄅᆞᆷ들이 말ᄒᆞ되 예수 교인은 원슈ᄭᆞ지 ᄉᆞ랑ᄒᆞᆫ다 ᄒᆞ더니 이집 쥬인이 욕ᄒᆞ던 놈을 도리혀 구원ᄒᆞ여 보ᄂᆡ니 춤 외인은 능히 못ᄒᆞᆯ배라 ᄒᆞ더라

외보

일본 [illegible]에 쳥국 샹민이 만히와셔 사ᄂᆞᆫᄃᆡ ᄌᆞ

너들 ᄀᆞᄅᆞ치기를 위ᄒᆞ여 [illegible] 운 대동학교라 학도가 수[illegible] 여명이[illegible] 세[illegible] 당 예라 ᄒᆞᄂᆞᆫ 션비 교ᄉᆞ가 되야 한문과 영어와 일어를 ᄀᆞᄅᆞ치고 공ᄌᆞ의 화샹을 벽샹에 붓치고 일혜마다 례비ᄒᆞ며 학도들의게 도학을 강론ᄒᆞ고 안식일을 일홈ᄒᆞ여 리복일이라 ᄒᆞ더라

미일신문광고

협셩회 회보를 지금은 날마다 츌판ᄒᆞ고 일홈을 미일신문 이요 파ᄂᆞᆫ 쳐소ᄂᆞᆫ 남대문안 젼 쓰젼도가 인ᄃᆡ ᄒᆞᆫ장 갑슨 엽 너픈이요 일삭됴ᄂᆞᆫ 엽 닐곱돈 인ᄃᆡ 늬외보와 여러가지 유죠ᄒᆞᆫ 말이 만히 잇ᄉᆞ오니 졔군ᄌᆞᄂᆞᆫ 만히 사셔 보사오

본회고빅

본회에셔 이 회보를 젼년과 ᄀᆞᆺ치 일쥬일에 ᄒᆞᆫ번식 발간ᄒᆞᄂᆞᆫᄃᆡ 새로 륙폭으로 작뎡ᄒᆞ고 ᄒᆞᆫ쟝 갑슨 엽젼 오푼이오 ᄒᆞᆫ달갑슨 미리내면 젼과 ᄀᆞᆺ치 엽젼 ᄒᆞᆫ돈 오푼이라 본국 교우나 셔국 목ᄉᆞ나 교외 친구나 만일 사셔 보고져 ᄒᆞ거든 졍동 아편셜라 목ᄉᆞ 집이나 죵로 대동서시에 가셔 사시옵

죵로대동셔시광고

우리 셔샤에셔 셩경 신구약과 찬미칙과 교회에 유익ᄒᆞᆫ 여러가지 셔칙과 시무에 긴요ᄒᆞᆫ 칙들을 팔되 갑시 샹당ᄒᆞ오니 학문샹과 사무변에 ᄯᅳᆺ이 잇ᄂᆞᆫ 군ᄌᆞ들은 만히 사셔 보시옵

광무 이년 (무술)

대한 크리스도인 회보

륙월 이십이일

뎨이십오호

청국교회에 곤츅당ᄒᆞᆫ일

우리가 화미보 ᄉᆞ월치를 보니 ᄒᆞ엿시되 청국 쟝포현 례ᄇᆡ당에서 금년 이월 초칠일에 여러 교우가 모히여 례ᄇᆡᄒᆞᆯ시 ᄯᅳᆺ밧게 ᄑᆡ류들이 ᄯᅦ를지어 드러와셔 거짓 구경ᄒᆞ는 모양으로 례ᄇᆡᄒᆞ는거ᄉᆞᆯ 해롭게 ᄒᆞ는ᄃᆡ 그즁에 큰 ᄋᆞᄒᆡ들이 만히잇서 교즁 부녀를 엿보며 비웃는지라 맛츰 문목ᄉᆞ가 례ᄇᆡ당 일을 쥬쟝ᄒᆞ는ᄃᆡ 문밧게 서셔 됴흔말ᄉᆞᆷ으로 그 ᄑᆡ류들을 효유ᄒᆞ야 다힝이 무ᄉᆞ ᄒᆞ엿더니 오후에 셩 만찬을 먹을ᄉᆡ ᄑᆡ류들이 다시 ᄯᅡᆸ지 ᄒᆞ는즁에 홍가 ᄋᆞᄒᆡ가 잇서 동모 세 사ᄅᆞᆷ을 다리고 부녀 잇는 쳐소에 드러가 좌우를 도라보며 모양이 무례ᄒᆞ거ᄂᆞᆯ 목ᄉᆞ가 엄히 막으매 그놈들이 듯지 아닐ᄲᅮᆫ더러 맛츰내 팔ᄯᅮᆨ을 ᄲᅩᆷ내며 서로 힐난ᄒᆞ다가 목ᄉᆞ가 됴흔 말ᄉᆞᆷ으로 달낸후에 흣터져 가더니 져녁에 니르러 그 ᄋᆞᄒᆡ놈들이 ᄯᅩ ᄑᆡ류를 부동ᄒᆞ여 물미닷기 드러 오는ᄃᆡ 그즁에 곤쟝을 든놈도 잇고 크게 쇼리ᄒᆞ는놈도 잇서 형세 심히 흉흉ᄒᆞ여 가히 엇지ᄒᆞᆯ수 업는지라 목ᄉᆞ가 ᄉᆡᆼ각다못ᄒᆞ여 관가에 드러가 고ᄒᆞ고져 ᄒᆞ더니 길에서 홀연이 관원 ᄒᆞ나를 맛나니 이는 다름 아니라 그날 아츰에 교즁 형데가 임의 관가에 고홈이러라 관원이 회당에 드러와 힘쓰믈니치되 무지ᄒᆞᆫ 우밍들이 도모지 듯지안코 집을헐며 샹을 부슈더니 마츰 하ᄂᆞ님의 은혜로 큰 비가 급히 오매 그놈들이 그제야 물너 가거ᄂᆞᆯ 관원이 병뎡 ᄇᆡᆨ명으로 호위ᄒᆞ여 직히고 방을 붓쳐 효유ᄒᆞ니 ᄑᆡ류가 흣터져 화를 면ᄒᆞ엿더라

세례와 셩만찬을 ᄒᆡᆼᄒᆞᆷ

양력 륙월 십구일 쥬일 아츰에 졍동 례ᄇᆡ당에서 세례와 만찬례를 ᄒᆡᆼᄒᆞ는ᄃᆡ 남녀와 로쇼가 합수 ᄇᆡᆨ여명이 모혓는지라 찬미 긔도ᄒᆞᆫ 후에 아편설라 목ᄉᆞ가 세례밧을 형데와 ᄌᆞ미를 일일이 호명ᄒᆞ야 셩단압헤 세운후에 교우 최병헌씨가 세례밧는 쥬쟝ᄯᅳᆺ슬 대강 설명ᄒᆞ고 목ᄉᆞ가 세례를 주는ᄃᆡ 이날에 세례 밧은 형데가 륙인이오 ᄌᆞ미가 구인이니 합 십오인이오 입교ᄒᆞᆫ아가 어린 ᄋᆞᄒᆡ외에 합 십오인이오 학습인에 일홈 붓친이가 남녀 병ᄒᆞ야 합 이십 오인이라 그후에 셩 만찬례를 ᄒᆡᆼᄒᆞ는ᄃᆡ 남녀 교우가 공경ᄒᆞᆫ ᄆᆞ옴으로 셩단 좌우에 업대여 ᄯᅥᆨ과 포도즙을 먹어 구셰쥬를 긔렴ᄒᆞ니 사ᄅᆞᆷ마다 ᄆᆞ옴이 ᄯᅳ겁고 셩신이 츙만ᄒᆞᆫ듯 감샤ᄒᆞᆫ ᄯᅳᆺ스로 례를 맛치니 오후 ᄒᆞᆫ시나 되엿더라

대한크리스도인 회보

THE KOREAN CHRISTIAN ADVOCATE.
Rev. H. G. Appenzeller, Editor
36 cents per annum
in advance. Postage extra.
Wednesday, June. 22th, 1898.

서울 졍동셔 일쥬일에 ᄒᆞᆫ번식 발간ᄒᆞᄂᆞᆫᄃᆡ 아편셜라 목ᄉᆞ가 회보 샤쟝이 되엿더라
일년 갑슬 미리 ᄂᆡ면 삼십 륙젼이오 우표갑슨 ᄯᆞ로 잇ᄂᆞ니라

구약공부

우리가 례비일 학당 공부에 신약 마태복음을 맛쳣ᄉᆞᆫ즉 칠월 브터ᄂᆞᆫ 구약 창셰긔를 공부ᄒᆞᆯ터인ᄃᆡ 이 창셰긔ᄂᆞᆫ 한문 글ᄌᆞ로 (비롯솔창ᄌᆞ 셰샹졔ᄌᆞ 긔록ᄒᆞᆯ긔ᄌᆞ이니) 이 셰샹을 처음으로 창조ᄒᆞ신 긔록이라 이칙은 근본 희ᄇᆡ리 글노 썻ᄂᆞᆫᄃᆡ 영국글과 청국글노 번역ᄒᆞ엿ᄉᆞ나 그 ᄯᅳᆺ신즉 ᄯᅩᆨᄀᆞᆺ고 다른 셩경에 말ᄉᆞᆷ과 ᄀᆞᆺ지 아니 ᄒᆞᆫ지라 웨그런고 ᄒᆞ니 이 셰샹과 사ᄅᆞᆷ의 시작된 일을 다긔록 ᄒᆞᆷ이라 ○ 창셰긔의 긔록ᄒᆞᆫ 말ᄉᆞᆷ은 그 긴요ᄒᆞᆷ과 ᄌᆞ미 잇ᄂᆞᆫ거시 다른 칙에ᄂᆞᆫ 업고 셩경에도 ᄯᅩᄒᆞᆫ 이와 ᄀᆞᆺᄒᆞᆫ 말ᄉᆞᆷ이 업ᄂᆞᆫ지라 이칙에 잇ᄂᆞᆫ 말ᄉᆞᆷ을 사ᄅᆞᆷ이 만약 밋지 아닐진ᄃᆡ 텬디 만믈에 시작됨과 인류의 처음 난거ᄉᆞᆯ 어ᄂᆞ ᄉᆞ긔에 ᄎᆞ지리오 쥬역과 쥬ᄌᆞ의 격치셔와 로ᄌᆞ의 도덕경과 휴렴계의 태극 도셜을 볼진ᄃᆡ 음양이 조판ᄒᆞᆷ과 우극이 태극됨과 량의와 ᄉᆞ샹의 말이 잇시나 이 창셰긔와 ᄀᆞᆺ치 그 리력을 분명히 말ᄉᆞᆷᄒᆞ며 ᄌᆞ셰히 긔록ᄒᆞᆫ 칙이 어ᄃᆡ 잇ᄂᆞ뇨 ○ 이 창셰긔를 모셰란 션지가 ᄌᆞ긔 지혜와 ᄌᆞ긔 ᄆᆞᄋᆞᆷ으로 긔록ᄒᆞᆫ거시 아니라 셩신의 감화ᄒᆞ심과 묵시ᄒᆞ심으로 하ᄂᆞ님의 ᄀᆞᄅᆞ치심을 밧아 이칙에 긔록ᄒᆞᆫ거시라 태셔 각국에 격치학을 공부ᄒᆞᄂᆞᆫ 션비들이 이 창셰긔를 보지 아니 ᄒᆞᆫ이도 잇고 하ᄂᆞ님을 밋지 안ᄂᆞᆫ이도 잇시되 그 사ᄅᆞᆷ의 셜명ᄒᆞᆫ 문ᄍᆞ를 볼진ᄃᆡ 텬문학과 디리학과 여러가지 리치학의 말ᄉᆞᆷ이 이 창셰긔와 ᄀᆞᆺᄒᆞᆫ거시 만히 잇시니 이거시 엇지 증거될 일이 아니리오 일노 ᄎᆞᄌᆞ 볼진ᄃᆡ 텬디를 창조ᄒᆞ야 옴으로 젼능ᄒᆞ신 하ᄂᆞ님의 셩톄ᄂᆞᆫ 본이가 업시되 그 창조ᄒᆞ신 만믈을 볼진ᄃᆡ 반다시 하ᄂᆞ님이 만믈의 대쥬지 되심을 가히 알지라 그런즉 우리 교즁 형뎨 ᄌᆞ미들은 이 창셰긔를 공부ᄒᆞ고 닐을ᄲᅮᆫ 아니라 ᄎᆞᆷ ᄆᆞ옴으로 단단이 밋을거시오 밋기만 ᄒᆞᆯᄲᅮᆫ 아니라 불가불 ᄎᆞᆷ 졍셩으로 하ᄂᆞ님을 공경 ᄒᆞᆯ거시오 하ᄂᆞ님만 공경ᄒᆞᆯᄲᅮᆫ 아니라 우리 쥬 예수 크리스도씨의 ᄃᆡ인 속죄ᄒᆞ신 공로를 밋어야 이 셰샹에서도 복을 밧을 거시오 육신이 죽은후에 령혼이 암븍 고쵸를 면ᄒᆞ고 텬국 락원에 ᄂᆞ려 영원ᄒᆞᆫ 쾌락을 밧을지니라

레비일공과 칠십삼 칠월 삼일

창조ᄒᆞᆫ일

창셰긔 일쟝 일졀노 이십삼

一 태초ᄯᅢ에 하ᄂᆞ님이 텬디를 창조 ᄒᆞ시니 二
ᄯᅡ흔 이에 바고 멀며 깁흔 물 우희ᄂᆞᆫ 어두오니
하ᄂᆞ님의 신이 물우헤 거ᄒᆞ여 왕릭ᄒᆞ시ᄂᆞᆫ지라
三 하ᄂᆞ님이 ᄀᆞᆯᄋᆞ샤ᄃᆡ 맛당히 빗치 잇게 ᄒᆞ리
라 ᄒᆞ시니 곳 빗치 잇더라 四 하ᄂᆞ님ᄭᅴ셔 빗술
보시고 션ᄒᆞ다 ᄒᆞ샤 빗과 어두옴을 드듸여 판단
ᄒᆞ매 五 빗손 낫이라 ᄒᆞ고 어두옴은 밤이라 ᄒᆞ야
져녁과 아춤이 잇ᄉᆞ니 이게 ᄒᆞᆫ날이오 ○ 六 하ᄂᆞ
님ᄭᅴ셔 ᄀᆞᆯᄋᆞ샤ᄃᆡ 맛당히 궁챵이 잇서 우와 아래
물이 서로 막히게 ᄒᆞ리라 ᄒᆞ고 七 궁챵을 문ᄃᆞ러 우
와 아래물노 즁간이 ᄂᆞᆫ허지게 ᄒᆞ시니 이ᄀᆞᆺ치되니
八 하ᄂᆞ님이 궁챵을 하ᄂᆞᆯ이라 ᄒᆞ야 져녁과 아
춤이 잇ᄉᆞ니 이게 잇ᄒᆞᆫ날이오 ○ 九 하ᄂᆞ님이
ᄀᆞᆯᄋᆞ샤ᄃᆡ 텬하 모든물을 ᄒᆞᆫ곳에 모히게 ᄒᆞ여 륙
디로 ᄒᆞ여곰 드러나게 ᄒᆞ리라 이ᄀᆞᆺ치 되니 十 륙
디를 ᄯᅡ이라 ᄒᆞ고 물 모힌거슬 바다라 ᄒᆞ시
니 하ᄂᆞ님ᄭᅴ셔 보시기를 됴화 ᄒᆞᄂᆞᆫ지라
十一 하ᄂᆞ님이 ᄀᆞᆯᄋᆞ샤ᄃᆡ ᄯᅡ에 풀나미 맛당
ᄒᆞ니 나물은 열미를 밋고 나무ᄂᆞᆫ 실과를 ᄂᆡ고
실과ᄂᆞᆫ 씨가잇서 각각 그 류ᄃᆡ로 ᄒᆞ시니 이ᄀᆞᆺ치
되니 十二 ᄯᅡ에 곳 풀이나고 나물은 열며가 밋고
나무ᄂᆞᆫ 실과가 나고 실과ᄂᆞᆫ 씨가잇서 각각 그 류
ᄃᆡ로 되니 하ᄂᆞ님ᄭᅴ셔 보시기를 됴화ᄒᆞ샤 十三
져녁과 아춤이 잇ᄉᆞ니 이게 사ᄒᆞᆫ날이오 ○ 十四
하ᄂᆞ님이 ᄀᆞᆯᄋᆞ샤ᄃᆡ 하ᄂᆞᆯ에 빗치잇서 모든거슬 나
타나게 ᄒᆞ야 낫과 밤을 ᄂᆞᆫ호며 ᄉᆞ시를 작뎡ᄒᆞ야
ᄒᆡ와 날을 긔록ᄒᆞ며 十五 빗손 하ᄂᆞᆯ에 달여 ᄯᅡ
에 빗최이게 ᄒᆞ야 이ᄀᆞᆺ치 十六 하ᄂᆞ님ᄭᅴ셔
두 ᄇᆞᆰ은 빗술 문ᄃᆞ샤 큰거ᄉᆞ로 낫즐 다ᄉᆞ리고
젹은 거ᄉᆞ로 밤을 다ᄉᆞ리게, ᄒᆞ시고 ᄯᅩᄒᆞᆫ 별을 문
ᄃᆞ샤 十七 궁챵에 두어 ᄯᅡ에 빗최이게 ᄒᆞ여 十八 낫
과 밤을 다ᄉᆞ리며 ᄇᆞᆰ고 어두옴을 ᄂᆞᆫ호니 하ᄂᆞ
님ᄭᅴ셔 보시기를 됴화ᄒᆞ샤 十九 져녁과 아춤이 잇
ᄉᆞ니 이게 나ᄒᆞᆫ날이오 ○ 二十 하ᄂᆞ님이 ᄀᆞᆯᄋᆞ
샤ᄃᆡ 물이 반다시 싱물을 싱쟝케ᄒᆞ야 비날가진 버
레가 다 가초고 식가 ᄯᅡ헤서 날어 궁챵에 니르게
ᄒᆞ리라 二十一 드듸여 큰 고기와 물 가온ᄃᆡ서 싱쟝
ᄒᆞᄂᆞᆫ 물건을 문ᄃᆞ샤 비날가진 버레가 다 가초게
ᄒᆞ시고 ᄯᅩᄒᆞᆫ 깃 잇ᄂᆞᆫ것 들이 각각 류ᄃᆡ로 되니
하ᄂᆞ님ᄭᅴ셔 보시기를 됴화ᄒᆞ샤 二十二 하ᄂᆞ님이
츅슈ᄒᆞ샤ᄃᆡ 셩육이 만하 바다에 가득ᄒᆞ며 ᄉᆡ들
이 ᄯᅡ헤 번셩ᄒᆞ리라 二十三 져녁과 아춤이 잇ᄉᆞ니 이
게 다ᄉᆞᆺ날이라

주석

창셰긔 첫쟝에 여러가지 긴요ᄒᆞᆫ 말이 ᄆᆡ우 만으
니 일졀에 하ᄂᆞᆯ과 ᄯᅡ를 창조 ᄒᆞ엿단 말은 하ᄂᆞᆯ과
ᄯᅡᆼ이 ᄌᆞ연ᄒᆞᆫ 리치로 싱겻단 말도 아니요 저절노
니러낫단 말이 아니라 하ᄂᆞ님이 지으셧단 말
이요 ᄯᅩ 하ᄂᆞ님이라 ᄒᆞᄂᆞᆫ 말은 희빅리 말에

엘노힘) 이라 ᄒᆞᄂᆞ니 그뜻은 놉ᄒᆞ신 권능이오 지으신 쥬재요 ᄃᆞᄉᆞ리시ᄂᆞᆫ 님군이라 닐ᄏᆞᄅᆞᆷ이오 창조라 ᄒᆞᄂᆞᆫ뜻은 젼에업ᄂᆞᆫ 물건을 아모것도 가지지 안코 지엇다 ᄒᆞᄂᆞᆫ 말이니 이것은 다만 하ᄂᆞ님이 무어시던지 믄ᄃᆞ신 거시나 지으신ᄃᆡ 우리가 말ᄒᆞ쟈면 하ᄂᆞ님이 창조 ᄒᆞ셧다 ᄒᆞᆯ거시오 창조라 ᄒᆞᄂᆞᆫ말은 사ᄅᆞᆷ이 무ᄉᆞᆷ 물건을지여 ᄂᆡᆺ다 ᄒᆞᄂᆞᆫ 말도 아니오 ᄌᆞ연이 되엿다 ᄒᆞᄂᆞᆫ말도 아니오 저절노 되ᄂᆞᆫ 리치로 되엇다 ᄒᆞᄂᆞᆫ말도 아니오 음양 리치로 화ᄒᆞ여 되엿다 ᄒᆞᄂᆞᆫ말이 아니라 하ᄂᆞ님이 이 세샹을 창조ᄒᆞ신지ᄂᆞᆫ 몃만년이 되ᄂᆞᆫ지 우리ᄂᆞᆫ 모로나 대단이 오ᄅᆡ스며 비고멀다 ᄒᆞᄂᆞᆫ뜻은 륙ᄃᆡ에 물이 덥혀스나 황무ᄒᆞ여 아조 비엿다 ᄒᆞᆷ이요 일쟝에 창조 ᄒᆞ셧다ᄂᆞᆫ 것은 무ᄉᆞᆷ 물건을 가지고 지엇다 ᄒᆞᄂᆞᆫ말이 아니라 다만 하ᄂᆞ님의 말ᄉᆞᆷ으로 모든거ᄉᆞᆯ 지으셧ᄉᆞ니 ᄀᆞᆯ온 빗이잇서라 ᄒᆞ시에 빗차 몽롱ᄒᆞ고 깁흔우에나 아모것도 업서 회미ᄒᆞᆫᄃᆡ 빗쳣ᄉᆞ니 이거시 첫날이오 륙졀에 하ᄂᆞ님이 다시 말ᄉᆞᆷ ᄒᆞ시기를 궁창과 물이 난호라 ᄒᆞ신뜻은 깁흔대 잇ᄂᆞᆫ물과 우회 잇ᄂᆞᆫ 구름이 서로 난호임이니라

믓ᄂᆞᆫ말

一 셩경칙 중에 언의칙에셔 우리가 공부를 ᄒᆞᄂᆞ뇨

二、창셰긔 뜻시 무ᄉᆞ시뇨

三 하ᄂᆞ님ᄭᅴ셔 몬져 무어ᄉᆞᆯ 창조 ᄒᆞ엿ᄂᆞ뇨

四 하ᄂᆞ님ᄭᅴ셔 이거ᄉᆞᆯ 언의때에 창조 ᄒᆞ셧ᄂᆞ뇨

五 그때에 텬디의 모양이 엇더 ᄒᆞ엿ᄂᆞ뇨

六 빗츨 엇더케 창조 ᄒᆞ셧ᄂᆞ뇨

七 또 빗츨 무어시라고 닐넛ᄂᆞ뇨

八 또 어둔거ᄉᆞᆯ 무어시라고 닐넛ᄂᆞ뇨

九 그후에 하ᄂᆞ님ᄭᅴ셔 무어ᄉᆞᆯ 창조 ᄒᆞ셧ᄂᆞ뇨

十 셋재날은 하ᄂᆞ님ᄭᅴ셔 무어ᄉᆞᆯ 창조 ᄒᆞ셧ᄂᆞ뇨

十一 하ᄂᆞ님ᄭᅴ셔 쌍ᄃᆞ려 무엇들을 나ᄒᆞ라고 ᄒᆞ셧ᄂᆞ뇨

十二 넷재날은 하ᄂᆞ님ᄭᅴ셔 무어ᄉᆞᆯ 창조 ᄒᆞ셧ᄂᆞ뇨

十三 다ᄉᆞᆺ재 날은 하ᄂᆞ님ᄭᅴ셔 무어ᄉᆞᆯ 창조 ᄒᆞ셧ᄂᆞ뇨

일본에 열람ᄒᆞᆫ일 (속젼호)

ᄒᆞ로ᄂᆞᆫ 교ᄉᆞ가 ᄎᆡᆨ 박히ᄂᆞᆫ 긔계를 사고져 ᄒᆞ여 동경(일본 말노ᄂᆞᆫ 도교)을 갈ᄉᆡ 나ᄃᆞ려 ᄒᆞᆷᄭᅴ 가구경ᄒᆞ자 ᄒᆞ거ᄂᆞᆯ 이에 긔챠를 ᄐᆞ고 ᄒᆞᆷᄭᅴ 가ᄂᆞᆫᄃᆡ 일본 리수로 샹거가 일ᄇᆡᆨ리라 ᄒᆞ되 대한 리수로ᄂᆞᆫ 가량 륙십리즘 되고 ᄒᆞᆫ시 동안이면 능히 득달 ᄒᆞᄂᆞᆫ지라 동경에 니ᄅᆞ러 긔챠에 나린후에 인력거를 ᄐᆞ고 교ᄉᆞᄂᆞᆫ 츅디 활판소로 향ᄒᆞ여 가고 나ᄂᆞᆫ 대한 공ᄉᆞ관을 챠져가니 공ᄉᆞ 리하영씨가 반가이 맛나 오ᄅᆡ 보쟈못ᄒᆞᆫ 회포를 말ᄒᆞ고 본국 경황을 대강 무른후에 뎜심을 ᄃᆡ졉ᄒᆞ고 공관에셔 몃칠 류ᄒᆞ여 동경 물졍을 보고 가라 ᄒᆞ거ᄂᆞᆯ 내가 ᄉᆞ무의 급홈으로 당일ᄂᆡ 도라 가기를 쳥ᄒᆞ니 공ᄉᆞ의 말ᄉᆞᆷ이 그러면 구경이나 ᄒᆞ고 가라ᄒᆞ고 인력거와 당일 부비를 쥰비ᄒᆞ여 쟝인근이라 ᄒᆞᄂᆞᆫ 학도와게 주어 길을 인도ᄒᆞ야 구경ᄒᆞ고 오라 ᄒᆞ거ᄂᆞᆯ 이에 쟝씨와 ᄀᆞᆺ치 샹야공원에 니ᄅᆞ니 십리 되ᄂᆞᆫ 공원에 일만나무 잉화(벗나무 ᄭᅩᆺ과 ᄀᆞᆺᄒᆞᆫ것)가 만발ᄒᆞ고 외국 사ᄅᆞᆷ들과 본국 남녀들이 소ᄆᆡ를 련ᄒᆞ야 놀너 ᄃᆞ니ᄂᆞᆫᄃᆡ ᄒᆞᆫ곳에 니ᄅᆞ니 동물관(산즘ᄉᆡᆼ 잇ᄂᆞᆫ집)이 잇고 문에셔 미인의게 십젼식 밧은후에 표를쥬어 들어가게 ᄒᆞᄂᆞᆫ지라 쟝씨와 ᄒᆞᆷᄭᅴ 들어가니 나ᄂᆞᆫ새와 다라나ᄂᆞᆫ 즘ᄉᆡᆼ이 업ᄂᆞᆫ거시 업셔 각ᄉᆡᆨ 금슈를 다 말ᄒᆞᆯ수 업거니와 호표와 시랑과 약ᄃᆡ와 코키리와 곰과 노루와 ᄉᆞ슴과 원숭이의 여러가지 죵류가 잇ᄂᆞᆫᄃᆡ 그즁에 온디구샹을 도라ᄃᆞᆫ닌 물이잇고 ᄒᆞᆫ편에ᄂᆞᆫ 잉무와 공쟉과 ᄇᆡᆨ로와 학과 각ᄉᆡᆨ 오리와 각국 ᄃᆞᆰ과 이샹ᄒᆞᆫ 죵류가 만히 잇시며 그즁에 가치란 새ᄂᆞᆫ 대한국에셔 구ᄒᆞ여 왓다 ᄒᆞᄂᆞᆫᄃᆡ 다만 ᄒᆞᆫ마리 ᄲᅮᆫ이더라 또 관어실(고기 보ᄂᆞᆫ집)에 들어가 본즉 이샹ᄒᆞᆫ 고기가 만히 잇ᄂᆞᆫᄃᆡ 유리로 벽을ᄒᆞ고 물을 인도ᄒᆞ야 경치가 묘케ᄒᆞ고 그즁에 호랑이와 곰의집은 굴근쇠로 살창을 ᄒᆞ고 ᄇᆡᆨ로와 오리의 집은 텰망으로 둘어싸고 그 가온ᄃᆡ 물을 인도ᄒᆞ여 못시 되게 ᄒᆞ엿더라 거긔셔 나아와 쳔쵸라 ᄒᆞᄂᆞᆫ곳에 니ᄅᆞ니 놉흔 두리집이 잇ᄂᆞᆫᄃᆡ ᄉᆞ면으로 판쟝을 ᄒᆞ엿시며 큰 글ᄌᆞ로 써 ᄀᆞᆯ은ᄃᆡ 일 쳥 젼쟝(일본과 쳥국의 싸홈)이라 ᄒᆞ엿거ᄂᆞᆯ 또ᄒᆞᆫ 돈을 주고 드러갈ᄉᆡ 캄캄ᄒᆞᆫ 어두운 길노 ᄎᆞᄎᆞ 도라 올나가니 뎨일 샹층에ᄂᆞᆫ 희미ᄒᆞᆫ 빗시잇고 ᄉᆞ방에 란간을 ᄆᆞᆫ드러 구경ᄒᆞᄂᆞᆫ 사ᄅᆞᆷ으로 ᄯᅥ러짐이 업게 ᄒᆞ엿ᄂᆞᆫᄃᆡ ᄇᆞ라보니 네슌항 바다물에 병션이 ᄅᆡ왕ᄒᆞᆷ과 대포를 놋ᄂᆞᆫ곳에 화광이 츙텬ᄒᆞ고 쳥국 군ᄉᆞ들이 긔와 북을 ᄇᆞ리고 좌우에 업더지며 잡바지ᄆᆡ 류혈이 랑쟈ᄒᆞ고 일본 군ᄉᆞ들은 물을 츼질ᄒᆞ며 춍을 결진ᄒᆞ여 좌우로 돌격ᄒᆞ며 산우에 포ᄃᆡ를 뎜령ᄒᆞ니 화약 연긔가 운무ᄀᆞᆺ치 ᄌᆞ욱ᄒᆞᆫ지라 력력히 구경ᄒᆞᆫ후에 도로 공관으로 와 공ᄉᆞ를 작별ᄒᆞ고 홍변으로 도라온지라 동경의 크긔ᄂᆞᆫ 대한 황셩보다 갑절이 더크고 호수가 이십여만이오 인구가 일ᄇᆡᆨ 삼십 륙만 팔쳔 칠십인이더라

내보

샹동 시병원 쥬안 쉐만 의원이 일젼에 새문안 대궐을 구경ᄒᆞ러 갓더니 엇더ᄒᆞᆫ 사ᄅᆞᆷ이 년긔ᄂᆞᆫ 근 오십된 모양인ᄃᆡ 폐의 파관으로 언덕에 안졋고 념혜 오륙셰 된 어린 ᄋᆞᄒᆡ를 뉘엿거ᄂᆞᆯ 위원이 갓가이 가셔 물은ᄃᆡ 그ᄃᆡ가 집도 업시며 밥도 업ᄂᆞ뇨 ᄃᆡ답ᄒᆞ되 집과 밥만 업실ᄲᅮᆫ 아니라 겸ᄒᆞ여 몸에 병이 잇ᄉᆞᆸᄂᆞ이다 ᄒᆞ거ᄂᆞᆯ 의원이 측은이 녀겨 돈 닐곱량 닷돈을 주며 골ᄋᆞᄃᆡ 내게 ᄆᆞᆺ츰 잇ᄂᆞᆫ 돈이 이것ᄲᅮᆫ이니 이걸노 오ᄂᆞᆯ 져녁 밥이나 사셔 먹고 리일 아춤에 샹동 병원으로 ᄎᆞ져오면 이 ᄋᆞᄒᆡᄂᆞᆫ 내가 먹이고 닙힐터이오 그ᄃᆡ의 신병은 내 힘ᄃᆡ로 곳친후에 셩이될 일을 엇어 주리라 ᄒᆞᆫ매 그 사ᄅᆞᆷ이 무수히 치하 ᄒᆞ더니 그 잇ᄒᆞᆫ날 기다려도 인ᄒᆞ여 오지 아니 ᄒᆞ엿다 ᄒᆞ니 우리 ᄉᆡᆼ각에ᄂᆞᆫ 대한 사ᄅᆞᆷ이 ᄆᆡ양 너머 고맙게 ᄒᆞᄂᆞᆫ 사ᄅᆞᆷ은 도로혀 의심ᄒᆞᄂᆞᆫ 셩픔으로 이 사ᄅᆞᆷ도 무ᄉᆞᆷ 의심이 잇셔 오지 아니 ᄒᆞᆫ듯 ᄒᆞ더라

○대뎡를 엇더ᄒᆞᆫ 사ᄅᆞᆷ의 집에 ᄃᆞᆰ이 ᄉᆡᆨ기를 쳣ᄂᆞᆫᄃᆡ 그 병아리 즁에 ᄒᆞᆫ마리가 다리가 넷시요 발이 넷신고로 ᄋᆞᄒᆡ들이 그 병아리를 잡아 구경들 ᄒᆞᄂᆞᆫᄃᆡ 혹은 이샹ᄒᆞᆫ 샹셔라 ᄒᆞ고 혹은 괴이ᄒᆞᆫ 몰건이라 ᄒᆞ더라

○양력 륙월 십칠일 오후에 공동 원구단 엽헤 잇ᄂᆞᆫ 이젼 명셜루에셔 불이 나셔 루각이 다 타ᄂᆞᆫᄃᆡ 순검 병뎡들과 일본 순ᄉᆞ들이 합써 불을 ᄭᅳ되 ᄆᆞᆺᄎᆞᆷ내 구ᄒᆞ지 못 ᄒᆞ엿다더라

외보

구쥬 강셩 일쳔 팔빅 구십 ᄉᆞ년에 청국 인구 수효를 죠사ᄒᆞ니 십팔셩과 신강과 홍룡강과 길림 셩경을 합ᄒᆞ야 모도 칠죠 오십만명 이라더라

미일신문광고

협셩회 회보를 지금은 날마다 츌판ᄒᆞ고 일홈을 미일신문 이요 파ᄂᆞᆫ 쳐소ᄂᆞᆫ 남대문안 젼 쌋젼도가 인ᄃᆡ ᄒᆞᆫ장 갑슨 엽 너픈이요 일삭됴ᄂᆞᆫ 엽 닐곱돈 인ᄃᆡ ᄂᆡ외보와 여러가지 유죠ᄒᆞᆫ 말이 만히 잇ᄉᆞ오니 졔군ᄌᆞᄂᆞᆫ 만히 사셔 보사오

본회고빅

본회에셔 이 **회보**를 젼년과 ᄀᆞᆺ치 일쥬일에 ᄒᆞᆫ번식 발간 ᄒᆞᄂᆞᆫᄃᆡ 새로 륙폭으로 작뎡ᄒᆞ고 ᄒᆞᆫ장 갑슨 엽젼 오푼이오 ᄒᆞᆫᄃᆞᆯ갑슨 미리내면 젼과 ᄀᆞᆺ치 엽젼 ᄒᆞᆫ돈 오푼아라 본국 교우나 셔국 목ᄉᆞ나 교외 친구나 만일 사셔 보고져 ᄒᆞ거든 졍동 아편셜라 목ᄉᆞ 집이나 죵로 대동셔시에 가셔 사시옵

죵로대동셔시광고

우리 셔샤에셔 셩경 신구약과 찬미칙과 교회에 유익ᄒᆞᆫ 여러가지 셔칙과 시무에 긴요ᄒᆞᆫ 칙들을 팔되 갑시 샹당 ᄒᆞ오니 학문샹과 사무변에 ᄯᅳᆺ이 잇ᄂᆞᆫ 군ᄌᆞ들은 만히 사셔 보시옵

뎨이권

대한회보

(ᄉᆞ십칠합) 광무이년 인 륙월이십구일

뎨이십륙호

니목ᄉᆞ의게 치하ᄒᆞᆫ 일

니목ᄉᆞ는 근본 미국 남방 쟝로교 교우라 대한에 나온지 여러 ᄒᆡ 동안에 대한 방언과 국문을 능통ᄒᆞ고 한문 문ᄌᆞ도 조곰 아ᄂᆞᆫ지라 양력 륙월 이십륙일 쥬일 아츰에 졍동 새 회당에셔 젼도ᄒᆞ되 요한 일쟝 십이졀에 글ᄋᆞ샤ᄃᆡ ᄃᆡ졉ᄒᆞᄂᆞᆫ이는 그 일홈을 밋는 사ᄅᆞᆷ이라 권세를 주샤 하ᄂᆞ님의 ᄌᆞ녀가 되게 ᄒᆞ시ᄂᆞ니라 ᄒᆞ셧시니 이 권세ᄂᆞᆫ 이 세샹에셔 빗바지 ᄒᆞᄂᆞᆫ 권세도 아니요 대궐안에 ᄃᆞᄂᆞᆫ 권세도 아니요 여러 무리가 작당ᄒᆞ야 협잡ᄒᆞᄂᆞᆫ 권세도 아니라 오직 구세쥬의 ᄃᆡ속ᄒᆞ신 공로로 우리가 다 구세쥬를 인연ᄒᆞ야 능히 이 세샹 죄악즁에 버서나셔 하ᄂᆞ님 압흐로 갓가이 가는 권세이니 이 권세ᄂᆞᆫ 만국 님군을 다ᄉᆞ리시ᄂᆞᆫ 대쥬지 하ᄂᆞ님ᄭᅴ셔 주시는 권세라 우리가 아모ᄶᅩ록 이 권세를 엇어 다 ᄀᆞᆺ치 하ᄂᆞ님의 ᄌᆞ녀가 되기를 원ᄒᆞ노라 ᄒᆞᄂᆞᆫᄃᆡ 그 말ᄉᆞᆷ이 유리ᄒᆞ고 ᄌᆞ미 잇셔서 듯ᄂᆞᆫ 사ᄅᆞᆷ들이 탄복ᄒᆞ지 안ᄂᆞᆫ이가 업더라

교우의 편지

졔물포 교회 형뎨 리군셥씨의 편지가 본샤에 왓기로 좌에 긔지ᄒᆞ노라

양력 삼월분에 영죵 용산촌에 사ᄂᆞᆫ 쟝윤일이란 사ᄅᆞᆷ의게 가셔 젼도ᄒᆞ기ᄂᆞᆫ 다섯번지 ᄒᆞ엿ᄉᆞᆸᄂᆞᆫᄃᆡ 홍샹 젼도ᄒᆞ고 말ᄒᆞ기를 이 셩경복음을 보시오 ᄒᆞᆫ즉 쟝씨가 벽쟝문을 열고 ᄉᆞ셔 삼경을 닉여 보이면서 ᄒᆞᄂᆞᆫ 말이 이 칙들이 너의 가져온 칙을 시긔ᄒᆞ여 블수 업다 ᄒᆞ고 셩경칙을 밀쳐 ᄇᆞ리니 이런 사ᄅᆞᆷ의 쇼견은 참 답답ᄒᆞᆫ지라 이 사ᄅᆞᆷ ᄒᆞ나로 ᄒᆞ여곰 일동에 젼도 ᄒᆞᆯ수가 업ᄉᆞ니 가통ᄒᆞᆫ 일이외다 구쥬님 글ᄋᆞ샤ᄃᆡ 젼도를 밧지 안ᄂᆞᆫ곳은 발의 몬지ᄭᆞ지 ᄯᅥ러 ᄇᆞ리라 ᄒᆞ셧시니 ᄒᆞᆯ일업셔 그곳을 ᄯᅥ나 통진군 샹무지촌에 가 양쥬부란 사ᄅᆞᆷ의 집에셔 젼도ᄒᆞ다가 미를 죽도록 맛고 급ᄒᆞᆫ 디경이 되매 칙과 힝쟝을 다 바리교 도망ᄒᆞ여 졔물포로 오니 이ᄯᅢᄂᆞᆫ 맛참 예수 십ᄌᆞ가에 고난 밧으신 날이 갓가온지라 회당에 잇셔 일쥬일 동안을 금식ᄒᆞ고 내죄를 ᄉᆡᆼ각ᄒᆞᆯ ᄌᆞ음에 홀연이 양쥬부의 죄를 ᄉᆡᆼ각ᄒᆞ고 하ᄂᆞ님ᄭᅴ셔 회기 식히시기를 간구ᄒᆞ엿ᄉᆞᆸ더니 그후에 힝쟝을 차지려 가온즉 이 양쥬부가 뎨죄를 ᄌᆞ복ᄒᆞ고 용서 주기를 이걸ᄒᆞ니 엇지 쥬의 ᄂᆞ으심이 아니리오 ᄒᆞ엿더라

대한크리스도인 회보

THE KOREAN CHRISTIAN ADVOCATE.
Rev. H. G. Appenzeller, Editor
36 cents per annum
in advance. Postage extra.
Wednesday, June. 29th, 1898.

대한크리스도인 회보 二 일빅오십

서울 졍동서 일쥬일에 ᄒᆞᆫ번식 발간 ᄒᆞᄂᆞᆫᄃᆡ 아편셜라 목ᄉᆞ가 회보 샤쟝이 되엿더라 일년 갑슬 미리 내면 삼십 륙젼이오 우표갑슨 ᄯᅡ로 잇ᄂᆞ니라

일본에 열람ᄒᆞᆫ일 속젼호

ᄒᆞ루ᄂᆞᆫ 리창직씨가 나의 ᄉᆞ관에 차자와 말ᄉᆞᆷᄒᆞ되 대한국 학도들이 일본에 공부 ᄒᆞᄂᆞᆫ쟈ㅣ 친목회를 셜시ᄒᆞᆫ지 오랜지라 그 회보칙을 근일에 새로 츌판ᄒᆞ엿시며 오늘은 회즁에 임원을 틱뎡ᄒᆞᆯ터인ᄃᆡ 특별회를 셜ᄒᆞᄂᆞᆫᄃᆡ 내게 쳥쳡이 왓시니 로형도 ᄒᆞᆷ믜 가 구경ᄒᆞ쟈 ᄒᆞ거ᄂᆞᆯ 이에 긔챠를 ᄐᆞ고 동경에 ᄂᆞ려 뎡거쟝에셔 브터 마챠에 올나 신뎐부 금뎡이라 ᄒᆞᄂᆞᆫᄃᆡ ᄂᆞ리니 놉흔 층루가 잇셔 극히 헌챵ᄒᆞᆫ지라 으집은 근본 예수교 쳥년회 학당으로 학도들이 빌엇ᄂᆞᆫᄃᆡ 회원 수십여명이 일졔히 모히여 어용션씨로 회쟝을 션ᄒᆞᆫ후에 임원을 틱뎡ᄒᆞ고 나를 인도ᄒᆞ여 회즁에 인ᄉᆞ ᄒᆞ기를 쳥ᄒᆞ거ᄂᆞᆯ 내가 좌셕에 나아가 친목회ᄂᆞᆫ 여러 사ᄅᆞᆷ이 일심으로 화합ᄒᆞᆫ 후에 가히 흥왕ᄒᆞᆯ 리유를 말ᄉᆞᆷᄒᆞᆫ지라 다과를 논호와 먹은후에 각각 ᄉᆞ관으로 도라올ᄉᆡ 회원들에 회보 ᄒᆞᆫ권으로 내게 표경ᄒᆞ거ᄂᆞᆯ 내가 ᄒᆞᆫ 은화 삼십젼을 내여 회즁에 연보ᄒᆞ고 셕양때에 횡빈으로 도라 오니라

○일본에 젼리ᄒᆞᄂᆞᆫ 풍속이 잇ᄂᆞᆫᄃᆡ 심히 이샹ᄒᆞᆫ지라 이 풍속이 어ᄂᆡ때 브터 잇섯ᄂᆞᆫ지 알수 업거니와 오월 일일브터 리어긔를 만ᄃᆞ러 놉흔 긔ᄯᅢ에 다럿ᄂᆞᆫᄃᆡ 엇던집은 아홉도 달며 엇던집은 일곱도 달고 아들 만히 낫키를 츅복ᄒᆞ며 이날을 됴흔 경일노 아ᄂᆞᆫ지라 그즁에 리어를 달지 아닌집도 만히 잇거ᄂᆞᆯ 일인의게 그 ᄯᅳᆺ들을 무른즉 ᄃᆡ답ᄒᆞ되 리어긔를 집집마다 다ᄂᆞᆫ거시 아니라 지나간 일년 동안에 아희를 나흔 집에셔만 긔를달아 복을 빈다 ᄒᆞ더라 잇ᄯᅢ에 우리가 보ᄂᆞᆫ일을 다 맛친고로 쥬ᄌᆞ 식이ᄂᆞᆫ 일은 활판쇼 일인의게 맛기고 오월 삼일에 영국 륜션을 ᄐᆞ고 도로 신호항으로 올ᄉᆡ 이ᄇᆡ의 일홈은 일본 황후라 ᄒᆞ고 크기ᄂᆞᆫ 졍동에 새로지은 우리 회당보다 륙ᄇᆡ가 더 되ᄂᆞᆫ 쟝이 영국쟈로 ᄉᆞᄇᆡᆨ 륙십쳑이오 ᄇᆡ안에 뎐긔등을 켜시며 집물의 화려ᄒᆞᆷ과 화초의 번셩ᄒᆞᆷ이 륙디 루ᄃᆡ와 ᄀᆞᆺᄒᆞ며 그 ᄇᆡ에 칠국 사ᄅᆞᆷ이 갓치 잇ᄉᆞ니 대한 미국 일본 영국 덕국 쳥국 유태국 사ᄅᆞᆷ이더라 잇흔날 아ᄎᆞᆷ에 동 태평양으로 ᄶᅩᆺ챠 가ᄂᆞᆫᄃᆡ 이쪽대도라 ᄒᆞᄂᆞᆫ셤이 잇고 그 산우에 ᄒᆞᆼ샹 구름이 ᄌᆞ옥ᄒᆞ니 이거슨 화산의 불이 잇서 연긔가 ᄉᆞ시 쥬야를 물론ᄒᆞ고 ᄒᆞᆼ샹 올나오ᄂᆞᆫ 연고ㅣ라 횡슈항을 지나 닷ᄉᆡ날 아ᄎᆞᆷ에 신호항에 득달ᄒᆞ여 가랍뎡이라 ᄒᆞᄂᆞᆫ곳에 ᄉᆞ관을 뎡ᄒᆞ다 (미완)

례ᄇᆡ일공과 칠십ᄉᆞ 칠월 십일

창조ᄒᆞᆫ일

창셰긔 일쟝 이십ᄉᆞ졀노 삼십일 ᄭᅡ지와 이쟝 일
졀노 삼ᄭᅡ지
二十四 하ᄂᆞ님ᄭᅴ셔 ᄀᆞᆯᄋᆞ샤ᄃᆡ ᄯᅡ헤 맛당이 ᄉᆡᆼ물을
내여 륙츅과 쥬슈와 곤츙이 각각 그류를 좃차 잇
시라 ᄒᆞ시니 二十五 이에 즘ᄉᆡᆼ과 륙츅과 곤츙을 창
조ᄒᆞ시매 각각 그류를 좃게 ᄒᆞ시고 보시기를 됴
다 ᄒᆞ시다 ○ 二十六 하ᄂᆞ님ᄭᅴ셔 ᄀᆞᆯᄋᆞ샤ᄃᆡ 맛당
이 사ᄅᆞᆷ을 우리의 모양과 ᄀᆞᆺ치 창조ᄒᆞ여 물고
기와 나ᄂᆞᆫ새와 륙츅과 곤츙을 다ᄉᆞ리고 ᄯᅩᄒᆞᆫ ᄯᅡ
ᄒᆞᆯ 다ᄉᆞ리게 ᄒᆞ리라 ᄒᆞ시고 二十七 이에 사ᄅᆞᆷ을 창
조ᄒᆞ시되 ᄌᆞ긔와 ᄀᆞᆺ치 ᄒᆞ샤 하ᄂᆞ님의 모양을
힝샹ᄒᆞ며 사나ᄒᆡ와 계집을 문ᄃᆞ시고 二十八 그들의
게 복을 주샤 ᄀᆞᆯᄋᆞ샤ᄃᆡ ᄉᆡᆼ육이 만하 ᄯᅡ에 창셩ᄒᆞ
야 다ᄉᆞ리고 물고기와 나ᄂᆞᆫ새와 ᄯᅡ에 곤츙을 거
ᄂᆞ리게 ᄒᆞ시다 ○ 二十九 하ᄂᆞ님ᄭᅴ셔 ᄀᆞᆯᄋᆞ샤ᄃᆡ 내
ᄒᆞ야 너희게 먹을거슬 주되 ᄯᅡ에 열ᄆᆡ 맷ᄂᆞᆫ ᄎᆡ쇼와
씨 잇ᄂᆞᆫ 실과요 三十 ᄯᅩᄒᆞᆫ 풀과 나물노 써 ᄃᆞᆺᄂᆞᆫ 즘
ᄉᆡᆼ과 나ᄂᆞᆫ새와 곤츙을 주샤 ᄉᆡᆼ물의 먹음이 이ᄀᆞᆺ
치 된지라 三十一 하ᄂᆞ님ᄭᅴ셔 창조ᄒᆞ신바를 보시
고 다 ᄆᆡ우 됴타ᄒᆞ샤 져녁과 아ᄎᆞᆷ이 잇ᄉᆞ니 이
게 여ᄉᆞᆺ 날이니라
○ 뎨이쟝 一 텬디와 텬디의 만물이 임의 일위매 二
닐헤 동안에 하ᄂᆞ님ᄭᅴ셔 창조 ᄒᆞ시ᄂᆞᆫ 일을 다
맛치시고 이에 닐헤 되ᄂᆞᆫ날에 쉬시니 三 닐헤날에
하ᄂᆞ님ᄭᅴ셔 창조와 문ᄃᆞ시ᄂᆞᆫ 일을 맛치시고 안식
ᄒᆞ신고로 닐헤되ᄂᆞᆫ 날노 써 셩일이라 ᄒᆞ샤 복을
주시ᄂᆞ니라

주셕

이 공부ᄂᆞᆫ 창조 ᄒᆞ신 일을 연속ᄒᆞ여 의론ᄒᆞᆫ것인ᄃᆡ 이십륙졀에 우리라 ᄒᆞ신 말ᄉᆞᆷ이 ᄆᆡ우 의아ᄒᆞ여 우리 ᄉᆡᆼ각에ᄂᆞᆫ 이말이 내라 ᄒᆞ여야 ᄒᆞᆯᄯᅳᆺᄒᆞ고 우리라 ᄒᆞᆷ이 분명치 아니ᄒᆞ나 이젼 여러 교회 션ᄉᆡᆼ의 말ᄉᆞᆷ이 이거ᄉᆞᆫ 삼위 일톄를 두고 말ᄉᆞᆷ ᄒᆞᆷ이라 ᄒᆞ야 지금 사ᄅᆞᆷ들이 만이 그 말ᄉᆞᆷ을 밋고 ᄯᅩ 다른 사ᄅᆞᆷ들의 의론은 아시아 륙쟝 팔졀에 말과 ᄀᆞᆺ차 하ᄂᆞ님이 사ᄅᆞᆷ을 창조 ᄒᆞ시고 텬ᄉᆞ들의게 말ᄉᆞᆷ ᄒᆞ시되 우리 이것보자 ᄒᆞ심이라 이와 ᄀᆞᆺ치 비록 텬ᄉᆞ들이 사ᄅᆞᆷ을 짓지ᄂᆞᆫ 아니 ᄒᆞ엿시나 하ᄂᆞ님이 텬ᄉᆞ들을 ᄃᆞ리시고 말ᄉᆞᆷ ᄒᆞ시기를 우리라 ᄒᆞᆷ이라 이 말ᄉᆞᆷ이 혹 올ᄒᆞᆯᄯᅳᆺᄒᆞ며

아담은 즉 인류라 ᄒᆞᆷ이나 ᄯᅡ에서 낫다 ᄒᆞᄂᆞᆫ ᄯᅳᆺ 인도ᄒᆞ고 ᄯᅩ ᄯᅳᆺ이 붉은 빗치라 붉히 말ᄒᆞ면 사ᄅᆞᆷ의게 잇ᄂᆞᆫ 피라 ᄒᆞᆷ도 ᄀᆞᆺᄒᆞ나 우리 ᄉᆡᆼ각에ᄂᆞᆫ 이ᄯᅳᆺ이 사ᄅᆞᆷ의 어진 셩픔이 하ᄂᆞ님의 어진 셩픔과 ᄀᆞᆺ다 ᄒᆞᄂᆞᆫ ᄯᅳᆺ이오

ᄃᆞᄉᆞ리게 ᄒᆞ리라 ᄒᆞ심은 그 ᄯᅳᆺ이 하ᄂᆞ님이 사ᄅᆞᆷ을 ᄌᆞ긔 모양과 ᄀᆞᆺ치 문ᄃᆞ신고로 모든 ᄉᆡᆼ믈을 ᄃᆞᄉᆞ리ᄂᆞᆫ 권세를 주심이오 지혜로 알고 ᄌᆞ비ᄒᆞᆷ으로 ᄉᆞ랑ᄒᆞᆷ에 이 두가지를 주샤 ᄯᅡ우희 잇ᄂᆞᆫ ᄉᆡᆼ믈은 이런 권세가 업ᄉᆞ며

하ᄂᆞ님이 창조ᄒᆞ신 바를 보시고.

됴타 ᄒᆞ심은 하ᄂᆞ님이 ᄯᅡ와 ᄒᆡ와 별이 다 각기 합당ᄒᆞᆫ 곳에 노엿시며 각식 초목이 졀긔를 ᄯᅡ라 자라며 즘ᄉᆡᆼ에게 각혼이 잇서 각기 ᄉᆡᆼ명에 합당ᄒᆞ며 사ᄅᆞᆷ이 잇서 하ᄂᆞ님의 형상이 나타나심을 도라 보심이오

쉬이신다 ᄒᆞ심은 닐헤 되ᄂᆞᆫ 날이오 하ᄂᆞ님이 뎨 칠일에 복 주신다 ᄒᆞᆷ은 착ᄒᆞᆫ것과 거륵ᄒᆞᆫ터 복 주시며 이날을 거륵게 문ᄃᆞ셔 됴ᄒᆞᆫ때가 되게 ᄒᆞ심이니 우리도 안식일에 쉬어 하ᄂᆞ님을 본바다야 ᄒᆞᆯ거시니라

뭇ᄂᆞᆫ말

一 닷새 되ᄂᆞᆫ날 하ᄂᆞ님이 무어슬 창조 ᄒᆞ셧ᄂᆞ뇨

二 뎨 륙일에ᄂᆞᆫ ᄯᅩ 무어슬 창조 ᄒᆞ셧ᄂᆞ뇨

三 사ᄅᆞᆷ을 창조 ᄒᆞ실때에 무ᄉᆞᆷ본을 놋코 지으셧ᄂᆞ뇨

四 하ᄂᆞ님이 무ᄉᆞᆷ 권세를 사ᄅᆞᆷ의게 주셧ᄂᆞ뇨

五 웨 이 권세를 사ᄅᆞᆷ의게만 주시고 즘ᄉᆡᆼ의게ᄂᆞᆫ 주시지 아니 ᄒᆞ셧ᄂᆞ뇨

六 지금 사ᄅᆞᆷ이 하ᄂᆞ님ᄭᅴ서 창조ᄒᆞᆫ 사ᄅᆞᆷ과 ᄀᆞᆺᄒᆞ뇨

七 하ᄂᆞ님이 ᄯᅡ를 창조 ᄒᆞ신후에 여긔 무어슬 더 ᄒᆞ셧ᄂᆞ뇨

八 하ᄂᆞ님ᄭᅴ서 모든 창조ᄒᆞ신 믈건을 보시고 깃버 ᄒᆞ셧ᄂᆞ뇨

九 뎨 칠일에ᄂᆞᆫ 무어슬 ᄒᆞ셧ᄂᆞ뇨

十 뎨 칠일에ᄂᆞᆫ 무ᄉᆞᆷ 두가지 일을 ᄒᆞ셧ᄂᆞ뇨

파리이야기라

파리에 젼톄가 세 조각인ᄃᆡ 그즁에 머리ᄂᆞᆫ 곳 세 조각즁 ᄒᆞ나이라 그 머리에 가쟝 큰 눈이 두ᄀᆡ가 잇시니 만일 지극히 젹은눈 ᄉᆞ쳔ᄀᆡ가 합ᄒᆞ야 그 큰눈 ᄒᆞ나식을 일우웟다 말ᄉᆞᆷᄒᆞ면 필연 듯ᄂᆞᆫ 사ᄅᆞᆷ이 거즛 말이라 ᄒᆞ기도 쉽고 ᄯᅩᄒᆞᆫ 이상ᄒᆞ다 고 ᄒᆞᆯ듯 ᄒᆞ오이다 ○ 이 젹은 눈들의 형톄ᄂᆞᆫ 다 여ᄉᆞᆺ모이 졋ᄂᆞᆫᄃᆡ 젹실히 ᄉᆞ쳔ᄀᆡ가 서로 견고케 합ᄒᆞ야 분명ᄒᆞᆫ 눈을 ᄒᆞᆫᄀᆡ식 일우엇시며 큰눈된 형톄ᄂᆞᆫ 크기가 슈슈 반입에 지나지 못 ᄒᆞᄂᆞᆫ거시 둘ᄲᅮᆫ이로되 그 파리가 머리를 ᄒᆞᆫ번들면 ᄉᆞ면을 ᄇᆞᆰ히 살피ᄂᆞᆫ 지됴가 잇ᄂᆞᆫ고로 범연이 잡으려 ᄒᆞ면 신속히 나러 가ᄂᆞ니라 ○ ᄯᅩᄒᆞᆫ 발이 여ᄉᆞᆺ신ᄃᆡ 들ᄲᅧ와 텬쟝에 부터 ᄃᆞ니기도 ᄒᆞ며 셧기도 ᄒᆞ여 평ᄃᆡ와 다ᄅᆞᆷ이 업시며 심지어 류리창 ᄭᅡ지 밋그러운 곳에도 ᄯᅩᄒᆞᆫ 임의로 ᄃᆞ니고 셧시되 조곰치라도 밋그러짐이 업ᄂᆞ니랴 ○ 그 ᄇᆡ리ᄂᆞᆫ 비록 지극히 젹으나 모양이 코ᄭᅵ리에 코 갓ᄒᆞ며 먹기ᄂᆞᆫ 아모 것시나 다만 진익만 ᄲᆞ라 먹기로 견경ᄒᆞᆯ 것은 먹지 못ᄒᆞ되 식셩이 대개 감미를 질기ᄂᆞᆫ고로 ᄉᆞ탕ᄀᆞᆺᄒᆞᆫ 견경지물을 당ᄒᆞ면 ᄇᆡ독을 ᄇᆞ리로 써 ᄉᆞ탕에 ᄃᆡ여 조곰식 무쳐 가지고 물이 잇ᄂᆞᆫ곳을 차져가 물파 화ᄒᆞ야 숨키ᄂᆞ니라 ○ 이 것시 코로ᄂᆞᆫ 숨을 쉬지 아니 ᄒᆞᄂᆞᆫ지 우리 보기에도 ᄯᅩᄒᆞᆫ 코에 유무ᄂᆞᆫ 알지 못 ᄒᆞᆯ거니와 호흡은 다만 ᄇᆡ리로만 통 ᄒᆞᄂᆞᆫ듯 ᄒᆞ도다 ○ 대뎌 파리가 비록 미물이로되 제몸은 홍샹 졍결 ᄒᆞ게단속ᄒᆞ고 잇ᄂᆞᆫ지라 이것들이 미앙 져의 압다리로 져의 면목을 닥그니 우리 싱각도 긔이히 넉이ᄂᆞ이다 ○ ᄯᅩᄒᆞᆫ 그 발이 비유컨ᄃᆡ 사ᄌᆞ와 ᄀᆞᆺᄒᆞ야 간혹 진익가 몸에 뭇으면 부지런이 져의 발노 머리와 다못 나래를 ᄲᅥᆯ며 ᄊᆞᄂᆞᆫ 모양이니이다 이 갓ᄒᆞᆫ 파리라도 ᄌᆞ미가 다 공벽 ᄒᆞᆯ거시오 우리도 열마콤 공부 ᄒᆞ겟ᄂᆞ이다

리쟝응

ᄂᆡ보

인쳔항에 쥬찰ᄒᆞᆫ 영국 영ᄉᆞ가 병든지 여러날에 ᄎᆞ도가 업더니 양력 륙월 이십삼일 아춤에 이세샹을 리별ᄒᆞ매 경셩에 잇ᄂᆞᆫ 각국 공판에셔 반긔를 달어 됴상 ᄒᆞᄂᆞᆫ례를 표 ᄒᆞ더라

○ 일젼에 원구단 엽헤셔 화지 난거슨 젼호 ᄂᆡ보에 긔재 ᄒᆞ엿거니와 다시 관보를 샹고ᄒᆞᆫ즉 그일노 인연ᄒᆞ야 경무텽 총슌 김션근은 십일 벌봉에 쳐ᄒᆞ고 쳔위 아대ᄃᆡ 부위 박문교ᄂᆞᆫ 일쥬일 즁근신에 쳐 ᄒᆞ엿더라

○ 교우 최병헌씨의 싱가빅씨 최병익씨ᄂᆞᆫ 츙쳥북도 보은군 랍골이란 동리에 사ᄂᆞᆫᄃᆡ 그 계씨가

셔울 잇ᄂᆞᆫ고로 ᄆᆡ양 이삼년 동안이면 ᄒᆞᆫ번씩 셔울와셔 형뎨간에 반갑게 맛나 보ᄂᆞᆫ지라 최병헌씨가 그 형님을 ᄃᆡᄒᆞ야 말ᄉᆞᆷᄒᆞᄃᆡ 내가 외인의게ᄂᆞᆫ 뎐ᄒᆞᆫ 구원 ᄒᆞᄂᆞᆫ 도를 권면ᄒᆞ고 친 형뎨 간에ᄂᆞᆫ 말ᄉᆞᆷ ᄒᆞ지 아니 ᄒᆞ면 이ᄂᆞᆫ 인정과 도리가 아니라 ᄒᆞ고 구셰쥬의 ᄃᆡ속ᄒᆞ신 공로와 하ᄂᆞ님의 창조ᄒᆞ신 권능을 ᄌᆞ셰이 말ᄉᆞᆷᄒᆞᆫ 후에 셩경 몃권을 그 형님ᄭᅴ 드려 시골에 나려간 후에 셩경공부를 잘 ᄒᆞ시라고 부탁 ᄒᆞ엿더니 최병익씨가 그 계씨의 말을 잇지안코 집에셔 여가 잇ᄂᆞᆫᄃᆡ로 셩경을 잠심 ᄒᆞᄂᆞᆫᄃᆡ 리동 셩뎌촌에 사ᄂᆞᆫ 됴졔하씨ᄂᆞᆫ 근본 최병익씨와 졍분이 ᄆᆡ우 잇ᄂᆞᆫ 친구라 ᄆᆡ양 최병익씨의 집에 오매 쥬인의 무ᄉᆞᆷ 공부 ᄒᆞᄂᆞᆫ거슬 보고 이샹히 너겨 뭇거ᄂᆞᆯ 최병익씨가 아ᄂᆞᆫᄃᆡ로 대강 셜명ᄒᆞ니 됴씨가 깃버ᄒᆞ야 셩경 ᄒᆞᆫ권을 비러 가지고 도라가셔 쥬야로 궁구ᄒᆞ야 만약 어렵고 의심나ᄂᆞᆫ 곳시 잇시면 셔울 인편을 엇어 최병헌씨의게 편지ᄒᆞ야 셩경ᄯᅳᆺ슬 뭇ᄂᆞᆫ다니 우리ᄂᆞᆫ 최병익과 됴졔하 량씨를 ᄃᆡᄒᆞ야 대단히 치하ᄒᆞᆯ 일일너라

○ 엇던 친구 ᄒᆞ나이 본샤에 와셔 말ᄒᆞ되 일젼에 강건너 어ᄂᆞ 동리들 가본즉 엇더ᄒᆞᆫ 량반 ᄒᆞᆫ분이 몃ᄒᆡ젼에 그 이웃 ᄇᆡᆨ셩의게 당오젼 ᄉᆞᄇᆡᆨ량을 주엇ᄂᆞᆫᄃᆡ 그 ᄇᆡᆨ셩이 변리ᄂᆞᆫ ᄒᆡ마다 갑헛고 다만 본젼만 남엇더니 요ᄉᆞ이 본젼ᄭᆞ지 갑흐랴 ᄒᆞᆫ즉 그 량반의 말이 그ᄯᅢ에ᄂᆞᆫ 당오를 썻고 지금은 렵젼을 써니 렵젼으로 ᄉᆞᄇᆡᆨ량을 밧치라 ᄒᆞ니 참 개탄ᄒᆞᆯ 일이라 ᄒᆞ더라

회보

일본 고등 녀학교 교ᄉᆞ 진뎐 ᄇᆡᆨ인과 귀족 녀학교 교ᄉᆞ 도변 부인이 미국에 녀인 교육 ᄒᆞᄂᆞᆫ 법을 구경ᄒᆞ러 가ᄂᆞᆫᄃᆡ 일본 황후ᄭᅴ셔 려비금 오쳔원을 나리셧다더라 (ᄆᆡ일신문)

ᄆᆡ일신문광고

협셩회 회보를 지금은 날마다 츌판ᄒᆞ고 일홈ᄋᆞᆫ ᄆᆡ일신문 이요 파ᄂᆞᆫ 처소ᄂᆞᆫ 남대문안 젼 ᄡᅥᆺ젼노가 인ᄃᆡ ᄒᆞᆫ장 갑슨 엽 너푼이요 일삭됴ᄂᆞᆫ 엽 닐곱돈 인ᄃᆡ ᄂᆡ외보와 여러가지 유죠ᄒᆞᆫ 말이 만히 잇ᄉᆞ오니 졔군ᄌᆞᄂᆞᆫ 만히 사셔 보사오.

본회고ᄇᆡᆨ

본회에셔 이 회보를 젼년과 ᄀᆞᆺ치 일쥬일에 ᄒᆞᆫ번식 발간ᄒᆞᄂᆞᆫᄃᆡ 새로 륙폭으로 작뎡ᄒᆞ고 ᄒᆞᆫ장 갑슨 엽젼 오푼이오 ᄒᆞᆫᄃᆞᆯ갑슨 미리내면 젼과 ᄀᆞᆺ치 엽젼 ᄒᆞᆫ돈 오푼이라 본국 교우나 셔국 목ᄉᆞ나 교외 친구나 만일 사셔 보고져 ᄒᆞ거든 졍동 아펜셜라 목ᄉᆞ 집이나 죵로 대동셔시에 가셔 사시옵

죵로대동셔시광고

우리 셔샤에셔 셩경 신구약과 찬미칙과 교회에 유익ᄒᆞᆫ 여러가지 셔칙과 시무에 긴요ᄒᆞᆫ 칙들을 팔되 갑시 샹당ᄒᆞ오니 학문상과 사무변에 ᄯᅳᆺ이 잇ᄂᆞᆫ 군ᄌᆞ들은 만히 사셔 보시옵

뎨이권

대한크리스도인회보

뎨이십칠호

광무이년 (오십칠합) 칠월륙일

비지학당방학

양력 륙월 삼십일에 본 학당에셔 여름 일긔가 미우 더운거슬 인연ᄒᆞ야 학원의 모든 공부를 뎡지 ᄒᆞᄂᆞᆫ듸 작년 가을에 ᄀᆡ학ᄒᆞᆫ 이후로 지금ᄭᆞ지 영어 학도의 수효를 샹고ᄒᆞᆫ즉 합 일ᄇᆡᆨ륙십 륙명이오 학문 학도ᄂᆞᆫ 합칠십 팔명이라 그 동안에 들어왓다가 도로 나간 학도가 적지 아니ᄒᆞ나 일년 동안을 영한문 간에 착실이 공부ᄒᆞᆫ이가 또ᄒᆞᆫ 만히 잇셧시며 현저ᄒᆞᆫ 학도즁에 혹 알은 사ᄅᆞᆷ은 더러 잇시나 죽은이ᄂᆞᆫ ᄒᆞ나도 업셧고 그간에 학도즁에셔 물론 관동ᄒᆞ고 셰례밧고 입교ᄒᆞᆫ이가 몃명이 잇시며 학습인에 일홈 붓친이가 또ᄒᆞᆫ 여러히니 ᄒᆞᄂᆞ님의 은춍을 더욱 감샤히 넉일지라 방학ᄒᆞᆯ 때에 춍교ᄉᆞ 아펜셜라씨가 모든 학도를 ᄃᆡᄒᆞ야 권면ᄒᆞ되 심ᄒᆞᆫ 더위에 심력을 너머 슈고롭게 ᄒᆞ면 위싱에 해로온 ᄭᆞ로 공부를 수삭 뎡지 ᄒᆞ겟시나 여러 학원이 ᄒᆞᄂᆞ님의 은혜로 일년 동안을 별연고 업시 공부ᄀᆞ들을 잘 ᄒᆞ엿시나 각기 집에 도라간 후라도 부ᄃᆡ 불미ᄒᆞᆫ 일을 힝ᄒᆞ지말고 ᄒᆞᄂᆞ님을 공경ᄒᆞ며 부모의게 효도ᄒᆞ고 쥬일을 당ᄒᆞ거든 셩뎐에 모히여 ᄒᆞᄂᆞ님ᄭᅴ 례ᄇᆡᄒᆞ고 간혹 그젼 공부 ᄒᆞ던거슬 셥렵ᄒᆞ엿다가 ᄀᆡ학ᄒᆞᆯ 때에 다시 반갑게 맛나기를 ᄇᆞ라노라 ᄒᆞ니 모든 학원들이 다 명심ᄒᆞ여 듯더라

찬미가를 ᄆᆞ음듸로 뎡ᄒᆞᆷ

찬미가ᄂᆞᆫ 근본 ᄒᆞᄂᆞ님의 은혜를 찬양ᄒᆞ고 구세쥬의 공로를 긔렴ᄒᆞᄂᆞᆫ 노래라 찬미ᄒᆞᆯ 때에 능히 사ᄅᆞᆷ의 ᄆᆞᄋᆞᆷ을 깃부게 ᄒᆞ며 졍신을 ᄉᆡ롭게 ᄒᆞ고 그ᄲᅮᆫ 아니라 근심ᄒᆞᄂᆞᆫ자로 ᄒᆞ여곰 질겁게 ᄒᆞ며 노여온쟈로 ᄒᆞ여곰 화평케 ᄒᆞᄂᆞ니 그런고로 우리 교회에 찬미가가 녜젼브터 잇셧고 구세쥬를 밋ᄂᆞᆫ 형뎨와 ᄌᆞᄆᆡ들이 다 됴와ᄒᆞᄂᆞᆫ바ㅣ라 그러나 사ᄅᆞᆷ의 셩미와 조견이 다 다른즉 그즁에 각기 더욱 됴와ᄒᆞᄂᆞᆫ거시 잇실터이니 찬미가 뎨일브터 팔십구ᄭᆞ지 그즁에셔 ᄌᆞ긔 ᄆᆞᄋᆞᆷ에 ᄒᆞᆼ샹 됴와ᄒᆞᄂᆞᆫ거스로 열쟝식 ᄲᅡᆸ아 긔록ᄒᆞ여 회보샤쟝 아펜셜라 목ᄉᆞ 집으로 보내시되 열쟝을 다 긔록ᄒᆞᆯ거시아니라 다만 ᄎᆞ례수만 쓰되 가령 뎨일 뎨륙이 ᄆᆞ옴에 됴흔것 ᄀᆞᆺᄒᆞ면 뎨일 뎨륙이라 쓰고 수ᄶᅩᆨ 엽헤 줄에 다만 첫귀 ᄒᆞᆫᄶᅡᆨ식만 긔록ᄒᆞ여 합 열쟝을 다ᄒᆞᆫ 모양으로 젹어 보내되 셔울 잇ᄂᆞᆫ 교우들은 삼일 안으로 보내시고 시골 각쳐에 잇ᄂᆞᆫ 형뎨들은 ᄒᆞᆫ 쥬일 안으로 보내시되 졔물포 교우의 젹온것은 됴원시 목ᄉᆞ가 쥬쟝ᄒᆞ야 밧어 보내시고 평양 교우의 젹은것은 로불목ᄉᆞ가 밧어 보내시고 원산교우의 젹온것은 멱길의원이 밧어 보내시기를 ᄇᆞ라옴

대한크리스도인 회보

대한크리스도인 회보

THE KOREAN
CHRISTIAN ADVOCATE.
Rev. H. G. Appenzeller, Editor
36 cents per annum
in advance. Postage extra.
Wednesday, July. 6th, 1898.

서울 졍동셔 일쥬일에 ᄒᆞᆫ번식 발간ᄒᆞᄂᆞᆫ듸 아편셜라 목ᄉᆞ가 회보 샤쟝이 되엿더라

일년 갑슬 미리 닉면 삼십 륙젼이오 우표갑슨 ᄯᅡ로 잇ᄂᆞ니라

일본에 열람ᄒᆞᆫ일

속젼호

이ᄯᅢ에 우리가 신호에 잇서 대한으로 오ᄂᆞᆫ 비편을 기다릴셔 뒷산에 폭포가 잇단말을 듯고 교ᄉᆞ와 ᄒᆞᆷᄭᅴ 치자가니 놉흔 산우에 폭포슈가 잇서 오십쳑이나 되ᄂᆞᆫ 셕벽에서 흐르ᄂᆞᆫ듸 층층ᄒᆞᆫ 바회우에 각ᄉᆡᆨ 음식을 파ᄂᆞᆫ집이 잇고 운우ᄒᆞᆫ 물소래ᄂᆞᆫ ᄒᆞᆼ상 우뢰ᄀᆞᆺ치 진동ᄒᆞ며 좌우에 청용과 록죽이 울울 총총ᄒᆞ여 경긔가 졀묘ᄒᆞᆫ지라 병고현 에서 병뎡을 보내여 산을 파며 바회를 ᄊᆡ드려 길을 슈츅ᄒᆞ더라 이날은 오월 구일인듸 신호를 긔항ᄒᆞᆫ지 삼십년 돌날이라 집집마다 등을 달고 ᄇᆡᆨ셩들이 모히여 노래ᄒᆞ며 깃버ᄒᆞ여 긔렴졔 (ᄉᆡᆼ각ᄒᆞᄂᆞᆫ 졔ᄉᆞ)를 지낸다 ᄒᆞ더라

○ 엇흔날 아참에 교ᄉᆞ와 ᄒᆞᆷᄭᅴ 조지소를(조희를 ᄆᆡᆫ드ᄂᆞᆫ집) 차져가니 이곳슨 우리 학당에서 출판ᄒᆞᄂᆞᆫ 셩경과 여러가지 칙 박히ᄂᆞᆫ 조희를 ᄒᆞᆼ샹 사다 쓰ᄂᆞᆫ 지소이라 지소 쥬인이 우리를 인도ᄒᆞ여 구경을 식이ᄂᆞᆫ듸 ᄒᆞᆫ곳에 니르니 희기가 눈ᄀᆞᆺᄒᆞᆫ 물건을 슈레에실고 가ᄂᆞᆫ듸 그거슨 보리집으로 조희를 ᄆᆡᆫ드ᄂᆞᆫ거시라 ᄒᆞ고 ᄯᅩᄒᆞᆫ곳에 니르니 해야진 의복이 뫼ᄀᆞᆺ치 ᄊᆞ엿ᄂᆞᆫ듸 ᄒᆞᆫ곳에ᄂᆞᆫ 그의복의 몬지를 ᄯᅥ러ᄇᆞ리ᄂᆞᆫ 긔계가 잇고 ᄒᆞᆫ곳에ᄂᆞᆫ 그 의복을 잘게 ᄢᅢ히ᄂᆞᆫ 긔계가 잇시며 ᄯᅩ ᄒᆞᆫ곳에 니르니 크기가 십여위 되ᄂᆞᆫ 텰통 두개가 층루에 달녓ᄂᆞᆫ듸 그속에 지물이 잇고 그 의복이 ᄒᆞᆫ번 텰통 속으로 좃차 나아오면 누른빗시 되고 ᄯᅩ ᄒᆞᆫ 층루우에 큰 가마솟치 십여개가 잇서 그 의복을 ᄲᆡᆯ니 ᄒᆞᄂᆞᆫ듸 폭포의 물을 인도ᄒᆞ여 그 가마솟헤 듸엿시며 그 솟 가온듸 도랴가ᄂᆞᆫ 긔계가 잇서 조희 ᄆᆡᆫ들 물건을 잘게 피여 돌니니 그 물건이 여러 가마솟슬 자낸후에 희기ᄂᆞᆫ 눈ᄀᆞᆺ고 가ᄂᆞᆯ기ᄂᆞᆫ 가루 ᄀᆞᆺᄒᆞᆫ지라 ᄯᅩ ᄒᆞᆫ곳에 니르니 큰 긔계 수십쳐가 련ᄒᆞ여 ᄒᆞᆷᄭᅴ 도라가ᄂᆞᆫ듸 이편에ᄂᆞᆫ 가루ᄀᆞᆺᄒᆞᆫ 물건이 물에 풀니여 셔양목을 련폭ᄒᆞᆫ 곳으로 흘너 드러가고 그 셔양목 폭은 긔계 텰장에 감기여 도라갈ᄉᆡ 그 텰쟝듸의 크기ᄂᆞᆫ ᄒᆞᆫ 아람이 더되고 텰쟝마다 더운 긔운이 잇게ᄒᆞ여 조희가 마르게 ᄒᆞ고 더편에ᄂᆞᆫ 긔계의 칼이잇서 그 조희를 두·모양으로 대쇼와 쟝광을 므련ᄒᆞ여 긔계 ᄆᆞᆺ히셔 조희쟝이 일시에 두폭식 ᄯᅥ러지니 계집 ᄋᆞ희가 량편에 ᄒᆞ나식 안져 그 조희를 ᄎᆞ례로 작츅ᄒᆞ여 노코 사나희ᄂᆞᆫ 그 조희를 고싼에 ᄊᆞᄒᆞ며 ᄆᆡ매 ᄒᆞ더라 (미완)

래비열롬파 칠십오 칠월 십칠일

에덴동산

창세긔 이쟝 팔졀노 십칠졀ᄭᆞ지

八 동산이 에덴 동편에 잇ᄉ니 야화화 하ᄂ님ᄭᅦ
셔 세우신 거시라 문드신 사ᄅᆷ으로 그ᄉ이에 두
시다 九 야화화 하ᄂ님이 ᄯᅡ흐로 ᄒᆞ여곰 나무
돕나게 ᄒᆞ시니 입에 먹을만 ᄒᆞ고 눈에 볼만 ᄒᆞᆫ지
라 동산 가온ᄃᆡ에 ᄉᆡᆼ명의 나무와 션악을 분별
ᄒᆞᄂᆞᆫ 나무도 잇ᄉ며 十 에덴에 강이 잇서 동산
으로 흘너 드러오니 물을 더힐만 ᄒᆞᆫ지라 네ᄶᅡᆨ에
난호니 十一 쳣ᄌᆡᄂᆞᆫ 비손이니 하비랍에 둘너 잇고
그ᄯᅡ헤 금이나나니 十二 그금이 미우 됴코 ᄯᅩᄒᆞᆫ 진쥬
와 푸른옥이 나며 十三 둘온 기혼이니 고십노 둘
너 흐르고 十四 세ᄌᆡᆫ 힛대겔이니 아스리아 동편으로
흐르고 네ᄌᆡᆫ 빗달이라 十五 야화화 하ᄂ님이 그사ᄅᆷ
을 잇으려다 에덴 동산에 두고 ᄒᆞ여곰 심으고 직
히게 ᄒᆞ시며 十六 그 사ᄅᆷ의게 명 ᄒᆞ샤ᄃᆡ 동산
의 실과를 임의로 먹으되 十七 오직 션악을 분별
ᄒᆞᄂᆞᆫ 나무는 먹지마라 먹는날에 반드시 죽으
리라

주셕

뭇는말

一 오날 공부에 쥬쟝ᄯᅳᆺ이 무어시뇨

二 첫졀에 말ᄃᆡ로 하ᄂᆞ님이 무어슬 ᄆᆞᆫ드셧ᄂᆞ뇨

三 창셰긔 일쟝 이십륙졀에 무엇 ᄆᆞᆫ든거슬 말ᄒᆞ엿ᄂᆞ뇨

四 이두 말에 다른ᄯᅳᆺ이 잇ᄂᆞ뇨 답 아니라 이 공부에는 사ᄅᆞᆷᄆᆞᆫ든 모양을 말ᄉᆞᆷ ᄒᆞ셧ᄂᆞ니라

五 모엇으로 사ᄅᆞᆷ을 ᄆᆞᆫ드셧ᄂᆞ뇨

六 사ᄅᆞᆷ의 무어슬 ᄯᅡ에 흙으로 ᄆᆞᆫ드럿ᄂᆞ뇨

七 하ᄂᆞ님ᄭᅴ셔 ᄯᅡ에 흙으로 사ᄅᆞᆷ을 ᄆᆞᆫ든후에 무엇 ᄒᆞ셧ᄂᆞ뇨

八 인ᄒᆞ여 사ᄅᆞᆷ이 엇더케 되엿ᄂᆞ뇨

九 하ᄂᆞ님 창조ᄒᆞ신 즘ᄉᆡᆼ과 사ᄅᆞᆷ이 엇더케 ᄃᆞ르뇨

十 처음에 사ᄅᆞᆷ이 어ᄃᆡ셔 살앗ᄂᆞ뇨

十一 에덴 동산이 어ᄃᆡ 잇ᄂᆞ뇨

十二 에덴 동산안에 강이 몃치나 잇ᄂᆞ뇨

十三 그강 일홈들이 무어서뇨

十四 이강들이 어ᄃᆡ 잇ᄂᆞ뇨 답 홍수ᄯᅢ에 이강들이 업서진ᄃᆞᆺ ᄒᆞᆫ고로 우리는 이강들이 어ᄃᆡ 잇는지 아지 못ᄒᆞ노라

十五 싱명의 나무가 무어시뇨 답 귀ᄒᆞ고 긴ᄒᆞᆫ 특별ᄒᆞᆫ 나무나 그 실과를 먹으면 싱명이 영영 ᄒᆞ니라

十六 이 나무가 어ᄃᆡ 잇ᄂᆞ뇨

十七 션악을 분별ᄒᆞᄂᆞᆫ 나무가 무어시뇨 답 사ᄅᆞᆷ을 시험ᄒᆞ심인고로 그러케 부르는 거시나 션악간에 엇든거슬 ᄐᆡᆨᄒᆞ나 ᄇᆡ인거시며 하ᄂᆞ님의 지식표라 사ᄅᆞᆷ은 도모지 말나 ᄒᆞ심이오 사ᄅᆞᆷ의 지식이 여긔 복죵케 ᄒᆞ심이니라

十八 아담의게 나무열ᄆᆡ 먹기를 허락 ᄒᆞ엿ᄂᆞ뇨

十九 이 나무 열ᄆᆡ 먹은죄로 무ᄉᆞᆷ 형벌이 잇ᄉᆞ리라고 하ᄂᆞ님이 말ᄉᆞᆷ ᄒᆞ셧ᄂᆞ뇨

二十 하ᄂᆞ님ᄭᅴ셔 에덴 동산에 잇ᄂᆞᆫ 다른나무 열ᄆᆡ도 먹으라고 허락 ᄒᆞ셧ᄂᆞ뇨

우리가 그젼 회보에 계쥬론과 술에 해되는거슬 여러번 긔저 ᄒᆞ엿슨즉 다시 술노 말솜 ᄒᆞ는거시 ᄌᆞ미가 젹으나 대개 술이라 ᄒᆞ는거시 사ᄅᆞᆷ의게 밋ᄆᆞ지 해됨은 잇고 ᄒᆞᆫᄀᆞ지도 리ᄒᆞᆯ거슨 업신즉 사ᄅᆞᆷ마다 홍샹 경계ᄒᆞᆯ배라 여러번 긔록 ᄒᆞ는거시 엇지 혐졀이 되리오 뭇춤 평양 교우 ᄒᆞᆫ분이 술 ᄭᆞᄃᆞᆰ으로 해되는글을 지어 보니엿기로 좌에 이굿치 긔저ᄒᆞ노라

술이라 ᄒᆞ는 음식은 사ᄅᆞᆷ의 몸과 량심을 멸망케 ᄒᆞ는 물건인고로 술 먹ᄂᆞᆫ쟈는 례와 의와 청렴ᄒᆞᆯ것과 붓그러운일과 몸을 닥는것과 집을 ᄀᆞ죽게 ᄒᆞᄂᆞᆫ 도를 아지 못ᄒᆞ게 ᄒᆞᄂᆞᆫ지라 이 다ᄉᆞᆺ가지 죄에 범ᄒᆞ야 형벌과 법을 당 ᄒᆞᄂᆞ니 그런고로 술 먹는ᄃᆡ 해됨을 인ᄒᆞ여 간략ᄒᆞᆫ 말노 술 먹ᄂᆞᆫ 사ᄅᆞᆷ을 위ᄒᆞ야 근졀히 권ᄒᆞ노니 슬프다 술 먹ᄂᆞᆫ 형뎨들은 련량지심을 회복ᄒᆞ야 인의ᄒᆞᆫ 도를 밋고 착ᄒᆞᆫ 힝실을 힘 ᄒᆞ여야 될지니 대뎌 ᄉᆞ도보라씨ᄭᅴ서도 말솜 ᄒᆞ시기를 술이라 ᄒᆞ는 음식은 사ᄅᆞᆷ으로 ᄒᆞ여곰 방ᄌᆞᄒᆞ고 어지러온 일을 힝ᄒᆞ게 ᄒᆞᄂᆞᆫ 거시라고 말솜 ᄒᆞ시고 즁국 셩현도 말솜ᄒᆞ셔거ᄂᆞᆯ 너희들 경계ᄒᆞ야 술을 먹지 안케 ᄒᆞ노니 광약이라 맛시 아름 답지 못ᄒᆞ고 자금이나 이후에나 패망 ᄒᆞ기쉽다 말솜ᄒᆞ야 긔록 ᄒᆞ엿시며 녯젹에 하우씨 시졀에 의젹이라 ᄒᆞᄂᆞᆫ 신하가 술을 처음으로 믄드러 하우씨ᄭᅴ 드리매 우 님군ᄭᅴ셔 맛보신후에 ᄀᆞᆯᄋᆞ샤ᄃᆡ 술이 잇심으로 후세에 반드시 나라를 망ᄒᆞᆯ쟈 잇시리라 ᄒᆞ시고 이에 의젹이라 ᄒᆞᄂᆞᆫ 신하를 내치셧시니 일노 싱각건ᄃᆡ 그ᄯᅢ 시졀에ᄂᆞᆫ 사ᄅᆞᆷ도 지금 사ᄅᆞᆷ보다 량슌도 ᄒᆞ며 술노 말솜 ᄒᆞᆯ지라도 그ᄯᅢ 술은 맛도 달고 슌ᄒᆞ기도 ᄒᆞ되 술 ᄭᆞᄃᆞᆰ에 망ᄒᆞ리라 ᄒᆞ엿거든 지금 세샹으로 말ᄒᆞᆯ진ᄃᆡ 사ᄅᆞᆷ도 그ᄯᅢ 사ᄅᆞᆷ 보다는 간악ᄒᆞ며 술노 말ᄒᆞᆯ지라도 그ᄯᅢ 술보다 맛도 쓰고 독ᄒᆞ기도 ᄒᆞ니 엇지 고독ᄒᆞᆫ 술을 됴와ᄒᆞ야 ᄌᆞ긔 량심을 해롭게 ᄒᆞ며 몸을 망ᄒᆞ며 집을 패ᄒᆞ며 부모와 동싱과 쳐ᄌᆞ를 괴롭게 ᄒᆞ야 우흐로 하ᄂᆞ님ᄭᅴ 죄를 지으며 아래로 인ᄉᆞ에 합당치 못ᄒᆞᆫ일을 ᄒᆞ리오 사ᄅᆞᆷ의게 해되는 음식은 술에서 더심ᄒᆞᆫ거시 업시니 누구든지 술을 ᄉᆞ랑 ᄒᆞ는 친구는 원슈를 됴와ᄒᆞ야 망홈을 밧는것과 ᄀᆞᆺᄒᆞ니 지혜 업ᄂᆞᆫ 입에ᄂᆞᆫ 맛시 됴흔듯 ᄒᆞ나 해 되ᄂᆞᆫ거슬 ᄆᆞ음에 깁히 싱각ᄒᆞ면 ᄉᆞ랑 ᄒᆞ든 술을 원슈로 알고 먹지 안키를 ᄇᆞ라노라

닉보

독립협회 회원들이 양력 륙월 이십구일 하오에 특별회로 독립관에 모히여 시무에 긴급ᄒᆞᆫ 일노 샹소 ᄒᆞ기를 결뎡ᄒᆞ고 그 잇흔날 브터 명동 쟝악원에 소텽을 빅셜ᄒᆞ고 졔소위원 오인과 평의원 십구인을 션뎡ᄒᆞ야 각 회원의 의견서를 밧은후에 평의원이 그 글들을 죠샤ᄒᆞ야 그즁에 합당ᄒᆞᆫ 글노 졔소 위원의게 보닉면 위원들이 샹소를 지여밧쳣다ᄒᆞ니 그 소본은 일후에 듯는ᄃᆡ로 긔지ᄒᆞ겟소

○ 일젼에 큰 광동교 개쳡 가으로 지내며 보닉 쥬식회샤 근쳐에 나무로 다리를 노코 다리우헤 와륵을 펴고 와륵우헤 빅토를 펴셔 인마의 ᄃᆞ니기를 편라께 ᄒᆞ는ᄃᆡ 그즁에 이샹ᄒᆞᆫ 일이 잇사니 다리우헤 닥쥬 ᄒᆞᆫ동의를 노코 동의우에 북어 ᄒᆞᆫ쾌를 언져시니 그게 무솜 뜻인지 알슈는 업시나 다리에 졔ᄉᆞᄒᆞ는 모양ᄀᆞᆺ치 츅슈ᄒᆞ니 금방 사ᄅᆞᆷ의 손으로 나무를 싹가 련폭ᄒᆞ고 사ᄅᆞᆷ의 등으로 흙을 져서 펴니 이거시 다 사ᄅᆞᆷ의 ᄒᆞ는 일이어놀 아술과 북어를 뉘게 드리며 뉘게 비는지 춤 어리셕은 일이더라 ■

○ 어적믜 아츰에 죵로를 지내다가 엇더ᄒᆞᆫ 녀인 ᄒᆞᆫ나이 목판에 쌀을 가득히 담고 쌀우헤는 졍ᄒᆞᆫ 유지를 덥고 유지 우헤는 신 ᄒᆞᆫ 타래를 노하 머리에 니고 가는거슬 보니 그거시 필연 뉘집 ᄋᆞ희의 돌날에 션ᄉᆞᄒᆞ는 물건이라 쌀은 밥을지어 먹으려니와 실은 무솜 뜻인고 그쳔에 드른즉 대한 풍속에 ᄋᆞ희 돌날이면 실을 보내야 그 ᄋᆞ희가 쟝슈ᄒᆞᆫ다ᄒᆞ더니 과연 그 셔둙인지

외보

청국에 유지ᄒᆞᆫ 쇼년들이 일본 사ᄅᆞᆷ과 샹의ᄒᆞ되 일본 황뎨가 북경을 유람ᄒᆞ샤 청국 황뎨를 맛나셧ᄉᆞ면 동양 졔국이 화합 ᄒᆞ리라고 ᄒᆞ엿다더라

미일신문광고

협셩회 회보를 지금은 날마다 츌판ᄒᆞ고 일홈ᄉᆞᆫ 미일신문 이요 파는 처소는 남대문안 젼 쓰젼도가 인ᄃᆡ ᄒᆞᆫ장 갑슨 엽 너푼이요 일삭됴는 엽 닐곱돈 인ᄃᆡ 닉외보와 여러가지 유죠ᄒᆞᆫ 말이 만히 잇ᄉᆞ오니 졔군ᄌᆞ는 만히 사셔 보사오

본회고빅

본회에서 이 회보를 젼년과 ᄀᆞᆺ치 일쥬일에 ᄒᆞᆫ번식 발간ᄒᆞ는ᄃᆡ 새로 륙폭으로 작뎡ᄒᆞ고 ᄒᆞᆫ장 갑슨 엽젼 오푼이오 ᄒᆞᆫ달갑슨 미리내면 젼과 ᄀᆞᆺ치 엽젼 ᄒᆞᆫ돈 오푼이라 본국 교우나 서국 목ᄉᆞ나 교외 친구나 만일 사셔 보고져 ᄒᆞ거든 졍동 아편셜라 목ᄉᆞ 집이나 죵로 대동서시에 가셔 사시ᄋᆞᆸ

죵로대동서시광고

우리 서샤에셔 셩경 신구약과 찬미칙과 교회에 유익ᄒᆞᆫ 여러지가 서칙과 시무에 긴요ᄒᆞᆫ 칙들을 팔되 갑시 샹당 ᄒᆞ오니 ᄒᆞᆨ문샹과 사무변에 뜻이 잇는 군ᄌᆞ들은 만히 사셔 보시ᄋᆞᆸ

뎨이권

대한 크리스도인 회보

뎨이십팔호

(륙십칠합) 광무이년 칠월십삼일

의셕ᄒᆞᆫ 일

우리가 국중에 신문이 만히 나기를 ᄇᆞ라던 ᄎᆞ에 협셩회 회보가 변ᄒᆞ야 ᄆᆡ일신문이 되는ᄃᆡ 론셜과 ᄂᆡ외보를 본즉 ᄌᆞ미 잇는 말ᄉᆞᆷ이 만히 잇서 ᄆᆡ우 볼만ᄒᆞᆫ 고로 ᄆᆞᄋᆞᆷ에 얼마큼 치하ᄒᆞᆯᄲᅮᆫ더러 신문을 ᄆᆡ일 간츌 ᄒᆞ는거슨 대한에 처음 잇는 일이라 더욱 놀납게 녀엿시나 잠간 ᄉᆡᆼ각 ᄒᆞ기를 대한이 아직도 ᄀᆡ명이 쾌히 되지 못 ᄒᆞ야 사ᄅᆞᆷ의 ᄆᆞᄋᆞᆷ이 다 각각인즉 무ᄉᆞᆷ 일을 ᄒᆞ던지 시종이 여일키가 어려올가 념려 ᄒᆞ엿더니 일젼에 드른즉 과연 ᄆᆡ일신문이 뎡지가 된다 ᄒᆞ기에 그 곡절을 ᄌᆞ세히 쳐탐ᄒᆞ니 신문사 샤원들이 일심이 되지 못ᄒᆞ야 각기 편당이 잇고 서로 의심ᄒᆞ고 싀긔ᄒᆞ는 ᄭᆞ닭이라 ᄒᆞ나 ᄎᆞᆷ 의셕ᄒᆞᆫ 일이여니와 ᄆᆡ일신문을 본즉 샤원ᄭᅴ리 서로 잘못ᄒᆞᆫ 거슬 신문에 긔ᄌᆡ ᄒᆞ엿시니 이러케 우숩고 ᄋᆞᄒᆡ들 작란ᄀᆞᆺᄒᆞᆫ 일이 어ᄃᆡ잇시리오 대개신문에 사ᄅᆞᆷ의허믈을 ᄇᆞᆰ게 긔록 ᄒᆞᄂᆞᆫ거슨 그사ᄅᆞᆷ과 무ᄉᆞᆷ 혐의가 잇서 그런거시 아니라 그사ᄅᆞᆷ을 ᄉᆞ랑ᄒᆞᄂᆞᆫ고로 그 사ᄅᆞᆷ으로 ᄒᆞ여곰 신문을 보고 ᄌᆞ긔 허믈을 곳치게 ᄒᆞᆷ이오 각쳐에 잇ᄂᆞᆫ 사ᄅᆞᆷ이 무ᄉᆞᆷ 허믈이 잇던지 능히 ᄃᆞ니며 다 말ᄒᆞᆯ수 업ᄂᆞᆫ고로 듯ᄂᆞᆫᄃᆡ로 신문에 츌판ᄒᆞ야 널니 고시 ᄒᆞᆷ이로되 ᄆᆡ일신문샤 샤원들은 응당 날마다 서로 ᄃᆡ면 ᄒᆞᆯ터인즉 피ᄎᆞ간에 무ᄉᆞᆷ 과실이 잇거든 ᄃᆡᄒᆞ야 착망ᄒᆞ여도 족ᄒᆞ거ᄂᆞᆯ 그 신문샤 샤원의 단쳐를 그 신문에 내ᄂᆞᆫ거슨 이ᄂᆞᆫ 다름 아니라 조고마ᄒᆞᆫ 혐의로 그 사ᄅᆞᆷ을 망신 식히자ᄂᆞᆫ 경영이니 ᄆᆡ일신문샤 샤원들이 당초에 신문의 목뎍도 알지 못ᄒᆞ고 엇지 신문을 쟝구히 지탕케 ᄒᆞ리오 다시 드른즉 ᄆᆡ일신문을 잠간 뎡지 ᄒᆞ엿다가 쥬션 ᄒᆞᄂᆞᆫᄃᆡ로 다시 간츌ᄒᆞᆫ다 ᄒᆞ니 ᄆᆡ우 반가온 말이나 그ᄯᅢ를 당ᄒᆞ야 ᄯᅩ 이 모양으로 ᄒᆞ엿다가ᄂᆞᆫ 니옷 나라에 이쇼가 젹지 아녀터이니 ᄆᆡ일신문샤 샤원들은 깁히 ᄉᆡᆼ각 ᄒᆞ야 무ᄉᆞᆷ 일이던지 유시 유죵케 ᄒᆞ시오 우리가 이러케 말 ᄒᆞᄂᆞᆫ거시 광곡지혐이 업지 아니ᄒᆞ나 녯글에 닐넛시되 붕우ᄂᆞᆫ 칙션이라 ᄒᆞ엿시니 우리가 아모말도 아니 ᄒᆞ고 쇽으로 흉을 보던지 비웃던지 ᄒᆞ면 이ᄂᆞᆫ동포의 졍의가 아닐ᄲᅮᆫ더러 ᄯᅩᄒᆞᆫ 지분지탄이 업지 아닌 고로 간략히 말ᄉᆞᆷᄒᆞ노니 ᄆᆡ일신문샤 샤원들은 부ᄃᆡ 일심 두글ᄶᅳ를 가지고 공졍ᄒᆞ게 쳐ᄉᆞ ᄒᆞ시기를 ᄇᆞ라옵

일ᄇᆡᆨ륙십일

대한크리스도인 회보

THE KOREAN
CHRISTIAN ADVOCATE
Rev. H. G. Appenzeller, Editor
36 cents per annum
in advance. Postage extra.
Wednesday, July. 13th, 1898.

서울 정동셔 일쥬일에 ᄒᆞᆫ번식
발간 ᄒᆞᄂᆞᆫᄃᆡ 아편셜라 목ᄉᆞ가
회보 샤쟝이 되엿더라
일년 갑슬 미리ᄂᆡ면 삼
십 륙젼이오 우표갑슨
ᄯᅡ로 잇ᄂᆞ니라

일본에 열람ᄒᆞᆫ일

속젼호

그날 하오에 ᄯᅩ 교ᄉᆞ와 ᄒᆞᆷᄭᅴ 인력거를 ᄐᆞ고 픔평박람회(물건의 픔슈 우열을 평론 ᄒᆞᄂᆞᆫ회라) 집을 차자가니 집을 왕ᄶᅩ 모양으로 지여 이집에셔 더졍으로 갈ᄯᅢ에 비오ᄂᆞᆫ 날이라도 구경ᄒᆞᄂᆞᆫ 사ᄅᆞᆷ으로 ᄒᆞ여곰 풍우에 거졍이 업계ᄒᆞ고 각식 물화를 ᄎᆞ례로 ᄊᆞ엇ᄂᆞᆫᄃᆡ 그집의 크기ᄂᆞᆫ 수빅간식 되며 집속에 골목길을 내고 길 좌우에 물화를 노앗시되 류리로 문을 ᄒᆞ여 좀것시며 보ᄂᆞᆫ 사ᄅᆞᆷ이 아모 물건이든지 사고져 ᄒᆞ면 좌우에 잇ᄂᆞᆫ 녀인들이 열쇠로 문을열어 물건을 미매 ᄒᆞᄂᆞᆫᄃᆡ 물건마다 표지를 써 붓치되 아모 곳에셔 문ᄃᆞᆫ 물건 아오 갑슨 얼마라 ᄒᆞ엿시며 물건을 ᄑᆞᆯᄯᅢ에 갑슨 일푼도 가감이 업고 그 표지에 도셔를 ᄶᅵᆨ어 물건 사ᄂᆞᆫ 사ᄅᆞᆷ을 주면 그 사ᄅᆞᆷ이 물건을 가지고 대문에 나아올ᄯᅢ에 문 직힌 사ᄅᆞᆷ이 그 표지를 일일히 받아 간슈 ᄒᆞᄂᆞᆫ 법이라 ᄒᆞ로 몃쳔원 물건을 ᄑᆞᆯ더라도 그 표지만 샹고ᄒᆞᆫ즉 아모 곳에셔 문ᄃᆞᆫ 물화가 얼마큼 ᄑᆞᆯ닌거슬 아ᄂᆞᆫ지라 그집은 련쟝에도 류리창이 잇서 ᄇᆞᆰ은빗슬 통ᄒᆞ게 ᄒᆞ고 골목마마 괴호를 달엇시되 대판이라 경도라 ᄒᆞ여 그곳에 노흔 물건의 제조ᄒᆞᆫ 곳슬 알게ᄒᆞ고 ᄯᅩ 목패를 달엇시되 ᄌᆞ유당의 금패 은패 동패라 ᄒᆞ고 ᄯᅩ 엇던ᄃᆡᄂᆞᆫ 긔진당의 금패 은패 동패라 ᄒᆞ엿ᄂᆞᆫᄃᆡ 쳔가지 물건이 업ᄂᆞᆫ거시 업시되 외국의셔 문ᄃᆞᄂᆞᆫ 물건은 ᄒᆞ나도 놋치안코 본국셔만 제조ᄒᆞᆫ 물건을 버렷ᄂᆞᆫᄃᆡ 그즁에 ᄉᆞ무쟝과 ᄉᆞ무원과 평의원이 잇서 물건에 픔슈를 평론ᄒᆞ여 그즁에 무ᄉᆞᆷ 물건이든지 새법으로 발명ᄒᆞ여 제조를 뎨일 잘ᄒᆞᆫ 사ᄅᆞᆷ의 일홈은 긔록ᄒᆞ야 롱샹무 대신의게 보고 ᄒᆞ고 ᄌᆞ유당 사ᄅᆞᆷ이나 긔진당 사ᄅᆞᆷ이나 반다시 샹급을 주되 층등이 잇게 ᄒᆞᄂᆞᆫ지라 그 물건즁에 구리로 문ᄃᆞᆫ병 ᄒᆞᆫ쌍이 잇ᄂᆞᆫᄃᆡ 갑시 삼빅 팔십원이오 ᄯᅩ ᄃᆡ ᄒᆞᆫ쌍이 잇ᄂᆞᆫᄃᆡ 갑시 ᄉᆞ빅원이라 ᄒᆞ더라 그곳에도 ᄯᅩᄒᆞᆫ 동물원이 잇셔 호표 시랑의 류와 잉무공쟉의 류를 기ᄅᆞ고 구경ᄒᆞᄂᆞᆫ 사ᄅᆞᆷ의게 돈을 밧ᄂᆞᆫ지라 일본 풍속에 ᄋᆡ샹ᄒᆞᆫ거슨 박람회든지 쟝ᄉᆞ집이든지 물화를 미매ᄒᆞᄂᆞᆫ 곳에ᄂᆞᆫ 반다시 년쇼ᄒᆞᆫ 녀ᄌᆞ로 ᄒᆞ여곰 ᄑᆞᆯ게 ᄒᆞᆷ이라 그러나 그 녀인들이 영어를 통치 못 ᄒᆞᄂᆞᆫ이가 만치 아닌즉 교육의 흥왕ᄒᆞᆷ을 알거시오 권샹쟝과 권공쟝이 잇셔 쟝식과 샹민을 권쟝ᄒᆞ니 졍치 ᄇᆞᆰ음을 가히 알너라 미완

례비일공과 칠십륙 칠월 이십ᄉᆞ일

녀인을내신일

창세긔 이장 십팔졀노 이십오졀ᄭᆞ지

十八 야화화 하ᄂᆞ님이 ᄀᆞᆯᄋᆞ샤ᄃᆡ 사ᄅᆞᆷ으로 ᄒᆞ여곰
ᄒᆞᆯ노 거쳐ᄒᆞᆫ께 ᄒᆞᆷ이 합당치 아니 ᄒᆞ니 셔료 또
아ᄌᆞᆯ이 ᄒᆞ나흘 내가 ᄆᆞᆫᄃᆞ리라 十九 야화화 하ᄂᆞ
님이 흙을 비져 닷ᄂᆞᆫ 즘ᄉᆡᆼ과 나ᄂᆞᆫ 새들 ᄆᆞᆫᄃᆞ샤
겨ᄂᆞ리고 아담압헤 니ᄅᆞ러 무ᄉᆞᆷ 일홈으로 짓ᄂᆞᆫ
거ᄉᆞᆯ 보랴ᄒᆞ샤 아담이가 일홈 짓ᄂᆞᆫᄃᆡ로 일ᄇᆡᆨ 금
슈의 일홈을 뎡ᄒᆞ다 二十 아담이가 륙츅과 나ᄂᆞᆫ
새와 닷ᄂᆞᆫ 즘ᄉᆡᆼ을 각각 일홈을 지으되 오직 아
담은 셔로 도아 줄이가 업ᄂᆞᆫ지라 二十一 야화화
하ᄂᆞ님이 이에 아담으로 ᄒᆞ여곰 깁히 자게 ᄒᆞ고
그 외ᄒᆞᆫ 가리ᄲᅢ를 ᄲᅢ여 그살은 ᄆᆡ여 미고 二十二 ᄲᅢ
엿던 가리ᄲᅢ로 녀인을 ᄆᆞᆫᄃᆞ러 거ᄂᆞ리고 아담압
희 니ᄅᆞ니 二十三 아담이 ᄀᆞᆯᄋᆞᄃᆡ 이ᄂᆞᆫ 내 일ᄇᆡᆨ ᄲᅧ
가온ᄃᆡ ᄒᆞ나히오 내온몸 가온ᄃᆡ ᄒᆞᆫ 살이라 ᄯᅥ가
사나희게로 조차 나옴으로 녀인이라 칭 ᄒᆞᄂᆞ이
다 ᄒᆞ니 二十四 이러ᄒᆞᆫ때 사ᄅᆞᆷ이 부모를 ᄯᅥ나 그
안히ᄅᆞᆯ 부ᄅᆡ칠ᄒᆞᆯ 것치 그 둘이 ᄒᆞᆫ몸이 되ᄂᆞᆫ지라
二十五 아담과 안히가 둘이 다 벗고 ᄯᅩᄒᆞᆫ 붓그러 ᄒᆞ
지 안터라

주셕

믓ᄂᆞᆫ말

一 하ᄂᆞ님ᄭᅴ셔·남녀를 ᄒᆞᆫ때에 문ᄃᆞ셧ᄂᆞ뇨

二 둘즁에 누구를 몬져 문ᄃᆞ셧ᄂᆞ뇨

三 이글쟝 십팔절에 하ᄂᆞ님이 아담의게 엇더케 ᄒᆞ신다고 말ᄉᆞᆷ ᄒᆞ셧ᄂᆞ뇨

四 하ᄂᆞ님ᄭᅴ셔 엇더케 아담이 도아줄 사ᄅᆞᆷ이 잇셔야 ᄒᆞᆯ줄을 알게 문ᄃᆞ셧ᄂᆞ뇨

五 아담이 닷ᄂᆞᆫ 즘ᄉᆡᆼ과 나ᄂᆞᆫ새를 보고 엇더케 ᄒᆞ엿ᄂᆞ뇨 답 각각 합당ᄒᆞᆫ 일홈을 지엇ᄂᆞ니라

六 그후에 하ᄂᆞ님ᄭᅴ셔 아담의게 무ᄉᆞᆷ일이 잇게 ᄒᆞ셧ᄂᆞ뇨

七 하ᄂᆞ님이 아담의게 무엇슬 ᄲᅢ여셧ᄂᆞ뇨

八 하ᄂᆞ님이 아담의게 ᄲᅢ여신 가리ᄲᅧ를 엇더케 ᄒᆞ셧ᄂᆞ뇨 답 녀인을 문ᄃᆞ셧ᄂᆞ니 본 ᄯᅳᆺ인즉 하ᄂᆞ님이 지엿다 ᄒᆞᆷ이니 이젼 속담에 닐으되 녀인이 사나희 머리에셔 나셔 사나희의 쥬인이 됨도 아니오 사나희 발에셔 나셔 사나희가 ᄯᅡ르다 ᄒᆞᆷ도 아니라 사나희 엽헤셔 나셔 사나희의 동모요 동등이라 ᄒᆞ엿ᄂᆞ니라

九 아담이 잠을 ᄭᆡᆫ후에 녀인을 보고 무ᄉᆞᆷ말을 ᄒᆞ엿ᄂᆞ뇨

十 이말이 깃버ᄒᆞᄂᆞᆫ 말이뇨 놀나ᄂᆞᆫ 말이뇨 그러치 아니뇨 답 하ᄂᆞ님이 사나희를 위ᄒᆞ여 문ᄃᆞ신 합당ᄒᆞᆫ 동모를 아담이 보고 경동ᄒᆞ여 깃붐을 뵈임이니라

十一 아담이 웨 그 사ᄅᆞᆷ을 녀인이라 칭ᄒᆞ엿ᄂᆞ뇨

十二 이십ᄉᆞ절에 무ᄉᆞᆷ 말나뇨

十三 이 ᄯᅳᆺ이 무어시뇨

十四 크리스도인이 안희를 ᄇᆞ리고 부모의게 가ᄂᆞᆫ 거시 올흐뇨

十五 마태 십구장 오절과 마가 십장 칠절과 가림다 젼셔 륙장 십륙절을 닑으라

꿈에젼도ᄒᆞᆫ일

셩젼 례비 륙일날 밤에 싱각ᄒᆞ기를 우리 교회가
아즉도 흥왕치 못ᄒᆞ야 회당에 례바 ᄎᆞᆷ예 ᄒᆞᄂᆞᆫ 교
우도 만치 아니ᄒᆞ고 외인 오ᄂᆞᆫ이도 몃치 못되니
큰 걱정이라 리일은 쥬일인즉 내가 지금 나가셔
밧긔 친구를 만히 쳥ᄒᆞ야 리일 쥬일에ᄂᆞᆫ 회당에
뷘ᄌᆞ리가 업게 ᄒᆞ리라 ᄒᆞ고 셩경 ᄒᆞᆫ권을 엽헤ᄭᅵ
고 곳 죵로로 나아가니 비단ᄑᆞᆫᄂᆞᆫ 집이라 ᄒᆞᄂᆞᆫ듸
들어가고 나아오ᄂᆞᆫ 사ᄅᆞᆷ이 만거ᄂᆞᆯ 내여시 문에
들어셔니 사ᄅᆞᆷ들이 뭇기를 무ᄉᆞᆷ 물건을 사랴ᄒᆞ
ᄂᆞᆫ잇가 ᄒᆞ거ᄂᆞᆯ 내말에 물건을 사러온거시 아니
라 물건을 폴너왓노라 ᄒᆞ고 잠간ᄉᆞᆲ혀 보니 각식
비단을 ᄉᆞ면에 버려 노왓ᄂᆞᆫ듸 흥셩ᄒᆞᄂᆞᆫ 사ᄅᆞᆷ이
심히 분쥬ᄒᆞᆫ 중에 ᄒᆞᆫ엽헤 ᄇᆡᆨ발 로인이 교위에 안
져 신문을 보거ᄂᆞᆯ 내가 손에 신약을 들고 ᄒᆞᄂᆞᆫ
말이 로인은 이세샹 신문을 보지 마시고 하ᄂᆞᆯ나
라 신문을 보시오 ᄒᆞ며 구세쥬의 ᄃᆡ속ᄒᆞ신 공
로를 대강 셜명ᄒᆞ니 좌우에 물건 사러 왓던 사
ᄅᆞᆷ들이 물건은 사지 아니ᄒᆞ고 모도 내 엽흐로
와셔 구경ᄒᆞᆯ매 물건 임쟈가 크게 노ᄒᆞ야 말ᄒᆞ되
이 밋친 사ᄅᆞᆷ ᄭᆞᄃᆞᆰ에 물건도 미매ᄒᆞᆯ수가 업다ᄒᆞ
며 내등을 미러 내쏫거ᄂᆞᆯ ᄒᆞᆯ일업셔 죵각 엽흐로
나오니 사ᄅᆞᆷ 수삼 십명이 모혀셔 죵각 기동에 븟
친방을 보거ᄂᆞᆯ 나도 ᄯᅩᄒᆞᆫ 억개 너머로 잠간 엿보
니 다만 방못해 쓴 경무ᄉᆞ 새 글ᄌᆞ만 뵈이ᄂᆞᆫ지라

거긔셔 ᄯᅩᄒᆞᆫ 젼도 ᄒᆞ다가 군축을 만히 밧앗시되
ᄌᆞ세히 긔역ᄒᆞᆯ수ᄂᆞᆫ 업ᄂᆞᆫ지라 두번 낭핑를 보고
ᄭᅵ리 탄식ᄒᆞ며 집으로 도라올식 졍동 인화문 압
ᄒᆞᆯ 니르니 ᄒᆞᆫ 사ᄅᆞᆷ이 집힝이를 집고 간신이 오
ᄂᆞᆫ듸 왼편손과 왼편 다리와 왼편눈이 다 병신이
라 나를보고 돈 ᄒᆞᆫ푼을 의걸ᄒᆞ거ᄂᆞᆯ 내가 날ᄋᆞ듸
사ᄅᆞᆷ이 돈으로만 사ᄂᆞᆫ거시 아니니 내말을 잠간
드르라 이 세샹에 부쟈와 장ᄉᆞ들은 당쟝 리욕만헤
아리교 일후 영싱ᄒᆞᄂᆞᆫ 쾌락을 싱각지 안커니와 너
ᄂᆞᆫ 팔ᄌᆞ가 긔박ᄒᆞ야 져굿치 곤궁ᄒᆞ니 이세샹에셔ᄂᆞᆫ
응당 ᄒᆞᆫ가지도 깃분일이 업실지라 엇지 기리살고
기리질거워 ᄒᆞᄂᆞᆫ도를 밋지 안ᄂᆞ뇨 ᄒᆞᆫ듸 그사ᄅᆞᆷ이
ᄒᆞᆫ번 드르매 열번 치하ᄒᆞ야 ᄀᆞᆯᄋᆞ듸 만약 그런도
가 잇시면 내엇지 밋지아니ᄒᆞ리잇가 ᄌᆞ세히 듯
기를 원ᄒᆞᆸᄂᆞ이다 ᄒᆞ거ᄂᆞᆯ 내말이 오날은 임의
져물고 ᄯᅩ 길에셔 장황이 말ᄒᆞᆯ수 업시니 리일 아
ᄎᆞᆷ에 졍동 새회당으로 오면 다알니라 ᄒᆞ고 ᄒᆞᆫ춤
슈쟉ᄒᆞᆯ 즈음에 ᄋᆞ희들이 문여ᄂᆞᆫ 소리에 놀내여ᄭᅢ
니 이에 남가 일몽이라 니러안지매 졍신이 상쾌
ᄒᆞ야 ᄆᆞ음속에 무ᄉᆞᆷ 보물을 엇은것 ᄀᆞᆺᄒᆞᆫ지라 인
ᄒᆞ여 그 ᄌᆞ리에셔 하ᄂᆞ님ᄭᅴ 긔도ᄒᆞ고 몽즁일을
싱각ᄒᆞᆫ즉 뎡녕 분명ᄒᆞᆫ고로 대강 긔ᄌᆡ ᄒᆞ노라

니보

독립협회 회원들이 장악원에 소텽을 비셜 ᄒᆞ고 샹소 ᄒᆞ기로 작뎡 ᄒᆞ엿다ᄂᆞᆫ 말은 젼호에 긔지 ᄒᆞ엿거니와 일젼에 회원 니무영씨로 특별이 봉소 위원을 션뎡ᄒᆞ야 소본을 밧칫ᄂᆞᆫᄃᆡ 그 소본이 미우 긴고로 다 긔록 ᄒᆞᆯ수ᄂᆞᆫ 업거니와 목ᄃᆡ인즉 각부 대신이 다 그 직목이 아닌거슬 쥬달 ᄒᆞ엿시며 버지ᄂᆞᆫ 아쥭 나리시지 아니 ᄒᆞ엿시나 츄후 듯ᄂᆞᆫᄃᆡ로 긔록 ᄒᆞ겟노라

○황국 협회ᄂᆞᆫ 경무ᄉᆞ 신셕희씨가 셩지를 봉승ᄒᆞ야 인허 ᄒᆞ엿ᄂᆞᆫᄃᆡ 훈련원으로 쳐소를 뎡ᄒᆞ며 춍훈부로 ᄉᆞ무소를 비셜ᄒᆞ고 원셰샹 강챵희 졔씨로 총ᄃᆡ 위원을 뎡ᄒᆞ야 회원을 쇼기ᄒᆞ고 규칙을 의뎡 ᄒᆞᆫ다ᄂᆞᆫᄃᆡ 황태ᄌᆞ 뎐하ᄭᅴ셔 은화 삼ᄇᆡᆨ원을 나리샤 회비를 보용케 ᄒᆞ셧다더라

○시골 사ᄅᆞᆷ 칠팔인이 샹소 ᄒᆞ랴고 인화문 압헤 진복 ᄒᆞ엿ᄂᆞᆫᄃᆡ 그 소본 목ᄃᆡ인즉 나라에 ᄒᆞ로라도 국모가 업실수 업ᄉᆞ오니 죵속히 황후를 간틱ᄒᆞ샤 국민의 업ᄃᆡ여 ᄇᆞ라ᄂᆞᆫ 뜻슬 일쳐 말게 ᄒᆞ시옵소서 ᄒᆞ엿다더라

○일젼에 국즁에 무ᄉᆞᆷ일이 잇ᄂᆞᆫ지 우리ᄂᆞᆫ 알수 업시나 군부대신 훈령으로 병뎡 이ᄇᆡᆨ명을 수어텽 압헤 파슈 ᄒᆞ엿다 ᄒᆞ고 또 드른즉 젼 경무ᄉᆞ 니츙구씨와 김지풍씨등 몃 사ᄅᆞᆷ이 경무텽에 잡혀 갓치고 젼대션 안경슈씨ᄂᆞᆫ 또ᄒᆞᆫ 무ᄉᆞᆷ일이 잇ᄂᆞᆫ지 도피 ᄒᆞ엿다ᄒᆞ되 ᄌᆞ셰히 알수 업시니 듯ᄂᆞᆫᄃᆡ로 다시 긔지 ᄒᆞ겟노라

외보

근일에 미국셔 셔반아 슈군대장 둘을 잡고 슈로로 일ᄇᆡᆨ 팔십리를 규바 디경애 쫏차 들어가매서 반아 군ᄉᆞ가 대픽 ᄒᆞ엿다더라

미일신문광고

협셩회 회보를 지금은 날마다 츌판ᄒᆞ고 일홈ᄋᆞᆫ 미일신문 이요 파ᄂᆞᆫ 쳐소ᄂᆞᆫ 남대문안 젼 쌋젼도가 인ᄃᆡ ᄒᆞᆫ장 갑슨 엽 너푼이요 일삭됴ᄂᆞᆫ 엽 닐곱돈 인ᄃᆡ 니외보와 여러가지 유죠ᄒᆞᆫ 말이 만히 잇ᄉᆞ오니 재군ᄌᆞᄂᆞᆫ 만히 사셔 보사오

본회고ᄇᆡᆨ

본회에서 이 **회보**를 젼년과 ᄀᆞᆺ치 일쥬일에 ᄒᆞᆫ번식 발간 ᄒᆞᄂᆞᆫᄃᆡ 새로 륙폭으로 작뎡ᄒᆞ고 ᄒᆞᆫ장 갑슨 엽젼 오푼이오 ᄒᆞᆫᄃᆞᆯ갑슬 미리내면 젼과 ᄀᆞᆺ치 엽젼 ᄒᆞᆫ돈 오푼이라 본국 교우나 셔국 목ᄉᆞ나 교외 친구나 만일 사셔 보고져 ᄒᆞ거든 졍동 아편셜라 목ᄉᆞ 집이나 죵로 대동셔시에 가셔 사시옵

죵로대동셔시광고

우리 셔샤에셔 셩경 신구약과 찬미칙과 교회에 유익ᄒᆞᆫ 여러지가 셔칙과 시무에 긴요ᄒᆞᆫ 칙들을 팔되 갑시 샹당 ᄒᆞ오니 학문샹과 사무번에 뜻이 잇ᄂᆞᆫ 군ᄌᆞ들은 만히 사셔 보시옵

뎨이권

대한크리스도인회보

뎨이십구호

광무이년 (합칠십칠) 칠월이십일

청년회와 청년의국회를 분간ᄒᆞᆯ일

청년회는 우리 교회즁에서 설립ᄒᆞ여 젼도ᄒᆞ기를 힘쓰고 나라일에는 조곰도 샹관이 업거ᄂᆞᆯ 근일에 대한 청년 의국회 경빅이라 ᄒᆞᄂᆞᆫ 글이 잇셔 나라일을 의론ᄒᆞ엿ᄂᆞᆫ듸 그글이 ᄉᆞ방에 젼파ᄒᆞ매 외인들이 보고 청년 두글ᄌᆞ가 ᄀᆞᆺᄒᆞᆫ고로 우리교즁 청년회에서 ᄒᆞᆫ 일인가 의심 ᄒᆞᆫ다더라

비암이야기

이번 공과에 비암일을 간츌ᄒᆞᆫ고로 동양 세계의 비암에 샹관된 말을 ᄯᅡ러 긔록 ᄒᆞ노라

비암의 물건되미 심히 간샤 ᄒᆞ고 마귀의 셩졍이 잇ᄂᆞᆫ고로 녯말에 닐너시되 량두ᄉᆞ(머리 둘 가진 비암)를 본쟈ᄂᆞᆫ 반다시 죽ᄂᆞᆫ다 ᄒᆞᆫ지라 그런고로 녯젹에 손슉오라 ᄒᆞᄂᆞᆫ 사ᄅᆞᆷ은 량두ᄉᆞ를 볼때에 곳 죽여 ᄯᅡ에 뭇고 집에 도라와 울거ᄂᆞᆯ 그 모친이 곡졀을 무ᄅᆞᆫ듸 슉오 ᄃᆡ답 ᄒᆞ되 내가 량두ᄉᆞ를 보앗신즉 부모를 리별ᄒᆞ고 죽을새 ᄒᆞᄂᆞ이다 모친이 ᄯᅩ무ᄅᆞᆫ듸 그비암이 지금 어듸 잇ᄂᆞ뇨 슉오 ᄃᆡ답ᄒᆞ되 나ᄂᆞᆫ 불힝히 량두ᄉᆞ를 보아 죽으려니와 이후 사ᄅᆞᆷ이 ᄯᅩ 해를 닙을새 겁녀 ᄒᆞ야 그 비암을 죽여 업시 ᄒᆞ엿ᄂᆞ이다 모친이 ᄀᆞᆯᄋᆞᄃᆡ 네가 다ᄅᆞᆫ 사ᄅᆞᆷ을 위 ᄒᆞ야 음덕을 힘 ᄒᆞ엿시니 반다시 죽지 아니리라 ᄒᆞ더니 과연 손슉오 죽지 안코 일셰에 명인 되엿시며 한나라 태조ᄂᆞᆫ 미시에 술을 먹고 못가에 지내더니 ᄇᆡᆨ뎨의 졍령이 비암이 되여 길을 막거ᄂᆞᆯ 태조 칼을 ᄲᅢ여 비암을 죽엿더니 그후에 한나라 황뎨가 된지라 그런즉 사ᄅᆞᆷ을 해롭게 ᄒᆞᄂᆞᆫ 물건은 죽여도 관계치 안커ᄂᆞᆯ 어두온 ᄇᆡᆨ셩들은 공연이 비암을 두려워 ᄒᆞ며 공경도 ᄒᆞ야 말ᄒᆞ되 구렁이ᄂᆞᆫ 부쟈집 업이라 ᄒᆞ며 비암의게 복을 비ᄂᆞᆫ이도 잇고 션비들은 말ᄒᆞ되 비암은 신령ᄒᆞᆫ 물건인고로 능히 은혜를 갑ᄒᆞ며 원슈도 갑ᄂᆞᆫ지라 녯젹에 슈ᄶᅡ 님군이 큰 비암의 샹ᄒᆞᆫ거슬 보고 약을 붓쳐 주며 구원 ᄒᆞ엿더니 그후에 그 비암이 야광쥬(밤에도 빗시 ᄇᆞᆰ은 구슬)를 물고와셔 슈ᄶᅡ 님군을 주어 은혜를 갑헛다 ᄒᆞ고 대한국 명신에 허젹이ᄂᆞᆫ 쇼시에 려쥬 벽졀에셔 공부ᄒᆞᆯ식 즁들이 숑빅ᄒᆞᄂᆞᆫ 비암을 죽엿더니 그후에 그 비암이 허젹의 아ᄃᆞᆯ이 되여 허젹의 인노 집안을 망게ᄒᆞ여 원슈를 갑헛다 ᄒᆞ고 당 나라 엇더ᄒᆞᆫ 사ᄅᆞᆷ은 큰 비암이 ᄉᆡᆼ술 잡아 먹으려 ᄒᆞᆷ을 보고 분히 너겨 비암을 군츅ᄒᆞ고 ᄉᆡᆼ을 살녓더니 그후에 그 비암이 녀인의 모양이 되여 그사ᄅᆞᆷ을 ᄯᅡ라 풍파라 ᄒᆞᄂᆞᆫ 물가에 니르러 비 가온듸셔 도로 비암이 되여 그사ᄅᆞᆷ을 먹고져 ᄒᆞ거ᄂᆞᆯ (오쪽)

대한크리스도인회보

THE KOREAN
CHRISTIAN ADVOCATE.
Rev. H. G. Appenzeller, Editor
36 cents per annum
in advance. Postage extra.
Wednesday, July. 20th, 1898.

서울 정동서 일쥬일에 ᄒᆞᆫ번식 발간ᄒᆞᄂᆞᆫᄃᆡ 아편셜라 목ᄉᆞ가 회보 샤쟝이 되엿더라 일년 갑슬 미리 내면 삼십 륙젼이오 우표갑슨 ᄯᅡ로 잇ᄂᆞ니라

일본에 열람ᄒᆞᆫ일

속젼호

내가 일본에 가 열람ᄒᆞᆫ 거슨 만치 못 ᄒᆞ거니와 대강 말ᄒᆞᆫ건ᄃᆡ 일본의 정치가 붉어 문명에 진보ᄒᆞ엿시며 상무가 흥왕ᄒᆞ여 ᄇᆡᆨ셩이 안락ᄒᆞᆫᄃᆡ 도로의 리수는 영국 리수보다 더멀게 마련ᄒᆞ야 여ᄉᆞ쟈가 ᄒᆞᆫ간이 되고 륙십간이 합ᄒᆞ여 ᄒᆞᆫ뎡이 되며 삼십 륙뎡이 합ᄒᆞ여 일리가 되엿시니 본국 디방이 일쳔 삼ᄇᆡᆨ리오 북히의 하리도가 오ᄇᆡᆨ리오 남히의 ᄃᆡ만이 륙ᄇᆡᆨ리며 본쥬와 구쥬와 ᄉᆞ국을 합ᄒᆞ여 칠십 일쥬를 문ᄃᆞ랏고 하리도는 십현에 분ᄒᆞ고 ᄃᆡ만에는 총독부를 두엇시니 남북이 합 이쳔 ᄉᆞᄇᆡᆨ리오 인구는 합 ᄉᆞ쳔여 만명인ᄃᆡ 동경 인구만 일ᄇᆡᆨ 삼십륙만 팔쳔 칠십인이오 긔항쟝과 긔시쳐가 합 삼십 일쳐인ᄃᆡ 인구가 합 삼ᄇᆡᆨ만 구쳔 오십 일인이오 군ᄉᆞ는 십삼 ᄉᆞ단을 설립ᄒᆞ엿는ᄃᆡ 정병이 오십 여만이라 국지를 론컨ᄃᆡ 금년에 셰입이 이억 쳔 이ᄇᆡᆨ 십일만 ᄉᆞ쳔 ᄇᆡᆨ 십구원이오 셰츌이 이억 이쳔 구ᄇᆡᆨ ᄉᆞ십삼만 팔쳔 오ᄇᆡᆨ 팔십 칠원이니 셰입에 비교ᄒᆞ면 일쳔 칠ᄇᆡᆨ 삼십 이만 ᄉᆞ쳔 ᄉᆞᄇᆡᆨ 륙십 팔원이 부족ᄒᆞᆫ지라 그러나 법률을 실시ᄒᆞ야 본국에 잇는 관원들과 각국에 쥬찰ᄒᆞᆫ 공령ᄉᆞ의 월록과 경비를 지츌ᄒᆞ되 일호도 실신ᄒᆞᆷ이 업시여 쓸ᄃᆡ업는 관원을 ᄎᆞ합으로 졔수ᄒᆞᆷ도 업고 월급을 먹지 못ᄒᆞ며 공연이 당기는 관원도 보지 못ᄒᆞᆯ너라 ○ 학교에 졸업싱을 론컨ᄃᆡ 정치학과 법률학을 졸업ᄒᆞᆫ이가 팔ᄇᆡᆨ 이십 일인이오 의학을 졸업ᄒᆞᆫ이가 오ᄇᆡᆨ 륙십 삼인이오 졔조학을 졸업ᄒᆞᆫ이가 륙ᄇᆡᆨ 칠십 륙인이오 각국 문학과 본국 ᄉᆞ략에 졸업ᄒᆞᆫ이가 칠ᄇᆡᆨ ᄉᆞ십 ᄉᆞ인이오 리학 화학 격물학에 졸업ᄒᆞᆫ이가 일ᄇᆡᆨ 륙십오인이오 농리학에 졸업ᄒᆞᆫ이가 ᄉᆞᄇᆡᆨ 륙인이오 관립 학교의 학도 수효만 일만 오쳔 여명이라 일노좃차 보건ᄃᆡ 일본에 교육이 흥왕ᄒᆞᆫ거슬 알러이오 ᄯᅩᄒᆞᆫ ᄇᆡᆨ셩들이 여러가지 회샤를 조직ᄒᆞ야 샹업을 힘쓰는ᄃᆡ 그중에 우션 회샤가 뎨일큰지라 ᄉᆞ원들이 여러ᄇᆡᆨ만원식 취집ᄒᆞ여 날노 륜션을 문ᄃᆞ러 외국 물화를 교역ᄒᆞ며 만일 나라에 일이잇서 군ᄉᆞ를 동ᄒᆞᆯ진ᄃᆡ 그륜션들이 군량과 긔계를 슈운ᄒᆞ니 국즁에 미우 유죠ᄒᆞᆫ 일이오 민싱에 대단히 편리ᄒᆞᆫ지라 슬프다 우리 대한국에는 그러ᄒᆞᆫ 회샤가 어나ᄯᅢ에 잇시며 륜션을 문ᄃᆞ러 외국 물화를 무역ᄒᆞ야 샹무가 흥왕ᄒᆞᆯᄭᅩ 실노 탄식ᄒᆞᆯ 일이더라

례ᄇᆡ일공과

칠십칠 칠월 삼십일일

아담이죄짓일

창셰긔 삼쟝 일졀노 십오졀ᄭᅡ지
一 하ᄂᆞ님이 ᄆᆞᆫᄃᆞ셔 ᄯᅢ헤 ᄃᆞ니ᄂᆞᆫ 즘ᄉᆡᆼ즁에 ᄇᆡ암보
담 간교ᄒᆞᆫ거시 업ᄂᆞᆫ지라 ᄇᆡ암이 녀인의게 닐ᄋᆞᄃᆡ
동산에 잇ᄂᆞᆫ 일ᄇᆡᆨ 나무를 하님님이 엇지 너ᄃᆞ
려 먹지말나 말ᄉᆞᆷᄒᆞ셧ᄂᆞ뇨 二 녀인이 닐ᄋᆞᄃᆡ 동
산 나무실과를 우리가 다 먹게 ᄒᆞ시되 三 오직 동
산 가온ᄃᆡ ᄒᆞᆫ 나무가 잇ᄉᆞ니 하ᄂᆞ님이 명ᄒᆞ샤
ᄃᆡ 먹지말며 만지지도 말나 죽을가 두렵다 ᄒᆞ시
더라 四 ᄇᆡ암이 녀인ᄃᆞ려 ᄀᆞᆯᄋᆞᄃᆡ 너희가 반다시
죽지 아니리라 五 너희가 먹ᄂᆞᆫ날에 눈이 ᄇᆞᆰ어 ᄂᆞᇰ
히 션악을 분별ᄒᆞ야 하ᄂᆞ님과 ᄀᆞᆺᄒᆞᆯ줄 하ᄂᆞ님
이 ᄎᆞᆷ 아심이니라 六 녀인이 그 나무를 보니 먹으
면 입에 맛고 보면 눈에 즐거오며 능히 지혜를 더
ᄒᆞ야 사ᄅᆞᆷ으로 ᄒᆞ여곰 욕심이 나게 ᄒᆞᄂᆞᆫ고로 실
과를 ᄯᅡ셔먹고 ᄯᅩᄒᆞᆫ 남편의게 드려 남편이 ᄯᅩ 먹
으니 七 두 사ᄅᆞᆷ의 눈이 ᄇᆞᆰ어 ᄉᆞᄉᆞ로 몸이 버슴을
알고 드듸여 무화과 닙사귀를 엮거 치마를 만ᄃᆞ
다 八 날이 기울고 ᄇᆞ람이 서ᄂᆞᆯᄒᆞᆫ매 야화화 하ᄂᆞ
님이 동산에 놀으실ᄉᆡ 아담과 안ᄒᆡ가 그 소리를
듯고 몸을 나무 ᄉᆞ이에 숨기거ᄂᆞᆯ 九 야화화 하
ᄂᆞ님이 아담을 불너 닐ᄋᆞ샤ᄃᆡ 네가 어ᄃᆡ 잇ᄂᆞ냐
十 ᄀᆞᆯᄋᆞᄃᆡ 내가 쥬의 소리를 듯고 내몸이 버슨고
로 두려워 숨엇ᄂᆞ이다 十一 ᄀᆞᆯᄋᆞ샤ᄃᆡ 누가 너의 버
슴을 말ᄒᆞ더냐 내가 네게 명ᄒᆞ야 먹지말나 ᄒᆞᆫ 실
과를 네가 먹엇ᄂᆞ냐 十二 아담이 ᄀᆞᆯᄋᆞᄃᆡ 쥬ᄭᅴ셔
녀인을 내게 주샤 나와 ᄶᅡᆨ ᄒᆞ엿더니 그가 내
게 실과를 주기로 먹엇ᄂᆞ이다 十三 야화화 하ᄂᆞ
님이 녀인ᄃᆞ려 닐ᄋᆞ샤ᄃᆡ 네가 ᄒᆞ엿던일이 무어시
냐 녀인이 ᄀᆞᆯᄋᆞᄃᆡ ᄇᆡ암이 나를 유혹ᄒᆞ야 먹엇ᄂᆞ
이다 十四 야화화 하ᄂᆞ님이 ᄇᆡ암ᄃᆞ려 닐ᄋᆞ샤ᄃᆡ
네가 임의 이러케 ᄒᆞ엿시니 륙츅과 일ᄇᆡᆨ 즘ᄉᆡᆼ의
게 비교ᄒᆞ건ᄃᆡ 반다시 더욱 저앙을 보리니 너ᄂᆞᆫ
ᄇᆡ로 힝ᄒᆞᆯ거시오 셩젼 몬지를 먹으리라 十五 내가
ᄒᆞᆫ단 나ᄂᆞᆫ ᄆᆞ음으로 너와 녀인의 속에 두어 ᄌᆞ손
ᄭᆞ지 너ᄅᆞ러 더ᄂᆞᆫ 네 머리를 상ᄒᆞᆯ거시오 너ᄂᆞᆫ 그
의 발굼치를 상ᄒᆞ리라

주셕

아담이 지금은 교졔 ᄒᆞᄂᆞᆫ쟈 잇고 직분도 잇고 금
슈 초목 즁에셔 질거옴을 엇고 하ᄂᆞ님의게셔
복음을 만히 밧엇ᄂᆞᆫ지라 동산 안에 ᄒᆡ 줄거시 ᄒᆞ
나밧게 업셧시니 아담이 임의ᄃᆡ로 본리 잇ᄂᆞᆫ 질
거옴에 잇슬수도 잇고 혹 졔 임의ᄃᆡ로 하ᄂᆞ님
의게 역적될 수도 잇고 혹 다른쟈의 시험으로
하ᄂᆞ님의 쥬의를 일허 ᄇᆞ릴수도 잇고 금 ᄒᆞᄂᆞᆫ
거ᄉᆞᆯ 둘게 넉임으로 죄에 ᄲᅡ진수도 잇ᄂᆞᆫ지라
○ **일졀**에 ᄇᆡ암으로 이와를 ᄭᅬ일ᄯᅢ에 하ᄂᆞ님
의 금ᄒᆞᆷ을 모름이 아니라 이샹히 넉임으로 이와
를 의심나게 ᄒᆞ엿ᄂᆞᆫ지라 ᄎᆞᆷ ᄇᆡ암이 말ᄒᆞᆫ거시 아니
오 마귀가 ᄇᆡ암으로 증조 ᄒᆞᆷ이라 **삼졀**에 녀인

이 금홈과 법에 범ᄒᆞ면 형벌 밧을거슬 분명히 알앗ᄂᆞᆫ지라 실과를 만지지 말나ᄂᆞᆫ 뜻은 이 녀인이 하ᄂᆞ님의 명 ᄒᆞ신ᄃᆡ로 마귀의게 말ᄒᆞᆫ후에 무셔워 ᄒᆞ고 마귀를 막고져 ᄒᆞ여 이 말ᄉᆞᆷ을 ᄒᆞ엿다고 ᄒᆞ엿ᄂᆞ니라 그러 ᄒᆞ면셔도 마귀 압헤 기다려ᄂᆞᆫ지라 **ᄉᆞ졀**에 마귀가 녀인의 약홈을 보고 담대ᄒᆞᆫ 말노 아니 죽겟ᄯᅡ고 ᄒᆞ엿ᄂᆞ니라

오졀에 마귀의 말이 하ᄂᆞ님 법을 범ᄒᆞ면 하ᄂᆞ님과 ᄀᆞᆺ치 되겟다 ᄒᆞ엿시니 마귀가 이와를 하ᄂᆞ님과 결우ᄂᆞᆫ ᄆᆞᄋᆞᆷ 나게 ᄒᆞ여 ᄉᆞ랑ᄒᆞᄂᆞᆫ ᄆᆞᄋᆞᆷ을 반ᄃᆡ케 ᄒᆞ엿ᄂᆞᆫ지라 ᄯᅩ 그 녀인이 비암을 보매 다른 즘ᄉᆡᆼ과 ᄀᆞᆺ지 안코 유식ᄒᆞ고 지혜 잇스매 ᄉᆡᆼ각ᄒᆞᄃᆡ 혹 이 실과를 먹어 그러ᄒᆞᆫ가 ᄒᆞ고 ᄯᅩ 헤아리되 더 즘ᄉᆡᆼ은 본ᄅᆡ 나보다 아랫수로ᄃᆡ 나보다 승ᄒᆞ고 져러ᄒᆞ니 나ᄂᆞᆫ 먹으면 텬ᄉᆞ와 ᄀᆞᆺᄒᆞ리라 ᄒᆞ고 ᄯᅡ먹고 ᄯᅩ 남편의게 주엇ᄂᆞᆫ지라 누구던지 죄지으면 아담과 ᄀᆞᆺ치 하ᄂᆞ님 압헤 붓그럽고 감초랴고 ᄒᆞᄂᆞᆫ지라 하ᄂᆞ님이 그들을 지판ᄒᆞ실ᄯᅢ에 ᄌᆞ복 ᄒᆞᄂᆞᆫ말 업고 핀계 ᄒᆞ엿ᄂᆞᆫ지라

십오졀에 비암ᄃᆞ려 닐으기를 너의 ᄌᆞᄉᆞᆫ은 녀인의 발 뒤츅을 물니라 ᄒᆞ시고 녀인의게 닐ᄋᆞ기를 너와 ᄌᆞᄉᆞᆫ은 비암의 머리를 발브리라 ᄒᆞ신 말ᄉᆞᆷ은 예수로 세상인간 구속 ᄒᆞ리란 뜻이라

뭇ᄂᆞᆫ말

一 비암이 녀인ᄃᆞ려 무슨말을 ᄒᆞ엿ᄂᆞ뇨

二 녀인이 ᄃᆡ답을 엇더케 ᄒᆞ엿ᄂᆞ뇨

三 ᄯᅩ 이 대답은 하ᄂᆞ님 명대로 좃차 ᄒᆞ엿ᄂᆞ뇨

四 야화화 하ᄂᆞ님ᄭᅴ셔 ᄉᆡᆼ명 나무 실과를 먹으면 무슴 형벌을 ᄒᆞ겟다고 ᄒᆞ셧ᄂᆞ뇨

五 비암은 ᄉᆡᆼ명 나무 실과를 먹으면 무슴 형벌을 당 ᄒᆞ겟다 ᄒᆞ엿ᄂᆞ뇨

六 녀인이 ᄉᆡᆼ명 나무를 볼ᄯᅢ에 무슨 세가지 일을 보앗ᄂᆞ뇨

七 에덴에셔 아담 시험 밧은것과 들에셔 예수 시험 밧은거슬 비교ᄒᆞ야 말ᄉᆞᆷᄒᆞ오

八 녀인이 비암말을 듯고 ᄉᆡᆼ명 나무를 본후에 엇더케 ᄒᆞ엿ᄂᆞ뇨

九 ᄉᆡᆼ명 나무를 먹은후에 두 사ᄅᆞᆷ의 ᄆᆞᄋᆞᆷ이 엇더케 변ᄒᆞ엿ᄂᆞ뇨

十 야화화 하ᄂᆞ님ᄭᅴ셔 아담을 불너셔 엇더케 ᄒᆞ셧ᄂᆞ뇨

十一 야화화 하ᄂᆞ님ᄭᅴ셔 비암ᄃᆞ려 엇더케 말ᄉᆞᆷᄒᆞ셧ᄂᆞ뇨

비암이야기 일폭연속

그사ᄅᆞᆷ이 피ᄒᆞᆯ수도 업고 살수도 업서 우연이 말ᄒᆞ되나ᄂᆞᆫ 하ᄂᆞ님이 알으시ᄂᆞᆫ 사ᄅᆞᆷ이라 네가 만일 나를 해ᄒᆞ면 하ᄂᆞ님이 반다시 벌을 주샤 너를 곳 멸망케 ᄒᆞ시리라 ᄒᆞ니 그 비암이 말ᄒᆞ되 네가 하ᄂᆞ님께셔 도아 주시ᄂᆞᆫ 사ᄅᆞᆷ인지 아닌지 엇지알수가 잇ᄂᆞ뇨 고쇼셩 밧께 한산ᄉᆞ라 ᄒᆞᄂᆞᆫ 절이 잇고 그 절 가온ᄃᆡ 쇠북이 잇셔 ᄉᆡ벽마다 치ᄂᆞ니 만일 네가 그죵을 밤즁에 치게되면 내가 네말을 밋고 잡아 먹지 아니리라 ᄒᆞ더니 과연 밤즁씀 되야 한산ᄉᆞ 죵쇼ᄅᆡ 홀연이 ᄇᆡᆨ 가온ᄃᆡ 들니ᄂᆞᆫ지라 그 비암이 그 사ᄅᆞᆷ의 말을 밋고 원슈를 갑지 못 ᄒᆞ엿다 ᄒᆞ며 인도국 사ᄅᆞᆷ들은 비암을 대단히 존숭ᄒᆞ며 무서워 ᄒᆞ야 말ᄒᆞ되 이 셰샹이 당초에 비암의 권능으로 되엿고 비암의 힘으로 부지ᄒᆞᆫ다 ᄒᆞ여 디구의 그림을 그리되 디구 밋헤ᄂᆞᆫ 코키리가 잇고 코키리 밋헤ᄂᆞᆫ 자라가 잇서며 자라 밋헤ᄂᆞᆫ 비암이 잇다 ᄒᆞ엿시니 이거슨 다 어리셕은 ᄇᆡᆨ셩의 어두온 일이라 문명ᄒᆞᆫ 나라에 엇지 이러ᄒᆞᆫ 풍쇽이 잇시리오 인도국 ᄇᆡᆨ셩들이 졍셩으로 비암을 셤기되 ᄒᆡ마다 비암의게 쥭ᄂᆞᆫ쟈 수만여명식 되더니 지금은 영국에셔 인도를 관할ᄒᆞᆫ 후로 병뎡을 식여 비암을 잡으니 ᄒᆡ마다 비암이 수만 마리식 죽고 사ᄅᆞᆷ은 샹치 안ᄂᆞᆫ지라 일노좃차 보건ᄃᆡ 비암은 원조 아담을 유혹ᄒᆞ든 요물이오 사ᄅᆞᆷ의 원슈라 우리 형데들이 엇지 원슈를 무서워 ᄒᆞ며 죽이지 아니리오

ᄂᆡ보

쟝악원 소텽에셔 샹소ᄒᆞᆫ 일은 젼호에 긔ᄌᆡ ᄒᆞ엿거니와 일젼에

비답을 나리샤 ᄀᆞᆯᄋᆞ샤ᄃᆡ 베픈바가 비록 나라를 근심ᄒᆞ고 ᄇᆡᆨ셩을 ᄉᆞ랑 ᄒᆞᄂᆞᆫᄃᆡ 난듯ᄒᆞ나 죠졍의 일을 가히 위에 나셔 망녕되이 의론치 못 ᄒᆞ리라 ᄒᆞ옵셧다 ᄒᆞᄂᆞᆫᄃᆡ 또 드른즉 독립회 회원들이 의론 ᄒᆞ기를

비지 ᄉᆞ외가 우리 상소ᄒᆞᆫ 일을 윤허치 아니 ᄒᆞ시매 불가불 다시 쥬달 ᄒᆞ리라 ᄒᆞ야 곳 상소를 지여 밧쳣ᄂᆞᆫᄃᆡ

비답은 아직 나리시지 아니 ᄒᆞ엿다더라

○일젼에 엇더ᄒᆞᆫ 사ᄅᆞᆷ이 ᄆᆞᆯ을 ᄐᆞ고 죵로 대도샹으로 달녀 나가다가 어린 ᄋᆞᄒᆡ ᄒᆞ나이 ᄆᆞᆯ에 ᄇᆞᆲ혀 죽을 디경에 니르럿시매 슌검이 그 사ᄅᆞᆷ을 곳 경무텽으로 잡어갓다 ᄒᆞ니 그 ᄋᆞᄒᆡ의 ᄉᆡᆼᄉᆞ는 알수 업시나 대개 큰 길에셔 ᄆᆞᆯ을 ᄃᆞᆯ니ᄂᆞᆫ거시 크게 위ᄐᆡᄒᆞᆫ 일이라 경무텽에셔 엇지 금ᄒᆞ지 안ᄂᆞᆫ지

○일젼에 누가 ᄉᆡᆯ늬 ᄒᆞ랴고 왜지물을 사러 죵로로 나갓더니 지물ᄑᆞᆯ던 사ᄅᆞᆷ이 말ᄒᆞ되 조금 이후로ᄂᆞᆫ 왜지물을 ᄑᆞᆯ지 못ᄒᆞᆯ거시 ᄊᆞᆯ갑시 고등ᄒᆞ야 ᄉᆡᆼᄋᆡ 업ᄂᆞᆫ 사ᄅᆞᆷ들이 살수 업ᄂᆞᆫ고로 왜지물을 사다가 먹고 죽ᄂᆞᆫ이가 만히 잇슨즉 그런말을 듯고야 돈도 됴커니와 엇지 그 지물을 매매 ᄒᆞ리오 ᄒᆞ엿다더라

○이번 옥ᄉᆞᄂᆞᆫ 젼호에 임의 긔ᄌᆡ ᄒᆞ엿거니와

젼 대신 안경슈씨는 인ᄒᆞ여 잡히지 아니ᄒᆞ고 기외 잡힌이가 합 십일인인ᄃᆡ 옥ᄉᆞ가 대단히 비밀ᄒᆞ야 지판ᄒᆞᄂᆞᆫ ᄉᆞ실을 ᄆᆡ우 쳐탐 ᄒᆞ기가 어렵다더라

○새문밧 큰 초리 우물골 사ᄂᆞᆫ 셔셔 경무관 니죵하씨의 칠파 슉궁 박셩진의 집에셔 쇼년비 이십 여인이 밤 낫 모혀 잡기ᄒᆞ고 노리ᄒᆞᄂᆞᆫ 셔ᄃᆞᆰ에 그 니웃 사ᄅᆞᆷ들이 밤에 잠잘수도 업실ᄲᅮᆫ 아니라 소요ᄒᆞ야 견ᄃᆡ기 어렵다 ᄒᆞᄂᆞᆫᄃᆡ 사ᄅᆞᆷ들 말이 경무관의 직칙이 이런일을 금 ᄒᆞᄂᆞᆫ 거시여ᄂᆞᆯ 도로혀 ᄌᆞ긔의 집에셔 이ᄀᆞᆺ치 불미ᄒᆞᆫ 일을 힝케ᄒᆞ니 기화셰계에 경무 직칙은 근본 이러 ᄒᆞ나고 ᄒᆞᆫ다더라

○도라간 일요일에 독립협회 회원들이 명동 쟝악원에 통샹회를 열고 여러 회원들이 의론 ᄒᆞ되 의정부 ᄎᆞ졍 됴병식씨가 젼에 츙쳥 감ᄉᆞ와 함경감ᄉᆞ로 잇실ᄯᅢ에 불미ᄒᆞᆫ 일을 만히 힝ᄒᆞᆫ고로 빅셩이 살수가 업게된거ᄉᆞᆫ 일국이 다 아ᄂᆞᆫ바여ᄂᆞᆯ 됴씨가 다시 참졍을 ᄒᆞ엿시니 국니에 ᄯᅩ 무ᄉᆞᆷ 해가 잇슬넌지 알수 업신즉 우리가 엇지 모로ᄂᆞᆫ쳬 ᄒᆞ리오 ᄒᆞ고 곳 긱초위원 삼명과 총ᄃᆡ위원 삼명을 션뎡ᄒᆞ야 됴대신의게 ᄉᆞ직 ᄒᆞ라고 편지 ᄒᆞ엿다더라

외보

비지학당 젼일 학도 ᄒᆞᆫ 사ᄅᆞᆷ이 ᄉᆞ월젼에 일본 동경을 가셔 근일에 우리 교우의게 편지 ᄒᆞ엿ᄂᆞᆫᄃᆡ 대한 학도 한의동과 원지찬 량씨ᄂᆞᆫ 졔조 학교에셔 가쥭 다르ᄂᆞᆫ 법을 공부ᄒᆞ야 이등에 올낫다 ᄒᆞᆫ녀시며 동경에 잇ᄂᆞᆫ 대한 사ᄅᆞᆷ이 빅여명이오 산음도 셕탄광에 일ᄒᆞᄂᆞᆫ 대한 사ᄅᆞᆷ이 일빅 팔십 여명인ᄃᆡ 일본 사ᄅᆞᆷ의게 군쵹을 만히 밧ᄂᆞᆫ고로 그즁 ᄒᆞᆫ 사ᄅᆞᆷ이 도망ᄒᆞ야 동경에 쥬찰ᄒᆞᆫ 대한 공ᄉᆞ관에 와셔 호원ᄒᆞ매 공ᄉᆞ 니하영씨가 일본 외부에 담판ᄒᆞ라 ᄒᆞᆫ다더라

미일신문광고

협셩회 회보를 지금은 날마다 출판ᄒᆞ고 일홈(은) ᄆᆡ일신문 이요 파ᄂᆞᆫ 쳐소ᄂᆞᆫ 남대문안 젼 쓰젼도가 인ᄃᆡ ᄒᆞᆫ쟝 갑슨 엽 너픈이요 일삭 됴ᄂᆞᆫ 엽 닐곱돈 인ᄃᆡ 니외보와 여러가지 유죠ᄒᆞᆫ 말이 만히 잇ᄉᆞ오니 졔군ᄌᆞᄂᆞᆫ 만히 사셔 보사오

본회고빅

본회에셔 이 회보를 젼년과 ᄀᆞᆺ치 일쥬일에 ᄒᆞᆫ번식 발간 ᄒᆞᄂᆞᆫᄃᆡ 새로 륙폭으로 작뎡ᄒᆞ고 ᄒᆞᆫ쟝 갑슨 엽젼 오푼이오 ᄒᆞᆫ돌갑슬 미리내면 젼과 ᄀᆞᆺ치 엽젼 ᄒᆞᆫ돈 오푼이라 본국 교우나 셔국 목ᄉᆞ나 교외 친구나 만일 사셔 보고져 ᄒᆞ거든 졍동 아편셜라 목ᄉᆞ 집이나 종로 대동셔시에 가셔 사시요

종로대동셔시광고

우리 셔샤에셔 셩경 신구약과 찬미칙과 교회에 유익ᄒᆞᆫ 여러지가 셔칙과 시무에 긴요ᄒᆞᆫ 칙들을 팔되 갑시 샹당 ᄒᆞ오니 학문상과 사무변에 ᄯᅳᆺ이 잇ᄂᆞᆫ 군ᄌᆞ들은 만히 사셔 보시요

뎨이권 대한크리스도인회보 뎨삼십호
(팔십칠합) 광무이년 칠월이십칠일

세례와 입교

양력 칠월 십칠일 쥬일 아춤에 교우 최병헌씨가 남문안 달셩회당에 가셔 젼도 ᄒᆞ엿ᄂᆞᆫᄃᆡ 모힌 사ᄅᆞᆷ이 ᄆᆡ우 만코 형뎨와 ᄌᆞᄆᆡ들이 다 열심으로 젼도 ᄒᆞᄂᆞᆫ 말ᄉᆞᆷ을 깃부게 듯ᄂᆞᆫ지라 형뎨 리은승씨가 긔도 ᄒᆞ기를 맛친후에 목ᄉᆞ 시크란돈씨가 형뎨와 ᄌᆞᄆᆡ 즁에셔 입교ᄒᆞᆯ이와 세례 밧을이를 일일히 호명ᄒᆞ여 압회 세우고 ᄎᆞ례로 례졀을 힝 ᄒᆞ엿ᄂᆞᆫᄃᆡ 이 날에 남녀를 병ᄒᆞ여 보건ᄃᆡ 입교ᄒᆞᆫ이가 이십 ᄉᆞ인이오 셰례 밧은이가 구인이라 ᄒᆞ더라

일년년환회

쟝로ᄉᆞ 시크란돈 씨가 요ᄉᆞ이 크란스돈 감독ᄭᅴ셔 ᄒᆞ신 뎐보를 밧엇ᄂᆞᆫᄃᆡ 그 뎐보에 말ᄉᆞᆷᄒᆞ시기를 대한 미이미 교회에 금년 년환회ᄂᆞᆫ 팔월 이십오일브터 시작 ᄒᆞ겟다 ᄒᆞ셧시니 곳 음력 칠월 초구일이라 감독ᄭᅴ셔 지금 일본에 계셔 년환회를 맛치신 후에 쟝ᄎᆞᆺ 대한으로 나아오실터이나 그러케들 아시오

○ 금년 년환회ᄂᆞᆫ 졍동 새 회당에서 ᄒᆞᆯ 쥬일 동안을 날마다 ᄒᆞᆫ번식 모힐터이니 경향간 교우즁에 본토 젼도인이나 권ᄉᆞ나 다 참예ᄒᆞ야 젼도ᄒᆞᆫ 말ᄉᆞᆷ도 드르려니와 여러 교우가 각기 밋ᄂᆞᆫ ᄆᆞᄋᆞᆷ을 단단이 예비ᄒᆞ야 밧긔 사ᄅᆞᆷ이 우리 교회를 비방ᄒᆞᄂᆞᆫ이와 우리도를 알지 못ᄒᆞᄂᆞᆫ이를 위ᄒᆞ야 미리 하ᄂᆞ님ᄭᅴ 긔도를 만히들 ᄒᆞ시오

찬미가를 틱뎡ᄒᆞᆫ일

각쳐 교우의게 각기 됴하 ᄒᆞᄂᆞᆫ 찬미가 열챵식을 틱뎡ᄒᆞ야 보닋시란 말ᄉᆞᆷ은 그젼 **회보**에 임의 긔지 ᄒᆞ엿거니와 기간에 졍동 교우들이 젹어 왓ᄂᆞᆫᄃᆡ 합ᄉᆞ십 삼인이라 졍동 교우들도 다 보닌거슨 아니나 우리가 위션 ᄉᆞ십 삼인이 됴하ᄒᆞᄂᆞᆫ 찬미를 샹고ᄒᆞ여 본즉 그즁에 각기 ᄀᆞᆺ지 아니ᄒᆞᆫ거시 칠십 륙쟝인ᄃᆡ 십칠인의 ᄀᆞᆺ치 됴하ᄒᆞᄂᆞᆫ 찬미ᄂᆞᆫ 뎨륙십 륙십일 칠십오 칠십팔 팔십이오 십륙인의 됴하 ᄒᆞᄂᆞᆫ바ᄂᆞᆫ 뎨 ᄉᆞ십칠이오 십ᄉᆞ인의 됴하 ᄒᆞᄂᆞᆫ바ᄂᆞᆫ 뎨 이십구오 십삼인의 됴하 ᄒᆞᄂᆞᆫ바ᄂᆞᆫ 뎨십팔 삼십이 ᄉᆞ십팔 오십ᄉᆞ요 십이인의 됴하ᄒᆞᄂᆞᆫ바ᄂᆞᆫ 뎨 이십이 ᄉᆞ십ᄉᆞ ᄉᆞ십오요 십일인의 됴하ᄒᆞᄂᆞᆫ바ᄂᆞᆫ 뎨 삼십구 칠십 오십칠이요 십인의 됴하ᄒᆞᄂᆞᆫ바ᄂᆞᆫ 뎨 칠십구라 타쳐의 잇ᄂᆞᆫ 교우들은 아죡 젹어 오지 아니 ᄒᆞ엿시니 기다려 다시 샹고ᄒᆞ겟노라

대한크리스도인 회보 二 일빅칠십ᄉᆞ

대한크리스도인회보

THE KOREAN CHRISTIAN ADVOCATE.
Rev. H. G. Appenzeller, Editor.
36 cents per annum
in advance. Postage extra.
Wednesday, [Ju]ly 27th, 1898.

서울 정동셔 일쥬일에 ᄒᆞᆫ번식 발간 ᄒᆞᄂᆞᆫ디 아편셜라 목ᄉᆞ가 회보 샤장이 되엿더라

일년 갑슬 미리 ᄂᆡ면 삼십 륙젼이오 우표갑슨 ᄯᅡ로 잇ᄂᆞ니라

일본에 열람ᄒᆞᆫ일 (속젼호)

오월 십이일 샹오 십뎜죵에 다시 비후환을 ᄐᆞ고 대한으로 도라올ᄉᆡ 잇흔날 샹오 십일뎜에 마관에 니르니 일본 륜션이 뎌왕 ᄒᆞ다가 서로 부듯쳐 ᄒᆞᆫ 쳑이 ᄭᆡ여야진고로 물 가온디 ᄲᅡ지나 사ᄅᆞᆷ은 다 구원 ᄒᆞ엿시나 물건은 만히 닐헛다 ᄒᆞᄂᆞᆫ지라 ᄯᅩ 그 곳에셔 ᄯᅥ나 그날 밤에 현ᄒᆡ를 지날ᄉᆡ 풍랑이 대단ᄒᆞᆷ으로 ᄌᆞᆷ잘수도 업고 아ᄎᆞᆷ밥을 먹을수 업더라 십ᄉᆞ일 샹오 아홉시에 쟝긔에 니르니 비쥬인이 일용ᄒᆞᆯ 물건을 사ᄂᆞᆫ고로 닐곱시 동안을 지쳬ᄒᆞᄂᆞᆫ디 셕탄이 십여동이오 ᄆᆞᆰ은물이 수빅동이며 고기와 싱션과 계란과 유ᄌᆞ와 미감과 ᄲᅢ나나와 ᄲᅢ야와 셤밀과 곡고나와 각식치쇼의 물건을 만히 사ᄂᆞᆫ지라 십오일 샹오에 뎨마도를 지나 하오 ᄉᆞ뎜죵에 부산항에 도박ᄒᆞ니 히관 슈교가 나아와 ᄒᆞᆷ나의 가진 집죠를 달나ᄒᆞ여 외부로 보고ᄒᆞ다 ᄒᆞ더라 잇흔날 비쥬인이 교여준 물건이 만ᄒᆞᆷ으로 ᄒᆞ로를 지쳬ᄒᆞ여 뎨물포로 온다 ᄒᆞᄂᆞᆫ디 나의 친구 리종직씨가 맛참 동리 부윤으로 부산항 감리ᄉᆞ를 겸ᄒᆞ여 항구에 잇다 ᄒᆞ기로 리씨도 보고 항구 물졍을 구경코져 ᄒᆞ여 젹은비를 ᄐᆞ고 륙디에 나려 감리영을 차자갈ᄉᆡ 대한 빅셩의 사ᄂᆞᆫ모양을 보니 일본 물졍과 대단이 ᄀᆞᆺ지 못ᄒᆞ여 사ᄅᆞᆷ으로 ᄌᆞ연히 눈물이 나게 ᄒᆞᄂᆞᆫ지라 ᄯᅢ혜붓흔 초가집은 동으로 업더지며 셔으로 잡바지고 더러운 기천가에 슈샹을 버려노코 막걸니를 먹으면셔 담쇼가 ᄌᆞ약ᄒᆞ니 문명ᄒᆞᆫ 이 셰상에 엇지 가련ᄒᆞᆫ 인싱이 아니리오 리씨가 ᄯᅩᄒᆞᆫ 황셩으로 온다 ᄒᆞ기로 져녁에 맛나기를 샹약ᄒᆞ고 회로에 영현학당을 차자가니 이학교ᄂᆞᆫ 쟝로교회에셔 셜립ᄒᆞ야 ᄋᆞ희들을 교육ᄒᆞᄂᆞᆫ 곳시라 션싱 셔두엽씨ᄂᆞᆫ 구세쥬를 독신ᄒᆞᄂᆞᆫ 형뎨라 반가이 맛나 깃브게 인ᄉᆞᄒᆞ고 슈작ᄒᆞᆯ 즈음에 몸이 곤로ᄒᆞ야 잠깐 조으더니 엇더ᄒᆞᆫ 쇼년이 삼쳑 쟝검을 손에들고 란간을치며 ᄒᆞᆫ곡됴 노래를 챵ᄒᆞ거ᄂᆞᆯ 내가 ᄌᆞ세히 드른즉 삼쳔리 대한국에 삼쳔오 됴타마ᄂᆞᆫ 구습에 물이들어 기화가 창망ᄒᆞ다 츙신과 의ᄉᆞ들은 어ᄃᆡ로 도망ᄒᆞ고 탐관과 오리들은 쥬셕에 혼망ᄒᆞ며 쳥쵹ᄒᆞᄂᆞᆫ 잡류들은 샹하로 분망ᄒᆞ고 도탄의 빅셩들은 ᄉᆞ방으로 산망ᄒᆞ네 란간치ᄂᆞᆫ 쇼래에 홀연이 ᄭᆡ다르니 쇼년은 간ᄃᆡ 업고 피곤ᄒᆞᆫ 나의몸이 의구히 학당에 누엇ᄂᆞᆫ지라 총총히 셔션싱을 작별ᄒᆞ고 륜션에 나아오니 잇ᄯᅢ에 대구셔 젼도ᄒᆞᄂᆞᆫ 텬쥬교신부 김보록파 동리셔 젼도ᄒᆞᄂᆞᆫ 신부 셔보록파 대한 사ᄅᆞᆷ으로 신부된 강씨와 리종직 감리가 다 비에 모힌지라 ᄌᆡ물포로 온니라

례ᄇᆡ일공과 칠십팔 팔월 칠일

아담과의와에덴에셔내여ᄶᅩᆺ긴일

창셰긔 삼장 십륙졀노 이십ᄉᆞ졀ᄭᆞ지

十六 녀인ᄃᆞ려 닐ᄋᆞ샤ᄃᆡ 내가 너로 ᄒᆞ여곰 ᄌᆞ식비ᄂᆞᆫ
슈고와 산육에 어려옴을 만히 잇게ᄒᆞ고 네가 남편
와게 마여 남편이 너의벼리가 되리라 ᄒᆞ시고 十七 아
담ᄃᆞ려 닐ᄋᆞ샤ᄃᆡ 임의 녀인의 말을듯고 나의 금
ᄒᆞᆫ 나무를 먹엇시니 그런고로 ᄯᅡᆼ이 너를 인ᄒᆞ야
져쥬ᄒᆞᆷ을 맛날거시요 너ᄂᆞᆫ 일ᄉᆡᆼ의써 ᄯᅡᆼ에셔 나ᄂᆞᆫ
거ᄉᆞᆯ 먹을거시요 十八 ᄯᅡᆼ에 쟝ᄎᆞᆺ 가시나무와 엉겅
퀴가 만히 날거시요 너의 먹을거ᄉᆞᆫ 밧헤 나물이
라 十九 반ᄃᆞ시 ᄯᆞᆷ이흘너 얼골에 져져야 호구를 ᄒᆞ
되 ᄯᅡᆼ으로 도라 갈ᄯᅢᄭᆞ지 ᄒᆞ리라 대개 네몸은 ᄯᅡᆼ
에셔 낫시니 네가 몬지니 ᄯᅩᄒᆞᆫ 몬지로 도라 가리
라 네몸은 흙이라 죽은즉 근본으로 도라 가리라
二十 아담이 제 안히를 일홈ᄒᆞ야 ᄀᆞᆯᄋᆞᄃᆡ 의와라ᄒᆞ
니 ᄭᅩᆺ사ᄅᆞᆷ의 어머니가 됨이라 二十一 야화화 하ᄂᆞ
님이 아담과 그의 안히를 위ᄒᆞ야 가족옷슬 지여
닙히샤다 ○ 二十二 야화화 하ᄂᆞ님이 ᄀᆞᆯᄋᆞ샤ᄃᆡ 사ᄅᆞᆷ이
능히 션악을 분별ᄒᆞ면 우리와 ᄀᆞᆺᄒᆞᆯ지니 그 손을
들어 ᄉᆡᆼ명 나무를 ᄭᅥᆨ그며 실과를 먹어 영ᄉᆡᆼᄒᆞᆯ가
두려워 ᄒᆞ노니 二十三 이럼으로 야화화ᄭᅴ셔 그 사ᄅᆞᆷ을
에덴 동산에셔 내여 보내여 나온 ᄯᅡᆼ에셔 섬으게
ᄒᆞ니라 二十四 이에 에덴동산 동편으로 내여 ᄶᅩᆺ치시
고 긔로빔과 불ᄭᅩᆺ칼을 두샤 지휘ᄒᆞ기를 뎡쳐업시
ᄒᆞ샤 ᄉᆡᆼ명 나무의 길을 막으샤다

주셕

믓ᄂᆞᆫ말

一 야화화 하ᄂᆞ님ᄭᅴ셔 네인ᄃᆞ려 무슨 두가지 앙화가 잇다고 ᄒᆞ셧ᄂᆞ뇨

二 아담ᄃᆞ려 무슨 네가지 앙화가 잇겟다고 ᄒᆞ셧ᄂᆞ뇨

三 엇더케 호구를 ᄒᆞ리라고 ᄒᆞ셧ᄂᆞ뇨

四 아담이 제 안해를 엇지 이와라 닐ᄏᆞᆺᄂᆞ뇨

五 야화화 하ᄂᆞ님ᄭᅴ셔 이 두 사ᄅᆞᆷ의게 무어슬 ᄆᆞᆫᄃᆞ러 주셧ᄂᆞ뇨

六 야화화 하ᄂᆞ님ᄭᅴ셔 왜 이와와 아담을 에덴동산에셔 내여 ᄶᅩᆺ처셧ᄂᆞ뇨

七 아담이 에덴에셔 무어슬 ᄒᆞ려 나왓ᄂᆞ뇨

八 하ᄂᆞ님ᄭᅴ셔 무어슬 동편에 두셧ᄂᆞ뇨

九 아담이 죄 지은일을 처음브터 ᄆᆞᆺ치지 ᄎᆞ례로 말ᄉᆞᆷᄒᆞ오

論說

녀학교론

대뎌 하ᄂᆞ님의 도는 공평 ᄒᆞ시며 인ᄋᆡᄒᆞ샤 시죵이여일ᄒᆞᆫ고로 음양을 내실때에 ᄒᆡ와 ᄃᆞᆯ이 쥬야를 맛ᄒᆞ시며 칩고 더운거시 ᄉᆞ시를 논호와 쳔만년을 지내여도 변혁홈이 업는지라 금슈와 곤츙들도 반다시 ᄌᆞ웅이 잇서 서로 의지ᄒᆞ거늘 허물며 사ᄅᆞᆷ의 귀홈이리오 그런고로 태초에 하ᄂᆞ님ᄭᅴ셔 일남과 일녀를 내셧시니 아담과 이와라 그의 사ᄅᆞᆷ됨이 셩후에 분간은 잇거니와 령혼과 육신은 ᄯᅩᆨᄀᆞᆺᄒᆞᆫ 사ᄅᆞᆷ이오 운동과 지각도 다 ᄀᆞᆺᄒᆞᆫ 권리라 독양이 능히 만물을 기ᄅᆞ지 못ᄒᆞ며 독음이 능히 ᄌᆞ손을 낫치 못ᄒᆞᄂᆞ니 반다시 음양을 비합ᄒᆞᆫ후에 집안이 화평ᄒᆞ고 집이 화ᄒᆞᆫ후에 일만일을 일우는지라 학문을 ᄀᆞᄅᆞ쳐 힝실이 현슉ᄒᆞᆫ 부녀는 남ᄌᆞ보다 나흔이가 만코 학문이 무식ᄒᆞ여 ᄆᆞ옴이 완악ᄒᆞᆫ 샤나희는 녀ᄌᆞ만 못ᄒᆞᆫ이가 만흐니 남녀를 물론ᄒᆞ고 인지를 교육ᄒᆞ는ᄃᆡ 잇심이라 녯적에 부녀들은 ᄋᆞ회를 잉티ᄒᆞ매 고 ᄋᆞ희가 ᄐᆡ에 잇실ᄯᅢ브터 ᄀᆞᄅᆞ치되 자리가 바르지 아니면 안자 아니ᄒᆞ고 눈으로 간샤ᄒᆞᆫ 빗(色) 보지 아니ᄒᆞ며 귀로 음란ᄒᆞᆫ 소래를 듯지 아니ᄒᆞᄂᆞ니 그 ᄋᆞ회가 나매 지됴가 춍명ᄒᆞ고 모양이 쥰슈ᄒᆞ여 어려서브터 부모의 교훈을 밧으며 ᄌᆞ라서 스승의 ᄀᆞᄅᆞ침을 좃챠 학문이 넉넉ᄒᆞᆫ 션비가 되는지라 그럼으로 녯적에 강원은 후직을 나흣시며 태임은 문왕 ᄀᆞᆺ훈 셩인을 나코 태ᄉᆞ는 문왕의 후비로 덕힝이 가특ᄒᆞ여 만고에 유명ᄒᆞ고 한나라 반쇼는 문장과 지식이 잇는고로 ᄉᆞ긔를 지엿시며 채문회와 밍덕회라 ᄒᆞ는 부인은 렬녀의 힝실이 쳔츄에 류젼 ᄒᆞ고 왕릉의 어마니와 셔셔의 모친은 죽기로 써 절개를 직히여 아ᄃᆞᆯ노 ᄒᆞ여곰 붉은 님군을 셤기게 ᄒᆞ엿시며 신라때에 빅운의 부인 제후와 가실의 안히 셜씨는 세상에 부귀를 구름ᄀᆞᆺ치 보고 ᄉᆞ싱에 언약을 금셕ᄀᆞᆺ치 직히여 아람다온 일홈을 지금ᄭᆞ지 칭숑ᄒᆞ니 녯적 부인의 덕힝과 학식과 절개는 엇지 그리 고명ᄒᆞ며 지금 녀ᄌᆞ의 문견은 엇지 그리 고루ᄒᆞ고 남ᄌᆞ의 쳔티도 만히 밧으며 비루ᄒᆞᆫ 힝실도 만히 잇ᄂᆞ뇨 녯적에 녀인들은 안으로 보모와 부모가 (보호ᄒᆞ며 ᄀᆞᄅᆞ치는 녀교ᄉᆞ) 잇서 례졀과 힝실과 학식을 ᄀᆞᄅᆞ치며 렬녀젼과 니칙편과 효경이란 칙을 공부ᄒᆞ여 지식과 도학의 리치ᄅᆞᆯ ᄆᆞ옴을 닥고 지됴ᄅᆞᆯ 비홈이오 지금에 녀ᄌᆞ들은 그러치 아니ᄒᆞ여 우흐로 공경 대부의 관인들과 아래로 션비와 셔민의 집ᄭᆞ지 니ᄅᆞ러 ᄯᆞᆯ을 나케되면 당초에 학문을 ᄀᆞᄅᆞ칠 ᄉᆡᆼ각도 업고 침션과 음식ᄒᆞ는 법이나 대강 ᄀᆞᄅᆞ치며 ᄉᆡᆼ이에 간구ᄒᆞᆫ 빅셩들은 국문ᄭᆞ지도 ᄀᆞᄅᆞ치지 못ᄒᆞᆫ 녀ᄌᆞ가 만히 잇서 녀인으로 ᄒᆞ여곰 무식ᄒᆞ고 미련ᄒᆞ게 ᄒᆞᆷ이러 엇지 한심ᄒᆞᆫ 일이 아니리오 ᄉᆡᆼ각ᄒᆞ여 볼지어다 (미완)

닉보

철월 십구일 밤에 독립협회 회장 윤치호씨가 쇼명을 밧자와 예궐ᄒᆞ야 쥬달ᄒᆞᆫ 말ᄉᆞᆷ을 대강 긔저 ᄒᆞ노라

대황뎨 폐하ᄭᅴ셔 하슌 ᄒᆞ샤ᄃᆡ 협회일을 셧지ᄒᆞᆷ이 젹당 ᄒᆞ겟ᄂᆞ냐 ᄒᆞ신즉 윤치호씨가 품달ᄒᆞ되 독립협회ᄂᆞᆫ 본리 폐하ᄭᅴ옵셔 신민의 지식을 넓히고져 ᄒᆞ샤 보조금을 나려 셜립ᄒᆞ시고 황태ᄌᆞ 뎐하ᄭᅴ셔 현판을 써셔 나리셧ᄉᆞ니 만일 협회가 근본 목젹을 니져 바리고 셩의에 미합ᄒᆞᆫ 일이 잇ᄉᆞ오면 칙령으로 파 ᄒᆞ실거시요 그러치 아니ᄒᆞ야 그 익군익국 ᄒᆞᄂᆞᆫ ᄆᆞᄋᆞᆷ이 가상이라 ᄒᆞ샤 파ᄒᆞ시자 아니ᄒᆞ실터이면 졍부를 명ᄒᆞ샤 민ᄉᆞ를 셩샹ᄭᅴ셔 이민ᄒᆞ시ᄂᆞᆫ 본의를 어긔지 말게 ᄒᆞ시면 협회 회원들이 다시ᄂᆞᆫ 호원ᄒᆞᆯ일이 업슬 터이오며 우호로ᄂᆞᆫ 죠졍의 졍형이 인민의게 밋지 못ᄒᆞ고 아러로ᄂᆞᆫ 인민의 ᄉᆞ졍이 졍부에 달치못ᄒᆞ와 샹하가 격졀ᄒᆞᆫ즉 의심이 피ᄎᆞ에 나셔 오ᄂᆞᆯ날 반ᄃᆡᄒᆞᄂᆞᆫ 디경에 니르럿ᄉᆞ오니 신이 졀통이 녁이ᄂᆞᆫ바오며 도금ᄒᆞ야ᄂᆞᆫ 텬하 각국이 교졔가 친밀ᄒᆞ오니 졍부에셔 이 시셰를 ᄯᅡ러 빅셩을 인도ᄒᆞ오며 법률을 시힝ᄒᆞ여야 관민이 서로 편ᄒᆞ게ᄉᆞᆸᄂᆞ이다 ᄒᆞᆫ즉 황뎨 폐하ᄭᅴ셔 올케 녁이시고 ᄒᆞ교 ᄒᆞ샤ᄃᆡ 협회의 말이 업더ᄅᆡ도 졍부일이 잘되여야 ᄒᆞᆯ지라 졍부에 신칙ᄒᆞ야 일들을 잘 ᄒᆞ라ᄒᆞᆫ다 ᄒᆞ시고 아모조록 협회 회원들이 옹용 쥬션ᄒᆞ야 망픽로온 일이 업셔 타국으로 ᄒᆞ여곰 엿보ᄂᆞᆫ ᄆᆞᄋᆞᆷ이 업게 ᄒᆞ락 ᄒᆞ옵셧다더라

미일신문광고

협셩회 회보를 지금은 날마다 츌판ᄒᆞ고 일홈(은) 미일신문 이요 파ᄂᆞᆫ 쳐소ᄂᆞᆫ 남대문안 젼 ᄊᆞ젼도가 인ᄃᆡ ᄒᆞᆫ장 갑슨 엽 너푼이요 일삭됴ᄂᆞᆫ 엽 닐곱돈 인ᄃᆡ 닉외보와 여러가지 유죠ᄒᆞᆫ 말이 만히 잇ᄉᆞ오니 졔군ᄌᆞᄂᆞᆫ 만히 사셔 보사오

본회고ᄇᆡᆨ

본회에셔 이 회보를 젼년과 ᄀᆞᆺ치 일쥬일에 ᄒᆞᆫ번식 발간 ᄒᆞᄂᆞᆫᄃᆡ 새로 륙폭으로 작뎡ᄒᆞ고 ᄒᆞᆫ장 갑슨 엽젼 오푼이오 ᄒᆞᆫ달갑슬 미리내면 젼과 ᄀᆞᆺ치 엽젼 ᄒᆞᆫ돈 오푼이라 본국 교우나 셔국 목ᄉᆞ나 교외 친구나 만일 사셔 보고져 ᄒᆞ거든 졍동 아편셜라 목ᄉᆞ 집이나 죵로 대동셔시에 가셔 사시옵

죵로대동셔시광고

우리 셔샤에셔 셩경 신구약과 찬미칙과 교회에 유익ᄒᆞᆫ 여러지가 셔칙과 시무에 긴요ᄒᆞᆫ 칙들을 팔되 갑시 샹당 ᄒᆞ오니 학문샹과 사무변에 ᄯᅳᆺ이 잇ᄂᆞᆫ 군ᄌᆞ들은 만히 사셔 보시옵

대영국 셩셔 공회 광고

시로 간츌 ᄒᆞᆫ거슨 로마 가라태 골노시 야고보 베드로 젼후셔 틔모데 젼후셔니 사셔 보실이ᄂᆞᆫ 회샤 쥬인 젼묘 션싱ᄭᅴ로 오시옵

뎨이권

대한회보

뎨삼십일호

광무이년 (합칠십구) 팔월삼일

교우의상ᄇᆡᄒᆞᆫ일

평양부 이영동 교즁 청년회게셔 젼동 학당 청년회즁에 편지를 붓첫ᄂᆞᆫᄃᆡ ᄒᆞ엿시되 청년회쟝 오셕형씨ᄂᆞᆫ 오년젼 브터 구세쥬를 독신ᄒᆞ고 그부인 김씨ᄂᆞᆫ 수년젼 브터 교회에 드러와 근실ᄒᆞᆫ ᄌᆞ민가 되엿더니 우연이 병이 드러 양력 칠월 칠일에 하ᄂᆞ님ᄭᅴ셔 그의 령혼을 ᄃᆞ려가셧다 ᄒᆞᆫ지라 이십칠일은 례ᄇᆡ후 삼일인ᄃᆡ 형뎨와 ᄌᆞ민들이 회당에 모히여 례ᄇᆡᄒᆞᆫ 후에 특별히 오셕형씨를 위ᄒᆞ여 안위ᄒᆞᆫ ᄆᆞᄋᆞᆷ과 무궁ᄒᆞᆫ 은혜 주시기를 하ᄂᆞ님ᄭᅴ 긔도ᄒᆞ고 찬미가 뎨 칠십팔을 일제히 노래ᄒᆞ야 김씨 부인의 령혼이 됴흔곳으로 간거슬 명명히 밋더라

교회의리력

근본 하ᄂᆞ님의 도ᄂᆞᆫ 시죵이 업ᄉᆞ시니 어나때 브터 시작 ᄒᆞ엿다 말ᄒᆞᆯ수 업시되 우리 쥬 예수 그리스도ᄭᅴ셔 일쳔 팔빅 구십팔년젼 십이월 이십오일에 유태국 빅리홍에셔 강싱 ᄒᆞ셧시니 동양 세계에ᄂᆞᆫ 한나라 평뎨 원시 원년이오 신라국 시조 혁거세 오십 팔년이라 작년에 미국 박학ᄉᆞ ᄒᆞ나이 말ᄉᆞᆷᄒᆞ되 구세쥬ᄭᅴ셔 미쳔ᄒᆞᆫ 곳에셔 나신고로 셩젼을 ᄌᆞ세히 아지 못ᄒᆞ여 그때에 ᄉᆞ긔를 긔록 ᄒᆞᄂᆞᆫ쟈ㅣ 그릇 삼년을 ᄂᆞᆯ흔지라 실샹은 강싱ᄒᆞ신 년됴가 일쳔 팔빅 구십 칠년이 아니라 일쳔 구빅년이라 ᄒᆞ엿ᄉᆞ니 과연 그러ᄒᆞᆯ진ᄃᆡ 한나라 ᄋᆡ뎨 근평 ᄉᆞ년이오 신라 혁거세 오십 오년이라 우리ᄂᆞᆫ 분명히 알수 업시며 라마국 교황의 권세가 대단히 창궐ᄒᆞᆯ때에 예수 교회를 특별히 설립ᄒᆞ고 셩경을 번역 ᄒᆞ시든 루든마뎌씨ᄂᆞᆫ 강싱 일쳔 ᄉᆞ빅 팔십삼년 십일월 십일에 일이만국 의ᄉᆞ례본이라 ᄒᆞᄂᆞᆫ 촌에셔 나셧시니 나시든 잇흔날에 그 부친이 ᄋᆞ기를 안고 ᄉᆞ도 피득의 회당에 가셔 세례를 밧게 ᄒᆞᆯ시 그날이 맛춤 녜젹 ᄉᆞ도 마뎌의 명일인고로 일홈을 루든마뎌라 ᄒᆞ엿고 우리 미이미 교회를 설립 ᄒᆞ시든 위ᄉᆞ리 션싱은 강싱 일쳔 칠빅 삼년 륙월 십칠일에 대영국 림깅현 의셕향에셔 나셧시니 부친의 일홈은 살무엘이요 모친의 일홈은 소살나씨요 조부의 일홈은 이리가나요 계씨의 일홈은 시리라 위ᄉᆞ리 션싱의 쳐디ᄂᆞᆫ 근본 유명ᄒᆞᆫ 집으로 그 부친 살무엘과 조부 이리가나도 션도를 만히 ᄒᆞ엿시며 위ᄉᆞ리 션싱과 시리 션싱은 미이미 교회에 머리가 되샤 셩신의 도으심을 엇어 복음을 널니 젼파 ᄒᆞ셧더라

대한크리스도인 회보

THE KOREAN CHRISTIAN ADVOCATE.
Rev. H. G. Appenzeller, Editor
36 cents per annum
in advance. Postage extra.
Wednesday, Aug. 3rd. 1898.

서울 정동셔 일쥬일에 ᄒᆞᆫ번식 발간ᄒᆞᄂᆞᆫᄃᆡ 아편셜라 목ᄉᆞ가 회보 샤쟝이 되엿더라 일년 갑슬 미리 ᄂᆡ면 삼십 륙젼이오 우표갑슨 ᄯᅳ로 잇ᄂᆞ니라

젼도인의 당연이 ᄒᆞᆯ 직분

화미보 음력 오월치에 잇ᄂᆞᆫ 말솜을 대강 긔ᄌᆡᄒᆞ노라

근리 청국에 교당이 날노 흥왕ᄒᆞ야 젼도 ᄒᆞᄂᆞᆫ이도 심히만코 교즁 직무를 맛흔이도 ᄯᅩᄒᆞᆫ 적지아니ᄒᆞ나 그러나 젼도ᄒᆞᄂᆞᆫ 본국사ᄅᆞᆷ이 만일 독실히 밋고 만히 련달ᄒᆞᆫ이가 아니면 비록 셔국 목ᄉᆞ가 구름ᄀᆞᆺ치 모혀도 능히 ᄇᆡᆨ셩을 감화ᄒᆞ지 못ᄒᆞᆯ지라 그런고로 교회에 긴요ᄒᆞᆫ거슬 간략히 말ᄒᆞ노니 첫지ᄂᆞᆫ 젼도 ᄒᆞᄂᆞᆫ이가 다만 셩경 말솜만 셜명ᄒᆞᆯ거시 아니라 ᄌᆞ긔가 몬저 독실히 밋어 말과 ᄒᆡᆼ실이 반드시 서로 ᄀᆞᆺᄒᆞᆫ연후에 도셜을 듯ᄂᆞᆫ이가 ᄌᆞ연이 텽죵ᄒᆞ야 깃부게 나아 올거시요 둘지ᄂᆞᆫ 젼도 ᄒᆞᄂᆞᆫ이가 몬저 셩경을 브즈런이 공부ᄒᆞ되 구약이나 신약이나 능히 ᄭᆡᄃᆞᆺ지 못ᄒᆞᆯ곳이 잇거든 주셕파 밋 녜젼 셩인의 ᄒᆡ셕ᄒᆞᆫ 글을 ᄌᆞ세히 샹고ᄒᆞ야 아모됴록 ᄭᆡ득ᄒᆞ여야 가히 다른 사ᄅᆞᆷ을 ᄀᆞᄅᆞ칠거시니 그러치 못ᄒᆞ야 셩경의 오묘ᄒᆞᆫ ᄯᅳᆺ슬 미리 궁구치 아니ᄒᆞ고 쥬일을 당ᄒᆞ매 다만 셩경에 잇ᄂᆞᆫ 말솜을 셕쳑으로 론셜만 ᄒᆞ면 말이 ᄌᆞ미가 업서 사ᄅᆞᆷ들이 다 듯기를 슬혀 ᄒᆞᆯ거시요 셋지ᄂᆞᆫ 젼도 ᄒᆞᄂᆞᆫ이가 특별히 셩경만 말솜ᄒᆞᆯᄲᅮᆫ이 아니라 맛당히 각쳐에 잇ᄂᆞᆫ 교우의 누가 질병이 잇시며 누가 환난이 잇ᄂᆞᆫ거슬 ᄌᆞ세히 렴탐ᄒᆞ야 ᄎᆞ저가셔 위로ᄒᆞ고 ᄃᆡ신ᄒᆞ야 긔도ᄒᆞ면 뭇사ᄅᆞᆷ의 ᄆᆞᄋᆞᆷ이 ᄌᆞ연히 감복ᄒᆞ야 쥬일을 당ᄒᆞ매 ᄉᆞ방에 교우들이 샤쇼ᄒᆞᆫ 연고를 구이ᄒᆞ지 아니코 다 회당에 와셔 젼도ᄒᆞᄂᆞᆫ 말솜을 반갑게 드를거시요 넷지ᄂᆞᆫ 젼도ᄒᆞᄂᆞᆫ이가 맛당히 ᄆᆞᄋᆞᆷ을 다ᄒᆞ야 긔도회를 예비ᄒᆞ되 힘써 교우로 ᄒᆞ여곰 각기 밋ᄂᆞᆫ ᄆᆞᄋᆞᆷ으로 회에 참예ᄒᆞ야 젼일 죄과를 ᄌᆞ복ᄒᆞ고 졍셩으로 구세쥬를 셤기게 ᄒᆞᆯ거시요 다ᄉᆞᆺ지ᄂᆞᆫ 젼도 ᄒᆞᄂᆞᆫ이가 학문샹에 더옥 힘써 학교를 셜립ᄒᆞ고 학도를 모집ᄒᆞ야 공업을 권장 ᄒᆞᆯ거시니 대개 학문은 ᄎᆞᆷ도의 어진 친구요 무식ᄒᆞᆫ거슨 ᄎᆞᆷ도의 악ᄒᆞᆫ 원슈라 교우가 만일 학문이 부족ᄒᆞ면 ᄆᆞᄋᆞᆷ이 연약ᄒᆞ야 물욕의 흔들니ᄂᆞᆫ배 되ᄂᆞᆫ고로 혹 계명을 어긔고 불미ᄒᆞᆫ 일을 ᄒᆡᆼᄒᆞ거나 혹 ᄎᆞᆷ도를 ᄇᆡ반ᄒᆞ고 이단을 좃ᄂᆞ니 교우를 힘써 ᄀᆞᄅᆞ치ᄂᆞᆫ거시 ᄯᅩᄒᆞᆫ 젼도 ᄒᆞᄂᆞᆫ이의 직칙이라 ᄒᆞ엿시니 우리가 화미보에 이 다ᄉᆞᆺ가지 긴요ᄒᆞᆫ 말솜을 보건ᄃᆡ ᄎᆞᆷ 유리ᄒᆞᆫ 언론이라 우리 회보를 보시ᄂᆞᆫ 형뎨들은 깁히 궁구 ᄒᆞᆯ지어다

례빗일공과 칠십구 팔월 십ᄉᆞ일

가인과아벨의일

창셰긔 ᄉᆞ장 삼졀노 십오졀ᄭᆞ지

三 후에 가인은 ᄯᅡ에 나ᄂᆞᆫ거스로 야화화ᄭᅴ 졔ᄉᆞᄒᆞ고 四 아벨은 처음 나ᄂᆞᆫ 양과 기름으로 써 야화화ᄭᅴ 드리니 야화화ᄭᅴ셔 아벨을 권고 ᄒᆞ샤 그 졔ᄉᆞ를 흠향 ᄒᆞ시고 五 가인은 권고치 아니ᄒᆞ야 그 졔ᄉᆞ를 흠향치 아니 ᄒᆞ시니 가인이 노여ᄒᆞ야 낫빗츨 변ᄒᆞ거늘 六 야화화 가인ᄃᆞ려 ᄀᆞᆯᄋᆞ샤ᄃᆡ 네가 엇지 노ᄒᆞ며 낫빗츨 변ᄒᆞᄂᆞ냐 七 진실노 네가 션을 ᄒᆡᆼᄒᆞ면 엇지 밧지 아니 ᄒᆞ리오 오직 네가 악ᄒᆞᆷ을 ᄒᆡᆼᄒᆞ면 죄가 네 문압희 업ᄃᆡ엿ᄂᆞ니라 ᄯᅩ 뎌가 네게 미히고 네가 뎌를 ᄃᆞᄉᆞ리리라 八 그후에 가인이 졔아우 아벨노 더브러 말ᄒᆞ고 밧헤 잇다가 가인이 니ᄅᆞ러 졔아우 아벨을 쳐 죽이니라 九 야화화ᄭᅴ셔 가인ᄃᆞ려 무르샤ᄃᆡ 너의 아우가 어ᄃᆡ 잇ᄂᆞ냐 ᄀᆞᆯᄋᆞᄃᆡ 아지 못ᄒᆞᄂᆞ이다 내게 엇지 아우를 직히ᄂᆞᆫ쟈ㅣ 잇가 十 ᄀᆞᆯᄋᆞ샤ᄃᆡ 네가 무어ᄉᆞᆯ ᄒᆞ엿ᄂᆞ냐 네 아우의 피가 소ᄅᆡ가 잇셔 ᄯᅡ헤셔 내게 고ᄒᆞ더라 十一 네가 임의 아우를 죽이매 ᄯᅡ히 입을 버려 그피를 밧어스니 그런고로 네가 져쥬ᄒᆞᆷ을 맛나 반ᄃᆞ시 이 ᄯᅡ흘 ᄯᅥᄂᆞ니라 十二 그후에 비록네가 밧슬갈어도 ᄯᅡ헤 효험이 업ᄉᆞᆯ거시오 네가 쟝ᄎᆞᆺ 도망ᄒᆞᄂᆞᆫ쟈와 류리 ᄒᆞᄂᆞᆫ쟈가 되리라 十三 가인이 야화화ᄭᅴ 고ᄒᆞᄃᆡ 졔가 즁ᄒᆞᆫ 형벌에 걸니매 실노 감당치 못ᄒᆞᆯ지라 十四 이제 쥬ᄭᅴ셔 나를 ᄶᅩᆺᄎᆞ샤 이ᄯᅡ흘 ᄯᅥ나 쥬의 얼골을 다시 보지 못ᄒᆞ고 도망 ᄒᆞᄂᆞᆫ쟈와 류리 ᄒᆞᄂᆞᆫ쟈가 될지라 나를 맛나ᄂᆞᆫ이가 나를 죽일가 두려워 ᄒᆞᄂᆞ이다

十五 야화화 ᄀᆞᆯᄋᆞ샤ᄃᆡ 가인을 죽이ᄂᆞᆫ 쟈ᄂᆞᆫ 형벌을 칠비나 더 밧으리라 ᄒᆞ시고 이에 야화화ᄭᅴ셔 인으로 가인의게 표를 ᄒᆞ샤 맛나ᄂᆞᆫ 쟈가 치기를 면ᄒᆞ게 ᄒᆞ시다

주셕

뭇ᄂᆞᆫ말

一 아담과 의와의 아ᄃᆞᆯ이 몃치 잇섯ᄂᆞ뇨
二 ᄉᆡᆼ의ᄂᆞᆫ 무어슬 ᄒᆞ엿ᄂᆞ뇨
三 두아ᄃᆞᆯ이 졔ᄉᆞ 드릴ᄯᆡ에 무어슬 드렷ᄂᆞ뇨
四 야화화 하ᄂᆞ님ᄭᅴ셔 두 사ᄅᆞᆷ의 졔ᄉᆞ를 다 밧으셧ᄂᆞ뇨
五 가인의 졔ᄉᆞ를 왜 밧지 아니 ᄒᆞ엿ᄂᆞ뇨
六 아벨의 졔ᄉᆞ가 무ᄉᆞᆷ 큰 ᄯᅳᆺ시 잇ᄂᆞ뇨
七 그후에 이 두형뎨 ᄆᆞᄋᆞᆷ이 서로 엇더 ᄒᆞ엿ᄂᆞ뇨
八 가인이가 무ᄉᆞᆷ 큰 죄를 지엇ᄂᆞ뇨
九 본 사ᄅᆞᆷ이 잇섯ᄂᆞ뇨
十 야화화ᄭᅴ셔 가인ᄃᆞ려 무어슬 무르셧ᄂᆞ뇨
十一 가인이 ᄃᆡ답을 엇더케 ᄒᆞ엿ᄂᆞ뇨
十二 가인이가 하ᄂᆞ님의게 무ᄉᆞᆷ 형벌을 밧엇ᄂᆞ뇨
十三 가인이 웨 졔 형벌이 너머 크다 ᄒᆞ엿ᄂᆞ뇨

녀학교론

쇽젼호

녀ᄌᆞ라 ᄒᆞᄂᆞᆫ거슨 우흐로 남편을 돕고 아래로 아돌을 ᄀᆞᄅᆞ치며 ᄂᆡ뎡의 일을 쥬관ᄒᆞ야 집의 도를 창셩케 ᄒᆞᄂᆞ니 그럼으로 삼빅오편 례셜에 모쳔의 훈계가 근근ᄒᆞ고 칠십후학 ᄉᆞ긔에 티로 ᄀᆞᄅᆞ침이 권권ᄒᆞᆫ지라 하ᄂᆞ님의 도ᄂᆞᆫ 남녀의 등렬은 ᄀᆞᆺ치ᄒᆞ고 셩인의 ᄀᆞᄅᆞ침은 ᄂᆡ외의 분간이 업셧거ᄂᆞᆯ 지금 셰샹에ᄂᆞᆫ 녯적법이 업셔지고 풍쇽이 날노 허이ᄒᆞ여 남ᄌᆞᄂᆞᆫ ᄀᆞᄅᆞ치되 녀ᄌᆞᄂᆞᆫ 무식케 ᄒᆞ야 또쟝쇽에 가두며 혹은 말ᄒᆞ되 암ᄃᆞᆰ은 서벽이 업ᄂᆞ니 만일 서벽에 울게되면 무슨 ᄌᆡ앙이 잇고 녀ᄌᆞᄂᆞᆫ 우미ᄒᆞᆫ거시라 만일 지혜가 잇시면 집안이 조용치 못ᄒᆞ다 ᄒᆞ야 녀ᄌᆞᄂᆞᆫ 당초에 인류로 치지안코 다만 사나희와 ᄯᅡ라 ᄃᆞ니ᄂᆞᆫ ᄒᆞᆫ 물건으로 아ᄂᆞᆫ지라 그런고로 벼ᄉᆞᆯ ᄒᆞᄂᆞᆫ ᄉᆞ대부나 돈이 만흔 부민들은 그 안히기 병이 잇던지 졍의가 합지 못ᄒᆞ면 공연이 박츅ᄒᆞ며 다른곳에 지취 ᄒᆞ고 외에ᄂᆞᆫ 보지안코 ᄌᆞ식만 취ᄒᆞᄂᆞᆫ고로 안히가 아모허물이 업더ᄅᆡ도 반드시 쳡을두며 ᄉᆞ당이 므옴에 묘ᄒᆞᆫ고로 다른쳡을 ᄯᅩ 구ᄒᆞ며 말 ᄒᆞ기를 일쳐 이쳡은 사ᄅᆞᆷ마다 잇다ᄒᆞ고 계집이라 ᄒᆞᄂᆞᆫ거슨 사나희의 노리ᄭᅢ라 ᄒᆞ여 조곰만 ᄆᆞ옴에 합지 못ᄒᆞ면 엘변 동안에 쳐쳡을 몃번식 츌납 ᄒᆞᄂᆞ니 이러ᄒᆞᆫ 법리가 어ᄃᆡ 잇ᄂᆞ뇨 녀ᄌᆞ의 신셰를 ᄉᆡᆼ각컨ᄃᆡ 초목과 금슈보담 조곰도 낫거시 업ᄂᆞᆫ지라 소와 몸은 오ᄂᆞᆯ날 부리다가 리일날 ᄀᆡ비ᄒᆞ며 화분에 심은ᄭᅩᆺ슨 올봄에 구경타가 명년봄에 ᄭᅳᆯ기도 ᄒᆞ며 사기도 ᄒᆞ려니와 음양이 비합ᄒᆞ고 령혼이 동등되ᄂᆞᆫ 사ᄅᆞᆷ을 엇지 이ᄀᆞᆺ치 박ᄃᆡ ᄒᆞ리오 ᄯᅩ 그즁에 우심ᄒᆞᆫ 풍쇽은 인물을 미매ᄒᆞᆷ이라 사나희보다 계집죵을 흔이 미매 ᄒᆞᄂᆞ니 엇지 야만의 나라에 악풍이 아니리오 그 폐단을 궁구ᄒᆞ여 보건ᄃᆡ 도모지 녀ᄌᆞ를 ᄀᆞᄅᆞ치지 못ᄒᆞᆫ ᄭᅡᄃᆞᆰ이라 학문에 무식ᄒᆞ고 지혜가 부족ᄒᆞ매 남ᄌᆞ의 쳔ᄃᆡ를 밧으려니와 만일 련ᄃᆡ 리치와 고금 ᄉᆞ젹과 외국 형셰ᄭᆞ지 알진ᄃᆡ 가히 교ᄉᆞ 노릇도 ᄒᆞ며 판인이 되여 국ᄉᆞ를 의론ᄒᆞ며 ᄇᆡᆨ셩을 다ᄉᆞ릴 터이여ᄂᆞᆯ 엇지 구구히 남ᄌᆞ의 쳔ᄃᆡ를 밧으며 사나희가 엇지 녀ᄌᆞ를 업슈히 넉이리오 미국이 남녀의 권리를 동등으로 힝ᄒᆞᆫ후에 셰륙ᄒᆞᆫ 부국이 되엿시며 일본이 녀학교를 확쟝ᄒᆞᆫ 후에 나라히 강ᄒᆞ게 되엿시니 국가의 흥왕ᄒᆞ고 쇠패ᄒᆞᆷ이 실노 녀ᄌᆞ를 ᄀᆞᄅᆞ치고 아니 ᄀᆞᄅᆞ치ᄂᆞᆫᄃᆡ 잇ᄂᆞᆫ지라 현금에 외국 사ᄅᆞᆷ들이 대한에와서 학교를 셜립ᄒᆞ고 우리나라 녀ᄋᆞ들을 ᄀᆞᄅᆞ치거ᄂᆞᆯ 본국 형매들이 엇지 녀학당을 셜시치 아니리오 이거슨 나의 ᄌᆞ식을 먹이지 아니ᄒᆞ고 이웃 집에 가 얻어 먹으라 ᄒᆞᆷ과 다름이 업ᄂᆞᆫ지라 ᄇᆞ라건ᄃᆡ 우리 교즁 형매들은 일심으로 힘을 합ᄒᆞ여 녀학교를 셜시ᄒᆞ고 녀ᄋᆞ들을 ᄀᆞᄅᆞ쳐 학문이 남ᄌᆞ와 ᄀᆞᆺ게ᄒᆞ면 다만 ᄌᆞ긔의게 유익ᄒᆞᆯ뿐 아니라 금년에 공부ᄒᆞᆫ 녀ᄋᆞ가 명년에 ᄀᆞᄅᆞ치ᄂᆞᆫ 션ᄉᆡᆼ이 될터이니 엇지 젼국에 ᄒᆡᆼ복이 아니리오

닉보

황국협회 ᄉᆞ무소를 츙훈부에 빅셜 ᄒᆞ엿다는 말은 젼회에 임의 긔지 ᄒᆞ여거니와 회쟝은 젼대신 졍락용씨로 션뎡 ᄒᆞ엿다더니 근일에 다시 드른즉 졍씨는 갈고 아쥭 회쟝을 내지 아니 ᄒᆞ엿다더라

○ 독립협회 회원들이 두번재 샹소 ᄒᆞ엿는ᄃᆡ 비지닉에 혹 가히 취ᄒᆞᆯ말이 잇시나 이럿타시 여러번 번거홈이 그 지리치 아니ᄒᆞ냐 ᄒᆞ옵셧다더라

○ 일젼에 슌검과 청ᄉᆞ가 죄인 수십명을 영솔ᄒᆞ고 감옥셔로 오는ᄃᆡ 죄인즁에 ᄒᆞᆫ놈이 손목 결박ᄒᆞᆫ 노끈을 가마니 풀고 다른길노 도망 ᄒᆞ거늘 청ᄉᆞ가 죽을 힘을 다ᄒᆞ야 ᄶᅩᆺ차가 졍동 교번소 압헤셔 붓잡은지라 청ᄉᆞ가 죄인의 샹투를 잡고 ᄲᅡᆷ을 ᄯᅡ리며 ᄒᆞ는말이 쇽담에 괴압헤 쥐 ᄯᅡ름이라 ᄒᆞ는말이 잇시니 네가 엇지 감히 내 압헤셔 도망ᄒᆞ리오 ᄒᆞ니 좌우에 구경ᄒᆞ는 사ᄅᆞᆷ들이 말ᄒᆞ되 뎌놈이 도망ᄒᆞ랴 ᄒᆞᆫ ᄭᆞᄃᆞᆰ으로 일후에 다른 죄인ᄭᆞ지 그 ᄒᆡ를 닙으리라고 ᄒᆞ더라

○ 김지풍씨와 나츙구씨 여러 사ᄅᆞᆷ의 옥ᄉᆞ는 젼호에 듯는ᄃᆡ로 긔지 ᄒᆞ엿거니와 혹은 말ᄒᆞ되 박뎡양씨와 민영쥰씨 두분은 무죄ᄒᆞᆫ고로 빅방이 된다더라 ᄒᆞ고 혹은 말ᄒᆞ되 그 옥ᄉᆞ가 요ᄉᆞ이 도모지 긴뎍ᄒᆞᆫ 소문을 드를수가 업시니 아마 법부대신 됴병직씨가 여러번 샤직 샹소ᄒᆞᆫ ᄭᆞᄃᆞᆰ에 지판을 쇽히 결단치 못 ᄒᆞ는가 ᄒᆞ더라

미일신문광고

협셩회 회보를 지금은 날마다 츌판ᄒᆞ고 일홈은 미일신문 이요 파는 쳐소는 남대문안 젼 싸젼도가 인ᄃᆡ ᄒᆞᆫ쟝 갑슨 엽 너푼이요 일삭 됴는 엽 닐곱돈 인ᄃᆡ 닉외보와 여러가지 유죠ᄒᆞᆫ 말이 만히 잇ᄉᆞ오니 ᄎᆡ군ᄌᆞ는 만히 사셔 보사오

본회고빅

본회에서 이 회보를 젼년과 ᄀᆞᆺ치 일쥬일에 ᄒᆞᆫ번식 발간 ᄒᆞ는ᄃᆡ 새로 륙폭으로 작뎡ᄒᆞ고 ᄒᆞᆫ쟝 갑슨 엽젼 오푼이오 ᄒᆞᆫᄃᆞᆯ갑슬 미리내면 젼과 ᄀᆞᆺ치 엽젼 ᄒᆞᆫ돈 오푼이라 본국 교우나 셔국 목ᄉᆞ나 교외 친구나 만일 사셔 보고져 ᄒᆞ거든 졍동 아편셜라 목ᄉᆞ 집이나 죵로 대동셔시에 가셔 사시옵

죵로대동셔시광고

우리 셔샤에셔 셩경 신구약과 찬미칙과 교회에 유익ᄒᆞᆫ 여러지가 셔칙과 시무에 긴요ᄒᆞᆫ 칙들을 팔되 갑시 샹당 ᄒᆞ오니 학문샹과 사무변에 ᄯᅳᆺ이 잇는 군ᄌᆞ들은 만히 사셔 보시옵

대영국 셩셔 공회 광고

식로 간츌 ᄒᆞᆫ거순 로마 가라태 골노시 야고보 베드로 젼후셔 듸모데 젼후셔니 사셔 보실이는 회샤 쥬인 견묘 션싱ᄃᆡ로 오시옵

뎨이집

대한회보

뎨삼십이호

광무이년 (십팔합) 도인 팔월십일

평양에잇는병원

홀 의원의 부인이 처음으로 병원을 륙월 십오일 브터 열고 병인들을 곳쳐 주엇는ᄃᆡ ᄒᆞᆫ달 반 동안에 병인 ᄉᆞ빅 여명을 보앗ᄃᆞ라 ○ 남병원은 이왕에 셜시ᄒᆞ여 팔월 의원이 보고 녀병원은 홀 의원의 부인이 륙월브터 보는지라 우리 교회가 지금은 평양에도 남녀 병원둘이 잇서 병인을 곳쳐준즉 교우의게만 다 힘ᄒᆞᆯ섇 아니라 다른 사ᄅᆞᆷ들도 은혜를 만히 볼너라

교우의찬미가를ᄐᆡᆨ뎡ᄒᆞᆷ

졍동 교우의 ᄐᆡᆨ뎡ᄒᆞᆫ 찬미가의 서로 ᄀᆞᆺ고 다른거ᄉᆞᆫ 요젼 삼십호 회보에 임의 긔ᄌᆡᄒᆞ엿거니와 일젼에 **평양교회** 에서 ᄐᆡᆨ뎡ᄒᆞ야 보낸거슬 샹고ᄒᆞ야 본즉 합ᄉᆞ십 칠인이라 그즁에 셔도 ᄀᆞᆺ지 아니ᄒᆞᆫ거시 합 팔십쟝인ᄃᆡ 이십구인의 ᄀᆞᆺ치 됴하 ᄒᆞᄂᆞᆫ거ᄉᆞᆫ 찬미 뎨 이십이쟝이요 십칠인의 ᄀᆞᆺ치 됴하 ᄒᆞᄂᆞᆫ거ᄉᆞᆫ 뎨십칠쟝이요 십오인의 ᄀᆞᆺ치 됴하ᄒᆞᄂᆞᆫ거ᄉᆞᆫ 뎨십륙쟝이요 십ᄉᆞ인의 ᄀᆞᆺ치 됴하ᄒᆞᄂᆞᆫ거ᄉᆞᆫ 뎨이십이 이십구 오십칠이요 십삼인의 ᄀᆞᆺ치 됴하ᄒᆞᄂᆞᆫ거ᄉᆞᆫ 뎨륙십 륙십일이요 십이인의 ᄀᆞᆺ치 됴하ᄒᆞᄂᆞᆫ거ᄉᆞᆫ 뎨삼 십일 ᄉᆞ십ᄉᆞ 오십쟝이요 십일인의 ᄀᆞᆺ치됴하ᄒᆞᄂᆞᆫ거ᄉᆞᆫ 뎨오 삼십륙 칠십구 팔십구요 십인의 ᄀᆞᆺ치 됴하ᄒᆞᄂᆞᆫ거ᄉᆞᆫ 뎨 륙십 이상 이더라

○ **달셩회당**에서 ᄐᆡᆨᄒᆞ야 보낸거ᄉᆞᆫ 불과 십인이라 샹고ᄒᆞ야 본즉 그즁에 각기 ᄀᆞᆺ지 아니ᄒᆞᆫ거시 ᄉᆞ십구쟝인ᄃᆡ 다ᄉᆞᆺ 사ᄅᆞᆷ의 ᄀᆞᆺ치 됴하ᄒᆞᄂᆞᆫ거ᄉᆞᆫ 찬미 뎨 륙십일이라 달셩회즁 형뎨들이 다젹어 보내기를 기다려 다시 샹고ᄒᆞ야 긔록ᄒᆞ겟노라

교우의편지

형뎨 로벽선씨가 월젼에 고향으로 근친ᄒᆞ려 가는 길에 졔물포 룡동 회당에 가서 쥬일을 지내고 본샤에 편지ᄒᆞ엿ᄂᆞᆫᄃᆡ 그ᄉᆞ연에 닐으ᄃᆡ 떠나든날 아홉시에 룡산진에 니른즉 화륜션이 금방 진두를 떠낫고로 크게 불으되 도라 보지도 안코 가ᄂᆞᆫ지라 ᄉᆞᄉᆞ로 탄식ᄒᆞ기를 셩경에 ᄀᆞᆯᄋᆞ샤ᄃᆡ 때가 느지면 쥬야 쥬야 불너도 문을열어 주지 안ᄂᆞᆫ다 ᄒᆞ엿시니 과연 그 ᄆᆞᄋᆞᆷ이 격당ᄒᆞ도다 내가 이년동안에 근친ᄒᆞ기를 경영ᄒᆞ야 녀비도 쥰비ᄒᆞ엿고 ᄆᆞᄋᆞᆷ을 단단히 작뎡ᄒᆞ엿더니 떠날때에 시가 조곰 느져서 그비를 ᄐᆞ지 못ᄒᆞ고 륙ᄅᆞ로 오너라고 고ᄉᆡᆼ을 만히 ᄒᆞ엿시니 구셰쥬의 교훈을 더옥 탄복ᄒᆞ겟ᄉᆞ오며 륙월 삼십일일 쥬일에 룡동 회당에서 젼도ᄒᆞᄂᆞᆫᄃᆡ 남녀 교우가 칠십 ᄉᆞ인이요 박뎡인이 또ᄒᆞᆫ 가하 회당에 빈자리가 업ᄉᆞ오니 하ᄂᆞ님ᄭᅴ 츅 감사ᄒᆞᆫ 일이라 ᄒᆞ엿더라

대한크리스도인 회보

THE KOREAN CHRISTIAN ADVOCATE.
Rev. H. G. Appenzeller, Editor
36 cents per annum in advance. Postage extra.
Wednesday, Aug. 1? th, 1898.

대한크리스도인 회보

二

서울 정동서 일쥬일에 ᄒᆞᆫ번식 발간ᄒᆞᄂᆞᆫᄃᆡ 아편셜라 목ᄉᆞ가 회보 샤장이 되엿더라 일년 갑슬 미리내면 삼십 륙젼이오 우표갑슨 ᄯᆞ로 잇ᄂᆞ니라

미국대통령의효힝

미국 대통령의 셩은 믹킨리요 고향은 오하요요 어려서 브터 미이미 교회 사ᄅᆞᆷ이라 그의 셩픔이 온유ᄒᆞ고 공근ᄒᆞ여 그 어마님 셤기기를 지셩으로 ᄒᆞ여 비록 각거ᄒᆞ여 사나 풍우 한셔를 불피ᄒᆞ고 일월 일차식 그 부모를 가 뵈옵던지 문안 편시로 문안을 ᄒᆞ던지 ᄒᆞ고 감ᄉᆞ로 잇슬ᄯᆡ에 그러케 공무가 번다ᄒᆞ여 잠시 겨를이 업ᄂᆞᆫ ᄯᆡ라도 편지를 ᄒᆞᆯ수가 업ᄉᆞ면 뎐보로 문안ᄒᆞ며 조곰ᄂᆞ 부모를 거ᄉᆞ림이 업더니 그후에 대통령위에 나아 갓실ᄯᆡ는 그 어마님을 뫼시고 와싱톤으로 와셔 얼마즘 ᄒᆞᆯᄯᆡ 지내더니 다시 어마님이 집으로 도라 오시ᄆᆡ 나라 일은 감ᄉᆞ로 계실ᄯᆡ 보담 몃비가 더ᄒᆞᆫ터 하로 ᄒᆞᆫ번식 문안 ᄒᆞ엿시니 그 부모 셤기는 정셩은 가이 알겟고 대한 사ᄅᆞᆷ은 혹 말ᄒᆞ기를 그러케 부모의게 정셩 잇ᄂᆞᆫ이가 엇지ᄒᆞ여 ᄒᆞᆫᄯᆡ 뫼시고 살지 안ᄂᆞᆫ고 ᄒᆞᆯ듯ᄒᆞ나 셔양 풍속에는 대한 사ᄅᆞᆷ과 ᄀᆞᆺ치 부모 ᄌᆞ식이 ᄒᆞᆫᄯᆡ 잇지 아니ᄒᆞ고 ᄌᆞ녀간에 ᄌᆞ셩ᄒᆞ면 와례이 각각 살미라 그런즉 우리도 부모가 살아 계실ᄯᆡ에 참 ᄆᆞ음으로 셤기야 쳣재 십계 중 데 오계를 직혀 하ᄂᆞ님의 ᄯᅳᆺ ᄉᆞ지 깃브게 ᄒᆞᄂᆞᆫ 시요 부모가 도라 가신후에는 비록 만반 진수를 차려노코 울고 졀ᄒᆞ고 잡수시라고 암만 권ᄒᆞᆯ지라도 그 음식이 털ᄭᅳᆺ마큼 이라도 업서질 묘리가 업고 다만 헛 졍셩만 드릴ᄲᅮᆫ 아니니 이거슨 도모지 부모를 공경ᄒᆞᄂᆞᆫ 뜻이 아니요 도로혀 하ᄂᆞ님 계명을 범ᄒᆞᄂᆞᆫ 거시니라

인도국ᄋᆞ희들이셰례를밧은일

지ᄂᆞᆫ간에 마자막 쥬일에 인도국 ᄲᅩᆷ뻬이셔 ᄋᆞ히 일뵉 열명이 셰례를 밧엇ᄂᆞᆫᄃᆡ 이 ᄋᆞ히들은 다 흉년을 당ᄒᆞ야 ᄉᆞ방에 류리ᄒᆞ야 쥬려 죽게 된거ᄉᆞᆯ 외국 션교ᄉᆞ와 본국 젼도인들이 구원ᄒᆞ여 살닌 ᄋᆞ희들이라 그중에 여ᄃᆞᆲ ᄋᆞ히는 본국 교ᄉᆞ 가미기라 ᄒᆞᄂᆞᆫ 사ᄅᆞᆷ이 구원 ᄒᆞᆫ거시요 기외 일뵉 두 ᄋᆞ희는 외국 교ᄉᆞ 홈이라 ᄒᆞᄂᆞᆫ 사ᄅᆞᆷ이 구원ᄒᆞᆫ 거신ᄃᆡ 륙십 팔명은 계집 ᄋᆞ히요 ᄉᆞ십이인은 사나희라 가마가 교ᄉᆞ가 또 열 ᄋᆞ히를 양ᄌᆞᄒᆞ야 ᄌᆞ긔 집에서 기르ᄂᆞᆫᄃᆡ 그중에 ᄒᆞᆫ 계집ᄋᆞ히는 흉년에 먹지 못ᄒᆞᆷ으로 그 얼골에 털이 만히 나셔 즘싱과 ᄀᆞᆺᄒᆞᆫ지라 가마가 교ᄉᆞ의 부인이 날마다 무ᄉᆞᆷ 기름으로 바르며 그 털을 ᄒᆞ나식 ᄲᅩᆸ아다 업시ᄒᆞ야 다른 ᄋᆞ희의 얼골과 ᄀᆞᆺ게ᄒᆞ고 이 교ᄉᆞ의 ᄂᆡ외가 날마다 열 여ᄉᆞᆺ시 동안에 이 ᄋᆞ희들을 돌보더라 (크리스도 신문)

례비일공과 팔십 팔월 이십일일

이녁파노아

창세긔 오쟝 이십일졀노 삼십이졀 ᄭᆞ지

二十一 이녁이 륙십오세에 메두실락을 나코 二十二 이녁이 메두실락을 난후에 삼ᄇᆡᆨ년을 하ᄂᆞ님과 ᄒᆞᆷᄭᅴ 힝ᄒᆞ고 오히려 아ᄃᆞᆯ과 ᄯᆞᆯ을 나터니 二十三 슈를 누린재 삼ᄇᆡᆨ륙십 오세에 二十四 이녁이 하ᄂᆞ님과 ᄒᆞᆷᄭᅴ 힝ᄒᆞ니 세상에 업ᄂᆞᆫ지라 대개 하ᄂᆞ님ᄭᅴ셔 다려 가심이라 二十五 메두실락이 일ᄇᆡᆨ 팔십 칠세에 네멕을 나코 二十六 그후에 네멕이 칠ᄇᆡᆨ 팔십 이년을 살고 아ᄃᆞᆯ과 ᄯᆞᆯ을 나터니 二十七 메두실락이 슈를 누린재 구ᄇᆡᆨ 륙십 구세에 죽고 二十八 네멕이 일ᄇᆡᆨ 팔십 이세에 아ᄃᆞᆯ을 나아 二十九 일홈을 노아라 ᄒᆞ야 ᄀᆞᆯᄋᆞᄃᆡ 야화화ᄭᅴ셔 ᄯᅡ흘 져쥬 ᄒᆞ샤 우리로 ᄒᆞ여곰 힘써 일ᄒᆞ게 ᄒᆞ매 여러가지 간고를 격머니 이 아ᄃᆞᆯ이 반ᄃᆞ시 우리를 위로 ᄒᆞ도다 三十 그후에 네멕이 오ᄇᆡᆨ 구십 오년을 살고 아ᄃᆞᆯ과 ᄯᆞᆯ을 나터니 三十一 네멕이 슈를 누린재 칠ᄇᆡᆨ 칠십 칠세에 죽다 三十二 노아가 오ᄇᆡᆨ세에 셈과 함과 야벳을 나흐니라

주석

뭇ᄂᆞᆫ말

一 이녁이가 엇더ᄒᆞᆫ 사ᄅᆞᆷ이뇨

二 하ᄂᆞ님과 ᄒᆞᆷ께 ᄒᆡᆼᄒᆞᆫ뜻시 무ᄉᆞᆷ 뜻이뇨 답 깃
분 ᄆᆞᄋᆞᆷ과 임의ᄃᆡ로 ᄒᆞᆷ이니라 본말뜻시 그러
ᄒᆞ니라

三 희ᄇᆡ리 십일장 오절과 유대 십ᄉᆞ 십오절에 무
ᄉᆞᆷ뜻시 잇ᄂᆞ뇨

四 이녁이가 이 셰상에셔 떠날때에 어ᄃᆡ로 갓셧
ᄂᆞ뇨 그때 나히 얼마뇨

五 이녁의 아ᄃᆞᆯ ᄒᆞ나 일홈을 부ᄅᆞ시오

六 또 죽을때 나히 얼마뇨

七 노아ㅣ 일홈뜻시 무어시뇨

八 세 아ᄃᆞᆯ 일홈을 부ᄅᆞ시오

ᄆᆡᄉᆞ를실샹으로ᄒᆞᆯ것

무ᄉᆞᆷ일을 힘ᄒᆞ던지 ᄎᆞᆷᄆᆞᄋᆞᆷ으로 힘을다 ᄒᆞ여야 효험이 잇ᄂᆞᆫ거시요 만약 외양으로 힘쓰ᄂᆞᆫ데 ᄒᆞ고 속ᄆᆞᄋᆞᆷ은 조곰도 두지 아니ᄒᆞ면 리가 업슬뿐 아니라 도리여 해를 보ᄂᆞᆫ법이라 아셰샹 직업으로 말ᄒᆞᆯ지라도 ᄉᆞ와 농파 공파 샹이 잇시니 션비가 학교에 가셔 각항 학문을 공부 ᄒᆞᆯᄯᆡ에 ᄆᆡ우 한셔를 혜아리지 안코 쥬야로 지됴를 닥거 졸업ᄒᆞᆫ 연후에 반ᄃᆞ시 놉흔 벼슬을 ᄒᆞ야 문호를 빗나게도 ᄒᆞ고 큰 학교에 교ᄉᆞ가 되야 명예가 일셰에 진동 ᄒᆞᆯ거시여ᄂᆞᆯ 만일 그러치 못ᄒᆞ야 별제 위면으로 게을니 ᄒᆞ면 십년을 학교에 ᄃᆞᆫ닐지라도 ᄒᆞᆫ가지도 비ᄒᆞᆫ거시 업션즉 그런 사ᄅᆞᆷ은 무어세 쓰리오 이 셰샹에셔 ᄒᆞᆫ버린 물건에 지ᄂᆞᆫ지 못ᄒᆞ며 농부가 봄을 당ᄒᆞ야 밧갈가를 시작ᄒᆞᆯ시 됴흔 죵ᄌᆞ를 예비ᄒᆞ고 갈고 ᄆᆡ기를 ᄯᆡ를 남치 아니 ᄒᆞ여야 츄슈ᄒᆞᆯ제 아ᄅᆞᆷ다온 곡식이 창고에 가득ᄒᆞ야 여러 권솔이 가히 ᄒᆞᆫ가 맛도록 비불니 먹을 거시여ᄂᆞᆯ 만일 게을니 밧도 잘 갈지 아니ᄒᆞ고 잡풀도 다 ᄆᆡ지 아니ᄒᆞ면 가을에 ᄒᆞᆫ셤 곡식을 엇기가 어려온즉 우흐로 늙은 부모와 아래로 어린 ᄌᆞ식이 엇더케 ᄉᆡᆼ활ᄒᆞ리오 공파 샹이 ᄯᅩᄒᆞᆫ 그러ᄒᆞᆫ지라 그런즉 잠시 잇ᄂᆞᆫ 이셰샹 직업도 이러커든 ᄒᆞ믈며 영ᄉᆡᆼᄒᆞᄂᆞᆫ 우리 하ᄂᆞ님 도를 만일 외모로만 밋ᄂᆞᆫ데 ᄒᆞ고 셩샹으로 힘ᄒᆞ지 아니 ᄒᆞ면 엇지 일후에 큰 샹을 밧으리오 구셰쥬 ᄀᆞᆯᄋᆞ샤ᄃᆡ 쥬여 쥬여 ᄒᆞᄂᆞᆫ쟈ㅣ 다 텬국에 들어가지 못ᄒᆞ고 오직 하ᄂᆞ님ᄯᅳᆺ을 쥰힝ᄒᆞᄂᆞᆫ쟈라야 들어간다 ᄒᆞ셧시니 찬미 소리가 님게 긋치지 아니 ᄒᆞ고 말 ᄒᆞᆯᄯᆡ 반ᄃᆞ시 셩경을 언론ᄒᆞᆯ시라도 만약 힝실이 ᄀᆞᆺ지 못ᄒᆞ면 사ᄅᆞᆷ은 알지 못ᄒᆞ되 하ᄂᆞ님ᄭᅴ셔ᄂᆞᆫ 반ᄃᆞ시 아시ᄂᆞ니 형뎨 들은 다 삼갈지어다

ᄂᆡ보

일젼에 경무텽에셔 ᄂᆡ부 훈령을 번ᄃᆞᆼᄒᆞ야 ᄉᆞ대문에 방을 부쳣ᄂᆞᆫᄃᆡ ᄂᆡ개에 ᄒᆞ엿시되 ᄇᆡᆨ셩의 집에 측간을 흔이 길가으로 ᄂᆡ매 드러온 ᄂᆡ음ᄉᆡ가 위ᄉᆡᆼ에 극히 해로온지라 나무문을 ᄆᆞᆫᄃᆞ러 빗글 봉ᄒᆞ야 악취가 나지 못ᄒᆞ게 ᄒᆞ고 항아리나 혹 나무괴를 뭇어 잉편케 ᄒᆞ면 그 드러온 물건ᄂᆞᆫ 몃날만큼 가져가ᄂᆞᆫ 박랴이 잇다ᄒᆞ고 곳 슌검을 보ᄂᆡ여 집집마다 신칙ᄒᆞ니 이거슨 ᄎᆞᆷ 당연이 ᄒᆞᆯ 일이라 죵금 이후로ᄂᆞᆫ 큰 장마후 심ᄒᆞᆫ 더위라도 적은 골목에 ᄃᆞᆫ니ᄂᆞᆫ 사ᄅᆞᆷ들이 코를 가리지 아니 ᄒᆞᆯ터인즉 위션 위ᄉᆡᆼ에 얼마가 유조ᄒᆞᆯ니라

○셔쇼문 밧 야동 사ᄂᆞᆫ 엇던친구 ᄒᆞᆫ분이 일젼에 남대문 밧괴로 나무를 사려 갓ᄂᆞᆫᄃᆡ 나무 쟝ᄉᆞ와 말이 ᄒᆞᆫ짐에 스물너량을 달나 ᄒᆞ거ᄂᆞᆯ 그 친구기 뎡당이 밧을갑슬 말ᄒᆞ라 ᄒᆞᆫᄃᆡ 나무 쟝ᄉᆞ가 스믈ᄒᆞᆫ량이면 풀겟다 ᄒᆞ니 나무 살 사ᄅᆞᆷ의 말이 열

닐곱량어여던 가자ᄒᆞᆫᄃᆡ 나무 쟝ᄉᆞ가 마다고 ᄒᆞ거늘 그가 도라서며 ᄒᆞᄂᆞᆫ말이 마달것 업시니 갈만ᄒᆞ거든 ᄯᆞ라 오라ᄒᆞ니 그 쟝ᄉᆞ가 나무를 지고와셔 집 대문안에 ᄡᅡ코 나무갑슬 회계ᄒᆞᆯ시 쥬인이 열 닐곱량을 주니 나무 쟝ᄉᆞ가 거즛 놀나ᄂᆞᆫ 모양으로 닐ᄋᆞᄃᆡ 스물 ᄒᆞᆫ량을 주마더니 엇지ᄒᆞ야 열닐곱량만 주ᄂᆞ뇨 ᄒᆞ며 어ᄂᆞ때 브터 이런일을 힝ᄒᆞ엿ᄂᆞ뇨 ᄒᆞ거늘 쥬인이 어이업서 나무 쟝ᄉᆞ의 ᄒᆞᄂᆞᆫ 모양을 보랴고 됴흔말노 닐ᄋᆞᄃᆡ 나ᄂᆞᆫ 스물ᄒᆞᆫ량은 주지 아닐터이니 도로 지고가셔 다른ᄃᆡ 폴나 ᄒᆞᆫᄃᆡ 나무 쟝ᄉᆞ가 횡셜 슈셜 ᄒᆞ며 비가 곱하 갈수 업다 ᄒᆞᆫ즉 쥬인이 밥 ᄒᆞᆫ상을 갓다주니 나무 쟝ᄉᆞ의 말이 나ᄂᆞᆫ 찬밥을 먹을줄 모로니 벌금으로 돈을 내라 ᄒᆞ거늘 쥬인이 우스며 ᄀᆞᆯᄋᆞᄃᆡ 벌금을 얼가나 물나ᄂᆞ냐 쟝ᄉᆞ의 말이 벌금 닷량만 물나 ᄒᆞ거늘 쥬인이 즉시 빅동젼 너푼을 주니 그쟝ᄉᆞ가 은연이 밧어 주머니에 너커ᄂᆞᆯ 쥬인의 ᄒᆞᄂᆞᆫ 말이 내가 나무 ᄒᆞᆫ짐을 사랴다가 공연이 벌금 닷량만 물어주면 내가 ᄎᆞᆷ 허물이 잇ᄂᆞᆫ지 업ᄂᆞᆫ지 다른 사ᄅᆞᆷ은 알수가 업시니 우리들이 슌검의게 가셔 내외를 ᄇᆞᆰ히 말ᄒᆞ야 판인ᄒᆞ지 다 알게ᄒᆞᆫ 연후에 그ᄯᅢ의 모욕이 샹쾌ᄒᆞ리라 ᄒᆞᆫ즉 나무쟝ᄉᆞ가 쟝문이ᄇᆞ 뒤로 쎄면서 ᄒᆞᄂᆞᆫ말이 과연 잘못 ᄒᆞ엿시니 벌금도 실코 나무갑 작뎡ᄒᆞᆫᄃᆡ로 열 닐곱량만 달나 ᄒᆞ거ᄂᆞᆯ 쥬인이 마지 못ᄒᆞ야 주어 보내니 좌우에 사ᄅᆞᆷ들이 말ᄒᆞ되 싀골 사ᄅᆞᆷ이 더 너흉ᄒᆞᆫ이 셔울 사ᄅᆞᆷ을 속이 속인다고 ᄒᆞ더라

미일신문광고

협셩회 회보를 지금은 날마다 츌판ᄒᆞ고 일홈은 미일신문 이요 파ᄂᆞᆫ 쳐소ᄂᆞᆫ 남대문안 젼 ᄊᆡ젼도가 인ᄃᆡ ᄒᆞᆫ쟝 갑슨 엽 너푼이요 일삭됴ᄂᆞᆫ 엽 닐곱돈 인ᄃᆡ 너외보와 여러가지 유죠ᄒᆞᆫ 말이 만히 잇ᄉᆞ오니 대군ᄌᆞᄂᆞᆫ 만히 사셔 보사오

본회고빅

본회에셔 이 회보를 젼년과 ᄀᆞᆺ치 일쥬일에 ᄒᆞᆫ번식 발간 ᄒᆞᄂᆞᆫᄃᆡ 새로 륙폭으로 작뎡ᄒᆞ고 ᄒᆞᆫ쟝 갑슨 엽젼 오푼이오 ᄒᆞᆫᄃᆞᆯ갑슨 미리내면 젼과 ᄀᆞᆺ치 엽젼 ᄒᆞᆫ돈 오푼이라 본국 교우나 셔국 목ᄉᆞ나 교외 친구나 만일 사셔 보고져 ᄒᆞ거든 졍동 아편셜라 목ᄉᆞ 집이나 죵로 대동셔시에 가셔 사시옵

죵로대동셔시광고

우리 셔샤에셔 셩경 신구약과 찬미칙과 교회에 유익ᄒᆞᆫ 여러지가 셔칙과 시무에 긴요ᄒᆞᆫ 칙들을 팔되 갑시 샹당 ᄒᆞ오니 학문샹과 사무번에 ᄯᅳᆺ이 잇ᄂᆞᆫ 군ᄌᆞ들은 만히 사셔 보시옵

대영국 셩셔 공회 광고

셔로 가츌 ᄒᆞᆫ 너ᄉᆞ 로아 가려태 갈노ᄉᆡ 야고보 베드로 젼후셔 듸모데 젼후셔니 사셔 보실이ᄂᆞᆫ 회샤 쥬인 견묘 션ᄉᆡᆼ께로 오시옵

뎨이권

대한크리스도인회보

뎨삼십삼호

(일십팔합) 광무이년 팔월십칠일

다른교회의리력

우리가 요젼 회보 삼십 일호에 예수 크리스도 교회의 리력을 대강 말ᄉᆞᆷᄒᆞᆫ지라 다른 교회의 츌쳐를 알아 쓸디가 업실듯ᄒᆞ나 학문을 널니홈은 션비의 본식이요 ᄉᆞ젹을 알고 보넌 교루홈이 업실지라 그런고로 유 불 션회 ᄉᆞ교의 리력을 대강 좌에 긔지ᄒᆞ여 형뎨들노 보게 ᄒᆞ노라

유도의 종지ᄂᆞᆫ 삼강 오륜의 리치를 ᄇᆞᆰ히며 슈졔 치평의 교화를 힘 ᄒᆞᄂᆞᆫ디 잇ᄂᆞ니 삼강은 님군이 신하의 벼리가 되며 아비가 ᄌᆞ식의 벼리가 되고 사나희가 안히의 벼리가 된다ᄒᆞ며 오륜은 부ᄌᆞ간에 친홈이 잇ᄉᆞ며 군신간에 의가 잇고 부부간에 별다름이 잇시며 쟝유간에 ᄎᆞ례가 잇고 쳔구간에 신이 잇다ᄒᆞ며 슈재 치평은 몸을 닥그며 집을 가지히 ᄒᆞ며 나라를 다ᄉᆞ리고 텬하를 평뎡 ᄒᆞᄂᆞᆫ디 긋친지라 유도의 셩인은 당요 우슌과 하우와 샹탕과 쥬무왕 무왕과 쥬공이 잇시되 도를 존숭ᄒᆞᄂᆞᆫ쟈ㅣ 반드시 공ᄌᆞ로 만세에 ᄉᆞ승을 삼ᄂᆞ니 공ᄌᆞ의 일홈은 구요 ᄌᆞᄂᆞᆫ 즁니며 부친의 일홈은 슉량흘이요 모친의 셩은 안씨요 일홈은 징지라 쥬 나라 령왕 이십일년 경슐 십일월 경ᄌᆞ일에 로나라 창평현 예서 탄ᄉᆡᆼᄒᆞ엿거ᄂᆞᆯ 엇더ᄒᆞᆫ 사ᄅᆞᆷ은 말ᄒᆞ되 공ᄌᆞ가 팔월 이십칠일에 낫다ᄒᆞ료 ○ 불도의 종지ᄂᆞᆫ ᄆᆞ옴을 ᄇᆞᆰ히며 셩픔을 보아 도를 ᄭᆡ닷게 ᄒᆞ며 두가지 종이 잇시니 션종과 교종이라 션종은 졍결ᄒᆞ고 교요ᄒᆞᆫ 곳에 혼ᄌᆞ안저 ᄆᆞ옴을 ᄇᆞᆰ켜 참션 법으로 도를 ᄭᆡ치ᄂᆞᆫ 거시오 교종은 불경과 쥬문을 공부ᄒᆞ야 도쟝을 비셜ᄒᆞ고 셜법 홈으로 뎨ᄌᆞ를 ᄀᆞᄅᆞ치ᄂᆞᆫ 거시라 불씨의 말에 ᄀᆞᆯ은디 샹승의 사ᄅᆞᆷ은 여ᄉᆞᆺ번 륜회ᄒᆞᄂᆞᆫ 진겁에 ᄲᅡ지지 아니ᄒᆞ고 련당ᄀᆞᆺᄒᆞᆫ 련화디로 가서 부쳐가 되면 다시 환셩도 아니ᄒᆞ고 멸ᄒᆞ지도 아니ᄒᆞ야 극히 질거운 셰계에 잇다ᄒᆞᄂᆞᆫ지라 불도를 존숭ᄒᆞᄂᆞᆫ쟈ㅣ 셕가모니 불노 종ᄉᆞ를 삼ᄂᆞ니 셕가모니ᄂᆞᆫ 텬츅국 졍반왕의 아ᄃᆞᆯ이오 그 모친은 마야 부인이오 젼ᄉᆡᆼ의 몸은 도솔텬궁 호명보살이라 쥬나라 쇼왕 이십ᄉᆞ년 갑인 ᄉᆞ월 초팔일에 셔역 가비라국에셔 낫시니 삼십세에 도를 ᄭᆡ다라 ᄉᆞ십 구년을 셜법ᄒᆞ엿시며 ○ 션도의 종지ᄂᆞᆫ ᄆᆞ옴을 닥그며 셩픔을 련달ᄒᆞ야 음식의 먹ᄂᆞᆫ거살 ᄉᆞᆯ흔호며 바람과 안긔를 마시고 심령을 통ᄒᆞ며 단약을 먹으면 신톄가 가뷔여워 능히 텬샹에 ᄃᆞ니며 기리 죽지도 아니ᄒᆞ고 늙지도 아니ᄒᆞᆫ다 ᄒᆞᄂᆞᆫ지라 (오쪽)

대한크리스도인 회보

THE KOREAN
CHRISTIAN ADVOCATE.
Rev. H. G. Appenzeller, Editor
36 cents per annum
in advance. Postage extra.
Wednesday, Aug. 17th, 1898.

서울 정동서 일쥬일에 ᄒᆞᆫ번식 발간ᄒᆞᄂᆞᆫᄃᆡ 아편셜라 목ᄉᆞ가 회보 샤쟝이 되엿더라

일년 갑슬 미리 내면 삼십 륙젼이오 우표갑슨 ᄯᅩ로 잇ᄂᆞ니라

덕국과 아라샤 교회의 시작

덕국은 근본 일이만과 덕의지 두 디방을 합ᄒᆞ여 일운 나라이니 일쳔 여년 젼에 흉악ᄒᆞᆫ 야만의 사ᄂᆞᆫ 굴혈이라 영국 사ᄅᆞᆷ들이 ᄒᆞᄂᆞ님의 도를 그곳에 가 젼파ᄒᆞ되 홍샹 군츅을 당ᄒᆞ야 ᄉᆞ망의 화가 만흔지라 신라 셩덕왕 때에 영국 사ᄅᆞᆷ 포니발이 일이만 ᄯᅡ에 가셔 ᄉᆞ십년을 젼도ᄒᆞ엿ᄂᆞᆫᄃᆡ 도를 밋ᄂᆞᆫ 뎨ᄌᆞ들이 혹 비반ᄒᆞ고 우샹의게 도리혀 졀ᄒᆞᆷ이 잇ᄂᆞᆫ지라 그ᄯᅢ에 큰 나무ᄒᆞ나히 잇ᄉᆞ니 ᄇᆡᆨ셩들이 말ᄒᆞ되 나무에 신이 잇다 ᄒᆞ야 홍샹 나무 아래 모혀 슝비ᄒᆞ거늘 포니발이 ᄒᆞ로ᄂᆞᆫ 여러 뎨ᄌᆞ를 거ᄂᆞ리고 ᄉᆞᄉᆞ로 독긔를 메고 그 나무를 베히매 너머지ᄂᆞᆫ 소리 심히 큰지[illegible] 그ᄯᅢ에 여러 사ᄅᆞᆷ들이 만물의 대쥬재 ᄒᆞᄂᆞ님을 일졔히 불너 찬송 노래를 ᄒᆞ고 포니발이 곳 그ᄯᅢ에 큰 례비당을 지을ᄉᆡ 그 나무로 들보를 ᄆᆞᆫ들고 도를 힘써 젼ᄒᆞᆯ시 ᄯᅩ 그 곳에 학교를 셜립ᄒᆞ고 ᄋᆞᄒᆡ들을 모화 농ᄉᆞ와 쟝ᄉᆞ와 쟝인의 학문을 널니 ᄀᆞᄅᆞ치니 그곳 ᄇᆡᆨ셩들이 ᄎᆞᄎᆞ 귀명에 진보ᄒᆞ야 슈ᄇᆡᆨ년 후에 덕의지를 합ᄒᆞ야 큰 나라를 일웟시며 네젼에 흉악ᄒᆞᆫ 야만들이 ᄎᆞᄎᆞ ᄒᆞᄂᆞ님 도에 드러와 나라이 귀명이 되엿더라 ○ 아라샤ᄂᆞᆫ 쳔년젼에 사ᄂᆞᆫ ᄇᆡᆨ셩이 촌락을 일위지 못ᄒᆞ고 ᄯᅩᄒᆞᆫ 법강이 업더니 시라 때에 처음으로 일이만 사ᄅᆞᆷ 노레라 ᄒᆞᄂᆞᆫ 이를 쳥ᄒᆞ야 왕을 삼앗시며 노레의 ᄯᆞᆯ이 강사단 메라박이라 ᄒᆞᄂᆞᆫ ᄯᅡ에 가셔 (지금 토이긔 셔울) ᄒᆞᄂᆞ님의 도를 듯고 도라와 아라샤 ᄇᆡᆨ셩을 ᄀᆞᄅᆞ치매 ᄇᆡᆨ셩들이 질겨 좃ᄂᆞᆫ지라 고려때에 니르러 아라사 ᄇᆡᆨ셩즁에 ᄒᆞᄂᆞ님을 밋ᄂᆞᆫ 무리들이 각쳐에 학교를 세우고 나라에 법률을 ᄆᆞᆫ드러 ᄆᆡᄉᆞ를 공변되이 쳐결ᄒᆞ니 나라가 ᄎᆞᄎᆞ 귀명이 되엿ᄉᆞ며 우리 나라 슉종죠 때에 피득이란 사ᄅᆞᆷ이 아라사 황뎨가 되야 나라를 다ᄉᆞ릴ᄉᆡ 여러가지 학교를 셜립ᄒᆞ고 태셔 제국에 각종 학문을 ᄀᆞᄅᆞ치며 ᄯᅩᄒᆞᆫ 례비당을 각쳐에 셜립ᄒᆞ야 ᄇᆡᆨ셩으로 ᄒᆞ야곰 ᄒᆞᄂᆞ님을 슝비케 ᄒᆞ고 셩경을 아라샤 글노 번역ᄒᆞ야 몸소 ᄇᆡᆨ셩을 ᄀᆞᄅᆞ치니 아라샤 졍치가 크게 흥왕ᄒᆞ야 세계에 강국이 되엿더라

례비일공과 팔십일 팔월 이십팔일

노아의게방쥬ᄅᆞᆯ지으라ᄒᆞ심

창셰긔 륙장 십일졀노 이십이졀 ᄭᆞ지

十一 그때 사ᄅᆞᆷ이 하ᄂᆞ님 압헤 ᄆᆞ옴이 악케되고
포악이 ᄯᅡ에 가득ᄒᆞ니 十二 하ᄂᆞ님ᄭᅴ셔 이 셰샹
에 억죠 ᄇᆡᆨ셩의 량심을 일코 힝실이 간샤ᄒᆞᆷ을
보시고 ○十三 하ᄂᆞ님이 노아ᄃᆞ려 닐ᄋᆞ샤ᄃᆡ 셰샹
억죠 ᄇᆡᆨ셩의 ᄆᆞᄌᆞ막 긔한이 니ᄅᆞ럿시니 대개 억
죠 ᄇᆡᆨ셩의 악ᄒᆞᆷ이 ᄯᅡ에 가득 ᄒᆞᆷ이라 내가[illegible]반ᄃᆞ
시 억죠 ᄇᆡᆨ셩과 ᄯᅡ흘 멸망케 ᄒᆞ리라 十四 네가 나
무ᄅᆞᆯ ᄶᅡᆨ거 모진 ᄇᆡ를 ᄆᆞᆫᄃᆞ되 속에 방을 ᄒᆞ며 젼
나무 진으로 그 안과 밧글 브르고 十五 그 ᄇᆡ는 쟝이
침쳑 삼ᄇᆡᆨ쳑이요 광이 오십쳑이요 고가 삼십쳑
이요 十六 ᄇᆡ에 ᄎᆡᆨ게를 ᄆᆞᆫᄃᆞᆯ고 그 우헤ᄂᆞᆫ 일쳑 ᄶᅳᆷ
되게 ᄒᆞ고 겻헤 ᄒᆞᆫ문을 ᄂᆡ고 반ᄃᆞ시 삼층을 ᄆᆞᆫ
ᄃᆞᆯ어 샹 즁 하를 난호게 ᄒᆞ라 十七 내가 홍슈로
ᄒᆞ여곰 ᄯᅡ헤 넘쳐 억죠를 멸ᄒᆞ리니 텬하에 므롯
혈긔 잇ᄂᆞᆫ쟈ᄂᆞᆫ 반ᄃᆞ시 ᄡᅥ져 망ᄒᆞ리라 十八 이제
내가 너로 ᄃᆡ브러 언약 ᄒᆞᄂᆞ니 네가 ᄇᆡ에 드러
갈졔 네 안ᄒᆡ와 아ᄃᆞᆯ과 며나리를 다 ᄃᆞ으러 오
르고 十九 모든 싱물의 죵류를 각각 ᄌᆞ웅 ᄒᆞ나식
ᄃᆞ으러 ᄇᆡ에 올녀 너로 더브러 그 싱명을 보
젼케 ᄒᆞ되 二十 ᄉᆡ와 륙츅과 곤츙을 다 그 죵류
ᄃᆡ로 각각 ᄶᅡᆨ을지여 니ᄅᆞ게 ᄒᆞ야 그 명을 보젼케
ᄒᆞ라 二十一 너와 싱물을 위ᄒᆞ야 먹을거슬 네가 져
츅ᄒᆞ여 쓰게 ᄒᆞ여라 二十二 노아가 하ᄂᆞ님의 명
을 좃차 힝ᄒᆞ더라

주셕

뭇ᄂᆞᆫ말

一 노아가 아ᄃᆞᆯ이 몃서 잇셧ᄂᆞ뇨

二 노아가 엇더ᄒᆞᆫ 사ᄅᆞᆷ이뇨

三 이ᄯᅢ에 셰샹 사ᄅᆞᆷ의 ᄒᆡᆼ실이 엇더ᄒᆞ뇨

四 이 사ᄅᆞᆷ들의 ᄒᆡᆼ실을 하ᄂᆞ님ᄭᅴ셔 엇더케 보셧ᄂᆞ뇨

五 하ᄂᆞ님ᄭᅴ셔 노아ᄃᆞ려 무ᄉᆞᆷ 말ᄉᆞᆷ을 ᄒᆞ셧ᄂᆞ뇨

六 하ᄂᆞ님ᄭᅴ셔 무엇슬 문ᄃᆞᆯ나 ᄒᆞ셧ᄂᆞ뇨

七 쟝과 광과 고를 말ᄉᆞᆷᄒᆞ오

八 몃칭을 문ᄃᆞᆯ나 ᄒᆞ셧ᄂᆞ뇨

九 하ᄂᆞ님ᄭᅴ셔 ᄯᅡ헤 무어슬 ᄂᆞ려 보내겟다 ᄒᆞ셧ᄂᆞ뇨

十 누구로 더브러 언약을 ᄒᆞ겟다고 ᄒᆞ셧ᄂᆞ뇨

十一 하ᄂᆞ님ᄭᅴ셔 노아ᄃᆞ려 누구 누구와 ᄇᆡ에 ᄀᆞᆺ치 드러오라 ᄒᆞ셧ᄂᆞ뇨

十二 사ᄅᆞᆷ외에 무어슬 ᄇᆡ에 드러가게 ᄒᆞ엿ᄂᆞ뇨

十三 노아가 하ᄂᆞ님 명ᄃᆡ로 그일을 다ᄒᆞ엿ᄂᆞ뇨

十四 오ᄂᆞᆯ 공부에 무ᄉᆞᆷ 됴흔거ᄉᆞᆯ ᄇᆡ홀거시 잇ᄂᆞ뇨

다른교회와리력

치폭련속

렬션젼에 ᄀᆞᆯᄋᆞᄃᆡ 녯적에 황뎨헌원씨ᄂᆞᆫ 졍호에셔 령약을 ᄆᆞᆫᄃᆞ러 먹은후에 신션이 되야 황룡을 ᄐᆞ고 하ᄂᆞᆯ노 올나갈ᄉᆡ 신하들이 황뎨를 좃차 ᄒᆞᆷᄭᅴ 가고져 ᄒᆞ여 룡의 슈염을 붓잡고 달녀 가더니 공즁에 니르러 룡의 슈염이 ᄲᅡ지ᄂᆞᆫ고로 신하들이 룡슈를 ᄒᆞᆫ나식 가지고 ᄯᅡ에 ᄯᅥ러지다 ᄒᆞ엿시나 신션의 도가 황뎨ᄯᅢ브터 잇ᄂᆞᆫ지라 그러나 션도를 숭샹 ᄒᆞᄂᆞᆫ쟈ㅣ 반ᄃᆞ시 ᄅᆞ쟈로 ᄉᆞ승을 삼ᄂᆞ니 ᄅᆞ쟈의 일홈은 담이요 ᄌᆞᄂᆞᆫ 빅양이니 쥬나라 쇼왕 이십년 경슐에 초나라 고현 뢰향곡인이라 ᄒᆞᄂᆞᆫ 촌에셔 낫다 ᄒᆞ엿고 ○회회교의 종지ᄂᆞᆫ 독일무이ᄒᆞ신 텬디 만물의 대쥬재를 셤기며 그교에 여러 션지쟈가 잇시니 아브라함과 모셰와 이샤야와 나아와 예수씨ᄭᆞ지 잇ᄂᆞᆫ지라 회교를 존슝 ᄒᆞᄂᆞᆫ쟈ᄂᆞᆫ 모함믹으로 조종을 삼ᄂᆞ니 모함믹은 어려셔 져의 부모가 구몰ᄒᆞ고 자라매 장ᄉᆞ로 성업 ᄒᆞᄂᆞᆫ듸 쟈조 산골에 가셔 묵묵히 안졋시며 잠잠히 ᄉᆡᆼ각 ᄒᆞ더니 나히 ᄉᆞ십에 니르러 ᄉᆞᄉᆞ로 말ᄒᆞᄃᆡ 젼능ᄒᆞ신 신이 텬ᄉᆞ 가비렬을 보내여 ᄌᆞ긔를 불너 츙신의 뎨ᄌᆞ를 삼엇다 ᄒᆞ니 그말을 밋ᄂᆞᆫ쟈ㅣ 만흔고로 회회교에 쥬쟝이 되엿ᄉᆞ니 구셰쥬 강ᄉᆡᆼ후 오빅 칠십년에 아랍비 믹가 셩에셔 낫ᄂᆞᆫ지라 ○이 네가지 교의 셩인을 보건ᄃᆡ 공ᄌᆞᄂᆞᆫ 동의 형샹이요 거북의 등이요 신쟝이 구쳑륙촌이요 허리가 열 아람이요 날ᄯᅢ브터 가슴에 뎡셰부라 ᄒᆞᄂᆞᆫ 세글ᄯᅳᆺ 문치가 잇ᄉᆞ며 시셔와 례악을 찬슐ᄒᆞ샤 유도에 대셩이 되엿고 셕가모니ᄂᆞᆫ 날ᄯᅢ에 ᄉᆞ대 텬왕과 시방 졔불이 와셔 죠회ᄒᆞ며 나면셔 능히 ᄉᆞ방으로 칠보를 힝ᄒᆞ며 ᄒᆞᆫ손으로 하ᄂᆞᆯ을 ᄀᆞᄅᆞ치고 ᄒᆞᆫ손으로 ᄯᅡ을 ᄀᆞᄅᆞ쳐 ᄀᆞᆯᄋᆞᄃᆡ 하ᄂᆞᆯ우와 하ᄂᆞᆯ아래 오직 ᄂᆡ가 홀노 놉다 ᄒᆞ엿ᄉᆞ며 자ᄅᆞᄆᆡ 셰샹 영화와 부귀를 ᄇᆞ리고 산즁으로 드러가 십년을 고ᄉᆡᆼᄒᆞᆫ 후에 도를 ᄭᆡ달어 불도의 조샹이 되엿ᄉᆞ며 로빅양은 팔십일년을 어머니 비속에 잇다가 좌협으로 낫ᄂᆞᆫᄃᆡ 나면셔 오얏나무를 ᄀᆞᄅᆞ쳐 ᄀᆞᆯᄋᆞᄃᆡ ᄂᆡ의셩이라 ᄒᆞ고 ᄯᅩᄒᆞᆫ 좌우로 칠보를 힝ᄒᆞ며 ᄒᆞᆫ손으로 하ᄂᆞᆯ을 ᄀᆞᄅᆞ치고 ᄒᆞᆫ손으로 ᄯᅡ을 ᄀᆞᄅᆞ쳐 ᄀᆞᆯᄋᆞᄃᆡ 하ᄂᆞᆯ우와 하ᄂᆞᆯ아래 오직 도가 놉다 ᄒᆞ엿ᄉᆞ니 신쟝이 팔쳑팔촌이요 손에 십ᄌᆞ문치가 잇고 푸른소를 ᄐᆞ고 관에 나아 올ᄯᅢ에 윤회라 ᄒᆞᄂᆞᆫ 사ᄅᆞᆷ을 위ᄒᆞ야 도덕경을 져슐ᄒᆞ야 션도에 조샹이 되엿ᄉᆞ며 모함믹은 이십 오세에 부쟈 과부의게 장가들어 쳐족의 힘으로 셰력잇ᄂᆞᆫ사ᄅᆞᆷ 아리를 쳔ᄒᆞ야 가만이 그도를 젼ᄒᆞ며 말ᄒᆞ되 녯적에 독일무이의 셩신이 모셰를 보ᄂᆡ여 률법을 젼ᄒᆞ엿더니 지금ᄯᅩ 모함믹을 보ᄂᆡ셔 ᄇᆡᆨ셩을 ᄀᆞᄅᆞ친다 ᄒᆞ야 무리를 모흔후에 병긔를 가지고 ᄂᆞ아가 ᄌᆞ긔 도를 밋지 안ᄂᆞᆫ쟈와 싸화 유태국 여러 교을을 파ᄒᆞ고 우샹의 집을 헐며 셩면을 짓고 ᄯᅩᄒᆞᆫ 십이 ᄉᆞ도를 ᄲᅢᆸ아 너옷 나라에 젼도ᄒᆞ니 아랍비 사ᄅᆞᆷ이 다 좃ᄂᆞᆫ지라 회회교에 조샹이 되엿더라

닉보

김제풍씨와 너춘구씨 여러 사ᄅᆞᆷ의 옥ᄉᆞᄂᆞᆫ 기간에 젹연히 소문이 업더니 일젼에 ᄌᆞ세히 쳐담ᄒᆞᆫ즉 박뎡양씨와 민영쥰씨와 김지은씨와 니남희씨 ᄉᆞ인은 방숑ᄒᆞ고 기외 닐곱 사ᄅᆞᆷ은 아죽 엇더케 죠쳐ᄒᆞᆯᄂᆞᆫ지 결말이 나지 아니 ᄒᆞ엿다더라

○ 엇더ᄒᆞᆫ 친구 ᄒᆞᄂᆞ이 몃히젼 브터 북촌 어ᄂᆞ 지상의 싀골 잇ᄂᆞᆫ 젼장을 히마다 간츄ᄒᆞ야 신실히 잘 보아왓ᄂᆞᆫᄃᆡ 그 친구인즉 작년브터 우리 교우가 된지라 쥬인 지상이 그가 우리 교회에 ᄃᆞᆫ니ᄂᆞᆫ거슬 알고 ᄆᆡ우 불합히 녁이더니 금년에 간츄ᄒᆞᆯ일은 임의 다른 사ᄅᆞᆷ으로 작뎡 ᄒᆞ엿다 ᄒᆞ니 그 지상이 참 교인의게 닐을 맛기면 츄호도 속이지 아니ᄒᆞ고 진실히 잘보아 주ᄂᆞᆫ거슬 알지 못ᄒᆞ고 도로혀 의심ᄒᆞ야 샹관을 아니ᄒᆞ랴 ᄒᆞ니 가히 이셕ᄒᆞᆫ 닐닐너라

○ 회보샤쟝 아펀셜라 목ᄉᆞ가 피셔 ᄒᆞ려 졔물포에 가셔 잇다가 일젼에 화륜션을 ᄐᆞ고 슈로로 올나오시ᄂᆞᆫᄃᆡ 팔십리ᄶᅳᆷ 와셔 젹은비 ᄒᆞ나히 뒤를 ᄯᆞ라오며 ᄒᆞᄂᆞᆫ말이 우리가 화륜션과 ᄒᆞᆷᄭᅴ 가기를 원ᄒᆞᄂᆞ라 ᄒᆞ거ᄂᆞᆯ 함쟝이 동아줄을 더지니 젹은 비에 잇ᄂᆞᆫ이가 손으로 줄을 잡어 비머리에 ᄆᆡ랴다가 화륜션이 ᄲᆞᆯ니 가매 사ᄅᆞᆷ이 줄을 ᄯᅥ러 만경창파에 ᄯᅥ러지니 능히 구원 ᄒᆞ지 못ᄒᆞᆫ지라 죽은 사ᄅᆞᆷ의 셩은 안씨요 년세ᄂᆞᆫ ᄉᆞ십삼세요 그 아ᄃᆞᆯ의 나흔 이십세라 슌식간에 이사ᄅᆞᆷ의 육신을 고기비에 쟝ᄉᆞᄒᆞ니 대단히 참혹 ᄒᆞ더라

ᄆᆡ일신문광고

협셩회 회보를 지금은 날마다 츌판ᄒᆞ고 일홈은 ᄆᆡ일신문 이요 파ᄂᆞᆫ 쳐소ᄂᆞᆫ 남대문안 젼 ᄊᆞ젼도가 인ᄃᆡ ᄒᆞᆫ장 갑슨 엽 너푼이요 일삭됴ᄂᆞᆫ 엽 닐곱돈 인ᄃᆡ 닉외보와 여러가지 유죠ᄒᆞᆫ 말이 만히 잇ᄉᆞ오니 졔군ᄌᆞᄂᆞᆫ 만히 사셔 보사오

본회고ᄇᆡᆨ

본회에셔 이 회보를 젼년과 ᄀᆞᆺ치 일쥬일에 ᄒᆞᆫ번식 발간 ᄒᆞᄂᆞᆫᄃᆡ 새로 륙폭으로 작뎡ᄒᆞ고 ᄒᆞᆫ장 갑슨 엽젼 오푼 ᄒᆞᆫᄃᆞᆯ갑슬 미리내면 젼과 ᄀᆞᆺ치 엽젼 ᄒᆞᆫ돈 오푼이라 본국 교우나 셔국 목ᄉᆞ나 교외 친구나 만일 사셔 보고져 ᄒᆞ거든 졍동 아펀셜라 목ᄉᆞ 집이나 죵로 대동셔시에 가셔 사시압

죵로대동셔시광고

우리 셔샤에셔 셩경 신구약과 찬미칙과 교회에 유익ᄒᆞᆫ 여러지가 셔칙과 시무에 긴요ᄒᆞᆫ 칙들을 팔되 갑시 샹당 ᄒᆞ오니 학문샹과 사무변에 ᄯᅳᆺ이 잇ᄂᆞᆫ 군ᄌᆞ들은 만히 사셔 보시압

대영국 셩셔 공회 광고

셔로 간츌 ᄒᆞᆫ거ᄉᆞᆫ 로마 가라태 골노시 야고보 베드로 젼ᄒᆞ셔 티모데 젼후셔니 사셔 보실이ᄂᆞᆫ 회샤 쥬인 견묘 션ᄉᆡᆼᄃᆡ로 오시압

대이권

대한회보

대삼십ᄉᆞ호

(이십팔합) 광무이년 인 팔월이십ᄉᆞ일

일년년환회

우리가 그젼 회보에도 금년 년환회는 금월 이십오일 브터 시작ᄒᆞ겟단 말을 긔지ᄒᆞ엿거니와 다시 말ᄒᆞ노니 그날노의 심엽시 작뎡ᄒᆞ엿시니 교즁 형뎨들은 그리들 아시옵

일본교우의일

일본 교우 혼다씨는 우리 교회에 들어온지가 이십 여년이 되엿는ᄃᆡ 일본 교우즁에 명망이 가쟝 놉고 학식이 ᄆᆡ우 넓은션ᄇᆡ라 동경 청년학원에 원쟝이 되엿고 회외 교육ᄉᆞ무를 관리ᄒᆞ엿는ᄃᆡ 대한에 나온거슨 일어 학교ᄉᆞ무를 확쟝케 ᄒᆞᆷ이라ᄒᆞ니 우리는 혼다씨의 보는일이다 여의ᄒᆞ기를 ᄇᆞ라거니와 혼다씨가 금월 십ᄉᆞ일 쥬일에는 달셩회당에서 젼도ᄒᆞ고 이십일일에는 졍동 새회당에서 젼도ᄒᆞ매 말ᄉᆞᆷ이 ᄆᆡ우 ᄌᆞ미가 잇셔 듯는사ᄅᆞᆷ이 감복지 안는이가 업시니 우리는 참 감샤히 녁이노라

졔나라를셤기지못ᄒᆞᆷ

슯호다 우리가 미국셔 나온 신문을 본즉 ᄆᆡ우 놀나온 말ᄉᆞᆷ이 잇는ᄃᆡ 미국과 셔반아 두 나라이 ᄊᆞ홀 ᄯᅢ에 미국 쇼년들이 여러 ᄇᆡᆨ명 여러 쳔명이 륙군에 들기를 원ᄒᆞ되 여의치 못ᄒᆞᆷ은 ᄭᆞ닭이 잇시니 다름아니라 각국에셔 슈군이나 륙군을 ᄲᆞᆸ는법은 군즁에 의원이 잇셔 몬져 군ᄉᆞ될사ᄅᆞᆷ의 몸을 슯혀보아 병이잇고 업는것과 힘이만코 젹은거슬 다 안 연후에 병이업고 힘이 만흔 사ᄅᆞᆷ을 턱뎡ᄒᆞᄂᆞ니 이는 ᄊᆞ홈ᄒᆞ는거시 ᄆᆡ우 어려온 연고라 미국셔 군ᄉᆞᄲᆞᆸ는 규측이 여러 ᄀᆞ지가 잇시나 다 말ᄒᆞᆯ수 업시되 대개 년긔는 십팔세 이상으로 ᄉᆞ십오세 ᄭᆞ지만 ᄲᆞᆸ는 법이라 그런고로 군의가 반드시 여러ᄀᆞ지 규측을 좃차 군ᄉᆞ를 츌쳑ᄒᆞ매 군ᄉᆞ에 들고져 ᄒᆞ는 사ᄅᆞᆷ의 쇼원만 좃지 안는지라 군의가 말ᄒᆞ되 미국셔 삼십여년젼 란리에는 군인되기를 원ᄒᆞ는이가 만흐되 ᄲᆞᆸ히이는 만치 못ᄒᆞ더니 이번 란리에는 군인 되기를 원ᄒᆞ는이도 만코 ᄲᆞᆸ힌이도 ᄯᅩᄒᆞᆫ 만흐니 일노 보건ᄃᆡ 미국사ᄅᆞᆷ들이 지금은 더옥 조심ᄒᆞ야 위ᄉᆡᆼ을 잘ᄒᆞ는거슬 가히 알지라 그러나 ᄒᆞᆫᄀᆞ지 ᄭᆞ닭으로 지금은 군ᄉᆞ에 ᄲᆞᆸ히는이가 그젼보다 삼비나 젹으니 이 ᄭᆞ닭인즉 권연 먹는이는 군ᄉᆞ로 ᄲᆞᆸ지 아니ᄒᆞᆷ이라 ᄒᆞ엿시니 그런즉 졔나라를 셤기지 못ᄒᆞᆷ은 권연먹는 ᄭᆞ닭이라 우리 청년회즁 형뎨들은 구셰쥬의 병졍이니 권연 먹는거슬 엇더케 싱각들 ᄒᆞ시오

일빅구십철

대한크리스도인 회보

THE KOREAN CHRISTIAN ADVOCATE.
Rev. H. G. Appenzeller, Editor
36 cents per annum
in advance. Postage extra.
Wednesday, Aug. 24th, 1898.

서울 정동셔 일쥬일에 ᄒᆞᆫ번식 발간ᄒᆞᄂᆞᆫᄃᆡ 아편셜라 목ᄉᆞ가 회보 샤쟝이 되엿더라 일년 갑슬 미리 ᄂᆡ면 삼십 륙젼이오 우표갑슨 ᄯᅡ로 잇ᄂᆞ니라

화친을의론홈

양력 칠월 십이일에 미국과 셔반아 두나라 가온ᄃᆡ 셔로 화친 ᄒᆞ기를 의론 ᄒᆞ엿ᄂᆞᆫᄃᆡ 강화 ᄒᆞᄂᆞᆫ 됴약셔ᄂᆞᆫ 아직 결뎡치 못 ᄒᆞ엿시나 싸홈 ᄒᆞ기를 긋친지라 그 약됴의 말ᄉᆞᆷ을 다 긔록 ᄒᆞᆯ거시 아니라 다만 ᄒᆞᆫ두가지 일을 말ᄒᆞ노니 규바 셤으로 ᄒᆞ여곰 ᄌᆞ쥬ᄒᆞᄂᆞᆫ 나라가 되게ᄒᆞ여 셔반아에셔 보낸 관인을 업시ᄒᆞ며 그 권세와 법을 아조 ᄭᅳᆫ허ᄇᆞ리게 ᄒᆞ고 또 규바 근쳐에 잇ᄂᆞᆫ 포토리코라 ᄒᆞᄂᆞᆫ셤은 미국의 속디를 문들고 태평양 즁에 잇ᄂᆞᆫ 빌립빈 셔울 메일라와 그곳에 잇ᄂᆞᆫ 항구ᄂᆞᆫ 화친ᄒᆞᄂᆞᆫ 약됴를 결뎡 ᄒᆞ기ᄭᆞ지 미국 졍부에셔 맛하 두엇다 ᄒᆞ니 우리ᄂᆞᆫ 이러ᄒᆞᆫ 화친이 되ᄂᆞᆫ거슬 진실노 치하ᄒᆞ며 하ᄂᆞ님의 은혜를 ᄎᆞᆷ 감샤히 녁이노라

규바셤은 근본 ᄉᆞᄇᆡᆨ 륙년젼에 이대리국 사ᄅᆞᆷ 컬럼버스가 처음으로 엇든 ᄯᅡ히니 셔반아 속디 즁에 뎨일 크고 긴요ᄒᆞᆫ ᄯᅡ히라 규바 ᄇᆡᆨ셩들이 여러번 싸와 시험ᄒᆞᆫ후에 지금에 니르러 비로소 ᄌᆞ쥬ᄒᆞᄂᆞᆫ 나라이 된지라 그셤의 기리ᄂᆞᆫ 대한 리수로 이쳔 일ᄇᆡᆨ 팔십리 가량이요 넓기ᄂᆞᆫ 혹 오십리 되ᄂᆞᆫᄃᆡ도 잇고 혹 ᄉᆞᄇᆡᆨ리 되ᄂᆞᆫᄃᆡ도 잇시며 ᄉᆞ면에ᄂᆞᆫ 모도 바다물이 잇ᄂᆞᆫᄃᆡ 쥬회가 합 이만 일쳔 오ᄇᆡᆨ리라 그ᄯᅡ에 경치 됴흔곳시 만ᄒᆞ며 일긔ᄂᆞᆫ ᄆᆡ우 온화ᄒᆞ야 겨울이라도 어름과 눈이 업고 여름 긔후의 더운거슨 대개 대한 남방과 ᄀᆞᆺᄒᆞᆫ지라 그셤의 흙빗슨 검고 푸른거시 만흐며 심으ᄂᆞᆫ 곡식이 ᄆᆡ우 무셩ᄒᆞ야 샤탕 슈수와 감ᄌᆞ가 만흔ᄃᆡ 그 감ᄌᆞᄂᆞᆫ ᄒᆞᆫ번만 심으면 오 륙 칠년식을 두고 감ᄌᆞ를 ᄏᆡ여 먹으되 일년 동안에 세번식 거두어 츄슈ᄒᆞᄂᆞᆫ 법이요 그ᄯᅡ에 또ᄒᆞᆫ 아ᄅᆞᆷ다온 지목과 보ᄇᆡ 나무가 만히 나ᄂᆞᆫ지라 ᄉᆞᄇᆡᆨ년 젼에 본토 인죵이 삼ᄇᆡᆨ만이나 살더니 그후 이ᄇᆡᆨ년 동안에 셔반아 사ᄅᆞᆷ들이 그곳 토민들을 ᄎᆞᄎᆞ 토멸ᄒᆞ야 다 죽엇ᄂᆞᆫᄃᆡ 그후에 나ᄂᆞᆫ 사ᄅᆞᆷ들도 별노 됴흔법은 ᄒᆡᆼ치 못 ᄒᆞ엿더라 미완

례ᄇᆡ일공과 팔십이 구월 ᄉᆞ일

노아가 모진비에 드러감

챵셰긔 칠쟝 일졀노 십졀ᄭᆞ지

一 야화화ᄭᅴ셔 노아ᄃᆞ려 닐ᄋᆞ샤ᄃᆡ 내가 이 셰샹
을 보매 오직 네가 의로온지라 네가 식구ᄅᆞᆯ 다
리고 모진비에 드러오너라 二 모든 ᄭᆡᆨ긋ᄒᆞᆫ 즘ᄉᆡᆼ
즁에 닐곱 ᄌᆞ웅식 ᄎᆔᄒᆞ고 ᄭᆡᆨ긋지 못ᄒᆞᆫ 즘ᄉᆡᆼ은 두
ᄌᆞ웅식 ᄎᆔᄒᆞ며 三 나논서도 ᄯᅩᄒᆞᆫ 닐곱 ᄌᆞ웅식 ᄎᆔ
ᄒᆞ여 그 ᄡᅵ가 온 셰샹에 잇게ᄒᆞ라 四 칠일을 지내
면 내가 쟝마비ᄅᆞᆯ ᄂᆡ려 ᄉᆞ십 쥬야ᄅᆞᆯ ᄭᅳᆫ치지 아니
ᄒᆞ야 ᄆᆞᆫᄃᆞᆫ ᄉᆡᆼ물을 ᄯᅡ헤 다 멸망케 ᄒᆞ리라 五 노아
가 야화화의 명을 좃차 ᄒᆡᆼᄒᆞ니라 六 홍슈가 ᄯᅡ
헤 넘칠ᄯᅢᄅᆞᆯ 당ᄒᆞ니 노아의 나히 륙ᄇᆡᆨ쌔라 七 노
아가 곳 안ᄒᆡ와 아ᄃᆞᆯ과 며나리로 더브러 모진비
에 올나 홍슈ᄅᆞᆯ 피ᄒᆞᆯ서 八 ᄭᆡᆨ긋ᄒᆞᆫ 즘ᄉᆡᆼ과 ᄭᆡᆨ긋지
못ᄒᆞᆫ 즘ᄉᆡᆼ과 새와 곤츙을 九 다 죵류ᄃᆡ로 나ᄅᆞᆨ게
ᄒᆞ야 각각 ᄒᆞᆫ ᄌᆞ웅식 노아ᄅᆞᆯ ᄯᅡ라 비에 올나
하ᄂᆞ님의 명을 쥰ᄒᆡᆼᄒᆞ니 十 칠일후에 홍슈 물들이
텬하에 넘치더라

주석

뭇ᄂᆞᆫ말

一 노아가 몃ᄒᆡ 동안에 모진비를 지엇ᄂᆞ뇨
二 노아가 이ᄯᅢ에 나히 얼마뇨
三 하ᄂᆞ님ᄭᅴ 노아가 무ᄉᆞᆫ명을 밧엇ᄂᆞ뇨
四 ᄭᆡᆨ긋ᄒᆞᆫ 즘ᄉᆡᆼ과 ᄭᆡᆨ긋지 못ᄒᆞᆫ 즘ᄉᆡᆼ을 분별ᄒᆞ야
말ᄉᆞᆷᄒᆞ오
五 세 ᄌᆞ웅 즘ᄉᆡᆼ외에 ᄒᆞᆫ 즘ᄉᆡᆼ은 무ᄉᆞᆷᄯᅳᆺ이 잇ᄂᆞ뇨
답 제ᄉᆞ에 ᄡᅳ라 ᄒᆞ심인듯 ᄒᆞ오
六 사ᄅᆞᆷ이 모도 몃치 모진비에 드러 갓ᄂᆞ뇨
七 몃날후에 하ᄂᆞ님이 이세상을 멸ᄒᆞᆫ다고 ᄒᆞ
셧ᄂᆞ뇨
八 홍슈가 몃날을 ᄯᅡ헤 가득 ᄒᆞ겟다고 ᄒᆞ셧ᄂᆞ뇨
九 하ᄂᆞ님 ᄒᆞ신 말ᄉᆞᆷ을 노아가 엇더케 드럿ᄂᆞ뇨
十 다른 사ᄅᆞᆷ은 하ᄂᆞ님 말ᄉᆞᆷ을 엇더케 드럿
ᄂᆞ뇨
十一 이 공부에 우리가 ᄇᆡ홀거시 무어시뇨

어린ᄋᆞ히기라ᄂᆞᆫ집

청국 사ᄅᆞᆷ 왕무ᄉᆞ라 ᄒᆞᄂᆞᆫ션비 영국 동편 ᄉᆞ필 납고ᄉᆞ라 ᄒᆞᄂᆞᆫᄯᅢ에 니ᄅᆞ러 물졍을 구경ᄒᆞᆯ시 어린 ᄋᆞ히들 ᄃᆡ신ᄒᆞ야 기라ᄂᆞᆫ 집에 드러가 보니 규모가 쥬밀ᄒᆞᆫ지라 그ᄯᅡ히 근본 터가 좁고 집이 나지며 사ᄂᆞᆫ 빅셩들이 빈한ᄒᆞ야 사나희와 계집들이 품팔기로 ᄉᆡᆼ이ᄒᆞᆯ시 아ᄎᆞᆷ에 나아가 졈을게 도라오ᄂᆞᆫ이도 만코 그즁에 방탕ᄒᆞᆫ 남ᄌᆞ들은 죵일토록 쥬ᄉᆡᆨ에 침혹ᄒᆞ야 집안일을 도라보지 아니ᄒᆞ니 어린ᄋᆞ히들을 보호ᄒᆞ여 기랄수가 업ᄉᆞ며 부모도 업고 고단ᄒᆞᆫ ᄋᆞ히들은 주리고 치운거슬 견ᄃᆡ지 못ᄒᆞ야 날노 울며 ᄃᆞ니니 루츄ᄒᆞᆫ 얼골에 의복이 람루ᄒᆞ야 쳐량ᄒᆞᆫ 모양을 ᄎᆞᆷ아 볼수 업더니 착ᄒᆞᆫ 부인 흡이등씨가 특별이 측은ᄒᆞᆫ ᄆᆞᄋᆞᆷ을 ᄂᆡ여셔 력 일천 팔ᄇᆡᆨ 륙십 팔년에 큰집을 그곳에 창건ᄒᆞ고 근쳐에 잇ᄂᆞᆫ 빈궁ᄒᆞᆫ 빅셩의 어린 ᄋᆞ히들을 그 집에 모화 ᄌᆞ긔가 ᄃᆡ신ᄒᆞ여 기를시 유모 몃사ᄅᆞᆷ을 월급을 주고 ᄒᆞᆼ샹 그집에 잇셔 어린ᄋᆞ히들을 졋 먹이게 ᄒᆞ고 빈궁ᄒᆞᆫ 계집들이 아ᄎᆞᆷ마다 품팔너 갈ᄯᅢ에 그 ᄋᆞ히를 안아다가 영히원에 (어린ᄋᆞ히 기라ᄂᆞᆫ집) 두어 유모로 ᄒᆞ여곰 보호케 ᄒᆞ고 젼녁에 그 녀인들이 일을 맛치고 집으로 도라올ᄯᅢ에 영히원에 가셔 각각 ᄌᆞ긔의 ᄋᆞ히를 차자가게 ᄒᆞ니 그 법이 지극히 묘ᄒᆞ고 편ᄒᆞᆫ지라 그 영히원의 규모를 보건ᄃᆡ 침방을 길고 크게 ᄒᆞ야 광명ᄒᆞ고 통달케 ᄒᆞ며 광쥬리 ᄀᆞᆺᄒᆞᆫ 그릇슬 ᄉᆞ면에 달앗시니 그거ᄉᆞᆫ ᄋᆞ히들의 침상이라 그 침상마다 입을과 요와 ᄯᅵ가 잇셔 ᄋᆞ히가 잘ᄯᅢ에 치운 걱졍이 업게 ᄒᆞ고 ᄋᆞ히노ᄂᆞᆫ 곳에ᄂᆞᆫ 부드러운 융젼을 펴고 ᄉᆞ면에 란간을 문ᄃᆞ라 ᄋᆞ히들이 힘보를 익힐ᄯᅢ에 ᄃᆞ니기를 됴케ᄒᆞ고 난지 삼ᄉᆞ삭 된 ᄋᆞ히를 먹이ᄂᆞᆫ 법은 유모가 긔계통에 졋을담아 두면 ᄋᆞ히들이 그 긔계의 ᄭᅩᆨ지를 ᄲᅡ아 먹으ᄆᆡ 조곰도 주리ᄂᆞᆫ 모양이 업시며 오륙세 된 ᄋᆞ히를 운동식이ᄂᆞᆫ 곳에ᄂᆞᆫ 둥근 츅방울과 적은 무쇼의 형샹을 문ᄃᆞ라 노코 ᄋᆞ히들이 서로 희롱ᄒᆞ며 긔혈을 활발케 ᄒᆞ니 그들의 츙실홈이 ᄂᆡ젼에 고고히 울ᄯᅢ보다 대단이 나흔지라 흡이등 부인이 영히원을 셜시ᄒᆞᆫ지 우금 이십여년에 ᄋᆞ히들을 ᄌᆞ긔 아ᄃᆞᆯᄀᆞᆺ치 ᄉᆞ랑ᄒᆞ야 날마다 괴로온 일을 친히ᄒᆞ며 ᄋᆞ히들 부모의게 날마다 돈 삼젼식을 밧으되 ᄒᆞᆯ수업시 간구ᄒᆞᆫ 부모의게ᄂᆞᆫ ᄒᆞᆫ푼돈도 밧지 아니ᄒᆞ고 ᄋᆞ히의 나히 오셰에 니ᄅᆞ면 반ᄃᆞ시 학당에 보내여 학문을 ᄀᆞᄅᆞ치며 칩고 더운ᄯᅢ를 좃차 의복을 넙히니 이젼에 울던자ㅣ 지금은 우스며 네젼에 걸식ᄒᆞ던자ㅣ 지금은 ᄇᆡ부ᄅᆞ고 이왕에 무식ᄒᆞ던자ㅣ 지금은 유식ᄒᆞ게 된지라 영국에 부쟈와 관인들도 흡이동씨의 ᄉᆞ업을 ᄉᆞ모ᄒᆞ여 닷토아 영히원을 셜립ᄒᆞ니 나라에 됴흔풍쇽이 되엿더라

니보

평양군과 울진군은 양력 칠월 열일에 큰비가 만히 와셔 산과 언덕이 문허지고 빅셩의 집과 젼답

이만히 상ᄒᆞ엿시며 젼라남도 각군은 칠월일일브터 십오일ᄭᆞ지 쟝마가 련ᄒᆞ여 긋치지 아니ᄒᆞ야 인가와 젼답과 구릉이 슈파에 모도 상ᄒᆞ엿다더라

○츙쳥도 괴산 군에ᄂᆞᆫ 슈재가 우심ᄒᆞ여 읍닉 일경이 슈국이 되엿ᄂᆞᆫ딕 인가 이빅 여호와 인구 오십 여명이 다 표몰 ᄒᆞ엿다 ᄒᆞ니 그 참혹ᄒᆞᆫ 졍경은 참아 드를수 업거니와 읍닉에 나승지 집이 사ᄂᆞᆫ딕 본딕 ᄒᆞᆫ쳡과 ᄒᆞᆫ딸과 ᄒᆞᆫ종이 잇고 나승지ᄂᆞᆫ 혼이 셔울와셔 류ᄒᆞ더니 그 젼가이 홍슈즁에 몰입ᄒᆞ지라 나씨가 그 소문을 듯고 긔가막혀 곳 나려 갓다더라 (한셩신보)

○교우 ᄒᆞᆫ나이 지젼에 들어가 갓모 ᄒᆞᆫ개를 사ᄂᆞᆫ티 갑슬 ᄒᆞᆫ량 ᄒᆞᆫ돈에 작뎡ᄒᆞ고 돈을 혜음ᄒᆞᆯ시 빅동젼 ᄒᆞᆫ푼을 주며 렵젼 서푼을 도로 달나ᄒᆞᆫ티 쥬인이 미우 분주ᄒᆞᆫ 즁에 돈을 급히 주거ᄂᆞᆯ 밧어가지고 나와셔 얼마쯤 오다가 ᄌᆞ셰히 보니 렵젼 두푼에 빅동젼 ᄒᆞᆫ푼이라 그 지젼에 돌어가 빅동젼을 도로주나 쥬인이 대단히 이샹히 녁이고 렵젼ᄒᆞᆫ푼을 밧구어 주엇다더라

외보

미국과 셔반아 두 나라의 싸홈 ᄒᆞᄂᆞᆫ일은 그젼 **회보**에도 긔지 ᄒᆞ엿거니와 그ᄉᆞ이 화친 ᄒᆞ기로 의론이 되야 미국관원 다ᄉᆞᆺ명과 셔반아 관원 다ᄉᆞᆺ명이 금년 십월 일일이나 혹 그젼이나 법국 셔울에 모혀 화친 약됴를 의뎡 ᄒᆞ다더라

뎨이권

대한크리스도인회보

뎨삼십오호
(삼십팔합) 광무이년 팔월삼십일일

금년련환회

이번에 참예ᄒᆞᆫ 형뎨들은 련환회의 의론ᄒᆞᆫ 일을 다 알녀니와 경향간에 참예치 못 ᄒᆞᆫ신이가 참예 ᄒᆞᆫ신이 보다 몃비가 더만흔고로 날마다 ᄒᆞᆫ일을 좌에 대강 긔지 ᄒᆞ야 알게 ᄒᆞ노라

양력 팔월 이십오일 아춤 아홉시에 감독파 경향 각쳐에서 젼도ᄒᆞ던 여러 목ᄉᆞ들과 서국 부인 여러분과 대한 각쳐 교회즁 임명 잇는 형뎨들이 일제히 졍동 새 회당에 모히여 긔회홀ᄯᅢ에 몬져 찬미ᄒᆞ고 긔도ᄒᆞᆫ 후에 셩 만찬을 베프러 형뎨와 ᄌᆞ미들노 ᄒᆞ여곰 구셰쥬의 공로를 긔렴케 ᄒᆞ고 그후에 여러 임원의 일홈을 뎜고ᄒᆞ고 교즁 ᄉᆞ무를 의론홀시 셔긔에 됴원시씨요 부셔긔에 쇼 목ᄉᆞ요 쟝로ᄉᆞ시란돈씨와 목ᄉᆞ 아편셜라씨와 됴원시씨 새사ᄅᆞᆷ은 교즁에 임원들을 의론ᄒᆞ여 작뎡 ᄒᆞ는일을 맛흔지라 그뒤에 시란돈 목ᄉᆞ가 일년 동안에 젼도ᄒᆞᆫ일을 일일히 감독씌 보단ᄒᆞᆫ 후에 ᄯᅩ 대한말노 그 보단을 번역ᄒᆞ야 대한 형뎨의게 들니엿시며 열두시샘 되여 폐회 ᄒᆞ니라

○ 이십륙일 샹오 구뎜죵에 다시 모히여 긔회ᄒᆞᆯ시 젼과 ᄀᆞᆺ치 찬미 긔도 ᄒᆞ고 아편셜라 목ᄉᆞ가 ᄉᆞ도힝젼 이장 일졀노 ᄉᆞ졀ᄭᆞ지 보고 간략히 말ᄉᆞᆷᄒᆞᆫ 후에 됴원시 목ᄉᆞ가 보단ᄒᆞ고 ᄯᅩᄒᆞᆫ 대한말노 번역ᄒᆞ야 들니고 그다음에 로불목ᄉᆞ가 보단ᄒᆞ엿시며 그다음에 아편셜라 목ᄉᆞ가 젼도ᄒᆞᆷ과 학당일을 보단ᄒᆞ엿시며 그다음에 믹길의원이 보단ᄒᆞ엿시며 그다음에 팔월 의원이 보단ᄒᆞ엿고 그다음에 갑목ᄉᆞ가 보단ᄒᆞ엿고 그 다음에 시란돈 목ᄉᆞ가 ᄯᅩ 달셩회당에서 ᄒᆞᆫ일을 보단ᄒᆞ엿는ᄃᆡ 우리가 ᄌᆞ셰히 들은즉 여러 목ᄉᆞ의 보단ᄒᆞᆫ 즁에 ᄌᆞ미 잇는 말ᄉᆞᆷ이 만히 잇고 그즁에 뎨일 깃분거ᄉᆞᆫ 일년 동안에 구셰쥬의게 나아온 형뎨와 ᄌᆞ미가 만히 느릿시니 참 감샤ᄒᆞᆫ 일이라 영광을 하ᄂᆞ님씌 돌녀 보니고 찬미가 뎨 일쟝을 일제히 노릭ᄒᆞᆫ 후 폐회 ᄒᆞ니라

○ 이십칠일 아춤에 ᄯᅩᄒᆞᆫ 젼과 ᄀᆞᆺ치 모히여 긔회ᄒᆞᆫ 후에 로부인씌셔 보단ᄒᆞ시고 그후에 위렌쓰월너 부인과 커들너 의원 부인과 뉘이쓰 부인과 히리쓰 부인 여러분이 ᄎᆞ례로 보단ᄒᆞ엿는ᄃᆡ 그즁에 로부인이 보단ᄒᆞ신거ᄉᆞᆫ 시란돈 목ᄉᆞ가 특별히 대한말노 번역ᄒᆞ야 여러 형뎨의게 알게 ᄒᆞ는ᄃᆡ 됴흔 말ᄉᆞᆷ이 만히 잇시매 듯는이가 깃부게 너이고 영광을 하ᄂᆞ님씌 돌녀 보니더라

대한크리스도인 회보

THE KOREAN CHRISTIAN ADVOCATE.
Rév. H. G. Appenzeller, Editor
36 cents per annum in advance. Postage extra.
Wednesday, Aug. 31th, 1898.

셔울 졍동셔 일쥬일에 ᄒᆞᆫ번식 발ᄒᆡᄒᆞᄂᆞᆫᄃᆡ 아편셜라 목ᄉᆞ가 회보 샤쟝이 되엿더라 일년 갑슬 미리 ᄂᆡ면 삼십 륙젼이오 우표갑슨 ᄯᅡ로 잇ᄂᆞ니라

감독의 전도ᄒᆞᆫ 심

이십팔일 쥬일 아ᄎᆞᆷ 열시에 경셩안에 잇ᄂᆞᆫ 각쳐 교우가 일졔히 졍동 새회당에 모힐ᄉᆡ 이날에 특별이 회당안을 단쟝ᄒᆞ야 향ᄂᆡ 나ᄂᆞᆫ 화초 분은 셩단우회 좌우로 버려노코 절됴 잇ᄂᆞᆫ 풍류궤ᄂᆞᆫ 셩단압회 동셔로 비셜ᄒᆞ며 보기됴흔 각식 병풍을 일ᄌᆞ로 길게 쳐셔 남녀를 유별케 ᄒᆞ고 안졔됴흔 교의들은 ᄎᆞ례로 느러노핫ᄂᆞᆫᄃᆡ 남녀 교우가 만히 모히여 회당안에 빈ᄌᆞ리가 업ᄂᆞᆫ지라 찬미긔도 ᄒᆞᆫ후에 익찬을 베프러 형데와 ᄌᆞᄆᆡ가 각각 ᄉᆞ랑ᄒᆞᆷ과 감샤ᄒᆞᆫ 뜻슬 표ᄒᆞ고 반시 동안에 각기 니러나셔 깃분 ᄆᆞᄋᆞᆷ을 간증ᄒᆞ엿시며 시란돈 목ᄉᆞ가 요한일셔 일쟝 삼절브터 ᄉᆞᆺ졀ᄭᆞ지와 요한 륙쟝 일절브터 십ᄉᆞ졀ᄭᆞ지 닑은후에 감독 크란쓰돈씨가 젼도ᄒᆞ실ᄉᆡ 회빅리 이쟝 구졀노 문졔를 삼고 ᄆᆞᄋᆞᆷ에 예수씨를 뵈옵ᄂᆞᆫ 거ᄉᆞ로 목젹을 삼어 론셜ᄒᆞ시되 대한에 와셔 여러 교우와 ᄀᆞᆺ치 찬미ᄒᆞ고 긔도ᄒᆞ니 ᄆᆡ우 감사ᄒᆞ노라 ᄂᆡ가 잠간 말ᄒᆞ노니 구셰쥬ᄭᅴ셔 비로소 빌리항 ᄆᆞᆯ 구유에셔 강싱ᄒᆞ신거시 아니라 구셰쥬ᄂᆞᆫ 이에 하ᄂᆞ님의 빗치시요 하ᄂᆞ님의 형상이시요 만물의 쥬재시며 하ᄂᆞ님의 아ᄃᆞᆯ이신고로 하ᄂᆞ님ᄭᅦ셔 권능과 영광을 다 구셰쥬ᄭᅴ 맛기신고로 뎐ᄉᆞ가 그압헤 업듸여 찬숑ᄒᆞᄂᆞᆫ지라 하ᄂᆞ님ᄭᅦ셔 이셰샹을 지극히 ᄉᆞ랑ᄒᆞ샤 독싱ᄌᆞ를 보내시매 그존귀ᄒᆞᆫ 신보좌를 ᄯᅥ나샤 고쵸를 만히 밧으신지라 구셰쥬ᄭᅴ셔 비록 부ᄒᆞ시나 우리ᄯᅢ문에 가난ᄒᆞ시고 우리ᄂᆞᆫ 비록 가난ᄒᆞ나 구셰쥬를 인ᄒᆞ야 부ᄒᆞ엿시니 누구던지 예수를 밋ᄂᆞᆫ ᄆᆞᄋᆞᆷ으로 능히 하ᄂᆞ님의 은혜를 알지라 ᄌᆞ식이 죄가 잇실지라도 그 부모ᄂᆞᆫ ᄉᆞ랑ᄒᆞᄂᆞᆫ것 ᄀᆞᆺ치 셰샹 사ᄅᆞᆷ이 죄가 만허도 구셰쥬ᄭᅴ셔ᄂᆞᆫ 지극히 ᄉᆞ랑ᄒᆞ시ᄂᆞᆫ고로 쥬ᄭᅴ셔 ᄂᆡ신나무로 십ᄌᆞ가를 문들며 ᄂᆡ신바 쇠로 못슬 문들고 ᄂᆡ신바 사ᄅᆞᆷ이 은혜를 비반ᄒᆞ고 십ᄌᆞ가에 못질ᄒᆞ되 쥬ᄭᅴ셔 여러 사ᄅᆞᆷ의 죄를 사유ᄒᆞ시라고 하ᄂᆞ님ᄭᅴ 긔도ᄒᆞ셧시니 우리 무리가 구셰쥬의 뎨ᄌᆞ가 되야 맛당이 그 ᄌᆞ비ᄒᆞ심을 본밧을지라 션교ᄉᆞ들이 고국의 잇ᄂᆞᆫ 부모와 됴흔집과 ᄉᆞ랑ᄒᆞᄂᆞᆫ 친구를 다 리별ᄒᆞ고 대한에 나아와 욕ᄒᆞᄂᆞᆫ 사ᄅᆞᆷ을 위ᄒᆞ야 령혼 구원ᄒᆞᄂᆞᆫ 도를 젼ᄒᆞᆷ은 눈으로 구셰쥬를 뵈옴이라 ᄒᆞ고 대한 형뎨와 ᄌᆞᄆᆡ들도 깃분 ᄆᆞᄋᆞᆷ으로 구셰쥬를 뵈온이ᄂᆞᆫ 다 니러니라 ᄒᆞ니 남녀 교우가 일졔히 니러나셔셔 영광을 하ᄂᆞ님ᄭᅴ 돌녀 보내더라

됴목ᄉᆞ의젼도ᄒᆞ심

이십팔일 아ᄎᆞᆷ에 감독의 젼도ᄒᆞ신 말ᄉᆞᆷ은 이쪽에 대강 긔지 ᄒᆞ엿거니와 오후 이뎜죵에 됴원시 목ᄉᆞ가 젼도ᄒᆞᄂᆞᆫᄃᆡ 이불소 이쟝 팔졀을 본후에 우리가 쥬를 밋어야 구원ᄒᆞᄂᆞᆫ 은혜를 엇음으로 쥬샹ᄯᅳᆺ슬 삼어 론셜ᄒᆞ되 셰샹 사ᄅᆞᆷ이 은혜를 알지 못ᄒᆞᄂᆞᆫ이가 업셔 아ᄃᆞᆯ은 부모의 은혜를 알고 신하ᄂᆞᆫ 님군의 은혜를 알고 농ᄉᆞᄒᆞᄂᆞᆫ ᄇᆡᆨ셩은 풍년을 당ᄒᆞ면 하ᄂᆞ님의 은혜라 ᄒᆞ거니와 은혜도 다른거시 잇고 아ᄂᆞᆫ것도 ᄯᅩᄒᆞᆫ 등분이 잇시니 여간 은혜를 아ᄂᆞᆫ거ᄉᆞ로 능히 구원ᄒᆞᆷ을 엇지 못ᄒᆞ고 오직 구셰쥬의 은혜를 밋음으로 영ᄉᆡᆼ을 엇ᄂᆞᆫ지라 셰샹사ᄅᆞᆷ이 ᄌᆞ긔의 공로로 하ᄂᆞ님의 은혜를 엇ᄂᆞᆫ줄 알되 실샹 그러치 아니ᄒᆞ니 더러온 시냄온 하류가 흐리료 악ᄒᆞᆫ 나무ᄂᆞᆫ 됴흔 실과를 ᄆᆡᆺ지 못ᄒᆞᄂᆞ니 사ᄅᆞᆷ의 악ᄒᆞᆫ ᄆᆞ음으로 엇지 션을 힝ᄒᆞ리오 사ᄅᆞᆷ마다 하ᄂᆞ님이 계신줄은 알되 앎으로 구원을 엇을수 업고 마귀ᄂᆞᆫ 예수ᄭᅴ셔 하ᄂᆞ외 아ᄃᆞᆯ 이신줄도 알고 능히 셩경도 알되 그 아ᄂᆞᆫ거ᄉᆞ로 더옥불을 면ᄒᆞᆯ수 업ᄂᆞᆫ지라 그런즉 우리무리가 구셰쥬의 은혜를 알ᄲᅮᆫ아니라 반ᄃᆞ시 십ᄌᆞ가의 흘니신 피로 면민의 죄를 쇽 ᄒᆞ신줄 밋은후에 구원을 엇을지라 형뎨들아 ᄒᆞᆷᄭᅴ 십ᄌᆞ가를 지고 날노 예수를 조치라 ᄒᆞ고 ᄯᅩ 말ᄒᆞ되 ᄂᆡ가 십년젼에 ᄒᆞᆫ곳에셔 젼도ᄒᆞᆯ시 ᄒᆞᆫ사ᄅᆞᆷ이 회ᄀᆡᄒᆞᄂᆞᆫ이가 잇셔 쥬머니속에 술병을 ᄯᅥ드려 버리더니 그후에 그사ᄅᆞᆷ이 병이잇셔 병원에 누어보기를 원ᄒᆞ거ᄂᆞᆯ ᄂᆡ가 가셔본즉 그사ᄅᆞᆷ이 말ᄒᆞ되 나ᄂᆞᆫ 죄인이라 디옥을 면ᄒᆞᆯ수 업노라 ᄒᆞ거ᄂᆞᆯ ᄂᆡ가 로가 십칠쟝 팔구졀에 잇ᄂᆞᆫ 말ᄉᆞᆷ으로 젼도ᄒᆞᆫ후에 그사ᄅᆞᆷ과 ᄒᆞᆷᄭᅴ 십ᄌᆞ가에 나아ᄀᆞ자 ᄒᆞ매 그가 깃분 ᄆᆞ음으로 구원ᄒᆞᆷ을 엇엇다ᄒᆞ니 듯ᄂᆞᆫ 형뎨가 다 ᄌᆞ미잇게 녁이더라

형뎨김긔범씨의젼도ᄒᆞ심

져녁 칠뎜반에 다시모혀 찬미긔도 ᄒᆞᆫ후에 졔물포 교우 김긔범씨가 젼도 ᄒᆞ시ᄂᆞᆫᄃᆡ 요한복음 삼쟝 십륙졀노 이십일졀ᄭᆞ지 본후에 말ᄉᆞᆷᄒᆞ되 나라마다 률법이 잇ᄂᆞᆫᄃᆡ 유태국 ᄉᆞ긔를 보매 하ᄂᆞ님ᄭᅴ셔 처음에 아브라함ᄭᅴ 약됴를 뎡ᄒᆞ야 ᄌᆞ손이 챵셩ᄒᆞ리라 ᄒᆞ시고 그후에 ᄯᅩ 마셔의게 률법을 주샤 셰샹 사ᄅᆞᆷ으로 하ᄂᆞ님을 셤기게 ᄒᆞ엿더니 ᄇᆡᆨ셩이 밋지안코 죄악이 관영ᄒᆞ매 죄를 다ᄉᆞ릴진ᄃᆡ 죽이ᄂᆞᆫ 형벌외에 업ᄂᆞᆫ지라 그러나 ᄌᆞ비 ᄒᆞ신 은덕으로 독ᄉᆡᆼᄌᆞ를 보ᄂᆡ샤 밋ᄂᆞᆫ쟈로 ᄒᆞ여곰 구원ᄒᆞᆷ을 엇고 밋지 안ᄂᆞᆫ쟈ᄂᆞᆫ 죄를 뎡ᄒᆞ신지라 구셰쥬를 못박은 졔ᄉᆞ쟝들은 악ᄒᆞᆫ 셰샹의 총ᄃᆡ위원과 ᄀᆞᆺ ᄒᆞ니 온 셰샹이 다죄를 지음이라 형뎨들은다 구셰쥬의 공로를 밋을 지어다 ᄒᆞ니 듯ᄂᆞᆫ 이가 다 귀를 기우리더

ᄂᆡ보

교우 ᄒᆞ나이 새문밧긔 사ᄂᆞᆫᄃᆡ 일젼밤에 도적이 들어와셔 방안에 잇ᄂᆞᆫ 의복을 가만히 가져 가거ᄂᆞᆯ 쥬인 교우가 ᄶᅩᆺ차 나아가 도적놈의 가져가ᄂᆞᆫ 옷슬 ᄲᅢᆺ스랴 ᄒᆞ니 도적이 칼을둘너 쥬인의 손등이 만히 샹ᄒᆞ엿지라 인ᄒᆞ여 집안이 소동ᄒᆞ매 도적이 겁내여 다라낫다 ᄒᆞ고 마동사ᄂᆞᆫ 교우의 집에도 수일젼 밤에 도적이 ᄯᅮᆯ어셔 유긔 등물을 만히 일헛다 ᄒᆞ니 근ᄅᆡ에 슌검들은 ᄇᆡᆨ셩을 보호 ᄒᆞ기에 ᄆᆞᄋᆞᆷ이 업ᄂᆞᆫ지 도적을 잡기에 힘쓰지 안ᄂᆞᆫ지 알수 업더라

○엇더ᄒᆞᆫ 사ᄅᆞᆷ ᄒᆞ나이 츙쳥도로 ᄃᆞᆫ여셔 본샤에 왓ᄂᆞᆫᄃᆡ 젼ᄒᆞᄂᆞᆫ 말이 싀골에 비가 만히와셔 면답간에 슈해를 당ᄒᆞᆫᄃᆡ가 잇기ᄂᆞᆫ 더러 잇시나 년ᄉᆞ인즉 도쳐에 대풍이라 ᄒᆞ더라

○아라샤 공샤관에 통ᄉᆞ로 잇던 젼 하셩판윤 김홍륙씨가 일젼에 잡히엿ᄂᆞᆫᄃᆡ 그 죄상인즉 교섭ᄒᆞᄂᆞᆫ ᄉᆞ이에 말 ᄒᆞᆫ마ᄃᆡ의 관계가 지극히 즁대ᄒᆞ거ᄂᆞᆯ 롱어ᄒᆞᆯ때에 동을 ᄀᆞᄅᆞ치면 셔를 말ᄒᆞ고 올ᄒᆞᆫ거슬 돌니여 굴은거슬 만들매 량국 ᄉᆞ이에 의심이 나게ᄒᆞᆷ이라 대황뎨 폐하의 일월ᄀᆞᆺ치 ᄇᆞᆰ으심으로 크게 진로ᄒᆞ사 법부로 ᄒᆞ여곰 률을 빗최여 류종신에 쳐ᄒᆞ야 젼라도 흑산도로 일젼에 압송 ᄒᆞ엿다더라

외보

미국 졍부에셔 여송에 잇ᄂᆞᆫ 미국 수군졔독 두웨씨와 규바에잇ᄂᆞᆫ 수군졔독 삼손씨를 명령ᄒᆞ야 그 두항구 잡은거슬 열나고 ᄒᆞ엿다더라 (독립신문)

ᄆᆡ일신문광고

협셩회 회보를 지금은 날마다 츌판ᄒᆞ고 일홈은 ᄆᆡ일신문 이요 파ᄂᆞᆫ 쳐소ᄂᆞᆫ 남대문안 젼 ᄊᆞ젼도가 인ᄃᆡ ᄒᆞᆫ장 갑슨 엽 너푼이요 일삭됴ᄂᆞᆫ 엽 닐곱돈 인ᄃᆡ ᄂᆡ외보와 여러가지 유죠ᄒᆞᆫ 말이 만히 잇ᄉᆞ오니 졔군ᄌᆞᄂᆞᆫ 만히 사셔 보사오

본회고ᄇᆡᆨ

본회에셔 이 **회보**를 젼년과 ᄀᆞᆺ치 일쥬일에 ᄒᆞᆫ번식 발간 ᄒᆞᄂᆞᆫᄃᆡ 새로 륙폭으로 작뎡ᄒᆞ고 ᄒᆞᆫ장 갑슨 엽젼 오푼이오 ᄒᆞᆫ돌갑슬 미리내면 젼과 ᄀᆞᆺ치 엽젼 ᄒᆞᆫ돈 오푼이라 본국 교우나 셔국 목ᄉᆞ나 교외 친구나 만일 사셔 보고져 ᄒᆞ거든 졍동 아펜셀라 목ᄉᆞ 집이나 죵로 대동셔시에 가셔 사시옵

죵로대동셔시광고

우리 셔샤에셔 셩경 신구약과 찬미칙과 교회에 유익ᄒᆞᆫ 여러가지 셔칙과 시무에 긴요ᄒᆞᆫ 칙들을 팔되 갑시 샹당 ᄒᆞ오니 학문샹과 시무변에 ᄯᅳᆺ이 잇ᄂᆞᆫ 군ᄌᆞ들은 만히 사셔 보시옵

대영국 셩셔 공회 광고

새로 간츌 ᄒᆞᆫ거손 로마 가라태 골노시 야고보 베드로 젼후셔 티모데 젼후셔니 사셔 보실이ᄂᆞᆫ 회샤 쥬인 권묘 션싱띄로 오시옵

뎨이권

대한회보

뎨삼십륙호

(ᄉᆞ십팔합) 광무이년 구월칠일

금년련환회

양력 팔월 이십구일 아츰에 젼
파ᄀᆞᆺ치 찬미 긔도ᄒᆞ고 긔회ᄒᆞᆫ후 ᄉᆞ
에 푸라이 부인과 됴원시 목ᄉᆞ
의 부인과 쇄만 의원과 로불목
ᄉᆞ의 부인과 ᄒᆞ리씨 부인과 피
일씨 부인ᄭᅴ셔 ᄎᆞ례로 보단ᄒᆞ
셧고 그뒤에 대한 형뎨즁에 본
쳐 젼도인들이 ᄎᆞ례로 보단ᄒᆞᆫ
거슬 대강 긔지ᄒᆞ노라

평양교우김창식씨의 보단

져는 쟉년 련환회 이후로 특별
이 외쳐에 ᄃᆞ니며 젼도ᄒᆞᆫᄃᆡ
평양 경ᄂᆡ에 다ᄉᆞᆺ 곳이오 강셔
경ᄂᆡ에 아홉 곳이오 룡강 경ᄂᆡ
에 여ᄃᆞᆲ 곳이오 샹화 경ᄂᆡ에 다
ᄉᆞᆺ 곳이오 함죵 경ᄂᆡ에 여ᄉᆞᆺ곳
이오 징산 경ᄂᆡ에 두곳이오 샹
원 경ᄂᆡ에 네곳이니 합ᄒᆞ여 삼
십 구쳐요 멀기는 일ᄇᆡᆨ 오십리
에 지나자 못ᄒᆞ엿시며 강셔와
룡강과 삼화와 함죵 네 고을은
일곱번을 ᄃᆞ니고 징산과 샹원에
는 세번을 ᄃᆞ녓ᄉᆞ오며 본쳐 회
당에셔 젼도 ᄒᆞᄂᆞᆫ일은 로불 목
ᄉᆞ가 쥬장ᄒᆞ야 보시고 나는 례비 륙일마다 셩외
셩ᄂᆡ에 ᄃᆞ니며 교우즁 병인을 차자 보앗시며 쥬
일 아츰 회보 공부를 ᄀᆞᄅᆞ칠때에 교우의 수효를
칙에 긔록ᄒᆞ여 보온즉 ᄀᆞᄅᆞ치는 션싱이 형뎨즁
에 오명이오 ᄌᆞ믜즁에 륙명이오 공부 ᄒᆞ는이가
일ᄇᆡᆨ 이삼십명 가량이오며 ᄯᅩ 강건너 복룡동 회
당에 쥬일마다 오후 ᄒᆞᆫ시면 목ᄉᆞ와 홈ᄭᅴ 가셔 젼
도 ᄒᆞ엿는ᄃᆡ 그 회당에 모힌 교우는 삼십오명 가
량이 오며 ᄯᅩ 일년 동안에 쥬일마다 거둔돈이 엽젼
으로 구ᄇᆡᆨ십구량 삼젼이오 긔간에 쓴돈을 회계ᄒᆞ
여 보니 례비당 삼간과 학당 여ᄉᆞᆺ간 세운것과 례비
당에 부비젼이 합ᄒᆞ여 팔ᄇᆡᆨ구십 륙량이올ᄂᆞ이다

달셩회당리은승씨의 보단

뎌는 쟝로ᄉᆞ 시란돈씨의 지휘ᄃᆡ로 쟉년 륙월에
파쳔 슈원 룡인등디 합아홉 동리에 ᄃᆞ니며 젼도
ᄒᆞ엿고 팔월에 파쳔 슈원 룡인 양지 양셩 안셩
쥭산등디 합 십구쳐에 가셔 젼도ᄒᆞ엿는ᄃᆡ 날수는
두달반 가량이오 구월에 엡웟 쳥년회 회쟝이 되
엿는ᄃᆡ 회원은 ᄉᆞ십이명 이오나 홍샹 츰예ᄒᆞ는 사
ᄅᆞᆷ은 이십명 ᄂᆡ외간 이오며 ᄯᅩ 십일월 브터 삼
십이 쥬일 동안을 쥬일 오후마다 ᄋᆞ회들을 공부
식이는ᄃᆡ ᄋᆞ회 수효는 삼십이명 이오나 홍샹 츰
예ᄒᆞ는 ᄋᆞ회는 이십명 ᄂᆡ외간이오며 그즁게 몃ᄋᆞ
회는 셩경문답과 셰례문답과 미이미교회 문답과
창셰긔 일이삼쟝과 마태오쟝과 십이지파와 십이
뎨ᄌᆞ와 신구약 권수 일홈을 능히 외오고 이 ᄋᆞ회
들이 셩심으로 연금ᄒᆞᆫ거시 합륙십여량 이오니 이
모든일은 영광을 하ᄂᆞ님ᄭᅴ 돌녀 보내옵ᄂᆞ이다

이ᄇᆡᆨ구

대한크리스도인 회보

THE KOREAN
CHRISTIAN ADVOCATE.
Rev. H. G. Appenzeller, Editor
36 cents per annum
in advance. Postage extra.
Wednesday, SEPT. 7th, 1898.

셔울 정동셔 일쥬일에 ᄒᆞᆫ번식 발간 ᄒᆞᄂᆞᆫᄃᆡ 아편셜라 목ᄉᆞ가 회보 샤쟝이 되엿더라

일년 갑슬 미리 ᄂᆡ면 삼십 륙젼이오 우표갑슨 ᄯᅩ로 잇ᄂᆞ니라

졔물포김긔범씨의보단

져ᄂᆞᆫ 작년 련환회에셔 본쳐 젼도인 표지를 밧은 후 목ᄉᆞ 표원시씨의 교훈을 밧어 젼도 ᄒᆞ엿ᄂᆞᆫᄃᆡ 우각동 교회와 룡동 교회에셔 쥬일마다 목ᄉᆞ와 번ᄎᆞ례로 젼도 ᄒᆞ엿시되 십오삭 동안에 오십 쥬일은 본쳐에셔 젼도 ᄒᆞ고 병잇ᄂᆞᆫ 교우를 차져가셔 긔도 ᄒᆞ엿습고 별세ᄒᆞᆫ 교우 장ᄉᆞ에 목ᄉᆞ를 ᄃᆡ신ᄒᆞ야 가셔 교즁 례ᄃᆡ로 두번을 힝 ᄒᆞ엿ᄉᆞ오며 외쳐에 ᄃᆞ니며 젼도 ᄒᆞ기ᄂᆞᆫ 동으로 이십리 되ᄂᆞᆫ 담방리 촌에 다ᄉᆞᆺ번 가셔 젼 ᄒᆞ엿ᄉᆞ오며 셔으로 이십라 되ᄂᆞᆫ 영종셤에 두번가셔 젼 ᄒᆞ엿ᄉᆞ오며 동북간으론 ᄉᆞ십리 되ᄂᆞᆫ 부평 김포 등디에 네번 가셔 젼 ᄒᆞ엿ᄉᆞ오며 북으로 일ᄇᆡᆨ ᄉᆞ십리 되ᄂᆞᆫ 강화 등디에 다ᄉᆞᆺ번 가셔 젼 ᄒᆞ엿ᄂᆞᆫᄃᆡ 외쳐에 젼도ᄒᆞ러 십륙ᄎᆞ 리왕에 젼도말을 드른 사ᄅᆞᆷ은 륙ᄇᆡᆨ 륙십 삼인이오니 하ᄂᆞ님의 은혜를 ᄎᆞᆷ 감ᄉᆞᄒᆞᄋᆞᆸᄂᆞ이다

정동회당최병헌씨의보단

져ᄂᆞᆫ 작년 오월 팔일에 감독 쪼이씨의게 젼도직입을 밧은후 오월 금음께 쥬ᄉᆞ 벼슬을 샤직ᄒᆞ고 셩산의 도으심으로 교즁일을 보앗ᄂᆞᆫᄃᆡ 아편셜라 목ᄉᆞ를 도아 회당에셔 젼도ᄒᆞ야 교우 몃 사ᄅᆞᆷ을 엇엇시며 쥬일마다 오후 공부 ᄒᆞᆯ때에 은혜들을 맛하 ᄀᆞᄅᆞ치되 작년 십일월 ᄭᆞ지 ᄒᆞ엿ᄉᆞ오며 크리스도인 회보에 론셜을 긔지ᄒᆞ야 경향간에 잇ᄂᆞᆫ 여러 교우의게 젼파 ᄒᆞ엿고 병든 형뎨의게 문병ᄒᆞ며 목ᄉᆞ와 ᄀᆞᆺ치가셔 셰례도 주엇고 장ᄉᆞ ᄒᆞᄂᆞᆫ 이와 혼취ᄒᆞᄂᆞᆫ 이의게 목ᄉᆞ와 ᄀᆞᆺ치가셔 강례 법ᄃᆡ로 힝 ᄒᆞ엿ᄉᆞ오며 작년 십월에 교우 박환규씨와 ᄒᆞᆷᄭᅴ 츙쳥도 덕산 삼ᄇᆡᆨ리 되ᄂᆞᆫ ᄯᅡ에가셔 젼도 ᄒᆞ엿ᄂᆞᆫᄃᆡ 그후에 그곳에 사ᄂᆞᆫ 신형구씨등 몃 사ᄅᆞᆷ이 셰례를 밧엇시며 새 회당에 들어온 후에 젼도 ᄒᆞ기를 더힘써 ᄒᆞ야 입교인 십여인과 학습인 수십명을 엇엇시며 금년 ᄉᆞ월에 쎵커 교ᄉᆞ와 ᄀᆞᆺ치 일본 횡빈항에 가셔 셩경 츌판ᄒᆞᆯ 쥬ᄌᆞ를 새로 문둘고 오월 금음께 도라 왓ᄉᆞ오나 일년 동안에 힝ᄒᆞᆫ바 일이 내 힘으로 ᄒᆞᆫ거슨 ᄒᆞ나도 업습ᄂᆞ이다

례ᄇᆡ일공과 팔십ᄉᆞ 구월 십팔일

노아가모진ᄇᆡ에나림

창세긔 팔장 륙졀노 이십이졀ᄭᆞ지

ᄉᆞ십일을 지나 노아가 ᄇᆡ문을 열고 七 가마귀를 내여 보내니 가마귀가 나가셔 왕ᄅᆡᄒᆞ며 물 마ᄅᆞ기를 기ᄃᆞ리ᄂᆞᆫ지라 八 ᄯᅩ 비닭이를 내여 보내여 물이 ᄯᅡ헤셔 줄엇나 시험ᄒᆞ더니 九 온 ᄯᅡ헤 물이 잇슴으로 비닭이가 발을 멈을곳이 업서 ᄇᆡ로 도라오니 노아가 영졉ᄒᆞ야 ᄇᆡ에 ᄃᆞ리고 十 닐헤를 기ᄃᆞ리니 비닭이를 다시 내여 보내니 十一 그 비닭이가 져물게 도라오매 입에 감남닙을 먹음엇스니 이럼으로 노아가 ᄯᅡ에 물이 줄은 줄을 알고 十二 다시 닐헤를 기ᄃᆞ리니 비닭이를 내여 보내니 다시 도라오지 아니ᄒᆞ더라 ○ 十三 륙ᄇᆡᆨ 일년이 되야 정월 초ᄒᆞ로날 ᄯᅡ헤 물이 다 마른지라 노아가 ᄇᆡ 둑겅을 것고 보니 흙덩이가 임의 말넛더니 十四 이월 이십 칠일에 ᄯᅡ이 임의 말넛더라 ○ 十五 하ᄂᆞ님이 노아의게 명ᄒᆞ샤ᄃᆡ 十六 네가 안ᄒᆡ와 아ᄃᆞᆯ과 며ᄂᆞ리로 더브러 모진 ᄇᆡ에셔 나가 十七 서와 륙츅과 곤츙 모든 ᄉᆡᆼ물을 다 ᄃᆞ리고 나가 ᄒᆞ여곰 삼욱케 ᄒᆞ야 ᄯᅡ헤셔 번셩케 ᄒᆞ라 十八 노아가 이애 안ᄒᆡ와 아ᄃᆞᆯ과 며ᄂᆞ리로 더브러 ᄒᆞᆫ때 나오니 十九 서와 즘ᄉᆡᆼ과 곤츙이 각각 죵류대로 모진 ᄇᆡ에셔 ᄒᆞᆫ때 나오다 二十 노아가 야화화를 위ᄒᆞ야 단을 ᄊᆞ코 서와 즘ᄉᆡᆼ의 조츌ᄒᆞᆫ 쟈를 취ᄒᆞ야 단우헤 번제를 드리니 二十一 야화화ᄭᅴ셔 향취를 맛트시고 ᄆᆞ옴에 닐ᄋᆞ샤ᄃᆡ 사ᄅᆞᆷ이 비록 어려셔브터 ᄆᆞ옴에 악ᄒᆞᆫ ᄉᆡᆼ각을 품어도 이후에는 이거슬 인ᄒᆞ야 내가 반ᄃᆞ시 ᄯᅡ흘 져쥬도 안코 ᄉᆡᆼ물을 다시 멸ᄒᆞ지도 안코 二十二 ᄯᅡ이 잇슬때에 심으고 것음과 츕고 더움과 녀름과 겨울과 낫과 밤을 반ᄃᆞ시 ᄭᅳᆫ치지 안케ᄒᆞ리라

주셕

뭇는말

一 노아가 몃칠만에 비문을 열엇ᄂᆞ뇨
二 즘셩즁에 무어슬 몬져 너여 노앗ᄂᆞ뇨
三 비닭이가 엇지ᄒᆞ야 비로 도라 왓ᄂᆞ뇨
四 몃칠만에 비닭이를 또 노앗시며 무숨 물건을 먹음고 왓ᄂᆞ뇨
五 노아가 어ᄂᆞ히 어ᄂᆞ때에 비 둑겅을 열엇ᄂᆞ뇨
六 어ᄂᆞ날에 ᄯᅡᆼ이 말넛ᄂᆞ뇨
七 하ᄂᆞ님께셔 노아의게 무어슬 명 ᄒᆞ셧ᄂᆞ뇨
八 노아가 비에 나릴때에 누구와 ᄒᆞᆷ께 ᄒᆞ엿ᄂᆞ뇨
九 노아가 하ᄂᆞ님께 무어슬 드렷ᄂᆞ뇨
十 야화화께셔 엇더케 싱각 ᄒᆞ셧ᄂᆞ뇨
十一 우리가 이번 공부에 비호거시 무어시뇨

송긔용씨의 보단

저는 작년 련환회 이후로 새회당에서 례비 ᄒᆞ기 젼 ᄭᅡ지는 쥬일마다 오후에 셩경 공부 ᄒᆞ는거슬 아는ᄃᆡ로 형뎨의게 ᄀᆞᄅᆞ첫시며 작년 긔학ᄒᆞᆫ 이후로 쥬의 긔도문과 ᄉᆞ도신경을 한문 학도의게 ᄀᆞᄅᆞ쳐 다 외오게 ᄒᆞ고 날마다 오후 두시브터 세시ᄭᆞ지 학도의게 미이미교회 문답을 ᄀᆞᄅᆞ쳐 ᄋᆞᄒᆡ들이 능히 여러장을 외오는이가 더러 잇ᄉᆞ오며 교우 몃사ᄅᆞᆷ이 한문 셩경을 공부코져 ᄒᆞ는고로 여가 잇는ᄃᆡ로 ᄀᆞᄅᆞ쳐 주엇시며 교우즁 장ᄉᆞ ᄒᆞ는이와 혼ᄅᆡᄒᆞ는 이의게 목ᄉᆞ와 ᄀᆞᆺ치가셔 교즁 례식대로 힝ᄒᆞ엿ᄉᆞ오며 쥬일을 당ᄒᆞ매 회당에셔 젼도 ᄒᆞ는일은 목ᄉᆞ의 식이시는ᄃᆡ로 혹 아춤에도 ᄒᆞ고 혹 오후에도 ᄒᆞ엿ᄉᆞ오며 학도를 권ᄒᆞ야 학습에 일홈을 붓친이도 몃치 잇ᄉᆞ오며 크리스도인 회보도 ᄀᆞᆺ치 긔지ᄒᆞ엿ᄉᆞ오나 이 모든일을 다 셩신의 도으심으로 ᄒᆞ엿ᄉᆞᆸᄂᆞ이다

교우들을 샤진ᄒᆞᆫ일

이십팔일 쥬일에 감독ᄭᅴ셔 젼도 ᄒᆞ시ᄂᆞᆫᄃᆡ 교우의 만히 모힌거슬 보시고 ᄆᆞᄋᆞᆷ에 깃버ᄒᆞ샤 말ᄉᆞᆷᄒᆞ시되 여러 교우를 샤진박혀 미국 교즁에 구경식히겟시니 모ᄅᆡ 아춤에 이 모양으로 다 모히라 ᄒᆞ엿더니 과연 삼십일 샹오 열ᄒᆞᆫ시에 남녀 교우 여러 빅명이 그젼 쥬일과 ᄀᆞᆺ치 실졔히 모혓ᄂᆞᆫᄃᆡ 샤진 석쟝을 박인 후에 감독ᄭᅴ셔 연셜ᄒᆞ여 ᄀᆞᆯᄋᆞᄃᆡ 형뎨와 ᄌᆞ미들이 이ᄀᆞᆺ치 모히니 참 깃분지라 우리나라 늬우욕 교회즁에 큰 신문샤가 잇시니 이 그림을 쟝ᄎᆞ 그신문에 박혀 미국 교우로 ᄒᆞ여곰 대한 형뎨의 얼골을 구경케 ᄒᆞ리라 셩경에 ᄀᆞᆯᄋᆞ샤ᄃᆡ 하ᄂᆞ님이 우리 모양을 인쳔다 ᄒᆞ셧시니 우리가 이셰상에셔만 샤진ᄒᆞᆯ거시 아니라 반ᄃᆞ시 하ᄂᆞ님 나라에 샤진을 박혀야 ᄒᆞᆯ지라 아ᄭᆞ 보니 여러 사ᄅᆞᆷ이 슈건으로 얼골을 닥는이도 잇고 몸을 바르게 ᄒᆞ야 모양을 됴케 ᄒᆞᄂᆞᆫ 이도 잇시니 그와ᄀᆞᆺ치 하ᄂᆞ님 나라에 샤진ᄒᆞᆯ때에는 모양만 됴케ᄒᆞᆯ뿐 아니라 ᄆᆞᄋᆞᆷᄭᆞ지 조심ᄒᆞ야 악ᄒᆞᆫ거시 업게ᄒᆞᆯ거시라 셔국에 소리를 담어 두ᄂᆞᆫ긔계가 잇셔 됴흔말을 감초아 둔즉 일후에 됴흔말이 나오고 악ᄒᆞᆫ말을 감초아 둔즉 일후에 악ᄒᆞᆫ말이 나오ᄂᆞ니 하ᄂᆞ님 나라에 엇지말을 간슈ᄒᆞ는 긔계가 업ᄉᆞ리오 하ᄂᆞ님ᄭᅴ셔 우리의말이 션악간에 뎐뎌 공긔에 박으샤 후일의 션악을 샹고 ᄒᆞ시ᄂᆞ니 엇지 두렵지 아니리오 모든 형뎨와 ᄌᆞ미들은 조심ᄒᆞᆯ지어다 ᄒᆞ니 듯ᄂᆞᆫ이가 다 깃버 ᄒᆞ더라 련환회 맛친일은 요다음 회보에 긔록 ᄒᆞ겟노라

ᄂᆡ보

남대문안 샹동 시병원 압헤셔 대한 ᄋᆞᄒᆡ ᄒᆞ나이 비와 능금을 버려노코 ᄑᆞᄂᆞᆫᄃᆡ 엽헤셔 물건 ᄑᆞᄂᆞᆫ 쳥국 ᄋᆞᄒᆡ가 엇던 대한 ᄋᆞᄒᆡ로 더브러 희롱 ᄒᆞ다가 서로 작란ᄒᆞᄂᆞᆫ 바람에 그 실과가 밀녀 더러온

뎨쳔속에 들어가 보혜게되매 ᄀᆞᆺ치 ᄌᆞ란ᄒᆞ던 ᄋᆞ희ᄒᆞ나ᄂᆞᆫ 다ᄅᆞ난지라 실과쥬인 ᄋᆞ희가 쳥인ᄃᆞ려 실과갑슬 무러달나 ᄒᆞᆫ즉 쳥인이 무러주지 아니ᄒᆞ고 도로혀 욕셜을 ᄒᆞ거ᄂᆞᆯ 좌우에 구경ᄒᆞ던 사ᄅᆞᆷ들이 경계를 ᄇᆞᆰ히 말ᄒᆞ야 쳥인이 갑슬 물허야 올흔줄노 결단ᄒᆞᆯ시 일본사ᄅᆞᆷ ᄒᆞ나이 돌츌ᄒᆞ야 대한 사ᄅᆞᆷ이 쳥인의게 말을 불공이 ᄒᆞᆫ다고 대한 사ᄅᆞᆷ ᄒᆞ나를 ᄡᆞᆷ을치며 곤욕ᄒᆞ니 쳥국은 지금 교육이 업신즉 쳥국 샹민의 경계 업ᄂᆞᆫ거슬 족히 칙망ᄒᆞᆯ거시 업거니와 일본은 셰계샹에 ᄀᆡ명ᄒᆞᆫ 나라이라 칭ᄒᆞᄂᆞᆫᄃᆡ 일본 사ᄅᆞᆷ이 무단히 나무 나라 사ᄅᆞᆷ을 ᄯᅥ리니 ᄀᆡ명ᄒᆞᆫ 나라 사ᄅᆞᆷ도 그러ᄒᆞᆫ지 가히 니웃나라에 붓그러온 일이여니와 실과갑슨 두량인ᄃᆡ 쳥인의게 ᄒᆞᆫ량만 물녓고 ᄒᆞᆫ량은 ᄀᆞᆺ치 ᄌᆞ란 ᄒᆞ던 ᄋᆞ희의게 물니ᄂᆞᆫ거시 올타고 의론들 ᄒᆞ더라

○ 평양부 외셩에 사ᄂᆞᆫ 션비들이 ᄒᆞᆫ회를 모혓ᄂᆞᆫᄃᆡ 일홈은 대동협회라 ᄒᆞ고 회의 규칙에 토론ᄒᆞᄂᆞᆫ법은 업고 각기 의견서를 지여 닑으며 회쟝은 모히ᄂᆞᆫ날에 림시ᄒᆞ야 션거ᄒᆞ며 법쥬라 ᄒᆞᄂᆞᆫ 술ᄒᆞᆫ병을 회일마다 예비 ᄒᆞ엿다가 ᄒᆞᆫ약 회원즁에 규칙을 어긔ᄂᆞᆫ쟈ㅣ 잇시면 법쥬로 벌을준다ᄒᆞ니 쳥국셔 녯적에 글을 짓지 못ᄒᆞ면 술노 벌준다ᄂᆞᆫ 말은 잇셧시되 지금 셰계샹에 ᄀᆡ명ᄒᆞᆫ 나라마다 여러ᄀᆞ지 회가 잇시나 회원의게 벌쥬를 먹인다ᄂᆞᆫ 말은 듯지 못ᄒᆞᆫ지라 사ᄅᆞᆷ들이 우스며 말ᄒᆞ되 이회 일홈은 쥬쳔 협회라 ᄒᆞ고 회원의 일홈은 다 유령어라 ᄒᆞᄂᆞᆫ거시 합당ᄒᆞ다 ᄒᆞ더라

ᄆᆡ일신문광고

협셩회 회보가 변ᄒᆞ야 ᄆᆡ일신문이 되엿ᄂᆞᆫᄃᆡ 파ᄂᆞᆫ 쳐소ᄂᆞᆫ 남대문안 대평동 젼 셔셔 되엿던 집이오니 이신문을 보시려 ᄒᆞᄂᆞᆫ 군ᄌᆞ들은 차자오시오

본회고ᄇᆡᆨ

본회에서 이 회보를 젼년과 ᄀᆞᆺ치 일쥬일에 ᄒᆞᆫ번식 발간ᄒᆞᄂᆞᆫᄃᆡ 새로 륙폭으로 작뎡ᄒᆞ고 ᄒᆞᆫ쟝갑슨 엽젼 오푼이오 ᄒᆞᆫᄃᆞᆯ갑슬 미리내면 젼과 ᄀᆞᆺ치 엽젼 ᄒᆞᆫ돈 오푼이라 본국 교우나 셔국 목ᄉᆞ나 교외 친구나 만일 사셔 보고져 ᄒᆞ거든 졍동 아편셜라 목ᄉᆞ 집이나 죵로 대동셔시에 가셔 사시ᄋᆞᆸ

죵로대동셔시광고

우리 셔샤에셔 셩경 신구약과 찬미칙과 교회에 유익ᄒᆞᆫ 여러가지 셔칙과 시무에 긴요ᄒᆞᆫ 칙들을 팔되 갑시 샹당ᄒᆞ오니 학문샹과 시무변에 ᄯᅳᆺ이 잇ᄂᆞᆫ 군ᄌᆞ들은 만히 사셔 보시ᄋᆞᆸ

대영국 셩셔 공회 광고

새로 간츌ᄒᆞᆫ거슨 로마 가라태 골노시 야고보 베드로 젼후서 티모데 젼후셔니 사셔 보실이ᄂᆞᆫ 회샤 쥬인 견묘 션ᄉᆡᆼᄭᅴ로 오시ᄋᆞᆸ

뎨이권 (오십팔합)

대한크리스도인회보

광무이년 구월십ᄉᆞ일 뎨삼십칠호

기국긔원졀

음력 칠월 십륙일은 대한 기국후 오ᄇᆡᆨ칠년 돌날이라 이날에 독립협회에서 경츅회를 셜힝ᄒᆞ엿ᄂᆞᆫ듸 독립문 우헤ᄂᆞᆫ 국긔를 놉히ᄃᆞᆯ고 압헤ᄂᆞᆫ 쳥송 ᄀᆞ지로 홍예문을 ᄆᆞᆫ들엇시며 황금 대ᄌᆞ로 긔원 경츅이라 삭여 문우헤 크게 붓쳣고 목ᄎᆡᆨ을 ᄉᆞ면으로 널니ᄒᆞ고 그안헤 교의 수ᄇᆡᆨ좌를 버려노코 ᄎᆞ일을 놉히 쳣ᄂᆞᆫ지라 대한 관인들과 각학교 학원들이 샹오 십뎜에 일졔히 모히여 ᄉᆞ숑ᄒᆞ신 풍악을 치며 경츅가를 노ᄅᆡᄒᆞ고 대황뎨 폐하ᄭᅴ 위ᄒᆞ야 만세를 불으고 황태ᄌᆞ 뎐하를 위ᄒᆞ야 쳔세를 불넛시며 회원 몃분이 긔원 대지를 간략히 론셜ᄒᆞᆫ후에 다과를 나아와 깃분 ᄆᆞ음으로 논호와 먹을시 규모가 신밀ᄒᆞ고 졀ᄎᆞ가 졍졔ᄒᆞ야 일호도 란잡ᄒᆞᆷ이 업섯시며 오후 석뎜죵에 다시 외국 손님들을 독립관으로 쳥ᄒᆞ야 ᄯᅩᄒᆞᆫ 오젼ᄀᆞᆺ치 연락 ᄒᆞ엿더라

대황뎨탄일

음력 칠월 이십오일은 우리 대황뎨 폐하의 탄신이라 젼국 신민이 만슈 셩졀을 당ᄒᆞᆫ매 사ᄅᆞᆷ마다 깃분 ᄆᆞ음으로 닷토아 경츅ᄒᆞᄂᆞᆫ 졍셩을 표ᄒᆞᆯ시 독립협회 회원들은 독립관에 모히여 국긔를 놉히ᄃᆞᆯ고 황금 대ᄌᆞ로 만슈 셩졀 네 글ᄌᆞ를 삭여 들어가ᄂᆞᆫ 문에 크게 붓쳣시며 회원 수쳔인과 각 학교 학도들이 각각 머리우헤 조화로 ᄆᆞᆫ든 ᄭᅩᆺᄀᆞ지를 ᄭᅩ졋시며 반공에 ᄎᆞ일을 놉히치고 풍악 소래가 진동ᄒᆞᄂᆞᆫ듸 회원즁 ᄒᆞᆫ분이 경하 츅사를 연셜ᄒᆞᆫ후에 원과 학도들이 ᄎᆞ례로 경츅가를 노래ᄒᆞ고 다과를 내여 쟝유와 로쇼가 ᄒᆞ나도 섀진이가 업시 다먹고 오후 ᄒᆞᆫ시에 폐회 ᄒᆞ엿시며 ○ 구셰교회 교인들은 그날 오후 세시에 쟝악원에 모히여 경츅ᄒᆞᆯ시 남녀 교우가 쳐소를 다르게ᄒᆞ야 ᄇᆡᆨ포쟝으로 가온ᄃᆡ를막고 일졔히 경츅가를 노래ᄒᆞ며 젼능ᄒᆞ신 하ᄂᆞ님ᄭᅴ 대황뎨 폐하를 위ᄒᆞ야 긔도ᄒᆞ고 본국 교우들과 서국목ᄉᆞ가 서로 감샤ᄒᆞᆫᄯᅳᆺ슬 연셜ᄒᆞᄂᆞᆫ듸 그깃거운 모양과 하례ᄒᆞᄂᆞᆫ 말ᄉᆞᆷ은 일필노 다 긔록ᄒᆞᆯ수 업시며 ○ 저녁에ᄂᆞᆫ 비지학당에서와 달셩회당에서 각식등을 ᄃᆞᆯ고 남녀교우가 일심으로 모히여 하ᄂᆞ님ᄭᅴ 긔도ᄒᆞ고 경츅가를 노래ᄒᆞ며 하ᄂᆞ님을 공경ᄒᆞ고 님군을 ᄉᆞ랑ᄒᆞᄂᆞᆫ 쥬쟝ᄯᅳᆺ슬 론셜ᄒᆞ고 깃분 ᄆᆞ음우로 파ᄒᆞᆫ지라 우리ᄂᆞᆫ 젼국 인민이 히마다 오ᄂᆞᆯ을 큰 명일노 알어 츙군 익국ᄒᆞᄂᆞᆫ 목뎍을 긔럼ᄒᆞ기를 ᄇᆞ라노라

대한크리스도인 회보

THE KOREAN CHRISTIAN ADVOCATE.
Rev. H. G. Appenzeller, Editor
36 cents per annum
in advance. Postage extra.
Wednesday, SEPT. 14th, 1898.

셔울 졍동셔 일쥬일에 ᄒᆞᆫ번식 발간 ᄒᆞᄂᆞᆫᄃᆡ 아편셜라 목ᄉᆞ가 회보 샤쟝이 되엿더라

일년 갑슬 미리 내면 삼십 륙젼이오 우표갑슨 ᄯᅡ로 잇ᄂᆞ니라

금년련환회

팔월 삼십일일 샹오 구뎜죵에 젼파ᄀᆞᆺ치 모히여 찬미 긔도 ᄒᆞᆫ후에 위원 아편셜라씨가 본로 젼도인파 권ᄉᆞ를 보단 ᄒᆞ엿ᄂᆞᆫᄃᆡ 이아래 사ᄅᆞᆷ들이 권ᄉᆞ의 표지를 밧은지라

강화교회 계삭회 리승환
셔울 졍동 교회 계삭회 문경호
셔울 달셩 교회 계삭회 리국혁
제물포 교회 계삭회 복졍치 하츈택
평양 교회 계삭회 박셕필 인긔형

위원이 ᄯᅩ 본져 젼도인을 강론ᄒᆞᆫ 후에 작뎡 ᄒᆞ엿ᄉᆞ니 이아래 사ᄅᆞᆷ들이 본로 젼도인으로 동의 지쳥ᄒᆞ지 되엿ᄂᆞᆫ지라

제물포 교회 계삭회 쟝경화 리명숙
강화 교회 계삭회 김샹림
셔울 졍동 교회 계삭회 송긔용
셔울 달셩 교회 계삭회 코비야시
평양 교회 계삭회 오셕형파

셔울 졍동 교회 계삭회 로병션은 이번회에 참셕치 못 ᄒᆞ엿기로 셩경 강론은 못 ᄒᆞ엿거니와 일년동안에 아모 허물도 업셧기로 다시 젼도인의 직임을 맛기셧고 ᄯᅩ 형뎨즁 네 사ᄅᆞᆷ은 셩경을 시강ᄒᆞᆫ즉 칙ᄒᆞᆫ 공부를 잘 맛쳣고로 그후에 다시 련환회의 표지를 밧은지라

평양 교회 계삭회 김창식
제물포 교회 계삭회 김긔범
졍동 교회 계삭회 최병헌
달셩 교회 계삭회 리은승

그후에 미국공ᄉᆞ 안련씨와 감리교회 목ᄉᆞ와 쟝로교회 목ᄉᆞ들이 와셔 서로 깃분 ᄆᆞ옴으로 인ᄉᆞᄒᆞ고 치하 ᄒᆞᄂᆞᆫ 말솜으로 각각 연셜 ᄒᆞ고 파회ᄒᆞ니라

구월 일일 샹오 아홉뎜에 젼파ᄀᆞᆺ치 모히여 찬미 긔도ᄒᆞᆫ 후에 감독ᄭᅴ셔 셔국 사ᄅᆞᆷ 몃분의게 강례를 물으시고 그뒤에 교즁ᄉᆞ무 여러 ᄀᆞ지를 의론ᄒᆞ야 작뎡 ᄒᆞ엿ᄂᆞᆫᄃᆡ 감독ᄭᅴ셔 모든 직분을 좌와ᄀᆞᆺ치 맛기신지라

제물포 교회에 됴원시 목ᄉᆞ요
평양 교회에 로불 목ᄉᆞ와 본로교우 김창식씨요
셔울 졍동 교회에 아편셜라 목ᄉᆞ와 본로 교우 최병헌씨요

례ᄇᆡ일공과 팔십오 구월 이십오일

하ᄂᆞ님이노아와언약을세우심

창셰긔 구쟝 팔졀노 십칠졀ᄭᆞ지

八하ᄂᆞ님이 노아와 그의 아ᄃᆞᆯ의게 닐ᄋᆞ샤ᄃᆡ 九보
라 내가 너와 네 ᄌᆞ손으로 더브러 내언약을 뎡
ᄒᆞ고 十또ᄒᆞᆫ 모진 ᄇᆡ에셔 나오고 륙디에 성쟝ᄒᆞ
논 일ᄇᆡᆨ 즘ᄉᆡᆼ과 륙츅과 새와 셩믈노 언약을 ᄒᆞ노
니 十一또ᄒᆞᆫ 내 언약을 확뎡ᄒᆞ고 다시 홍슈로 ᄒᆞ
여곰 셩믈을 멸ᄒᆞ도 안코 ᄯᅡᄒᆞᆯ ᄲᅡ지게도 아니ᄒᆞ
리라 十二 하ᄂᆞ님이 ᄀᆞᆯᄋᆞ샤ᄃᆡ 내가 너희들과 모
든 셩믈노 더브러 영원이 언약을 세운표ᄅᆞᆯ 반ᄃᆞ
시 잇게 ᄒᆞ리니 十三 무ᄌᆞ지ᄅᆞᆯ 구롬속에 두어 내가
셰샹 억죠로 더브러 언약ᄒᆞᆫ 표ᄅᆞᆯ 삼고 十四 이후
에논 구롬으로 ᄯᅡᄒᆞᆯ 덥고 구롬 속에셔 무ᄌᆞ지가
보이게 ᄒᆞ리라 十五 ᄯᅢ에 내가 너희들과 모든 셩믈
노 더브러 언약을 세운거ᄉᆞᆯ ᄉᆡᆼ각ᄒᆞ야 이후논 홍
슈가 모든 셩믈을 멸ᄒᆞᆷ이 업ᄉᆞᆯ거시요 十六 무ᄌᆞ지
가 구롬속에 보이매 내가 보고 내가 모든 셩믈과
일ᄇᆡᆨ 죵류로 더브러 영원ᄒᆞᆫ 언약 세움을 ᄉᆡᆼ각 ᄒᆞ
리라 十七 하ᄂᆞ님이 노아ᄃᆞ려 닐ᄋᆞ샤ᄃᆡ 내가
모든 셩믈과 일ᄇᆡᆨ 죵류로 더브러 언약ᄒᆞᆫ거ᄉᆞᆯ 일
노 써 표 ᄒᆞ노라 ᄒᆞ시더라

주셕

묻는말

一 하ᄂᆞ님ᄭᅴ셔 약됴ᄅᆞᆯ 노아ㅣ ᄒᆞ고만 뎡ᄒᆞ엿ᄂᆞ뇨

二 ᄯᅩ 무ᄉᆞᆷ 물건으로 더브러 언약 ᄒᆞ셧ᄂᆞ뇨

三 이후에 다시 홍슈ᄅᆞᆯ 나리겟다 ᄒᆞ셧ᄂᆞ뇨

四 하ᄂᆞ님ᄭᅴ셔 약됴ᄒᆞ신 징죠ᄅᆞᆯ 엇더케 뵈셧ᄂᆞ뇨

五 ᄯᅡ혜는 무어시 덥히리라 ᄒᆞ셧ᄂᆞ뇨

六 하ᄂᆞ님ᄭᅴ셔 무어ᄉᆞᆯ 싱각 ᄒᆞ리라 ᄒᆞ셧ᄂᆞ뇨

七 구롬 가온ᄃᆡ 무즈기ᄅᆞᆯ 보시면 엇더케 ᄒᆞ리라 ᄒᆞ셧ᄂᆞ뇨

八 하ᄂᆞ님ᄭᅴ셔 ᄯᅩ 노아의게 무ᄉᆞᆷ 말ᄉᆞᆷ을 ᄒᆞ셧ᄂᆞ뇨

九 하ᄂᆞ님ᄭᅴ셔 노아의게 무ᄉᆞᆷ복을 주셧ᄂᆞ뇨

十 이외에 셩경에셔 무즈기 말ᄉᆞᆷ이 어ᄃᆡ잇소

요다음 쥬일에 공부ᄒᆞᆯ 졔목을 좌에 미리 긔지ᄒᆞ노라

십월이일

파별이란탑

창셰긔 십일장 일절노 십ᄉᆞ지

이폭련속

셔울 달셩 교회 사란돈목ᄉᆞ와 본토교우리운승씨요
슈원파 공쥬는 쇼목ᄉᆞ로 작뎡ᄒᆞ엿고
대구는 아직 사ᄅᆞᆷ을 보니지 못 ᄒᆞ엿고
원산 교회는 믹길 의원과 본토교우 김긔범씨요
버지학당 교쟝 아펀셜라씨요 교ᄉᆞ에 쌕룩씨요
셔울 샹동 병원에는 쇄만 의원이요
원산 병원에는 믹길 의원이요
평양 홀의원의 긔렴 병원에는 팔월 의원이요
셔울 삼국 문쟝 연쇄판에 갑씨기요
셔울 죵로 대동셔시 총무쟝 아펀셜라씨요
대한 크리스도인 회보사쟝 아펀셜라씨요

○ 그후에 여러 셔국 부인의 직임을 각각 맛겻는디 리화학당 교쟝에 푸라이씨 부인 션싱에 피엣씨 부인이요
보구녀관 의원에 커틀너씨 부인과 도아주고 겸ᄒᆞ여 젼도ᄒᆞ는이는 누의씨 부인이요
셔울 동대문안 병원에는 히리씨 부인이요
평양부 광졔원은 홀 의원의 부인이요
동대문안과 죵로 회당에 젼도 ᄒᆞ기는 노왈나씨 부인이요
달셩 회당에 로부인과 쇄만 의원의 부인이요
졔물포 교회 됴원시씨 목ᄉᆞ의 부인이오
평양 교회 로불 목ᄉᆞ의 부인과 팔월 의원의 부인이더라

금년 련환회에 교우와 학습인의 수효를 됴ᄉᆞᄒᆞ여 보건디 작년보다 팔ᄇᆡᆨ 십인이 더 느럿시니 합ᄒᆞ여 이쳔명 가량이라 하ᄂᆞ님의 은혜 츰 감샤ᄒᆞ오며 또 금년은 셩신의 도으심으로 교우가 여러 면명이 되기를 ᄇᆞ라노라

너보

구월 십일일 져녁에 대황뎨 폐하ᄭᅴ셔와
황태ᄌᆞ 뎐하ᄭᅴ셔 카피차를 진어 ᄒᆞ시고 즉시 환후가 계오셔 대단히 위즁 ᄒᆞ시매 협시와 비빈들이 크게 놀니여 진어 ᄒᆞ시던 퇴션을 맛보다가 병난이가 팔인이라 그때에 카피차를 거힝ᄒᆞ던 관원과 슉슈들을 즉시 경무텽으로 잡아 보내엿ᄂᆞᆫ디
황샹ᄭᅴ셔와
황태ᄌᆞᄭᅴ오셔 환후가 ᄎᆞᄎᆞ 평복이 되신다 ᄒᆞ니 우리는 크게 황송 ᄒᆞ던ᄎᆞ에 감츅히 너히노라

○ 금월 십삼일에 독립협회 회원들이 츙군 익국ᄒᆞᄂᆞᆫ ᄆᆞ옴으로 풍우를 무릅쓰고 죵로에 모히여 이번에
황샹ᄭᅴ오셔와
황태ᄌᆞᄭᅴ오셔 환후계신 ᄭᅡ닭을 탐지코져 ᄒᆞ야서로 의론ᄒᆞ더니 셩샹 폐하ᄭᅴ셔
죠칙을 나리샤 ᄀᆞᆯᄋᆞ샤ᄃᆡ 금번일은 일국 신ᄌᆞ이 누가 근심ᄒᆞ는 츙셩이 업실배 아니로ᄃᆡ 그즁에 너희들 ᄒᆞᄂᆞᆫ일은 특위 가샹이나 지금ᄯᅢ가 그러치 아니ᄒᆞ여 만일 왕ᄌᆞᄒᆞ면 인심이 소요ᄒᆞᆯ늣ᄒᆞᆯ고 모든 죄인은 법부가 ᄌᆞ지ᄒᆞ니 의법 즁판ᄒᆞᆯ거시요 환후도 ᄎᆞᄎᆞ 평복

이 되시나 그리들 알고 물너가서 기다리라 ᄒᆞ시매 회원들이 황칙을 봉독ᄒᆞᆫ후에 일제히 만세를 불으고 파 ᄒᆞ엿다더라

○금년여름 장마에 인천 졀골이란 동리에 교우 ᄒᆞᆫ집이 사ᄂᆞᆫ듸 그 교우의 식구인즉 내외와 십여셰된 아ᄃᆞᆯ ᄒᆞ나히 잇시니 합ᄒᆞ여 세 사ᄅᆞᆷ이라 그 교우가 밤즁에 무단이 잠이ᄭᆡ여 밧게 나아가 본즉 그 아ᄃᆞᆯ은 뒤를보러 임의 나아왓ᄂᆞᆫ듸 홀연이 집이 문허지거ᄂᆞᆯ 그 교우의 부ᄌᆞᄂᆞᆫ 다힝이 화를 면ᄒᆞ엿시나 그 교우의 안ᄒᆡᄂᆞᆫ 필경 참혹ᄒᆞᆫ 디경을 당ᄒᆞᆯ줄 알엇더니 하ᄂᆞ님이 도으샤 집이 문허진즁에 사ᄅᆞᆷ ᄒᆞ나히 나아갈만 ᄒᆞᆫ 구멍이 잇ᄂᆞᆫ고로 그 부인이 그 구멍으로 좃차 나아오매 젼신이 조곰도 샹ᄒᆞ지 아니ᄒᆞᆫ지라 동리 사ᄅᆞᆷ들이 이샹히 넉여 서로 말ᄒᆞ되 이 사ᄅᆞᆷ의 집이 밤즁에 문허젓ᄂᆞᆫ듸 집안 식구가 ᄒᆞ나도 샹ᄒᆞᆫ이가 업시니 이ᄂᆞᆫ반ᄃᆞ시 하ᄂᆞ님을 공경ᄒᆞᄂᆞᆫ 효험이라ᄒᆞ더라

○북촌에 유지ᄒᆞᆫ 부인 몃분이 녀학교를 비셜ᄒᆞ고 여러ᄀᆞ지 학문을 공부ᄒᆞ교져 ᄒᆞᆫ다ᄒᆞ니 우리ᄂᆞᆫ 대한에 참 긔명 되ᄂᆞᆫ거시 일노좃차 시작ᄒᆞᆯ줄노 아노라

○평양 디방듸 쟝관들은 평복으를 몰올ᄃᆞ고 ᄃᆞ닐ᄯᆡ에 병졍으로 긴 담비ᄃᆡ를 들니고 뒤를 ᄯᅡ르게ᄒᆞ며 평민은 로샹에서 담비 먹ᄂᆞᆫ거슬 엄금ᄒᆞ매 사ᄅᆞᆷ들이 말ᄒᆞ되 쟝관이 되야 병졍을 ᄎᆞ긔 하인으로 부리고 담비를 ᄌᆞ긔ᄂᆞᆫ 먹으며 놈은 못먹게ᄒᆞ나 힝악어라고 시비가 만타더라

ᄇᆡ직학당ᄀᆡ학광고

본학당이 본월 이십일(음력 팔월 초오일)에 ᄀᆡ학ᄒᆞᄂᆞᆫ듸 서국 교ᄉᆞ가 이인이오 부교ᄉᆞ가 ᄉᆞ인이오 한문 교ᄉᆞ가 이인이라 영문 한문 국문 디지력ᄉᆞ 산학파 외다 졔죵 학문을 ᄀᆞᄅᆞ칠터이니 다들와서 공부ᄒᆞ시오

광무 이년 구월 십ᄉᆞ일

죵교ᄉᆞ 아펜셜라

본회고ᄇᆡᆨ

본회에서 이 회보를 전년과 ᄀᆞᆺ치 일쥬일에 ᄒᆞᆫ번식 발간ᄒᆞᄂᆞᆫ듸 새로 륙폭으로 작뎡ᄒᆞ고 ᄒᆞᆫ쟝 갑슨 엽젼 오픈이오 ᄒᆞᆫ돌갑슬 미리내면 젼과 ᄀᆞᆺ치 엽젼 ᄒᆞᆫ돈 오픈이라 본국 교우나 셔국 목ᄉᆞ나 교외 친구나 만일 사셔 보고져 ᄒᆞ거든 졍동 아편셜라 목ᄉᆞ 집이나 죵로 대동셔시에 가셔 사시옵

죵로대동서시광고

우리 서샤에서 셩경 신구약과 찬미칙과 교회에 유익ᄒᆞᆫ 여러가지 서칙과 시무에 긴요ᄒᆞᆫ 칙들을 팔되 갑시 샹당ᄒᆞ오니 학문샹과 시무변에 ᄯᅳᆺ이 잇ᄂᆞᆫ 군ᄌᆞ들은 만히 사셔 보시옵

대영국셩셔공회광고

새로 간출ᄒᆞᆫ거슨 로마 가라태 골노시 야고보 베드로 젼후서 듸모데 젼후셔니 사셔 보실이ᄂᆞᆫ 회샤 쥬인 견묘 션ᄉᆡᆼ께로 오시옵

뎨이권

대한크리스도인회보

뎨삼십팔호

광무이년 구월이십일일 (륙십팔합)

각국교회의 수효

팔년젼에 청국 리샹국 쇼젼써가 영국 션교ᄉᆞ 리데마태 션ᄉᆡᆼ을 되ᄒᆞ야 슈작ᄒᆞᆯ 즈음에 무ᄅᆞ되 교회가 이 셰샹에 무ᄉᆞᆷ 유익ᄒᆞᆷ이 잇ᄂᆞ뇨 ᄒᆞᆫ거ᄂᆞᆯ 션ᄉᆡᆼ이 텬하 각국에 잇ᄂᆞᆫ 교회의 만코 적은 것과 셩ᄒᆞ고 쇠ᄒᆞᆫ것과 셰계 민ᄉᆡᆼ에 크게 유익ᄒᆞᆷ을 대강 말ᄉᆞᆷᄒᆞ시고 그후에 구셰교익이라 ᄒᆞᄂᆞᆫ ᄎᆡᆨ을 지으신지라 그 말ᄉᆞᆷ에 ᄀᆞᆯᄋᆞᄃᆡ 온 디구가 ᄉᆞ분의 삼은 물이오 일분은 륙디니 륙디의 크기가 합ᄒᆞ여 오ᄇᆡᆨ십죠 방리라 그즁에 ᄉᆞᄇᆡᆨ 이십여죠 방리ᄂᆞᆫ 구셰 교회를 존숭ᄒᆞᄂᆞᆫ 나라가 관리ᄒᆞᄂᆞᆫᄃᆡ 쇽ᄒᆞ엿시니 ᄆᆡ 쳔방리 즁에 팔ᄇᆡᆨ 십방리가량을 득ᄒᆞ엿고 ᄉᆞ십여죠 방리ᄂᆞᆫ 유교를 존숭ᄒᆞᄂᆞᆫ 나라가 관리ᄒᆞᄂᆞᆫᄃᆡ 쇽ᄒᆞ엿시니 ᄆᆡ 쳔방리 즁에 구십방리 가량을 득ᄒᆞ엿고 삼십여죠 방리ᄂᆞᆫ 회회교를 존숭ᄒᆞᄂᆞᆫ 나라가 관리ᄒᆞᄂᆞᆫᄃᆡ 쇽ᄒᆞ엿시니 ᄆᆡ 쳔방리 즁에 칠십방리 가량을 득ᄒᆞ엿고 이죠 방리ᄂᆞᆫ 불교를 존숭ᄒᆞᄂᆞᆫ 나라가 관리ᄒᆞᄂᆞᆫᄃᆡ 쇽ᄒᆞ엿시니 ᄆᆡ 쳔방리 즁에 십방리 가량도 득지 못ᄒᆞᆫ지라 일노좃차 보건ᄃᆡ 구셰쥬 교회의 흥왕ᄒᆞᆷ을 가히 알거시요 온 디구샹에 잇ᄂᆞᆫ 인구 수효를 됴ᄉᆞᄒᆞᆫ건ᄃᆡ 합ᄒᆞ여 일쳔ᄉᆞᄇᆡᆨ 팔십죠가 되ᄂᆞᆫ지라 그즁에 구셰쥬 교회를 존숭ᄒᆞᄂᆞᆫ 나라에 쇽ᄒᆞᆫ이가 구ᄇᆡᆨ ᄉᆞ십 륙죠인 가량이라 ᄆᆡ ᄇᆡᆨ인즁에 륙십 삼인이 되ᄂᆞᆫᄃᆡ 예수교인이 합 일ᄇᆡᆨ 삼십 오죠인이요 텬쥬 교인이 합 일ᄇᆡᆨ 구십 오죠인이요 회랍 교인이 합 팔십 오죠인이니 이샹 삼교ᄂᆞᆫ 다 구셰쥬 교회에 쇽ᄒᆞ엿시니 도합 수효가 ᄉᆞᄇᆡᆨ 십오죠인이 되고 유태 교인아 팔죠나 되고 회회교인이 팔십죠 가량이니 이샹 다ᄉᆞᆺ교ᄂᆞᆫ 다 독일 무이ᄒᆞ신 하ᄂᆞ님을 숭비ᄒᆞ야 우샹의게 절ᄒᆞ지 아니ᄒᆞ고 유교를 존숭ᄒᆞᄂᆞᆫ 나라의 관리 된이ᄂᆞᆫ ᄉᆞᄇᆡᆨ ᄉᆞ십 죠인이요 불교를 존숭ᄒᆞᄂᆞᆫ 나라의 관리 된이ᄂᆞᆫ 륙죠가 되ᄂᆞᆫᄃᆡ 유불션 삼교를 합ᄒᆞ야 ᄉᆞᄇᆡᆨ 이십 오죠인이요 인도교를 존숭ᄒᆞᄂᆞᆫ이가 이ᄇᆡᆨ 칠죠 가량이요 교화를 빗지 못ᄒᆞᆫ이가 이ᄇᆡᆨ 삼십 오죠인이니 대개 구세쥬의 교회ᄂᆞᆫ 남북 아미리가쥬와 구라파쥬와 아라사 젼국과 아비리사쥬와 오ᄉᆞ다리아쥬와 인도국과 여송제도에 흥왕ᄒᆞ고 유교ᄂᆞᆫ 청국과 대한과 일본에 잇시며 회회교ᄂᆞᆫ 토이기와 아라비아국과 아비리사쥬 북편과 마락코 디경에 셩ᄒᆡᆼᄒᆞ고 불교ᄂᆞᆫ 셤라국과 신가파 디경에 잇다 ᄒᆞ엿ᄂᆞᆫ지라 우리 교즁 형뎨들은 온 디구샹에 엇더ᄒᆞᆫ 교회가 가히 죵교 될만ᄒᆞᆫ거슬 깁히 ᄉᆡᆼ각 ᄒᆞᆯ지어다

대한크리스도인 회보

대한크리스도인 회보

서울 정동셔 일쥬일에 ᄒᆞᆫ번식 발간 ᄒᆞᄂᆞᆫᄃᆡ 아편셜라 목ᄉᆞ가 회보 샤쟝이 되엿더라 일년 갑슬 미리 내면 삼십 륙젼이오 우표갑슨 ᄯᅩ로 잇ᄂᆞ니라

THE KOREAN CHRISTIAN ADVOCATE.
Rev. H. G. Appenzeller, Editor
36 cents per annum *in advance. Postage extra.*
Wednesday, SEPT. 21st, 1898.

교우 노병션씨 열람ᄒᆞᆫ일

내가 셔관으로 가랴고 졔물포에 수삼일을 두류ᄒᆞ면셔 방방 곡곡이 구경ᄒᆞ니 ᄉᆞ년젼 보담 외국인 거류디에ᄂᆞᆫ 가호도 번셩ᄒᆞ고 샹무도 더 흥왕ᄒᆞ여 셔로 번화된 일이 만하 사ᄅᆞᆷ의 이목을 번화케 ᄒᆞ나 본국인 거류디에 ᄃᆞ러가 본즉 달핑의 집에 문젼이 류추ᄒᆞ여 거리 거리 인분이요 골목 골목 거름이라 보이ᄂᆞ니 술집이요 그외에 소위 가가라 ᄒᆞᄂᆞᆫ거슨 빅목 자도릭이 쓸되박 푸셩귀 찬빗낫 노코 프ᄂᆞᆫ디 그즁에도 난쟝판 싸호ᄂᆞᆫ 빗치요 ᄯᅥ드ᄂᆞᆫ 소ᄅᆡ ᄲᅮᆫ이라 ᄒᆞᆫ도 한심ᄒᆞ여 놉흔디경에 올나셔 바라보니 화려ᄒᆞᆫ 집들은 회당이 아니면 셔양인의 층집이라 ᄆᆡ옥 ᄆᆞᄋᆞᆷ이 답답ᄒᆞ야 다시 학교로 차자가니 이곳은 일어학당 학도들이 광무협회를 조직ᄒᆞᆫ 곳이라 수삼십명 소년들이 모혀 셰ᄉᆞ를 도론ᄒᆞ며 나라를 근심ᄒᆞ고 엇지ᄒᆞ면 우리도 학문이 넉넉ᄒᆞ여 외국에 수치를 면ᄒᆞ리요 ᄒᆞᄂᆞᆫ 의론을 드르니 ᄆᆞᄋᆞᆷ이 얼마큼 위로가 되고 ᄌᆞ미가 잇ᄂᆞᆫ고로 그졔ᄂᆞᆫ 각 회샤로 가셔 구경ᄒᆞ리라 ᄒᆞ여 박문회에 가본즉 ᄯᅩᄒᆞᆫ 이층 다락우희 본국인 ᄉᆞ오십명이 모혀 항구에 무어시 폐막이 되ᄂᆞ냐 각각 아ᄂᆞᆫ디로 말ᄒᆞ쟈ᄒᆞᄂᆞᆫ 문졔를 니여건거슬 본즉 ᄆᆞᄋᆞᆷ에 홀노 깃버ᄒᆞᆫ거시 이런회로 인연ᄒᆞ여 우리 나라가 쟝ᄎᆞᆺ 젼진지망이 잇슬이라 ᄒᆞ고 ᄯᅩ ᄒᆞᆫ곳에 니ᄅᆞ니 룡동 미이미 교회 회당이라 남녀 교우들이 졍졔히 모혓ᄂᆞᆫ디 셔국 목ᄉᆞ가 젼도ᄒᆞ되 무ᄉᆞᆷ 일이던지 ᄒᆞᄂᆞᆫ톄 ᄒᆞ지말고 실심으로 ᄒᆞ라 우리 교회에 밋ᄂᆞᆫ톄 ᄒᆞᄂᆞᆫ 교우가 만하 걱졍이라 ᄒᆞ매 남녀 교우가 다 깃버게 듯고 각각 도라가더라

팔월 일일 하오 십이시에 히룡환을 ᄐᆞ고 평양으로 향ᄒᆞᆯ셰 망망ᄒᆞᆫ 큰 바다에 얼니 ᄉᆞ면을 바라보니 하ᄂᆞᆯ과 바다ᄂᆞᆫ 졉ᄒᆞ엿ᄂᆞᆫ디 요나가 ᄇᆡᄐᆞ고 니미로 가라ᄒᆞ신 하ᄂᆞ님의 명령을 거ᄉᆞ리고 대실노 가다가 어복즁에 삼일을 쟝ᄉᆞ 지닌일과 피득이 ᄇᆡᄐᆞ고 고기 낙다가 풍랑을 맛나 예수씨를 부르던일과 피득이 바다에 거러건너 가다가 ᄲᅡ질가 두려워ᄒᆞ여 예수씨를 부르던일과 보라가 유태에셔 라마로 송ᄉᆞᄒᆞ러 가다가 풍랑을 맛나 파션이 된고로 널ᄶᅩᆨ을 ᄐᆞ고 이리대 셤으로 간일을 ᄉᆡᆼ각ᄒᆞ니 밋음이 적고 죄가 잇시면 이런대히에 무ᄉᆞᆷ 고난이 잇슬가 미샹불 념녀더니 (오쪽)

례ᄇᆡ일공과 팔십륙 · 십월 이일

파별이란탑

창셰긔 십일쟝 일졀노 십졀 ᄭᆞ지
〓 네젼은 텬하 억죠의 말이 ᄀᆞᆺ더니 〓 동으로 브
ㅣ 옴긴후에 시나ᄯᅡ 평디를 엇어 거ᄒᆞ고 〓 셔로
골ᄋᆞ되 우리가 벽돌을 문ᄃᆞ라 굽자ᄒᆞ고 이에 벽
돌노ᄡᅥ 돌을 ᄃᆡ신ᄒᆞ고 또 돌분이 잇셔 진흙을
ᄃᆡ신ᄒᆞ며 〓 또 골ᄋᆞᄃᆡ 우리가 ᄀᆞᆺ치 셩과 칭칭ᄒᆞᆫ
ᄃᆡ를 ᄡᅡ허 놉기가 하ᄂᆞᆯ에 닷케ᄒᆞ야 명예를 내고
ᄉᆞ방에 헛터짐이 업게ᄒᆞ자 ᄒᆞ더라 〓 〃 하ᄂᆞ님이
여러 사ᄅᆞᆷ의 ᄡᅡ흔셩과 ᄃᆡ에 강림ᄒᆞ야 보시고 〃 골
ᄋᆞ샤ᄃᆡ ᄇᆡᆨ셩와 ᄡᅵ족이 다르지 아니ᄒᆞ고 말소리가
다르지 아니ᄒᆞᆷ으로 이러케 문둠이 잇ᄉᆞ니 이후에
ᄃᆡ의 경영ᄒᆞᆷ을 금ᄒᆞᆯ수 업도다 〃 우리가 림ᄒᆞ야
ᄃᆡ의말을 혼잡게 ᄒᆞ여 셔로 통치 못ᄒᆞ게 ᄒᆞ라ᄒᆞ
ᄌ 하ᄂᆞ님이 그들을 ᄉᆞ방에 헛호시니 이에 그들이
셩ᄊᆞᆺ키를 파ᄒᆞᆫ매 〃 하ᄂᆞ님이 셰샹 억죠의 말을
혼잡게 ᄒᆞ시고 ᄉᆞ방에 헛허지게 ᄒᆞ신고로 그 곳을
일홈을 파별이라 ᄒᆞ다 + 셈의 ᄌᆞ손이 이러ᄒᆞ니
홍수후 이년에 셈이 ᄇᆡᆨ살에 아법셜을 나흐니라

주석

뭇는말

一 녯적말과 지금말의 ᄒᆞᄂᆞᆫ법이 다ᄀᆞᆺᄒᆞ뇨

二 그때 ᄇᆡᆨ셩들이 어나 곳에셔 살앗ᄂᆞ뇨

三 또 무슴 물건을 의론ᄒᆞ여 문드럿ᄂᆞ뇨

四 또 칭ᄃᆡᄂᆞᆫ 무슴 ᄯᅳᆺ으로 ᄡᅡ엇ᄂᆞ뇨

五 그 칭ᄃᆡ의 놉기가 얼마나 되ᄂᆞ뇨

六 하ᄂᆞ님ᄭᅴ셔 그 칭ᄃᆡ를 보시고 됴화 ᄒᆞ셧ᄂᆞ뇨

七 하ᄂᆞ님ᄭᅴ셔 ᄒᆞ신 말ᄉᆞᆷ을 외오시오

八 우리라 ᄒᆞ심은 다른 하ᄂᆞ님이 또 계시뇨

九 하ᄂᆞ님ᄭᅴ셔 그 ᄇᆡᆨ셩들을 엇더케 죠쳐 ᄒᆞ셧ᄂᆞ뇨

十 그ᄯᅡ 일홈은 무어시라 ᄒᆞ엿시며 그 ᄯᅳᆺ시 무어시뇨

十一 홍슈후 몃ᄒᆡ만에 셈이 아돌 누구를 나헛ᄂᆞ뇨

十二 노아가 모도 몃ᄒᆡ를 향슈 ᄒᆞ엿ᄂᆞ뇨

요다음 쥬일에 공부ᄒᆞᆯ 졔목을 좌에 미리 긔지ᄒᆞ노라

십월구일

아브라함을 부르심

창셰긔 십이장 일졀노 구졀ᄭᆞ지

이곡련속

하ᄂᆞ님의 도으심으로 장산곶여울을 무고이 지ᄂᆡ고 징남포를 지나 셕호졍으로 만경ᄃᆡ에 ᄂᆞ려 조교마ᄒᆞᆫ ᄇᆡ를 엇어ᄐᆞ고 대동강 샹류로 올나갈ᄉᆡ 쥬위도와 헌여울과 양각도를 지나 외셩을 ᄇᆞ라보니 긔ᄌᆞ때에 졍뎐법을 힝ᄒᆞ던 고적이 오히려 온온 ᄒᆞ더라

팔월 삼일 샹오에 부두에 ᄂᆞ려 살펴본즉 강변이층 집들에 간혹 일본인이 살고 강샹에 ᄯᅳᆫ 목션들은 우리 나라 사ᄅᆞᆷ들의 ᄇᆡ가 만코 기외는 일본인의 ᄇᆡ와 청국 ᄇᆡ들이 ᄃᆡ왕ᄒᆞ며 대동문 안으로 ᄂᆞᆫ도ᄅᆡ가 본즉 거리에 큰 가가집은 반이나 일본인에 젼이요 ᄃᆡ인 거긱이 번화ᄒᆞ고 샹무가 흥왕ᄒᆞᄂᆞᆫ 모양이나 평양도 셔울과 인쳔과 즁남포와 ᄀᆞᆺ치 샹리를 외국인의게 ᄲᅢ아긴듯 ᄒᆞ여 ᄆᆞᄋᆞᆷ에 ᄉᆞᄉᆞ로 탄식ᄒᆞ다가 교우 최치랑씨 집에 주인ᄒᆞ고 그곳 모든 교우들의 안부를 무른후에 ᄆᆞᄋᆞᆷ에 ᄉᆞᄉᆞ로 탄식 ᄒᆞ던말을 주인의게 ᄒᆞᆫ즉 최치랑씨의 ᄃᆡ답이 그런고로 평양이나 샹무를 외국인의게 양두 아니ᄒᆞᆯ가ᄒᆞ여 이곳 ᄇᆡᆨ셩들이 모혀 의론ᄒᆞ기를 무론 엇던 집이던지 외국인의게ᄂᆞᆫ 즁가를 밧드ᄅᆡ도 팔지 안키로 작졍 ᄒᆞ엿노라 ᄒᆞ더라

잇튼날 ᄯᅩ 교우 오셕형씨 집의 주인을 옴기고 각쳐 회당과 시병원과 셔양 친구들을 차자가 본즉 그곳도 셔울과 ᄀᆞᆺ치 셔양인은 셔촌에 ᄇᆡ치 ᄒᆞ고 살되 셔울과 ᄀᆞᆺ치 번화치ᄂᆞᆫ 못ᄒᆞ나 터ᄂᆞᆫ놉고 졍결ᄒᆞᆫ 곳을 ᄀᆞ졋시며 회당은 세신ᄃᆡ 돌은 쟝로교회 회당이요 하나ᄂᆞᆫ 미이미 교회 회당이라 세회당을 다 ᄒᆞᆫ 모양으로 뎡ᄶᅩᆨ ᄀᆞᆺ치 지엇시며 젼수이 젼도 ᄒᆞ기를 위ᄒᆞ야 그 괴로옴을 ᄭᅥ리지 안코 수만리 타국에서 와 잇ᄂᆞᆫ 셔국 부인이 합 칠인이요 교ᄉᆞ와 의원이 합 팔인이라 우리 나라 동포 ᄀᆞ르치기를 위ᄒᆞ여 이ᄀᆞᆺ치 수고ᄒᆞ니 ᄆᆡ우 감샤ᄒᆞᆯ일이더라

잇튼날 다시 련광졍과 쥬작문과 우양관을 구경ᄒᆞ고 도라 오ᄂᆞᆫ길에 엇던 병뎡 복식ᄒᆞᆫ 사ᄅᆞᆷ이 긴 담ᄇᆡᄃᆡ를들고 다라 나ᄂᆞᆫ고로 겻회 사ᄅᆞᆷᄃᆞ려 뭇기를 져사ᄅᆞᆷ이 만일 병뎡이면 총을메야 ᄒᆞᆯ터인ᄃᆡ ᄃᆡ를들고 다라나ᄂᆞ니 엇지된 연고나ᄒᆞᆫ즉 그 사ᄅᆞᆷ이 옷고 ᄃᆡ답ᄒᆞ기ᄅᆞᆯ 져 평복으로 ᄆᆞᆯᄐᆞ고 가ᄂᆞᆫ 쟝관을 ᄯᅡ러 가노라고 져리 분주ᄒᆞ다 ᄒᆞ며 도로켜 뭇기를 셔울도 져러ᄒᆞᆫ 모양이 잇ᄂᆞ냐 ᄒᆞᆯ기에 내가 ᄃᆡ답ᄒᆞ기를 셔울 쟝관들은 병뎡식켜 파봉은 들니고 ᄃᆞ니되 아직은 담ᄇᆡᄃᆡ 들니고 ᄃᆞ니ᄂᆞᆫ 쟝관은 업다ᄒᆞ고 도라 오ᄂᆞᆫ 길에 셩경 곤ᄂᆞᆫ집에 드러간즉 언문으로 번역ᄒᆞᆫ 셩경칙들이 만은ᄃᆡ ᄒᆞᆫ권에 칙 미매 되ᄂᆞᆫ거슬 평균 ᄒᆞ여 본즉 이십 여원이 된다 ᄒᆞ며 그 주인의 말이 신약젼셔를 원동 번역ᄒᆞᆫ거슬 셔울셔 ᄂᆞ려 오기를 감으ᄂᆞᆫ때에 비 기ᄃᆞ리ᄂᆞᆫ것 ᄀᆞᆺ쳐 기ᄃᆞ린다 ᄒᆞ더라 (미완)

ᄂᆡ보

본회 회보샤쟝 아편셜라씨가 양력 구월 십ᄉᆞ일에 교즁일노 원산항에 가셧ᄂᆞᆫᄃᆡ 도ᄅᆞ오실 긔한은 세쥬일 동안이 될듯ᄒᆞᆫ지라 셔국목ᄉᆞ나 본국교우나 다 그 평안이 왕반 ᄒᆞ시기를 ᄇᆞ라고 ᄇᆡ직학당 ᄀᆡ학ᄒᆞᆯᄯᅢ에도 춍교ᄉᆞ 아편셜라씨가 계시지 아니ᄒᆞᆫ 꼬로 부교ᄉᆞ 여러분과 모든 학원들이 다 셥셥히 넉이더라

○ 일젼에 궐ᄂᆡ에셔 카피ᄎᆞ를 진어 ᄒᆞ시다가 대황뎨 폐하ᄭᅴ옵셔와 황태ᄌᆞ 뎐하ᄭᅴ옵셔 환후가 계시ᄆᆡ 관민간에 다황송히 넉이더니 하ᄂᆞ님의 도으심으로 ᄎᆞᄎᆞ 평복이 되신단말은 젼호에 임의 긔ᄌᆡ ᄒᆞ엿거니와 다시 드른즉 그흉모가 ᄯᅩ시 흑산도 류죵신 죄인 김홍륙의 소위ㄴ고로 김홍륙의 쳐와 홍륙의 동모인 공홍식을 경무텽에셔 꼿잡아 가두엇고 홍륙은 비소로 잡으러 갓다ᄂᆞᆫᄃᆡ 사ᄅᆞᆷ들이 말ᄒᆞ되 김홍륙은 근본 북도에 미쳔ᄒᆞᆫ 죵류로 텬은이 망극ᄒᆞ샤 벼ᄉᆞᆯ이 이품에 니르럿거ᄂᆞᆯ 간흉ᄒᆞᆫ 김가가 셩샹폐하의 하ᄒᆡ ᄀᆞᆺᄒᆞ신 혜택을 만분지 일이라도 갑흘 ᄉᆡᆼ각은 아니ᄒᆞ고 도로혀 쳔고에 업ᄂᆞᆫ 불칙ᄒᆞᆫ 죄를 지엿시니 졍부에셔 응당 죠률 쳐치 ᄒᆞ시려니와 대한신민 된이야 사ᄅᆞᆷ마다 누가 김가를 죽일 ᄆᆞ음이 업시랴고 의론이 분운 ᄒᆞ다더라

ᄇᆡ직학당ᄀᆡ학광고

본학당이 본월 이십일 (음력 팔월 초오일) 에 ᄀᆡ학 ᄒᆞᄂᆞᆫᄃᆡ 셔국 교ᄉᆞ가 이인이오 부교ᄉᆞ가 ᄉᆞ인이오 한문 교ᄉᆞ가 이인이라 영문 한문 국문 ᄯᅥ지 력ᄉᆞ 산학과 외타 졔죵 학문을 ᄀᆞᄅᆞ칠터이니 다들 와셔 공부 ᄒᆞ시오

광무 이년 구월 십ᄉᆞ일

춍교ᄉᆞ 아편셜라

본회고ᄇᆡᆨ

본회에셔 이 회보를 젼년과 ᄀᆞᆺ치 일쥬일에 ᄒᆞᆫ번식 발간 ᄒᆞᄂᆞᆫᄃᆡ 새로 륙폭으로 작뎡ᄒᆞ고 ᄒᆞᆫ장 갑슨 엽젼 오푼이오 ᄒᆞᆫ돌갑슨 미리내면 젼과 ᄀᆞᆺ치 엽젼 ᄒᆞᆫ돈 오푼이라 본국 교우나 셔국 목ᄉᆞ나 교외 친구나 만일 사셔 보고져 ᄒᆞ거든 졍동 아편셜라 목ᄉᆞ 집이나 죵로 대동셔시에 가셔 사시압

죵로대동셔시광고

우리 셔샤에셔 셩경 신구약과 찬미칙과 교회에 유익ᄒᆞᆫ 여러가지 셔칙과 시무에 긴요ᄒᆞᆫ 칙들을 팔되 갑시 샹당 ᄒᆞ오니 학문샹과 시무변에 ᄯᅳᆺ이 잇ᄂᆞᆫ 군ᄌᆞ들은 만히 사셔 보시압

대영국 셩셔 공회 광고

새로 간츌 ᄒᆞᆫ 거손 로마 가라태 골노시 야고보 베드로 젼후셔 티모데 젼후셔니 사셔 보실이ᄂᆞᆫ 회샤 쥬인 견묘 션ᄉᆡᆼᄭᅴ로 오시압

뎨이권

대한크리스도인회보

(칠십팔합) 광무이년 구월이십팔일

뎨삼십구호

셩후평복ᄒᆞ심

대뎌 나라 가온대 변혁이 업신후에 ᄇᆡ셩이 안락ᄒᆞ고 셩상의 옥톄가 강건 ᄒᆞ신 후에, 만긔를 총찰 "ᄒᆞ시리니 대한의 신민이 되여 나라히 태평 무ᄉᆞᄒᆞ기를 사ᄅᆞᆷ마다 ᄇᆞ라ᄂᆞᆫ바ㅣ라 향일에 놀나온 소문을 드ᄅᆞᆫ즉 대한 졍부 신하즁에 간악ᄒᆞᆫ 역신이 잇셔
황상 폐하ᄭᅴ셔와
황태ᄌᆞ 뎐하ᄭᅴ 슈라를 진어 ᄒᆞᆯᄯᅢ에 가만히 독약을 쳐ᄒᆞᆫ쟈ㅣ 잇셔 대내에셔 크게 경동 ᄒᆞ실ᄲᅮᆫ 아니라
대황뎨 폐하ᄭᅴ셔와
황태ᄌᆞ 뎐하ᄭᅴ셔 다 미녕 ᄒᆞ신고로 졍부 관인들과 젼국 인민들이 황츅ᄒᆞᆫ ᄆᆞᄋᆞᆷ을 이긔지 못ᄒᆞ여 쥬야로 민망 ᄒᆞ더니 황텬이 권고 ᄒᆞ시고 신명이 도으샤 지금은
황뎨 폐하의 셩후와
황태ᄌᆞ 뎐하의 예후가 ᄎᆞᄎᆞ 평복이 되샤 옥톄가 강건 ᄒᆞ시고 국ᄉᆞ를 총찰 ᄒᆞ신다 ᄒᆞᆸ오니 이거ᄉᆞᆫ 젼국 인민의 크게 경츅 ᄒᆞᆯ일이요 종묘 샤직의 무강ᄒᆞᆫ 홍복이라 녜젹 ᄉᆞ긔를 보건ᄃᆡ 한나라 션뎨ᄯᅢ에 곽광의 부인이 ᄌᆞ긔ᄯᆞᆯ노 황후를 삼게 ᄒᆞ고져 ᄒᆞ더니 맛참 허황후 티즁에 병이 잇는지라 녀의 순후연으로 ᄒᆞ여곰 독약을 화ᄒᆞ야 황후ᄭᅴ 드렷더니 맛ᄎᆞᆷ내 허황후가 번만ᄒᆞ여 도라 가셧고 평뎨ᄯᅢ에 적선 왕망이 불측ᄒᆞᆫ ᄭᅬ가 잇셔 십이월 납일에 쵸쥬라 ᄒᆞᄂᆞᆫ술을 널셔 독약을 가만히 술 가온ᄃᆡ 화ᄒᆞᆫ고로 평뎨가 마신후에 필경 붕 ᄒᆞ신지라 녜져브터 독약을 마신 님군들이 ᄒᆞ나도 회복ᄒᆞᆫ이가 업ᄉᆞ되 오직 우리 나라 황상 폐하ᄭᅴ셔와
태ᄌᆞ 뎐하ᄭᅴ셔ᄂᆞᆫ 그러ᄒᆞᆫ 경우를 당ᄒᆞ샤 옥톄가 안강 ᄒᆞ시게 평복이 되셧시니 엇지 심샹ᄒᆞᆫ 일이리오 반다시 하ᄂᆞ님이 도으샤 대한나라에 특별ᄒᆞᆫ 은혜를 주심이라 그런고로 음력 팔월 십륙일에 이번 평복 ᄒᆞ신일노 텬디와 종묘와 샤직에 고ᄒᆞ시고 쳔림ᄒᆞ샤 ᄇᆡᆨ관의 진하례식을 밧으시고
황태ᄌᆞ 뎐하ᄭᅴ셔 치ᄉᆞ를 지어 올니신다 ᄒᆞ오니 진실노 대한 일국에 다시업는 경츅ᄒᆞᆯ일이라 ᄇᆞ라건ᄃᆡ 우리 동포 형뎨들도 ᄯᅩᄒᆞᆫ 대황뎨 폐하ᄭᅴ셔와
황태ᄌᆞ 뎐하ᄭᅴ셔 평강 ᄒᆞ심을 위ᄒᆞ여
하ᄂᆞ님ᄭᅴ 긔도ᄒᆞ고 만셰를 불읍시다

대한크리스도인회보

THE KOREAN
CHRISTIAN ADVOCATE.
Rev, H. G. Appenzeller, Editor
36 cents per annum
in advance. Postage extra.
Wednesday, SEPT. 28th, 1898.

셔울 졍동셔 일쥬일에 ᄒᆞᆫ번식 발간 ᄒᆞᄂᆞᆫᄃᆡ 아편셜라 목ᄉᆞ가 회보 샤쟝이 되엿더라 일년 갑슬 미리 내면 삼십 륙젼이오 우표갑슨 ᄯᅡ로 잇ᄂᆞ니라

교우노병션씨열람ᄒᆞᆫ일 속젼호

팔월 칠일은 례ᄇᆡ일이라 교우남녀 칠십여명이 례ᄇᆡ당에 ᄋᆞᆺ가 ᄒᆞᄂᆞ님ᄭᅴ 례ᄇᆡᄒᆞ고셔 셔울 회당과 ᄀᆞᆺ치 례ᄇᆡ일 공과를 공부ᄒᆞᆫ후에 노블목ᄉᆞ가 젼도ᄒᆞ고 그날에 셰례밧은 사ᄅᆞᆷ이 남녀 합 구인이라 일졔히 ᄒᆞᄂᆞ님ᄭᅴ 감사ᄒᆞ고 오후에 강건너 봉룡동 회당에 가 젼도ᄒᆞᄂᆞᆫᄃᆡ 삼간회당에 남녀 삼십여명이 모혀 찬미 긔도ᄒᆞ며 깃분 ᄆᆞᄋᆞᆷ이 얼골에 가득ᄒᆞ여 외양에 진실히 밋ᄂᆞᆫ거시 나타나 영광을 ᄒᆞᄂᆞ님ᄭᅴ 돌녀 보내고 각기 허여지더라

잇ᄐᆞᆫ날 독립협회 지회에 가 참셕ᄒᆞ여 본즉 회원은 ᄇᆡᆨ십여명이 츙군 이국ᄒᆞᄂᆞᆫ 목젹을 가지고 각기 연셜ᄒᆞᄂᆞᆫᄃᆡ ᄇᆡᆨ셩은 나라 근본이니 근본이 견고ᄒᆞ야 나라히 평안ᄒᆞ리라 ᄒᆞᄂᆞᆫ 문졔를 가지고 피차 발노 분격ᄒᆞᆫ 말노 연셜ᄒᆞᄂᆞᆫ거시 참 나라를 근심ᄒᆞ고 ᄇᆡᆨ셩을 ᄉᆞ랑ᄒᆞ여 이회로 좃차 볼너라

평양은 근본 인심이 강한ᄒᆞ여 ᄒᆞᄂᆞ님의 빗치 빗최기가 극히 어려울듯 ᄒᆞ더니 ᄒᆞᄂᆞ님에 권능으로 그 인심을 변화케 ᄒᆞ여 얼마콤 유순케 되엿시니 쥬의 은혜를 엇지 아니 감사ᄒᆞ리요

팔월 구일에 평양을 ᄯᅥ나 셔북으로 향ᄒᆞ여 가ᄂᆞᆫᄃᆡ 곳곳이 오곡이 풍등ᄒᆞ여 사ᄅᆞᆷ마다 풍년든거슬 치하ᄒᆞᄂᆞᆫ 빗치며 슌안ᄯᅡ에 드러간즉 십리ᄶᅳᆷ 되ᄂᆞᆫ 들에 소위 금광이라 열엿ᄂᆞᆫᄃᆡ 팔도 모산지ᄇᆡ 수쳔명이 모여 ᄯᅢᄯᅢ이 ᄯᅡ흘 파 금을 엇ᄂᆞᆫ거시 신긔ᄒᆞ고 ᄯᅩᄒᆞᆫ 셔울 잇슬ᄯᅢ에 금광에 ᄑᆡ가 만타ᄒᆞᆷ을 드럿ᄂᆞᆫ고로 그곳 사ᄅᆞᆷ의게 무른즉 그곳 사ᄅᆞᆷ들의 말이 우리가 의ᄉᆞ고 힘써 심으고 갓군 져 곡식 밧을 갑도 번번이 주지안코 파니 우리 농군의 ᄆᆞᄋᆞᆷ이 아푸고 쓰리며 작년ᄀᆞᆺ흔 흉년에 외쳐사ᄅᆞᆷ 몃쳔명이 ᄒᆞᆫ곳에 모히매 각죵 각물이 다른곳과 비ᄒᆞ면 삼ᄇᆡ나 더ᄒᆞ여 본쳐 ᄇᆡᆨ셩들이 살수가 업ᄉᆞ며 모리지ᄇᆡ 수쳔명이 규모업시 모엿시니 엇지 작폐가 업ᄉᆞ리요 ᄒᆞ며 금뎜군의게 무른즉 아모 폐도 업고 다만 금이 잘 아니 나ᄂᆞᆫ거시 걱졍이라 ᄒᆞ더라

잇ᄐᆞᆫ날 안쥬군에 드러간즉 셩즁이 넘낙ᄒᆞ고 가옥이 반이나 헐너스며 경쳐됴흔 ᄇᆡᆨ셩류가 속졀업시셔 소리만 들니니 심상ᄒᆞᆫ ᄆᆞᄋᆞᆷ이 공연이 비창ᄒᆞ여 ᄒᆞᆫ로인의게 무른즉 ᄃᆡ답ᄒᆞ기를 이고을이 이ᄀᆞᆺ치 폐읍이 된거슨 년젼 일쳥교젼에 쳥군이와셔 둔취ᄒᆞ여 집우헐어 화목으로 쓰고 부쟈의 (오쪽)

二

여ᄇᆡᆨ이션쟝

례비일공과 팔십칠 십월 구일

아브라함을부르심

창셰긔 십이장 일졀노 구졀ᄭᆞ지

＝야화화ᄭᅴ셔 아브라함 ᄃᆞ려 닐으샤ᄃᆡ 네가 본 디를 ᄯᅥ나 일가와 아비집을 멀니ᄒᆞ고 내가 보이는ᄯᅡ흐로 가라＝내가쟝ᄎᆞᆺ 네ᄌᆞ손으로 ᄒᆞ여곰 큰 나라를 닐우어 네게 복을 주고 너로 일홈이 나타나게 ᄒᆞ며 반ᄃᆞ시 평안ᄒᆞᆫ 복을 무궁ᄒᆞ게 ᄒᆞ며다＝너를 츅슈ᄒᆞᄂᆞᆫ쟈를 내가 ᄯᅩᄒᆞᆫ 츅슈ᄒᆞ거시요 너를 저쥬ᄒᆞᄂᆞᆫ쟈를 내가 ᄯᅩᄒᆞᆫ 저쥬ᄒᆞ거시요 텬하억죠 ᄇᆡᆨ셩이 너를 빙쟈ᄒᆞ야 복을 밧게 ᄒᆞ리라＝아브라함이 야화화의 명을 좃차 갈ᄉᆡ 라득과 ᄒᆞᆷᄭᅴ ᄒᆡᆼᄒᆞ야 합란을 ᄯᅥ나가니 나히 칠십오세라＝안히 살츅과 족하 라득과 합란에 싸흔 ᄌᆡ물과 종들을 잇ᄭᅳᆯ고 가남을 향ᄒᆞ여 가셔 임의 가남에 니르더라○＊아브라함이 륙로로 셰겜을 지나 마리 샹슈리 나무 잇ᄂᆞᆫᄃᆡ 니르니 그ᄯᅢ에 가남 족속이 그곳에 살더라＊야화화ᄭᅴ셔 아브라함의게 보히샤 ᄀᆞᆯᄋᆞ샤ᄃᆡ 내가 이ᄯᅡ흐로 너의 ᄌᆞ손을 주리라 ᄒᆞ시니 아브라함이 하ᄂᆞ님ᄭᅴ셔 보아시던 곳에 단을 싸허 졔를 드리고＊ 후에 ᄇᆡᆨ득리 동편 산으로 ᄯᅥ나 막을 세우니 셔으로 ᄇᆡᆨ득리가 잇고 동으로 히가 잇ᄂᆞᆫ지라 그곳에서 단을 싸허 야화화를 셤기며 그 일홈을 부르고＊그후에 졈졈 남방으로 ᄯᅥ나가니라

주셕

묻는말

一 아브라함은 뉘 아들이뇨

二 하느님께서 아브라함 드려 어디로 가라 ᄒᆞ셧느뇨

三 큰복을 엇더케 주리라 ᄒᆞ셧느뇨

四 아브라함이 누구와 ᄒᆞᆷ께 고향을 떠낫느뇨

五 그때 나히 얼마뇨

六 어나 곳에셔 떠나 어나 곳으로 갓느뇨

七 가남 빅셩은 엇더ᄒᆞᆫ 족속이뇨

八 그때 아브라함의게 주신따히 지금 어나곳이뇨

九 아브라함이 하느님을 셤겨 무ᄉᆞᆷ 물건을 드렷느뇨

十 오ᄂᆞᆯ 공부에 잇ᄂᆞᆫ 디명이 모도 몃치뇨

十一 공부쟝에 인명이 모도 몃치뇨

十二 이 공부에셔 뎨일 긴요ᄒᆞᆫ거시 무어시뇨

요다음 쥬일에 공부ᄒᆞᆯ 졔목을 좌에 미리 긔지ᄒᆞ노라

십월십륙일

아브라함과라득의편당

창셰긔 십삼쟝 일졀노 십삼졀ᄭᆞ지

이국편속

지물과 샹민의 물건을 모도 도적질 ᄒᆞ여 간고로 읍즁에 부쟈가 업스며 샹민이 모도 결단나고 가옥이 업스니 ᄌᆞ연이 넝낙 ᄒᆞᆯ밧긔 잇소 ᄒᆞ며 일본 난리가 ᄒᆞᆫ번 또 나기를 기ᄃᆞ리ᄂᆞᆫ 사ᄅᆞᆷ이 만타 ᄒᆞ기에 놉나 다시 무론즉 그 토인의 ᄃᆡ답이 일청 고전시에 청국군이 모도 도적 놈인고로 놈의 륙츅을 강도질 ᄒᆞ여 먹고 사ᄅᆞᆷ은 보ᄂᆞᆫᄃᆡ로 위협으로 길질 지우기와 역ᄉᆞ를 식히되 먹이지도 안코 공젼 ᄒᆞᆫ푼도 주지 아니 ᄒᆞ엿시나 일본 군ᄉᆞ가 지나ᄂᆞᆫ곳은 그러치 아니ᄒᆞ야 사ᄅᆞᆷ을 부리되 즁가를 쥬고 도로혀 우리를 보호ᄒᆞ여 주엇시며 심지어 이곳 싸홈은 ᄒᆞᆫ나히 니웃 뷘집에 가셔 화목 ᄒᆞ답고 연륙을 ᄲᆡ아다가 열혀의게 붓들녀가 놈의집을 헌졔로 군법셔 힘을 밧앗스며 대뎌 거리에안져셔 머려ᄒᆞ든 사ᄅᆞᆷ이 다 살게 되엿ᄂᆞᆫ고로 항다반 ᄒᆞᄂᆞᆫ말이 난리가 날터이면 일본 난리가 나라 ᄒᆞᆯ다ᄒᆞ니 일 쳥 량국에 군재 현수홈이 가히 알겟고 백셩이 난리 기ᄃᆞ리ᄂᆞᆫ거ᄉᆞᆫ 무ᄉᆞᆷ 연고인지 모로겟도다

박쳔군 구진이라 ᄒᆞᄂᆞᆫ곳에 니르니 그곳에셔ᄂᆞᆫ 졔조ᄒᆞᄂᆞᆫ 물건이 당건과 망건과 채쌀총으로 문드ᄂᆞᆫ 작석 물건이라 남녀 로소업시 이거스로 성업인ᄃᆡ ᄒᆞᆼ상 압져ᄒᆞᄂᆞᆫ 일인고로 늙은이ᄂᆞᆫ 허리가 굽으려진이가 만코 젊은이ᄂᆞᆫ 얼골이 누루어 맛ᄂᆞᆫ 사ᄅᆞᆷ마다 얼골에 화식이 업스니 불샹ᄒᆞᆫ ᄆᆞ옴이 ᄌᆞ연이 나더라

가산군 납쳔이라 ᄒᆞᄂᆞᆫ장에 니르ᄂᆞᆫ즉 그곳에셔ᄂᆞᆫ 유긔를 잘 제조 ᄒᆞᄂᆞᆫ고로 그곳 사ᄅᆞᆷ들이 유긔 쟝ᄉᆞ로 성업 ᄒᆞᄂᆞᆫ고로 말ᄒᆞ기를 납쳔이 쳐녀ᄂᆞᆫ 유긔쟝ᄉᆞ로 나간다 ᄒᆞ니 유긔를 만히 제조ᄒᆞ고 유긔쟝ᄉᆞ들이 만흔거ᄉᆞᆫ 가히 알겟더라

졍쥬군에 드러가 본즉 안쥬와 ᄀᆞᆺ치 넝낙ᄒᆞᆫᄃᆡ 맛춤 일긔가 심히더워 목이 타ᄂᆞᆫ듯 ᄒᆞ여 념면질에 드러가 어름을 좀 팔나ᄒᆞᆫ즉 ᄒᆞᆫ로파가 우숨면셔 ᄃᆡ답ᄒᆞ기를 어름은 우리고을 원님도 못 잡수시ᄂᆞᆫ거ᄉᆞᆯ 힝인에 엇지 어름을 엇어 먹으라요 여긔셔ᄂᆞᆫ 어름 둘줄을 모로ᄂᆞᆫ고로 여름에ᄂᆞᆫ 어름을 구경도 못ᄒᆞᆫ다 ᄒᆞ며 나도 그러기에 평양이나 셔울이나 어름 사 먹으려 가련다 ᄒᆞ더라

셔관의 풍속이 다른 곳보다 이샹ᄒᆞᆫ거시 만흔ᄃᆡ 남녀간에 ᄒᆞᆫ이 여름에 적삼 벗기와 사나희ᄂᆞᆫ 명식업ᄂᆞᆫ 탕건 쓰기와 샹제아닌 포건을 쓰며 녀ᄋᆞ들은 어려슬때에 귀 박휘에 구멍을 ᄯᅮᆯ코 고리를 시워주며 녀인들은 ᄒᆞᆫ이 처마를 벗고 로상으로 ᄃᆞ니며 언어ᄂᆞᆫ 어둘ᄒᆞ여 분명치 안코 반말이 만ᄒᆞ며 소년들은 외배히 판쓰고 칠팔십리 힝리를 묵랍이 ᄒᆞ며 체쌀 감투ᄂᆞᆫ 의관으로 쓰니 남녀간ᄒᆞᄂᆞᆫ 풍속이 삼남과 대단이 다르며 인죵은 셥삼도즁에 데일큰ᄃᆡ 집이 심히나자 용솔ᄒᆞ기 미우 어렵고 비록 큰집이라도 마루 잇ᄂᆞᆫ집은 ᄒᆞ나도 보지 못ᄒᆞᆯ너라

(미완)

五

내보

ᄉᆞ범학교 영어교ᄉᆞ 헐벗트씨가 수삭 슈류를 밧고 구월 십ᄉᆞ일에 고국에 들어갈시 ᄌᆞ긔 어학션ᄉᆡᆼ 박면식의게 일삭 월급을 주는ᄃᆡ 근본 구원식 주던거슬 ᄒᆞᆫ원을 ᄃᆡᄒᆞ야 십원으로 은힝표를 ᄒᆞ여주고 길을 떠낫더니 박씨가 십원을 팔ᄇᆡᆨ원으로 곳쳐써셔 진고긔 일본 은힝소에 ᄎᆞᆺ지랴다가 일이 탄로가 되야 일본 슌ᄉᆞ의게 잡히여 경무형에 갓쳐엿는ᄃᆡ 쟝ᄎᆞᆺ 고등지판소에 셔지 잡아올니여 즁역 ᄒᆞᆯ거가 쉽다 ᄒᆞ니 이ᄃᆞᆲ도다 박씨의 일이여 그젼에 우리 교즁 형뎨들이 미양 박씨를 ᄃᆡᄒᆞ야 말ᄒᆞ되 엇지ᄒᆞ야 우리 례ᄇᆡ당에 오지아니 ᄒᆞᄂᆞ뇨 ᄒᆞᆫ면 박씨의 ᄃᆡ답이 밧버셔 가지 못ᄒᆞ노라 ᄒᆞ더니 박씨가 이런일을 경영 ᄒᆞ기에 밧ᄇᆞᆫ지는 알수 업거니와 만약 진즉 우리 교회에 들어와셔 하ᄂᆞ님 도를 밋어 힝 ᄒᆞ엿더면 엇지 이런일을 힝ᄒᆞ랴다가 이런 슈치를 당 ᄒᆞ엿시리오

○근일에 드른즉 농샹공부에셔 경향 각쳐에 ᄌᆞ와 져울과 말과 되를 ᄯᅩᆨᄀᆞᆺ치 ᄒᆞᆫ다ᄒᆞ니 참 깃브도다 어ᄂᆞ 나라이던지 긔명ᄒᆞᆫ 나라에는 국즁에 쓰는 이 세가지 물건이 호말이라도 셔로 ᄀᆞᆺ지 아니ᄒᆞᆷ이 업거늘 대한에는 ᄌᆞ의 쟝단과 져울의 경즁과 말과 되의 대쇼가 고을마다 다를ᄲᅮᆫ 아니라 집마다 ᄀᆞᆺ지 아니ᄒᆞᆫ고로 리욕을 심히 ᄎᆔ ᄒᆞ는 쟈는 집에 말과 되를 두 모양으로 문드러 두고 롱간이 무수ᄒᆞ니 엇지 개탄ᄒᆞᆯ곳이 아니리오 우리는 이번 일이 실시 되거를 ᄇᆞ라노라

미일신문광고

협셩회 회보가 변ᄒᆞ야 미일신문이 되엿는ᄃᆡ 파는 쳐소는 남대문안 대평동 젼 셔셔 되엿든 집이오니 이신문을 보시려 ᄒᆞ는 군ᄌᆞ들은 차자오시오

본회고ᄇᆡᆨ

본회에셔 이 **회보**를 젼년과 ᄀᆞᆺ치 일쥬일에 ᄒᆞᆫ번식 발간 ᄒᆞ는ᄃᆡ 새로 륙폭으로 작뎡ᄒᆞ고 ᄒᆞᆫ장 갑슨 엽젼 오픈이오 ᄒᆞᆫᄃᆞᆯ갑슬 미리내면 젼과 ᄀᆞᆺ치 엽젼 ᄒᆞᆫ돈 오픈이라 본국 교우나 셔국 목ᄉᆞ나 교외 친구나 만일 사셔 보고져 ᄒᆞ거든 졍동 아편셜라 목ᄉᆞ 집이나 죵로 대동셔시에 가셔 사시옵

죵로대동셔시광고

우리 셔샤에셔 셩경 신구약과 찬미ᄎᆡᆨ과 교회에 유익ᄒᆞᆫ 여러가지 셔ᄎᆡᆨ과 시무에 긴요ᄒᆞᆫ ᄎᆡᆨ믈을 팔되 갑시 샹당 ᄒᆞ오니 학문샹과 시무변에 ᄯᅳᆺ이 잇는 군ᄌᆞ들은 만히 사셔 보시옵

대영국 셩셔 공회 광고

새로 간출 ᄒᆞᆫ거슨 로마 가라태 골노시 야고보 뻬드로 젼후셔 틔모데 젼후셔니 사셔 보실이는 회샤 쥬인 견묘 션ᄉᆡᆼᄭᅴ로 오시옵

뎨이권

뎨스십호

대한크리스도인회보

(팔십팔합) 광무이년 십월오일

감독의젼도ᄒᆞ심

구월 십일일 아침에 크란쓰돈 감독씨셔 달셩회당에셔 젼도ᄒᆞ셧는뒤 됴흔 말솜이 만흔고로 대강만 좌에 긔지ᄒᆞ노라 셩경에 골으샤뒤 육신으로 난쟈는 육신이오 셩신으로 난쟈는 신이라 ᄒᆞ엿시니 육신으로 난쟈가 육신인줄은 우리가 다알거니와 셩신으로 난거슨 엇지 알수잇소 이집 기동을 보시오 심히 묘ᄒᆞ오 그러치마는 슈풀 가온뒤 가셔 이런 기동을 볼수업소 뎌 쥬쵸돌을 보시오 심히 묘ᄒᆞ오 그러치마는 바외 가온뒤 가셔 이런 쥬쵸돌을 볼슈 업ᄂᆞ니 이거슨 사룸마다 아는바ㅣ라 그런즉 밧긔 밋지 아니ᄒᆞ는 사룸들은 산중에 바회돌과 슈풀즁에 나무ᄀᆞᆺ치 ᄆᆞᄋᆞᆷ이 완악ᄒᆞ고 밋는 교인들은 복슈와 셕슈의 련달홈을 밧어 묘ᄒᆞᆫ 기동과 쥬쵸돌 ᄀᆞᆺᄒᆞᆫ지라 우리가 여러 기동과 쥬쵸돌 합ᄒᆞ여 하ᄂᆞ님 뎐각의 긴요ᄒᆞᆫ 자목된거시 참 감샤ᄒᆞ오 내가동리를 지내며 본즉 엇던집은 셰기도ᄒᆞ묘 엇던집은 더러온 버러지도만코 악ᄒᆞᆫ 내암시도 나고 쥐가 구멍도 ᄯᅮᆯ엇시며 엇던집은 도빅와 반자도 잘ᄒᆞ며 됴흔 내암셔도나며 아조 화려ᄒᆞ고 정결ᄒᆞ게 되엿시니 엇지ᄒᆞ여 집은 일반이로뒤 엇던집은 이ᄀᆞᆺ치 더럽고 엇던집은 이ᄀᆞᆺ치 정결ᄒᆞ뇨 사룸의 손으로 다ᄉᆞ리논뒤 잇심이라 이와ᄀᆞᆺ치 외인들은 다더러온뒤 이곳에 모힌사룸들은 다 정결홈을 엇는거슨 모든악을 ᄇᆞ리고 션을 힝홈으로 알거시라 사룸이 손으로 반복ᄒᆞ는것과 몸으로 동졍ᄒᆞ는거시 다 ᄆᆞ옴의 ᄒᆞ고져ᄒᆞ는뒤로 힝홈은 ᄆᆞ옴이 마련ᄒᆞ는 그룻심이오 다ᄉᆞ리는 권세가 잇심이라 내가 여긔와셔 드르니 귀신을 무셔워ᄒᆞ는이가 만타ᄒᆞ나 이ᄯᅢᄭᅥ지 귀신의 힝악ᄒᆞ는거슨 보지 못ᄒᆞ고 다만 사룸의 힝악ᄒᆞ는것만 보앗시니 사룸이 무어스로 악을 힝ᄒᆞ는뇨 마귀가 사룸으로 써 힝ᄒᆞ게 ᄒᆞ는니라 셩경에 말솜ᄒᆞ신 셩신은 엇더ᄒᆞᆫ 신이시뇨 우리의게 인의와 화평과 여러ᄀᆞ지 권능을 힝ᄒᆞ게 ᄒᆞ시ᄂᆞ니 우리 ᄆᆞ옴을 능히 다ᄉᆞ리심이니 이거슬 엇지 알수잇ᄂᆞ뇨 우리가 젼에는 긔도ᄒᆞ기도 슬코 셩경보기도 슬터니 엇더케 곳쳐 ᄆᆞ옴에 됴하ᄒᆞᄂᆞᆫ거슬 ᄇᆞ리고 슬혀ᄒᆞ던거슬 좃ᄭᅦ되엿소 이거시 셩신의 다ᄉᆞ리심을 밧은줄 알지니라 사룸의 ᄆᆞ옴을 사룸이 능히 곳치지 못ᄒᆞᄂᆞ니 미국에 교우들이 여러 빅만이 되나 이거시 사룸의 ᄯᅳᆺ스로 모힌거시 아니오 셩신의 ᄯᅳᆺ스로 모힘이니 이사룸들이 셩신을 본거시 아니라 ᄋᆞ직 인도ᄒᆞ심을 아ᄂᆞᆫ교로 모힌거시오 사룸이 죽은후에 그부모가 비록 비창이 넉이나 깃붐으로 위로홈수 잇ᄂᆞᆫ거손 셩신의 즁거요 밋ᄂᆞᆫ사룸이 다만져만 위ᄒᆞ여 긔도ᄒᆞᄂᆞᆫ거시 아니나 다른사룸을 권ᄒᆞ여 밋게ᄒᆞᄂᆞᆫ거손ᄯᅩᄒᆞᆫ 셩신의 능력이라 ᄒᆞ시니 듯ᄂᆞᆫ 형뎨가 다 깃버ᄒᆞ더라

대한크리스도인회보

THE KOREAN
CHRISTIAN ADVOCATE.
Rev. H. G. Appenzeller, Editor
36 cents per annum
in advance. Postage extra.
Wednesday, OCT. 5th, 1898.

서울 정동서 일쥬일에 ᄒᆞᆫ번식 발간ᄒᆞᄂᆞᆫᄃᆡ 아편셜라 목ᄉᆞ가 회보 샤쟝이 되엿더라 일년 갑슬 미리ᄂᆡ면 삼십 륙젼이오 우표갑슨 ᄯᅡ로 잇ᄂᆞ니라

교우 노병션씨 열람ᄒᆞᆫ일 (속젼호)

팔월 십이일에 신부도라 ᄒᆞᄂᆞᆫ셤을 지낼ᄉᆡ 그셤은 됴흔물을 만히 길ᄂᆞᆫ 나라에 밧치ᄂᆞᆫ 곳인ᄃᆡ 굴네업시 노아 길으ᄂᆞᆫ 몰이 만ᄒᆞ셔 맛치 양의ᄯᅦ 모양으로 서로 희롱게 아니ᄒᆞ며 석기를 잘 천다ᄒᆞ니 그역 구경ᄒᆞᆯ만 ᄒᆞ더라

팔월 십삼일에 션쳔에 니ᄅᆞ니 그곳에도 회당들이 잇ᄂᆞᆫᄃᆡ 남회당 녀회당어ᄡᅡ 우리 나라에는 ᄂᆡ외ᄒᆞᄂᆞᆫ 풍쇽ᄯᆡ문으로 혼아남녀를 분별ᄒᆞ여 회당도 각각 세우ᄂᆞᆫ ᄌᆞ이 잇ᄉᆞ니 내싱각에는 좀셥셥ᄒᆞᆫ 일인거시 남녀가 다령혼이 ᄒᆞᆫ가지요 육신이 ᄒᆞᆫ가지오 음식이 ᄒᆞᆫ가지요 문견이 ᄒᆞᆫ가지요 좌와긔거가 ᄒᆞᆫ가지요 ᄯᅩᄒᆞᆫ 하ᄂᆞ님 압헤셔는 ᄋᆞᄃᆞᆯ이 아니면 ᄯᆞᆯ이라 그런즉 우리가 안희와 부모외에는 형뎨가 아니면 ᄌᆞ미라 엇지 남녀가 조곰인들 층등이 잇ᄉᆞ리오 이거슨 다만 피차에 밋지 못ᄒᆞᄂᆞᆫ 연괴라 형뎨 ᄌᆞ미간에 밋지 못ᄒᆞ고 보면 이ᄂᆞᆫ 곳 ᄒᆞᆫ집 식구가 서로 의심ᄒᆞᄂᆞᆫ거시니 이거슨 남녀가 다 학문이 업ᄂᆞᆫ고로 의리와 인정과 신심이 업슴이라 ᄇᆞ라옵건ᄃᆡ 우리 교우 형뎨들은 친밀이 교제ᄒᆞ여 서로 의심ᄒᆞ고 서로밋지 못ᄒᆞ여 ᄀᆞᆺᄒᆞᆫ부모의 ᄌᆞ손이 ᄀᆞᆺᄒᆞᆫ방에 안져 ᄀᆞᆺᄒᆞᆫ 학문으로 ᄀᆞᆺ치 의론치 못ᄒᆞᄂᆞᆫ거슬 분히녀여 공부들을 힘써 ᄒᆞ시요

○션쳔읍에 남녀 교우가 팔십 여명이요 텰산과 룡쳔에도 간혹 교우가 잇다 ᄒᆞ더라 션쳔 동림에 니ᄅᆞ니 그곳에는 토긔뎜이 잇ᄂᆞᆫᄃᆡ ᄉᆞ방에서 우마를 ᄶᅢ지고와서 각석 토긔를 사가더라 션쳔셔 브터 의쥬ᄭᆞ지 드러가면서 본즉 외쥬로 나아오ᄂᆞᆫ 물건은 소쥬와 기름ᄲᅮᆫ이요 다른 물건은 도모지 보지 못ᄒᆞ겟고 뎨일 한심ᄒᆞᆫ거시 산에 나무가 업셔 모도 쟈산인ᄃᆡ 륙칠일 주린 사ᄅᆞᆷ이 옷슬벗고 큰길가에 안진 모양이라 보ᄂᆞᆫ쟈 뉘아니 불샹히 너이리요 이와ᄀᆞᆺ치 산에 초목이 업셔 흙과 돌이 들어나 ᄒᆞᆨ샤티도 나고 긔쳔도 되여 버리ᄂᆞᆫ ᄯᅡ히 만ᄒᆞ니 쳑저 한심ᄒᆞᆫ 거시요 엇지ᄒᆞ여 ᄇᆡᆨ셩에 ᄆᆞ옴이 완동변ᄒᆞ여 막먹ᄂᆞᆫ ᄇᆡᆨ셩들이 된거시 여간 초목이 남아잇ᄂᆞᆫ 산에ᄂᆞᆫ 가서 나무 ᄲᅮ리ᄭᆞ지 파가며 ᄒᆞᄂᆞᆫ말이 이것 두엇다가 놈의 조흔일 ᄒᆞ랴고 ᄒᆞ여 조곰도 후일 여망이 업ᄂᆞᆫ것 ᄀᆞᆺᄒᆞ니 둘지 한심ᄒᆞᆫ 일이요 오ᄇᆡᆨ 여리간에 학교 잇ᄂᆞᆫ곳이 업셔 공ᄌᆞ왈 밍ᄌᆞ왈ᄒᆞ고 쳥국 ᄉᆞ긔나마 공부ᄒᆞᄂᆞᆫ 소리가 업ᄉᆞ니 ᄒᆞᆨ학당을 모도산골에 지엇ᄂᆞᆫ지 길가 동ᄂᆡ (오쪽)

례비일공과 팔십팔 십월 십륙일

아브라함과라득의편당

창셰긔 십삼장 일졀노 십삼졀 ᄭᅡ지

一 아브라함이 그 간휘와 라득으로 더브러 모든 잇ᄂᆞᆫ거ᄉᆞᆯ 가지고 익굽에셔 나와 남방으로 가니 二 아브라함이 ᄊᆞ흔 지물과 곡식이 부요ᄒᆞ고 금은과 즘ᄉᆡᆼ이 잇더라 三 남방으로 브터 힝ᄒᆞ야 벳득리에 니ᄅᆞ니 젼에 벳득리와 히 ᄉᆞ이에 쟝막을 셰운 곳이라 四 그곳 젼에 ᄊᆞ흔 단에셔 야화화의 일홈을 부르더라 ○ 五 아브라함과 ᄀᆞᆺ쳐간 라득이가 ᄯᅩᄒᆞᆫ 우양과 쟝막이 만ᄒᆞ매 六 두 사ᄅᆞᆷ의 싱업이 번셩ᄒᆞ니 ᄯᅡ히 좁아 두 사ᄅᆞᆷ이 ᄒᆞᆷᄭᅴ 살기가 어려오나 대개 그 물건이 만홈이라 七 그ᄯᅢ에 가남 사ᄅᆞᆷ과 비리셰 사ᄅᆞᆷ들이 그ᄯᅡ헤 셕겨 살더라 아브라함의 목쟈와 라득의 목쟈가 서로 다토거ᄂᆞᆯ 八 아브라함이 라득ᄃᆞ려 닐ᄋᆞᄃᆡ 우리가 골육 지친이니 너와 나와 밋 목인들이 서로 다토지 말지라 九 ᄯᅡ히 다 네압헤 잇ᄉᆞ니 네가 나를 ᄯᅥ나 너와 내가 서로 구별 ᄒᆞ리니 네가 좌편으로 가면 내가 우편으로 갈거시요 네가 우편으로 가면 내가 좌편으로 가리라 十 라득이 눈을 들어 요단 평디브터 셰아 ᄭᅡ지 ᄇᆞ라보니 소다마와 아마랍을 하ᄂᆞ님ᄭᅴ셔 멸ᄒᆞ시기 젼이요 그ᄯᅡ히 로욕ᄒᆞ야 야화화의 동산과 익굽ᄯᅡ와 ᄀᆞᆺᄒᆞᆫ지라 十一 라득이 요단 평디를 턱ᄒᆞ야 동편으로 ᄯᅥ나가니 이에 두 사ᄅᆞᆷ이 서로 리별ᄒᆞᆫ지라 十二 아브라함은 가남ᄯᅡ헤 거ᄒᆞ고 라득은 평디 고을에 거ᄒᆞ야 소다마에 쟝막을 셰워더니 十三 소다마 사ᄅᆞᆷ이 다 악ᄒᆞ야 하ᄂᆞ님ᄭᅴ 죄를 범ᄒᆞᆫ지라

주셕

뭇ᄂᆞᆫ말

一 아브라함이 누구와 ᄒᆞᆷᄭᅴ 어나 곳에서 나왓ᄂᆞ뇨
二 아브라함이 익급에서 지낸일을 말ᄉᆞᆷ ᄒᆞ시요
三 그ᄯᅢ에 아브라함이 가난ᄒᆞᆫ 사ᄅᆞᆷ이뇨
四 어나 곳에서 야화화의 일홈을 불넛ᄂᆞ뇨
五 두 사ᄅᆞᆷ이 ᄒᆞᆫ곳에서 살기가 왜 어려우뇨
六 엇던 사ᄅᆞᆷ들이 서로 다토왓ᄂᆞ뇨
七 아브라함이 라득ᄃᆞ려 무ᄉᆞᆷ 말ᄉᆞᆷ을 ᄒᆞ엿ᄂᆞ뇨
八 라득이 어나곳을 ᄇᆞ라 보왓ᄂᆞ뇨
九 그ᄯᅡ히 토박ᄒᆞᆫ 곳이뇨
十 그ᄯᅡᆼ이 엇던ᄯᅡ와 ᄀᆞᆺᄒᆞ뇨
十一 라득이 어나 곳으로 이ᄉᆞ ᄒᆞ엿ᄂᆞ뇨
十二 아브라함이 어나곳에 가 살엇ᄂᆞ뇨
十三 소다마 사ᄅᆞᆷ들이 다 착ᄒᆞ뇨
十四 오늘 공부에 디명이 몃치나 잇ᄂᆞ뇨
十五 가님 사ᄅᆞᆷ과 비리새 사ᄅᆞᆷ은 뉘 지파이뇨

요다음 쥬일에 공부ᄒᆞᆯ 제목을 좌에 미리 긔지ᄒᆞ노라

십월이십삼일.

뫽긔셰덕

창셰긔 십ᄉᆞ장 십삼졀노 이십ᄉᆞ졀ᄭᆞ지

이폭련속

에ᄂᆞᆫ 나려 가면서 보아도 거리로 관쓰고 ᄃᆞᆫ이ᄂᆞᆫ 사ᄅᆞᆷ은 만호되 글방은 못 보겟스니 아모리 이리 저리 ᄌᆞ세히 보고 ᄉᆡᆼ각 ᄒᆞ여도 교육이 ᄭᅳᆫ어진듯 ᄒᆞ니 셋지 한심ᄒᆞᆫ일이오 거러ᄒᆞᆫ 즁에도 디방관들은 밋친듯 취ᄒᆞᆫ듯 ᄒᆞ여 구습을 버리지 안코 ᄒᆞᄂᆞᆫ 것들이 남뇌 청송 ᄒᆞ기와 ᄀᆡ폐문 ᄒᆞ기와 기ᄉᆡᆼ 설시와 무명잡셰 밧기와 지쟝파 쟝외 체지ᄂᆡ여팔아 먹ᄂᆞᆫ다ᄂᆞᆫ 풍설이 민간에 낭자ᄒᆞ니 넷지 한심ᄒᆞᆫ 일이요 오ᄇᆡᆨ여리 로뎡에 소위 졔조소라 ᄒᆞᄂᆞᆫ 거슨 집신 삼ᄂᆞᆫ것과 흙비져 질그릇 ᄆᆡᆫ드ᄂᆞᆫ뒤 몰총으로 탕건 ᄆᆡᆫ드ᄂᆞᆫ뒤 ᄲᅮᆫ이라 이것들이 나마 오ᄇᆡᆨ여리 ᄉᆞ이에 ᄒᆞᆫ곳식 잇스니 졔조물이 업서 ᄇᆡᆨ셩의게 편리ᄒᆞᆷ이 업고 쟝시에나 읍ᄂᆡ에 몃푼식 못 가지고 쟝ᄉᆞ ᄒᆞᄂᆞᆫ뒤도 일본인이나 청국인이 곳곳이 ᄃᆞᆫ이면서 몬져 리를 보ᄂᆞᆫ 모양이라 다섯지 한심ᄒᆞᆫ 일이요 산에 초목이 번셩치 못ᄒᆞ고 동리에 학교가 업ᄉᆞ니 ᄇᆡᆨ셩이 엇지 위ᄉᆡᆼᄒᆞᄂᆞᆫ 법을 알며 쥰쥰ᄒᆞᆫ 우ᄆᆡᆼ들이 엇지 ᄀᆡ명 되기를 ᄇᆞ라리오 머고니 되와몰이 크고 적은것과 져울의 무겁고 ᄀᆡ버운것과 자의 길고 잘은거시 고을 고을이 달나 이 고을 ᄇᆡᆨ셩이 져 고을에 물건을 가지고 가게되면 맛쳐 법국 사ᄅᆞᆷ이 덕국에 간것ᄀᆞᆺ치 서로 합당치 못ᄒᆞ니 이거슨 삼쳔리 대한국으로 ᄒᆞ여곰 삼ᄇᆡᆨ 륙십 여국에 논흔것 ᄀᆞᆺ흔지라 나라에 법들이 이러ᄒᆞ고야 엇지 일심 되기를 ᄇᆞ라리요 ᄯᅩᄒᆞᆫ 그곳 풍속이 젹동젼과 ᄇᆡᆨ동젼과 젹은 은젼은 쓰지 안이ᄒᆞ고 다만 일원ᄶᅡ리 은젼은 쓰되 엽젼파 가게가 대단이 잇서 일원에 닉냥 칠팔젼을 주기도 ᄒᆞ고 혹 닷냥 ᄒᆞᆫ돈을 주기도 ᄒᆞ니 실노 민간에 폐단이 적지아니 ᄒᆞᆫ지라 여ᄉᆞᆺ지 한심ᄒᆞᆫ 일이로다 그곳에ᄂᆞᆫ 면답간에 밧치 삼분에 이나 되ᄂᆞᆫ뒤 면곡은 셔속과 피와 옥수슈가 만코 벼ᄂᆞᆫ 모종ᄒᆞᆯ줄을 몰나 근양ᄲᅵ워 심으ᄂᆞᆫ고로 힘이 더들ᄯᅳᆺᄒᆞ더라 (미완)

회즁별보

작년 년환회에 본쳐 젼도인 표지 밧은이와 권ᄉᆞ 표지 밧으신이들은 그표지 도로 감ᄉᆞ 시란돈씨ᄭᅴ 속히 보내시고 올 년환회에서 새로 작뎡ᄒᆞᆫ 표지를 ᄎᆞ져 가시요 이왕 표지ᄂᆞᆫ 일년이 지낫시니 쓸뒤업소

ᄂᆡ보

박면식이가 은힝표를 위조ᄒᆞ여 가지고 진고ᄀᆡ 은힝소에 가셔 돈을 차지랴다가 일이 탄로가 되여 경무텽에 갓쳣단말은 젼호에 임의 긔지ᄒᆞ엿거니와 다시 드른즉 박씨를 티 팔십에 쳐 ᄒᆞ여 방송ᄒᆞ엿다 ᄒᆞ니 박씨ᄂᆞᆫ 우리와 면분이 잇ᄂᆞᆫ 사ᄅᆞᆷ이라 옥즁에서 오리 고셩 ᄒᆞ지안코 속히 나온거시 ᄆᆡ우 다ᄒᆡᆼ ᄒᆞ거니와 지금도 우리가 만약 박씨를 터ᄒᆞ여 말ᄒᆞ되 엇지ᄒᆞ여 우리 례ᄇᆡ당에 돈이지 안이 ᄒᆞᄂᆞ뇨 ᄒᆞ면 박씨의 ᄃᆡ답이 ᄯᅩ 밧버셔 오지 못ᄒᆞᆫ다 ᄒᆞ라ᄂᆞᆫ지

○법부대신 신긔션씨가 즁츄원 의쟝을 겸ᄒᆞ엿ᄂᆞᆫᄃᆡ 즁츄원에서 샹소 ᄒᆞ기를 이번 ᄉᆞ변에 원범된 죄인은 련좌법을 쓰쟈ᄒᆞᆫ 얼노 독립협회와 샹지가 되여 일젼에 회원 수쳔명이 즁츄원 압회 ᄀᆡ회ᄒᆞ고 총ᄃᆡ위원 오인을 ᄐᆡᆨ뎡ᄒᆞ여 의쟝 신긔션씨의게 힐문ᄒᆞ고 또 신긔션씨의 죄목을 들어 고등지판소에 고발 ᄒᆞ엿ᄂᆞᆫᄃᆡ 그 죄목인즉 도망ᄒᆞᆫ 리용익의 잇ᄂᆞᆫ곳슬 알고도 잡지 아니 ᄒᆞ니 직무에 잘못ᄒᆞᆫ 죄가 ᄒᆞ나이오 류비죄인 김홍륙을 보낼 젹에 륙혈포와 병긔와 보호ᄒᆞᄂᆞᆫ 하인을 다려가게 ᄒᆞ엿ᄉᆞ니 죄가 두가지오 쟈슈죄인 공홍식을 칼노질너 죽이고져 ᄒᆞ엿시되 법부대신으로 잇셔 단속ᄒᆞ지 못 ᄒᆞ엿시니 죄가 세시라고 ᄒᆞ엿더라

○대한 총샹회샤 회쟝 됴병식씨가 일젼에 경긔 통진군으로 귀양 가ᄂᆞᆫᄃᆡ 그 회원 삼ᄉᆞ 십명이 다 메투리를 신쏘 뒤를 ᄯᆞ라 가ᄂᆞᆫ지라 그 ᄉᆞ샹을 치담ᄒᆞᆫ즉 됴씨가 회원 여러 십명을 농샹공부에 보내여 맛당이 허가 ᄒᆞ지 못ᄒᆞᆯ일을 억지로 도장 찍어 달나고 야료ᄒᆞᆫ일과 이번에 대니에서 환후계신 일노 각뎐문을 닷치게 ᄒᆞ야 민심을 소동케 ᄒᆞᆫ ᄭᅡ돍이라 ᄒᆞᄂᆞᆫᄃᆡ 쥰비 년한은 삼년 이라더라

외보

일젼 풍셜에 쳥국 황뎨가 도라가셧단 말이 잇셧시나 밋지아니 ᄒᆞ엿더니 다시 치담ᄒᆞᆫ즉 황뎨의 당은 영국을 도화ᄒᆞ고 셔태후의 당은 아라샤를 됴화ᄒᆞ여 서로 뮈워ᄒᆞᄂᆞᆫᄃᆡ 황뎨가 미령ᄒᆞ실ᄯᆡ에 ᄂᆡ시ᄒᆞᆯ나이 독약을 너셔 밧쳣더니 다힝이 도라가시지ᄂᆞᆫ 아니 ᄒᆞ셧다더라

본회고ᄇᆡᆨ

본회에서 이 회보를 젼년과 ᄀᆞᆺ치 일쥬일에 ᄒᆞᆫ번식 발간 ᄒᆞᄂᆞᆫᄃᆡ 새로 륙폭으로 작뎡ᄒᆞ고 ᄒᆞᆫ쟝 갑슨 엽젼 오푼이오 ᄒᆞᆫ돌갑슬 미리내면 젼과 ᄀᆞᆺ치 엽젼 ᄒᆞᆫ돈 오푼이라 본국 교우나 셔국 목ᄉᆞ나 교외 친구나 만일 사셔 보고져 ᄒᆞ거든 졍동 아편셜라 목ᄉᆞ 집이나 죵로 대동셔시에 가셔 사시ᄋᆞᆸ

뎨이권 (구십팔합) 광무이년 십월이십일일 뎨ᄉᆞ십일호

대한크리스도인회보

법률의 시비

향일에 즁츄원에서 의관들이 샹소ᄒᆞ여 말ᄉᆞᆷᄒᆞ되 이번 결닉ᄉᆞ변에 ᄃᆡᄒᆞ여 범죄ᄒᆞᆫ쟈ᄂᆞᆫ ᄌᆞ식ᄭᆞ지 죽이ᄂᆞᆫ 련좌법을 ᄡᅳ시라 ᄒᆞ논ᄃᆡ 의관즁 윤치호씨가 소텽에 편지ᄒᆞ여 ᄀᆞᆯᄋᆞᄃᆡ 즁츄원 샹소즁에 녯법을 좃ᄎᆞ ᄌᆞ식ᄭᆞ지 죽이자 ᄒᆞ신 말ᄉᆞᆷ은 만만 불가ᄒᆞᆫ지라 녯글에 ᄀᆞᆯᄋᆞᄃᆡ 쥬문왕이 기ᄯᅡ를 다ᄉᆞ릴ᄯᅢ에 죄인의 ᄌᆞ식은 죄주지 아니셧다 ᄒᆞ고 슌님군은 벌을 ᄌᆞ손의게 밋치지 아니케 ᄒᆞ엿시며 ᄯᅩ 미국 오ᄇᆡᆨ삼년 신뎡ᄒᆞᆫ 법률에 련좌법은 일체로 물시ᄒᆞ라 ᄒᆞ셧거ᄂᆞᆯ 이제 만약 ᄌᆞ식 죽이ᄂᆞᆫ 녯법을 좃칠진ᄃᆡ 이거ᄉᆞᆫ 귀원에서 요슌과 문무로 우리 셩샹 폐하를 ᄃᆡ졉홈이 아니오 ᄯᅩᄒᆞᆫ 셩샹ᄭᅴ셔 작뎡ᄒᆞ신 쟝뎡을 어길진ᄃᆡ 이 의론은 우으로 님군을 욕되게 ᄒᆞ고 아래로 나라 톄모를 더럽히며 공으로 만민의 권리를 해ᄒᆞ게 ᄒᆞ고 ᄉᆞᄉᆞ로 일신의 명예를 손상홈이라 안으로 덕의 졍ᄉᆞ가 업고 밧그로 사ᄅᆞᆷ의 업수힘을 밧을지니 본 의관은 결단코 이 샹소에 일홈을 ᄡᅳ지 안켓다 ᄒᆞᆫ지라 일노 인ᄒᆞ여 즁츄원 의관들이 윤치호씨를 역적의 당이라 지목ᄒᆞ며 비방ᄒᆞ여 죵로와 ᄉᆞ대문에 방을 붓쳣시며 졍부 대신의 의론이 분분ᄒᆞ고 서울 ᄇᆡᆨ셩의 시비가 요란ᄒᆞ여 사ᄅᆞᆷ의 ᄆᆞᄋᆞᆷ이 대단이 소동ᄒᆞᄂᆞᆫ지라 대황뎨 폐하ᄭᅴ셔 요슌ᄀᆞᆺᄒᆞᆫ 셩군의 법을 좃치샤 련좌법을 폐지ᄒᆞ셧거ᄂᆞᆯ 즁츄원 의관들은 무신ᄆᆞᄋᆞᆷ으로 걸쥬ᄀᆞᆺᄒᆞᆫ 악ᄒᆞᆫ 님군이 ᄡᅳ던 ᄌᆞ식죽이ᄂᆞᆫ 법을 ᄡᅳ시라고 샹소 ᄒᆞᄂᆞᆫ지 우리ᄂᆞᆫ 말ᄒᆞ지 안커니와 각국 공ᄉᆞ와 령ᄉᆞ들이 일졔히 외부 대신ᄭᅴ 조회ᄒᆞ여 말ᄒᆞ되 대한이 지금 만국의 ᄡᅳᄂᆞᆫ 법을 ᄡᅳ지 아니ᄒᆞ고 녯적 련좌법을 ᄡᅳᆯ진ᄃᆡ 우리가 반다시 론란ᄒᆞ겟다 ᄒᆞ엿시니 우리ᄂᆞᆫ 듯기에 심히 민망ᄒᆞᆫ지라 만일 대한 졍부에 잇ᄂᆞᆫ 관원들노 ᄒᆞ여곰 하ᄂᆞ님의 계명과 모셰의 률법과 구셰쥬의 ᄉᆞ랑ᄒᆞ심을 공부ᄒᆞ엿더면 엇지 이러케 잔혹ᄒᆞ고 무리ᄒᆞᆫ 법률을 ᄡᅳ자고 샹소ᄒᆞᆯ 리치가 잇시리오 셩경에 ᄀᆞᆯᄋᆞ샤ᄃᆡ 다만 법만 밋고 힝ᄒᆞᄂᆞᆫ쟈ᄂᆞᆫ 하ᄂᆞ님 압회 의라 칭ᄒᆞ지 못ᄒᆞᆯ지니 법이라 ᄒᆞᄂᆞᆫ거ᄉᆞᆫ 사ᄅᆞᆷ으로 ᄒᆞ여곰 죄를 알게 ᄒᆞᆯᄲᅮᆫ이라 오직 쥬를 밋음으로 의를 칭 ᄒᆞᆫ다 ᄒᆞ셧시니 구셰쥬를 밋ᄂᆞᆫ 무리ᄂᆞᆫ 셰샹법에 미힐거시 업ᄂᆞᆫ거ᄉᆞᆫ 하ᄂᆞ님의 계명을 직힐진ᄃᆡ 셰샹 법률은 ᄌᆞ연이 그속에 다 잇실지라 우리ᄂᆞᆫ 졍부에 관인들을 위ᄒᆞ여 긔도 ᄒᆞ기를 ᄇᆞ라오

대한크리스도인 회보 二 이ᄇᆡᆨᄉᆞ십

대한크리스도인 회보

THE KOREAN
CHRISTIAN ADVOCATE.
Rev. H. G. Appenzeller, Editor
36 cents per annum
in advance. Postage extra.
Wednesday, OCT. 12th, 1898.

서울 정동서 일쥬일에 ᄒᆞᆫ번식
발간 ᄒᆞᄂᆞᆫ디 아펀셜라 목ᄉᆞ가
회보 샤쟝이 되엿더라
일년 갑슬 미리니면 삼
십 륙젼이오 우표갑슨
ᄯᅡ로 잇ᄂᆞ니라

교우노병션씨열람ᄒᆞᆫ일 속젼호

십ᄉᆞ일에 의쥬에 니르니 의쥬군도 갑오 일쳥교젼 이후ᄂᆞᆫ 가호가 태반이나 업셔져 읍즁이 닝닝ᄒᆞ니 대뎌 대로변 고을은 무비 폐읍이라 보ᄂᆞᆫ쟈뉘 한심치 아니리오 교우 니셩하씨를 차자 주인ᄒᆞ고 교회 형편을 무른즉 그곳에는 교회집은 두곳이라 명식 ᄒᆞ나 교우ᄂᆞᆫ 불과 십인이라 ᄒᆞ며 엇지ᄒᆞ여 교회가 홍왕치 아니ᄒᆞᄂᆞᆫ지 ᄆᆡ우 걱졍이라ᄒᆞ고 ᄒᆞᄂᆞᆫ고로 내가 ᄉᆡᆼ각ᄒᆞ니 ᄯᅩᄒᆞᆫ 이곳은 씨를 ᄲᅳᆯ인지가 임의 십여년인ᄃᆡ 도모지 싹날 빌밋도 업시며 몃낫 싹난 것도 잡풀에 뭇쳐 곡식은 될셩부르지 안코 잡풀만 무셩ᄒᆞ니 이거시 롱부의 허물인가 씨 ᄲᅳᆯ인쟈의 허물인가 씨 ᄲᅮ이고 붓도드고 결실 되ᄂᆞᆫ거시다 하ᄂᆞ님의 ᄯᅳᆺ대로 되ᄂᆞᆫ 바나 씨 ᄲᅵ이고 붓도드ᄂᆞᆫ 거슨 다 롱부의 직칙이여ᄂᆞᆫ 엇지 우리 젼도인의 직칙이 ᄯᅩᄒᆞᆫ 이와 ᄀᆞᆺ치 아니리요 내 ᄉᆡᆼ각에ᄂᆞᆫ 젼도ᄒᆞᄂᆞᆫ 사ᄅᆞᆷ들이 셔양사ᄅᆞᆷ이던지 본국 사ᄅᆞᆷ이 ᄆᆡ양 어나 곳이던지 ᄒᆞᆫ번만 가셔 씨 ᄲᅵ이ᄂᆞᆫ것 ᄀᆞᆺ치 도만 젼ᄒᆞ여 줄ᄲᅮᆫ 아니라 아초 자르나기ᄭᆞ지 붓도도아 주야 ᄒᆞᆯ거시라 의쥬만 보아도 소위 교인이라 ᄒᆞᄂᆞᆫ 사ᄅᆞᆷ들이 더 악ᄒᆞᆫ짓슬 잘ᄒᆞ여 외인으로 ᄒᆞ여곰 우음을 밧ᄭᅴᄒᆞ니 이거시 엇지 ᄒᆞᆯ 고기가 원 바다물을 흐리ᄂᆞᆫ것 ᄀᆞᆺ지 아니리요 하ᄂᆞ님을 공경ᄒᆞ노라ᄒᆞ면셔도 마귀를 위ᄒᆞ며 거즛말ᄒᆞ고 간샤ᄒᆞ고 그흉ᄒᆞᆫ 말노 교우를 니간ᄒᆞ여 피차에 졍의가 샹ᄒᆞ게 ᄒᆞ며 일구난셜 모든 악ᄒᆞᆫ 일을 ᄒᆡᆼᄒᆞ여 외인에 치소가 밋게ᄒᆞ니 우리 거룩ᄒᆞᆫ 도로 도라오던 사ᄅᆞᆷ들도 자져ᄒᆞ고 관망만 ᄒᆞᄂᆞᆫ 사ᄅᆞᆷ들이 잇ᄉᆞ니 이거슨 ᄌᆞ긔만 디옥에 ᄲᆞ지ᄂᆞᆫ 거시 아니라 다른 사ᄅᆞᆷ으로 ᄒᆞ여곰 회심향도 ᄒᆞᄂᆞᆫ ᄆᆞᄋᆞᆷ을 막게ᄒᆞ니 이거시 엇지 통탄ᄒᆞᆯ 일이 아니리오 몃몃 위션쟈로 ᄒᆞ여 쥬의 노ᄒᆞ심이 쟝ᄎᆞᆺ 의쥬 일군에 나릴터이오니 의쥬 동포들은 ᄲᆞᆯ이 육신과 령혼을 모도 구ᄒᆞᄂᆞᆫ 도에 나아오시요

십칠일에 ᄉᆞ랑ᄒᆞᄂᆞᆫ 형뎨 리셩하씨를 리별ᄒᆞ고 의쥬를 ᄯᅥ날ᄉᆡ 교인을 리별ᄒᆞ면셔 작별ᄒᆞᄂᆞᆫ 글이 ᄒᆞᆫ마듸 잇ᄂᆞᆫ거ᄉᆞ 됴흔ᄯᅳᆺ ᄒᆞ여 용졸ᄒᆞᆫ 졀귀글에 회포를 붓치나 ᄒᆞ엿시되 구름이 강셩에 ᄂᆡ드 ᄯᅢ 날 그림ᄌᆞ가 옴기니 양관으로 도라가ᄂᆞᆫ 손이 고향을 ᄉᆡᆼ각ᄒᆞᄂᆞᆫ ᄯᅢ로다 교인을 십리길에셔 보니고 리별ᄒᆞ미 다시 내외옷깃슬 잡고 뒷긔약을 뭇더라 즉시 리별ᄒᆞ고 가을바람을 타나ᄂᆞᆫ듯시 평양에 득달ᄒᆞ여 경제라 ᄒᆞᄂᆞᆫ 화륜션을 ᄐᆞ고 졔물포에 하륙ᄒᆞ여 셔울에 올나오니 어언간 ᄒᆞᆫ달 사흘이 되엿더라 그간 삼ᄉᆞ차를 귀즁ᄒᆞ신 회보 칠팔폭을 비여 주시와 열람ᄒᆞᆫ일을 대강 긔록케 ᄒᆞ여 주시오니 감샤ᄒᆞ오며 ᄯᅩᄒᆞᆫ 귀 회보 보시ᄂᆞᆫ 쳠군ᄌᆞ의게 별노이 ᄶᅥ웃치게 ᄒᆞᄂᆞᆫ 문견이 업ᄂᆞᆫ 거슬 이ᄀᆞᆺ치 쟝황이 쳣ᄉᆞ오니 용셔 ᄒᆞ옵소셔

레위일공파

팔십구 십월 이십삼일

믹긔세덱

창세긔 십ᄉᆞ장 십삼절노 이십ᄉᆞ졀ᄭᆞ지

十三 ᄒᆞᆫ 도망ᄒᆞᆫ 사ᄅᆞᆷ이 와서 희빅리 사ᄅᆞᆷ 아브라함의게 고ᄒᆞ니 대개 아브라함이가 아마리 사ᄅᆞᆷ 만리의 평디에 거ᄒᆞᆯ때 만리가 그형데 이실각과 아내로 더브러 아브라함과 ᄒᆞᆷᄭᅴ 약됴ᄒᆞᆫ지라 十四 아브라함이 족하의 ᄉᆞ로잡힘을 듯고 집에서 길너 연습ᄒᆞ던 종 삼ᄇᆡᆨ 십팔인을 다리고 ᄶᅩᆺ차 단에ᄭᆞ지 니르러 十五 그 짐을 난호아 밤에 치고 ᄶᅩᆺ차 대마석 북편 하파에 니르러 十六 ᄲᅢ긴 물건과 빅셩과 부녀와 그 족하 래똑과 므롯 잇ᄂᆞᆫ 거슬 다 ᄎᆞ자 도라오니라 ○ 十七 아브라함이 긔대로마와 밋 ᄯᅩ 쳐 밍세ᄒᆞᆫ 모든 왕을 파ᄒᆞ고 도라 올때에 소다마왕이 나와서 사메이란 산곡에 나와 마즈니 곳 왕의 산곡이라 十八 살넴왕 믹긔세덱은 지극히 놉ᄒᆞᆫ 하ᄂᆞ님의 졔ᄉᆞ장이 된지라 ᄯᅥᆨ과 술을 가지고 나와서 十九 츅슈ᄒᆞ야 ᄀᆞᆯᄋᆞᄃᆡ 텬디의 쥬재 지극히 놉흔 하ᄂᆞ님ᄭᅴ셔 아브라함을 복을 주소서 二十 지극히 놉흔 하ᄂᆞ님ᄭᅴ셔 너로 ᄒᆞ여곰 원슈를 재아ᄒᆞ게 ᄒᆞ셧ᄉᆞ니 맛당이 찬미 ᄒᆞᆯ지어다 ᄒᆞ니 아브라함이가 엇은것에서 십분일을 취ᄒᆞ야 믹긔세덱의게 주니 二十一 소다마왕이 아브라함ᄃᆞ려 닐ᄋᆞᄃᆡ 사ᄅᆞᆷ은 나를 주고 물건은 네가 엄의뎌로 가지라 二十二 아브라함이 소다마왕 ᄃᆞ려 닐ᄋᆞᄃᆡ 지극히 놉흐신 하ᄂᆞ님 텬디 쥬재 야화화ᄭᅴ 내가 ᄀᆞ르쳐 밍셰ᄒᆞᄂᆞ니 二十三 네의 ᄒᆞᆫ 실과 ᄒᆞᆫ 신들메도 내가 가지지 아니ᄒᆞ리라 네가 나를 부요ᄒᆞ게 ᄒᆞ엿다 ᄒᆞᆯ가 두려워 ᄒᆞ야 네거슬 아모것도 가지지 아니 ᄒᆞ겟노라 二十四 오직 졂은 사ᄅᆞᆷ의 먹을것과 나와ᄀᆞᆺ치 갓던 아내와 이실각과 만리를 노아주어 그들노 ᄒᆞ여곰 가진거슬 가지게 ᄒᆞ라

주셕

십ᄉᆞ장즁 미우 요긴ᄒᆞᆫ ᄉᆞ긔가 여긔 잇ᄂᆞᆫ지라 란리가 나셔 ᄒᆞᆫ편은 왕너히 싸홈ᄒᆞ고 ᄯᅩ ᄒᆞᆫ편은 왕다ᄉᆞ시 싸홈ᄒᆞ엿ᄂᆞᆫᄃᆡ 싸홈 의인 사ᄅᆞᆷ이 로득ᄭᆞ지 잡어 가치고 북편으로 갓ᄂᆞ니라 이 공파에 세가지 목적이 잇ᄉᆞ니

일은

하브라함과 라득이오

이는

아브라함과 믜기세덕이오

삼은

아브라함과 소다마 왕이라

아ᄶ라함이 라득이가 사로 잡혓다홈을 듯고 급히 삼ᄇᆡᆨ 십팔인을 거ᄂᆞ리고 가셔 쳐 모든왕을 약이고 라득을 도로 차져 온지라 아브라함이 도라올ᄯᅢ에 믜기세덕을 맛낫ᄂᆞ니라 살넴은 곳네젼 예루살넴의 일홈이라 대제ᄉᆞ장이 ᄯᅥᆨ과 술노 아브라함을 대졉ᄒᆞ니 이 대제ᄉᆞ장은 오묘ᄒᆞᆫ 사ᄅᆞᆷ이라 가히 공경ᄒᆞᆯ 사ᄅᆞᆷ이니 이 대제ᄉᆞ장은 다만 하ᄂᆞ님을 공경ᄒᆞ고 우상은 셤기지 안는 사ᄅᆞᆷ이라 희ᄇᆡᆨ라 칠쟝일졀노 삼졀에 긔록ᄒᆞ되 (一) 이 믜기세덕은 곳 살넴 왕아니나 ᄯᅩ 지극히 놉흔 하ᄂᆞ님의 졔ᄉᆞ장이 되엿ᄂᆞᆫ지라 아브라함이 ᄡᅡ홈ᄒᆞ야 모든 왕을 익이고 도라올시 믜기세덕이가 마져 위ᄒᆞ야 복을 빌거ᄂᆞᆯ (二) 아브라함이 ᄌᆞ긔가 엇은거ᄉᆞᆯ 십분에 일을 취ᄒᆞ야 믜기세덕을 공급 ᄒᆞᄂᆞᆫ지라 믜긔세덕은 번역ᄒᆞ면 곳 의ᄉᆞ요 ᄯᅩ 일홈을 살넴 왕이라 ᄒᆞ니 번역ᄒᆞ면 곳 평강ᄒᆞᆫ 왕이라 (三) 그가 부모도 업고 족보도업고 처음 난ᄯᅢ도 업고 나죵 죽은ᄯᅢ도 업서 하ᄂᆞ님의 아ᄃᆞᆯ과 ᄀᆞᆺᄒᆞ여 영원ᄒᆞᆫ 졔ᄉᆞ장이 되니라대개 아브라함이 소다마 왕의 말ᄃᆡ로 좃지 아니 ᄒᆞᆷ은 소다마 왕이 단정치 못ᄒᆞᆫ 사ᄅᆞᆷ인 연고니라

뭇ᄂᆞᆫ말

一 그ᄯᅢ에 무ᄉᆞᆷ 란리가 잇셧ᄂᆞ뇨

二 만리가 누구로 더브러 약됴를 ᄒᆞ엿ᄂᆞ뇨

三 아브라함이 죵 몃사ᄅᆞᆷ을 다리고 갓ᄂᆞ뇨

四 도적을 어나곳ᄭᆞ지 ᄶᅩᆺ차 갓ᄂᆞ뇨

五 무ᄉᆞᆷ 물건을 도로 차자 왓ᄂᆞ뇨

六 소다마 왕이 누구를 어나곳에셔 마졋ᄂᆞ뇨

七 누가 하ᄂᆞ님의 졔ᄉᆞ장이 되엿ᄂᆞ뇨

八 믜기세덕이 누구를 위ᄒᆞ야 복을 비럿ᄂᆞ뇨

九 소다마 왕이 아브라함의게 무ᄉᆞᆷ 말을 ᄒᆞ엿ᄂᆞ뇨

十 아브라함이 무ᄉᆞᆷ말노 ᄃᆡ답 ᄒᆞ엿ᄂᆞ뇨

十一 엇던 사ᄅᆞᆷ은 물건을 임의로 취케ᄒᆞ라 ᄒᆞ엿ᄂᆞ뇨

十二 오ᄂᆞᆯ 공부에 ᄃᆡ명과 인명이 몃치나 잇ᄂᆞ뇨

十三 ᄃᆡ명과 인명을 다 외우시오

엡웟청년회

감리ᄉᆞ 청년회에 ᄒᆞᆫ편지

모든 회원들을 치하ᄒᆞ고 텬부의 은혜 누리기를 ᄇᆞ라옵ᄂᆞ이다 회를 진보케 ᄒᆞᄂᆞᆫ거ᄉᆞᆫ 두가지라 첫지는 은혜에셔 ᄌᆞ라는거시요 둘지는 지식을 널게 ᄒᆞᄂᆞᆫ거시라 인ᄒᆞ여 이후로ᄂᆞᆫ 청년회 진보케 ᄒᆞᄂᆞᆫ글을 번번이 져술 츌판 ᄒᆞ올터이오니 보시고 깁히 구 ᄒᆞ옵기를 간절히 ᄇᆞ라옵ᄂᆞ이다 지ᄂᆞᆫ번 년환회에셔 총찰위원 여ᄃᆞᆲ을 션뎡ᄒᆞ엿ᄂᆞᆫ데 이 위원들은 평양목ᄉᆞ 로불씨와 이화학당 션싱부인 푸라이 폐인 량씨와 김긔범씨와 리은승씨와 노병션씨와 횡씨부인 메리씨와 인쳔목ᄉᆞ 조원시씨라 ᄇᆞ라옵기ᄂᆞᆫ 모든형데들은 신약합셔에 긔록ᄒᆞᆫ 싱명의도를 엇어 츙만 ᄒᆞ옵소셔 ᄯᅩᄒᆞᆫ 모든 회원즁에 젼도 권쟝문을 져술 ᄒᆞ시거던 인쳔항구 각도 감리ᄉᆞ의게로 보ᄂᆡ시옵소셔

○ 정동월는 청년회 젼도국쟝 최병헌씨ᄂᆞᆫ 금년일년 년환회에셔 부목ᄉᆞ로 승ᄎᆞ ᄒᆞ엿더라

○ 제물포 나인드지파 학문국쟝 김긔범씨ᄂᆞᆫ 이번 년환회에 원산 젼도인으로 뎡ᄒᆞᆫ고로 그식구를 거ᄂᆞ리고 그곳으로 가랴고 이번에 제물포셔 화륜션을 ᄐᆞ고 원산으로 가셔 반이ᄒᆞᆯ 곳을 보고 셔울노 올나와셔 지나간 쥬일 져녁에 정동 회당에셔 젼도 ᄒᆞ기를 내가 이번에 학익동이라 ᄒᆞᄂᆞᆫ곳에 교우를 차자 드러간즉 좌우로 층암절벽에 실낫ᄀᆞᆺ흔 길이잇고 오십리되ᄂᆞᆫ 산골이라 이러ᄒᆞᆫ 산즁에 인가가 간혹 잇ᄂᆞᆫᄃᆡ 먹ᄂᆞᆫ바ᄂᆞᆫ 감ᄌᆞ와 산나물이라 그곳 사ᄅᆞᆷ들의게 셩세지락이 무엇이나 무론즉 우리가 근본 평양 사ᄅᆞᆷ인ᄃᆡ 금수 강산과 금의 옥식을 버리고 이곳에 와셔 수십년을 고샹ᄒᆞ기ᄂᆞᆫ 다만 졍감록에 이곳이 피난쳐라 ᄒᆞᆫ말을 밋고 난리도 아니나ᄂᆞᆫ거슬 ᄇᆞᆨ질업시 남은희를 보ᄂᆡ엿시니 이제ᄂᆞᆫ 령혼 피난ᄒᆞᆯ 곳이나 찻쟈ᄒᆞ고 구셰쥬를 밋ᄂᆞᆫ 사ᄅᆞᆷ이 잇시니 우리도 이와ᄀᆞᆺ치 육신에 괴로옴을 니져ᄇᆞ리고 령혼 피난ᄒᆞᆯ 길을 부즈런이 가쟈 ᄒᆞ더라

○ 재물포 나인드지파 국쟝 김셩호씨ᄂᆞᆫ 평양으로 가셔 얼마 동안을 잇겟다더라

ᄂᆡ보

○ 이번 김홍륙의 역모에 간범된 피슈죄인 공홍식과 김홍륙의 쳐를 공초 밧을ᄯᅢ에 악형을 만히 ᄒᆞ엿다ᄂᆞᆫ 소문이 밧게 랑ᄌᆞᄒᆞ매 각국 공령ᄉᆞ가 외부에 조회ᄒᆞ되 금번 옥ᄉᆞ의 혹형 ᄒᆞ엿단 말은 과연 랑셜인지 외국 사ᄅᆞᆷ즁에 신실ᄒᆞᆫ이를 옥즁에 보ᄂᆡ여 그 졍형을 탐지 ᄒᆞᆯ터이나 대뎌 형벌을 혹독히 ᄒᆞ여 공쵸를 억지로 밧ᄂᆞᆫ거ᄉᆞᆫ 이 셰계 통힝ᄒᆞᄂᆞᆫ 규례에 합당치 아닐ᄲᅮᆫ 더러 귀 졍부에셔도 임의 폐 ᄒᆞ엿던거슬 다시쓰면 우리가 ᄇᆞᆨ득불 변론 ᄒᆞ겟노라 ᄒᆞ엿다더라

○ 이번 대ᄂᆡ에 환후 평복 ᄒᆞ심은 일국에 큰 경ᄉᆞ라 관보

를 샹고ᄒᆞᆫ즉 진하 길일을 음력 팔월 이십삼일노
퇴뎡 ᄒᆞ엿더니 다시 드른즉 샹치 되ᄂᆞᆫ일이 잇셔
이십칠일노 퇴뎡 ᄒᆞ엿다더라

○김홍륙을 잡으러 갓단말은 임의 긔ᄌᆡᄒᆞ엿거니
와 죵로에셔 실포되엿단 풍셜이 잇시매 사ᄅᆞᆷ마다
다 분울이 녁이더니 다시 ᄌᆞ셰히 드른즉 륙로
로 잡아 올녀 오ᄂᆞᆫ듸 고을마다 병뎡으로 단속ᄒᆞ
여 조곰도 루망ᄒᆞᆯ 폐단이 업다 ᄒᆞᄂᆞᆫ지라 일젼에
과연 잡아와셔 곳 고등 ᄌᆡ판소로 넘겨 공초 밧
은후에 김홍륙과 공홍식과 또김가 ᄒᆞᆫ놈을 다 교
에 쳐 ᄒᆞ엿다더라

○ᄌᆡ슈죄인 공홍식이가 칼애 샹 ᄒᆞ엿다ᄂᆞᆫ 일노
독립협회에셔 법부대신과 협판을 죠률ᄒᆞ여 달나
고 고등ᄌᆡ판소 검ᄉᆞ의게 고발 ᄒᆞ엿더니 검ᄉᆞ의 지
령ᄂᆡ에 대신과 협판을 검ᄉᆞ가 엇지ᄒᆞᆯ수 업노라ᄒᆞ
엿시매 독립협회에셔 다시 공의ᄒᆞ고 검ᄉᆞ의게 고
발ᄒᆞᆫ ᄉᆞ의와 검ᄉᆞ의 지령 ᄉᆞ의를 쵸ᄒᆞ야 의졍과
참졍의게 편지ᄒᆞ되 법부대신 신씨와 협판 리씨의
죄샹을 샹쥬 ᄒᆞ야 즁판 ᄒᆞ여 지이라고 ᄒᆞ엿더니
의졍 심슌택씨와 참졍 윤용션씨의 답장 ᄉᆞ의가
거의 ᄀᆞᆺᄒᆞᆫ지라 그 편지에 ᄀᆞᆯᄋᆞᆫ듸 죄인 공가의 칼
에 샹ᄒᆞᆫ거슨 스ᄉᆞ로 질넛ᄂᆞᆫ지 ᄂᆞᆷ이 질넛ᄂᆞᆫ지 알
수 업시나 그러나 법관이 되여 ᄉᆞᆯ피지 못ᄒᆞᆫ 칙망
이 업지 아니ᄒᆞ되 히부대신과 협판을 률례에 쓰
ᄂᆞᆫ거시 합당ᄒᆞ고 아니ᄒᆞᆫ거슨 공의 ᄒᆞ지 안코ᄂᆞᆫ
질뎡ᄒᆞᆯ수 업시니 두어ᄂᆞᆯ을 기다려 의론ᄒᆞᆫ후에 맛
당히 쳐판 ᄒᆞ겟노라 ᄒᆞ엿더라

뎨이권

대한회보

뎨ᄉᆞ십이호

광무이년 (합구십) 인 십월십구일

일곱신하의물너감

그지간 독립협회에셔 샹소ᄒᆞ야 신하들이 물너갓ᄂᆞᆫᄃᆡ 그쥬장ᄯᅳᆺ을 대강 긔지ᄒᆞ노라

십월 칠일 첫번 샹소에 ᄀᆞᆯᄋᆞᄃᆡ 법부대신 신긔션씨과 협판 리인우씨ᄂᆞᆫ 죄인 공홍식이 칼에 샹ᄒᆞᆷ을 ᄉᆞᆯ히지 못ᄒᆞ엿고 의정대신 심슌턱씨와 참정 윤용션씨ᄂᆞᆫ 그일을 힐문치 아니ᄒᆞ엿시며 궁ᄂᆡ대신 리지슌씨와 군부대신 심샹훈씨와 탁지대신 민영긔씨ᄂᆞᆫ 슈라를 진어ᄒᆞᆯ ᄯᅢ에 입시ᄒᆞ야 다른 환관과 궁쳡은 그 차를 맛보고 즁독ᄒᆞᆫ이가 만흐되 이 대신들은 맛보지 아니ᄒᆞ엿고 즁츄원 의관들은 샹소ᄒᆞ여 잔혹ᄒᆞᆫ 녯법을 다시 쓰자 ᄒᆞ엿ᄉᆞ오니 이러ᄒᆞᆫ 신하들을 일졔히 물니치소셔 ᄒᆞ엿ᄂᆞᆫᄃᆡ

비지에 ᄀᆞᆯᄋᆞ샤ᄃᆡ 죄인이 칼에 샹ᄒᆞᆫ거슨 법맛ᄒᆞᆫ 신하를 임의 징계ᄒᆞ엿고 기외 다른 신하ᄂᆞᆫ 공연이 의심ᄒᆞᆯ거시 업고 법률은 죠졍에셔 문드ᄂᆞᆫ 거시니 아래 ᄇᆡᆨ셩의 의론ᄒᆞᆯ거시 아니라 ᄒᆞ신지라 독립협회에셔 두번ᄶᅢ 샹소ᄒᆞ여 그 일곱 신하의 이왕 잘못ᄒᆞᆫ일과 지금 잘못ᄒᆞᆫ 죄목을 긔록ᄒᆞ여 밧쳣ᄂᆞᆫᄃᆡ 비지에 ᄀᆞᆯᄋᆞ샤ᄃᆡ 말이 근심ᄒᆞ고 ᄉᆞ랑ᄒᆞᄂᆞᆫᄃᆡ 낫시니 과격ᄒᆞᆷ이 괴이치 아니나 진실노 구비ᄒᆞ기를 칙ᄒᆞᆯ진ᄃᆡ 그 사ᄅᆞᆷ이 드ᄅᆞᆯ지라 짐이 다ᄉᆞ리기를 급히구ᄒᆞ여 죠졍 신하의게 죠셔를 나려 각각 경동케ᄒᆞ엿시니 젼에 허물을 곳치고 리두에 효험을 볼지라 다 물너가고 다시 번거히 말나 ᄒᆞ신지라 독립협회에셔 세번ᄶᅢ 또 샹소ᄒᆞ여 ᄀᆞᆯᄋᆞᄃᆡ 일곱신하의 ᄡᅡ힌 허물을 폐하ᄭᅴ셔 비록 용서ᄒᆞ시나 법강을 문허지게 ᄒᆞ고 졍치를 어지럽게 ᄒᆞ며 ᄇᆡᆨ셩을 병들게 ᄒᆞ여 종묘와 샤직이 위ᄐᆡᄒᆞᆫᄃᆡ 니르고 님군을 즁독ᄒᆞ게 ᄒᆞ여 리웃나라에 우숨을 빗게ᄒᆞ고 싱령으로 류리ᄒᆞ여 죽게ᄒᆞ오니 폐하ᄭᅴ셔 엇지 일곱신하만 익기시고 삼쳔리 강산의 큰것과 이쳔만 ᄇᆡᆨ셩의 원ᄒᆞᆷ을 싱각지 아니ᄒᆞ시ᄂᆞ닛가 이 일곱신하와 모든 의관들을 ᄲᅢᆯ니 보니시고 어진 신하를 구ᄒᆞ샤 즁흥ᄒᆞ신 공업으로 만셰에 태평케 ᄒᆞ소셔 이ᄯᅢ에 각쳐 학교 학원들은 공부를 폐지ᄒᆞ고 죵로 시민들은 져자문을 닷아 일졔히 협회 소텽에 진복ᄒᆞ며 나무장ᄉᆞ와 군밤장ᄉᆞ ᄋᆞ희들ᄭᆞ지 의연금을 내여 소텽에 보죠ᄒᆞᄂᆞᆫᄃᆡ 일이일 동안에 오ᄇᆡᆨ여원이 되고 루쳔명 사ᄅᆞᆷ들이 쥬야로 인화문밧게 모히니 인심이 이러케 귀일ᄒᆞᆫ거시 엇지 하ᄂᆞ님의 ᄯᅳᆺ시 아니리오 황샹 폐하ᄭᅴ셔 한셩판윤 리최연씨로 두번을 보내샤 칙유ᄒᆞ시고 비지를 나리샤 ᄀᆞᆯᄋᆞ샤ᄃᆡ 님군의 샹량ᄒᆞᆷ을 기다리지 아니ᄒᆞ고 대궐문 지쳑에셔 방ᄌᆞ이 ᄯᅥ드니 ᄇᆡᆨ셩의 긔습이 말ᄒᆞᆯ수 업ᄂᆞᆫ지라 물너가라 ᄒᆞ시고 맛ᄎᆞᆷ내 일곱 신하들을 다 물니쳐 보내셧더라

대한크리스도인회보

THE KOREAN CHRISTIAN ADVOCATE.
Rev. H. G. Appenzeller, Editor
36 cents per annum
in advance. Postage extra.
Wednesday, OCT. 19th, 1898.

서울 졍동셔 일쥬일에 ᄒᆞᆫ번식
발간 ᄒᆞᄂᆞᆫ뒤 아편셜라 목ᄉᆞ가
회보 샤쟝이 되엿더라
일년 갑슬 미리 ᄂᆡ면 삼
십 륙젼이오 우표갑슨
ᄯᅡ로 잇ᄂᆞ니라

셩교셩셔회

도를 젼치 아니ᄒᆞ면 밧게 사ᄅᆞᆷ들이 ᄒᆞᄂᆞ님의 도를 듯지 못ᄒᆞᆯ거시요 듯지 못ᄒᆞ면 도의 리치를 알지 못ᄒᆞᆯ거시요 알지 못ᄒᆞ면 구셰쥬를 밋을 ᄆᆞ음이 나지 못ᄒᆞᆯ거시요 밋을 ᄆᆞ음이 업신즉 그사ᄅᆞᆷ의 령혼을 구원ᄒᆞᆯ수 업실지라 그런고로 교회 즁에셔 젼도 ᄒᆞ기를 힘쓰ᄂᆞᆫ뎌 무숨 물건으로 쥬쟝을 삼으리오 고기를 잡ᄂᆞᆫ 어부들은 반ᄃᆞ시 금울을 ᄌᆞ뢰ᄒᆞ고 양의 무리를 치ᄂᆞᆫ이ᄂᆞᆫ 반ᄃᆞ시 울이를 짓ᄂᆞ니 이제 텬하 사ᄅᆞᆷ의 령혼을 구원코져 ᄒᆞᆯ진뎌 반ᄃᆞ시 텬국의 복음을 만히 간츌ᄒᆞ야 널니 젼파ᄒᆞ며 십ᄌᆞ가의 군ᄉᆞ가 되야 마귀를 ᄃᆡ뎍 ᄒᆞᆯ진뒤 셩경 리치로 우리의 방패와 병긔를 삼울지라 그럼으로 셩교 즁에셔 셩셔 츌판 ᄒᆞ기를 위ᄒᆞ야 모히ᄂᆞᆫ 회가 잇고 그 회에셔 형뎨들이 지물을 슈합ᄒᆞ야 신약과 구약파 모든 셩셔를 간츌 ᄒᆞᄂᆞᆫ거시라 영미 각국에만 셩셔 회가 잇ᄂᆞᆫ거시 아니라 우리 대한국에도 오륙년젼 브터 셩셔회를 셜시 ᄒᆞ엿ᄂᆞᆫ뒤 금년은 십월 이십삼일 쥬일에 졍동 회당에셔 각쳐 교우들이 일졔히 모히여 셩셔회를 힝ᄒᆞᆯ터이온뒤 례식과 문표를 ᄆᆞᆫ드러 당일에 분잡ᄒᆞᆷ이 업게ᄒᆞ고 셔국 목ᄉᆞ들과 본국 형뎨즁에 학식이 고명ᄒᆞᆫ이가 연셜ᄒᆞ야 모든 형뎨와 ᄌᆞ미를 권면ᄒᆞ실터이오 셩경에 골ᄋᆞ샤뒤 너희가 셩셔를 공부ᄒᆞ고 궁구 ᄒᆞᄂᆞᆫ거슨 그 가온뒤 길히 사ᄂᆞᆫ 리치가 잇심이라 ᄒᆞ고 ᄯᅩ 골ᄋᆞ샤뒤 셩경이 능히 사ᄅᆞᆷ으로 ᄒᆞ여곰 지혜를 더ᄒᆞ게 ᄒᆞᆫ다 ᄒᆞ엿시니 지혜 잇기와 영ᄉᆡᆼ ᄒᆞ기를 원 ᄒᆞᄂᆞᆫ 사ᄅᆞᆷ들은 불가불 우리 셩경을 공부 ᄒᆞᆯ거시요 도를 젼파 ᄒᆞ기와 사ᄅᆞᆷ 구원 ᄒᆞ기를 원ᄒᆞᄂᆞᆫ 형뎨들은 불득불 셩셔를 만히 츌판 ᄒᆞᆯ지라 ᄇᆞ라건뒤 각쳐에 잇ᄂᆞᆫ 형뎨와 ᄌᆞ미들은 그날을 당 ᄒᆞ거든 다 깃분 ᄆᆞ음으로 오셔셔 ᄒᆞᄂᆞ님ᄭᅴ 굿치 례ᄇᆡᄒᆞ고 각각 힘ᄃᆡ로 젼지를 보죠 ᄒᆞ야 셩셔를 만히 츌판케 ᄒᆞ시요

레비일공과 구십 십월 삼십일

하ᄂᆞ님이아브라함파언약을세우심

창셰긔 십칠장 일졀노 구졀ᄭᆞ지

一 아브람의 나히 구십구셰에 하ᄂᆞ님이 보이
여 ᄀᆞᆯᄋᆞ샤ᄃᆡ 나ᄂᆞᆫ 젼능ᄒᆞᆫ 하ᄂᆞ님이니 내압
헤 네가 힝ᄒᆞ기ᄅᆞᆯ 내게 합당ᄒᆞ게 ᄒᆞ고 온젼케
ᄒᆞ라 二 내가 너로 더브러 언약 ᄒᆞ노니 네의 ᄌᆞ
손을 번셩케 ᄒᆞ리라 三 아브람이 업드리니
하ᄂᆞ님이 ᄯᅩ ᄀᆞᆯᄋᆞ샤ᄃᆡ 四 내가 너로 더브러 언
약 ᄒᆞ노니 네가 만민의 아비가 되게 ᄒᆞ리라 五
이제 후로ᄂᆞᆫ 다시 네 일홈을 아브람이라 아니
ᄒᆞ고 이에 아브라함이라 너ᄅᆞᆯ 부르리니 내가 너
ᄅᆞᆯ 명ᄒᆞ야 만민의 아비가 되게ᄒᆞᆷ이라 六 내가 네
의 ᄌᆞ손을 번셩케 ᄒᆞ여 너로 ᄒᆞ여곰 뭇 빅셩의
조상이 되게ᄒᆞ고 여러왕이 네게로 조차나게 ᄒᆞ
리라 七 내가 너와 네의 ᄌᆞ손으로 더브러 영원
ᄒᆞᆫ 약됴ᄅᆞᆯ 세워 너와 밋 네의 ᄌᆞ손의 하ᄂᆞ님
이 되리라 八 너 머므ᄂᆞᆫ 가남 ᄯᅡ흐로 너와 네의
ᄌᆞ손을 주어 영원이 차지 ᄒᆞ게ᄒᆞ고 내가 ᄯᅩᄒᆞᆫ
그들의 하ᄂᆞ님이 되리라 九 ᄯᅩ ᄀᆞᆯᄋᆞ샤ᄃᆡ 너
와 밋 네의 ᄌᆞ손이 내 약됴ᄅᆞᆯ ᄃᆡᄃᆡ로 반ᄃᆞ시
직히라

주셕

이 공부에 세가지 문뎨가 잇ᄉᆞ니

一 새언약이오 일이졀이요

二 새일홈이니 삼졀노 오졀ᄭᆞ지요

三 새로 허락ᄒᆞᆫ 말ᄉᆞᆷ이니 륙졀노
구ᄭᆞ지라 첫재ᄂᆞᆫ 아브라함이 그 때에 나히
구십 구셰요 덕ᄌᆞᄂᆞᆫ 업고 하ᄂᆞ님의 허락ᄒᆞ심
은 잇고 일운일은 업셧소 하ᄂᆞ님ᄭᅴ셔 아브라함
의게 나타나실때에 말ᄉᆞᆷ ᄒᆞ시기ᄅᆞᆯ 나ᄂᆞᆫ 젼능ᄒᆞ
신 하ᄂᆞ님이라 ᄒᆞᆫ말에 하ᄂᆞ님의 일홈이 둘
이 잇ᄂᆞᆫᄃᆡ ᄒᆞ나ᄂᆞᆫ 엘 엘이온이니 ᄯᅳᆺ슨 지극히
놉고 ᄒᆞ나ᄂᆞᆫ 엘샷ᄃᆡ니 ᄯᅳᆺ슨 젼능 ᄒᆞ심이라 아브
라함과 안히가 나히 만ᄒᆞᆯᄲᅮᆫ 아니라 사ᄅᆞᆷ의 힘으
로 ᄌᆞ손을 번셩케 ᄒᆞᆯ수업고 하ᄂᆞ님의 젼능
ᄒᆞ심은 허락 ᄒᆞ신ᄃᆡ로 될수 잇겟ᄂᆞ니라

뭇ᄂᆞᆫ말

一 하ᄂᆞ님과 언약ᄒᆞᆯ때에 아ᄇᆡ란의 나히 얼마뇨

二 구세쥬 강ᄉᆡᆼ ᄒᆞ시기젼 몃ᄒᆡ이며뇨

三 그때에 아ᄇᆡ란의 아ᄃᆞᆯ이 몃치뇨

四 하ᄂᆞ님ᄭᅴ셔 엇더케 복을 주리라 ᄒᆞ셧ᄂᆞ뇨

正 일홈을 아브라함이라 곳쳔ᄯᅳᆺ시 무어시뇨

六 그 ᄌᆞ손중에 엇더ᄒᆞᆫ 이들이 나리라 ᄒᆞ셧ᄂᆞ뇨

七 다만 잠시만 아브라함과 언약을 ᄒᆞ셧ᄂᆞ뇨

八 ᄯᅩ 엇던 디명으로 주리라 ᄒᆞ셧ᄂᆞ뇨

九 하ᄂᆞ님이 언약을 언제ᄭᆞ지 직히라 ᄒᆞ셧ᄂᆞ뇨

十 이젼에도 아브라함과 언약 ᄒᆞ심이 잇셧ᄂᆞ뇨

十一 어나 곳에셔 브터 어ᄃᆡᄭᆞ지 주시리라 허락 ᄒᆞ셧ᄂᆞ뇨

十二 그곳에 사ᄂᆞᆫ 족쇽이 다 누군지 말ᄉᆞᆷ ᄒᆞ시요

十三 오ᄂᆞᆯ 공부에 요긴ᄒᆞᆫ ᄯᅳᆺ시 무어시뇨

엡웟청년회

청년회 통신국을 진보케ᄒᆞᄂᆞᆫ글

청년회 통신국론

통신국은 사ᄅᆞᆷ으로 말ᄒᆞ면 혈ᄆᆡᆨ이요 졍부로 말ᄒᆞ면 젼보샤와 우쳬국이라 가량 사ᄅᆞᆷ의 혈ᄆᆡᆨ이 ᄭᅳᆫ허지면 죽은 사ᄅᆞᆷ이라 ᄒᆞᆯ터이요 젼보샤가 업ᄉᆞ면 미국이 셔반아와 ᄊᆞ호ᄂᆞᆫ거슬 대한에 나아와 잇ᄂᆞᆫ 마국 사ᄅᆞᆷ들이 슌식간에 엇지 그 ᄊᆞ홈에 결과를 알며 또ᄒᆞᆫ 츙쳥도 ᄇᆡᆨ셩들의 고난 밧ᄂᆞᆫ거슬 졍부에셔 엇지 알며 졍부에셔 환난 잇ᄂᆞᆫ거슬 츙쳥도 ᄇᆡᆨ셩이 엇지 잠간 ᄉᆞ이에 알아 졍부와 ᄇᆡᆨ셩이 희로익락을 ᄒᆞᆷᄭᅴ ᄒᆞ며 만일 우쳬국이 업ᄉᆞ면 각부 공문거리와 각항 신문과 셔칙을 어ᄃᆡ로 젼ᄒᆞ여 이곳에셔만 아ᄂᆞᆫ 학문을 져곳으로 젼ᄒᆞ여 주며 져곳에셔만 아ᄂᆞᆫ 학문을 이곳으로 엇지 젼ᄒᆞ여 주리요 그런고로 우리 청년회 통신국 ᄉᆞ무가 대단이 소즁ᄒᆞ오니 각쳐 통신국쟝들은 통신 ᄉᆞ무에 분명이 ᄒᆞᆯ고 ᄲᆞᆯ니ᄒᆞ며 부즈런이 ᄒᆞ여 셔ᄉᆞ왕복과 문부거리와 회즁 일긔를 져쳬치안케 ᄒᆞᆯ지어다 만일 통신국에셔 일을 계을나 ᄒᆞᆫ다든지 셔ᄅᆞ게 ᄒᆞ면 셜혹 졔물포나 평양이나 원산 쳥년회에셔 무숨 죠흔 일이 잇ᄂᆞᆫ지 불ᄒᆡᆼᄒᆞᆫ 일이 잇ᄂᆞᆫ지 어ᄂᆞ 회에셔 무숨 일을 힘ᄒᆞ여 원교회에 유죠케 ᄒᆞ엿다든지 즁앙 쳥년회에셔 무숨 새로 궁구ᄒᆞᆫ 일이 잇다든지 달고 쓰고 쳠고 더운거슬 피차에 알아 소리와 긔운이 서로 통ᄒᆞ여 들거니 놋커니 ᄒᆞ고 도아줄 일이면 도아주고 깃버ᄒᆞᆯ 일이면 깃버ᄒᆞ고 위로ᄒᆞᆯ 일이면 위로ᄒᆞᆯ일을 통신국이 아니면 엇더케 각쳐에 알게 ᄒᆞ리요 그런즉 각국즁 통신국일이 호번ᄒᆞ고 즁난ᄒᆞᆫ지라 어ᄂᆞ 곳이든지 회가 죠직이 되면 몬져 통신국쟝(통신국쟝은 곳셔긔)을 션졍ᄒᆞᄂᆞ니 셔긔의 직무ᄂᆞᆫ 첫지 회원의 거쥬와 셩명을 분명이 긔록ᄒᆞ여 회원의 명안을 ᄆᆞᆫ드러 두며 일변 회원의 명록을 즁앙회로 보고ᄒᆞ고 긔도회에나 토론회에나 특별회에셔 ᄒᆞᄂᆞᆫ 일을 ᄌᆞ세히 긔록ᄒᆞ엿다가 그 다음 회에 다시 ᄇᆞᆰ히 닑으며 일이 ᄆᆡ우 긴요ᄒᆞ여 가히 회즁 ᄉᆞ긔가 될만ᄒᆞᆫ 일이면 긔록ᄒᆞᄯᅥ 둘거시요 신문샤에 보ᄒᆞ여 셰샹에 광포ᄒᆞᆯ 일이면 신문샤에 보ᄒᆞᆯ거시요 ᄀᆡ회시에 회쟝의 엽회안져 회원에 진 복진을 분명이 샹고ᄒᆞ여 만일 불ᄎᆞᆷᄒᆞᆫ 회원이 잇ᄉᆞ면 왕복ᄒᆞ여 그 ᄉᆞ고를 통샹회에 보고ᄒᆞ며 각국쟝의 보단파 회원의 보단파 회계의 직졍 보단을 역역히 긔록ᄒᆞ엿다가 후일에 빙고ᄒᆞ게 ᄒᆞ며 외쳐로 반이ᄒᆞ여 가ᄂᆞᆫ 회원을 그곳 쳥년회에 편지ᄒᆞ여 그 회에 붓치며 의경간에 회원이 모도여 의론ᄒᆞᆯ일이 잇ᄉᆞ면 발문ᄒᆞ여 회원이 모이게 ᄒᆞ며 외쳐 쳥년회에 치하ᄒᆞᆯ 일이든지 위로ᄒᆞᆯ일을 회즁 지휘ᄃᆡ로 정답게 글을 지어 보니며 회즁에 각ᄉᆡᆨ문부와 셔칙을 졍밀ᄒᆞ게 간수ᄒᆞ엿다가 륙삭후에 셔로 나ᄂᆞᆫ 셔긔의게 넘겨주어야 ᄒᆞᄂᆞ니 통신국ᄉᆞ무를 보시ᄂᆞᆫ 형뎨들은 교졔잘ᄒᆞᄂᆞᆫ 외교관들이 되여 외교를 쳔밀이ᄒᆞ며 회평을 주쟝ᄒᆞ여 우리 대한각쳐쳥년회가 일취월쟝ᄒᆞᆯ ᄉᆞ업들을 만히 ᄒᆞ시기를 ᄇᆞ라노라 아ᄂᆞᆫ ᄃᆡ로 대강 긔록ᄒᆞ거니와 각쳐쳥년회 통신국쟝들은 무숨 일이든지 통신국에 유조ᄒᆞᆯ일이면 즁앙 쳥년회로 긔록ᄒᆞ여 보니시요

즁앙 쳥년회 셔긔 로병션셔

ᄂᆡ보

북촌에 유지ᄒᆞᆫ 부인들이 여러 십명이 모히여 찬양회를 조직ᄒᆞ고 녀학교를 셜립ᄒᆞ랴 ᄒᆞᆫ다더니 십월 십일일 오후 두시에 일졔히 궐문밧긔 진복ᄒᆞ야 샹소ᄒᆞ고 즉시 우비를 무르엿다 ᄒᆞ니 이ᄂᆞᆫ 동양 셰계에 희한ᄒᆞᆫ 일인고로 그소쵸와 비지를 좌에 긔진ᄒᆞ노라

업듸여 써ᄒᆞ되 학교라 ᄒᆞᄂᆞᆫ것은 인지를 비양ᄒᆞ옵고 지식을 확쟝ᄒᆞ옵ᄂᆞᆫ지라 그런고로 녯젹의 나라에 학이잇고 향당에 샹이잇고 집에 슉이잇습은 흘노 남ᄌᆞ만 ᄀᆞᄅᆞ칠ᄲᅮᆫ 아니라 비록 녀ᄌᆞ라도 또ᄒᆞᆫ ᄀᆞᄅᆞ치ᄂᆞᆫ 법이잇셔 닉측과 규범등셜훈이 ᄀᆞᆺ초앗ᄉᆞ오며 구미 각국으로 말솜ᄒᆞ와도 녀학교를 셜립ᄒᆞ고 각항 지예를 비화 귀명 진보에 니르럿ᄉᆞ온즉 엇지 우리 나라에만 녀학교 명식이 업ᄉᆞ오리잇가 오직 우리 대황뎨 폐하ᄭᅴ옵셔 즁흥의 운을 응ᄒᆞ옵시고 독립의 업을 세우샤 빅ᄀᆞ지 법도를 새롭게 ᄒᆞ시며 셩덕이 겻히로 흐르시와 관립학교를 셜립ᄒᆞ샤 영지를 발월케 ᄒᆞ옵시니 외여 셩지라 흠송ᄒᆞ옵고 발구르며 츔츄ᄂᆞᆫ이다 대뎌 인지ᄂᆞᆫ 학문에 잇숩고 학문은 교육에 잇숩ᄂᆞᆫ지라 근일 독립협회에 목뎍을 듯ᄉᆞ온즉 님군의게 츙셩ᄒᆞ고 나라를 ᄉᆞ랑ᄒᆞᄂᆞᆫ ᄆᆞᄋᆞᆷ으로 공평정직ᄒᆞᆫ 의리를 잡아 뎐폐에 글을올녀 셩총을 보좌ᄒᆞ고 나라 법강을 부지케 ᄒᆞ려ᄒᆞᆫ다 ᄒᆞ오니 우리 폐하의 신민된쟈이 뉘아니 흠감ᄒᆞ오리가 (미완)

본회고ᄇᆡᆨ

본회에서 이 **회보**를 젼년과 ᄀᆞᆺ치 일쥬일에 ᄒᆞᆫ번식 발간ᄒᆞᄂᆞᆫᄃᆡ 새로 륙폭으로 작뎡ᄒᆞ고 ᄒᆞᆫ장 갑슨 엽젼 오푼이오 ᄒᆞᆫᄃᆞᆯ갑슨 미리내면 젼과 ᄀᆞᆺ치 엽젼 ᄒᆞᆫ돈 오푼이라 본국 교우나 셔국 목ᄉᆞ나 교외 친구나 만일 사셔 보고져 ᄒᆞ거든 졍동 아편셜라 목ᄉᆞ 집이나 죵로 대동셔시에 가셔 사시옵

대한크리스도인회보

뎨이권 (일십구합) 광무이년 십월 이십륙일 뎨ᄉᆞ십삼호

셩셔회로 모힌 일

약력 십월 이십삼일 쥬일 아춤
에 졍동 회당에셔 셩셔회를 힝
ᄒᆞ엿ᄂᆞᆫᄃᆡ 셩단압화 각식 화쵸를
버려노코 교우들을 영졉ᄒᆞ되 문
표와 례식을 ᄆᆡᆫ드러 규모를 졍
졔ᄒᆞᆫ지라 셔국 목ᄉᆞ 여러분
과 셔국 부인들이 만히 모혓시
며 셔울 잇ᄂᆞᆫ 형뎨와 ᄌᆞᄆᆡ들은
미 이미 교회와 쟝로 교회가 합
ᄒᆞ여 일졔히 모혓ᄂᆞᆫᄃᆡ 목ᄉᆞ 원
두우씨가 긔회ᄒᆞᆫ 후에 교우 송
셕쥰씨ᄂᆞᆫ 셩령군구 ᄒᆞᄂᆞᆫ 뜻스로
긔도ᄒᆞ고 로병션씨ᄂᆞᆫ 거록ᄒᆞᆫ 교
회를 영졉ᄒᆞᄂᆞᆫ 뜻스로 연셜ᄒᆞ고
찬양가를 노리ᄒᆞᆫ 후에 형뎨 윤
챵렬씨ᄂᆞᆫ 마태복음 이십팔쟝 오
졀노 브터 십졀ᄭᆞ지 닑엇시며
리승원씨ᄂᆞᆫ 교회를 위ᄒᆞ여 긔도
ᄒᆞ고 그후에 련못골 녀학당에셔
내가 일심으로 ᄒᆞᆫ다ᄂᆞᆫ 찬양가를
특별ᄒᆡ 노리ᄒᆞ니 소래가 쳥아ᄒᆞ
ᄆᆡ 목ᄉᆞ 긔일씨ᄂᆞᆫ 요한복음 팔
쟝 삼십이졀을 닑은후 연셜ᄒᆞ
야 ᄀᆞᆯᄋᆞᄃᆡ 시죵의 긴요ᄒᆞᆫ 거슨
ᄯᆞ라가ᄂᆞᆫ 긔계라 긔계가 아니면
시각을 알수업고 시각을 알지 못ᄒᆞᆯ진ᄃᆡ 쓸ᄃᆡ업ᄂᆞᆫ
시죵이오 사ᄅᆞᆷ의 긴요ᄒᆞᆫ거슨 ᄆᆞᄋᆞᆷ과 뜻시라 ᄆᆞᄋᆞᆷ
이 아니면 무ᄉᆞᆫ일을 ᄒᆞᆯ수업고 일을 ᄒᆞ자 ᄒᆞᆯ진
ᄃᆡ 뜻업ᄂᆞᆫ 사ᄅᆞᆷ이라 내가 대한에 와셔 젼도ᄒᆞᆯ시
ᄒᆞᆫ 사ᄅᆞᆷ을 맛나니 부쳐를 슝봉ᄒᆞᄂᆞᆫ 즁이라 즁ᄃᆞ
려 무ᄅᆞᄃᆡ 그ᄃᆡᄂᆞᆫ 부모와 형뎨와 쳐ᄌᆞ와 쳔ᄌᆡᆨ을
리별ᄒᆞ고 셰샹밧ᄭᅴ 나아가 산즁에 홀노 잇ᄂᆞᆫ거시
무ᄉᆞᆷ 뜻시뇨 즁이 ᄃᆡ답ᄒᆞ되 셰샹 질루를 ᄇᆞ리고
남우아기 타불을 쥬야로 부르면 됴흔곳으로 간다
ᄒᆞ거ᄂᆞᆯ 내가 그뜻슬 무른즉 뜻슨 모로노라 ᄒᆞ고
ᄯᅩ 엇더ᄒᆞᆫ 즁은 날노 진어를 외오되 오옴 ᄌᆞ례주
례 쥰졔ᄉᆞ바 하부림이라 ᄒᆞᆫ기로 그뜻슬 무른ᄃᆡ
ᄯᅩᄒᆞᆫ 아지 못ᄒᆞᆫ다 ᄒᆞ엿시니 이거슨 뜻겁ᄂᆞᆫ 일이
요 유ᄃᆡ를 슝샹ᄒᆞᄂᆞᆫ 사ᄅᆞᆷ은 말ᄒᆞ기를 산ᄆᆡᆨ을 ᄭᅳᆫ
ᄒᆞ면 멸망ᄒᆞᄂᆞᆫ 운수를 당ᄒᆞᆫ다 ᄒᆞ며 ᄒᆞᆼ샹 요슌을
놉히ᄂᆞ니 요슌의 ᄒᆞᆫ신바 일을 보건ᄃᆡ 샹뎨ᄭᅴ 류
졔를 지내여 임월 셩신ᄭᅴ 인졔와 산쳔의 망졔와
뭇신의 변졔를 지내셧시니 쓸ᄃᆡ업ᄂᆞᆫ 졔ᄉᆞ만 됴화
ᄒᆞ엿고 ᄯᅩᄒᆞᆫ 텬하 대쟝군 디하 대쟝군이라 ᄒᆞᄂᆞᆫ
쟝승을 셤기ᄂᆞᆫ 이도 잇ᄉᆞ니 대한 사ᄅᆞᆷ이 이러케
뜻업고 어두온일만 힝ᄒᆞ고 엇지 ᄀᆡ명 ᄒᆞ기를 ᄇᆞ
ᄅᆞ리요 하ᄂᆞ님과 예수를 밋어야 되겟다 ᄒᆞ고 그
후에 리화학당 녀학도들이 우리 다시 맛나볼 동
안이라 ᄒᆞᄂᆞᆫ 찬양가를 노래ᄒᆞ니 셩음이 쳥졍ᄒᆞ고
곡됴가 여일ᄒᆞ여 듯ᄂᆞᆫ사ᄅᆞᆷ이 다칭도ᄒᆞ고 ○ 마포
목ᄉᆞᄂᆞᆫ 말ᄉᆞᆷᄒᆞ기를 칠년젼에 엇던사ᄅᆞᆷ이 셩경 ᄒᆞᆫ
권을 엇어가지고 산즁에 들어가 공부ᄒᆞ야 (이폭)

대한크리스도인 회보

THE KOREAN
CHRISTIAN ADVOCATE.
Rev. H. G. Appenzeller, Editor
36 cents per annum
in advance. Postage extra.
Wednesday, OCT. 16th, 1898.

셔울 졍동셔 일쥬일에 ᄒᆞᆫ번식
발간 ᄒᆞᄂᆞᆫᄃᆡ 아편셜라 목ᄉᆞ가
회보 샤쟝이 되엿더라
일년 갑슬 미리 ᄂᆡ면 삼
십 륙젼이오 우표갑슨
ᄯᅡ로 잇ᄂᆞ니라

일폭련속

몃ᄉ 뎨ᄌᆞ가 되고 다른 사ᄅᆞᆷ의게 젼도를 만히 ᄒᆞ엿시니 아곳에 모힌 형뎨들도 각각 힘을 써 셩경을 젼파 ᄒᆞ게되면 십년후에는 몃만명 신도를 더 엇게ᄒᆞᆯ ᄒᆞ고 그후에 원두우 목ᄉᆞ가 연보젼 슈합ᄒᆞ기를 말ᄉᆞᆷ ᄒᆞᄂᆞᆫᄃᆡ 젼년에는 셩셔 츌판 ᄒᆞ기에 쇼입이 일쳔 오ᄇᆡᆨ원이요 최은 십오만권인ᄃᆡ 지금 오만여권이 풀엿다 ᄒᆞᄂᆞᆫ지라 당일에 슈합ᄒᆞᆫ 돈이 대한 형뎨와 ᄌᆞ민즁에셔 삼십륙원이요 ○ 셔국목ᄉᆞ와 부인즁에셔 삼ᄇᆡᆨ 오십원이니 합 삼ᄇᆡᆨ 팔십륙원이요 유고ᄒᆞ여 참예치 못ᄒᆞᆫ 형뎨들이 ᄯᅩᄒᆞᆫ 츄후로 보낼터인즉 합 ᄉᆞᄇᆡᆨ원 가량이라 이ᄯᅢ에 모힌 사ᄅᆞᆷ이 쳔여명인ᄃᆡ 일졔히 찬양가를 부르고 다 깃분 ᄆᆞᄋᆞᆷ으로 파회ᄒᆞ기라

글의우열을고뎡홈

우리가 몃달젼브터 힘도부지식 이라는 문졔를내여 대한 형뎨들노 ᄒᆞ여곰 글을지으라 ᄒᆞ엿더니 지금 샹고ᄒᆞ여 본즉 경향간에 지으신이가 합 이십일인이라 이번 셩셔회에셔 특별이 그글의 우열을 고쥰ᄒᆞ야 뎡ᄒᆞᆯ일노 위원 세사ᄅᆞᆷ을 션뎡ᄒᆞ니 샹동 하의원과 졍동교우 로병션씨와 쟝로교즁형뎨 홍건원씨라 위원 되신이ᄂᆞᆫ 그글들을 죵쇽히 고평ᄒᆞ야 우등을 ᄐᆡᆨᄒᆞᆫ후에 셩셔회로 보내여 츌판케 ᄒᆞᆯ기를 ᄇᆞ라노라

시골드녀온일

금년 년환회에셔 원산교회에 ᄆᆡ길의원은 본국 여을일노 일년 수유를 주시고 나로 ᄒᆞ여곰 그동안 원산 교회일을 보라ᄒᆞ셧시니 거쳐ᄒᆞᆯᄃᆡ를 보려고 가옵ᄂᆞᆫᄃᆡ 목ᄉᆞ 아편셜라씨와 의ᄉᆞ ᄆᆡ길씨와 홀ᄆᆡ양력 구월 십오일에 졔물포에셔 일본샹션 샹모환을 ᄐᆞ고 ᄯᅥ낫더니 이비가 일본 쟝긔 항을 둘너가ᄂᆞᆫ지라 일본디경을 ᄂᆞ려보니 ᄒᆡ샹에 적은쌈비가 별것치 널녀잇ᄂᆞᆫᄃᆡ ᄎᆞᄎᆞ 갓가히 가보매 어션들이라 엇던ᄇᆡ에ᄂᆞᆫ 녀인들셸리 노를 즈며 풍랑을 무릅스며 고기를 잡으니 셩의에ᄂᆞᆫ 츔지악ᄒᆞᆯ더라 쟝긔항에 도박ᄒᆞ니 구월 십칠일이라 하오에 하륙ᄒᆞ여 미이미교회 녀학당과 남학당과 레비당과 시병원파여러교ᄉᆞ의 거쳐를 구경ᄒᆞᆫ후에 아목ᄉᆞᄯᅢ셔ᄂᆞᆫ 륜션으로 올나가보고 ᄆᆡ길의원파 인력거를ᄐᆞ고 (오쪽)

례비일공과 구십일 십일월 륙일

아브라함이 세 텬ᄉᆞ를 ᄃᆡ접ᄒᆞᆫ것

창셰긔 십팔쟝 일졀노 십오졀ᄭᆞ지

一 ᄒᆞ로낫에 아브라함이 맘레 샹슈리 나무 아래
에서 쟝막문에 안졋더니 야화화ᄭᅦ셔 아브라함의
게 나타나 보이시ᄂᆞᆫ지라 二 아브라함이 눈을 드러
보니 세 사ᄅᆞᆷ이 엽헤 셧거ᄂᆞᆯ 아브라함이 뎌들을
보고 쟝막문으로 조차 ᄃᆞ러가셔 마지며 ᄯᅡ헤 업
ᄃᆡ여 三 ᄀᆞᆯᄋᆞᄃᆡ 비옵ᄂᆞ니 만일 내가 은혜를 쥬ᄭᅴ
셔 밧을진ᄃᆡ 나를 ᄯᅥ나지 마시고 四 나로 ᄒᆞ여곰
물을 조곰 가져다 발을 씻게ᄒᆞ고 나무 아래에 쉬
쇼셔 五 대개 제개 임의 왓ᄉᆞ니 제가 ᄯᅥᆨ을 조곰
취ᄒᆞ야 그ᄃᆡ의 힘을 도은후에 가쇼셔 ᄀᆞᆯᄋᆞᄃᆡ 네
말ᄃᆡ로 ᄒᆞ리라 ᄒᆞ니 六 아브라함이 급히 쟝막에
드러가 사라ᄃᆞ려 말ᄒᆞᄃᆡ 속히 고흔ᄀᆞ루 서말을
쥰비ᄒᆞ여 쳐셔 ᄯᅥᆨ을 문ᄃᆞ나 ᄒᆞ고 七 아브라함이
ᄯᅩ 즘ᄉᆡᆼ 우리에 ᄃᆞ러가셔 살지고 됴흔 송아지를
ᄐᆡᆨᄒᆞ야 졂은 사ᄅᆞᆷ을 주니 그가 급히 ᄉᆞᆱ어 예비
ᄒᆞ엿고 八 ᄯᅩᄒᆞᆫ 소졋 기름과 소졋과 ᄉᆞᆱ은 송아지
를 가져다 압헤 버려노코 ᄉᆞᄉᆞ로 나무 아래에셔
뫼시니 그들이 먹ᄂᆞᆫ지라 ○ 九 그들이 ᄀᆞᆯᄋᆞᄃᆡ 네
안해 사라가 어ᄃᆡ 잇ᄂᆞ냐 ᄀᆞᆯᄋᆞᄃᆡ 쟝막안에 잇
ᄂᆞ니다 十 ᄒᆞ나히 ᄀᆞᆯᄋᆞᄃᆡ 네안히 사라가 쟝ᄎᆞᆺ 아
ᄃᆞᆯ을 나흐리니 그 긔한을 당ᄒᆞ야 내가 다시오리
라 사라가 그사ᄅᆞᆷ뒤 쟝막 문에셔 이말을 드럿시
나 十一 이ᄯᅢ에 아브라함과 사라의 나히 미우만하
사라의 경슈가 ᄯᅩᄒᆞᆫ ᄭᅳᆫ쳔지라 十二 사라가 속으
로 우셔 ᄀᆞᆯᄋᆞᄃᆡ 내가 미우늙고 우리 쥬인도 그러
ᄒᆞ거ᄂᆞᆯ 엇지 성산ᄒᆞᄂᆞᆫ 즐거옴이 잇ᄉᆞ리오 十三
야화화ᄭᅦ셔 아브라함ᄃᆞ려 닐ᄋᆞ샤ᄃᆡ 사라가 엇지
우셔 ᄀᆞᆯᄋᆞᄃᆡ 늙은 내가 ᄌᆞ식을 나흐리오 ᄒᆞᄂᆞ
냐 ᄒᆞ니 十四 야화화가 엇지 어려온일이 잇
ᄉᆞ리오 사라가 아ᄃᆞᆯ을 나흐리니 명년 그 긔한을
당ᄒᆞ여 내가 다시 오리라 ᄒᆞ니 十五 사라가 무려
워 ᄒᆞ여 웅락지 아니ᄒᆞ고 ᄀᆞᆯᄋᆞᄃᆡ 내가 웃지 아
니ᄒᆞ엿노라 ᄒᆞ니 그가 ᄀᆞᆯᄋᆞᄃᆡ 네가 우셧ᄂᆞ니
라 ᄒᆞ더라

주셕

아브라함이 이 나무 수풀에 거 ᄒᆞ기를 십삼쟝 십
팔졀에 드러갈ᄯᅢ 브터 지금ᄭᆞ지 ᄒᆞᆫ지라 이 세텬
ᄉᆞ가 여긔 셧심은 아브라함이 와셔 ᄃᆡ졉 ᄒᆞᄂᆞᆫ거
ᄉᆞᆯ 보랴고 기다림이러니 아브라함이 과연 온유ᄒᆞᆫ
ᄆᆞ음으로 압희 나아가 ᄃᆡ졉 ᄒᆞ엿ᄂᆞᆫ지라 그 곳
풍속에 손님을 마즐ᄯᅢ에 어ᄃᆡ로 왓숨ᄂᆡᄭᆞ 어ᄃᆡ

로 가겟ᄉᆞᆸ니가 못ᄂᆞᆫ법이 업셧ᄉᆞ니 아브라함도 ᄯᅩ
ᄒᆞᆫ 못지 안 ᄒᆞᄂᆞᆫ지라 ᄯᅩ 그ᄯᅢ에 손님 발 씻기
ᄂᆞᆫ 풍쇽이 잇ᄉᆞ나 아브라함이 그 풍쇽ᄃᆡ로만 ᄒᆞᆷ
이 아니요 겸손ᄒᆞᆫ ᄆᆞ옴으로 그 손님의게 발 씻
셔 드리기를 원 ᄒᆞ엿ᄂᆞᆫ지라 ᄯᅩ 아ᄃᆞᆯ 나올 언약
을 말ᄉᆞᆷ ᄒᆞᆯᄯᅢ에 아브라함은 칠거옴으로 웃고 사
라ᄂᆞᆫ 비웃ᄉᆞᆷ으로 우셧시니 하ᄂᆞ님이 ᄭᅮ지셧ᄂᆞᆫ
지라 이 아ᄃᆞᆯ 낫ᄂᆞᆫ거ᄉᆞᆫ 예수씨 나실쟝본이라

뭇ᄂᆞᆫ말

一 야화화ᄭᅦ셔 언의ᄯᅢ에 언의곳에셔 나타나 보이셧ᄂᆞ뇨

二 아브라함이 몃 사ᄅᆞᆷ이나 맛낫ᄂᆞ뇨

三 아브라함이 텬ᄉᆞ의게 무ᄉᆞᆷ말을 ᄒᆞ엿ᄂᆞ뇨

四 아브라함이 사라의게 무어ᄉᆞᆯ 예비 ᄒᆞ라 ᄒᆞ엿ᄂᆞ뇨

五 하인 ᄃᆞ려ᄂᆞᆫ 무어ᄉᆞᆯ 예비ᄒᆞ라 ᄒᆞ엿ᄂᆞ뇨

六 사라가 언제 아ᄃᆞᆯ을 나리라 ᄒᆞ엿ᄂᆞ뇨

七 그ᄯᅢ에 아브라함과 사라의 나히 얼마이뇨

八 사라가 텬ᄉᆞ의 말을 웨 우셧ᄂᆞ뇨

九 야화화ᄭᅦ셔 아브라함의게 무ᄉᆞᆷ 말ᄉᆞᆷ을 ᄒᆞ셧ᄂᆞ뇨

十 사라이 웨 두려워 ᄒᆞ엿ᄂᆞ뇨

十一 세 사ᄅᆞᆷ이 어ᄃᆡ로 가ᄂᆞᆫ 길이뇨

十二 그ᄯᅢ에 몃사ᄅᆞᆷ이나 할례를 밧은 후이뇨

十三 이 공부에 요긴ᄒᆞᆫ ᄯᅳᆺ시 무어시뇨

이폭속편

항구들 구경이시 질비훈 층루의 굉장홈과 도로의 정결홈과 물식이 번화홈은 일구 난셜이로다 이리 져리구경홀 즈음에 일락셔산호니 황혼에 비로도라 의밥을 지닐시 훈일인의게 문왈 내가 일본디경을 와셔보니 회상 이션에도 녀인이 만코 시변상젼에 도녀인이 만호니 일본은 파벽가 만흐나 녀인이 쳔 호야 남즈는 일을 아니호고 녀인만 일을식혀 그 러홀다 무른즉 그일인이 답왈 그런거시 아니라 남 조들은 학교에도 가고 륜션에도 단이고 제조소에 각셔물건도 제조호야 외국에 가셔 쟝스도 호는터 그녀인들이 남편의 버려 오는것만 먹지안코 각각 버리 호노라고 그러호다 호며 일본풍속이 남녀간 에 성이에는 귀쳔이 업다고 호더라

십구일 하오에 발션호여 부산항에 니르니 히관 슌 묘가 륜션에 올나와 션직의 집죠를 샹고호셔 집 죠가 잇느나 못가거놀 나는 외국 갓다오는 길이 아 니오 인쳔항에셔 이비를 듯고 원산을 가는길인터 이바가 일본 디경을 둘너오며 내가 떠날때에 인 쳔 경무셔에 가셔 이비로 오는 스연을 말호고 집 죠를 맛나호즉 경무셔에셔 말호기를 셜령 외국 디경을 둔녀 가드리도 니디에 가는 거시지 외국 가는거슨 아니니 질죠가 업노라 호기에 그져 왓노라 호니 슌교의 말이 인쳔셔 오고 아니 오는 거순 모로되 이비인즉 일본으로 오는비요 여긔 쟝뎡은 그러치 아니호즉 슌검 직무에 그져 갈수 업스니 노형이 나려가셔 경무셔쟝씌 스연을 말호고 오시오 호니 스쳬가 그러홀듯 호야 민길 외원씌 스연을 말솜호고 나려가셔 경무관훈데 스연을 말호즉 불문 라단호고 하인 불너 갓다 가두니 흥바업셔 사롬하나에 이십젼을 주고 사셔 륜션에 긔별 호엿더니 아목스와 민길외원 두분이 즉시 나려와셔 경무관을 보고 원산가는 증거를 말숨 호시매 노와 보니기에 훈시 동안을 갓치엿다가 도라오며 싱각호니 훈편으로는 감스훈 일이요 훈편으로 우슬일이라 네젼 유태 관원들이 스도 보라를 잡아 가두고도 로마 사롬이라 호니 씨 다스리지 못 호던일과 굿치 무슴 겁나는 일이 잇는지 당쵸에 가둔죄가 아니면 가두지를 말던지 쟝뎡을 범 호엿시면 쟝뎡디로 다스릴거시여놀 무단이 니여 놋는거슨 온당치 못훈 일이오 인쳔 경무셔에셔는 쟝뎡을 모로는지 춤 아혹훈일이더라

(미완)

너보

부인회 샹소 속젼호 륙쪽

심지어 나무 장ᄉᆞ와 파실장ᄉᆞ 셔지라도 외연금을 내여 나라 ᄉᆞ랑 ᄒᆞᄂᆞᆫ 정셩을 표 ᄒᆞᄋᆞᆸᄂᆞᆫᄃᆡ 신쳡등 곳ᄉᆞ온 분바른 계집들인들 엇지 잡안ᄂᆞᆫ 떡ᄉᆡᆼᄒᆞᆯ ᄆᆞᄋᆞᆷ이야 업다 ᄒᆞ오릿가 그러 ᄒᆞ오나 혹 바람들ᄂᆞᆫ 외론과 비쳑 ᄒᆞᄂᆞᆫ 문ᄌᆞ가 업지 아니 ᄒᆞ와 뜻기에 현혹 되옵이 잇ᄉᆞ오며 츙신과 역적을 분변치 못ᄒᆞᄂᆞᆫ 쟈이 죵죵 잇ᄉᆞ오니 이ᄂᆞᆫ 다름 아니오라 비록 남ᄌᆞ라도 학식이 업ᄉᆞ와 ᄉᆞ외에 합ᄒᆞ고져 ᄒᆞᄂᆞᆫ 쥬의가 아니오니 그러ᄒᆞ오면 도로혀 학문 잇ᄂᆞᆫ 녀ᄌᆞ만도 못ᄒᆞ오니 일노써 미루어 보건ᄃᆡ 녀ᄌᆞ라도 또ᄒᆞᆫ 츙의지심과 문명ᄒᆞᆫ 학을 힘쓰ᄂᆞᆫ것만 곳지 못ᄒᆞ온지라 신쳡등이 찬양회를 셜시ᄒᆞ와 ᄎᆞ셩츙 ᄉᆞ랑의 두 글ᄌᆞ를 규즁으로 브터 온 나라가 흥왕케 ᄒᆞ랴 ᄒᆞ오나 학교가 아니면 총혜ᄒᆞᆫ 녀쟈 ᄋᆞ희들을 ᄀᆞ른칠 도리가 업ᄉᆞᆸ기로 감히 외월ᄒᆞᆷ을 피치안코 실졍으로 소리를 가작이 ᄒᆞ야 ᄒᆞ야 텬폐의 아리 알외오니 업ᄃᆡ여 빌건ᄃᆡ 셩명은 깁히 룽촉 ᄒᆞ옵셔 학부에 칙령을 나리오샤 특별히 녀학교를 셜시ᄒᆞ야 어린 계집 ᄋᆞ희들노 ᄒᆞ여곰 학업을 닥ᄉᆞ와 대한도 동안에 문명지국이 되옵고 각국과 평등의 대졉을 밧게 ᄒᆞ옵시게를 업ᄃᆡ여 ᄇᆞ라옵ᄂᆞ이다

비지너에 ᄇᆡ픈바ᄂᆞᆫ 학부로 ᄒᆞ여곰 죠쳐를 잘ᄒᆞ야 비양ᄒᆞ고 셩취ᄒᆞᄂᆞᆫ 도를 힘써 극진케 ᄒᆞ리라

본회 고빅

본회에서 이 회보를 전년과 굿치 일쥬일에 ᄒᆞᆫ번식 발간 ᄒᆞᄂᆞᆫᄃᆡ 새로 륙폭으로 작뎡ᄒᆞ고 ᄒᆞᆫ장 갑슨 엽젼 오푼이오 ᄒᆞᆫ돌갑슬 미리내면 전과 굿치 엽젼 ᄒᆞᆫ돈 오푼이라 본국 교우나 셔국 목ᄉᆞ나 교외 친구나 만일 사셔 보고져 ᄒᆞ거든 정동 아편셜라 목ᄉᆞ 집이나 죵로 대동셔시에 가셔 사시옵

뎨이권

대한회보

뎨ᄉᆞ십ᄉᆞ호

(이십구합) 광무이년 십일월이일 인

통샹교회의게ᄒᆞᆫ편지ᄅᆞᆯ각교우가불가불볼일

우리 회보에 각쳐 교우의 편지ᄅᆞᆯ 여러번 긔지ᄒᆞ여 보시ᄂᆞᆫ 형뎨들노 알게 ᄒᆞ엿거니와 이번 이 **통샹 교회의게 ᄒᆞᆫ 편지**ᄂᆞᆫ 감독과 여러 목ᄉᆞ들이 ᄒᆞᆷᄭᅴ 강론ᄒᆞ여 우리 형뎨와 ᄌᆞ미들을 권면ᄒᆞᆫ 거시라 그즁에 경계ᄒᆞᆯ신 말ᄉᆞᆷ과 유리ᄒᆞᆫ 귀절이 만이잇서 우리 교우들이 ᄒᆞᆼ샹 볼ᄉᆞ록 유익ᄒᆞᆯ뿐 아니라 감독ᄭᅴ셔 부탁ᄒᆞ시기ᄅᆞᆯ 이 편지ᄅᆞᆯ 모든 **통샹 교회의게** 보내여 사ᄅᆞᆷ마다 반ᄃᆞ시 보게ᄒᆞ라ᄒᆞ신고로 이번에ᄂᆞᆫ 우리가 특별이 몃 ᄇᆡᆨ쟝을 더 간츌ᄒᆞ여 각쳐에 보내오니 무론 남녀 교우ᄒᆞ고 일일이 구ᄒᆞ여 보시와 감독과 목ᄉᆞ의 ᄇᆞ라시ᄂᆞᆫ ᄆᆞᄋᆞᆷ을 져ᄇᆞ리지 말기ᄅᆞᆯ 간절이 ᄇᆞ라노라 .

통샹교회의게ᄒᆞᆫ편지

우리 대한 예수 크리스도 미이미 교회 모든 교형뎨와 ᄌᆞ미ᄅᆞᆯ 치하ᄒᆞ며 원컨ᄃᆡ 하ᄂᆞ님 아바지의 ᄉᆞ랑ᄒᆞ심과 우리 쥬 예수 크리스도의 은혜와 셩신의 감화ᄒᆞ심이 통샹회에 영원히 누리기ᄅᆞᆯ 원ᄒᆞ노라 우리가 우리 쥬 예수 크리스도의 아바지 하ᄂᆞ님ᄭᅴ 감샤ᄒᆞ고 형뎨ᄅᆞᆯ 위ᄒᆞ야 ᄒᆞᆼ샹 긔도ᄒᆞ니 이ᄂᆞᆫ 우리 형뎨가 크리스도ᄅᆞᆯ 밋ᄂᆞᆫ것과 모든 셩도ᄅᆞᆯ ᄉᆞ랑ᄒᆞᆷ이니 이로써 우리가 형뎨ᄅᆞᆯ 위ᄒᆞ야 긔도ᄒᆞᄂᆞᆫ거ᄉᆞᆯ 긋치지 아니ᄒᆞ며 셩신이 주신바 지혜와 ᄭᅢᄃᆞᄅᆞᆷ으로써 형뎨들이 다 하ᄂᆞ님의 ᄯᅳᆺ슬 아ᄂᆞᆫ거ᄉᆞ로 ᄎᆡ오기ᄅᆞᆯ 원ᄒᆞ니 형뎨들이 힘ᄒᆞᆫ 바가 쥬ᄭᅴ 합ᄒᆞ여 모든거ᄉᆞ로 깃부게 ᄒᆞ야 모든 션ᄒᆞᆫ의 열ᄆᆡᄅᆞᆯ 맷셔 하ᄂᆞ님을 더욱 알게ᄒᆞᆷ을 원ᄒᆞᄂᆞ이다 (골노서 일쟝 일졀노 십졀 보시오)

이번 년환회ᄂᆞᆫ 대한 미이미교회 뎨십ᄉᆞ 년환회인ᄃᆡ 감독ᄭᅴ셔 여러목ᄉᆞᄅᆞᆯ 위원으로 션뎡ᄒᆞ고 이 편지ᄅᆞᆯ 져술ᄒᆞ야 통샹교회에 보내노라 지나간 일년 동안에 하ᄂᆞ님 도으심으로 우리 교회가 흥왕ᄒᆞ엿시니 작년에 우리 수요ᄂᆞᆫ 일쳔 삼ᄇᆡᆨ 여명이러니 금년에ᄂᆞᆫ 이쳔명이 넘엇시니 그 영화ᄅᆞᆯ 예수 크리스도의게 돌녀 보내옵ᄂᆞ이다 그러나 우리 수요가 암만 만ᄒᆞ도 만일 권능이 업ᄉᆞ면 무ᄉᆞᆷ 유익이 잇스리오 비유컨ᄃᆡ 화륜션을 디엇ᄂᆞᆫᄃᆡ 여러가지 ᄌᆡ료ᄅᆞᆯ 모화 크고 (이폭)

一

이ᄇᆡᆨ오십칠

대한크리스도인 회보

THE KOREAN CHRISTIAN ADVOCATE.
Rev. H. G. Appenzeller, Editor
36 cents per annum
in advance. Postage extra.
Wednesday, NOV. 2nd, 1898.

셔울 졍동셔 일쥬일에 ᄒᆞᆫ번식 발간ᄒᆞᄂᆞᆫᄃᆡ 아편셜라 목ᄉᆞ가 회보 샤쟝이 되엿더라 일년 갑슬 미리 ᄂᆡ면 삼십 륙젼이오 우표갑슨 ᄯᅩ로 잇ᄂᆞ니라

일폭련속

아ᄅᆞᆷ답고 견고ᄒᆞ고 온갓 긔계가 구비ᄒᆞ야 능히 대양을 건널만치 되엿시나 그 물김 능력이 업ᄉᆞ면 무용지물이 될터이라 우리 교회가 지금 흥왕ᄒᆞ야 와샹은 ᄆᆡ우 아ᄅᆞᆷ답 칭찬ᄒᆞᆯ만 ᄒᆞ나 그즁에 권능이 잇서야 더욱 유익ᄒᆞ겟ᄂᆞᆫᄃᆡ 이 권능은 셩신의 셰례라 이 권능 셰례를 하ᄂᆞ님ᄭᅴ셔 셩경에 ᄌᆞ세히 허락ᄒᆞ셧시니 모든 교형뎨를 권쟝ᄒᆞ노니 힘써 ᄆᆞᄋᆞᆷ을 낫초아 일심으로 하ᄂᆞ님ᄭᅴ 긔도ᄒᆞ야 셩신셰례 엇기를 ᄇᆞ라노라

하ᄂᆞ님ᄭᅴ셔 한량 업ᄉᆞ신 은혜로 우리를 익연히 녁이샤 셩경 륙십 륙권을 주셧시니 엇지 감격ᄒᆞᆫ 일이 아니리오 일노 말미암아 우리가 우리 령녕히 밋ᄂᆞᆫ거슬 ᄌᆞ세히 ᄭᆡ드라 알고 텬당 가ᄂᆞᆫ길을 ᄎᆞᆺ고 ᄯᅩ 마귀치ᄂᆞᆫ 군긔를 엇겟시니 모든 교형뎨들을 권쟝ᄒᆞᄂᆞ니 각기 국문 신약 츌판ᄒᆞ여 나아오ᄂᆞᆫᄃᆡ로 셩경 ᄒᆞᆫ길식 사셔 쥬야로 가지고 공부ᄒᆞ고 남의게 알게ᄒᆞ며 ᄯᅩ 한문 아ᄂᆞᆫ이가 구약을 한문으로 힘써 공부ᄒᆞ기를 ᄇᆞ라노라

경셩 졍동셔 ᄎᆡᆨ판소를 셜시ᄒᆞ고 모든 유익ᄒᆞᆫ ᄎᆡᆨ을 츌판ᄒᆞ오니 우리 크리스도 형뎨들은 이ᄎᆡᆨ들을 츌판ᄒᆞᄂᆞᆫᄃᆡ로 구ᄒᆞ야 힘써 공부ᄒᆞ시면 지식도 통달ᄒᆞ여지고 도 리치를 점점 ᄭᆡ드라 ᄆᆞᄋᆞᆷ이 ᄇᆞᆰ어지고 령혼이 든든ᄒᆞ야지ᄂᆞᆫ 도음이 잇ᄉᆞ오니 모든 형뎨 ᄌᆞᄆᆡ들은 새ᄎᆡᆨ을 ᄇᆞ지런이 보시기를 ᄇᆞ라오며 ᄯᅩ 크리스도인이 보실 **대한회보**를 ᄒᆞᆫ쥬일에 ᄒᆞᆫ쟝식 츌판ᄒᆞ오니 이 **회보**ᄂᆞᆫ 령혼 ᄇᆞᆰ이ᄂᆞᆫ 공부와 졍부에 잇ᄂᆞᆫ일과 시골 소문과 각쳐에 잇ᄂᆞᆫ 교회 흥왕ᄒᆞᆫ것과 외국일과 외국 졍쳐와 외국 교형뎨 소문이며 세샹 형편이 엇지 되ᄂᆞᆫ거슬 긔록ᄒᆞ엿시니 사ᄅᆞᆷ의 이목을 널게 ᄒᆞᄂᆞᆫ거시오니 우리 형뎨들은 각각 사셔 박람ᄒᆞ시고 외인의게 젼파ᄒᆞ시기를 간졀이 ᄇᆞ라ᄋᆞᆸᄂᆞ이다

교 흥왕ᄒᆞᄂᆞᆫ거ᄉᆞᆫ 수요가 만키로 되ᄂᆞᆫ것도 아니어니와 교형뎨들이 은혜에셔 ᄌᆞ라남과 예수를 알기와 교규칙 잘 슌죵홈으로 되ᄂᆞᆫ거시라 모든 형뎨와 ᄌᆞᄆᆡ를 권쟝ᄒᆞ노니 근실ᄒᆞ게 교 례ᄇᆡ회와 긔도회와 속회를 참례ᄒᆞ야 진보케 ᄒᆞ고 쟝졍 규칙을 즐겨 쥰ᄒᆡᆼᄒᆞ며 만일 교법 범ᄒᆞᆫ 형뎨가 잇ᄉᆞ면 덥허 두지말고 목ᄉᆞ와 쟝유들 모히ᄂᆞᆫ 자리에셔 힘써 ᄇᆞᆰ혀 나타내고 교회의 (오독)

례ᄇᆡ일공과 구십이 십일월 십삼일

아브라함이 소돔을 위히 번일

창세긔 십팔장 이십절노 삼십삼절ᄭᆞ지

二十 야화화 ᄀᆞᆯᄋᆞ샤ᄃᆡ 소돔과 고모라의 소리가 과
연 ᄏᆞ고 죄악이 심히 무거우니 二十一 내 이제 나
려가 그 힝ᄒᆞᆫ거시 드른바와 ᄀᆞᆺᄒᆞᆫ가 볼거시니 만
일 그러치 아니 ᄒᆞ야도 내 반ᄃᆞ시 알니라 二十二
더 사ᄅᆞᆷ들은 ᄯᅥ나 소돔으로 향ᄒᆞ되 아브라함은
오히려 야화화 압헤 섯더라 ○ 二十三 아브라함
이 갓가히 나아가 ᄀᆞᆯᄋᆞᄃᆡ 착ᄒᆞᆫ 사ᄅᆞᆷ과 악ᄒᆞᆫ 사
ᄅᆞᆷ을 ᄒᆞᆷᄭᅴ 다 멸ᄒᆞ려 ᄒᆞᄂᆞ닛가 二十四 셜혹 그 고
을에 올흔사ᄅᆞᆷ 오십명이 잇셔도 다 멸 ᄒᆞ시고
올흔사ᄅᆞᆷ 오십명을 인ᄒᆞ여 그곳을 용셔ᄒᆞ지 아
니 ᄒᆞ시리닛가 二十五 착ᄒᆞᆫ 사ᄅᆞᆷ과 악ᄒᆞᆫ 사ᄅᆞᆷ을
ᄒᆞᆷᄭᅴ 죽이ᄂᆞᆫ거시 올치안코 악ᄒᆞᆫ 사ᄅᆞᆷ과 착ᄒᆞᆫ사
ᄅᆞᆷ을 ᄀᆞᆺ치 ᄃᆡ졉ᄒᆞᆷ이 올치 아니ᄒᆞ니 텬하를 다
ᄉᆞ리ᄂᆞᆫ이가 엇지 올케 힝ᄒᆞ지 아니시ᄂᆞ닛가 二十六
야화화 ᄀᆞᆯᄋᆞ샤ᄃᆡ 소돔에 만일 올흔 사ᄅᆞᆷ 오십
명이 잇ᄉᆞ면 내가 그 사ᄅᆞᆷ들을 인ᄒᆞ여 온 고을
을 용셔 ᄒᆞ리라 二十七 아브라함이 ᄃᆡ답ᄒᆞᄃᆡ 내가
몬지와 ᄌᆡ ᄀᆞᆺᄒᆞ나 감히 하ᄂᆞ님ᄭᅴ 고 ᄒᆞᄂᆞ니
二十八 셜혹 거긔 올흔사ᄅᆞᆷ 오십명 중에 다ᄉᆞᆺ 사
ᄅᆞᆷ이 부족 ᄒᆞ여도 다ᄉᆞᆺ 사ᄅᆞᆷ 부족ᄒᆞᆷ을 인ᄒᆞ여
온 고을을 멸ᄒᆞ려 ᄒᆞ시ᄂᆞ닛가 야화화 ᄀᆞᆯᄋᆞ샤
ᄃᆡ 만일 ᄉᆞ십 오명만 잇셔도 멸 ᄒᆞ지 아니리라
二十九 ᄯᅩ 고ᄒᆞᄃᆡ 셜혹 거긔 ᄉᆞ십인만 잇ᄉᆞ면 엇
지 ᄒᆞ시랴ᄂᆞ닛가 야화화 ᄀᆞᆯᄋᆞ샤ᄃᆡ ᄉᆞ십인을
인ᄒᆞ여 힝ᄒᆞ지 아니 ᄒᆞ리라 三十 아브라함이 ᄯᅩ
ᄀᆞᆯᄋᆞᄃᆡ 쥬ᄭᅴ셔 노여ᄒᆞ지 말으소셔 내가 다시 고
ᄒᆞᄂᆞ니 셜혹 거긔 삼십인만 잇ᄉᆞ면 엇지 ᄒᆞ시
랴ᄂᆞ닛가 야화화 ᄀᆞᆯᄋᆞ샤ᄃᆡ 삼십인만 잇셔도
힝ᄒᆞ지 아니리라 三十一 ᄯᅩ ᄀᆞᆯᄋᆞᄃᆡ 이제 내가
하ᄂᆞ님ᄭᅴ 감히 고 ᄒᆞᄂᆞ니 셜혹 이십인만 잇ᄉᆞ
면 엇지 ᄒᆞ시랴ᄂᆞ닛가 야화화 ᄀᆞᆯᄋᆞ샤ᄃᆡ 이십
인의 연고를 인ᄒᆞ여 멸ᄒᆞ지 아니 ᄒᆞ리라 三十二
ᄯᅩ ᄀᆞᆯᄋᆞᄃᆡ 쥬여 노여 ᄒᆞ지 말으소셔 이번만 다
시 고 ᄒᆞᄂᆞ니 셜혹 열 사ᄅᆞᆷ만 잇ᄉᆞ면 엇지 ᄒᆞ
시랴ᄂᆞ닛가 야화화 ᄀᆞᆯᄋᆞ샤ᄃᆡ 열 사ᄅᆞᆷ의 연고
를 인ᄒᆞ여 멸치 아니리라 三十三 야화화ᄭᅴ셔 말
을 맛치시고 즉시 가시니 아브라함이 제곳으로
도라가니라

주셕

뭇는말

一 하ᄂᆞ님ᄭᅴ셔 소돔과 고모라이 엇더타 ᄒᆞ셧ᄂᆞ뇨

二 몃 사ᄅᆞᆷ이나 그곳으로 보내셧ᄂᆞ뇨

三 그ᄯᅢ에 아브라함은 어ᄂᆞ곳에 잇셧ᄂᆞ뇨

四 하ᄂᆞ님ᄭᅴ 무슴 말ᄉᆞᆷ을 고 ᄒᆞ엿ᄂᆞ뇨

五 션악을 굿치 벌ᄒᆞᄂᆞᆫ거시 올켓ᄂᆞ뇨

六 올흔 사ᄅᆞᆷ들이 몃치나 잇스면 죄를 샤ᄒᆞ여 준다 ᄒᆞ셧ᄂᆞ뇨

七 아브라함이 하ᄂᆞ님ᄭᅴ 다시 무슴 말ᄉᆞᆷ을 고 ᄒᆞ엿ᄂᆞ뇨

八 하ᄂᆞ님ᄭᅴ셔 엇더케 ᄃᆡ답 ᄒᆞ셧ᄂᆞ뇨

九 아브라함이 모도 몃번이나 하ᄂᆞ님ᄭᅴ 간구 ᄒᆞ엿ᄂᆞ뇨

十 아브라함이 올흔사ᄅᆞᆷ 수 혜기를 몃ᄭᅡ지 니ᄅᆞ럿ᄂᆞ뇨

十一 소돔과 고모라에 올흔사ᄅᆞᆷ이 몃치나 잇셧ᄂᆞ뇨

十二 그ᄯᅢᄂᆞᆫ 쥬 강셩젼 몃ᄒᆡ이ᄯᅢ뇨

十三 하ᄂᆞ님ᄭᅴ셔 말ᄉᆞᆷ을 긋치시매 아브라함이 엇더케 ᄒᆞ엿ᄂᆞ뇨

이폭련속

해로온거ᄉᆞᆯ 업시 ᄒᆞᆯ거시며 특별이 삼가 ᄒᆞ여 ᄌᆞ과 힘실을 곳쳐 쥬일날을 간절이 직히고 이 셰샹 즐거온 풍속을 사괴지 말며 남의 졔ᄉᆞ와 고ᄉᆞᄅᆞᆯ 두려워 ᄒᆞ야 참예치 말며 과부 업어가ᄂᆞᆫ 일도 도모지 샹관치 말지니라 더욱 삼가ᄒᆞ고 못ᄒᆞᆯ거ᄉᆞᆫ ᄂᆞ인과 뎡혼 ᄒᆞᄂᆞᆫ거시니 대개 ᄌᆞ식은 하ᄂᆞ님이 주신 뎨일 션물이니 부모의 직분은 ᄌᆞ식을 길너 하ᄂᆞ님ᄭᅴ 도로 ᄃᆞᆯ여야 ᄒᆞᆯ터이니 만일 외인의게 혼인ᄒᆞ야 보ᄂᆡ면 엇지 하ᄂᆞ님 도ᄅᆞᆯ 기ᄅᆞ리오 년환회에셔 결뎡ᄒᆞᆫ ᄯᅳᆺ슨 아ᄃᆞᆯ 잇ᄂᆞᆫ 형뎨가 ᄯᆞᆯ잇ᄂᆞᆫ 형뎨의게로 쟝가 보내고 ᄯᆞᆯ잇ᄂᆞᆫ 형뎨ᄂᆞᆫ 아ᄃᆞᆯ잇ᄂᆞᆫ 형뎨게로 ᄉᆞ즙 보낼지니라

더간 풍셜에 하향에 잇ᄂᆞᆫ 무례지비가 우리교ᄅᆞᆯ 칭탁ᄒᆞ고 남을 압졔ᄒᆞ며 법외에 산송과 빗 밧ᄂᆞᆫ 일과 별 협잡이 무샹ᄒᆞ니 엇지 ᄒᆞᆫ탄ᄒᆞᆯ일이 아니리오 다시 강권 ᄒᆞ노니 모든 교형뎨들은 이런일을 삼가ᄒᆞ야 막을지니라 우리 교형뎨들은 빗 밧을거시면자 산송이던지 국법에 의당ᄒᆞᆫ 일이라도 교ᄅᆞᆯ 칭탁ᄒᆞᆯ지 말고 ᄌᆞ긔 권리로 ᄒᆞ되 남을 압졔치 말며 내가 해ᄅᆞᆯ 밧ᄂᆞᆫ지언뎡 억지로 ᄒᆞ지 말거시며 졍부 법령을 슌죵ᄒᆞ야 교회에 해되ᄂᆞᆫ 일이호말이라도 업시 교회ᄅᆞᆯ 보호ᄒᆞ고 각각 ᄌᆞ긔 령혼의 방해 되ᄂᆞᆫ거ᄉᆞᆯ 죠심ᄒᆞ고 삼가 ᄒᆞ기ᄅᆞᆯ 군졀이 ᄇᆞ라오며 원컨ᄃᆡ 모든 형뎨들이 하ᄂᆞ님만 의지ᄒᆞ고 예수씨ᄅᆞᆯ 더욱 ᄉᆞ랑 ᄒᆞ기ᄅᆞᆯ ᄇᆞ라노라

감독 크란스돈 목ᄉᆞ 시란돈

목ᄉᆞ 아편셜라 목ᄉᆞ 됴원시
목ᄉᆞ 로불

시골ᄃᆞ녀온일

속젼호 오쪽

구월 이십이일에 원산에 도박ᄒᆞ여 아편셜라 목ᄉᆞᄭᅴ셔ᄂᆞᆫ 류삼위를 가시고 나ᄂᆞᆫ 병원에셔 류ᄒᆞ며 오ᄂᆞᆫ 병인의게 예수씨 말ᄉᆞᆷ을 젼ᄒᆞᆯ서 미일 오ᄂᆞᆫ 병인이 수십여인이오 그즁에 안즐방이와 져ᄂᆞᆫ쟈와 창병 잇ᄂᆞᆫ쟈와 치질 허청이 대병쟈가 모혀 드ᄂᆞᆫᄃᆡ 병만 곳칠ᄲᅮᆫ 아니라 령혼 구원 ᄒᆞᄂᆞᆫ 셩경칙을 주니 이칙 젼파 ᄒᆞᄂᆞᆫ일노 여러곳에 밋ᄂᆞᆫ 사ᄅᆞᆷ이 니러낫ᄉᆞ니 참 감ᄉᆞᄒᆞᆫ 일이오 아목ᄉᆞᄭᅴ셔 도라오시니 이ᄯᅢᄂᆞᆫ 음력 팔월 보름 명졀이라 원산셔 오십리 되ᄂᆞᆫ 안변군 학의골 가셔 여러 교우ᄅᆞᆯ 모히고 문답ᄒᆞ여 보니 ᄃᆡ답도 잘ᄒᆞ고 학습으로 드닌지가 삼년이오 모든 구풍을 다 거졀ᄒᆞ엿시니 셰례 밧을만 ᄒᆞ기로 열아홉 사ᄅᆞᆷ 셰례주고 도라올ᄉᆡ 동구ᄭᆞ지 나와 작별ᄒᆞ며 홍샹 자조와ᄯᅥ 권면ᄒᆞ여 주기ᄅᆞᆯ 간쳥ᄒᆞ니 이깁흔 산즁에 잇ᄂᆞᆫ 빅셩들을 하ᄂᆞ님이 권고ᄒᆞ샤 구원을 엇게 ᄒᆞ셧시니 참 감ᄉᆞᄒᆞᆫ 일이라 잇튼날 쥬일에 원산셔 네 사ᄅᆞᆷ 셰례 주엇ᄂᆞᆫᄃᆡ 이 사ᄅᆞᆷ들의 진실ᄒᆞᆫ 열미ᄂᆞᆫ 이명졀에 타인들은 죠상의 졔ᄉᆞ ᄒᆞᄂᆞ락고 분쥬ᄒᆞ되 이형뎨들은 당쵸에 명졀노 아지도 아니ᄒᆞ며 온가속이 다 셰례 밧지 못ᄒᆞᆷ을 익셕히 녁이며 목ᄉᆞᄭᅴ셔 쉬이 다시 오서셔 가속들 셰례 ▪▪주시기ᄅᆞᆯ 원 ᄒᆞ더라

김긔범

ᄂᆡ보

광무 이년 십월 이십구일에 독립협회에셔 발긔ᄒᆞ고 각 협회와 각 학교와 지어 소경과 ᄂᆡ뎡ᄭᆞ지 다 청쳡ᄒᆞ여 죵로 십ᄌᆞ가상에 만민 공동회를 ᄀᆡ셜ᄒᆞ고 졍부 졔대신과 즁츄원 의장과 쥬 판임관을 다 청ᄒᆞ여 졔졔 챵챵히 모혓시니 거연히 관민 공동회를 일운지라 모든 관인을 다 긔록기 어려오나 의졍부참졍 박졍양씨와 찬졍 리죵건씨와 법부대신 셔졍슌씨와 롱상공부 대신 김명규씨와 탁지대신 셔리 고영희씨와 즁츄원 의장 한규셜씨와 즁경대신 심상훈씨와 리지슌씨와 졍락용씨와 민영환씨와 민영긔씨와 한셩판윤 리ᄎᆡ연씨와 의졍부 참찬 권ᄌᆡ형씨와 쟝례원경 죠회일씨와 학부협판 리용직씨와 의졍부 찬무 미국 사ᄅᆞᆷ 리션득씨ᄭᆞ지 참셕 ᄒᆞ엿ᄂᆞᆫᄃᆡ 만인이 공쳔ᄒᆞ여 즁츄원 부의쟝 독립협회 회쟝 윤치호씨로 회쟝을 뎡ᄒᆞᆫ후에 회쟝이 ᄀᆡ회ᄒᆞ고 ᄀᆡ회 대지를 셜명ᄒᆞ니 대개 우리 황실을 공고ᄒᆞ고 인민을 ᄀᆡ명ᄒᆞ며 강토를 보존ᄒᆞᆯ 목뎍이더라 회즁에셔 각각 의견을 베프러 의안 륙됴를 드리매 졔대신이 다 ᄀᆞᆯᄋᆞᄃᆡ 가타ᄒᆞᆫ후 대신ᄭᅴ 청ᄒᆞ여 대황뎨 폐하ᄭᅴ ᄌᆡ가를 무러달나 ᄒᆞ엿ᄂᆞᆫᄃᆡ 졍부대신이 그 의안을 샹쥬ᄒᆞ매 셩샹ᄭᅴ셔 다 ᄌᆡ가를 나리시고 그외에 다시 다ᄉᆞᆺ 됴건을 쳠입ᄒᆞ여 반포케 ᄒᆞ셧ᄂᆞᆫᄃᆡ 합 열ᄒᆞᆫ 됴건을 요다음 회보 일폭에 등지 ᄒᆞ겟노라

ᄆᆡ일신문광고

협셩회 회보가 변ᄒᆞ야 ᄆᆡ일신문이 되엿ᄂᆞᆫᄃᆡ 파ᄂᆞᆫ 처소ᄂᆞᆫ 남대문안 대평동 젼 셔셔 되엿든 집이오니 이신문을 보시려 ᄒᆞᄂᆞᆫ 군ᄌᆞ들은 차자오시오

본회고ᄇᆡᆨ

본회에셔 이 회보를 젼년과 ᄀᆞᆺ치 일쥬일에 ᄒᆞᆫ번식 발간ᄒᆞᄂᆞᆫᄃᆡ 새로 륙폭으로 작뎡ᄒᆞ고 ᄒᆞᆫ쟝 갑슨 엽젼 오푼이오 ᄒᆞᆫ돌갑슬 미리내면 젼과 ᄀᆞᆺ치 엽젼 ᄒᆞᆫ돈 오푼이라 본국 교우나 셔국 목ᄉᆞ나 교외 친구나 만일 사셔 보고져 ᄒᆞ거든 졍동 아편셜라 목ᄉᆞ 집이나 죵로 대동셔시에 가셔 사시옵

죵로대동셔시광고

우리 셔샤에셔 셩경 신구약과 찬미ᄎᆡᆨ과 교회에 유익ᄒᆞᆫ 여러가지 셔ᄎᆡᆨ과 시무에 긴요ᄒᆞᆫ ᄎᆡᆨ들을 팔되 갑시 샹당ᄒᆞ오니 학문샹과 시무변에 ᄯᅳᆺ이 잇ᄂᆞᆫ 군ᄌᆞ들은 만히 사셔 보시옵

대영국셩셔공회 광고

새로 간츌ᄒᆞᆫ 거ᄉᆞᆫ 로마 가라태 골노시 야고보 베드로 젼후셔 듸모데 젼후셔니 사셔 보실이ᄂᆞᆫ 회샤 쥬인 견묘 션ᄉᆡᆼᄭᅴ로 오시옵

뎨이권

대한회보

뎨ᄉᆞ십오호

광무이년 (삼십구합) 십일월구일

열ᄒᆞᆫ가지법률

그지간 대한 졍부에 여러 대신 협판과 독립협회 회원들과 만민이 일졔히 죵로 거리에 모히여 여ᄉᆞᆺ가지 의안을 ᄆᆞᆫ드러 대황뎨 폐하ᄭᅴ 샹쥬ᄒᆞ엿더니 곳 재가ᄒᆞ시고 또 측령으로 다ᄉᆞᆺ가지 법률을 더 ᄆᆞ련ᄒᆞ샤 반포ᄒᆞ신일은 이왕 우리회보에 긔지ᄒᆞ엿거니와 이 법률이 젼국 인민의게 대단이 관계가 되기로 그 십일됴를 좌ᅦ 번역ᄒᆞ여 모든 형뎨들노 알게ᄒᆞ노라

뎨일됴는 외국 사ᄅᆞᆷ의게 의지ᄒᆞ여 붓좃지 말고 관인과 ᄇᆡᆨ셩이 동심 합력ᄒᆞ야 젼졔ᄒᆞ시는 황뎨의 권세를 견고케 ᄒᆞᆯ일

뎨이됴는 금광과 텰도와 셕탄과 삼림과 외국돈을 차관ᄒᆞᆷ과 병뎡을 비려올ᄯᅢ에 본국 졍부와 외국 사ᄅᆞᆷ이 약됴ᄒᆞ는일을 만약 각부 대신과 즁츄원 의장이 합동ᄒᆞ여 일홈 도장을 ᄶᅵᆨ지 아니ᄒᆞ면 시힝치 아니ᄒᆞᆯ일

뎨삼됴는 젼국의 지졍은 무론 아모 슈세든지 일병 탁지부로 관리케ᄒᆞ고 다른 마을이나 다른 회사에서 간셥지 못ᄒᆞ며 예산표와 결산표를 ᄇᆡᆨ셩의게 공포ᄒᆞ여 알게ᄒᆞᆯ일

뎨ᄉᆞ됴는 지금브터 즁대ᄒᆞᆫ 죄에 간범ᄒᆞᆫ이는 특별이 지판을 공변되이 ᄒᆞ야 피고로 ᄒᆞ여곰 도더히 발명케 ᄒᆞ되 필경은 ᄌᆞ복ᄒᆞᆫ후에 시힝ᄒᆞᆯ일

뎨오됴는 측임관을 명ᄒᆞ실ᄯᅢ에 대황뎨 폐하ᄭᅴ셔 졍부 졔신의게 무르샤 그수가 반에 지내는 자를 임명ᄒᆞᆯ일

뎨륙됴는 새로ᄆᆞᆫ든 쟝졍을 실시ᄒᆞᆯ일

뎨칠됴는 간판을 폐지ᄒᆞᆫ후에 말슴ᄒᆞ는길이 막히여 샹하간에 권면ᄒᆞ고 경녀ᄒᆞ는ᄯᅳᆺ시 업는지라 ᄲᆞᆯ니 즁츄원 쟝졍을 작뎡ᄒᆞ야 실시ᄒᆞᆯ일

뎨팔됴는 각항 규칙을 일뎡ᄒᆞᆷ이 잇시니 각 회샤와 신문의 방한ᄒᆞᆫ 규모가 업지 못ᄒᆞᆯ지라 의졍부와 즁츄원으로 ᄒᆞ여곰 ᄯᅢ의 합당ᄒᆞᆷ을 참작ᄒᆞ야 신문사 됴례를 ᄆᆞᆫ돌며 ᄂᆡ부와 롱샹공부로 ᄒᆞ여곰 각국 규례를 의방ᄒᆞ야 지졍 시힝ᄒᆞᆯ일

뎨구됴는 관찰ᄉᆞ 이하로 디방관이나 디방ᄃᆡ쟝관등의 현임과 체직을 물론ᄒᆞ고 만일 나라지물을 건몰ᄒᆞᆫ이가 잇거든 탐쟝률을 의시ᄒᆞ고 ᄇᆡᆨ셩의 지물을 륵탈ᄒᆞᆫ쟈는 져져히 추심ᄒᆞ야 본쥬의게 주게ᄒᆞᆫ후에 법뎌로 징쳐ᄒᆞᆯ일

뎨십됴는 어ᄉᆞ나 실찰관들이 작폐ᄒᆞ는쟈는 본토 ᄇᆡᆨ셩으로 ᄒᆞ여곰 ᄂᆡ부와 법부에 호쇼ᄒᆞ기를 허ᄒᆞ야 ᄉᆞ실 징치케ᄒᆞᆯ일

뎨십일됴는 쟝ᄉᆞ와 공쟝의 학교를 셜립ᄒᆞᆯ일

이샹 십일됴즁에 뎨칠됴브터 십일됴ᄭᆞ지는 황샹 폐하ᄭᅴ셔 ᄆᆞ련ᄒᆞ신 거시라 만일 이 십일됴 법률이 실시가 될진ᄃᆡ 대한 ᄇᆡᆨ셩이 편ᄒᆞᆯ섇 아니라 ᄎᆞᄎᆞ 문명에 진보가 되겟더라

이ᄇᆡᆨ륙십삼

대한크리스도인 회보

THE KOREAN CHRISTIAN ADVOCATE.
Rev. H. G. Appenzeller, Editor
36 cents per annum
in advance. Postage extra.
Wednesday, NOV. 9th, 1898.

서울 정동서 일쥬일에 ᄒᆞᆫ번식 발간 ᄒᆞᄂᆞᆫᄃᆡ 아편셜라 목ᄉᆞ가 회보 샤쟝이 되엿더라 일년 갑슬 미리내면 삼십 륙젼이오 우표갑슨 ᄯᅡ로 잇ᄂᆞ니라

제물포에셔 온편지

경계ᄌᆞᄂᆞᆫ 즁앙쳥년회 감회관 됴원시씨가 십월 십륙일브터 우연 득병ᄒᆞ야 대단ᄒᆞ매 본쳐 교우들이 일심으로 모히여 긔도ᄒᆞ고 각각 집에 도라가셔도 긔도를 긋치지 아니ᄒᆞ엿ᄉᆞᆸ더니 이십이일브터 병세가 ᄎᆞᄎᆞ 쾌복ᄒᆞ오니 하ᄂᆞ님의 은혜를 ᄎᆞᆷ 감ᄉᆞ칭숑ᄒᆞᄋᆞᆸᄂᆞ이다 (쟝원근)

악인에손에셔구원ᄒᆞ심

금월 십구일에 제물포에셔 떠나 강화 홍의회당에 나르니 이날은 샴일 긔도회라 형뎨ᄌᆞ민들이 다 모혓ᄂᆞᆫᄃᆡ 누가복음 십구쟝 ᄉᆞ졀에 말ᄉᆞᆷ으로 권면ᄒᆞ고 잇흔날 강화 월곳셔 비를 ᄐᆞ고 연안으로 향ᄒᆞ야 가ᄂᆞᆫᄃᆡ 나진포 아릭 역귀란 셤이 잇고 그 셤에 쥬막 ᄒᆞ나히 잇셔 릐왕 션ᄀᆡᆨ의게 음식을 팔ᄲᅮᆫ 아니라 릐왕 션인이 그곳에 나르면 물길이 다 ᄒᆞᆫ매 물ᄯᅢ를 기다리ᄂᆞᆫ 곳이라 이셤을 갓가히 가며 보니 쌈비 두쳑이 잇고 셔편가으로 당두리 비 ᄒᆞᆫ나히 잇ᄂᆞᆫᄃᆡ 이 비도 샹션인줄 알엇더니 하륙ᄒᆞᆯ 즈음에 별안간 총소ᄅᆡ가 진동ᄒᆞᄂᆞᆫ지라 문득 바라보니 당두리 비에셔 여러 놈들이 나와 잇ᄂᆞᆫ 비를 향ᄒᆞ야 총질을 ᄒᆞᄂᆞᆫᄃᆡ 발셔 총에 마져 업ᄃᆡ지ᄂᆞᆫ 사ᄅᆞᆷ도 잇고 물에 ᄲᅡ지ᄂᆞᆫ 이도 잇ᄉᆞ니 황황망조ᄒᆞ야 비간속에 숨어 엇지ᄒᆞᆯ바를 모로더니 이옥고 총소리 긋치며 비를 둘너ᄊᆞ고 물건을 옴겨 실은 후에 비속에 숨은 션ᄀᆡᆨ들을 ᄒᆞ나식 잡어내여 몸을 뒤며 주머니도 ᄯᅦ며 은젼 지젼을 내라 ᄒᆞ니 이ᄂᆞᆫ 곳 불안당이라 마지막에 나를 잡어내ᄂᆞᆫᄃᆡ 상토가 잇ᄂᆞᆫ줄 알고 힘써 잡아다리다가 감투만 버셔지며 팔굼치가 비젼에 부듸치니 그놈이 분심을 내여 발길노 차며 ᄒᆞᄂᆞᆫ 말이 이놈이 ᄀᆡ화ᄒᆞᆫ 놈인가 뎐쥬학ᄒᆞᄂᆞᆫ 놈인가 ᄒᆞ며 치ᄂᆞᆫᄃᆡ 엽헤 총가진 놈이 말ᄒᆞ되 그즁 대감이 놈을 업시 바리쟈 ᄒᆞ며 총을 돌녀 겨누거ᄂᆞᆯ 정신이 아득ᄒᆞ여 엽ᄃᆡ지며 다만 속으로 긔도ᄒᆞ기를 하ᄂᆞ님이여 나를 도라보소셔 내령혼을 다려가소셔 긔도만 ᄒᆞ더니 겻헤 잇ᄂᆞᆫ사ᄅᆞᆷ이 나를 니르키며 ᄒᆞᄂᆞᆫ 말이 그놈들은 갓소ᄒᆞ기에 니러나니 그놈들이 발셔 멀니 갓ᄂᆞᆫ지라 ᄎᆞᄎᆞ 정신을 차려 힝쟝을 살펴보니 갓과 감투만 가져가고 봇짐은 그져 잇시며 하륙ᄒᆞ여 보니 ᄒᆡ쥬사ᄅᆞᆷ ᄒᆞ나ᄂᆞᆫ 총에 마져ᄂᆞᆫᄃᆡ 단알이 세쳐나 들어가고 잇ᄂᆞᆫ거슨 다 ᄲᅢᆺ겻시며 ᄶᅩᆺ겨갈ᄯᅢ에 돌과 굴겁질에 발과 다리 샹ᄒᆞᆫ쟈가 여러시며 나무끌 강덕포 형뎨도 됴목ᄉᆞ 오신단 말을 듯고 마즁오다가 이 광경을 당ᄒᆞ엿ᄂᆞᆫᄃᆡ 발과 다리가 샹ᄒᆞ엿고 갓 ᄒᆞ나를 일헛시며 세 비에셔 닐흔 지물은 가량 심만금이나 된다 ᄒᆞ더라 김긔범

레비일공과 구십삼 십일월 이십일

소다마가망ᄒᆞᆫ일

창셰긔 십구장 십이졀노 이십륙졀ᄭᅡ지

十二 텬ᄉᆞ가 라듯ᄃᆞ려 닐ᄋᆞ되 여긔 너외에 다른 식구가 잇ᄂᆞ냐 네외 ᄯᆞᆯ파 아ᄃᆞᆯ파 사위와 밋 고을에 잇ᄂᆞᆫ거ᄉᆞᆯ 다 잇ᄭᅳᆯ고 나아가라 十三 우리가 쟝ᄎᆞᆺ 이곳을 멸ᄒᆞ리니 그죄가 하ᄂᆞ님ᄭᅴ 크게 들임으로 우리ᄅᆞᆯ 보내여 멸 ᄒᆞ시ᄂᆞ니라 十四 라듯이 나아가 두 사위의게 닐ᄋᆞ되 하ᄂᆞ님ᄭᅴ셔 이 고을 멸 ᄒᆞ시ᄂᆞ니 너희가 여긔ᄅᆞᆯ ᄯᅥ나 갈지어다 ᄒᆞ되 그 사위들이 듯고 희롱 ᄒᆞᄂᆞᆫ말노 알더라 ○ 十五 아참에 텬ᄉᆞ가 라듯을 지쵹 ᄒᆞ야 굴ᄋᆞ되 닐어나셔 여긔잇ᄂᆞᆫ 두ᄯᆞᆯ과 네 안해ᄅᆞᆯ 다리고 가라 이 고을과 ᄒᆞᆷᄭᅴ 재앙에 ᄲᆞ질가 두려워 ᄒᆞ노라 十六 야화화자 라듯을 불샹히 넉이시더니 라듯이가 오히려 지체 ᄒᆞ거ᄂᆞᆯ 텬ᄉᆞ가 라듯과 그 안히와 ᄯᆞᆯ의손을 인도ᄒᆞ여 셩밧긔 두고 ○ 十七 굴ᄋᆞ되 네가 도망ᄒᆞ야 셩명을 보젼ᄒᆞ되 뒤도 도라보지 말며 들에도 머므지 말며 산으로 도망ᄒᆞ라 그러치 아니ᄒᆞ면 네가 망ᄒᆞ리라 十八 라듯이 굴ᄋᆞ되 우리쥬여 마소셔 十九 이제 네 종이 네 은혜ᄅᆞᆯ 닙어 내게 인ᄌᆞ ᄒᆞ심ᄂᆞᆯ 베푸셔 내 셩명을 구원ᄒᆞ여 주시나 만일 산으로 피ᄒᆞ면 재앙을 맛나 죽을가 두려워 ᄒᆞᄂᆞ이다 二十 적은고을 ᄒᆞ나히 잇셔 도망ᄒᆞ기 쉬우니 그리로 피ᄒᆞ여 셩명을 보젼케 ᄒᆞ소셔 二十一 텬ᄉᆞ가 굴ᄋᆞ되 네가 구ᄒᆞᄂᆞᆫ 고을을 허락ᄒᆞ야 내가 이 고을을 멸치아니 ᄒᆞ리니 二十二 네가 속히 그리로 도망ᄒᆞ라 네가 거긔 니르기젼에 내가 힘치아니 ᄒᆞ리라 고을이 적음으로 일홈을 쇄이라 ᄒᆞ더라 ○ 二十三 히돗올ᄯᅢ에 라듯이가 쇄이에 드러가니 二十四 야화화가 불파 류황으로 비ᄅᆞᆯ 하ᄂᆞᆯ노브터 소다마와 아마랍에 나리시니 二十五 이럼으로 그셩파 평디와 ᄇᆡᆨ셩과 셩물이 다 멸 ᄒᆞ엿ᄂᆞ니라 二十六 라듯의 안히가 뒤ᄅᆞᆯ 도라 보다가 변ᄒᆞ여 쇼곰 기둥이되다

주석

아브라함이 열 사ᄅᆞᆷ의 인을 위ᄒᆞ야 비러스니 그셩은 구원치 못 ᄒᆞ엿시되 족하 라득식구 셰 사ᄅᆞᆷ은 면ᄒᆞ게 ᄒᆞ엿ᄂᆞᆫ지라 라득이 츌가ᄒᆞᆫ ᄯᆞᆯ과 그 사위와 ᄒᆞᆷᄭᅴ ᄯᅥ나기를 군결이 권 ᄒᆞ되 그 사위가 비웃고 듯지 안ᄂᆞᆫ ᄭᅡ닭에 그ᄯᆞᆯ파 그 사위를 구원치 못 ᄒᆞ엿ᄂᆞᆫ지라 라득 식구도 그셩에 살기

됴화ᄒᆞ고 ᄉᆞ랑ᄒᆞ여 ᄯᅥ나기를 더듸 더듸ᄒᆞ매 텬ᄉᆞ가 손을잡아 ᄭᅳ으러 ᄂᆡ엿ᄂᆞᆫ라 이처름 구원ᄒᆞ엿ᄉᆞ되 슌죵치 아니 ᄒᆞ엿ᄂᆞᆫ지라 그러나 그 식구를 구원ᄒᆞᆷ은 아브라함의 밋음으로 됨이라 다만 그셩만 멸 ᄒᆞ지안코 그평원과 근쳐 촌락을 다 멸 ᄒᆞ엿ᄂᆞᆫ지라 그 안히ᄂᆞᆫ 그 교울을 대단이 ᄉᆞ랑ᄒᆞ여 ᄆᆞᄋᆞᆷ이 늘 게만잇셔 도라 보다가 지앙을 면치 못 ᄒᆞ엿시니 지금도 쥬의게 나온 사ᄅᆞᆷ이 죄에 ᄆᆞᄋᆞᆷ을 늘 두면 구원ᄒᆞᆯ수 업ᄂᆞ니라

뭇ᄂᆞᆫ말

一 텬ᄉᆞ가 라듯의게 무ᄉᆞᆷ말을 부탁 ᄒᆞ엿ᄂᆞ뇨

二 라듯이 텬ᄉᆞ의 말ᄉᆞᆷ을 뉘게 젼 ᄒᆞ엿ᄂᆞ뇨

三 라듯의 샤위가 몃치며 그 말ᄉᆞᆷ을 밋엇ᄂᆞ뇨

四 그샤위들이 언제 혼인을 ᄒᆞ엿ᄂᆞ뇨

五 텬ᄉᆞ가 누구를 인도 ᄒᆞ엿ᄂᆞ뇨

六 라듯ᄃᆞ려 어ᄂᆞ곳으로 가라 ᄒᆞ엿ᄂᆞ뇨

七 라듯이 텬ᄉᆞ의게 무ᄉᆞᆷ말을 쳥 ᄒᆞ엿ᄂᆞ뇨

八 텬ᄉᆞ가 라듯의게 무어슬 허 ᄒᆞ엿ᄂᆞ뇨

九 어ᄂᆞ때에 하ᄂᆞᆯ노서 무어시 나려왓ᄂᆞ뇨

十 소돔과 아마랍ᄯᅡ에 죽지 아니ᄒᆞᆫ 물건이 혹 잇셧더뇨

十一 라듯의 안히ᄂᆞᆫ 엇더케 되엿ᄂᆞ뇨

十二 그때ᄂᆞᆫ 예수 강ᄉᆡᆼ ᄒᆞ시기젼 몃ᄒᆡ이더뇨

十三 이 공부의 긴요ᄒᆞᆫ ᄯᅳᆺ시 무어시뇨

부인이 고국에 도라가심

양력 십일월 초오일에 쟝로ᄉᆞ 시란돈씨와 그 모친 로부인ᄭᅴ셔 미국으로 향ᄒᆞᆯᄯᅢ 도라 가신지라 이 로부인ᄭᅴ셔 십ᄉᆞ년젼에 구세쥬의 도를 젼코져ᄒᆞ여 대한에 나아오셧ᄂᆞᆫᄃᆡ 그ᄯᅢ에 년세가 오십여세라 처음으로 리화학당을 셜립ᄒᆞ고 녀ᄋᆞ들을 모화 학문을 ᄀᆞᄅᆞ치시며 나히 만흐되 대한말을 공부ᄒᆞ여 젼도 ᄒᆞ시기를 힘쓰신지라 륙년젼에 고국으로 가실ᄯᅢ에 학당 ᄋᆞ희들이 은졍을 싱각ᄒᆞ고 눈물을 ᄲᅮ려 작별 ᄒᆞ엿더니 일년후에 다시 대한에 나아와 회당을 상동에 셜시 ᄒᆞ셧시며 그후에 ᄌᆞ긔 돈으로 달셩위 궁터를 사셔 례비당을 셜시ᄒᆞ고 젼도를 힘쓰시매 교회가 크게 흥왕ᄒᆞᆫ지라 부인의 ᄌᆞ부와 손녀ᄂᆞᆫ 공부 ᄒᆞ기를 위ᄒᆞ여 삼년젼에 구라파 셔ᄉᆞ국으로 가셔 잇ᄂᆞᆫᄃᆡ 이번에 그 ᄌᆞ대 시란돈씨와 ᄀᆞᆺ치 고국으로 가심은 집안 권쇽을 ᄒᆞᆷᄭᅴ 맛나 보고져 ᄒᆞ심이라 더욱 하ᄂᆞ님ᄭᅴ 감샤ᄒᆞᆯ일은 부인ᄭᅴ셔 ᄯᅥ나시든 몃칠젼에 미국셔 나아온 편지를 밧으시니 교즁에 엇더ᄒᆞᆫ 부인 ᄒᆞᆫ분이 말ᄉᆞᆷ ᄒᆞ시기를 달셩당에 새로 지을 례비당 부비를 ᄌᆞ긔가 담당 ᄒᆞ겟노라 ᄒᆞ엿시니 이도 ᄯᅩᄒᆞᆫ 로부인의 츙 샹관 ᄒᆞ심이러라 ○ 녜젹에 ᄉᆞ도 바울로씨가 이불소 ᄯᅡ에셔 삼년 동안에 젼도ᄒᆞ고 작별ᄒᆞᆯᄯᅢ에 이불소에 잇ᄂᆞᆫ 모든 교우가 긔도ᄒᆞ고 통곡ᄒᆞ며 바울로씨를 리별 ᄒᆞᄂᆞᆫ것ᄀᆞᆺ치 (ᄉᆞ도힝젼 이십쟝 삼십 륙칠졀에 보시오) 달셩당 교즁에 여러 형뎨들이 룡산강 진두에 나아가 로부인과 시쟝로를 젼송ᄒᆞᆯ시 찬미가 칠십이쟝을 노래ᄒᆞ고 강사 언덕에셔 무릅을 ᄭᅮᆯ코 일졔히 업드려 하ᄂᆞ님ᄭᅴ 긔도ᄒᆞ고 손을잡아 련련ᄒᆞᆫ 졍회로 셥셥히 작별ᄒᆞᆫ지라 우리ᄂᆞᆫ ᄇᆞ라노니 로부인과 시쟝로ᄭᅴ셔 하ᄂᆞ님 셩신의 도으심으로 누만리 챵히에 무ᄉᆞ히 고국에 가셧다가 일년후에 다시 대한에 도라 오셔셔 대한 형뎨와 ᄌᆞ민들의 ᄆᆞᄋᆞᆷ을 위로 ᄒᆞ실ᄲᅮᆫ 아니라 큰 회당도 셜립ᄒᆞ며 젼도를 널니ᄒᆞ여 구원ᄒᆞᆯ 사ᄅᆞᆷ들을 만히 엇으시옵소셔

ᄂᆡ보

독립협회에셔 죵로 십ᄌᆞ가샹에 관민 공동회를 ᄀᆡ셜ᄒᆞ고 외안 륙됴를 쥬달ᄒᆞᆫ매 셩샹 폐하ᄭᅴ셔 다ᄉᆞᆺ 됴건을 쳠입ᄒᆞ샤 합십일됴에 지가를 나리셧다ᄂᆞᆫ 말ᄉᆞᆷ을 우리가 깃분 ᄆᆞᄋᆞᆷ으로 이왕 등지 ᄒᆞ엿더니 양력 십일월 오일시벽에 별안간 김졍근씨가 경무ᄉᆞ를 ᄒᆞ면셔 독립협회 회원 몃 사ᄅᆞᆷ을 일병포착 ᄒᆞᄂᆞᆫᄃᆡ ᄉᆞ대문파 죵

로에 방울붓쳐 길으되 독립협회에셔 황명을 항거ᄒᆞ고 졍부를 협박ᄒᆞᆷ이 망유기극 ᄒᆞ기로 쳑교를 밧들에 회원즁 셩명이 나타난쟈 몃명을 잡어 즁치ᄒᆞᆫ다 ᄒᆞ니 인심이 분울ᄒᆞ여 서로 말ᄒᆞ되 독립협회에셔 츙군 익국 ᄒᆞᄂᆞᆫ 목뎍을 가지고 이ᄯᅢᄭᆞ지 일ᄒᆞᆷ을 잘 ᄒᆞ엿거ᄂᆞᆯ 졍부에 간세비가 셩춍을 옹폐ᄒᆞ고 무죄ᄒᆞᆫ 빅셩을 이ᄀᆞᆺ치 학ᄃᆡᄒᆞ니 지금 ᄯᅢ슈ᄒᆞᆫ 몃 사ᄅᆞᆷ이 이쳔만 동포를 위ᄒᆞ야 법률을 실시케 ᄒᆞ랴다가 이 디경을 당 ᄒᆞ엿신즉 우리가 이러ᄒᆞᆫ 졍부 밋헤셔 누구를 밋고 살니오 출ᄒᆞ리 이번에 갓친 형뎨들과 ᄒᆞᆫ가지 취슈 ᄒᆞ야 죽으리라 ᄒᆞ고 만민이 일졔히 경무텽 압회 모히여 공동회를 열고 국ᄉᆞ의 위급ᄒᆞᆷ과 민졍의 원억ᄒᆞᆷ을 셜명ᄒᆞᆫ후 춍ᄃᆡ위원을 션뎡ᄒᆞ야 경무ᄉᆞ의게 보내여 만민의 ᄌᆞ원취슈 ᄒᆞᄂᆞᆫ뜻슬 말ᄉᆞᆷᄒᆞ되 경무ᄉᆞ 김씨가 조곰도 붓그러온 빗치 업ᄂᆞᆫ지라 여러 쳔명이 인ᄒᆞ여 경야 ᄒᆞ엿ᄂᆞᆫᄃᆡ 그 잇흔날은 인심이 더옥 흉흉ᄒᆞ여 각 시젼 샹민들은 일졔히 쳘젼ᄒᆞ고 각 학교 학원들은 일졔히 휴학ᄒᆞ고 실심으로 모혀드니 그 수효ᄂᆞᆫ 가히 혜아리지 못ᄒᆞᆯ너라 (미완)

미일신문광고

협셩회 회보가 변ᄒᆞ야 미일신문이 되엿ᄂᆞᆫᄃᆡ 파ᄂᆞᆫ 쳐소ᄂᆞᆫ 남대문안 대평동 전 셔셔 되엿든 집이오니 이신문을 보시려 ᄒᆞᄂᆞᆫ 군ᄌᆞ들은 차자오시오

본회고ᄇᆡᆨ

본회에셔 이 회보를 젼년과 ᄀᆞᆺ치 일쥬일에 ᄒᆞᆫ번식 발간 ᄒᆞᄂᆞᆫᄃᆡ 새로 륙폭으로 작뎡ᄒᆞ고 ᄒᆞᆫ쟝 갑슨 엽젼 오푼이오 ᄒᆞᆫ달갑슬 미리내면 젼과 ᄀᆞᆺ치 엽젼 ᄒᆞᆫ돈 오푼이라 본국 교우나 셔국 목ᄉᆞ나 교외 친구나 만일 사셔 보고져 ᄒᆞ거든 졍동 아편셜라 목ᄉᆞ 집이나 죵로 대동셔시에 가셔 사시옵

죵로대동셔시광고

우리 셔샤에셔 셩경 신구약과 찬미칙과 교회에 유익ᄒᆞᆫ 여러가지 셔칙과 시무에 긴요ᄒᆞᆫ 칙들을 팔되 갑시 샹당 ᄒᆞ오니 학문샹과 시무변에 뜻이 잇ᄂᆞᆫ 군ᄌᆞ들은 만히 사셔 보시옵

대영국 셩셔 공회 광고

새로 간츌 ᄒᆞᆫ거슨 로마 가라태 골노시 야고보 베드로 젼후셔 티모데 젼후셔니 사셔 보실이ᄂᆞᆫ 회샤 쥬인 견묘 션ᄉᆡᆼ ᄃᆡ로 오시옵

뎨이권 (합구십ᄉᆞ) 광무이년

대한 크리스도인 회보

십일월 십륙일 뎨ᄉᆞ십륙호

계삭회된일

금년 년환회에서 작뎡ᄒᆞᆫ 기를 쟝로ᄉᆞ 시란돈 목ᄉᆞ가 구라파로 도라가게 되신지라 크란스돈 감독께서 쟝로ᄉᆞ 소임을 일년 동안에 졔물포에 잇ᄂᆞᆫ 됴원시 목ᄉᆞ로 디신ᄒᆞ여 보라 ᄒᆞ신고로 양력 십일월 십이일에 됴원시 목ᄉᆞ가 셔울에 올나오샤 그날밤에 달셩회당에셔 계삭회를 힝ᄒᆞ고 십삼일 쥬일 아ᄎᆞᆷ에 달셩회당에셔 형뎨ᄌᆞᄆᆡ들의게 젼도ᄒᆞ시고 쥬일밤에 동대문안 회당에 가셔 젼도ᄒᆞ엿시며 십ᄉᆞ일 하오 ᄉᆞ뎜죵에ᄂᆞᆫ 졍동 회당에 와셔 계삭회를 힝ᄒᆞ고 십오일 하오에 또 동대문안 회당에 가셔 계삭회를 보셧더라

두형뎨의 이ᄉᆞᄒᆞᆷ

향일에 평양 교회에셔 온 편지를 본즉 본토 젼도인 김챵식씨ᄂᆞᆫ 그지간에 구셰쥬의 복음 젼ᄒᆞ기를 위ᄒᆞ여 삼화 읍ᄂᆡ로 이ᄉᆞᄒᆞ엿고 졔물포 교회에 소식을 드른즉 본토 젼도인 김긔범씨ᄂᆞᆫ 원산으로 이ᄉᆞᄒᆞ여 젼도ᄒᆞ기를 힘쓴다 ᄒᆞ오니 우리ᄂᆞᆫ 하ᄂᆞ님께 영화를 돌녀 보내오며 ᄎᆞᆷ 감사ᄒᆞ온지라 이두 형뎨가 구셰쥬 셩신의 인도ᄒᆞ심이 아니면 잇지 이ᄀᆞᆺ치 열심으로 일ᄒᆞ리오 하ᄂᆞ님의 은혜로 능력을 엇어 널니 젼도ᄒᆞ기를 원ᄒᆞ노라

달셩회당에셔 온편지

우리가 회보 ᄉᆞ십오호에 쟝로ᄉᆞ 시란돈씨의 모ᄌᆞ분이 고국에 도라 가신말과 로복인께셔 교회에 힘쓰신일을 대강만 긔록ᄒᆞ엿거니와 자금 달셩회당 형뎨의 편지가 왓기로 또 긔지ᄒᆞ노라 음력 구월 이십이일은 시목ᄉᆞ 모ᄌᆞㅣ분이 구라파로 떠나시ᄂᆞᆫ 날이라 그런고로 이일을 젼긔ᄒᆞ야 밤에 남녀교우 누빅명이 일졔히 로복인 되으로 모혀 송별회를 열고 각기 소회를 셜명ᄒᆞᆯ시 혹은 시목ᄉᆞ와 부인의게 유익ᄒᆞᆷ과 감화 밧은거슬 말ᄒᆞ고 혹은 하ᄂᆞ님 도아 주심으로 시날밤 이회가 싱긴거슬 감샤ᄒᆞ고 혹은 작별ᄒᆞᄂᆞᆫ 셥셥ᄒᆞᆫ 회포를 셜명ᄒᆞ며 혹은 말ᄒᆞ다가 슯흠이 목을막어 말못ᄒᆞᄂᆞᆫ이도 잇고 혹은 이후에 두번맛날 긔약을 셜명ᄒᆞ니 ᄎᆞᆷ ᄆᆞᄋᆞᆷ이 일희 일비ᄒᆞᆫ즁에 오직 감샤ᄒᆞᆫ ᄋᆞᆸ기ᄂᆞᆫ 우리령혼의 목ᄉᆞ 예수께셔 떠나지아니ᄒᆞ시ᄂᆞᆫ거시라 그후에ᄂᆞᆫ 뎐당에셔 ᄒᆞᆷ께 먹ᄂᆞᆫ (이폭)

키빅륙십구

대한크리스도인 회보

THE KOREAN CHRISTIAN ADVOCATE.
Rev. H. G. Appenzeller, Editor
36 cents per annum in advance. Postage extra.
Wednesday, NOV. 16th, 1898.

서울 졍동셔 일쥬일에 ᄒᆞᆫ번식 발간 ᄒᆞᄂᆞᆫ데 아편셜라 목ᄉᆞ가 회보 샤쟝이 되엿더라
일년 갑슬 미리 내면 삼십 륙젼이오 우표갑슨 ᄯᆞ로 잇ᄂᆞ니라

일폭련속

것ᄀᆞᆺ치 이 셰상에셔 ᄒᆞᆯᄯᅢ 먹음을 위ᄒᆞ야 좀간 다파례를 힘ᄒᆞ고 셥셥ᄒᆞᆫ ᄆᆞᄋᆞᆷ은 련면 부절 ᄒᆞ더니 맛참 리화학당 푸ᅌᅪ이 부인이 녀학도들을 다리시고 참셔 ᄒᆞ신고로 그부인ᄭᅴ 송별가 찬미를 쳥ᄒᆞ야 로부인의 ᄭᅮᆼ금으로 회답ᄒᆞᆫ ᄌᆞ여이 비진 홍리 ᄒᆞ고 심신이 쾌락 ᄒᆞ야 셰상 쇽담과 ᄀᆞᆺ치 별유텬디 비인간에 신션의 풍악이 왓다 ᄒᆞᆯ만 ᄒᆞ고도 우리 교회로 말ᄉᆞᆷ ᄒᆞ면 완연이 텬당에 안져 즐거워 ᄒᆞᄂᆞᆫ것 ᄀᆞᆺᄒᆞ니 참 깃부ᄂᆞ다 만일 셩신의 능력이 아니시면 엇지 작별 ᄒᆞᄂᆞᆫ 슯ᄒᆞᆫ곳에 깃붐이 잇ᄉᆞ리오 마ᄂᆞᆫ 발셔 슯허ᄒᆞᆷ을 위로 ᄒᆞ시랴고 리화학당 녀학도를 명ᄒᆞ사 이다음 예수압헤 ᄒᆞᆯᄯᅢ ᄆᆞ힐 노래로 우리 ᄆᆞᄋᆞᆷ을 위로 ᄒᆞ셧시니 참 감샤 ᄒᆞ도다 쳣지ᄂᆞᆫ 하ᄂᆞ님ᄭᅴ 영광을 돌나압고 돌지ᄂᆞᆫ 리화학당 누님들ᄭᅴ 하ᄂᆞ님의 명령 잘순죵 ᄒᆞ신거ᄉᆞᆯ 감샤ᄒᆞ노라 (리운승)

월강송별

시목ᄉᆞ 모ᄌᆞㅣ분 발힝 ᄒᆞ시ᄂᆞᆫ 날에 교즁 남녀 로유가 일제히 강두에 모혓다가 시목ᄉᆞ 모ᄌᆞㅣ분 나오신 후에 ᄇᆡ 두쳑을 잡아 ᄒᆞᆫ쳑은 부인들이 ᄐᆞ시고 ᄒᆞᆫ쳑은 남 교우들이 ᄐᆞ고 건너갈시 가만이 ᄉᆡᆼ각ᄒᆞ니 우리가 각 교회에 나아와 텬당길 가ᄂᆞᆫ거시 이 ᄇᆡ 두쳑을 난화ᄐᆞ고 뎌편으로 향 ᄒᆞᄂᆞᆫ것ᄀᆞᆺ치 비록 ᄇᆡᄂᆞᆫ 두쳑을 난화 ᄐᆞᆺ시나 ᄇᆡ의 목젹도 ᄒᆞᆫ가지요 하륙ᄒᆞᆯ 곳도 ᄒᆞᆫ거지라 맛날 긔약은 두번이나 잇시나 방쟝에 셥셥ᄒᆞ야 소셔나ᄂᆞᆫ 눈물을 금ᄒᆞ기 어렵노다 남녀 교우와 목ᄉᆞ 모ᄌᆞㅣ분이 다 ᄒᆞᆯᄯᅢ 말이 업시 낙누만 ᄒᆞ니 그 피ᄎᆞ에 연연ᄒᆞᆫ 졍ᄒᆞᄂᆞᆫ 참 말ᄒᆞᆯ수 업시며 ᄇᆡ를 다 건넌후에 ᄒᆞᆷᄭᅴ ᄆᆞᄋᆞᆷ을 억제ᄒᆞ고 긔도와.찬미로 ᄆᆞᄋᆞᆷ을 위로ᄒᆞ고 왓시며 감사 ᄒᆞ기ᄂᆞᆫ 목ᄉᆞ를 작별ᄒᆞᆫ후에 목ᄉᆞ가 ᄯᅩ 업ᄂᆞᆫ거시 아니라 예수 우리 령혼의 목ᄉᆞ가 ᄆᆞᄋᆞᆷ속에 계시니 모든일을 다 다ᄉᆞ리시고 모든 힘십을 다 슯허시고 은혜를 주실지라 그럼으로 교우들이 다 ᄆᆞᄋᆞᆷ을 더 단단이 가지시니 참 하ᄂᆞ님ᄭᅴ 감사 ᄒᆞᄂᆞ이다

(리운승)

례ᄇᆡᆨ일공과 구십ᄉᆞ 십일월 이십칠일

아브라함이 그안히를안히라아니ᄒᆞᆷ

창세긔 이십쟝 일졀노 십륙졀ᄭᆞ지

一 아브라함이 그곳을 ᄯᅥ나 남편으로 향ᄒᆞ야 가데스와 셔에 사이 그라ᄯᅡ에 머무니라 二 아브라함이 그안히 사라를 누의라 칭ᄒᆞᆫ고로 그라왕 아비미력이 사라를 취ᄒᆞ엿더니 三 밤에 하ᄂᆞ님ᄭᅴ셔 아비미력의게 현몽ᄒᆞ여 ᄀᆞᆯᄋᆞ샤ᄃᆡ 네가 취ᄒᆞᆫ바 녀인을 인ᄒᆞ여 쥭으리니 대개 그 녀인이 남의 안히이라 四 아비미력이 그 녀인을 갓가히 ᄒᆞ지 아닌고로 ᄀᆞᆯᄋᆞᄃᆡ 하ᄂᆞ님ᄭᅴ셔 올흔 사ᄅᆞᆷ도 쥭이려 ᄒᆞ시ᄂᆞ닛가 五 그 사ᄅᆞᆷ이 내게 닐ᄋᆞ기를 그 녀인이 뎌의 누의라 ᄒᆞ고 녀인이 닐ᄋᆞ기를 그 사ᄅᆞᆷ이 뎌의 오라비라 ᄒᆞ지 아니ᄒᆞ엿ᄂᆞ닛가 내가 이를 ᄒᆡᆼᄒᆞ기ᄂᆞᆫ 슌량ᄒᆞᆫ ᄆᆞᄋᆞᆷ으로 ᄒᆞᆷ이오 손을 드러임이 업ᄂᆞ이다 六 하ᄂᆞ님이 ᄯᅡ쉬 현몽ᄒᆞ샤 ᄀᆞᆯᄋᆞ샤ᄃᆡ 네가 슌량ᄒᆞᆫ ᄆᆞᄋᆞᆷ으로 이를 ᄒᆡᆼᄒᆞᆫ줄 내가 아ᄂᆞᆫ고로 너로 ᄒᆞ여곰 그 녀인을 드러여 죄짓지 안케 ᄒᆞ엿ᄉᆞ니 七 이제 그 사ᄅᆞᆷ의 안히를 돌녀 보내여라 그 사ᄅᆞᆷ이 션지라 너를 위ᄒᆞ여 긔도ᄒᆞ야 너를 살게 ᄒᆞ거시요 만일 돌녀 보내지 아니ᄒᆞ면 너와 밋 너의 식구가 다 쥭으리라 八 아비미력이 아ᄎᆞᆷ에 닐직 니러나 모든 죵을 불너 그 일을 닐ᄋᆞ니 그 죵들이 두려워 ᄒᆞ더라 九 아비미력이 아브라함을 불너 ᄀᆞᆯᄋᆞᄃᆡ 네가 내게 ᄒᆡᆼᄒᆞᆫ거시 엇짐니뇨 내가 네게 무ᄉᆞᆷ 허믈이 잇서 나와 나의 나라를 큰죄에 ᄲᅡ지게 ᄒᆞᄂᆞ뇨 네가 맛당치 아님을 ᄒᆡᆼ ᄒᆞ엿도다 十 아비미력이 ᄯᅩ ᄀᆞᆯᄋᆞᄃᆡ 네가 무어ᄉᆞᆯ 보고 이러케 ᄒᆞ엿ᄂᆞ뇨 十一 아브라함이 ᄀᆞᆯᄋᆞᄃᆡ 내 ᄉᆡᆼ각에 이곳이 하ᄂᆞ님을 두려워 ᄒᆞ지안코 내 안히를 인ᄒᆞ여 나를 쥭일ᄭᅥ ᄒᆞᆷ이오 十二 ᄯᅩᄒᆞᆫ 그 녀인이 과연 아바지ᄂᆞᆫ ᄀᆞᆺ고 어마니ᄂᆞᆫ ᄀᆞᆺ지안코 내가 안히를 삼앗더니 十三 하ᄂᆞ님ᄭᅴ셔 날노 ᄒᆞ여곰 아바지 집을 ᄯᅥ나 두루ᄃᆞ니게 ᄒᆞ시매 내가 그 녀인ᄃᆞ려 말ᄒᆞ기를 우리 니르ᄂᆞᆫ곳에셔 날ᄃᆞ려 올아비라 ᄒᆞᄂᆞᆫ거시 내게 졍답다 ᄒᆞ엿노라 十四 아비미력이 양과 소와 노비를 취ᄒᆞ여 아브라함을 주고 그 안히 살라를 돌녀보내고 十五 ᄀᆞᆯᄋᆞᄃᆡ 내의 ᄯᅡ히 네압헤 다 잇ᄉᆞ니 임의로 거ᄒᆞ라 ᄒᆞ고 十六 사라ᄃᆞ려 ᄀᆞᆯᄋᆞᄃᆡ 네 올아비의게 쳔금을 주엇시니 여러 사ᄅᆞᆷ으로 네 얼골을 보지안케 가리우라 ᄒᆞ니 대개 취망 ᄒᆞᆷ일너라

주셕

아브라함이 소다마에셔 ᄯᅥ나 남편(바로 남편 아니오 셔남간이라)으로 올마가니 비리시인의 조샹 사ᄂᆞᆫ 곳이라 그때에 그라 왕이 아브라함의 부요ᄒᆞᆷ과 거록ᄒᆞᆷ과 권세 잇슴을 보고 친합ᄒᆞ고져 ᄒᆞ엿ᄂᆞᆫ지라

아브라함이 안히를 누의라홈은 대단히 약홈이라 그 약혼 때문에 죄 지엇시나 하ᄂᆞ님이 임의 언약 ᄒᆞ셧ᄂᆞᆫ고로 그 안히를 구원 ᄒᆞ엿ᄂᆞᆫ지라 하ᄂᆞ님이 그때에 모든 빅셩즁에 뎨일 됴흔 사ᄅᆞᆷ으로 틱혼 아브라함이 이ᄀᆞᆺ치 무례혼 일을 ᄒᆞ엿스니 다른 빅셩들 죄 짓ᄂᆞᆫ거슨 뭇지 아니 ᄒᆞ여도 가히 알겟도다 하ᄂᆞ님이 긔라 왕을 ᄭᆡ오지 즈시나 그왕어 또 아브라함을 칙망ᄒᆞᆯ때 아브라함이 핀계 ᄒᆞ엿ᄂᆞᆫ지라 그왕이 하ᄂᆞ님ᄭᅴ 칙망 밧은후에 아브라함은 춤 하ᄂᆞ님을 셤기ᄂᆞᆫ 사ᄅᆞᆷ인줄 알고 황숑ᄒᆞ고 공경ᄒᆞᄂᆞᆫ ᄆᆞᄋᆞᆷ으로 사라와 만흔 례물을 돌녀 보내엿ᄂᆞᆫ지라

뭇ᄂᆞᆫ말

一 잇때에 아브라함이 어듸로 가 살더뇨

二 그 안히를 누구라 칭 ᄒᆞ엿ᄂᆞ뇨

三 누가 살라을 취코져 불넛더뇨

四 하ᄂᆞ님ᄭᅴ셔 뉘게 현몽ᄒᆞ샤 무숨 분부를 ᄒᆞ셧ᄂᆞ뇨

五 아비미력이 하ᄂᆞ님ᄭᅴ 무숨말노 고 ᄒᆞ엿ᄂᆞ뇨

六 하ᄂᆞ님ᄭᅴ셔 또 무숨 말숨을 ᄒᆞ셧ᄂᆞ뇨

七 죵들을 웨 두려워 ᄒᆞ엿ᄂᆞ뇨

八 아비미력이 아브라함의게 무숨 말을 ᄒᆞ엿ᄂᆞ뇨

九 아브라함이 아비미력의게 무숨 말노 ᄃᆡ답ᄒᆞ엿ᄂᆞ뇨

十 아브라함의게 무숨 물건을 주엇ᄂᆞ뇨

十一 또 무어슬 임의로 취ᄒᆞ라 ᄒᆞ엿ᄂᆞ뇨

十二 아비미력이 사라ᄃᆞ려 칙망을 엇더케 ᄒᆞ엿ᄂᆞ뇨

十三 아비미력은 엇더훈 사ᄅᆞᆷ이뇨

엡웟쳥년회

학문국을 권보케 ᄒᆞᄂᆞᆫ글

우리 대한 청년회 각 지파 학문 국장된 형님들은 존 회즁에서 특별 션뎡 ᄒᆞ엿ᄉᆞ오니 지식이 광장 ᄒᆞ신줄은 아옵ᄂᆞ이다 우례가 권쟝ᄒᆞᆯ 말이 젼ᄂᆞ ᄒᆞ오나 이번 년환회에 감독씨 옵셔 아국 청년회 총찰 위원을 션뎡 ᄒᆞ시ᄂᆞᆫ바에 슈효가 부죡ᄒᆞ와 총찰 위원들이 우례ᄂᆞᆫ 슈효 처음으로 두시샤 학문국 ᄉᆞ무로 글지어 도와주라 ᄒᆞ셧시니 비루ᄒᆞᆫ ᄒᆞᆫ말노 권ᄒᆞ오니 모롬직이 학문국에 유익ᄒᆞᆷ이 되면 엇지 요힝이 아니릿가

학문국 직분은 회원을 권쟝ᄒᆞ여 은혜에서 ᄌᆞ라게ᄒᆞ며 지식이 광장케 ᄒᆞ며 성경칙과 교회 ᄉᆞ긔와 시셰 학문을 박학 되게ᄒᆞᄂᆞᆫ 직무이니 뎨일 급션무라 학문국장은 비컨ᄃᆡ 시계에 태ᄉᆞ와 ᄀᆞᆺᄒᆞ니 시계가 밧갓 모양도 됴코 강철 긔계가 구비ᄒᆞ야 각쳠 륜침 시침이 ᄯᆡ를 어긔지 안코 잘도라 가ᄂᆞᆫᄃᆡ 그즁에 지극히 젹은것 ᄒᆞ나이라도 업서셔ᄂᆞᆫ 못ᄡᅥ 코려ᄒᆞ되 온 긔계를 잘 도라가게 ᄒᆞᄂᆞᆫ거ᄉᆞᆫ 태ᄉᆞ라 태ᄉᆞ를 들어노면 도라가고 아니 들어노면 쉬ᄂᆞᆫ것 ᄀᆞᆺ치 학문이 구비ᄒᆞᆫ 회원이라도 그 ᄆᆞ옴을 경ᄒᆞ치 안거드면 ᄒᆞᆼ샹 자ᄂᆞᆫ 법이오 ᄯᅩ 시계를 보ᄂᆞᆫ법이 두가지가 잇ᄉᆞ니 소리를 듯ᄂᆞᆫ것과 잠시를 보ᄂᆞᆫ거신ᄃᆡ 소리ᄂᆞᆫ 잘나고도 시침이 잘 돌지 아니ᄒᆞ면 ᄡᅳᆯᄃᆡ업ᄂᆞᆫ 시계요 그런즉 젼톄에 션불션을 보ᄂᆞᆫ거ᄉᆞᆫ 시침에 잇ᄂᆞᆫ지라 엇던 청년회를 보니 긔계도 됴코 소리도 잘나 그러ᄒᆞ되 시침이 잘 돌지 안ᄂᆞᆫ것 ᄀᆞᆺ치 실효를 보기가 어려온 ᄭᅡ닭이 잇ᄉᆞ니 오호ㅣ라 아국에 구풍 여독이니 남ᄌᆞᄂᆞᆫ 한문이 영여ᄒᆞ되 국문이 부죡ᄒᆞᆫ 녀인은 국한문이 젼무ᄒᆞᆫ 연고라 지금 몃곳에 녀ᄌᆞ 학당을 설시ᄒᆞ고 녀ᄋᆞ를 ᄀᆞᄅᆞ치나 어륜된 부인과 남ᄌᆞ를 국문 ᄀᆞᄅᆞ치ᄂᆞᆫ 규모가 별누ᄒᆞ니 가단ᄒᆞᆫ 일이라 뎨실 급션무ᄂᆞᆫ 학문국에서 녀학교를 설시ᄒᆞ고 본회즁에서 녀교ᄉᆞ 일원과 남교ᄉᆞ 일원을 션뎡ᄒᆞ고 남녀 쟝유간에 결을을 좃차 국문을 힘써 공부케 ᄒᆞ고 각양 션문과 셔칙을 구비ᄒᆞ여 두고 회원들이 결을 잇ᄂᆞᆫᄃᆡ로 와셔 보게ᄒᆞ며 가난ᄒᆞ여 칙과 신문을 사보지 못ᄒᆞᄂᆞᆫ 형뎨ᄂᆞᆫ 빌녀 보게ᄒᆞ면 그 학문국 효험이 적지아니 ᄒᆞᆯ줄노 아옵ᄂᆞ이다

김긔범

ᄂᆡ보

만민공동회 속젼호 ᄂᆡ보

그후에 경무텽에 갓쳔 열일곱 사ᄅᆞᆷ을 고등ᄌᆡ판소로 넘기매 만민이 일제히 고등ᄌᆡ판소 문젼에 모히여 경야ᄒᆞᆯᄉᆡ 서로 원통ᄒᆞᆫ ᄉᆞ졍을 말ᄉᆞᆷᄒᆞ여 글ᄋᆞᆫ디 ᄇᆡᆨ셩이되여 님군의게 츙셩ᄒᆞ고 나라를 ᄉᆞ랑 ᄒᆞᄂᆞᆫ일을 ᄒᆞ엿거ᄂᆞᆯ 졍부에 소인의 무리가 잇셔 츙의지ᄉᆞ를 도로혀 살히코져 ᄒᆞ니 우리가 싱명과 ᄌᆡ산을 잇지 보젼 ᄒᆞ리오 이러ᄒᆞᆫ 압제와 학ᄃᆡ를 밧고 사ᄂᆞᆫ거시 출하리 죽ᄂᆞᆫ것만 ᄀᆞᆺ지 못ᄒᆞ다 ᄒᆞ고 수만명이 일제히 통곡ᄒᆞ매 그 소ᄅᆡ가 텬디를 진동ᄒᆞ니 방텽 ᄒᆞ던 외국인들이 누가 ᄀᆡ탄치 아니리오 쵸목과 금슈ᄭᆞ지 다 슬혀 ᄒᆞᄂᆞᆫ듯 ᄒᆞ고 일월과 셩신이 다빗ᄎᆞᆯ 업ᄂᆞᆫ듯 ᄒᆞ고 젼국에 일호도 화평ᄒᆞᆫ 모양이 업더라 ᄉᆞ방에셔 보조금이 비오듯 ᄒᆞᄂᆞᆫ디 각국 친구들과 본국 동포들이 닷토아 연보ᄒᆞ고 심지어 콩나물 장ᄉᆞ와 군밤 장ᄉᆞ와 모군ᄭᆞ지 제몸을 ᄉᆡᆼ각지안코 가련ᄒᆞᆫ 젼량을 보니엿더라 그때에 신티휴씨 경무ᄉᆞ를 ᄒᆞ고 한규셜씨가 법부대신을 ᄒᆞ고 졍익용씨가 한셩판윤을 ᄒᆞ엿ᄂᆞᆫ디 그 세분이 여러번 민회에 나아와셔 다 물너가면 됴흔ᄯᅳᆺ으로 루루히 말ᄉᆞᆷ ᄒᆞ더라 졀긔를 ᄯᅳ러 북풍이 불며 찬비가 나리되 ᄇᆡᆨ셩들이 의복 젓ᄂᆞᆫ것과 몸에 병나ᄂᆞᆫ 거슬 조곰도 렴녀 ᄒᆞ이 그비를 ᄭᅴᆨᄒᆞᆯᄯᅳᆺ시 업더라 미완

ᄆᆡ일신문광고

협셩회 회보가 변ᄒᆞ야 ᄆᆡ일신문이 되엿ᄂᆞᆫ디 파ᄂᆞᆫ 쳐소ᄂᆞᆫ 남대문안 대평동 젼 셔셔 되엿든 집이오니 이신문을 보시려 ᄒᆞᄂᆞᆫ 군ᄌᆞ들은 차자오시오

본회 고ᄇᆡᆨ

본회에셔 이 회보를 젼년과 ᄀᆞᆺ치 일쥬일에 ᄒᆞᆫ번식 발간 ᄒᆞᄂᆞᆫ디 새로 륙폭으로 작뎡ᄒᆞ고 ᄒᆞᆫ장 갑슨 엽젼 오픈이오 ᄒᆞᆫᄃᆞᆯ갑슨 미리내면 젼과 ᄀᆞᆺ치 엽젼 ᄒᆞᆫ돈 오픈이라 본국 교우나 셔국 목ᄉᆞ나 교외 친구나 만일 사셔 보고져 ᄒᆞ거든 졍동 아편셜라 목ᄉᆞ 집이나 죵로 대동셔시에 가셔 사시옵

죵로대동셔시광고

우리 셔샤에셔 셩경 신구약과 찬미칙과 교회에 유익ᄒᆞᆫ 여러가지 셔칙과 시무에 긴요ᄒᆞᆫ 칙들을 팔되 갑시 상당 ᄒᆞ오니 학문상과 시무변에 ᄯᅳᆺ이 잇ᄂᆞᆫ 군ᄌᆞ들은 만히 사셔 보시옵

대영국 셩셔 공회 광고

새로 간출 ᄒᆞᆫ 거손 로마 가라태 골노시 야고보 베드로 젼후셔 티모데 젼후셔니 사셔 보실이ᄂᆞᆫ 회샤 쥬인 견묘 션ᄉᆡᆼᄭᅴ로 오시옵

뎨이권

대한회보

뎨ᄉᆞ십칠호

(오십구합) 광무이년 인 십일월이십삼일

셩도ᄅᆞᆯ위ᄒᆞᄂᆞᆫ연금

형뎨들아 령혼의 영식ᄒᆞᄂᆞᆫ 량식은 우리쥬의 하ᄂᆞᆯ노 나려온 ᄎᆞᆷ ᄯᅥᆨ과 근원잇ᄂᆞᆫ 활슈요 육신의 량식은 썩어 업셔지ᄂᆞᆫ 음식이로ᄃᆡ 육신을 보양홈도 ᄯᅩᄒᆞᆫ 도라보지 아닐수 업ᄂᆞᆫ지라 사ᄅᆞᆷ마다 ᄌᆞ긔의 일홈으로 육신을 보양ᄒᆞᄂᆞ니 ᄀᆞᄅᆞ치ᄂᆞᆫ 션ᄉᆡᆼ은 뎨ᄌᆞ들의게 월은을 밧고 농ᄉᆞᄒᆞᄂᆞᆫ 사ᄅᆞᆷ은 ᄯᅡ에셔 먹을거ᄉᆞᆯ 거두고 쟝ᄉᆞᄒᆞᄂᆞᆫ 사ᄅᆞᆷ은 물건에셔 의식지쟈ᄅᆞᆯ 엇고 젼도ᄒᆞᄂᆞᆫ 사ᄅᆞᆷ은 텽도ᄒᆞᄂᆞᆫ 형뎨들의게 연죠금을 밧ᄂᆞᆫ거ᄉᆞᆫ ᄯᅥᆺᄯᅥᆺᄒᆞᆫ 리치라 ○셩경에 ᄀᆞᆯᄋᆞ샤ᄃᆡ 곡식을 미질ᄒᆞᄂᆞᆫ소ᄂᆞᆫ 그입을 막지 안ᄂᆞᆫ다 ᄒᆞ고 (신명긔 이십오쟝 ᄉᆞ절과 기림다젼서 구쟝 구졀과 뎨마태젼서 오쟝 십팔졀) ᄯᅩ ᄀᆞᆯᄋᆞ샤ᄃᆡ 공쟝은 그갑슬 엇ᄂᆞᆫ다 ᄒᆞ고 (마태복음 십쟝 십졀과 누가복음 십쟝 칠졀) ᄉᆞ도 바울노 ᄀᆞᆯᄋᆞᄃᆡ 셩도ᄅᆞᆯ 위ᄒᆞ야 연금 ᄒᆞ기ᄅᆞᆯ 너희 엇ᄂᆞᆫᄃᆡ로 혜아려 모흐라 ᄒᆞ신지라 (가림다젼서 십륙쟝 일이졀) ○일젼에 제물포 됴원시 목ᄉᆞ가 강화 등디에 가셔 슌행ᄒᆞ고 도라온 편지ᄅᆞᆯ 본즉 교항 ᄯᅡ에ᄂᆞᆫ 교회가 ᄎᆞᄎᆞ 흥왕ᄒᆞ고 홍의 ᄯᅡ에ᄂᆞᆫ 새로 회당을 지엿ᄂᆞᆫᄃᆡ 빅여원이 되ᄂᆞᆫ빗슬 다ᄒᆡᆺ나 ᄒᆞ니 우리ᄂᆞᆫ ᄎᆞᆷ 영화ᄅᆞᆯ 하ᄂᆞ님ᄯᅢ 돌녀 보니고 홍의 교회에 형뎨ᄅᆞᆯ ᄃᆡᄒᆞ여 치하홈 열이ᄅᆞ다 지금은 우리 교회가 ᄎᆞᄎᆞ 바울노씨의 말ᄉᆞᆷ과 ᄀᆞᆺ치 되ᄂᆞᆫ거시 정동 교회 형뎨들은 젼도인의 연죠금을 미삭 십이원식 주겟다 ᄒᆞ고 달셩 회당에셔ᄂᆞᆫ 젼도인 월급으로 미삭 이원식 내겟다 ᄒᆞ고 제물포 교회에셔ᄂᆞᆫ 미삭 ᄉᆞ원식 내겟다 ᄒᆞ고 홍의 교회에셔ᄂᆞᆫ 미삭 륙원식 내겟다 ᄒᆞ엿스니 일노 말미암아 보건ᄃᆡ 젼도인의 의식지계ᄂᆞᆫ 셩경의 말ᄉᆞᆷ과 ᄀᆞᆺ치 공쟝이 갑ᄉᆞᆯ 밧ᄂᆞᆫ거시라 사ᄅᆞᆷ마다 각각 ᄌᆞ긔의 일을 ᄌᆞ긔가 힘써ᄒᆞ여 그 직분ᄒᆞᆯ 직힐거시오 하ᄂᆞ님 교회ᄅᆞᆯ 위ᄒᆞ여 연보 ᄒᆞᄂᆞᆫ거ᄉᆞᆫ 억지로 ᄒᆞᆯ거시 아니라 ᄌᆞ긔의 힘ᄃᆡ로 각각 소원을 조차 근심ᄒᆞ말고 깃분 ᄆᆞ옴으로 도아 줄거시니 적게 심은자ᄂᆞᆫ 적게 거둘거시오 만히 심은자ᄂᆞᆫ 만히 거둘거시니 우리ᄂᆞᆫ 아모 일이던지 하ᄂᆞ님의 은혜ᄅᆞᆯ 닙어 셩신의 ᄀᆞᄅᆞ치ᄂᆞᆫᄃᆡ로 힘ᄒᆞ여 교회ᄅᆞᆯ 졈졈 흥왕ᄒᆞ기ᄅᆞᆯ ᄇᆞ라노라

대한크리스도인 회보

THE KOREAN
CHRISTIAN ADVOCATE.
Rev. H. G. Appenzeller, Editor
36 cents per annum
in advance. Postage extra.
Wednesday, NOV. 23th, 1898.

서울 졍동셔 일쥬일에 한번식 발간 ᄒᆞᄂᆞᆫᄃᆡ 아펜셜라 목ᄉᆞ가 회보 샤쟝이 되엿더라

일년 갑슬 미리 너면 삼십 륙젼이오 우표갑슨 ᄯᆞ로 잇ᄂᆞ니라

동대문안회당에셔 온편지

양력 십일월 십삼일 쥬일날 져녁 일곱시에 인쳔 계신 됴목ᄉᆞ씌셔 동대문안 회당에 오셔셔 우리 만치아닌 교즁 가온ᄃᆡ 미우 요긴ᄒᆞᆫ 말ᄉᆞᆷ을 ᄒᆞ셧기로 내가 대강 듯고 ᄉᆡᆼ각ᄒᆞᆫ 말ᄉᆞᆷ을 번역ᄒᆞ와 여러 교즁 ᄌᆞ미들의게 알게 ᄒᆞᄂᆞ이다 야곱 일쟝 오졀노 보시고 말ᄉᆞᆷ ᄒᆞ시되 세샹 사ᄅᆞᆷ은 도모지 지혜론이 가업셔 사ᄅᆞᆷ마다 지혜를 부모의게나 님군의게나 학문잇ᄂᆞᆫ 션ᄉᆡᆼ의게 구ᄒᆞ고 심지어 귀신의게 ᄭᆞ지 구ᄒᆞ나 엇지 못ᄒᆞᄂᆞᆫ지라 다른거슨 사ᄅᆞᆷ의게 구ᄒᆞ여 엇을지라도 다만 지혜ᄂᆞᆫ 엇지 못ᄒᆞᄂᆞᆫ지라 그런즉 누구던지 지혜를 ᄒᆞᆯ노 하ᄂᆞ님의게 구ᄒᆞᆯ지라 하ᄂᆞ님께서ᄂᆞᆫ 지혜로신 하ᄂᆞ님이시니 무릇 구ᄒᆞᄂᆞᆫ자의게 한량업ᄂᆞᆫ 지혜를 주시ᄂᆞᆫ지라 이젼 십이 ᄉᆞ도들도 구쥬 승텬ᄒᆞ신후에 하ᄂᆞ님씌셔 ᄉᆞ도의게 셩신을 림ᄒᆞ여 모든 능력과 지혜를 주샤 각국 방언을 일시에 통달ᄒᆞ엿거ᄂᆞᆯ 지금 우리ᄂᆞᆫ 비록 각국 방언은 못ᄒᆞᆯ지라도 무릇 밋ᄂᆞᆫ자ᄂᆞᆫ 하ᄂᆞ님 주신 은혜로 서로 령혼의 방언을 통ᄒᆞ여 ᄭᆡ닷ᄂᆞᆫ지라 지금 대한 여러 ᄇᆡᆨ셩은 나라를 위ᄒᆞ여 익을 쓰고 힘을 쓰나 다만 하ᄂᆞ님의게ᄂᆞᆫ 구ᄒᆞ지 안코 셰샹지혜로 나라히 잘 되기를 ᄇᆞ라니 엇지 잘 되리요 그런즉 우리ᄂᆞᆫ 엇지 ᄒᆞ면 됴흐리요 우리가 하ᄂᆞ님 주신 지혜를 가지고 형뎨 ᄌᆞ미들ᄭᅴ서 속히 모로ᄂᆞᆫ ᄇᆡᆨ셩 가온ᄃᆡ 나아가 누구던지 밋음으로 하ᄂᆞ님의세 지혜를 구ᄒᆞ야 나라히 잘 보젼ᄒᆞᆯ줄 밋게ᄒᆞ며 사ᄅᆞᆷ의 지혜로 힘쓰지 말고 다만 하ᄂᆞ님이 주신 지혜로 나라를 잘 다ᄉᆞ릴줄 알게 ᄒᆞᄂᆞᆫ거시 맛당ᄒᆞ고 그러ᄒᆞ지 아니ᄒᆞ면 대한 이쳔만명 사ᄅᆞᆷ과 몃만명 군병이라도 나라를 위ᄒᆞ여 익쓰고 힘쓰나 도모지 쓸ᄃᆡ 업ᄂᆞᆫ지라 ᄒᆞ시고 ᄯᅩ 하ᄂᆞ님ᄭᅴ 구ᄒᆞ되 다만 의심을 두지말고 다만 굿게 밋음으로 구ᄒᆞ면 반ᄃᆞ시 지혜를 엇을지라 ᄒᆞ셧ᄂᆞᆫ지라 오직 나ᄂᆞᆫ 셰샹 지혜ᄂᆞᆫ 업시되 다만 하ᄂᆞ님 주신 지혜로 령혼의 론설ᄒᆞᆷ을 ᄭᆡ닷ᄉᆞ오니 참 하ᄂᆞ님의게 감샤ᄒᆞᄂᆞ이다 이 모든 말ᄉᆞᆷ을 보시ᄂᆞᆫ 여러분게셔 깁히 ᄉᆡᆼ각ᄒᆞ시기를 ᄇᆞ라ᄂᆞ이다

박씨인이

례ᄇᆡ일공과 구십오 십이월 ᄉᆞ일

이삭이나매하가를보낸일

창셰긔 이십일장 일졀노 이십일졀ᄭᆞ지

一 하ᄂᆞ님ᄭᅴ셔 사라를 권고ᄒᆞ샤 말ᄉᆞᆷ ᄒᆞ신ᄃᆡ로
힝ᄒᆞ시니 二 아브라함이 나히 만ᄒᆞ되 사라가 잉
ᄐᆡᄒᆞ야 하ᄂᆞ님 말ᄉᆞᆷ ᄒᆞ든ᄯᅢ를 당ᄒᆞ여 아ᄃᆞᆯ을
나으니 三 아브라함이 사라의 나온 아ᄃᆞᆯ을 이삭
이라 일홈ᄒᆞ고 四 이삭이 난지 여ᄃᆞ래날에 하ᄂᆞ님
의 명을 좃차 할례를 ᄒᆡᆼᄒᆞ니 五 이삭이 나흘ᄯᅢ에
아브라함의 나히 ᄇᆡᆨ세러라 ○ 六 사라 ᄀᆞᆯᄋᆞᄃᆡ
하ᄂᆞ님ᄭᅴ셔 날노ᄒᆞ여곰 웃게 ᄒᆞ시매 모든 듯ᄂᆞᆫ사
ᄅᆞᆷ이 ᄯᅩᄒᆞᆫ 웃겟도다 七 ᄯᅩ ᄀᆞᆯᄋᆞᄃᆡ 대개 남편의 나히
만ᄒᆞ셔 내가 아ᄃᆞᆯ을나흐니 누가 아브라함ᄃᆞ려 사
라가 아ᄃᆞᆯ을 낫겟다 ᄒᆞ더뇨 八 ᄋᆞ희가 자라셔 졋이
ᄯᅥ러지매 그날을당ᄒᆞ여 아브라함이 크게잔치를 ᄒᆞ
니라 ○ 九 이급 녀인 하가ㅣ 아브라함의게 나온바
아ᄃᆞᆯ놈 죠롱ᄒᆞ니 사라보고 十 아브라함ᄃᆞ려 닐ᄋᆞ
ᄃᆡ 이녀죵파 다못 그아ᄃᆞᆯ을 내여 보낼지어다 대개
이 녀죵의 아ᄃᆞᆯ이 내아ᄃᆞᆯ 이삭으로 더브러 ᄒᆞᆷᄭᅴ
력ᄌᆞ가 되지 못ᄒᆞᄂᆞ니다 十一 아브라함이 그아ᄃᆞᆯ을
인ᄒᆞ여 이일노 인ᄒᆞ야 크게근심 ᄒᆞ더라 ○ 十二 하ᄂᆞ
님ᄭᅴ셔 아브라함ᄃᆞ려 닐너 ᄀᆞᆯᄋᆞ샤ᄃᆡ 그죵파 아ᄃᆞᆯ
을인ᄒᆞ여 근심 ᄒᆞ지말고 사라의 말ᄃᆡ로 좃차라 대개
이삭이 너의ᄌᆞ손이 되리라 十三 그녀죵의 아ᄃᆞᆯ이 ᄯᅩ
ᄒᆞᆫ 너의 ᄌᆞ손인고로 내가 쟝ᄎᆞᆺ 큰 나라가 되게
ᄒᆞ리라 十四 아브라함이 아ᄎᆞᆷ에 일직 니러나 ᄯᅥᆨ파
믈병을 가지고 하가로 ᄒᆞ여곰 지이고 아ᄃᆞᆯ을 다
리고 가게ᄒᆞ니 하가ㅣ ᄯᅥ나가셔 ᄇᆡᆯ시파 들에
셔 방황ᄒᆞᆯ시 十五 병에 믈이 마른지라 하가ㅣ 아
ᄃᆞᆯ을 덤블밋헤 두고 十六 하가ㅣ 샹거가 활 ᄒᆞᆫ 바
탕즘 되게 안자 ᄀᆞᆯᄋᆞᄃᆡ 아ᄃᆞᆯ의 죽ᄂᆞᆫ거슬 ᄎᆞᆷ아 보
지 못ᄒᆞ겟다 ᄒᆞ고 서로 ᄃᆡᄒᆞ여 목을노아 우니
十七 하ᄂᆞ님ᄭᅴ셔 ᄋᆞ희 소릐를 드르시매 텬ᄉᆞ가
하ᄂᆞᆯ노 좃차 하가를 불너 ᄀᆞᆯᄋᆞᄃᆡ 하가야 엇진일
이뇨 두려워 ᄒᆞ지마라 ᄋᆞ희가 져긔 잇ᄉᆞ매 그 소
릐를 하ᄂᆞ님ᄭᅴ셔 드르셧ᄉᆞ니 十八 네가 니러나
ᄋᆞ희를 안어 붓들나 내가 쟝ᄎᆞᆺ 큰 나라를 닐우게
ᄒᆞ리리 十九 하ᄂᆞ님ᄭᅴ셔 하가의 눈을 ᄇᆞᆰ게 ᄒᆞ
시니 곳 시암믈을 보고 가셔 믈노 병을 ᄎᆡ워 ᄋᆞ
희를 ᄆᆞ시게 ᄒᆞ니라 二十 하ᄂᆞ님ᄭᅴ셔 ᄋᆞ희를 도
ᄋᆞ샤 ᄌᆞ라게 ᄒᆞ시매 들에 거ᄒᆞ여 한량이 되니라
二十一 ᄯᅩᄒᆞᆫ ᄑᆡ란 들에셔 거ᄒᆞ더니 그 모자 이급 녀
인으로 그 며나리를 삼으니라

주셕

아브라함이 일ᄇᆡᆨ세에 이삭을 나흐니 이삭 이라
ᄒᆞᄂᆞᆫ뜻은 우셔온 아ᄃᆞᆯ이란 뜻이라 이삭이 나매

사라이 하가를 좀 ᄉᆞ랑치 안음은 이실마리가 이삭을 업시 녁임이라 그러나 녜젹브터 ᄯᅥᆨ셔를 분별홈이 잇ᄂᆞᆫ지라 엇지 만홀이 녁이리오 이실마리가 반수 괴양ᄒᆞ여 ᄶᅩᆺ김을 당ᄒᆞ엿ᄂᆞᆫ지라 아브라함이 하가를 내보낼 디경에 ᄆᆡ우 근심홈은 언제ᄂᆞᆫ ᄉᆞ랑ᄒᆞ고 언제ᄂᆞᆫ 구박 홀수업서 결단ᄒᆞ기 어려워 ᄒᆞᆯ때 하ᄂᆞ님이 ᄯᅥᆨ셔를 분별ᄒᆞ야 [illegible]히 ᄀᆞᄅᆞ치시매 불가불 내보내되 음식을 만히주어 보냄은 ᄉᆞ랑ᄒᆞᄂᆞᆫ 의를 빗냄이라 하ᄂᆞ님이 ᄯᅩᄒᆞᆫ 하가애 우ᄂᆞᆫ 소리를 듯고 불샹히 녁여 그 아ᄃᆞᆯ노 ᄒᆞᆫ 나라를 일우워 주겟다 홈은 아브라함을 ᄉᆞ랑ᄒᆞᄂᆞᆫ고로 이ᄀᆞᆺ치 되접홈이라

뭇ᄂᆞᆫ말

一 하ᄂᆞ님ᄭᅴ셔 사라를 엇더케 권고 ᄒᆞ셧ᄂᆞ뇨

二 그 아ᄃᆞᆯ은 누구며 어ᄂᆞ때에 례를 힝ᄒᆞ엿ᄂᆞ뇨

三 그때에 아브라함의 나히 얼마이더뇨

四 사라가 깃분 ᄆᆞ음으로 무슴말을 ᄒᆞ엿ᄂᆞ뇨

五 이급 녀인이 무슨일을 힝 ᄒᆞ엿ᄂᆞ뇨

六 사라가 아브라함의게 무슴말을 ᄒᆞ엿ᄂᆞ뇨

七 하ᄂᆞ님ᄭᅴ셔 아브라함의게 무슴 분부를 ᄒᆞ셧ᄂᆞ뇨

八 아브라함이 하가와 아ᄃᆞᆯ을 엇더케 ᄒᆞ엿ᄂᆞ뇨

九 하가가 어나 곳으로 갓더뇨

十 그 아ᄃᆞᆯ을 웨 덤플밋헤 두엇ᄂᆞ뇨

十一 하ᄂᆞ님ᄭᅴ셔 우ᄂᆞᆫ 소리를 드르시고 엇더케 ᄒᆞ셧ᄂᆞ뇨

十二 하ᄂᆞ님ᄭᅴ셔 그아희를 엇더케 도아 두셧ᄂᆞ뇨

十三 그아희가 어ᄃᆡ가 취처 ᄒᆞ엿더뇨

엡웟쳥년회

인제국론

인제국은 도를 힝ᄒᆞᄂᆞᆫᄃᆡ 뎨일 요긴ᄒᆞᆫ ᄉᆞ무라 이
ᄂᆞᆫ 우호로 하ᄂᆞ님의 ᄯᅳᆺ슬 깃부시게 ᄒᆞᄂᆞᆫ것이
오 아ᄅᆡ로ᄂᆞᆫ 사ᄅᆞᆷ의 ᄆᆞᄋᆞᆷ을 즐겁게 ᄒᆞᄂᆞᆫᄃᆡ 늙은이
와 병든이를 자조 ᄎᆞᆺ자보며 나그내를 심방ᄒᆞ며
술 먹ᄂᆞᆫ것과 음힝과 모든 피악ᄒᆞᆫ거손 다 금ᄒᆞ고
교회 셔칙을 분봉ᄒᆞᄂᆞᆫ것과 병인의게 향긔로온
ᄭᅩᆺ출 보내ᄂᆞᆫ것과 셩업 업ᄂᆞᆫ이 구쳐ᄒᆞᄂᆞᆫ일과 구
졔ᄒᆞᄂᆞᆫ거ᄉᆞᆯ 다 샹관ᄒᆞ고 이럴더이면 혹 로인ᄯᅢ
문안을 ᄒᆞ던지 혹 병두쟈의게 문병을 ᄒᆞ드리도
례법ᄃᆡ로 힝ᄒᆞᆫ후에 혹 셩경 몃귀절을 보던지 말
노 외오던지 긔도를 ᄒᆞ던지 긔회 엇ᄂᆞᆫᄃᆡ로 지간
잇게 힝ᄒᆞ기를 구미 업ᄂᆞᆫ이의게 맛ᄂᆞᆫ 유식으로
그 비위를 동ᄒᆞᆷ과 ᄀᆞᆺ치 예수씨의 됴흔 말ᄉᆞᆷ으로
사ᄅᆞᆷ의 령혼에 맛ᄂᆞᆫ 음식을 문ᄂᆞ라 가지고 그 심
신들을 셔룹게 ᄒᆞ여 그 령혼을 잘 자라게 ᄒᆞᄂᆞᆫᄃᆡ
게올니 말고 부지런이 륙삭동안 거룩ᄒᆞᆫ 소임을
잘 맛타 힝ᄒᆞ여 쥬에 ᄯᅳᆺ을 세우고 ᄯᅩ 힝ᄒᆞᆫ일을 ᄯᅩᆨ
ᄯᅩᆨ이 긔렴ᄒᆞ엿다가 토론회에 보단을 ᄒᆞᆯ거시요
인제국 ᄉᆞ무를 맛타 보시ᄂᆞᆫ 형뎨들은 즁ᄒᆞᆫ 소임
을 밧드러 셩실이 힘ᄒᆞ와 온젼이 인ᄌᆞᄒᆞ고 화평
ᄒᆞᆯ터니르시기를 몃마ᄃᆡ 권ᄒᆞᄂᆞ이다 황형뎨의 부인

다졍국을진보케ᄒᆞᄂᆞᆫ글

녯글에 ᄀᆞᆯᄋᆞᄃᆡ 널니 ᄉᆞ랑ᄒᆞᄂᆞᆫ거시 어진거시라
ᄒᆞ고 예수 ᄀᆞᆯᄋᆞ샤ᄃᆡ 너희가 서로 ᄉᆞ랑ᄒᆞ기를 내
가 너희 ᄉᆞ랑ᄒᆞᆷ ᄀᆞᆺ치 ᄒᆞ라 ᄒᆞ셧시니 이ᄂᆞᆫ 우리
쳥년회 다졍국에 더욱 합당ᄒᆞᆫ 말ᄉᆞᆷ이로다 동에ᄂᆞᆫ
오샹을 숭샹ᄒᆞ고 셔에ᄂᆞᆫ 삼덕을 숭샹ᄒᆞ니 오샹은
무어신고 곳 인과 의와 례와 지와 신이니 그즁에
큰거ᄉᆞᆫ 무어신고 인이 이거시오 삼덕은 무어신고
곳 신과 망과 ᄋᆡ니 그즁에 큰거ᄉᆞᆫ 무어신고 ᄋᆡ가
이거시니 대개 인ᄋᆡᄂᆞᆫ 동셔에셔만 크다 ᄒᆞᆯ거시
아니라 ᄯᅩᄒᆞᆫ 텬하에 쩟쩟ᄒᆞᆫ 대도ㅣ로다 우리
교회에 쳥년회ᄅᆞᆯ 셜립ᄒᆞᆫ거시 비유컨ᄃᆡ 눈에 동ᄌᆞ
와 ᄀᆞᆺ고 몸에 ᄆᆞᄋᆞᆷ과 ᄀᆞᆺᄒᆞ니 예수ㅣ ᄀᆞᆯᄋᆞ샤ᄃᆡ 눈
은 몸에 등불이니 그런고로 네눈이 셩ᄒᆞ면 온몸
이 ᄇᆞᆰ을거시오 눈이 어두면 온몸이 어둘거시니
그런고로 네 ᄆᆞᄋᆞᆷ속에 잇ᄂᆞᆫ빗치 만일 어두면 그
어둔거시 얼마나 어둡겟ᄂᆞ뇨 ᄒᆞ셧시니 이와ᄀᆞᆺ치
우리 교회가 ᄇᆞᆰ고 빗나ᄂᆞᆫ거시 과연 쳥년회에 잇
지안타 ᄒᆞᆯ수 업신즉 이회ᄂᆞᆫ 참 긴요ᄒᆞᆫ회요 이다
졍국을 마련ᄒᆞᆫ거ᄉᆞᆫ 비유컨ᄃᆡ 져뎨에 혈ᄆᆡᆨ과 ᄀᆞᆺᄒᆞ
니 혈ᄆᆡᆨ 통ᄒᆞᄂᆞᆫ것 ᄀᆞᆺ치 신입 회원을 구입 회원
의게 인ᄉᆞ케 ᄒᆞᆷ이라 사ᄅᆞᆷ이 만일 혈ᄆᆡᆨ을 통치 못
ᄒᆞᆫ즉 죽ᄂᆞᆫ것ᄀᆞᆺ치 이회도 ᄯᅩᄒᆞᆫ 졍의ᄅᆞᆯ 통치 못ᄒᆞᆫ
즉 죽기가 쉬오니라 엇지ᄒᆞ여 그러ᄒᆞᆫ고 대개 사
ᄅᆞᆷ의 ᄆᆞᄋᆞᆷ에 만일 위ᄋᆡ가 업시면 (미완)

닉보

만민공동회 (속젼호)

그후에 고등직판소에 갓친 십칠인이 다 방면ᄒᆞ고 민회에 나아와 서로 치하ᄒᆞ며 의론ᄒᆞ되 우리들이 아모ᄶᅩ록 셩샹폐하ᄭᅴ 샹소 읍간ᄒᆞ야 정부에 간세비를 쳑퇴ᄒᆞ며 법률을 실시케 ᄒᆞ리라 ᄒᆞ고 여러쳔명이 일심으로 옹용히 인화문 압헤 진복ᄒᆞ야 여ᄉᆞᆺ번 샹소ᄒᆞ매 일월ᄀᆞᆺ치 밝으신 황샹폐하ᄭᅴ셔 만민의 츙의ᄒᆞᄂᆞᆫ ᄆᆞ음이 죽어도 변ᄒᆞ지 아니ᄒᆞᄂᆞᆫ거ᄉᆞᆯ 긔특이 녁이샤 연ᄒᆞ여 우비를 나리시더니 슯흐다 란신파 적ᄌᆞ가 어ᄂᆞ때에 업시리오 정부에 몃몃 쇼인배가 나라ᄂᆞᆫ 조곰도 싱각지 안코 다만 관록만 탐ᄒᆞ야 셩춍을 옹폐ᄒᆞ고 국권을 롱간ᄒᆞ야 가만이 황셩 닉외에 잇ᄂᆞᆫ 보부샹을 모집ᄒᆞ여 각각 몽치를 가지고 물미덧드러와셔 불샹ᄒᆞᆫ 빅셩들을 원슈ᄀᆞᆺ치 살히ᄒᆞ매 민회에 사ᄅᆞᆷ들은 슈효ᄂᆞᆫ 비록 만ᄒᆞ나 다만 츙직ᄒᆞᆫ 빅면셔싱이라 그놈들의 몽치에 마져 샹ᄒᆞᆫ이가 수십명인ᄃᆡ 즉시 한셩 병원에 보내여 ᄎᆞ료ᄒᆞ나 그들의 ᄉᆞ싱은 아즉 알수 업더라 만민들이 물너가다시 죵로 십ᄌᆞ거샹에 모히엿ᄂᆞᆫᄃᆡ 부샹들은 궐문압회셔 민회를 부ᄉᆞ고 죠ᄎᆞ 새문으로 나아가 독립관을 웅거ᄒᆞ야 ᄒᆞᄂᆞ밤을 경야ᄒᆞ고 삼개로 나아가 팔로에 보부샹을 모집ᄒᆞ다더라 (미완)

본회고ᄇᆡᆨ

본회에셔 이 회보를 젼년과 ᄀᆞᆺ치 일쥬일에 ᄒᆞᆫ번식 발간 ᄒᆞᄂᆞᆫᄃᆡ 새로 륙폭으로 작뎡ᄒᆞ고 ᄒᆞᆫ쟝 갑슨 엽젼 오푼이오 ᄒᆞᆫ돌갑슨 미리내면 젼과 ᄀᆞᆺ치 엽젼 ᄒᆞᆫ돈 오푼이라 본국 교우나 셔국 목ᄉᆞ나 교외 친구나 만일 사셔 보고져 ᄒᆞ거든 졍동 아펜셜라 목ᄉᆞ 집이나 죵로 대동셔시에 가셔 사시옵

뎨이권

대한회보

뎨ᄉᆞ십팔호

(륙십구합) 광무이년 인 십일월삼십일

만민의게효유ᄒᆞ신심

그지간 민회와 부샹이 서로 싸와 죽은자가 잇실ᄲᅮᆫ 아니라 인심이 대단 소동 ᄒᆞ더니 음력 십월 십삼일에 황샹 폐하ᄭᅦ셔 궐문에 친림ᄒᆞ샤 민회원 이빅명과 부샹등 이빅명을 각각 부르샤 친히 효유ᄒᆞ실ᄉᆡ 각부 관인들은 탑전에 시립ᄒᆞ고 각국 공령ᄉᆞ는 우편에 뫼셧는ᄃᆡ 농상공부 대신 권직형씨로 칙어를 젼포ᄒᆞ여 글ᄋᆞ샤ᄃᆡ 너희 무리는 다 짐의말을 드르라 너희가 죠칙을 슌죵치 안코 밤을새여 모히며 놈의 집을 과쇄ᄒᆞ니 오빅년 젼재ᄒᆞᄂᆞ 나라에 엇지 이러ᄒᆞᆫ일이 잇ᄉᆞ리오 너희죄를 맛당히 즁ᄒᆞᆫ법에 쳐치 ᄒᆞᆯ거시로ᄃᆡ 짐이 님군됨으로 브터 다ᄉᆞ리지 못홈은 만민의 죄가 내ᄒᆞᆫ 사ᄅᆞᆷ의게 잇는지라 이제 크게 ᄭᆡ닷고 심히 붓그러워 ᄒᆞ노라 졍부 신하들도 짐의 ᄯᅳᆺ을 펴자 못ᄒᆞ야 하민의 ᄉᆞ졍이 우희 통치 못ᄒᆞ고 즁간이 막히여 의심이 나게 ᄒᆞ엿시니 젹ᄌᆞ의 오오홈이 엇지 너의 죄리오 이제로 브터 군신과 샹하가 신으로 써 힘ᄒᆞ며 의로써 직히여 어질고 능ᄒᆞᆫ이를 텬하에 구ᄒᆞ며 아ᄅᆞᆷ다온 모칙을 쳔인의게 ᄭᅥ지 드를지라 이젼죄는 잇던지 업던지 경즁을 불계ᄒᆞ고 일병 탕쳑ᄒᆞ노니 의심을 다 ᄇᆞ리고 새롭게 ᄒᆞ라 슬프다 님군이 빅셩이 아니면 무어ᄉᆞᆯ 의지ᄒᆞ며 빅셩이 님군이 아니면 무어ᄉᆞᆯ 셤기리오 이러케 효유ᄒᆞᆫ후에 만일 ᄭᆡ닷지 못ᄒᆞ야 독립 긔초로 ᄒᆞ여곰 굿게 못ᄒᆞᆯ거나 젼재 졍쳐로 ᄯᅥ러지게 홈이 잇실진ᄃᆡ 너희 츙군의국 ᄒᆞᄂᆞᆫᄯᅳᆺ시 아니라 왕의법이 업ᄒᆞ야 용셔치 아니리니 각각 죠심ᄒᆞ야 날노 ᄀᆡ명에 진보케 ᄒᆞ라 짐은 거짓말을 아니리라 너희 회민이나 복샹이나 다 짐의 젹ᄌᆞ이니 지극ᄒᆞᆫᄯᅳᆺ슬 밧아 서로 됴케ᄒᆞ고 각각 도라가 산업을 편케ᄒᆞ라 ᄒᆞ시니 회민등이 다, 황송ᄒᆞ다 ᄒᆞᄂᆞ지라 이ᄯᅢ에 민회회쟝 고영근과 윤치호와 리샹재 삼씨가 명을 밧드러 알외ᄃᆡ 여덟 신하를 죽시잡아 지판ᄒᆞ여 주시고 복샹등은 속히 혁파ᄒᆞ여 폐단이 업게ᄒᆞ시고 젼일에 반포ᄒᆞ신 십일됴의 안을 실시ᄒᆞ여 주시면 민인등의 소원이로소이다 법부대신 한규설씨가 ᄯᅩ 칙어를 젼포ᄒᆞ되 길영슈 홍죵우 박유진은 부샹의 두령이라 부샹을 요윤ᄒᆞᄂᆞᆫᄯᅢ에 죄를 줄수업고 다ᄉᆞᆺ 신하는 잡는ᄃᆡ로 지판쳐치 ᄒᆞ리라 ᄒᆞ시니 회민등이 다 만세를 부르고 물너가니라

대한크리스도인 회보

THE KOREAN CHRISTIAN ADVOCATE.

Rev. H. G. Appenzeller, Editor

36 cents per annum *in advance. Postage extra.*

Wednesday, NOV. 30th, 1898.

대한크리스도인 회보 二 이ᄇᆡᆨ팔십이

셔울 졍동셔 일쥬일에 ᄒᆞᆫ번식 발간ᄒᆞᄂᆞᆫᄃᆡ 아편셜라 목ᄉᆞ가 회보 샤쟝이 되엿더라 일년 갑슬 미리 내면 삼십 륙젼이오 우표갑슨 ᄯᅡ로 잇ᄂᆞ니라

강형뎨여집씨별셰ᄒᆞᆫ일

인쳔 교우 강여집씨ᄂᆞᆫ 봉교ᄒᆞᆫ지 륙년이오 나흔 ᄉᆞ십칠세라 륙년젼에 신병이 잇서 졍동 시병원으로 병 곳치러 갓다가 하ᄂᆞ님 지덕과 구쥬지은으로 병이 나흠을 문득 ᄭᆡ닷고 ᄉᆡᆼ각ᄒᆞ되 내가 육신의 병ᄲᅮᆫ 아니라 령혼의 병이 더옥 심히 크게 드럿시니 하ᄂᆞ님ᄭᅴ 비러 내 령혼의 병을 곳쳐 주옵시기를 간졀히 빌고 그ᄯᅢ브터 회ᄀᆡᄒᆞ고 쥬를 밤낫 ᄉᆡᆼ각ᄒᆞ기를 목ᄆᆞ른 사ᄅᆞᆷ이 물을 ᄉᆡᆼ각ᄒᆞ듯 어린 ᄋᆞᄒᆡ가 졋줄 ᄉᆡᆼ각 ᄒᆞ듯 쥬를 일시도 잇지 아니 ᄒᆞ더니 작년 십일월 브터 우연이 병이 들어 졈졈 병셰가 즁 ᄒᆞ기로 외국 의ᄉᆞ들이 병을보되 조곰도 낫지아니 ᄒᆞ더니 금년 륙월에 샹동 병원에 가셔 슈월 병을 보ᄂᆞᆫᄃᆡ 다힝이 조곰 낫더니 집으로 나려 와셔ᄂᆞᆫ 졈졈 병셰가 즁ᄒᆞ야 금월 십륙일에 셰샹을 ᄯᅥ나되 질거온 ᄆᆞᄋᆞᆷ뿐더러 ᄯᅩ 삼일젼 ᄒᆞᄂᆞᆫ말이 내가 쥬를 ᄯᅡ라 가겟시니 목욕 식히라 ᄒᆞ여 목욕ᄒᆞ고 새옷슬 내여 입고 요에 누어 ᄒᆞᄂᆞᆫ말이 회당에 ᄒᆞᆫ번 다시 못가오니 셥셥ᄒᆞ오나 텬당으로 가니 ᄆᆞᄋᆞᆷ은 ᄆᆡ우 깃부다 ᄒᆞ고 맛참 목ᄉᆞᄭᅴ셔ᄂᆞᆫ 샹경ᄒᆞ셔셔 보지 못ᄒᆞᆫ다 ᄒᆞ고 십륙일 하오 ᄉᆞ졈죵에 그 집안 식구가 잠간 누엇ᄂᆞᆫᄃᆡ 긔도 ᄒᆞᄂᆞᆫ말이 쥬여 쥬여 어서 저를 다려 가옵쇼셔 ᄒᆞᄂᆞᆫ 소리를 듯고 초불을 붉히고 ᄌᆞ셰히 보니 얼골에 화식이 나며 긔운이 쇠진 ᄒᆞ거ᄂᆞᆯ 교즁형뎨 ᄌᆞᄆᆡ가 말을 무러보니 지금 내가 쥬를 ᄯᅡ라 가노라 ᄒᆞ니 ᄯᅩ 무르되 분명히 쥬를 ᄯᅡ라가오 ᄒᆞ니 ᄃᆡ답이 평ᄉᆡᆼ 소원이로다 ᄒᆞ고 셰샹을 ᄯᅥ낫ᄂᆞᆫᄃᆡ 우리 보기에 텬당 가기ᄂᆞᆫ 증거가 분명ᄒᆞᆫ지라 교우가 다가셔 찬미와 긔도ᄒᆞ고 상여를 새로 ᄉᆞᄇᆡᆨ ᄉᆞ십 여량을 드려 문돌고 관곽을 당ᄒᆞ여 십팔일 하오 아홉시에 례ᄇᆡ당에 드러와 예를 베플고 상여를 교우들이 메고 대로샹으로 가ᄂᆞᆫᄃᆡ 목ᄉᆞ와 교즁 유ᄉᆞ들이 셩경을 들고 압헤셔 졀ᄎᆞ잇게 나가고 뒤에ᄂᆞᆫ 여러 교우와 학당 ᄋᆞᄒᆡ ᄉᆞ십명과 부인네들도 슯흔 ᄆᆞᄋᆞᆷ을 이기지 못ᄒᆞ여 ᄀᆞᆺ치 산에ᄭᆞ지 가ᄂᆞᆫᄃᆡ 츄죵ᄒᆞᄂᆞᆫ 교우와 학당 ᄋᆞᄒᆡ들과 부인네들과 졀ᄎᆞ 잇게 거리 찬미를 긋치지 안코 산에ᄭᆞ지 가셔 목ᄉᆞ가 예를 베플고 남녀 교우 팔십 여원이 찬미ᄒᆞ여 텬당가ᄂᆞᆫ 령혼을 위로 ᄒᆞ엿더라

레비일공과 구십뉵 십이월 십일일

아브라함의밋음시험ᄒᆞᆫ일

창셰긔 이십이장 일절노 십삼절ᄭᅡ지

一 그후에 하ᄂᆞ님ᄭᅴ셔 아브라함을 시험ᄒᆞ샤 불
너 ᄀᆞᆯᄋᆞ샤ᄃᆡ 아브라함아 아브라함이 ᄀᆞᆯᄋᆞᄃᆡ 여긔
잇나이다 二 하ᄂᆞ님ᄭᅴ셔 ᄀᆞᆯᄋᆞ샤ᄃᆡ 이졔 네아ᄃᆞᆯ
네 외아ᄃᆞᆯ 네 ᄉᆞ랑ᄒᆞᄂᆞᆫ이를 잇ᄉᆞᆯ고 도아ᄯᅡ에 가
셔 나의 지시ᄒᆞᄂᆞᆫ 산에셔 번졔로 드리라 ○ 三
아브라함이 일즉이 니러나 나귀와 두죵과 아ᄃᆞᆯ이삭
을 다리고 장ᄎᆞᆺ 하ᄂᆞ님ᄭᅴ셔 보이시던 곳에 가셔
니러나 번졔 ᄒᆞ려ᄒᆞᆯ셰 四 ᄉᆞ흘지날 눈을들어 멀니
그곳을 ᄇᆞ라보고 五 아브라함이 죵ᄃᆞ려 닐ᄋᆞᄃᆡ 너
ᄂᆞᆫ 나귀를 가지고 이곳에 잇스라 나와 아희가 뎌
긔가셔 례비ᄒᆞ고 도라오리라 ᄒᆞ고 六 아브라함이
드듸여 번졔 ᄃᆞᆯ열 나무ᄃᆞᆯ 아ᄃᆞᆯ 이삭의게 지우고
불파 갈을 손에들고 ᄃᆞᆯ이 ᄒᆞᆷᄭᅴ갈ᄉᆡ 七 이삭이 아
브라함ᄃᆞ려 닐너 ᄀᆞᆯᄋᆞᄃᆡ 우리 아바지여 아브라
함이 ᄀᆞᆯᄋᆞᄃᆡ 아ᄃᆞᆯ아 내가 여긔 잇노라 이삭이 ᄀᆞᆯ
ᄋᆞᄃᆡ 불파 나무ᄂᆞᆫ 잇ᄉᆞ되 번졔ᄒᆞᆯ양은 어ᄃᆡ 잇ᄂᆞ
ᄂᆞᆺ가 八 아브라함이 ᄀᆞᆯᄋᆞᄃᆡ 우리 아ᄃᆞᆯ아 하ᄂᆞ
님ᄭᅴ셔 장ᄎᆞᆺ 번졔지낼 양을 쥰비 ᄒᆞ시리라 ᄒᆞ고
이에 ᄃᆞᆯ이ᄒᆞᆷᄭᅴ 가셔○ 九 하ᄂᆞ님ᄭᅴ셔 지시ᄒᆞ시든
곳에 니르러 아브라함이 단을싸코 나무를 버려노
코 아ᄃᆞᆯ이삭을 결박ᄒᆞ여 졔단 나무우희 노코 十 아
브라함이 졔손을 펴 갈을 잡고 아ᄃᆞᆯ을 죽이려ᄒᆞ
니 十一 쥬 야화화의 텬ᄉᆞㅣ 하ᄂᆞᆯ노 브터 불너
ᄀᆞᆯᄋᆞᄃᆡ 아브라함아 아브라함아 ᄒᆞ시니 아브라함
이ᄀᆞᆯᄋᆞᄃᆡ 여긔 잇ᄂᆞ이다 十二 텬ᄉᆞ ᄀᆞᆯᄋᆞᄃᆡ 네 아
ᄃᆞᆯ을 치지도 말고 샹ᄒᆞ지도 마라 네가
하ᄂᆞ님을 두려워ᄒᆞᆷ을 내가 아노라 대개 네아ᄃᆞᆯ
ᄒᆞ나를 앗기지 안코 내게 드리ᄂᆞᆫ도다 十三 아브라
이 눈을 드러보니 적은양이 ᄲᅳᆯ을매여 슈플에 잇
거ᄂᆞᆯ 이에 양을잡아 그 아ᄃᆞᆯ을 ᄃᆡ신ᄒᆞ여 번졔
로 드리다

주셕

그ᄯᅢ에 모든 ᄇᆡᆨ셩이 ᄋᆞ히로 졔ᄉᆞᄒᆞᄂᆞᆫ 풍속이 잇
ᄂᆞᆫ지라 아브라함의게 하ᄂᆞ님이 아ᄃᆞᆯ를 주어
셰샹 구원ᄒᆞᆯ 복을 누리라 ᄒᆞ시고 또 그 아ᄃᆞᆯ노
졔ᄉᆞᄒᆞ라 ᄒᆞ셧시니 아브라함이 ᄆᆞᄋᆞᆷ에 낭반ᄒᆞᆫ 격
졍이 잇시나 밋음이 깁흠으로 실망ᄒᆞᆷ을 ᄉᆡᆼ각지
안코 명을 ᄶᅩ친지라 이삭과 ᄀᆞᆺ치가던 두 사ᄅᆞᆷ은
ᄉᆞ긔에 분명ᄒᆞᆫ거시 업사니 지목ᄒᆞᆯ수 업고 이삭
이 양파ᄀᆞᆺ처 졔단에 ᄉᆞ족ᄒᆞᆷ으로 나아간거ᄉᆞᆫ 예수

이 셰샹에 와셔 감심으로 십ᄌᆞ가에 고난 밧을거
ᄉᆞᆯ 미리 뵈인거시라 이삭이 졔ᄉᆞ에 ᄡᅳᆯ 나무를
지고갓시나 이와ᄀᆞᆺ치 예수도 십ᄌᆞ가를 지고 가
셧ᄂᆞᆫ지라 이삭이 그 아바지의게 졔ᄉᆞᄒᆞᆯ양을 뭇
ᄂᆞᆫ때에 ᄃᆡ답ᄒᆞᆷ으로 바ᄅᆞᆯ거시 잇ᄂᆞᆫ지라 이 공부
중에 긴요ᄒᆞᆫ거시 잇시니 누구던지 하ᄂᆞ님을 슌
죵ᄒᆞ면 바ᄅᆞᆯ거ᄉᆞᆯ 모르되 유익ᄒᆞᆫ거ᄉᆞᆯ 만히 밧ᄂᆞ
니라

뭇ᄂᆞᆫ말

一 하ᄂᆞ님ᄭᅴ셔 아브라함을 엇더케 시험 ᄒᆞ셧ᄂᆞ뇨

二 아브라함이 번졔ᄒᆞᆯ 일을 엇더케 예비 ᄒᆞ엿ᄂᆞ뇨

三 그죵ᄃᆞ려 무ᄉᆞᆷ말을 부탁 ᄒᆞ엿ᄂᆞ뇨

四 아브라함이 그 아ᄃᆞᆯ과 ᄀᆞᆺ치 무어ᄉᆞᆯ 가지고 갓ᄂᆞ뇨

五 이삭이 그 부친의게 무ᄉᆞᆷ말을 ᄒᆞ엿ᄂᆞ뇨

六 아브라함이 엇더케 ᄃᆡ답 ᄒᆞ엿ᄂᆞ뇨

七 아브라함이 졔단을 ᄊᆞᄒᆞᆫ후에 엇더케 ᄒᆞ엿ᄂᆞ뇨

八 그ᄯᅢ에 하ᄂᆞᆯ노셔 무ᄉᆞᆷ 징죠가 잇셧ᄂᆞ뇨

九 텬ᄉᆞ가 아브라함의게 무ᄉᆞᆷ말을 젼ᄒᆞ엿ᄂᆞ뇨

十 수플에셔 무ᄉᆞᆷ 물건을 보앗ᄂᆞ뇨

十一 아브라함이 그 아ᄃᆞᆯ노 번졔를 드렷ᄂᆞ뇨

十二 그ᄯᅢᄂᆞᆫ 쥬 강싱젼 몃ᄒᆡ이더뇨

十三 오ᄂᆞᆯ 공부에 긴요ᄒᆞᆫ ᄯᅳᆺ시 무어시뇨

엡웟쳥년회

다졍국을권보케ᄒᆞᄂᆞᆫ글 (속젼호)

졍을 능히 발ᄒᆞᆯ수 업고 졍이 업시면 이익를 능치 베플수 업ᄂᆞ니 이ᄂᆞᆫ 무리라 인으로 말미암아 사ᄅᆞᆷ의게 밋치ᄂᆞᆫ것도 졍이오 의로 말미암아 사ᄅᆞᆷ의게 밋치ᄂᆞᆫ것도 졍이니 그런고로 인의ᄂᆞᆫ 톄와 ᄀᆞᆺ고 졍은 슈죡과 ᄀᆞᆺᄒᆞ며 인의ᄂᆞᆫ ᄆᆞᄋᆞᆷ과 ᄀᆞᆺ고 졍은 맛파 ᄀᆞᆺᄒᆞ니 사ᄅᆞᆷ이 만일 슈죡이 업시면 엇지 능히 몸을 운동ᄒᆞ며 말이 업시면 엇지 능히 ᄆᆞᄋᆞᆷ을 뵈이며 맛시 업시면 엇지 능히 음식을 알니오 이와ᄀᆞᆺ치 인의ᄂᆞᆫ 졍이 업시면 능히 베플수 업고 비록 베픈다 ᄒᆞ여도 사ᄅᆞᆷ의 ᄆᆞᄋᆞᆷ을 능히 감동치 못ᄒᆞᄂᆞ니라 다졍은 사ᄅᆞᆷ마다 원ᄒᆞᄂᆞᆫ 바ㅣ언마ᄂᆞᆫ 능히 힘쳐 못ᄒᆞᄂᆞᆫ거손 셰통이 세가지 잇시니 쳣지ᄂᆞᆫ 인위를 브림이오 둘지ᄂᆞᆫ 능력이 업슴이오 셋재ᄂᆞᆫ ᄆᆞᄋᆞᆷ이 인석ᄒᆞ여 남의게 ᄃᆡ졉ᄒᆞ기를 대단어 졀용ᄒᆞᆷ이니 놉흔 쳐디에 잇ᄂᆞᆫ 사ᄅᆞᆷ은 ᄉᆞᄉᆞ로 놉흔톄 ᄒᆞᆷ으로 남과 합ᄒᆞᆯ수 업고 나즌 쳐디에 잇ᄂᆞᆫ 사ᄅᆞᆷ은 공연이 무심즁에 교만을 픔어 언힘을 버셔나게 ᄒᆞᄂᆞ니 엇지 다졍ᄒᆞᆯ수 잇ᄉᆞ리오 대개 사ᄅᆞᆷ도 이 세샹에셔 ᄒᆞᆫ 령물이라 ᄒᆞᆷ직ᄒᆞ니 다른거손 모로되 사ᄅᆞᆷ이 잘 ᄃᆡ졉ᄒᆞ고 못 ᄃᆡ졉ᄒᆞᆷ과 악ᄒᆞ고 션ᄒᆞᆫ거손 잘 아ᄂᆞ니라 이거손 다름 아니라 다만 형식을 숣힘이니 나ᄂᆞᆫ 형식을 숣히고 아ᄂᆞᆫ줄 아나 실샹인즉 ᄆᆞᄋᆞᆷ속계 신이 더 사ᄅᆞᆷ의 ᄆᆞᄋᆞᆷ에 무ᄉᆞᆷ파계 잇슴을 잘 알고 내세ᄂᆞᆫ 긔식만 보게ᄒᆞᆷ이라 엇지 셔짜지 아니ᄒᆞ며 삼가지 아니ᄒᆞ리오 이 세샹일은 고샤ᄒᆞ고 예수를 ᄉᆡᆼ각ᄒᆞᆸ세다 예수ᄭᅴ셔ᄂᆞᆫ 하ᄂᆞ님의 아ᄃᆞᆯ이시오 지혜 총명과 권능위엄이 비ᄒᆞᆯ데 업ᄂᆞᆫ 쥬지시로되 각석병을 더럽다 아니ᄒᆞ시고 곳치시며 세리와 죄인을 낫다 아니ᄒᆞ시고 ᄒᆞᆷᄭᅴ 잡ᄉᆞ시며 몸을 낫초샤 뎨ᄌᆞ의 발을 씻겟시며 온 세샹을 ᄉᆞ랑ᄒᆞ샤 피를 흘니셧시며 ᄯᅩᄒᆞᆫ 다시 사신후에 보혜ᄉᆞ를 보내샤 졍을 샹통ᄒᆞ시며 우리와 슈작ᄒᆞ시니 이ᄀᆞᆺ치 겸손ᄒᆞ시고 인의ᄒᆞ시고 다졍ᄒᆞ신이가 어ᄃᆡ 계시리오 그런즉 우리ᄂᆞᆫ 무어ᄉᆞᆯ 곳부ᄒᆞᄂᆞ뇨 다만 예수를 공부ᄒᆞᆯ지니 예수만 ᄇᆞ라보고 모본을 삼으십세다 속에든겸손은 두엇다가 무어세 쓰랴고 앗길것 잇ᄉᆞ며 다졍은 두엇다가 뉘게베플나고 베플지 아니리오 우리ᄂᆞᆫ 쓸ᄃᆡ업ᄂᆞᆫ거ᄉᆞᆯ 앗기지말고 쓸ᄃᆡ잇ᄂᆞᆫ 셩명을 앗깁세다 그러나 어렵도다 다졍이여 사ᄅᆞᆷ의 ᄆᆞᄋᆞᆷ을 됴케 아니ᄒᆞ면 다졍ᄒᆞᆯ수 업ᄂᆞ니 사ᄅᆞᆷ의 ᄆᆞᄋᆞᆷ을 됴케 ᄒᆞ랴ᄒᆞᆫ즉 쥬의 ᄯᅳᆺ슬 거ᄉᆞ리고 쥬의 ᄯᅳᆺ슬 좃쟈ᄒᆞᆫ즉 사ᄅᆞᆷ파 다졍키 어렵도다 (갈나대인셔 일쟝 십졀을 보시오) 우리가 하ᄂᆞ님의 ᄌᆞ녀기 되랴ᄒᆞᆫ즉 하ᄂᆞ님의 빗최시고 비ᄂᆞ리시ᄂᆞᆫ 뎍피ᄀᆞᆺ치 ᄒᆞ여야 ᄒᆞᆯ지로다 대개 교회ᄂᆞᆫ 곳크리스도의 몸이며 집이니 우리ᄂᆞᆫ 곳 크리스도의 집식구라 식구가 만일 각기 ᄃᆡ집을 ᄉᆞ랑치 아니ᄒᆞ면 집은 망ᄒᆞᆯ거시오 집이 망ᄒᆞ면 식구ᄂᆞᆫ 엇지 되리오 (이블소 이쟝 십구졀을 보시오) (미완)

니보

만민공동회 속젼호

그후에 삼ᄭᅵ잇ᄂᆞᆫ 부샹들이 ᄒᆞᆯ계를 ᄭᅮᆷ여 사ᄅᆞᆷ을 만민 공동회에 보내여 말ᄒᆞ되 우리ᄂᆞᆫ 그 동리 쇼임인ᄃᆡ 지금 부샹놈들이 ᄇᆡᆨ셩의집을 노략ᄒᆞ야 동리가 견ᄃᆡᆯ수 업시니 민회에셔 속히 나아가셔 부샹들을 쳐물니치라 ᄒᆞᄆᆡ 셩니에 잇ᄂᆞᆫ ᄇᆡᆨ셩들이 분격ᄒᆞᆫ ᄆᆞᄋᆞᆷ을 이기지 못ᄒᆞ야 여러 쳔명이 일제이 나아갓다가 부샹의 ᄭᅴ에 ᄲᆡ셔져 죽은이가 두명이오 샹ᄒᆞᆫ이가 여러 사ᄅᆞᆷ이라 엇지 ᄒᆞᆯ수업셔 도로 들어와셔 서로 눈물을 흘니며 ᄯᅩᆨ분이 넉이더라 ᄇᆡᆨ셩이 ᄉᆞ오ᄇᆡᆨ명식 ᄯᅦ를지여 ᄃᆞ니며 님군의게 불츙ᄒᆞ고 ᄇᆡᆨ셩을 침학ᄒᆞ던 몃사ᄅᆞᆷ의 집을 부수엇ᄂᆞᆫᄃᆡ 민심이 흉흉ᄒᆞ야 각쳐 시민이 뎐문을 닷쳔지가 여러날이 되고 나무와 ᄊᆞᆯ갑시 대단히 고등ᄒᆞ더라 황샹 폐하ᄭᅦ셔 민졍이 오오ᄒᆞᆫ거슬 통촉ᄒᆞ샤 죠칙을 나리샤 독립협회ᄂᆞᆫ 복셜ᄒᆞ고 부샹은 혁파ᄒᆞ라 ᄒᆞ셧ᄂᆞᆫᄃᆡ 삼ᄭᅵ에 둔취ᄒᆞᆫ 부샹들이 오히려 흣허지지 안터라 민회에 유지ᄒᆞᆫ 몃분이 서로 의론ᄒᆞ되 우리들이 만일 물너가지 아니ᄒᆞ면 민심이 안돈키 어려오즉 불가불 잇흠만 되거ᄒᆞ야 졍부의 쳐분을 기다리쟈 ᄒᆞ고 곳 민회에 나아가 당연이 물너가야 도리에 올흔거슬 셜명ᄒᆞ고 일제히 각가 도라 갓더니 이일후에 황샹 폐하ᄭᅴ셔 궐문 밧ᄭᅴ 친림ᄒᆞ시고 민회즁 지ᄉᆞ쟈 이ᄇᆡᆨ명을 부르샤 친히 효유ᄒᆞ셧더라 (미완)

미일신문광고

협셩회 회보가 변ᄒᆞ야 미일신문이 되엿ᄂᆞᆫᄃᆡ 파ᄂᆞᆫ 쳐소ᄂᆞᆫ 남대문안 대평동 젼 셔셔 되엿던 집이오니 이신문을 보시려 ᄒᆞᄂᆞᆫ 군ᄌᆞ들은 차자오시오

본회 고빅

본회에셔 이 **회보**를 젼년과 ᄀᆞᆺ치 일쥬일에 ᄒᆞᆫ번식 발간 ᄒᆞᄂᆞᆫᄃᆡ 새로 륙폭으로 작뎡ᄒᆞ고 ᄒᆞᆫ쟝 갑슨 엽젼 오푼이오 ᄒᆞᆫ돌갑슬 미리내면 젼과 ᄀᆞᆺ치 엽젼 ᄒᆞᆫ돈 오푼이라 본국 교우나 셔국 목ᄉᆞ나 교외 친구나 만일 사셔 보고져 ᄒᆞ거든 졍동 아편셜라 목ᄉᆞ 집이나 죵로 대동셔시에 가셔 사시옵

죵로대동셔시광고

우리 셔샤에셔 셩경 신구약과 찬미칙과 교회에 유익ᄒᆞᆫ 여러가지 셔칙과 시무에 긴요ᄒᆞᆫ 칙들을 팔되 갑시 샹당 ᄒᆞ오니 학문샹과 시무변에 ᄯᅳᆺ이 잇ᄂᆞᆫ 군ᄌᆞ들은 만히 사셔 보시옵

대영국 셩셔 공회 광고

새로 간츌 ᄒᆞᆫ거슨 로마 가라태 골노시 야고보 베드로 젼후셔 티모데 젼후셔니 사셔 보실이ᄂᆞᆫ 회샤 쥬인 견묘 션싱ᄭᅴ로 오시옵

뎨이권

대한회보

뎨ᄉᆞ십구호

(칠십구합) 광무이년 인 십이월 십칠일

감리교회

양력 구월 십칠일 브터 일년년환회를 시작 ᄒᆞ엿ᄂᆞᆫᄃᆡ 셔국 목ᄉᆞ가 세 사ᄅᆞᆷ이오 셔국 부인이 ᄯᅩ ᄒᆞᆫ 세분이오 본국 교우즁 세례 밧은이가 일ᄇᆡᆨ 오명이오 학습인이 아ᄇᆡᆨ명이니 합 삼ᄇᆡᆨ 오명인ᄃᆡ 금년 안으로 입교ᄒᆞᆫ이가 륙십명이오 학습에 일홈 븟친이가 일ᄇᆡᆨ 삼십 오명이오 셩경 ᄉᆞ복음 즁에 ᄒᆞᆫ권식 방미ᄒᆞᆫ거시 구ᄇᆡᆨ 십일권이오 기외에 교칙 곤거시 합 일쳔 칠ᄇᆡᆨ 오십기권이오 쥬일마다 슈젼ᄒᆞᆫ거시 합 일ᄇᆡᆨ 삼십ᄉᆞ원 십륙젼 이러라 ○ 감리 교회가 대한에 나아온지 삼년이 다되지 못 ᄒᆞ엿ᄂᆞᆫᄃᆡ 이ᄀᆞᆺ치 흥왕 ᄒᆞ엿시니 우리가 층 치하ᄒᆞᆯ뿐 더러 감리교와 미이미교가 일홈은 비록 다ᄅᆞ나 곳 ᄒᆞᆫ 교회라 삼년젼에 너목ᄉᆞ와 감독 ᄒᆞᆫ분이 대한에 처음으로 오셧ᄂᆞᆫᄃᆡ 우리가 교국에셔ᄂᆞᆫ ᄒᆞᆫ번도 샹면치 못ᄒᆞ엿시나 깃분 ᄆᆞ옴으로 반갑게 영접 ᄒᆞ엿더니 지금 감리 교회의 결실 ᄒᆞᄂᆞᆫ거슬 본즉 더욱 영광을 하ᄂᆞ님ᄭᅴ 돌녀 보내노라

미국과셔반아의약됴결뎡ᄒᆞᆷ

근일에 미국셔 나온 젼보를 보니 그지간 미국과 셔반아 ᄉᆞ이에 약됴 담판이 되엿ᄂᆞᆫᄃᆡ 그 약됴의 ᄃᆡ일됴ᄂᆞᆫ 규바 셤으로 ᄌᆞ유ᄒᆞᄂᆞᆫ 나라가 되게ᄒᆞᆷ이니 그나라의 인구ᄂᆞᆫ 일ᄇᆡᆨ 오십 만명이오 디방은 영국 리수로 ᄉᆞ만 오쳔방리며 뎨이됴ᄂᆞᆫ 포토리코 셤으로 미국에 드림이니 그셤은 디방이 영국 리수로 삼쳔 오ᄇᆡᆨ 방리오 인구ᄂᆞᆫ 팔십 만명이며 뎨삼됴ᄂᆞᆫ 빌립빈 셤으로 미국에 드림이니 이셤은 아시아 남편 바다가온ᄃᆡ 잇서 ᄉᆞᄇᆡᆨ여셤이 합ᄒᆞ여 일운 나라이라 디방이 영국 리수로 십일만 ᄉᆞ쳔 방리요 인구ᄂᆞᆫ 칠ᄇᆡᆨ만명이 되ᄂᆞᆫ지라 그런즉 이번 ᄊᆞ홈에 서반아가 아조 결단인거시 젼국 디방이 모도 삼십오만 ᄉᆞ쳔 방리인ᄃᆡ 십륙만 삼쳔 방리를 넘헛시니 본국 디방이 불과 십구만 일쳔 방리만 남앗시며 ᄯᅩ 은젼 ᄉᆞ쳔만원을 미국에 ᄇᆡ샹으로 갑흐지라 미국이 동양ᄯᅡ흘 뎜령 ᄒᆞᄂᆞᆫ거슬 뮈워ᄒᆞᄂᆞᆫ 나라가 만히 잇슬듯 ᄒᆞ나 미국이 동양셤을 욕심ᄒᆞᆫ거시 아니라 가련ᄒᆞᆫ 셩령을 위ᄒᆞ야 악ᄒᆞᆫ거슬 제ᄒᆞᄂᆞᆫ고로 ᄯᅡ흘 널니 ᄎᆞ지ᄒᆞᆷ이오 빌립빈 셤이 아직은 ᄌᆞ유ᄒᆞᄂᆞᆫ 나라가 되지 못 ᄒᆞ엿시나 미국이 동양으로 옴은 인민을 교육ᄒᆞᆷ과 ᄀᆡ명 되기를 쥬장 ᄒᆞᆷ일너라

대한크리스도인 회보

THE KOREAN
CHRISTIAN ADVOCATE.
Rev. H. G. Appenzeller, Editor
36 cents per annum
in advance. Postage extra.
Wednesday, DEC. 17th, 1898.

서울 정동서 일쥬일에 ᄒᆞᆫ번식 발간 ᄒᆞᄂᆞᆫᄃᆡ 아편셜라 목ᄉᆞ가 회보 샤쟝이 되엿더라
일년 갑슬 미리ᄂᆡ면 삼십 륙젼이오 우표갑슨 ᄯᅡ로 잇ᄂᆞ니라

이 찬미가ᄂᆞᆫ 동대문안 회당에서 젼도 ᄒᆞ시ᄂᆞᆫ 션싱부인 노웰나씨의 번역ᄒᆞ신 것인ᄃᆡ 특별히 구셰쥬 예수 크리스도의 탄싱ᄒᆞ신 셩일을 위ᄒᆞ야 됴흔 찬미가를 턱ᄒᆞ심이라 우리ᄂᆞᆫ 깃분 ᄆᆞᄋᆞᆷ으로 이 찬미가를 미리 회보에 긔지ᄒᆞ야 알게 ᄒᆞ노니 경향간에 구세쥬를 밋ᄂᆞᆫ 형뎨와 ᄌᆞ미들은 다 이 찬미가를 공부 ᄒᆞ엿다가 구쥬 탄일을 당ᄒᆞ거든 다 즐거온 ᄆᆞᄋᆞᆷ으로 찬미ᄒᆞ기를 ᄇᆞ라노라

구쥬탄일찬미

일

텬ᄉᆞ찬숑불으올
텬하인간드러라
강싱ᄒᆞ신쥬셰셔
벳네헴에나셧네
영광을너보내고
ᄯᅡ평안과인익흠
죄인화친님으니
깃분찬미이로셰

이

각각나라니러셔
텬ᄉᆞᄒᆞᄂᆞᆫ찬숑과
하ᄂᆞᆯ승젼노래ᄅᆞᆯ
즐겁게화답ᄒᆞ셰
벳네헴강싱ᄒᆞᆫ쥬
놉흔하ᄂᆞᆯ놉힘과
찬숑홈을밧으니
인간도존경ᄒᆞ라

삼

육신닙은하ᄂᆞ님
셩셰ᄒᆞ신ᄌᆞ보소
태평왕곳치놉혀
경비홈을드려라
의의히가돗앗셔
셩명빗출빗최고
셰샹죄ᄅᆞᆯ쇽ᄒᆞ샤
만민다찬숑ᄒᆞ라

례비일공과

구십칠 십이월 십팔일

사라죽은일

창세긔 이십삼쟝 일졀노 십륙졀ᄭᆞ지

一 사라의 나히 일ᄇᆡᆨ 이십 칠세니 이거시 사라의 나히오 二 기낙ᄯᅡ에 잇ᄂᆞᆫ 긔럇이파에서 죽으니 곳 헵론이라 아브라함이 사라를 위ᄒᆞ야 슬피 울더라 三 아브라함이 시톄압희 니러나 서셔 혯ᄯᅡ 사ᄅᆞᆷᄃᆞ려 닐으ᄃᆡ 四 내가 너와 ᄒᆞᆷᄭᅴ 머므ᄂᆞᆫ 손이니 쟝ᄉᆞᄒᆞᆯ ᄯᅡ으로 나를주어 시톄를 뭇게ᄒᆞ라 五 혯ᄯᅡ 사ᄅᆞᆷ이 아브라함ᄃᆞ려 ᄃᆡ답ᄒᆞ여 ᄀᆞᆯᄋᆞᄃᆡ 六 쥬여 우리 말ᄉᆞᆷ을 들으쇼셔 네가 우리즁에 권능잇ᄂᆞᆫ 방ᄇᆡᆨ이니 쟝ᄉᆞᄒᆞᆯ ᄯᅡ을 ᄀᆞᆯᄒᆡ여 시톄를 뭇으쇼셔 우리ᄂᆞᆫ 금ᄒᆞᆯ이가 업ᄂᆞ니다 七 아브라함이 몸을 굽히여 혯ᄯᅡ 사ᄅᆞᆷ을 향ᄒᆞ야 八 ᄀᆞᆯᄋᆞᄃᆡ 너희가 만일 날노 ᄒᆞ여곰 쟝ᄉᆞ ᄒᆞ기를 허락ᄒᆞᆯ진ᄃᆡ 나를 위ᄒᆞ여 쇄할의 아ᄃᆞᆯ 이불륜의게 말ᄒᆞ라 九 그사ᄅᆞᆷ 밧가에 믹비랍이라 ᄒᆞᄂᆞᆫ굴이 잇시니 그갑시 만흘지라도 ᄆᆡ매ᄒᆞ여 나의 쟝ᄉᆞᄒᆞᆯᄯᅡ흘 ᄒᆞ게 ᄒᆞ쇼셔 十 이불륜은 혯ᄯᅡ 사ᄅᆞᆷ이라 혯ᄯᅡ ᄇᆡᆨ셩과 밋 그골에 드러온쟈 압회셔 아브라함의게 ᄃᆡ답ᄒᆞ여 ᄀᆞᆯᄋᆞᄃᆡ 十一 아니오 쥬여 내말을 드르쇼셔 내밧과 밋 그굴을 드리이니 네가 ᄇᆡᆨ셩을 보ᄂᆞᆫᄃᆡ 쟝ᄉᆞᄒᆞ라 十二 아브라함이 몸을굽혀 十三 ᄇᆡᆨ셩의 압회셔 이불륜ᄃᆞ려 ᄀᆞᆯᄋᆞᄃᆡ 내말을 드르라 네가 만일 내게 밧ᄉᆞᆯ주면 내가 밧갑ᄉᆞᆯ 주리니 쳥컨ᄃᆡ 밧으라 내가 쟝ᄉᆞ를 지내겟노라 十四 이불륜이 ᄃᆡ답ᄒᆞ여 ᄀᆞᆯᄋᆞᄃᆡ 十五 우리 쥬여 내말을 드르쇼셔 이밧갑슨 이ᄇᆡᆨ금 이오나 우리터에 엇지 밧으리오 쟝ᄉᆞ나 지내쇼서 十六 아브라함이 이불륜의 말을 좃차 ᄇᆡᆨ셩 듯ᄂᆞᆫᄃᆡ 말ᄒᆞᆫ바 이ᄇᆡᆨ금을 샹고의 통용ᄒᆞᄂᆞᆫ 돈으로 이불륜의게 주니라

주셕

사라 죽을ᄯᅢ에 이삭의 나히 삼십칠세요 졔ᄉᆞ지낸지가 이십년이 된지라 아브라함이 그쳐를 위ᄒᆞ여 쟝막안에 드러가 익통ᄒᆞᆫ지라 새로 언약ᄒᆞᆫ ᄯᅡ에 죽엇스니 특별ᄒᆞᆫ거시오 그ᄯᅡ에 아브라함 ᄌᆞ손의게 준거시나 온유ᄒᆞᆫ ᄆᆞᄋᆞᆷ으로 ᄃᆞᆯ나 ᄒᆞ엿스니 그 ᄇᆡᆨ셩들의게 례졀을 잘ᄒᆞᆫ지라 그ᄯᅡ에 ᄆᆡ미ᄒᆞᄂᆞᆫ 풍쇽이 처음 말ᄒᆞᆯᄯᅢᄂᆞᆫ 우리 ᄉᆞ이에 무숨 돈이오 ᄒᆞ고 나죵은 갑슬 ᄃᆞᆯ나 ᄒᆞᄂᆞᆫ지라 아브라함이 쟝ᄉᆞᄒᆞᆯ ᄯᅡ흘 위ᄒᆞ여 오천 이ᄇᆡᆨ 오십원을 준지라 지금도 그ᄯᅢ에 무덤을 차자 볼수 잇ᄂᆞ니라 몃ᄇᆡᆨ년 이ᄅᆡ로 그ᄯᅡᄂᆞᆫ 이스라엘 ᄌᆞ손의 무덤밧게 업서도 언약을 세워둔지라

묻는말

一 그ᄯᅢ에 사라의 나히 얼마이더뇨

二 어느곳에셔 죽엇느뇨

三 아브라함이 헷따 사름의게 무숨말을 ᄒᆞ엿느뇨

四 헷따 사름이 무숨말노 ᄃᆡ답ᄒᆞ엿느뇨

五 아브라함이 몸을 굽히고 다시 무숨말을 ᄒᆞ엿느뇨

六 엇던 사름의 밧슬 말ᄒᆞ엿느뇨

七 이불론이 ᄇᆡᆨ셩압회셔 무숨말을 ᄒᆞ엿느뇨

八 아브라함이 이불론ᄃᆞ려 무숨말을 ᄒᆞ엿느뇨

九 이불론의 말이 밧갑시 얼마라 ᄒᆞ엿느뇨

十 아브라함이 밧슬 사지 아니ᄒᆞ엿느뇨

十一 무신 돈으로 삿느뇨

十二 오날 곳부에 ᄃᆡ명과 인명이 몃천지 다 외오시오

十三 그ᄯᅢ는 쥬 강싱젼 몃히이더뇨

엡웟쳥년회

다졍국을젼보케ᄒᆞᄂᆞᆫ글 속젼호

대개 다졍국은 식구즁에 여러 식구를 화목케 ᄒᆞᄂᆞᆫ 사ᄅᆞᆷ 곳ᄒᆞ니 놈이 몬져 ᄒᆞ기를 기ᄃᆞ리지 말고 ᄒᆞᆼ샹 몬져 힘써 교회가 셩취케 ᄒᆞᆸ세다 쥬ᄭᅴ 군졀이 비ᄋᆞᆸᄂᆞᆫ 쥬 우리로 ᄒᆞᆼ샹 ᄒᆞᆷᄭᅴ ᄒᆞ샤 우리 ᄒᆞᆯ일을 쥬ᄭᅴ셔 다 힘ᄒᆞ여 주시기를 ᄇᆞ라오며 특별이 이 다졍국에 셩신 능력을 만이 넘치사 인인으로 씨를삼고 다졍으로 열미 ᄆᆡ져 영원토록 니ᄅᆞᆫ기를 셩심소원 ᄒᆞᆸᄂᆞ이다 아멘

달셩회당 리온승

쳥년회잡보

졍동 교즁월ᄂᆞᆫ 쳥년회 젼도국쟝 최병헌씨ᄂᆞᆫ 지난달 이십일 양슈 회암면 독바위라 ᄒᆞᄂᆞᆫ 동니에 가셔 젼도 ᄒᆞ엿ᄂᆞᆫ듸 그곳 사ᄅᆞᆷ들이 젼도 ᄒᆞᄂᆞᆫ 말을 깃부게 듯ᄂᆞᆫ지라 남녀즁에 학습인 여ᄉᆞᆺ사ᄅᆞᆷ을 엇어 왓다더라

묘이쓰 쳥년회 회쟝 푸라리 부인은 폐인 부인이 미국셔 도라 오시ᄂᆞᆫ고로 일젼에 졔물포로 마지러 갓다더라

월ᄂᆞᆫ 쳥년회 다졍국쟝 문경호씨ᄂᆞᆫ 교즁일을 인ᄒᆞ야 일젼에 슈원능디로 젼도ᄒᆞ러 갓다더라

니보 속젼호

대황뎨 폐하ᄭᅴ셔 걸문밧ᄭᅴ 친림ᄒᆞ샤 민회원 이ᄇᆡᆨ명의게 칙어를 나리시니 진복ᄒᆞᆫ ᄇᆡᆨ셩들이 다 황감ᄒᆞᆫ ᄆᆞᄋᆞᆷ을 이긔지 못ᄒᆞ야 일졔히 만셰를 부르고 물너간후에 ᄯᅩ 부샹등 이ᄇᆡᆨ명을 부르샤 친히 효유ᄒᆞ시매 부샹등도 ᄯᅩᄒᆞᆫ 감읍ᄒᆞ여 물너가더라 민회와 부샹이 서로 싸호매 거위 ᄂᆡ란이 니러날 긔틀이 잇고 ᄂᆡ란이 니러난즉 감ᄒᆞᆫ 젹국이 틈을 녓보ᄂᆞᆫ 념려가 잇서 지식 잇ᄂᆞᆫ 이가 이ᄯᅢ를 당ᄒᆞ야 길게 탄식ᄒᆞᆷ을 마지 아니 ᄒᆞ더니 거륵ᄒᆞ신 우리 셩샹폐하의 일월곳ᄒᆞ신 총명과 하히곳ᄒᆞ신 온턱으로 몃사 동안에 바ᄅᆞᆷ이 긋치고 물결이 고요ᄒᆞ야 화평ᄒᆞᆫ 긔운이 삼쳔리 강산에 가득ᄒᆞ니 이번일은 동양 셰계에 처음 잇ᄂᆞᆫ 바여니와 우리 대황뎨의 영걸ᄒᆞ신 긔상은 츙 구미 각국에 자랑ᄒᆞᆯ만 ᄒᆞ다고 ᄇᆡᆨ셩의 의론이 분운ᄒᆞ더라

○이번에 부수운 집이 합 열 여ᄃᆞᆲ인터 죠병식씨의 집과 죠병갑씨의 집과 민죵묵씨의 집과 민영긔씨의 집과 민병한씨의 집과 심샹훈씨의 집과 유긔환씨의 집과 니긔동씨의 집과 김명졔씨의 집과 김영젹씨의 집과 김명규씨의 집과 홍죵우씨의 집과 김졍근씨의 집과 길영슈씨의 집과 박유진씨의 집과 니용익씨와 집과 윤용션씨의 집과 니인우씨의 집인터 민병셕씨의 집은 그릇 민병한씨의 집으로 알고 들어가 안치를 부수라다가 나죵에 병셕씨의 집인줄 알고 도로 나왓다더라

○ 이번 부샹의게 아져죽은 대한의ᄉᆞ 김덕구씨의 신톄를 음력 십월 십팔일에 쟝ᄉᆞ ᄒᆞᄂᆞᆫ디 공동회 만민들과 젼국 이쳔만 동포에 디표된 독립협회 회원들이 일제히 죵로로 모히여 란만이 샹의ᄒᆞᆫ후에 김씨의 시톄를 엄도ᄒᆞᆫ 쌍룡졍으로 나가셔 대렴 쇼렴파 입관 ᄒᆞᄂᆞᆫ거슬 다 례졀을 쥰힝ᄒᆞ고 큰상예로 발인ᄒᆞ야 쟝ᄉᆞ지낼 산디로 향ᄒᆞᄂᆞᆫ디 명뎡에 대한·애국 의ᄉᆞ 관산 김공덕구 시구라 써셔 샹에 압해 놉히들고 공포와 운사 하삽ᄂᆞᆫ 좌우에 버려셧시며 김씨의 부인을 쇼교들 ᄐᆞ고 뒤에 따랏시며 각 학교 학원들은 좌우로 ᄯᅡ라셔서 츙의 두 글ᄌᆞ로 노래들 지여 셔로 화답ᄒᆞ고 외국에 점잔ᄒᆞᆫ 손님들도 만히와셔 참예ᄒᆞ고 셩안 셩밧게 남녀 로쇼가 구름ᄀᆞᆺ치 모히ᄂᆞᆫ디 남대문밧 녀못가에 당도ᄒᆞ나 ᄎᆞ일을 놉히치고 졍구쇼를 비셜ᄒᆞ엿ᄂᆞᆫ지라 처음에 영어학교 학원놀이 제물을 셜비ᄒᆞ야 제문지여 로제ᄒᆞ고 그 다음에 찬양회 부인들과 홍화학교 교원들이 각기 제물을 셩비ᄒᆞ야 로제ᄒᆞ고 도 ᄒᆞᄂᆞᆫ 부인들은 찬미가를 부른후에 산샹에 니르니 경무텽에셔 ᄯᅩᄒᆞᆫ 츙의에 렬심ᄒᆞ야 경무관리 여러분을 보내여 보호 ᄒᆞᄂᆞᆫ지라 하관시를 당ᄒᆞ여 례졀디로 안장ᄒᆞ고 일제히 축문지여 츙의이ᄯᅳ로 고혼을 위로ᄒᆞᆫ후 산역을 필ᄒᆞᆫ후에 반혼ᄒᆞ여 도라오니 김씨의 죽은후 영팡은 밀필노 긔록ᄒᆞᆯ수 업더라

미일신문광고

협셩회 회보가 변ᄒᆞ야 미일신문이 되엿ᄂᆞᆫ디 파ᄂᆞᆫ 쳐소ᄂᆞᆫ 남대문안 대평동 젼 셔셔 되엿든 집이오니 이신문을 보시려 ᄒᆞᄂᆞᆫ 군ᄌᆞ들은 차자오시오

본회고빅

본회에셔 이 **회보**를 젼년과 ᄀᆞᆺ치 일쥬일에 ᄒᆞᆫ번식 발간 ᄒᆞᄂᆞᆫ디 새로 륙폭으로 작뎡ᄒᆞ고 ᄒᆞᆫ쟝갑슨 엽젼 오푼이오 ᄒᆞᆫ돌갑슬 미리내면 젼파ᄀᆞᆺ치 엽젼 ᄒᆞᆫ돈 오푼이라 본국 교우나 셔국 목ᄉᆞ나 교외 친구나 만일 사셔 보고져 ᄒᆞ거든 졍동 아펀셜라 목ᄉᆞ 집이나 죵로 대동셔시에 가셔 사시옵

죵로대동셔시광고

우리 셔샤에셔 셩경 신구약과 찬미칙과 교회에 유익ᄒᆞᆫ 여러가지 셔칙과 시무에 긴요ᄒᆞᆫ 칙들을 팔되 갑시 샹당 ᄒᆞ오니 학문샹과 시무변에 ᄯᅳᆺ이 잇ᄂᆞᆫ 군ᄌᆞ들은 만히 사셔 보시옵

대영국 셩셔 공회 광고

새로 간츌 ᄒᆞᆫ거손 로마 가라태 골노시 야고보 베드로 젼후셔 티모데 젼후셔니 사셔 보실이ᄂᆞᆫ 회샤 쥬인 젼묘 션싱끠로 오시옵

뎨이권

대한회보

뎨오십호

(팔십구합) 광무이년 인 십이월 십륙일

구셰쥬의 탄일

사ᄅᆞᆷ이 ᄌᆞ긔 부모의 ᄉᆡᆼ신을 당ᄒᆞ면 음식을 두며 빈ᄀᆡᆨ을 청ᄒᆞ야 잔치ᄒᆞ며 깃버 ᄒᆞᄂᆞᆫ거슨 다름이 아니라 그 부모가 ᄌᆞ긔몸을 나으시며 어려셔 브터 양휵ᄒᆞ신 은혜가 깁고 부모가 아니시면 이 셰샹에 ᄌᆞ긔몸이 업실지ᄅᆞᆨ 그런고로 부모의 ᄉᆡᆼ신날을 특별히 깃버ᄒᆞ며 부모의 안강ᄒᆞ심을 경츅홈이오 치하와 ᄇᆡᆨ셩이 황폐 폐하의 만슈셩졀과 태ᄌᆞ 뎐하의 텬츄경졀을 당ᄒᆞ면 등불을 달며 만셰를 불너 깃분 ᄆᆞ음으로 경츅ᄒᆞᄂᆞᆫ거슨 다름이 아니라 그 님군이 젼국 ᄇᆡᆨ셩을 다ᄉᆞ리시며 보호ᄒᆞ시고 만민즁에 뎨일 놉흐신 황뎨가 되심이라 그러나 부모의 ᄉᆡᆼ신은 각각 ᄒᆞᆫ집안 경일이오 님군의 탄신은 각각 ᄒᆞᆫ나라 경졀이라 엇지 구셰쥬의 탄일파 ᄀᆞᆺᄒᆞ리오 텬하 만국에 엇더ᄒᆞᆫ 나라이던지 엇더ᄒᆞᆫ ᄇᆡᆨ셩이든지 하ᄂᆞ님을 숭비ᄒᆞ며 구셰쥬를 밋ᄂᆞᆫ 무리들은 셩탄일을 당ᄒᆞ면 사ᄅᆞᆷ마다 영화를 하ᄂᆞ님ᄭᅴ 찬양ᄒᆞ며 은혜를 감샤히 녁이ᄂᆞ니 구셰쥬의 탄일은 오쥬 셰계즁 만국 만민의 경츅ᄒᆞᄂᆞᆫ 셩졀이라 엇지 그러ᄒᆞᆫ뇨 셰샹 사ᄅᆞᆷ의 죄악이 관영ᄒᆞᆷ으로 하ᄂᆞ님ᄭᅴ셔 노아ᄯᅢ와 ᄀᆞᆺ치 홍슈를 보내시던지 소돔과 고마랍 ᄀᆞᆺ치 텬화를 나리실 거시로되 억죠 창ᄉᆡᆼ의 함몰ᄒᆞᆷ을 불샹히 녁이샤 구셰쥬를 보내샤 만민의 죄과를 ᄃᆡ속ᄒᆞ셧시니 하ᄂᆞᆯ문이 열니며 ᄉᆡᆼ명길에 즁보가 되샤 죽을쟈로 ᄒᆞ여곰 살게 ᄒᆞ시고 병든쟈로 ᄒᆞ여곰 낫게 ᄒᆞ시며 지극히 쳔ᄒᆞᆫ 죄인으로 지극히 놉흐신 하ᄂᆞ님ᄭᅴ 갓가히 나아가게 ᄒᆞ셧지라 그 은혜를 ᄉᆡᆼ각ᄒᆞᆯ진ᄃᆡ 엇지 감격지 아니ᄒᆞ며 엇지 깃부지 아니리오 유도를 좃ᄂᆞᆫ이들은 ᄌᆞ의 탄일을 긔렴ᄒᆞ여 경슐에 셩인이 나셧다 ᄒᆞ고 불도를 좃ᄂᆞᆫ이들은 셕가모니의 ᄉᆡᆼ일을 긔렴ᄒᆞ여 ᄉᆞ월 팔일에 불을 켜고 회회교를 좃ᄂᆞᆫ이들은 모함믹의 ᄉᆡᆼ일을 긔렴ᄒᆞ여 히마다 ᄒᆞᆫ번식 믹가셩에 가 례비ᄒᆞᄂᆞ니 이거슨 다 교조의 나신거슬 각각 ᄉᆞ랑ᄒᆞᆷ이라 우리 ᄉᆡᆼ각에ᄂᆞᆫ 녯적 셩현의 ᄀᆞᄅᆞ치신 훈계가 후ᄉᆡᆼ의게 유익됨이 만커니와 능히 구셰쥬와 ᄀᆞᆺ치 만민의 죄파를 ᄃᆡ속ᄒᆞᆫ이ᄂᆞᆫ 다시 업ᄂᆞᆫ지라 만약 구셰쥬로 ᄒᆞ여곰 속죄 ᄒᆞ시ᄂᆞᆫ 권능이 업실진ᄃᆡ 당초에 강셩ᄒᆞ실리도 업시며 우리가 밋을것도 업고 탄일

대한크리스도인 회보

THE KOREAN
CHRISTIAN ADVOCATE.
Rev. H. G. Appenzeller, Editor
36 cents per annum
in advance. Postage extra.
Wednesday. DEC. 14th. 1898.

서울 정동서 일쥬일에 ᄒᆞᆫ번식
발간 ᄒᆞᄂᆞᆫᄃᆡ 아편셜라 목ᄉᆞ가
회보 샤쟝이 되엿더라
일년 갑슬 미리내면 삼
십 륙젼이오 우표갑슨
ᄯᆞ로 잇ᄂᆞ니라

열폭련속

을 깃버 ᄒᆞᆯ것도 업실지라 그러나 예수의 오심으로 억만 ᄇᆡᆨ셩을 죄악즁에서 구원 ᄒᆞ셧신즉 련하 각국 사ᄅᆞᆷ이 다ᄀᆞᆺ치 이날을 경축ᄒᆞᄂᆞ니 우리 교즁 형뎨와 ᄌᆞ매들도 다깃분 ᄆᆞᄋᆞᆷ으로 셩신의 우혜를 찬송 ᄒᆞ시옵

강생ᄒᆞ신 념됴

구세쥬ᄭᅴ셔ᄂᆞᆫ 샹위 일ᄃᆡ즁 ᄃᆡ이위 셩ᄌᆞ시니 예수씨라 일홈 ᄒᆞ심은 쟝ᄎᆞᆺ 만민의 죄악 가온ᄃᆡ서 구원 ᄒᆞ시리라 ᄒᆞᆷ이니 련ᄉᆞ 갑렬이 마리아 쳐녀의게 예탁ᄒᆞᆫ ᄒᆞᆫ숨이오 쳐녀가 히산ᄒᆞᆫ매 사ᄅᆞᆷ이 이마루뎔이라 엽ᄉᆞ ᄒᆞᆫ은 하ᄂᆞ님ᄭᅴ셔 ᄒᆞᆫ께 계시다 ᄒᆞᆷ이니 어거슨 강생 ᄒᆞ시기젼 칠ᄇᆡᆨ ᄉᆞ십년에 션지 이셔아의 예언ᄒᆞᆫ 말숨이오 하ᄂᆞ님ᄭᅴ셔 언ᄌᆞ로 ᄒᆞ여곰 련ᄉᆞ보다 겸손케 ᄒᆞ셧다가 후에 놉호신 영화로 주시리라 ᄒᆞ엿시니 이거슨 구세쥬의 이십팔ᄃᆡ 되ᄂᆞᆫ 다위왕의 말숨이라 셩탄일을 샹고ᄒᆞ여 보건ᄃᆡ 셔력 일쳔 팔ᄇᆡᆨ 구십 팔년젼 십이월 이십 오일이오 로마국 황뎨 아고ᄉᆞ독이 위에 잇슬ᄯᆡ요 거리츄가 슈리아 ᄯᆡ에 감ᄉᆞ가 되엿실ᄯᆡ요 유ᄐᆡ국왕 헤롯이 분봉ᄒᆞᆫ 님군이 되여 위에 잇슬ᄯᆡ요 아시아에 즁원 력ᄃᆡ로 샹고ᄒᆞ면 한나라 평뎨 원시원년 신ᄉᆞ이요 공부ᄌᆞ의 나신후 오ᄇᆡᆨ 오십 일년이요 셕가모니의 셩ᄒᆞᆫ후 륙ᄇᆡᆨ년이요 로ᄇᆡᆨ양으 나ᄒᆞᆫ후 륙ᄇᆡᆨ ᄉᆞ년이며 대한 력ᄃᆡ로 샹고 ᄒᆞᆫ건ᄃᆡ 신라시조 혁거세위에 잇선저 오십 팔년이라 년젼에 미국 엇더ᄒᆞᆫ 박학ᄉᆞ가 말숨ᄒᆞ되 구세쥬의 강생 ᄒᆞ심이 미쳔ᄒᆞ여 아ᄂᆞᆫ이가 적은고로 그ᄯᆡ에 력년을 그릇 긔록ᄒᆞᆫ지라 실상은 구쥬 강생이 일쳔 팔ᄇᆡᆨ 구십 칠년이 아니오 일쳔 구ᄇᆡᆨ년이라 ᄒᆞ엿시니 그러코 보면 삼년이 더 잇심이라 한나라 의ᄃᆡ 건평 ᄉᆞ년 뎡ᄉᆞ이니 우리ᄂᆞᆫ 강생ᄒᆞ신 년됴를 분명히 알수 업거니와 유대국 베들헴에 탄생 ᄒᆞ심은 뎡녕이 밋ᄂᆞᆫ지라 그ᄯᆡ에 동방에 잇ᄂᆞᆫ 박ᄉᆞ돌이 별을보고 ᄎᆞ자와서 구쥬의게 절ᄒᆞ고 보합을 열어 황금과 유향과 모약을 드렷시니 우리 형뎨와 ᄌᆞ민들은 례물드릴 황금은 업실지라도 각각 졍셩의 ᄆᆞᄋᆞᆷ으로 깃부게 절ᄒᆞ소셔

례비일공과 구십팔 십이월 이십오일

예수씨의나신일

누가복음 이쟝 일졀노 십륙졀ᄭᆞ지

一 이때에 가야사 어구스도가 령을 ᄂᆞ려 텬하로 ᄒᆞ여곰 다 호적에 올니게 ᄒᆞ니 二 구레니가 수리아 감ᄉᆞ 되엿실때에 이 호적이 처음으로 힝ᄒᆞᄂᆞᆫ지라 三 모든 사ᄅᆞᆷ이 호적을 ᄒᆞ랴고 각각 제본 고을노 도라가니 四 요셉도 갈닐니아 에셔 나사렛으로 브터 유다에 올나가 다위의 고을 벳들네헴에 니ᄅᆞ니 뎌ᄂᆞᆫ 다위의 집 ᄌᆞ손이라 五 뎡혼ᄒᆞᆫ 안해 마리아와 ᄒᆞᆫ가지로 호적을 ᄒᆞ러가더니 마리아가 잉태 ᄒᆞ엿ᄂᆞᆫ지라 六 뎌긔 잇셔 해산ᄒᆞᆯ 때가 니ᄅᆞ러 七 맛 아ᄃᆞᆯ을 나하 강보로 싸 구유에 누이니 이ᄂᆞᆫ 킥뎜에 용납ᄒᆞᆯ 곳이 업슴이러라

○八 그 근쳐에 양 기ᄅᆞᄂᆞᆫ 이가 들에잇셔 밤에 그 양의 무리를 직히더니 九 쥬의 ᄉᆞ쟈가 곁헤 셧고 쥬의 영광이 두루 빗최매 그 사ᄅᆞᆷ들이 크게 두려워 ᄒᆞᆯ거ᄂᆞᆯ 十 ᄉᆞ쟈가 닐너 ᄀᆞᆯᄋᆞᄃᆡ 놀나지말나 내가 너희게 크게 깃버ᄒᆞᆯ 아ᄅᆞᆷ다온 쇼식을 가져오니 이ᄂᆞᆫ 만민의게 밋출지니라 十一 오ᄂᆞᆯ 다위의 고을에 너희를 위ᄒᆞ야 ᄒᆞᆫ 구쥬가 나셧시니 곳 그리스도 쥬ㅣ시니라 十二 징험이 이거시니 너희 가셔 ᄒᆞᆫ아기가 강보로 싸셔 구유에 누인거ᄉᆞᆯ 보리라 ᄒᆞ니 十三 홀연이 이허다ᄒᆞᆫ 하ᄂᆞᆯ 군ᄉᆞ가 ᄉᆞ쟈와 ᄀᆞᆺ치 잇셔 하ᄂᆞ님을 찬미ᄒᆞ야 ᄀᆞᆯᄋᆞᄃᆡ 十四 지극히 놉흐신ᄃᆡ 하ᄂᆞ님ᄭᅴ 영화를 돌녀 보내고 ᄯᅡ헤셔ᄂᆞᆫ 깃버 ᄒᆞ심을 닙은 사ᄅᆞᆷ이 평안 ᄒᆞᆯ지어다 ᄒᆞ더라 ○十五 못ᄎᆞᆷ 텬ᄉᆞ들이 ᄯᅥ나 하ᄂᆞᆯ노 올나가니 목동이 서로 말ᄒᆞ야 ᄀᆞᆯᄋᆞᄃᆡ 우리가 곳 맛ᄂᆞᆫ일은 쥬ㅣ 우리게 뵈신거ᄉᆞᆯ 보려 벳들혬 ᄭᆞ지라도 가쟈ᄒᆞ고 十六 셜니가 마리아와 요셉과 아기를 구유에 누인거ᄉᆞᆯ ᄎᆞᆺ지니라

주셕

묻ᄂᆞᆫ말

一 그때에 뉘가 호적을 ᄒᆞ라 ᄒᆞ엿ᄂᆞ뇨

二 엇던 감ᄉᆞ때에 사ᄅᆞᆷ들이 각각 어ᄃᆡ로 갓ᄂᆞ뇨

三 요셉은 어ᄃᆡ로 브터 어ᄃᆡ로 갓더뇨

四 누구와 ᄒᆞᆷ긔 갓ᄂᆞ뇨

五 아기ᄅᆞᆯ 어ᄂᆞ곳에셔 히산 ᄒᆞ엿ᄂᆞ뇨

六 아기ᄅᆞᆯ 어ᄂᆞ곳에 뉘엇더뇨

七 양치ᄂᆞᆫ 무리가 무어ᄉᆞᆯ 보앗더뇨

八 텬ᄉᆞ가 목쟈들의게 무ᄉᆞᆷ 말ᄉᆞᆷ을 ᄒᆞ엿ᄂᆞ뇨

九 텬ᄉᆞ와 텬군들이 무ᄉᆞᆷ 노래를 ᄒᆞ녓ᄂᆞ뇨

十 목쟈들이 서로 무ᄉᆞᆷ말ᄉᆞᆷ을 의론 ᄒᆞ엿ᄂᆞ뇨

十一 목쟈들이 벳들헴에 가서 무엇 ᄒᆞ녓ᄂᆞ뇨

十二 구셰쥬 ᄒᆞ실때에 또 무ᄉᆞᆷ 증거가 잇셧더뇨

十三 그때ᄂᆞᆫ 셔국님군 어ᄂᆞ때며 즁양 님군 어ᄂᆞ때뇨

十四 오날 공부에 깃블거시 무어시뇨

엡웟청년회

쳥년들은혀를잘쓸지어다

혀라 ᄒᆞᄂᆞᆫ 긔계ᄅᆞᆯ 잘쓰면 텬하가 화평ᄒᆞ고 잘못 쓰면 세계가 요란케 되ᄂᆞᆫ수가 잇ᄂᆞ니 이러ᄒᆞᆫ 긔계를 엇지 잠ᄉᆞ나 졔 임의로 도라ᄃᆞᆫ이기를 허락ᄒᆞ리요 가량 님군이 혀를 잘못 놀니면 일국이 분란ᄒᆞ야 니웃 나라ᄭᆞ지 화가밋고 ᄒᆞᆫ집 쥬인이 혀를 잘못쓰면 ᄒᆞᆫ가이 소요ᄒᆞ야 니웃집ᄭᆞ지 히가밋고 ᄯᅩᄒᆞᆫ 우리 쳥년회 회원즁 ᄒᆞᆫ사ᄅᆞᆷ이 혀를 잘못 놀니면 왼 쳥년회가 슈치를 당ᄒᆞᄂᆞ니라 이 긔계가 긔이ᄒᆞ여 쓰ᄂᆞᆫ거시 ᄒᆞᆫ갈ᄀᆞᆺ지 아니ᄒᆞ니 무된사ᄅᆞᆷ은 이긔계로 ᄆᆞᆫᄃᆞ라 니ᄂᆞᆫ거시 거즛말ᄒᆞ여 ᄌᆞ긔 ᄆᆞᄋᆞᆷ을 속이며 니간질ᄒᆞ여 량편을 불편케 ᄒᆞ며 음히ᄒᆞ여 ᄂᆞᆷ을 죽을ᄯᅥ 새지게 ᄒᆞ며 황당ᄒᆞᆫ 말을 지여니여 인심을 소동케 ᄒᆞ며 악ᄒᆞᆫ말을 니여 ᄂᆞᆷ을 분격케 ᄒᆞ며 감언니셜노 ᄂᆞᆷ의ᄌᆡ믈을 유혹케ᄒᆞ며 교만ᄒᆞᆫ말노 인류 평등의 권리를 손샹케 ᄒᆞ며 혓밋셔로 하ᄂᆞ님을 셜독ᄒᆞ여 이 셰샹에셔 눈으로 참아 보지 못ᄒᆞᆯ일과 귀로 참아 듯지 못ᄒᆞᆯ말도 혀로 말미암고 ᄯᅩ 어진 사ᄅᆞᆷ은 이 긔계ᄅᆞᆯ 부려 ᄆᆞᆫᄃᆞ라 니ᄂᆞᆫ거시 진실ᄒᆞᆷ과 화평ᄒᆞᆷ과 순ᄒᆞᆷ과 즐거옴과 겸손ᄒᆞᆷ과 감동 식히ᄂᆞᆫ 각ᄒᆞᆫ 유익ᄒᆞᆫ말을 ᄒᆞ여 어쳔 만ᄉᆞ에 화순 ᄒᆞ기를 쥬쟝ᄒᆞᄂᆞᆫ쟈도 혀로 말미암ᄂᆞ니 이거슨 곳 갑업ᄂᆞᆫ 보비라 사ᄅᆞᆷ의 사ᄅᆞᆷ됨이 언어에 허믈업ᄂᆞᆫᄃᆡ 잇고 위티ᄒᆞᆫᄃᆡ를 면ᄒᆞ여 몸을 보젼ᄒᆞᆷ도 언어 잘 잘못 ᄒᆞᄂᆞᆫᄃᆡ 잇고 우리 쳥년회 흥왕 여부도 이 긔계를 잘 쓰ᄂᆞᆫᄃᆡ 잇ᄉᆞ오니 우리ᄂᆞᆫ 대벽과 ᄀᆞᆺ치 긔도ᄒᆞ기를 쥬여 직히ᄂᆞᆫ쟈 ᄒᆞ나를 세우샤 우리 입에두어 입술을 직히게 ᄒᆞ여 주옵쇼셔 ᄒᆞ옵세다

로병션

ᄂᆡ보

음력 십월 이십삼일에 부샹 도반슈 길영슈와 총무쟝 박유진과 홍죵우 등이 졍동 교회에 쳑셔를 보내엿ᄂᆞᆫᄃᆡ 우리 교인을 지목ᄒᆞ여 말ᄒᆞ되 아비도 업고 님군도 업ᄂᆞᆫ 텬쥬교를 ᄒᆞ고 독립협회 역당의 챵귀가 된다 ᄒᆞ엿시며 ᄯᅩ 말ᄒᆞ되 만일 ᄀᆞᆺ처지 아니ᄒᆞ면 곳 교당을 회파ᄒᆞ고 교도를 도륙ᄒᆞᆯ다 ᄒᆞ엿ᄂᆞᆫ지라 교우들이 서로 외론ᄒᆞ되 우리 교인이 ᄂᆞᆷ의게 비방을 밧고 군욕을 맛나ᄂᆞᆫ거시 네젼브터 ᄒᆞᆫ이 잇ᄂᆞᆫ 일이로ᄃᆡ 이번에 부샹등이 무단히 우리를 욕ᄒᆞᆯ뿐 아니라 우리도가 아비도 업고 님군도 업다ᄒᆞ니 이거슨 곳 우리 구셰쥬를 셜독ᄒᆞᆫ인즉 우리들이 불가불 경무ᄉᆞ의게 질문ᄒᆞ여 이 세 사ᄅᆞᆷ을 잡아 지판케 ᄒᆞ쟈ᄒᆞ고 음력 십월 이십오일에 셩안 각쳐 교우의게 통쳡ᄒᆞ고 ᄉᆞ대문에 고시ᄒᆞ되 부샹등이 우리를 역당으로 지목ᄒᆞ엿시니 그저 잇슬수 업신즉 리일 하오 이뎜에 각쳐 교우ᄂᆞᆫ 일졔히 샹동 달셩회당 길에 모히여

샹의 죠쳐 ᄒᆞ자 ᄒᆞ셧더니 그 잇흔날 하오에 교우 여러 빅명이 모히ᄂᆞᆫ데 적십ᄌᆞ긱를 길엽헤 놉히돌고 긔회ᄒᆞᆫ후에 이ᄯᆡ케 모힌 목뎍을 셜명ᄒᆞᄂᆞᆫ뒤 경무ᄉᆞ 니건호씨가 이소문을 듯고 즉시 슌검 오십명을 지휘ᄒᆞ여 교인의 모힌곳을 보호ᄒᆞ더라 교인들이 다시 의론ᄒᆞ고 일심으로 옹용히 경무텽 압회 나아가 긔회ᄒᆞᆫ후에 춍ᄃᆡ위원 다숫분을 션뎡ᄒᆞ야 경무ᄉᆞ의게 질문ᄒᆞ러 들어 갓더니 경무ᄉᆞᄂᆞᆫ 임의 ᄯᅥ궐 ᄒᆞ엿ᄂᆞᆫ지라 국ᄌᆞ 안환씨의게 춍ᄃᆡ로 온 ᄉᆞ건을 ᄀᆡᆨ슐ᄒᆞᆫ매 안환씨가 ᄯᅩ 슌검으로 ᄒᆞ여곰 경무ᄉᆞ의게 왕복ᄒᆞ엿거ᄂᆞᆯ 조곰 잇다가 경무ᄉᆞ가 회쟝에 나오ᄂᆞᆫ지라 회쟝에셔 말ᄒᆞ되 길영슈등이 우리 교회에 홍ᄉᆞ를 ᄯᅡ닌거슨 경무ᄉᆞᄃᆡ셔도 임의 아시ᄂᆞᆫ 바어니와 그 ᄯᆡ 샤ᄒᆞᆫ을 일젼에 경무텽에셔 잡엇다가 곳 방송ᄒᆞᆫ거슨 무숨 ᄭᆞ닭이요 경무ᄉᆞ의 ᄃᆡ답이 경무ᄉᆞᄂᆞᆫ 자유ᄒᆞᄂᆞᆫ 권리가 업신즉 법부에셔 잡으라 ᄒᆞ기에 잡엇고 노으라 ᄒᆞ기에 노앗거니와 지금은 ᄯᅩ 길영슈등의 당연이 증쳐ᄒᆞᆯ 죄목을 알ᄲᅮᆫ 아니라 빅셩의 소원이 이러ᄒᆞᆫ즉 곳 거ᄒᆡᆼᄒᆞ게소 회즁에셔 다시 말ᄒᆞ되 근리 경무텽에셔 죄인 잡ᄂᆞᆫ거슬 본즉 도모지 긔한이 업시나 이죄인도 그 모양으로 잡을터이오 경무ᄉᆞ의 ᄃᆡ답이 이번에ᄂᆞᆫ 긔시동안에 긔어히 잡어 지판소로 넘길터이니 렴녀들 마시고 다 물너가시오 ᄒᆞᆫ거ᄂᆞᆯ 회즁에셔 경무ᄉᆞ를 드려 보낸후 서로 의론ᄒᆞ되 날이 져물럿시니 각각 도라 갓다가 리일 다시 모히자 ᄒᆞ고 다 물너오니라 (미완)

미일신문광고

협셩회 회보가 변ᄒᆞ야 미일신문이 되엿ᄂᆞᆫ뒤 파ᄂᆞᆫ 쳐소ᄂᆞᆫ 남대문안 대평동 젼 셔셔 되엿든 집이오니 이신문을 보시려 ᄒᆞᄂᆞᆫ 군ᄌᆞ들은 차자오시오

본회고빅

본회에셔 이 **회보**를 젼년과 ᄀᆞᆺ치 일쥬일에 ᄒᆞᆫ번식 발간 ᄒᆞᄂᆞᆫ뒤 새로 륙폭으로 작뎡ᄒᆞ고 ᄒᆞᆫ쟝 갑슨 엽젼 오푼이오 ᄒᆞᆫᄃᆞᆯ갑슬 미리내면 젼과 ᄀᆞᆺ치 엽젼 ᄒᆞᆫ돈 오푼이라 본국 교우나 셔국 목ᄉᆞ나 교외 친구나 만일 사셔 보고져 ᄒᆞ거든 졍동 아편셜라 목ᄉᆞ 집이나 죵로 대동셔시에 가셔 사시옵

죵로대동셔시광고

우리 셔샤에셔 셩경 신구약과 찬미칙과 교회에 유익ᄒᆞᆫ 여러가지 셔칙과 시무에 긴요ᄒᆞᆫ 칙들을 팔되 갑시 샹당 ᄒᆞ오니 학문샹과 시무변에 ᄯᅳᆺ이 잇ᄂᆞᆫ 군ᄌᆞ들은 만히 사셔 보시옵

대영국 셩셔 공회 광고

새로 간출 ᄒᆞᆫ거슨 로마 가라태 골노시 야고보 베드로 젼후셔 티모데 젼후셔니 사셔 보실이ᄂᆞᆫ 회샤 쥬인 권묘 션싱ᄯᅦ로 오시옵

대한회보

뎨이권

뎨오십일호

(구십구합) 광무이년 십이월이십일일

셩탄일깃붐

우리가 지나간 히에도 구세쥬 탄일에 교즁 형뎨와 ᄌᆞ미들이 평강 ᄒᆞ심을 치하 ᄒᆞ엿거니와 지금도 ᄯᅩᄒᆞᆫ 셩탄일을 당ᄒᆞ여 ᄆᆡ옥 감샤 ᄒᆞ올거슨 하ᄂᆞ님의 은혜와 예수씨의 ᄉᆞ랑 ᄒᆞ심이 항상 형뎨와 ᄌᆞ미즁에 계시ᄯᅩ 다 한량업시 깃분ᄯᅢ에 반ᄃᆞ시 됴흔 일이 잇실지니 잇ᄂᆞᆫ대로 형뎨들은 긔록ᄒᆞ여 본샤에 보내기를 ᄇᆞ라노라

예수씨의나신일

뎐하라 ᄒᆞᆷ은 온 뎐하가 아니오 유대에 속ᄒᆞᆫ ᄯᅡ 뿐이라 로마 나라히 유대를 다ᄉᆞ리ᄂᆞᆫ고로 유대법이 아니오 로마 녯법이라 그ᄯᅢ에 호젹을 분명히 말ᄒᆞ면 ᄇᆡᆨ셩이 각각 일홈을 쓰고 쳐와 ᄌᆞ식과 종의 일홈을 쓰며 ᄯᅩ 가산과 젼토를 긔록ᄒᆞ여 쌈ᄒᆞᆯᄯᅢ에 젼비도 얼마 낼거슬 작뎡ᄒᆞᆫ고 병뎡도 되게 ᄒᆞ엿ᄂᆞ니라 마리아 호젹ᄒᆞ러 대위의 셩에 가ᄂᆞᆫ거슨 불가불 기여야 ᄒᆞᆯ거시아니오 션지의 미리 말ᄉᆞᆷᄒᆞᆫ거슬 응험케 ᄒᆞᆷ이라 몰구유라 ᄒᆞᄂᆞᆫ거슨 몰 먹이ᄂᆞᆫ 그릇시 아니오 몰을 세워두ᄂᆞᆫ 마판이니 ᄆᆡ우 궂게 ᄒᆞ엿ᄂᆞᆫ지라 하ᄂᆞ님이 양치ᄂᆞᆫ 아브라함의 ᄌᆞ손으로 온뎐하에 복음을 베풀궃다 ᄒᆞ엿시니 이와ᄀᆞᆺ치 ᄯᅩ 뎐ᄉᆞ가 양치ᄂᆞᆫ 사ᄅᆞᆷ의게 평안ᄒᆞᆫ 소문을 몬져 알게ᄒᆞ여 예언을 응ᄒᆞᆫ거시 츙오묘ᄒᆞᆫ 뜻시라 양치ᄂᆞᆫ 사ᄅᆞᆷ이 영화를 볼ᄯᅢ에 뎐ᄉᆞ가 ᄌᆞ긔들의게 뎌명ᄒᆞᆯ쥴 알고 무셔워 ᄒᆞ되 뎐ᄉᆞ가 널너 ᄀᆞᆯᄋᆞ뎌 놀나지 말나 내가 너희게 크게 깃버ᄒᆞᆯ 아ᄅᆞᆷ다온 소식을 가져오니 이ᄂᆞᆫ 만민의게 밋출지니라 구쥬라 ᄒᆞᄂᆞᆫ뜻슨 직히고 면ᄒᆞ고 살게ᄒᆞᄂᆞᆫ 뜻시오 그리스도라 ᄒᆞᆷ은 바른다ᄂᆞᆫ 뜻시니 션지와 졔ᄉᆞ쟝과 왕이라 ᄒᆞᄂᆞᆫ 뜻시오 쥬라ᄒᆞᆷ은 뎐샹 뎐하를 다 살피ᄂᆞᆫ 뜻시니라 그런ᄉᆞ가 양치ᄂᆞᆫ 사ᄅᆞᆷ의게 말ᄒᆞ기ᄂᆞᆫ 이 영화ᄉᆞ론 쟈ᄂᆞᆫ 몰 구유에 ᄎᆞ질수 잇ᄂᆞᆫ지라 어린ᄋᆞ히라도 뎐ᄉᆞ들에 찬미로 ᄆᆡ비들 도렷ᄂᆞᆫ지라 세샹 사ᄅᆞᆷ이 구원ᄒᆞᆷ을 엇으면 다 화합ᄒᆞ고 평안 ᄒᆞᆯ수밧게 업ᄂᆞᆫ지라 양ᄎᆞᄂᆞᆫ 이들이 소문을 드를ᄯᅢ에 예수를 보러 벳니헴으로 갓셧시니 그와ᄀᆞᆺ치 누구던지 예수에 구원ᄒᆞᄂᆞᆫ 소문을 드를ᄯᅢ에 곳 갈거시니라

대한크리스도인회보

THE KOREAN CHRISTIAN ADVOCATE.
Rev. H. G. Appenzeller, Editor
36 cents per annum in advance. Postage extra.
Wednesday, DEC. 21st, 1898.

서울 정동서 일쥬일에 ᄒᆞᆫ번식
발간 ᄒᆞᄂᆞᆫᄃᆡ 아펜셜라 목ᄉᆞ가
회보 샤쟝이 되엿더라
일년 갑슬 미리 ᄂᆡ면 삼
십 륙젼이오 우표갑슨
ᄯᅡ로 잇ᄂᆞ니라

이 찬미가는 리화학당 녀학도 ᄋᆞᄒᆡ가 지은거시라 ᄋᆞᄒᆡ가 노래를 짓ᄂᆞᆫ거시 불감 ᄒᆞᆫ듯ᄒᆞ나 구셰쥬 강싱 ᄒᆞ심은 남녀 로유를 물론ᄒᆞ고 일톄로 구원 ᄒᆞ심이오 ᄯᅩᄒᆞᆫ 오실때에 ᄋᆞ기로 나셧시니 셩탄일을 당ᄒᆞ면 ᄋᆞᄒᆡ들 ᄆᆞᄋᆞᆷ셔거 깃불거시오 깃붐을 인ᄒᆞ야 찬미가를 지은지라 구셰쥬를 밋ᄂᆞᆫ 형뎨와 ᄌᆞ미들은 녜젹 박ᄉᆞ와 ᄀᆞᆺ치 귀즁ᄒᆞᆫ 례물노 하ᄂᆞ님ᄭᅴ 밧쳐고 이 찬미가로 노래 ᄒᆞ기를 원ᄒᆞ노라

셩탄일찬미가

길

벳니헴에 나신 예수
구원ᄒᆞ려 오셧네
우리들은 명심ᄒᆞ여
쥬를 찬양ᄒᆞᆸ세다

후렴

하ᄂᆞ님이 예수를
례물노 우리 주네

이

우리쥬가 나실때에
동방에 붉은 별이
박ᄉᆞ들을 인도ᄒᆞ야
우라쥬를 뵈엿네

삼

우리들은 그와ᄀᆞᆺ치
셩신의 능력 엇어
ᄆᆞᄋᆞᆷ으로 ᄎᆡᆨ수뵙고
박ᄉᆞᄀᆞᆺ치 셤기세

ᄉᆞ

박ᄉᆞᄂᆞᆫ 귀ᄒᆞᆫ 보비로
례믈을 드렷ᄉᆞ나
우리ᄂᆞᆫ 깃븐 몸으로
몸파혼 다 드리세

오

우리동포 형뎨들은
ᄆᆞᄋᆞᆷ으로 힘다ᄒᆞ여
하ᄂᆞᆯ잇ᄂᆞᆫ 련신ᄀᆞᆺ처
영원히 찬송ᄒᆞ세

레비일공과 구십구 일월 일일

쟝ᄌᆞ의업을ᄑᆞᆫ일

창셰긔 이십오쟝 이십칠절노 삼십ᄉᆞ절ᄭᆞ지

二十七 ᄋᆞ희들이 자라매 이소는 산양을 잘ᄒᆞ여 들
사ᄅᆞᆷ이 되고 다곱은 유슌ᄒᆞ여 쟝막에 거ᄒᆞ더라
二十八 이삭은 산양질ᄒᆞᆫ 고기를 됴화ᄒᆞᄂᆞᆫ고로 이소
를 ᄉᆞ랑ᄒᆞ고 리벡가ᄂᆞᆫ 야곱을 ᄉᆞ랑ᄒᆞ더라 ○ 二十
九 야곱이 팟국을 ᄭᅳ리더니 이소가 들노브터 도라
오매 심히 곤비ᄒᆞᆫ지라 三十 이소가 야곱ᄃᆞ려 ᄀᆞᆯᄋᆞ
ᄃᆡ 내가 곤비ᄒᆞ니 그 붉은국이로 나를 먹이라 ᄒᆞ
니 이럼으로 이소의 일홈을 이돔이라 ᄒᆞ더라 三十
一 야곱이 ᄀᆞᆯᄋᆞᄃᆡ 네 이제 맛아ᄃᆞᆯ와 업으로 내
게 ᄑᆞᆯ라 三十二 아소가 ᄀᆞᆯᄋᆞᄃᆡ 내가 죽게 되엿ᄉᆞ니
맛 아ᄃᆞᆯ 업을 무엇세 ᄡᅳ리오 三十三 야곱이 ᄀᆞᆯᄋᆞᄃᆡ
오ᄂᆞᆯ날 내게 ᄆᆡᆼ셰 ᄒᆞ라 ᄒᆞ거ᄂᆞᆯ 드ᄃᆡ여 ᄆᆡᆼ셰ᄒᆞ고
야곱의게 맛아ᄃᆞᆯ의 업을 ᄑᆞ니 三十四 야곱이 떡과
팟국으로 ᄡᅥ 이소를 준ᄃᆡ 드ᄃᆡ여 먹고 마신후에
니러나 가니 이소가 이ᄀᆞᆺ치 맛아ᄃᆞᆯ 업을 경ᄒᆞ게
녁이더라

광무삼년일월노삼월ᄭᆞ지공부ᄒᆞᆯ

레비일공과

일월일일

쟝ᄌᆞ의업을ᄑᆞᆫ일 창셰긔 이십오쟝 이십칠절노 삼십륙절

일월팔일

이삭의일 챵셰긔 이십륙쟝 십이절노 이십절

일월십오일

야곱이그부친을속힌일 챵셰긔 이십칠쟝 일절노 삼십절

일월이십이일

이소의통곡ᄒᆞᆫ일 챵셰긔 이십칠쟝 삼십일절노 ᄉᆞ십륙절

일월이십구일

야곱이세델에잇슴 챵셰긔 이십팔쟝 십절노 이십이절

이월오일

야곱이하란에잇슴 챵셰긔 이십구쟝 일

절노 이십절

이월십이일

야곱의거도ᄒᆞᆷ 챵셰긔 삼십이장 구절노 십이절과 이십ᄉᆞ절노 삼십이절

이월십구일

야곱파이소의맛남 챵셰긔 삼십삼장 일절노 십륙절

이월이십륙일

야곱이세덜에다시잇숨파로츌이죽음 챵셰긔 삼십오장 일절노 이십절

삼월오일

쏘셉파 그의쑴 챵셰긔 삼십칠장 일절노 십이절

삼월십이일

쏘셉이이집트에풀닌일 챵셰긔 삼십칠장 십삼절노 삼십륙절

삼월십구일

쏘셉이죵노릇ᄒᆞᆷ파옥에갓친일 챵셰긔 삼십구장 일절노 이십삼절

삼월이십륙일

도강

ᄉᆞ월이일

예수부ᄉᆡᆼᄒᆞᆫ신공부 마가 십륙장 일절노 팔절

엡웟청년회

청년들이세가지를힘써살필일

셋지는 못된 싱각이니 못된 싱각은 ᄆᆞᄋᆞᆷ을 손상케 ᄒᆞᄂᆞᆫ 독약이라 독ᄒᆞᆫ 비암과 밋쳔개가 무ᄂᆞᆫ것보덤 더 독ᄒᆞ고 이거슬 방비ᄒᆞᄂᆞᆫ 묘칙은 긔도에셔 더 지ᄂᆞᆫ가ᄂᆞᆫ거시 업고

둘재ᄂᆞᆫ 악ᄒᆞᆫ 말이니 악ᄒᆞᆫ말은 못된 싱각이 비져니ᄂᆞᆫ 위티ᄒᆞ고 형용이 업셔 것잡지 못ᄒᆞᆯ 물건이라 일노좃차 시티를 드름도 가ᄒᆞ고 싱명이 평안쳐 못ᄒᆞ며 놈와 악ᄒᆞᆫ몰이 내귀로 드러와 날노ᄒᆞ여곰 하ᄂᆞ님의 십계명을 범ᄒᆞ게 ᄒᆞᄂᆞ니 그럼으로 악ᄒᆞᆫ말이 내귀로 들닐때에 귀를막고 멀니 피ᄒᆞ여 가ᄂᆞᆫ거시 뎨일 방칙이라 악ᄒᆞᆫ말 피ᄒᆞ기를 염병과 괴질을 피ᄒᆞᆷ과 ᄀᆞᆺ치 ᄒᆞᆯ거시오

셋재ᄂᆞᆫ 불냥ᄒᆞᆫ 힘실이니 불냥ᄒᆞᆫ 힘실은 못된 싱각과 악ᄒᆞᆫ말에 ᄯᅡ라 ᄃᆞᆫ니ᄂᆞᆫ 죵이라 네직에 못된 싱각이라 ᄒᆞᄂᆞᆫ거시 희우이라 ᄒᆞᄂᆞᆫ 으희 ᄆᆞᄋᆞᆷ에 드러가 힘ᄒᆞᆫ열은 악ᄒᆞᆫ말파 동셩 죽인거시 열미가 되엿시니 이거슬 불질더 이 세가지가 엇지우리의게 즁대ᄒᆞᆫ일이 아니리요 그런즉 못된 싱각을 ᄆᆞᄋᆞᆷ에셔 아조 내여 좃ᄎᆞ면 악ᄒᆞᆫ말이 엇지 싱기며 악ᄒᆞᆫ말이 싱기지 아니ᄒᆞ면 불냥ᄒᆞᆫ 힘실이 어ᄃᆡ셔 좃차 오리요 화지를 념녀 ᄒᆞᄂᆞᆫ 사ᄅᆞᆷ은 몬져 불 간ᄉᆞ를 잘 ᄒᆞᄂᆞᆫ것과 ᄀᆞᆺ치 불냥ᄒᆞᆫ 힘실을 예방 ᄒᆞ랴ᄒᆞ면 몬져 못된 싱각을 압제ᄒᆞ야 ᄒᆞᄂᆞ니라

됴흔 싱각은 빅집ᄉᆞ 됴흔일에 근원이니 ᄆᆞᄋᆞᆷ에 됴흔 싱각을 담아두면 욕심 마귀 별ᄯᅢᄀᆞᆺ쳐 ᄉᆞ면으로 오더리도 걱졍ᄒᆞᆯ거시 업ᄂᆞ니라

청년회원들의깃분ᄆᆞᄋᆞᆷ이동ᄒᆞᆫ다

월는 청년회 회원들과 ᄯᅩ이스 청년회 회원들이 깃분 ᄆᆞᄋᆞᆷ으로 구세쥬의 탄일을 경축 ᄒᆞ랴고 혹 노러도 늙히며 례물도 쥰비 ᄒᆞ더라

닉보

속젼호

그 잇흔날 하오 이뎜에 교우들이 다시 경무텽압헤 모히여 ᄀᆡ회ᄒᆞᆫ후에 총ᄃᆡ위원 세 사ᄅᆞᆷ을 션뎡ᄒᆞ여 경무ᄉᆞ의게 길영슈등 잡은 여부를 질문 ᄒᆞ려 들어갈셔 경무ᄉᆞ와 슌검으로 ᄒᆞ여곰 말ᄒᆞ되 쟝ᄎᆞᆺ 회즁에 나아 가겟노라 ᄒᆞ거늘 총ᄃᆡ위원이 회즁에 그 연유를 보고ᄒᆞ고 경무ᄉᆞ의 나아 오기를 기다리더니 경무ᄉᆞ가 못춤ᄂᆡ 몸을 피ᄒᆞ여 다른 곳으로 갓ᄂᆞᆫ지라 회즁에셔 다시 국쟝 안환씨계 총ᄃᆡ를 보니여 경무ᄉᆞ의 피신ᄒᆞᆫ ᄉᆞ독을 물은즉 국쟝의 말이 경무ᄉᆞ가 ᄉᆞ직 상소ᄒᆞ려 ᄉᆞ긔집에 나아갓다 ᄒᆞ고 법부에셔 부샹을 잡지 말나ᄒᆞᆫ 통쳡 온거슬 보ᄒᆞᆫ지라 총ᄃᆡ위원이 그 ᄉᆞ샹을 회즁에 보ᄒᆞᆯ때 모든 교우들이 서로 의론ᄒᆞ되 경

무ᄉᆞ가 일젼에 우리의게 허락ᄒᆞᆫ말을 시힝치 못ᄒᆞᆫ 고로 우리들을 보지안코 다른곳으로 피ᄒᆞᆷ이라 경무ᄉᆞ가 임의 업신즉 우리가 여긔 잇서도 유익ᄒᆞᆯ 거시 업고 또 교인의 ᄒᆡᆼ위는 특별히 다른 사ᄅᆞᆷ과 다른지라 길영슈등이 무단히 교회를 ᄒᆡᄏᆞ져ᄒᆞᆫ즉 우리가 ᄒᆞᆫ마듸 말ᄉᆞᆷ이 업실수 업ᄂᆞᆫ고로 잇흘을 모혓거니와 지금은 더 무리를 잡어 중치ᄒᆞ고 아니 ᄒᆞ기ᄂᆞᆫ 법관의 직임이라 우리가 너머 번거히 ᄒᆞᆯ거시 업고 또 뎌의 무리가 흉셔를 보낸일이 업노ᄃᆡ교 발명ᄒᆞᆫ글을 보ᄂᆡ엿시니 우리가 다른사ᄅᆞᆷ의 허믈을 용셔 ᄒᆞᄂᆞᆫ거시 교회의 당연이 ᄒᆡᆼᄒᆞᆯ바라 다각기 도라가셔 하ᄂᆞ님 나라일을 힘써 ᄒᆞᄂᆞᆫ거시 올타ᄒᆞ고 즉시 흣허지니라

○ 한셩판윤 윤치호씨가 슈칙을 아니 ᄒᆞ엿더니 일젼 밤에 졍부에서 판윤 칙지와 민회에 공포ᄒᆞᆫ 칙어 ᄒᆞᆫ도를 윤치호씨의게 보냇고로 윤씨가 칙지와 칙어를 졍부에 도로 보내고 ᄒᆞᆫ 편지를 좌에 긔지 ᄒᆞ노라

경ᄇᆡ쟈ᄂᆞᆫ 본월 십오일에 한셩판윤 은명을 업ᄃᆡ여 무른후에 로둔ᄒᆞᆫ 지목이 직임을 익이지 못ᄒᆞᆯ겟기로 일젼에 샹소ᄒᆞ와 사죄 비답도 무롭지못ᄒᆞᆫ 즈음에 어재밤에 한판 칙지와 칙어 ᄒᆞᆫ도가 ᄉᆞᄉᆞ집에 나리셧시니 ᄌᆞ외로 봉 칙 ᄒᆞᄂᆞᆫ것이 원시 젹외오며 우황 ᄃᆡ비 ᄒᆞᄂᆞᆫ중에 슈칙ᄒᆞ옴이 만만 불가ᄒᆞ고 임의 슈칙 아니 ᄒᆞ엿신즉 칙어를 밧들어 반포ᄒᆞᆯ 직칙이 업거로 칙지와 칙어를 봉정ᄒᆞ오니 만만 황축 ᄒᆞ옵ᄂᆞ이다 ᄒᆞ엿더라

본회고빅

본회에서 이 **회보**를 젼년과 ᄀᆞᆺ치 일쥬일에 ᄒᆞᆫ번식 발간 ᄒᆞᄂᆞᆫᄃᆡ 새로 륙폭으로 작뎡ᄒᆞ고 ᄒᆞᆫ쟝 갑슨 엽젼 오푼이오 ᄒᆞᆫᄃᆞᆯ갑슬 미리내면 젼과 ᄀᆞᆺ치 엽젼 ᄒᆞᆫ돈 오푼이라 본국 교우나 셔국 목ᄉᆞ나 교외 친구나 만일 사셔 보고져 ᄒᆞ거든 졍동 아펜셜라 목ᄉᆞ 집이나 죵로 대동셔시에 가셔 사시옵

죵로대동셔시광고

우리 셔샤에서 셩경 신구약과 찬미칙과 교회에 유익ᄒᆞᆫ 여러가지 셔칙과 시무에 긴요ᄒᆞᆫ 칙들을 팔되 갑시 샹당 ᄒᆞ오니 학문샹과 시무변에 뜻이 잇는 군ᄌᆞ들은 만히 사셔 보시옵

대영국 셩셔 공회 광고

새로 간츌 ᄒᆞᆫ거슨 로마 가라태 골노시 야고보 베드로 젼후셔 티모데 젼후셔니 사셔 보실이ᄂᆞᆫ 회샤 쥬인 견묘 션싱ᄃᆡ로 오시옵

뎨이권

대한크리스도인회보

뎨오십이호

광무이년 십이월 이십팔일 (합일빅)

샤셜

재회를 당ᄒᆞ야 교즁 형뎨와 ᄌᆞ미들이 하ᄂᆞ님의 은혜 가온ᄃᆡ 계신거슬 치하ᄒᆞᆯ노라 우리 **회보**ᄂᆞᆫ 세샹 소문도 대강 긔지 ᄒᆞ거니와 **회보**에 쥬쟝인즉 교즁 형뎨와 ᄌᆞ미들을 위ᄒᆞ야 교즁 ᄌᆡ물노 간츌ᄒᆞᄂᆞᆫ 고로 셩경을 번역ᄒᆞ야 ᄆᆡ 쥬일에 공부케 ᄒᆞ며 ᄐᆞᆨ별히 뎐국복음에 오묘ᄒᆞᆫ 리치를 ᄭᆡ닷게 ᄒᆞᆷ이라 우리가 깃분거슨 **회보**를 시작ᄒᆞᆫ후로 보시ᄂᆞᆫ이가 졈졈 늘어가니 교회의 ᄎᆞᄎᆞ 흥왕ᄒᆞᆷ을 알지라 재희에도 아편셜라 목ᄉᆞ가 **회보** 샤쟝이 되시고 져과굿치 일쥬일에 ᄒᆞᆫ번식 발간ᄒᆞ며 폭수도 젼과굿고 **회보**갑도 젼과굿치 밧을 터이오니 누구던지 교즁일에 뎌ᄒᆞ야 혀데의게 유조ᄒᆞᆫ 말숨이 잇거나 ᄐᆞᆨ별ᄒᆞᆫ ᄉᆞ단이 잇거든 긔록ᄒᆞ여 본샤로 보내여 주시오 구세쥬를 밋ᄂᆞᆫ 무리가 불가불 우리 **회보**를 사셔보시면 유익ᄒᆞᆯ거시 첫ᄌᆡᄂᆞᆫ 셩경을 번역ᄒᆞ야 쥬셕ᄭᆞ지 잇시니 셩경ᄯᅳᆺ슬 ᄌᆞ세히 알거시오 둘ᄌᆡᄂᆞᆫ 미이미 교회의 일과 감리 교회의 일을 잇ᄂᆞᆫᄃᆡ로 홍창ᄒᆞ여 긔지ᄒᆞ노니 량교회가 엇더케 진보됨을 알지라 새히에ᄂᆞᆫ 우리 교즁 형뎨와 ᄌᆞ미들이 서로 권면ᄒᆞ여 서로 젼도ᄒᆞ야 교회의 유죠ᄒᆞᆫ 서칙을 힘써 공북ᄒᆞ실ᄲᅮᆫ 아니라 우리 **회보**도 사롬마다 사셔 보시기를 원ᄒᆞ노라

뭇지너교회에서 온편지

남녀 교우들이 목ᄉᆞ 나려 오시기를 가믈ᄯᅢ에 비ᄀᆞᆺ치 기다리더니 음력 십월 십팔일에 달셩회당 북목ᄉᆞ 리온승씨가 나려와 교우들의 공부를 일졔히 시험ᄒᆞᆫ후 십구일에 쇼목ᄉᆞ가 오시니 남녀 토쇼가 다 반갑게 맛나셔 깃분 ᄆᆞ옴으로 찬미 긔도ᄒᆞ고 잇흘후 이십일일 쥬일을 당ᄒᆞ야 남녀 합 ᄉᆞ십여인이 모혀여 례ᄇᆡᄒᆞ고 세례를 베플시 남교우가 삼인이오 녀교우가 이인이오 남녀 ᄋᆞ희가 십인이오 입교ᄒᆞᆫ이가 ᄉᆞ인이오 학습인에 일홈을 븟친이가 오인이라 그 잇흔날 쇼목ᄉᆞ와 리온승씨가 ᄯᅥ나실ᄉᆡ 교우들이 목ᄉᆞᄭᅴ 청ᄒᆞ되 ᄆᆡ월에 ᄒᆞᆫ번식 나려오셔 죽게된 죄인의 령혼을 구ᄒᆞ시고 식은 ᄆᆞ옴을 덥게ᄒᆞ여 주시기를 간졀히 ᄇᆞ란다 ᄒᆞ고 작별ᄒᆞ엿습ᄂᆞ이다

삼빅오

대한크리스도인 회보

THE KOREAN
CHRISTIAN ADVOCATE.
Rev. H. G. Appenzeller, Editor
36 cents per annum
in advance. Postage extra.
Wednesday, DEC. 28th, 1898.

서울 졍동셔 일쥬일에 ᄒᆞᆫ번식 발간ᄒᆞᄂᆞᆫ데 아편셜라 목ᄉᆞ가 회보 샤쟝이 되엿더라

일년 갑슬 미리 내면 삼십 륙젼이오 우표갑슨 ᄯᆞ로 잇ᄂᆞ니라

셩탄일경츅

깃부다 우리쥬 예수씨의 탄신ᄒᆞ여 강셩ᄒᆞ신 이 때를 당ᄒᆞ여 경향 각처에 구세쥬를 밋ᄂᆞᆫ 형뎨들이 회당마다 모히여 등불을 달며 찬미를 노래ᄒᆞ며 깃부게 경츅ᄒᆞᆯ시 졔물포 교회에ᄂᆞᆫ 됴목ᄉᆞ 비외분이 다편치 못ᄒᆞᆷ으로 회당에 참예치 못 ᄒᆞ여시나 대한 교우들이 모히여 젼과ᄀᆞᆺ치 등불을 달아 경츅 ᄒᆞ엿다 ᄒᆞ고 새문안 례ᄇᆡ당에도 장로교 교우들이 모히여 구세 교회의 젹십ᄌᆞ긔와 대한 국긔를 달고 등불을 ᄇᆞᆰ혀 경츅ᄒᆞᄂᆞᆫ 례식을 힝ᄒᆞ엿고 텬쥬교 교인들도 죵현 회당과 약현 회당에 등불을 굉쟝ᄒᆞ게 달앗시니 우리 ᄉᆡᆼ각에ᄂᆞᆫ 대한 텬디에도 셩탄일에 긔념ᄒᆞᄂᆞᆫ 졍셩과 경츅ᄒᆞᄂᆞᆫ 풍쇽이 졈졈 흥왕ᄒᆞᆯ줄노 밋노라

○ 금년에ᄂᆞᆫ 셩탄일이 맛참 쥬일날 당ᄒᆞᆫ고로 졍동 회당에셔ᄂᆞᆫ 특별히 이십ᄉᆞ일 밤에 형뎨와 ᄌᆞᄆᆡ들이 일졔히 모히여 구세쥬의 탄일을 경츅ᄒᆞᆯᄉᆡ 회당 죵집ᄒᆞᆫ 회 등불을 가득히 달아노코 문표와 례식을 문드러 결ᄎᆞ잇게 힝ᄒᆞ엿ᄂᆞᆫ데 찬미가 뎨십륙쟝 (깃부다우리쥬오니)을 노래ᄒᆞ고 녀교우 ᄒᆞᆫ분이 긔도ᄒᆞᆫ후에 형뎨 로병션씨가 누가복음 이쟝 일졀노 이십졀ᄭᆞ지 보고 그후에 찬미가 뎨십오쟝 (표요ᄒᆞᆫ밤 거룩ᄒᆞᆫ밤)을 노래ᄒᆞ고 형뎨 량홍묵씨가 교회 권면ᄒᆞᄂᆞᆫ ᄯᅳᆺ슬 영어로 말ᄉᆞᆷᄒᆞ고 그후에 찬미가 팔십구쟝 (유태국에나신구쥬)을 노래ᄒᆞ고 형뎨 송온용씨ᄂᆞᆫ 대한말노 권셜ᄒᆞ되 태셔 각국에셔 구세쥬 탄일을 당ᄒᆞ여 경츅ᄒᆞᄂᆞᆫ데 각각 그나라 풍쇽의 이상ᄒᆞᆷ을 말ᄉᆞᆷ ᄒᆞ고 그후에 비지학당 학도들만 찬미가 (동졍녀의게 탄ᄉᆡᆼᄒᆞ심)를 특별히 영어로 노래ᄒᆞ고 형뎨 리무영씨ᄂᆞᆫ 구세쥬의 오심이 우리의게 엇더케 유익됨과 우리가 불가불 그은혜를 감샤ᄒᆞ며 깃버ᄒᆞᆯ일노 간략히 권셜ᄒᆞ고 그후에 리화학당 녀학도들만 찬미가를 영어로 노래ᄒᆞ고 례물노 분급ᄒᆞᄂᆞᆫ 실과 봉을 회즁에 논홀시 몬져 ᄋᆞᄒᆡ들로 브터 문표를 젹간ᄒᆞ여 ᄎᆞ례로 논하주고 방령 ᄒᆞ시ᄂᆞᆫ 손님들의게ᄂᆞᆫ 과봉이 부죡ᄒᆞᆫ고로 각각 주지 못ᄒᆞ엿시나 다만 왜귤 ᄒᆞᆫ기라도 고르게 분급 ᄒᆞᆫ후에 일졔히 찬미가 뎨일쟝을 노래ᄒᆞ고 맛친지라 이때에 남녀즁 모힌 사ᄅᆞᆷ들이 합 륙칠ᄇᆡᆨ명이 되ᄂᆞᆫ데 모다 깃분 ᄆᆞᄋᆞᆷ으로 구세쥬 나심을 목도ᄒᆞ고 맛남ᄀᆞᆺ치 알더라 (오폭)

레비일공과

일빅 일월 팔일

이삭의일

챵셰긔 이십륙쟝 십이졀로 이십오졀ᄭᆞ지

十二 이삭이 그ᄯᅡ에셔 씨를ᄲᅮ려 그ᄒᆡ에 ᄇᆡᆨ비를 엇고 ᄯᅩᄒᆞᆫ 야화화ᄭᅴ셔 복을 주샤 十三 드디여 크게 흥왕ᄒᆞ여 거부가 되매 十四 륙츅과 노비가 심히 만ᄒᆞᆫ지라 비리ᄉᆞ 사ᄅᆞᆷ이 싀긔ᄒᆞ여 十五 이삭의 아바지 아브라함이 ᄯᅢ에 그죵들이 판 여러 우물을 비리ᄉᆞ 사ᄅᆞᆷ이 다메워 흙으로 ᄎᆡ운지라 十六 아비미렉이 이삭ᄃᆞ려 ᄀᆞᆯᄋᆞᄃᆡ 네가 날보다 강셩ᄒᆞ니 ᄯᅥ나가라 ᄒᆞᆯ거ᄂᆞᆯ ○ 十七 이삭이 거긔를 ᄯᅥ나셔 그라이란 산골에 쟝막을 치고 거ᄒᆞᆯᄉᆡ 十八 아브라함이 ᄯᅢ에 판 우물들이 그가 죽은후에 비리ᄉᆞ 사ᄅᆞᆷ이 다 메엿더니 이삭이 다시파셔 저의 아바지 넘캇돈 일홈을 더로 부르고 十九 ᄯᅩᄒᆞᆫ 이삭의 죵이 산골을 파셔 ᄒᆞᆫ ᄉᆡᆷ을 엇엇더니 二十 그라ᄯᅡ 목인이 이삭의 목인을 ᄶᅩᆺ차 ᄀᆞᆯᄋᆞᄃᆡ 이우물이 우리거시라 ᄒᆞ니 서로 다툼을 인ᄒᆞ야 이삭이 그 일홈을 쳥ᄒᆞ되 이섹이라 ᄒᆞ고 二十一 다른 우물을 ᄯᅩ 팟더니 ᄯᅩᄒᆞᆫ 다투ᄂᆞᆫ지라 그 일홈을 싯나라 칭ᄒᆞ고 二十二 거긔를 ᄯᅥ나셔 다른 우물을 팟더니 다시 다투지 아니ᄒᆞᄂᆞᆫ지라 그 일홈을 르호봇이라 ᄒᆞ고 ᄀᆞᆯᄋᆞᄃᆡ 야화화ᄭᅴ셔 우리를 위ᄒᆞ야 편안케 ᄒᆞ시니 이ᄯᅡ에셔 우리가 번셩ᄒᆞ겟도다 二十三 이삭이 그곳을 ᄯᅥ나 별시파로 갓더니 二十四 그날밤에 하ᄂᆞ님ᄭᅴ셔 보이셔 ᄀᆞᆯᄋᆞ샤ᄃᆡ 두려워 ᄒᆞ지마라 나ᄂᆞᆫ 네아비 아브라함의 하ᄂᆞ님이니 내 죵 아브라함의 연고를 인ᄒᆞ야 너를 도아 복을 주어셔 네 ᄌᆞ손을 번셩케 ᄒᆞ리라 二十五 이삭이 그곳에 제단을 ᄡᅡᆺ코 야화화 일홈을 부르며 쟝막을 치고 그죵들이 우물을 파니라

주셕

아브라함은 큰들에 둔이며 륙츅을 기룸으로 싱업을 삼ᄂᆞᆫ 사ᄅᆞᆷ이요 이삭은 륙츅도 만커니와 ᄒᆞᆫ곳에셔 밧갈고 씨ᄲᅮ리기를 힘쓰니 하ᄂᆞ님의 허락ᄒᆞ신 ᄯᅡ에셔 사ᄂᆞᆫ 모양이라 셰샹일이 다 슌셩ᄒᆞ야 부쟈가되매 비리ᄉᆞ 사ᄅᆞᆷ이 싀긔ᄒᆞ니 일노 보건ᄃᆡ 지금 사ᄅᆞᆷ도 남의 잘 되ᄂᆞᆫ거슬 싀긔ᄒᆞᄂᆞᆫ거시 비리ᄉᆞ 사ᄅᆞᆷ과 ᄀᆞᆺ도다 비리ᄉᆞ 사ᄅᆞᆷ의 ᄆᆞᄋᆞᆷ이 악ᄒᆞᆫ고로 아브라함의 판 우물을 메웟ᄉᆞ니 이ᄂᆞᆫ 시비ᄒᆞᄂᆞᆫ 뜻이요 비리ᄉᆞ 사ᄅᆞᆷ의 왕 아비미렉이 이삭을 ᄶᅩᆺ치매 이삭이 그라로 가셔 세번 우물을 팟시니 그라ᄂᆞᆫ 어ᄃᆡ 잇ᄂᆞᆫ ᄯᅡ인지 ᄌᆞ세히 알수 업시되 아마 비리ᄉᆞ 사ᄅᆞᆷ의 ᄯᅡ인듯 ᄒᆞ고 우물을 판거슨 그곳에셔 쥬쟝ᄒᆞᄂᆞᆫ 뜻이라 이십ᄉᆞ졀에 하ᄂᆞ님ᄭᅴ셔 허락ᄒᆞ시매 이삭이 감샤ᄒᆞᆫ 뜻으로 제단을 ᄡᅡᆺ코 하ᄂᆞ님의 은혜를 찬송ᄒᆞ

엿ᄂᆞᆫ지라 이삭은 몬져 졔단을 싸코 쟝막을 치고 나죵에 우물을 팟시니 이공과를 공부ᄒᆞ시ᄂᆞᆫ 우리 형뎨와 ᄌᆞ미들도 이삭과 ᄀᆞᆺ치 하ᄂᆞ님 셤기ᄂᆞᆫ일을 몬져ᄒᆞ고 ᄌᆞ긔 위ᄒᆞᄂᆞᆫ 일은 나죵에 ᄒᆞᄂᆞᆫ거시 당연ᄒᆞᆫ일이라

뭇ᄂᆞᆫ말

一 이삭이 이때에 어듸셔 살엇ᄂᆞ뇨

二 ᄯᅩ 무어슬 ᄒᆞ고 살엇ᄂᆞ뇨

三 비리ᄉᆞ 사ᄅᆞᆷ들이 웨 이삭을 시긔 ᄒᆞ엿ᄂᆞ뇨

四 아브라함이 판 우물을 비리ᄉᆞ 사ᄅᆞᆷ들이 엇더케 ᄒᆞ엿ᄂᆞ뇨

五 우물을 메운ᄯᅳ시 무어시뇨

六 비리ᄉᆞ의 왕이 이삭ᄃᆞ려 무어시라고 ᄒᆞ엿ᄂᆞ뇨

七 이삭이 어듸로 갓셧ᄂᆞ뇨

八 메엿던 우물을 이삭이 엇더케 ᄒᆞ엿ᄂᆞ뇨

九 이삭의 종들이 새우물을 모도 몃쳐나 판ᄂᆞ뇨

十 새로판 우물들의 일홈이 무어시뇨

十一 세지번 우물 팔적에 무슴일이 잇셧ᄂᆞ뇨

十二 야화화ᄭᅴ셔 이삭의게 뵈이실때에 무슴말ᄉᆞᆷ을 ᄒᆞ셧ᄂᆞ뇨

十三 이 ᄉᆞ긔를 본즉 이삭은 엇더ᄒᆞᆫ 사ᄅᆞᆷ이뇨

이폭련쇽

그 잇흔날은 거룩ᄒᆞ신 쥬씌 강싱ᄒᆞ신 날이라 아ᄎᆞᆷ 십뎜죵에 젼과ᄀᆞᆺ치 회당에 모히여 교우 최병헌씨가 주ᄽᅦ쥬의 오심을 몃쳔년젼 브터. 하ᄂᆞ님ᄯᅦ셔 션지 셩인의게 묵시ᄒᆞ샤 예언ᄒᆞ신 말ᄉᆞᆷ과 구셰쥬의 족파리력과 어나ᄯᅢ에 나심과 어나곳에셔 나심과 탄셩ᄒᆞ실ᄯᅢ에 유태국 정황을 대강 ᄆᆞᆯ슴ᄒᆞ여 모힌 사ᄅᆞᆷ의게 알게ᄒᆞ고 그날 밤에모 회당우회 등불을 만이달고 남녀 교우들이 각각 구셰쥬 오신거시 우리의게 유익홈을 간증ᄒᆞ엿더라

동대문안교우의경츅홈

십이월 이십ᄉᆞ일 밤에 남녀 교우들과 식골 교우들이 일졔히 모히여 구셰쥬의 탄일날 경츅ᄒᆞᆯ셰 팔곳 대문우회 청송가지로 쥬벽을 들엇시며 회당 좌우에 등쵹을 ᄇᆞᆰ히고 셩경에 잇ᄂᆞᆫ바 여러가지 ᄉᆞ적을 그림으로 구경케 ᄒᆞ셔 찬미가를 노래ᄒᆞᆫ후에 녀교우 ᄒᆞᆫ분이 긔도 ᄒᆞ시고 셔셩 김덕우씨가 아레복음 이쟝을 닑은후 구셰쥬의 오심을 대강 ᄆᆞᆯ슴ᄒᆞᆫ지라 그후에 젼도 ᄒᆞ시ᄂᆞᆫ 로웰라씨 부인이 학도 은회를 쳥ᄒᆞ 브르샤 일일히 례물을 분급 ᄒᆞᄂᆞᆫ데 실과봉과 그림과 연필과 지갑과셔칙을 각각 합당ᄒᆞ게 논호와 주시고 그곳 교우들 즁에 형세가 아조 빈궁ᄒᆞ여 졀화들 죵죵 ᄒᆞᄂᆞᆫ사ᄅᆞᆷ의게 빗미들 면되식 분급ᄒᆞ엿시며 거룩ᄒᆞᆫ 명졀을 깃분 ᄆᆞ음으로 경츅 ᄒᆞ엿다더라

달셩회당경츅

달셩회당 에셔ᄂᆞᆫ 특별히 이십륙일에 구셰쥬 탄일을 경츅ᄒᆞᆯ시 수빅개 등불과 십ᄉᆞ긔 됴희를 젼후 좌우에 휘황히 달아노코 회당안에ᄂᆞᆫ 황금대ᄌᆞ로 홍식·양목에 구셰쥬 오셧네 써셔 일ᄌᆞ로 거러시며 푸른 나무에 각식 금젼지로 어샹ᄒᆞᆫ ᄭᅩᆺ슬 ᄆᆞᆫ드러 나무가지에 거럿ᄂᆞᆫ디 회당 실경기 낫과ᄀᆞᆺ치 명낭ᄒᆞ여 구셰쥬의 춍빗시 양치ᄂᆞᆫ 목쟈의게 빗최임 ᄀᆞᆺᄒᆞᆫ지라 우리 형뎨와 ᄌᆞ미들이 구셰쥬의 탄셕 ᄒᆞ심을 뵈온줄 밋고 하ᄂᆞ님의 영화를 찬숑ᄒᆞ고 긔도 ᄒᆞ엿시며 비지학당 교우 송은용씨가 태셔 각국에셔 구쥬 탄길날에 경츅ᄒᆞᄂᆞᆫ 풍쇽이 각각 긔이홈을 말ᄒᆞ고 그후에 교즁 남녀 로뉴를 일일히 실과봉을 주고 그후에 교우즁 직임이 잇ᄂᆞᆫ 형뎨의게ᄂᆞᆫ 시편찰요라 ᄒᆞᄂᆞᆫ 칙을 ᄒᆞᆫ권식 분급ᄒᆞ고 그후에 쟝ᄌᆞ로 인혼이라 ᄒᆞᄂᆞᆫ 칙을 빅여명 교우의게 각각 ᄒᆞᆫ권식 논하주고 그후에 각식 이샹ᄒᆞᆫ 그림으로 방텽인ᄉᆞ지 논하주고 찬미가를 곳부ᄒᆞᄂᆞᆫ 아희들의게ᄂᆞᆫ 연필과 그림과 빈우ᄒᆞ기식 논하주며 또 사탕을 논하줄식 이ᄯᅢ에 모힌 무리가 거의 륙칠빅명이 되고 식골 교우들이 올나와셔 ᄒᆞᆷᄭᅴ 명졀을 지히ᄆᆡ 모도 깃분 ᄆᆞ음으로 경츅ᄒᆞ엿더라

ᄂᆡ보

민회에나리신 칙유를대강긔지ᄒᆞ노라

슯호다 너희무리는 짐의말ᄉᆞᆷ을 ᄇᆞᆰ게들으라 궐문에 친히 효유ᄒᆞᆫ지가 날이 오리지 안ᄒᆞ여 너희무리가 두번 이 거조가 잇슴을 혜아리지 못ᄒᆞ엿노라 오호라 너의죄를 너의들이 아나냐 리ᄎᆞ ᄒᆞ야 모귀회 ᄒᆞᄂᆞᆫ거슨 입의 금 ᄒᆞ엿거ᄂᆞᆯ 아모곳이나 모히여 굿칠줄을 알지 못ᄒᆞ니 죄가 ᄒᆞ나이요 독립협회ᄂᆞᆫ 입의 쥰허 ᄒᆞ엿시나 쳔단히 만민공동회라 명목을 세운거시 죄가 둘이요 칙유와 비지로 물너가라 효유ᄒᆞ되 일향 항명ᄒᆞ여 갈소록 더옥 심ᄒᆞ니 죄가 세시요 쥐를 더지고져 ᄒᆞ되 그릇을 ᄭᅴ림은 고인의 경계ᄒᆞᆫ바여ᄂᆞᆯ 대판을 릉욕ᄒᆞ고 보기를 다반ᄀᆞᆺ치 ᄒᆞ니 죄가 너히요 님군의 허물을 드러냄은 사ᄅᆞᆷ의 감히 못ᄒᆞᆯ바여ᄂᆞᆯ 외관에 편지ᄒᆞ여 제죄를 은휘ᄒᆞ랴 ᄒᆞ니 죄가 다ᄉᆞ시요 ᄇᆡᆨ셩과 관인이 뎨모가 다르거ᄂᆞᆯ 관인을 위협ᄒᆞ여 억지로 회에 오게ᄒᆞ니 죄가 여ᄉᆞ시요 각마을 졍ᄉᆞ를 잠시도 뷔지 못ᄒᆞᆯ거시여ᄂᆞᆯ 떠들고 아문에 드러가 ᄒᆞ여곰 ᄯᅢ무케 ᄒᆞ니 죄가 일곱이요 지판ᄒᆞᆯ일은 힘으로 ᄒᆞᆯ배 아니여ᄂᆞᆯ 호쇼ᄒᆞᆯ거시 잇다칭ᄒᆞ고 뎨를지여 폐단을 니르키니 죄가 여답이요 병뎡의 파슈ᄒᆞᆷ은 명령의 잇ᄂᆞᆫ바여ᄂᆞᆯ 돌을더져 즁히 샹케ᄒᆞ니 죄가 아홉이요 여러번 소명이 계시되 요망ᄒᆞᆫ말노 션동ᄒᆞ고 일향 거역ᄒᆞ니 죄가 열히요 도망ᄒᆞᆫ 역적의 망샤지되ᄂᆞᆫ 사ᄅᆞᆷ마다 베힐거시여ᄂᆞᆯ 무리 ᄭᅧ온듸 말을열어 쳔용ᄒᆞ기를 도모ᄒᆞ니 죄가 열ᄒᆞ나이라 기외에 세쇄ᄒᆞᆫ 죄범은 손가락으로 익여헬수 업시나 짐이 너의 부모가 된고로 젼후 죄과를 일졀샤면ᄒᆞ노니 너희무리는 조곰도 쥬뎌치말고 즉시 물너가라 ᄒᆞ셧다더라

본회고ᄇᆡᆨ

본회에서 이 **회보**를 젼년과 ᄀᆞᆺ치 일쥬일에 ᄒᆞᆫ번식 발간 ᄒᆞᄂᆞᆫ듸 새로 륙폭으로 작뎡ᄒᆞ고 ᄒᆞᆫ장 갑슨 엽젼 오푼이오 ᄒᆞᆫ돌갑슬 미리내면 젼과 ᄀᆞᆺ치 엽젼 ᄒᆞᆫ돈 오푼이라 본국 교우나 서국 목ᄉᆞ나 교외 친구나 만일 사셔 보고져 ᄒᆞ거든 졍동 아편셜라 목ᄉᆞ 집이나 죵로 대동셔시에 가셔 사시옵

죵로대동셔시광고

우리 셔샤에서 셩경 신구약과 찬미칙과 교회에 유익ᄒᆞᆫ 여러가지 셔칙과 시무에 긴요ᄒᆞᆫ 칙들을 팔되 갑시 샹당 ᄒᆞ오니 학문샹과 시무변에 ᄯᅳᆺ이 잇ᄂᆞᆫ 군ᄌᆞ들은 만히 사셔 보시옵

대영국 셩셔 공회 광고

새로 간츌 ᄒᆞᆫ거슨 로마 가라태 골노시 야고보 베드로 젼후셔 티모데 젼후셔니 사셔 보실이ᄂᆞᆫ 회샤 쥬인 견묘 션싱ᄭᅴ로 오시옵

조선그리스도회보 (전3권)

1897년판 죠션크리스도인회보, 영인본

발행일; 2023년 03월 15일
지은이: 감리교 선교부 편집부
발행처: 한국학자료원
판매처: 한국서적유통
서울시 구로구 개봉본동 170-30
전화: 02-3159-8050 팩스: 02-3159-8051
등록번호: 제312-1999-074호
ISBN: 979-11-6887-242-4

잘못된 책은 교환해 드립니다.
정가 750,000원